Martin Bucer
Briefwechsel

Correspondance

Band IX

Studies in Medieval and Reformation Traditions

Edited by

Andrew Colin Gow
Edmonton, Alberta

In cooperation with

Sylvia Brown, Edmonton, Alberta
Falk Eisermann, Berlin
Berndt Hamm, Erlangen
Johannes Heil, Heidelberg
Susan C. Karant-Nunn, Tucson, Arizona
Martin Kaufhold, Augsburg
Erik Kwakkel, Leiden
Jürgen Miethke, Heidelberg
Christopher Ocker, San Anselmo and Berkeley, California

Founding Editor
Heiko A. Oberman †

VOLUME 179

The titles published in this series are listed at brill.com/smrt

MARTINI BUCERI OPERA AUSPICIIS ORDINIS THEOLOGORUM
EVANGELICORUM ARGENTINENSIS ERLANGENSISQUE EDITA

Martin Bucer
Briefwechsel
Correspondance

Band IX
(September 1532 – Juni 1533)

Herausgegeben und bearbeitet von

Reinhold Friedrich, Berndt Hamm
und Wolfgang Simon

In Zusammenarbeit mit

Matthieu Arnold und Christian Krieger

BRILL

LEIDEN · BOSTON
2014

This publication has been typeset in the multilingual "Brill" typeface. With over 5,100 characters covering Latin, IPA, Greek, and Cyrillic, this typeface is especially suitable for use in the humanities. For more information, please see www.brill.com/brill-typeface.

ISSN 1573-4188
ISBN 978-90-04-26526-4 (hardback)
ISBN 978-90-04-26527-1 (e-book)

Copyright 2014 by Koninklijke Brill NV, Leiden, The Netherlands.
Koninklijke Brill NV incorporates the imprints Brill, Global Oriental, Hotei Publishing,
IDC Publishers and Martinus Nijhoff Publishers.

All rights reserved. No part of this publication may be reproduced, translated, stored in a retrieval system, or transmitted in any form or by any means, electronic, mechanical, photocopying, recording or otherwise, without prior written permission from the publisher.

Authorization to photocopy items for internal or personal use is granted by Koninklijke Brill NV provided that the appropriate fees are paid directly to The Copyright Clearance Center, 222 Rosewood Drive, Suite 910, Danvers, MA 01923, USA.
Fees are subject to change.

This book is printed on acid-free paper.

INHALTSVERZEICHNIS

Einleitung	IX
Introduction	XXXIII
Chronologische Liste der Briefe	XXXIX
Alphabetische Liste der Korrespondenten	XLV
Nicht ermittelte Briefe	XLVII
Abkürzungsverzeichnis	LI
Literaturverzeichnis	LIII
Briefe	1
Personenindex	299
Bibelstellenregister	353
Schriftenregister	355
Ortsregister	359
Sachregister	373

EINLEITUNG

Wegen des großen Anteils an Einzelkorrespondenten in Bucers Briefwechsel von September 1532 bis Juni 1533 versammelt dieser Band eine Vielzahl von Anliegen. Bucer soll etwa bei Stellenbesetzungen vermitteln, für säumige Schuldner eintreten, seine exegetischen Werke zusenden, einen Trostbrief schreiben, zur Visitation kommen, mittellosen Autoren zum Druck ihrer Bücher verhelfen oder schlicht Fürbitte einlegen. Auch Persönliches kommt so zur Sprache: die Geburt von Bucers Tochter Irene, die Erkrankung der Familie, die Hindernisse der Eheschließung Ambrosius Blarers oder das Sterben Konrad Sams. Trotz dieser vielfältigen Inanspruchnahmen verliert Bucer die Hauptthemen der vorausgehenden Korrespondenz nicht aus den Augen.

Die bereits in den vorausliegenden Bänden geführte Auseinandersetzung mit den Dissenters (BCor 7, S. XXf.; BCor 8, S. XIX) fokussiert sich zunächst auf Zweibrücken. Dort lehren einige die Sündlosigkeit aller Kinder, weshalb deren Taufe nutzlos sei. Als der aus Straßburg gesandte Hilfsgeistliche Georg Pistor mit ihnen sympathisiert und den Taufexorzismus unterlässt, verschärft sich der Konflikt zwischen ihm und dem Zweibrückener Prediger Johannes Schwebel (vgl. bereits BCor 7, S. XVIII). Durch eine Intensivierung der Korrespondenz und die Sendung Kaspar Steinbachs suchen die Straßburger zu vermitteln. Der Auseinandersetzung mit den Dissenters soll auch die vom 3. bis 14. Juni abgehaltene Synode in Straßburg dienen. Hier diskutiert Bucer heftig mit den einschlägigen Protagonisten, insbesondere mit Anton Engelbrecht, kann die gewünschten Sanktionen beim Rat aber nicht durchsetzen.

Erfolgreicher ist er bei seinem zweiten Hauptthema, der Vermittlung im Abendmahlsstreit. Hier trägt Bucer mit seiner Stellungnahme zum Streit der Kemptner Prediger zwar nicht zu einer Beilegung, wohl aber zu einer Lösung des örtlichen Konflikts bei. Nachdem sein Werben um eine Verständigung mit Luther (BCor 8, Nr. 598) bei den Schweizern Irritationen hervorgerufen hat, die Luthers harsche Distanzierung von einer oberdeutsch-zwinglischen Abendmahlsauffassung im Schreiben an den Frankfurter Rat (WA 30/3, S. 554–571) noch vertiefte, bereist Bucer von Ende März/Anfang April bis Mitte/Ende Mai die Schweiz, um im persönlichen Gespräch mit den Baslern, Zürichern und Bernern die Wogen zu glätten. Wenn er sie auch nicht davon überzeugen kann, dass sie in der Sache mit Luther übereinstimmen, so gelingt es Bucer doch, ein Einvernehmen der Schweizer mit seiner Position herzustellen.

***

A. Statistik der Korrespondenz von September 1532 bis Juni 1533

Anzahl der Briefe	81
– Absender (Zahl der Personen und Gremien ohne Bucer)	34
– Adressaten (Zahl der Personen und Gremien ohne Bucer)	21
Sprache der Briefe	
– deutsch	12
– lateinisch	69
Bucer als Adressat	43
– allein	39
– mit Capito	1
– mit Capito und Hedio	2
– mit Fonzio	1
Bucer als Absender	38
– allein	32
– mit Straßburger Kollegen	6

Von den Briefen dieses Bandes sind 47 % von Bucer verfasst und 53 % an ihn gerichtet. Verglichen mit dem Prozentsatz des sechsten (36 % von Bucer), des siebten (42 % von Bucer) und des achten Bandes (40 % von Bucer) begegnet Bucer hier also häufiger als Verfasser.

Briefkontakte zu Personen	**an Bucer**	**von Bucer**	**insgesamt**
Ambrosius Blarer (Lindau, Konstanz)	4	6	10
Johannes Schwebel (Zweibrücken)	2	8	10
Margarethe Blarer (Konstanz)	0	7	7
Martin Frecht (Ulm)	5	1	6
Heinrich Bullinger (Zürich)	2	4	6
Simon Grynaeus (Basel)	4	0	4

Die nachfolgende Übersicht soll die geographischen Schwerpunkte der Kommunikation Bucers verdeutlichen. Dabei wurden seine Reisestationen als Abfassungsorte nicht berücksichtigt. Zu ihnen vgl. die Übersicht zu Bucers Reise (S. XVIII).

Briefkontakte zu Orten	Korres-pondenten	an Bucer	von Bucer	ins gesamt
Konstanz (Ambrosius und Margarethe Blarer)	2	3	12	15
Zweibrücken (Johannes Schwebel, Jakob Schorr)	2	3	9	12
Zürich (Heinrich Bullinger, Leo Jud, Prediger, Rat)	4	2	5	7
Basel (Simon Grynaeus, Oswald Myconius, Gervasius Schuler)	3	5	1	6
Ulm (Martin Frecht, Konrad Sam)	2	5	1	6
Bern (Berchtold Haller, Rat, Johannes Rhellican)	3	3	1	4
Augsburg (Johann Heinrich Held, Wolfgang Musculus, Gereon Sailer)	3	3	0	3
Biberach (Bartholomaeus Myllius, Martin Uhinger)	2	3	0	3
Lindau (Ambrosius Blarer, Thomas Gassner)	2	2	0	2

Gegenüber den vorausgegangenen Bänden BCor 8 (34%) und BCor 7 (23%) liegt der Anteil der Einzelkontakte mit 42% signifikant höher.

– Briefe an Bucer
Peter Pithonius (Windsheim), Gervasius Schuler (Basel), Christoph Sigel (Grötzingen), Thomas Gassner (Lindau), Michael Marstaller (Nürnberg), Johannes Bader (Landau), Wolfgang Musculus (Augsburg), Johannes Rosa (Burg Landsberg), Johann Heinrich Held (Augsburg), Heinrich Never (Wismar), Philipp Melanchthon (Wittenberg), Fortunatus Andronicus (Orbe), Georg Caserius (Weißenburg), Johannes Rhellican (Bern), Anton Engelbrecht (Straßburg), Otto Binder (Mühlhausen), Nikolaus Faber (Meisenheim), Heinrich Slachtscaef (Wassenberg), Gereon Sailer (Augsburg), Melchior Ambach (Neckarsteinach).

– Briefe von Bucer
Kaspar Steinbach (Straßburg/Zweibrücken), Straßburger Rat, Züricher Rat, Berner Rat, Kemptener Prediger, Oswald Myconius (Basel), Kaspar Greber

(Straßburg), Wolfgang Capito (Straßburg), Kaspar Hedio (Straßburg), Matthias Zell (Straßburg), Schaffhausener Rat, Leo Jud (Zürich), Joachim Vadian (St. Gallen), Memminger Brüder.

Verglichen mit dem vorausgehenden Band verschiebt sich der Focus des Briefwechsels nicht, die Zahl der Kontakte Bucers zu seinen Hauptkorrespondenten bleibt in etwa konstant (Ambrosius Blarer +2, Heinrich Bullinger -1, Frecht +2, Grynaeus +1). Die auffälligste Differenz liegt in der Intensivierung der Kommunikation mit Johannes Schwebel (+10). Sie erklärt sich aus Bucers Bemühen, die Auseinandersetzungen beizulegen, welche der von ihm empfohlene Hagenauer Georg Pistor in Zweibrücken ausgelöst hat. Auch zu Margarethe Blarer (+6) sucht Bucer nun häufiger Kontakt. Dabei beschränkt er sich nicht auf familiäre Themen, sondern berichtet auch über die aktuellen lokal-, reichs- und religionspolitischen Ereignisse. Der Briefwechsel mit den Augsburger Korrespondenten (-4) tritt hingegen zurück. Auch nach Esslingen (-11) schreibt Bucer nun seltener, da sein Hauptkorrespondent Ambrosius Blarer die Stadt verlassen hat.

B. Themen und Orte

1. *Die Schweiz im Schatten des Zweiten Kappeler Landfriedens*

1.1 Der Rekatholisierungsdruck auf die Gemeinen Herrschaften

Mit ihrer Unterzeichnung des Friedensvertrages hatten die schweizerischen Protestanten nicht nur die altgläubige Position als den „alten waren cristenlichen glouben" (Art. IIa) akzeptiert, sondern auch den Vögten die Vollmacht zugestanden, Schmähungen zu sanktionieren (Art. IIg). Dies erlaubte es der Gegenseite, auf den mehrheitlich altgläubigen Tagsatzungen die reformatorische Predigt als Schmähung des wahren Glaubens zu interpretieren, den betreffenden Geistlichen zu entfernen und die Stelle dann mit einer unerbringlichen Kaution zu belegen, wodurch insbesondere die Gemeinen Herrschaften unter Rekatholisierungsdruck gerieten. Bucer, der die Unterzeichnung des Friedensvertrages scharf kritisiert hat (vgl. BCor 8, S. XIII), wird nun mit dessen Auswirkungen für den Thurgau (Nr. 636, 3; 644, 4), Orbe (Nr. 678), das Rheintal (Nr. 685) und Bremgarten (Nr. 691, 3) konfrontiert. Die im April 1532 neu erteilte Mission des päpstlichen Nuntius in der Schweiz, Ennio Filonardi, interpretiert Bucer als einen Versuch, die altgläubigen Fünf Orte aufzustacheln. Nach seiner Einschätzung ist es der Papst, der Krieg und Blutvergießen sucht (Nr. 640, 4), der Kaiser aber meide den Krieg. Deshalb sollen die Züricher die Drohgebärden des Feindes nicht fürchten, sondern Gott vertrauen, nicht auf Macht und Klugheit bauen und weiterhin tapfer bekennen (Nr. 640, 2, 5). Mit Christus ist jeder verbunden, der ungeachtet subtiler Disputationen wahre Lust an der Frömmigkeit hat (Nr. 640, 5).

Im Blick auf die Gemeinen Herrschaften fordert Bucer erneut (vgl. BCor 8, S. XIII) ein mutigeres Eintreten der einflussreichsten protestantischen Städte für die Bedrängten. Die Berner erinnert er an ihre Vorbildfunktion. Sie sollen die Autorität der reformatorischen Ordnungen verteidigen, auch wenn sie nur auf einem Mehrheitsentscheid beruhen, und das Kreuz der Obrigkeit tragen, anstatt einen Frieden gegen Gott und auf Kosten der Gequälten zu suchen. Die Verweigerung von Hilfe gegen das Unrecht ist Sünde (Nr. 641).

1.2 Die Lage in Zürich

– Juds Eintreten für die Gemeinen Herrschaften
Durch Bucer motiviert (vgl. BCor 7, Nr. 550; BCor 8, Nr. 581), kritisiert Leo Jud die Züricher Ratsherren öffentlich, ihre allzu große Nachgiebigkeit gegenüber den Altgläubigen beschwöre Gottes Zorn herauf. Die Gescholtenen erwägen daraufhin, Jud als Aufruhrstifter auszuweisen, sehen davon aber ab, weil sie das Gerücht von einer Rekatholisierung Zürichs nicht nähren wollen (Nr. 638, 1).

– Mandatsstreit
Am 29. Mai 1532 verbietet der Züricher Rat, altgläubige Messen zu besuchen. Dies interpretieren die Fünf Orte als Bruch des Zweiten Kappeler Landfriedens. Im daraus folgenden Mandatsstreit lässt Zürich sich gegen den Rat Basels, Berns und Schaffhausens auf das von den Altgläubigen dominierte Schiedsverfahren ein.

Bucer, von Bullinger informiert, kritisiert den Alleingang Zürichs und rät zu einem gemeinsamen Weg der schweizerischen Protestanten (Nr. 650, 1; 652, 1). Schon im Zweiten Kappeler Krieg irritierte Zürichs Missachtung seiner Verbündeten (ebd.; vgl. Nr. 506, 507, 510). Dennoch haben die Elsässer Philipp von Hessen informiert und werden Zürich Beistand leisten, momentan besteht dazu freilich kein Anlass (Nr. 650 P.S.). Die von Bullinger erbetene einschlägige Intervention der Straßburger Prediger bei ihrem Rat (Nr. 652, 2) entspricht nicht den Usancen. Bucer hält ein Schreiben des Züricher Rats an sein Straßburger Pendant für zielführend. Es sollte die Leidensbereitschaft und Friedensliebe Zürichs sowie die Aggressivität seiner altgläubigen Gegner thematisieren. Diskretion ist dabei unerlässlich, da ein Engagement Straßburgs in dieser Frage als Bruch des Nürnberger Anstands gedeutet werden könnte (Nr. 652, 3).

2. Bucers Reise in die Schweiz

2.1 Anlass und Vorgeschichte der Reise

Die Unterzeichnung der lutherischen Bekenntnisschriften seitens der Oberdeutschen in Schweinfurt sowie Bucers Nachsicht gegenüber Luther, die er im Brief an Leo Jud (23. Juni 1532, BCor 8, Nr. 598) auch von den Zürichern erbat, hat bei den Schweizerischen Theologen den Verdacht eines Lagerwechsels geweckt (vgl. BCor 8, S. XX–XXXI). Zudem wächst die Skepsis gegenüber Bucers Vermittlungsbemühungen, als Luthers harsches Schreiben an den Frankfurter Rat (WA 30/3, S. 554–571; zur Diskussion vgl. unten S. XXVIII) bekannt wird.

Dies bestärkt Bucer in seinem Vorhaben, nach seiner ausführlichen schriftlichen Rechtfertigung (vgl. BCor 8, S. XX–XXXI, Nr. 593; 626) die Irritationen nun durch einen persönlichen Besuch auszuräumen (Nr. 650, 2, vgl. Nr. 663, 2; 665, 4). Im Vorfeld sucht er den Konflikt zu entschärfen, den die unautorisierte Weitergabe seines Briefes an Leo Jud ausgelöst hat (BCor 8, Nr. 612; BCor 9, Nr. 650, 3; 651; 652, 4; 682, 1; vgl. Nr. 657, 2–3). Bucer schlägt vor, künftige Irritationen grundsätzlich diskret zu behandeln, um eine weitere öffentliche Eskalation zu vermeiden. Auch er selbst will seine für die Frankfurter formulierte Antwort auf Luther vor einer Veröffentlichung mit den Schweizern besprechen (Nr. 660, 4; 663, 2). Bullinger schreibt er, Luther sei durch einen Schmeichler aufgehetzt worden, kennzeichnet dessen Brief an die Frankfurter aber auch als ein Unrecht; der soteriologische Grundkonsens der Diskutanten, die Anerkennung Christi als des alleinigen Retters, bleibt zumindest für Bucer trotz dieses Unrechts bestehen (Nr. 661, 2).

2.2 Verlauf der Reise

– Bucers Reisebegleiter Bartholomeo Fonzio

Bucer bricht Ende März/Anfang April 1533 auf (Nr. 671, 2). Ihn begleitet sein Gast, der venezianische Franziskaner Bartholomeo Fonzio. Diesem macht ein zwanzig Jahre zurückliegender Hernienbruch zu schaffen. Auf der Reise treten dann wohl bereits die später manifesten theologischen Differenzen zutage. Darauf deuten die Äußerungen der Freunde Simon Grynaeus (Nr. 693) und Ambrosius Blarer (Nr. 667, 5) hin, die Bucer ins Vertrauen gezogen haben dürfte. Zurück in Straßburg lässt Fonzio sich mit der finanziellen Unterstützung Bucers und Margarethe Blarers am 5. Juni 1533 operieren (Nr. 683; 694; 696; 704, 2).

– Basel

Zunächst unschlüssig (Nr. 671, 2), entscheidet sich Bucer für eine Route über Basel. Im Vorfeld haben Gervasius Schuler und Simon Grynaeus die Basler als hart (Nr. 636, 2) bzw. halsstarrig und ehrsüchtig (Nr. 662, 2) beschrieben und Bucer hat Oswald Myconius, dem seine Briefe an Simon Grynaeus und Heinrich Bullinger in die Hände fielen (Nr. 662), um Diskretion gebeten (Nr. 665).

In Basel kann Bucer einen abendmahlstheologischen Konsens mit Myconius herstellen. Daneben findet er Zeit, auf ein (nicht ermitteltes) Schreiben Kaspar Grebers, des Offizials des Straßburger Bischofs, zu antworten (Nr. 676) und die Kernpunkte einer Kirchenordnung für die bevorstehende Straßburger Synode zu entwerfen (Nr. 677*/BDS 5, S. 378–382).

– Konstanz

Bucer holt bei Johannes und Konrad Zwick wohl die von Simon Grynaeus erbetenen Informationen (Nr. 672) über die Haltung Christoph von Werdenbergs zur Reformation ein. Die Grüße der Folgekorrespondenz deuten hin auf Gespräche mit Margarethe und Ambrosius Blarers Tanten Barbara und Elsbeth, Johannes und Konrad Zwick, Joachim Maler, den Stadtärzten Johann Jakob Menlishofer und Georg Vögeli d. J., dem Stadtschreiber Georg Vögeli d. Ä. (Nr. 679; 680, 3; 690, 3; 695, 2; 704, 2) und den Bewohnerinnen des Frauenklosters St. Peter (Nr. 686; 690, 3), die wohl 1 ½ Gulden zu Bucers Reisekosten zuschießen (Nr. 694, 1). Inhaltlich geht es bei bester Bewirtung (Nr. 690, 1) um die Abendmahlsproblematik, die Einrichtung einer Ausbildungsstätte für Theologen in Straßburg (Nr. 700, 1; 709, 3) und wohl auch die Schulden Wolfgang Capitos (Nr. 700, 5). Thomas Blarer beschäftigt der rechte Umgang mit den Dissenters (Nr. 709, 4). Im Zentrum steht aber die beabsichtigte Eheschließung Ambrosius Blarers mit Katharina Ryf von Blidegg (Nr. 679; 690, 3). Später ärgert sich Bucers Frau Elisabeth, dass ihr Mann in Konstanz keine Zeit fand, ihr zu schreiben, wohl aber zu predigen (Nr. 704, 2).

Die Folgekorrespondenz gilt neben der Abendmahlskontroverse dann dem Widerstand Dietrich Ryfs von Blidegg gegen die Eheschließung seiner Schwester (Nr. 690, 3; 700, 4; 709, 2), die von Bucer getraut werden möchte (Nr. 709, 2). Blarer fragt nach Bucers Meinung zu Luthers selbstrelativierender *Vorrede zur Rechenschaft des Glaubens der Brüder in Böhmen und Mähren* (WA 38, S. 75–80) und schickt ihm ein Lied (Nr. 690 P.S). Er bittet mehrmals um die Übersendung der Schrift zum Bann (Nr. 690, 2; 700, 1; 709, 3), die Bucer für St. Gallen bestimmt hat.

– Schaffhausen

Nach seiner Abreise wird Bucer brieflich um die Vermittlung eines geeigneten Kandidaten für die Helferstelle gebeten. Er schlägt Beat Gering vor, den er in Zürich kennengelernt hat (Nr. 681; 683, 4), und verspricht, in Basel und Straßburg die Augen offen zu halten.

– St. Gallen

Bucer und Fonzio logieren bei dem Prediger Wolfgang Jufli und genießen die Aufmerksamkeit der Ratsherren (Nr. 680, 2). Der exilierte Ammann des St. Gallener Rheintals, Hans Vogler, bittet Bucer, sich nach geeigneten Kandidaten (wohl für eine Predigerstelle im Rheintal) umzusehen (Nr. 685 P.S.). Fonzio hält einen einstündigen, vielgelobten Vortrag auf Latein, Bucer predigt sechs Mal und trägt den Geistlichen seine Gedanken über Kirchenzucht und Bann vor. Seine Hörer nimmt Bucer differenziert wahr: Während Dominicus Zilis Übereifer die erstrebte Kirchenzucht gefährdet, sind andere zu nachsichtig. Auf dem Weg nach Bern will Bucer das Vorgetragene ausarbeiten und zurücksenden; Ambrosius Blarer soll nach dem Wunsch der St. Gallener dann bei der praktischen Umsetzung helfen (Nr. 680, 2; 695, 2).

In der Tat schickt Bucer aus Bern eine allerdings kaum leserliche Kopie seiner Schrift (Nr. 685, 1; 695, 2; 709, 3). In Fraubrunnen misslingt die Übergabe einer weiteren Fassung an Matthäus Zell, der sie zu Blarer nach Konstanz bringen sollte (Nr. 686; 690, 2; 695, 2; 700, 1).

– Zürich

Nach Bucers Einschätzung ist die politische Lage stabil (Nr. 683, 1, 3; 685, 2), der Züricher Rat zeigt im Konflikt mit den Fünf Orten aber zu große Angst. Die Züricher beunruhigt das Gerücht, Bern wolle im Ernstfall keine Hilfe leisten (Nr. 683, 1–2). Diese Befürchtung sucht Bucer von Bern aus zu zerstreuen.

Im Kreis der Prediger nimmt Bucer an der Synode (6. Mai) teil und führt am 8. Mai ein Gespräch mit den Geistlichen über die Abendmahlsproblematik. Im Vorfeld haben diese noch einmal ihre Position markiert, für die sie die biblischen Einsetzungsworte, Tertullian, Hieronymus, Augustin und Ambrosius in Anspruch nehmen: Auch wenn der Leib Christi im Blick auf Substanz, Wesen, Körper und Ort nicht mit dem Brot identisch ist, wird auch im Züricher Abendmahl mehr als bloßes Bäckerbrot gereicht; die Züricher sind keine „Schwärmer" (Nr. 651). In der Folgekorrespondenz attestieren sie Bucer Übereinstimmung mit ihrer Position und distanzieren sich von Luthers Haltung im Brief an den Frankfurter Rat. Gleichwohl wollen die Züricher Frieden halten und Luther seine Art und Weise, die Gegenwart Christi im Mahl zu formulieren, konzedieren (Nr. 682; 700, 2), wenn er ihnen die ihre zugesteht. Ambrosius Blarer gewinnt indes den Eindruck, einige Züricher ließen nur ihre eigene Position gelten (Nr. 700, 2). Leo Jud bittet Bucer, in Bern zwischen Kaspar Megander und Berchtold Haller zu vermitteln (Nr. 683, 4).

– Bern

Im Vorfeld hat Berchtold Haller Zugeständnisse an die Lutheraner zwar abgelehnt, Bucer aber seiner Liebe versichert (Nr. 657, 2). Dieser schreibt von

Bern aus nach Zürich, er erkenne hier und im Umland eine hohe Bereitschaft, die Züricher in ihrem Konflikt mit den Fünf Orten zu unterstützen (Nr. 683, 2). Verärgert hat die Berner, dass Zürich seine Pläne verheimlichte. Bucer will in Bern für Zürich werben und bittet dessen Geistliche, in Zürich auch für Bern einzutreten (Nr. 683, 2–3). Gegenüber Joachim Vadian beklagt er das mangelnde Feuer der Berner (Nr. 685, 2), die er zum Beistand für die Gemeinen Herrschaften drängen musste (Nr. 685 P.S.). Hier hofft Bucer auf den neuen Bürgermeister Hans Jakob von Wattenwyl (Nr. 683, 2; 685 P.S.).

Wohl bei seiner Zusammenkunft mit den Berner Landgeistlichen trifft Bucer auf Konrad Hermann (genannt Schlupfindheck). Er hat aus angeblichen Briefen (Nr. 705, 5) Bucers nach Esslingen und Ulm schwere Vorwürfe gegen ihn konstruiert, bestreitet dies aber im persönlichen Gespräch mit Bucer (Nr. 689, 3) und findet bei den Bernern wenig Zustimmung (Nr. 691, 1). Beim Abschied erhält Fonzio acht Kronen, Bucer nimmt nur vier für seine Frau Elisabeth an (Nr. 694, 1).

In seinem dem Besuch folgenden Dankesbrief bezeichnet Johannes Rhellican Bucer und Fonzio als Werkzeuge Gottes, die den Bernern zu einem besseren Verständnis der Abendmahlsproblematik verhalfen und den Verdacht gegen die Oberdeutschen zerstreuen konnten (Nr. 688). Berchtold Haller hebt das Einvernehmen der Berner mit Bucers und Fonzios Position hervor und dankt Bucer für den von ihm gestifteten Frieden mit Kaspar Megander (Nr. 691, 1). Er bittet um eine Erklärung von II Thess 2 und um eine Abschrift der von Bucer aus dem bürgerlichen Recht zusammengetragenen einschlägigen Stellen zur Kirchenzucht (Nr. 691, 2).

– Mühlhausen

Bucer und Fonzio erleben die Auseinandersetzung zwischen dem reformwilligen Ortspfarrer Otto Binder und seinem Gegenspieler Jakob Augsburger, die mit der Entlassung Augsburgers kurz nach der Abreise der Gäste endet. Binder sieht in ihrem Besuch das Wirken Christi (Nr. 698).

– Reisekosten

Die Beiträge der Besuchten (Vier Kronen aus Bern, 1,5 Gulden von St. Peter, wohl das Konstanzer Frauenkloster) senken die Reisekosten auf fünf Gulden. Dank der umsichtigen Haushaltung Elisabeth Bucers kann ihr Gatte den Großteil seiner Reiseschulden schnell bezahlen (Nr. 694).

2.3 Ergebnis der Reise

Nach seiner Rückkehr zieht Bucer eine Bilanz seiner Reise im Schreiben an die Memminger Brüder, das diese nach Kempten, Biberach, Ulm und Isny weitergeben sollen: Überall fand sich Bucer im Einvernehmen mit den Brüdern. Allerdings teilen diese seine Sicht auf Luther noch nicht (Nr. 689,

3). Angesichts des überall anzutreffenden leidenschaftlichen Eifers für Christus (Nr. 689, 1) ist der Abendmahlsstreit aber zu überwinden, wenn Christus weder vom Mahl ausgeschlossen noch zu einer Speise des Magens gemacht wird. Christus wirkt auch durch Luther, der eine irrige Auffassung über die Schweizer und Oberdeutschen hat (Nr. 689, 2).

2.4 Itinerar

Trägt man die erreichbaren Daten zusammen, ergibt sich die nachstehende Reiseroute Bucers (erschlossene Daten Kursiv). Dabei ist zu berücksichtigen, dass Fonzios Hernienbruch die Reisegeschwindigkeit herabgesetzt haben dürfte.

Stadt	**Ankunft**	**Abreise**	**Beleg**
Basel	Anfang April	*16./17. April*	Nr. 671, S. 182, Anm. 9.
Schaffhausen	18. April	21. April	Nr. 671, S. 182, Anm. 9.
Diessenhofen	*21./22. April*	*21./23. April*	Nr. 689, S. 227, Z. 2.
Konstanz	*21./23. April*	*27./29. April*	Nr. 689, S. 232, Anm. 50.
Bischofszell	*28./29. April*	*28./29. April*	Nr. 689, S. 227, Z. 3.
St. Gallen	28./29. April	4. Mai nachmittags	Nr. 680, S. 201, Anm. 4; S. 202, Anm. 17, 26.
Winterthur	*4./5. Mai*	*4./5. Mai*	Nr. 680, S. 202, Anm. 17.
Zürich	5. Mai	8. Mai	Nr. 680, S. 202, Anm. 17; Nr. 682, S. 205, Anm. 2.
Murgenthal	9. Mai	*9./10. Mai*	Nr. 683, S. 208, Anm. 3; Nr. 684, S. 212, Z. 11f.
Bern	10. Mai 8 – 9.20 Uhr	17. Mai morgens	Nr. 683, S. 208, Anm. 3; Nr. 684, S. 212, Z. 11f.; Nr. 685, S. 217, Anm. 13.
Fraubrunnen	17. Mai	*17./18. Mai*	Nr. 686, S. 219, Z. 3.
Basel	*18./19. Mai*	*vor 21. Mai*	Nr. 681, S. 204, Z. 11; Nr. 682, S. 208, Anm. 22.
Mühlhausen	*20./21. Mai*	22. Mai	Nr. 698, S. 256, Anm. 11.
Straßburg	Spätestens 26. Mai		Nr. 689, S. 232, Z. 17.

3. Die Reichspolitik

3.1 Die Bedrohung durch die Osmanen

In Anbetracht des am 24./25. April 1532 in Konstantinopel gestarteten Feldzuges Süleymans II. ruft Bucer zum Gebet auf (Nr. 629) und deutet den Rückzug der Osmanen als Wirken Gottes (Nr. 633, 3). Bucer hat Kenntnis von den Gräueltaten des Heeres in Kärnten und der Steiermark, dennoch meint er, die Osmanen hielten – abgesehen von ihren Kindermorden und Deportationen – ihre Armen besser als die Spanier oder Italiener (Nr. 640, 4). Die durch das späte Eingreifen des Kaisers ermöglichten Massenverschleppungen sind für Bucer der Sünde geschuldet (Nr. 637). Von Hieronymus Guntius und Martin Frecht erhalten Kaspar Hedio und Wolfgang Capito ein Buch über die Lebensweise der Osmanen, möglicherweise den *Libellus de ritu et moribus Turcorum* Georgs von Ungarn (Nr. 646).

3.2 Bucers Bild von Kaiser Karl V.

Der Abschluss des Nürnberger Anstands und Karls bevorstehende Heimreise nach Spanien (Nr. 640, 1, 4; 661 P.S.) belegen für Bucer, dass der Kaiser den Evangelischen nicht feind ist (Nr. 641, 3). In Karl begegnet die helfende Macht Christi; nur aus Respekt versagt er sich schärfere Kritik am altgläubigen Klerus (Nr. 637, 2). So befürchtet Bucer auch keine militärische Auseinandersetzung; seinem Urteil nach ist der Kaiser nicht zur Gewalt gegen die Evangelischen bereit, obwohl Klerus und Papst ihn aufhetzen (Nr. 637, 2; 641, 4). Bucer weist Gerüchte über Liebesaffären Karls zurück (Nr. 637, 3). Die Nachricht von einem Giftanschlag auf den Kaiser kann er nicht bestätigen (Nr. 661, 3).

4. Geographische Zentren der Korrespondenz

4.1 Biberach

– Die Besetzung der Schulstelle mit Hieronymus Guntius
In der von Bucer Anfang Juli 1531 besuchten Reichsstadt (BCor 6, Nr. 433–436; BCor 9, Nr. 684, 1) ist die Schulstelle neu zu besetzen. Die Prediger Bartholomaeus Myllius und Martin Uhinger bitten Bucer, den in Straßburg lebenden Hieronymus Guntius bei ihrem Rat zu empfehlen. Anfänglich skeptisch, übernimmt Guntius die Stelle am 29. September 1532 (Nr. 628, 2). Während ihm der Ausgleich finanzieller Außenstände bei den Straßburger Druckern nur mit Verzögerung gelingt (Nr. 646, 2; 660, 1), fungiert er im Rahmen seines Umzugs (Nr. 646, 2; 673 P.S.) erfolgreich als Bote zwischen Ulm und Straßburg (684, 1).

– Die Auseinandersetzung mit Täufern und Altgläubigen
Probleme schafft den Biberacher Amtsträgern einmal die Nachsicht des örtlichen Rates gegenüber den Besuchern altgläubiger Messen im Umland. Der Rat argumentiert, der Glaube sei frei, das Neue Testament kenne keine entsprechende Sanktion und es sei der Vater, der die Gläubigen selbst zu sich zieht. Die Prediger bitten um Argumentationshilfe (Nr. 684, 2). Martin Uhinger glaubt, einige Altgläubige ließen sich für die Reformation gewinnen, wenn man das Abendmahl nach lutherischer Weise reichte (Nr. 684, 3). Eine Kommunion für Kranke und Sterbende lehnten die Biberacher mangels Schriftbeleg bislang ab, sie bitten um Bucers Urteil (Nr. 699, 3).

Nicht nur mit den Altgläubigen, sondern auch mit den Kritikern der Kindertaufe setzen sich die Biberacher Prediger auseinander. Die Weigerung eines Vaters, sein Kind taufen zu lassen (Nr. 628), führt zu der Frage, ob der Rat auch gegen den Willen der Eltern taufen lassen darf (Nr. 699, 2). Die Prediger suchen Bucers Rat und fragen, ob das Gerücht stimme, dass man in Straßburg erst Heranwachsende taufe.

Weitere Anliegen sind Uhingers Bitte um die Zusendung eines kurz gefassten Katechismus (Nr. 684, 4) und Myllius' Bestreben, seinen Schwager Hieronymus Hamberger als Schreiber nach Straßburg zu vermitteln (Nr. 699, 1).

4.2 Zweibrücken

– Die Beerdigung Herzog Ludwigs
Mit der Aufgabe betraut, die Trauerfeierlichkeiten für den am 3. Dezember 1532 verstorbenen Herzog Ludwig II. von Zweibrücken zu leiten, konsultiert Schwebel Bucer. Dieser rät dazu, sich an den Wittenberger Beerdigungen Friedrichs und Johanns von Sachsen zu orientieren. Schwebel soll ohne Schmeichelei die guten Seiten des Herrschers als Geschenke Gottes, die schlechten aber als Anlass zur Buße thematisieren. Die Straßburger gratulieren zu dem Nachfolger, Pfalzgraf Ruprecht, den Nikolaus Gerbel gerühmt hat (Nr. 642, 2).

– Johannes Schwebel, Georg Pistor und die Taufe
Nach der durch Bucer vermittelten Berufung des Hagenauers Georg Pistor im Frühjahr 1532 (BCor 7, S. XVIII; Nr. 546; Nr. 573) bewahrheiten sich die Befürchtungen des Zweibrücker Predigers Johannes Schwebel, als Pistor den örtlichen Dissenters beispringt, die gegen Schwebel und die Säuglingstaufe opponieren (Nr. 633, 1). Im Oktober 1532 sendet Schwebel den Bergzaberner Pfarrer Nicolaus Thomae mit der Bitte um eine Stellungnahme der Straßburger zur Lage in Zweibrücken (Nr. 631, 1; 632, 1). Diese bestärken Schwebel, verweisen auf die *Confessio Tetrapolitana* und deren *Apologie* und treten für die Säuglingstaufe ein (Nr. 631, 4; 632, 2), die in Straßburg ihren Ort im sonntäglichen Gemeindegottesdienst hat (Nr. 631, 4). In ihr bietet Christus die Erlösung an (Nr. 632, 2; 633, 1), die er freilich nicht an den

bloßen Vollzug eines äußeren Ritus gebunden hat (Nr. 631, 4; 632, 3). Dieses Votum überbringt Pistors Freund Kaspar Steinbach. Er soll ihn ermahnen, Schwebel zu folgen und die Gewissen nicht zu verwirren (Nr. 631). Bucer unterstützt die Mission durch ein entsprechendes Schreiben an den Zweibrücker Kanzler Jakob Schorr, in dem er Schwebels Lehre Reinheit attestiert (Nr. 633). Schwebel bittet er, Pistor zu vergeben, den zu entlassen die Kritiker in ihrem Irrtum doch nur bestärken würde (Nr. 631, 1; 632, 3; 633, 2). Offenbar gelingt eine Verständigung, denn Steinbachs Mission weckt die Hoffnung auf ein dauerhaftes Einvernehmen (Nr. 635, 2; 642, 1, 3).

Schwebels Besuch im Januar 1533 zeigt erneut (vgl. Nr. 631, 3) seine Übereinstimmung mit der Straßburger Sakramentstheologie (Nr. 670, 3). Bucer regt den Druck der Zwölf Artikel an (Nr. 654, 2), und Wolfgang Capito schreibt im Sinne Schwebels an Pfalzgraf Ruprecht (Nr. 702, 1; 703, 1). Zur Unterstützung senden die Straßburger Johannes Hechtlin nach Zweibrücken (Nr. 653; 654; 656; 669; 670, 2; 701). Er überbringt Bucers lobendes Votum zu Schwebels Artikeln (Nr. 701, 2) und soll ihn als Pfarrer entlasten; letztlich scheitert aber seine Berufung. Als Alternative nennt Bucer den aus Grötzingen vertriebenen Christoph Sigel; auf den unter seiner Leibeigenschaft leidenden Konrad Hubert (Nr. 659 P.S.) will er nicht verzichten, da Bucer größere Pläne mit ihm hat (Nr. 670, 4). Als Schwebel, mittlerweile zum Nachfolger des resignierten altgläubigen Pfarrers Johannes Meisenheimer bestimmt (Nr. 669), Bucers Votum verliest, bestreiten seine Gegner dessen Echtheit (Nr. 701, 2).

Zum Streitpunkt wird nun der Taufexorzismus, den die Täufer seit längerem kritisieren, Pistor unterlässt (Nr. 692) und Schwebel nicht durchgängig praktiziert (Nr. 692; 702, 2). Für Bucer bezeugt dieser Ritus die Erbsünde, ist aber verzichtbar, da er erst nachträglich mit der Taufe verbunden wurde und in der liturgischen Tradition eine Randstellung einnimmt (Nr. 670, 3). Selbst lutherische Ordnungen schreiben ihn nicht zwingend vor (ebd.). Als Motiv Pistors erkennt Bucer nach dessen bescheidenem Auftreten in Straßburg im Frühjahr 1533 das Bemühen, die Säuglinge nicht als Besessene erscheinen zu lassen (Nr. 692). Deshalb bitten die Straßburger darum, Pistor die Freiheit zuzugestehen, auf den Exorzismus zu verzichten (ebd.). Schwebel stellt daraufhin klar, dass Pistor bei denen Anstoß zu vermeiden suchte, welche die Kinder als sündlos und deren Taufe als unnütz betrachten. Um diese Irrtümer nicht zu bestärken und den Anschein einer Lehrdifferenz zwischen Schwebel und Pistor zu vermeiden, ordnete der Pfalzgraf an, den Taufexorzismus zu praktizieren (Nr. 702, 2), was Bucer schließlich akzeptiert (Nr. 703).

4.3 Ulm

– Die Spannungen zwischen Rat und Predigern
Die Verhältnisse in Ulm sehen Frecht und Sam kritisch. Sie klagen über die Trägheit ihrer Gemeindeglieder bei der Umsetzung der Reformation (Nr.

643, 2; 646, 3; 705, 3) und die lasterhafte Lebensführung insbesondere der Patrizier (Nr. 673, 3). Zwischen Predigern und Rat bestehen Spannungen: Die Geistlichen sind zwar bereit, der Obrigkeit den geforderten Gehorsam zu schwören, wollen es sich aber nicht verbieten lassen, Laster und Bosheit von der Kanzel öffentlich zu rügen.

Die Sonntagspredigten im Münster halten der volksnahe Johannes Walz, Michael Brothag und Martin Frecht. Sie fühlen sich überlastet, die Verantwortlichen um Bernhard Besserer wollen aber lieber die Morgen- und Abendgottesdienste reduzieren als einen zusätzlichen Prediger anstellen (Nr. 705, 3). Auch die Verhältnisse im Ulmer Spital finden die Kritik der Geistlichen: Dass verheiratete Paare hier getrennt schlafen müssen, haben sie bereits moniert, bislang aber ohne Erfolg (Nr. 673, 4).

– Krankheit und Tod Konrad Sams
Martin Frecht informiert Bucer über die der Überlastung geschuldete Erkrankung (Nr. 673) und das Sterben Konrad Sams (Nr. 705, 1–2), den Christoph Sigel ohne Aussicht auf dessen Nachfolge vertreten hat (Nr. 705, 6). Bernhard Besserer wünscht sich Bonifatius Wolfhart als Nachfolger, glaubt aber nicht, ihn gewinnen zu können (Nr. 705, 3).

– Vertrauensvolles Einvernehmen bei Bucers Vermittlungsbemühungen
Trotz längerer Korrespondenzpause (Nr. 643, 1) ist Bucers Verhältnis zu Frecht und Sam nach wie vor vertrauensvoll. Bucer sucht ihren Rat in der Frage, ob und wie er auf Luthers Schreiben gegen die Frankfurter Prediger antworten soll (Nr. 660, 2). Er sendet vorbereitete Apologien und bittet um diskrete Weiterleitung an Wolfgang Musculus und Sebastian Maier nach Augsburg sowie an Ambrosius Blarer nach Konstanz (Nr. 660, 4; 663 P.S.). Die Ulmer entsprechen diesem Wunsch umgehend und raten Bucer, die Apologien zu drucken, darüber hinaus aber nicht auf Luther zu reagieren (Nr. 663, 2; 667, 5; 673, 2). Altbürgermeister Bernhard Besserer glaubt, bei einem neuerlichen Aufflammen der innerprotestantischen Abendmahlskontroverse werde Johann Friedrich von Sachsen die oberdeutschen Verbündeten im Stich lassen. Bucer informiert die Ulmer über den Erfolg seiner Reise in die Schweiz (Nr. 689, 5; 705, 1). Diese verfolgen den Kemptener Abendmahlsstreit aufmerksam (Nr. 646, 3) und dementieren die Vorwürfe Konrad Hermanns („Schlupfindheck") gegen Bucer (Nr. 689, 3; 705, 5).

– Informationen über andere
Die Ulmer Prediger informieren Bucer über die Schulden des Neu-Biberachers Hieronymus Guntius (Nr. 646, 2; 660, 1; 673 P.S.) sowie die Verhältnisse in Isny und Esslingen (Nr. 643, 2).

4.4 Lindau

Der örtliche Prediger Thomas Gassner unterstützt Bucers Versuche, die innerprotestantische Abendmahlskontroverse beizulegen (Nr. 644, 1). Auf Initiative Wolfgang Capitos und Ambrosius Blarers verbot der Rat nun, an der altgläubigen Messe im örtlichen Kanonissenstift teilzunehmen (Nr. 644, 2). Gassner weiß von Blarers Wirken in Isny (Nr. 644, 3) und kennt die Entwicklung im Thurgau (Nr. 644, 4).

Ambrosius Blarer lobt bei seinem Besuch in Lindau (Februar/März 1533) die dortige Gemeinde für die Einführung einer Zuchtordnung (23. Februar 1533) und ihren Eifer für Christus (Nr. 667, 2). Durch die Ulmer vermittelt, erhält Blarer in Lindau Bucers Apologien (Nr. 663, 2; 673, 2) und informiert diesen von hier aus über die Lage in Kempten (Nr. 667, 3).

4.5 Kempten

Der Abendmahlsstreit zwischen den an Luther orientierten Kemptener Predigern Johannes Rottach und Johannes Seeger einerseits und dem der zwinglianisch-oberdeutschen Abendmahlstheologie zuneigenden Jakob Haistung anderseits (vgl. BCor 8, S. XVII) wird von den Nachbarn Lindau (Nr. 644) und Ulm (Nr. 646, 3) aufmerksam verfolgt. Der Kemptener Rat schickt die von den Kombattanten eingeforderten Darstellungen ihrer jeweiligen Position an die Nürnberger, Augsburger und Straßburger Theologen zur Begutachtung (29. November 1532). Letztere fügen ihrer Stellungnahme (BDS 8, Nr. 4, S. 55–154; vgl. Nr. 659, 3) einen Begleitbrief an die Kemptener Prediger bei (Nr. 647). Darin bedauern die Straßburger, dass ihr Rat ihnen das persönliche Gespräch mit den Konfliktparteien verwehrte. Trotz seiner Sympathien für Haistung (Nr. 648, 4) attestiert Bucer allen Beteiligten, Christen zu sein und zu lehren, dass im Mahl die wahre Gabe des Leibes Christi gewährt werde. Bucer rät, Gott zu suchen und auf der Schlichtheit der Schrift zu beharren. Die Prediger sollen einander vergeben (Nr. 647, 6) und im Interesse der Gemeinde auf alle Eigenliebe verzichten.

Ambrosius Blarer, der sich auf Bitte Bucers (Nr. 659, 1) von Februar bis Mitte März in Kempten aufhält, schildert diesem den weiteren Verlauf der Auseinandersetzung (Nr. 667, 3): Der Kemptener Rat unterschlägt seinen Predigern die Gutachten aus Augsburg und Nürnberg und verpflichtet sie auf die Straßburger Position. Als die lutherischen Prediger ihre Zustimmung aus Gewissensgründen widerrufen, entlässt sie der Rat (31. Januar 1533) und beruft Paul Rasdorfer und Georg Veit Kappeler. Ihnen lässt Bucer seinen Bericht über die Reise durch Süddeutschland und die Schweiz zukommen (Nr. 689, 5).

4.6 Augsburg

– Die Prediger

Die auch vom Ulmer Altbürgermeister Bernhard Besserer als sehr unterschiedlich wahrgenommenen Augsburger Predigerpersönlichkeiten (Nr. 705, 3) verfassen ebenfalls ein Gutachten zum Kemptener Abendmahlsstreit, das der dortige Rat allerdings unterschlägt (Nr. 667, 3). Die Spannungen zwischen den Augsburger Predigern (vgl. BCor 6, S. XIV; BCor 8, S. XIVf.) relativiert Johann Heinrich Held (Nr. 666, 3), den Bucer zu Bildungsanstrengungen ermuntert hat (Nr. 666, 1). Der Augsburger Stadtarzt Gereon Sailer, der auch als Briefbote der Ulmer fungiert (Nr. 673, 5), erkennt bei seinen Predigern hingegen hinterhältige Machenschaften und ein disparates Auftreten nach außen (Nr. 707, 1). Bucer zieht nur Wolfgang Musculus und Sebastian Maier ins Vertrauen, obwohl sich ersterer über Luthers Distanzierung zur Abendmahlstheologie der Oberdeutschen heftig entrüstet hat (Nr. 658). Beide senden ihre Stellungnahme zu Bucers Apologien nach Straßburg (Nr. 660, 4; 673, 2).

– Ratspolitik und drohender Aufruhr

Sailer (Nr. 707, 1) kritisiert wie Held (Nr. 666, 2) die Religionspolitik des Rates gegenüber den Altgläubigen als zu nachgiebig (Nr. 666, 2; 707, 1). Er berichtet Bucer vom Fund eines Drohbriefes und den Maßnahmen des Rates gegen den drohenden Aufruhr (ebd.).

4.7 Straßburg

– Prediger und Rat

Die obrigkeitliche Position des Rates gegenüber den Predigern tritt klar hervor. So lehnt der Rat Bucers Wunsch, in der Kemptener Abendmahlskontroverse persönlich zu vermitteln, ab (Nr. 647, 1; 648, 2), hält den von Bucer nach Zweibrücken empfohlenen Johannes Hechtlin zurück (Nr. 656), untersagt die von den Predigern mehrfach beantragte öffentliche Diskussion mit den Dissenters (Nr. 634, 3) und verhängt die vorgeschlagenen Sanktionen gegen diese nicht. Anders als im Falle einer fremden Obrigkeit (Nr. 640; 641) intervenieren die Prediger auch nicht beim eigenen Rat im Interesse Zürichs, als Heinrich Bullinger sie darum bittet (Nr. 652, 2–3). Hingegen sucht der Rat durchaus das Votum der Prediger, wenn es um deren Kernkompetenz geht, wie etwa die Beurteilung der theologischen Haltung des Jakob Kautz (Nr. 634).

– Das Aufenthaltsgesuch Jakob Kautz'

Der ehemalige Wormser Prädikant und jetzige Täufer beantragt beim Rat, seine kranken Hände in Straßburg behandeln lassen zu dürfen (9. Oktober

1532). Die örtlichen Prediger wollen sein Ersuchen befürworten, wenn sich Kautz von seinen früheren Lehren, die Sakramente seien irrelevant und Teufel wie Verdammte würden selig, distanziert hat. Dies bezweifelt Simon Grynaeus (Nr. 638, 2). Den Predigern gilt die Sakramentsgemeinschaft als Voraussetzung städtischer Moralität. Kautz' Eschatologie habe in Straßburg zwar viele Anhänger gefunden, verspotte aber die Heilige Schrift. Der Rat soll bedenken, dass er sich auf die *Confessio Tetrapolitana* verpflichtete und die Verdammung der Ungläubigen zur Lehrgrundlage des Schmalkaldischen Bündnisses gehört. Da eine uneingeschränkte Publikationsfreiheit zu Aufruhr und Blutvergießen führt, soll der Rat die Zensur weniger nachsichtig ausüben (Nr. 634). Wohl am 16. Oktober lehnt der Rat Kautz' Gesuch ab (Nr. 634, 2).

– Die Reise Matthias Zells
Etwas später als Bucer (vgl. Nr. 677*) bricht Zell zu seiner Reise durch die Schweiz auf. Er trifft Bucer in Fraubrunnen (Nr. 686), wo dieser ihm zwar ein Empfehlungsschreiben für Blarer in Konstanz (Nr. 686), aber nicht die Kopie seiner Schrift zur Kirchenzucht mitgibt (Nr. 690; 695, 2). In Bern besucht Zell die Predigten aller drei Geistlichen; Bernhard Tillmann begleitet ihn bis Burgdorf (Nr. 691, 1). Weitere Stationen sind Mühlhausen und Konstanz (Nr. 698, 1). Dort finden seine drei Predigten großen Beifall, und Blarer gibt ihm einen (nicht ermittelten) Brief an Bucer mit (Nr. 700, 5).

– Die Dissenters und die Synode (3.–14. Juni 1533)
Das Wirken der Dissenters in Straßburg (vgl. BCor 7, S. XX–XXII; BCor 8, S. XIX) bleibt den Korrespondenten nicht verborgen (Nr. 628, 3; 702, 3). Bucer erscheint die Lage in Straßburg alarmierend zu sein: Falsche Nachsicht und Publikationsfreiheit (Nr. 634, 3) ließen die Sekten überhand nehmen (Nr. 634; 637), das Wort Gottes wird verachtet (Nr. 649), der Irrtum regiert und aufrührerische Phantasien brechen sich Bahn, so dass in Straßburg nur noch eine Minderheit dem rechten Glauben anhängt (Nr. 634, 3; 703, 3).

Auf Antrag der Prediger (30. November 1532) lässt der Rat deshalb eine Synode (Vorsynode 3.–5. Juni, Hauptsynode 10.–14. Juni 1533) zusammentreten (Nr. 696, 2; 704, 1). Bucers Korrespondenten verfolgen sie interessiert (Nr. 702, 3; 707, 2; 708, 2–3), der Basler Kollege Paul Phrygio (Nr. 704, 2) und wohl auch Hans Landschad von Steinach (Nr. 708, 2) nehmen persönlich teil. Bucer selbst bereitet die Synode intensiv vor und nach (Nr. 695, 1; 696, 2; 704, 1). Sie beschließt eine von ihm verfasste Grundordnung (vgl. Nr. 677*/BDS 5, S. 378–382) der Straßburger Kirche und prüft Lehre und Lebenswandel der Geistlichen. Großen Raum nimmt auf der Synode Bucers Auseinandersetzung mit den aus seiner Sicht grauenvollen Irrlehren (Nr. 703, 3) der Dissenters (Nr. 708, 2) ein, namentlich diskutiert er mit Melchior Hoffmann, Kaspar Schwenckfeld (Nr. 655; 704, 1–2), Clemens Ziegler, Claus

XXVI   EINLEITUNG

Frey, Martin Stoer sowie den sogenannten Epikuräern Anton Engelbrecht, Bernhard Wacker, Wolfgang Schultheiß und Hans Sapidus. Nach Engelbrechts Selbsteinschätzung befindet sich die Wahrheit in ihren Herzen und befähigt sie dazu, der wortreichen Überredungskunst Bucers sanftmütige, kurze, einfache und gerade deshalb wahre Rede entgegenzusetzen (Nr. 697). Die Prediger fordern beim Rat Sanktionen gegen die Dissenters, erreichen aber nur die Einrichtung einer Kommission ohne Beteiligung der Geistlichkeit.

5. Die Anliegen der Einzelkontakte

Die Vielzahl der Einzelkorrespondenten ist ein Kennzeichen des vorliegenden Bandes. Inhaltlich geht es meist darum, Bucer über örtliche Gegebenheiten zu informieren und sich seiner Fürsprache und Vermittlung zu versichern bzw. für deren Erfolg zu danken.

So hofft Gervasius Schuler angesichts der Härten in Basel auf eine Anstellung in Straßburg (Nr. 636) und Christoph Sigel bittet Bucer, sich bei den Straßburger Druckern für Johannes Rimpius einzusetzen, dessen Krankheit ihn hindert, deren Außenstände einzutreiben (Nr. 639, 2; vgl. 646, 2). Michael Marstaller berichtet von der geplanten Einführung der Brandenburg-Nürnbergischen Kirchenordnung in Nürnberg (Nr. 645) und Johannes Bader antwortet zurückhaltend auf Bucers Anfrage wegen Schwenckfeld (Nr. 655). Johannes Rosa von der Burg Landsberg dankt mit der Sendung eines Häschens wohl für eine von Bucer vermittelte Berufung (Nr. 664). Heinrich Never aus Wismar berichtet von den Anfeindungen der Lutheraner gegen ihn und seiner Weigerung, das Abendmahl zu halten (Nr. 668). Fortunatus Andronicus beschreibt die Feindseligkeiten, die seinem reformatorischen Wirken in Orbe begegnen, und bittet um ein Stipendium für den Sohn seines Schwiegervaters (Nr. 678). Georg Caserius in Weißenburg sucht Unterstützung bei seinem Bemühen um ein reineres Evangelium (Nr. 687). Heinrich Slachtscaef attestiert Bucers exegetischen Arbeiten Begabung, relativiert die Bedeutung der Kindertaufe, lobt die Entwicklung in Münster und stellt Nächstenliebe und Gottesverehrung über Intelligenz und Wissen. Bei Gefallen sollen die Straßburger sein beiliegendes Büchlein drucken lassen (Nr. 706).

6. Bucer als Verfasser exegetischer Werke

Peter Pithonius besitzt Bucers Evangelienauslegung, wünscht sich dessen Psalmenkommentar und verweist auf die finanziell bescheidenen Verhältnisse seiner großen Familie (Nr. 630). Michael Marstaller lobt Bucers Vermittlungsaktivitäten; seine gesundheitliche Verfassung erlaubt die Lektüre des wohl angebotenen Psalmenkommentars aber nicht, zumal er sich nur noch auf Heilsrelevantes konzentriert (Nr. 645). Berchtold Haller las Bucers Ausführungen über den Abstieg Christi zu den Toten in seinen Kommentaren zum Matthäusevangelium und zu den Psalmen und fragt nun nach dem Aufenthaltsort der Seele Christi zwischen Karfreitag und Ostersonntag (Nr. 657, 4).

Bucer hat sich der Paulusauslegung zugewandt (vgl. bereits BCor 8, Nr. 619, 4) und befürchtet, deren Wirkung könnte durch eine mögliche Agitation Luthers beeinträchtigt werden (Nr. 660, 2). Daher ermuntern ihn Martin Frecht (Nr. 663, 1) und Ambrosius Blarer (Nr. 667, 4), die exegetische Arbeit einer Auseinandersetzung mit Luther vorzuziehen.

7. Bucer und seine Familie

Insbesondere mit Margarethe Blarer tauscht sich Bucer auch über seine Familie aus. Er schreibt von der Krankheit seiner Frau und einiger Kinder (Nr. 629), der Schwangerschaft Elisabeths (Nr. 649) und der Geburt seiner Tochter Irene (5. Februar 1533, Nr. 659, 5), zu der ihm Simon Grynaeus gratuliert, der ebenfalls gerne Vater würde (Nr. 662, 3). Grynäus zieht sich Bucers Tadel zu, weil er das bestellte Butterschmalz für die Bucers nicht beschaffen kann (Nr. 638, 3). Erfolgreicher agiert Valentin Brentz, der Bucer sechs Pfund Mandeln bringt (Nr. 655). Wie schon in der vorausliegenden Korrespondenz zeigt sich Margarethe Blarer, die offenbar eine eigenständige Korrespondenz mit Elisabeth führt (Nr. 694, 2; 709, 4), sehr großzügig gegenüber der Familie Bucer. Als sie erfährt, dass Bucers Gattin befürchtet, seine Reise könnte die Finanzkraft der Familie übersteigen, sendet Margarethe unaufgefordert 20 Goldgulden zur Schuldentilgung. Zu ihrem Missfallen (Nr. 709, 4) schickt Bucer die Hälfte zurück und verwendet fünf Gulden für Fonzios Operation, den Rest zum Bücherkauf (Nr. 694; 696, 1; 704, 2).

C. Die innerprotestantische Abendmahlskontroverse

Neben Peter Pithonius' Nachfrage zu den Geschehnissen in Schweinfurt (Nr. 630, 2) erreichen Bucer Würdigungen seiner Verständigungsbemühungen in der Abendmahlskontroverse von Christoph Sigel (Nr. 639, 1), Thomas Gassner (Nr. 644, 1), Michael Marstaller (Nr. 645, 1) und den Züricher Predigern (Nr. 682, 1). Heinrich Never berichtet von den Bedrängnissen, welche seine lutherischen Ortskollegen ihm bereiten (Nr. 668, 2–3). Im Zentrum der Abendmahlsdiskussion stehen im vorliegenden Band aber die Reaktionen auf Luthers offenen Brief an den Frankfurter Rat (WA 30/3, S. 554–571) und Bucers Gutachten über die Stellungnahmen der Kemptener Prediger zum Abendmahl.

1. Luthers Stellungnahme zum Streit um das Abendmahl in Frankfurt a.M.

Nachdem die der oberdeutsch-zwinglischen Abendmahlslehre verpflichteten Frankfurter Prediger die Entlassung ihres lutherischen Ortskollegen Johannes Cellarius betrieben und durchgesetzt haben, wendet Luther sich in einem offenen Brief an den dortigen Rat. Die Behauptung, dessen Prediger lehrten im Konsens mit Luther, weist er als Wahn und Schein zurück. Die Frankfurter bezögen ihre Rede vom wahren Leib Christi im Mahl nämlich nur auf den Geist, so dass „eitel wein und brod im Sacrament sey" (WA 30/3, S. 560, Z. 14f.) und den Gläubigen nichts als Brot gereicht werde, weil der Leib Christi ja im Himmel lokalisiert sei. Dann richte sich der Glaube aber nicht auf den Leib, den die Verheißungsworte geben, sondern es werde „jnn die lufft gegleubet nach eigenen gedancken" (ebd., S. 564, Z. 7). Deshalb rät Luther, lieber kein Abendmahl als das der Frankfurter Prediger zu empfangen, denunziert ihre Lehre als Gift und sie als Schwärmer oder Gaukler und Erzteufel, die auszuweisen seien.

– Reaktionen der Korrespondenten Bucers
Wolfgang Musculus hält Luthers Schreiben für den Gipfel der Unverschämtheit, eine eitle Selbstdarstellung und einen Beleg für die einst von Luther selbst geäußerte Einsicht, dass das Schlimmste aus dem Besten folgen kann (Nr. 658). Die Ulmer Prediger Martin Frecht und Konrad Sam werten Luthers Brief als eine unwürdige Dreistigkeit, die mit Schweigen zu übergehen ist (Nr. 663, 1). Dies empfiehlt auch Ambrosius Blarer (Nr. 667, 4): Bucer soll die Lutheraner nicht reizen, den Altgläubigen keinen Verweis auf die Zerstrittenheit der Protestanten ermöglichen und seine Kräfte nicht binden. Die Züricher Prediger können in dem Brief keine Gemeinsamkeit mit Luther entdecken, er hätte besser geschwiegen (Nr. 682, 2). Martin Uhinger bittet angesichts der Sympathien für die lutherische Abendmahlslehre in Biberach und der kriteriellen Funktion, die Luther der *manducatio oralis* im Schreiben an die Frankfurter zumisst, um Argumentationshilfe (Nr. 684, 3). Der Wismarer Rat bestimmt Luthers Brief zur Zwangslektüre für seinen Prediger Heinrich Never (Nr. 668, 3). Philipp Melanchthon versichert Bucer seiner freundschaftlichen Gesinnung, erinnert an sein eigenes gemäßigtes Auftreten in der innerprotestantischen Abendmahlskontroverse, rät Bucer, die Zwänge zu ertragen, und bittet ihn, deeskalierend zu wirken (Nr. 675, 1).

– Bucers Urteil und Vorgehen
Luther erscheint Bucer wie ein guter, verehrungswürdiger Vater, der im Zorn eine schädliche Entscheidung trifft (Nr. 660, 4). Bissig und gröber als zuvor (Nr. 660, 1) reißt er immer wieder die Wunden auf, die Bucer gerade verbunden hat. Den Grund für Luthers Verhalten sieht Bucer aber nicht in einer Sachdifferenz, sondern in Einflüsterungen aus Luthers Umfeld (Nr. 659, 2; 660, 3; 661, 2; vgl. BCor 8, S. XXIII), die ihn zu einer verfehlten Wahrnehmung der oberdeut-

schen und zwinglianischen Position verleitet haben (Nr. 660, 3). Aus Respekt vor Luthers großem Glauben und Erfolg will Bucer alles hinnehmen, solange Luther nicht die Wahrheit Christi verletzt (Nr. 660, 1). Eine Replik könnte ihn reizen und bei seinem Einfluss dazu führen, dass sich die Lage für die Gemeinden, die Bündnisse zwischen den protestantischen Städten und Fürsten sowie die Rezeption der Schriften Bucers verschlechtert (Nr. 660, 4). Zudem würde die eigene Uneinigkeit den Feinden des Evangeliums in die Hände spielen. Daher ist Bucer zunächst unschlüssig, ob er direkt antworten soll (Nr. 660, 1, 4), und denkt daran, die Problematik in der gerade entstehenden Schrift *Furbereytung zum Concilio* (August/September 1533, BDS 5, S. 259–360, insbesondere S. 355–360) aufzugreifen (Nr. 660, 2; vgl. 663, 1; 700, 3; 707, 2).

2. Bucers Stellungnahme zum Streit um das Abendmahl in Kempten

Bucer hat die theologische Problematik wenige Monate zuvor mit den Zürichern Leo Jud (BCor 8, Nr. 598) und Heinrich Bullinger (ebd., Nr. 626) ausführlich diskutiert (vgl. die Zusammenstellung der Argumente BCor 8, S. XXII–XXXI). So kann er jetzt auf bereits Erarbeitetes zurückgreifen.

2.1 Grundkonsens beim Abendmahl

Anders als Luther in seinem Brief an den Frankfurter Rat startet Bucers Reflexion nicht bei einer Differenz, sondern bei einem Konsens: Beide Parteien sind Christen (Nr. 647, 3), die Christus als alleinigen Retter und seine wahre – freilich nicht physische (Nr. 648, 3) – Gegenwart im Mahl bekennen (Nr. 647, 3, 5–6; 648, 3; 661, 2). Es geht um ein sakramentales Essen im Glauben, bei dem der Leib Christi mit einem Zeichen genossen wird. Nach dem Zeugnis der Kirchenväter (Nr. 648, 3; 650, 2) und gemäß Joh 6 werden die Glaubenden im Mahl zu Gliedern des Leibes Christi, in denen sein und nicht ihr Leben Kraft hat, so dass die Glaubenden auch an seiner lebensspendenden Menschheit teilhaben (Nr. 648, 3; 660, 3). In diesem Kontext ist auch Augustins Rede von der Kirche als Leib Christi zu sehen (Nr. 648, 3).

2.2 Differenzierung der Positionen

Dieser Konsens verzweigt sich nach Bucer in unterschiedliche, einander aber nicht widerstreitende Antworten auf zwei zentrale Fragen (Nr. 647, 3–4):

– Auf welche Weise ist das Brot wahrer Leib?
Luthers identifizierende Zuordnung von Brot und Leib Christi steht insofern nicht im Widerspruch zu der oberdeutsch-zwinglischen Position, als er sie eigentlich nicht absolut denkt (Nr. 661, 2), sondern als ihren Ort das Sakramentsgeschehen benennt. Insofern trifft sie sich mit der Rede vom Brot als Sakrament des Leibes Christi (Nr. 647, 3; 648, 3).

– Auf welche Weise wird der Leib Christi empfangen?
Die oberdeutsch-zwinglische Auffassung, der Leib Christi werde geistlich im Glauben oder von der Seele aufgenommen (Nr. 648, 3), widerstreitet der lutherischen Rede vom leiblichen Empfang nicht. Denn auch die Lutheraner unterscheiden zwischen Sichtbarem und Geistigem, lehnen einen Verzehr mit den Zähnen oder dem Bauch ab und benennen als Ort des Empfangs den Glauben und nicht etwa den Magen (Nr. 647, 4; 648, 3).

Andere Streitpukte wie die menschliche Natur oder die Himmelfahrt Christi hält Bucer demgegenüber für sekundär, denn Christus ist trotz seiner Himmelfahrt gegenwärtig – wenn auch nicht örtlich oder körperlich (Nr. 647, 5).

2.3 Grenzen des Konsenses

Bucer erkennt durchaus, dass im Streit um die Gegenwart Christi im Mahl auch sachlich unvereinbare Positionen einander gegenüberstehen. Zu einem Ausschluss der jeweils anderen Seite kommt es aber nur, wenn die eigene Position verkannt wird.

So entgeht manchen Lutheranern – nach Bucers Meinung auch Johannes Seeger und Johannes Rottach in Kempten (Nr. 648, 3) –, dass alles, was mit dem Brot geschieht, bei Luther auf einer *unio sacramentalis* basiert (Nr. 661, 2). Wer ohne diese Einsicht zu der Behauptung kommt, die Gottlosen erhielten ebenso viel wie die Glaubenden, kann die wahre und reale Gegenwart Christi im Glauben gerade nicht festhalten (Nr. 660, 3). Da aber kein Lutheraner behauptet, die *manducatio impiorum* bringe das Heil, ist der Streit über sie auch unnötig (Nr. 647, 5; 648, 3), zumal das Mahl ohnehin nur für die Jünger eingesetzt wurde (Nr. 647, 7).

Auf der Seite Zwinglis verkennen manche – nach Frecht und Sam (Nr. 663, 3) anfangs auch Zwingli selbst! – das Mahl, wenn sie in ihm nichts anderes als eine wechselseitige Bezeugung sehen, zu Christus zu gehören. Dann können sie nicht mehr festhalten, dass auch etwas empfangen wird (vgl. die Selbstbeschreibung der Züricher Position Nr. 651) und der Glaube an Christus nicht einfach mit dem Empfang seines Leibes im Mahl identifiziert werden darf (Nr. 660, 3). Eben solch eine Position hat Luther vor Augen, wenn er argwöhnt, das Abendmahl sei für Zwinglianer und Oberdeutsche nur eine Ermahnung zum Glauben ohne den Empfang des Leibes Christi (Nr. 660, 3).

2.4 Die ethische Dimension

Bucer betrachtet die Kontroverse um die Sakramente nicht nur unter der Perspektive stringenter theologischer Argumentation, sondern auch unter der paulinischen Maßgabe eines geistlichen Umgangs, der die Schwäche des Nächsten als Grenze der eigenen Freiheit erkennt (Nr. 631, 5; 703, 2). So ermuntert Bucer die Kemptener, einander im Glauben anzunehmen, alle Eigenliebe zurückzustellen, sich selbst zu verleugnen und der Schlichtheit der

Schrift zu folgen (Nr. 647, 6). Bucers private Randbemerkungen auf den Gutachten (vgl. Nr. 647) und seine Äußerungen gegenüber Ambrosius Blarer (Nr. 648, 4) zeigen freilich auch, dass er die Stellungnahmen der Kemptener kritischer sieht, als er das in seinem auf die Beilegung des Streits zielenden Gutachten zum Ausdruck bringt.

D. Editionsgrundsätze

1. Die *Sprache* der Apparate und Register ist – den Brieftexten gemäß – deutsch und lateinisch; in das Sachregister wurden wichtige französische Verweisstichwörter eingefügt. Die Briefregesten werden in französischer und deutscher Fassung geboten, wobei die französischen Regesten in Anbetracht der deutschsprachigen Fußnoten-Kommentierung gelegentlich ausführlicher sind und von den deutschen Regesten abweichen können.

2. Wo möglich, wird zu Beginn eines Regests auf das vorausgehende Schreiben innerhalb dieser Korrespondenz im vorliegenden Band verwiesen und am Ende des Regests auf den Folgebrief. Dies soll die schnellere Rekonstruktion einer Korrespondenz ermöglichen.

3. In längeren Briefen werden die Sinnabschnitte mit Buchstaben oder Zahlen in eckigen Klammern bezeichnet. Existiert eine Gliederung des Autors oder eines zeitgenössischen Redaktors, wird diese übernommen; ansonsten werden arabische Zahlen verwendet.

4. Der Band enthält ein umfassendes *Literaturverzeichnis* mit Kurztiteln, auf die sich die Angaben im kommentierenden Apparat beziehen. Die Kurztitel sind in Kapitälchen gesetzt, wenn es sich um Sekundärliteratur handelt, Quellenangaben werden nicht ausgezeichnet.

5. Das *Abkürzungsverzeichnis* beschränkt sich auf Siglen, die nicht in sich verständlich sind.

6. Der *Personenindex* soll den Sachkommentar entlasten und einen schnellen Zugriff auf die wichtigsten Informationen bieten. Vgl. dazu die Einleitung zum Personenindex, S. 299.

7. Folgende *Sonderzeichen* werden zur Entlastung des textkritischen Apparats und zur besseren Lesbarkeit der Briefe im Text verwendet:

↓...↓	Einfügungen von oberhalb der Zeile
↑...↑	Einfügungen von unterhalb der Zeile
<...<	Einfügungen am Rand
ᵛ...ᵛ	Einfügungen von oberhalb der Seite
^...^	Einfügungen von unterhalb der Seite
≤...≤	Einfügungen am Ende des Briefes oder Abschnitts
⊤...⊤	Einfügungen innerhalb der Zeile
⌜...⌝	Veränderte Textpassagen (ab zwei Wörtern).

✱✱✱

Die Edition auch dieses Bandes entstand am Lehrstuhl für Neuere Kirchengeschichte der Theologischen Fakultät der Universität Erlangen-Nürnberg, in Zusammenarbeit mit dem GRENEP (Groupe de Recherches sur les Non-Conformistes religieux des XVIe et XVIIe siècles et l'Histoire des Protestantismes) und der Faculté de Théologie Protestante de l'Université de Strasbourg. Wie in den drei vorausgegangenen Bänden hat Reinhold Friedrich die Textkonstitution erstellt, Wolfgang Simon die deutschen Regesten und den kommentierenden Apparat erarbeitet und Berndt Hamm die kritische Gesamtredaktion übernommen. Matthieu Arnold verfasste die französischen Regesten und inserierte die französischen Verweisstichwörter in den Registern, Christian Krieger erstellte das Layout und erarbeitete elektronisch Trefferlisten für den hier gebotenen Personenindex. Für ihren unermüdlichen Einsatz danken wir besonders unseren studentischen Hilfskräften Thomas Kurz und Jakob Trapp, für die vorzügliche philologische Beratung Herrn Prof. Dr. Christoph Schubert. Mehrere Fachgelehrte sowie Mitarbeiterinnen und Mitarbeiter von Bibliotheken und Archiven waren uns bei der Klärung von Einzelfragen behilflich. Ihre freundlichen Hinweise werden an entsprechender Stelle berücksichtigt.

Andrew C. Gow danken wir dafür, dass er auch diesen Band wieder in die angesehene Reihe der Studies in Medieval and Reformation Traditions aufgenommen hat. Ebenfalls danken wir der Deutschen Forschungsgemeinschaft, dem GRENEP und dem Conseil Général du Bas-Rhin, sowie dem Königlichen Brill-Verlag für die gute Zusammenarbeit.

Erlangen, den 1. August 2013
Berndt Hamm, Wolfgang Simon, Reinhold Friedrich

INTRODUCTION

Les 81 lettres publiées (43 lettres envoyées par Martin Bucer, dont 39 rédigées par lui seul ; 38 lettres reçues) dans ce volume couvrent près de dix mois (1er septembre 1532 au 23 juin 1533) ; cette période est marquée, au printemps de 1533, par un voyage de Bucer en Suisse, puis par le Synode de Strasbourg. Ces lettres témoignent, comme celles éditées dans les volumes précédents, de la diversité des tâches du Réformateur strasbourgeois, de la richesse de ses centres d'intérêt et de son influence dans des domaines et sur des milieux variés. Sans viser l'exhaustivité de l'introduction allemande, nous esquissons, dans les pages qui suivent, les principaux thèmes de cette correspondance.

La querelle relative à la Cène

De même que dans les tomes précédents, la querelle relative à la Cène revêt une très grande importance. Les échanges épistolaires de Bucer avec la Suisse et avec l'Allemagne du Sud témoignent des effets négatifs de l'écrit de Martin Luther au Sénat de Francfort (*Ein brieff an die zu Franckfort am Meyn*, WA 30/3, 554–571), par lequel le Réformateur condamne les conceptions zwingliennes. En avril et en mai 1533 (voir l'itinéraire détaillé donné dans l'introduction allemande), Bucer se rend à Bâle, et Zurich et à Berne, sans parvenir à convaincre ses interlocuteurs de s'accorder avec Luther.

Une lettre collective aux trois prédicateurs de Kempten, qui se déchirent sur la Cène et ont adressé leurs confessions aux pasteurs strasbourgeois, donne à ces derniers l'occasion d'exposer de manière développée leur position ; Bucer et ses collègues, qui auraient préféré leur répondre de vive voix, exhortent les pasteurs de Kempten à ne pas se quereller à propos de la *manducatio impiorum* (n° 647 ; n° 667 sur l'influence positive de cet écrit). À Ambroise Blaurer (n° 648) comme à Heinrich Bullinger (n° 649), Bucer rappelle sa position. Il prie les Zurichois de ne pas lui chercher querelle sans raison et de s'expliquer avec lui en privé plutôt que de le critiquer ouvertement ; il déclare préférer les débats oraux aux joutes par écrit, génératrices de malentendus. Dans sa réponse (n° 650), Bullinger maintient ses critiques envers Luther. Le jugement que porte sur Luther Wolfgang Musculus, très choqué par la *Lettre à ceux de Francfort*, est tout aussi peu amène : des meilleures choses sortent les pires, il en va ainsi désormais de Wittenberg (n° 658). Dans une lettre importante à Martin Frecht, où il tente d'apaiser les pasteurs d'Ulm, Bucer confie que Luther est plus mordant que jamais ; toutefois, il continue de penser que, sur le fond, il existe un accord avec lui ; il se dit prêt à tout supporter pour la concorde, et compare Luther à un père bon, mais colérique (n° 660). De fait, Frecht et Conrad Sam partagent avec lui l'idée qu'il ne faut pas exciter Luther par des répliques (n° 663).

Une lettre du Bernois Berchtold Haller (31 janvier 1533) illustre bien la position des Suisses à cette époque : ils jugent que Bucer s'est rétracté, et qu'il appelle à faire des concessions aux Luthériens (n° 657). Toutefois, on retrouve cette interprétation ailleurs, comme chez Henri Never, réformateur à Wismar (n° 668). De son côté, Philippe Melanchthon reconnaît que Bucer a œuvré en faveur de l'unité (n° 675). Le voyage de Bucer en Suisse, au cours duquel il s'illustre par sa prédication, s'avère utile pour dissiper les soupçons des Helvètes : suite à sa visite, Bullinger et les Zurichois le remercient d'avoir mis en évidence qu'ils avaient la même opinion sur la Cène (n° 682). Le 26 mai 1533, Bucer fait le bilan de son voyage dans une lettre aux « frères » de Memmingen : il redit sa conviction d'un accord sur le fond ; il a appelé ses interlocuteurs à interpréter les formulations divergentes dans le sens de l'amour ; il a dissipé le soupçon d'avoir changé d'opinion ; certes, Luther se trompe en pensant que les Suisses et les Allemands du Sud ont préféré la raison à la Parole, mais les serviteurs de moindre rang ne doivent pas rejeter Luther, dont Dieu se sert admirablement (n° 689).

Autres débats théologiques

Les Strasbourgeois sont contraints d'intervenir dans d'autres types de débats théologiques. Ainsi, dans la paroisse des Deux-Ponts, Georges Pistor refuse de pratiquer un exorcisme lors du baptême (les enfants seraient sans péché), ce qui avive les tensions entre Jean Schwebel et lui ; Bucer n'adresse pas moins de huit lettres à Schwebel, et il envoie Georges Steinbach (n° 631, une lettre qui nous renseigne sur la pratique du baptême à Strasbourg ; voir aussi n° 632, sur leur théologie du pédobaptisme) pour tenter de réconcilier les deux pasteurs. Si la médiation de Steinbach semble couronnée de succès (n° 635), le débat sur la nécessité de pratiquer l'exorcisme se ravive quelques mois plus tard (n° 670, 692 et 702). Dans une longue réponse à Jean Schwebel, qui vaut aussi pour le nouveau souverain, le Comte Palatin Robert du Palatinat-Veldenz-Lauterecken, Bucer invite son collègue à tenir Pistor non pas pour un endurci, mais pour un faible dans la foi ; en même temps, il accepte que Schwebel, soutenu en la matière par le Comte Palatin, continue de pratiquer l'exorcisme lors du baptême des nourrissons (n° 703).

Suite au décès de Louis II des Deux-Ponts, Bucer adresse aussi à Schwebel une lettre importante sur les cérémonies funèbres : il met en exergue l'usage wittenbergeois (avec les obsèques des Électeurs Frédéric le Sage et Jean le Constant), et exhorte Schwebel à faire l'éloge du souverain défunt sans celer ses mauvais côtés (n° 642). De leur côté, les pasteurs de Biberach l'interrogent sur la pratique de distribuer la Cène aux malades et aux mourants (n° 699).

INTRODUCTION XXXV

Le combat contre les dissidents et le Synode de Strasbourg

La période couverte par le présent volume est aussi celle où se déroule le Synode de Strasbourg (3 au 14 juin 1533), avec des entretiens avec des dissidents, qui nous sont connus par d'autres sources (voir les Quellen zur Geschichte der Täufer, t. VIII). Depuis Biberach, on questionne Bucer sur l'attitude à adopter face à ceux qui tardent à faire baptiser leurs enfants (n° 628). Dans une lettre au Sénat de Strasbourg relative à Jacques Kautz, les prédicateurs condamnent non seulement son enseignement sur le rebaptême, mais encore sa doctrine selon laquelle tous seront sauvés (n° 634). Dans plusieurs lettres, Bucer présente la situation à Strasbourg de manière dramatique : l'Église est ravagée par les hérétiques (n° 637) ; les « sectes » et les « Épicuriens » sévissent à Strasbourg (n° 649) ; lors du Synode, on combat des doctrines affreuses (n° 703). En lien avec le Synode, dont les pasteurs avaient ardemment demandé la tenue au Sénat (n° 634) pour réfuter les dissidents en public, Jacques Engelbrecht veut rendre raison de ses différences théologiques avec Bucer par écrit, ou, à défaut, pouvoir débattre en présence de témoins fiables : Bucer, qui a le verbe aisé, pourrait sans doute triompher de lui lors d'une joute orale, mais non pas convaincre son cœur (n° 697).

Martin Bucer, théologien et exégète influent

Or, le présent volume confirme que Bucer n'a pas seulement exercé une influence profonde par sa parole, à Strasbourg ou en Suisse. Plusieurs lettres qui lui sont adressées montrent combien ses écrits exégétiques étaient attendus, lus et appréciés. Une lettre de Pierre Pythonius (Windsheim), qui possède son commentaire sur les Évangiles, témoigne de l'influence de ces écrits (n° 630) ; Berchtold Haller a lu son commentaire sur Matthieu, notamment ce que Bucer écrit sur la descente du Christ aux Enfers (n° 657) ; Fortunatus Andronicus cherche à acquérir ses publications (n° 678) ; Otto Binder le remercie pour ses commentaires sur les Évangiles et sur les Psaumes, et lui demande d'en écrire sur d'autres livres bibliques (n° 698) ; Martin Frecht (n° 663) et Ambroise Blaurer (n° 667) l'exhortent à se consacrer à ses travaux exégétiques plutôt qu'à une controverse avec Luther.

Ambroise Blaurer lui demande à plusieurs reprises de lui faire parvenir son manuscrit sur la discipline ecclésiastique (n° 700, 709), que Bucer avait promis de coucher sur le papier (n° 680). Martin Uhinger, mécontent des catéchismes en usage à Biberach, souhaite qu'il lui adresse un bref catéchisme destiné à l'instruction de la jeunesse (n° 684).

La grande politique

La lettre à Jacques Schorr (n° 633) montre combien le Réformateur strasbourgeois partage la vision luthérienne d'un Dieu qui agit dans l'histoire, y compris au moyen des éléments naturels par lesquels il retarde l'avancée des Turcs. En effet, malgré le poids des discussions théologiques, la grande politique, qui n'est d'ailleurs pas sans lien avec ces dernières, n'est pas absente. Bucer reçoit de Bâle des nouvelles sur les territoires sous juridiction commune avec les Cinq cantons catholiques (n° 636). En novembre 1532, Bucer et ses collègues écrivent au Sénat de Zurich et au Sénat de Berne. Au premier, ils expriment leur sympathie pour Zurich, menacée par les Cinq cantons (n° 640) ; au second, ils demandent de soutenir davantage, par amour chrétien, les évangéliques dans les territoires sous juridiction commune : l'autorité civile aussi doit porter sa croix, et non pas se soucier de sa tranquillité (n° 641). À Bullinger, Bucer rappelle que, dans le conflit avec les Cinq cantons, qui s'est désormais déplacé sur le terrain juridique, Zurich a dédaigné l'avis de ses alliés les plus proches ; il exhorte les protestants suisses à l'union et à la confiance en Dieu (n° 652). Après son voyage en Suisse, Bucer écrit aux Zurichois pour les prier d'améliorer leurs relations avec Berne (n° 683). Ses lettres expriment des jugements positifs sur Charles Quint : au contraire des intentions du Pape, celles de l'Empereur ne sont pas belliqueuses (n° 637, 640 et 641).

Les nouvelles de nature privée

Bucer envoie 13 lettres à Marguerite ou à Ambroise Blaurer ; à la première, il donne avec prédilection des nouvelles de sa famille (santé de son épouse et de ses enfants ; ainsi, n° 629). C'est grâce à un don généreux de Marguerite – Bucer lui en retourne la moitié ! – que Barthélémy Fonzio, qui a accompagné Bucer lors de son périple en Suisse, peut s'offrir l'opération de la hernie qui le tourmente depuis des années (n° 694 et 696). La question du mariage d'Ambroise Blaurer constitue un fil rouge dans la correspondance de ce tome avec les Blaurer (ainsi, par ex., n° 659, 671) ; en effet, l'union annoncée tarde à être célébrée, car le frère de Catharina Ryf von Blidegg, la future épouse, s'y oppose fermement (n° 709). On relèvera aussi que, cinq ans avant la fondation de la Haute École (1538), Ambroise Blaurer prie les Strasbourgeois de promouvoir la création d'écoles pour les futurs prédicateurs (n° 709). Par ailleurs, Bucer se voit félicité par Simon Grynaeus pour la naissance de sa fille Irène (n° 662). Le Réformateur strasbourgeois a la douleur de perdre Conrad Sam, pasteur à Ulm (n° 705) ; ce dernier, avec Martin Frecht, a adressé à Bucer plusieurs lettres dans lesquelles il a déploré le manque de soutien du Sénat : non seulement les patriciens soutiennent la Réformation avec mollesse, mais encore ils refusent que les prédicateurs corrigent leurs vices en chaire (n° 643, 646, 673 et 705).

***

INTRODUCTION XXXVII

Ce neuvième volume de la correspondance de Martin Bucer est le sixième fruit de la collaboration étroite entre les Facultés de Théologie protestante des Universités d'Erlangen (Bucer Forschungsstelle) et de Strasbourg (GRENEP : Groupe de Recherches sur les Non-Conformistes Religieux des XVIe et XVIIe siècles et l'Histoire des Protestantismes). Cet ouvrage paraît alors que Jean Rott (1911–1998), à qui nous devons d'avoir posé les fondements solides de cette grande édition, nous a quittés depuis quinze ans déjà. Sans doute se réjouirait-il de voir combien cette publication de textes essentiels pour la compréhension de l'histoire du XVIe siècle progresse à un rythme régulier, et combien les élèves qu'il a formés continuent d'en être les chevilles ouvrières. C'est avec émotion et gratitude que nous nous souvenons de lui.

Nous exprimons aussi notre vive reconnaissance aux Archives Municipales de Strasbourg, dirigées par Madame Laurence Perry, et en particulier à Monsieur François Schwicker : par son dévouement et sa compétence, il continue de faciliter grandement nos recherches.

Strasbourg, août 2013
Matthieu Arnold, Directeur du GRENEP

CHRONOLOGISCHE LISTE DER BRIEFE

628. Bartholomaeus Myllius und Martin Uhinger an Martin Bucer – Biberach, 1. September [1532]

629. Martin Bucer an Margarethe Blarer – Straßburg, 10. September 1532

630. Peter Pithonius an Martin Bucer – Windsheim, 21. September 1532

631. Martin Bucer, Wolfgang Capito, Kaspar Hedio, Matthias Zell und die Straßburger Kollegen an Kaspar Steinbach – [Straßburg, nach dem 1. Oktober 1532]

632. Martin Bucer an Johannes Schwebel – [Straßburg, nach dem 1. Oktober1532]

633. Martin Bucer an Jakob Schorr – [Straßburg, zwischen dem 1. und 19. Oktober 1532]

634. Martin Bucer und die Straßburger Kollegen an den Straßburger Rat – [Straßburg, zwischen dem 14. und 16. Oktober 1532

635. Jakob Schorr an Martin Bucer – Zweibrücken, 19. Oktober [1532]

636. Gervasius Schuler an Martin Bucer – Basel, 4. November 1532

637. [Martin Bucer] an Ambrosius Blarer – Straßburg, 11. November [1532]

638. Simon Grynaeus an Martin Bucer – [Basel], 17. November [1532]

639. Christoph Sigel an Martin Bucer – Gretzingen, 20. November 1532

640. **Martin Bucer, Wolfgang Capito und die Straßburger Kollegen an den Züricher Rat** – Straßburg, 22. November [1532]

641. **Martin Bucer, Wolfgang Capito und die Straßburger Kollegen an den Berner Rat** – Straßburg, 26. November 1532

642. **Martin Bucer an Johannes Schwebel** – [Straßburg, nach dem 3. Dezember 1532]

643. **Martin Frecht und Konrad Sam an Martin Bucer** – Ulm, 12. Dezember 1532

644. **Thomas Gassner an Martin Bucer** – Lindau, 14. Dezember 1532

645. **Michael Marstaller an Martin Bucer** – Nürnberg, 16. Dezember 1532

646. **Martin Frecht an Martin Bucer** – Ulm, 29. Dezember 1532

647. **Martin Bucer und die Straßburger Kollegen an die Kemptener Kollegen** – Straßburg, 31. Dezember [1532]

648. **Martin Bucer an Ambrosius Blarer** – Straßburg, 4. Januar [1533]

649. **Martin Bucer an Margarethe Blarer** – Straßburg, 4. Januar [1533]

650. **Martin Bucer an Heinrich Bullinger** – Straßburg, 5. Januar [1533]

651. **[Heinrich Bullinger] an Martin Bucer** – [Zürich, bald nach dem 5. Januar 1533]

652. **Martin Bucer an Heinrich Bullinger** – Straßburg, 14. Januar 1533

653. **Martin Bucer an Johannes Schwebel** – Straßburg, 22. Januar [1533]

654. **Martin Bucer an Johannes Schwebel** – Straßburg, 23. Januar [1533]

655. **Johannes Bader an Martin Bucer** – [Landau], 24. Januar 1533

656. **Martin Bucer an Johannes Schwebel** – Straßburg, 31. Januar [1533]

657. **Berchtold Haller an Martin Bucer** – [Bern], 31. Januar 1533

658. **[Wolfgang Musculus] an Martin Bucer** – [Augsburg, Januar 1533]

659. **Martin Bucer an Margarethe Blarer** – Straßburg, 10. Februar [1533]

660. **Martin Bucer an Martin Frecht** – Straßburg, 12. Februar 1533

661. **Martin Bucer an Heinrich Bullinger** – Straßburg, 14. Februar [1533]

662. **[Simon Grynaeus] an Martin Bucer** – [Basel, zwischen dem 17. und 22. Februar 1533]

663. **Martin [Frecht] und Konrad [Sam] an Martin Bucer** – Ulm, 22. Februar 1533

664. **Johannes Rosa an Martin Bucer** – [Burg Landsberg, vor dem 27. Februar 1533]

665. **Martin Bucer an Oswald Myconius** – Straßburg, 5. März [1533]

666. **Johann Heinrich Held an Martin Bucer** – Augsburg, 14. März 1533

667. **Ambrosius Blarer an Martin Bucer** – [Lindau], 15. März 1533

668. **Heinrich Never an Martin Bucer** – Wismar, 16. März 1533

669. **Johannes Schwebel an Martin Bucer, Wolfgang Capito und Kaspar Hedio** – Zweibrücken, 19. März 1533

670. **Martin Bucer an Johannes Schwebel** – [Straßburg, bald nach dem 22. März 1533]

671. **Martin Bucer an Ambrosius Blarer** – Straßburg, 26. März [1533]

672. **Simon Grynaeus an Martin Bucer** – [Basel], 28. März [1533]

673. **Martin Frecht an Martin Bucer** – Ulm, 29. März 1533

674*. **Balthasar Glaser an Martin Bucer** – [Neckarsteinach, 15. März 1529?]

675. **Philipp Melanchthon an Martin Bucer** – [Wittenberg], März [1533]

676. **Martin Bucer an Kaspar Greber** – [Basel, nach dem 13. April 1533]

677*. **Martin Bucer an Wolfgang Capito, Kaspar Hedio und Matthias Zell** – [Basel, Mitte April 1533]

678. **Fortunatus [Andronicus] an Martin Bucer** – Orbae, 29. April 1533

679. **Martin Bucer an Margarethe Blarer** – St. Gallen, 30. April [1533]

680. **Martin Bucer an Ambrosius Blarer** – [St. Gallen], 4. Mai [1533]

681. **Martin Bucer an den Bürgermeister und Rat von Schaffhausen** – Zürich, 7. Mai 1533

682. **Heinrich Bullinger und die Züricher Kollegen an Martin Bucer** – [Zürich], 8. Mai 1533

683. **Martin Bucer an Heinrich Bullinger und Leo Jud** – Bern, 11. Mai [1533]

684. **Martin Uhinger an Martin Bucer** – Biberach, 15. Mai 1533

685. **Martin Bucer an Joachim Vadian** – Bern, 16. Mai 1533

686. **Martin Bucer an Ambrosius Blarer** – Fraubrunnen, 17. Mai 1533

687. **Georg Caserius [Kess] an Martin Bucer und Wolfgang Capito** – Weißenburg/Elsass, 20. Mai 1533

688. **Johannes Rhellican an Martin Bucer und Bartholomeo Fonzio** – Bern, 22. Mai 1533

689. **Martin Bucer an die Memminger Brüder** – Straßburg, 26. Mai 1533

690. **Ambrosius Blarer an Martin Bucer** – Konstanz, 26. Mai 1533

691. **Berchtold Haller an Martin Bucer** – [Bern], 28. Mai 1533

692. **Martin Bucer und die Straßburger Kollegen an Johannes Schwebel** – Straßburg, 29. Mai [1533]

693. **[Simon Grynaeus] an Martin Bucer** – Basel, 1. Juni [1533]

694. **Martin Bucer an Margarethe Blarer** – Straßburg, 2. Juni [1533]

695. **Martin Bucer an Ambrosius Blarer** – Straßburg, 2. Juni [1533]

696. **[Martin Bucer] an Margarethe Blarer** – Straßburg, 5. Juni [1533]

697. **Anton Engelbrecht an Martin Bucer** – [Straßburg, zwischen dem 5. Juni und 9. Juli 1533]

698. **Otto Binder an Martin Bucer** – Mühlhausen, 9. Juni 1533

699. **Bartholomaeus Myllius an Martin Bucer** – Biberach, 9. Juni 1533

700. **[Ambrosius Blarer] an Martin Bucer** – [Konstanz, ca. 10. Juni 1533]

701. **Nikolaus Faber an Martin Bucer** – Meisenheim, 10. Juni [1533]

702. **Johannes Schwebel an Martin Bucer, Wolfgang Capito und Kaspar Hedio** – Zweibrücken, 12. Juni [1533]

703. **Martin Bucer an Johannes Schwebel** – [Straßburg, zwischen dem 12. Juni und 7. Juli 1533]

704. **Martin Bucer an Margarethe Blarer** – Straßburg, 17. Juni [1533]

705. **Martin Frecht an Martin Bucer** – Ulm, 20. Juni 1533

706. **Heinrich Slachtscaef an Martin Bucer** – Wassenberg, [vor 21. Juni 1533]

707. **Gereon Sailer an Martin Bucer** – Augsburg, 22. Juni 1533

708. **Melchior Ambach an Martin Bucer** – [Neckar]steinach, 22. Juni 1533

709. **Ambrosius Blarer an Martin Bucer** – Konstanz, 23. Juni 1533

ALPHABETISCHE LISTE DER KORRESPONDENTEN
(Die Zahlen beziehen sich auf die Briefnummern)

ABSENDER

Ambach, Melchior   708

Andronicus, Fortunatus   678

Bader, Johannes   655

Binder, Otto   698

Blarer, Ambrosius   667, 690, 700, 709

Bucer, Martin   629, 631, 632–634, 637, 640–642, 647–650, 652–654, 656, 659–661, 665, 670f., 676f., 679–681, 683, 685f., 689, 692, 694–696, 703f., s. auch Straßburg, Kollegen

Bullinger, Heinrich   651, 682, s. auch Zürich, Kollegen

Capito, Wolfgang   631, 640f., s. auch Straßburg, Kollegen

Caserius, Georg   687

Engelbrecht, Anton   697

Faber, Nikolaus   701

Frecht, Martin   643, 646, 663, 673, 705

Gassner, Thomas   644

Grynaeus, Simon   638, 662, 672, 693

Haller, Berchtold   657, 691

Hedio, Kaspar   631, s. auch Straßburg, Kollegen

Held, Johann Heinrich   666

Marstaller, Michael   645

Melanchthon, Philipp   675

Musculus, Wolfgang   658

Myllius, Bartholomaeus   628, 699

Never, Heinrich   668

Pithonius, Peter   630

Rhellican, Johannes   688

Rosa, Johannes   664

Sailer, Gereon   707

Sam, Konrad   643, 663

Schorr, Jakob   635

Schuler, Gervasius   636

Schwebel, Johannes   669, 702

Sigel, Christoph   639

Slachtscaef, Heinrich   706

Straßburg, Kollegen   631, 634, 640f., 647, 692

Uhinger, Martin   628, 684

Zell, Matthias   631, s. auch Straßburg, Kollegen

EMPFÄNGER

Bern, Rat 641

Blarer, Ambrosius 637, 648, 671, 680, 686, 695

Blarer, Margarethe 629, 649, 659, 679, 694, 696, 704

Bucer, Martin 628, 630, 635f., 638f., 643–646, 651, 655, 657f., 662–664, 666–668, 669, 672f., 675, 678, 682, 684, 687f., 690f., 693, 697–702, 705–709, s. auch Straßburg, Kollegen

Bullinger, Heinrich 650, 652, 661, 683

Capito, Wolfgang 669, 677, 687, 702

Fonzio, Bartholomeo 688

Frecht, Martin 660

Greber, Kaspar 676

Hedio, Kaspar 669, 677, 702

Jud, Leo 683

Kempten, Kollegen 647

Memmingen, Brüder 689

Myconius, Oswald 665

Schaffhausen, Bürgermeister und Rat 681

Schorr, Jakob 633

Schwebel, Johannes 632, 642, 653f., 656, 670, 692, 703

Steinbach, Kaspar 631

Straßburg, Kollegen 631, 634, 640, 647, 692

Straßburg, Rat 634

Vadian, Joachim 685

Zürich, Kollegen 682

Zürich, Rat 640

Zell, Matthias 677, s. auch Straßburg, Kollegen

NICHT ERMITTELTE BRIEFE

Korrespondenten	Datum	Beleg
Bucer an Heinrich Never	11. April 1531	*Nr. 668, S. 171, Anm. 2*
Bucer an Christoph Sigel	zwischen 1. Juli und 20. November 1532	*Nr. 639, S. 44, Anm. 3*
Bucer an Thomas Gassner	zwischen 29. August und 14. Dezember 1532	*Nr. 644, S. 71, Anm. 3*
Bucer an den Biberacher Rat	nach 1. September 1532	*Nr. 628, S. 2, Anm. 11*
Bucer an Simon Grynaeus	zwischen 4. und 17. November 1532	*Nr. 638, S. 41, Anm. 4*
Bucer an Michael Marstaller	vor 16. Dezember 1532	*Nr. 645, S. 74, Anm. 2*
Ambrosius Blarer an Bucer	vor 4. Januar 1533	*Nr. 648, S. 88, Anm. 4*
Heinrich Bullinger an Bucer	vor 5. Januar 1533	*Nr. 650, S. 97, Anm. 3*
Bucer an Leo Jud	vor 5. Januar 1533	*Nr. 650, S. 99, Anm. 23*
Heinrich Bullinger und die Züricher Prediger an Bucer und die Straßburger Prediger	vor 14. Januar 1533	*Nr. 652, S. 109, Anm. 34*
Bucer an Berchtold Haller und den Berner Rat	vor 31. Januar 1533	*Nr. 657, S. 125, Anm. 9; S. 127, Anm. 19*
Margarethe Blarer an Bucer	vor 10. Februar 1533	*Nr. 659, S. 132, Anm. 4*
Heinrich Bullinger an Bucer	vor 14. Februar 1533	*Nr. 661, S. 145, Anm. 3*

NICHT ERMITTELTE BRIEFE

Bucer an Johann Heinrich Held	vor 14. März 1533	*Nr. 666, S. 164, Anm. 3*
Bucer an Heinrich Never	nach 16. März 1533	*Nr. 668, S. 173, Anm. 25*
Bucer an Simon Grynaeus	vor 25. März 1533	*Nr. 672, S. 184, Anm. 3*
Bucer an Martin Frecht	vor 29. März 1533	*Nr. 673, S. 188f., Anm. 37*
Bucer an Martin Frecht	nach 29. März 1533	*Nr. 673, S. 188, Anm. 34*
Bucer an Martin Luther und Philipp Melanchthon	vor [Ende] März 1533	*Nr. 675, S. 192, Anm. 14*
Martin Luther an Bucer	nach [Ende] März 1533	*Nr. 675, S. 192, Anm. 16*
Bucer an Philipp Melanchthon	nach [Ende] März 1533	*Nr. 675, S. 193, Anm. 17*
Kaspar Greber an Bucer	vor dem 13. April 1533	*Nr. 676, S. 194, Anm. 5*
Bürgermeister und Rat von Schaffhausen an Bucer	zwischen 22. April und 6. Mai	*Nr. 681, S. 204, Anm. 3*
Ambrosius Blarer an Martin Bucer	nach 27./28. April 1533	*Nr. 680, S. 203, Anm. 19*
Bucer an Johannes Haab	nach 11. Mai 1533	*Nr. 683, S. 212, Anm. 32*
Bucer an Martin Uhinger	nach 15. Mai 1533	*Nr. 684, S. 215, Anm. 16*
Margarethe Blarer an Bucer	zwischen 26. Mai und 2. Juni 1533	*Nr. 690, S. 235, Anm. 16*
Ambrosius Blarer an Bucer	zwischen 26. Mai und 10. Juni 1533	*Nr. 700, S. 262, Anm. 9*
Bucer an Berchtold Haller	nach 28. Mai 1533	*Nr. 691, S. 238, Anm. 16*
Bucer an Thomas Blarer	zwischen 2. Juni und 7. Juli 1533	*Nr. 695, S. 248, Anm. 19*

NICHT ERMITTELTE BRIEFE

Bucer an Bartholomaeus Myllius	nach 9. Juni 1533	*Nr. 699, S. 260, Anm. 12*
Bucer und die Straßburger Prediger an Johannes Schwebel	vor 10. Juni 1533	Nr. *701, S. 266, Anm. 10*
Bucer an Nikolaus Faber	nach 10. Juni 1533	*Nr. 701, S. 266, Anm. 14*
Bucer an Heinrich Slachtscaef	nach 21. Juni 1533	*Nr. 706, S. 283, Anm. 2*
Bucer an Thomas Blarer	Ende Juli/Anfang August 1533	*Nr. 709, S. 297, Anm. 23*

ABKÜRZUNGSVERZEICHNIS

a	Autograph
AMS	Archives municipales Strasbourg
Art.	Artikel
AST	Archives du Chapitre de Saint-Thomas Strasbourg, jetzt in: Archives de la ville et Communauté Urbaine de Strasbourg
BCor	Martin Bucers Briefwechsel/Correspondence
Bd., Bde.	Band, Bände
BDS	Martin Bucers Deutsche Schriften
bearb. v.	bearbeitet von
Bibl.	Bibliothek
BMS	Bibliothèque municipale Strasbourg
BNUS	Bibliothèque Nationale et Universitaire Strasbourg
BOL	Martini Buceri Opera Latina
C	Copia/Kopie
cap.	capitula
carm.	carmen
ders.	derselbe
DH	Denzinger/Hünermann. Enchiridion symbolorum
E	Extractum/Auszug
EB	Ergänzungsband
epist.	epistula
F	Fragment
fab.	Fabula
fasc.	Faszikel
FG	Festgabe
FS	Festschrift
ges.	gesammelt
HAB	Herzog-August-Bibliothek Wolfenbüttel
Hrg.	Herausgeber (Singular)
Hrgg.	Herausgeber (Plural)
hrg. v.	herausgegeben von
HStA	Hauptstaatsarchiv
Jg.	Jahrgang
LA	Landesarchiv
LB	Landesbibliothek
Lit.	Literatur

ms/Ms	Manuskript
NB	Nuntiaturberichte
ND	Neudruck
NF	Neue Folge
NR	Neue Reihe
O	Original
Oa	Original autograph
P	Publikation
par	Paragraph
PS	Postskriptum
R	Regest
SA	Staatsarchiv
sat.	satura
SB	Staatsbibliothek
StA	Stadtarchiv
StB	Stadtbibliothek
T	Tafel
TB	Thesaurus Baumianus
UB	Universitätsbibliothek
Ü	Übersetzung
übs.	übersetzt
Var. eccl.	Varia ecclesiastica
VD 16	Verzeichnis der im deutschen Sprachraum erschienenen Drucke des 16. Jahrhunderts
vers.	versus
ZB	Zentralbibliothek
zeitgen.	zeitgenössisch

LITERATURVERZEICHNIS

Abray, Zell =
: Lorna Jane Abray, Art. Matthias Zell, in: The Oxford encyclopedia of the Reformation 4 (1996), S. 310f.

Adam, Elsässische Territorien =
: Johann Adam, Evangelische Kirchengeschichte der elsaessischen Territorien bis zur Franzoesischen Revolution, Straßburg 1928.

Adam, Kirchengeschichte Strassburg =
: Johann Adam, Evangelische Kirchengeschichte der Stadt Straßburg bis zur Franzoesischen Revolution. Mit einem Vorwort von Professor Paul Sabatier, Straßburg 1922.

Altenstaig, Lexicon Theologicum =
: Johannes Altenstaig, Lexicon Theologicvm qvo tanquam clave Theologiae fores aperivntvr, et omnivm fere terminorvm et obscvriorvm vocvm, quae s. Theologiae studiosos facile remorantur, etymologiae, ambiguitates, definitiones, vsus, enucleatè ob oculos ponuntur & dilucide explicantur, Köln 1619 (ND Darmstadt 1974).

Alter, Aufstand der Bauern in der Pfalz =
: Willi Alter, Der Aufstand der Bauern und Bürger im Jahre 1525 in der Pfalz, Speyer 1998.

Amerbachkorrespondenz =
: Die Amerbachkorrespondenz, Bd. 1–10, hrg. v. Alfred Hartmann u.a., Basel 1942–1995.

Andersson, Sailer und Huberinus =
: Ralph Andersson, Aichacher Makler zwischen Luther, Zwingli und dem Interim. Gereon Sailer und Caspar Huberinus auf ihrem Weg durch die Reformation, in: Aichacher Heimatblatt 53 (2005), S. 5–11.

Anecdota Brentiana =
: Anecdota Brentiana. Ungedruckte Briefe und Bedenken von Johannes Brenz, ges. und hrg. v. Theodor Pressel, Tübingen 1868.

Angst, Familienname Fabri =
: Artur Angst, Heigerlin oder Schmid? Der Familienname des in Leutkirch geborenen Wiener Bischofs und Kontroverstheologen D. Johannes Fabri (1478–1541), in: Rottenburger Jahrbuch für Kirchengeschichte 3 (1984), S. 197–205.

Angst, Herkunft Fabri =
: Artur Angst, Zur Herkunft des Kontroverstheologen und Wiener Bischofs Dr. Johannes Fabri (1478–1541), in: Rottenburger Jahrbuch für Kirchengeschichte 4 (1985), S. 231–238.

ANSHELM, BERNER CHRONIK =
   Die Berner Chronik des Valerius Anshelm, hrg. v. Emil Blösch, Bd. 1–6, Bern 1884–1901.

APPENZELLER, MÜNSTERPREDIGER =
   Bernhard Appenzeller, Die Münsterprediger bis zum Übergang Ulms an Württemberg 1810, Weißenhorn 1990 (= Veröffentlichungen der Stadtbibliothek Ulm 13).

ARBENZ, VADIAN =
   [Emil Arbenz], Joachim Vadian im Kirchenstreite 1523–1531, in: Neujahrsblatt, hrg. v. Historischen Verein des Kantons St. Gallen, St. Gallen 1905, S. 3–18.

AREND, ORDNUNG DER REFORMATION IN ULM =
   Sabine Arend, Martin Bucer und die Ordnung der Reformation in Ulm, in: Wolfgang Simon (Hrg.), Martin Bucer zwischen den Reichstagen von Augsburg (1530) und Regensburg (1532). Beiträge zu einer Geographie, Theologie und Prosopographie der Reformation, Tübingen 2011, S. 63–79 (= Spätmittelalter, Humanismus, Reformation 55).

AULINGER, KUNDSCHAFTERBERICHTE =
   Rosemarie Aulinger, Kundschafterberichte über den Aufmarsch der Türken am Balkan 1532, in: Mitteilungen des Österreichischen Staatsarchivs 34 (1981), S. 147–173.

AULINGER, NÜRNBERGER ANSTAND =
   Rosemarie Aulinger, Art. Nürnberger Anstand, in: Theologische Realenzyklopädie 24 (1994), S. 707f.

AULINGER, VERMITTLUNGSVORSCHLÄGE =
   Rosemarie Aulinger, Vermittlungsvorschläge und politisch-theologische Gutachten als Grundlage der Verhandlungen in Nürnberg 1532, in: Zeitschrift für bayerische Kirchengeschichte 51 (1982), S. 1–53.

AVENTIN, WERKE =
   Johannes Turmair's genannt Aventinus Sämmtliche Werke auf Veranlassung seiner Majestät des Königs von Bayern hrg. v. der Königlichen Akademie der Wissenschaften, Bd. 1–6, München 1881–1908.

B

BACHMANN, GESCHICHTE LINDAUS =
   Karl Bachmann, Chronologische Geschichte Lindaus von den Anfängen bis zur Gegenwart, in: Neujahrsblatt des Museumsvereins Lindau 45 (2005), S. 1–157.

BÄCHTOLD, BULLINGER =
   Ullrich Bächtold, Art. Heinrich Bullinger, in: Historisches Lexikon der Schweiz [elektronische Publikation], Version vom 1. April 2003.

BÄCHTOLD, KRISE 1532 =
   Hans Ulrich Bächtold, Bullinger und die Krise der Zürcher Reformation im Jahre 1532, in: Ulrich Gäbler und Erland Herkenrath (Hrgg.), Heinrich Bullinger 1504–1575. Gesammelte Aufsätze zum 400. Todestag, Bd. 1: Leben und Werk, Zürich 1975, S. 269–289 (= Zürcher Beiträge zur Reformationsgeschichte 7).

BACK, EVANGELISCHE KIRCHE =
  Friedrich Back, Die evangelische Kirche im Lande zwischen Rhein, Mosel, Nahe und Glan bis zum Beginn des dreißigjährigen Krieges. Bd. 1: Die Zeit vor der Reformation, Bonn 1872; Bd. 2: Die Reformation der Kirche, sowie der Kirche Schicksale und Gestaltung bis zum Jahr 1620, Bonn 1873.

BACKMUND, KOLLEGIAT- UND KANONISSENSTIFTE =
  Norbert Backmund, Die Kollegiat- und Kanonissenstifte in Bayern, Kloster Windberg 1973.

BAINTON, WIBRANDIS ROSENBLATT =
  Roland Herbert Bainton, Wibrandis Rosenblatt, in: Max Geiger (Hrg.), Gottesreich und Menschenreich. FS für Ernst Staehelin zum 80. Geburtstag, Stuttgart/Basel 1969, S. 71–86.

BAKER, VADIAN =
  J. Wayne Baker, Art. Joachim Vadian, in: The Oxford encyclopedia of the Reformation 4 (1996), S. 211f.

BALLOR, CONVENANT, CAUSALITY AND LAW =
  Jordan J. Ballor, Convenant, Causality and Law. A Study in the Theology of Wolfgang Musculus, Göttingen 2012 (= Refo500 Academic Studies 3).

BANHOLZER, HERKUNFT HEINRICH RYHINER =
  Max Banholzer, Zur Herkunft des Basler Stadtschreibers Heinrich Ryhinger (ca. 1490–1553), in: Jurablätter 54 (1992), S. 124f.

BARGE, KARLSTADT =
  Hermann Barge, Andreas Bodenstein von Karlstadt (Bd. 1: Karlstadt und die Anfänge der Reformation, Bd. 2: Karlstadt als Vorkämpfer des laienchristlichen Puritanismus), Leipzig 1905 (ND Nieuwkoop 1968).

BAUER, JOHANN FRIEDRICH DER GROSSMÜTIGE =
  Joachim Bauer, Johann Friedrich I. der Großmütige (1503–1554), in: ders. und Birgitt Hellmann (Hrgg.), Verlust und Gewinn. Johann Friedrich I., Kurfürst von Sachsen, Weimar und Jena 2003, S. 9–40 (= Bausteine zur Jenaer Stadtgeschichte 8).

BAUER-ALAND, WÖRTERBUCH =
  Walther Bauer, Griechisch - deutsches Wörterbuch zu den Schriften des Neuen Testaments und der frühchristlichen Literatur, neu bearb. und hrg. v. Kurt und Barbara Aland, Berlin ^{6}1988.

BAUM, CAPITO UND BUTZER =
  Johann Wilhelm Baum, Capito und Butzer, Straßburgs Reformatoren. Nach ihrem handschriftlichen Briefschatze, ihren gedruckten Schriften und anderen gleichzeitigen Quellen dargestellt, Elberfeld 1860 (= Leben und ausgewählte Schriften der Väter und Begründer der reformierten Kirche 3).

BAUMANN, PROKURATOREN AM REICHSKAMMERGERICHT =
  Anette Baumann, Die Prokuratoren am Reichskammergericht in den ersten Jahrzehnten seines Bestehens, in: Bernhard Diestelmann (Hrg.), Das Reichskammergericht. Der Weg zu seiner Gründung und die ersten Jahrhunderte seines Wirkens (1451–1527), Köln/Weimar/Wien 2003, S. 161–196 (= Quellen und Forschungen zur Höchsten Gerichtsbarkeit im Alten Reich 45).

BAUMANN, PROKURATOREN IN SPEYER UND WETZLAR =
Anette Baumann, Die Prokuratoren am Reichskammergericht in Speyer und Wetzlar – Stand der Forschungen und Forschungsdesiderate, in: dies. u.a. (Hrgg.), Reichspersonal, Funktionsträger für Kaiser und Reich, Köln/Weimar/Wien 2003, S. 179–198 (= Quellen und Forschungen zur Höchsten Gerichtsbarkeit im Alten Reich 46).

BAUTZ, BADER =
Friedrich Wilhelm Bautz, Art. Johannes Bader, in: Biographisch-Bibliographisches Kirchenlexikon 1 (1990), Sp. 332f.

BAUTZ, HUBERT =
Friedrich Wilhelm Bautz, Art. Konrad Hubert, in: Biographisch-Bibliographisches Kirchenlexikon 2 (1990), Sp. 1106–1108.

BCOR =
Correspondance de Martin Bucer, Bd. 1–3. hrg. v. Jean Rott, Leiden u.a. 1979–1995. Martin Bucer – Briefwechsel/Correspondance, hrg. v. Berndt Hamm u.a., Bd. 4–8, Leiden/Boston 2000–2011.

BDS =
Martin Bucers Deutsche Schriften, hrg. v. Robert Stupperich, Gottfried Seebaß und Christoph Strohm, bislang Bd. 1–15 u. 17, Gütersloh/Paris seit 1960.

BECKER, ENNIO FILONARDI =
Rotraud Becker, Art. Ennio Filonardi, in: Dizionario biografico degli Italiani 47 (1997), S. 819–826.

BEJICK, MARGARETE BLARER =
Urte Bejick, Margarete Blarer (1493–1541). Humanistin, Geschäftsfrau, Diakonin, in: Anne Jensen und Michaela Sohn-Kronthaler (Hrgg.), Formen weiblicher Autorität. Erträge historisch-theologischer Frauenforschung, Wien 2005, S. 129–143 (= Theologische Frauenforschung in Europa 17).

BENRATH, GESCHICHTE =
Karl Benrath, Geschichte der Reformation in Venedig, in: Schriften des Vereins für Reformationsgeschichte 5 (1887/88), Schrift 18, S. I–XII (Vorwort), S. 1–127 (Darstellung).

BENRATH, UEBERSETZUNG =
Karl Benrath, Die italienische Uebersetzung von Luther's Schrift „An den christlichen Adel deutscher Nation" und ihr Verfasser, in: Zeitschrift für Kirchengeschichte 4 (1881), S. 467–469.

BERG, GLOSSEN =
C. H. W. van den Berg, Die Glossen von Anton Engelbrecht in der Hieronymusausgabe des Erasmus und ihre Bedeutung, in: Nederlands(ch) Archief voor Kerkgeschiedenis 67 (1987), S. 15–48.

BERGDOLT, WINDSHEIM =
Johannes Bergdolt, Die freie Reichsstadt Windsheim im Zeitalter der Reformation (1520–1580), Leipzig/Erlangen 1921 (= Quellen und Forschungen zur bayerischen Kirchengeschichte 5).

BERNER SYNODUS =
   Berner Synodus mit den Schlussreden der Berner Disputation und dem Reformationsmandat, Bern 1978 (= Dokumente der Berner Reformation).

BIETENHOLZ, GRYNÄUS =
   Peter G. Bietenholz, Art. Simon Grynäus, in: Contemporaries of Erasmus. A Bibliographical Register of the Renaissance and Reformation 2 (1986), S. 141–146.

BIETENHOLZ, PHRYGIO =
   Peter G. Bietenholz, Art. Paulus Constantinus Phrygio, in: Contemporaries of Erasmus. A Bibliographical Register of the Renaissance and Reformation 3 (1987), S. 79f.

BLAURER BW. =
   Briefwechsel der Brüder Ambrosius und Thomas Blaurer 1509–1548, hrg. v. der Badischen Historischen Kommission und bearb. v. Traugott Schieß, Bd. 1–3, Freiburg i.Br. 1908–1912.

BLOESCH, GESCHICHTE =
   Emil Bloesch, Geschichte der schweizerisch-reformierten Kirchen, Bd. 1–2, Bern 1898f.

BOBZIN, GEDANKEN LUTHERS ZUM ISLAM =
   Hartmut Bobzin, ‚Aber itzt ... hab ich den Alcoran gesehen Latinisch ...' Gedanken Luthers zum Islam, in: Hans Medick und Peer Schmidt (Hrgg.), Luther zwischen den Kulturen. Zeitgenossenschaft – Weltwirkung, Göttingen 2004, S. 260–276.

BÖCHER, THEOLOGEN DER EBERNBURG =
   Otto Böcher, Die Theologen der Ebernburg: Kaspar Aquila, Martin Bucer, Johannes Oekolampad und Johannes Schwebel, in: Blätter für pfälzische Kirchengeschichte und religiöse Volkskunde 66/67 (1999/2000), S. 403–423.

BOCK, NÜRNBERGER PREDIGERKLOSTER =
   Friedrich Bock, Das Nürnberger Predigerkloster. Beiträge zu seiner Geschichte, in: Mitteilungen des Vereins für Geschichte der Stadt Nürnberg 25 (1924), S. 145–207.

BOCKMÜHL, HEINRICH VON TONGERN =
   Peter Bockmühl, Heinrich von Tongern, genannt Slachtscaef, in: Jahrbuch des Vereins für die evangelische Kirchengeschichte Westfalens 16 (1914), S. 281–302.

BODENMANN, CASPAR HEDIO =
   Reinhard Bodenmann, Caspar Hedio aus Ettlingen (ca. 1494–1552). Historiographie und Probleme der Forschung, in: Ettlinger Hefte 29 (1995), S. 47–62.

BODENMANN, HEDIO =
   Reinhard Bodenmann, Art. Caspar Hedio, in: The Oxford encyclopedia of the Reformation 2 (1996), S. 215f.

BODENMANN, HEDIO BIOGRAPHIE =
   Reinhard Bodenmann, Caspar Hedio aus Ettlingen. Vorstufe zu einer ausführlichen Biographie, in: Ettlinger Hefte, Sonderheft 2 (1989), S. 81–97.

BODENMANN, HEDION =
Reinhard Bodenmann, Caspar Hedion, in: Nouveau dictionnaire de biographie alsacienne 4 (1990), S. 1470–1473.

BODENMANN, MUSCULUS =
Reinhard Bodenmann, Wolfgang Musculus (1497–1563). Destin d'un autodidacte lorrain au siècle des Réformes. Etude basée sur la biographie établie par son fils, la correspondance personnelle et de nombreux autres documents d'époque, Genf 2000 (= Travaux d'Humanisme et Renaissance 343).

BÖCHER, MEISENHEIM =
Otto Böcher, 450 Jahre Reformation in Meisenheim, in: Blätter für pfälzische Kirchengeschichte 51 (1984), S. 217–226.

BOKELOH, GRYNAEUS =
Karl-Heinz Bokeloh, Art. Simon Grynaeus, in: Religion in Geschichte und Gegenwart 3 (^{4}2000), Sp. 1320.

BOL =
Martini Buceri Opera Latina, hrg. v. François Wendel u.a., bislang Bd. 1–5 und 15, Paris/Gütersloh/Leiden seit 1955.

BONJOUR, UNIVERSITÄT BASEL =
Edgar Bonjour, Die Universität Basel von den Anfängen bis zur Gegenwart 1460–1960, Basel 1960.

BONORAND, BUCER UND VADIAN =
Conradin Bonorand, Bucer und Vadian, in: Christian Krieger und Marc Lienhard (Hrgg.), Martin Bucer and Sixteenth Century Europe. Actes du colloque de Strasbourg (28–31 août 1991), Bd. 1, Leiden/New York/Köln 1993, S. 409–417 (= Studies in medieval and reformation Thought 52).

BONORAND, HUMANISTENKORRESPONDENZ =
Conradin Bonorand, Vadians Humanistenkorrespondenz mit Schülern und Freunden aus seiner Wiener Zeit. Personenkommentar IV zum Vadianischen Briefwerk, St. Gallen 1988 (= Vadian-Studien, Untersuchungen und Texte 15).

BONORAND, VADIAN-FORSCHUNG =
Conradin Bonorand, Stand und Probleme der Vadian-Forschung, in: Zwingliana 11/9 (1963), S. 586–606.

BONORAND, VADIANS WEG =
Conradin Bonorand, Vadians Weg vom Humanismus zur Reformation und seine Vorträge über die Apostelgeschichte (1523), St. Gallen 1962.

BONORAND, VADIAN PERSONENKOMMENTAR 2 =
Conradin Bonorand, Personenkommentar II zum Vadianischen Briefwerk, in: Die Dedikationsepisteln von und an Vadian, hrg. v. dems. und Heinz Haffter, St. Gallen 1983, S. 213–416 (= Vadian-Studien 11).

BONORAND, VADIAN PERSONENKOMMENTAR 4 =
Conradin Bonorand, Vadians Humansitenkorrespondenz mit Schülern und Freunden aus seiner Wiener Zeit: Personenkommentar IV zum Vadianischen Briefwerk, St. Gallen 1988 (= Vadian-Studien 15).

BOPP, GEISTLICHE =
Marie-Joseph Bopp, Die evangelischen Geistlichen und Theologen von der Reformation bis zur Gegenwart, Neustadt a. d. Aisch 1959 (= Bibliothek familiengeschichtlicher Quellen 15).

BORGGREFE, RUHENDE GÖTTINNEN =
Heiner Borggrefe, Tizians ruhende Göttinnen und Dienerinnen der Liebe, in: Andreas Tacke (Hrg.), „... wir wollen der Liebe Raum geben". Konkubinate geistlicher und weltlicher Fürsten um 1500, Göttingen 2006, S. 393–421.

BOSL, BAYERN =
Karl Bosl, Bayern, Stuttgart ³1981 (= Handbuch der historischen Stätten Deutschlands 7).

BOSSERT, GUNZ =
Gustav Bossert, Beiträge zur Reformationsgeschichte Württembergs (4. Hieronymus Gunz), in: Blätter für Württembergische Kirchengeschichte 11 (1907), S. 109–112.

BOSSERT, OTTER =
Gustav Bossert, Zur Biographie Jakob Otters, in: Zeitschrift für Kirchengeschichte 24 (1903), S. 604–609.

BRADY, CAPITO'S IN-LAWS =
Thomas Allan Brady jr., Wolfgang Capito's In-Laws. The Roettels of Strasbourg, in: La Reformation. Un Temps, des hommes, un message. Hommage à Marc Lienhard, in: Revue d'histoire et de philosophie religieuses 85/1 (2005), S. 43–50.

BRADY, POLITICS =
Thomas Allan Brady jr., Communities, Politics, and Reformation in Early Modern Europe, Leiden u.a. 1998 (= Studies in medieval and reformation Thought 68).

BRADY, RULING CLASS =
Thomas Allan Brady jr., Ruling class, regime and reformation at Strasbourg 1520–1555, Leiden 1978 (= Studies in medieval and reformation Thought 22).

BRANT, ANNALES =
Annales de Sébastien Brant, hrg. v. Léon Dacheux, in: Bulletin de la Société pour la Conservation des Monuments Historiques d'Alsace 15 (1892), S. 211–279 [Nr. 3238–3645], 19 (1899), S. 33–260 [Nr. 4391–5132].

BRAUCHLI, THURGAUER AHNENGALERIE =
Hans Brauchli, Thurgauer Ahnengalerie, Weinfelden 2003.

BRAUN, HANS JAKOB VON WATTENWYL =
Hans Braun, Art. Hans Jakob von Wattenwyl, in: Historisches Lexikon der Schweiz [elektronische Publikation], Version vom 11. April 2013.

BRAUN, TILLMANN =
Hans Braun, Art. Bernhard Tillmann, in: Historisches Lexikon der Schweiz [elektronische Publikation], Version vom 24. April 2013.

BRAUN-BUCHER, HANS VON ERLACH =
Barbara Braun-Bucher, Art. Hans von Erlach, in: Historisches Lexikon der Schweiz [elektronische Publikation], Version vom 11. April 2013.

BRAUN-BUCHER, SEBASTIAN VON DIESBACH =
Barbara Braun-Bucher, Art. Sebastian von Diesbach, in: Historisches Lexikon der Schweiz [elektronische Publikation], Version vom 11. April 2013.

BRECHT, FRÜHE THEOLOGIE BRENZ =
Martin Brecht, Die frühe Theologie des Johannes Brenz, Tübingen 1966 (= Beiträge zur historischen Theologie 36).

BRECHT, THEOLOGIE ROTHMANNS =
Martin Brecht, Die Theologie Bernhard Rothmanns, in: Jahrbuch für westfälische Kirchengeschichte 78 (1985), S. 49–82.

BRENZ, FRÜHSCHRIFTEN =
Johannes Brenz, Frühschriften, Teil I und II. Eine Studienausgabe, hrg. v. Martin Brecht, Gerda Schäfer und Frieda Wolf, Tübingen 1970, 1974.

BSLK =
Die Bekenntnisschriften der evangelisch-lutherischen Kirche, Göttingen 1930.

BUBENHEIMER, CONSONANTIA =
Andreas Bubenheimer, Consonantia Theologiae et Iurisprudentiae. Andreas Bodenstein von Karlstadt als Theologe und Jurist zwischen Scholastik und Reformation, Tübingen 1977 (= Jus Ecclesiasticum 24).

BUBENHEIMER, KARLSTADT =
Ulrich Bubenheimer, Art. Andreas Karlstadt, in: Theologische Realenzyklopädie 17 (1988), S. 649–657.

BUBENHEIMER, SCHWENCKFELD =
Ulrich Bubenheimer, Art. Kaspar Schwenckfeld von Ossig, in: Biographisch-Bibliographisches Kirchenlexikon 9 (1995), Sp. 1215–1235.

BUBENHEIMER/OEHMIG, QUERDENKER DER REFORMATION =
Ulrich Bubenheimer und Stefan Oehmig (Hrgg.), Querdenker der Reformation: Andreas Bodenstein von Karlstadt und seine frühe Wirkung. Wissenschaftliches Kolloquium, Karlstadt am Main 24. bis 27. September 1998, Würzburg 2001.

BUCER BIBLIOGRAPHIE =
Martin Bucer (1491–1551) Bibliographie, erstellt v. Holger Pils, Stephan Ruderer und Petra Schaffrodt unter Mitarbeit von Zita Faragó-Günther, hrg. v. Gottfried Seebass, Gütersloh 2005.

BUCER/PARKER, FLORILEGIUM PATRISTICUM =
Martin Bucer und Matthew Parker, Florilegium Patristicum, hrg. v. Pierre Fraenkel, Leiden u.a. 1988 (= Martini Buceri Opera Latina 3).

BUCHOLTZ, REGIERUNG FERDINAND =
Franz Bernhard von Bucholtz, Geschichte der Regierung Ferdinand des Ersten. Aus gedruckten und ungedruckten Quellen. Band 9: Urkundenband, Wien 1838.

BUCK/FABIAN, KONSTANZER REFORMATIONSGESCHICHTE =
Hermann Buck und Ekkehart Fabian, Konstanzer Reformationsgeschichte in ihren Grundzügen, Teil 1 (1519–1531), Tübingen 1965 (= Schriften zur Kirchen- und Rechtsgeschichte. Darstellungen und Quellen Heft 25/26).

BUCKWALTER, ABENDMAHLSKONTROVERSE =
Stephen E. Buckwalter, Die Entwicklung einer eigenen Position: Bucer und die innerprotestantische Abendmahlskontroverse bis zum Tod Zwinglis und Oekolampads, in: Wolfgang Simon (Hrg.), Martin Bucer zwischen den Reichstagen von Augsburg (1530) und Regensburg (1532). Beiträge zu einer Geographie, Theologie und Prosopographie der Reformation, Tübingen 2011, S. 98–107 (= Spätmittelalter, Humanismus, Reformation 55).

BUCKWALTER, BUCER IN THE KEMPTEN CONTROVERSY =
Stephen E. Buckwalter, Bucer as Mediator in the 1532 Kempten Eucharistic Controversy, in: Reformation and Renaissance Review 7 (2005), S. 188–206.

BUGENHAGEN BW. =
Dr. Johannes Bugenhagens Briefwechsel, gesammelt und hrg. v. Otto Vogt. Mit einem Vorwort und Nachträgen von Eike Wolgast unter Mitarbeit v. Hans Volz, Hildesheim 1966.

BULLINGER, BIBLIOGRAPHIE =
Heinrich Bullinger, Bibliographie, Bd. 1–3, bearb. v. Joachim Staedke u.a., Zürich 1972–2004.

BULLINGER BW. =
Heinrich Bullinger Werke, Briefwechsel, hrg. v. Ulrich Gäbler u.a., bislang Bd. 1–11, Zürich seit 1973.

BULLINGER, DIARIUM =
Heinrich Bullingers Diarium (Annales vitae) der Jahre 1504–1574. Zum 400. Geburtstag Bullingers am 18. Juli 1904, hrg. v. Emil Egli, Basel 1904 (= Quellen zur Schweizerischen Reformationsgeschichte 2).

BULLINGER, REFORMATIONSGESCHICHTE =
Heinrich Bullinger, Reformationsgeschichte, hrg. v. Johann Jakob Hottinger und Hans Heinrich Vögeli, Bd. 1–3, Frauenfeld 1838–1840 (ND Zürich 1984).

BULLINGER, STUDIORUM RATIO =
Heinrich Bullinger, Studiorum ratio – Studienanleitung, hrg. v. Peter Stotz, Bd. 1–2, Zürich 1987.

BULLINGER, THEOLOGISCHE SCHRIFTEN =
Heinrich Bullinger, Theologische Schriften. Unveröffentlichte Werke der Kappeler Zeit, hrg. v. Hans-Georg vom Berg, Zürich 1991.

BURCKHARDT-BIEDERMANN, GUNTIUS =
Theodor Burckhardt-Biedermann, Hieronymus Guntius, in: Zwingliana 2 (1908), S. 236–243.

BURGHARTZ, WIBRANDIS ROSENBLATT =
Susanna Burghartz, Wibrandis Rosenblatt – Die Frau der Reformatoren, in: Theologische Zeitschrift 60 (2004), S. 337–349.

BURMEISTER, GASSNER =
Karl Heinz Burmeister, Thomas Gassner. Ein Beitrag zur Geschichte der Reformation und des Humanismus in Lindau, Lindau 1971 (= Neujahrsblatt des Museumsvereins Lindau 21).

BURMEISTER, KATHARINA VON RAMSCHWAG =
Karl Heinz Burmeister, Katharina von Ramschwag, in: Jahrbuch des Landkreises Lindau 23 (2008), S. 66–78.

BURNETT, BASEL AND THE WITTENBERG CONCORD =
Amy Nelson Burnett, Basel and the Wittenberg Concord, in: Archiv für Reformationsgeschichte 96 (2005), S. 33–56.

BÜSSER, BULLINGER =
Fritz Büsser, Heinrich Bullinger (1504–1575). Leben, Werk und Wirkung, Bd. 1–2, Zürich 2004, 2005.

C

CADENAS Y VICENT, DIARIO CARLOS V. =
Vicente de Cadenas y Vicent, Diario del emperador Carlos V. (Itinerarios, permanencias, despacho, sucesos y efemérides relevantes de su vida), Madrid 1992.

CALVIN BW. =
Ioannis Calvini Epistolae, hrg. v. Cornelis Augustijn und Frans Pieter van Stam, Bd. 1 (1530 – September 1538), Genf 2005 (= Ioannis Calvini Opera omnia series VI Epistolae).

CAMPI, BULLINGER =
Emidio Campi, Heinrich Bullinger als Theologe, in: Gudrun Litz, Heidrun Munzert und Roland Liebenberg (Hrgg.), Frömmigkeit – Theologie – Frömmigkeitstheologie. Contributions to European Church History. FS für Berndt Hamm zum 60. Geburtstag, Leiden/Boston 2005, S. 423–436 (= Studies in the history of Christian thought 124).

CAMPI, FABRI =
Emidio Campi, Art. Johannes Fabri, in: Religion in Geschichte und Gegenwart 3 (^{4}2000), Sp. 3f.

CAMPI, OLIVETANUS =
Emidio Campi, Art. Pierre Robert Olivetanus, in: Religion in Geschichte und Gegenwart 6 (^{4}2003), Sp. 551.

CAMPI/OPITZ, BULLINGER =
Emidio Campi und Peter Opitz (Hrgg.), Heinrich Bullinger. Life – Thought – Influence, Zurich, Aug. 25–29, 2004, International Congress Heinrich Bullinger (1504–1575), Zürich 2007 (= Züricher Beiträge zur Reformationsgeschichte 24).

CAPELLI, LEXICON ABBREVIATURARUM =
Adriano Cappelli, Lexicon Abbreviaturarum, 2. verb. Aufl., Leipzig 1928.

CAPITO BW. =
The Correspondence of Wolfgang Capito, hrg. und übs. v. Erika Rummel unter Mitarbeit v. Milton Kooistra, bislang Bd. 1–2, Toronto 2005, 2009.

CCL =
Corpus christianorum seu nova patrum collectio. Series Latina, Turnhout 1954ff.

CENTURIA SCHWEBEL =
Centuria epistolarum theologicarum ad Johannem Schwebelium, Zweibrücken 1597.

CHRISMAN, BRUNFELS =
: Miriam Usher Chrisman, Art. Otto Brunfels, in: Contemporaries of Erasmus. A Bibliographical Register of the Renaissance and Reformation 1 (1985), S. 206f.

CHRIST-VON WEDEL, BIBLIANDER =
: Christine Christ-von Wedel (Hrg.), Theodor Bibliander (1505–1564). Ein Thurgauer im gelehrten Zürich der Reformationszeit, Zürich 2005.

CLEMEN, BIBLIOTHEK SOPHER =
: Otto Clemen, Zwingliana in der Bibliothek des Gervasius Sopher, in: Zwingliana 5/7 (1932), S. 342f.

COHRS, KATECHISMUSVERSUCHE =
: Ferdinand Cohrs, Die evangelischen Katechismusversuche vor Luthers Enchiridion, Bd. 1–5, Berlin 1900–1907.

CORNELIUS, MÜNSTERER AUFRUHR =
: Carl Adolf Cornelius, Geschichte des Münsterer Aufruhrs in drei Büchern, Zweites Buch: Die Wiedertaufe, Leipzig 1860.

CORPUS DIONYSIACUM II =
: Corpus Dionysiacum II, Pseudo-Dionysius Areopagita, hrg. von Günter Heil und Adolf Martin Ritter, Berlin/New York 1991 (= Patristische Texte und Studien 36).

CORPUS REFORMATORUM =
: Corpus Reformatorum, 101 Bde., Halle 1834–1959.

CORPUS SCHWENCKFELDIANORUM =
: Corpus Schwenckfeldianorum, published under the auspices of the Schwenckfelder Church Pennsylvania, hrg. v. Chester David Hartranft u. a., Bd. 1–19, Leipzig/Pennsburg 1907–1961.

CRAIN, REFORMATION IN WISMAR =
: Carl Ferdinand Crain, Die Reformation der christlichen Kirche in Wismar. Ein Beitrag zur Landes = Kirchengeschichte als Einladungs = und Denkschrift bei Gelegenheit der 300jährigen Jubelfeier der am 29. September 1541 im ehemaligen hiesigen Franziskaner = Kloster gestifteten Großen Stadtschule, Wismar 1841.

CRÄMER, VERFASSUNG UND VERWALTUNG STRASSBURGS =
: Ulrich Crämer, Die Verfassung und Verwaltung Straßburgs von der Reformationszeit bis zum Fall der Reichsstadt (1521–1681), Frankfurt a.M. 1931 (= Schriften des Wissenschaftlichen Instituts der Elsaß-Lothringer im Reich an der Universität Frankfurt, NF 3).

CROLLIUS, DENKMAHL CARL AUGUST FRIEDRICH =
: Georg Christian Crollius, Denkmahl Carl August Friedrichs des Einzigen zu den Gedächtnis- und Grabmahlen des Pfalzgräflichen Hauses der Zweybrückischen, Veldenzischen und Birkenfeldischen Linien hinzugestellt, Zweibrücken 1785.

CSEL =
: Corpus scriptorum ecclesiasticorum latinorum, hrg. v. der Österreichischen Akademie der Wissenschaften, Wien 1866ff.

CULMANN, SCHULER'S LEBEN =
F. W. Culmann, Skizzen aus Gervasius Schuler's Leben und Wirken in Zürich, Bischweiler, Bremgarten, Basel, Memmingen und Lenzburg, von 1520–1563, Straßburg 1855.

D

DEETJEN, FRECHT =
Werner-Ulrich Deetjen, Licentiat Martin Frecht, Professor und Prädikant (1494–1556), in: Hans Eugen Specker und Gebhard Weig (Hrgg.), Die Einführung der Reformation in Ulm, Stuttgart 1981, S. 269–321 (= Forschungen zur Geschichte der Stadt Ulm. Reihe Dokumentation 2).

DELLSPERGER, BUCER UND MUSCULUS =
Rudolf Dellsperger, Bucer und Musculus, in: Christian Krieger und Marc Lienhard (Hrgg.), Martin Bucer and Sixteenth Century Europe. Actes du colloque de Strasbourg (28–31 août 1991), Bd. 1, Leiden/New York/Köln 1993, S. 419–427 (= Studies in medieval and reformation Thought 52).

DELLSPERGER, HALLER =
Rudolf Dellsperger, Art. Berchtold Haller, in: Theologische Realenzyklopädie 14 (1985), S. 393–395.

DELLSPERGER, MEGANDER =
Rudolf Dellsperger, Art. Kaspar Megander (Großmann), in: Religion in Geschichte und Gegenwart 5 (^{4}2002), Sp. 989.

DELLSPERGER, MUSCULUS =
Rudolf Dellsperger, Art. Wolfgang Musculus, in: Theologische Realenzyklopädie 23 (1984), S. 439–441.

DELLSPERGER, WOLFGANG MUSCULUS =
Rudolf Dellsperger, Wolfgang Musculus (1497–1563), in: Reinhard Schwarz (Hrg.), Die Augsburger Kirchenordnung von 1537 und ihr Umfeld. Wissenschaftliches Kolloquium, Gütersloh 1988, S. 91–110 (= Schriften des Vereins für Reformationsgeschichte 196).

DELLSPERGER/FREUDENBERGER/WEBER, MUSCULUS =
Rudolf Dellsperger, Rudolf Freudenberger und Wolfgang Weber (Hrgg.), Wolfgang Musculus (1497–1563) und die oberdeutsche Reformation, Berlin 1997 (= Colloquia Augustana 6).

DEPPERMANN, HOFFMANN =
Klaus Deppermann, Melchior Hoffmann. Soziale Unruhen und apokalyptische Visionen im Zeitalter der Reformation, Göttingen 1979.

DERKSEN, SCHWENCKFELDIANS =
John Derksen, The Schwenckfeldians in Strasbourg 1533–1562. A prosopographical survey, in: Mennonite quaterly review 74 (2000), S. 257–294.

DH =
Heinrich Denzinger, Kompendium der Glaubensbekenntnisse und kirchlichen Lehrentscheidungen, verbessert und erweitert, ins Deutsche übertragen und unter Mitarbeit von Helmut Hoping hrg. v. Peter Hünermann, Freiburg i.Br./Basel/Rom/Wien, ^{40}2005.

DIEMER, QUELLEN ZUR BIBERACHER GESCHICHTE =
   Kurt Diemer, Ausgewählte Quellen zur Biberacher Geschichte 1491–1991, Stuttgart 1991.

DIETZ, FRANKFURTER HANDELSGESCHICHTE =
   Alexander Dietz, Frankfurter Handelsgeschichte, Bd. 1–4 , Frankfurt a.M. 1910–1925.

DINGEL, RECHT GLAUBEN =
   Irene Dingel, „Recht glauben, christlich leben und seliglich sterben". Leichenpredigt als evangelische Verkündigung im 16. Jahrhundert, in: Rudolf Lenz (Hrg.), Leichenpredigten als Quelle historischer Wissenschaften, Bd. 4, Stuttgart 2004, S. 9–36.

DOBRAS, RATSREGIMENT =
   Wolfgang Dobras, Ratsregiment, Sittenpolizei und Kirchenzucht in der Reichsstadt Konstanz 1531–1548. Ein Beitrag zur Geschichte der oberdeutsch-schweizerischen Reformation, Gütersloh 1993 (= Quellen und Forschungen zur Reformationsgeschichte 59).

DOORNKAAT KOOLMAN, TÄUFER IN MECKLENBURG =
   Jan ten Doornkaat Koolman, Die Täufer in Mecklenburg, in: Mennonitische Geschichtsblätter 18 (1961), S. 20–56.

DRÜLL, HEIDELBERGER GELEHRTENLEXIKON =
   Dagmar Drüll(-Zimmermann), Heidelberger Gelehrtenlexikon, Band 1–4, Berlin u.a. 2002–2009.

DRUMM, MENNONITEN =
   Ernst Drumm, Geschichte der Mennoniten im Herzogtum Pfalz-Zweibrücken, Zweibrücken 1962 (= Schriften zur Zweibrücker Landesgeschichte Folge 9; Schriften zur Wanderungsgeschichte der Pfälzer Folge 15).

DÜRR/ROTH, BASLER REFORMATION =
   Aktensammlung zur Geschichte der Basler Reformation in den Jahren 1519 bis Anfang 1534, im Auftrage der Historischen und Antiquarischen Gesellschaft, hrg. v. Emil Dürr und Paul Roth, Bd. 1–6, Basel 1921–1950.

E

EA =
   Die eidgenössische Abschiede aus dem Zeitraume von 1245–1789, hrg. v. Anton Philipp von Segesser u.a., Teil 1–8, Luzern/Bern 1839–1878.

EBERLEIN, CASPAR VON SCHWENCKFELD =
   Paul Gerhard Eberlein, Ketzer oder Heiliger? Caspar von Schwenckfeld, der schlesische Reformator und seine Botschaft, Metzingen 1999 (= Studien zur Schlesischen und Oberlausitzer Kirchengeschichte 6).

EBERT, SILBEREISEN =
   Doris Ebert, Elisabeth Silbereisen. Bürgertochter, Klosterfrau, Ehefrau des Reformators Martin Bucer, Familie und Lebensstationen, o.O. [Eppingen] 2000.

EGLI, ACTENSAMMLUNG ZÜRICHER REFORMATION =
   Emil Egli, Actensammlung zur Geschichte der Zürcher Reformation in den Jahren 1519–1533, Zürich 1879.

EGLI, BIBLIANDERS LEBEN UND SCHRIFTEN =
   Emil Egli, Biblianders Leben und Schriften, in: ders., Analecta Reformatoria, Bd. 2 (Biographien: Bibliander, Ceporin, Johannes Bullinger), Zürich 1901, S. 1–144.

EGLI, GUNTIUS =
   Emil Egli, Hieronymus Guntius, der Famulus Zwinglis, in: Zwingliana 1 (1904), S. 401–408.

EGLI, JUD =
   Emil Egli, Leo Jud und seine Propagandaschriften, in: Zwingliana 2/6 (1907), S. 161–166; Zwingliana 2/7 (1908), S. 198–208.

EGLOFF, MYCONIUS =
   Gregor Egloff, Art. Oswald Myconius, in: Historisches Lexikon der Schweiz [elektronische Publikation], Version vom 20. März 2013.

EHMER, AMBROSIUS BLARER =
   Hermann Ehmer, Ambrosius Blarer und Gerwig Blarer: zwei Benediktiner in den Entscheidungen der Reformationszeit, in: Blätter für württembergische Kirchengeschichte 86 (1986), S. 196–214.

EHMER, FRECHT =
   Hermann Ehmer, Art. Martin Frecht, in: Religion in Geschichte und Gegenwart 3 (^{4}2000), Sp. 289.

EHMER, KONRAD SAM =
   Hermann Ehmer, Art. Konrad Sam, in: Religion in Geschichte und Gegenwart 7 (^{4}2004), Sp. 814.

EHMER, SAM =
   Hermann Ehmer, Art. Konrad Sam, in: Biographisch-Bibliographisches Kirchenlexikon 8 (1994), Sp. 1280f.

EHMER, WOLFHART =
   Hermann Ehmer, Bonifatius Wolfhart, ein reformatorischer Theologe aus Buchen, in: Rainer Trunk, Helmut Brosch und Karl Lehrer (Hrgg.), 700 Jahre Stadt Buchen, Buchen im Odenwald 1980, S. 211–231.

EID, HOF- UND STAATSDIENST PFALZ-ZWEIBRÜCKEN =
   Ludwig Eid, Der Hof- und Staatsdienst im ehemaligen Herzogtume Pfalz-Zweibrücken von 1444–1604, in: Mitteilungen des Historischen Vereins der Pfalz 21 (1897), S. 1–325.

EISSENLÖFFEL, FRANZ KOLB =
   Ludwig Eissenlöffel, Franz Kolb: Ein Reformator Wertheims, Nürnbergs und Berns, Erlangen 1893.

ELLRICH, FRAUEN DER REFORMATOREN =
   Hartmut Ellrich, Die Frauen der Reformatoren, Petersberg 2012.

ELSENER, MAJORITÄTSPRINZIP =
   Ferdinand Elsener, Das Majoritätsprinzip in konfessionellen Angelegenheiten und die Religionsverträge der schweizerischen Eidgenossenschaft vom 16. bis 18. Jahrhundert, in: Zeitschrift der Savigny-Stiftung für Rechtsgeschichte 86, Kanonistische Abteilung 55 (1969), S. 238–281.

ENDRISS, ULMER REFORMATIONSJAHR =
Julius Endriß, Das Ulmer Reformationsjahr 1531 in seinen entscheidenden Vorgängen, Ulm o.J. [1931].

ENDRISS, ULMER SYNODEN =
Julius Endriss, Die Ulmer Synoden und Visitationen der Jahre 1531–1547. Ein Stück Kirchen- und Kulturgeschichte, Ulm 1935.

ENGELHARDT, NÜRNBERGER RELIGIONSFRIEDE =
Adolf Engelhardt, Der Nürnberger Religionsfriede von 1532, in: Mitteilungen des Vereins für Geschichte der Stadt Nürnberg 31 (1933), S. 17–123.

ENGELS, TIARA =
Odilo Engels, Art. Tiara, in: Lexikon des Mittelalters 8 (1999), Sp. 759.

ERASMUS BW. =
Desiderii Erasmi Roterodami Opus epistolarum, hrg. v. Percy Stafford Allen, Bd. 1–11, Oxford 1906–1958.

ERHARD, KIRCHE IN KEMPTEN =
Otto Erhard, Die Reformation der Kirche in Kempten auf Grund archivalischer Studien, Kempten 1917.

ERHARD, SAKRAMENTSSTREITIGKEITEN IN KEMPTEN =
Otto Erhard, Die Sakramentsstreitigkeiten in Kempten 1530–1533, in: Beiträge zur bayerischen Kirchengeschichte 17 (1910), S. 153–173.

ERICHSON, MATTHÄUS ZELL =
Alfred Erichson, Matthäus Zell, der erste elsässische Reformator und Pfarrer in Strassburg, Straßburg 1878.

ERNST, BERNHARD BESSERER =
Max Ernst, Bernhard Besserer, Bürgermeister in Ulm (1471–1542), in: Zeitschrift für Württembergische Landesgeschichte 5 (1941), S. 88–113.

ESCHER, GLAUBENSPARTEIEN EIDGENOSSENSCHAFT =
Hermann Escher, Die Glaubensparteien in der Eidgenossenschaft und ihre Beziehungen zum Ausland, vornehmlich zum Hause Habsburg und zu den deutschen Protestanten 1527–1531, Frauenfeld 1882.

ESSICH, BIBERACH =
Christian Friedrich Essich, Geschichte der Reformation zu Biberach vom Jahr 1517 bis zum Jahr 1650, Ulm 1817.

F

FABIAN, BESCHLÜSSE STÄDTETAGE =
Die Beschlüsse der Oberdeutschen Schmalkaldischen Städtetage. Quellenbuch zur Reformations- und Verfassungsgeschichte Ulms und der anderen Reichsstädte des oberländischen Schmalkaldischen Bundeskreises, Teil 2: 1531 (Juni)/1532, hrg. v. Ekkehart Fabian, Tübingen 1959 (= Schriften zur Kirchen- und Rechtsgeschichte 14/15).

FABIAN, BIOGRAPHIE UND BRIEFE MYCONIUS =
Ekkehart Fabian, Zur Biographie und zur geplanten Erstausgabe der Briefe und Akten von Oswald Myconius und seiner Basler Mitarbeiter, in: Zwingliana 19/2 (1991), S. 115–130.

FABIAN, REFORMATIONSBÜNDNISSE =
Quellen zur Geschichte der Reformationsbündnisse und der Konstanzer Reformationsprozesse 1529–1548. Erstausgabe von ausgewählten Texten zur Bündnis- und Bekenntnispolitik reformierter Orte der Eidgenossenschaft mit den schmalkaldischen Bundesständen Konstanz, Straßburg und Hessen (sowie Ulrich von Württemberg) und zur kirchlichen Rechtsgeschichte der Stadt Konstanz, bearb. und hrg. v. Ekkehart Fabian, Tübingen/Basel 1967 (= Schriften zur Kirchen- und Rechtsgeschichte 34).

FAST, LINKER FLÜGEL =
Heinold Fast (Hrg.), Der linke Flügel der Reformation. Glaubenszeugnisse der Täufer, Spiritualisten, Schwärmer und Antitrinitarier, Bremen 1962 (= Klassiker des Protestantismus 4; Sammlung Dieterich 269).

FAUST, KÜRSCHNER =
Pierre Paul Faust, Art. Conrad Kürschner (Pellicanus), in: Nouveau dictionnaire de biographie alsacienne 5 (1993), Sp. 2133f.

FEGER, BLARER =
Otto Feger, Art. Blarer, in: Neue Deutsche Biographie 2 (1955), S. 287–289.

FELLER/BONJOUR, GESCHICHTSSCHREIBUNG DER SCHWEIZ =
Richard Feller und Edgar Bonjour, Geschichtsschreibung der Schweiz vom Spätmittelalter bis zur Neuzeit, Bd. 1–2, Basel ²1979.

FELLER-VEST, RYHINER =
Veronika Feller-Vest, Art. Heinrich Ryhiner, in: Historisches Lexikon der Schweiz [elektronische Publikation], Version vom 24. April 2013.

FESTER, RELIGIONSMANDATE =
Richard Fester, Die Religionsmandate des Markgrafen Philipp von Baden 1522–1533, in: Zeitschrift für Kirchengeschichte 11 (1890), S. 307–329.

FICKER/WINCKELMANN, HANDSCHRIFTENPROBEN =
Johannes Ficker und Otto Winckelmann (Hrgg.), Handschriftenproben des XVI. Jahrhunderts nach Strassburger Originalen, Bd. 1–2, Straßburg 1902, 1905.

FINGER, ZWEIBRÜCKER GYMNASIUM =
Hermann Finger, Altes und Neues aus der dreihundertjährigen Geschichte des Zweibrücker Gymnasiums. Ein Beitrag zur Cultur- und Leidensgeschichte des linksrheinischen Deutschlands, Landau 1859.

FINK, FILONARDI =
Urban Fink, Art. Ennio Filonardi, in: Historisches Lexikon der Schweiz [elektronische Publikation], Version vom 6. März 2013.

FISCHER, CHRONIK =
Sebastian Fischers Chronik besonders von Ulmischen Sachen, hrg. von Karl Gustav Veesenmeyer, in: Mitteilungen des Vereins für Kunst und Alterthum für Ulm und Oberschwaben 5–8 (1896), S. 1–278.

FLEMMING, PFARRGESCHICHTE VON WINDSHEIM =
Paul Flemming, Zur Pfarrgeschichte von Windsheim, in: Beiträge zur bayerischen Kirchengeschichte 15 (1909), S. 130f.

FORD, MUSCULUS ON CHRISTIAN MAGISTRATE =
  James Thomas Ford, Wolfgang Musculus on the Office of the Christian Magistrate, in: Archiv für Reformationsgeschichte 91 (2000), S. 149–167.

FÖRSTEMANN, URKUNDENBUCH REICHSTAG AUGSBURG =
  Urkundenbuch zu der Geschichte des Reichstages zu Augsburg im Jahre 1530. Nach den Originalen und nach gleichzeitigen Handschriften, hrg. v. Karl Eduard Förstemann, Bd. 1–2, o.O. [Halle] 1833, 1835 (ND Osnabrück 1966).

FRAGNITO, FONZIO =
  Gigliola Fragnito, Art. Bartholomeo Fonzio, in: Dizionario biografico degli Italiani 48 (1997), S. 769–773.

FREUDENBERG, MEGANDER =
  Matthias Freudenberg, Art. Kaspar Megander, in: Biographisch-Bibliographisches Kirchenlexikon 14 (1988), Sp. 1245–1249.

FRIEDRICH, AUGSBURGER PREDIGER =
  Reinhold Friedrich, Die Beziehung Bucers zu den Augsburger Predigern, in: Wolfgang Simon (Hrg.), Martin Bucer zwischen den Reichstagen von Augsburg (1530) und Regensburg (1532), Tübingen 2011, S. 157–169 (= Spätmittelalter, Humanismus, Reformation 55)

FRIEDRICH, FANATIKER DER EINHEIT =
  Reinhold Friedrich, Martin Bucer – „Fanatiker der Einheit"? Seine Stellungnahme zu theologischen Fragen seiner Zeit (Abendmahls- und Kirchenverständnis) insbesondere nach seinem Briefwechsel der Jahre 1524–1541, Bonn 2002 (= Biblia et Symbiotica 20).

FRIEDRICH, STREIT UM WORTE =
  Reinhold Friedrich, Ein Streit um Worte?, in: Matthieu Arnold und Berndt Hamm (Hrgg.), Martin Bucer zwischen Luther und Zwingli, Tübingen 2003, S. 49–65 (= Spätmittelalter und Reformation. NR 23).

FRIESS, AUSSENPOLITIK MEMMINGEN =
  Peer Frieß, Die Außenpolitik der Reichsstadt Memmingen in der Reformationszeit (1517–1555), Memmingen 1993 (= Memminger Forschungen 4).

FRIESS, STADTSCHREIBER =
  Peer Frieß, Die Bedeutung der Stadtschreiber für die Reformation der süddeutschen Reichsstädte, in: Archiv für Reformationsgeschichte 89 (1998), S. 96–124.

FRIGO/ECK, MEMMIUS =
  Thomas Frigo und Werner Eck, Art. Memmius, in: Der Neue Pauly 7 (1999), Sp. 1201f.

FROHNE, WELT- UND MENSCHENBILD VADIANS =
  Renate Frohne, Das Welt- und Menschenbild des St. Galler Humanisten Joachim von Watt, Vadianus (1484–1551). Dargestellt anhand ausgewählter Exkurse in den Scholien zu Pomponius Mela: De chorographia, Basel 1522. Ein Lesebuch (Lateinisch/Deutsch) mit Kommentaren und Interpretationen, Remscheid 2010 (= Die Antike und ihr Weiterleben 8).

FUCHS, ZELL =
  Konrad Fuchs, Art. Matthäus Zell, in: Biographisch-Bibliographisches Kirchenlexikon 14 (1998), Sp. 383–385.

FÜHNER, ANTIREFORMATORISCHE RELIGIONSPOLITIK =
Jochen A. Führer, Die Kirchen- und die antireformatorische Religionspolitik Kaiser Karls V. in den siebzehn Provinzen der Niederlande 1515–1555, Leiden/Boston 2004 (= Brill's Series in Church History 23).

G

GÄBLER, BASLER REFORMATION =
Ulrich Gäbler, Die Basler Reformation, in: Theologische Zeitschrift 47 (1991), S. 7–17.

GÄBLER, OEKOLAMPAD =
Ulrich Gäbler, Art. Johannes Oekolampad, in: Theologische Realenzyklopädie 25 (1995), S. 29–36.

GASSNER, CREUTZ =
Klaus Gaßner, So ist das creutz das recht panier. Die Anfänge der Reformation im Kraichgau, Ubstadt-Weiher 1994.

GÄUMANN, REICH CHRISTI =
Andreas Gäumann, Reich Christi und Obrigkeit. Eine Studie zum reformatorischen Denken und Handeln Martin Bucers, Bern u.a. 2001 (= Züricher Beiträge zur Reformationsgeschichte 20).

GAUSS, BASILEA =
Karl Gauss, Basilea reformata. Die Gemeinden der Kirche Basel Stadt und Land und ihre Pfarrer seit der Reformation bis zur Gegenwart, Basel 1930.

GAUSS, BERUFUNG GRYNAEUS TÜBINGEN =
Karl Gauss, Die Berufung des Simon Grynaeus nach Tübingen 1534/1535. Ein Nachklang zum Universitätsjubiläum, in: Basler Jahrbuch 1911, S. 88–130.

GAUSS, BEZIEHUNGEN ZWINGLIS =
Karl Gauss, Die Beziehungen Zwinglis zu den Pfarrern des Baselbiets, in: Zwingliana 3 (1918), S. 394f.

GELBERT, BADER'S LEBEN UND SCHRIFTEN =
Johann P. Gelbert, Magister Johann Bader's Leben und Schriften, Nicolaus Thomae und seine Briefe. Ein Beitrag zur Reformationsgeschichte der Städte Landau, Bergzabern und der linksrheinischen Pfalz, zur Feier des fünfzigjährigen Jubiläums der kirchlichen Union, Neustadt a. d. Haardt 1868.

GERECKE, URBANUS RHEGIUS IN LÜNEBUERG =
Richard Gerecke, Urbanus Rhegius als Superindendent in Lüneburg, in: Reformation vor 450 Jahren. Eine Lüneburgische Gedenkschrift, hrg. v. Museumsverein für das Fürstentum Lüneburg, Lüneburg 1980, S. 71–93.

GERMANN, RHELLICANUS =
Martin Germann, Art. Johannes Rhellicanus, in: Historisches Lexikon der Schweiz [elektronische Publikation], Version vom 24. April 2013.

GIGER, GERICHTSHERREN =
Bruno Giger, Gerichtsherren, Gerichtsherrschaften, Gerichtsherrenstand im Thurgau vom Ausgang des Spätmittelalters bis in die frühe Neuzeit, in: Thurgauer Beiträge zur Geschichte 130 (1993), S. 5–216.

GIZEWSKI, DICTATOR =
Christian Gizewski, Art. Dictator, in: Der Neue Pauly 3 (1997), Sp. 535f.

GOETERS, REFORMATION PFALZ-ZWEIBRÜCKEN =
  Johann Friedrich Gerhard Goeters, Die Reformation in Pfalz-Zweibrücken und die Entstehung der evangelischen Landeskirche, in: Hans-Walter Herrmann (Hrg.), Die alte Diözese Metz/L'ancien Diocèse de Metz. Referate eines Kolloquiums in Waldfischbach-Burgalben vom 21. bis 23. März 1990, Saarbrücken 1993, S. 191–206 (= Veröffentlichungen der Kommission für Saarländische Landesgeschichte und Volksforschung 19).

GORDON, CLERICAL DISCIPLINE =
  Bruce Gordon, Clerical discipline and the rural reformation: the synod in Zürich, 1532–1580, Bern u.a. 1992 (= Zürcher Beiträge zur Reformationsgeschichte 16).

GORDON, MEGANDER =
  Bruce Gordon, Art. Caspar Megander, in: The Oxford encyclopedia of the Reformation 3 (1996), S. 41.

GÖTZINGER, VADIAN =
  Ernst Götzinger, Johannes Vadian, der Reformator und Geschichtsschreiber von St. Gallen, Halle a. d. Saale 1895 (= Schriften des Vereins für Reformationsgeschichte 50).

GOULDBOURNE, GENDER AND THEOLOGY =
  Ruth Gouldbourne, The flesh and the feminine. Gender and theology in the writings of Caspar Schwenckfeld, Carlisle 2006 (= Studies in Christian history and thought).

GREINER, ULMER SPITAL =
  Johannes Greiner, Geschichte des Ulmer Spitals im Mittelalter, in: Württembergische Vierteljahreshefte NF 16 (1907), S. 78–156.

GRESCHAT, BUCER =
  Martin Greschat, Martin Bucer. Ein Reformator und seine Zeit (1491–1551), München 1990.

GRESCHAT, MARCION ABENDMAHL =
  Katharina Greschat, „Dann sind gottwillkommen, Marcion und Marciönin. Marcion in den reformatorischen Auseinandersetzungen um das Abendmahl", in: Gerhard May, Katharina Greschat und Martin Meiser (Hrgg.), Marcion und seine kirchengeschichtliche Wirkung, Marcion and His Impact on Church History. Vorträge der Internationalen Fachkonferenz zu Marcion, gehalten vom 15.–18. August 2001 in Mainz, S. 237–251 (= Texte und Untersuchungen zur Geschichte der altchristlichen Literatur 150).

GRIMM, GERBEL =
  Heinrich Grimm, Art. Gerbellius, Nikolaus, in: Neue Deutsche Biographie 6 (1964), S. 249f.

GRIMM, WÖRTERBUCH =
  Jakob Grimm und Wilhelm Grimm, Deutsches Wörterbuch, Bd. 1–33, Leipzig 1854–1960.

GRITSCHKE, VIA MEDIA =
  Caroline Gritschke, ‚Via media': Spiritualistische Lebenswelten und Konfessionalisierung. Das süddeutsche Schwenckfeldertum im 16. und 17. Jahrhundert, Berlin 2006 (= Colloquia Augustana 22).

GRONAU, DOCUMENTI ARTISTICI =
Giorgio Gronau, Documenti artistici urbinati con una tavola fuori testo, Florenz 1936 (= Raccolta di fonti per la storia dell'arte 1).

GROTEFEND, ZEITRECHNUNG =
Hermann Grotefend, Zeitrechnung des deutschen Mittelalters und der Neuzeit, Bd. 1–2, Hannover 1891–1898 (ND Aalen 1997).

GRUCH, OTTHER =
Jochen Gruch, Entstehung und Abhängigkeit der Katechismen am Beispiel von Konrad Sam, Jakob Otther und Martin Bucer, Köln 1987.

GUENTHER/BIETENHOLZ, ZIEGLER =
Ilse Guenther und Peter G. Bietenholz, Art. Jakob Ziegler, in: Contemporaries of Erasmus. A Bibliographical Register of the Renaissance and Reformation 3 (1987), S. 474–476.

GUGGISBERG, BASEL =
Hans Rudolf Guggisberg, Basel in the Sixteenth Century. Aspects of the City Republic before, during and after the Reformation, St. Louis 1982.

GUGGISBERG, BERNISCHE KIRCHENGESCHICHTE =
Kurt Guggisberg, Bernische Kirchengeschichte, Bern 1958.

GUGGISBERG, GRYNAEUS =
Kurt Guggisberg, Art. Simon Grynaeus, in: Neue Deutsche Biographie 7 (1966), S. 241f.

GUGGISBERG, HALLER =
Kurt Guggisberg, Art. Berchtold Haller, in: Neue Deutsche Biographie 7 (1966), S. 552.

GUGGISBERG, OECOLAMPADIUS =
Kurt Guggisberg, Art. Johannes Oecolampadius, in: Contemporaries of Erasmus. A Bibliographical Register of the Renaissance and Reformation 3 (1987), S. 24–27.

GUGGISBERG, PELLICANUS =
Hans Rudolf Guggisberg, Art. Conradus Pellicanus, in: Contemporaries of Erasmus. A Bibliographical Register of the Renaissance and Reformation 3 (1987), S. 65f.

H

HÄBERLEIN, SAILER ALS MAKLER =
Mark Häberlein, Interessen, Parteien und Allianzen: Gereon Sailer als „Makler" in der oberdeutschen Reformation, in: Peter Burschel (Hrg.), Historische Anstöße. FS für Wolfgang Reinhard zum 65. Geburtstag, Berlin 2002, S. 14–39.

HAGENBACH, OEKOLAMPAD UND MYCONIUS =
Karl Rudolf Hagenbach, Johann Oekolampad und Oswald Myconius, die Reformatoren Basels. Leben und ausgewählte Schriften, in: Leben und ausgewählte Schriften der Väter und Begründer der reformierten Kirche 2 (1859), S. 307–471.

HAHN, MITTEN WIR IM LEBEN SIND =
Gerhard Hahn, 518 Mitten wir im Leben sind, in: ders. und Jürgen Henkys (Hrgg.), Liederkunde zum Evangelischen Gesangbuch, Heft 9 (2004), S. 69–75 (= Handbuch zum Evangelischen Gesangbuch 3).

HAMBRECHT, EINTRAGUNGEN SPALATIN =
Rainer Hambrecht, Eintragungen in kursächsischen Rechnungsbüchern zu Wittenberger Reformatoren und Georg Spalatin von 1519 bis 1553, in: Lutherjahrbuch 55 (1988), S. 102–117; 56 (1989), S. 68–129.

HAMM, BUCERS ZWEI GESICHTER =
Berndt Hamm, Bucers zwei Gesichter: ausgrenzende Unduldsamkeit und integrative Toleranz, in: Wolfgang Simon (Hrg.), Bucer zwischen den Reichstagen von Augsburg (1530) und Regensburg (1532). Beiträge zu einer Geographie, Theologie und Prosopographie der Reformation, Tübingen 2011, S. 125–136 (= Spätmittelalter, Humanismus, Reformation 55).

HAMM, LAIENTHEOLOGIE =
Berndt Hamm, Laientheologie zwischen Luther und Zwingli: Das reformatorische Anliegen des Konstanzer Stadtschreibers Jörg Vögeli aufgrund seiner Schriften 1523/24, in: Josef Nolte, Hella Tompert und Christof Windhorst (Hrgg.), Kontinuität und Umbruch. Theologie und Frömmigkeit in Flugschriften und Kleinliteratur an der Wende vom 15. bis zum 16. Jahrhundert, Stuttgart 1978, S. 222–295 (= Spätmittelalter und Frühe Neuzeit 2).

HAMM, UNMITTELBARKEIT =
Berndt Hamm, Unmittelbarkeit des göttlichen Gnadenwirkens und kirchliche Heilsvermittlung bei Augustin, in: Zeitschrift für Theologie und Kirche 78 (1981), S. 409–441.

HAMMANN, BUCER =
Gottfried Hammann, Martin Bucer (1491–1551) zwischen Volkskirche und Bekenntnisgemeinschaft, Stuttgart 1989 (= Veröffentlichungen des Instituts für Europäische Geschichte Mainz 139).

HAMMER, BASLER THEOLOGEN =
Karl Hammer, Bucer und die Basler Theologen, in: Christian Krieger und Marc Lienhard (Hrgg.), Martin Bucer and Sixteenth Century Europe, Bd. 1, Leiden 1993, S. 403–407 (= Studies in medieval and reformation Thought 52).

HAMMER, OEKOLAMPAD =
Karl Hammer, Der Reformator Oekolampad, 1482–1531, in: Heiko A. Oberman (Hrg.), Reformiertes Erbe, Bd. 1, Zürich 1992, S. 157–170.

HAMMER-PURGSTALL, GESCHICHTE DES OSMANISCHEN REICHES =
Joseph Hammer-Purgstall, Geschichte des Osmanischen Reiches, Band 1–10, Pest 1827–1833.

HANSEN, WIEDERTÄUFER IN AACHEN =
Joseph Hansen, Die Wiedertäufer in Aachen und in der Aachener Gegend, in: Zeitschrift des Aachener Geschichtsvereins 6 (1884), S. 295–338.

HARDT, HISTORIA LITERARIA REFORMATIONIS =
Hermann von der Hardt, Historia literaria Reformationis in honorem jubilaei anno 1717, constans quinque partibus, Teil 5a, Frankfurt a.M./Leipzig 1717.

HARRAUER/HUNGER, LEXIKON MYTHOLOGIE =
Christine Harrauer und Herbert Hunger, Lexikon der griechischen und römischen Mythologie mit Hinweisen auf das Fortwirken antiker Stoffe und Motive in der bildenden Kunst, Literatur und Musik des Abendlandes bis zur Gegenwart, Purkersdorf ^{9}2006.

HARTMANN, CLESS =
Julius Hartmann, Art. Martin Cleß, in: Allgemeine deutsche Biographie 4 (1876), S. 328f. (ND 1968).

HASSE, KARLSTADT UND TAULER =
Hans-Peter Hasse, Karlstadt und Tauler. Untersuchungen zur Kreuzestheologie, Gütersloh 1993 (= Quellen und Forschungen zur Reformationsgeschichte 58).

HATJE, LEBEN UND STERBEN BASEL =
Frank Hatje, Leben und Sterben im Zeitalter der Pest. Basel im 15. bis 17. Jahrhundert, Basel/Frankfurt a.M. 1992.

HAUSCHILD, BUGENHAGEN =
Wolf-Dieter Hauschild, Johannes Bugenhagen (1485–1558) und seine Bedeutung für die Reformation in Deutschland, in: Lutherjahrbuch 77 (2010), S.129–154.

HAUSWIRTH, PHILIPP VON HESSEN =
René Hauswirth, Landgraf Philipp von Hessen und Zwingli. Voraussetzungen und Geschichte der politischen Beziehungen zwischen Hessen, Straßburg, Konstanz, Ulrich von Württemberg und reformierten Eidgenossen 1526–1531, Tübingen/Basel 1968 (= Schriften zur Kirchen- und Rechtsgeschichte 35).

HAZLETT, BUCER'S THINKING ON THE SACRAMENT =
W. Ian P. Hazlett, The Development of Bucer's Thinking on the Sacrament of the Lord's Supper in its historical and theological context 1523–1534, Diss. Münster 1975.

HAZLETT, JOHANNES 6 BEI BUCER =
W. Ian P. Hazlett, Zur Auslegung von Johannes 6 bei Bucer während der Abendmahlskontroverse, in: Marijn de Kroon und Friedhelm Krüger (Hrgg.), Bucer und seine Zeit. Forschungsbeiträge und Bibliographie, Wiesbaden 1976, S. 74–87.

HEGE, KAUTZ =
Christian Hege, Art. Jakob Kautz, in: Mennonitisches Lexikon 2 (1937), S. 476–478.

HEIDRICH, KARL V. =
Paul Heidrich, Karl V. und die deutschen Protestanten am Vorabend des Schmalkaldischen Krieges, Bd. 1: Die Reichstage der Jahre 1541–1543, Frankfurt a.M. 1911.

HEIMBUCHER, PROPHETISCHE AUSLEGUNG =
Martin Heimbucher, Prophetische Auslegung: das reformatorische Profil des Wolfgang Fabricius Capito ausgehend von seinen Kommentaren zu Habakuk und Hosea, Frankfurt a.M. u.a. 2008 (= Europäische Hochschulschriften 877).

HEINSIUS, FRAUEN DER REFORMATIONSZEIT =
  Maria Heinsius, Das unüberwindliche Wort. Frauen der Reformationszeit, München 1951.

HELD, GALLUS KORN =
  Johann Georg Friedrich Held, Nachrichten von Gallus Korn, eines Dominicaner Mönchs zu Nürnberg und standhaften Vertheidigers der evangelischen Wahrheit, Leben und Schriften. Ein kleiner Beytrag zur Nürnbergischen Kirchen und Reformationsgeschichte, Nürnberg 1802.

HENDRIX, RHEGIUS =
  Scott H. Hendrix, Art. Urbanus Rhegius (1489–1541), in: Theologische Realenzyklopädie 29 (1998), S. 155–157.

HENRICH, BERNER „KUNZECHISMUS" =
  Rainer Henrich, Ein Berner „Kunzechismus" von 1541. Bucers verloren geglaubte Bearbeitung des Maganderschen Katechismus, in: Zwingliana 24 (1997), S. 81–94.

HENRICH, GESCHICHTSSCHREIBUNG =
  Reiner Henrich, Zu den Anfängen der Geschichtsschreibung über den Abendmahlsstreit bei Heinrich Bullinger und Johann Stumpf, in: Zwingliana 20 (1993), S. 11–51.

HENRICH, KONRAD HERMANN =
  Rainer Henrich, Konrad Hermann, genannt Schlupfindheck. Aus der Arbeit an der Bullinger-Edition, in: Zwingliana 18 (1989), S. 20–35.

HENSEL, BERGZABERN =
  Robert Hensel, Geschichte der Evangelischen Kirchengemeinde Bad Bergzabern seit der Reformation, Zweibrücken/Bad Bergzabern/Speyer 1993.

HERMINJARD, CORRESPONDANCE =
  Correspondance des Réformateurs dans les pays de langue Françaises. Recueillie et publiée avec d'autres lettres relatives à la Réforme et des notes historiques et biographiques par Aimé-Louis Herminjard, Bd. 1–3, Genf/Paris 1866, 1868, 1870.

HERMSDORF, HILSPACH =
  Rudolf Hermsdorf, Michael Wendelin Hilspach, Rektor der Hagenauer Lateinschule 1518–1525, ein Lebensbild, Hagenau 1941 (= Veröffentlichungen des Museums in Hagenau, Sonderdruck aus dem Jahrbuch 1938–1941 des Hagenauer Altertumsvereins).

HEUSCHEN, FINANZEN KONSTANZ =
  Diethelm Heuschen, Reformation, Schmalkaldischer Bund und Österreich in ihrer Bedeutung für die Finanzen der Stadt Konstanz 1499–1648, Tübingen 1969 (= Schriften zur Kirchen- und Rechtsgeschichte 36).

HEYNE, REFORMATION IN BREMEN =
  Bodo Heyne, Die Reformation in Bremen 1522–1524, in: Hospitium Ecclesiae 8 (1973), S. 7–54.

HIRSCHMANN, KETZMANN =
  Gerhard Hirschmann, Art. Johann Ketzmann, in: Neue Deutsche Biographie 11 (1977), S. 559.

HISTORISCHES WÖRTERBUCH DER ELSÄSSISCHEN MUNDART =
Historisches Wörterbuch der elsässischen Mundart. Mit besonderer Berücksichtigung der früh-neuhochdeutschen Periode, aus dem Nachlasse von Charles Schmidt und Charles Andler, Straßburg 1901.

HOBBS, PSALMS' COMMENTARY =
R. Gerald Hobbs, An Introduction to the Psalms' Commentary of Martin Bucer, Univ.-Diss. Straßburg 1971.

HOFER, REFORMATION ULMER LANDGEBIET =
Paul Hofer, Die Reformation im Ulmer Landgebiet. Religiöse, wirtschaftliche und soziale Aspekte, Diss. Tübingen 1977.

HOFFMANN, KIRCHENVÄTERZITATE =
Gottfried Hoffmann, Kirchenväterzitate in der Abendmahlskontroverse zwischen Ökolampad, Zwingli, Luther und Melanchthon. Legitimationsstrategien in der innerreformatorischen Auseinandersetzung um das Herrenmahl, Göttingen ^{2}2011 (= Oberurseler Hefte. Ergänzungsbände 7).

HOFFMANN, KONRAD SAM =
Konrad Hoffmann, Konrad Sam und die Reformation in Ulm, in: Siegfried Hermle (Hrg.), Reformationsgeschichte Württembergs in Portraits, Holzgerlingen 1999, S. 93–109.

HOFFMANN, SAM =
Konrad Hoffmann, Konrad Sam (1483–1533), der Prediger des Rats zu Ulm, in: Hans Eugen Specker und Gebhard Weig (Hrgg.), Die Einführung der Reformation in Ulm, Geschichte eines Bürgerentscheids; Vortragsveranstaltungen, Ausstellungskatalog und Beiträge zum 450. Jahrestag der Ulmer Reformationsabstimmung, Stuttgart 1981, S. 233–268 (= Forschungen zur Geschichte der Stadt Ulm. Reihe Dokumentation 2).

HOFFMANN, SENTENTIAE PATRUM =
Gottfried Hoffmann, Sententiae Patrum – Das patristische Argument in der Abendmahlskontroverse zwischen Oekolampad, Zwingli, Luther und Melanchthon, Teil 1 (Darstellung) und 2 (Anmerkungen), Diss. masch. Heidelberg 1971.

HÖHLE, UNIVERSITÄT FRANKFURT (ODER) =
Michael Höhle, Universität und Reformation. Die Universität Frankfurt (Oder) von 1506 bis 1550, Köln/Weimar/Wien 2002 (= Bonner Beiträge zur Kirchengeschichte 25).

HOLENSTEIN, GEMEINE HERRSCHAFTEN =
André Holenstein, Art. Gemeine Herrschaften, in: Historisches Lexikon der Schweiz [elektronische Publikation], Version vom 5. Februar 2011.

HOLFELDER, BUGENHAGEN =
Hans Hermann Holfelder, Art. Johannes Bugenhagen, in: Theologische Realenzyklopädie 7 (1981), S. 354–363.

HOLTZ, PHRYGIO =
Sabine Holtz, Art. Paulus Phrygio, in: Biographisch-Bibliographisches Kirchenlexikon 7 (1994), Sp. 559–561.

HOLZBERG, OLYMPIA MORATA =
   Niklas Holzberg, Olympia Morata und die Anfänge des Griechischen an der Universität Heidelberg, in: Historisches Jahrbuch 31 (1987), S. 77–93.

HÖSS, SPALATIN =
   Irmgard Höß, Georg Spalatin 1484–1545. Ein Leben in der Zeit des Humanismus und der Reformation, Weimar ²1989.

HUBER, BESSERER =
   Max Huber, Art. Bernhard Besserer, in: Neue Deutsche Biographie 2 (1955), S. 183.

HUBERT, STRASSBURGER LITURGISCHE ORDNUNGEN =
   Friedrich Hubert, Die Straßbuger liturgischen Ordnungen im Zeitalter der Reformation nebst einer Bibliographie der Straßburger Gesangbücher, Göttingen 1900.

HUGGENBERG, HELFER ZWINGLIS =
   Frieda Maria Huggenberg, Ein Helfer Zwinglis. Zum Jubiläum von Stein am Rhein im Frühjahr 1957, in: Reformatio 6 (1957), S. 97–102.

HUMBERT, PHARMACIE STRASBOURGEOISE =
   Gabriel Humbert, Contribution à l'histoire de la pharmacie Strasbourgeoise, Mühlhausen 1938.

HUNDESHAGEN, CONFLIKTE =
   Carl Bernhard Hundeshagen, Die Conflikte des Zwinglianismus, Luthertums und Calvinismus in der Bernischen Landeskirche von 1532–1558, Bern 1842.

HÜTTEROTH, ALTHESSISCHE PFARRER =
   Oskar Hütteroth, Die althessischen Pfarrer der Reformationszeit. Mit Nachträgen und Verzeichnissen von Hilmar Milbradt, Kassel 1966 (= Veröffentlichungen der Historischen Kommission für Hessen und Waldeck 22).

I

ILLI, CONSTAFFEL ZÜRICH =
   Martin Illi, Die Constaffel in Zürich: Von Bürgermeister Rudolf Brun bis ins 20. Jahrhundert, Zürich 2003.

IMMENKÖTTER, FABRI =
   Herbert Immenkötter, Art. Johannes Fabri, in: Lexikon für Theologie und Kirche 3 (1995), Sp. 1148.

IMMENKÖTTER, JOHANN FABRI =
   Herbert Immenkötter, Art. Johann Fabri, in: Theologische Realenzyklopädie 10 (1982), S. 784–788.

IMMENKÖTTER, KATHOLISCHE KIRCHE IN AUGSBURG =
   Herbert Immenkötter, Die katholische Kirche in Augsburg in der ersten Hälfte des 16. Jahrhunderts, in: Reinhard Schwarz (Hrg.), Die Augsburger Kirchenordnung von 1537 und ihr Umfeld. Wissenschaftliches Kolloquium, Gütersloh 1988, S. 9–31 (= Schriften des Vereins für Reformationsgeschichte 196).

ISERLOH, ECK =
   Erwin Iserloh, Johannes Eck (1486–1543). Scholastiker, Humanist, Kontroverstheologe, Münster 1981 (= Katholisches Leben und Kirchenreform im Zeitalter der Glaubensspaltung 41).

ISERLOH, EUCHARISTIE ECK =
Erwin Iserloh, Die Eucharistie in der Darstellung des Johannes Eck. Ein Beitrag zur vortridentinischen Kontroverstheologie über das Messopfer, Münster 1950 (= Reformationsgeschichtliche Studien und Texte 73/74).

ITTNER, WERDENBERG =
Josef Albrecht von Ittner, Graf Albrecht von Werdenberg, Norderstedt 2008.

J

JACOB, FÜHRUNGSSCHICHT ZÜRICH =
Walter Jacob, Politische Führungsschicht und Reformation. Untersuchungen zur Reformation in Zürich 1519–1528, Zürich 1970 (= Zürcher Beiträge zur Reformationsgeschichte 1).

JAHNS, FRANKFURT =
Sigrid Jahns, Frankfurt, Reformation und Schmalkaldischer Bund. Die Reformations-, Reichs- und Bündnispolitik der Reichsstadt Frankfurt am Main 1525–1536, Frankfurt a.M. 1976 (= Studien zur Frankfurter Geschichte 9).

JALLA, VAUDOIS DU PIÉMONT =
Jean Jalla, Farel et les Vaudois du Piémont, in: Guillaume Farel 1489–1565. Biographie nouvelle, écrite d'après les documents originaux par un groupe d'historiens, professeurs et pasteurs de Suisse, de France et d'Italie, Neuchâtel/Paris 1930, S. 285–297.

JANOWSKI, ALLERLÖSUNG =
Johanna Christine Janowski, Allerlösung: Annäherungen an eine entdualisierte Eschatologie, Bd. 1–2, Neukirchen-Vluyn 2000 (= Neukirchener Beiträge zur systematischen Theologie 23).

JEHLE, ZILI =
Frank Jehle, Art. Dominik Zili, in: Historisches Lexikon der Schweiz [elektronische Publikation], Version vom 9. April 2013.

JENNY, BLARER ALS DICHTER =
Markus Jenny, Ambrosius Blarer als Dichter und Hymnologe, in: Bernd Moeller (Hrg.), Der Konstanzer Reformator Ambrosius Blarer 1492–1564. Gedenkschrift zu seinem 400. Todestag, Konstanz/Stuttgart 1964, S. 87–113.

JENNY, RAST =
Beat Rudolf Jenny, Dr. jur. Matthias Rast (Rasch) aus Isny, in: Zeitschrift für die Geschichte des Oberrheins 118 (1970), S. 175–193.

JÖCKLE, HEILIGENLEXIKON =
Clemens Jöckle, Das große Heiligenlexikon, München 1995.

JUNG, BRENZ UND OEKOLAMPAD =
Martin Herbert Jung, Abendmahlsstreit. Brenz und Oekolampad, in: Blätter für Württembergische Kirchengeschichte 100 (2000), S. 143–161.

JUNG, FRÖMMIGKEIT BEI MELANCHTHON =
Martin Herbert Jung, Frömmigkeit und Theologie bei Philipp Melanchthon: Das Gebet im Leben und in der Lehre des Reformators, Tübingen 1998 (= Beiträge zur historischen Theologie 102).

JUNG, GOTTESDIENST PFALZ 1 =
Wolfgang Jung, Zur Geschichte des evangelischen Gottesdienstes in der Pfalz, Teil 1: Von der Reformation zur Union, Grünstadt 1959 (= Veröffentlichungen des Vereins für pfälzische Kirchengeschichte 7).

JUNG, MYCONIUS =
Martin H. Jung, Art. Oswald Myconius, in: Religion in Geschichte und Gegenwart 4 (^{4}2002), Sp. 1633.

JUNG, QUELLEN PFALZ-ZWEIBRÜCKEN =
Hermann Jung, Quellen der pfalz-zweibrückischen Kirchengeschichte. Ein Vorwort zur Revision der Pfarrbeschreibungen, in: Beiträge zur bayrischen Kirchengeschichte 1 (1895), S. 241–265.

JUNG, RÉFORMATION WISSEMBOURG =
Jean-Frédéric Jung, Histoire de la réformation à Wissembourg, précédée d'une notive historique sur cette ville jusqu'au seizième siècle, Straßburg 1841.

JUNG, SCHWEBEL =
Fritz Jung, Johannes Schwebel, der Reformator von Zweibrücken, Kaiserslautern 1910.

JUNG, ZELL =
Martin H. Jung, Katharina Zell, geb. Schütz (1497/98–1562): Eine „Laientheologin" der Reformationszeit?, in: Zeitschrift für Kirchengeschichte 107 (1996), S. 145–178.

JUNGHANS, SPALATIN =
Helmar Junghans, Art. Georg Spalatin, in: Theologische Realenzyklopädie 31 (2000), S. 605–607.

JÜTTE, KLIMABEDINGTE TEUERUNGEN =
Robert Jütte, Klimabedingte Teuerungen und Hungersnöte. Bettelverbote und Armenfürsorge als Krisenmanagement, in: Wolfgang Behringer, Hartmut Lehmann und Christian Pfister (Hrgg.), Kulturelle Konsequenzen der „Kleinen Eiszeit"/Cultural Consequences of the „Little Ice Age", Göttingen 2005, S. 225–237 (= Veröffentlichungen des Max-Planck-Instituts für Geschichte 212).

K

KAMMERER, REFORMATION ISNY =
Immanuel Kammerer, Die Reformation in Isny, in: Blätter für Württembergische Kirchengeschichte 53 (1953), S. 3–64.

KATTERMANN, KIRCHENPOLITIK PHILIPPS I. =
Gerhard Kattermann, Die Kirchenpolitik Markgraf Philipps I. von Baden (1515–1533), Lahr 1936 (= Veröffentlichungen des Vereins für Kirchengeschichte in der evangelischen Landeskirche 11).

KAUFMANN, ABENDMAHLSTHEOLOGIE =
Thomas Kaufmann, Die Abendmahlstheologie der Straßburger Reformatoren bis 1528, Tübingen 1992 (= Beiträge zur historischen Theologie 81).

KAUFMANN, CAPITO ALS HEIMLICHER PROPAGANDIST =
Thomas Kaufmann, Capito als heimlicher Propagandist der frühen Wittenberger Theologie, in: Zeitschrift für Kirchengeschichte 103 (1992), S. 81–86.

KAUFMANN, REFORMATOREN =
Thomas Kaufmann, Reformatoren, Göttingen 1998 (= Kleine Reihe 4004).

KAUFMANN, TÜRKENBÜCHLEIN =
Thomas Kaufmann, Zur christlichen Wahrnehmung „türkischer Religion" in Spätmittelalter und Reformation, Göttingen 2008.

KAUFMANN, WITTENBERGER KONKORDIE =
Thomas Kaufmann, Art. Wittenberger Konkordie, in: Theologische Realenzyklopädie 26 (2004), S. 243–251.

KAUL, REICHSKAMMERGERICHT IN SPEYER =
Theodor Kaul, Kleine Beiträge zur Geschichte des Reichskammergerichts in Speyer in der Mitte des 16. Jahrhunderts, in: Mitteilungen des Historischen Vereins der Pfalz 51 (1953), S. 181–212.

KEIDEL, REFORMATIONSAKTEN ULM =
Friedrich Keidel, Ulmische Reformationsakten von 1531 und 1532, in: Württembergische Vierteljahreshefte für Landesgeschichte 3 (1894), S. 255–342.

KEIM, REFORMATION =
Carl Theodor Keim, die Reformation der Reichsstadt Ulm, Stuttgart 1851.

KESSLER, SABBATA =
Johannes Kesslers Sabbata. Chronik der Jahre 1523–1539, hrg. v. Ernst Goetzinger, Bd. 1–2, St. Gallen 1866.

KESSLER/PENNDORF, SPALATIN IN ALTENBURG =
Hans Joachim Kessler und Jutta Penndorf (Hrgg.), Spalatin in Altenburg. Eine Stadt plant ihre Ausstellung, Halle a.d. Saale 2012.

KEUTE, HEDIO =
Hartwig Keute, Reformation und Geschichte. Kaspar Hedio als Historiograph, Göttingen 1980 (= Göttinger theologische Arbeiten 19).

KIRCHENORDNUNGEN ESSLINGEN =
Gottfried Seebaß und Eike Wolgast (Hrgg.), Die evangelischen Kirchenordnungen des 16. Jahrhunderts, Bd. 17/2: Baden-Württemberg 4, Teilband 2: Südwestdeutsche Reichsstädte, bearb. v. Sabine Arend, Tübingen 2009, S. 309–413.

KIRCHENORDNUNGEN KEMPTEN =
Institut für evangelisches Kirchenrecht der Evangelischen Kirche in Deutschland zu Göttingen (Hrg.), Die evangelischen Kirchenordnungen des 16. Jahrhunderts, Bd. 12: Bayern, Teilband 2: Schwaben, Tübingen 1963, S. 167–177.

KIRCHENORDNUNGEN LINDAU =
Institut für evangelisches Kirchenrecht der Evangelischen Kirche in Deutschland zu Göttingen (Hrg.), Die evangelischen Kirchenordnungen des 16. Jahrhunderts, Bd. 12: Bayern, Teilband 2: Schwaben, Tübingen 1963, S. 179–220.

KIRCHENORDNUNGEN NÜRNBERG =
Institut für evangelisches Kirchenrecht der Evangelischen Kirche in Deutschland zu Göttingen (Hrg.), Die evangelischen Kirchenordnungen des 16. Jahrhunderts, Bd. 11: Bayern, Teilband 1: Franken, Tübingen 1961, S. 11–58.

KIRCHENORDNUNGEN PFALZ-ZWEIBRÜCKEN =
Gottfried Seebaß und Eike Wolgast (Hrgg.), Die evangelischen Kirchenordnungen des 16. Jahrhunderts, Bd. 18: Rheinland-Pfalz I, bearb. v. Thomas Bergholz, Tübingen 2006, S. 19–444.

KIRCHENORDNUNGEN STRASSBURG =
Eike Wolgast (Hrg.), Die evangelischen Kirchenordnungen des 16. Jahrhunderts, Bd. 20: Elsass, Teilband 1: Straßburg, bearb. v. Gerald Dörner, Tübingen 2011.

KIRCHENORDNUNGEN ULM =
Gottfried Seebaß und Eike Wolgast (Hrgg.), Die evangelischen Kirchenordnungen des 16. Jahrhunderts, Bd. 17/2: Baden-Württemberg 4, Teilband 2: Südwestdeutsche Reichsstädte, bearb. v. Sabine Arend, Tübingen 2009, S. 59–308.

KIRCHHOFER, HALLER =
Melchior Kirchhofer, Berthold Haller oder die Reformation von Bern, Zürich 1828.

KIRCHHOFER, MYCONIUS =
Melchior Kirchhofer, Oswald Myconius. Antistes der baslerischen Kirche, Zürich 1813.

KIRN, FRECHT =
Hans-Martin Kirn, Martin Frecht und die Reformation in Ulm, in: Siegfried Hermle (Hrg.), Reformationsgeschichte Württembergs in Porträts, Holzgerlingen 1999, S. 111–142.

KIRN, HEILSUNIVERSALISMUS =
Hans-Martin Kirn, Heilsuniversalismus und religiös- kulturelle Pluralität: zur empirischen Wahrnehmung des „Anderen" und „Fremden" beim Zürcher Reformator Theodor Bibliander (1505–1564), in: Leo J. Koffeman (Hrg.), Christliche Traditionen zwischen Katholizität und Partikularität: Vorträge der sechsten Konferenz der mittelsüdosteuropäischen und niederländischen Theologischen Fakultäten in Prag, Frankfurt a.M. 2008, S. 59–74 (= Beiheft zur Ökumenischen Rundschau 85).

KIST, MATRIKEL BISTUM BAMBERG =
Johannes Kist, Die Matrikel der Geistlichkeit des Bistums Bamberg, Würzburg 1965 (= Veröffentlichungen der Gesellschaft für fränkische Geschichte, 4. Reihe: Matrikeln fränkischer Schulen und Stände, Bd. 7).

KITTELSON, CAPITO =
James Matthew Kittelson, Wolfgang Capito. From humanist to reformer, Leiden 1975 (= Studies in medieval and reformation Thought 17).

KITTELSON, WOLFGANG CAPITO =
James Matthew Kittelson, Art. Wolfgang Capito, in: The Oxford encyclopedia of the Reformation 1 (1996), S. 259f.

KLOCKOW, GEORGIUS DE HUNGARIA =
Reinhard Klockow, Georgius de Hungaria, Tractatus de moribus, condicionibus et nequicia Turcorum, Köln u.a. 1993 (= Schriften zur Landeskunde Siebenbürgens 15).

KLÖTZER, ROTHMANN =
Ralf Klötzer, Bernhard Rothmann, in: Lexikon für Theologie und Kirche 8 (1999), Sp. 1324.

KNOD, DEUTSCHE STUDENTEN IN BOLOGNA =
Gustav C. Knod, Deutsche Studenten in Bologna (1289–1562). Biographischer Index zu den Acta Nationis Germanicae Universitatis Bononiensis, Berlin 1899 (ND Aalen 1970).

KNOD, STIFTSHERREN ST. THOMAS =
Gustav Knod, Die Stiftsherren von St. Thomas zu Straßburg (1518–1548), Straßburg 1892.

KOBELT-GROCH, URSULA JOST =
Marion Kobelt-Groch, Art. Ursula Jost, in: Hans-Jürgen Goertz (Hrg.), Mennonitisches Lexikon, Bd. 5, Teil 1: Personen, Online-Ausgabe, Zugriff vom 24. April 2013.

KOCH, FRANKFURTER MESSE =
Rainer Koch, Brücke zwischen den Völkern. Zur Geschichte der Frankfurter Messe, Frankfurt a.M. 1991.

KOCH, GUTACHTEN MYCONIUS =
Ernst Koch, „Wer es besser versteht, dem soll mein Geist gern unterworfen sein". Ein Gutachten von Friedrich Myconius zum Krieg des Schmalkaldischen Bundes gegen Heinrich von Braunschweig-Wolfenbüttel im Jahre 1545, in: Zeitschrift für bayerische Kirchengeschichte 73 (2004), S. 3–19.

KOCH, SCHORR =
Walther Koch, Jakob Schorr, ein Zweibrücker Kanzler der frühen Reformationszeit, in: Blätter für pfälzische Kirchengeschichte 29 (1962), S. 1–15.

KOCH, ZWINGLIANER =
Ernst Koch, „Zwinglianer" zwischen Ostsee und Harz in den Anfangsjahren der Reformation (1525–1532), in: Zwingliana 16 (1986), S. 517–522.

KÖHLER, RASDORFER =
Walther Köhler, Zu Paul Rasdorfer, in: Zwingliana 6/1 (1934), S. 59.

KÖHLER, ZÜRCHER EHEGERICHT =
Walter Köhler, Zürcher Ehegericht und Genfer Konsistorium, Bd. 1–2, Leipzig 1932, 1942 (= Quellen und Abhandlungen zur schweizerischen Reformationsgeschichte 7, 10).

KÖHLER, ZWINGLI UND LUTHER =
Walther Köhler, Zwingli und Luther. Ihr Streit über das Abendmahl nach seinen politischen und religiösen Beziehungen, hrg. v. Ernst Kohlmeyer und Heinrich Bornkamm, Bd. 1–2, Gütersloh 1953 (= Quellen und Forschungen zur Reformationsgeschichte 6, 7).

KOHLER, QUELLEN KARL V. =
Quellen zur Geschichte Karls V., hrg. v. Alfred Kohler, Darmstadt 1990 (= Ausgewählte Quellen zur deutschen Geschichte der Neuzeit 15).

KOHLS, BLARER UND BUCER =
Ernst-Wilhelm Kohls, Blarer und Bucer, in: Bernd Moeller (Hrg.), Der Konstanzer Reformator Ambrosius Blarer 1492–1564. Gedenkschrift zu seinem 400. Todestag, Konstanz/Stuttgart 1964, S. 172–192.

KÖHN, BUCERS REFORMATION KÖLN =
Mechtild Köhn, Martin Bucers Entwurf einer Reformation des Erzstiftes Köln. Untersuchungen der Entstehungsgeschichte und der Theologie des „Einfaltigen Bedenckens" von 1543, Witten 1966 (= Untersuchungen zur Kirchengeschichte 2).

KOHNLE, REICHSTAGE =
Armin Kohnle, Art. Reichstage der Reformationszeit, in: Theologische Realenzyklopädie 28 (1997), S. 457–464.

KOHNLE, VADIAN =
Armin Kohnle, Art. Joachim Vadian, in: Theologische Realenzyklopädie 34 (2002), S. 489–492.

KOLDE, REUNIONSVERSUCH =
Theodor Kolde, Über einen römischen Reunionsversuch vom Jahre 1531, in: Zeitschrift für Kirchengeschichte 17 (1897), S. 258–269.

KONERSMANN, KIRCHENREGIMENT =
Frank Konersmann, Kirchenregiment und Kirchenzucht im frühneuzeitlichen Kleinstaat. Studien zu den herrschaftlichen und gesellschaftlichen Grundlagen des Kirchenregiments der Herzöge von Pfalz-Zweibrücken 1410–1793, Köln 1996 (= Schriftenreihe des Vereins für rheinische Kirchengeschichte 121).

KOOISTRA, BUCER'S RELATIONSHIP WITH CAPITO =
Milton Kooistra, Bucer's relationship with Wolfgang Capito, in: Wolfgang Simon (Hrg.), Bucer zwischen den Reichstagen von Augsburg (1530) und Regensburg (1532). Beiträge zu einer Geographie, Theologie und Prosopographie der Reformation, Tübingen 2011, S. 187–204 (= Spätmittelalter, Humanismus, Reformation 55).

KREMER, PFORZHEIMER LATEINSCHULE =
Hans-Jürgen Kremer, „Lesen, exercieren und examinieren": Die Geschichte der Pforzheimer Lateinschule. Höhere Bildung in Südwestdeutschland vom Mittelalter zur Neuzeit. Katalog zur Ausstellung des Stadtarchivs Pforzheim im Stadtmuseum Pforzheim 4. Mai bis 12. Oktober 1997, Ubstadt-Weiher 1997 (= Stadtarchiv Pforzheim, Materialien zur Stadtgeschichte 11).

KRIES, MELCHIOR AMBACH =
F. W. von Kries, Art. Melchior Ambach, in: Wilhelm Kühlmann, Hans-Gert Roloff und Johann Anselm Steiger (Hrgg.), Die Deutsche Literatur, Biographisches und bibliographisches Lexikon, Reihe II: Die Deutsche Literatur zwischen 1450 und 1620, Bd. 1, Stuttgart 1991, Nr. 171, S. 437–446.

KROEMER, REFORMATION IN MEMMINGEN =
Barbara Kroemer, Die Einführung der Reformation in Memmingen. Über die Bedeutung ihrer sozialen, wirtschaftlichen und politischen Faktoren, in: Memminger Geschichtsblätter, Jahresheft 1980, Memmingen 1981, S. 3–226.

KROON, AUGSBURGER REFORMATION =
Marijn de Kroon, Die Augsburger Reformation in der Korrespondenz des Straßburger Reformators Martin Bucer unter besonderer Berücksichtigung des Briefwechsels Gereon Sailers, in: Reinhard Schwarz (Hrg.), Die Augsburger Kirchenordnung von 1537 und ihr Umfeld. Wissenschaftliches Kolloquium, Gütersloh 1988, S. 59–90 (= Schriften des Vereins für Reformationsgeschichte 196).

KRÜGER, BERNER SYNODUS =
Friedhelm Krüger, Huldrych Zwingli und der Berner Synodus, in: Alfred Schindler und Hans Stickelberger (Hrgg.), Die Zürcher Reformation: Ausstrahlungen und Rückwirkungen. Wissenschaftliche Tagung zum hundertjährigen Bestehen des Zwinglivereins (29. Oktober – 2. November 1997 in Zürich), Bern u.a. 2001, S. 77–85 (= Züricher Beiträge zur Reformationsgeschichte 18).

KRUSE, ANFÄNGE DER REFORMATION =
Jens-Martin Kruse, Universitätstheologie und Kirchenreform. Die Anfänge der Reformation in Wittenberg 1516–1522, Mainz 2002 (= Veröffentlichungen des Instituts für Europäische Geschichte 187).

KUHN, MYCONIUS =
Thomas Kuhn, Art. Oswald Myconius, in: Neue Deutsche Biographie 18 (1997), S. 662f.

KUHN, SCHWEBEL =
Thomas Kuhn, Art. Johannes Schwebel, in: Biographisch-Bibliographisches Kirchenlexikon 9 (1995), Sp. 1181–1183.

KUHN, SCHWENCKFELD =
Thomas Kuhn, Caspar Schwenckfeld von Ossig. Reformatorischer Laientheologe und Spiritualist, in: Martin Herbert Jung und Peter Walter (Hrgg.), Theologen des 16. Jahrhunderts. Humanismus, Reformation, Katholische Erneuerung, Darmstadt 2002, S. 191–208.

KUHN, STUDENTEN UNIVERSITÄT TÜBINGEN =
Werner Kuhn, Die Studenten der Universität Tübingen zwischen 1477 und 1534. Ihr Studium und ihre spätere Lebensstellung, Bd. 1–2, Göttingen 1971 (= Göppinger akademische Beiträge 37, 38).

KUHR, MACHT DES BANNES =
Olaf Kuhr, „Die Macht des Bannes und der Busse". Kirchenzucht und Erneuerung der Kirche bei Johannes Oekolampad (1482–1531), Bern u.a. 1999 (= Basler und Berner Studien zur historischen und systematischen Theologie 68).

KUPELWIESER, KÄMPFE ÖSTERREICHS =
Leonhard Kupelwieser, Die Kämpfe Österreichs mit den Osmanen 1527–1536, Wien 1899.

L

LANDGRAF, EINFÜHRUNG OPUS OPERATUM =
Artur Michael Landgraf, Die Einführung des Begriffspaares opus operans und opus operatum in die Theologie, in: Deutsche Theologie 29 (1951), S. 211–223.

LANG, EVANGELIENKOMMENTAR =
August Lang, Der Evangelienkommentar Martin Butzers und die Grundzüge seiner Theologie, Leipzig 1900/ND Aalen 1972 (= Studien zur Geschichte der Theologie und Kirche 2,2).

LANG, ULMER HEILIG-GEIST-SPITAL =
Stefan Lang, Vom Ulmer Heilig-Geist-Spital zur Hospital-Stiftung, Ulm 2010.

LANZ, CORRESPONDENZ KARL V. =
Correspondenz des Kaisers Karl V. Aus dem königlichen Archiv und der Bibliothèque de Bourgogne zu Brüssel mitgetheilt von Karl Lanz, Bd. 1–3, Leipzig 1844–1846.

LASSNER, HAAB =
Martin Lassner, Art. Johannes Haab, in: Historisches Lexikon der Schweiz [elektronische Publikation], Version vom 11. April 2013.

LASSNER, JAKOB WERDMÜLLER =
Martin Lassner, Art. Jakob Werdmüller, in: Historisches Lexikon der Schweiz [elektronische Publikation], Version vom 11. April 2013.

LASSNER, RÖIST =
Martin Lassner, Art. Diethelm Röist, in: Historisches Lexikon der Schweiz [elektronische Publikation], Version vom 20. März 2013.

LAVATER, CAPITOS REISE =
Hans Rudolf Lavater, Wolfgang Capitos Reise durch Oberdeutschland 21. Dezember 1531 bis Anfang April 1532, in: Gottfried Wilhelm Locher (Hrg.), Der Berner Synodus von 1532. Edition und Abhandlungen zum Jubiläumsjahr 1982. Bd. 2: Studien und Abhandlungen, Neukirchen-Vluyn 1988, S. 362–367 (Beilage III).

LAVATER, KURZBIOGRAPHIEN =
Hans Rudolf Lavater, Kurzbiographien, in: Gottfried Wilhelm Locher (Hrg.), Der Berner Synodus von 1532. Edition und Abhandlungen zum Jubiläumsjahr 1982. Bd. 2: Studien und Abhandlungen, Neukirchen-Vluyn 1988, S. 368–387.

LAVATER, VERBESSERUNG DER REFORMATION =
Hans Rudolf Lavater, Die „Verbesserung der Reformation" zu Bern, in: Gottfried Wilhelm Locher (Hrg.), Der Berner Synodus von 1532. Edition und Abhandlungen zum Jubiläumsjahr 1982. Bd. 2: Studien und Abhandlungen, Neukirchen-Vluyn 1988, S. 35–117, 354–367 (Beilagen).

LEDER, BUGENHAGEN =
Hans-Günther Leder, Johannes Bugenhagen Pomeranus – Vom Reformer zum Reformator. Studien zur Biographie, hrg. v. Volker Gummelt, Frankfurt a.M. u.a. 2002 (= Greifswalder theologische Forschungen 4).

LEHMANN, GESCHICHTE ZWEIBRÜCKEN =
Johann Georg Lehmann, Vollständige Geschichte des Herzogtums Zweibrücken und seiner Fürsten, der Stamm- und Vorältern des königlich bayerischen Hauses. Nach Urkunden und sonstigen archivalischen Quellen bearbeitet, München 1867.

LEIDINGER, AVENTINUS =
Georg Leidinger, Art. Johannes Aventinus (Turmair), in: Neue Deutsche Biographie 1 (1953), S. 469f.

LEIDINGER, GERMANIA =
Georg Leidinger, Zur Geschichte der Entstehung von Aventins „Germania illustrata" und dessen „Zeitbuch über ganz Teutschland", in: Sitzungsberichte der Bayerischen Akademie der Wissenschaften, Philosophisch-historische Abteilung, Heft 3, München 1935, S. 1–33.

LENZ, AVENTINS BERUFUNG =
Max Lenz, Aventins Berufung nach Straßburg, in: Zeitschrift für die Geschichte des Oberrheins 48, NF 9 (1894), S. 629–637.

LEPPIN, THEOLOGISCHER STREIT =
Volker Leppin, Theologischer Streit und politische Symbolik: zu den Anfängen der Württembergischen Reformation 1534–1538, in: Archiv für Reformationsgeschichte 90 (1999), S. 159–187.

LEROUX, LUTHER AS COMFORTER =
Neil R. Leroux, Martin Luther as comforter: writings on death, Leiden/Boston 2007 (= Studies in the history of Christian traditions 133).

LESLIE, BLARER =
Paul Douglas Leslie, Art. Thomas Blarer, in: The Oxford encyclopedia of the Reformation 1 (1996), S. 175f.

LEVEN, KRANKHEITEN =
Karl-Heinz Leven, Krankheiten – historische Deutung versus retrospektive Diagnose, in: Norbert Paul und Thomas Schlich (Hrgg.), Medizingeschichte: Aufgaben, Probleme, Perspektiven, Frankfurt a.M./New York 1998, S. 153–185.

LEVRESSE, L'OFFICIALITÉ ÉPISCOPALE =
Pierre Levresse, L'officialité épiscopale de Strasbourg depuis ses origines a son transfert a Molsheim (1248–1597), Strasbourg 1972.

LEWIS, BLAURER =
Marcia Lewis, Ambrosius Blaurer and the Reformation in Constance, Diss. phil., Iowa City, 1974.

LIEB, FABRICIUS =
Hans Lieb, Art. Erasmus Fabricius, in: Historisches Lexikon der Schweiz [elektronische Publikation], Version vom 11. April 2013.

LIENHARD, CAPITO =
Marc Lienhard, Art. Wolfgang Capito, in: Theologische Realenzyklopädie 7 (1981), S. 636–640.

LIENHARD, RELIGIÖSE TOLERANZ =
Marc Lienhard, Religiöse Toleranz in Straßburg im 16. Jahrhundert, Stuttgart 1991 (= Abhandlungen der Akademie der Wissenschaften und der Literatur in Mainz. Geistes- und Sozialwissenschaftliche Klasse 1).

LIENHARD/WILLER, STRASSBURG =
Marc Lienhard und Jakob Willer, Straßburg und die Reformation. Die Hohe Zeit der Freien Reichsstadt, Kehl 1981.

LINDT, BERNER DISPUTATION =
Karl Lindt, Der theologische Gehalt der Berner Disputation, in: Gedenkschrift zur Vierjahrhundertfeier der Bernischen Kirchenreformation, bearb. v. E. Bähler, Th. de Quervain, Karl Lindt, Bd. 1, Bern 1928, S. 303–344.

LITZ, BILDERFRAGE =
Gudrun Litz, Die reformatorische Bilderfrage in den schwäbischen Reichsstädten, Tübingen 2007 (= Spätmittelalter und Reformation. NR 35).

LOCHER, BERNER SYNODUS =
Gottfried Wilhelm Locher (Hrg.), Der Berner Synodus von 1532. Edition und Abhandlungen zum Jubiläumsjahr 1982, Bd 1: Edition; Bd 2: Studien und Abhandlungen, Neukirchen-Vluyn 1984, 1988.

LOCHER, ZWINGLISCHE REFORMATION =
Gottfried Wilhelm Locher, Die Zwinglische Reformation im Rahmen der europäischen Kirchengeschichte, Göttingen 1979.

LOEHR, DONA MELANCHTHONIANA =
Johanna Loehr (Hrg.), Dona Melanchthoniana. FS für Heinz Scheible, Stuttgart-Bad Cannstadt 2001.

LOHMANN, MYCONIUS =
Hartmut Lohmann, Art. Oswald Myconius, in: Biographisch-Bibliographisches Kirchenlexikon 6 (1993), Sp. 412–414.

LOMBARDUS, SENTENTIAE =
Magistri Petri Lombardi Parisiensis Episcopi Sententiae in IV Libris distinctae, Bd. 1–2, Grottaferrata (Rom), 1971, 1981 (= Spicilegium Bonaventurianum 5).

LOOSS, BUTZER UND CAPITO =
Sigrid Looß, Butzer und Capito in deren Verhältnis zu Bauernkrieg und Täufertum, in: Max Steinmetz und Gerhard Brendler (Hrgg.), Weltwirkung der Reformation. Internationales Symposium anlässlich der 450-Jahr-Feier der Reformation in Wittenberg vom 24. bis 26. Oktober 1967, Bd. 1, Berlin 1969, S. 226–232.

LOOSS, BUCER UND KARLSTADT =
Sigrid Looß, Martin Bucer und Andreas Karlstadt: persönliche Begegnungen und geistige Positionen, in: Christian Krieger und Marc Lienhard (Hrgg.), Martin Bucer and Sixteenth Century Europe. Actes du colloque de Strasbourg (28–31 août 1991), Bd. 1, Leiden/New York/Köln 1993, S. 317–328 (= Studies in medieval and reformation Thought 52).

LOOSS/MATTHIAS, BODENSTEIN =
Sigrid Looß und Markus Matthias, Andreas Bodenstein von Karlstadt (1486–1541), ein Theologe der frühen Reformation. Beiträge eines Arbeitsgesprächs vom 24.–25. November in Wittenberg, Wittenberg 1998 (= Themata Leucoreana 4).

LOSEKAM, SÜNDE DER ENGEL =
Claudia Losekam, Die Sünde der Engel. Die Engelfalltradition in frühjüdischen und gnostischen Texten, Tübingen 2010 (= Texte und Arbeiten zum neutestamentlichen Zeitalter 41).

LUDOLPHY, FRIEDRICH DER WEISE =
Ingetraut Ludolphy, Friedrich der Weise, Kurfürst von Sachsen 1463–1525, Göttingen 1984 (ND Leipzig 2006).

LUTHER, STA =
Martin Luther, Studienausgabe, hrg. v. Hans-Ulrich Delius, Bd. 1–6, Berlin/Leipzig 1979–1999.

LUTTENBERGER, RELIGIONSPOLITIK KARLS V. =
Albrecht Pius Luttenberger, Die Religionspolitik Karls V. im Reich, in: Alfred Kohler, Barbara Haider und Christine Ottner (Hrgg.), Karl V. 1500–1558. Neue Perspektiven seiner Herrschaft in Europa und Übersee, Wien 2002, S. 293–343 (= Zentraleuropa-Studien 6).

LUTZ, GSCHMUS =
Jules Lutz, Art. Augustin Gschmus, in: Bulletin du Musée historique de Mulhouse 21 (1897), S. 34–52.

LUTZ, RÉFORMATEURS DE MULHOUSE =
Jules Lutz, Les Réformateurs de Mulhouse, in: Bulletin du Musée historique de Mulhouse 25 (1901), S. 8–31.

LUTZ, REFORMATION UND GEGENREFORMATION =
Heinrich Lutz, Reformation und Gegenreformation. Durchgesehen und ergänzt von Alfred Kohler, Oldenbourg ^{5}2002 (= Oldenbourg Grundriss der Geschichte 10).

M

MAGER, KATHARINA ZELL =
Inge Mager, Art. Katharina Zell, in: Biographisch-Bibliographisches Kirchenlexikon 14 (1998), Sp. 380–383.

MARKSCHIES, SESSIO AD DEXTRAM =
Christoph Markschies, ‚Sessio ad dextram' Bemerkungen zu einem altkirchlichen Bekenntnismotiv in der Diskussion der altkirchlichen Theologen, in: Marc Philonenko (Hrg.), Le Trône de Dieu, Tübingen 1993, S. 252–317 (= Wissenschaftliche Untersuchungen zum Neuen Testament 69), jetzt in: ders., Alta Trinità Beata: Gesammelte Studien zur altkirchlichen Trinitätstheologie, Tübingen 2000.

MATRIKEL BASEL =
Die Matrikel der Universität Basel, hrg. v. Hans Georg von Wackernagel unter Mitarbeit v. Marc Sieber und Hans Sutter, Bd. 1–3, Basel 1951–1962.

MATRIKEL ERURT =
Acten der Erfurter Universitaet, hrg. v. Der Historischen Commission der Provinz Sachsen. II. Theil: 2b–2c. Allgemeine und Facultätsstatuten von 1390–1636. 3b. Allgemeine Studentenmatrikel. 2. Hälfte (1492–1636), Halle 1884 (= Geschichtsquellen der Provinz Sachsen und angrenzender Gebiete 8).

MATRIKEL FREIBURG =
Die Matrikel der Universität Freiburg i.Br. von 1460–1656, bearb. und hrg. v. Hermann Mayer, Bd. 1–2, Freiburg i.Br. 1907, 1910.

MATRIKEL GREIFSWALD =
  Aeltere Universitäts-Matrikeln. II. Universität Greifswald. Aus der Originalhandschrift unter Mitwirkung von Georg Liebe u.a., hrg. v. Ernst Friedländer, Bd. 1: 1456–1645, Leipzig 1893 (= Publicationen aus den K. Preußischen Staatsarchiven, Bd. 52).

MATRIKEL HEIDELBERG =
  Die Matrikel der Universität Heidelberg, bearb. und hrg. v. Gustav Toepke und Paul Hinzelmmann, Bd. 1–7, Heidelberg 1884–1916 (ND Nendeln 1976).

MATRIKEL INGOLSTADT =
  Die Matrikel der Ludwig-Maximilians-Universität Ingolstadt-Landshut-München, hrg. v. Götz Freiherr von Pölnitz, Teil I: Ingolstadt, Bd. 1: 1472–1600, München 1937.

MATRIKEL KÖLN =
  Die Matrikel der Universität Köln, bearb. v. Hermann Keussen, Bd. 2: 1476–1559, Bonn 1919 (= Publikationen der Gesellschaft für Rheinische Geschichtskunde. VIII: Die Kölner Universitäts-Matrikel).

MATRIKEL LEIPZIG =
  Die Matrikel der Universität Leipzig, hrg. v. Georg Erler, Bd. 1: Die Immatrikulationen von 1409–1559, Leipzig 1895 (= Codex diplomaticus Saxoniae Regiae, Zweiter Hauptteil, Bd. 16).

MATRIKEL TÜBINGEN =
  Die Matrikeln der Universität Tübingen, hrg. v. Heinrich Hermelink. Bd. 1: Die Matrikeln von 1477–1600, Stuttgart 1906.

MATRIKEL WIEN =
  Die Matrikel der Universität Wien. Im Auftrag des Akademischen Senats hrg. v. Archiv der Universität Wien, Bd. 1–6, Graz u.a. 1956–1993 (= Publikationen des Instituts für Österreichische Geschichtsforschung, VI. Reihe: Quellen zur Geschichte der Universität Wien, 1. Abteilung).

MATRIKEL WITTENBERG =
  Album academiae Vitebergensis, hrg. v. Karl Eduard Förstemann, Bd. 1 (1502–1560), Leipzig 1841 (ND Aalen 1976).

MAURENBRECHER, KARL V. UND DIE PROTESTANTEN =
  Wilhelm Maurenbrecher, Karl V. und die deutschen Protestanten 1545–1555, nebst einem Anhang von Aktenstücken aus dem spanischen Staatsarchiv Simancas, Düsseldorf 1865.

MAURER, MELANCHTHON =
  Wilhelm Maurer, Der junge Melanchthon zwischen Humanismus und Reformation, Bd. 1–2, Göttingen 1967, 1969.

MCKEE, DEFENSE OF SCHWENCKFELD =
  Elsie Anne McKee, The Defense of Zwingli, Schwenckfeld, and the Baptists by Katharina Schütz Zell, in: Heiko A. Oberman u.a. (Hrgg.): Reformiertes Erbe. FS für Gottfried W. Locher zum 80. Geburtstag, Bd. 1, Zürich 1992, S. 245–264.

MCKEE, KATHARINA SCHÜTZ-ZELL =
  Elsie Anne McKee, Katharina Schütz-Zell, Bd. 1–2, Leiden 1998 (= Studies in medieval and reformation Thought 69/1–2).

MCLAUGHLIN, BUCER AND THE SCHWENCKFELDERS =
Robert Emmet McLaughlin, Martin Bucer and the Schwenckfelders, in: Christian Krieger und Marc Lienhard (Hrgg.), Martin Bucer and Sixteenth Century Europe. Actes du colloque de Strasbourg (28-31 août 1991), Bd. 2, Leiden/New York/Köln 1993, S. 615-626 (= Studies in medieval and reformation Thought 52).

MCLAUGHLIN, POLITICS OF DISSENT =
Robert Emmet McLaughlin, The Politics of Dissent. Martin Bucer, Caspar Schwenckfeld and the Schwenckfelders of Straßbourg, in: Mennonite quaterly review 68 (1994), S. 59-78.

MCLAUGHLIN, RELUCTANT RADICAL =
Robert Emmet MacLaughlin, Caspar Schwenckfeld. Reluctant Radical. His life to 1540, New Haven/London 1986.

MCLAUGHLIN, SCHWENCKFELD =
Robert Emmet McLaughlin, Art. Kaspar von Schwenckfeld, in: The Oxford encyclopedia of the Reformation 4 (1996), S. 21-24.

MCLAUGHLIN, SCHWENCKFELD'S EUCHARISTIC DOCTRINE =
Robert Emmet MacLaughlin, The genesis of Schwenckfeld's eucharistic doctrine, in: Archiv für Reformationsgeschichte 74 (1983), S. 94-121.

MEIER, SCHWARZENAUER NEUTÄUFER =
Marcus Meier, Die Schwarzenauer Neutäufer. Genese einer Gemeindebildung zwischen Pietismus und Täufertum, Göttingen 2008 (= Arbeiten zur Geschichte des Pietismus 53).

MELANCHTHON BW. P =
Melanchthons Briefwechsel. Personen. Kritische und kommentierte Gesamtausgabe, im Auftrag der Heidelberger Akademie der Wissenschaften hrg. v. Heinz Scheible, bislang Bd. 11-12, Stuttgart-Bad Cannstatt seit 2003.

MELANCHTHON BW. R =
Melanchthons Briefwechsel. Regesten. Kritische und kommentierte Gesamtausgabe, im Auftrag der Heidelberger Akademie der Wissenschaften hrg. v. Heinz Scheible, Bd. 1-8, Stuttgart-Bad Cannstatt 1977-1995.

MELANCHTHON BW. T =
Melanchthons Briefwechsel. Texte. Kritische und kommentierte Gesamtausgabe, im Auftrag der Heidelberger Akademie der Wissenschaften hrg. v. Heinz Scheible, bislang Bd. 1-6, Stuttgart-Bad Cannstatt seit 1991.

MELANCHTHON W. =
Philippi Melanchthonis epistolae, praefationes, consilia, iudicia, schedae academicae, hrg. v. Karl Gottlieb Bretschneider, Halle a. d. Saale 1835.

MELANCHTHON WSA =
Melanchthons Werke in Auswahl. Studienausgabe, hrg. v. Robert Stupperich, Gütersloh 1951-1975.

MENZEL, WOLFGANG VON ZWEIBRÜCKEN =
Karl Menzel, Wolfgang von Zweibrücken – der Stammvater des baierischen Königshauses (1526-1569), München 1893.

MESSNER, EXORZISMUS =
Reinhard Messner, Art. Exorzismus. IV. Liturgiewissenschaftlich, in: Lexikon für Theologie und Kirche 3 (1995), Sp. 1127f.

METZGER, WALZ =
Christoph Metzger, Johann Walz, Pfarrer in Neuffen 1547–1568, in: Blätter für württembergische Kirchengeschichte 31 (1927), S. 60–77.

MEYER, JOHANNES SAPIDUS =
Hubert Meyer, Art. Johannes Sapidus, in: Nouveau dictionnaire de biographie alsacienne 32 (1998), S. 3369f.

MEYER, KAPPELER KRIEG =
Helmut Meyer, Der Zweite Kappeler Krieg. Die Krise der Schweizerischen Reformation, Zürich 1976.

MIEG, AUGSBURGER =
Philippe Mieg, Art. Jacques Augsburger, in: Nouveau dictionnaire de biographie alsacienne 1 (1983), S. 73.

MIEG, RÉFORME À MULHOUSE =
Philippe Mieg, La Réforme à Mulhouse 1518–1538, Strasbourg 1948.

MILDENBERGER, PREDIGER =
Reinhold Mildenberger, Die ersten evangelischen Prediger in Biberach und den Dörfern des Spitals, in: Zeit und Heimat. Beiträge zur Geschichte, Kunst und Kultur von Stadt und Kreis Biberach, Sonderdruck Nr. 3, Jahrgang 25, vom 16. Dezember 1982, S. 49–53.

MILDENBERGER, REFORMATION BIBERACH =
Reinhold Mildenberger, Reformation und Gegenreformation im ländlichen Einflussbereich der Reichsstadt Biberach, in: Heimatkundliche Blätter für den Kreis Biberach 6 (1983), Heft 1, S. 23–31.

MILLET, CORRESPONDANCE CAPITON =
Olivier Millet, Correspondance de Wolfgang Capiton (1478–1541). Analyse et index, Straßburg 1982.

MOELLER, ABENDMAHLSTHEOLOGIE BLARER =
Bernd Moeller, Zur Abendmahlstheologie Ambrosius Blarers, in: Gottesreich und Menschenreich. FS für Ernst Staehelin, Basel/Stuttgart 1969, S. 103–120.

MOELLER, AMBROSIUS BLARER =
Bernd Moeller, Ambrosius Blarer 1493–1564, in: ders. (Hrg.), Der Konstanzer Reformator Ambrosius Blarer 1492–1564, Gedenkschrift zu seinem 400. Todestag, Konstanz/Stuttgart 1964, S. 11–38.

MOELLER, BLARER =
Bernd Moeller, Art. Ambrosius Blarer, in: Theologische Realenzyklopädie 7 (1981), S. 711–715.

MOELLER, GESCHWISTER BLARER =
Bernd Moeller, Bucer und die Geschwister Blarer, in: Christian Krieger und Marc Lienhard (Hrgg.), Martin Bucer and Sixteenth Century Europe. Actes du colloque de Strasbourg (28–31 août 1991), Bd. 1, Leiden/New York/Köln 1993, S. 441–450 (= Studies in medieval and reformation Thought 52).

MOELLER, JOHANNES ZWICK =
Bernd Moeller, Art. Johannes Zwick, in: Religion in Geschichte und Gegenwart 8 (⁴2005), Sp. 1942.

MOELLER, REFORMATION IN BREMEN =
Bernd Moeller, Die Reformation in Bremen, in: Jahrbuch der Wittheit zu Bremen 17 (1973), S. 51–73.

MOELLER, REFORMATOR BLARER =
Bernd Moeller (Hrg.), Der Konstanzer Reformator Ambrosius Blarer 1492–1564, Gedenkschrift zu seinem 400. Todestag, Konstanz/Stuttgart 1964.

MOELLER, ZWICK =
Bernd Moeller, Johannes Zwick und die Reformation in Konstanz, Gütersloh 1961 (= Quellen und Forschungen zur Reformationsgeschichte 28).

MOELLER, ZWINGLIS DISPUTATIONEN =
Bernd Moeller, Zwinglis Disputationen. Studien zu den Anfängen der Kirchenbildung und des Synodalwesens im Protestantismus, in: Zeitschrift der Savigny-Stiftung für Rechtsgeschichte. Kanonische Abteilung 56 (1970), S. 275–324 und 60 (1974), S. 213–364.

MOLITOR, GESCHICHTE ZWEIBRÜCKEN =
Ludwig Molitor, Vollständige Geschichte der ehemaligen pfalz-bayerischen Residenzstadt Zweibrücken von ihren ältesten Zeiten bis zur Vereinigung des Herzogthums Zweibrücken mit der Bayerischen Krone, Zweibrücken 1885.

MOSER, BIBLIANDER BIBLIOGRAPHIE =
Christian Moser, Theodor Bibliander (1505–1564): Annotierte Bibliographie der gedruckten Werke, Zürich 2009 (= Zürcher Beiträge zur Reformationsgeschichte 27).

MOSER, DIGNITÄT DES EREIGNISSES =
Christian Moser, Die Dignität des Ereignisses: Studien zu Heinrich Bullingers Reformationsgeschichtsschreibung, Bd. 1–2, Leiden-Boston 2012 (= Studies in the history of Christian traditions 163).

MPL =
J[acques] P[aul] Migne, Patrologiae cursus completus. Series latina, 221 Bde., Paris 1844–1864.

MPG =
J[acques] P[aul] Migne, Patrologiae cursus completus. Series graeca, 162 Bde., Paris 1857–1866.

MÜLLER, AVENTINUS =
Jan-Dirk Müller, Art. Johannes Aventinus (Turmair), in: Laetitia Boehm u.a. (Hrgg.), Biographisches Lexikon der Ludwig-Maximilians-Universität München. Teil I: Ingolstadt-Landshut 1472–1826, Berlin 1998, S. 23–26 (= Ludovico Maximilianea, Universität Ingolstadt-Landshut-München Forschungen und Quellen, Forschungen 18).

MÜLLER, JOHANNES AVENTINUS =
Rainer A. Müller, Art. Johannes Aventinus (Turmaier), in: Religion in Geschichte und Gegenwart 1 (41998), Sp. 1022.

MÜLLER, CAMPEGGIO UND DER AUGSBURGER REICHSTAG =
Gerhard Müller, Kardinal Lorenzo Campeggio, die römische Kurie und der Augsburger Reichstag 1530, in: ders., Causa reformationis. Beiträge zur Reformationsgeschichte und zur Theologie Martin Luthers, hrg. v. Gottfried Maron und Gottfried Seebaß, Gütersloh 1989, S. 111–130.

MÜLLER, BUCERS HERMENEUTIK =
Johannes Müller, Martin Bucers Hermeneutik, Gütersloh 1965 (= Quellen und Forschungen zur Reformationsgeschichte 32).

MÜLLER, RÖMISCHE KURIE =
Gerhard Müller, Die Römische Kurie und die Reformation 1523–1534. Kirche und Politik während des Pontifikats Clemens VII., Gütersloh 1969 (= Quellen und Forschungen zur Reformationsgeschichte 38).

MURALT, RENAISSANCE UND REFORMATION =
Leopold von Muralt, „Renaissance und Reformation" in: Handbuch der schweizer Geschichte, Bd. 1, Zürich ²1980, S. 389–570.

N

NÄF, VADIAN UND SEINE STADT =
Werner Näf, Vadian und seine Stadt St. Gallen. Bd. 1: Bis 1518: Humanist in Wien; Bd. 2: 1518–1551: Bürgermeister und Reformator von St. Gallen, St. Gallen 1944, 1957.

NEFF, PISTOR =
Christian Neff, Art. Georg Pistor, in: Mennonitisches Lexikon 3 (1958), S. 375f.

NEY, SCHORR =
Johannes Ney, Art. Jakob Schorr, in: Allgemeine deutsche Biographie 32 (1891, ND 1971), S. 384–386.

NEY, SCHWEBEL =
Johannes Ney, Johannes Schwebel. Der Reformator von Zweibrücken, in: Beiträge zur bayerischen Kirchengeschichte 16 (1910), S. 174–180.

NEY, THOMÄ =
Theodor Julius Ney, Art. Nikolaus Thomä, in: Allgemeine Deutsche Biographie 38 (1894), S. 64f.

NINCK, ARZT UND REFORMATOR =
Johannes Ninck, Arzt und Reformator Vadian. Ein Charakterbild aus großer Zeit nach den Quellen entworfen, St. Gallen 1936.

NOBLESSE-ROCHER, BUCERS ABENDMAHLSKONZEPTION =
Annie Noblesse-Rocher, Die Rezeption mittelalterlicher Theologen in Martin Bucers Abendmahlskonzeption, in: Matthieu Arnold und Berndt Hamm (Hrgg.), Martin Bucer zwischen Luther und Zwingli, Tübingen 2003, S. 67–83 (= Spätmittelalter und Reformation. NR 23).

NÜSSEL, ZWEI-NATUREN-LEHRE =
Friederike Nüssel, Art. Zwei-Naturen-Lehre, in: Religion in Geschichte und Gegenwart 8 (⁴2005), Sp. 1934–1936.

O

OBERG, PHAEDRUS-KOMMENTAR =
Eberhard Oberg, Phaedrus-Kommentar, Stuttgart 2000.

OBERLÉ, BINDER =
Raymond Oberlé, Art. Otto Binder, in: Nouveau dictionnaire de biographie alsacienne 1 (1983), S. 229.

OBERLÉ, GSCHMUSS =
Raymond Oberlé, Art. Augustin Gschmuss, in: Nouveau dictionnaire de biographie alsacienne 3 (1988), S. 1315.

OBERMAN, HARVEST OF MEDIEVAL THEOLOGY =
Heiko Augustinus Oberman, The Harvest of Medieval Theology. Gabriel Biel and Late Medieval nominalism, Cambridge 1963.

OEKOLAMPAD BW. =
Ernst Staehelin, Briefe und Akten zum Leben Oekolampads, Bd. 1–2, Leipzig 1927, 1934/ND New York/London 1971 (= Quellen und Forschungen zur Reformationsgeschichte 10, 19).

OLIVIERI, CATECHISMO =
Achille Olivieri, Il „Catechismo" e la „fidei et doctrinae ... ratio" di Bartolomeo Fonzio, eretico veneziano del cinquecento, in: Studi veneziani 9 (1967), S. 339–352.

OLIVIERI, ORTODOSSIA =
Achille Olivieri, „Ortodossia" ed „eresia" in Bartolomeo Fonzio, in: Bolletino della Società di Studi Valdesi 128 (1970), S. 39–55.

OSIANDER, GESAMTAUSGABE =
Andreas Osiander d. Ä. Gesamtausgabe, hrg. v. Gerhard Müller und Gottfried Seebaß, Bd. 1–10, Gütersloh 1975–1997.

OYER, BUCER OPPOSES ANABAPTISTS =
John Stanley Oyer, Bucer opposes the Anabaptists, in: Mennonite Quarterly Review 68 (1994), S. 24–50.

P

PC =
Politische Correspondenz der Stadt Straßburg im Zeitalter der Reformation. Bd. 1: 1517–1530, bearb. v. Hans Virck, Straßburg 1882; Bd. 2: 1531–1539, bearb. v. Otto Winckelmann, Straßburg 1887 (= Urkunden und Akten der Stadt Straßburg, 2. Abtheilung).

PESTALOZZI, BULLINGER =
Carl Pestalozzi, Heinrich Bullinger. Leben und ausgewählte Schriften, Elberfeld 1858 (= Leben und ausgewählte Schriften der Väter und Begründer der reformierten Kirche 5).

PESTALOZZI, HALLER =
Carl Pestalozzi, Bertold Haller. Nach handschriftlichen und gleichzeitlichen Quellen, in: Leben und ausgewählte Schriften der Väter und Begründer der reformierten Kirche 9 (1861), S. 1–67.

PESTALOZZI, JUDÄ =
Carl Pestalozzi, Leo Judä. Nach handschriftlichen und gleichzeitlichen Quellen, in: Leben und ausgewählte Schriften der Väter und Begründer der reformierten Kirche 9 (1860), S. 1–106.

PETERS, REALPRÄSENZ =
Albrecht Peters, Realpräsenz. Luthers Zeugnis von Christi Gegenwart im Abendmahl, Berlin ^{2}1966 (= Arbeiten zur Geschichte und Theologie des Luthertums 5).

PETERSEN, PREACHING IN THE LAST DAYS =
Rodney L. Petersen, Preaching in the Last Days. The Theme of ‚Two Witnesses' in the 16th & 17th Centuries, Oxford 1993.

PÉTREMAND, RÉFORMATION NEUCHÂTEL =
Jules Pétremand, Les progrès de la Réformation et les débuts de l'église nouvelle dans le comté de Neuchâtel du départ au retour de Farel (1531–1538), in: Guillaume Farel 1489–1565, Biographie nouvelle, écrite d'après les documents originaux par un groupe d'historiens, professeurs et pasteurs de Suisse, de France et d'Italie, Neuchâtel/Paris 1930, S. 362–417.

PFARRERBUCH AUGSBURG =
Hans Wiedemann, Augsburger Pfarrerbuch. Die evangelischen Geistlichen der Reichsstadt Augsburg 1524–1806, Nürnberg 1962 (= Einzelarbeiten aus der Kirchengeschichte Bayerns 38).

PFARRERBUCH BADEN =
Heinrich Neu, Pfarrerbuch der evangelischen Kirche Badens von der Reformation bis zur Gegenwart. Teil 1: Das Verzeichnis der Geistlichen, geordnet nach Gemeinden; Teil 2: Das alphabetische Verzeichnis der Geistlichen mit biographischen Angaben, Lahr 1938, 1939 (= Veröffentlichungen des Vereins für Kirchengeschichte in der Evangelischen Landeskirche Badens 13, 1–2).

PFARRERBUCH BADEN-BADEN =
Baden-Württembergisches Pfarrerbuch, hrg. im Auftrag des Vereins für Kirchengeschichte in der evangelischen Landeskirche in Baden und des Vereins für württembergische Kirchengeschichte, bearb. v. Max-Adolf Cramer, Bd. 4: Baden-Baden, Teil 1–3, Karlsruhe 1994 (= Veröffentlichungen des Vereins für Kirchengeschichte in der Evangelischen Landeskirche Badens 51).

PFARRERBUCH BAYERISCH-SCHWABEN =
Helene Burger, Hermann Erhard und Hans Wiedemann, Pfarrerbuch Bayerisch-Schwaben (ehemalige Territorien Grafschaft Oettingen, Reichsstädte Augsburg, Donauwörth, Kaufbeuren, Kempten, Lindau, Memmingen, Nördlingen und Pfarreien der Reichsritterschaft in Schwaben), zusammengestellt v. Hans Wiedemann und Christoph von Brandenstein, Neustadt a.d. Aisch 2001 (= Einzelarbeiten aus der Kirchengeschichte Bayerns 77).

PFARRERBUCH KRAICHGAU-ODENWALD =
Baden-Württembergisches Pfarrerbuch, hrg. im Auftrag des Vereins für Kirchengeschichte in der evangelischen Landeskirche in Baden und des Vereins für württembergische Kirchengeschichte, bearb. v. Max-Adolf Cramer. Bd. 1: Kraichgau-Odenwald Pfarrerbuch für die Gebiete der Kraichgauer und Odenwälder Ritterschaft, der Grafschaft Wertheim, der Reichsstädte Heilbronn und Wimpfen sowie der im schwäbisch-fränkischen Raum liegenden Besitzungen des

Erzbistums Mainz, der Bistümer Speyer, Worms und Würzburg und des deutschen Ritterordens, bearb. v. Max-Adolf Cramer, Teil 1 (unter Mitwirkung von Heinz Schuchmann): Die Gemeinden, ihre Pfarr- und Schulstellen von der Reformation bis zum Beginn des 19. Jahrhunderts, Karlsruhe 1979, Teil 2: Die Pfarrer und Lehrer der höheren Schulen von der Reformation bis zum Beginn des 19. Jahrhunderts, Karlsruhe 1988 (= Veröffentlichungen des Vereins für Kirchengeschichte in der Evangelischen Landeskirche Badens 30, 37).

PFARRERBUCH PFALZ =
Georg Biundo, Die evangelischen Geistlichen der Pfalz seit der Reformation (Pfälzisches Pfarrerbuch), Neustadt a. d. Aisch 1968 (= Bibliothek familiengeschichtlicher Quellen 20).

PFISTER, KIRCHENGESCHICHTE DER SCHWEIZ =
Rudolf Pfister, Kirchengeschichte der Schweiz, Bd. 1–3, Zürich 1964–1985.

PFISTER, VIRET =
Rudolf Pfister, Art. Pierre Viret, in: Zwingliana 11 (1961), S. 321–334.

PFLEGER, HILSPACH =
Luzian Pfleger, Michael Hilsbach, ein oberrheinischer Schulmann des 16. Jahrhunderts, in: Zeitschrift für die Geschichte des Oberrheins 59 (1905), S. 252–259.

PFNÜR, SOLA FIDE UND EX OPERE OPERATO =
Vinzenz Pfnür, Die Wirksamkeit der Sakramente sola fide und ex opere operato, in: Gemeinsame römisch-katholische/evangelisch-lutherische Kommission: Das Herrenmahl, Paderborn/Frankfurt a.M. 1978, S. 93–100.

PIRCKHEIMER BW. =
Willibald Pirckheimers Briefwechsel, in Verbindung mit Arnold Reimann gesammelt, hrg. und erläutert von Emil Reicke u.a., bislang Bd. 1–7, München 1940–2009.

POCOCK, RECORDS OF THE REFORMATION =
Nicholas Pocock, Records of the Reformation. The Divorce 1527–1533, Bd. 2, Oxford 1870.

POHLIG, KIRCHEN- UND UNIVERSALGESCHICHTSSCHREIBUNG =
Matthias Pohlig, Zwischen Gelehrsamkeit und konfessioneller Identitätsstiftung. Lutherische Kirchen- und Universalgeschichtsschreibung 1546–1617, Tübingen 2007 (= Spätmittelalter und Reformation. NR 37).

POLLET, BUCER =
Jacques Vincent Pollet, Martin Bucer. Études sur la Correspondance, Bd. 1–2, Paris 1958, 1962.

POLLET, BUCER DOCUMENTS =
Jean Vincent Pollet, Martin Bucer. Études sur les relations de Bucer avec les Pays-Bas, l'Electorat de Cologne et l'Allemagne du Nord, avec de nombreux textes inédits, Bd. 1: Études, Bd. 2: Documents, Leiden 1985 (= Studies in medieval and reformation Thought 33).

Pressel, Blaurer =
: Theodor Pressel, Ambrosius Blaurer. Nach handschriftlichen und gleichzeitlichen Quellen, in: Leben und ausgewählte Schriften der Väter und Begründer der reformierten Kirche 9 (1861), S. 1–155.

Pressel, Vadian =
: Theodor Pressel, Joachim Vadian, in: Leben und ausgewählte Schriften der Väter und Begründer der reformierten Kirche 9/5, Elberfeld 1861, S. 1–103.

Pupikofer, Geschichte Thurgau =
: Johann Adam Pupikofer, Geschichte des Thurgaus, Bd. 1: Geschichte der Alten Graffschaft Thurgau mit Inbegriff der Landschaften und Herrschaften Kyburg, Thurgau, Abtei und Stadt St. Gallen, Appenzell und Toggenburg von ihren ältesten Zeiten an bis zum Uebergang der Landeshoheit an die Eidgenossen, Bd. 2: Geschichte der Landgrafschaft Thurgau vom Uebergang an die Eidgenossen bis zur Befreiung im Jahre 1798, Frauenfeld, ²1886 und ²1889.

Q

QGT =
: Quellen zur Geschichte der Täufer, hrg. v. Gustav Bossert u.a., bislang Bd. 1–17, Leipzig/Gütersloh 1930–2007.

Quack, Bibelvorreden =
: Jürgen Quack, Evangelische Bibelvorreden von der Reformation bis zur Aufklärung, Gütersloh 1975 (= Quellen und Forschungen zur Reformationsgeschichte 43).

Quervain, Geschichte Bern =
: Alfred de Quervain, Geschichte der bernischen Kirchenreformation, in: Gedenkschrift zur Vierjahrhundertfeier der Bernischen Kirchenreformation, Bd. I, Bern 1928, S. 1–300.

R

Rabe, Religionspolitik Karls V. =
: Horst Rabe, Befunde und Überlegungen zur Religionspolitik Karls V. am Vorabend des Augsburger Reichstags 1530, in: Erwin Iserloh und Barbara Hallensleben (Hrgg.), Confessio Augustana und Confutatio. Der Augsburger Reichstag 1530 und die Einheit der Kirche. Internationales Symposion der Gesellschaft zur Herausgabe des Corpus Catholicorum in Augsburg vom 3.–7. September 1979, Münster ²1980, S. 101–112 (= Reformationsgeschichtliche Studien und Texte 118).

Rachfahl, Margaretha von Parma =
: Felix Rachfahl, Margaretha von Parma, Statthalterin der Niederlande, München/Leipzig 1898.

Rädle, Berufung =
: Herbert Rädle, Die Berufung des Simon Grynaeus nach Basel. Der Veringendorfer Humanist entscheidet sich für eine protestantische Universität, Sigmaringen 1990.

Rädle, Grynaeus =
: Herbert Rädle, Zum Gedenken an den vor 450 Jahren gestorbenen Simon Grynaeus (1493–1541), in: Hohenzollernsche Heimat 41 (1991), Nr. 3, S. 46.

RÄDLE, GRYNAEUS BRIEFE =
Herbert Rädle, Simon Grynaeus (1493–1541): Briefe. Ausgewählt, übers. und hrg. v. Herbert Rädle, in: Basler Zeitschrift für Geschichte und Altertumskunde 90 (1990), S. 35–118.

RAEDER, PELLIKAN =
Siegfried Raeder, Art. Konrad Pellikan, in: Religion in Geschichte und Gegenwart 6 (^{4}2003), Sp. 1086.

RATHGEBER, STRASSBURG =
Julius Rathgeber, Straßburg im sechzehnten Jahrhundert. 1500–1598, Stuttgart 1871.

RAUBENHEIMER, EVANGELISCHE PROKURATOREN =
Richard Raubenheimer, Von evangelischen Prokuratoren am Reichskammergericht, in: Blätter für pfälzische Kirchengeschichte und religiöse Volkskunde 32 (1965), S. 211–216.

RAUBENHEIMER, HUBERT =
Richard Raubenheimer, Konrad Hubert, in: Blätter für pfälzische Kirchengeschichte 20 (1953), S. 17–23, 40–53, 65–78, 97–102.

RAUPP, JUD =
Werner Raupp, Art. Leo Jud, in: Biographisch-bibliographisches Kirchenlexikon (1998), Sp. 1118–1122.

RECLAMS BIBELLEXIKON =
Reclams Bibellexikon, hrg. v. Klaus Koch u.a., Stuttgart ^{4}1987.

REINHARD, AUGSBURGER ELITEN =
Wolfgang Reinhard (Hrg.), Augsburger Eliten des 16. Jahrhunderts. Prosopographie wirtschaftlicher und politischer Führungsgruppen 1500–1620, bearb. v. Mark Häberlein u.a., Berlin 1996.

REINHARDT, ITINERAR MUSCULUS =
Henning Reinhardt, Das Itinerar des Wolfgang Musculus (1536), in: Archiv für Reformationsgeschichte 97 (2006), S. 28–82.

REINHARDT, KIRCHENPOLITISCHE VORSTELLUNGEN =
Wolfgang Reinhardt, Die kirchenpolitischen Vorstellungen Kaiser Karls V., ihre Grundlagen, ihr Wandel, in: Erwin Iserloh und Barbara Hallensleben (Hrgg.), Confessio Augustana und Confutatio. Der Augsburger Reichstag 1530 und die Einheit der Kirche. Internationales Symposon der Gesellschaft zur Herausgabe des Corpus Catholicorum in Augsburg vom 3.–7. September 1979, Münster ^{2}1980, S. 62–100 (= Reformationsgeschichtliche Studien und Texte 118).

REMBERT, WIEDERTÄUFER JÜLICH =
Karl Rembert, Die „Wiedertäufer" im Herzogtum Jülich. Studien zur Geschichte der Reformation, besonders am Niederrhein, Berlin 1899.

RENGGLI, FAMILIENBUCH HANS VOGLERS =
Alexa Renggli, Das Familienbuch Hans Voglers des Älteren und des Jüngeren aus dem St. Galler Reintal: ein Zeugnis häuslichen Schriftgebrauchs am Ende des 15. Jahrhunderts, Basel 2010.

RENGGLI, HANS VOGLER =
Alexa Renggli, Art. Hans Vogler, in: Historisches Lexikon der Schweiz [elektronische Publikation], Version vom 11. April 2013.

RESKE, BUCHDRUCKER =
Christoph Reske, Die Buchdrucker des 16. und 17. Jahrhunderts im deutschen Sprachgebiet. Auf der Grundlage des gleichnamigen Werkes von Josef Benzing, Wiesbaden 2007 (= Beiträge zum Buch- und Bibliothekswesen 51).

RIEBER, SCHAD =
Christine Rieber, Dr. Hans Schad (1469–1543). Vom Patriziat zum Landadel, Biberach 1975 (= Biberacher Studien 2).

RIES, MYCONIUS IN LUZERN =
Markus Ries, Oswald Myconius in Luzern, in: Christian Moser und Peter Opitz (Hrgg.), Bewegung und Beharrung: Aspekte des reformierten Protestantismus 1520–1650. FS für Emidio Campi, Leiden/Boston 2009, S. 1–20 (= Studies in the history of Christian traditions 144).

RITTER, CHALCEDONENSE =
Adolf Martin Ritter, Art. Chalcedonense, christologische Definition, in: Religion in Geschichte und Gegenwart 2 (^{4}1999), Sp. 93f.

RÖDEL, JOHANNITER =
Walter Gerd Rödel, Die Johanniter und ihre Kirche in Meisenheim, in: Schlosskirche Meisenheim 1504–2004, Meisenheim 2004, S. 47–63.

RÖDEL, JOHANNITER IM ZWIESPALT =
Walter Gerd Rödel, Die deutschen Johanniter im Zwiespalt zwischen Katholizismus und Luthertum, dargestellt an den Kommenden in Meisenheim und Sobernheim, in: Beiträge zur Mainzer Kirchengeschichte in der Neuzeit. Quellen und Abhandlungen zur Mittelrheinischen Kirchengeschichte 17 (1973), S. 55–70.

RÖHRICH, MITTHEILUNGEN =
Timotheus Wilhelm Röhrich, Mittheilungen aus der evangelischen Kirche des Elsasses, Bd. 1–3, Straßburg/Paris 1855.

RÖHRICH, REFORMATION IM ELSASS =
Timotheus Wilhelm Röhrich, Geschichte der Reformation im Elsaß und besonders in Straßburg, Zwei Teile, Straßburg 1830, 1832.

RÖHRICH, ST. WILHELM =
Timotheus Röhrich, Geschichte der Kirche St. Wilhelm in Straßburg, Straßburg 1856.

RÖHRICH, STRASSBURGISCHE WIEDERTÄUFER =
Timotheus Wilhelm Röhrich, Zur Geschichte der straßburgischen Wiedertäufer in den Jahren 1527 bis 1543. Aus den Vergichtbüchern und anderen archivalischen Quellen mitgeteilt, in: Zeitschrift für die historische Theologie 30 (1860), Heft 1, S. 3–121.

ROTH, AUGSBURGS REFORMATIONSGESCHICHTE =
Friedrich Roth, Augsburgs Reformationsgeschichte, Bd. 1–4, München 1901–1911 (ND München 1974).

ROTH, BRUNFELS =
   Ferdinand Wilhelm Emil Roth, Otto Brunfels. Nach seinem Leben und literarischen Wirken geschildert, in: Zeitschrift für Geschichte des Oberrheins 48 (1894), S. 284–320.

ROTH, KELLER =
   Friedrich Roth, Zur Lebensgeschichte des Meisters Michael Keller, in: Beiträge zur bayerischen Kirchengeschichte 5 (1899), S. 149–163.

ROTH, SCHRIFTEN BRUNFELS =
   Ferdinand Wilhelm Emil Roth, Die Schriften des Otto Brunfels 1519–1536, in: Jahrbuch für Geschichte, Sprache und Literatur Elsass-Lothringens 16 (1900), S. 257–288.

ROTHKEGEL, KAUTZ ALS SCHULMEISTER =
   Martin Rothkegel, Täufer, Spiritualist, Antitrinitarier- und Nikodemit. Jakob Kautz als Schulmeister in Mähren, in: Mennonitische Geschichtsblätter 57 (2000), S. 51–88.

ROTHMANN, SCHRIFTEN =
   Die Schriften Bernhard Rothmanns, bearb. v. Robert Stupperich, Münster 1970 (= Veröffentlichungen der Historischen Kommission Westfalens 32).

ROTT, ALTBIESSER =
   Jean Rott, Art. Symphorian Altbiesser (Pollio), in: Nouveau dictionnaire de biographie alsacienne 1 (1983), S. 32.

ROTT, ENGELBRECHT =
   Jean Rott, Art. Anton Engelbrecht, in: Nouveau dictionnaire de biographie alsacienne 2 (1985), S. 807f.

ROTT, HUBERT =
   Jean Rott, Art. Conrad Hubert, in: Nouvelle dictionnaire d'Alsace 17 (1991), S. 1680f.

RTA J 10/1–3 =
   Deutsche Reichstagsakten unter Kaiser Karl V., Jüngere Reihe, Bd. 10, Teilbde. 1–3: Der Reichstag in Regensburg und die Verhandlungen über einen Friedstand mit den Protestanten in Schweinfurt und Nürnberg 1532, bearb. v. Rosemarie Aulinger, Göttingen 1992.

RUBLACK, REFORMATION IN KONSTANZ =
   Hans-Christoph Rublack, Die Einführung der Reformation in Konstanz. Von den Anfängen bis zum Abschluß 1531, Gütersloh/Karlsruhe 1971 (= Quellen und Forschungen zur Reformationsgeschichte 40; Veröffentlichungen des Vereins für Kirchengeschichte in der Evangelischen Landeskirche Badens 27).

RUDOLF, MYCONIUS =
   Friedrich Rudolf, Oswald Myconius, der Nachfolger Oekolampads, in: Basler Jahrbuch 1945, S. 14–30.

RÜETSCHI, ZWICK UND BULLINGER 1535 =
   Kurt Jakob Rüetschi, Johannes Zwick und Heinrich Bullinger in ihren Briefen 1535, in: Zwingliana 18 (1990/91), S. 337–343.

RÜTH, PREDIGER BARTHOLOMÄUS MÜLLER =
Bernhard Rüth, Der Prediger Bartholomäus Müller und die Biberacher Reformation, in: Heimatkundliche Blätter für den Kreis Biberach 5/1 (1982), S. 15–20.

RÜTH, REFORMATION IN BIBERACH =
Bernhard Rüth, Reformation in Biberach, in: Dieter Stievemann in Verbindung, Volker Press und Kurt Diemer (Hrgg.), Geschichte der Stadt Biberach, Stuttgart 1991, S. 255–288.

RÜTH, REFORMATION UND KONFESSIONALISIERUNG =
Bernhard Rüth, Reformation und Konfessionalisierung in oberdeutschen Reichsstädten. Der Fall Rottweil im Vergleich, in: Blätter für württembergische Kirchengeschichte 92 (1992), S. 7–33.

RÜTTGARDT, KLOSTERAUSTRITTE =
Antje Rüttgardt, Klosteraustritte in der frühen Reformation. Studien zu Flugschriften der Jahre 1522 bis 1524, Gütersloh 2007 (= Quellen und Forschungen zur Reformationsgeschichte 79).

S

SAUER, MELANDER =
Klaus Martin Sauer, Dionysius Melander d.Ä. (ca. 1486–1561). Leben und Briefe, in: Jahrbuch der hessischen kirchengeschichtlichen Vereinigung 29 (1978), S. 1–36.

SAUSER, VALENTIN =
Ekkart Sauser, Art. Valentin von Terni, in: Biographisch-Bibliographisches Kirchenlexikon 12 (1997), Sp. 1051–1055.

SAWADA, IMPERIUM HEINRICHS VIII. =
Paul Akio Sawada, Das Imperium Heinrichs VIII. und die erste Phase seiner Konzilspolitik, in: Erwin Iserloh und Konrad Repgen (Hrgg.), Reformata Reformanda. FG für Hubert Jedin zum 17. Juni 1965, Bd. 1, Münster1965, S. 476–507 (= Reformationsgeschichtliche Studien und Texte, Supplementband 1).

SCHÄFER, HORNBACH UND ZWEIBRÜCKEN =
Otto J. Schäfer, Hornbach und Zweibrücken im Zusammenhang mit dem Marburger Religionsgespräch, in: Blätter für pfälzische Kirchengeschichte 46 (1979), S. 38–45.

SCHÄTZLER, WIRKSAMKEIT DER SAKRAMENTE =
Johann Lorenz Constantin Freiherr von Schätzler, Die Lehre von der Wirksamkeit der Sakramente ex opere operato, München 1860.

SCHEIBLE, CAPITO =
Heinz Scheible, Art. Wolfgang Capito, in: Religion in Geschichte und Gegenwart 2 (^{4}1999), Sp. 59f.

SCHEIBLE, MELANCHTHON =
Heinz Scheible, Melanchthon. Eine Biographie, München 1997.

SCHEIBLE, MELANCHTHON RESEARCH =
Heinz Scheible, Fifty years of Melanchthon Research, in: Lutheran Quarterly 26 (2012), S. 164–180.

SCHEIBLE, PFORZHEIMER SCHULZEIT =
Heinz Scheible, Melanchthons Pforzheimer Schulzeit. Studien zur humanistischen Bildungselite, in: Hans-Peter Brecht (Hrg.), Pforzheim in der frühen Neuzeit, Sigmaringen 1989, S. 9–50 (= Pforzheimer Geschichtsblätter 7), jetzt in: Gerhard May und Rolf Decot (Hrgg.), Melanchthon und die Reformation. Forschungsbeiträge, Mainz 1996, S. 29–70 (= Veröffentlichungen des Institus für Europäische Geschichte Mainz 41).

SCHEIBLE, PHILIPP MELANCHTHON =
Heinz Scheible, Art. Philipp Melanchthon, in: Religion in Geschichte und Gegenwart 5 (^{4}2000), Sp. 1002–1012.

SCHEIDHAUER, JAUCHZ, ERD UND HIMMEL =
Karl Scheidhauer, Jauchz, Erd, und Himmel, juble hell, in: Gerhard Hahn und Jürgen Henkys (Hrgg.), Liederkunde zum Evangelischen Gesangbuch, Heft 11 (2005), S. 63–67.

SCHELP, REFORMATIONSPROZESSE STRASSBURG =
Robert Schelp, Die Reformationsprozesse der Stadt Straßburg am Reichskammergericht zur Zeit des Schmalkaldischen Bundes (1524)/1531–1541/(1555). Erweiterte Ausgabe, Kaiserslautern 1965.

SCHERDING, TRAITÉ =
Pierre Scherding, Un traité d'exégèse pratique de Bucer, hrg. v. François Wendel, Einleitung von Pierre Scherding, in: Revue d'histoire et de philosophie religieuses 22 (1946), S. 32–75.

SCHERER-BOCCARD, AKTEN =
Akten zur Geschichte des Kriegsjahres 1531. Aus dem Luzerner Staatsarchiv hrg. v. Theodor Scherer-Boccard, in: Archiv für schweizerische Reformationsgeschichte 2 (1872), S. 153–446.

SCHIESS, REISLÄUFER =
Traugott Schiess, Drei St. Gallische Reisläufer aus der ersten Hälfte des XVI. Jahrhunderts, in: Neujahrsblatt des Historischen Vereins des Kantons St. Gallen 46 (1906), S. 1–74.

SCHILDHAUER, AUSEINANDERSETZUNGEN IN DEN HANSESTÄDTEN =
Johannes Schildhauer, Soziale, politische und religiöse Auseinandersetzungen in den Hansestädten Stralsund, Rostock und Wismar im ersten Drittel des 16. Jahrhunderts, Weimar 1959.

SCHILLING, HEINRICH VON PFLUMMERN =
Albert Schilling, Beiträge zur Geschichte der Einführung der Reformation in Biberach. 1. Teil: Zeitgenössische Aufzeichnungen des Weltpriesters Heinrich von Pflummern, in: Freiburger Diözesanarchiv 9 (1875), S. 143–238.

SCHLECHT, REUNIONSVERSUCH =
Joseph Schlecht, Ein abenteuerlicher Reunionsversuch, in: Römische Quartalschrift für christliche Altertumskunde 7 (1893), S. 333–371.

SCHMALTZ, KIRCHENGESCHICHTE MECKLENBURGS 2 =
Karl Schmaltz, Kirchengeschichte Mecklenburgs, Bd. 2: Reformation und Gegenreformation, Schwerin 1936.

SCHMALZ, SPALATIN IN ALTENBURG =
Björn Schmalz, Georg Spalatin und sein Wirken in Altenburg (1525–1545), Beucha 2009.

SCHMIDBAUER, STADTBIBLIOTHEKARE =
Richard Schmidbauer, Die Augsburger Stadtbibliothekare durch vier Jahrhunderte, Augsburg 1963 (= Abhandlungen zur Geschichte der Stadt Augsburg. Schriftenreihe des Stadtarchivs Augsburg 10).

SCHNEIDER, BRIEFE SCHWEBLINS =
Johannes Schneider, Ungedruckte Briefe Johann Schweblins von Pforzheim, in: Zeitschrift für Geschichte des Oberrheins 34 (1882), S. 223–232.

SCHNEIDER, SCHWEBEL =
Johannes Schneider, Art. Johannes Schwebel, in: Allgemeine deutsche Biographie 33 (1891, ND 1971), S. 318–322.

SCHOLL, CAPITOS EIGENART =
Hans Scholl, Wolfgang Fabricius Capitos reformatorische Eigenart, in: Zwingliana 16/2 (1983), S. 126–141.

SCHÖLLKOPF, FREUNDSCHAFT UND GEGNERSCHAFT =
Wolfgang Schöllkopf, Von Freundschaft und Gegnerschaft. Bucer und Blarer in ihren Briefen des Jahres 1531 und die Gegen-Artikel des Geislinger Pfarrers Dr. Georg Oßwald, in: Wolfgang Simon (Hrg.), Martin Bucer zwischen den Reichstagen von Augsburg (1530) und Regensburg (1532). Beiträge zu einer Geographie, Theologie und Prosopographie der Reformation, Tübingen 2011, S. 170–186 (= Spätmittelalter, Humanismus, Reformation 55).

SCHORN-SCHÜTTE, KARL V. =
Luise Schorn-Schütte, Karl V. Kaiser zwischen Mittelalter und Neuzeit, München 2000 (= Wissen in der Beck'schen Reihe 2130).

SCHOTTENLOHER, ZIEGLER =
Karl Schottenloher, Jakob Ziegler aus Landau an der Isar. Ein Gelehrtenleben aus der Zeit des Humanismus und der Reformation, Münster i.W. 1910 (= Reformationsgeschichtliche Studien und Texte, Heft 8–10).

SCHRÖDER, KIRCHEN-HISTORIE =
Dieterich Schröder, Kirchen-Historie des Evangelischen Mecklenburg vom Jahr 1515 bis 1742, Bd. 1, Rostock 1788.

SCHRÖDER, KIRCHENREGIMENT =
Tilman Matthias Schröder, Das Kirchenregiment der Reichsstadt Esslingen. Grundlagen – Geschichte – Organisation, Esslingen 1987 (= Esslinger Studien. Schriftreihe 8).

SCHUBERT, TÄUFERTUM UND KABBALAH =
Anselm Schubert, Täufertum und Kabbalah. Augustin Bader und die Grenzen der Radikalen Reformation, Gütersloh 2008 (= Quellen und Forschungen zur Reformationsgeschichte 81).

SCHULTHESS-RECHBERG, SCHLACHT VON KAPPEL =
Gustav von Schulthess-Rechberg, Die Schlacht von Kappel im Kardinalskollegium, in: Zwingliana 2/14 (1911), S. 434–439.

SCHULTZ, SCHWENCKFELD =
Selina Gerhard Schultz, Caspar Schwenckfeld von Ossig (1489–1561), Pennsburg [4]1977.

SCHULZE, BEKENNTNISBILDUNG LINDAUS =
Albert Schulze, Bekenntnisbildung und Politik Lindaus im Zeitalter der Reformation, Nürnberg 1971 (= Einzelarbeiten aus der Kirchengeschichte Bayerns 3).

SCHWEBEL, TEUTSCHE SCHRIFTEN =
Johannes Schwebel, Der Erste Theil Aller Teutschen Buecher vnd Schrifften deß Gottsteligen Lehrers Herrn Iohannis Schwebelii, gedruckt bei Kaspar Wittel in Zweibrücken 1597 (VD16, S 4758); Der ander Theil Aller Teutschen Buecher vnd Schrifften des Gottseligen Lehrers Herrn Iohannis Schvvebelii, gedruckt bei Kaspar Wittel in Zweibrücken 1598 (VD 16, S 4760).

SCHWEBLIN, DEUTSCHE SCHRIFTEN =
Johannes Schweblin, Deutsche Schriften, hrg. v. Bernhard H. Bonkhoff, Vorwort von Thomas Hohenberger, Speyer 2009.

SCULTETUS, ANNALIUM =
Abraham Scultetus, Annalium Evangelii passim per Europam decimo quinto salutis partae seculo renovati, Bd. 2, Heidelberg 1620.

SCULTETUS, BERICHT =
Abraham Scultetus, Ander Theil des historischen Berichts wie die Kirchen-Reformation in Deutschland vor hundert Jahren angangen, Hanau 1624.

SEEBERG, LEHRBUCH DOGMENGESCHICHTE =
Reinhold Seeberg, Lehrbuch der Dogmengeschichte, Bd. 1–4, Leipzig [3]1922, Stuttgart [5]1960.

SEELIGER, VALENTIN =
Hans Reinhard Seeliger, Art. Valentin, in: Lexikon für Theologie und Kirche 10 (2001), Sp. 520–522.

SÉGUENNY, CHRISTOLOGY =
André Séguenny, The Christology of Caspar Schwenckfeld. Spirit and Flesh in the Process of Life Transformation, übs. v. Peter C. Erb und Simone Nieuwolt, Lewiston/Queenston 1987 (= Texts and studies in religion 35).

SEIDLER, ANNALIA =
Lucas Seidler, „Annalia Erster Theil", darinen vill denkwirdige Hendel in gaistlichen und weltlichen Sachen eingebracht, welche viel alhie zu Biberach und in den benachbarten Orten Schwabenlands begeben, von alten Zeiten hero, firnemlich aber von Anno 1500 bis in Jahr Anno 1549. [1618].

SELDERHUIS, DOGMATIK DES WOLFGANG MUSCULUS =
Herman J. Selderhuis, Die „Loci communes" des Wolfgang Musculus. Reformierte Dogmatik anno 1560, in: Ordenlich und Fruchtbar. FS für Willem van't Spijker anläßlich seines Abschieds als Professor der Theologischen Universität Apeldoorn, Leiden 1997, S. 171–190.

SEMMELROTH, OPUS OPERATUM =
Otto Semmelroth, Art. Opus operatum – opus operantis, in: Lexikon für Theologie und Kirche 7 ([2]1962), Sp. 1184–1186.

SEVEN, BREMER REFORMATION =
Friedrich Seven, Die Bremer Reformation im Spiegel der Kirchenordnungen, in: Niedersächsisches Jahrbuch für Landesgeschichte 56 (1984), S. 59–72.

SIEBERT, ROLL =
Susanne Siebert, Art. Heinrich Roll, in: Biographisch-Bibliographisches Kirchenlexikon 8 (1994), Sp. 617–619.

SIEH-BURENS, OLIGARCHIE =
Katarina Sieh-Burens, Oligarchie, Konfession und Politik im 16. Jahrhundert. Zur sozialen Verflechtung der Augsburger Bürgermeister und Stadtpfleger 1518–1618, München 1986 (= Schriften der philosophischen Fakultäten der Universität Augsburg 29).

SIMON, BUCERS ANNAHME DER CONFESSIO AUGUSTANA =
Wolfgang Simon, Die Überschreitung der Grenze: Bucers Annahme der Confessio Augustana und deren Apologie, in: ders. (Hrg.), Martin Bucer zwischen den Reichstagen von Augsburg (1530) und Regensburg (1532). Beiträge zu einer Geographie, Theologie und Prosopographie der Reformation, Tübingen 2011, S. 108–124 (= Spätmittelalter, Humanismus, Reformation 55).

SIMON, HUMANISMUS UND KONFESSION =
Gerhard Simon, Humanismus und Konfession: Theobald Billican, Leben und Werk, Berlin/New York 1980 (= Arbeiten zur Kirchengeschichte 49).

SIMON, KARLSTADT NEBEN LUTHER =
Wolfgang Simon, Karlstadt neben Luther. Ihre theologische Differenz im Kontext der „Wittenberger Unruhen" 1521/22, in: Gudrun Litz, Heidrun Munzert und Roland Liebenberg (Hrg.), Frömmigkeit – Theologie – Frömmigkeitstheologie. Contributions to European Church History. FS für Berndt Hamm zum 60. Geburtstag, Leiden/Boston 2005, S. 317–334 (= Studies in the history of Christian thought 124).

SIMON, MESSOPFERTHEOLOGIE =
Wolfgang Simon, Die Messopfertheologie Martin Luthers. Voraussetzungen, Genese, Gestalt und Rezeption, Tübingen 2003 (= Spätmittelater und Reformation. NR 22).

SITZMANN, GEMUSAEUS =
Edouard Sitzmann, Art. Gemusaeus, in: ders. (Hrg.), Dictionnaire de biographie des hommes célèbres de l'Alsace, Bd. 1, Rixheim 1909, S. 579.

SLENCZKA, HEILSGESCHICHTE UND LITURGIE =
Wenrich Slenczka, Heilsgeschichte und Liturgie. Studien zum Verhältnis von Heilsgeschichte und Heilsteilhabe anhand liturgischer und katechetischer Quellen des dritten und vierten Jahrhunderts, Berlin/New York 2000 (= Arbeiten zur Kirchengeschichte 78).

SMOLINSKY, ECK =
Heribert Smolinsky, Art. Johannes Eck, in: Lexikon für Theologie und Kirche 3 (^{3}1995), Sp. 441–443.

SNYDER/HECHT, PROFILES OF THE ANABAPTIST WOMEN =
C. Arnold Snyder and Linda A. Huebert Hecht (Hrgg.), Profiles of Anabaptist Women. Sixteenth-Century Reforming Pioneers, Ontario 1996, S. 273–287 (= Studies in Women and Religion 3).

SPALATIN'S NACHLASS =
Georg Spalatin's historischer Nachlass und Briefe. Aus den Originalhandschriften hrg. v. [Johann] Christian Gotthold Neudecker und Ludwig Preller, Jena 1851.

SPECKER/WEIG, EINFÜHRUNG DER REFORMATION IN ULM =
Hans Eugen Specker und Gebhard Weig (Hrgg.), Die Einführung der Reformation in Ulm. Geschichte eines Bürgerentscheids. Vortragsveranstaltungen, Ausstellungskatalog und Beiträge zum 450. Jahrestag der Ulmer Reformationsabstimmung, Ulm 1981 (= Forschungen zur Geschichte der Stadt Ulm. Dokumentation 2).

SPIJKER, ECCLESIASTICAL OFFICES =
Willem van't Spijker, The ecclesiastical offices in the thought of Martin Bucer, Leiden u.a. 1996 (= Studies in medieval and reformation Thought 57).

SPITAL, TAUFRITUS =
Hermann Josef Spital, Der Taufritus in den deutschen Ritualien von den ersten Drucken bis zur Einführung des Rituale Romanum, Münster 1968 (= Liturgiewissenschaftliche Quellen und Forschungen 47).

STAEHELIN, FRAU WIBRANDIS =
Ernst Staehelin, Frau Wibrandis. Eine Gestalt aus den Kämpfen der Reformationszeit, Bern/Leipzig 1934.

STAEHELIN, GRYNAEUS =
Ernst Staehelin, Simon Grynäus, in: Andreas Staehelin (Hrg.), Professoren der Universität Basel aus fünf Jahrhunderten, Basel 1960, S. 32.

STAEHELIN, LEBENSWERK OEKOLAMPAD =
Ernst Staehelin, Das theologische Lebenswerk Johannes Oekolampads, Leipzig 1939/ND New York/London 1971 (= Quellen und Forschungen zur Reformationsgeschichte 22).

STAEHELIN, OEKOLAMPAD-BIBLIOGRAPHIE =
Ernst Staehelin, Oekolampad-Bibliographie, in: Basler Zeitschrift für Geschichte und Altertumskunde 17 (1918), S. 1–119, unveränderter Neudruck Nieuwkoop 1963.

STAEHELIN, VORLESUNGEN BIBLIANDERS =
Ernst Staehelin, Die biblischen Vorlesungen Theodor Biblianders in einer Abschrift seines Bruders Heinrich Bibliander, Zürich 1942.

STÄLIN, AUFENTHALTSORTE KARLS V. =
Christoph Friedrich Stälin, Aufenthaltsorte Kaiser Karls V., in: Forschungen zur Deutschen Geschichte 5 (1865), S. 563–587.

STÄRKLE, FAMILIENGESCHICHTE BLARER =
Paul Stärkle, Zur Familiengeschichte der Blarer, in: Zeitschrift für schweizerische Kirchengeschichte 43 (1949), S. 100–131, 203–224.

STECK/TOBLER, BERNER REFORMATION =
Aktensammlung zur Geschichte der Berner Reformation 1521–1532, hrg. v. Rudolf Steck und Gustav Tobler, Bd. 1–2, Bern 1923.

STEIGER, VERBUM EXTERNUM =
  Johann Anselm Steiger, Das „verbum externum" in der Seelsorge-Theologie des Spiritualisten Caspar Schwenckfeld von Ossig, in: Neue Zeitschrift für systematische Theologie 35 (1993), S. 133–149.

STIERLE, CAPITO =
  Beate Stierle, Capito als Humanist, Gütersloh 1974 (= Quellen und Forschungen zur Reformationsgeschichte 42).

STINTZING, FROSCH =
  Roderich von Stintzing, Art. Franz Frosch, in: Allgemeine Deutsche Biographie 8 (1878), S. 146f.

STRASSER, CAPITOS BEZIEHUNGEN =
  Otto Erich Strasser, Capitos Beziehungen zu Bern, Leipzig 1928 (= Quellen und Abhandlungen zur schweizerischen Reformationsgeschichte 7, 4).

STRAUSS, LIFE AND WORK OF AVENTINUS =
  Gerald Strauss, Historian in an Age of Crisis. The life and work of Johannes Aventinus 1477–1534, Cambridge 1963.

STRICKLER, ACTENSAMMLUNG SCHWEIZERISCHE REFORMATIONSGESCHICHTE =
  Johannes Strickler, Actensammlung zur schweizerischen Reformationsgeschichte in den Jahren 1521–1532 im Anschluss an die gleichzeitigen eidgenössischen Abschiede, Bd. 1–5, Zürich 1878–1884 (ND Zürich 1989).

STROSETZKI, ANTIKE RECHTSSYMBOLE =
  Norbert Strosetzki, Antike Rechtssymbole, in: Hermes 86/1 (1958), S. 1–17.

STUCKI, ENGELHARD =
  Heinzepter Stucki, Art. Heinrich Engelhard, in: Historisches Lexikon der Schweiz [elektronische Publikation], Version vom 11. April 2013.

STUCKI, KONRAD ESCHER =
  Heinzpeter Stucki, Art. Konrad Escher, in: Historisches Lexikon der Schweiz [elektronische Publikation], Version vom 11. April 2013.

STUMPF, SCHWEIZER REFORMATIONSCHRONIK =
  Johann Stumpfs Schweizer- und Reformationschronik, hrg. v. Ernst Gagliardi, Hans Müller und Fritz Büsser, Bd. 1–2, Basel 1952, 1955 (= Quellen zur Schweizer Geschichte 4, NF 1).

STUPPERICH, GASSNER =
  Robert Stupperich, Art. Thomas Gassner, in: ders. (Hrg.), Reformatorenlexikon, Gütersloh 1984, S. 86f.

STUPPERICH, GSCHMUS =
  Robert Stupperich, Art. Augustin Gschmus, in: ders. (Hrg.), Reformatorenlexikon, Gütersloh 1984, S. 91f.

STUPPERICH, HUBERT =
  Robert Stupperich, Art. Konrad Hubert, in: Neue Deutsche Biographie 9 (1972), S. 702f.

STUPPERICH, JUD =
  Robert Stupperich, Art. Jeo Jud, in: ders. (Hrg.), Reformatorenlexikon, Gütersloh 1984, S. 111.

STUPPERICH, KATHARINA ZELL =
Robert Stupperich, Art. Katharina Zell, in: ders. (Hrg.), Reformatorenlexikon, Gütersloh 1984, S. 224f.

STUPPERICH, MATTHIAS ZELL =
Robert Stupperich, Art. Matthias Zell, in: ders. (Hrg.), Reformatorenlexikon, Gütersloh 1984, S. 225f.

STUPPERICH, MELANDER =
Robert Stupperich, Art. Dionysius Melander, in: ders. (Hrg.), Reformatorenlexikon, Gütersloh 1984, S. 142f.

STUPPERICH, MYCONIUS =
Robert Stupperich, Art. Oswald Myconius, in: ders. (Hrg.), Reformatorenlexikon, Gütersloh 1984, S. 153f.

STUPPERICH, SCHULER =
Robert Stupperich, Art. Gervasius Schuler, in: ders. (Hrg.), Reformatorenlexikon, Gütersloh 1984, S. 192.

STUPPERICH, SCHWEBEL =
Robert Stupperich, Art. Joh. Schwebel, in: ders. (Hrg.), Reformatorenlexikon, Gütersloh 1984, S. 192f.

SUSSAN, OTTER =
Hermann Sussan, Jacob Otter, Karlsruhe 1893.

T

TECHEN, GESCHICHTE WISMAR =
Friedrich Techen, Geschichte der Seestadt Wismar, Wismar 1929.

THESAURUS PROVERBIORUM =
Thesaurus Proverbiorum Medii Aevi. Lexikon der Sprichwörter des romanisch-germanischen Mittelalters, begründet von Samuel Singer, hrg. vom Kuratorium Singer der Schweizerischen Akademie der Geistes- und Sozialwissenschaften, Bd. 1–13, Berlin/New York 1995–2002.

THIERER, GUNZ =
Fritz Thierer, Zum 450. Geburtstag von Hieronimus Gunz, in: Blätter für württembergische Kirchengeschichte 63 (1963), S. 290.

THOMAS, DIARIEN =
Georg Martin Thomas, Martin Luther und die Reformationsbewegung in Deutschland vom Jahre 1520–1532 in Auszügen aus Marino Sanutos Diarien, Ansbach 1883.

THOMPSON, EUCHARISTIC SACRIFICE =
Nicholas Thompson, Eucharistic Sacrifice and Patristic Tradition in the Theology of Martin Bucer, 1534–1546, Leiden/Boston 2005 (= Studies in the history of Christian thought 119).

THURNHEER, STADTÄRZTE BERN =
Yvonne Thurnheer, Die Stadtärzte und ihr Amt im alten Bern, Bern 1944.

TIMMERMAN, SCHRIFT UND SCHRIFTAUSLEGUNG =
Daniel Timmerman, Bucers Verständnis von Schrift und Schriftauslegung. Ein Vergleich mit Heinrich Bullinger, in: Wolfgang Simon (Hrg.), Martin Bucer zwi-

schen den Reichstagen von Augsburg (1530) und Regensburg (1532). Beiträge zu einer Geographie, Theologie und Prosopographie der Reformation, Tübingen 2011, S. 83–97 (= Spätmittelalter, Humanismus, Reformation 55).

TOBIAS, VERGIL =
Gisela und Werner Tobias, Vergil in Evora, Osnabrück 2010.

TOIFL/LEITGEB, TÜRKENEINFÄLLE =
Leopold Toifl und Hildegard Leitgeb, Die Türkeneinfälle in der Steiermark und in Kärnten vom 15. bis zum 17. Jahrhundert, Wien 1991 (= Militärhistorische Schriftenreihe 64).

TOURN, SANS NOM NI LIEU =
Georgio Tourn, Sans nom ni lieu, in: Georg Casalis und Bernard Roussel (Hrgg.), Olivétan, traducteur de la Bible. Actes du colloque Olivétan Noyon, mai 1985, Paris 1987, S. 21–29.

TRACY, FINANZIERUNG DER FELDZÜGE =
James D. Tracy, Der Preis der Ehre: Die Finanzierung der Feldzüge Kaiser Karls V., in: Alfred Kohler, Barbara Haider und Christine Ottner (Hrgg.), Karl V. 1500–1558. Neue Perspektiven seiner Herrschaft in Europa und Übersee, Wien 2002, S. 153–164 (= Zentraleuropa-Studien 6).

TRÖSCH, RYFF =
Erich Trösch, Art. Ryff [Ryf, Riff, Welter von Blidegg], in: Historisches Lexikon der Schweiz [elektronische Publikation], Version vom 17. April 2013.

TROSSBACH, REFORMATION IN DEN HANSESTÄDTEN =
Werner Trossbach, Unterschiede und Gemeinsamkeiten bei der Durchsetzung der Reformation in den Hansestädten Wismar, Rostock und Stralsund, in: Archiv für Reformationsgeschichte 88 (1997), S. 118–165.

TROXLER, OEKOLAMPAD =
Walter Troxler, Art. Johannes Oekolampad, in: Biographisch-bibliographisches Kirchenlexikon 6 (1993), Sp. 1133–1150.

TRUFFER, STEINER =
Bernard Truffer, Art. Simon Steiner, in: Historisches Lexikon der Schweiz [elektronische Publikation], Version vom 24. April 2013.

TSCHACKERT, ZWICK =
Paul Tschackert, Art. Johann Zwick, in: Allgemeine deutsche Biographie 45 (1900, ND 1971), S. 533.

TSCHUDI, SCHICKSALE MÜNSTERLINGEN =
Raimund Tschudi, Die Schicksale des Klosters Münsterlingen zur Zeit der Reformation und der katholischen Reform ca. 1520–1570, in: Zeitschrift für Schweizerische Kirchengeschichte 39 (1954), S. 241–258.

TURETSCHEK, TÜRKENPOLITIK FERDINANDS I. =
Christine Turetschek, Die Türkenpolitik Ferdinands I. von 1529–1532, Wien 1968 (= Dissertationen der Universität Wien 10).

U

ULPTS, BETTELORDEN IN MECKLENBURG =
Ingo Ulpts, Die Bettelorden in Mecklenburg. Ein Beitrag zur Geschichte der Franziskaner, Klarissen, Dominikaner und Augustiner-Eremiten im Mittelalter, Werl 1995.

USTERI, BUCER UND CAPITO ZUR TAUFFRAGE =
Johann Martin Usteri, Die Stellung der Straßburger Reformatoren Bucer und Capito zur Tauffrage, in: Theologische Studien und Kritiken 57/2 (1884), S. 456–525.

USTERI, SCHIEDSGERICHT EIDGENOSSENSCHAFT =
Emil Usteri, Das öffentlich-rechtliche Schiedsgericht in der schweizerischen Eidgenossenschaft des 13.–15. Jahrhunderts. Ein Beitrag zur Institutionengeschichte und zum Völkerrecht, Zürich/Leipzig 1925.

V

VADIAN BW. =
Vadianische Briefsammlung, hrg. v. Emil Arbenz und Hermann Wartmann, Bd. 1–8, St. Gallen 1899–1913.

VADIAN, DIARIUM =
Joachim von Watt (Vadian), Diarium, in: ders., Deutsche historische Schriften, hrg. v. Ernst Götzinger, Bd. 3 (1879), S. 227–528.

VANOTTI, MONTFORT UND WERDENBERG =
Johann Nepomuk von Vanotti, Geschichte der Grafen von Montfort und von Werdenberg. Ein Beitrag zur Geschichte Schwabens, Graubündtens, der Schweiz und des Vorarlbergs, Belle-Vue bei Constanz 1845.

VASELLA, MYCONIUS =
Oskar Vasella, Art. Oswald Myconius, in: Lexikon für Theologie und Kirche 7 (^{2}1962), Sp. 716.

VASELLA, SCHMID =
Oskar Vasella, Zur Biographie des Prädikanten Erasmus Schmid, in: Zeitschrift für schweizerische Kirchengeschichte 50 (1956), S. 353–366.

VEESENMEYER, DENKMAL THEOLOGEN =
Georg Veesenmeyer, Denkmal einiger berühmten Theologen aus dem Zeitalter der Reformation, Ulm 1832.

VIERORDT, EVANGELISCHE KIRCHE BADEN =
Geschichte der evangelischen Kirche in dem Großherzogthum Baden. Nach großentheils handschriftlichen Quellen bearb. v. Karl Friedrich Vierordt. Bd. 1–2, Karlsruhe 1847, 1856 (ND Neustadt a.d. Aisch 1999).

VOGELSANGER, ZÜRICH UND SEIN FRAUMÜNSTER =
Peter Vogelsanger, Zürich und sein Fraumünster. Eine Elfhundertjährige Geschichte (853–1956), Zürich 1994.

VÖGELI, SCHRIFTEN ZUR REFORMATION IN KONSTANZ =
Jörg Vögeli, Schriften zur Reformation in Konstanz 1519–1538, Bd. 1–2, bearb. und aus zeitgenössischen Quellen ergänzt und erklärt von Alfred Vögeli. Mit Gregor Mangolts Konstanzer Reformationsgeschichte von 1562 zum Vergleich,

Tübingen 1972–1973 (= Schriften zur Kirchen- und Rechtsgeschichte Nr. 39–41).

VOGT, SAYLER =
Wilhelm Vogt, Art. Gereon Sayler, in: Allgemeine deutsche Biographie 30 (1890, ND 1970), S. 462–464.

VUILLEUMIER, L'ÉGLISE RÉFORMÉE VAUD =
Henri Vuilleumier, Histoire de l'église réformée du pays de Vaud sous le régime bernois, Bd. 1–4, Lausanne 1927–1933.

W

WA BW. =
D. Martin Luthers Werke. Kritische Gesamtausgabe. Abteilung 4: Briefwechsel, Bd. 1–18, Weimar 1930–1985.

WA =
D. Martin Luthers Werke. Kritische Gesamtausgabe, in Bearbeitung, bislang 72 Bde., Weimar seit 1883.

WA TR =
D. Martin Luthers Werke. Kritische Gesamtausgabe. Tischreden, 6. Bde., Weimar 1912–1921.

WACHAUF, JURISTEN =
Helmut Wachauf, Nürnberger Bürger als Juristen, Diss. iur., Erlangen/Nürnberg 1972.

WALDER, RELIGIONSVERGLEICHE =
Ernst Walder, Religionsvergleiche des 16. Jahrhunderts, Bd. 1–2, Bern 1945f. (= Quellen zur Neueren Geschichte, Heft 7 u. 8).

WALTHER, BESSERER =
Heinrich Walther, Bernhard Besserer und die Politik der Reichsstadt Ulm während der Reformationszeit, in: Ulm und Oberschwaben. Zeitschrift für Geschichte und Kunst 27/2 (1930), S. 1–69.

WALTON, OECOLAMPADIUS =
Robert C. Walton, Art. Johannes Oecolampadius, in: The Oxford encyclopedia of the Reformation 3 (1996), S. 169–171.

WARMBRUNN, REFORMATOREN DER OBERSCHWÄBISCHEN REICHSSTÄDTE =
Paul Warmbrunn, Die Reformatoren der oberschwäbischen Reichsstädte Biberach, Isny und Ravensburg: Bartholomäus Müller, Konrad Frick und Thomas Lindner, in: Siegfried Hermle (Hrg.), Reformationsgeschichte Württembergs in Porträts, Holgerlingen 1999, S. 161–198.

WEGELE, AVENTIN =
Franz Xaver von Wegele, Aventin mit Zeichnungen von Peter Halm und Toni Grubhofer, Bamberg 1890 (= Bayerische Bibliothek 10).

WEIGELT, BRUNFELS =
Sylvia Weigelt, Otto Brunfels. Seine Wirksamkeit in der frühbürgerlichen Revolution unter besonderer Berücksichtigung seiner Flugschriften „Vom Pfaffenzehnten", Stuttgart 1986 (= Stuttgarter Arbeiten zur Germanistik 153).

WEIGELT, SPIRITUALISTISCHE TRADITION =
Horst Weigelt, Spiritualistische Tradition im Protestantismus: die Geschichte des Schwenckfeldertums in Schlesien, Berlin/New York 1973 (= Arbeiten zur Kirchengeschichte 43).

WEISMANN, KATHECHISMEN BRENZ =
Christoph Weismann, Die Katechismen des Johannes Brenz, Bd. 1: Die Entstehungs-, Text- und Wirkungsgeschichte, Berlin/New York 1990 (= Spätmittelater und Reformation 21).

WEISS, ZWICK =
Ulman Weiss, Art. Johannes Zwick, in: The Oxford encyclopedia of the Reformation 4 (1996), S. 317f.

WEISZ, JUD =
Leo Weisz, Leo Jud, Ulrich Zwinglis Kampfgenosse 1482–1542, Zürich 1942 (= Zwingli-Bücherei 27).

WEISZ, WERDMÜLLER =
Leo Weisz, Die Werdmüller. Schicksale eines alten Zürcher Geschlechtes. Im Auftrag der Otto Werdmüllerschen Familienstiftung erforscht und dargestellt von Leo Weisz. Mit Beiträgen von Jakob Otto Werdmüller-Zollikofer und Hans Schulthess-Hünerwadel, Bd. 1–3, Zürich 1949.

WELTI, GESANDTSCHAFTSWESEN SCHWEIZ =
Manfred E. Welti, Das Apostolische Gesandtschaftswesen in der Schweiz, in: Helvetia Sacra 1/1: Schweizerische Kardinäle. Das Apostolische Gesandtschaftswesen in der Schweiz, Erzbistümer und Bistümer I (Aquileja, Basel, Besançon, Chur), Bern 1972, S. 35–60.

WELTI, FILONARDI =
Manfred Edwin Welti, Art. Ennio Filonardi, in: Contemporaries of Erasmus 2, S. 33–35.

WENDEL, L'ÉGLISE =
François Wendel, L'Église de Strasbourg, sa constitution et son organisation 1532–1534, Strasbourg 1942 (= Études d'histoire et de philosophie religieuses 38).

WENNEKER, OLIVETAN =
Erich Wenneker, Art. Pierre-Robert Olivétan, in: Biographisch-Bibliographisches Kirchenlexikon 6 (1993), Sp. 1207–1209.

WENNEKER, VADIAN =
Erich Wenneker, Art. Joachim Vadian, in: Biographisch-Bibliographisches Kirchenlexikon 12 (1997), Sp. 1003–1013.

WEYER, APOLOGIE =
Michel Weyer, L'Apologie chrétienne du réformateur strasbourgeois Matthieu Zell (Christliche Verantwortung 1523), Bd. 1–3, Univ.-Diss. Straßburg 1981.

WEYER, LES ZELL =
Michel Weyer, Bucer et les Zell. Une solidarité critique, in: Christian Krieger und Marc Lienhard (Hrgg.), Martin Bucer and Sixteenth Century Europe. Actes du colloque de Strasbourg (28–31 août 1991), Bd. 1, Leiden/New York/Köln 1993, S. 275–296 (= Studies in medieval and reformation Thought 52).

WEYER, ZELL =
Michel Weyer, Art. Matthias Zell, in: Nouveau dictionnaire de biographie alsacienne 8 (2000), S. 4352–4358.

WEYERMANN, NACHRICHTEN =
Albrecht Weyermann, Nachrichten von Gelehrten, Künstlern und anderen merkwürdigen Personen aus Ulm, Bd. 1–2, Ulm 1798, 1829.

WICKS, ECK =
Jared Wicks, Art. Johannes Eck, in: Religion in Geschichte und Gegenwart 2 (^{4}1999), Sp. 1047f.

WILLIAMS/MERGAL, ANABAPTIST WRITERS =
George H. Williams und Angel M. Mergal, Spiritual and Anabaptist Writers, Philadelphia 1957.

WINCKELMANN, SCHMALKALDISCHER BUND =
Otto Winckelmann, Der Schmalkaldische Bund 1530–1532 und der Nürnberger Religionsfriede, Straßburg 1892.

WINTERBERG, SCHÜLER VON ZASIUS =
Hans Winterberg, Die Schüler von Ulrich Zasius, Stuttgart 1961 (= Veröffentlichungen der Kommission für geschichtliche Landeskunde in Baden-Württemberg. Reihe B Forschungen 18).

WIRZ, BEZIEHUNGEN DER RÖMISCHEN CURIE =
Akten über die diplomatischen Beziehungen der römischen Curie zu der Schweiz 1512–1552, hrg. v. Caspar Wirz, Basel 1895 (= Quellen zur Schweizer Geschichte 16).

WIRZ, FILONARDI =
Johann Caspar Wirz, Ennio Filonardi der letzte Nuntius in Zürich, Zürich 1894.

WITTMER/MEYER, LIVRE DE BOURGEOISIE =
Charles Wittmer und J. Charles Meyer (Hrgg.), Le Livre de Bourgeoisie de la Ville de Strasbourg, Bd. 1–3, Straßburg 1948–1961.

WOLFART, AUGSBURGER REFORMATION =
Karl Wolfart, Die Augsburger Reformation in den Jahren 1533/34, Leipzig 1901 (= Studien zur Geschichte der Theologie und der Kirche VII/Heft 2).

WOLFART, GESCHICHTE LINDAU =
Geschichte der Stadt Lindau im Bodensee, hrg. v. Karl Wolfart, Bd. 1–2, Lindau 1909.

WOLFART, WOLFHART =
Karl Wolfart, Zur Biographie des M. Bonifacius Wolfhart, in: Beiträge zur bayerischen Kirchengeschichte 7 (1901), S. 167–180 und 8 (1902), S. 97–114 (= Beiträge zur Augsburger Reformationsgeschichte 2).

WOLFF, INGOLSTÄDTER JURISTENFAKULTÄT =
Helmut Wolff, Geschichte der Ingolstädter Juristenfakultät 1472–1625, Berlin 1973 (= Ludovico Maximilianea 5).

WOLGAST, NEVER =
Eike Wolgast, Eyn synryke man – der Wismarer Reformator Heinrich Never, in: Bernd Kasten, Matthias Manke und Johann Peter Wurm (Hrgg.), Leder ist Brot,

Beiträge zur norddeutschen Landes- und Archivgeschichte, FS für Andreas Röpcke, Schwerin 2011, S. 61–78.

WOLGAST, REFORMATORISCHE BEWEGUNGEN IN DER KURPFALZ =
Eike Wolgast, Reformatorische Bewegungen in der Kurpfalz bis 1556, in: Udo Wennemuth (Hrg.), 450 Jahre Reformation in Baden und Kurpfalz, Stuttgart 2009, S. 25–44 (= Veröffentlichungen zur badischen Kirchen- und Religionsgeschichte 1).

WUNDERLICH, PROTOKOLLBUCH =
Steffen Wunderlich, Das Protokollbuch von Mathias Alber: zur Praxis des Reichskammergerichts im frühen 16. Jahrhundert, Bd. 1–2, Köln/Weimar/Wien 2011 (= Quellen und Forschungen zur höchsten Gerichtsbarkeit im Alten Reich 58).

WYSS, JUD =
Karl-Heinz Wyss, Leo Jud. Seine Entwicklung zum Reformator 1519–1523, Bern/Frankfurt a.M. 1976 (= Europäische Hochschulschriften. Reihe 3, Geschichte und ihre Hilfswissenschaften 61).

X

XALTER, MUSCULUS IN DONAUWÖRTH =
Simon Xalter, Wolfgang Musculus und die Reformation in Donauwörth. Sein Wirken als Prediger vom Dezember 1544 bis März 1545, in: Verein für Augsburger Bistumsgeschichte. Jahrbuch des Vereins für Augsburger Bistumsgeschichte e. V. 35 (2001), S. 58–92.

Z

Z =
Huldreich Zwinglis Sämtliche Werke, hrg. v. Emil Egli u.a., Bd. 1–14, Berlin/Leipzig/Zürich seit 1905.

ZAHRNT, LUTHERS PREDIGT AM GRABE =
Heinz Zahrnt, Luthers Predigt am Grabe, dargestellt an seiner Leichenpredigt für Kurfürst Johann von Sachsen 1532, in: Luther 29 (1958), S. 106–114.

ZIMMERLI-WITSCHI, FRAUEN =
Alice Zimmerli-Witschi, Frauen in der Reformationszeit, Univ.-Diss. Zürich 1981.

ZIMMERMANN, GRIECHISCHE KOMÖDIE =
Bernhard Zimmermann, Die griechische Komödie, Frankfurt a.M. 2006.

ZIMMERMANN, TRAGÖDIE =
Bernhard Zimmermann, Art. Tragödie, in: Der Neue Pauly 12/1 (2002), Sp. 734–740.

ZOEPFFEL, NIGRI =
Richard Zoepffel, Art. Theobald Nigrinus (Nigri, Niger), in: Allgemeine Deutsche Biographie 23 (1886, ND 1970), S. 698f.

ZORN, KELLER =
Wolfgang Zorn, Michael Keller, in: Lebensbilder aus dem Bayerischen Schwaben, hrg. v. Götz Freiherr von Pölnitz, Bd. 7, München 1959, S. 161–172.

ZORZIN, KARLSTADT ALS FLUGSCHRIFTENAUTOR =
Alejandro Zorzin, Karlstadt als Flugschriftenautor, Göttingen 1990 (= Göttinger Theologische Arbeiten 48).

ZSCHOCH, REFORMATORISCHE EXISTENZ =
Hellmut Zschoch, Reformatorische Existenz und konfessionelle Identität. Urbanus Rhegius als evangelischer Theologe in den Jahren 1520 bis 1530, Tübingen 1995 (= Beiträge zur historischen Theologie 88).

ZSCHOCH, URBANUS RHEGIUS =
Hellmuth Zschoch, Art. Urbanus Rhegius, in: Biographisch-Bibliographisches Kirchenlexikon 8 (1994), Sp. 122–134.

ZSCHOCH, ZELL =
Hellmut Zschoch, Art. Zell, Katharina und Matthäus, in: Religion in Geschichte und Gegenwart 8 (^{4}2005), Sp. 1830f.

ZÜRCHER, PELLIKANS WIRKEN IN ZÜRICH =
Christoph Zürcher, Konrad Pellikans Wirken in Zürich: 1526–1556, Zürich 1975 (= Zürcher Beiträge zur Reformationsgeschichte 4).

ZUR LINDEN, HOFFMANN =
Friedrich Otto zur Linden, Melchior Hoffmann, ein Prophet der Wiedertäufer, Haarlem 1885.

ZWINGLI BW. =
Zwinglis Briefwechsel, hrg. v. Emil Egli, Georg Finsler und Walther Köhler, Bd. 1–5 (= Zwingli-Werke 7–11), Leipzig 1911–1935.

ZWINGLI-GEDÄCHTNIS =
Ulrich Zwingli. Zum Gedächtnis der Zürcher Reformation, 1515–1519, Berichthaus Zürich 1919.

ZWINGLIANA =
Zwingliana. Mitteilungen und Beiträge zur Geschichte Zwinglis, der Reformation und des Protestantismus in der Schweiz, Bd. 1–32, Zürich seit 1897.

ZYMNER, JUD =
Rüdiger Zymner, Art. Leo Jud, in: Historisches Lexikon der Schweiz [elektronische Publikation], Version vom 28. März 2013.

628.
Bartholomaeus Myllius[1] und Martin Uhinger[2] an Martin Bucer
Biberach, 1. September 1532

[482←] [1] Myllius et Uhinger n'ont pas écrit depuis longtemps faute de messager, mais à Biberach on tient Bucer en haute estime. [2] [Jérôme] Guntius reprend le poste de maître d'école de son prédécesseur papiste ; son traitement et ses qualités. Il commencera à la Saint Michaël. Une charge de notaire est liée à ce poste, mais son refus véhément par Guntius est infondé : il n'a pas de devoir envers la papauté et il lui faudra exercer cette charge très rarement. Que Bucer le recommande par lettre au Sénat de Biberach ! [3] À Biberach, un anabaptiste n'a pas encore baptisé son enfant vingt jours après sa naissance ; Bucer doit décider que faire : le Sénat n'agit pas, et chaque jour les prédicateurs interviennent en faveur du baptême des petits enfants. Le bruit court qu'à Strasbourg, on a même baptisé quelques enfants seulement lorsqu'ils étaient adolescents ; Myllius et Uhinger s'étonnent de ce que Bucer, qui s'était montré d'accord avec la manière de baptiser à Ulm et à Biberach, laisse faire cela. Salutations à Capiton et aux autres frères. [→699]

[482←] [1] Die Absender schrieben aus Mangel an Boten so lange nicht, Bucer steht in Biberach aber in hohen Ehren. [2] [Hieronymus] Guntius nimmt die Schulstelle seines papistischen Vorgängers ein und bekommt 40 Gulden aus der Stadtkasse sowie ein Quatembergeld von 18 Geldstücken pro Schüler. Er beginnt an Michaelis [29. September]. Mit der Stelle ist die Aufgabe eines Notars verbunden. Daraus sollten ihm keine Verpflichtungen gegenüber dem Papsttum erwachsen; da er dieses Amt ohnehin selten wahrnehmen muss, ist Guntius' vehemente Ablehnung unbegründet. Bucer möge ihn beim Biberacher Rat empfehlen. [3] In Biberach lässt ein Täufer seinen Knaben noch zwanzig Tage nach dessen Geburt nicht taufen. Bucer soll entscheiden, was zu tun ist. Der Rat bleibt untätig, die Prediger treten täglich für die Kindertaufe ein. Das Gerücht geht um, in Straßburg würden einige Kinder sogar erst als Heranwachsende getauft. Die Absender wundern sich, dass Bucer dies geschehen lässt, war er bei der Behandlung der Tauffrage in Ulm und Biberach doch mit den Absendern einig. Grüße an Wolfgang Capito. [→699]

[1] [3]Quod iamdiu, pręstantiss[ime] vir, nullę nostrę ad te ierint literę[4], haud vlli obliuioni negligentięue ascribas velim, sed tabellariorum jnopię, qui

---

[1] Prediger in Biberach. Vgl. Personenindex.
[2] Prediger in Biberach. Vgl. Personenindex.
[3] *Konrad Hubert*: <ᵛMüller Barthol. Bucero. 1532. d. 1. Septem.ᵛ<.
[4] Um den Fortgang der Biberacher Reformation zu fördern, machten Bucer und Johannes Oekolampad auf ihrer Rückreise von Ulm Anfang Juli 1531 dort Station. Sie trafen wohl am Abend des 4. Juli in Biberach ein, logierten möglicherweise im Gasthof Krone und blieben mindestens bis zum 9. Juli in der Stadt. Von den näheren Umständen dieses Aufenthalts berichten sie in ihren in Biberach verfassten Schreiben: Oekolampad an Ambrosius Blarer vom 6. Juli (vgl. Oekolampad Bw. 2, Nr. 886, S. 620–622, insbesondere S. 621); Bucer und Oekolampad an

admodum raro hinc ad vos proficiscuntur. Memoria tamen tua nihil antiquius apud nos frequentiusue.

[2] Guntius noster[5] in locum amoti ludimagistri papistę[6] surrogatus est[7] annuo[8] docendę iuuentutis nostrę munerj[9] cum salario aureum quadraginta, qui sibi ex ęre publico soluuntur, et priuatim ab vno quoque puero per quartam partem annj decem et octo nummos fęcerunt sibi numerarj, cuius statuti temporis erit jnitium ad festum Michaelis[10]. Quare, quantum nobis sperare licet, quam optime sibi consultum auguramur, gratulamurque plurimum ciuitati nostrę, quod talem praefęctum iuuentuti sue nacta sit, qui et patrię futurus sit ornamento et amicis adminiculo ac voluptati. Nouimus enim acrimoniam ingenij hominis, tum probitatem continentiamque, quo factum est, ut modis omnibus effecerimus, ut is ludum hic aperiret.

Pręterea et altera prouintia ei jniuncta est, quam audio ei permolestam esse: notariatus utpote munus. Nihil hoc offitio papatui adstrictum esse oportet, verum ob ciuilia negotia hęc demandata ei sarcina. Cęterum non est, quod adeo detestetur hoc quicquid fuerit offitij: Biennio triennioue vel semel hoc munere fungi datur. Senatui nostro Guntium literis commenda[11] atque ut muneri suo non desint adhortare.

Bürgermeister und Rat der Stadt Memmingen vom 6. Juli (vgl. BCor 6, Nr. 433, S. 17–19) und an Ambrosius Blarer vom 7. Juli (ebd., Nr. 434, S. 20–22); Bucer an Margarethe Blarer vom 9. Juli (ebd., Nr. 435, S. 23–26). Der letzte von uns ermittelte Brief aus Biberach ist das Schreiben von Myllius und Uhinger an Bucer vom 7. Oktober 1531 (ebd., Nr. 482, S. 180–182). Darin bedanken sie sich für Bucers Wirken in Biberach sowie ihnen überlassene Literatur und informieren über die aktuelle Entwicklung in der Stadt. Eine mögliche Antwort Bucers konnte nicht ermittelt werden, das nächste Schreiben von Bartholomaeus Myllius datiert vom 9. Juni 1533 (unten Nr. 699, S. 258–260). Zur Reformation in Biberach vgl. Diemer, Quellen zur Biberacher Geschichte; Schilling, Heinrich von Pflummern; Seidler, Annalia. – Litz, Bilderfrage, S. 160–178; Rüth, Reformation und Konfessionalisierung; ders., Prediger Bartholomäus Müller; ders., Reformation in Biberach.

[5] Hieronymus Guntius, gebürtiger Biberacher und ehemaliger Helfer Huldrych Zwinglis sowie Oekolampads. Vgl. Personenindex. Er lebte als Handwerker in Straßburg. Guntius hatte seine Heimatstadt früh verlassen, pflegte aber Briefkontakt mit Myllius. Davon berichtet dieser in seinem Brief an Huldrych Zwingli vom 30. Januar 1530 (vgl. Zwingli Bw. 4, Nr. 969, S. 431, Z. 2).

[6] Der altgläubige Schulmeister konnte nicht ermittelt werden.

[7] Die Biberacher hatten den Patrizier Veit Raminger (genannt Schreiber) zum Ulmer Prediger Konrad Sam gesandt, damit dieser Guntius brieflich aus Straßburg anfordere. Sam bat daraufhin Bucer, er möge Guntius zu einer Zusage bewegen, da das Anliegen rechtmäßig und der Lohn großzügig sei und Guntius diesen Dienst Bildung und Heimat schulde. Vgl. Sam an Bucer vom 2. August 1532 (BCor 8, Nr. 617, S. 252, Z. 3–12). Offenbar war die Stelle Guntius zuvor direkt angetragen worden, denn Myllius und Uhinger wissen bereits von dessen Abneigung gegen die Notariatsaufgaben.

[8] Das *annuo* lässt zunächst an die Befristung der Stelle auf ein Jahr denken. Dem entspricht auch die Formulierung, mit der Frecht in seinem Brief an Bucer vom 5. September 1533 die fristgerechte Entlassung von Guntius beschreibt („Guntius ille morosus satis a Biberacensibus suis dimissus", vgl. AST 157, S. 348; Egli, Guntius, S. 406). Möglicherweise ist hier aber nur an den jährlichen Unterricht gedacht und Guntius verließ die Stelle aus eigenem Antrieb.

[9] Vgl. Marcus Tullius Cicero, Epistulae ad familiares, lib. 15, epist. 12, par. 2.

[10] Sonntag, 29. September 1532. Vgl. Bossert, Gunz, S. 110; Egli, Guntius, S. 403f.

[11] Ein entsprechendes Schreiben Bucers an den Biberacher Rat konnte nicht ermittelt werden.

[3] Est praeterea, quod tecum commentari opus est^a: Prorupit nuper catabaptista¹² apud nos, quemadmodum hoc hominum genus non diu latere potest, quia sese prodat sua vafricie, jamque dies postquam peperit vxor sua transiere ↓viginti↓ aut plures, necdum baptisari fęc[it] puerum suum senatusque ad ea mussitat conniuetque. Quid nobis faciundum sit, secato! Indies audiunt, quatenus contendamus pueros baptisandos. Quare non est, quod nostrę negligentię quid tribuatur.

Ferunt apud vos quoque hanc cudi fabam¹³. Verum sit, an minus, nescio; at certo audiuimus pueros post puerperium demum baptisarj et nonnullos, vbi adoleuerint sertaque gestarint¹⁴. Nam secus conue[nit] inter nos, vbi his de rebus ageremus Vlmę¹⁵ Biberacjque¹⁶. Quid vobis nunc in mentem venerit, ut hęc sic abire sinatis¹⁷, ↓nescimus↓. Vale!

Bib[eraci], primario Septembris, anno a Christo nato XXXII!

---

^a *O* opumst.

¹² Der Täufer und seine Familie konnten nicht identifiziert werden.

¹³ „Bohnen werden auf uns zerstoßen" (Publius Terentius Afer, Eunuchus, vers. 381; Erasmus, Adagia 1, 1, 84). Terenz' Kommentator Aelius Donatus erklärt den Ausspruch als eine Befürchtung von Köchen, ihre zu kurz gekochten harten Bohnen würden auf ihren Köpfen zerstoßen. Er paraphrasiert die Wendung mit „dieses Übel fällt auf mich zurück" oder „diese Schuld wird an mir gerächt" (Aelius Donatus, Commentum Terentii: Eunuchus, act. 2, vers. 381, par. 1; Thesaurus Proverbiorum 2, S. 61f.).

¹⁴ Der Brauch des Tragens von Blumenkränzen bei Erreichen eines bestimmten Lebensalters war für Straßburg nicht nachweisbar.

¹⁵ Offenbar war Myllius Zeuge des reformatorischen Wirkens Bucers und Johannes Oekolampads in Ulm, denn diese lassen ihn in ihrem Schreiben an Ambrosius Blarer und Konrad Sam nach Ulm vom 1. Juli 1531 grüßen (vgl. BCor 6, Nr. 431, S. 14, Z. 13).

¹⁶ Zu Bucers Wirken in Biberach vgl. oben S. 1f., Anm. 4. In Ulm hielt er sich vom 21. Mai (Sonntag Exaudi) bis Ende Juni 1531 auf (vgl. BCor 6, S. X; AREND, ORDNUNG DER REFORMATION IN ULM, S. 63–79; zur Datierung vgl. ebd., S. 67, Anm. 32). Bucer hatte in Ulm auf die Durchführung der Kindertaufe gedrungen. So heißt es in seinem Entwurf zur Ulmer Kirchenordnung: „Der halb auch christlich einigkeyt zu(o) halten nieman gestattet werden soll, seine kind auß verachtung der kirchen und yres brauchs vngeteuffet zu(o) lassen." (BDS 4, S. 387, Z. 11–13). Aus Biberach schrieb Bucer am 9. Juli an Margarethe Blarer: „Etliche teufferische leut haben eben fil trennung angerichtet. Wyr habens fleyssig zu eynigkeyt vermanet, hoffs mit frucht." (BCor 6, Nr. 435, S. 26, Z. 1f.). Zu Bucers Haltung gegenüber den Täufern vgl. HAMM, BUCERS ZWEI GESICHTER; OYER, BUCER OPPOSES ANABAPTISTS.

¹⁷ Während Wolfgang Capito anfangs Sympathien für die Täufer hegte (vgl. BCor 7, S. 104, Anm. 26), befürwortete Bucer obrigkeitliche Sanktionen gegen Pilgram Marbeck, der die Kindertaufe ablehnte. Vgl. Bucers Schilderung im Brief an Ambrosius Blarer vom 11. Dezember 1531 (ebd., Nr. 523, S. 104, Z. 1 – S. 105, Z. 5). Zu Bucers theologischer Argumentation vgl. seine Apologie zur Kindertaufe von Mitte Dezember 1531 (QGT 7, Nr. 296, S. 395–411; BAUM, CAPITO UND BUTZER, S. 406–412; USTERI, BUCER UND CAPITO ZUR TAUFFRAGE). In Straßburg verlangten die Prediger eine Verpflichtung der Täufer auf die *Confessio Tetrapolitana*, welche in ihrem Taufartikel lehrt, dass auch die Kinder zu taufen seien (vgl. BDS 3, S. 121, Z. 30 – S. 122, Z. 7).

¹⁸ Wolfgang Capito, Pfarrer an Jung-St. Peter und Propst an St. Thomas in Straßburg. Vgl. Personenindex.

Salutant Cap[ito]nem¹⁸, te item reliquosque fratres omnes ministri. Bartholomeus Müller, tuum mancipium, et Martinus Uhi[ng]er, sandalium¹⁹ tuum.

Adresse [S. 254]: Iuxta pio et erudito viro Martino Bucero, pręceptori suo omnibus numeris obseruando Argentoratj.

Oa (Uhinger) AST 159 (Ep. s. XVI, 6), Nr. 78, S. 253f. — C Zürich ZB, S 32, 117; TB V, S. 139. — E QGT 7, Nr. 333, S. 551f.; E/Ü Egli, Guntius, S. 403f.

---

¹⁹ Vgl. Dtn 29, 4; Mk 6, 9.

629.
Martin Bucer an Margarethe Blarer[1]
Straßburg, 10. September 1532

[587←] L'épouse de Bucer [Élisabeth] et deux de ses filles [dont Anastasie] sont sur la voie de la guérison ; depuis hier, un troisième enfant se plaint. Si le Seigneur veut aussi trouver Bucer [par la maladie], qu'il lui donne d'accepter cette férule divine pour sa discipline et son amélioration. Que le Seigneur ramène bientôt à Marguerite son frère [Ambroise Blaurer] ! Bucer exhorte Marguerite à l'invoquer pour la paix et pour la délivrance des Turcs. [→649]

[587←] Bucers Frau [Elisabeth] und zwei seiner Kinder [darunter Anastasia] sind auf dem Wege der Besserung; ein drittes Kind klagt seit gestern. Befällt die Krankheit auch Bucer, soll ihm diese Rute Gottes zu Zucht und Besserung dienen. Margarethes Bruder [Ambrosius Blarer] möge bald [nach Konstanz] zurückkehren. Angesichts der Türkenbedrohung fordert Bucer zum Gebet auf. [→649]

²Die gnad des Herren, besonder liebe schwester ym Herren!
Ewer lieb vnd trew, so yr zu myr vnd den meynen habet, wölt Gott, ich konde gleychs bewysen. Dem Herren sagt mit myr danck, der hat myr

---

[1] Freundin Bucers in Konstanz. Vgl. Personenindex.
[2] *Konrad Hubert:* <ᵛ10. Septemb. 1532ᵛ<; *andere Hand:* <ᵛAnno 32ᵛ<.

zweyen kinden³ vnd der muter⁴ zum teyl feyn wider vffgeholffen⁵; eyn anders⁶ hat sich gester[n] eyn wenig claget vnd gelitten. Wen es den Herren zeyt dunken^a wurdt, weyß er mich an meynem leib auch wol zu finden. Alleyn gebe er myr, seyn veterliche rut zur zucht vnd besserung vffzunemen.

Der Herr wölle euch bald mit zukunfft ewers bruders⁷ erfrewen, doch das den kirchen Gottes des^b orts nichs abgange⁸. Der Herre sye mit euch, den loßt vnß nun ernstlich vmb gemeynen friden vnd erlösung vor dem vnmenschlichen thurcken anruffen⁹! Gott sye alle zeyt mit euch!

---

^a *zuerst* duncket. – ^b *zuerst* das.

³ Darunter die einjährige Anastasia (vgl. unten Anm. 5). Vgl. Personenindex. Innerhalb der von uns ermittelten Korrespondenz lassen sich für diesen Zeitpunkt zwei weitere Kinder Bucers nachweisen, nämlich die fünfjährige Sara (vgl. Personenindex) und die siebenjährige Elisabeth jun. (vgl. Personenindex). Vgl. dazu die Übersicht bei EBERT, SILBEREISEN, S. 149.

⁴ Bucers Frau Elisabeth. Vgl. Personenindex.

⁵ Vom Wüten des Fiebers in Straßburg berichtet Bucer bereits in seinem Brief an Jakob Meyer und Jakob Sturm vom 11. Mai 1532 (vgl. BCor 8, Nr. 583, S. 37, Z. 8f.). Am 12. August entschuldigt er sich dann bei den Züricher Predigern, dass er wegen der Fiebererkrankung seiner Frau Elisabeth und seiner jüngsten Tochter Anastasia nicht ausführlich antworten könne (ebd., Nr. 618, S. 255, Z. 1–6). Aus Martin Frechts Genesungswünschen in seinem Brief an Bucer vom 17. August (ebd., Nr. 619, S. 258, Z. 2–4) ist auf einen schweren Verlauf der Krankheit zu schließen. Offenbar infizierte sich nach Anastasia dann noch ein weiteres von Bucers Kindern.

⁶ Dass Bucer dieses nach unserer Rekonstruktion letzte und damit eindeutig bestimmte Kind als „eyn anders" bezeichnet, lässt auf die Existenz weiterer, von uns nicht identifizierter Kinder schließen.

⁷ Ambrosius Blarer, Prediger an St. Stephan in Konstanz, derzeit in Memmingen. Vgl. Personenindex.

⁸ Nachdem Ambrosius Blarer gemeinsam mit Bucer und Johannes Oekolampad im Mai und Juni 1531 die Reformation in Ulm eingeführt hatte, wirkte er noch in Geislingen (bis Mitte September), Esslingen (bis Anfang Juli 1532), erneut in Ulm (5.–19. Juli) und dann in Memmingen (ab 20. Juli). Im Brief an Johann Machtolf vom 18. September 1532 teilt Blarer mit, dass er am 14. September im 40 km entfernten Isny eingetroffen sei (vgl. Blaurer Bw. 1, Nr. 301, S. 361). Als Bucer das vorliegende Schreiben abfasst, hält Blarer sich also noch in Memmingen auf. Er kehrt erst kurz vor dem 22. März 1533 nach Konstanz zurück. Vgl. Ambrosius Blarer an Heinrich Bullinger vom 22. März 1533 (ebd., Nr. 326, S. 387f.; Bullinger Bw. 3, Nr. 200, S. 87–89).

⁹ Sultan Süleyman II. Vgl. Personenindex. Er war nach dem Auslaufen des einjährigen Anstands von Gran (vgl. dazu RTA J 10/1, S. 417, Anm. 4) am 24./25. April 1532 mit etwa 135.000 Soldaten von Konstantinopel aufgebrochen (ebd., S. 170, Anm. 114; AULINGER, KUNDSCHAFTERBERICHTE, S. 149, Anm. 7). Zu den schwankenden Angaben über die Streitmacht des Reiches vgl. RTA J 10/1, S. 170–172. Süleyman II. erweiterte das Kontingent um 15.000 Tartaren bei Belgrad und um weitere 10.000 Mann in Osijek (vgl. AULINGER, KUNDSCHAFTERBERICHTE, S. 157; zu abweichenden Angaben vgl. ebd., Anm. 49; vgl. auch HAMMER-PURGSTALL, GESCHICHTE DES OSMANISCHEN REICHES 3, S. 108), am 11. September erreichte das türkische Heer die Stadt Graz (vgl. TURETSCHEK, TÜRKENPOLITIK FERDINANDS I., S. 330). Die Stände des Reiches hatten bereits auf dem Augsburger Reichstag 1530 eine eilende Hilfe von 48.000 Mann bewilligt (vgl. Förstemann, Urkundenbuch Reichstag Augsburg 2, S. 108–113; TURETSCHEK, TÜRKENPOLITIK FERDINANDS I., S. 176), die Kaiser Karl V. auf dem Regensburger Reichstag 1532 dann zu erhöhen suchte. In Straßburg hatte der Rat die Abhaltung eines Bettages beschlossen. Vgl. dazu Bucers Schreiben an seine Ortskollegen vom 24. August 1532 (BCor 8, Nr. 621, S. 264–267) und die Anordnung eines Bettages vom selben Tag (Kirchenordnungen Straßburg, S. 228f.).

Datum Argen[torati], X. Septemb[ris] MDXXXII.

M[artinus] Bucer, der ewer im Herren.

Adresse [S. 248]: Der christlichen iungfrawen Margred Blaurerin, meyner recht lieben schwester [im] Herren.

Oa AST 151 (Ep. Buc. I), Nr. 64, S. 247f. — C Zürich ZB, S 32, 123; TB V, S. 142. — R Blaurer Bw. 2, Anhang, Nr. 12, S. 796.

630.
Peter Pithonius[1] an Martin Bucer
Windsheim, 21. September 1532

[1] Les dix dernières années, Pithonius a envoyé, par [Georges] Spalatin, de nombreuses lettres à Bucer ; sans doute ont-elles été perdues, car il n'a pas reçu de réponse. Le porteur de la présente, Valentin [N.], a parlé de Bucer à Windsheim. On y possède son commentaire des évangiles. Pithonius aimerait acquérir son commentaire des Psaumes. Il a œuvré à Tübingen, où il a fait des progrès en théologie. Sa condition est modeste ; il a une femme et six enfants. Depuis les territoires du prince électeur Jean de Saxe, on l'a rappelé à Windsheim, dans sa patrie. [2] En raison des bruits divergents, Pithonius prie Bucer de lui écrire au sujet des circonstances de la Concorde avec les Wittenbergeois ; qu'il envoie cette lettre à Nuremberg, à [Jean] Ketzmann ou à Caspar Korn, le frère de Gallus [Korn].

[1] Über [Georg] Spalatin sandte Pithonius Bucer in den vergangenen zehn Jahren zahlreiche Briefe. Da er keine Antwort erhielt, gingen sie wohl verloren. Der Überbringer des vorliegenden Schreibens, Valentin [N.], berichtete in Windsheim über Bucer. Dort besitzt man dessen Evangelienauslegung. Bucers Psalmenkommentar würde Pithonius gern erwerben. Er selbst wirkte in Thüringen und machte dort theologische Fortschritte. Seine Lage ist bescheiden, hat er doch eine Frau und sechs Kinder. Aus dem Herrschaftsgebiet Kurfürst Johanns von Sachsen berief man ihn in seine Heimatstadt Windsheim. [2] Bucer möge umgehend die Umstände der Konkordie mit den Wittenbergern erläutern; den Brief soll er nach Nürnberg, an [Johann] Ketzmann oder an Kaspar Korn, den Bruder Gallus [Korns], schicken.

---

[1] Pfarrer in Windsheim. Vgl. Personenindex.

²S[alutem] d[icit]!

[1] Saepe annis abhinc decem ad te dedj literas³, chariss[ime] praeceptor, quas, quia nunquam respondisti, interijsse puto nec ad te perlatas esse, tametsi procurator earum certus uideretur, nempe d[ominus] Spalatinus⁴, qui aliquocies pollicitus est meas literas cum suo nuncio⁵ certiss[imo] missurum. Coeterum fuit his diebus apud nos Valentinus⁶, per quem nunc scribo, qui de rebus et studijs tuis mihi jndicauit. Gratulor haec dona, quę in usum ecclesiarum Christus per te distribuit. Habemus per te in euangelia enarraciones⁷, quibus non mediocriter iuuamur nos, qui mediocri sumus ingenio. Jn Psalmos tua commentaria⁸ uidi. Spero Deum tantum largiturum, ut ea emere quoque et legere liceat. Ego hactenus inter Turingos uersatus⁹ tantum promoui, ut sperem de doctrina christiana iudicare me et salubria docere posse, quod ideo scribo, ne tu uel me uel studia tua in me collocata perijsse putes. Reliqua fortuna tenuis est. Maritus sum sextę iam prolis¹⁰, reuocatus ex dicione ducis Joh[annis] Saxonię Electoris¹¹ jn patriam Vuinßhaym. Isthic ecclesię pręsum vtinamᵃ vtilis pastor.

[2] Rogo te per Christum, mi Martine, ut quam primum ad me scribas et omissum iamdudum officium resarcias. De jnita inter te et Vuittenberg[enses] concordia¹² certe uehementer cupio scire. Sparguntur enim multa et uaria ab

---

ᵃ *gestrichen* idem.

² *Konrad Hubert*: <ᵛPithonius Peter Bucero 1532. die Matthaeiᵛ<; *andere Hand*: <21. Sept.<.

³ Diese Briefe konnten nicht ermittelt werden. Die uns erhaltene Korrespondenz Bucers mit Pithonius beschränkt sich auf das vorliegende Schreiben.

⁴ Georg Spalatin, Superintendent von Altenburg. Vgl. Personenindex.

⁵ Der Bote konnte nicht ermittelt werden.

⁶ Die Person konnte nicht ermittelt werden.

⁷ Bucers *Enarrationes perpetuae in sacra quatuor evangelia,* März 1530, die Georg Ulricher in Straßburg druckte (vgl. BUCER BIBLIOGRAPHIE, Nr. 39, S. 56f.; VD 16, B 8872).

⁸ Unter dem Titel *S. Psalmorum libri quinque ad ebraicam eam veritatem versi, et familiari explanatione elucidati* erschien Bucers Psalmenkommentar erstmals im September 1529 bei Georg Ulricher in Straßburg (vgl. BUCER BIBLIOGRAPHIE, Nr. 37, S. 55; VD 16, B 3145; HOBBS, PSALMS' COMMENTARY). Wahrscheinlich bezieht Pithonius sich hier aber bereits auf dessen zweite, verbesserte Auflage, die bei demselben Drucker im März 1532 erschien. Sie trägt den Titel *Sacrorum Psalmorum libri quinque ad ebraicam ueritatem uersione in latinum traducti: primum appensis bona fide sententijs, deinde pari diligentia adnumeratis uerbis, tum familiari explanatione elucidati* (vgl. BUCER BIBLIOGRAPHIE, Nr. 49, S. 62; VD 16, B 3150; HOBBS, PSALMS' COMMENTARY). Die hier indirekt geäußerte Bitte um dieses Werk spricht Christoph Hoss in seinem Brief an Bucer vom 5. Juli 1532 direkt aus (vgl. BCor 8, Nr. 607, S. 194, Z. 1–4).

⁹ Nach seinem Austritt aus dem Nürnberger Dominikanerkloster (um 1522) ist Pithonius als Prediger in Eisenberg (1524), Casekirchen (1528) und Kahla (ab 1528) nachgewiesen. Vgl. BERGDOLT, WINDSHEIM, S. 143f.

¹⁰ Pithonius' Ehefrau und Nachkommen konnten nicht identifiziert werden. Im Windsheimer Rechnungsbuch sind 19 Gulden für Pithonius' Übersiedlung „mit weyb und kind" aus Kahla eingetragen. Vgl. ebd., S. 143, Anm. 3.

¹¹ Johann I., Kurfürst von Sachsen. Vgl. Personenindex.

¹² Die Unterzeichnung der Sächsischen Bekenntnisschriften durch die Oberdeutschen bei den Schweinfurter Verhandlungen (31. März – 9. Mai 1532) wurde auch von anderen als

utraque parte, ut, cui quis credat, nesciat[13]. Certe pacis et concordię condiciones te recusasse nemini credidi unquam. Bene vale!

Ad Nurmbergam siue ad magistrum Ketzman[14] siue ad fratrem Galli jn der wag[15], Caspar Korn[16], tuas literas mitte, qui certa fide eas reddent[b] etc. Bene vale, ora pro me!

Ex opido Vuinshaym, die Mathei[17], anno etc. XXXII.

T[uus] Petrus Pithonius amicus uetus[18].

Adresse [S. 846]: Ornatiss[imo] uiro d[omino] Martino Butzero apud Argentinam praeceptorj suo amantissimo.

Oa AST 160 (Ep. s. VI, 7), Nr. 322, S. 845f. — C Zürich ZB, S 32, 131; TB V, S. 144. — P Flemming, Pfarrgeschichte von Windsheim, S. 130f.

---

[b] *anstatt* mittunt.

Abschluss einer Konkordie interpretiert. Vgl. z.B. Bonifatius Wolfhart an Bucer vom 12. Mai 1532 (BCor 8, Nr. 584, S. 44, Z. 2f.). Bucer bestreitet dies allerdings, etwa in seiner Antwort an Wolfhart von Ende Mai (ebd., Nr. 591, S. 85, Z. 2f.; S. 98, Z. 4f.). Zu Bucers Interpretation der Geschehnisse in Schweinfurt vgl. SIMON, BUCERS ANNAHME DER CONFESSIO AUGUSTANA, S. 112–114.

[13] Möglicherweise hat Pithonius aus dem etwa 30 km entfernt gelegenen Ansbach Näheres über die Schweinfurter Ereignisse erfahren. Dort pflegte Markgraf Georg engen Kontakt zu Johannes Brenz, dem Georg Spalatin Einblick in die Schweinfurter Akten gegeben hatte. Brenz und die Ansbacher Theologen verfassten daraufhin mehrere Gutachten. Sie sind abgedruckt in der Anecdota Brentiana, Nr. 37–40, S. 122–140.

[14] Johann Ketzmann, Rektor an St. Lorenz in Nürnberg. Vgl. Personenindex.

[15] Gallus Korn, ehemaliger Nürnberger Dominikaner. Vgl. Personenindex.

[16] Kaspar Korn, Spitalmeister am Heilig-Geist-Spital in Nürnberg. Vgl. Personenindex.

[17] Samstag, 21. September.

[18] Möglicherweise kannten Bucer und Pithonius einander vom gemeinsamen Aufenthalt im Heidelberger Dominikanerkonvent. Vgl. BERGDOLT, WINDSHEIM, S. 143. Freilich fehlt Pithonius' Name in den Heidelberger Matrikeln.

631.
Martin Bucer, Wolfgang Capito[1], Kaspar Hedio[2], Matthias Zell[3] und die Straßburger Kollegen an Kaspar Steinbach[4]
Straßburg, [nach dem 1. Oktober 1532][5]

[576←] [1] Steinbach doit exposer à Jean Schwebel et à Michaël Hilspach les regrets des Strasbourgeois quant aux troubles dans la communauté des Deux-Ponts ; il leur est particulièrement douloureux que [Georges Pistor], qu'ils pensaient fidèle, aient rejoint le camp des trublions. Avec l'aide de Schwebel et de Hilspach, Steinbach doit l'amener à prêcher dans le même esprit que Schwebel. Il serait bon de remplacer Pistor, mais les gens de son parti pourraient croire qu'on le chasse avec violence ; ils en déduiraient que le point de vue qu'il critique ne se fonde ni sur l'Écriture ni sur la vérité. Le caractère affable de Schwebel permettra une réconciliation avec Georges [Pistor] ; si Schwebel a plus à reprocher à Pistor que ce qu'il a exposé par [Nicolas] Thomae, que Steinbach le fasse savoir. [2] Il faut faire prendre conscience à Pistor combien son attitude nuit au Règne du Christ ; des prédications qui se combattent l'une l'autre éveillent la défiance des hommes et sont infructueuses. Que Pistor songe à la situation dans laquelle Schwebel prêche le Christ, notamment la position du duc [Louis II]. Satan use de la calomnie pour briser la concorde entre les Églises. [3] Schwebel attribue au Christ toute la justification, et il partage la position des Strasbourgeois quant aux paroles tant audibles que visibles (pour parler comme Augustin des sacrements) ; en raison de cette unité dans la doctrine et des qualités de Schwebel, il est fou de le dédaigner à cause de rites extérieurs ! [4] Les Strasbourgeois aussi ne veulent pas baptiser les petits enfants de manière précipitée, comme si le baptême sauvait les enfants ex opere operato. Comme, par ailleurs, ils prennent le sacrement très au sérieux, ils tiennent à le célébrer, de manière solennelle, seulement le dimanche et en présence de la communauté, mais ils ne refusent à personne le baptême à un autre moment. Georges [Pistor] doit enseigner ceux qui cherchent le Salut de leur enfant ex opere operato, mais il ne doit troubler la conscience de personne. [5] Dans le débat, à Rome, sur les aliments permis ou non, Paul s'est contenté d'un enseignement amical. Selon lui, personne ne devrait faire quelque chose qu'il n'a pas encore reconnu comme étant permis ; on devrait mener chacun à la connaissance en douceur. Dans la question de la valeur d'autres lois cérémonielles, Paul

---

[1] Pfarrer an Jung-St. Peter und Propst an St. Thomas in Straßburg. Vgl. Personenindex.
[2] Prediger am Straßburger Münster. Vgl. Personenindex.
[3] Prediger am Straßburger Münster. Vgl. Personenindex.
[4] Helfer am Straßburger Münster. Vgl. Personenindex.
[5] Das Schreiben setzt den Besuch Nikolaus Thomaes (vgl. unten S. 12, Anm. 13) in Straßburg voraus. Er brachte eine Instruktion Johannes Schwebels vom 1. Oktober 1532 (vgl. QGT 7, Nr. 337, S. 554f.). Darin bat dieser die Straßburger um ihr Urteil in seinem Konflikt mit den Täufern, insbesondere aber mit Georg Pistor. Dem entspricht das vorliegende, von Kaspar Steinbach überbrachte Dokument. Da es Thomaes Reise ins etwa 100 km entfernte Straßburg sowie die Einberufung und Diskussion der Straßburger Theologen voraussetzt, dürfte es einige Tage nach dem 1. Oktober entstanden sein.

a certes contesté leur nécessité pour le Salut, mais il les a maintenues à Cenchrées puis à Jérusalem, pour éviter de choquer. Que Georges prenne exemple sur lui en enseignant que le Salut réside dans la grâce et le mérite du Christ, et dans aucune œuvre, aussi sainte fût-elle. C'est pour cela précisément que des enfants qui ne comprennent rien sont baptisés, le fait qu'ils soient trempés représentant symboliquement qu'ils sont ensevelis dans la mort du Christ. En résumé : On peut baptiser tôt les enfants avec un cœur plein de foi ; si la mort menace un enfant, que [Georges] accourre avec une parole plus humaine et ne trouble pas les consciences. Steinbach sait comment il faut traiter les hérétiques et les collaborateurs fidèles du Seigneur ; il lui faut exhorter Georges en conséquence, et nous prierons pour cela. Si [Pistor] s'y oppose, qu'il prenne soin de ne pas détruire l'œuvre du Seigneur et qu'il change de lieu. [→632]

[576←] [1] Der Adressat soll Johannes Schwebel und Michael Hilspach das Bedauern der Straßburger über die Unruhe in der Zweibrücker Gemeinde mitteilen. Besonders schmerzt, dass der vermeintlich treue [Georg Pistor] den Unruhestiftern beispringt. Ihn soll Steinbach mit der Hilfe Schwebels und Hilspachs dazu bringen, fortan nur im selben Geiste wie Schwebel zu predigen. Es wäre zwar wünschenswert, Pistor durch einen friedliebenden Kollegen zu ersetzen, dies würde von den Spaltern aber als eine gewaltsame Vertreibung missdeutet. Sie folgerten daraus, dass die von Pistor kritisierte Position sich weder auf die Schrift noch auf die Wahrheit stützen könne. Schwebels Umgänglichkeit wird eine Versöhnung mit Georg [Pistor] ermöglichen. Vermisst er an diesem mehr als das, was er durch [Nikolaus] Thomae mitteilen ließ, soll Steinbach davon berichten. [2] Pistor ist der Schaden vor Augen zu führen, den seine abweichende Haltung dem Reich Gottes bringt. Einander widerstreitende Predigten rufen den Argwohn der Menschen hervor und bleiben ohne Frucht. Pistor soll die Position und die Situation, in der Schwebel Christus predigt, bedenken, insbesondere die hinderliche [religionspolitische] Haltung Herzog [Ludwigs II.]. Der Satan bedient sich der Verleumdung, um die Eintracht der Gemeinden aufzulösen. [3] Schwebel weist alle Rechtfertigung Christus zu und teilt die Position der Straßburger, was die hörbaren und die von Augustinus „sichtbare Worte" genannten Sakramente angeht. Angesichts dieser Übereinstimmung in der Lehre und im Blick auf die Vorzüge Schwebels ist es unsinnig, um äußerer Riten willen Ablehnung gegen ihn zu schüren. [4] Auch die Straßburger wollen Kinder nicht übereilt taufen, so als ob schon der Vollzug [des Taufsakraments] das Heil verschaffe. Da sie gleichwohl das Sakrament sehr ernst nehmen, halten sie dazu an, feierlich nur am Sonntag und vor der Gemeinde zu taufen, verweigern aber niemanden die Taufe zu einer anderen Zeit. Georg [Pistor] soll die Bewerber belehren, wenn sie ihr Heil im Vollzug eines Werkes suchen, aber niemandes Gewissen beunruhigen. [5] Paulus begnügte sich bei der Auseinandersetzung um die Freiheit der Speisen in Rom mit einer freundlichen Belehrung. Nach ihm sollte niemand etwas praktizieren, was er noch nicht als erlaubt erkannt hat; jeder sollte sanft zur Erkenntnis geführt werden. Auch bei der Frage nach der Geltung anderer Zeremonialgesetze bestritt Paulus zwar deren Heilsnotwendigkeit, hielt sie aber in Kenchräa und Jerusalem ein, um Irritationen zu vermeiden. Ihn soll Georg nachahmen, indem er lehrt, dass das Heil in Christi Gnade und

Verdienst und keinem noch so heiligen Werk liegt. Eben deshalb werden auch unverständige Kinder getauft, versinnbildlicht doch das Benetzen [mit Wasser], dass sie in Christi Tod begraben werden. Man kann mit frommem Herzen die Kinder frühzeitig taufen; droht der Tod eines Kindes, soll Georg zu Hilfe eilen und die Gewissen nicht verwirren. Steinbach weiß, wie Häretiker und wie treue Arbeiter zu behandeln sind; er soll Georg dahingehend ermahnen. Widersetzt dieser sich, muss er so viel Verantwortungsgefühl haben, dass er seinen jetzigen Wirkungsort verlässt. [→632]

[1] Observandum fratrem nostrum Iohannem Schwebelium[6] et m[agistrum] Michaelem Hilspachium[7] adibis nostroque nomine salute dicta expones, quam doleat nobis aedificium Domini, in quo tanta fide scimus Schwebelium tot jam annos laborare[8], turbari et maxime, quod turbatoribus is[9] adesse videatur, quem nos fidum operarium[10] fore non dubitavimus[11].

---

[6] Johannes Schwebel, Prediger an der Alexanderskirche und Reformator von Zweibrücken. Vgl. Personenindex.
[7] Michael Hilspach, Schulleiter in Zweibrücken. Vgl. Personenindex. Er hatte im Zuge der Religionspolitik Philipps I. von Baden aufgrund seiner evangelischen Überzeugung die Leitung der Pforzheimer Lateinschule aufgeben müssen. Vgl. Ambrosius Blarer an Martin Bucer von Mitte Oktober 1531 (BCor 6, Nr. 488, S. 211, Z. 1 – S. 212, Z. 11). Die ihm von Johannes Schwebel daraufhin angetragene, schmal besoldete Schulstelle in Zweibrücken hatte Hilspach noch im Frühjahr 1532 abgelehnt. Vgl. Wolfgang Capito an Johannes Schwebel vom 3. April 1532 (Centuria Schwebel, Nr. 50, S. 160; MILLET, CORRESPONDANCE CAPITON, Nr. 470, S. 154).
[8] Schwebel wirkte seit 1523 als reformatorischer Prediger in Zweibrücken. Dort hatte er sich nicht nur mit seinem altgläubigen Ortskollegen Johannes Meisenheimer (vgl. Personenindex) und dem stets auf öffentliche Ruhe bedachten Rat zu arrangieren, sondern sah sich auch der Kritik oppositioneller Dissenters ausgesetzt. Nach Schwebels Zeugnis behaupten sie, das Evangelium sei in Deutschland noch nicht recht gepredigt worden, verweisen auf die Lehrdifferenzen zwischen den örtlichen Predigern und kritisieren die Kindertaufe als päpstliche Neuerung. Vgl. Schwebel an Bucer vom 8. März 1532 (BCor 7, Nr. 570, S. 376, Z. 1–10); Schwebel an die Straßburger Prediger vom 1. Oktober (QGT 7, Nr. 337, S. 554f.). Vgl. dazu JUNG, SCHWEBEL, S. 106f.; KONERSMANN, KIRCHENREGIMENT, S. 107–112; SCHNEIDER, SCHWEBEL, S. 318–322.
[9] Georg Pistor, Hilfsgeistlicher in Ernstweiler. Vgl. Personenindex.
[10] Vgl. II Tim 2, 15.
[11] Zur vorausgehenden Korrespondenz vgl. BCor 7, S. XVIII. Auf Schwebels Bitte um einen geeigneten Geistlichen für die Zweibrücker Ortschaft Ernstweiler hatte Bucer ihm im Januar 1532 Georg Pistor aus Hagenau gesandt und diesem im Begleitbrief Aufrichtigkeit und ein sicheres Urteil in Glaubensfragen attestiert. Vgl. Bucer an Schwebel vom 23. Januar 1532 (BCor 7, Nr. 546, S. 227, Z. 8f.). In Zweibrücken verweigerte Pistor dann aber die Tischgemeinschaft mit Meisenheimer und forderte bereits kurz nach seiner Ankunft vehement die Abschaffung des altgläubigen Messritus. Damit gefährdete er Schwebels Wirken, denn der Zweibrücker Rat gewährte zwar beiden Glaubensparteien Lehrfreiheit, erwartete aber auch, dass die Geistlichen diese ohne Störung des öffentlichen Friedens wahrnähmen. Eine eigenmächtige zeremonielle Änderung hätte diese fragile Balance gefährdet. Vgl. Schwebels Klage über Pistor im Brief an Bucer vom 8. März 1532 (ebd., Nr. 570, S. 376, Z. 11 – S. 377, Z. 11). Pistor kehrte Anfang März nach Straßburg zurück. Bucer ermahnte ihn daraufhin, entschuldigte sein Auftreten bei Schwebel in einem Brief vom 17. März als unerfahren (ebd., Nr. 573, S. 390, Z. 3–14) und erreichte Pistors Rückkehr nach Ernstweiler im Frühjahr 1532. Sie führte aber zu einem erneuten Streit, diesmal um die Notwendigkeit der Taufe und um Christi Realpräsenz im Abendmahl. So klagt Schwebel in seiner Instruktion vom 1. Oktober 1532 über Pistor: „Das zwischen herrn Georgen von Ernstweiler und mir soll zwitracht sein, erwächst darauß, daß letztgenannter herr

Deinde nos obnixe orare, ut te uterque pro viribus adjuvet, quem ideo illo miserimus, ut, si ullo pacto id fieri queat, Geor-[S. 135]-gium Schuuebelio reconcilies, eodem spiritu Christi evangelium deinceps praedicaturum cauturumque, ne unquam alienati animi diversumve sentientis significationem praebeat.

Tum nos quidem malle Schwebelio alium symmystam esse, cum quo nihil intercessisset simultatis; sed ne videatur Georgius vi et propter veritatem pelli ijs, qui alioquin ad schismata propendent, ac adeo plus forsan tranquillitati obsit ingratus huius discessus, in praesenti optare, si ullo pacto liceat, sic restitui eum, ut Schuuebelius unanimi posthac et frugi cooperario uti queat. Nihil siquidem est, quo fere tantum apud simpliciores haeretici veritati officiant, quam quod nos de vi suspectos reddant, unde scilicet colligi volunt scripturis et veritati nostra haudquaquam niti.

Propterea vero, quod Schuuebelius pati voluerit, qua est humanitate et facilitate, passurum[12], non dubitavimus, ut coneris ipsi Georgium conciliare. Audies ab eo et memores diligen-[S. 136]-ter, quae in Georgio desiderat, si forsitan aliquid sit ultra ea, quae nobis per Thomam[13] exponi fecit[14].

[2] Mox Georgium adibis salutatoque nostris verbis cum veneris, memorabis orabisque per Christum obnixe, consideret quantum regno Christi officiat, si ullam det significationem diversae a Schwebelio sententiae. Nam si hujus authoritas, qui Christum illic tandiu nec infeliciter praedicavit (si consideres, qui sint illic homines), vacillare incipiat, quae non potest non vacillare, si diversum sentire videatur, qui idem Christi evangelium profitetur, mutet illico necesse est, quicquid ille Domino aedificavit; fides enim ex auditu est[15].

Proinde, cum homines suspicari coeperint aut non verbum Domini aut hoc non syncerum praedicari, ab hoc nihil fructus, nullam fidei instaurationem percipient. Iam animadvertat, quo in loco Christum Schwebelius praedicet quave hactenus [S. 137] authoritate. Certe sic res habet, ut hic citra

---

Georg vil gemeinschafft hat mit obgedachten leuten vnd braucht alle argumenta der widertäuffer gegen mir, mit anderen dergleichen mehr reden und handlungen, da ich lieber wollte, er bräuchte vnsern grund wider die täufferische rotten." (QGT 7, Nr. 337, S. 555, Z. 6–11). Vgl. dazu Wolfgang Capito an Schwebel vom 7. August 1532 (Centuria Schwebel, Nr. 52, S. 161–164; MILLET, CORRESPONDANCE CAPITON, Nr. 486, S. 161); Schwebel an einen ungenannten Adressaten, möglicherweise Pistor selbst (so JUNG, SCHWEBEL, S. 111) vom 24. September (Centuria Schwebel, Nr. 53, S. 164–167).

[12] Bucer denkt wohl an Schwebels Nachgiebigkeit bei Pistors Berufung. Ein versöhnlicher Ton durchzieht auch Schwebels Schilderung der Ereignisse in seinem Brief vom 24. September 1532 (vgl. Anm. 11).

[13] Nikolaus Thomae, Pfarrer in Bergzabern. Vgl. Personenindex.

[14] Vgl. oben S. 9, Anm. 5.

[15] Röm 10, 17. Ähnlich hatte bereits Schwebel in seinem Brief vom 24. September (oben S. 11f., Anm. 11) argumentiert: „Quaeso ergo, mi frater, quando evangelij praecones adducent alios ad vnitatem fidei, cum ipse inter sese dissentiunt et in illis rebus dissentiunt?" (Centuria Schwebel, Nr. 53, S. 165).

horrendum offendiculum, quod innumeris hominibus per omnem principis istius[16] ditionem obijcitur, infamari non pure praedicati evangelij non poterit. Obstruet igitur astus Satanae[17], qui nihil ubique intentatum relinquit, ut[a] verbum Dei infamatis ijs ministris fastidiri faciat ecclesiarumque concordiam solvat.

[3] Scimus Schwebelium omnem iustificationem Christo tribuere[18] et tam audibilia verba quam visibilia (ita vocantur symbola sacramentorum Augustino[19]) agnoscere, quatenus a nobis administrantur[20], esse plantationem et rigationem tantum[b] fructiferam, quando suppeditet incrementum Deus[21]. Fidem in Christum, quae per dilectionem operatur[22], docet Spiritus. Nemo igitur tam sanctus, qui non proficere posset eximie, Schwebelium si audiat, praesertim cum non vulgari iudicio dicendique polleat dexteritate et sit primus in ditione principis ecclesiastes. [S. 138] Iam ingerere hujus fastidium propter externos ritus, ubi convenit de ipsa doctrina Dei, quae dementia! Nihil enim facit aliud, qui hoc admiserit, quam is, qui eum, quo tota aliqua regio alatur summa omnium rerum penuria passura, in hoc alat et frumenta suppeditet, in invidiam trahat, ut ab eo homines annonam nolint recipere inde fame perituri tantum ob id, quod forsan non eo tempore aut ratione, quam ille probet, commeatum inferat.

[4] Porro, licet nos optaverimus aliquando (et hodie optamus), ne homines ad baptismum properent[23], tanquam baptismus res sit, quae ex opere

---

[a] *P* et. – [b] *P* tamen.

[16] Schwebels Landesherr, Herzog Ludwig II. von Pfalz-Zweibrücken-Neuburg (vgl. Personenindex), hatte mit Schwebel zwar bewusst einen reformatorischen Prediger berufen, war zur Enttäuschung Nikolaus Thomaes und Johannes Schwebels aber nicht bereit, die Reformation einzuführen. Vgl. GOETERS, REFORMATION PFALZ-ZWEIBRÜCKEN, S. 196–198; JUNG, SCHWEBEL, S. 65–67; KONERSMANN, KIRCHENREGIMENT, S. 102, 105f.; MOLITOR, GESCHICHTE ZWEIBRÜCKEN, S. 156–158.
[17] Vgl. Eph 6, 11.
[18] Vgl. dazu Wolfgang Capito an Johannes Schwebel vom 7. August 1532: „uterque dicat [...] non esse controversiam inter vos super justificatione, quam uterque uni tribuat fidei in Christum Iesum" (Centuria Schwebel, Nr. 52, S. 163; QGT 7, Nr. 332, S. 547, Z. 21–25).
[19] Zur wirkmächtigen Bezeichnung der Sakramente als „verba visibilia" vgl. Augustinus, De doctrina christiana 2, 4 (CCL 32, S. 34, Z. 5–10); ders., In Ioannis evangelium, tract. 80, 3 zu Joh 15, 3 (MPL 35, Sp. 1840); ders., Contra Faustum 19, 16 (CSEL 25, 1, S. 513, Z. 8f.).
[20] Innerhalb der Abendmahlskontroverse versuchte Bucer häufig mithilfe dieser Wendung eine gemeinsame Position zu skizzieren. Vgl. als zeitnahe Belege seine Briefe an Bonifatius Wolfhart von Ende Mai 1532 (BCor 8, Nr. 591, S. 90, Z. 7 – S. 91, Z. 3; S. 119, Z. 8–11) und an Leo Jud vom 23. Juni (ebd., Nr. 598, S. 161, Z. 29f.).
[21] Vgl. I Kor 3, 6–8.
[22] Gal 5, 6.
[23] Vgl. dazu die bei Wolfgang Köpfel in Straßburg 1525 gedruckte Schrift *Straßburger kirchen ampt* (Kirchenordnungen Straßburg, S. 151–162). Darin wird gemahnt, „das man nitt mit den schwachen kindlin zu(o) tauff eu(e)len solle, mit unfug und angst, als ob die gantz summ der seligkeit am einigen eüssern wa(e)schen stünde" (ebd., S. 153). Vgl. dazu Bucers Schrift *Grund und Ursach*, 1524 (BDS 1, S. 257, Z. 19–31).

operato²⁴ puerum salvet²⁵, tamen sicut veteribus mos fuit et ipsa religio Christi poscit, maiore gravitate et solennitate tantum sacramentum peragere merito quaerimus. Hinc, ut dominico demum die praesenti ecclesiae pueros baptizandos offerant, hortamur²⁶. Veruntamen cum interim non dubite-[S. 139]-mus ex jnstituto Christi esse nomen Dei invocare super infantes nostros²⁷ et ipsi servatori quodam[m]odo offerre benedicendos, nec ipsi vellemus, ut non baptizati migrarent, eoque nemini baptismum negamus quandocunque veniat.

Si quos igitur Georgius putat ab opere operato salutem infantibus suis quaerere, doceat hanc esse donum et opus Christi idque baptismo significari, vnde in nomen Patris et Filij et Spiritus Sancti baptizantur et fit oratio, ut Christus eos spiritus baptismo baptizandos amplectatur²⁸. Et caveat, ne cujusvis in his conscientiam turbet.

[5] Error erat apud Romanos, quod existimabant sibi non licere vesci cibis quibuslibet²⁹. Satis tum habuit amice docere Paulusᶜ hos, quae sit veritas Christi. Adeo noluit vero, vt attingerent facere re ipsa, quod licere nondum agnoscere poterant, ut vehementer dehortareturᵈ eos, qui tantum exemplo suo hoc sollicitabant, prohibebatque cum eis de hac re vel disputare [S. 140] paulo contentiosius. Tanti faciebat charitatem et pacem inter christianos et ut suaviter quisque ad cognitionem veritatis adduceretur. Non aliter constat de observatione aliarum ceremoniarum legis³⁰, quarum libertatem enixissime

---

ᶜ *P* Paulum. – ᵈ *P* delectaretur.

²⁴ Die Wendung *Opus operatum* bezeichnet zunächst die Vorstellung einer objektiv instrumentalursächlichen Wirksamkeit des Sakraments, welche dann die Zuwendbarkeit der Messe an Dritte ermöglicht. Vgl. Altenstaig, Lexicon Theologicum, S. 615f., 625f. Je nach Fassung und Kontext kann diese Vorstellung als Gefährdung der personalen bzw. als Garantin der nicht-subjektivistischen Ausrichtung des Sakramentsgeschehens interpretiert werden. Zur kontroverstheologischen Problematik vgl. CA 13 (BSLK, S. 68); DH 1608. – LANDGRAF, EINFÜHRUNG OPUS OPERATUM; OBERMAN, HARVEST OF MEDIEVAL THEOLOGY, S. 467; PFNÜR, SOLA FIDE UND EX OPERE OPERATO; SCHÄTZLER, WIRKSAMKEIT DER SAKRAMENTE; SEMMELROTH, OPUS OPERATUM; SIMON, MESSOPFERTHEOLOGIE, S. 92–100, 248–250; THOMPSON, EUCHARISTIC SACRIFICE, S. 56–63. Zu den dogmengeschichtlichen Belegen vgl. insbesondere SEEBERG, LEHRBUCH DOGMENGESCHICHTE 3/2, S. 516. Zu Bucers Verständnis vgl. SPIJKER, ECCLESIASTICAL OFFICES, S. 34–38.
²⁵ Zur Stellung der Kindertaufe bei Bucer vgl. BUCKWALTER, ABENDMAHLSKONTROVERSE, insbesondere S. 106; HAMMANN, BUCER, S. 171–175.
²⁶ Vgl. dazu die bei Wolfgang Köpfel in Straßburg 1530 gedruckte Schrift *Psalmen gebett und kirchenu(e)bung* (VD 16, P 5179). Danach wird das Volk ermahnt, „alleyn auf den sontag jre kinder zum tauff zebringen, auf das auß vnglauben nit zum wasser geeilet vnd das der tauff deß kinds auffopferung vnd ergebung inn die gemeyn sampt dem gebett fur das kind mit rechtem ernst vnd andacht inn beisein der gemeyn gottes beschee" (HUBERT, STRASSBURGER LITURGISCHE ORDNUNGEN, S. 38).
²⁷ Vgl. Ps 145, 18.
²⁸ Vgl. die entsprechenden Gebete in den Straßburger Taufordnungen (HUBERT, STRASSBURGER LITURGISCHE ORDNUNGEN, S. 40).
²⁹ Bucer paraphrasiert im Folgenden Röm 14, 1–23.
³⁰ Vgl. z.B. Gal 4, 1–31.

defendit, vehementissime oppugnans eos, qui harum necessitatem dogmatizabant. Interim tamen, ubi vere pios nanciscebatur, qui hoc errore nondum expediti erant, non solum non turbavit eos intempestiva disputatione, sed ne displiceret eis tanquam legis transgressor, etiam ipse ceremonias observavit, ut Cenchraeis[31], postea Hierosolymis[32] fecisse legimus.

Ergo si Paulum imitari, imo si Christum audire volet Georgius, docebit quidem diligentissime omnem salutem nostram constare gratia et merito Christi nec ullo nostro opere parari eam posse, quamlibet id divinitus praeceptum sit et in se sanctum. Sed hac omnino de causa nos infantes et-[S. 141]-iam nostros nihil prosus harum rerum intelligentes baptismo Christo consecramus et salutem hanc per Christum illis exhiberi cum in concionibus tum in scholis testamur. Tinctio enim illa significat eos in Christi mortem sepeliri[33].

Summa: Optimo et vere pio animo maturari baptismus potest puerorum; nemo ergo hoc in deteriorem partem rapere debet. Si suspicio est mortis, occurrat verbo humanius et facti intempestivitate nullius turbetur conscientia infirmior. Si quid desideretur decentiae, hunc hortentur qua decet lenitate, non si impellamus imperio.

Caeterum, ut sint tractandi haeretici, ut colendi, qui in vinea Domini fideliter laborant[34], et observandi, qui verbo ad utilitatem ecclesiae pollent, nosti. Hunc ergo hortare Georgium et vide, num si quid polliceatur, ex animo polliceatur et serio illum praestet! Hoc nos omnes communi ore hic orare et Christum omnino exigere. Tamen [S. 142] si ab his abhorreat, tantam debet merito curam habere, ut coeptum Domini opus non interrumpatur, ut illico cedere debeat potius quam in suspicione tantum manere, quod ei non conveniat cum primo in illa regione evangelista. Caetera transigas. Dominus gratia sua adsit tibi, ut ad gloriam eius offendiculum hoc removeas et solidam pacem compares. Vale feliciter!

Fratres: Capito, Hedio, Zellius, Bucerus et caeteri.

Adresse [S. 134]: Conventus theologicus ecclesiae Argentinensis charissimo et probato fratri Casparo Steinbachero, symmystae et fratri nostro in Domino.

O verloren. — E QGT 7, Nr. 338, S. 555f. — P Centuria Schwebel, Nr. 43, S. 134–142.

---

[31] Die südöstlich von Korinth gelegene Hafenstadt Kenchräa. Dort ließ Paulus wegen eines Gelübdes sein Haar schneiden, vgl. Act 18, 18.

[32] Act 21, 15–26. Den Vergleich mit der freiwilligen Gesetzesobservanz des Paulus zieht Bucer auch im Brief an Leo Jud vom 23. Juni 1532 (vgl. BCor 8, Nr. 598, S. 155, Z. 18 – S. 156, Z. 6).

[33] Vgl. Röm 6, 1–5.

[34] Vgl. Mt 20, 1–16.

632.
Martin Bucer an Johannes Schwebel[1]
[Straßburg, nach dem 1. Oktober 1532][2]

[631←] [1] Les Strasbourgeois ont lu la lettre apportée par [Nicolas] Thomae, le parent de Michaël. Il leur est douloureux d'avoir envoyé celui qui cause des troubles [Georges Pistor]. Leurs lettres ayant été infructueuses, ils envoient maintenant [Caspar Steinbach], homme qui recherche la paix dans l'Église et ami de Pistor. [2] À côté d'autres écrits, la Confession [Tetrapolitana] et son Apologie exposent la doctrine strasbourgeoise [du baptême] : le pédobaptisme est conforme à l'institution de Dieu ; aux petits enfants aussi, il a donné le signe de son alliance, de manière que non pas l'élément extérieur en soi (ex opere operato), mais la grâce de Dieu et le mérite du Christ procurent le Salut ; ce dernier n'est vraiment reçu que dans la connaissance et dans l'amour de Dieu. Comme le baptême est le sacrement dans lequel le Christ nous offre la rédemption, il faut baptiser aussi les petits enfants. Certes, un chrétien est sauvé par la foi seule et par là il est libre en toutes choses, mais il n'abandonnera rien de ce qui sert à l'édification. [3] Que Schwebel se montre amical envers Pistor − pour autant que ce dernier recherche la concorde − et lui pardonne ; si on le chasse, il risque de persister dans l'erreur. Pistor n'est pas mauvais, et il a péché inconsciemment, mais il ne faut pas tolérer ceux qui perturbent les Églises. Que Schwebel soutienne Caspar Steinbach dans ses efforts pour la paix. Certains critiques du baptême des petits enfants croient que les Strasbourgeois lient le Salut à cette pratique extérieure, bien qu'ils aient enseigné que le Salut résidait en la seule foi en Christ. Ils veulent attester que Dieu est aussi le Sauveur des petits enfants ; dans le baptême, cela est attesté par un signe [symbolum] et c'est pour cette raison que l'on prononce des prières. [→633]

[631←] [1] Die Straßburger lasen das von [Nikolaus] Thomae, dem Verwandten Michaels, überbrachte Schreiben. Es schmerzt, dass sie den Unruhestifter [Georg Pistor] sandten. Nachdem ihre Briefe erfolglos blieben, schicken sie jetzt den friedliebenden und mit Pistor befreundeten [Kaspar Steinbach]. [2] Die Straßburger [Tauf]lehre bezeugen neben anderen Werken die Confessio [Tetrapolitana] und deren Apologie: Die Taufe von Kindern entspricht Gottes Einsetzung, das Zeichen seines Bundes hat er auch ihnen verliehen, und zwar in der Weise, dass nicht das äußere Element an sich, sondern die Gnade Gottes und das Verdienst Christi das Heil gewähren, das freilich erst in Gotteserkenntnis und -liebe wirklich aufgenommen wird. Weil die Taufe das Sakrament ist, in dem uns Christus die Erlösung anbietet, sollen gegen die Anfeindungen der Täufer auch Kinder getauft werden. Ein Christ wird zwar allein durch den Glauben gerettet und ist daher frei in allen Dingen,

---

[1] Prediger an der Alexanderskirche und Reformator von Zweibrücken. Vgl. Personenindex.
[2] Neben dem gemeinsamen Schreiben der Straßburger Theologen an Kaspar Steinbach (vgl. oben Nr. 631, S. 9–15) wandte sich Bucer gleichzeitig an Johannes Schwebel. Zur Datierung vgl. ebd., S. 9, Anm. 5.

doch wird er nichts unterlassen, was der Erbauung dient. [3] Schwebel soll Georg [Pistor], sofern dieser um Einheit bemüht ist, freundlich begegnen und vergeben. Vertriebe man ihn, würden die Aufgewiegelten in ihrem Irrtum verharren und hätten Anlass zu Verleumdung. Pistor ist kein schlechter Mensch und sündigte unbedacht. Schwebel soll Kaspar Steinbach bei seinen Friedensbemühungen unterstützen. Manche Kritiker der Kindertaufe glauben, die Straßburger würden die Erlösung an diese äußere Handlung binden, obwohl das Heil doch allein im Glauben an Christus bestehe. Gott aber ist Retter auch der kleinen Kinder. In der Taufe wird dies durch ein Zeichen [symbolum] bezeugt und in Gebeten erfleht. [→633]

Salve in Domino, observande Schwebeli!

[1] Quae Thomae[3], Michaelis nostri genero[4], mandasti nobis referenda[5], et legimus et audiuimus, sed non sine dolore, eo quod per illum ecclesiae istic incommodetur, qui venit a nobis[6]. Nam si ulli alij, nos paci et tranquillitati ecclesiarum studemus.

Misimus ergo hunc fratrem, postquam scripta, quibus jam pridem sperabamus rem omnem fore compositam, nihil profecerunt[7], quem synceriter pium pacisque ecclesiarum singulariter studiosum, tum [S. 301] etiam Georgio[8] peculiariter amicum novimus.

[2] Quid nos doceamus hic, testatur nostra Confessio[9] et hujus Apologia[10] tum lucubrationes aliae. Paedobaptismum aboliri, quantum in nobis est, non

---

[3] Nikolaus Thomae, Pfarrer in Bergzabern. Vgl. Personenindex. Zu seiner Mission vgl. oben Nr. 631, S. 9, Anm. 5.

[4] Der Begriff *gener* kann sowohl den Schwiegervater als auch den Schwager bezeichnen. Thomae hatte 1531 geheiratet und im Hause seines nicht näher bekannten Schwiegervaters oder Schwagers Michael an zwei Tischen gefeiert. Vgl. GELBERT, BADER'S LEBEN UND SCHRIFTEN, S. 211.

[5] Schwebel hatte Nikolaus Thomae Anfang Oktober zu den Straßburger Predigern geschickt, um sie über die Lage in Zweibrücken zu informieren. In der Thomae mitgegebenen Instruktion vom 1. Oktober 1532 (vgl. QGT 7, Nr. 337, S. 554f.) klagt Schwebel, seine Gegner behaupteten, von Taufe und Abendmahl sei in Deutschland noch nie recht gelehrt worden, brächten die Prediger in Misskredit, indem sie ihnen lasterhaftes Leben und Uneinigkeit unterstellen, bezeichneten die Kindertaufe als eine unnütze Neuerung, die zu praktizieren in Straßburg frei stehe, und lehnten das Führen des Schwertes als unchristlich ab. Georg Pistor habe sich diesen Leuten angeschlossen und ein Eingreifen der Obrigkeit stehe unmittelbar bevor.

[6] Der von den Straßburger Predigern empfohlene Georg Pistor aus Hagenau hatte sich auf die Seite der Gegner Schwebels gestellt. Vgl. dazu oben Nr. 631, S. 11f., Anm. 11.

[7] Über Pistors Verhalten klagt Schwebel innerhalb des von uns ermittelten Briefwechsels erstmals im Schreiben an Bucer vom 8. März 1532 (vgl. BCor 7, Nr. 570, S. 375–378). Die Straßburger versuchten daraufhin mehrfach, eine Eskalation zu vermeiden. Vgl. Bucer an Schwebel vom 17. März 1532 (ebd., Nr. 573, S. 389–392), die Straßburger Prediger an Schwebel vom 29. März (ebd., Nr. 576, S. 403–405), Capito an Schwebel vom 3. April (Centuria Schwebel, Nr. 50, S. 160f.; MILLET, CORRESPONDANCE CAPITON, Nr. 470, S. 154) und vom 7. August (Centuria Schwebel Nr. 52, S. 161–164; QGT 7, Nr. 332, S. 547; MILLET, CORRESPONDANCE CAPITON, Nr. 486, S. 161).

[8] Georg Pistor, Hilfsgeistlicher in Ernstweiler. Vgl. Personenindex.

[9] Die *Confessio Tetrapolitana* (vgl. BDS 3, S. 13–185; BUCER BIBLIOGRAPHIE, Nr. 45, S. 60).

[10] Die *Apologie* der *Confessio Tetrapolitana* (vgl. BDS 3, S. 187–318).

patiemur[11], quem iuxta Dei institutionem, qua voluit suam bonitatem etiam erga sanctorum liberos offerre ac ideo praedicari quoque sacramento foederis infantibus collato[12], ab ecclesia susceptum non dubitamus. Hunc statuimus, quod salus non externo elemento per se vel, ut theologastri loquuntur, ex
5 opere operato[13] conferatur, sed gratia Dei meritoque Christi, quae tum demum vere percipiatur, cum datum est Deum cognoscere amareque cognitum. Caeterum, quoniam sacramentum est, quo redemtio Christi et offertur a Domino nostris, omnino baptizari pueros debere praedicamus, plurimum ob id a catabaptistis hactenus infestati. Omnium rerum christiano libertas
10 est[14], cum sola fi-[S. 302]-de in Christum et nullis operibus salvetur[15]. Verum ille nihil tamen, quam quod conducit[16], suscipit nec ideo, quod nihil prorsus quam credere in Christum ei necessarium est ad vitam, otiosus erit nec tentabit ea, quae non aedificent[17].

[3] Tu, mi frater, postquam ita usu venit – indubie volente Domino, qui
15 operatur omnia in omnibus[18] –, ut hunc Georgium symmystam nanciscereris, dabis operam, si corrigi queat et concordi studio tecum volet unicam doctrinam illic colere, ut amplectaris eum et, quod peccatum est, condones. Praestiterit enim, cum semel adversari visus est, erigi testimonio veritatis et conservari, quam si pulsus loco occasio inquietis illis hominibus fiat ad perseveran-

---

[11] Die Kindertaufe begründet die *Confessio Tetrapolitana* wie folgt: „Cum itaque Baptismus sit Sacramentum foederis Dei, quod cum suis icit, pollicitus se illorum Deum et vindicem futurum et illos ut suum populum habiturum, Symbolum item renouationis spiritus, quę per Christum fit, et infantibus baptisma conferendum nostri docent non minus quam olim illis dabatur Circumcisio." (BDS 3, S. 121, Z. 30 – S. 123, Z. 7). In der *Apologie* der *Confessio Tetrapolitana* formuliert Bucer: „Das aber der Tauff die erbsu(e)nde in kindern und die wurckliche in alten außtilge, geben wir gern zu, nach dem verstand, den wir yetz auß Petro, Paulo und Augustino dargethan haben [...]." (ebd., S. 273, Z. 32 – S. 274, Z. 2). Als weitere einschlägige Arbeiten vgl. Bucers Apologie der Kindertaufe gegen Pilgram Marbeck (QGT 7, Nr. 296, S. 395–411), seinen Kommentar zum Johannesevangelium aus dem Jahr 1528, etwa zu Joh 1, 29–34 (BOL 2, S. 77–79), und die Warnung der Straßburger Prediger vor den Irrtümern Jakob Kautz' und Hans Dencks vom 2. Juli 1527 (QGT 7, Nr. 86, S. 91–115, insbesondere S. 98–101). Ausführlich äußerte sich Bucer in der bei Matthias Apiarius in Straßburg im Dezember 1533 gedruckten Schrift *Quid de baptismate infantium iuxta scripturas Dei sentiendum* (vgl. BUCER BIBLIOGRAPHIE, Nr. 60, S. 67; VD 16, B 8905). Zur Kindertaufe bei Bucer vgl. HAMMANN, BUCER, S. 171–175; BUCKWALTER, ABENDMAHLSKONTROVERSE.
[12] Im Anschluss an Zwingli (vgl. dessen Brief an die Straßburger Prediger vom 16. Dezember 1524, BCor 1, Nr. 84, S. 308, Z. 311 – S. 309, Z. 357) begründete Bucer die Kindertaufe als Zeichen des Neuen Bundes durch eine Analogie (vgl. Kol 2, 11) zur Beschneidung von Säuglingen, dem Zeichen der Zugehörigkeit zum Alten Bund.
[13] Vgl. dazu oben Nr. 631, S. 14, Anm. 24.
[14] Vgl. I Kor 6, 12a; 10, 23a. Vgl. dazu Luthers Schrift *De libertate christiana*, 1520 (Luther, StA 2, S. 264, Z. 17; S. 280, Z. 9f.).
[15] Röm 3, 28.
[16] Vgl. I Kor 6, 12a; 10, 23a.
[17] Vgl. I Kor 10, 23b.
[18] I Kor 12, 6; vgl. 15, 28. Vgl. dazu Luther Schrift *De servo arbitrio*, Dezember 1525 (WA 18, S. 709, Z. 10–36).

tiam erroris et confirmationem adjiciendi et calumnias virulentiae. Existimamus hominem non malum, sed imprudentia peccare quidquid peccat. Simul autem agnoscimus non feren-[S. 303]-dos, qui ecclesias turbant; prudentes velim prudenter[a] id faciant[19].

Fratri, quem misimus – Caspari Steinbachio[20] nomen est –, instructionem dedimus eorum, quae agere pro pace ecclesiae vestrae, quantum ad Georgium attinet, debeat[21]. In his obsecro te, illum adjuves, infirmitatem errantis tantum laturus, quantum ecclesiae utile futurum sperare poteris. Sunt enim, qui dum puerorum baptismum exagitant, putant nos externo illi operi redemtionem Christi alligare[22], cum diserte docemus ex nullis operibus, sed sola fide in Christum salutem constare[23]. Volumus[b] autem, ut par est, testari hunc infantum servatorem, ideo et nos suo spiritu suscipere baptizandos. Cur jam ergo id non symbolo testaremur et precibus oraremus? Vale in Christo et pro tua lenitate, quantum licet per Christum, hoc negotium tractes!

Adresse [S. 300]: Martinus Bucerus praestanti pietate fratri et symmystae Iohanni Schwebelio, ecclesiastae Bipontino omnibus modis observando.

O verloren. — E QGT 7, Nr. 339, S. 556. — P Centuria Schwebel, Nr. 86, S. 300–303.

---

[a] *P* prudentes. – [b] *P* Volunt.

[19] Wohl eine Anspielung auf das Sprichwort *Prudens prudenter, stultus facit insipienter* (Flavius Sosipater Charisius, Artis grammaticae, lib. 5, 523.2; Thesaurus Proverbiorum 13, Nr. 239, S. 16).

[20] Kaspar Steinbach, Helfer am Straßburger Münster. Vgl. Personenindex.

[21] Zur Instruktion der Straßburger Prediger für Kaspar Steinbach vgl. oben Nr. 631, S. 9–15.

[22] Die Kritik, wer behaupte, die Sakramente vermittelten das Heil, binde das Heil an äußere Werke statt an den inneren Glauben, begegnete Bucer bei Valentin Krautwald und Kaspar Schwenckfeld (vgl. dazu WEIGELT, SPIRITUALISTISCHE TRADITION, S. 111f.). Bucer schreibt sie auch Andreas Karlstadt zu (vgl. seinen Brief an Bonifatius Wolfhart von Ende Mai 1532, BCor 8, Nr. 591, S. 96, Z. 1f.). Der Vorwurf begegnet aber auch als Kritik der Reformierten gegenüber der Sakramentstheologie der Lutheraner. Vgl. z.B. Zwingli an Matthäus Alber vom 16. November 1524 (Z 3, Nr. 41, S. 323–354); Bucer an Heinrich Bullinger von Ende August 1532 (BCor 8, Nr. 626, S. 357, Z. 15). Vgl. dazu auch Bucers Auseinandersetzung mit Pilgram Marbeck über die Kindertaufe (QGT 7, Nr. 303, S. 416–528). Zur Auffassung Zwinglis und Bucers, dass Gott Gnade und Heil nicht an äußere Riten bindet (non alligat), vgl. HAMM, UNMITTELBARKEIT, S. 60f.

[23] Vgl. die Ausführungen der *Confessio Tetrapolitana* zur Taufe (BDS 3, S. 121, Z. 22–30) und oben S. 18, Anm. 11.

633.
Martin Bucer an Jakob Schorr[1]
[Straßburg, zwischen dem 1. und 19. Oktober 1532][2]

[632←] [1] Il y a quelques mois, on a demandé aux Strasbourgeois un pasteur [pour Ernstweiler] ; par manque de candidats idoines, ils ont envoyé Georges [Pistor] à l'essai. On apprend maintenant qu'il suscite des troubles contre Schwebel, qui prêche pourtant le Christ de la manière la plus pure, lui attribuant toute justification et tout Salut, et reconnaissant que les sacrements et la proclamation de l'œuvre salutaire du Christ servent à s'approprier le Salut avec fruit. [2] Comme une visite de Bucer provoquerait de la rancœur, les Strasbourgeois envoient [Caspar Steinbach], homme sincère et estimé. Il doit faire en sorte que Georges [Pistor] collabore de concorde avec Schwebel ou bien s'en aille. Si Pistor était chassé par les autorités civiles, cela affermirait l'influence des anabaptistes dans le peuple. Que Schorr soutienne l'action de Steinbach ! [3] Les Turcs ont ravagé la Carinthie, la Styrie et d'autres régions ; par la grâce de Dieu, plus de 14 000 personnes ont été sauvées. En juin, Dieu, dont Bucer invite à reconnaître la bonté, a retardé l'avance des ennemis par le mauvais temps et des inondations en Thrace, jusqu'à ce que l'Empire ait pu s'armer et que l'hiver soit proche. [→635]

[632←] [1] Vor einigen Monaten wurden die Straßburger um einen Geistlichen [für Ernstweiler] gebeten, worauf sie aus Mangel an geeigneten Kandidaten Georg [Pistor] auf Probe sandten. Nun hört man, er stifte Unruhe gegen Schwebel, der doch auf lauterste Weise Christus predigt, ihm allein Gerechtigkeit und Heil zuschreibt und erkennt, dass die Sakramente und die Verkündigung des Heilswerks Christi der fruchtbaren Zueignung des Heils dienen. [2] Da ein Besuch Bucers Ressentiments hervorriefe, senden die Straßburger [Kaspar Steinbach]. Er soll Georg [Pistor] zu einer einmütigen Zusammenarbeit mit Schwebel oder zum Weggang bewegen. Eine Entfernung Pistors durch die Obrigkeit würde den Einfluss der Täufer beim gemeinen Volk stärken. Schorr soll Steinbachs Wirken daher unterstützen. [3] Die Osmanen verheerten auf ihrem Rückzug Kärnten und die Steiermark, durch Gottes Gnade wurden aber mehr als 14.000 Menschen gerettet. Im Juni verzögerte Gott den Vormarsch des Feindes durch widriges Wetter und Überschwemmungen in Thrakien, bis das Reich gerüstet und der Winter nahe war. [→635]

Gratia Domini, vir amplissime!

[1] Contigit a nobis peti ante menses aliquot symmystam illuc[3]. Cum nos

---

[1] Kanzler Ludwigs II., Herzog von Pfalz-Zweibrücken-Neuburg. Vgl. Personenindex.

[2] Das Dokument ist Teil der Straßburger Reaktion auf die Anfrage Johannes Schwebels vom 1. Oktober 1532 (vgl. dazu oben Nr. 631, S. 9, Anm. 5). Vgl. als weitere Dokumente in diesem Kontext die Instruktion der Straßburger Theologen für Kaspar Steinbach (ebd., S. 9–15) und Bucers Brief an Schwebel (oben Nr. 632, S. 16–19). Den *Terminus ad quem* setzt Schorrs Antwort an Bucer vom 19. Oktober (unten Nr. 635, S. 31f.).

[3] Auf die Bitte des Zweibrücker Predigers Johannes Schwebel um einen geeigneten Geistlichen für die Ortschaft Ernstweiler hatte Bucer den Hagenauer Georg Pistor gesandt, dessen

tum non haberemus idoneorum fratrum hic proventum, quem interdum habemus, misimus Georgium[4], sed probandum et [S. 357] non nostro, sed vestro judicio recipiendum. Hunc modo audimus obturbare Schwebelio[5], quem nos nunquam dubitavimus quam syncerissime Christum praedicare huicque uni omnem justitiam et salutem acceptam ferre[6], sacramentis vero et verbis, quibus Christi redemptio offertur, agnoscere plantationem constare et rigationem, tum demum frugiferam et ad promovendam hominum salutem efficacem, cum Dominus dederit incrementum[7], quae tamen, quoniam ad gignendam et provehendam fidem instituta sunt, summa cum religione a nobis sunt administranda tanquam novi testamenti eoque ministris spiritus.

[2] Misimus itaque hunc illo fratrem syncerum sane et probatum[8]. Me destinaverant symmystae, sed veritus sum nominis mei invidiam plus alias obfuturam, quam in corrigendo illo turbatore mea praesentia profuisset[9]. Isti ergo in mandatis dedimus[10] modis omnibus conari, ut Georgius illum Schwebelium observet et concordi doctrina Christum docenti adsit. Si ab eo obtinere nequeat, dabit operam hic [S. 358] noster suadere vltroneam cessionem. Nam vi pelli eum veremur, ut simplicioribus offendiculo sit, quando catabaptistae nullo prope argumento apud vulgus plus contra praedicatores evangelij efficiant, quam quod jactant hos contra se non scripturis, sed[a] non potestate magistratuum agere.

Mihi persuasi te tui similem perseverare eoque ex animo gloriae Dei studere regnumque Christi cupere promotum. Oramus igitur, quotquot hic Christum praedicamus, ut, si qua in re tua authoritate et consilio hic frater opus habuerit, adesse ei digneris.

[3] De rebus Turcicis[11] nihil quam redire ad suos fines[b] audimus[12], sed misere depopulatis antea Carinthia, Styria et alijs vicinis regionibus innume-

---

[a] *P zusätzlich* non. – [b] *P* hostes.

Auftreten in Zweibrücken Irritationen verursachte. Zu den näheren Umständen vgl. oben Nr. 631, S. 11f., Anm. 11.
[4] Georg Pistor, Hilfsgeistlicher in Ernstweiler. Vgl. Personenindex.
[5] Johannes Schwebel, Prediger an der Alexanderskirche und Reformator von Zweibrücken. Vgl. Personenindex.
[6] Vgl. Bucers gleichlautendes Urteil in der Instruktion für Kaspar Steinbach (oben Nr. 631, S. 15, Z. 6–13).
[7] Vgl. I Kor 3, 6–8.
[8] Kaspar Steinbach, Helfer am Straßburger Münster. Vgl. Personenindex.
[9] Bucer hatte gegenüber den Straßburger Dissenters eine unnachgiebige Position bei grundsätzlicher Toleranz vertreten. Zur inneren Logik seiner Haltung vgl. HAMM, BUCERS ZWEI GESICHTER.
[10] Vgl. zum Folgenden die Instruktion für Kaspar Steinbach (oben Nr. 631, S. 9–15).
[11] Zur aktuellen Osmanenbedrohung vgl. oben Nr. 629, S. 5, Anm. 9.
[12] Sultan Süleyman II. (vgl. Personenindex) hatte die offene Auseinandersetzung mit Kaiser Karl V. (vgl. Personenindex) gesucht und gehofft, die Belagerung der ungarischen Festung Güns werde die Reichstruppen zur Entsetzung mobilisieren. Da diese aber nur für die Verteidigung

risque hominibus abductis[13], etsi gratia Domino ex hisce depopulationibus evasa^c nunc ferantur in diversis locis supra quam 14.000[14]. Vtinam Dei bonitatem in nos tandem agnoscamus, qui secundo inundatione fluminum et intemperie hostem hunc impedivit, ne voti compos fieret! Hac sane expeditione si non detinuissent^d illum quae in Thracia[15] fuere in Iunio inundatio-[S. 359]-nes, in Iulio Austriae insedisset cum omnibus copijs[16]. Sed Deus singulari sua misericordia distulit hostem, dum armaremur et hyems illi intolerabilis appropinquaret. Ipse hoc largiatur nobis videre et ex animo tandem nos ad ipsum convertere. Bene vale, vir praestantissime!

Adresse [S. 356]: **Martinus Bucerus clarissimo et prudentissimo viro, d[omino] Iacobo Schorrio, illustrissimi principis Bipontini cancellario integerrimo, patrono suo observando.**

O verloren. — P Centuria Schwebel, Nr. 68, S. 356–359.

---

^c *P* caesa. – ^d *P* detimuissent.

des Reiches bewilligt waren, unterblieb die erhoffte Konfrontation in Ungarn. Motive für den Abbruch der osmanischen Offensive dürften neben der Schwächung des eigenen Heeres durch die Belagerung die wachsende Stärke des Reichsheeres sowie die Nachricht vom Sieg der kaiserlichen Flotte bei Patras gewesen sein. Der Sultan zog über die Steiermark und Kärnten wieder in Richtung Balkan. Vgl. BUCHOLTZ, REGIERUNG FERDINAND 9, S. 108–114; HAMMER-PURGSTALL, GESCHICHTE DES OSMANISCHEN REICHES 3, S. 114–120; KUPELWIESER, KÄMPFE ÖSTERREICHS, S. 92–97; TURETSCHEK, TÜRKENPOLITIK FERDINANDS I., S. 328f.

[13] Mit dem Beginn der Belagerung von Güns (6. August 1532) fielen osmanische Truppen in die Steiermark ein und brannten Dörfer nieder. Auf dem Rückweg folgte der vom Sultan geführte Heeresteil der Drau, während sein Großwesir plündernd über Land zog und Sklaven machte, deren Zahl bei der Ankunft des Heeres in der Türkei 30.000 Menschen betrug. Zu den insgesamt etwa hundert verwüsteten Dörfern in Kärnten und der Steiermark vgl. im Einzelnen TOIFL/LEITGEB, TÜRKENEINFÄLLE, S. 13–16; vgl. dazu TURETSCHEK, TÜRKENPOLITIK FERDINANDS I., S. 331.

[14] Bucer denkt möglicherweise an diejenigen Menschen, welche durch den seiner Meinung nach wetterbedingten Rückzug der Osmanen nicht mehr in deren Gewalt gerieten.

[15] Der östliche Teil der Balkanhalbinsel.

[16] Das Tagebuch Süleymans II. verzeichnet für den Zeitraum zwischen 20. und 30. Juni 1532, in dem das Heer Serbien durchzog, immer wieder starke Regengüsse und häufige Rastaufenthalte. Vgl. HAMMER-PURGSTALL, GESCHICHTE DES OSMANISCHEN REICHES 3, S. 666.

634.
Martin Bucer und die Straßburger Kollegen an den Straßburger Rat
[Straßburg, zwischen dem 14. und 16. Oktober 1532][1]

[541←] [1] Matthieu Geiger et François Bertsch, mandatés par le Sénat, se sont renseignés auprès des pasteurs strasbourgeois sur Jacques Kautz, car ce dernier a demandé à pouvoir se faire soigner à Strasbourg. [2] Les pasteurs ignorent ses positions théologiques actuelles. Durant sa détention [à Strasbourg], il a confessé que, avec d'autres, il avait prôné le rebaptême ; il considérait alors que les sacrements étaient sans effet et qu'il était inutile de se disputer à leur sujet. Ce faisant, il s'opposait tant au commandement du Christ qu'à ce que pratiquent tous les vrais chrétiens depuis les Apôtres. La discipline, la piété et une vie honorable sont liées à la communion entre les Églises et dans la doctrine, car ce n'est qu'à l'Église en tant que corps que Dieu a promis la puissance de sa Parole et son Esprit. Kautz affirmait aussi alors que les pasteurs strasbourgeois n'avaient pas encore servi l'Évangile et ne pouvaient faire de personne un chrétien. Il rejetait leur doctrine et, contre le témoignage clair de l'Écriture, défendait l'effroyable erreur que, à la fin, le diable et tous les damnés seraient sauvés. Toutefois, si Kautz s'est rétracté, s'il ne combat plus l'enseignement du Christ et s'il ramène dans le droit chemin ceux qu'il a égarés, le Sénat peut lui permettre d'habiter à Strasbourg. [3] Sinon, les pasteurs demandent – comme ils l'ont fait plusieurs fois depuis cinq ans – une dispute publique, dans laquelle ils s'opposeront aux erreurs avec la Parole de Dieu et réfuteront le reproche que l'on ne répond aux dissidents que par la violence. L'erreur propagée par Kautz et selon laquelle tout le monde est sauvé a trouvé nombre d'adhérents à Strasbourg, et elle mène à la ruine de la doctrine chrétienne et de toute vie honorable ; elle moque aussi l'Écriture sainte, qui distingue clairement entre croyants et incroyants. Enfin, le Sénat a confessé devant l'Empereur et les États de l'Empire que Dieu damnerait les incroyants et sauverait les croyants, et il a adhéré à la Ligue [de Smalkalde] sur la base de cette doctrine. C'est pourquoi il ne doit pas tolérer que, dans tout Strasbourg, on renie cette doctrine. On dit que [Thomas Salzmann] a dû payer de sa tête ce dont aujourd'hui on a le droit de rire. La liberté de publier n'importe quelle position théologique mène à la sédition et au sang versé, comme l'atteste l'ouvrage imprimé récemment [par Melchior Hoffmann] avec les visions de Lienhard Jost. Se vanter devant autrui de la Parole de Dieu et permettre que l'on blasphème ouvertement cette dernière conduit à la ruine. Les pasteurs demandent à nouveau au Sénat d'autoriser une dispute publique ; seule une minorité est encore unie dans la véritable doctrine, et, par sa participation à ce débat, un Kautz purifié pourrait ramener mainte personne sur le bon chemin.

---

[1] Der Straßburger Rat hatte am 14. Oktober 1532 eine Stellungnahme zu Kautz von den Predigern erbeten. Nach Konrad Huberts Anmerkung (vgl. unten S. 30, Anm. 35) wurde deren Bericht am 16. Oktober verlesen. Das Dokument dürfte also zwischen dem 14. und 16. Oktober verfasst worden sein.

[541←] [1] Die Beauftragten des Rates, Matthias Geiger und Franz Bertsch, haben sich bei den Straßburger Predigern über Jakob Kautz erkundigt. Er bat darum, seine Krankheit in Straßburg behandeln zu dürfen. [2] Die Prediger kennen Kautz' aktuelle theologische Haltung nicht. Während seiner Haft [in Straßburg] bekannte er, dass er und andere unbedacht für die Wiedertaufe eiferten. Damals betrachtete er aber die Sakramente als irrelevant und deshalb Streitigkeiten darüber als überflüssig. Damit steht er nicht nur gegen den [Einsetzungs]befehl Christi, sondern auch gegen eine seit den Aposteln gepflegte Praxis aller Christen. Mit der Gemeinschaft in Kirche und Lehre fallen aber auch Zucht, Gottseligkeit und Ehrbarkeit, da Gott die Kraft seines Wortes und seinen Geist nur der Gemeinde als Leib zusagte. Außerdem behauptete Kautz damals, die Straßburger Prediger hätten dem Evangelium noch nicht gedient und könnten keinen zum Christen machen. Er verwarf ihre Lehre und vertrat gegen das Zeugnis der Schrift, dass letztlich auch Teufel und alle Verdammten selig würden. Falls Kautz aber widerrufen hat, nicht mehr gegen die Lehre Christi streitet und die von ihm Verführten auf den rechten Weg bringt, möge der Rat ihn in Straßburg wohnen lassen. [3] Andernfalls bitten die Prediger – wie schon mehrmals in den vergangenen fünf Jahren – um eine öffentliche Disputation, in der sie den täglich einfallenden Irrtümern mit Gottes Wort begegnen und den Vorwurf widerlegen können, den Dissidenten antworte man nur mit Gewalt, aber nicht mit dem göttlichen Wort. Insbesondere Kautz' Irrtum, jeder werde selig, fand in Straßburg viele Anhänger und führt zum Abfall von göttlicher Lehre und aller Ehrbarkeit. Außerdem wird dadurch die Hl. Schrift, die zwischen Gläubigen und Ungläubigen unterscheidet, verlacht und verspottet. Schließlich bezeugte der Rat vor Kaiser und Reichsständen, dass Gott die Ungläubigen verdammen und die Gläubigen selig machen werde, und ging auf dieser Lehrgrundlage das [Schmalkaldische] Bündnis ein. Deshalb darf er jetzt nicht dulden, dass überall in Straßburg diese Lehre geleugnet wird. Man sagt, der Scheidenmacher [Thomas Salzmann] habe mit seinem Kopf büßen müssen, worüber man jetzt lachen dürfe. Die Freiheit, jedwede theologische Position zu publizieren, dient aber nur dem Aufruhr und Blutvergießen, wie das jüngst [von Melchior Hoffmann] herausgebrachte Buch mit den Visionen Lienhard Josts beweist. Sich vor anderen des Wortes Gottes zu rühmen und zuzulassen, dass es öffentlich gelästert wird, führt ins Verderben. Die Prediger bitten erneut, eine Disputation zu erlauben. Nur noch eine Minderheit ist einig in der rechten Lehre und ein geläuterter Kautz könnte durch seine Teilnahme viele auf den rechten Weg zurückbringen.

Strenge, edle, veste, fürsichtige, ersame, weyse, gnedige herrenn!

[1] Es haben auss beuelch e[uer] g[naden] die fürsichtigen, er[samen], w[eysen] herren Mathis Gyger[2] vnnd Frantz Bertzs[3] vnns furgehalten, wie

---

[2] Matthias Geiger, Straßburger Ratsherr. Vgl. Personenindex.

[3] Franz Bertsch, Straßburger Apotheker und Ratsmitglied. Vgl. Personenindex. Ihn erwähnt bereits das zwischen 7. und 15. Januar 1527 verfasste Schreiben der Straßburger Prediger an ihren Rat als Beauftragten in der *causa Kautz* (vgl. QGT 7, Nr. 167, S. 195, Z. 1–6; BCor 3, Nr. 215, S. 222, Z. 1–6).

Jacob Kutz⁴ an e[uer] g[naden] suppliciert, im zu vergünstigen, das er alhie gesuntheyt seins leybs pflegen möge⁵; wolten deshalb von vnns erfaren, was wir seins thuns vnnd haltungen wissen hetten⁶.

[2] Vff solichs zeygen wir e[uer] g[naden] inn aller vnderthönikeyt an, das wir, wes ietz dieser Jacob Kutz inn sachenn vnnsers h[eiligen] glaubens zu synn sye, keyn wissen haben. Als er aber noch inn e[uer] g[naden] hafft ware⁷, hat er wol bekennet, das sein vnnd anderer eyffer inn dem vnzeytig gewesen sye, das sie so streng vff den widertauff getriben haben⁸.

---

⁴ Jakob Kautz, Täufer. Vgl. Personenindex. Der Wormser Prädikant schlug am 7. Juni 1527 sieben Artikel (vgl. QGT 4, Nr. 129, S. 113f.) an die Kirchentür des Predigerklosters zu Worms. Darin ordnete er das innere Wort dem äußeren über, lehnte die Kindertaufe und die Rede von einer Realpräsenz Christi im Mahl ab und machte die Versöhnung Christi von Nachfolge und innerem Gehorsam der Gläubigen abhängig. Daraufhin publizierten die Straßburger Prediger, im Blick auf ihre Auseinandersetzung mit der Lehre Hans Dencks, ihre Schrift *Getrewe Warnung [...] vber die Artickel so Jacob Kautz [...] kürtzlich hat lassen außgohn*, 2. Juli 1527 (vgl. BDS 2, S. 225–258; QGT 7, Nr. 86, S. 91–115). Nach seiner Ausweisung aus Worms am 1. Juli (vgl. BDS 2, S. 229; QGT 7, Nr. 157, S. 189f.) kam Kautz nach Straßburg und trat im Juni 1528 als Disputationsgegner der dortigen Prediger auf. Vgl. Bucer an Huldrych Zwingli vom 24. Juni 1528 (BCor 3, Nr. 198, S. 167, Z. 8f.). Daraufhin entschied der Straßburger Rat, Kautz sei auszuweisen, wenn er nicht widerrufe, und zu inhaftieren, falls er die Ausweisung ignoriere. Vgl. den Beschluss vom 22. Juni 1528 (QGT 7, Nr. 138, S. 163). Letzteres geschah durch Ratsbeschluss vom 26. Oktober (ebd., Nr. 155, S. 188, Z. 29–33). Zur weiteren Auseinandersetzung zwischen Kautz, den Straßburger Predigern und dem Rat vgl. die Ratsbeschlüsse vom 14. Dezember (ebd., Nr. 164, S. 192), vom 4./5. Januar 1529 (ebd., Nr. 166, S. 194), zwischen 7. und 23. Januar (ebd., Nr. 170, S. 200f.) und den Ausweisungsbeschluss vom 29. November (ebd., Nr. 196, S. 250) sowie die Eingaben der Straßburger Prediger an ihren Rat zwischen 7. und 15. Januar 1529 (ebd., Nr. 167, S. 194–196; BCor 3, Nr. 215, S. 222–224), Kautz' Glaubensbekenntnis vom 15. Januar (QGT 7, Nr. 168, S. 197–199) und die Entgegnung der Straßburger Prediger vom 23. Januar (ebd., Nr. 171, S. 201–218; BCor 3, Nr. 216, S. 224–241). Zur Straßburger Täufergemeinde insgesamt vgl. SCHUBERT, TÄUFERTUM UND KABBALAH, S. 88–100.

⁵ Vgl. Jakob Kautz an den Straßburger Rat vom 9. Oktober 1532 (QGT 7, Nr. 340, S. 557). Darin beteuert Kautz, er sei „nymandis zu leren willens, sonder nur meyner leiblichen gesuntheyt auß grosser noth verursacht zu pflegenn" (ebd., S. 557, Z. 20–22). Wie er in seiner wenige Tage später, wohl als Reaktion auf den Ratsbeschluss vom 14. Oktober, eingebrachten Erklärung ausführt, handelt es sich um „eynnn grossen gebresten, weyß nitt wovon, in beyden feusten vberkomen, darumb ich zum offtermol (forderlich itz) von gutten leuten gemiden bin wordenn, bey denen ich sunst gutten verdinst ihnen ire kinder meynes vermugens zu leren gehabt hett" (ebd., Nr. 342, S. 558, Z. 19–23).

⁶ Auf Bitte von Kautz beschloss der Rat am 14. Oktober: „dem so den Brief bracht sagen, dass man nicht aus seiner schrift befinden könnte, daß er des widertaufs abgestanden, mocht man leiden daß er solches lutter anzeigt, wes sinnes er sei, und die predicanten deßhalben befragen, was sie davon wissen oder hielten" (ebd., Nr. 341, S. 557, Z. 36 – S. 558, Z. 4).

⁷ Die Inhaftierung von Kautz beschloss der Straßburger Rat am 26. Oktober 1528 (ebd., Nr. 155, S. 188, Z. 30–32). Später wurde er „krankheit und blödigkeit halben" ins Spital überführt (ebd., Nr. 170, S. 200, Z. 25f.), wo ihn seine Frau bis zum Herbst 1529 pflegte (ebd., Nr. 195, S. 249, Z. 4f.). Am 9. Oktober erlaubte der Rat Kautz die Übersiedlung ins Haus Wolfgang Capitos, der ihn dazu bewegen sollte, seine Haltung aufzugeben (ebd., S. 249, Z. 6–10).

⁸ Im dritten seiner sieben Artikel (vgl. oben Anm. 4) hatte Kautz behauptet: „Der kinder tauff ist nun nit von Gott, sonder richtig wider Gott vnd Gottes leer, die vns durch Christum Jesum seinen lieben sun fürgetragen ist." (QGT 4, Nr. 129, S. 114, Z. 1–3). In seinem Gesuch vom 9. Oktober 1532 räumt er aber ein, er sei wegen „onformigen eyfers" (QGT 7, Nr. 340, S. 557, Z. 15) ausgewiesen worden und habe die Wiedertaufe „etwo auß fleischlichem eyfer entphangen;

Dagegen aber fiele er dazumal inn schwerere jrthumb, nemlich das der brauch der h[eiligen] sacramenten gar nichs zu achten⁹ vnnd deshalb von jrer wegen niemand zu streiten were, welche meynung nit allein wider den außgetruckten beuelch ist des Herren, auch brauch der apostel vnnd aller recht christen von anfang, sonder reichet auch dahyn, das die gemeinsam der kirchen vnnd zusamenhaltung inn christlicher leere, warnungen vnnd straff gentzlich hynfallet vnnd verlassen werde, dadurch dan ᶜmit der christlichen zuchtᵃ alle gotselikeyt vnnd erbarkeyt, wie das augenscheinlich gesehen würdt, abkomen vnnd vergehn müssen, nachdem Gott die krafft seins worts vnnd seinen geyst nur seiner gemein vnnd die sich inn im wie glider eins leybs zusammen haltet¹⁰, ᶜzugesagt vnd leysten willᵇ.

Meer hat Kutz dazumal vff dem auch beharret, das wir, so hie das h[eilige] euangelion verkünden, dazu noch nicht gedienet haben, auch noch nit dienen mögen¹¹, das hie ein eyniger christ worden were oderᶜ noch werden möchte¹², dadurch er sich inn alle weg der leer entgegen gesetzet hat vnnd sie verworffen, die wir hie als christlich angenomen vnnd füren, auch eygentlich wissen, das sie die rechte, eynige, vngezweyfelte lere Christi ist, durch welche alle die christen, so ye gewesen oder jmer mehr werden, gemacht sein [fol. 11v] vnnd werden müssen, doch das der Herr das gedeyen gebe, welches auch Paulus nicht geben konde¹³. Diß haben wir vnns dazumal wie alwegen gegen jm vnnd menglichem¹⁴ durch helle schrifft darzuthun

---

ᵃ *von Bucer eingefügt.* – ᵇ *von Bucer anstatt* vnnd einander dienenn. – ᶜ *zuerst* ja der.

aber so bald mir meynn ongeistlicher eyfer in e. g. gefengnuß ist eroffnet worden, hab ich mich nitt weyter drübe[r] mitt blutt vnd fleisch besprochenn, sonder bin sein vonn stund an mitt hertz, mundt, radt vnd that abgestanden, als wißlich" (ebd., S. 558, Z. 31 – S. 559, Z. 1). In seinem Bekenntnis von 1536 formuliert Kautz allerdings: „Pecatores non sunt baptizandi. Pueri discrimen boni et mali ignorant, hinc a baptismo coercendi." (ROTHKEGEL, KAUTZ ALS SCHULMEISTER, S. 85).
⁹ Kautz hatte im zweiten seiner sieben Artikel behauptet: „Nichts eusserlichs, es seien wort oder zeychen, Sacrament oder verheyssung, hat die crafft, das es den inneren menschen versichern, trösten oder gewiss machen möge." (QGT 4, Nr. 129, S. 113, Z. 32f.). Vgl. dazu die Kritik der Straßburger Prediger in der Schrift *Getrewe Warnung [...]*, 2. Juli 1527 (QGT 7, Nr. 86, S. 97, Z. 40 – S. 98, Z. 32).
¹⁰ Vgl. I Kor 12.
¹¹ Können.
¹² In seinem mit Wilhelm Reublin in der Haft verfassten Glaubensbekenntnis vom 15. Januar 1529 bezeichnete Kautz die Straßburger Prediger als „ondüchtige, kunstloße zimmerlüte, so allein viel abzubrechen, aber nichts zu buwen geschickt" (QGT 7, Nr. 168, S. 197, Z. 10f.). Sie hätten trotz mehrjährigen Wirkens „biß vff disen tag kein gemein nach christlicher ordnung versamlet" (ebd., S. 199, Z. 15f.). Nach der Entgegnung der Straßburger Prediger auf Kautz vom 23. Januar 1529 behauptete dieser: „zu Straßburg ist keyn christ vnd wurt auch keyner werden, so lang man kinder teufft vnd nit alleyn die, so das euangeli gehört vnd dem nach sich erst Christo begeben" (ebd., Nr. 171, S. 217, Z. 24-26).
¹³ I Kor 3,6.
¹⁴ Jedermann.

vnnd, wo annders er oder jemand jmer beybringet, den lohn einzunemen, der den falschen propheten von Got verordnet ist, nemlich den tod[15], erbotten. Des erbieten wyr vns noch.

Weyter ist der Kutz auch mit den fürnemisten dazumal gewesen, die den erschröcklichen, verderblichen yrthumb herbracht vnnd gefürdert haben, das endtlich teüffel vnnd alle verdampten selig werden[16], dawider doch so gantz hell vnnd klar alle götliche schrifft leret. Ob der Kutz nun von solichen schweren vnd grundjrthumben abgestanden seye, ist vnns nit zu wissen.

So fer er aber[d] abgestanden were vnnd begebe sich, die einfaltige, lautere leer Christi nit zu widerfechten vnnd fürnemlich von dem, das er die erlösung Christi wider die außgedruckten wort des Herren hat jederman gemeyn machen wöllen, daruff sich dan auch sein gruss inn der ietzigen supplication an e[uer] g[naden][17] zucket[18], diejenigen, so er hie verfüret, wider zu dem claren vrtheil Christi zu wysen, wolten wir e[uer] g[naden] auch inn aller vnderthenikeyt bitten, ↓das↓ [e] sie[f] jm alle genad beweysen vnnd hie wohnen liessen. E[uer] g[naden] werden aber, nochdem jeder auß sein eignen worten gericht werden solle, wol erfaren könden, wie es vmb jn inn dem vnnd anderem stande[19].

[3] Wo er aber nicht abgestanden, das vnns hertzlich leyd were, haben wir e[uer] g[naden] von fünff jaren her zum offtern mal schrifftlich vnnd mündtlich suppliciert, jr wolten lassen ein dapfferes, ansichtiges gesprech, da by von

---

[d] *gestrichen* von gedachten gantz schedlichen yrthumben. – [e] *von Bucer eingefügt.* – [f] *gestrichen* wolten.

[15] Vgl. II Petr 2,1.
[16] Vgl. bereits die Schrift der Straßburger Prediger *Getrewe Warnung [...]*, 2. Juli 1527 (QGT 7, Nr. 86, S. 93, Z. 20–24) sowie den Exkurs über die Täuferbewegung in Straßburg in Bucers Matthäuskommentar von 1527 (ebd., Nr. 78, S. 79, Z. 7f.). Vgl. dazu MEIER, SCHWARZENAUER NEUTÄUFER, S. 258.
[17] Vgl. Jakob Kautz an den Rat der Stadt Straßburg vom 9. Oktober 1532: „Gnad, frid vnnd barmhertzikeyt, von got vnsrem gemeynen vatter, der alles im ersten Adam verflucht vnd verdampt, durch seynen eynigen eingepornen shon vnd vnnsren herrn Jesum Christum im heyligen geyst außgerechnet, laut seyner manigfaltigen verheissungen den vetern gescheenn, in der fulle der zeyt gebenedeyt vnd erlöst hot etc." (QGT 7, Nr. 340, S. 557, Z. 5–9). Vgl. dazu bereits den fünften der sieben Artikel von Kautz (QGT 4, Nr. 129, S. 114, Z. 7–10).
[18] Beziehet.
[19] Der Rat forderte daraufhin von Kautz offensichtlich eine Stellungnahme, deren Inhalt dann zur Abweisung seiner Bitte führte. Vgl. die wohl vom 16. Oktober stammende Ergänzung des Ratsbeschlusses vom 14. Oktober: „Porro: Auf sein ferner bittschreiben erkannt, ihn draußen lassen und erfaren, wer das Traumbüchlein gedruckt und strafen." (QGT 7, Nr. 341, S. 558, Z. 5f.). Daraufhin wandte sich Kautz nach Basel (vgl. unten Nr. 638, S. 42, Anm. 11). – Bei dem „Traumbüchlein" handelt es sich um die kurz vor Mitte Oktober 1532 erschienene zweite Auflage der von Melchior Hoffmann 1530 publizierten Visionen von Ursula und Lienhard Jost. Dieses Werk gilt als verloren (vgl. QGT 7, Nr. 336, S. 553, Z. 30–34; RÖHRICH, STRASSBURGISCHE WIEDERTÄUFER, S. 62; ZUR LINDEN, HOFFMANN, S. 206, 449f.); seine Existenz ist durch eine Bezugnahme im Verhör des Obbe Philipp gesichert. Vgl. WILLIAMS/MERGAL, ANABAPTIST WRITERS, S. 211–213.

allen zünfften weren, gehalten werden, jn dem auss götlicher schrifft eynmal, was der religion inn disputation komen, erörteret vnnd den teglich eynfallen-[fol. 12r]-den yrthumben mit dem götlichen wort begegnet, auch der falsche behelff der rottenmeyster, man handle nur mit gewalt gegen jnen on grund
5 der schrifft, hyngenommen würde[20]. So ist nun ^{<}abermal^{<} ^g ann e[uer] g[naden] vnnser demütige, hochgeflißne bit, sie wölle solich gesprech lassen ietz fürgehn, dieweil dieser Jakob Kutz vor handen, von dem dan leyder der grausam yrthumb, mit dem nun gar vil behafftet seind, das iedermann selig werde, weder hell noch teuffel seye, hie nit wenig gefurdert worden ist,
10 welcher leüt freuel nun, Got erbarms, dahyn komen ist, das sie soliche lesterung offentlich außzuschlagen[21] sich vor niemand mehr scheühen, auß dem dann der erschrocklich abfal von götlicher leer vnnd aller erbarkeyt mit so vil seltzamen, vnerhorten fantasyen vnnd yrthumben, welche hie mehr dan jrget ann eim ort im gantzen reich teglich newe vffkomen, so gewaltig einreysset.
15 E[uer] g[naden] wolle vmb Gots willen bedenckenn, was es doch bringen möge, so der ernstlich vnderscheid zwischenn glaubigen vnd vnglaubigen, gotseligen vnnd gotlosen, den die schrift allenthalben so clar vnnd erschröcklich fürgibt, verlachet vnnd verspottet [werden solle]; vnnd, so die schrifft drumb eingeführet, gesagt werden solle, wer wisse, wie ^{<}oder von wem^{<} ^h sie
20 geschriben sye[22], vnnd diss, wie jr wüsst, nit vonn schlechten[23] leüten[24].

Gnedigen h[erren], will vnns die eer des, der vnns auss neüt[25] geschaffen, vnnd das heyl deren, für die der sun Gottes sein blut vergossen hat, nit bewegen, so laßt eüch doch bewegen, das jr von gantzer stat vnnd vorab eins ersamen raths wegen vor keys[er]l[icher] M[ajestä]t vnnd allen stenden des
25 reichs eüch so hoch bezeüget habt[26], das jr götlicher schrifft glaubet vnnd noch vermög der selbigen haltetⁱ, das Gott richter sye vnnd werde die ewig

---

^g *von Bucer eingefügt.* – ^h *von Bucer eingefügt.* – ⁱ *O* halten.

[20] Die erste von uns ermittelte Bitte der Straßburger Prediger um eine öffentliche Disputation datiert vom Januar 1529 (vgl. BCor 3, Nr. 215, S. 222–224; QGT 7, Nr. 167, S. 194–196). Aus dem Text des Ratsbeschlusses vom 26. Oktober 1528 (ebd., Nr. 155, S. 189, Z. 3–5) ist aber zu schließen, dass die Prediger dieses Anliegen schon zuvor geäußert haben. Zwischen 7. und 23. Januar 1529 lehnte der Rat das Gesuch ab: „solches nicht für rahtsam befunden, sondern schriftliche handlung allein zugelaßen" (ebd., Nr. 170, S. 200, Z. 21f.).
[21] Öffentlich bekanntzumachen.
[22] Vgl. zum Textverständnis RÖHRICH, STRASSBURGISCHE WIEDERTÄUFER, S. 62: „und so die Schrift gegen sie angeführt wird, sagen sie: wer wisse, wie oder von wem sie geschrieben sei?".
[23] Einfachen.
[24] Die Opponenten kamen wohl aus besseren Kreisen.
[25] Nichts.
[26] Gesandte der vier Städte Straßburg, Konstanz, Lindau und Memmingen übergaben am 9. Juli 1530 dem kaiserlichen Vizekanzler Balthasar Merklin die *Confessio Tetrapolitana*. Vgl. dazu Bucers Brief an Zwingli vom 9. Juli 1530 (BCor 4, Nr. 310, S. 135–137); BDS 3, S. 23; PC 1, Nr. 758, S. 469–471.

verdammen, die an jn nicht glauben, ewig selig machen, aber die an jn glauben²⁷. Darüber habt jr eüch auch mit so vil f[ürst]en vnnd stetten verbunden²⁸. Wie will sich nun gegen solichen vertä-[fol. 12v]-digen²⁹ lassen, das hie vff eweren stuben vnnd allenthalb alle soliche lere so erschröcklicher weiß on alle scheühe verlesteret vnnd neben fil anderen vnerhörten Gots schmachen gesagt würdt, es seye weder hell noch teüffel? Wie ein vngehörts were das vor zeyten gewesen! So nemmen wir zu, das leren wir inn dieser verwehnten freyheit! Daher sagt man nun, der scheidenmacher habe mit dem kopff biessen müssen³⁰, des man nun lachen dörffe. Welches dan bringet, das nicht alleyn, was ieder erdencket vonn göttlichem handel, geredt, geschriben vnnd auch inn truck geben würdt, sonder das sunst auch zu nichtem dann zu vffrur vnnd blutvergiessen dienen mag, wie sie in kurtzem zum anderen mal Lienhart Josten³¹ vnnd anderer eynfaltigen leüt treum für prophecyen mit prachtigem titel vnnd meldung dieser stat inn truck geben haben³², in welchem nit allein wider Gott erschröcklich jrthumb werden ⸢in namen vngezweyfleter vnd von Got eyngegebner prophecien beschriben⸣ ʲ, sonder auch so vffrü-

---

ʲ *von Bucer anstatt* gemeldet.

²⁷ Zur normativen Geltung der Schrift für Lehre und Predigt vgl. *Confessio Tetrapolitana* Art. 1 (BDS 3, S. 44, Z. 24 – S. 45, Z. 4), zu Christi Richteramt vgl. Art. 2 (ebd., S. 47, Z. 35–37), zur dualistischen Eschatologie vgl. Art. 18 (ebd., S. 130, Z. 8–11). Zu deren theologischer Problematik vgl. JANOWSKI, ALLERLÖSUNG.
²⁸ Straßburg beschloss am 28. Januar 1531 seinen Beitritt zum Schmalkaldischen Bund und teilte dies am 1. Februar Kurfürst Johann von Sachsen mit (vgl. PC 2, Nr. 8, S. 6). Als Kaiser Karl V. allen Unterzeichnern der *Confessio Augustana* das Angebot eines befristeten Waffenstillstands unterbreitete, verpflichteten sich die Oberdeutschen auf dem Schweinfurter Tag im April 1532 dazu, nichts zu lehren, was der *Confessio Augustana* widerspreche (vgl. BCor 8, S. XXf.). Diese vertritt in Art. 17 eine dualistische Eschatologie und verurteilt die Wiedertäufer, „qui sentiunt hominibus damnatis ac diaboli finem poenarum futurum esse" (BSLK, S. 72, Z. 10–12).
²⁹ Verteidigen. Vgl. HISTORISCHES WÖRTERBUCH DER ELSÄSSISCHEN MUNDART, S. 403.
³⁰ Thomas Salzmann, Scheidenmacher am Fischmarkt. Vgl. Personenindex. Ein Scheidenmacher fertigte Scheiden für Messer oder Schwerter (vgl. GRIMM, WÖRTERBUCH 14, Sp. 2412). Salzmann leugnete die Gottheit Christi, betrachtete Jesus als zurecht hingerichteten Verführer und dessen Kreuzigung als heilsirrelevant. Daraufhin wurde er trotz Widerrufs am 20. Dezember 1527 geköpft. Zu seinen Verhören vgl. die Protokolle vom 27. November (QGT 7, Nr. 110, S. 133f.) und vom 6. Dezember (ebd., Nr. 112, S. 135). Zu seiner Hinrichtung vgl. ebd., Nr. 114, S. 136.
³¹ Lienhard Jost aus Illkirch, möglicherweise Metzger. Vgl. Personenindex. Er war bereits 1524 im Straßburger Narrenhäuslein inhaftiert worden und seit der Jahreswende 1528/29 wieder als Seher aktiv (vgl. DEPPERMANN, HOFFMANN, S. 179). Bucer bezieht sich hier auf die zweite Auflage von Josts Visionen (vgl. oben S. 27, Anm. 19).
³² Insbesondere Melchior Hoffmann erreichte in den Jahren 1529 bis 1533 die Publikation von ihm verfasster oder herausgegebener täuferischer Traktate bei den Druckern Balthasar Beck, Jakob Cammerlander und Valentin Kobian (vgl. dazu DEPPERMANN, HOFFMANN, S. 243f.). Bucer denkt hier möglicherweise an Hoffmanns Schrift *Von der wahren hochprachtlichen eynigen magstadt gottes*, 1532 (ebd., Nr. 19, S. 348), in welcher der Autor auch die Gesichte von Josts Frau Ursula beschreibt. Vgl. die Auszüge bei ZUR LINDEN, HOFMANN, S. 433–437. Zu den Inhalten der Visionen vgl. DEPPERMANN, HOFFMANN, S. 180–186.

rische böse fantasyen, das sein noch solte ein gemeyne stat inn last kommen, da^k mans nit achtete³³. Wöllend, lieben h[erren], die augen vffthun vnnd eüch nit versehen, das ir ewer ampt mit rath versehen oder fridliche^l policy erhalten werden, wo mann nit vor allem Gott vnnd sein h[eiliges] wort vor augen hat vnnd demselbigen nach, wie man sich rhumet, alles anrichtet. ⌜Sich vor anderen des wort Gottes vnd lauteren, schriftlichen glaubens rhumen vnd vor aller welt das wort Gottes vnd schrifft so offentlich verachten vnd lesteren lossen, mag yn der warheyt anders nit bringen dann entlichs verderben vnd außrottung alles guten⌝ ^m.

Damit man aber desto baß sehe, was Gottes wort vnnd will sye, loßt ein gesprech wie gemeldet halten³⁴, dann ir doch wol sehet, wahyns gerhatet vnnd das nunmeh gar ein kleyner theil jn recht christlicher leere eins synnes vnnd verstands ist. Mit bericht götliches worts kan man nichs dann nutz schaffen. Der mossen hat man allenthalb^n vor lengist vnnd zu diesen zeyten den jrthumben mit frucht begegnet. Des haben wir e[uer] g[naden] vff diss mal darumb wider erinneren wöllen, das neben der hochsten [fol. 13r] notturft, die solich gesprech erheischet, der Kutz vnnd vil andere mehr, daruff sich vilicht der gemeynen einfeltigen leüt vil vertrosten, vorhanden vnnd by solichem gesprech sein köndenn. Wo dann Gott dem Kutzen seythar ein besseren verstand gegeben, das wir im hertzlichen günnen wolten, so konde er gar herlich besseren, die^o durch jn vnd andere zuvor von dem weg Gottes abgefieret sind^p.

E[uer] g[naden] wölle dis von vnns, als denen befolhen, so vyl vnns des Got jmer verleihet, by meniglich vnnd besonders by der oberkeyt dahyn ermanen vnnd alles anrichten, das Gottes heiligs wort jnn seinem werdt gehalten vnd demselbigen gemess gelebet werde, zum besten verstohn, wie wir dann warlich darinn nichs dan Gottes ehr vnnd der kirchen wolfarth suchenn.

⌜E[uer] g[naden] vnderthenige, gehorsame diener⌝ ^q ⌜,
die predicanten⌝ ^r ³⁵.

---

^k *zuerst* das. – ^l *von Bucer anstatt* freündtlich. – ^m *von Bucer eingefügt.* – ^n *von Bucer anstatt* auch. – ^o *von Bucer anstatt* das. – ^p *von Bucer anstatt* ist. – ^q *von Bucer eingefügt.* – ^r *von Bucer anstatt* W. Capito.

³³ Nach Ausweis der Synodalkommission, die dem Rat im Oktober 1533 ein Gutachten über die in Straßburg kursierenden Schriften erstellte (vgl. QGT 8, Nr. 444, S. 182–193), verstand Lienhard Jost Straßburg als das geistliche Jerusalem. Von hier würden 144.000 apostolische Boten ausgesendet, nachdem die Stadt von dem als apokalyptischer Drache firmierenden Kaiser belagert, die Heiden mit eiserner Rute geweidet und vergossenes Blut an Zwinglianern und Lutheranern gerächt worden sei (ebd., S. 186, Z. 1–14); vgl. DEPPERMANN, HOFFMANN, S. 184f.

³⁴ Eine weitere Disputation mit Kautz wurde vom Rat abgelehnt. Vgl. oben S. 27f., Anm. 19f.

³⁵ *Konrad Hubert [fol. 13v]:* Praedicanten verbj Dej; prael[ectum] mer[curii] 16. 8bris 32.

Adresse [fol. 10r]: Die praedicanten alhie berichten dem magistrat, waß Jacob Kuthz für schwärmerey vnd irrtum in der religion habe. ᵛ16. Octob. 1532ᵛ.

O Hubert (mit Korrekturen Bucers) AST 76 (45, 2), Nr. 7, fol. 10r – 13v. — C AST 166 (Var. P. ecc. Ia), Nr. 58, fol. 310r – 312v. — P QGT 7, Nr. 343, S. 559–561; Röhrich, Strassburgische Wiedertäufer, S. 60–63.

635.
Jakob Schorr[1] an Martin Bucer
Zweibrücken, 19. Oktober [1532][2]

[633←] [1] La lettre de Bucer exprime le souci des Strasbourgeois pour l'unité et le Salut des frères ; elle respire l'Esprit et l'amour du Christ. [2] Celui qu'ils ont envoyé [Caspar Steinbach] a obtenu de Georges [Pistor] une confession de ses erreurs, de sorte que demeure l'espoir d'une concorde durable [entre Pistor et Jean Schwebel] et qu'une tragédie a été évitée. Schorr, qui n'était pas présent, ignore de quelle manière Pistor a été amené à se rétracter ; [Caspar Steinbach] le rapportera. [3] Schorr possède les mêmes informations que Bucer au sujet des Turcs ; que Dieu nous donne de triompher de cet ennemi par le Christ ! [→642]

[633←] [1] Aus Bucers Brief sprachen die Sorge der Straßburger um Einheit und Wohlergehen der Brüder sowie Geist und Liebe Christi. [2] Der von ihnen gesandte [Kaspar Steinbach] erwirkte bei Georg [Pistor] ein Bekenntnis seiner Irrtümer, so dass Hoffnung auf ein dauerhaftes Einvernehmen [zwischen Pistor und Johannes Schwebel] besteht und eine Tragödie vermieden wurde. Schorr weiß nicht, auf welche Weise Pistor zur Einsicht gebracht wurde, da er nicht beteiligt war; [Kaspar Steinbach] wird davon berichten. [3] Bucers Ausführungen zu den Osmanen bestätigten Schorrs Kenntnisstand. [→642]

Salue, mi ornatissime Bucere et idem charissime frater!

[1] Vidi literas tuas[3] declaratrices, quam soliciti istic sitis pro[a] nostra hic degentium fratrum concordia et salute, e quibus verum illum Christi spiritum ac ab eo nobis commendatam tantopere charitatem in te tuisque symmystis plane agnosco atque exosculor. Quid autem, quaeso, vestrę professioni magis congruat, quam ad istum modum pro[b] ecclesijs satagere?

---

[a] *gestrichen* nostrae. – [b] *gestrichen* fre[…].

[1] Kanzler Ludwigs II., Herzog von Pfalz-Zweibrücken-Neuburg. Vgl. Personenindex.
[2] Die Jahreszahl fehlt. Das Jahr 1532 ergibt sich aus den Sachzusammenhängen. Vgl. unten Anm. 3–7.
[3] Bucer an Jakob Schorr nach dem 1. Oktober 1532 (vgl. oben Nr. 633, S. 20–22).

32　　　JAKOB SCHORR AN MARTIN BUCER　　　19. Oktober [1532]

[2] Neque vero prorsus improspere nobis cessit vestra hęc diligens cura nostri, siquidem istinc nobis missus frater Georgius[4], de quo non temere neque vana ad vos permanauit fama illa cępti dissidij[5], per vestratem[6] adductus est, ut[c] confessis sicut audio suis erroribus nunc[d] ⸢vltro resipiat⸣ spesque sit fore, vt deinceps non facile desciscat. Quod ipsum si Deus firmum esse dederit, non video, quomodo vobis vnquam pro tanto in nos collato benefitio vestro soluendo simus. ⸢Poterat enim inde nasci ecclesię nostrę magna tragedia hactenus in tam bona pace versatę⸣. Atque vtinam tale pacis et concordię studium verbi[e] administrorum animis vbique insideat, quo tranquillius tandem viueremus, si modo in hac vita tranquillitas vlla speranda sit! Porro quibus medijs homo reuocatus[f] est, mihi nondum satis constat, quoniam interesse negotio non datum fuit; referet autem tibi[g] vestras hic ex ordine.

[3] De Turca que scribis[7], similiter ad ↓nos↓ perlata sunt. Deus cornu salutis[8] nostrę faxit nos de eo hoste aliquando triumphare per Christum. Amen. Bene vale!

Ex[h] Bipontio, 19 Octobris.

T[uus] Iacobus Schorrius etc.

Adresse [S. 538]: Merito fidei propugnando Martino Bucero, fratri suo in Christo charissimo.

Oa AST 40 (21, 1–2), Nr. 22p, S. 537f. — C TB V, S. 152.

---

[c] *gestrichen* videtur. – [d] *gestrichen* suscipisse. – [e] *gestrichen* ministris ubique. – [f] *gestrichen* ex. – [g] *gestrichen* vest[ras]. – [h] *gestrichen* Dipont[io].

[4] Georg Pistor, Hilfsgeistlicher in Ernstweiler. Vgl. Personenindex. Er war von Bucer nach Zweibrücken gesandt worden, weil der dortige Prediger Johannes Schwebel um einen geeigneten Geistlichen für die benachbarte Ortschaft Ernstweiler gebeten hatte. Zu den näheren Umständen vgl. oben Nr. 631, S. 11f., Anm. 11.
[5] Pistor hatte sich nach seiner Ankunft den taufgesinnten Opponenten des Zweibrückener Predigers Johannes Schwebel angeschlossen. Zu dieser Auseinandersetzung vgl. ebd.
[6] Kaspar Steinbach, Helfer am Straßburger Münster. Vgl. Personenindex. Zu seiner Instruktion vgl. ebd., S. 9–15.
[7] Zu Bucers Ausführungen über die Verwüstungen der sich zurückziehenden Türken vgl. oben Nr. 633, S. 21, Z. 25 – S. 22, Z. 9.
[8] Lk 1, 69.

636.
Gervasius Schuler[1] an Martin Bucer
Basel, 4. November 1532

[1] Bucer a pu trouver effronté l'entretien que, à Strasbourg, Schuler avait eu avec lui sur sa situation personnelle ; il en allait pour Schuler non seulement de ses tourments à l'étranger, mais aussi de son amour pour sa patrie ; il s'est confié à Bucer et à son jugement pénétrant, et il espère en sa compréhension. Il vient d'apprendre que Bucer était bien intentionné à son égard ; aussi réitère-t-il sa demande. [2] Les appels ne manquent pas : Jean Zwick lui a écrit, et un pasteur d'Ulm [Conrad Sam ou Martin Frecht] a contacté [Simon] Grynaeus à son sujet. Ici [à Bâle], le rebute la dureté du lieu, mais d'un autre côté il est lié par sa mère, faible et âgée, et par son propre état maladif. La promesse de Bucer le maintient debout ; un jour peut-être se rendra-t-il à Strasbourg. [3] En Suisse, les Cinq Cantons impies [restés fidèles à la foi traditionnelle] sont de plus en plus effrontés : ils cherchent leur propre intérêt et non celui de Dieu, comme le faisaient jusqu'alors les Protestants. Ainsi, la Suisse ne se distingue guère de Sodome, et Dieu lui enverra un terrible châtiment. Dans les territoires sous juridiction commune [des Protestants et des Catholiques], comme en Thurgovie et à Bremgarten, on contraint les Protestants à abjurer leur doctrine.

[1] Bucer könnte das letzte Gespräch mit Schuler in Straßburg über dessen Lage als unverschämt empfunden haben. Schuler ging es bei aller Mühsal in der Fremde aber auch um die Liebe zur Heimat. Er vertraute sich Bucer an, verließ sich auf dessen scharfsinniges Urteil und hofft auf Verständnis. Nun hört er gerüchteweise, dass Bucer ihm in glücklicher Weise zugeneigt sei. Er wiederholt sein Anliegen, nicht weil Bucers Versprechen ihn unbefriedigt gelassen hätte, sondern um ihn nicht allzu lange in Anspruch zu nehmen. [2] Es fehlt nicht an Berufungen. So schrieb Johannes Zwick und ein Ulmer Prediger [Konrad Sam oder Martin Frecht] kontaktierte seinetwegen [Simon] Grynaeus. Hier [in Basel] stößt ihn zwar die ungewohnte Härte des Ortes ab, andererseits ist Schuler durch seine altersschwache Mutter und die eigene Kränklichkeit gebunden. Bucers Versprechen hält ihn aufrecht, möglicherweise wird er einmal nach Straßburg gehen. [3] In der Schweiz sprießt die Frechheit der gottlosen [altgläubigen] Fünf Orte, welche – wie bisher die Protestanten – nur das Ihre suchen. So unterscheidet sich die Schweiz kaum von Sodom; sie erwartet eine schreckliche Strafe Gottes. In den Gemeinen Herrschaften, etwa im Thurgau und in Bremgarten, zwingt man die Protestanten, ihrer Lehre als Häresie abzuschwören.

[2]Gratiam et vitae innocentiam[3] a Domino per Iesum Christum!

---

[1] Diakon in Basel, zunächst an St. Leonhard. Vgl. Personenindex. Möglicherweise steht sein Wechsel nach St. Peter noch aus. Vgl. BOPP, GEISTLICHE, Nr. 4778, S. 498; CULMANN, SCHULER'S LEBEN, S. 34; unten S. 34, Anm. 5.

[2] *Konrad Hubert*: <Geruasius Schuler< vBucerov; <1532 d. 4 Nov. <; *andere Hand*: <Schuler Gervas. Bucero<; v1532v.

[3] Vgl. Marcus Tullius Cicero, Partitiones oratoriae, par. 44.

[1] Cum nuper Argentine tibi loquerer[4], doctissime vir, de hijs, quae rerum mearum conditionem attinebant[5], fortasse tibi minus oportunum adeoque et jnsolenter factum esse videri potuit, velut hic meus aditus non nichil inciuillitatis subolesceret sicque preter christianę rationis decorum accidisset[a]. Tametsi igitur id ipsum apud me satis anxie expendissem, vicit nichilominus tandem nedum erumnarum mearum apud exteros jmprobitas certe sed et amor patrię. Confisus igitur emunctiori tuo iudicio te velut inter meos haud postreme dilectos cuique tuto ac preter omnis doli suspitionem ausus essem mea credere adortus sum. Rebus igitur parum adhuc recensitis mox erga me, quę tua in Geruasium propensa erat voluntas, erupit foelicius admodum, qua intellecta fama[b] te pro solita tua humanitate animi mei dexteritatem intelligere suspicatus sum. Ne igitur plane me pristino jnstituto cessisse putares teque meis velut jneptijs delusum existimares, quasi tantum animi tui erga me candorem vel pro ea vice experiri voluerim, en, altera vice idem repeto, charissime frater, non quod pristina tua pollicitatione[c] non plane satiatus tunc abierim, sed quod et aliorum negotijs adobrutus aliquando respirares ea praestare – si sese Christo non indigna obtulisset oportunitas –, quae indubitato olim praestanda erga Geruasium tuum conceperas, et quod tibi mearum literarum pia familiaritate adglutinarer. Perge igitur diutius eam animi benignitatem fouere, quam longe antea jn me olim exercendam concepisti[6].

[2] Non desunt, qui me vocent, sed longius abire patria[d]. Scripsit[e] ad me nuper magnanimus ille in Christo heros Ioannes Zuick[7], scripsit[f] item mei

---

[a] *O* accidisse. – [b] *O* fame. – [c] *zuerst* pollicitationes. – [d] *O* patriam. – [e] *O* Scribsit. – [f] *O* Scribsit.

[4] Der Kontext legt nahe, dass Schuler in diesem Gespräch die Möglichkeiten einer Anstellung in Straßburg erkundete. Vgl. dazu CULMANN, SCHULER'S LEBEN, S. 33f. und Schulers analoge Bitte im Brief an Heinrich Bullinger vom 23. Januar 1532 (Bullinger Bw. 2, Nr. 58, S. 36, Z. 42).
[5] Nach der Niederlage der Protestanten im Zweiten Kappeler Krieg musste Schuler seinen bisherigen Wirkungsort Bremgarten zusammen mit Heinrich Bullinger verlassen (vgl. BCor 7, Nr. 550, S. 247, Anm. 5) und kam über Zürich mit einem Empfehlungsschreiben Bullingers (nach dem 9. Dezember 1531) nach Basel (vgl. Bullinger Bw. 1, Nr. 47, S. 231). In dem Gespräch mit Bucer ging es wohl auch um die Wohnsituation seiner Familie, denn am 25. Dezember 1532 schreibt Schuler an Bullinger, der Basler Rat habe ihm eine größere Wohnung verschafft, die ihm neben der Bibliothek des Chorherrenstifts St. Leonhard große Freude bereite (vgl. Bullinger Bw. 2, Nr. 163, S. 286, Z. 26–28). Möglicherweise hat Schulers ansonsten überflüssiger Hinweis, er schreibe diesen Brief in seiner Wohnung (unten S. 36, Z. 7), also einen appellativen Sinn.
[6] Innerhalb der von uns ermittelten Korrespondenz ist das vorliegende Schreiben der erste briefliche Kontakt zwischen Schuler und Bucer.
[7] Johannes Zwick, Prediger in Konstanz. Vgl. Personenindex. Schuler war von Heinrich Bullinger nach Konstanz empfohlen worden. Vgl. Bullinger an Ambrosius Blarer vom 30. November 1531 (Bullinger Bw. 1, Nr. 43, S. 222). Nach freundlicher Auskunft von Herrn Archivar Michael Kuthe (Stadtarchiv Konstanz) lässt sich allerdings ein entsprechender Vorgang oder gar eine Berufung Schulers in den einschlägigen Quellen nicht nachweisen.

causa Grineo nostro[8] Vlmensium ecclesiastes[9]. Sed cum me loci eius absterreat inconsueta durities, altera parte parens mea[10] senio depressa suo in me iure reuocet accedente corporis mei quoque quasi perpetua infirmitate[11]. Tua pollicitatione indefessus sustineor olim Argentinam abiturus, si Deo visum fuerit.

[3] Porro quod ad communem Heluetiorum statum attinet, timeo neminem esse, qui iustam jn eos Dei iram deprecari possit, tam opulente grandescit impiorum vafrities, extrema tentant Quinque Pagi[12]. Ceterum apricantur quam vbertim nostrorum technę[13] (nostrorum inquam), qui pietatis specie non quę Dei, sed quę sua sunt rimatj sunt hactenus. Ego fidei iuditio doctus ausim pronunciare fere totam Heluetiam a Sodomis[14] parum distare. Hinc non homini consimilem, sed longe atrociorem pęnam eos manere video,

---

[8] Simon Grynaeus, Professor für Griechisch in Basel. Vgl. Personenindex.

[9] Aus dem Brief Martin Frechts und Konrad Sams an Bucer vom 20. Juni 1532 geht hervor, dass Schuler von Leo Jud bei Konrad Sam und von Heinrich Bullinger bei Ambrosius Blarer für eine Predigerstelle in Ulm empfohlen wurde (vgl. BCor 8, Nr. 597, S. 147, Z. 11 – S. 148, Z. 4). Offenbar erkundigte sich Sam (oder Frecht) auch bei Grynaeus über Schuler. Die Stelle erhielt auf Blarers Vermittlung Johannes Walz. Vgl. BCor 8, S. XVII.

[10] Gervasius Schulers Mutter konnte nicht identifiziert werden. Möglicherweise stammt sie aus der Schweiz. Vgl. BOPP, GEISTLICHE, Nr. 4778, S. 498.

[11] Schuler berichtet erst am 25. Dezember 1532 Heinrich Bullinger von seiner Genesung (vgl. Bullinger Bw. 2, Nr. 163, S. 285, Z. 21–23). Zu seinem angegriffenen Gesundheitszustand vgl. CULMANN, SCHULER'S LEBEN, S. 33.

[12] Die Fünf Orte. Am 8. April 1524 hatten sich in Beckenried die Orte Luzern, Uri, Schwyz, Unterwalden und Zug mit dem Ziel zusammengeschlossen, beim alten Glauben sowie seiner Kirchenordnung zu bleiben und die neue Lehre zu unterdrücken. Vgl. EA 4/1a, Nr. 175, S. 410f.; LOCHER, ZWINGLISCHE REFORMATION, S. 157.

[13] Im Hintergrund steht wohl die Frage nach der Legitimität des Mehrheitsprinzips in Glaubensfragen, insbesondere in den gemischt konfessionell regierten *Gemeinen Herrschaften* (vgl. unten Anm. 15). Die Protestanten hatten unter Führung Zwinglis gefordert, dass nicht die Tagsatzung der mehrheitlich altgläubigen regierenden Orte, sondern jede Einzelgemeinde selbst über die Einführung der Reformation entscheiden dürfe (vgl. die Tagsatzung von Baden vom 28. bis 29. September 1528, EA 4/1a, Nr. 580c, S. 1407). Zürich und Bern versprachen deshalb jeder reformationswilligen Einzelgemeinde ihre Hilfe (vgl. unten Nr. 641, S. 58, Anm. 21). Die Altgläubigen hingegen wollten in Anbetracht ihrer Mehrheit bei der Tagsatzung das Majoritätsprinzip wie bisher auf die obrigkeitliche Ebene beschränkt wissen, konnten diese Position im Ersten Kappeler Landfrieden vom 26. Juni 1529 (vgl. Walder, Religionsvergleiche 1, Art. 1, S. 5) aber nicht durchsetzen, wohl aber im Zweiten Kappeler Landfrieden vom 20. November 1531 (ebd., Art. 2, S. 8f.). Er ließ das Majoritätsprinzip gegen eine protestantische, aber nicht gegen eine altgläubige Minderheit in den *Gemeinen Herrschaften* gelten (vgl. ELSENER, MAJORITÄTSPRINZIP, S. 249–261). Zu Schulers Kritik vgl. eine entsprechende Äußerung seines Ortskollegen Simon Grynaeus, der in einem Schreiben an Leo Jud klagt, die Altgläubigen verwendeten nach dem Zweiten Kappeler Krieg zur Durchsetzung ihrer Interessen nun dieselbe Methode wie zuvor die Protestanten und würden eine Abstimmung nach dem Mehrheitsprinzip der geduldigen Überzeugungsarbeit vorziehen. Vgl. Simon Grynaeus an Bucer vom 26. Januar 1532 (BCor 7, Nr. 549, S. 243, Anm. 14); Bucer an Leo Jud nach 4. Mai 1532 (BCor 8, Nr. 581, S. 24, Z. 2–7); PESTALOZZI, JUDÄ, S. 37.

[14] Sodom, vgl. Gen 13; 19. Da die Bewohner der in der Nähe des Toten Meeres gelegenen Stadt wegen ihrer Unzucht vernichtet wurden, gilt Sodom als Sinnbild der Sündhaftigkeit und Zerstörung. Vgl. RECLAMS BIBELLEXIKON, S. 472.

nisi resipiscant quam celerrime. Res ad triarios venta est. Iam eos, qui communi continentur ditione[15], vt sunt Thurgoici, cogere praesumserunt, vt iuramento nostram fidem hereseos nota detestentur; Bremgartensibus idem faciendum iniunctum est[16]. Nos, qui stamus a veritate, omnibus humanis viribus jndies destituimus, nimirum vt opulentius tandem grandescat virtus Christi. Vale atque Spiritus Domini sit semper tecum!

Datum Basilee ex aedibus meis[17]. 4 Nouembris, anno sesqui millesimo tricesimo secundo.

Geruasius Scolasticus, frater tuus.

Adresse [S. 404]: Iuxta pio atque docto viro Martino Butzero, Argentinensis ecclesiae pastori vigilantiss[imo] atque Domino in primis obseruando.

Oa AST 161 (Ep. s. XVI, 8), Nr. 158, S. 403f. — C Zürich ZB, S 32, 147; TV B, S. 153. — Ü (partiell) Culmann, Schuler's Leben, S. 33.

---

[15] Zu den *Gemeinen Herrschaften* zählten die Grafschaft Baden, die Freien Ämter im Aargau, der Thurgau, das Rheintal, Sargans, Gaster und Uznach, Rapperswil, Schwarzenburg, Murten, Orbe, Grandson und Echallens sowie die Ennetbirgischen Vogteien im Tessin. Sie bildeten neben den dreizehn eidgenössischen Orten, den Zugewandten und den Schirmorten die vierte politische Größe innerhalb der Alten Eidgenossenschaft. Da sie mehreren eidgenössischen Orten unterstanden, ließen diese sie durch Vögte regieren, welche die herrschenden Orte alternierend bestimmen durften. Mit dem innerschweizerischen Religionskonflikt entstand damit das Problem, wie eine gemeinsame politische Oberhoheit von konfessionell widerstreitenden Parteien wahrgenommen werden konnte (vgl. HOLENSTEIN, GEMEINE HERRSCHAFTEN; LOCHER, ZWINGLISCHE REFORMATION, S. 18f.). Dieses verschärfte sich, als die Altgläubigen nach ihrem Sieg im Zweiten Kappeler Krieg den Protestanten einen Landfrieden diktierten, dessen konfessionspolitische Bestimmungen im zweiten Artikel auf eine Rekatholisierung der Gemeinen Herrschaften zielten: Die Existenz protestantischer Gemeinden wird zwar gesichert, ein Konfessionswechsel ist aber nur zum „alten waren cristenlichen glouben" (Walder, Religionsvergleiche 1, Nr. 2c, S. 8) möglich. Zudem beschränkte der Artikel den Minderheitenschutz auf Altgläubige, die überdies die Wiedereinführung altgläubiger Zeremonien, insbesondere des Messritus und der sieben Sakramente, beanspruchen konnten (vgl. ebd., Nr. 2e, S. 8f.). Zur Vorgeschichte der Bestimmungen vgl. Scherer-Boccard, Akten, Nr. 229, S. 329; Züricher Hauptleute an Zürich vom 5. November 1531 (EA 4/1b, Nr. 644, S. 1206); Bullinger, Reformationsgeschichte 3, Nr. 473, S. 220–223; Stumpf, Schweizer Reformationschronik 2, S. 238. – MEYER, KAPPELER KRIEG, S. 196–205.

[16] Eine direkte Verpflichtung, den evangelischen Glauben als Häresie zu bezeichnen und ihm abzuschwören, lässt sich dem Zweiten Kappeler Landfrieden (vgl. oben S. 35, Anm. 13) nicht entnehmen. Die Protestanten bekannten mit ihrer Unterschrift unter dessen zweiten Artikel allerdings die Lehre ihrer Gegner als den „waren cristenlichen glouben" (Walder, Religionsvergleiche 1, Nr. 2c, S. 8) und konnten ihr Existenzrecht nicht immer durchsetzen, da die Altgläubigen rekonversionsunwillige protestantische Gebiete mit Sanktionen belegten, etwa im Falle Bremgartens (vgl. dazu MEYER, KAPPELER KRIEG, S. 243–245; zur Durchführung des Landfriedens insgesamt ebd., S. 232–246). Zudem instrumentalisierten die Fünf Orte das Schmähverbot des Landfriedens (Art. 2), indem sie einen protestantisch predigenden Geistlichen der Schmähung bezichtigten, dies auf der mehrheitlich altgläubig besetzten Tagsatzung feststellen ließen, den Geistlichen daraufhin entfernten und die Stelle mit einer unerbringlichen Kaution belegten. Vgl. dazu BÄCHTOLD, KRISE 1532; MEYER, KAPPELER KRIEG, S. 234–236.

[17] Schulers Wohnung in Basel konnte nicht ermittelt werden.

637.
[Martin Bucer][1] an Ambrosius Blarer[2]
Straßburg, 11. November [1532][3]

[605←] [1] Le manque de messagers se rendant à [Isny] ou partant de là a affecté leur correspondance. D'Esslingen, Bucer a appris qu'un danger depuis la Suisse menace Constance ; le Christ foulera ce Satan aux pieds. [2] Quelqu'un a rapporté à Bucer des informations sur l'Empereur [Charles Quint], en qui se manifeste la puissance du Christ. Par respect, il ne fustige pas plus ouvertement les maux du clergé [traditionnel]. Bien que ce dernier l'excite contre les Protestants, jusqu'à présent l'Empereur a renoncé à la violence, et, comme à Augsbourg [en 1530, lors de la Diète,] il contient les armes. Maintenant, il rencontre son faux père [le pape Clément VII, à Bologne], mais son cœur demeure dans la main du Christ. [3] Lors de la guerre contre les Turcs, 30 000 hommes ont été déportés ; nos péchés ont mérité que l'Empereur se tienne en retrait, car les bruits sur ses amours sont infondés. [4] L'Église de Strasbourg est ravagée par les hérétiques, qui ont gagné de l'influence grâce à une tolérance inopportune. Salutations au frère de Blaurer [Thomas], à sa sœur [Marguerite] et aux cousins germains [Jean et Conrad Zwick]. Conrad [Hubert], son épouse [Marguerite] et la femme de Bucer [Élisabeth] se recommandent à Blaurer. [→ 648]

[605←] [1] Aus Mangel an Boten von und nach [Isny] ruhte die Korrespondenz mit Blarer. Aus Esslingen erfuhr Bucer, dass Konstanz Gefahr aus der Schweiz droht. [2] Ein Informant brachte Nachrichten von Kaiser [Karl V.], in dessen Person sich Christi helfende Macht zeigt. Aus Respekt rügt er die Missstände im [altgläubigen] Klerus nicht freimütiger. Obwohl letzterer ihn gegen die Protestanten aufhetzt, verzichtete der Kaiser bislang auf Gewalt und hält wie schon [1530 beim Reichstag] in Augsburg die Waffen zurück. Jetzt trifft er seinen unechten Vater [Papst Clemens VII. in Bologna]. [3] Im Krieg gegen die Osmanen führte das lange Zögern zur Deportation von 30.000 Menschen. Doch haben die Sünden diese Zurückhaltung [des Kaisers] verdient, denn die Gerüchte über dessen Liebschaften sind leeres Gerede. [4] Die [Straßburger] Gemeinde wird durch Häretiker zerrüttet, die durch unzeitige Nachsicht so großen Einfluss gewannen. Dieses Übel und sein Heilmittel sind kaum erträglich. Grüße an den Bruder [Thomas], die Schwester [Margarethe] und die Cousins [Johannes und Konrad Zwick]. Konrad [Hubert], seine Frau [Margaretha] und Bucers Frau [Elisabeth] lassen sich empfehlen. [→ 648]

[4]Salue in Domino, frater amatiss[ime]!

---

[1] Die Handschrift weist eindeutig Bucer als Verfasser des Briefes aus.
[2] Prediger an St. Stephan in Konstanz, derzeit in Isny. Vgl. Personenindex.
[3] Die Jahreszahl fehlt. Das Jahr 1532 ergibt sich aus den Sachzusammenhängen. Vgl. unten Anm. 5–7, 15, 18.
[4] *Konrad Hubert*: ˂1532 XI Nouembris˂.

[1] Eccquis spiritus tam mutus te occupauit? Nam ego neminem adhuc nancisci potui, qui iret illo, vt tu, qui huc[5]. Ex Eßlinga[6] audiui nuper vos periclitari ab Heluetijs[7], sed hunc quoque Satanam Christus pedibus vestris subijciet[8]. Magno sane miraculo hunc videmus adhuc coercitum; coercebitur et porro.

[2] Hisce diebus quidam[9] mihi de Caesare[10] narrauit, quae si tu audias, dicas vim Christi se exeruisse in hoc principe, ut in quoquam veterum, per quos Deus populo suo praeclare adfuit opemque tulit. Cum enim ordinem ecclesiasticum sic obseruet, vt aperta mala a se ne argui quidem liberius debere putet iuraritque aliquoties se malle mori decies, quam sua potestate illos in ordinem redigere aut reformare, etiam vbi manifestiss[ime] scelerate viuunt, attamen, quantumlibet contra nos idem ordo eum inflammet iugiter, impelli nondum potuit, vt armis nos compescendos censeret, vnusque et Augustae et postea arma cohibuit[11]. O claram vim Christi, o admirandum

---

[5] Blarer befand sich zu diesem Zeitpunkt in Isny. Das letzte von uns ermittelte Schreiben in beider Korrespondenz ist der Brief Bucers an Ambrosius Blarer vom 29. Juni 1532 (vgl. BCor 8, Nr. 605, S. 186–189).

[6] Ein allerdings nicht einschlägiges Schreiben des Esslinger Rates an den Straßburger Rat datiert vom 2. Oktober 1532 (vgl. PC 2, Nr. 164, S. 173f.). Möglicherweise gelangte die Information mit dem Boten dieses Briefes nach Straßburg.

[7] Vgl. dazu die Schreiben des Konstanzer Rates an den Straßburger Rat vom 26. November 1532 (PC 2, Nr. 172, S. 178) und dessen Schreiben an Philipp von Hessen vom 3. Dezember (ebd., Nr. 174, S. 178). Die reformatorischen Neuerungen hatten in Konstanz zu einem Streit mit dem altgläubigen Bischof um die Kirchengüter, insbesondere um die Zinsen aus dem Thurgau geführt, deren Bezug für das Kirchenwesen der Stadt vitale Bedeutung besaß. Die Altgläubigen konnten nach ihrem Sieg im Zweiten Kappeler Krieg eine Beschlagnahmung dieser Zahlungen erreichen. Zu den Hintergründen vgl. Bucers Schreiben an Leo Jud nach dem 4. Mai 1532 (BCor 8, Nr. 581, S. 21–28, insbesondere S. 25f., Anm. 16–20); HEUSCHEN, FINANZEN KONSTANZ, S. 96f.; MOELLER, ZWICK, S. 142–145. Aktuell ging es wohl um den für die Domherren günstigen Mehrheitsbeschluss des Tages von Frauenfeld am 11. November 1532 (vgl. EA 4/1b, Nr. 766, S. 1431g), gegen den die Konstanzer Anwälte Widerspruch einlegten. Zum weiteren Verlauf vgl. die Beschlüsse des Tages von Baden am 16. Dezember (ebd., Nr. 780, S. 1451c). Vgl. auch Blarers Äußerungen zu diesem Konflikt in seinen Briefen an Johann Machtolf vom 21. November 1532 (Blaurer Bw. 1, Nr. 310, S. 371) und vom 2. Januar 1533 (ebd., Nr. 314, S. 374).

[8] Vgl. Röm 16, 20.

[9] Die Person konnte nicht ermittelt werden.

[10] Karl V., Römischer Kaiser. Vgl. Personenindex.

[11] Kaiser Karl V. war einer friedlichen Lösung der *causa religionis*, wie er sie etwa im Ausschreiben zum Augsburger Reichstag vom 21. Januar nahelegte (vgl. Förstemann, Urkundenbuch Reichstag Augsburg 1, Nr. 1, S. 1–9), nicht abgeneigt. Diese Option beruhte freilich auf taktischen und nicht grundsätzlichen Überlegungen, betrachtete sich der Kaiser seit dem Reichstag von Worms (1521) doch als Schutzherr des katholischen Glaubens, der gegen den notorischen Ketzer Luther vorzugehen habe. Deshalb verfolgte er protestantische Christen, wo er dies konnte, wie etwa in den Niederlanden (vgl. FÜHNER, ANTIREFORMATORISCHE RELIGIONSPOLITIK), und erwog auch für das Reich mehrfach einen Militärschlag gegen den Protestantismus (vgl. HEIDRICH, KARL V., S. 2f.). In diesem Sinne zu wirken, hatte sich der Kaiser auch gegenüber Papst Clemens VII. im Frieden von Barcelona (29. Juni 1529) verpflichtet. Dabei ist zu berücksichtigen, dass Karls Umfeld, etwa sein Beichtvater Garcia de Loyasa und König Ferdinand I. (zu den Quellen vgl. BCor 6, S. 118, Anm. 13f.; MAURENBRECHER, KARL V. UND DIE

celestis Patris consilium! Quae enim hic scribo, ab eo habeo homine[12], quem si nosses, diceres neminem haec posse scire melius et velle quoque testari certius. Nunc patrem factitium suum adijt[13], qui satis vrgebit eum in nostram perniciem, sed permanet in manu Christi cor eius.

[3] E bello Turcico redijmus, quales redire meriti sumus, qui ita sumus contati, ut certo authore[14] audierim supra triginta millia ↓innocuae plebis↓ abducta[15] praeter eos, ↓qui↓ trucidati sunt. Caesaris quidem intolerabilis obfuit hic tenacitas[16], sed hanc meruerunt nostra peccata, nam de amoribus eius, quae sparguntur, scio ego vana esse[17].

[4] Bene vale et ora pro nostra [S. 256] ecclesia, quam hęretici incredibiliter vastant[18]! Nam nostra praepostera indulgentia sic inualuerunt, ut nec malum hoc nec remedium eius ferri prope possit. Fratrem[19], sororem[20] et consobrinum vtrumque[21] plurimum meis verbis saluta! Rescribe! Vale iterum!

Arg[entorati], XI. Nouembris.

Commendant se tibi Chunradus[22], eius[23] et mea vxor[24].

PROTESTANTEN, S. 24–28), auf eine militärische Beseitigung des Protestantismus drang. Im Kontext des Augsburger Reichstages forderte etwa der päpstliche Gesandte Lorenzo Campeggio den Kaiser explizit zur Ausrottung der Häresien auf (vgl. seinen Brief an Karl V. vom 8. und 12. Mai 1530, NB I/2, Nr. 1, S. 457–471; MÜLLER, CAMPEGGIO UND DER AUGSBURGER REICHSTAG; DERS., RÖMISCHE KURIE, S. 92–113). Zur Debatte um Karls Religionspolitik insgesamt vgl. LUTTENBERGER, RELIGIONSPOLITIK KARLS V.; LUTZ, REFORMATION UND GEGENREFORMATION, S. 146–150; RABE, RELIGIONSPOLITIK KARLS V.; REINHARDT, KIRCHENPOLITISCHE VORSTELLUNGEN; SCHORN-SCHÜTTE, KARL V. Zu Bucers früherer Einschätzung Karls V. vgl. seinen Brief an Huldrych Zwingli vom 13. September 1531 (BCor 6, Nr. 463, S. 118, Z. 8–13).

[12] Die Person konnte nicht ermittelt werden.
[13] Zum Treffen Kaiser Karls V. mit Papst Clemens VII. im Dezember 1532 in Bologna vgl. KOHLER, QUELLEN KARL V., S. 239f.
[14] Bucers Gewährsmann konnte nicht identifiziert werden.
[15] Gegenüber seinen Äußerungen im Brief an Jakob Schorr zwischen dem 1. und 19. Oktober (vgl. oben Nr. 633, S. 22, Z. 1) präzisiert Bucer hier die Zahl der Versklavten. Sie dürfte zutreffen (ebd., S. 22, Anm. 13).
[16] Während Sultan Süleyman II. sich in offener Feldschlacht mit dem Kaiser messen wollte, bevorzugte Karl V. eine abwartende Taktik, da die Stände den Einsatz auf das Reichsgebiet limitiert hatten und die kaiserlichen Truppen an Zahl unterlegen waren. Vgl. TURETSCHEK, TÜRKENPOLITIK FERDINANDS I., S. 328f.
[17] Zu Karls V. durchaus bestehenden Beziehungen zu unterschiedlichen Damen vgl. BORGGREFE, RUHENDE GÖTTINNEN, S. 405; Gian Giacomo Leonardi an Francesco Maria vom 18. März 1530 (Gronau, Documenti artistici, Nr. I, S. 86).
[18] Zur Lage in Straßburg vgl. den Brief Bucers und seiner Kollegen an den Straßburger Rat kurz vor dem 16. Oktober 1532 (oben Nr. 634, S. 29, Z. 3 – S. 30, Z. 5). Vgl. auch die Vorschäge der Straßburger Prediger „wie den Secten zu begegnen" im Schreiben an den Rat kurz vor dem 30. November 1532 (QGT 8, Nr. 348, S. 575, Z. 25 – S. 578, Z. 6).
[19] Thomas Blarer, Ratsherr in Konstanz. Vgl. Personenindex.
[20] Margarethe Blarer, Freundin Bucers in Konstanz. Vgl. Personenindex.
[21] Johannes Zwick, Prediger in Konstanz, und sein Bruder Konrad, Ratsherr in Konstanz. Vgl. Personenindex.
[22] Konrad Hubert, Freund und Helfer Bucers. Vgl. Personenindex.
[23] Margaretha, Ehefrau Konrad Huberts. Vgl. Personenindex.
[24] Elisabeth Bucer. Vgl. Personenindex.

Adresse [S. 256]: Certiss[imo] Christi praeconi Ambrosio Blarero, fratri colendo, Cons[tanti]e.

Oa AST 151 (Ep. Buc. I), Nr. 67, S. 255f. — *C Zürich ZB, S 32, 151; TB V, S. 154.* — *P Blaurer Bw. 1, Nr. 308, S. 369.*

638.
Simon Grynaeus[1] an Martin Bucer
[Basel], 17. November [1532][2]

[620←] [1] Il faut interpeler les séditieux. Bucer doit écrire à Léo [Jud] aussi souvent que possible, car la franchise de ce dernier lui vaut de la haine. Grynaeus ne comprend pas les propos [de Bucer] au sujet des colonnes qui se sont effondrées. [2] Il y a quelque temps, [Jacques] Kautz est resté chez lui une nuit ; ses desseins sont demeurés cachés à Grynaeus, mais il a mis en garde contre Kautz, qui n'est pas de leur côté. [3] Bucer est irrité à cause du beurre, mais Grynaeus et sa famille ont fait leur possible ; il n'y a guère de beurre, et Grynaeus lui-même n'a pas de réserve pour l'hiver. Que, par son zèle, Bucer continue d'accroître le nom du Christ ! [P. S.] Salutations à Jacques [Bedrot ou Ziegler ?], à tous les frères, à l'épouse [Élisabeth] et à la famille de Bucer. Un groupe de jeunes gens est parti et veut faire un saut chez Bucer : qu'il leur accorde au moins une demi-heure, car ils cultivent la science et la piété. [→662]

[620←] [1] Eine Einrede bei den Unruhestiftern ist dringend nötig. An Leo [Jud] soll Bucer so oft wie möglich schreiben, da diesem Hass wegen seiner ehrenhaften aber nicht unproblematischen Freimütigkeit entgegenschlägt. Die Rede von den eingestürzten Säulen versteht Grynaeus nicht. [2] Unlängst blieb [Jakob] Kautz für eine Nacht. Seine Absichten blieben Grynaeus verborgen, vorsorglich warnte er vor ihm; er tut ihm leid. Kautz steht nicht auf der Seite von Grynaeus und Bucer. [3] Bucer ist verärgert wegen der Butter, aber Grynaeus und seine Familie taten das ihnen Mögliche. Durch Aufkäufe ist die Butter knapp; Grynaeus hat selbst keine Rücklagen für den Winter. Bucer soll mit täglich neuem Bestreben den Namen Christi vergrößern. [P.S.] Grüße an Jakob [Bedrot/Ziegler?], Bucers Frau [Elisabeth] und die Familie. Eine Gruppe junger Leute ist aufgebrochen und will einen Abstecher bei Bucer machen. Er soll ihnen wenigstens eine halbe Stunde widmen, sie lieben die Wissenschaft, doch pflegen sie auch die Frömmigkeit. [→662]

---

[1] Professor für Griechisch in Basel. Vgl. Personenindex.
[2] Die Jahreszahl fehlt. Das Jahr 1532 ergibt sich aus den Sachzusammenhängen. Vgl. unten Anm. 4f., 8–10.

³Salue!
[1] ⁴Recte⁵! Habet opus enim istis viris interpellatione, quorum omnis ciuitas adeo seditionib[us] aestuat.
Ad ⁶Leonem⁷ obsecro vt scribas, quoties occasio datur. Sustinet arduam prouinciam inter tales⁸, et in hunc plus odij conflatur ob libertatem haud scio an prorsus laudabilem. Studium sane honestum est. De columinib[us] concussis⁹ non intelligo¹⁰.

---

³ *Konrad Hubert*: ᵛ1532/3 19. Nouemb[ris]ᵛ.
⁴ Grynaeus nimmt in dem vorliegenden Dokument Bezug auf einen Brief Bucers, dessen Abfassung zwischen dem Schreiben Gervasius Schulers vom 4. November 1532 (vgl. oben Nr. 636, S. 33–36) und dem vorliegenden Brief vom 17. November liegen könnte (vgl. Anm. 5). Da dieser Brief Bucers von uns nicht ermittelt werden konnte, tritt der Sachverhalt nicht immer klar vor Augen.
⁵ Bezug und Subjekt des Satzes sind nicht bestimmt, erklärungsbedürftig ist insbesondere das rückbezügliche *enim*. Im Blick auf das zeitliche Umfeld von Bucers Korrespondenz legen sich drei Kontextualisierungsvorschläge nahe: 1. Bucers letzter von uns ermittelter Kontakt zu Basel ist das Schreiben des dortigen Geistlichen Gervasius Schuler vom 4. November 1532 (vgl. Anm. 4). Er klagt über die Härte in Basel, die ihn abschrecke, dankt für Hilfe, die Bucer ihm erwies, und nennt Grynaeus als eine Kontaktperson. Bezieht man die Ausführungen von Grynaeus hier auf Schuler und setzt zwischen *Recte* und *Habet* eine Zäsur, dann liefert das *enim* die Begründung für Grynaeus' Zustimmung zu einem Vorschlag Bucers, den dieser in seinem nicht ermittelten vorausgehenden Schreiben unterbreitete. Darin regte Bucer wohl an, sich mit einem Einspruch bei den Basler Verantwortlichen für Schuler zu verwenden. 2. Zu erwägen wäre aber auch eine Umstellung von erstem und zweitem Satz. Dann bezöge sich das *enim* auf den nachfolgend genannten Züricher Leo Jud und begründete Grynaeus' Aufforderung, Jud zu schreiben. Diese Umstellung erreicht eine sachliche Glättung, denn das jetzt bezuglose *tales* im dritten Satz fände Anhalt an *istis viris* und die im ersten Satz geschilderte Lage träfe auf Zürich zu (vgl. Anm. 8). Gegen eine solche Umstellung spricht allerdings die äußere Textgestalt, die dafür keinerlei Anhalt bietet, beginnt der zweite Satz doch direkt im Anschluss und in der Mitte der Zeile. Möglicherweise vertauschte Grynaeus die Abschnitte eines Vorentwurfs. 3. Bucer hat in seinem vorausgehenden Schreiben Grynaeus über die Briefe der Straßburger an den Züricher (vgl. unten Nr. 640, S. 46–53) und an den Berner Rat (vgl. unten Nr. 641, S. 54–64) informiert, welche beide Städte ermuntern sollten, die Protestanten in den von Altgläubigen dominierten Regionen stärker zu unterstützen. Das *Habet* wäre dann apersonal aufzufassen, der Singular *civitas* vielleicht daraus erklärbar, dass Bucer zunächst nur von Zürich sprach.
⁶ *Konrad Hubert*: <Leo Judę<.
⁷ Leo Jud, Hebräischdozent und Bibelübersetzer in Zürich. Vgl. Personenindex.
⁸ Leo Jud hatte in seiner Predigt vom 21. Juni 1532 heftige Kritik an der Haltung des Züricher Rates geübt: Er sei den Altgläubigen gegenüber zu nachgiebig, lasse die Protestanten in den *Gemeinen Herrschaften* im Stich und beschwöre so Gottes Zorn herauf (vgl. Bullinger, Reformationsgeschichte 3, Nr. 507, S. 320–322). Damit folgte Jud Bucers Kritik (vgl. Bullinger an Bucer von Ende Januar/Anfang Februar 1532, BCor 7, Nr. 550, S. 245–251; Bucer an Jud nach dem 4. Mai 1532, BCor 8, Nr. 581, S. 23, Anm. 6). Der Rat bezichtigte Jud daraufhin der Stiftung von Aufruhr und diskutierte über seine Ausweisung. Dieser wies den Vorwurf zurück, komme seine Kritik doch nur einem Aufstand des Volkes zuvor (vgl. Bullinger, Reformationsgeschichte 3, Nr. 508, S. 322–329). Am Ende durfte Jud bleiben, weil der Rat nicht den Anschein einer Rekatholisierung Zürichs erwecken wollte (ebd., S. 323). Vgl. MEYER, KAPPELER KRIEG, S. 293–300; BÄCHTOLD, KRISE 1532.
⁹ Vgl. Gal 2, 9, wonach die Häupter der Jerusalemer Gemeinde als Säulen galten. In Analogie bezeichnete Bucer den Tod Huldrych Zwinglis und Johannes Oekolampads als „Fall der Säulen". Vgl. seinen Brief an Bonifatius Wolfhart gegen Ende Mai 1532 (BCor 8, Nr. 591, S. 105, Z. 11).

[2] Venit hisce dieb[us] Bubonius[11] appellans de veteri noticia[12] et vnam apud me noctem fuit. Non possum intelligere, quid animi gerat, quid instituat, quo tendat, et credo ne ipsum quidem posse. Indicaui fratribus, si quid fortasse moliatur. Incredibile est, quam me misereat hominis, et tamen videtur etiamnum esse aliquid, quo laboret. Alienus est a nobis et nescio, quid probet interim aliud.

[3] De butyro[13], quod stomacharis, scias esse me extra omnem culpam. Apposui cum omni familia[14] omnem diligentiam et possem iuramento testari, nisi esset de butyro contentio. Sunt, qui intercipiunt omnia, quoties non maxima copia quidque venale aduehitur. Ego nondum libram vnam in hyemem condidi. De foro adfert[a] quottidie ancylla[15] allatum ex proximis pagis, atque id fere libratim. Ecce, quantam de butyro apologiam!

Reliquum est, vt pro gratia tibi data pergas noua quottidie diligentia et veris animis nomen Christi, non nostrum ampliare. Adspiret nobis pius Pater et componat aliquando misere fluctuantem patriam. Amen. Vale!

17 Nouembr[is].

Grynaeus tuus.

---

[a] *anstatt* […].

[10] In seinem Brief an Bucer vom 19. August 1532 lobt Grynaeus Bucers Frömmigkeit und äußert die Hoffnung, die Straßburger Gemeinde werde, auf solche Säulen gestützt, unerschüttert bleiben (ebd., Nr. 620, S. 262, Z. 1–4). Möglicherweise wies Bucer diese Ehrbezeugung in dem nicht ermittelten Schreiben an Grynaeus unter Hinweis auf die Erschütterungen der Straßburger Gemeinde zurück.

[11] Bubo = Uhu, Kauz. Gemeint ist Jakob Kautz, der seinen Namen schon bei seiner Wittenberger Immatrikulation in dieser Weise latinisierte (vgl. Anm. 12). Vgl. auch die Aufzeichnungen Gerhard Geldenhauers über Augustin Bader und die Täufer vom Frühjahr 1530: „Jacobus Cautius sive Bubonius, qui diu fuit concionator Vormatiensis" (QGT 7, Nr. 215a, S. 265, Z. 12f.; vgl. ROTHKEGEL, KAUTZ ALS SCHULMEISTER, S. 51). Zu Kautz und seinem Gesuch, seine erkrankten Hände in Straßburg behandeln zu dürfen, vgl. oben Nr. 634, S. 25 , Z. 1f. Der dortige Rat lehnte die Bitte ab, vermutlich am 16. Oktober 1532. Daraufhin wandte sich Kautz offensichtlich nach Basel (vgl. ebd., S. 27, Anm. 19).

[12] Beide studierten in Wittenberg. Grynaeus immatrikulierte sich dort am 17. April 1523 als „Simon Griner" (vgl. Matrikel Wittenberg, S. 116), Kautz am 24. Mai 1524 als „Jacobus Bachenhemius Bubonius" (ebd., S. 121). Da Kautz noch im selben Jahr als Prediger nach Worms wechselte (vgl. ROTHKEGEL, KAUTZ ALS SCHULMEISTER, S. 51f.), dürfte die Bekanntschaft nicht allzu intensiv gewesen sein.

[13] Bucer hatte angesichts der in Straßburg von 1529 bis 1532 grassierenden Teuerung schon früher versucht, sich das wegen seiner vielfältigen Verwendbarkeit auch als Tauschobjekt beliebte Butter(schmalz) aus Basel zu verschaffen. Vgl. Grynaeus an Bucer zwischen Mitte Oktober und 12. November 1530 (BCor 5, Nr. 347, S. 18, Z. 2) und von Mitte Januar 1531 (ebd., Nr. 378, S. 205, Z. 14f.); JÜTTE, KLIMABEDINGTE TEUERUNGEN, S. 231–233.

[14] Der Begriff bezieht sich wohl auf den gesamten Hausstand des Grynaeus. Sein einziger Sohn Samuel wurde erst 1539 geboren; im Jahr 1532 ist er mit der aus Speyer stammenden Magdalena verheiratet. Möglicherweise befindet sich auch seine Schwiegermutter in Basel. Vgl. Bucer an Grynaeus vom 9. Oktober 1531 (BCor 6, Nr. 485, S. 200, Z. 11f.).

[15] Grynaeus' Magd konnte nicht identifiziert werden.

Saluta Iacob[16], fratres omnes, vxorem[17], familiam[18]! Augeamini, crescite in Christo omnes! Amen. [fol. 8v] Si quando iuuenes[19], qui hinc ad vos migrarunt, ad te discedunt, obsecro, vt te illis vel vnam semihorulam velis [praebere] et [ad] pietatem diserte hortari. Amant literas, sed et pietatem colunt, quod haec aetas raro animadvertit. Vale!

Adresse [fol. 8v]: D[omino] Martino Bucero, suo amico et patrono.

Oa Zürich ZB, A 63, fol. 8r/v. — C Zürich ZB, S 32, 159; TB V, S. 155.

---

[16] Neben dem Straßburger Gräzisten Jakob Bedrot, den Grynaeus in seinem Schreiben an Bucer von Anfang Oktober 1531 grüßen lässt (vgl. BCor 6, Nr. 471, S. 144, Z. 16), ist auch an den Theologen und Geographen Jakob Ziegler zu denken. Grynaeus hatte sich dafür eingesetzt, dass dessen Werke in Basel gedruckt würden, wünschte eine Unterredung mit ihm und ließ Ziegler mehrfach grüßen. Vgl. ebd., S. 77, Z. 26 – S. 78, Z. 2; BCor 7, Nr. 516, S. 80, Z. 1–3; ebd., Nr. 529, S. 48, Anm. 11; ebd., Nr. 533, S. 155, Z. 7.
[17] Elisabeth Bucer. Vgl. Personenindex.
[18] Zu diesem Zeitpunkt lebten von Bucers Kindern nachweislich Elisabeth (1525 – 1541), Sara (27. Mai 1527 – 1541) und Anastasia (August 1531 – 1541). Vgl. Bucer an Matern Hatten vom 14. Juni 1527 (BCor 3, Nr. 159, S. 67, Z. 43f.); Bucer an Guillaume Farel vom 26. September 1527 (ebd., Nr. 166, S. 84, Z. 21f.); Grynaeus an Bucer vom 21./22. August 1531 (BCor 6, Nr. 451, S. 78, Z. 3). In einem zwischen Mitte Oktober und 12. November 1530 anzusetzenden Brief gratuliert Simon Grynaeus Bucer zur glücklichen Geburt eines Sohnes (vgl. BCor 5, Nr. 348, S. 21, Z. 2–4); ob dieser das Kindbett überlebte, konnte nicht ermittelt werden.
[19] Die jungen Leute konnten nicht identifiziert werden.

639.
Christoph Sigel[1] an Martin Bucer
Gretzingen[2], 20. November 1532

[606←] [1] Sigel remercie Bucer de lui avoir décrit les affaires au sujet de la Cène, et il suivra son exhortation à la concorde. Il craint toutefois que ses efforts soient vains, si leur propre douceur attise la fureur du parti adverse ; maintenant déjà, Sigel pèse plus à ses amis qu'il ne leur est utile. [2] Le pusillanime et valétudinaire Jean Rimpius a prié Sigel de le recommander à Bucer : il a vendu des ouvrages pour quelques imprimeurs strasbourgeois, mais n'a pu récupérer son argent ; il prie Bucer de faire patienter les imprimeurs jusqu'à ce

---

[1] Pfarrer in Grötzingen/Durlach. Vgl. Personenindex.
[2] Das heutige Grötzingen, seit 1974 östlichster Stadtteil Karlsruhes.

qu'il ait recouvré la santé. Compte tenu de sa pauvreté et de sa situation familiale, ce serait là une œuvre en faveur de l'un de « ces plus petits des frères du Christ ». Bucer peut adresser des lettres à Rimpius par l'intermédiaire de [Valentin Trach] d'Ettlingen. L'épouse de Rimpius salue Bucer et son épouse [Élisabeth].

[606←] [1] Sigel dankt für Bucers Skizze der Abendmahlsproblematik und will dessen Aufruf zur Eintracht wie bisher folgen. Sein Bemühen ist aber vergeblich, wenn die eigene Sanftmütigkeit das Wüten der Gegner verstärkt. Schon jetzt bringt Sigel seinen Freunden damit mehr Last als Nutzen. [2] Der kleinmütige Johannes Rimpius bat Sigel um ausführliche Fürsprache bei Bucer. Er verkaufte für einige Straßburger Drucker Bücher in Kommission, konnte die Außenstände aber nicht einfordern, weil er krank ist. Betrauen die Drucker einen eigenen Boten mit dieser Aufgabe, entstehen Rimpius nur noch höhere Kosten. Deshalb soll Bucer die Drucker um Geduld bitten. Angesichts von Rimpius' Armut und Familienstand wäre dies eine Tat an einem der geringsten Brüder. Weitere Briefe kann Bucer leicht über den Schulzen von Ettlingen [Valentin Trach] senden. Grüße an Bucer und seine Frau [Elisabeth] von Rimpius' Frau.

Gratiam et pacem, chariss[ime] frater!

[1] Tuas iuxta pias et eruditas accepi literas[3] ingentique gaudio suffundebar, quod negotium illud de cęna dominica ita deliniaueris, vt abunde petitioni[a] satisfactum sit meę[4]. Adhortaris etiam pie admodum, vt et ego concordię me accomodem[5]. Id certe ego nunquam non sedulo sum conatus. At vereor omnem conatum[b] nostrum frustrari, quando illi tanto plus seuiunt, quanto magis nos concordię studere et placidiore animo nos exhibere erga se viderint, si missa hęc faciamus. Ceterum videmus, quam sim importunus amicorum molestator, vt plus sim eis oneri quam vsui. At cogit pessimum illud in humanis numen: necessitas. Tu itaque pro tua humanitate bene consules.

[2] Petijt a me Johannes Rimpius[6], communis noster amicus, tibi notior, quam vt ejus ingenium moresque depingere opus sit, vir vtique pius at pusillanimis, vt ad te perscriberem. Ipse siquidem aduersa valetudine ita turbatus,

---

[a] *O* petioni. – [b] *O* contatum.

[3] Ein entsprechender Brief Bucers an Sigel konnte nicht ermittelt werden. Er ist in den Zeitraum zwischen Sigels Anfrage vom 1. Juli 1532 (vgl. BCor 8, Nr. 606, S. 190–192) und dem vorliegenden Schreiben zu datieren.
[4] Sigel hatte den Wahrheitsgehalt des Gerüchts, die Straßburger hätten bei den Gesprächen in Schweinfurt ihre Abendmahlslehre widerrufen, bezweifelt und Bucer um Aufklärung gebeten (ebd., Nr. 606, S. 191, Z. 7 – S. 192, Z. 1). Zu dieser Nachrede vgl. ebd., S. XX, zu Bucers Verteidigungslinie ebd., S. XXIf.
[5] Sigel hatte geschrieben: „Ne graueris imo, doctiss[ime] vir, de concordia, si qua in grauiss[imo] illo eucharistię dissidio inita sit, ad me perscribere. Non enim ignoro, quam frustra id hactenus sepiss[ime] tentatum sit et quam difficile fuerit aquam igni reconciliari." (Ebd., Nr. 606, S. 192, Z. 2–5).
[6] Die Person konnte nicht ermittelt werden.

vt scribere tibi nequeat. At eget tua opera in ea parte, nempe debet ipse aliquantulum pecunię impressorib[us] Argentinensib[us], quorum nomina sua manu consignata^c hic in scheda meis literis iuncta conspicies⁷. Qui nonnullos sibi libros concrediderunt, quos ille rursum vendidit non numerata pecunia, quam modo prae infirmitate exigere potis non est. Timens autem, ne illi conducto nuntio ad exigendum debitum huc transmittant adeoque maiori sumptu grauetur, petit a te supplex, vt vocatis ad te impressorib[us] illis agas, vti habeant pacientiam in eum, donec pristine fuerit restitutus sanitati. Tum sedulo se curaturum pollicetur repetendo suos debitores, quo possit illis satisfacere atque pollicitam fidem praestare.

Rogo itaque et meo et illius nomine, quem ego vere pauperem agnosco atque adeo tempore illo famis ita neruo domus exhausto, vt haud se familiamque suam, scilicet vxorem cum tribus liberis⁸, prae inopia sustentare valeat, rem diligenter cures, nimirum vt impressores illi habita pacientia superfluo sumptu tabellione amandato^d a te eum non vrgeant. Quod si id precaueris, nedum mihi gratum erit, imo Christus ipse sibi factum vti vni ex minimis eius⁹ acceptum ferat.

Porro si quid habes, quod nos scire referat, fac a te resciamus. Facile equidem potes ad nos mittere tuas literas, si Ettlingensi dinastae, quem vulgo scultetum vocamus¹⁰, transmiseris. Vale!

Ex Gretzingen, 20 die Nouembris, anno 1532.

Salutat te tuamque vxorem¹¹ Rimpij vxor.

Christoforus Sigel tuus.

Adresse [S. 522]: Pia eruditione et integritate eximio Martino Bucero, diuini verbi ministro Argentoratensi accomodo et fido, suo fratri chariss[imo].

Oa AST 40 (21, 1–2), Nr. 22i, S. 521f. — C TB V, S. 157.

---

^c *zuerst* consignatat. – ^d *gestrichen* istius.

⁷ Eine Beilage zum Brief konnte nicht ermittelt werden.
⁸ Die Namen von Rimpius' Frau und Kindern konnten nicht ermittelt werden.
⁹ Mt 25, 40.
¹⁰ Nach freundlicher Auskunft von Frau Archivarin Dorothée Le Maire, Ettlingen, handelt es sich um den Ettlinger Bürgermeister Valentin Trach. Vgl. Personenindex.
¹¹ Elisabeth Bucer. Vgl. Personenindex.

640.
Martin Bucer, Wolfgang Capito¹ und die Straßburger Kollegen an den Züricher Rat
Straßburg, 22. November [1532]²

[1] Le Nonce [Ennio Filonardi, évêque de] Veroli, envoyé par le pape [Clément VII] à Lucerne doit encourager les Cinq Cantons à se montrer plus hostiles à la doctrine du Christ et à intervenir contre Zurich et les autres [Protestants suisses], ce qui contreviendrait à la [Seconde] paix [de Cappel]. Les Strasbourgeois expriment leur sympathie pour les Zurichois et prient pour eux. L'ennemi voit que le Christ ne veut pas lui concéder la guerre ni verser le sang; toutes les tentatives d'y pousser l'Empereur [Charles Quint] ont échoué, comme on l'a appris à Strasbourg de source sûre. Aussi l'ennemi tente-t-il de nous effrayer par des mensonges. De la même manière, il voudrait allumer un feu pendant que l'Empereur est là, afin d'entraîner ce dernier. L'ennemi veut enlever sa liberté à Zurich, quand bien même il périrait ce faisant. Rien de plus dangereux qu'une communauté dans laquelle Satan règne; il se rend maître chez tous ceux qui vivent dans le luxe et se vantent d'être les protecteurs de la foi ancienne et qu'on ne peut mettre en doute. [2] Mais une telle foi consiste à croire en Dieu par le Christ et à vivre en conséquence. Le Christ est plus fort que Satan, il convient de lui faire confiance. On doit considérer qui possède l'Esprit du Christ et non pas la puissance, l'intelligence ou la force; là où la crainte de Dieu fait défaut, en dépit de toute habileté, Satan prend le pouvoir. C'est Dieu qui fait toutes choses : il se sert des impies pour châtier les siens. Lorsque les siens cherchent de l'aide auprès des impies, ils sont perdus, à l'exemple des Israélites qui cherchèrent aide auprès des Égyptiens ou des Assyriens. [3] C'est pourquoi, les Zurichois doivent se mettre d'accord avec les leurs, afin de défendre ensemble l'honneur de Dieu. L'ennemi veut allumer un feu, quand bien même ses gens brûleraient les premiers; c'est aux Zurichois d'éteindre ce feu, un peu d'eau suffira. [4] Grâce à Dieu, l'Empereur n'a nulle envie de faire la guerre, et il s'apprête à rentrer chez lui. Ses territoires sont ruinés tant par ses amis que par ses ennemis. Le pape cherche à susciter la guerre et à verser le rang là où il peut ; il n'y parviendra guère si les Zurichois trouvent aide auprès des princes et des villes chrétiens. Les Espagnols et les Italiens traitent leurs pauvres plus mal que les Turcs, et ils commettent déportations et meurtres d'enfants ; les Cinq Cantons ne sont pas encore aussi sauvages que les pillards et meurtriers Espagnols et Italiens. [5] C'est pourquoi il faut regarder fermement à Dieu ! Est lié au Christ quiconque désire vraiment la piété, sans entrer dans des disputes subtiles. Si Zurich n'abondait pas en collaborateurs de la Parole érudits, les Strasbourgeois s'y rendraient afin d'y promouvoir la cause du Christ. Que le Seigneur fasse que les Zurichois continuent de confesser courageusement son honneur et qu'on n'ait plus à expier la méchanceté de Satan ! Si ce dernier réussissait contre Zurich, cela serait la fin de tout – que Jésus-Christ nous en préserve !

---

¹ Pfarrer an Jung-St. Peter und Propst an St. Thomas in Straßburg. Vgl. Personenindex.
² Die Jahreszahl fehlt. Das Jahr 1532 ergibt sich aus den Sachzusammenhängen. Vgl. unten Anm. 5, 8, 11–13, 22, 30, 43, 45f.

[1] Der von Papst [Clemens VII.] nach Luzern gesandte Nuntius [Ennio Filonardi, Bischof von] Veroli soll die Fünf Orte zu einem feindseligeren Verhalten gegen die Lehre Christi und zu einem Vorgehen gegen Zürich und die anderen [schweizerischen Protestanten] ermutigen. Das widerspräche dem [Zweiten Kappeler] Frieden. Die Straßburger bekunden ihre Sympathie mit Zürich und leisten Fürbitte. Der Feind sieht, dass Christus ihm Krieg und Blutvergießen nicht zugestehen will. Alle Bemühungen, Kaiser [Karl V.] dazu zu bewegen, schlugen fehl, wie man in Straßburg verlässlich erfahren hat. So versucht der Feind, mit Lügen zu schrecken. Es sähe ihm ähnlich, noch während der Anwesenheit des Kaisers ein Feuer zu entfachen, um diesen mit hineinzuziehen. Der Feind will Zürich um seine Freiheit bringen, selbst wenn er dabei zugrunde geht. Nichts ist gefährlicher als eine Gemeinde, in der der Satan herrscht. Er gewinnt die Oberhand bei allen, die üppig leben und sich als Beschützer des alten, unzweifelhaften Glaubens rühmen. [2] Dieser aber besteht darin, Gott durch Christus zu vertrauen und entsprechend zu leben. Christus ist stärker als der Satan, ihm gilt es zu vertrauen. Man soll darauf sehen, wer Christi Geist hat und nicht auf Macht, Klugheit oder Stärke blicken. Wo die Gottesfurcht fehlt, hat der Teufel trotz aller Geschicklichkeit die Oberhand. Gott ist es, der alles tut. Er gebraucht die Gottlosen zur Züchtigung der Seinen. Wenn diese Hilfe bei jenen suchen, ist ihre Sache verloren. Das erfuhren die Israeliten, wenn sie von Gottlosen regiert wurden oder Hilfe bei Ägyptern oder Assyrern suchten. [3] Die Züricher sollen deshalb mit den Ihren übereinkommen, um gemeinsam die Ehre Gottes zu verteidigen. Der Feind will ein Feuer entzünden, auch wenn seine Leute als erste verbrennen, denn er ist allen Menschen feind. Es liegt bei den Zürichern, das Feuer mit wenig Wasser zu löschen. [4] Dank Gott hat Kaiser [Karl V.] keine Lust, Krieg zu führen, und plant seine Heimreise. Seine beiden Länder sind durch Freund wie Feind verdorben. Papst [Clemens VII.] richtet Krieg und Blutvergießen an, wo er kann, vermag aber nicht viel, zumal die Züricher Hilfe bei christlichen Fürsten und Städten finden. Man hörte, die Spanier und Italiener halten ihre Armen schlechter als die Türken, abgesehen von Deportation und Kindermord. Das Rauben, Stechen und Vergewaltigen der Spanier und Italiener ist offensichtlich, so wild sind die Fünf Orte noch nicht. [5] Deshalb gilt es, fest auf Gott zu blicken. Mit Christus verbunden ist jeder, der wahre Lust zur Frömmigkeit hat, ungeachtet aller subtilen Disputationen. Wäre Zürich nicht reichlich versehen durch die gelehrten Kollegen, würden die Straßburger kommen, um die Sache Christi dort zu fördern. Der Herr gebe, dass die Züricher seine Ehre wie bisher tapfer bekennen und des Satans Mutwillen nicht weiter zu büßen ist. Hätte er gegen Zürich Erfolg, würde das weite Kreise ziehen.

[3]Gestrengen, ernvesten, ersamen, wysen, gnädigen herrenn!

Der geyst Christi, vnnsers heylands, wolle e[uer] g[naden] trösten, füren und leyten, damit sie inn diesem jrem vilfaltigen anligen vnd zufellen[4] alle sachen dahyn bringen, das sein namm gepreyset vnd seine gleübigen by eüch vnnd anderswo gebessert werden. Amen.

---

[3] *Konrad Hubert*: ᵛSenatui Tigurino monitoriaᵛ.
[4] Widerfahrnissen, Anfechtungen.

[1] Wyr haben jetz[5] lengest vernommen, das der Babst[6] ein botschafft[7] zu Lucern ligen hat, den Verulanuni[8], ein solichen heyligenn bischoffe, das jn auß seinem leben ein ieder für des Babst legaten gleich wol erkennen mag, welcher auch des orts handlen solle, daß der fünff orten[9] oberen vnnd vilicht auch gemeinden inn jrem fürnemen wider die heylige lere Christi vnsers herren von tag zu tag tratzlicher[10] werden vnnd anfahen, gegen eweren g[naden] vnnd anderen zu handlen[11], das zugesagtem friden[12] vngemäß sein wille[13].

---

[5] Im Hintergrund der folgenden Ausführungen steht der Konflikt zwischen den altgläubigen Fünf Orten und der Stadt Zürich um das Mandat des Züricher Rates vom 29. Mai 1532 (zu Bullingers Entwurf vgl. Egli, Actensammlung Züricher Reformation, Nr. 1832, S. 790–792; beschlossene Fassung ebd., Nr. 1853, S. 797–799). Mit ihm wollte man Gerüchten über eine Rekatholisierung Zürichs entgegenwirken, indem man den Besuch altgläubiger Messen unter Strafe stellte und den Abschaffungsbeschluss vom 26. März 1530 bekräftigte (ebd., Nr. 1656, S. 702–711). Der Rat habe „den missbruch der bäpstischen mess und sacraments, wie die bisher bi der römischen kilchen, nit zuo kleiner schmälerung und verkleinerung des bitteren lidens und sterbens Jesu Christi, der allein das opfer für die sünd und unser seligmacher ist, brucht worden, abgetan" (ebd., S. 797f.). Dies fand den Beifall der Straßburger (vgl. Wolfgang Capito an Heinrich Bullinger vom 24. Juni 1532, Bullinger Bw. 2, Nr. 108, S. 149, Z. 2f.). Die Fünf Orte hingegen rügten auf der Tagsatzung von Baden am 10. Juni 1532 die Formulierung (vgl. EA 4/1b, Nr. 727x, S. 1357) und erließen am 10. Juli 1532 ein Mandat für das gemeinsam verwaltete Rheintal (ebd., Nr. 735, S. 1376), welches jedem der Prediger dort eine Kaution von hundert Gulden auferlegte, die bei einem Verstoß gegen den Zweiten Kappeler Landfrieden verfallen sollte. Als einen solchen werteten die Altgläubigen auch das Züricher Mandat, weil es den alten Glauben schmähe. Auf der Badener Tagsatzung vom 4. September (ebd., Nr. 749l, S. 1399) verwies Zürich demgegenüber auf seine Gebietshoheit und führte seinerseits Klage über das Rheintaler Mandat (ebd., S. 1399); vgl. bereits die Badener Tagsatzung vom 23. Juli (ebd., Nr. 739k, S. 1381f.). Die Auseinandersetzung endete mit einem Vergleich am Rechtstag von Einsiedeln am 22. April 1533 (vgl. EA 4/1c, Nr. 41a, S. 63f.). Vgl. Bullinger, Reformationsgeschichte 3, Nr. 509, S. 329–343; BÄCHTOLD, KRISE; MEYER, KAPPELER KRIEG, S. 297–299.

[6] Clemens VII., Papst. Vgl. Personenindex.

[7] Botschafter, hier: Nuntius.

[8] Ennio Filonardi, Bischof von Veroli und mehrfach Nuntius des Papstes in der Schweiz. Vgl. Personenindex. Seine aktuelle Mission dauerte vom 22. April 1532 (Kreditiv) bis Oktober 1533. Zu seiner Haltung vgl. Bullinger, Reformationsgeschichte 3, Nr. 509, S. 330f.; WIRZ, BEZIEHUNGEN DER RÖMISCHEN CURIE.

[9] Die Fünf Orte. Vgl. oben Nr. 636, S. 35, Anm. 12.

[10] Trotziger, feindseliger. Vgl. HISTORISCHES WÖRTERBUCH DER ELSÄSSISCHEN MUNDART, S. 358.

[11] Zur Rekatholisierungstaktik der Fünf Orte im Schatten des Zweiten Kappeler Landfriedens vgl. oben Nr. 636, S. 36, Anm. 16. Die altgläubigen Schweizer fürchteten ihrerseits einen Angriff und suchten unter Berufung auf Filonardi beim Papst um Unterstützung nach. Vgl. die Schreiben der Fünf Orte an Papst Clemens VII. vom 28. August 1532 (WIRZ, BEZIEHUNGEN DER RÖMISCHEN KURIE, Nr. 175, S. 304–306) und vom 9. September (ebd., Nr. 176, S. 306f.) sowie die Instruktion für Stephan de Insula (ebd., Nr. 177, S. 307–310). Der Papst wies daraufhin die Summe von 1.050 Dukaten an (vgl. das Motu proprio vom 2. November, ebd., Nr. 178, S. 311).

[12] Der Zweite Kappeler Landfriede vom 20. November 1531 (vgl. Walder, Religionsvergleiche 1, S. 6–14). Er war von den Schweizerischen Protestanten nach ihrer Niederlage im Zweiten Kappeler Krieg von den Altgläubigen diktiert worden. Der Frieden diskriminierte zwar die protestantischen Minderheiten, insbesondere in den *Gemeinen Herrschaften*, er gestattete aber den mehrheitlich protestantischen Orten, bei ihrem Glauben zu bleiben. Bucer beurteilte Zürichs Annahme des Friedens als Verrat an Gott und den Verbündeten. Vgl. dazu Bullingers Rechtfertigungsschreiben an Bucer von Ende Januar/Anfang Februar 1532 (BCor 7, Nr. 550, S. 245–251).

Jnn solichem tragen wir mit e[uer] g[naden] auß christlicher lieb vnnd sorgfeltikeyt ein gantz getrewes mitleiden vnnd bitten vnseren hymlischen vatter, er wölle euch verlyhen, aller argelist vnnd fünd[14] des Satans zu erkennen vnnd jnen mit heyl zu begegnen, euch auch ab[15] allen seinem trotzen nicht zu entsitzen[16], damit wie eüch der gütige Gott vor vil anderen stetten vnnd herschafften zum preyß seins namens vnnd herlicher fürbringung seins h[eiligen] euangelij, auch merglichem trost filer seiner ausserwölten hie vor gebrauchet vnnd nach der so schweren versuchunge wider zu gebrauchen gnädiklich[a] angefangen, das ir also in solichem gotseligen, heylsamen vnnd eerlichen thu(o)n durch seinen geist erhalten vnnd gestercket däglich zu(o)nemen vnnd wachsen mögend[17]. Der feind sicht, das jm vnnser herr Jesus, dem der vatter allen gewalt inn hymel vnnd erden zugestellet[18], nit zustehen wille, das er kriegen vnnd blutvergiessen anrichte ob dieser sachen, wie er dan durch die seinen bißhar by k[aiser]l[icher] M[ajestä]t[19] vnsaglichs flyß[20] angehalten, aber, [fol. 279v] dem Herren sey lob, nichs hatt erlangen mögen. Dan do schon jederman dran gewelt, hat der Keyser allein nit gewelt, des wir eygentlich[21] wissen haben[22]. Derhalben wolte der feind nach seiner gewonheit nun gern die leut mit lugen vnnd erdich[te]ten fallen schröcken, wiewol diesem alten mörder mit allem vlyss vffzusehen ist[23], was er durch seinen obersten werckzug, den Babst, alle mal fürneme. Es were ja seinem prauch gar nicht entgegen, das er ein führ[24] anzündete, wie es jm noch solte gerhaten, weil[25] der Keyser noch vorhanden[26], ob er jn vilicht auch wider

---

[a] *gestrichen* d[as].

[13] Filonardi hatte bereits nach der Schlacht am Berg Gubel die Forderung erhoben, jetzt müssten die Protestanten zum alten Glauben zurückkehren (vgl. SCHULTHESS-RECHBERG, SCHLACHT VON KAPPEL, S. 438). Seine Mission zielte auf eine Ausbreitung des katholischen Glaubens und auf ein Bündnis der Schweizer mit dem Papst. Vgl. dazu auch das Schreiben Berchtold Hallers an Heinrich Bullinger vom 2. Oktober 1532 (Bullinger Bw. 2, Nr. 140, S. 246, Z. 29–39); Basel an den Straßburger Rat vom 20. Januar 1533 (PC 2, Nr. 181, S. 182).
[14] (Trügerische) Kunstgriffe, Ränke. Vgl. HISTORISCHES WÖRTERBUCH DER ELSÄSSISCHEN MUNDART, S. 112.
[15] Vor.
[16] Entsetzen, fürchten.
[17] Vgl. Act 16, 5.
[18] Vgl. Mt 28, 18.
[19] Karl V., Römischer Kaiser. Vgl. Personenindex.
[20] Eifer.
[21] Sicheres.
[22] Zu Bucers (Fehl)information über die Haltung Karls V. vgl. oben Nr. 637, S. 38f., insbesondere Anm. 11. Der Straßburger Rat indes befürchtete einen Angriff des Kaisers auf die schweizerischen Protestanten und schrieb in dieser Sache an Philipp von Hessen. Vgl. dessen beschwichtigende Antwort vom 12. Dezember 1532 (PC 2, Nr. 175, S. 179).
[23] Dieser alte Mörder aufmerksam zu beobachten ist.
[24] Feuer.
[25] Solange.
[26] Gemeint ist die Anwesenheit Karls V. im Reich. Zu seinen Aufenthaltsorten vgl. unten S. 51f., Anm. 43.

seinen willen möchte ins spyl bringen, nachdem er weis, wie gernn man euch von ewer freyheit brechte. So sicht m[an] leider auch wol, wozu sich, die einmal wider Christum zu w[ü]ten vermogt sein[27], erkauffen lassen vnnd das dieselbigen oft gar wenig anfichtet, ob sie anfiengen, dadurch sie auch selb zu
5 grund gon möchten[28]. Nichs ist gefärlichers dan ein gem[ein], darin der Satan herschet. Der mu(o)ss aber eigentlich die oberhand haben by allen, die so schandlich üppig leben vnd dan sich erst[29] berhümen, des alten vngezweifelten glaubens[30] beschirmer sein.

[2] Lieber Gott, was ist der alt vngezweyffelt glaub? Ist es nit: Gott,
10 vnnserm h[eiligen] vatter durch vnsern hernn Christum Jesum, wie vnns die gemeinen artickel des glaubens leren[31], ve[r]trawen vnnd jederman gu(o)ts thu(o)n[32], fromklich vnnd erbar leben[33]? Nun dichte, erdencke oder richte auch thaeglich[b] der Satan an, was er wölle, so ist doch der, so inn vnns ist, stercker: Christus, der herr allein. Das wir dem hertzlich vertrawen, wol
15 vfsehen vnnd wacker seyen vnnd vor allem inn allen dingen vnns sein eer lassen angelegen sein vnnd so wir jm allein leben[34] vnnd alles, bede thu(o)n vnnd lassen sollen: das wir gar wo[l] druff sehen, wer sein geist habe, wer jn su(o)che, vnnd aller an-[S. 280r]-deren verwandtschafft, vernunfft, klugheyt, stercke vnd macht gar nichts achten, dann ie Gott allein alles würcket in
20 allen[35]. Wol solle man[c] daruff sehen, wozu Gott ein jeden geschickt gemacht, aber vnnder den gleübigen, vnnd das[d] vor allem daruff gelu(o)get werde, <wer mehr< gotsforcht habe. Dan wo die nicht ist, da hat der teüffel gewalt;

---

[b] *von Bucer anstatt* täglich. – [c] *gestrichen* jn. – [d] *gestrichen* dermassen das.

[27] Konnten.
[28] Vgl. Mt 26, 52.
[29] Auch noch.
[30] Im ersten Artikel des Zweiten Kappeler Landfriedens verpflichtete sich Zürich, man wolle die Altgläubigen „bi irem waren ungezwifelten cristenlichen glouben jetz und hienach [...] bliben lassen [...]" (Walder Religionsvergleiche 1, S. 7). Zum konkreten Kontext: Der Wiener Bischof Johannes Fabri hatte in seinem bei Johann Faber in Freiburg i. B. im Jahr 1532 gedruckten *Drostbiechlin an alle frummen betru(e)bten Christen des alten ungezweifelten heyligen Christenlichen glauben* (vgl. VD 16, F 240) den Sieg der Altgläubigen in der Schweiz als Einwirken Gottes und Marias gedeutet. Darauf antwortete der Züricher Antistes Heinrich Bullinger mit seiner bei Christoph Froschauer in Zürich im Mai 1532 gedruckten Schrift *Vff Johannsen Wyenischen Bischoffs trostbu(e)chlin* (vgl. BULLINGER, BIBLIOGRAPHIE 1, S. 35f.; VD 16, B 9554). Darin kritisierte er Fabris Geschichtstheologie als einen Fehlschluss vom militärischen Erfolg auf den rechten Glauben. Vgl. Bullinger, Diarium, S. 22; BÜSSER, BULLINGER 2, S. 42; PESTALOZZI, BULLINGER, S. 88–91. Bucer beglückwünschte Bullinger zu dieser Schrift in seinem Brief an Leo Jud vom 23. Juni 1532 (vgl. BCor 8, Nr. 598, S. 165, Z. 1–3).
[31] Die Generalisierung und die nachfolgenden biblischen Formulierungen legen es nahe, dass Bucer hier nicht an ein bestimmtes Bekenntnis denkt, sondern die Grundmomente des christlichen Glaubens meint.
[32] Gal 6, 10.
[33] I Tim 2, 2.
[34] Vgl. Röm 14, 8.
[35] I Kor 12, 6.

so vil dan mehr geschicklikeit da vnnd vermögen, je mehr man schaden kan. Gott ists, der alles thu(o)t³⁶; darumb wa Gott ist, da hat man heyl zu hoffenn, wa nit, da darff man nichs dan alles vnglücks erwarten. Das thu(o)t wol Gott, das er die gottlosen etwan³⁷ zu gar gewaltiger züchtigung der seinen brauchet vnnd gibt jnen dazu eusserlich sygen vnnd glück³⁸; so bald aber die seinen mit solichen wollenn zu schaffen haben, rath vnnd hilff by jnen su(o)chen, so gohn yr sachen jmer mehr zugrund, wie das die Israeliten erfaren haben^e: So offt by diesen gotlose leut regiereten oder sie hilff by solichen als den Egyptieren, Assyriern vnnd anderen su(o)chten, ist es alles vbel gangen; vnnd haben die tyrannen der heyden, so für sich vnnd wider das volck Gottes glück vnnd syg gehept, vmkommen müssen, so bald sie fur das volck Gottes, von denselbigen auß vnglauben dazu vermogt, wolten streyten.

[3] Darumb, liebe fromme christliche herren, so sehen vnder euch selb vnnd anderen, so fil an euch jmer sein mag, fleissig daruff, das jr mit denen, die Gott vor augen haben, handlend, vnder denselbigen herfür ziehen, die in der forcht Gottes vnnd annderen gottseligen gaben fürtreffen! Wendend allen fleiß an, wie jr euch mit den eweren, die doch auch Gott vor augen haben, zum besten vergleichen, damit jr mit denen, so mit euch einen herren Christum haben, die eer Gottes einmütiklich helffen verthädigen! Warlich darff³⁹ es nichs, vberal ewer widerwertigen zu stillen, dann nur [fol. 280v] grad vff Got sehen vnnd sich desselbigen getröst vernemmen lassen, euch mit den verwanten des glaubens wol vereinigen vnnd dan euch nur wacker halten vnnd vfflu(o)gen⁴⁰. Der feind versu(o)cht sein heyl; laßt yr euch schrecken, er nimpts an⁴¹. Möch[te] er dann durch die seinen ein führ anzünden, obschon dieselbig[en] zum ersten oder allein damit verbrennen solten, so ists im doch auch gewinn, dann er aller menschen, auch der seinen, feind ist. Solich führ aber würdt euch wol on schaden zergohn, so jr se[lb] wolt. Ja sicht man, das jr nur ein wenig wasser zum leschen zutragen, es solle wol vnangezündet bleyben.

[4] Got hats ja versehen, das der Keyser⁴² nichs weniger lust hat dan zu kriegen; ist auch sein entliche meynung, so bald man schiffen kann, hei[m] zu faren⁴³, des wir eigentlich wissen haben. Des kriegs sachenn stonnd leyder zu

---

^e *gestrichen* jnen geben.

³⁶ Vgl. Phil 2, 13.
³⁷ Bisweilen.
³⁸ Vgl. Hi 21, 7; Ps 37, 35 u.ö.
³⁹ Bedarf.
⁴⁰ (Zum Himmel) aufschauen.
⁴¹ Er maßt sich das an.
⁴² Karl V. Vgl. oben S. 49, Anm. 19.
⁴³ Nach dem Ende des Reichstages verließ der Kaiser Regensburg am 2. September 1532 und reiste über Passau (11. September), Linz (13. – 20. September), Wien (24. September – 3.

gar vil übel, also seind seine land bede durch freind vnnd feind verderbet⁴⁴.
Der Babst mu(o)ß wol thu(o)n als ei[n] Babst, kriege vnnd blu(o)tvergiessen
anrichten, wo er kan. Got sey aber lob, da ist auch nicht so gross vermogen!
So solt yr noch tre[w]liche hilff by den christlichen fursten vnnd stetten
finden, wo eu[ch] das von nöten sein würde, daran vnns nicht zweyfflet.
Auc[h] wurdt aller erbarkeyt by einer loblichen Eydgnoßchafft leicht sehen,
wahyn mans mit euch spyle vnnd wozu man den zanc[k] der religion gebrauchen
wolle. Man hat auch freylich ↓wol↓ by eu[ch] gehört, wie die Spanier
vnnd Italianer yres eigen herrenn arme leut gehalten haben⁴⁵, das sie der
Türck aller ding, allein das hynschleuffen zu knechten vnnd mägten vnnd das
kinder mörden außgenommen, milter gehalten hatte⁴⁶. Solich rauben,
br[e]chen, hörgen⁴⁷, brennen, mörden, weyber vnnd töchter schenden inn
angesicht der menner vnnd elteren, die angebunden habenn zusehen müssen,
ist durch sie, wa sie gezogen, zubracht. So [fol. 281r] wild sind nu(o)n freylich
die fünff ort noch nit, das sie der gehulffen begerten⁴⁸.

[5] Derhalb sehet steifff⁴⁹ vff Gott! Gedencket, was euch Gott für gnaden
bißhar bewisen! Lassen euch nur da nichs jr machen! Wer nicht mit Christo
dran⁵⁰, der ist eigentlich wider jn⁵¹. Doch solle man erkennen: Mit Christo
dran sein alle, die ware lust zur frombkeyt haben, welche allein Christus ist,
ob man sich gleich ↓nit↓ vmb alle subteyle disputationen verstünde. Wa e[uer]
g[naden] nicht, Got sey lob, mit ermanen inn gotlichem thu(o)n sogar reichlich
versehen weren durch vnnsere getrewe gotgelerten mitgehilffen am wort

---

Oktober) und Mantua (7. November) zu einem Treffen mit Papst Clemens VII. nach Bologna,
wo er sich vom 14. November bis 27. Februar 1533 aufhielt. Vgl. Kaiser Karl V. an König Ferdinand
I. vom 26. Oktober 1532 (Lanz, Correspondenz Karl V. 2, Nr. 304, S. 18; Cadenas y
Vicent, Diario Carlos V, S. 226–229). Seine Rückkehr nach Spanien plante er bereits in
Mantua. Vgl. Karls V. dort verfasstes Schreiben an seine Schwester Maria vom 7. November
(Lanz, Correspondenz Karl V. 2, Nr. 307, S. 21–23) und an seinen Bruder Ferdinand vom gleichen
Tag (ebd., Nr. 308, S. 23f.). Am 21. April landete er in Roses und betrat erstmals wieder
spanischen Boden (vgl. Cadenas y Vicent, Diario Carlos V, S. 230).
⁴⁴ Vgl. Kohler, Quellen Karl V., S. 251.
⁴⁵ Übergriffe der kaiserlichen Soldaten gegen die Landbevölkerung beklagt etwa Adrian von
Croy in seinem Brief an Kaiser Karl V. vom 6. September 1532 (vgl. Lanz, Correspondenz Karl
V. 2, Nr. 290, S. 5). Vgl. auch Philipp von Hessen an die Straßburger Dreizehn vom 7. November
1532 (PC 2, Nr. 168, S. 175) und den Brief des Basler Rates an die Straßburger Dreizehn vom
24. November (ebd., Nr. 170, S. 177). Zu den vom Kaiser daraufhin persönlich angeordenten
Maßnahmen vgl. dessen Antwortschreiben vom 9. September (ebd., Nr. 291, S. 6–8).
⁴⁶ Zu den Versklavungen beim Rückzug Sultan Süleymans vgl. Bucers Äußerungen im Brief
an Ambrosius Blarer vom 11. November 1532 (oben Nr. 637, S. 39, Z. 5–7).
⁴⁷ Verwüsten, vernichten.
⁴⁸ Vgl. allerdings die von Bucer im Brief an Melanchthon vom 24. Oktober 1531 selbst kolportierte
Greuelgeschichte von der Vergewaltigung einer Frau durch Fünförtische (BCor 6, Nr.
494, S. 247, Z. 8–12).
⁴⁹ Fest.
⁵⁰ Verbunden.
⁵¹ Mt 12, 30; Lk 11, 23.

Gottes, wolten wir selb zu euch komen vnnd als getrewlich die sachen Christi by euch mit seiner hilff furderen, als der Verulanus ymer mehr mag⁵² die sachen seins herrenn⁵³.

Gnädigen christlichen herren, e[uer] g[naden] wolle diese vnnseren trost vnnd herman schrifften⁵⁴, die wir gantz christlicher meynung an euch gethon, zum besten deuten vnnd vffnemmen. Der Herre geb, das sein ehr durch euch wie bißhar dapffer bekennet vnnd verthädiget werde vnnd alle weytere ergernüß verhütet, das dem Satan sein mutwillen nicht weyter gebüsset werde; dan wo dem etwas solte gegen euch gelingen, das Got ewig verhüten wölle, wurde warlich solichs nit allein das reich Christi by eüch, sonder auch alle freyheiten vnnd gu(o)te policien⁵⁵ zu grund bringen vnnd inn aller welt die aller schedlicheste ergernüs, so inn teutschen landen je fürgangen, geberen. Dis wölle ja vnnser Herr Jhesus Christus gnediklich verhüten vnnd sein reich by eüch jmer mehr vnnd mehr stercken vnnd durch eüch wie zuvor herlich erweytern vnnd vffbringenn. Dem sye alle eer vnnd preyß. Amen.

^Datum Straßburg vff zweyvndzwantzigstenᶠ Nouembris.

E[uer] gnaden vnderthenige Wolf[gang] Capito, Martin Bucer
vnd andere diener des euangelij zu Straßburg^ ᵍ.

*Adresse [fol. 281v]*ʰ*:* Den strengen, ernfesten, fursichtigen, weysen herren, burgermeyster, kleyn vnnd grössen rhaeten der christlichen stat Zurich, vnsern gnedigen herren.

O Hubert (mit Korrekturen und Ergänzungen Bucers) AST 174 (Var. eccl. IX), fol. 279r – 281v.

ᶠ *anstatt* zehenden. – ᵍ *von Bucer eingefügt.* – ʰ *von Bucer eingefügt.*

⁵² Mehr als der Verulanus jemals vermag.
⁵³ Vgl. oben S. 48, Anm. 8.
⁵⁴ Trost- und Ermahnungsschreiben.
⁵⁵ Ordnung und Regierung.

641.
Martin Bucer, Wolfgang Capito[1] und die Straßburger Kollegen an den Berner Rat
Straßburg, 26. November 1532

[1] Les pasteurs strasbourgeois remercient les Bernois d'avoir accepté et fait triompher la vérité depuis la Dispute [du 6 au 26 janvier 1528]. Après le malheur [de la défaite de Cappel] et de la division entre la ville et la campagne, l'action de Wolfgang Capiton lors du Synode de Berne [du 9 au 13 janvier 1532] a rétabli la paix : les sujets restent tranquilles, les pasteurs prêchent l'Évangile sans blesser l'autorité temporelle, et le Sénat doit veiller, avec les prédicateurs, aux bonnes mœurs. C'est ainsi que le nom de Berne sera célèbre et que, au jugement dernier, il sera honoré devant le monde entier. [2] Les prédicateurs strasbourgeois écrivent cette lettre parce que les Bernois sont insuffisamment disposés à soutenir les croyants [évangéliques] persécutés cruellement par les Cinq Cantons [dans les territoires sous juridiction commune]. Même si l'ordonnance réformatrice a été mise en œuvre seulement par respect de la décision majoritaire, il faut maintenant s'y tenir et ne pas agir selon son bon vouloir. [3] Les souverains chrétiens doivent aider ceux qui sont persécutés à cause du Christ ; leur négligence découle de la formation de partis et de sectes, mais la prédication du Christ enseigne l'unité. Rien ne justifie de rechercher la paix contre Dieu et au détriment des persécutés ; l'autorité civile aussi doit porter sa croix et ne pas regarder à sa tranquillité et à sa sécurité. Dieu lui confie non seulement honneur, mais aussi la peine de soutenir courageusement et par amour chrétien ceux qui sont abandonnés, car il hait la violence faite aux faibles. Après avoir aboli l'idolâtrie, les Bernois doivent témoigner leur amour pour les frères dans la foi. Une autorité chrétienne, qui tient son pouvoir de Dieu, doit promouvoir l'honneur de Dieu et la nécessité du prochain, et non pas ses intérêts propres. Malgré la faiblesse humaine des [Bernois], due à la crainte d'une intervention de l'Empereur, Dieu est plus grand que tout et il viendra en aide. L'Empereur veut rentrer en Espagne, et il ne projette pas la guerre [contre les Suisses], n'étant pas aussi ennemi de ma foi qu'on le dit : sans cela, il n'aurait pas proposé une paix – qui n'incluait pas les futurs protestants. [4] Par contre, le pape recherche le conflit, pour détourner les voisins craintifs des Bernois de la vérité [évangélique]. Les ennemis, pleins de malice, cherchent à nous diviser. En tant que serviteurs de l'Esprit et prédicateurs du Royaume de Dieu, les pasteurs strasbourgeois recherchent la piété, et non pas des choses mondaines. Comme, chez les Confédérés, on a supprimé beaucoup d'abominations et adopté majoritairement l'Évangile, les prédicateurs strasbourgeois prient Dieu de soutenir ce gouvernement et de préserver son honneur, qui désormais est lié au bien des Bernois et à la défense de la vérité chrétienne. Il y a cinq ans, après la Dispute [de Berne], les Bernois ont accepté l'Évangile, et introduit, en ville et à la campagne, le vrai culte et des lois pieuses ; ils l'ont confirmé récemment et ont tenu un synode. C'est pourquoi, ils sont un exemple pour de nombreuses Églises et autorités civiles. Aussi, pour l'amour de

---

[1] Pfarrer an Jung-St. Peter und Propst an St. Thomas in Straßburg. Vgl. Personenindex.

Dieu et leur Salut de leur âme, les prédicateurs strasbourgeois leur demandent de cesser les querelles secondaires et de se préoccuper des [évangéliques] qui sont opprimés. [5] Dans toute l'Écriture, Dieu exige qu'on le reconnaisse et qu'on aime son prochain. Les Bernois ont accompli la première exigence en supprimant les images, le rite [traditionnel] de la messe et les commandements humains qui dominaient les consciences, et en instituant une vie et un culte conformes à l'Écriture ; il s'agit maintenant, par amour chrétien, de venir en aide aux voisins et amis. Celui qui ne prête pas assistance contre l'injustice s'en fait le complice, il pèche et fera l'expérience de la rigueur divine. Qu'en conséquence, le Sénat de Berne promeuve tout ce qui est pieux, afin que Dieu le préserve pour sa gloire et pour la vie éternelle.

[1] Die Straßburger Prediger danken oft für die Annahme und Durchsetzung der [evangelischen] Wahrheit in Bern seit der Disputation [vom 6. – 26. Januar 1528]. Nach dem Unglück [der Niederlage im Zweiten Kappeler Krieg] und der Entzweiung zwischen Stadt und Land stellte Wolfgang Capitos Wirken auf der Berner Synode [vom 9. – 13. Januar 1532] den Frieden wieder her: Die Untertanen halten Ruhe, die Geistlichen predigen das Evangelium ohne Verletzung des weltlichen Regiments und der Rat soll über die guten Sitten und die Einhaltung der geschaffenen Ordnung wachen, um Zerrüttung vorzubeugen. So wird der Name Berns berühmt und im Jüngsten Gericht vor aller Welt verherrlicht werden. [2] Der Anlass des Schreibens ist die mangelhafte Bereitschaft Berns, den von den [altgläubigen] Fünf Orten verfolgten [protestantischen] Gläubigen [in den Gemeinen Herrschaften] beizustehen. Auch wer nur aus Respekt vor einem Mehrheitsentscheid eine reformatorische Ordnung ins Recht gesetzt hat, muss diese jetzt auch halten und nicht nach eigenem Gutdünken handeln. [3] Christliche Herren helfen denen, die um Christi willen verfolgt werden; ihre Nachlässigkeit ist eine Folge von Parteiungen und Sektenbildung, die Predigt von Christus aber lehrt Einigkeit. Weder die Sorge um den allgemeinen Frieden noch die Furcht vor einem erneuten Fehlschlag rechtfertigen es, einen Frieden gegen Gott und auf Kosten der Gequälten zu suchen. Auch die Obrigkeit muss ihr Kreuz tragen und nicht auf die eigene Ruhe und Sicherheit schauen. Gott teilt ihr nicht nur Ehre, sondern auch die Mühe zu, sich der Verlassenen nach zeitlicher Ordnung tapfer anzunehmen, hasst er doch Gewalt gegen Schwache. Dem Ende der Abgötterei in Bern sollte die Liebe gegen die Glaubensgenossen folgen. Als Gottes Befehlshaber soll eine christliche Obrigkeit seine Ehre und den Nutzen des Nächsten fördern und nicht Eigeninteressen folgen. Trotz der menschlichen Schwäche der Evangelischen [Berner], die aus der Sorge um ein gewaltsames Eingreifen des Kaisers geboren ist, ist Gott größer und hilft. Der Kaiser will nach Spanien und sinnt angesichts der Auswirkungen auf das Reich und der Kosten nicht auf Krieg [gegen die Schweizer], zumal er dem Glauben nicht so feind ist, wie behauptet wird. Hätte er sonst einen Waffenstillstand geschlossen, der nicht künftige Protestanten einbezieht? [4] Der Papst hingegen sucht die Auseinandersetzung, um die furchtsamen Nachbarn der Berner von der [evangelischen] Wahrheit abzubringen, die Bosheit der Feinde könnte deshalb zunehmen. Ihnen geht es nicht um das [liturgische] Gepränge, sondern um eine Zwangsherrschaft anstelle der [evangelischen] Freiheit. Als Dienern des Geistes und Predigern des Reiches Gottes, das Christus im Gewissen wirkt, geht es den Absendern nicht

um Weltliches, sondern um Frömmigkeit. Da man in der Eidgenossenschaft aber viel Frevel abgestellt und mehrheitlich des Evangelium angenommen hat, bitten die Straßburger Prediger Gott um Beistand für diese Regierung und um den Erhalt seiner Ehre, die nun mit dem Wohlergehen der Berner und der Verteidigung christlicher Wahrheit verknüpft ist. Bern hat vor fünf Jahren nach der [Berner] Disputation das Evangelium angenommen, den wahren Gottesdienst sowie gottselige Satzungen für Stadt und Land eingeführt, dies jüngst bekräftigt und einen Synodus abgehalten. Es ist deshalb ein Vorbild für viele Kirchen und Obrigkeiten und wird jetzt noch ungeahnten Nutzen stiften. Deshalb bitten die Straßburger Prediger um Gottes Willen, alle nachrangigen Auseinandersetzungen abzustellen und sich der [Protestanten] anzunehmen, die [mit dem Ziel der Rekatholisierung] bedrängt werden. [5] Gott fordert, ihn zu erkennen und den Nächsten zu lieben. Ersteres haben die Berner mit der Entfernung der Bilder, des [altgläubigen] Messritus und der Gewissen beherrschenden Menschengebote bewiesen; nun gilt es, den Nachbarn und Freunden zu helfen. Wer gegen Unrecht nicht Hilfe leistet, macht sich dessen teilhaftig, sündigt und wird Gottes Strenge erfahren. Der Berner Rat möge daher alles Gottselige fördern, damit Gott ihn zu seiner Herrlichkeit und zum ewigen Leben erhalte.

Vch edlen, gestrengen, ernuesten, frumen, fürsichtigen, wysen vnnd gnädigen herren sye gnad vnnd frid vonn Gott dem vatter[2]!

[1] Wann wyr, die predicantenn zu(o) Straßburg, an vch in vnnserm gebett gedencken, das offt beschicht, so sagenn wir danck dem allmechtigen Gott vnnd dem vatter vnnsers Herren Jesu Christi, vonn welchem jr entpfangen haben, das jr anfangs mit solichem bestandt vff der disputatz die erklärte vnnd bekhannte warheyt angenommen vnnd mit der thatt zu(o) statt vnnd lannd in gepruch bracht habenn[3].

---

[2] Vgl. II Thess 1, 2.

[3] Die Weigerung mehrerer Geistlicher, den Gottesdienst nach altgläubigem Ritus zu feiern, und das Ersuchen einiger Priester, ihnen die Eheschließung zu gestatten, stellte den Berner Rat 1527 vor die Entscheidung, ob er die Reformation einführen wolle. Dazu berief er nach dem Vorbild Zürichs eine Disputation ein, die vom 6. – 26. Januar 1528 unter Beteiligung Bucers und Capitos stattfand (vgl. dazu BDS 4, S. 15–160; LINDT, BERNER DISPUTATION; QUERVAIN, GESCHICHTE BERN, S. 127–159). Als Ergebnis beschloss der Rat am 2. Februar reformatorische Maßnahmen (vgl. Steck/Tobler, Berner Reformation 1, Nr. 1504, S. 625) und erließ nach einer proreformatorisch verlaufenen Abstimmung am 7. Februar ein Reformationsmandat (ebd., Nr. 1513, S. 629–634; Z 6/1, Nr. 117, S. 499–508), das nach den Abstimmungen vom 23. Februar (ebd., Berner Reformation 2, Nr. 1534, S. 644–646) auch in den Landgemeinden umgesetzt wurde (vgl. GUGGISBERG, BERNISCHE KIRCHENGESCHICHTE, S. 101–137; LOCHER, ZWINGLISCHE REFORMATION, S. 276–282). Zum differenzierten Ergebnis und dem Widerstand des Oberlandes vgl. ebd., S. 280f.; PFISTER, KIRCHENGESCHICHTE DER SCHWEIZ 2, S. 74–77; QUERVAIN, GESCHICHTE BERN, S. 189–214. – Der positive Rekurs auf die Berner Disputation ist insofern geschickt, als die Unterzeichnung der lutherischen Bekenntnisschriften in Schweinfurt (vgl. BCor 8, S. XXf.) den Straßburgern den Vorwurf eingebracht hatte, ihre damalige Position aufgegeben zu haben (ebd., S. XXIX). Vgl. z.B. Bullinger an Bucer vom 12. Juli 1532: „Memineris, Bucere, istius tuae pollicitationis et subscriptionis, quam senatus populusque Bernen[sis] scripto de uobis habet." (Ebd., Nr. 610, S. 218, Z. 12f.).

Hienach aber, als Gott den schweren vnfall[4] vber vnns verhengt[5] vnnd
desshalb die hertzen zu(o) statt vnnd lannd gar erschrockenlich widereynan-
der zertheylt waren[6], da ist nit on sunder gnad Gottes beschehen, das jr
vnnsern lieben mitbru(o)der d[octor] Wolfgang Capito früntlich entpfangen,
noch sym befehle Gottes sachen by vch handlen lassenn, gu(e)ttlich verhöret,
angenomen vnnd jm verholffen habenn, den synodum[7] by vch zu(o) christli-
chem friden vnnd zu(o) fürderung göttlicher eeren zu(o) endenn[8], durch wel-
chenn sunder zwyfel Gottes eer nach dem heyligen euangelio by vweren
gemeinden gefürdert vnnd alle vwere vnderthonenn zu(o) vnderthäniger
gehorsame vnnd stiller ru(o)w bracht sind. Dann vwere predicannten vnnd
pfarrer zu(o) statt vnnd lannd sich einander bericht habenn, wie sy das euan-
gelium handeln sollen on verletzung des weltlichenn regiments, das ouch
Gottes ist, vnnd vonn keynem andern Gottes werck verhindert werdenn
solle[9]. Wes grosser freudenn ist es by vnns, das so vil christlicher ordnungen
der zit beschlossen[10] vnnd die priesterschafft sampt den kilchen in lidliche
ordnung gerichtet vnnd gebracht sind, welche yr, so vil vch belangt, ettlicher
massen erstattet[11] vnnd, als wyr hoffenn, jnn arbeyt stond, ouch daß vberig
zuo vollenden! Wass aber gu(o)tte sitten, beyde der predicanten vnnd gemein-
den, zu(o) statt vnnd lannd belangt, so vil das einer christlichen oberkeyt
gebürt, habenn jr ouch fürgenomen zu(o) hanndthaben[12]. Der Allmächtig

---

[4] Unglück.
[5] Bucer meint offensichtlich die Niederlage der Protestanten im Zweiten Kappeler Krieg.
Vgl. dazu BCor 6, S. XIVf.; BCor 7, S. Xf.
[6] Die Niederlage stärkte rekatholisierende Tendenzen im Landgebiet, gab man doch den
Berner (Stadt)geistlichen die Schuld am Krieg. Zudem verlangten die Vertreter der Landschaft
ihre Einbindung in künftige Entscheidungen über militärische Unternehmungen. Vgl. den
Bericht der bernischen Hauptleute vom 22. November 1531 (Steck-Tobler, Berner Reformation
2, Nr. 3239, S. 1477); vgl. dazu LAVATER, VERBESSERUNG DER REFORMATION, S. 59–61; MEYER,
KAPPELER KRIEG, S. 302f.; QUERVAIN, GESCHICHTE BERN, S. 272–276.
[7] Die Berner Synode (9. – 13. Januar 1532). Zu ihren Ergebnissen vgl. die nachfolgende
Anm. 8.
[8] Capito traf am 29. Dezember 1531 in Bern ein, predigte tags darauf und führte bei der
Synode den Vorsitz. Er erreichte eine Konsolidierung der Berner Kirche, insofern dort die
inneren Konflikte beigelegt wurden und ein gemeinsames Bekenntnis, der Berner Synodus,
verabschiedet werden konnte. Vgl. die Darstellung der Ereignisse im Brief Berchtold Hallers an
Bucer vom 16. Januar 1532 (BCor 7, Nr. 543, S. 196–207); vgl. dazu LAVATER, VERBESSERUNG
DER REFORMATION; LOCHER, BERNER SYNODUS.
[9] In Bern hatte der Prediger Kaspar Megander die Militärpolitik des Rates als zu zaghaft kri-
tisiert und daraufhin Predigtverbot erhalten. Den damit ausgelösten Konflikt zwischen der Pre-
digtfreiheit der Geistlichen und der Vollmacht des Rates konnte Capito auf der Synode beilegen.
Vgl. Berchtold Haller an Bucer vom 16. Januar 1532 (BCor 7, Nr. 543, S. 204, Z. 1–5); vgl. dazu
LAVATER, VERBESSERUNG DER REFORMATION, S. 98–102.
[10] Aktuell dürfte Bucer etwa an die von ihm selbst verfasste Ulmer Kirchenordnung (vgl. Kir-
chenordnungen Ulm, S. 124–162; vgl. dazu AREND, ORDNUNG DER REFORMATION IN ULM) oder
an die von seinem Freund Ambrosius Blarer in Esslingen etablierte Zuchtordnung denken (vgl.
Kirchenordnungen Esslingen, S. 335–357).
[11] (Jetzt) erfüllt, realisiert.
[12] Zu den Ansätzen einer Zuchtordnung in Bern und seinem Landgebiet vgl. LAVATER, VER-
BESSERUNG DER REFORMATION, S. 97f.

verlyhe syn gnad, dass v[wer] g[naden] sampt jren amptlüten vss warer gotts-
forcht vber allenn gu(o)tten ordenungen flyssig haltenn, die laster straffen, der
gu(o)tten werck schutz vnd schyrm syend¹³. [fol. 1v] Sonst pflägt Gott nach
anzeyg der geschrifft die oberherrn jnn verachtung zu(o) bringenn vnnd jr
5 regierung krafftloss zu(o)machen, dadurch grosse regiment offt sint zerrüttelt
wordenn vnnd ellenndlich zerrissenn¹⁴.

Wyr sind gu(o)tter hoffnung, vnnsere liebe brüder, die predicanten,
werdenn vss warem yfer, mit aller senfte vnnd früntlicheyt, aber dennocht
mitt dringlichem ernst, wie Gottes sachen zu(o) handlenn sind, dahyn
10 ermanen vnnd v[wer] g[naden] werdenn jnen als Gottes bottenn flissig
gehorchen, wie jr vor dyser zyt gethon, als menglich¹⁵ vonn vch gloubt,
welches vweren thüren¹⁶ namenn yetzt macht wyth berumpt vnnd am jüng-
sten tag, am gericht Christi Jesu, vnnsers herrn, vor aller welt heerlich
machen würt, wie des gegentheyls, schannd vnnd laster, by den frommen nit
15 verborgen sind vnnd an jhenem tag allenn menschen khundtbar werdenn¹⁷.

[2] Gnädigen herrnn, darumb wyr aber früntlich yetzt an v[wer] g[naden]
schriben, ist dyses: Es langt vnns gloublich¹⁸ an, wie die fünff Ort¹⁹ die gleu-
bigen wider vnnd für²⁰ grusam verfolgen²¹, ouch gegen den[en], so ettlicher
mass vch zu(o) vertedingen wären, vnnd das sollichs nit werde dermassen
20 zu(o) hertzen genommenn, wie so dapferer herrschafft gebüret vnnd pflicht
christlicher liebe eruordert, welches vnns warlich erschreckt. Dann es gibt ein
anzeyg, das die, so vnder vch des heiligen euangeliumbs verstand vnnd
jnnhalt mit willenn habenn angenommenn, villicht nit so flissig sind, die
gedrängten²² zu(o) entschütten²³, als sy solten²⁴, oder villicht selbs noch nit

---

¹³ Vgl. I Petr 2, 14; Röm 13, 3f.
¹⁴ Vgl. Ps 107, 40; Hi 12, 21.
¹⁵ Jedermann.
¹⁶ Teueren.
¹⁷ Vgl. II Kor 5, 10.
¹⁸ Glaubhaft.
¹⁹ Die altgläubigen Fünf Orte. Vgl. oben Nr. 636, S. 35, Anm. 12.
²⁰ Fortwährend.
²¹ Die Straßburger hatten sich bereits in ihrem Schreiben an den Züricher Rat (oben Nr.
640, S. 46–53) für die Protestanten in den von Altgläubigen dominierten schweizerischen Orten
eingesetzt. Im Hintergrund steht die Instrumentalisierung des Zweiten Kappeler Landfriedens
mit dem Ziel einer Rekatholisierung und der Mandatsstreit zwischen Zürich und den Fünf
Orten. Vgl. dazu ebd., S. 48, Anm. 5.
²² Unter den von Bern mitregierten *Gemeinen Herrschaften* vor allem die Protestanten in
Sargans, im Rheintal, unter den Gotteshausleuten, in Bremgarten, Mellingen und in der Graf-
schaft Baden. Vgl. BÄCHTOLD, KRISE 1532.
²³ Befreien, aus der Not helfen.
²⁴ Bern und Zürich hatten bei ihrem Treffen in Bern vom 16. bis 18. November 1528 be-
schlossen, „die biderben Leute in den Gemeinen Vogteien, die das Gotteswort mit der Mehrheit
angenommen haben, oder später annehmen, nicht bloß nicht zu strafen, sondern in dem Fall,
daß jemand sie davon drängen und deßhalb überziehen oder wider Recht nöthigen wollte, sie
nicht zu verlassen, vielmehr mit der Hülfe Gottes dabei zu handhaben und zu schirmen [...]"

recht zu(o)sammen stymmen vnnd getruwlich einander helfen als einhellig glyder eyns libs[25] vnnd eyns regiments personen. Die vberigen, so wol an Christum ouch glouben, aber euangelisch ordinantzen[26] allein darumb habenn angenommen, dwyl es dem mehrern theyl gefallenn hatt[27], sindt nach art aller policyen ouch schuldig, was angenommen vnnd als ein statt- oder burgerrecht worden, vnuerruckt[28] zu(o) haltenn, welche ettwan[29] pflegen mer anzu(o)sehen, wie es jnen gefiele, dann ↓wie es↓ der gemeyn mit Gott und der billicheyt gefallen hatt, das da nit syn solle. Dann sunst were aller vnbestandt, bewegung vnnd vnru(o)w in den regimenten, so yeder vff sin gu(o)tduncken handlen mecht vnnd gesatzte ordinantzen, den gotsdienst vnnd gemein policy belangend, [fol. 2r] nichts gelten soltenn. Nun sind jr zwar alle zu(o)glich schuldig, dass jr in göttlichen sachen fürnämlich vertädingen vnnd schützen, denen jr schutz vnnd schirm schuldig sind.

[3] Ach, wie erschrockenlich ist es, wenn christlich oberherrnn zu(o)sehen, dass vmb Christus willenn andere verfolget werdenn, denen sy füglich helfen möchten[30]! Wyr geschwigen dessenn, dass ettwan soliche verlassenn plyben, der man sich zitlicher ordnung vnnd rechtem nach billich annemmen solte. Wahär kan jnbrechenn solich hynlessigkeit[31] by frommen oberherrnn

---

(EA 4/1a, Nr. 599e, S. 1444). Bucer hatte bereits die Annahme des Zweiten Kappeler Landfriedens als eine Preisgabe der Protestanten in den *Gemeinen Herrschaften* gewertet. Vgl. seinen Brief an Leo Jud nach dem 4. Mai 1532 (BCor 8, Nr. 581, S. 23, Z. 9 – S. 24, Z. 7). Faktisch besaßen die Protestanten nach dem verlorenen Zweiten Kappeler Krieg aber nur geringen Handlungsspielraum, da sie auf den nach dem Mehrheitsprinzip beschließenden Tagsatzungen nur die Minderheit stellten (vgl. BÄCHTOLD, KRISE 1532). Bern drohte zwar mit rechtlichen Schritten, ermäßigte aber seine Forderungen, als es nichts erreichte. Vgl. die Beschlüsse der Badener Tagsatzungen vom 8. April 1532 (EA 4/1b, Nr. 704, S. 1321c) und vom 10. Juni (ebd., Nr. 727, S. 1354b). Heinrich Bullinger erwog sogar die Aufkündigung der Bündnisse und eine Aufteilung der *Gemeinen Herrschaften* nach Konfessionen (vgl. Bullinger, Reformationsgeschichte 3, S. 309f.; BÄCHTOLD, KRISE 1532, S. 284–289). Zur Abstimmung zwischen Zürich und Bern in dieser Frage vgl. das Schreiben Berchtold Hallers an Heinrich Bullinger vom 2. Oktober 1532 (Bullinger Bw. 2, Nr. 140, S. 246–248).
[25] I Kor 12, 12.
[26] Ordnungen.
[27] Zu den der Reformation vorausgehenden Abstimmungen vgl. oben S. 56, Anm. 3. In seinem ersten Artikel stellte der Erste Kappeler Landfrieden diejenigen Gemeinden in den *Gemeinen Herrschaften* straflos, welche den altgläubigen Messritus abgeschafft und die Bilder aus den Kirchen entfernt hatten, und erlaubte die Anstellung eines reformatorischen Predigers, „so es durch den merteil [...] erkannt würd" (Walder, Religionsvergleiche 1, S. 5). Dieses von Zwingli forcierte gemeindliche Mehrheitsprinzip legitimierte und ermöglichte die Ausbreitung der Reformation auch in den gemischt regierten *Gemeinen Herrschaften*. Vgl. dazu im einzelnen MURALT, RENAISSANCE UND REFORMATION, S. 507–510. Bucer lehnte einen Mehrheitsentscheid in Glaubensfragen grundsätzlich ab. Vgl. seinen Brief an Simon Grynaeus vom 7. März 1532 (BCor 7, Nr. 569, S. 365, Z. 2 – S. 372, Z. 23).
[28] Fest.
[29] Bisweilen.
[30] Könnten.
[31] Nachlässigkeit, Leichtfertigkeit.

weder³² allein vss den heymlichen oder offenntlichen parthyen, dadurch gewaltige regiment zu(o) verderben kommen? Die predig vonn Christo leret eynigkeyt³³. Waher kommenn by vnnserm euangelio die vnlidlichen, seltzamen³⁴ köpff, die jmmer su(o)chen, wie sy tränung anstifften, parthyen vnnd secten fürdern, argwänig, hessig³⁵ vnnd vffgeblasen gegen eynander sind? Doch verhoffend wyr, es sy besser by vch, sonder diser vnfliss³⁶, zu(o) reddten den betrengten, beschehe villicht vss zu(o)uil vorbetrachtung vnnd flyss, gemeynen friden zu(o) erhaltenn, vff das man nit abermals anlauffe wie hieuor. Aber warlich, es diente mehr zu(o) vnfridenn vnd verderben, wider Gott ein friden zu(o) begeren vnnd vmb fridens willenn den bekümmerten vngetröstet vnnd in vnfridenn lassenn. Wo blibe das krütz der oberkeyt, so es also gült, dem wind nach sägeln³⁷ vnnd jr ampt nit den vnderthonen vnnd verwanndten zu(o) gu(o)t, sunder vff jr selbs sicherheyt vnnd ru(o)w zu(o) richtenn? Gott hat vch oberherrnn nit allein jnn eer, sonder ouch in mühe und arbeyt³⁸ gesetzt vmb der vnderthonen vnnd verwandten³⁹ willenn, das ist deren, so jr ze hilf khommen mügen. Gott will habenn, das man der verlassnen mit dapferkeyt nach zitlicher ordnung, vß christlicher lieb vnnd mit ernst sich anneme. Gott nent sich eyn vatter der verlassenen⁴⁰ vnnd hasset nichts vbelers dann abgöttery oder falschen gottsdienst vnnd also zu(o)sehen, das die schwachen vergwaltiget werdenn⁴¹.

Nun haben v[wer] g[naden] [die] abgöttery abgestelt. Hertzliche liebe solt volgenn gegen des gloubens mitgenossen vnnd das hanndtlich⁴² vnnd vß warem yfer. Gott erkhennt die hertzen⁴³ vnnd hatt eyn verdruss darab, dass die welt so falsch, [fol. 2v] vngetrüw, hoffertig vnnd vbermütig gegen einander ist vnnd mer syhet vff den schyn dann vff hertzlich fromkeyt. Solliche böse begird nympt das euangeliumb hynweg vnnd macht, das die obern rechte götter syen⁴⁴, das ist Gottes befelchhaber vnnd nachfolger, vnnd jr regierung allweg dahyn richten, dass Gottes eer dadurch gepflantzt vnnd des nechsten nutz dadurch gefürdert werde. Heydnische oberkeyt regiert zu(o)

---

³² Als.
³³ Vgl. Mt 12, 25; I Kor 1, 10–17; Joh 17, 21.
³⁴ Widersetzlichen, eigensinnigen.
³⁵ Gehässig.
³⁶ Nachlässigkeit, Sorglosigkeit.
³⁷ Sprichwörtlich. Vgl. Thesaurus Proverbiorum 13, Nr. 51, S. 107.
³⁸ Mühsal, Leiden.
³⁹ Verbündeten.
⁴⁰ Vgl. Ps 68, 6f.; 102, 18.
⁴¹ Vgl. Dtn 32, 21; Prov 14, 31.
⁴² Handfest, tapfer.
⁴³ Vgl. Ps 44, 22; Lk 16, 15; Act 15, 8.
⁴⁴ Vgl. Ps 82, 6; vgl. auch den Zusammenhang von Gottebenbildlichkeit und Herrschaftsauftrag in Gen 1, 27f. Vgl. dazu Bucer an Simon Grynaeus vom 9. Oktober 1531 (BCor 6, Nr. 485, S. 196, Z. 5) und an Ambrosius Blarer vom 24. November (BCor 7, Nr. 510, S. 49, Z. 4f.).

jrem nutz vnnd pracht, aber christen bruchen jren gewalt als Gottes statthalter zur vfbuwung an Gott; dann sy halten vber der reynen leer vnnd vber straff der laster, sy beschirmen die betrüpten, sy widderstönd den bößwilligenn, mehr das sy nit andern beschwärlich syen, weder das sy für jr person vor jn[en] versichert syen. Dann die lieb su(o)chet nit das jr[45], sonder was andern zu(o)treglich ist.

Es loufft ettwann mitt vnder menschlich blödigkeyt[46], als yetzt möcht by ettlichen des Keysers[47] gewalt vnnd sin kriegsvolck angesehen werden[48]. Aber Gott by vnns ist grösser weder alles; der hilfft, wa jm vertruwt würt. Zu(o) dem so stodt des Keysers synn vnnd gemüt Hyspanien zu(o)[49], ouch ist er kheins kriegs begirig vnnd weyßt, dass er vch nit mag schaden zu(o)fügen on bewegung tütscher nation[50], dann er ist beredt[51], das vnnser fürsten vnnd stett bedenken, das jnen zu(o) glich ouch gilt, vnnd jr nit mügen schaden liden on jener nachteyl. So hatt der Keyser sin gelt zu(o) lieb; er hatts nit wöllenn angryffen jn grössern obligen[52]. Auch ist er dem glouben nit als fyendt als fürgeben würt, sonst wurde er vnns kheyn sollichen friden zu(o)gesagt habenn[53], dwyl[54] sich vnnsere fürsten vnnd stett nie haben wöllenn begeben deren[55], so vsserhalb jres verstannds[56] oder eynigung sich des euangeliumbs yetzt annämenn oder in zukhunfft annemenn werden, wiewol die pfaffheyt häfftig getriben hatt[57].

---

[45] I Kor 13, 5.
[46] Manchmal ist (an unserem Verhalten) menschliche Schwäche beteiligt.
[47] Karl V., Römischer Kaiser. Vgl. Personenindex.
[48] Zur Sorge der Protestanten vor einem gewaltsamen Eingreifen des Kaisers in den Religionskonflikt nach dem Rückzug der Türken vgl. oben Nr. 640, S. 52, Anm. 45.
[49] Zu den Reiseplänen Karls V. vgl. oben Nr. 640, S. 51f., Anm. 43.
[50] Ohne Turbulenzen für die (ganze) deutsche Nation. Zur kaiserlichen Religionspolitik vgl. oben Nr. 637, S. 38f., Anm. 11.
[51] Er weiß genau.
[52] Für die Abwehr der Osmanen hatte Karl V. im Jahr 1532 die Summe von 953.354 Dukaten aufgewendet; dies gelang ihm nur mithilfe von Anleihen. Vgl. TRACY, FINANZIERUNG DER FELDZÜGE, S. 158.
[53] Gemeint ist der Nürnberger Anstand vom 24. Juli 1532 (vgl. RTA J 10/3, Nr. 549, S. 1511–1517). Er verbot jede Kriegshandlung bis zum avisierten Konzil und prolongierte damit den status quo. Vgl. AULINGER, NÜRNBERGER ANSTAND; ENGELHARDT, NÜRNBERGER RELIGIONSFRIEDE; KOHNLE, REICHSTAGE, S. 464; RTA J 10/1, S. 134; WINCKELMANN, SCHMALKALDISCHER BUND, S. 230–256.
[54] Während.
[55] Nie die haben in Stich lassen wollen.
[56] Verständigung.
[57] Die Forderung, im Interesse einer Ausbreitung der Reformation auch künftige Unterzeichner der *Confessio Augustana* (die sog. *futuri*) in den Waffenstillstandsvertrag einzubeziehen, erhoben die Protestanten unter Berufung auf den Speyerer Reichstagsabschied 1526 bei den Waffenstillstandsverhandlungen in Schweinfurt bereits in ihrem Entwurf vom 9. April 1532 (vgl. RTA J 10/3, Nr. 345, S. 1271, Z. 52 – S. 1272, Z. 60; vgl. dazu PC 2, Nr. 140, Beilage V, S. 125), konnten sich aber damit letztlich nicht durchsetzen. Dies kritisierten neben Philipp von Hessen vor allem Johannes Brenz und die markgräflichen Theologen. Vgl. *Brentii und der andern Marggrae-*

[4] Doch ist dem Bapst[58] nichts zu(o) uil; er möchte ettwas anfohen, damit vwer forchtsamen nachburen gar erschreckt vnnd von der warheyt abgetribenn wurdenn. Alsdann ist zu(o) ermessen, ob nit sollliche bosheyt der fyende werde fürschrytten vnnd ouch dyse trutzen[59], den[en] sy yetzt gu(o)tte wort gebenn. Warlich es ligt vnnserm gegentheyl nit an den kilchen geprengen, sonder es ist mehr dann eyn rathschlag vnnd mehr dann vonn eym theil fürgenommen, das man vnder diser [fol. 3r] spaltung vwer fryheyt wider abthu(o)n vnnd vnder ettlicher weniger bezwang[60] bringen möcht, das vnns hertzlich leydt were, wiewol sollliche sorg vnnsern beuelh als dienern des geysts nit fürnämlich belangt. Wyr sind diener Christi, deß rych predigen wyr, das er durch sinen geyst in den gewissenn vbet. Wa Christus oberhandt hatt vnnd fromme christen sind, da geet es wol vnnd recht, ob sunst schon die welt voller unru(o)w were vnnd hymmel vnnd erterich zu(o) huffen fielhe[61]. Aber dwyl ein loblich Eydgnoßschafft vor dyser zytt hatt vil fräuel vnnd gewalt der bösswilligen abgestelt, der vnderthonen nutz vnnd frommen gesu(o)cht vnnd jüngst das mehrer theyl ouch hatt das euangelium angenommen, vorab jr, vnser g[nädige] herrnn zu(o) Bern, so gebürt vnns, ouch des gewissens halb, Gott zu(o) bitten, das er vwer regierung sampt andern christlichen herrnn vnnd obern beglücken vnnd erhalten wölle. Dann zu(o)glich bitten wyr, das Gottes eer jn vch erhalten werde, so yetzt mit vwer wolfart verhafft ist, sytemal yr vch christlicher worheyt anmassen[62] vnnd verthädingen. Dwyl nun, g[nädige] h[erren], v[wer] g[naden] für andern mit grossem ansehen vnnd dapferkheyt nach gehaltner disputation das euangelium by nach[63] vor fünff jaren habt angenommen[64], den falschen gottsdienst abgethon, waren an [dessen] statt vffgericht, gottselige satzungen für statt vnnd land fürgeben vnnd jüngst bestannden sind in der anfechtung, alle vwer christlich mandat vnnd gottsälig fürnämen erfrischet vnnd vonn nüwem geschworen, ouch eyn sollichen synodum gehalten habenn mit bystendigen gnaden Gottes[65], der vylen kilchen vnnd oberkheyten wol ein herrlich exempel sin mag vnnd, ob

---

fischen theologen bedenncken uff das letzt mittell zu schweinfurt, Mai/Juni 1532 (Anecdota Brentiana, Nr. 38, S. 123–126). Nach ihnen hätten die Unterzeichner „vast wider die liebe des nechsten, die das Evangelion, darvon man yetz handelt, hoch erfordert, gesündiget" (ebd., S. 124; vgl. AULINGER, VERMITTLUNGSVORSCHLÄGE, Nr. 10, Anhang I, S. 36f.) Bucer forderte erst den Einbezug der *futuri*, gab sich dann aber mit dem Erreichten zufrieden. Vgl. sein Schreiben an Ambrosius Blarer vom 28. Juni 1532 (BCor 8, S. 184, Z. 3 – S. 185, Z. 17).
[58] Clemens VII., Papst. Vgl. Personenindex.
[59] Sich widersetzen, zur Wehr setzen, trotzen.
[60] Ordnung, Maß.
[61] Vgl. Mk 13, 31 par.
[62] Annehmen, folgen.
[63] Beinahe.
[64] Vgl. oben S. 56, Anm. 3.
[65] Vgl. oben S. 57, Anm. 6f.

Gott will, bald werdenn soll, ja yetzundt by ettlichen schon ist, dann mehr nutz daruß gefolget dann menglich bedennckt, vnnd also jr vor allen oberkeyten des euangelions halb hoch berüchtiget⁶⁶ sind, so ist vnnser vnderthänig bitte vnnd ansu(o)chen vmb Gottes willenn, vmb vwer selbs wolfart vnnd vwerer selen säligkheyt willenn, das jr alle näbenhändel, so zwüschen vch selbs oder wyder [fol. 3v] ander vnwill vnnd verdruss mögen vfftrybenn, gar abstellen vnnd vch flissig vnnd getrüwlich aller deren anmassenn⁶⁷, so wider Gott vnnd vwere büntnuss betrenget werden.

[5] Dann in aller geschrifft eruordert Gott zwey ding, syne erkhanntnuss vnnd liebe gegen dem nechsten⁶⁸, wie obgemeldt ist. Das yr Gott erkhennen, habenn jr vonn vssenn bewysen jnn abthu(o)ung der bilder vnnd messen sampt der menschen gebott vber die gewissenn vnnd vffrichtung eins geschrifftlichen gottsdienst vnnd lebenns⁶⁹. Das ander, die christlich liebe, mögen jr als ein lobliche christlich herrschafft nit anderst bewysen, dann so jr vwer verwanndten vnnd nachburen stadtlich handreychung vnnd bystandt tu(o)nd, vff das sy nit vonn der warheyt Gottes vss fräuelm gewalt des gegentheyls abgetriben werdenn, welche köstlicher ist vnnd eym christen lieber sin solle dann aller zyttlichen gütter besitzung. Wer vnrecht thu(o)n lasset vnnd nit hilfft, so er helffen mag vnnd jm zu(o) helffen gebüret, der ist sollicher sünden theylhafftig vnnd als selbs vrsacher vor Gottes angesicht geachtet, welcher gegen beydenn, dem thäter vnnd bewilliger, syn strenge ouch gepruchenn will. Dann was den synen vnnd vmb syns namens willenn beschicht, das nympt er an als jm beschehen. Wer die sinen vnwürss⁷⁰ antastet, der tastet an syn ougapfel, spricht der prophet⁷¹. Der Allmechtig welle v[wer] g[naden] behütten, vff das jr weder durch vch selbs noch vß bewilligung oder stillschwigen kheyner erberkheyt vberlestig⁷², sunder allem gottseligenn wesen fürderlichen syennd vnnd plyben, damit vch Gott langwyrig vnnd gesundt in sollicher vwerer regierung mit vwern eeren vnnd nutz zu(o) sym pryß vnnd herrligkeyt erhalte vnnd nach dysem das ewig lebenn mit Christo in der herrligkheyt synes vatters gebe. Amen.

Das wünschen wyr vch vonn hertzen vnnd bittenn, das v[wer] g[naden] vnnser eynfaltig schryben als vonn dyenern Christi annäme, bedenncke und

---

⁶⁶ Bekannt.
⁶⁷ Annehmen.
⁶⁸ Vgl. Mk 12, 29–31 par.
⁶⁹ Das am 7. Februar 1528 erlassene Reformationsmandat (vgl. Steck/Tobler, Berner Reformation 1, Nr. 1513, S. 629–634) trat für die Abschaffung von altgläubigem Messritus und Bildern ein (ebd., S. 631f.), stieß aber in einigen Landgemeinden auf Widerstand. Vgl. oben S. 56, Anm. 3.
⁷⁰ Verächtlich, schmählich, zornig.
⁷¹ Sach 2, 12.
⁷² Überladen, überfüllt.

zu(o) hertzen für. Dann wolfart vwer vnnd anderer lib vnnd seel daran gelegenn syn will. Hiemit vnns v[wer] g[naden] vnterthäniglich befelhend.

Geben zu(o) Straßburg am xxvj. tag Nouembris des xvc[entum] vnnd xxxij^t[en] jars.

V[nder]th[änige], ^willige d[octor] Wolfgang Capito, Martin Butzer vnd andere predicanten vnd diener jm wort Gots zu Straßburg^.^a

[Adresse fehlt!]

O (Sekretär, mit Unterschrift von Capito) Bern SA, AV 1452, Nr. 128, fol. 1r – 3v. — R Millet, Correspondance Capiton, Nr. 490, S. 162f. — P Strickler, Actensammlung Schweizerische Reformationsgeschichte, Nr. 2019, S. 712–716.

---

^a *von Capito eingefügt.*

642.
Martin Bucer an Johannes Schwebel[1]
[Straßburg, nach dem 3. Dezember 1532][2]

[635←] [1] Bucer remercie Schwebel de s'être comporté en chrétien dans l'affaire de Georges Pistor ; il espère que la situation s'améliorera. Ceux auxquels le Christ a confié une charge doivent admonester ceux qui errent : l'Évangile est la férule et le sceptre du Royaume du Christ, et l'on peut tout diriger par lui là où est la vraie liberté ; mais la Loi est faite pour les injustes. [2] Nicolas [Gerbel] a vanté la piété du [nouveau] prince [de la seigneurie des Deux-Ponts, le comte palatin Robert du Palatinat-Veldenz-Lauterecken] et il a parlé à Bucer des cérémonies funèbres pour le défunt souverain [Louis II du Palatinat-Deux-Ponts-Neubourg] ; Bucer préfère l'usage ancien, que l'on a observé à Wittenberg pour les obsèques de Frédéric [le Sage] et sans doute aussi de Jean [le Constant] : Philippe [Melanchthon] a prononcé un discours funèbre latin devant les États, Luther a fait l'éloge du défunt et a présenté son successeur en allemand. Bucer conseille à Schwebel de ne pas user de flatterie, mais de louer les bons côtés du défunt comme un don et un cadeau de Dieu, et d'exhorter à

---

[1] Prediger an der Alexanderskirche und Reformator von Zweibrücken. Vgl. Personenindex.

[2] Das Schreiben setzt den Tod Herzog Ludwigs II. von Pfalz-Zweibrücken-Neuburg am 3. Dezember 1532 voraus (vgl. unten S. 66, Z. 17f.).

la conversion en rappelant nos propres péchés. Le défunt avait des qualités peu ordinaires : il écoutait la Parole de Dieu, il était un homme fiable et il ne versait pas le sang ; son goût pour la boisson n'en faisait pas un ennemi du Règne du Christ, car seul un enfant de Dieu pouvait accueillir sa Parole comme il l'a fait. [À la place de Schwebel,] Bucer ferait l'éloge de ces grands dons de Dieu, sans celer les mauvais côtés – en attribuant les premiers à la bonté de Dieu, les seconds à nos péchés, et en exhortant tous les princes à se donner au Christ ; la succession [de Louis] est un cadeau de Dieu, car un prince pacifique, qui adore Dieu, est un don de Dieu ; Bucer recommande des cantiques tels que "Media vita…". Nul doute que Schwebel prononcera une prédication funèbre digne. Il a déjà célébré la première partie [des obsèques] comme il se devait ; il n'était pas nécessaire qu'il requière, par Nicolas Gerbel, l'approbation de Bucer. [3] Les Strasbourgeois n'enverront plus [aux Deux-Ponts] de fauteur de troubles ; Bucer espère que [Georges Pistor] se modérera. Il salue les frères et se recommande à l'abbé de Hornbach [Johann von Kindhausen]. Capiton salue et adresse ses condoléances à la veuve du défunt [Élisabeth de Hesse] et à ses enfants [Wolfgang et Christine]. [→653]

[635←] [1] Bucer dankt für Schwebels christliche Haltung in der Angelegenheit Georg Pistor; die Lage wird sich verbessern. Ein Amtsträger soll die Irrenden ermahnen, ist das Evangelium doch Rute und Szepter des Reiches Christi, zugleich aber gilt das Gesetz für die Ungerechten. [2] Nikolaus [Gerbel] rühmte die Frömmigkeit des [neuen] Fürsten [der Herrschaft Zweibrücken, Pfalzgraf Ruprecht von Pfalz-Veldenz-Lauterecken] und sprach mit Bucer über die bevorstehenden Trauerfeierlichkeiten für den verstorbenen Herrscher [Ludwig II. von Pfalz-Zweibrücken-Neuburg]. Bucer favorisiert den alten Brauch, der auch in Wittenberg bei der Beerdigung Friedrichs [von Sachsen] und wohl auch Johanns [von Sachsen] geübt wurde. Dort hielt Philipp [Melanchthon] eine lateinische Leichenrede vor den Ständen, Luther lobte den Verstorbenen und empfahl den Nachfolger [Johann bzw. Johann Friedrich] auf deutsch. Bucer rät, nicht zu schmeicheln, sondern die guten Seiten des Toten als Geschenk und Werk Gottes zu loben, an die eigenen Sünden zu erinnern und zur Umkehr zu rufen. Der Verstorbene hatte ungewöhnliche Qualitäten: Er hörte das Wort Gottes, war zuverlässig und vergoß kein Blut. Seine Trunksucht machte ihn noch nicht zu einem Feind des Reiches Christi, kann doch nur ein Kind Gottes dessen Wort so aufnehmen, wie er es tat. Bucer würde diese großen Gaben Gottes loben, ohne die schlechten Seiten zu verhehlen, jene der Güte Gottes, diese aber unseren Sünden zuschreiben und alle Fürsten auffordern, sich Christus zu eigen zu geben. Die Nachfolge [Ludwigs] ist ein Geschenk Gottes, insbesondere ein friedliebender, Christus verehrender Fürst. Schwebel wird eine würdige Leichenpredigt halten. Schon die ersten Teile [der Bestattungsfeierlichkeiten] absolvierte er ja so, wie es sich gehört; die über Nikolaus Gerbel erbetene Zustimmung Bucers war unnötig. [3] Die Straßburger werden künftig keine unruhestiftenden Geister mehr senden. Bucer hofft, [Georg Pistor] werde sich mäßigen, und empfiehlt sich dem Abt von Hornbach [Johann von Kindhausen]. [Wolfgang] Capito grüßt und trauert mit der Witwe des Fürsten [Elisabeth von Hessen] und seinen Kindern [Wolfgang und Christine]. [→653]

Salve in Domino, frater observande!

[1] Plurimum nos recreasti tua tam vere christiana actione in caussa Georgij[3], qui certe istam lenitatem non meruerat[4]. Nunc spero nobis omnia meliora. Etsi enim Deus nulla ope hominum filij sui regnum in cordibus elec-
5 torum suorum instituat et seruet ac prouehat, tamen merito postulat, ut quisque pro viribus, quas ab ipso accepit, illi inserviat et cum primis ij, quos in ea potestate constituit, ut nominis sui communionem impertiverint[a]. Verbo debent ante omnia doceri monerique errantes. At si doceri se ac moneri non sustineant, tum qui hoc munus a Domino acceperint, arceant mala, etiam
10 quae omnium pessima sunt. Evangelium quidem illic una virga regni est et sceptrum[5], quo regi omnia oportet, ubi regnum Christi et vera libertas est. At interim lex adhuc posita est iniustis omnibus ac omnibus, qui admittunt, quod sanae doctrinae aduersum[6].

[2] Prae-[S. 190]-dicavit mihi d[ominus] Nicolaus[7] principis[8], qua nunc
15 utimini, pietatem; praedicarunt hanc et alij multi. Hanc vobis felicitatem vobis[9] vnice gratulamur. Hunc vobis principem Christus diu in gloriam suam servet!

De iustis principi defuncto[10] persolvendis d[ominus] doctor[11] nobiscum locutus est. Probatur nobis admodum mos veterum, quem et Witebergae in funere principis Friderici[12] observatum scimus, non dubitamus, quin et in
20 nupero funere Iohannis[13]: Praesentibus omnibus ordinibus eius principatus

---

[a] *P* impertiverit.

[3] Georg Pistor, Hilfsgeistlicher in Ernstweiler. Vgl. Personenindex.
[4] Die Straßburger hatten Schwebel um Geduld und Nachsicht gegenüber dem opponierenden Pistor gebeten und offensichtlich erfolgreich an seine Menschenfreundlichkeit appelliert. Vgl. Bucers Schreiben an Schwebel (oben Nr. 632, S. 18, Z. 14–17) und den Bericht Jakob Schorrs (oben Nr. 635, S. 31, Z. 2 – S. 32, Z. 12). Zum Konflikt mit Pistor vgl. oben Nr. 631, S. 11f., Anm. 11.
[5] Vgl. Ps 45, 7; Hebr 1, 8.
[6] Zu Bucers Veständnis von Gesetz und Evangelium vgl. MÜLLER, BUCERS HERMENEUTIK, S. 207–211.
[7] Nikolaus Gerbel, Jurist, Humanist und Domsekretär in Straßburg. Vgl. Personenindex.
[8] Ruprecht, Pfalzgraf von Pfalz-Veldenz-Lauterecken. Vgl. Personenindex. Er übernahm nach dem Tod seines Bruders Ludwig (vgl. Personenindex) am 3. Dezember 1532 zusammen mit seiner Schwägerin Elisabeth (vgl. Personenindex) die Regierung für seinen noch minderjährigen Neffen Wolfgang (vgl. Personenindex) bis zu dessen Volljährigkeit im Jahr 1546.
[9] Die Doppelung des Personalpronomens ist wohl ein Versehen.
[10] Ludwig II. war am 3. Dezember 1532 in Zweibrücken gestorben und wohl am 5. Dezember (vgl. CROLLIUS, DENKMAHL CARL AUGUST FRIEDRICH, S. 96) in der Pfarrkirche Zweibrücken „mit viel Gepränge" (MOLITOR, GESCHICHTE ZWEIBRÜCKEN, S. 166) beerdigt worden.
[11] Nikolaus Gerbel. Vgl. Anm. 7.
[12] Friedrich III. (der Weise), Kurfürst von Sachsen. Vgl. Personenindex. Er starb am 5. Mai 1525 in Lochau, die Begräbnisfeierlichkeiten fanden am 10. und 11. Mai in Wittenberg statt. Zu den näheren Umständen und Luthers deutscher sowie Melanchthons lateinischer Rede vgl. LUDOLPHY, FRIEDRICH DER WEISE, S. 481–486.
[13] Johann I. (der Beständige), Kurfürst von Sachsen. Vgl. Personenindex. Er starb am 16. August 1532 auf Schloss Schweinitz und wurde am 18. August beerdigt. Sein Sohn und Nachfolger Johann Friedrich von Sachsen setzte den Straßburger Rat persönlich in Kenntnis. Vgl. das Ratsprotokoll vom 7. September 1532 (Brant, Annales, Nr. 4978, S. 418).

orationem funebrem Philippus¹⁴ latinam, Lutherus germanicam habuit partim de laudibus defuncti, partim in commendatione successoris¹⁵ versantem¹⁶. Tamen ostenderem peccatis nostris deberi, ut bonis principibus destituamur. Noscis, ut deceat nos omnia ex vero agere et procul abesse ab omni specie adulationis, et quicquid in hominibus boni laudamus, id sic laudare, vt Dei munus et opus esse praedicemus, tum nos semper [S. 191] peccatorum nostrorum admonere, hoc est hortari ad resipiscentiam. Laboravit vester princeps non vulgaribus malis, habuit tamen etiam non vulgaria bona¹⁷: Verbum Dei enim audivit¹⁸. Permagnum est cognoscere vocem Domini et ej se non hostem facere, ut faciunt quicunque ex Deo nati non sunt¹⁹. Fidem quoque colunt in promissis, quae magna dos est in magnis viris, maxime qui principali dignitate fulgent. A sanguine abstinuit²⁰. Pestilens ille potandi morbus²¹ nobile certe ingenium et bonum adeo tamen perdere non potuit, ut voluisset regno adversari Christi²². Iam est hoc certe argumentum eum filium Dei fuisse. Qui enim ex Deo nati non sunt, verbum Dei sic ferre non possunt²³. Ego proinde non omitterem, si mihi in hoc funere esset perorandum, quin haec magna dona Dei in gloriam Dei commendarem suisque attollerem laudibus, simul non dissimulatis malis, quae humanitus [S. 192] obturbassent; haecque nostris peccatis, illa Dei bonitati ascribenda monerem, utque omnes se Christo principes ex animo addicerent, hortarer, unde futurum esset, ut successore gaudere possent et diu-

---

[14] Philipp Melanchthon. Vgl. Personenindex.

[15] Die Worte über den Nachfolger bezogen sich bei der Trauerfeier für Friedrich III. auf Johann I., bei dessen Trauerfeier auf Johann Friedrich (den Großmütigen), Kurfürst von Sachsen. Vgl. Personenindex. Er übernahm die Regierungsgeschäfte noch am 16. August. Vgl. BAUER, JOHANN FRIEDRICH DER GROSSMÜTIGE, S. 24.

[16] Die lateinische Lobrede auf Johann hielt Melanchthon (CR 2, S. 223–226), die Leichenpredigt Luther über I Thess 4, 13–18 (WA 36, S. 237–270). Vgl. dazu WA TR 2, Nr. 1738, S. 197–199; ebd., Nr. 1741, S. 199f. — LEROUX, LUTHER AS COMFORTER, S. 135–138; ZAHRNT, LUTHERS PREDIGT AM GRABE. Zur reformatorischen Leichenpredigt insgesamt vgl. DINGEL, RECHT GLAUBEN.

[17] Zu Person und Amtsführung Ludwigs II. vgl. MOLITOR, GESCHICHTE ZWEIBRÜCKEN, S. 156f.; LEHMANN, GESCHICHTE ZWEIBRÜCKEN, S. 258–286.

[18] Die Formulierung hebt vielleicht mit Bedacht auf das bloße Hören ab und nicht auf das Handeln. Denn Ludwig II. hatte mit Johannes Schwebel zwar einen evangelischen Prediger berufen, die Einführung der Reformation aber abgelehnt. Vgl. oben Nr. 631, S. 13, Anm. 16.

[19] Vgl. I Joh 3, 9.

[20] Ludwig II. hat zwar keinen eigenen Krieg geführt, sich aber 1521 Kaiser Karl V. bei seinem Feldzug gegen den französischen König Franz I. in Flandern angeschlossen (vgl. LEHMANN, GESCHICHTE ZWEIBRÜCKEN, S. 269) und sich noch im Sommer 1532 persönlich an der militärischen Abwehr der Türken beteiligt (vgl. JUNG, SCHWEBEL, S. 85).

[21] Der Herzog war für seinen Alkoholkonsum bekannt. Wohl auch im Blick darauf hatte Schwebel 1527 die Schrift *Von der Jugend Gesellschaft und unordentlichem Zutrinken* verfasst (vgl. Schwebel, Teutsche Schriften 1, Nr. 31, S. 353–364; VD 16, S 4759). Sie endet mit einer auf alttestamentliche Zitate gestützten eindrücklichen Mahnung an alle Regenten, das Trinken zu unterlassen (ebd., S. 362–364). Vgl. JUNG, SCHWEBEL, S. 84; LEHMANN, GESCHICHTE ZWEIBRÜCKEN, S. 286.

[22] Vgl. Röm 14, 17.

[23] Vgl. Joh 1, 12f.

turno et optimo²⁴. Cujus certe successio quantum sit Dei donum, quis explicet?, quam inaestimabile donum princeps pacificus et Christi cultor? – Congruentibus psalmis et cantionibus, ut est „Media vita" ²⁵ et similibus etc.
Tali oratione, quam indubie dignam isto funere habere te Dominus
5 dabit²⁶, et iustis eleemosynis si istam parentationem absolveritjs, non dubito bonis vos abunde satisfacturos. Sed quid ego ista ad te, domi qui habeas omnia meliora! D[ominus] doctor Nicolaus Gerbelius²⁷ narravit te iustum ferme in modum prima iusta²⁸ absoluisse, ut ego confirmarem, etiamsi non fuerat opus, quod ipsi pie instituistis, sic tamen visum est fabulari.
10 [3] Optime vale et ne dubita, post [S. 193] hac nec vos nec alios similibus turbulentis ingenijs²⁹ gravabimus. Sed spero nunc illum agere modestius. Saluta fratres et commenda me d[omino] abbati Hornbacensi³⁰! Salutat te Capito³¹, qui cum bonis hic omnibus condolet nobilissimo principi, tam praematurae viduae³², nobilissimis liberis, pupillis ante tempus³³, ditioni quoque
15 principe suo destitutae nimium cito. Contra autem gratulatur his talem tutorem, istumᵇ moderatorem tam optandum nactis et orat similibus regniᶜ Christi apud vos coeptis feliciorem successum.

Adresse [S. 188]: Martinus Bucerus pientissimo et vigilantissimo ecclesiae Bipontinae pastori, Iohanni Schwebelio, fratri observando.

O verloren. — *P Centuria Schwebel, Nr. 62, S. 188–193.*

ᵇ *P* isti. – ᶜ *P* regi.

²⁴ Ludwigs Bruder Ruprecht übergab die Regierung des Herzogtums 1546 an dessen Sohn Wolfgang, der bis zu seinem Tod am 11. Juni 1569 regierte. Vgl. MENZEL, WOLFGANG VON ZWEIBRÜCKEN.
²⁵ Die Antiphon *Media vita in morte sumus* bzw. *In mittel vnsers lebens zeyt,* die erstmals im Reichenauer Tonar von 1080 nachgewiesen ist. Vgl. HAHN, MITTEN WIR IM LEBEN SIND.
²⁶ Schwebel hielt die Beerdigung. Vgl. JUNG, SCHWEBEL, S. 85.
²⁷ Vgl. oben S. 66, Anm. 7.
²⁸ Wohl analog zu den Feierlichkeiten der sächsischen Kurfürsten folgte nach der Bestattung Ludwigs am 5. Dezember der Trauergottesdienst einige Tage später. Vgl. JUNG, SCHWEBEL, S. 187, Anm. 75.
²⁹ Bucer meint Georg Pistor. Vgl. oben S. 66, Anm. 3f.
³⁰ Johann von Kindhausen, Abt des Benediktinerklosters Hornbach bei Zweibrücken. Vgl. Personenindex. Er hatte Zwingli und Bucer auf ihrem Weg zum Marburger Religionsgespräch im Kloster Hornbach beherbergt. Nach dem Itinerar Kaspar Hedios (vgl. BDS 4, S. 330, Z. 14– 16) traf die Gruppe wohl am 19. September 1529 ein, wurde freundlich aufgenommen (Hedio vermerkt: „Ibi Abbas humaniter nos excepit", ebd., S. 330, Z. 15) und ritt tags darauf weiter (vgl. SCHÄFER, HORNBACH UND ZWEIBRÜCKEN). Die Angehörigen des Klosters Hornbach wandten sich bis 1540 sämtlich der Reformation zu. Vgl. FINGER, ZWEIBRÜCKER GYMNASIUM, S. 3f.
³¹ Wolfgang Capito, Pfarrer an Jung-St. Peter und Propst an St. Thomas in Straßburg. Vgl. Personenindex.
³² Herzogin Elisabeth von Hessen, seit 10. September 1525 Ehefrau Ludwigs II. Vgl. Personenindex.
³³ Ludwig hinterließ seinen sechsjährigen Sohn und Erben Wolfgang (1526–1569) und seine vierjährige Tochter Christine (1528–1534). Vgl. LEHMANN, GESCHICHTE ZWEIBRÜCKEN, S. 286.

643.
Martin Frecht[1] und Konrad Sam[2] an Martin Bucer
Ulm, 12. Dezember 1532

[622←] [1] Frecht et Sam espèrent que Bucer prendra leur silence en bonne part. Capiton leur a écrit, et ils ont répondu brièvement. [2] À Ulm, tout va bien, mais on est lent à mettre en œuvre les décisions [réformatrices]. [Ambroise] Blaurer est à l'œuvre à Isny. L'Église d'Esslingen va bien. Salutations des frères. [→646]

[622←] [1] Die Absender hoffen, Bucer werde ihr längeres Schweigen mit Freundlichkeit ertragen. Sie antworteten kurz auf [Wolfgang] Capitos Schreiben. [2] In Ulm steht es gut, aber die Ulmer sind bei der Umsetzung ihrer [reformatorischen] Beschlüsse zu träge. [Ambrosius] Blarer wirkt in Isny. Der Esslinger Gemeinde geht es gut. [→646]

[3]Salue in Domino, Bucere venerande!

[1] Vulgo dicitur plerumque amicitias diuturniore silentio dirimi[4], at nos speramus amorem nostrum firmiore glutino coherere, quam vt possit disrumpi. Equius itaque feres pro tua summa facilitate et humanitate, quod tam diu tacuerimus[5] et hoc tandem silentium breui schedula hac rumpamus. Capito[6] noster obseruandus ad nos scripsit, cui eodem, quo suę literę recipiebantur temporis articulo, rescribere licuit et breuiter et ruditer[7].

[2] Hic omnia salua, nisi quod nostri admodum tarde, ne dicam ignauiter, curant[8], quę jn publicum ediderunt[9]. Boues sunt cassi bucentris egentes[10] –

---

[1] Lektor in Ulm. Vgl. Personenindex.
[2] Prediger an der Barfüßerkirche in Ulm. Vgl. Personenindex.
[3] *Konrad Hubert*: [V]1532 12 decembris[V].
[4] Vgl. Aristoteles, Nikomachische Ethik 8, 5, 1; Erasmus, Adagia 2, 1, 26.
[5] Innerhalb der von uns ermittelten Korrespondenz zwischen Frecht und Bucer datiert das letzte Schreiben vom 28. August 1532 (vgl. BCor 8, Nr. 622, S. 268f.).
[6] Wolfgang Capito, Pfarrer an Jung-St. Peter und Propst an St. Thomas in Straßburg. Vgl. Personenindex.
[7] Innerhalb des von Olivier Millet ermittelten Briefwechsels Capitos (MILLET, CORRESPONDANCE CAPITON) und nach freundlicher Auskunft von Herrn Milton Kooistra, Toronto, lässt sich diese Korrespondenz nicht nachweisen.
[8] Zu Frechts und Sams Klage über die Trägheit ihrer Ratsmitglieder vgl. bereits Sam an Bucer vom 25. Oktober 1531 (BCor 6, Nr. 495, S. 249, Z. 14 – S. 250, Z. 10); Frecht an Bucer vom 20. November (BCor 7, Nr. 508, S. 43, Z. 5 – S. 44, Z. 13) und vom 1. Dezember (ebd., Nr. 517, S. 82, Z. 4–6).
[9] Frecht bezieht sich wohl auf die Veröffentlichung zweier hauptsächlich von Bucer verantworteter Schriften: Das *Gemain außschreiben: vnnd entschuldigung ayns Erbarn Raths der Statt Vlm wa jne in go(e)tlichen sachen zu(o) Christenlichem seinem fürnemen verursacht hab* vom 31. Juli 1531 (vgl. BUCER BIBLIOGRAPHIE, Nr. 48, S. 61), das die Einführung der Reformation in Ulm vor dem Reich rechtfertigen sollte und die Kirchenordnung vom 6. August unter dem Titel *Ordnung die ain Ersamer Rath der Statt Vlm in abstellung hergeprachter etlicher mißpreuch in jrer Stat vnd gepietten zu(o)halten fürgenom(m)en wie alle sündtliche widerchristliche laster (Gott dem allmechtigen zu(o) lob auch zu(o) braiterung*

atque vtinam fortiter pedem figerent! Blaurerus[11] adhuc Isnę subsistit. Esslingiacensis ecclesia bene habet[12]. Tu foeliciter vale cum ecclesia tua, quam Dominus conseruet! Salutant te confratres nostri omnes.

Raptim Vlmę, 12 Decembris 1532.

Somius, Frechtus.

Adresse [S. 828]: Summa pietate et doctrina clariss[imo] viro d[omino] Martino Bucero Christum Argentinę docenti, suo in Domino maiori.

Oa (Frecht) AST 156 (Ep. s. XVI, 3), Nr. 342a, S. 827f. — C Zürich ZB, S 32, 182; Ulm StB, ms. 9855, fasc. II, fol. 38v; TB V, S. 158.

---

der liebe des nechsten) abgewendt vermitten vnd wie die vbertretter derselben gestrafft vnd gepu(e)ßt werden so(e)llen (ebd., Nr. 47, S. 61; BDS 4, S. 374–398; Kirchenordnungen Ulm, S. 124–162)

[10] Vgl. Thesaurus Proverbiorum 9, S. 321.

[11] Ambrosius Blarer, Prediger an St. Stephan in Konstanz, derzeit in Isny. Vgl. Personenindex.

[12] Blarer hatte im Mai und Juni 1531 mit Bucer und Johannes Oekolampad die Reformation in Ulm eingeführt und wirkte seitdem als Organisator der Reformation in mehreren süddeutschen Städten, von Mitte September bis Anfang Juli 1532 in Esslingen und seit dem 14. September 1532 in Isny. Zu Blarers Stationen bis zu seiner Heimkehr vgl. oben Nr. 629, S. 5, Anm. 8.

644.
Thomas Gassner[1] an Martin Bucer
Lindau, 14. Dezember 1532

[624←] [1] Gassner remercie Bucer pour ses vœux de bénédiction, qui valaient pour lui, pour son épouse [Catherine] et pour l'Église de Lindau. Il salue l'engagement de Bucer au service des autres Églises, en dépit de ses nombreuses tâches, et espère qu'il apaisera la querelle sur la Cène, qui vient de se rallumer. [2] Depuis que Bucer a quitté Lindau, l'Église est dans le même état. Grâce aux efforts de Capiton et de [Jean] Zwick, [le Sénat] a interdit, sous peine d'être sévèrement puni, la participation à la messe traditionnelle dans le couvent des chanoinesses. [3] On attend l'arrivée de [Ambroise] Blaurer, qui, à Isny, a purifié deux églises — mais pas encore le couvent — de la vénération idolâtre des images. [4] Chez nos voisins suisses, de l'autre côté du Rhin, on enseigne à nouveau l'Évangile, qui était interdit après la défaite de Zurich [lors de la Seconde bataille de Cappel].

---

[1] Pfarrer in Lindau. Vgl. Personenindex.

[624←] [1] Gassner dankt für Bucers väterliche Segenswünsche, die ihm, seiner Frau [Katharina] und der Lindauer Gemeinde galten. Er würdigt Bucers Einsatz zugunsten anderer Gemeinden trotz vielfältiger eigener Aufgaben und hofft, Bucer werde den leider erneut aufgeflammten Abendmahlsstreit beilegen. [2] Seit Bucers Abreise ist der Zustand der Gemeinde unverändert. Dank der Bemühungen [Wolfgang] Capitos und [Johannes] Zwicks hat [der Rat] die Teilnahme am altgläubigen Messritus im Lindauer Kanonissenstift bei schwerer Strafe verboten; zweifellos hat Bucer davon bereits Kenntnis. [3] In Lindau erwartet man [Ambrosius] Blarer, der in Isny zwei Kirchen, aber noch nicht das Kloster von der Götzenverehrung der Bilder gereinigt hat. [4] Bei den Schweizer Nachbarn auf der anderen Rheinseite lehrt man wieder das Evangelium, das nach der Niederlage Zürichs [im Zweiten Kappeler Krieg] verboten war.

Pax Dominj Jhesu tecum!

[1] Quod ecclesie nostre, michi, vxori mee[2] et fratribus omnibus jmprecaris salutem, fidei augmentum et ditari nos amplius celestibus donis, gratias habe, doctiss[ime] Butzere[3]! Facis enim plusquam paterne, quod nostri quoque memor sis et omnium aliarum ecclesiarum curam geras sub tanta negotiorum mole, qua scribendo et docendo praemeris; et persepe admiror, qui hijs omnibus vnus sufficere possis. Dominus adsit propitius conatibus tuis pijs, vt studijs tuis atque indefessis laboribus proficiat respublica christiana multum et lis illa sacramentaria[4] per te componatur, quam non sine magno cordis mei dolore iterum excitari ↓audio↓ etc.

[2] Nostra ecclesia fere eodem est facie externa, vt eam hinc abiens olim reliquisti[5], preter quod opera Capitonis[6] et Zwickij[7] abominatio[a] missarum in

---

[a] *zuerst* abominationj.

[2] Katharina Gassner, geborene von Ramschwag. Vgl. Personenindex. Die ehemalige Stiftsdame heiratete Gassner 1530. Vgl. BACHMANN, GESCHICHTE LINDAUS, S. 37.
[3] Das hier vorausgesetzte Schreiben Bucers an Gassner konnte nicht ermittelt werden. Gassner erbat es in seinem Brief an Bucer vom 29. August 1532 (vgl. BCor 8, Nr. 624, S. 274–276).
[4] Die innerprotestantische Abendmahlskontroverse. Gassner bezieht sich wohl auf sein letztes Schreiben (vgl. Anm. 3). Darin geht er einmal auf die Unruhe ein, welche die Unterzeichnung der *Confessio Augustana* durch die Oberdeutschen in Schweinfurt auch in der Lindauer Gemeinde ausgelöst hatte (vgl. BCor 8, Nr. 624, S. 275, Z. 1–8), zum andern wird er an den Abendmahlsstreit im nur wenige Kilometer entfernten Kempten denken. Dort war die Ratsinitiative gescheitert, der in vorausgehenden Schreiben noch Gassners Hoffnung galt (ebd., S. 275, Z. 9 – S. 276, Z. 2); vgl. unten Nr. 646, S. 77, Anm. 11. Luthers vielbeachtete Distanzierung von der oberdeutschen Abendmahlstheologie in der Schrift *Ein brieff an die zu Franckfort am Meyn*, Ende 1532 (WA 30/3, S. 554–571), dürfte Gassner noch nicht bekannt sein.
[5] Bucer hielt sich zwischen 8. und 10. Oktober 1530 in Lindau auf. Vgl. sein Schreiben an Johann Furster vom 3. Januar 1531 (BCor 5, Nr. 372, S. 168f., Anm. 3). Einer später ausgesprochenen Einladung, die Stadt auf seiner Heimreise von Ulm zu besuchen, folgte er wohl nicht. Vgl. seinen Brief an Ambrosius Blarer vom 6. Juli 1531 (BCor 6, Nr. 433, S. 16, Z. 5f.).
[6] Wolfgang Capito, Pfarrer an Jung-St. Peter und Propst an St. Thomas in Straßburg. Vgl. Personenindex.
[7] Johannes Zwick, Prediger in Konstanz. Vgl. Personenindex.

monasterio nobilium[8] ciuibus nostris sub graui pena interdicta sit[9], vt non dubito relatu aliorum nouisti[10].

[3] Jndies Blaureri[11] ad nos aduentum expectamus, qui et nobis sua dona eximia impertietur[12]. Quid actum Jsne sit opera illius[13], nondum plane scio, preter quod bina templa, que sub ditione Jsnensium sunt, purgata sunt idololatria simulachrorum, monasterium non item[14].

[4] Apud vicinos nostros[b] citra Renum Heluetios iterum euangelium Christi docetur, quod post stragem Tigurinam[c] interdictum fuit[15], vt ipse vester ciuis[16] ad te rediens omnia enarrabit.

---

[b] *gestrichen* iterum. – [c] *zuerst* Tigurinum.

[8] Das Lindauer Kanonissenstift *Unserer Lieben Frau unter den Linden*. Vgl. BACKMUND, KOLLEGIAT- UND KANONISSENSTIFTE, S. 127–130; BOSL, BAYERN, S. 414–416.

[9] Die oberdeutschen Städte Ulm, Reutlingen, Memmingen und Isny forderten bereits auf ihrem Treffen vom 23. August 1531 in Ulm, der Lindauer Rat solle den Priestern, die im Frauenkloster nach altgläubigem Ritus Messe hielten, mitteilen, er sei durch Gottes Wort gewiss gemacht, „das di meß ain grewel und die hechst gotslesterung, demnach, so wer sein erbern rats, freuntlich ansynnen und begern, wa sie, die munch oder pfaffen, di meß je fur gut oder gerecht hielten oder haben, sie wollten die wort hailiger biblischer und apostolischer schriften beschietzung [?] erhalten und meß tun, wa nit, so sollten sie so lang still und in ruw staunn, biß sie di dermassen mit hailliger schrift fur gut und gerecht außfuren" (Fabian, Beschlüsse Städtetage, S. 32). Da die Existenz einer Rechtsgrundlage für einen Eingriff des städtischen Rates in das reichsunmittelbare Lindauer Frauenkloster aber durchaus fraglich war, verbot der Rat am 8. Februar 1532 nicht den Ritus selbst, sondern nur die Teilnahme daran gegen eine Strafe von einem Pfund Pfennig. Vgl. SCHULZE, BEKENNTNISBILDUNG LINDAUS, S. 79.

[10] Johannes Zwick und Wolfgang Capito trafen wohl am 30. Januar 1532 in Lindau ein und zumindest Capito verließ die Stadt spätestens am 7. Februar (vgl. BCor 7, S. 282, Anm. 20; LAVATER, CAPITOS REISE, S. 365). Gemäß ihrer Instruktion (Teilabdruck bei WOLFART, GESCHICHTE LINDAU 2, S. 302, Regest bei MILLET, CORRESPONDANCE CAPITON, Nr. 464, S. 151f.) forderten sie die Abschaffung des altgläubigen Messritus im Frauenkloster, die Einführung reformatorischer Liturgien für Taufe und Abendmahl sowie eine neue Kirchenordnung für Eheschließung, Almosen und Ämter. Sie etablierten eine im Turnus tagende Synode, Zwick gab Katechismusunterricht und der Lindauer Rat setzte Zuchtherren ein. Eine umfassende Kirchenordnung wurde allerdings erst 1533 von Gassner und Ambrosius Blarer eingeführt. Vgl. KÖHLER, ZÜRCHER EHEGERICHT 2, S. 187f.; LITZ, BILDERFRAGE, S. 67; MOELLER, ZWICK, S. 166; SCHULZE, BEKENNTNISBILDUNG LINDAUS, S. 77–83.

[11] Ambrosius Blarer, Prediger an St. Stephan in Konstanz. Vgl. Personenindex. Er wirkte seit 14. September 1532 in Isny, um dort den Fortgang der Reformation zu fördern. Vgl. seinen Brief an Johann Machtolf vom 20. September 1532 (Blaurer Bw. 1, Nr. 301, S. 361).

[12] Ambrosius Blarers erstes Schreiben aus Lindau datiert freilich erst vom 10. Februar 1533 (vgl. ebd., Nr. 322, S. 383).

[13] Zur Reformation Isnys vgl. KAMMERER, REFORMATION ISNY; LITZ, BILDERFRAGE, S. 199–210; zu Blarers Wirken in Isny vgl. ebd., S. 202–205.

[14] Neben der Benediktinerabtei mit der Klosterkirche St. Georg existierten in Isny noch die Stadtkirche St. Nikolaus, die Kapelle im Spital und die Ölbergkapelle (vgl. LITZ, BILDERFRAGE, S. 203). Ambrosius Blarer beklagt sich noch am 10. Oktober 1532 über die Erfolglosigkeit seiner Predigt gegen Götzenwerk und Messgreuel (vgl. seinen Brief an Bürgermeister und Rat zu Esslingen, Blaurer Bw. 1, Nr. 302, S. 362), kritisiert am 21. November den schleppenden Fortgang der Reformen (vgl. sein Schreiben an Johann Machtolf, ebd., Nr. 310, S. 370f.) und berichtet am 20. Dezember: „Hie zu(o) Eisne seind die götzen auß den andren trey kirchen gerumpt; aber im kloster stond sy sampt der mess noch gantz auffrecht." (Blarer an Johann Machtolf, ebd., Nr. 312, S. 372).

Vale, dilectissime patrone, simque tibi vt antea commendatus! Salutant te mecum multi, vxor mea et mei cooperarij omnes.

Datum Lindaw, 14 Decembris, anno 32.

Thomas Gasnerus tuus deditiss[imus].

Adresse [S. 512]: Doctissimo Martino Butzero, Argentine euangelizanti, domino suo obseruandissimo etc.

Oa AST 40 (21,1–2), Nr. 22e, S. 511f. — C TB V, S. 159.

---

[15] Der auf die Niederlage der schweizerischen Protestanten folgende Zweite Kappeler Landfrieden gestand in den *Gemeinen Herrschaften* die evangelische Predigt zwar zu, wirkte angesichts des Handlungsspielraums der zumeist altgläubigen Vögte aber als ein Instrument der Rekatholisierung (vgl. oben Nr. 636, S. 35, Anm. 13). Gassner denkt wohl insbesondere an den Thurgau. Dort hatte sich die Lage seit dem Amtsantritt des Züricher Vogtes Hans Edlibach am 24. Juni 1532 (vgl. Bullinger Bw. 3, Nr. 225, S. 128, Anm. 3) für die Protestanten verbessert. Vgl. Petrus Dasypodius an Heinrich Bullinger vom 1. August 1532 (Bullinger Bw. 2, Nr. 117, S. 170f.); BLOESCH, GESCHICHTE 1, S. 126–128; PUPIKOFER, GESCHICHTE THURGAU 2, S. 371f.

[16] Der Straßburger Bürger konnte nicht ermittelt werden.

645.
Mich[a]el Marstaller[1] an Martin Bucer
Nürnberg, 16. Dezember 1532

[1] Marstaller remercie Bucer pour sa lettre et pour son ouvrage apologétique [l'Apologie de la Tétrapolitaine ?], qu'il possédait depuis longtemps. Il accepte entièrement le rapport de Bucer sur la controverse relative au sacrement, mais il se soucie seulement encore de ce qui importe pour le Salut. Il ne connaît pas le commentaire de Bucer sur les Psaumes, mais déconseille à Bucer de le lui envoyer : sa santé ne lui permet de se consacrer à l'étude que 2–3 heures par jour. [2] Les prédicateurs de Nuremberg ont décidé, avec ceux du Margrave Georges [de Brandebourg], une réforme du culte ; l'ordonnance est déjà sous presse, et elle devrait être en usage dès Nouvel an. Marstaller n'en connaît le contenu précis que par ouï-dire. [3] Salutations à [François] Frosch et à Jacques Ziegler. Que Bucer l'informe de la situation en Suisse, et notamment de François Kolb, ainsi que des savants qui séjournent à Strasbourg.

---

[1] Juristischer Ratskonsulent in Nürnberg. Vgl. Personenindex.

[1] Marstaller dankt für Bucers Brief und sein apologetisches Buch [Apologie der Confessio Tetrapolitana?], das er freilich schon lange besaß. Die von Bucer in der Kontroverse um das Sakrament unternommenen Schritte erkennt er uneingeschränkt an, seine Sorge gilt aber nur noch Heilsrelevantem. Bucers Psalmenkommentar kennt Marstaller nicht; er widerrät aber einer Übersendung, da seine Gesundheit ihm nur zwei bis drei Stunden Studium am Tag erlaubt. [2] Die Nürnberger Prediger haben zusammen mit denen des Markgrafen Georg [von Brandenburg-Ansbach-Kulmbach] eine Reform des Gottesdienstes beschlossen. Die Ordnung ist schon im Druck und soll ab Neujahr gelten. Ihre genauen Inhalte kennt Marstaller nur gerüchteweise. [3] Grüße an [Franz] Frosch und Jakob Ziegler. Bitte um Auskunft über die Lage in der Schweiz, insbesondere die Franz Kolbs und über Gelehrte, die sich in Straßburg aufhalten.

Gratiam et pacem, prestantissime vir!

[1] Dedisti nuper ad me literas libellumque vestrum apologeticum[2], quem et longe prius habueram et legeram, misisti, de quo tibi ingentes habeo gratias. Seriem racionemque actorum tuorum jn disputacione de sacramento[3] libere accipio, quamquam ea re me parum vel nichil amplius[a] sollicitet. Confirmatus enim est animus meus, quicquid adhuc cottidie clament predicatores nostri. Versatur interim mea cura alia, que proprius ad curam salutis eterne consequende accedunt. De psalterio tuo[4] nichil adeo audiui, sed non est opus id ad me mittere; tantus est valetudinis mee impetus ac omnium rerum animi debilitacio[5], vt vix suppetat michi ocium et vires duos aut tres horas diei studio et lectioni impendere.

[2] Nostri predicatores vna cum marchionis Georgij[6] predicatoribus instituerunt ueram cultus diuini reformationem[7], que iam sub prelo est et ad

---

[a] *gestrichen* me.

[2] Ein Schreiben Bucers an Marstaller konnte nicht ermittelt werden. Der Plural des Personalpronomens sowie der Umstand, dass Marstaller das Werk schon länger besitzt, lassen an die deutsche Fassung der *Apologie* der *Confessio Tetrapolitana*, 22. August 1531, denken (vgl. BUCER BIBLIOGRAPHIE, Nr. 45, S. 60; BDS 3, S. 187–318); der Druck der lateinischen Fassung unterblieb (vgl. ebd., S. 192).

[3] Vgl. ebd., S. 269–292.

[4] Bucers Psalmenkommentar. Er erschien erstmals im September 1529 (vgl. BUCER BIBLIOGRAPHIE, Nr. 37, S. 55; VD 16, B 3145; HOBBS, PSALMS' COMMENTARY) und in zweiter verbesserter Auflage im März 1532 (vgl. BUCER BIBLIOGRAPHIE, Nr. 49, S. 62; VD 16, B 3150; HOBBS, PSALMS' COMMENTARY). Vgl. oben Nr. 630, S. 7, Anm. 8.

[5] Marstaller starb nur wenige Monate später am 16. Juli 1533. Vgl. Personenindex.

[6] Georg, Markgraf von Brandenburg-Ansbach-Kulmbach. Vgl. Personenindex.

[7] Die Brandenburg-Nürnbergische Kirchenordnung (vgl. Osiander GA 5, Nr. 176, S. 37–177). Unter Einbezug von Vorarbeiten der Nürnberger Prediger (vgl. Osiander GA 3, S. 477–480) und Wittenberger Gutachten erstellten Andreas Osiander und Johannes Brenz zwischen dem 6. September und 5. Oktober 1532 in Nürnberg die Endfassung der Ordnung (vgl. Osiander GA 5, Nr. 176, S. 40).

proximum circumcisionis festum[8] edetur in lucem[9] et in actum deducetur[10]. Cujus que sint capita, nescio (non enim eam vidj), nisi quod dicunt[b] in ea missam priuatorum dierum[11] et abiuracionem[12] penitus esse abrogatam. Scripsissem plura, sed detrectant manus officium suum.

[3] D[ominum] Frosch[13] nomine meo saluta! Est apud vos Jacobus Zigler[14], vir doctissimus, michi longa consuetudine valde charus, quem et ipsum nomine meo salutare velis. Cuperem admodum ingenij sui fructus videre; scio enim eum non nichil agere et ocio torpere. Quid rerum agatur apud Suitenses et maxime quomodo se habeant res Francisci Kolben[15], cupio per te cognoscere quosve doctos apud vos habeatis. Jnterim vale jn Domino et Dominus confortet cor tuum in predicatione veritatis!

Datum Nurmberge, feria 2ª [c] Lucie[16], anno 1532.

Michel Marstaller.

Adresse [S. 536]: Prestantissimo viro domino Martino Bucero, verbi Dej concionatori Argentine, domino et amico suo singulari.

Oa AST 40 (21,1–2), Nr. 220, S. 535f. — C TB V, S. 160.

---

[b] *gestrichen* me. – [c] *gestrichen* […].

[8] Der Neujahrstag.
[9] Der Nürnberger Rat diskutierte die Ordnung seit Anfang Dezember, gab deren ersten Teil schon am 3. Dezember 1532 bei Jobst Gutknecht in Druck und erstellte am 5. Dezember ein Gutachten (vgl. Osiander GA 5, Nr. 176, Beilage I, S. 178f.). In der letzten Januarwoche 1533 begann der Drucker bereits mit der Auslieferung. Zu den näheren Umständen vgl. ebd., Nr. 176, S. 55–57.
[10] Am 20. Dezember 1532 beschloss der Nürnberger Rat die Einführung der neuen Kirchenordnung für den 1. Januar 1533. Im Nürnberger Landgebiet galt die Ordnung ab dem 9. Februar verbindlich. Vgl. ebd., S. 57–59.
[11] Vgl. die Brandenburg-Nürnbergische Kirchenordnung (ebd., S. 137, Z. 8–19).
[12] Da die Kirchenordnung für die Taufe eine *abiuratio Satanae* vorsieht (ebd., S. 132, Z. 10–15), ist wohl an die Beichte gedacht.
[13] Franz Frosch, aus Nürnberg stammender Advokat in Straßburg. Vgl. Personenindex.
[14] Jakob Ziegler, Humanist. Vgl. Personenindex. Er hielt sich seit Mitte November 1531 in Straßburg auf. Vgl. BCor 6, S. 34, Anm. 8; BCor 7, S. 80, Anm. 25.
[15] Franz Kolb, Prediger am Berner Münster. Vgl. Personenindex. Der ehemalige Bewohner des Nürnberger Kartäuserklosters wirkte seit 14. August 1527 in Bern, wo er am 10. November 1535 starb. Vgl. Osiander GA 2, Nr. 62, S. 215–218.
[16] Der zweite Wochentag nach dem Gedenktag der Heiligen Lucia (13. Dezember) fiel im Jahr 1532 auf Montag, 16. Dezember.

646.
Martin Frecht[1] an Martin Bucer
Ulm, 29. Dezember 1532

[643←] [1] Comme le messager poursuivait sa route, Frecht n'a pu répondre que brièvement à la lettre de Bucer. [2] Voilà déjà deux mois que [Jérôme] Guntius a donné, au libraire Gallus [Vernier?], qui se rendait à Strasbourg, l'argent que Bucer réclamait pour [Jean Rimpius] ; Guntius s'excuse pour ce retard. Guntius a adressé à Frecht un livre sur les Turcs, à l'attention de Hédion, et il a écrit que Capiton [l']avait aussi reçu. Guntius enverra ses faibles ressources. [3] Frecht espère que Bucer informera ceux d'Ulm des confessions [des prédicateurs] de Kempten [au sujet de la Cène] ; à Ulm, on aurait besoin de sa présence, car on se montre indolent dans les affaires politiques et ecclésiales. Salutations des frères ; salutations aux amis et aux frères. [→660]

[643←] [1] Da der aus dem Bayerischen gekommene Bote eilig weiterreiste, war nur eine kurze Antwort auf Bucers Schreiben möglich. [2] [Hieronymus] Guntius hat das von Bucer für einen anderen [Johannes Rimpius] erbetene Geld schon vor zwei Monaten dem Buchhändler Gallus [Vernier?] nach Straßburg mitgegeben; er entschuldigt sich für die Verzögerung. Guntius sandte Frecht ein Buch über die Osmanen zur Weitergabe an [Kaspar] Hedio und schrieb, [Wolfgang] Capito habe [es] auch erhalten. Guntius wird seine geringe Habe schicken. [3] Über die Bekenntnis[se] der Kemptener [in der Abendmahlkontroverse] wird Bucer hoffentlich auch den Ulmern das Notwendige mitteilen, die angesichts ihrer Trägheit seiner Anwesenheit bedürfen. [→660]

[2]Salue in Domino, Bucere venerande!

[1] Qui has reddit e Bauaris huc rediens, eodem articulo temporis, quo venit, abijt[3]. Propterea boni consules, quod tam breuiter ad tuas literas respondeo.

[2] Guntius Biberacensis[4] fere ante duos menscs eam, quam petis alterius nomine[5], Gallo bibliopolę[6] illuc ad vos transmittendam pecuniam credidit. Is

---

[1] Lektor in Ulm. Vgl. Personenindex.
[2] *Konrad Hubert:* ᵛ1532 29 Dec.ᵛ
[3] Die Identität des Boten konnte nicht ermittelt werden.
[4] Hieronymus Guntius, gebürtiger Biberacher und ehemaliger Helfer Huldrych Zwinglis sowie Oekolampads. Vgl. Personenindex.
[5] Johannes Rimpius. Vgl. Personenindex. Er hatte von Straßburger Druckern einige Bücher zum Weiterverkauf erhalten, konnte aus Gesundheitsgründen deren Kaufpreis aber nicht eintreiben und weiterleiten. Deshalb hatte Christoph Sigel Bucer um Fürsprache bei den Druckern gebeten. Offenbar hat Bucer sich daraufhin selbst um die Angelegenheit gekümmert (vgl. oben Nr. 639, S. 44, Z. 11 – S. 45, Z. 17).
[6] Möglicherweise der Ulmer Drucker Johannes Vernier. Vgl. Personenindex. Ihn bezeichnet Frecht aufgrund seiner Herkunft als „Gallus" im Brief an Bucer vom 20. Juni 1532 (vgl. BCor 8, Nr. 597, S. 148, Z. 15).

autem ad me ea de re vocatus dixit se pridem[a] eam pecuniam Argentinam misisse ante quindenam. Non dubito itaque, quin iam receperis, quod petijsti. Cupit autem Guntius et tibi et reliquis creditoribus suis excusari, neque enim sua vel negligentia vel cunctatione factum, quo minus mature pecunia ad vos venerit. Is heri quoque ex Biberaco ad me librum quendam de Turcorum moribus misit[7], quem d[omino] Hedioni[8] iussit transmitti; Capito[9] quoque, vir optimus et doctiss[imus], vt Guntius scribit, recepit. Se mature reculam suam vase conclusam huc missurus, at nondum hoc factum[10].

[3] De Campidonensium sacramentaria confessione[11] quod speramus, coram tu nobis quoque, quę scire rettulerit, expones. Opus sane vehementer nobis tua presentia, quandoquidem admodum segnes nostri in curandis et politicis et ecclesiasticis negotijs[12].

Fratres te salutant; tu, quaeso, nostro nomine communes nostros amicos et confratres salutabis. Foeliciter vale!

Raptim Vlmę, 29 Decembris 1532.

M[artinus] Frechtus tuus ex animo.

Adresse [S. 828]: Pietate et doctrina summa clariss[imo] d[omino] Martino Bucero, Argentinensis ecclesię doctori et predicatori, nostro in Domino maiori.

Oa AST 156 (Ep. s. XVI, 3), Nr. 342b, S. 827f. — C Zürich ZB, S 32, 189; Ulm StB, ms. 9855, fasc. II, fol. 38v – 39r; TB V, S. 161.

---

[a] *O primum.*

[7] Möglicherweise der bei Johannes Lufft 1530 in Wittenberg (vgl. VD 16, G 1379) und bei Friedrich Peypus in Nürnberg (vgl. VD 16, G 1378) erschienene Traktat *Libellus de ritu et moribus Turcorum* eines Georgius von Ungarn, zu dem Luther ein Vorwort verfasst hatte. Vgl. KLOCKOW, GEORGIUS DE HUNGARIA; BOBZIN, GEDANKEN LUTHERS ZUM ISLAM, S. 268f.; KAUFMANN, TÜRKENBÜCHLEIN.

[8] Kaspar Hedio, Prediger am Straßburger Münster. Vgl. Personenindex.

[9] Wolfgang Capito, Pfarrer an Jung-St. Peter und Propst an St. Thomas in Straßburg. Vgl. Personenindex.

[10] Vgl. Frechts Brief an Bucer vom 29. März 1533 (unten Nr. 673, S. 188, Z. 22f.).

[11] In Kempten stritten die Luther verpflichteten Prediger Johannes Rottach und Johannes Seeger mit dem an Zwinglis Lehre orientierten Jakob Haistung um die leibliche Gegenwart Christi im Abendmahl. Nach mehreren fehlgeschlagenen Vermittlungsversuchen (vgl. BCor 8, Nr. 624, S. 275, Anm. 11) erbat der Kemptener Rat von jedem Kombattanten eine schriftliche Darlegung seiner Position und sandte diese am 29. November 1532 zur Begutachtung an die Nürnberger, Augsburger und Straßburger Theologen. Vgl. die Stellungnahme Seegers (BDS 8, S. 155–203), Rottachs (ebd., S. 204–229) und Haistungs (ebd., S. 230–250) sowie Bucers Gutachten (ebd., S. 67–154). Vgl. zum ganzen BDS 8, S. 55–59, 67–154; Kirchenordnung Kempten, S. 170–173; BUCKWALTER, BUCER IN THE KEMPTEN CONTROVERSY; ERHARD, KIRCHE IN KEMPTEN, S. 30–34; DERS., SAKRAMENTSSTREITIGKEITEN IN KEMPTEN; LITZ, BILDERFRAGE, S. 213–215.

[12] Zu dieser Klage über den Ulmer Rat vgl. bereits oben Nr. 643, S. 69, Anm. 8.

647.
Martin Bucer und die Straßburger Kollegen an die Kemptener Kollegen
Straßburg, 31. Dezember [1532][1]

[1] Ils ont reçu du Sénat de Strasbourg les confessions [des prédicateurs de Kempten], avec pour mission de leur examiner à la lumière de la Parole de Dieu et de trouver des voies d'union. Les Strasbourgeois l'ont fait avec retard et de mauvais gré : les formulations écrites peuvent être pensées et comprises différemment, et ils ne connaissent pas de manière assurée le sens que leur conféraient leurs auteurs. C'est ainsi que le mémoire des Strasbourgeois vise tant à l'authentique vérité du Christ qu'à l'amour et à l'unité entre ceux de Kempten. Ces derniers doivent le prendre en bonne part, même si çà et là il s'écarte de leur point de vue. Un auteur est le meilleur interprète de ses propres formulations ; c'est pourquoi, les Strasbourgeois auraient préférer mener de vive voix des dialogues visant à la concorde, mais leur Sénat en a voulu autrement. [2] L'avis des Strasbourgeois : ces confessions montrent que chacun de leurs rédacteurs est chrétien. Il en résulte qu'il y a entre eux une unité en Christ, à laquelle il faut rapporter toutes les différences : les deux parties reconnaissent que, dans la Cène, le Seigneur donne son vrai corps. [3] Demeure la question de savoir de quelle manière le pain est vrai corps et le vin vrai pain, c'est-à-dire l'union entre les deux. Pour Luther, cette union est sacramentelle, tout comme pour [Jean] Seeger et [Jean] Rottach. Cela s'accorde avec la position de Jacques Haistung, pour qui le pain est le sacrement du corps du Seigneur, en quoi il y a aussi une union sacramentelle. Les Strasbourgeois ont montré que cette manière de s'exprimer ne s'opposait pas à la vérité de la présence du Christ [dans la Cène]. [4] L'autre question est la manière dont on reçoit le corps et le sang du Christ. Selon Jacques [Haistung], cette réception se passe « par la foi » et « manière spirituelle », selon les autres [prédicateurs, Seeger et Rottach,] cela se passe « de manière corporelle ». Mais comme les derniers confessent que le corps du Christ n'est pas reçu par les incroyants et n'est pas pris avec les dents, la bouche et le ventre et que, dans le sacrement, il faut distinguer ce qui est visible et ce qui est spirituel, ils reconnaissent aussi que la manducation corporelle est quelque chose de spirituel qui se passe dans la foi. [5] D'autres points de désaccord, comme l'Ascension du Christ et la spécificité de la nature humaine [du Christ], sont moins graves quand on songe que les deux parties recherchent Dieu et s'en tiennent à la simplicité de l'Écriture. Malgré son ascension au ciel, le Christ est aussi présent ici, certes de manière divine et non pas corporelle ou locale. Ainsi, l'accord est plus grand qu'on ne le pense. Les prédicateurs doivent se mettre au service de l'édification de la communauté. Il suffit de rejeter une identification physique du corps du Christ et du pain et de confesser que le Christ donne son vrai corps avec le pain et le vin dans la Cène. Ici, le corps du Christ est reçu réellement

---

[1] Die Jahreszahl fehlt. Das Jahr 1532 ergibt sich aus den Sachzusammenhängen. Vgl. unten Anm. 2f., 7, 28.

et pas seulement de manière sacramentelle ; c'est lui – ainsi que l'Église l'a toujours cru – qui nous transforme en lui et non pas le contraire. Que les prédicateurs ne se disputent pas au sujet [de ce que mangent les] impies, mais qu'ils administrent les sacrements du Christ et de l'Église, signes de la grâce, pour les croyants, afin que ces derniers reçoivent non pas le sacrement, mais vraiment le corps et le sang du Christ, comme l'écrit Augustin. [6] Il faut pardonner les offenses réciproques ; le Christ a accueilli tous ceux qui l'ont reconnu comme le vrai Sauveur. Les prédications qui se combattaient ont causé à la communauté [de Kempten] des troubles qui constituent la limite de la liberté. Il faut « se faire tout à tous », et accueillir dans la foi ceux qui sont plus faibles. Il convient d'aller vers l'autre autant que le permet la vérité du Christ. Les Strasbourgeois ont montré une voie qui ne choque pas ; en suivant ce chemin, ceux de Kempten enseigneraient conformément à la Parole de Dieu et à la foi de l'Église plus pure. Les Strasbourgeois mettent en garde contre l'amour de soi et rappellent à ceux de Kempten qu'ils prêchent le Royaume de Dieu. Prions le Seigneur, qui nous demande d'être simples et de renoncer à nous, et de suivre ce que lui-même approuve. [7] Jacques [Haistung] se satisfera de ce que les deux autres [Seeger et Rottach] confessent le Christ comme vrai Dieu et vrai homme, dont le corps se trouve au ciel selon son état divin, qui n'est pas uni au pain naturaliter *ni ne devient ainsi nourriture pour le ventre, et surtout s'ils confessent que, dans la Cène, s'accomplit une véritable union avec le corps et le sang du Christ. Les autres se satisferont de ce que [Haistung] confesse que le Christ donne véritablement (vere) son vrai corps dans la Cène, qui est reçu au sens propre avec l'esprit et qui est présent véritablement – mais non pas localement – dans la Cène, qui n'a été instituée que pour les disciples. [P. S.] Caspar Hédion prie de ne pas troubler les Églises à cause de questions doctrinales élevées. Matthieu Zell prie de mettre l'accent, comme le Christ et les Apôtres, sur la Cène comme commémoration du Christ au lieu de sonder avec curiosité la manière dont il est présent.*

[1] Die Absender erhielten die Bekenntnisse [der Kemptener Prediger] vom Straßburger Rat mit dem Auftrag, sie am Wort Gottes zu prüfen und Wege der Einigung zu finden. Dies taten die Straßburger spät und ungern, da schriftliche Formulierungen unterschiedlich gemeint und aufgefasst werden können und sie den Sinn, in dem die Autoren ihre Worte gebrauchen, nicht zuverlässig kennen. So zielt das Straßburger Gutachten sowohl auf die reine Wahrheit Christi als auch auf Liebe und Eintracht unter den Kemptenern. Diese sollen es, auch wenn es vielleicht einmal von ihrer Ansicht abweicht, im Guten aufnehmen. Der Autor ist der beste Interpret seiner Formulierungen; deshalb hätten die Straßburger lieber von Angesicht zu Angesicht Konsensgespräche geführt. Ihr Rat wollte es allerdings anders. [2] Die Straßburger urteilen: Die Bekenntnisse weisen jeden ihrer Verfasser als Christen aus. Folglich besteht zwischen ihnen eine Einheit in Christus, auf die alle Differenzen zu beziehen sind, denn beide Seiten erkennen an, dass der Herr im Mahl seinen wahren Leib gibt. [3] In Frage steht zum einen, in welcher Weise das Brot wahrer Leib und der Wein wahres Blut ist, also die Einheit beider. Für Luther ist diese Einheit eine sakramentale, ebenso für [Johannes] Seeger und [Johannes] Rottach. Dies stimmt mit der Position Jakob [Haistungs] überein, für den das Brot das Sakrament des Herrenleibes ist, womit ebenfalls

eine sakramentale Einheit besteht. Die Straßburger zeigten, dass diese Ausdrucksweise die Wahrheit der Gegenwart Christi [im Mahl] nicht bestreitet. [4] Die andere Frage ist die nach der Art und Weise der Aufnahme von Leib und Blut Christi. Nach Jakob [Haistung] geschieht sie im Glauben und geistlich, nach den beiden anderen [Predigern Seeger und Rottach] leiblich. Da letztere aber bekennen, dass der Leib Christi nicht von Ungläubigen empfangen und nicht mit Zähnen, Mund und Magen aufgenommen werde und dass bei den Sakramenten Sichtbares und Geistiges zu unterscheiden sei, dann erkennen sie auch das leibliche Essen als ein im Glauben geschehendes geistliches an. [5] Andere Streitpunkte wie Christi Himmelfahrt und die Eigenart der menschlichen Natur [Christi] sind weniger gravierend, wenn man bedenkt, dass beide Seiten Gott suchen, und auf der Schlichtheit der Schrift beharrten. Christus ist trotz seiner Himmelfahrt auch hier gegenwärtig, freilich auf göttliche Weise und nicht körperlich oder örtlich. Die Übereinstimmung ist daher größer als gedacht. Die Prediger sollen dem Aufbau der Gemeinde dienen. Es genügt, eine physische Identifikation von Leib Christi und Brot abzulehnen und zu bekennen, dass Christus mit Brot und Wein im Mahl seinen wahren Leib gibt. Hier wird wirklich und nicht nur sakramental Christi Leib in sich aufgenommen, der – wie die Kirche stets glaubte – uns in ihn wandelt und nicht umgekehrt. Die Prediger sollen nicht über die Gottlosen streiten, sondern die Sakramente Christi, die Sakramente der Kirche, die Gnadenzeichen für die Gläubigen verwalten, damit sie nicht nur bis zum Sakrament kommen, sondern Leib und Blut Christi auch in Wirklichkeit empfangen, wie [Aurelius] Augustinus schreibt. [6] Gegenseitige Verletzungen sind zu vergeben. Christus nahm alle auf, die ihn als wahren Heiland anerkannten. Die einander widerstreitenden Predigten stürzten die [Kemptener] Gemeinde in eine Unruhe, an der die Freiheit ihre Grenze findet. Man muss allen alles werden und die Schwächeren sind im Glauben anzunehmen. Es gilt, so weit aufeinander zuzugehen, wie es die Wahrheit Christi erlaubt. Die Straßburger wiesen einen Weg, der keinen Anstoß erregt. Auf ihm würden die Kemptener den Worten Gottes und dem Glauben der reineren Kirche gemäß lehren. Der Feind ist die Eigenliebe. Wen Reich und Wort Gottes umtreiben, den sucht das, was Christus in uns zuwider ist, umso mehr heim. Aber vor welch groben Dingen verschließt man oft bei sich selbst die Augen. Der Herr verlangt Schlichtheit und Selbstverleugnung und dem zu folgen, was er selbst gutheißt. [7] Dann wird es Jakob [Haistung] genügen, wenn die beiden anderen [Seeger und Rottach] Christus als wahren Gott und wahren Menschen bekennen, dessen Körper in göttlichem Zustand im Himmel ist und nicht auf naturhafte Weise mit dem Brot eins oder zur Speise des Bauches wird und sich im Mahl vor allem eine wahre Vereinigung mit Leib und Blut Christi vollzieht. Den anderen wird dann genügen, wenn er [Jakob Haistung] bekennt, dass Christus seinen wahren Leib im Mahl wirklich gibt, der im eigentlichen Sinne mit dem Geist aufgenommen wird und wirklich, aber nicht örtlich, im Mahl gegenwärtig ist, das nur für die Jünger eingesetzt wurde. [P.S.] Kaspar Hedio bittet, die Gemeinden nicht wegen hoher Lehrfragen in Verwirrung zu stürzen. Matthias Zell bittet zudem, wie Christus und die Apostel das Gewicht auf das Mahl als Gedächtnis Christi und nicht auf neugierige Nachforschungen über die Art seiner Gegenwart zu legen.

Gratia et pax, fratres obseruandi!

[1] Oblatae sunt nobis confessiones vestrae[2] per senatum nostrum iussique sumus, vt illis coram Domino examinatis ostenderemus, et quanam ratione christiana inter vos atque auditores vestros concordia restitui possit et quid in hisce confessionibus iuxta quidue contra Dei verbum esse arbitraremur[3]. [4]Nam est quidem adiudicandum de vnoquoque secundum eius verba, sed quum haec non eodem semper sensu scribantur et accipiantur, tutum non est quenquam ex verbis suis iudicare, nisi constet etiam tibi, quo ille sensu ea vsurparit. Verum omnia sic attemperauimus, vt videre possitis nihil nobis prius in consilio fuisse, quam vt vobis in Domino conueniat et cum veritate Christi syncera valeat apud vos et vestros charitas et concordia. Vnde, si in aliquo forsan sententiam vestram non sumus assecuti, id oramus: Boni consulite! Ita enim, vt quisque ipse sua verba interpretatur, accipienda censemus. Quare etiam coram quam scripto arbitrari inter uos et concordiam suadere viamque, quam nos putamus apertam vobis esse ad vere christianum consensum, monstrare maluissemus. Sed secus visum est senatui nostro, forsan etiam vestro.

Summa eorum, quae hic censuimus[5], haec est:

[2] Ex vestris confessionibus non possumus singulos vos aliter quam christianos agnoscere. Hinc ergo, vt in Domino iam vnum uos habemus, ita oportet nos, quicquid dissidetis id sic interpretari, vt eodem tamen referri a vobis omnia non dubitemus. Nulli ergo vestrum imputare licet, quod vel verbis Dei non credat vel aliquid illi aduersum sciens credat. Ita intuentes, quid de sacra eucharistia vtrinque confessi estis, videmus vtrosque agnoscere Dominum in coena dare suum corpus et sanguinem indubie verum[6]. Non enim nisi verum corpus verumque sanguinem Christus assumpsit. De duobus ergo quaeri inter vos constat:

[3] Quomodo panis hoc verum corpus Domini et vinum hic verus sanguis sit, id est, quae sit inter panem et vinum vnio. Hanc d[octor] Lutherus sacramentalem facit[7] nec aliam vos, charissimi fratres Seger[8] et Rottacher[9], sta-

---

[2] Die abendmahlstheologischen Stellungnahmen der Kemptener Geistlichen. Näherhin traten Johannes Seeger (vgl. BDS 8, Beilage 1 zu Nr. 4, S. 155–203) und Johannes Rottach (ebd., Beilage 2 zu Nr. 4, S. 204–229) für die Position Luthers und Jakob Haistung (ebd., Beilage 3 zu Nr. 4, S. 230–250) für die Zwinglis ein. Zum Hintergrund und zur Bitte des Kemptener Rates vom 29. November 1532, diese Voten zu prüfen, vgl. oben Nr. 646, S. 77, Anm. 11.

[3] Vgl. dazu Bucers ausführliches Gutachten *Scriptum Martini butzeri ad Campidonenses de Eucharistia, quo ministros illic In concordiam et eorum dogmata de illa redigere tentat*, 31. Dezember 1532 (BDS 8, Nr. 4, S. 55–154).

[4] *Konrad Hubert:* <Nota<.

[5] Die folgenden Argumente und Schlüsse begegnen innerhalb der Vermittlungsbemühungen Bucers häufiger. Vgl. die Übersicht in BCor 8, S. XXVII–XXXI.

[6] Zu Bucers Verständnis des wahren Leibes Christi vgl. HAZLETT, JOHANNES 6 BEI BUCER.

[7] Vgl. BDS 8, S. 89, Z. 12–19. Bucer rekurriert hier auf Luthers Wendung „sacramentliche Einickeit" (= *unio sacramentalis*, WA 26, S. 442, Z. 24) in der Schrift *Vom Abendmahl Christi. Bekenntnis*, 1528 (ebd., S. 241–509). Sie bezeichnet die Einheit der Elemente mit dem Leib Christi

tuere videmini. Quod si est, coram Domino nos aliud non intelligimus quam concordes vos esse. Cum enim m[agister] Jacobus[10] dicit[11] panem esse corpus Dominj sacramentaliter[12], nobis id dicit: Panis est sacramentum corporis Dominj adeoque inter panem et corpus Domini est sacramentalis vnio. [S. 72] Ne iam id contra veritatem praesentiae Christi sonare videatur, ostendimus, quomodo haec locutio accipienda sit, nempe quod intelligamus cum pane et vino nobis dari corpus et sanguinem Christi.

[4] Altera quaestio est de ratione, qua corpus et sanguis Domini a nobis sumatur. Hic scribit m[agister] Jacobus „per fidem" et „spiritualiter" [13], alij duo „corporaliter" [14]. Iam cum vos, charissimi fratres Seger et Rottacher, fatemini eos, qui plane nullam fidem habent, non posse corpus Domini sumere[15] et indubie hoc quoque fatemini corpus et sanguinem Domini non

---

in einer Weise, die nach Bucers Wahrnehmung Zwinglis abendmahlstheologisches Anliegen aufnimmt. Vgl. Bucers Schrift *Vergleichung D. Luthers und seins gegentheyls vom Abentmal Christi*, Juni 1528 (BDS 2, S. 295–383) sowie seinen Rückblick im Brief an Leo Jud vom 23. Juni 1532 (BCor 8, Nr. 598, S. 156, Z. 19 – S. 157, Z. 5). Zur Stellung des Gedankens der *unio sacramentalis* in der Sachdiskussion vgl. ebd., S. XVI–XXXI, insbesondere S. XXIX.

[8] Johannes Seeger, Helfer an St. Mang in Kempten. Vgl. Personenindex.

[9] Johannes Rottach, Helfer an St. Mang in Kempten. Vgl. Personenindex.

[10] Jakob Haistung, Helfer an St. Mang in Kempten. Vgl. Personenindex. Nachgewiesen ist nur Haistungs Baccalaureat (1518 an der Freiburger Artesfakultät). Vgl. PFARRERBUCH BAYERISCH-SCHWABEN, S. 72.

[11] In den vorliegenden Stellungnahmen der Kemptener Prediger (vgl. oben S. 81, Anm. 2) bringen zahlreiche Stellen die von Bucer nachfolgend schlagwortartig gekennzeichneten Positionen implizit oder explizit zum Ausdruck, so dass eine eindeutige Zuordnung schwer fällt. Kriterium für die im Anschluss gebotene Identifikation sind daher Bucers eigenhändige Randbemerkungen zu den Gutachten. Inhaltlich entsprechen sie freilich nicht immer der hier gegenüber dem Kemptener Rat eingenommenen zustimmenden Haltung.

[12] Vgl. die Ausführungen Haistungs in seiner Stellungnahme für den Kemptener Rat: „Da waist aber ain yedlich ments[c]h, das die ding nit Naturlicher weis mit dem Leib vnnd Bluet Christi beschehen im Nachtmal, Aber doch, so das Sacrament des leibs vnnd Bluets Christi also gehandlt würt im Nachtmal, So gebend sy die ding dem leib vnnd Bluet, die allain dem Sacrament widerfarn, vnnd sind die Reden ‚Simbolice', das ist: Sacramentlich, vnnd nit naturlich vnnd fleischlich zuuerstan." (BDS 8, S. 248, Z. 15–19). Er identifiziert also sakramentale und symbolische Präsenz.

[13] Haistung formuliert: „darumb volgt, Das Er auch hiemit die leibliche Niessung seins leibs vnd Bluets vernainet vnnd verwirfft, Setzt allain ain Gaistliche niessung durch den glauben zum leben etc." (ebd., S. 241, Z. 31 – S. 242, Z. 1); vgl. auch ebd., S. 242, Z. 21f.

[14] Vgl. Johannes Seegers Schluss am Ende seiner Argumentation: „Derhalben nun klar vnd offentlich ist, das, wa du diese wo(e)rtle ‚leib' vnd ‚blu(o)t' rechtmessig nach jhrer aigner signification bedenckst, das das brot vnd kelch jm abendmal der leiblich, weselich leib vnd blu(o)t Christi seyn myessen vnd seyen." (Ebd., S. 177, Z. 1 – S. 179, Z. 14, insbesondere S. 179, Z. 12–14). Persönlich bekennt er: „Jch sag aber und bekenn, das der leib vnd das blu(o)t Christi auch leiblich vnd mundtlich genossen werden." (Ebd., S. 195, Z. 23f.) Vgl. auch ebd., S. 169, Z. 19–21; S. 170, Z. 11–14; S. 174, Z. 5–9. In Rottachs Bekenntnis heißt es: „ ‚Das brot, das wir brechen, ist das nit die tailnemmung des leibs Christi?' Vnd das kann nit sein gaystlich, wie geheret, so muoß es leiplich sein, Doch nit auff die eusserliche, grobe, flaischliche weiß, sonder auff die weiß, wie es Christus eingesetzt vnd mit seinem wort verordnet hat vnd im alain bekant ist." (Ebd., S. 215, Z. 4–7).

[15] Seeger formuliert freilich: „Zum sechsten folgt nun, das diß leiblich essen mag wol geschehen on das gaistlich vnd diß sacrament mag wol on glauben empfangen werden, Dann syntemal

ut panem sumi hisce dentibus, ore et stomacho[16], ad haec sacramenta sic esse, vt in eis aliud sit uisibile aliud intelligibile[17], non possumus dubitare, quin ipsi quoque per corporalem manducationem agnoscatis eam, quae recte spiritualis dici possit quaeque per fidem fiat, nisi quod corpori et sanguini Domini etiam illa vere corporalis manducatio, qua panis editur et vinum bibitur, tribuitur propter sacramentalem vnionem.

[5] Sunt alia, quae certe plus offendant, si quis non consideret vos Deum quaerere: de ascensione in coelos et proprietate humanae naturae[18]; sed nos omnia in meliorem partem accipimus. Debemus siquidem in simplicitate scripturae perstare. Passus est Dominus, resurrexit, ascendit in coelos. Est tamen etiam hic, sed sua ratione, quae, vt ecclesia semper credidit, diuina est neque potest proprie corporalis vel localis dici. Ex his ergo nos conuenire vobis coram Domino plus arbitramur, quam forsan ipsi agnoscitis. Iam ecclesiae, non vobis ministratis, ad huius aedificationem attemperare debetis omnia. Quum ergo nemo corpus Christi cum pane naturaliter vnum aut cibum ventris faciat, sit satis credere ac fateri Dominum cum pane et vino eoque vsum opera ministri dare in coena suum verum corpus et verum sanguinem. Cumque edere corpus Christi et bibere sanguinem eius tum vere nec solum sacramentaliter dici possumus, quando illa vere ↓in nos↓ ᵃ sumimus mutamurque in illa, non illa in nos, vt ecclesia de his semper credidit et disseruit: [19]Mittite[b] tandem contentionem illam de impijs[20] et in hoc incumbite,

---

ᵃ *anstatt* in. – ᵇ *zuerst* mittite.

wie geho(e)rt, auch die vngleubigen diß sacraments vnd auch des leibs vnd blu(o)ts Christi genyessen, so genyessen sye es on glauben vnd on das gaistlich nyessen; darumb, so mag sichs wol schicken, das die leiblich nyessung on die gaistliche gescheh vnd diß sacrament on glauben umpfangen wird." (Ebd., S. 197, Z. 11–15); vgl. auch ebd., S. 195, Z. 32 – S. 196, Z. 23.

[16] Als Absage an eine *praesentia naturalis* interpretiert Bucer (vgl. ebd., Kommentar S. 170, Anm. l) Seegers Ausführungen im zweiten Artikel (ebd., S. 170, Z. 1–8); vgl. auch Seegers Haltung zum geistlichen Nießen (ebd., S. 201, Z. 13f.; Kommentar ebd., Anm. y). Rottach behauptet die leibliche Gegenwart Christi: „Doch nit auff die eusserliche, grobe, flaischliche weiß, sonder auff die weiß, wie es Christus eingesetzt vnd mit seinem wort verordnet hat vnd im alain bekant ist." (Ebd., S. 215, Z. 5–7).

[17] Vgl. Augustins Formulierung: „Aliud videtur, aliud intelligetur". (Sermo 272, Ad infantes de sacramentis, MPL 38, Sp. 1247); vgl. zu Augustins „aliud-aliud-Schema" HAMM, UNMITTELBARKEIT, S. 47.

[18] Vgl. dazu vor allem Rottachs Ausführungen (ebd., S. 225, Z. 15–26).

[19] *Konrad Hubert*: ⌜Nota⌝.

[20] In der Abendmahlskontroverse hatte Luther im Interesse, die leibliche Gegenwart Christi im Mahl festzuhalten, behauptet, dass auch Mahlteilnehmer ohne Glauben und Geist – exemplarisch Judas – Christus im Mahl genießen. Er richtete sich damit gegen eine Beschränkung des Mahles auf eine geistliche Gemeinschaft allein der Frommen und gegen die Vorstellung, Christus sei nicht leiblich, sondern nur figürlich oder zeichenhaft gegenwärtig, weil er durch sie die Lehre von der wahren Gegenwart Christi im Mahl gefährdet sah. Vgl. dazu seine Schrift *Vom Abendmahl Christi. Bekenntnis*, 1528 (WA 26, S. 490, Z. 39 – S. 491, Z. 16). Zu Bucers Vermittlungsvorschlag und Luthers Rezeption vgl. Luther an Kurfürst Johann I. vom 16. Januar 1531 (WA Bw. 6, Nr. 1773, S. 18–21, insbesondere S. 21, Z. 19–28); Luther an Bucer vom 22. Januar (ebd.,

vt administretis sacramenta Christi, sacramenta ecclesiae, signa gratiae vera! Credentium, non infidelium administri estis. De his et ergo non de illis solliciti sitis detisque operam, vt quicunque coenam adeunt, non sacramentotenus, sed reuera corpus et sanguinem sumant, vt d[ominus] Augustinus scribit[21].

[6] Si alius alium offendit[c], condonate[d] id in Domino[22], sicut oramus, vt ipse condonet nobis[23]! Nemo quaerat quod suum est, vt non opes, ita nec nomen nec quicquam aliud. Domini sumus, quanti sumus. Expendite hoc quoque, dum Christus omnes eos assumpsit, qui ipsum vere seruatorem agnoscunt, quam non sit ferendum nos quenquam ex his reijcere, imo non dare omnem operam, vt tales omnes in Domino coniungamus et vniamus! Considerate ecclesiam vestram sic agitatam pugnantibus vestris concionibus, si debeat vere cum Domino coire, ferre non posse, vt quisque ea dicat aut faciat, quae licere poterant[24], si non [S. 73] esset illa tantopere commota! Debemus „fieri omnia omnibus" [25] et infirmiores fide suscipere, non ad contentiones. Studendum igitur vobis, vt quantum omnino cum veritate Christi liceat, pars parti deferat[26]. At viam, quam nos praemonstrauimus, sic certo credimus attemperatam, vt, si ea ingredi libeat, sitis de hoc sacro id docturi, quod verba Dei habent et omnis semper syncerior ecclesia credidit quodque fideliter expositum vestra quoque cum fructu receptura sit[e]. Fratres, amor sui infestus est nobis omnibus nec a quoque satis obseruari poterit; at regnum Dei est, cui nomen dedimus, quod praedicamus et administramus. Vae nobis, si hic non totos nos exuerimus! Nec nouum nec difficile verbum Dei, fidem, conscientiam praetexere. Certe, si nos tenet sollicitos verbum Dei, regnum Christi, quae illi cum in nobis tum in alijs plus aduersantur, ea plus etiam nos augent. Sed ad quam crassa saepe et nobis et nostris conniuemus! Oremus itaque Dominum, qui correctum et simplex ante omnia exigit et nostri abne-

---

[c] *gestrichen* et. – [d] *zuerst* condonarere. – [e] *zuerst* sitis.

Nr. 1776, S. 24–26; BCor 5, Nr. 379, S. 206–208). Zur Problematik vgl. auch Andreas Osiander an Georg Spalatin vom 26. Juni 1531 (Osiander GA 4, S. 300–305, insbesondere S. 303, Z. 15 – S. 304, Z. 2). Zum Problem eines äquivoken Gebrauchs der Begriffe in der Diskussion vgl. KAUFMANN, WITTENBERGER KONKORDIE, S. 246. Zu Bucers eigenem differenzierten Verständnis vgl. HAMMANN, BUCER, S. 183f. Zu seiner Nähe zu Luthers Position vgl. PETERS, REALPRÄSENZ, S. 130, Anm. 75. Zu Bucers letztlich weiterführender Unterscheidung zwischen einer *manducatio impiorum* und einer *manducatio indignorum* vgl. FRIEDRICH, FANATIKER DER EINHEIT, S. 33; DERS., STREIT UM WORTE, S. 50f.

[21] Vgl. Augustinus, De civitate Dei, lib. 21, cap. 25 (CCL 48, S. 795, Z. 78 – S. 796, Z. 85). Der Kirchenvater bezieht sich hier auf Joh 6, 56f. und unterscheidet zwischen Menschen, die nur bis zum Sakrament kommen, und Menschen, die den Leib Christi wahrhaft empfangen. Vgl. auch Bucer, *Defensio adversus axioma catholicum*, August 1534 (BOL 5, S. 117).

[22] Vgl. I Kor 6, 1–11.
[23] Vaterunser-Bitte Mt 6, 12.
[24] Vgl. I Kor 10, 23.
[25] I Kor 9, 22.
[26] Vgl. die Argumentation des Paulus in I Kor 8f.

gationem[27], vt liberet nos ab omni studio nostri et donet id videre, quod ipse probat, sectarique vnice.

[7] Id si exorauerimus[f], indubie charissimo fratrj nostro Jacobo satis erit, vt duo reliqui fateamini Dominum nostrum, vt verum Deum, ita verum hominem[28], verum corpus coelum intulisse, id est in conditionem quandam diuinam, non fieri cum pane vnum naturaliter, non fieri cibum ventris et in coena primum spectandum, vt uera in nobis corporis et sanguinis Domini communio perficiatur et incrementum accipiat. Contra reliqui satis habebunt, ut ille[29] confiteatur Dominum in coena verum suum corpus vere dare percipiendum proprie non a ventre, sed mente, vere tamen praesens in coena et pani, at non localiter nec nisi cum coena Domini agitur, quae vtique discipulis tantum instituta est, non muribus[30] nec vllis, qui Christi discipuli non sunt. Dominus donet, vt sicut vestram vestraeque ecclesiae concordiam in Domino synceriter quaerimus, ita omnia nostra accipiatis et interpretemini. Valete in Domino et commendate nos et nostram ecclesiam Christo!

Argent[orati], pridie calend[is] Januarij, anno 1532.

Dediti charitatibus vestris.

D[ominus] Caspar Hedio[31] manu sua subscripsit et rogat per aduentum Christi, ne propter sublimitatem dogmatum turbentur ecclesiae. Mattheus Zell[32] manu sua subscribens idem quod Hedio orat, vt vnum vrgeatis maxime, quod Christus met et apostolus ipsius[33], nempe vt haec fiant in ipsius commemorationem. Nam hoc vnum iussit et illud, scilicet curiosius de modo praesentiae suae vestigare, qui nunquam credentibus vere deerit, ⟨minime⟩,

---

[f] *zuerst* rorauerimus.

[27] Vgl. Mk 8, 34 par.
[28] Das Konzil von Chalkedon (451) versuchte mit der Formulierung Christus sei Θεὸν ἀληθῶς καὶ ἄνθρωπον ἀληθῶς (DH 301) sowohl seine Gottheit als auch seine Menschheit festzuhalten. Vgl. RITTER, CHALCEDONENSE; NÜSSEL, ZWEI-NATUREN-LEHRE. Zur einheitsstiftenden Funktion dieser Lehraussage im Abendmahlsstreit vgl. Bucers Schreiben an Simon Grynaeus vom 7. März 1532 (BCor 7, Nr. 569, S. 367, Z. 3–8).
[29] Jakob Haistung. Vgl. oben S. 82, Anm. 10.
[30] Die Frage nach einer bewusstseinsunabhängigen Realität des Leibes Christi im Mahl wurde in der scholastischen Theologie am Beispiel einer die Hostie verzehrenden Maus diskutiert. Vgl. etwa Petrus Lombardus (Sententiae 2, S. 314/lib. 4, dist. 13, cap. 1, 8), der die Frage offen lässt und Thomas von Aquin (Summa Theologiae 3, qu. 80, art. 3, ad 3), der den Fortbestand der Substanz des Leibes Christi unter den Gestalten auch beim Verzehr durch das vierbeinige Nagetier behauptet. Im Rahmen der innerprotestantischen Kontroverse begegnet die Frage bei der Diskussion der *manducatio impiorum*. Vgl. dazu bereits die Ausführungen von Johannes Brenz in seiner *Verantwortung obgemelter argument, so der warheit im sacrament des leibs und blut Christi zuwider sein*, 3. September 1529 (ders., Frühschriften 2, S. 458–460; BRECHT, FRÜHE THEOLOGIE BRENZ, S. 104f.) und andererseits die Ausführungen Bucers bei Luther in Wittenberg 1536 (BDS 6/1, S. 149, Anm. 99). Vgl. KÖHLER, ZWINGLI UND LUTHER 1, S. 766f.
[31] Kaspar Hedio, Prediger am Straßburger Münster. Vgl. Personenindex.
[32] Matthias Zell, Prediger am Straßburger Münster. Vgl. Personenindex.
[33] Paulus in I Kor 11, 24f.

ne dum hoc negligimus, illud per contentionem nunquam assequamur et fiat, quod deprecor, cibus vitae nobis ad mortem[34] et vt de manibus vestris oues Christi sanguine redemptae olim requirantur[35].

D[ominus] Wolfgangus Capito[36], Symphorianus Pollio[37],
Martinus Bucerus.

Adresse [S. 71]: [38]Eruditis ac pijs viris M. Jacobo Haystung, Joanni Rottacher, Joan. Seger, ecclesiastis Campidunensibus, obseruandis symmystis et fratribus.

C (Hubert) AST 155 (Ep. s. XVI, 2), Nr. 29, S. 71–73; Zürich ZB, S 32, 193; AST 174 (Var. eccl. IX), Nr. 7, fol. 298v – 299v; TB V, S. 163–165.

---

[34] Vgl. I Kor 11, 29.
[35] Vgl. I Petr 1, 18f.
[36] Wolfgang Capito, Pfarrer an Jung-St. Peter und Propst an St. Thomas in Straßburg. Vgl. Personenindex.
[37] Symphorianus Altbiesser, Prediger an der Kirche *Zu den guten Leuten* in Straßburg. Vgl. Personenindex.
[38] *Konrad Hubert*: <1532, prid. Cal. Jan., 31 dec.; Capito Wolffgang Haystuno, Rottacher, Seger<.

648.
Martin Bucer an Ambrosius Blarer[1]
Straßburg , 4. Januar [1533][2]

[637←] [1] Le messager a rapporté la lettre de Bucer à Blaurer, parce qu'elle était adressée à Constance. [2] Le Sénat de Kempten a adressé à Strasbourg, pour examen, les confessions [sur la Cène] de ses trois prédicateurs [Jean Seeger, Jean Rottach et Jacques Haistung], et leur a demandé comment rétablir une paix solide. Bucer aurait préféré effectuer une médiation en personne, d'autant plus qu'une prise de position écrite, même prudente, donne des armes aux querelleurs. Mais, conformément à la requête de ceux de Kempten, le Sénat de Strasbourg leur a demandé un avis écrit. Afin de frayer, pour les deux partis, une voie à la concorde

---

[1] Prediger an St. Stephan in Konstanz, derzeit in Isny. Vgl. Personenindex.
[2] Die Jahreszahl fehlt. Das Jahr 1533 ergibt sich aus den Sachzusammenhängen. Vgl. unten Anm. 5, 7, 9, 15.

*chrétienne, ils ont rédigé tout un écrit. [3] Bucer vise à un consensus, selon lequel avec le pain et le vin, le Christ donne son vrai corps et son vrai sang ; il ne donne pas seulement le pain et le vin ni son corps et son sang de manière locale (*localiter*) dans le pain et le vin, et l'on doit les recevoir avec l'esprit et non avec le ventre. Avec Luther, Bucer a d'une part exclu l'identification du pain avec le corps – ce qu'enseignent deux prédicateurs de Kempten –, et d'autre part il a refusé une manducation corporelle du corps du Christ. Luther ne parle d'une nourriture corporelle que sur la base de l'*unio sacramentalis*. Bucer a fondé cette position à l'aide des Pères, et il a mis en garde par rapport au débat sur ce que reçoivent les impies. Il en enverra une copie à Blaurer, car il a demandé au Sénat de Kempten de le reconnaître comme arbitre. La concorde sera fiable si nous parlons comme les Pères : nous sommes les membres du Christ, de sa chair et de sa moelle ; les paroles [d'institution] du Christ sont des paroles de don, qui se lient aux signes. Sous le don de la chair et du sang du Christ, les Pères ont compris la participation, dispensatrice de vie, à l'humanité du Christ, par laquelle nous avons part à sa justice, c'est-à-dire à la vie éternelle. C'est pourquoi, dans « ceci est mon corps », Augustin comprend l'Église sous le terme « corps ». Certes, Luther rejette cette interprétation en renvoyant à ce qui suit – « qui est donné pour vous » – dans son écrit aux Bohémiens [*Von Anbeten des Sakraments*] ; mais Augustin veut dire que, en recevant son corps, nous devenons son corps, i. e., ses membres. Si, pour la joie des querelleurs, les Pères écrivent que les impies aussi reçoivent le corps et le sang du Christ, ce discours repose sur l'union sacramentelle. Il faut suivre les Pères, qui parlent avec piété, tant contre les papistes que contre les soi-disant Luthériens. [4] Que Blaurer écrive à [Jacques Haistung] : le jugement des Strasbourgeois valait non pas pour des personnes, mais pour des confessions. Les confessions de [Seeger et de Rottach] présentent aussi des choses critiquables, si on ne les interprète pas en bonne part ou si on ne tient pas la controverse [entre les évangéliques] sur la Cène pour une querelle de mots. Bucer approuve la confession de Haistung avec peu de remarques. La condition de la paix souhaitée reste que le Seigneur donne, avec le pain et le vin, son vrai corps et son vrai sang dans la Cène comme nourriture pour l'âme, que le pain et le corps sont unis seulement de manière sacramentelle, et que le corps [du Christ] est reçu par l'âme seule. Haistung ne doit pas repousser cette paix ; si les autres la violent, il sera d'autant plus facile de les congédier. Afin de rester impartial, Bucer n'écrira pas à Haistung. Que ce dernier aspire plutôt à une paix solide et durable qu'à une paix victorieuse ! [→667]*

[637←] [1] Der Bote brachte Bucers Schreiben an Blarer zurück, weil es nach Konstanz adressiert war. [2] Der Kemptener Rat sandte die [Abendmahls]bekenntnisse seiner drei Prediger [Johannes Seeger, Johannes Rottach, Jakob Haistung] zur Prüfung nach Straßburg und bat um Rat, wie der Friede wiederherzustellen sei. Angesichts der verletzten Gemüter hätte Bucer eine persönliche Vermittlung bevorzugt, zumal selbst eine vorsichtige schriftliche Stellungnahme womöglich die Streitsüchtigen munitionierte. Da die Kemptener den Straßburger Rat aber um nichts anderes baten, gab dieser nur ein Gutachten in Auftrag. Im Bestreben, beiden Parteien einen Weg zur Eintracht zu bahnen, entstand dann eine ganze Schrift. [3] Bucer zielt auf einen Konsens, nach dem Christus mit den Elementen seinen wahren Leib und sein wahres Blut gibt und zwar weder allein die Elemente noch räumlich

in den Elementen, so dass Leib und Blut Christi mit dem Geist und nicht dem Bauch empfangen werden. Mit Luther begründete Bucer erstens den Ausschluss einer Identifikation von Brot und Leib – welche zwei Kemptener Prediger allerdings lehren – und zweitens die Absage an ein körperliches Essen des Christusleibes. Von einer leiblichen Speisung redet Luther nur auf der Basis einer sakramentalen Vereinigung [unio sacramentalis], jenseits derer schlicht Brot gegessen werde. Bucer belegte diese Position aus den Kirchenvätern und warnte vor einer Diskussion über die Frage, was die Gottlosen empfingen. Er will Blarer, den er dem Kemptener Rat als Streitschlichter benannte, eine Kopie schicken. Eine zuverlässige Einigung ermöglichen Formulierungen der Kirchenväter: Wir sind Christi Glieder, von seinem Fleisch und Bein; Christi [Einsetzungs]worte sind Gaberworte, die sich, wie bei Übereignungen üblich, mit einem Zeichen verbinden. Unter der Gabe von Fleisch und Blut Christi verstehen die Kirchenväter die lebensspendende Teilhabe an Christi Menschheit, durch die wir an seiner Gerechtigkeit, das heißt dem ewigen Leben, teilhaben. Deshalb versteht [Aurelius] Augustinus unter „Leib" die Kirche. Luther verwirft diese Interpretation zwar unter Verweis auf das folgende „der für euch gegeben wird" in seiner Schrift an die Böhmen [Von Anbeten des Sakraments], aber Augustinus zielt ja darauf, dass wir durch den Empfang seines Leibes zu seinem Leib werden. Wenn die Kirchenväter zur Freude der Streitsüchtigen schreiben, auch Gottlose empfingen Leib und Blut Christi, dann beruht diese Rede auf der sakramentalen Vereinigung. Den Vätern ist zu folgen sowohl gegen Papisten als auch gegen vermeintliche Lutheraner. [4] Blarer soll [Jakob] Haistung schreiben: Bucers Urteil galt nicht den Persönlichkeiten, sondern den Bekenntnissen. Die Bekenntnisse [Seegers und Rottachs] bieten auch Kritikwürdiges, wenn man sie nicht gutwillig auffasst oder die [innerprotestantische] Abendmahlskontroverse nicht für einen Streit um Worte hält. Haistungs Bekenntnis billigt Bucer mit wenigen Anmerkungen. Bedingung des erwünschten Friedens bleibt freilich, dass der Herr seinen wahren Leib und sein wahres Blut im Mahl zur Speise der Seele gibt, Brot und Leib nur sakramental vereinigt werden und der Leib allein von der Seele aufgenommen wird. Haistung soll diesen Frieden nicht ablehnen; verletzen ihn die anderen, sind sie umso leichter zu entlassen. Um unparteiisch zu bleiben, schreibt Bucer Haistung nicht. Er soll besser nach einem dauerhaften als nach einem siegreichen Frieden streben. [→667]

[3]Salue in Domino, chariss[ime] Ambrosi!

[1] Seculum tibi videri scribis[4], quod tibi non scripsi[5]; sed cur non idem videatur et mihi? Ego vero ad te nuper literas dedi, verum retulit eas mihi qui tulerat[6], nimium hac in re religiosus; putaueram enim te Constantiae esse[7].

---

[3] *Konrad Hubert:* <1532, die 4 Januarij. De dissidio eucharistico Campidonen[sium] concionaturum etc. Lectu dignissimum<.

[4] Dieses Schreiben Blarers an Bucer konnte nicht ermittelt werden.

[5] Das letzte von uns ermittelte Schreiben Bucers an Ambrosius Blarer datiert vom 11. November 1532 (vgl. oben Nr. 637, S. 37–40).

[6] Der Bote konnte nicht ermittelt werden.

[7] Bucers Schreiben an Blarer vom 11. November 1532 ist bereits nach Konstanz adressiert (vgl. oben Nr. 637, S. 40, Z. 1f.), Blarer hielt sich aber noch bis zum Februar 1533 in Isny auf.

[2] ⁸Senatus Campidonen[sis] scripsit nuper nostro de suo dissidio⁹ missis tribus trium praedicatorum suorum confessionibus¹⁰, quas petierunt nobis concionatoribus exhiberi iudicaturis, quae cum scripturis conueniant, quae minus, simulque daturis consilium, quo pacto ecclesiae illic pax solida queat restituj, quod ipsum et a senatu nostro petierunt¹¹.

¹²In confessionibus illi suis adduxerunt, quicquid toto hoc tempore, quo ista disputatio viguit, motum est. Nobis, quibus factiones istius ecclesiae ex parte cognitae fuerunt¹³, videbatur consultius, vt coram conaremur, si quid Dominus vellet istorum dissidio per nos mederi¹⁴; non enim posse animis sic exulceratis scripto satis fieri, immo verendum, vt ex eo, quamlibet caute scriberemus, contentiosuli plus ad contentiones armarentur. At senatui cum Campidonen[ses] [S. 186] nihil quam scriptum petijssent, mandarunt id parare. Parauimus et, cum studemus vtrique parti, quantum cum Domino licet, viam ad christianam concordiam munire, opus in iustum volumen excreuit¹⁵.

[3] ¹⁶Scopus nobis fuit suadere in coena Dominj agnoscere Dominum suum verum corpus suumque verum sanguinem dare, sed cum pane et vino, non panem et vinum tantum vel in pane et vino localiter, et{a} sumenda mente, non ventre. Conatique sumus ex Luthero¹⁷ haec duo ¹⁸euin<cere<: ¹⁹panem non esse id ipsum, quod corpus Dominj, quod adserunt duo ex illis concionatoribus²⁰, ²¹item non posse edi bibique Christum a corpore nostro, siquidem

---

{a} *gestrichen* non.

⁸ *Konrad Hubert:* <Dissidium sacramentarium inter ministros Campi[donenses]<.

⁹ Zum Streit der Kemptener Prediger vgl. Bucers Stellungnahme (oben Nr. 647, S. 78–86) und das ausführlichere Gutachten der Straßburger Prediger vom 31. Dezember 1532 (unten Anm. 15).

¹⁰ Zu den abendmahlstheologischen Stellungnahmen der Kemptener Geistlichen vgl. oben Nr. 647, S. 81, Anm. 2.

¹¹ Diesen Auftrag nimmt die Einleitung von Bucers Gutachten auf (vgl. BDS 8, Nr. 4, S. 67, Z. 6–18).

¹² *Konrad Hubert:* <Adducunt in suis confessionibus omnia hactenus mota<.

¹³ Die Augsburger Prediger hatten Bucer über den Streit in Kempten informiert. Vgl. Bucer an Huldrych Zwingli vom 6. Februar 1531 (BCor 5, Nr. 386, S. 249, Z. 16f.) und vom 25. September (BCor 6, Nr. 469, S. 139, Z. 6–10).

¹⁴ Vgl. oben Nr. 647, S. 81, Z. 14–16.

¹⁵ Es handelt sich um das Gutachten *Scriptum Martini butzeri ad Campidonenses de Eucharistia, quo ministros illic In concordiam et eorum dogmata de illa redigere tentat*, 31. Dezember 1532 (vgl. BDS 8, Nr. 4, S. 55–154).

¹⁶ *Konrad Hubert:* <In coena quid detur sumentibus<.

¹⁷ Zu Bucers Gegenüberstellung der Position Luthers und der seiner Kemptener Anhänger vgl. sein Gutachten (BDS 8, Nr. 4, S. 100, Z. 18 – S. 102, Z. 2; S. 111, Z. 23 – S. 113, Z. 12; S. 117, Z. 4 – S. 121, Z. 14; S. 134, Z. 25 – S. 135, Z. 27).

¹⁸ *Konrad Hubert:* <Lutheri sententia in tribus potissimum consistit<.

¹⁹ *Konrad Hubert:* <1<.

²⁰ Vgl. Bucers entsprechenden Randkommentar zu den Gutachten Johannes Seegers (BDS 8, S. 177, Anm. w; S. 181, Anm. j; S. 188, Anm. x) und Johannes Rottachs (ebd., S. 211, Anm. d; S. 212, Anm. j).

loquj proprie libeat. Nam solam sacramentalem ille vnionem[22] inter panem et corpus Domini ponit. [23]Tum ingenue fatetur corporalem manducationem corporj Christj tribuj propter hanc sacramentalem vnionem, caeterum esse proprie panis[24]. Adhibuimus patres, qui ad eundem modum disserunt[25]. [26]De impijs ne contendant, hortatj sumus[27]. Sed praestat tibi mittere exemplum nostri scriptj; [S. 187] nam suasimus senatuj Campidonen[si], vt te arbitratorem et contentionis[b] suae compositorem adsciscant.

Huius forsan admonere te conuenit: [28]Nobis certa concordiae ratio videtur, si de hac re loquamur more patrum[29]. Hi sicut et apostolus de sacramentis vt ecclesiae nouj testamenti sacramentis loquuntur, in quibus id, quod totum nobis euangelion praedicat, uelut exhibeatur, nempe communio vera Christj, vt membra illius simus de carne et ossibus eius[30], postquam nostra caro et sanguis hęreditatem regni Dei consequi non possunt[31]. Hinc et quod verba Christi in coena [32]omnino verba sunt donationis et traditionis et indubie corporis et sanguinis Domini, sed cum symbolis[33], vti omnes maioris momenti donationes et traditiones fiunt[34], illi vbique hoc praedicant: dominum suum dare in caena corpus suumque sanguinem. Intelligunt autem veram ac viuificam carnis Christi[35], hoc est humanitatis vel naturae eius impartitionem, qua iustitiae, hoc est vitae aeternae, participes euadimus.

---

[b] *O* consentionis.

[21] *Konrad Hubert*: 2; <2<.
[22] Vgl. Bucers Gutachten (BDS 8, Nr. 4, S. 134, Z. 22 – S. 135, Z. 5). Zu Luthers Auffassung der *unio sacramentalis* vgl. oben Nr. 647, S. 81f., Anm. 7.
[23] *Konrad Hubert*: 3; <3<.
[24] Vgl. Bucers Gutachten (BDS 8, Nr. 4, S. 91, Z. 2–6) unter Bezug auf ebd., S. 134, Z. 22 – S. 135, Z. 27 und WA 26, S. 442, Z. 35–38.
[25] Vgl. Bucers Gutachten (BDS 8, S. 86, Z. 9 – S. 90, Z. 10). Bucer beruft sich vor allem auf Johannes Chrysostomus (vgl. dazu ebd., S. XXVIIIf.). Zur Bedeutung der Väterrezeption in der innerprotestantischen Abendmahlskontroverse vgl. HOFFMANN, SENTENTIAE PATRUM.
[26] *Konrad Hubert*: <De impiorum manducatione non contendendum.<.
[27] Vgl. Bucers Gutachten (BDS 8, Nr. 4, S. 140, Z. 1–9).
[28] *Konrad Hubert*: <Loquendum de coena mora patrum<.
[29] Zu Bucers Strategie, die innerprotestantische Abendmahlskontroverse durch den Rückgriff auf Formulierungen der Kirchenväter zu überwinden, vgl. BCor 8, S. XXVIII.
[30] Gen 2, 23; Eph 5, 30. Vgl. dazu die *Apologie* zur *Confessio Tetrapolitana*, Art. 18 (BDS 3, S. 282, Z. 23) sowie Johannes Oekolampad, *Quid de eucharistia veteres*, Juli 1530 (VD 16, O 381; fol. b5r).
[31] I Kor 15, 50.
[32] *Konrad Hubert*: <Nota bene, bene<.
[33] *Konrad Hubert*: ↓vti↓.
[34] Zu den symbolischen Riten, die sich im Römischen Recht mit der Besitzeinweisung (donatio) oder der körperlichen Übergabe einer Sache (traditio) verbanden, vgl. STROSETZKI, ANTIKE RECHTSSYMBOLE, insbesondere S. 4–7.
[35] Die cyrillische Wendung *caro vivifica* bot Bucer die Möglichkeit, im innerprotestantischen Abendmahlsstreit eine gemeinsame Position zu formulieren, da sie von Vertretern beider Seiten akzeptiert wurde, etwa von Philipp Melanchthon (vgl. *Sententiae veterum*, März 1530, CR 23, Sp. 736) und Johannes Oekolampad (vgl. *De genuina verborum Domini*, September 1525; VD 16, O 331; fol. f5v; *Quid de eucharistia veteres*, Juli 1530; VD 16, O 381; fol. c4v, h1v, h3r).

Inde vero factum, vt [S. 188] ³⁶Augustinusᶜ alicubi³⁷ ita loquatur, ac si in istaᵈ ³⁸oratione „Hoc est corpus meum" per corpus ecclesiam intelligi velit, cui postea id, quod sequitur: „quod traditur pro vobis", non quadrat. Vnde Lutherus hanc sententiam ad Waldenses nominatim refutauit³⁹. At cum d[ivus] ⁴⁰Augustinus scribit: „Mysterium vestrum in mensa Domini positum est, mysterium Domini accipitis" ⁴¹, huc spectauit, quod hic nobis corpus et sanguis Domini sic offertur, vt maneat Christus in nobis et nos in eo⁴², ˂vt ita accepto corpore eius ipsi corpus, hoc est membra eius, simus˂ ⁴³. Contentiosos iuuare videtur, quod, quia panis et vinum Dominj impijs pariter et pijs datur, patres sępe etiam ipsam Dominj carnem et ipsum sanguinem sumj ab ⁴⁴impijs scribant⁴⁵. Verum diligenter consyderantibus satis patebit sic illos locutos propter sacramentalem vnionem, quae est inter corpus Dominj etᵉ panem. Patres pie et satis luculenter de hac re loquuntur; tum merito apud nos authoritatem habent in his, quae ecclesia semper obseruauit. Quare velim nos illis, quantum licet, accomodare. Sic et papistis et praepostere Lutheranis veritatem melius defendemus.

[4] Bene vale et Haustungo⁴⁶ scribe⁴⁷, vt, [S. 189] quales sint illi ⁴⁸duo⁴⁹, agnoscat, nos tamen debuisse iudicium ex confessionibus facere, non ex ingenijs illorum, quae nota nobis non sunt. Sunt quidem in illorum confessioni-

---

ᶜ *gestrichen* alioquin. – ᵈ *anstatt* praesente?. – ᵉ *gestrichen* sanguinem.

³⁶ *Konrad Hubert:* ˂NOTA Augustinus˂.
³⁷ Vgl. unten Anm. 41.
³⁸ *Konrad Hubert:* ˂In sermone ad infantes˂.
³⁹ Luthers an die Böhmischen Brüder gerichtete Schrift *Von Anbeten des Sakraments*, 1523 (WA 11, S. 431–456, insbesondere ebd., S. 437, Z. 12 – S. 438, Z. 19). Bucer verweist auf diese Schrift auch in seinem Gutachten (BDS 8, Nr. 4, S. 70, Z. 12–18).
⁴⁰ *Konrad Hubert:* ˂Augustinus explicatur˂.
⁴¹ Augustinus, Sermo 272, Ad infantes de sacramentis (MPL 38, Sp. 1247). Bucer rekurriert auf dieses Zitat auch in seinem *Bericht auß der heyligen Schrift*, 1534 (vgl. BDS 5, S. 245, Anm. 617).
⁴² Vgl. Joh 6, 56. Im Hintergrund steht Bucers Auslegung von Joh 6. Vgl. dazu HAZLETT, JOHANNES 6 BEI BUCER.
⁴³ Vgl. den Kontext des Augustin-Zitats: „Si ergo vos estis corpus Christi et membra, mysterium vestrum in mensa Dominica positum est: mysterium vestrum accipitis. Ad id quod estis, ‚Amen' respondetis, et respondendo subscribitis. Audis enim ‚corpus Christi', et respondes ‚Amen'. Esto membrum corporis Christi, ut verum sit Amen." (MPL 38, Sp. 1247).
⁴⁴ *Konrad Hubert:* ˂Impiorum manducatio˂.
⁴⁵ Zur *manducatio impiorum* vgl. Bucers Gutachten (BDS 8, Nr. 4, S. 109, Z. 5 – S. 111, Z. 2); vgl. dazu oben Nr. 647, S. 83f., Anm. 20.
⁴⁶ Jakob Haistung, Helfer an St. Mang in Kempten. Vgl. Personenindex.
⁴⁷ Ein entsprechendes Schreiben Blarers an Haistung konnte nicht ermittelt werden. Haistung nimmt aber in seinem Schreiben an Blarer vom 1. Februar 1533 (vgl. Blaurer Bw. 1, Nr. 321, S. 382f.) auf eine briefliche Mahnung Blarers zur Eintracht Bezug (ebd., S. 382).
⁴⁸ *Konrad Hubert:* ↓Scilicet Lutherani↓.
⁴⁹ Gemeint sind Haistungs lutherische Kollegen Johannes Seeger (vgl. Personenindex) und Johannes Rottach (vgl. Personenindex).

bus, quae exagitari potuissent, sed non ab ijs, qui [50]docent omnia candide accipere et in hac ipsa[f] verbis potius quam re esse dissidium[51], denique qui, vt par est, nihil partibus, omnia Christo deferre et solidam concordiam querere student. Mone ergo hunc optimum virum et fratrem, vt fidat Christo
5 nec moretur iudicia vulgi! Vere non possunt sancti ferre, vt non sit praesens nobis Christus, ut abhorreamus a formulis loquendi scripturae[52]. Omnino ergo in hac sententia sumus, vt hic pleno ore, quae scriptura habet, et ijs ipsis verbis ac etiam ęquipollentibus praedicemus. Erroribus enim satis nihilominus obuiare licet. Videndum est, vt ueritatem Christj, quam habemus, ijs, qui
10 Christj sunt, approbemus.

[53]Confessionem huius[54] totam comprobauimus[g]; tantum plenius dicenda paucula monuimus[h], ne nihil in hac corrigeremus, quanquam vera ita loqui illum velimus, vt id poscere etiam maiestatem hujus rej credimus. Sed ex ijs, quae confessus est, existimamus eum etiam pridem sic loqui solere. Optarim
15 ergo in praesentj, si pacem illi duo non [S. 190] respuant conditione, quam scripsimus, ut scilicet vtrinque dicant Dominum in coena dare verum suum corpus, verum sanguinem cum pane et vino in cibum animae et fas sit testarj panem et corpus Dominj nonnisi sacramentaliter vnirj et corpus Dominj, proprie si loquamur, nonnisi ab anima percipi, ⁼hunc nostrum pacem
20 minime aspernari[i] ⁼.

Sed quid? Oblitus sum, quod mitto exemplum. Excute ipse consilium nostrum et suade [55]illi, vt pacem in praesens non detrectet. Si tum illj pacem ↓iterum↓ violarint, ibi maior erit commoditas illos [56]ablegandi[57]. Vincat se;

---

[f] *gestrichen* re. – [g] *zuerst* reprobauimus. – [h] *gestrichen* ne. – [i] *zuerst* respernari.

[50] *Konrad Hubert*: ⁼NOTANDA⁼.
[51] Vgl. Bucers gleichlautende Aussage in seinem Gutachten (BDS 8, Nr. 4, S. 73, Z. 5f.). Zu Bucers Verständnis der innerprotestantischen Abendmahlskontroverse als eines Streits um Worte bei Einigkeit in der Sache vgl. die *Apologie* zur *Confessio Tetrapolitana*, Art. 18 (BDS 3, S. 277, Z. 28f.), Bucers Konkordienschrift vom 31. Dezember 1530 (BCor 5, Nr. 415, S. 351, Z. 4f.) sowie seine im Kontext des Augsburger Reichstages verfassten Briefe an Gregor Brück vom 24. Juli 1530 (BCor 4, Nr. 326, S. 166, Z. 4 – S. 167, Z. 1), an Ambrosius Blarer vom 14. August (ebd., Nr. 324, S. 196, Z. 10f.), an Huldrych Zwingli vom 9. September (ebd., Nr. 338, S. 270, Z. 15–17) und an Joachim Vadian vom gleichen Tag (ebd., Nr. 339, S. 273, Z. 17f.). Vgl. dazu FRIEDRICH, STREIT UM WORTE.
[52] Zu Bucers Verständnis für den Argwohn der Lutheraner und seiner Kritik an der Distanznahme der schweizerischen und oberdeutschen Theologen von biblischen Formulierungen vgl. seinen Brief an Leo Jud vom 23. Juni 1532 (BCor 8, Nr. 598, S. 161, Z. 24–28).
[53] *Konrad Hubert*: ⁼Haustungi scilicet⁼.
[54] Vgl. oben S. 89, Anm. 10.
[55] *Konrad Hubert*: ↓scilicet Heistungo↓.
[56] *Konrad Hubert*: ⁼quod paulo post factum⁼.
[57] Ihre anfängliche Zustimmung zu Bucers Einigungsvorschlag widerriefen Seeger und Rottach unter Berufung auf ihr Gewissen. Daraufhin entließ sie der Rat am 31. Januar 1533 (vgl. BDS 8, Nr. 4, S. 63–65).

videntur etiam Christum illi quęrere. Si sunt hodie in terra[58], nos cras erimus. Seruum Christi oportet mansuetum esse, ut etiam contradicentes ferre queat. Et ferri hi hoc melius possunt, quo ualent minus.

Vale iterum! Non scribo Haystungo, quo integriorem me arbitrem seruem. Video enim illic magna studia et flagrare pestilens dissidium. Malit ergo Haystung solidam et stabilem pacem quam fortem. Violenta perpetua non sunt.

Argent[orati], 4 Januarij.[j]

T[uus] Bucerus.

Capito[59] salutat te.

[Adresse fehlt!]

Oa *AST 151 (Ep. Buc. I), Nr. 49, S. 185–190.* — C *Zürich ZB, S 33, 3; TB VI, S. 1f.* — R/P *Blaurer Bw. 1, Nr. 315, S. 375–377.*

---

[j] *gestrichen* Argen[torati] 4 m. ianuarij.

[58] *Konrad Hubert:* ↓homines↓.
[59] Wolfgang Capito, Pfarrer an Jung-St. Peter und Propst an St. Thomas in Straßburg. Vgl. Personenindex.

649.
Martin Bucer an Margarethe Blarer[1]
Straßburg, 4. Januar [1533][2]

[629←] Les vrais amis s'écrivent, mais ils n'ont pas besoin de renouveler leur amitié, qui ne vieillit pas. Que Marguerite prie pour que Bucer serve le Seigneur avec fidélité et n'œuvre pas en vain. À Strasbourg, les sectes et le mépris de la Parole de Dieu dominent ; les Épicuriens sont sûrs d'eux. L'Église de Strasbourg, à qui on demande si souvent conseil, en aurait bien besoin elle-même. Bucer et son Église se recommandent à [Jean] et à Conrad Zwick ainsi qu'à Thomas [Blaurer]. Salutations de Capiton et de l'épouse de Bucer [Élisabeth], qui attend un enfant. [→659]

---

[1] Freundin Bucers in Konstanz. Vgl. Personenindex.
[2] Die Jahreszahl fehlt. Das Jahr 1533 ergibt sich aus den Sachzusammenhängen. Vgl. unten Anm. 17.

[629←] Wahre Freunde schreiben einander, brauchen aber ihre Freundschaft nicht zu erneuern, da sie nicht altert. Bucer ersucht um Fürbitte für seinen Dienst. In Straßburg nehmen die Sekten und die Verachtung des Gotteswortes überhand, die Epikuräer haben wieder Oberwasser. Die von anderen so häufig um Rat ersuchte Straßburger Gemeinde bräuchte ihn selbst am dringendsten. Die Adressatin soll Bucer und seine Gemeinde [Johannes] und Konrad Zwick sowie Thomas [Blarer] anbefehlen. Grüße von [Wolfgang] Capito und Bucers Frau [Elisabeth], die ein Kind erwartet. [→659]

³Die gnad des Herren vnd was ich liebs vnd guts vermag!

Wol steht warhaffter freundtschafft zu, wo man nicht miteynander reden kann, das man doch zusamen schreybe; aber dasselbige gar nicht, die freundtschafft zu erneweren, dann die, wo sy eyn rechte freundtschafft ist, nit altet⁴. Nun schreyb ich vnd bitt: Helffet myr den Herren anruffen, das er myr geb, wol vnd trewlich yn seynen dienst zu faren, vnd losse vnß nit umbsust arbeyten.

⁵Die secten haben hie vberhandt genomen⁶ vnd^a das heylig wort Gottes yn dise verachtung bracht, das do neben die alt epicurische sect⁷ alß sicher alß ie herfurbrochen ist. Gott helffe seynem kleynen heufflin⁸! Man schreybt her offt vmb rath anderen kirchen⁹, vnd ist keyne, die baß¹⁰ raths bedörffte dann eben vnsere; den wölle vnß Gott verleyhen vnd zeytlich¹¹. Befelhendt mich vnd vnsere kirch ewerem vnd vnserem lieben bruder Zwicken¹² vnd anderen guten christen! Befelhendt mich dann auch iunckherr Chunradten¹³ vnd Thoman¹⁴! Capito¹⁵ vnd myn hausfraw¹⁶, die noch nit fil vber eyn monat

---

^a *zuerst* die haben.

³ *Konrad Hubert:* ˂1533, 4 Januarij˂.
⁴ Altert.
⁵ *Konrad Hubert:* ˂Sekten˂.
⁶ Seit Bucer Kenntnis von Margarethes Sympathien für den Täuferführer Pilgram Marbeck hatte (vgl. seinen Brief vom 19. August 1531, BCor 6, Nr. 448, S. 63, Z. 1–18), warnte er sie immer wieder vor den Dissentern. In Straßburg hatten die Prediger am 30. November 1532 dem Rat einen Vorschlag zur Bekämpfung verschiedener Missstände unterbreitet (vgl. QGT 7, Nr, 348, S. 575–578), darunter auch, „wie den secten zu begegnen" sei (ebd., S. 575, Z. 24 – S. 577, Z. 21).
⁷ Anhänger des griechischen Philosophen Epikur. Vgl. Personenindex. Bucer bezeichnet damit Personen, die sich dem Straßburger Kirchenregiment widersetzten. Vgl. dazu QGT 7, Nr. 260, S. 341, Z. 28; QGT 8, Nr. 353, S. 1, Z. 5f.; LIENHARD, RELIGIÖSE TOLERANZ, S. 22f., 35. Zur Verwendung des Terminus bei anderen Reformatoren vgl. POLLET, BUCER 1, S. 110, Anm. 3.
⁸ Vgl. Jes 41, 14.
⁹ Vgl. etwa die Anfrage des Kemptner Rates, oben Nr. 647, S. 81, Anm. 2.
¹⁰ Besser, mehr.
¹¹ Beizeiten.
¹² Johannes Zwick, Prediger in Konstanz und Cousin der Adressatin. Vgl. Personenindex.
¹³ Konrad Zwick, Ratsherr in Konstanz und Bruder des Johannes. Vgl. Personenindex.
¹⁴ Thomas Blarer, Ratsherr in Konstanz und Bruder der Adressatin. Vgl. Personenindex.

hat, das sy kinden solle¹⁷, lond euch ym Herren grussen.

Arg[entorati], 4 Ianuarij.

M[artinus] Bucer der ewer.

Adresse [S. 274]: Der christlichen iungfrawen Margarethen Blaurerin, meyner besonders lie[ben] schwest[er] [im] He[rren]. 5

Oa AST 151 (Ep. Buc. I), Nr. 71, S. 273f. — C Zürich ZB, S 31, 9; TB VI, S. 3. — R Blaurer Bw. 2, Anhang, Nr. 13, S. 796.

---

¹⁵ Wolfgang Capito, Pfarrer an Jung-St. Peter und Propst an St. Thomas in Straßburg. Vgl. Personenindex.
¹⁶ Elisabeth Bucer. Vgl. Personenindex.
¹⁷ Am 5. Februar 1533 wird Bucers Tochter Irene geboren. Sie stirbt bereits am 2. August nach einwöchiger Krankheit. Vgl. Bucer an Margarethe Blarer vom 8. August 1533 (Blaurer Bw. 2, Anhang, Nr. 20, S. 800).

650.
Martin Bucer an Heinrich Bullinger¹
Straßburg, 5. Januar [1533]²

[626←] [1] Bucer remercie Bullinger, aussi au nom de quelques membres du Sénat, pour le rapport de Bullinger au sujet du conflit [de Zurich avec les Cinq Cantons]. Le greffier de la ville de Bâle [Henri Ryhiner] a appris à Strasbourg que Berne, Bâle et Schaffhouse soutenaient la position de Zurich, selon laquelle la question de la foi n'était pas subordonnée aux dispositions d'une alliance pour des questions temporelles. [2] Bucer veut s'entretenir personnellement avec les Zurichois au sujet de la dispute sur leur piété. Le but de ses efforts de concorde est que nul, Zurichois ou Luthérien, ne persécute le Christ dans autrui, puisque les uns et les autres confessent qu'il est le seul Sauveur. Sa présence est, pour employer les propos de Cyrille [d'Alexandrie], corporelle (sômatikôs) au sens où le Christ habite en nous de sorte que nous soyons ses membres, ce que Hilaire [de Poitiers] qualifie de naturaliter, *et non pas d'*essentialiter, *et que les Zurichois ne rejettent pas. Ils sont d'un jugement sûr, et*

---

¹ Erster Pfarrer am Großmünster in Zürich. Vgl. Personenindex.
² Die Jahreszahl fehlt. Das Jahr 1533 ergibt sich aus den Sachzusammenhängen. Vgl. unten Anm. 6, 8. Vgl. auch den Parallelbrief Wolfgang Capitos an Heinrich Bullinger, ebenfalls vom 5. Januar 1533 (Bullinger Bw. 3, Nr. 170, S. 29–31).

prendront l'écrit de Bucer en bonne part. Si quelque chose leur semble ne pas convenir, qu'ils interrogent d'abord l'auteur, avant de prendre une décision. On ne peut pas condamner sans autre celui que l'on reconnaît pour chrétien. Si, à l'avenir, les Zurichois jugent des choses peu chrétiennes lettres de Bucer, qu'ils s'en plaignent d'abord à lui [en privé], avant de le critiquer ouvertement ou devant des collègues. [3] Bucer apprécie beaucoup le doux Leo [Jud], mais ce dernier l'a mal compris et semble chercher une nouvelle querelle sans raison. L'estime dont les Zurichois jouissent précisément auprès de Bucer rendent d'autant plus difficilement supportable l'image qu'ils donnent de lui dans leurs lettres. C'est pourquoi, jusqu'à ce qu'il ait rencontré les Zurichois, Bucer veut correspondre avec eux sur d'autres thèmes. Salutations à [Conrad] Pellikan, à [Théodore] Bibliander et aux autres frères ; Bucer a écrit à Leo [Jud]. [P. S.] Les [Sénateurs] de Strasbourg se préoccupent de Zurich et ont informé le Landgrave [Philippe de Hesse]. Toutefois, la guerre n'éclatera que si l'on en donne l'occasion aux adversaires. C'est pourquoi, selon les Strasbourgeois, Zurich n'a, pour le moment, pas besoin d'autre soutien que la fermeté dans le Seigneur ; la lettre de Bullinger a réveillé leur espérance. Quant à l'Empereur [Charles Quint], Bucer n'a à son sujet que des nouvelles incertaines. [→651]

[626←] [1] Bucer dankt, auch im Namen einiger Ratsherren, für Bullingers Bericht über die Auseinandersetzung [Zürichs mit den Fünf Orten]. Der Basler Ratsschreiber [Heinrich Ryhiner] teilte in Straßburg mit, dass Bern, Basel und Schaffhausen Zürichs Position, die Glaubensfrage unterliege nicht den Bündnisbestimmungen für weltliche Angelegenheiten, unterstützten. [2] Im Blick auf die [abendmahlstheologische] Diskussion wünscht Bucer ein persönliches Gespräch mit den Zürichern. Ziel seiner Konkordienbemühungen ist es, dass niemand im anderen Christus verfolgt; bekennen sich doch beide zu ihm als alleinigem Retter. Seine Gegenwart ist im Sinne Cyrills [von Alexandrien] insofern leiblich, als Christus so in uns wohnt, dass wir seine Glieder sind, was Hilarius [von Poitiers] als naturaliter, nicht essentialiter, bezeichnet und die Züricher nicht ablehnen. Sie sind besonders urteilsfähige Menschen, die Bucers Schreiben zum Guten aufnehmen. Erscheint ihnen etwas als unangemessen, fragen sie zuerst beim Verfasser nach, bevor sie einen Beschluss fassen. Wen man als Christ anerkennt, den kann man nicht ohne Weiteres verdammen. Nehmen die Züricher an künftigen Briefen Bucers Anstoß, sollen sie sich zuerst bei ihm beschweren, bevor sie ihn öffentlich oder vor anderen Amtsbrüdern kritisieren. [3] Bucer schätzt den sanften Leo [Jud] sehr. Dieser verstand ihn aber falsch und scheint ohne Grund neuen Streit zu suchen. Gerade die Wertschätzung, welche die Züricher bei Bucer genießen, macht das Bild, das sie in ihren Briefen von Bucer zeichnen, so schwer erträglich. Bis zu einer persönlichen Begegnung will er mit ihnen deshalb über andere Themen korrespondieren. Grüße an [Konrad] Pellikan und [Theodor] Bibliander; Bucer schrieb an Leo [Jud]. [P.S.] Die Straßburger [Ratsherren] sorgen sich um Zürich und haben den Landgrafen [Philipp von Hessen] informiert. Doch wird ein Krieg nur ausbrechen, wenn man den Gegnern Gelegenheit dazu gibt. Deshalb braucht Zürich vorerst nach Meinung der Straßburger keine Hilfe; Bullingers [nicht ermittelter] Brief weckte ihre Zuversicht. Über Kaiser [Karl V.] hat Bucer nur unsichere Nachrichten. [→651]

Salue in Domino, frater obseruande!

[1] Gratias habemus cum nostro tum aliquot piorum senatorum nomine, quod historiam discriminis vestri perscripsisti tam diligenter et simpliciter[3]. Fuit interea hic secundus scriba Basilien[sis][4], qui narrauit Bernates, suos et Schafhusianos[5] vobis accessisse in eo, ne caussa religionis arbitrio reliquorum pagorum permittatur, ita vt de profanis rebus leges foederis vestri habent[6]. Hinc spes est nobis Quinque Pagos nunc animos demissuros.

[2] De altercatione nostra, quae vestra est pietas, non sum adeo solicitus. Qui enim possit a me diuelli manente in Christo, qui in eodem viuum membrum est[7]? Caeterum tota haec caussa, vt video, sic est, vt literis non possit commode et quantum satis est discuti. Dabit forsan Dominus, vt coram alij alios suam sententiam fęlicius doceamus[8]. Quae in Lutheranis improbem, prae me satis tuli, nec aliam ob caussam ego tantopere pro concordia laboro, quam ut nec illi in vobis nec vos in illis Christum insectaremini[9]. Nam cum ab vtrisque hic vnus in se credentium seruator praedicetur[10], meum est indicare Christum in vtrisque habitare, ut Cyrillus[11] vtitur, σωματικῶς, signifi-

---

[3] Das fragliche Schreiben Bullingers konnte nicht ermittelt werden. Zum Mandatsstreit vgl. oben Nr. 640, S. 48, Anm. 5.

[4] Der Ratsschreiber Heinrich Ryhiner. Vgl. Personenindex. Sein Besuch in Straßburg konnte nicht ermittelt werden.

[5] Die Schaffhausener.

[6] Als der Streit um die Mandate auf der Tagsatzung vom 19. – 21. November 1532 in Zürich verhandelt wurde, forderte Bern eine friedliche Einigung, da die „erteilung des gloubens keinem menschlichen urteil ze underwerfen" sei; andernfalls werde man bei den übrigen Eidgenossen unter Verweis auf die Bünde und den Zweiten Kappeler Landfrieden um Schirmung bitten (vgl. EA 4/1b, Nr. 771, S. 1439). Vgl. dazu die Briefe des Berner Predigers Berchtold Haller an Bullinger vom 6. Januar 1533 (Bullinger Bw. 3, Nr. 172, S. 33f., insbesondere S. 33, Z. 5–13) und vom 8. Januar (ebd., S. 36f., insbesondere S. 36, Z. 1 – S. 37, Z. 15). Basel verwies auf das im Zweiten Kappeler Landfrieden (Art. 1) verbriefte Recht, „dass jeder teil by sinem glouben, ouch by den pündten, was die vermöchtend, strax belyben söllte" (EA 4/1b, Nr. 771, S. 1439) und beschwor den Beistand der Städte, „so dem Gottswort anhengig" (ebd.). Schaffhausen versprach, es wolle tun, „was zuo fründschaft und hinlegung solicher spennen in der güetligkeit fürderlich sin möge, und ire pündtußwysind" (ebd., S. 1440). Dennoch beschäftigte der Mandatsstreit auch noch die nächste Tagsatzung vom 16. Dezember. Vgl. dazu ebd., Nr. 780, S. 1451b; Bullinger, Reformationsgeschichte 3, S. 369–371; Bullinger Bw. 2, S. 288f., Anm. 7; Bullinger Bw. 3, S. 35, Anm. 11.

[7] Vgl. I Kor 6, 15; 12, 27; Eph 4, 16.

[8] Bei seinem Besuch der Züricher Synode am 6. Mai 1533 erreichte Bucer die erhoffte Aussöhnung im persönlichen Gespräch. Vgl. Ambrosius Blarer an Bullinger vom 23. Mai 1533 (Bullinger Bw. 3, Nr. 226, S. 130). Zu Bucers Präferenz persönlicher Gespräche vgl. oben Nr. 648, S. 89, Z. 6–11.

[9] Zu Bucers Bild von den Lutheranern, das er den Zürichern im vorausgegangenen Briefwechsel zu vermitteln suchte und seinem Selbstbild als Vermittler vgl. BCor 8, S. XXIII–XXV, XXIX.

[10] Vgl. Act 4, 12; I Tim 2, 5. Zu diesem Argument vgl. Bucers Briefe an Bonifatius Wolfhart von Ende Mai 1532 (BCor 8, Nr. 591, S. 118, Z. 19), an Leo Jud vom 23. Juni (ebd., Nr. 598, S. 160, Z. 18) und an Bullinger von Ende August (ebd., Nr. 626, S. 344, Z. 1–4).

[11] Cyrill, Bischof von Alexandrien. Vgl. Personenindex. Auf ihn beruft sich Melanchthon in Art. 10 der *Apologie* zur *Confessio Augustana* (vgl. BSLK, S. 248, Z. 22–39) und andernorts (vgl.

cans scilicet sic habitare in nobis Christum, vt eius membra simus[12], pro quo Hilarius[13] „naturaliter" dicit[14]; scio vos non repugnaturos. Sed plura sunt [fol. 413v] in hac caussa, vt dixi, quam vt literis satis possint expediri. Alioqui apologia pridem parata fuit[15]. Esto vero meae literae[16] aliquid quod non probaretis continuerint: quum vobis scribimus, non scribimus quibusuis, sed ijs, qui iudicio plus valeant et in meliorem partem accipiant, quae alij forsan in deteriorem, tum sint eo candore, vt si quid indignum vobis videatur, de eo nos ipsos rogetis antea, quam vel apud vos ipsos quicquam statuatis[17]. Nec[a] sane, quem christianum verum agnoscimus, non possumus temere eorum condemnare, quae cum hac professione pugnant. Haec vero non scribo, ⌜vt⌝ expostulem de eo, quod factum est, sed vt orem, si quid posthac scripserimus

---

[a] *zuerst* Nos.

BCor 8, S. 90, Anm. 59), um die lutherische Auffassung, Christus sei im Abendmahl leiblich gegenwärtig, zu rechtfertigen. Bucer nimmt für seine Vermittlungsbemühungen vor allem Cyrills Wendung der *caro vivifica* in Anspruch (vgl. oben Nr. 648, S. 90, Anm. 35). Zum argumentativen Hintergrund vgl. BCor 8, S. XXVIII.

[12] Vgl. Cyrill, Auslegung von Joh 15, 1: „An fortassis putat ignotam nobis mysticae benedictionis virtutem esse? Quae cum in nobis fiat, nonne corporaliter quoque facit communicatione carnis Christi, Christum in nobis habitare? Cur enim membra fidelium, membra Christi sunt? ,Nescitis', inquit [Paulus], ,quia membra vestra, membra Christi sunt? Membra igitur Christi, meretreces faciam membra? Absit.' Salvator enim: ,Qui manducat carnem meam, ait, et bibit sanguinem, in me manet, et ego in eo.' Unde considerandum est, non habitudine solum quae per charitatem intelligitur, Christum in nobis esse, verum etiam et participatione naturali." (Cyrill, In Johannem, lib. 10, cap. 2, MPG 74, Sp. 341, A–C). Vgl. dazu Johannes Oekolampad, *Quid de eucharistia veteres*, Juli 1530 (VD 16, O 381; fol. c2r – c3r); Philipp Melanchthon, *Sententiae veterum*, März 1530 (CR 23, S. 732f.). Zu Bucers Rezeption vgl. seine *Defensio adversus axioma catholicum*, 1534 (BOL 5, S. 99, insbesondere Anm. 43).

[13] Hilarius, Bischof von Poitiers. Vgl. Personenindex.

[14] Vgl. Hilarius, De trinitate 8, 16: „Haec autem idcirco commemorata sunt a nobis, quia voluntatis tantum inter Patrem et Filium unitatem haeretici mentientes, unitatis nostrae ad Deum utebantur exemplo, tanquam nobis ad Filium, et per Filium ad Patrem obsequio tantum et voluntate religionis unitis, nulla per sacramentum carnis et sanguinis naturalis communionis proprietas indulgeretur; cum et per honorem nobis datum Dei Filii, et per manentem in nobis carnaliter Filium, et in eo nobis corporaliter et inseparaliter unitis, mysterium verae ac naturalis unitatis sit praedicandum." (MPL 10, Sp. 249 A–B; CCL 62A, S. 328, Z. 23 – S. 329, Z. 10). Vgl. Bucer, *Defensio adversus axioma catholicum*, 1534 (BOL 5, S. 98f.).

[15] Möglicherweise denkt Bucer hier konkret an die *Apologie* zur *Confessio Tetrapolitana* (BDS 3, S. 187–318).

[16] Zu dieser Korrespondenz über die Möglichkeiten einer Abendmahlskonkordie vgl. Bucer an Leo Jud vom 23. Juni 1532 (BCor 8, Nr. 598, S. 150–165), dessen Antwort vom 12. Juli (ebd., Nr. 611, S. 219–231), Bullingers Stellungnahme vom 12. Juli (ebd., Nr. 610, S. 202–218) sowie Bucers langen, Bullingers Ausführungen blockweise zitierenden Kommentar von Ende August (ebd., Nr. 626, S. 281–369). Vgl. dazu BCor 8, S. XXf.

[17] Im vorausgegangenen Briefwechsel (vgl. oben Anm. 16) hatte Bullinger Bucer vorgeworfen, die Oberdeutschen hätten die lutherischen Bekenntnisschriften in Schweinfurt ohne vorherige Absprache mit Zürich unterzeichnet (vgl. BCor 8, Nr. 610, S. 214, Z. 19). In seiner Antwort beklagte Bucer die zurückhaltende Informationspolitik der Züricher und schlug vor, künftig sollten beide Gemeinden einander konsultieren, bevor sie größere Veränderungen vornähmen (ebd., Nr. 626, S. 348, Z. 26 – S. 349, Z. 12).

vobis, quod minus christianum videatur, nobiscum antea priuatim expostuletis quam vulgo fratrum, etiam symmystarum – nam sunt et inter hos vulgares quidam –, quae in nobis parum probatis, manifeste[tis][18].

[3] Leo[19] mihi sane chariss[imus] est et inter primar[ios] Christi ministros habetur atque hac ipsa dote lenitatis eximius. Mea tamen visus mi[hi] est minus plane accipere et nouas sine caus[sa] rixas querere[20]. Sed id forsan meo vicio, non illius ita visum est.

Vere mihi magni estis omnes. [fol. 414r] Hoc molestius tuli videri me vobis, qualem ^{<}me^{<} – mihi forsan iam affecto – in literis vestris facere visi estis. De caussa ipsa orabo Dominum et oro, vt coram liceat tractare.

Interim loquantur literae de rebus alijs et magis, vt arbitror, et necessarijs et nobis[b] dignis, sitque animorum amicitia certa et solida.

Optime vale cum omnibus fratribus illic nostris et symystis obseruandis, Pelicano[c] [21], Bibliandro[22] et reliquis! Leoni scripsi[23].

Arg[entorati], v. Ianuarij.

T[uus] Bucerus.

[P.S.] Fac conscribas nobis quam primum, vt res habeant vestrae! Nostri vere de vobis soliciti sunt[24], sed quod nunc non scribunt, in caussa est, quod sperant res vestras, postquam se vobis iunxerunt Bernates et reliqui, melius habere. Admonuerunt de rebus vestris landgrauium[25] et vigilant. Si quid intentetur, in tempore vos semper monebunt. Haec certa illorum sententia est neminem vobis bellum moturum, nisi ex vobis occasione sumpta, et hac sola, si sic geratis vos, quo[d] hostes putent vos terrore solo confici posse[26]. [fol. 414v]

---

[b] *O* nos. – [c] *gestrichen* Bl. – [d] *zuerst* quod.

[18] Bucer beklagte bereits in seinem Schreiben an die Züricher Brüder vom 12. August 1532 deren indiskreten Umgang mit seinen privat gemeinten Äußerungen (ebd., Nr. 618, S. 256, Z. 21–23).
[19] Leo Jud, Hebräischdozent und Bibelübersetzer in Zürich. Vgl. Personenindex.
[20] Neben Juds Brief vom 12. Juli 1532 (vgl. BCor 8, Nr. 611, S. 219–231) existiert noch ein zweites, vor den 4. Mai zu datierendes Schreiben an Bucer (ebd., Nr. 581, S. 23, Anm. 5), das nicht ermittelt werden konnte.
[21] Konrad Pellikan, Professor für Hebräisch und Griechisch in Zürich. Vgl. Personenindex.
[22] Theodor Bibliander, Professor für Altes Testament an der Prophezei in Zürich. Vgl. Personenindex.
[23] Dieses Schreiben konnte nicht ermittelt werden.
[24] Zu diesem Zeitpunkt drohte der Mandatsstreit zu einer militärischen Auseinandersetzung zu eskalieren. Vgl. die Schreiben Bucers und seiner Kollegen an den Züricher (oben Nr. 640, S. 46–53) und an den Berner Rat (oben Nr. 641, S. 54–64).
[25] Philipp I., Landgraf von Hessen. Vgl. Personenindex. In den uns zugänglichen Akten konnte ein derartiges Schreiben nicht nachgewiesen werden.
[26] Bucer spielt hier wohl auf die Züricher Politik vor dem Zweiten Kappeler Krieg an, welche gegen die Vermittlungsbemühungen der Straßburger die Altgläubigen zum Präventivschlag provoziert hatte. Vgl. Bucers Mahnung zum Frieden im Brief an Zwingli vom 25. Sep-

Quare in praesentiarum nulla re vobis opus esse putant et certo iudicant, quam constanti[a] in Domino, ex qua hostibus digna vobis cum modestia quidem respondeatis, sed simul cum significatione ↓luculenta↓ vos a Christo non discessuros, deinde vigilantia contra insi[dias] ciuiles. Vbi legerunt tuas literas sic pias, sic ad Dominum omnia referents, et quod populus iustus verbo Dei adhuc studet, optima in spe sunt.

De Caesare[27] habemus incerta. Valete! Sitis fortes in D[omino][28]. Qui antea solos in tantum erexit fastigi[um], nunc humiliatos et ad se reuertentes non reijciet[29]. Posthac de his plura. Saluta omnes, qui Domini sunt!

T[uus] Bucerus.

Adresse [fol. 414v]: Pientiss[imo] et doctiss[imo] viro Heylrycho Bullingero, pastori Tigurinorum, fratri obseruando.

Oa Zürich SA, E II 348, fol. 413r – 414v. — C Zürich ZB, S 33, 4; TB VI, S. 4– 6. — P Bullinger Bw. 3, Nr. 169, S. 27–29.

---

tember 1531 (BCor 6, Nr. 469, S. 139, Z. 10 – S. 140, Z. 3) sowie seine Kritik an Zwinglis Kriegspolitik vom 14. November (BCor 7, Nr. 506, S. 32, Z. 10 – S. 34, Z. 4).
[27] Karl V., Römischer Kaiser. Vgl. Personenindex.
[28] Eph 6, 10.
[29] Vgl. Jak 4, 6; I Petr 5, 5.

651.
[Heinrich Bullinger][1] an Martin Bucer
[Zürich, bald nach dem 5. Januar 1533][2]

[650←] Bucer critique à tort le doux Leo [Jud]. Bullinger aussi veut mettre un terme au débat : les Zurichois sont les frères des Strasbourgeois, et même de Luther s'il le veut. Contrairement à l'affirmation de [Jean] Eck, nul n'a distribué l'eucharistie comme du « pain de boulanger », ni comme du « pain nu ». Les Zurichois ont seulement nié que le pain était

---

[1] Erster Pfarrer am Großmünster in Zürich. Vgl. Personenindex. Da Johann Jakob Simler ein nicht mehr erhaltenes Autograph Bullingers benutzte (vgl. unten S. 103, Anm. 21), ist die Autorschaft Bullingers gesichert.

[2] Da der vorliegende Brief mehrfach Bezug auf Bucers Schreiben an Bullinger vom 5. Januar nimmt (oben Nr. 650, S. 95–100), dürfte der Brief bald danach verfasst worden sein. Eine Datierung in den Sommer 1532 scheidet deshalb aus (so KÖHLER, ZWINGLI UND LUTHER 2, S. 305; POLLET, BUCER 2, S. 281). Vgl. Bullinger Bw. 3, Nr. 171, S. 31f., Anm. 1.

le corps du Christ quant à la substance, à la nature, au corps et au lieu : ils le tiennent pour un symbole, un mystère et un sacrement – le signe de quelque chose de saint. Luther se réclame du seul Cyrille, les Zurichois des interprétations figuratives des paroles d'institution par Tertullien, qui était plus âgé et plus savant, par Jérôme, par Augustin et par Ambroise. Les Zurichois n'ont pas mérité le reproche d'être des « Schwärmer ». Ils n'ont pas diffusé la lettre de Bucer, mais quelques frères l'ont lue. Si Luther enseigne [sa propre conception de la Cène] et laisse les Zurichois user de leurs expressions, ils se montreront des frères. [→652]

[650←] Bucer kritisiert den sanftmütigen Leo [Jud] zu Unrecht. Auch Bullinger will die Auseinandersetzung beenden; die Züricher verstehen sich als Brüder selbst Luthers, sofern er das will. Entgegen [Johannes] Ecks Behauptung hat niemand die Eucharistie als pures Bäckerbrot ausgegeben. Die Züricher bestritten nur, dass im Blick auf Substanz, Wesen, Körper und Ort das Brot der Leib Christi sei. Sie halten es für ein Symbol, ein Geheimnis und ein Zeichen für etwas Heiliges. Luther beruft sich auf Cyrill, die Züricher auf die figürlichen Auslegungen der Einsetzungsworte durch den älteren und gelehrteren Tertullian sowie durch Hieronymus, Augustin und Ambrosius. Die Züricher haben daher den Vorwurf, Schwärmer zu sein, nicht verdient. Sie gaben nichts weiter, allerdings lasen einige Brüder Bucers Brief. Wenn Luther [seine Abendmahlsauffassung] lehrt und die Züricher ihre Ausdrucksweise gebrauchen lässt, werden sie sich als Brüder erweisen. [→652]

Petis a me responsionem, Bucere doctissime, quod Leo[3] nimis sit spinosus[4], sed uereor, ne senticosus ipse quoque videar, si placidum Leonis ingenium iudicaueris asperum. Piget me prorsus altercationis istius, sed placet, quod ipse rerum istarum pertesus tandem subdis. Fratres sumus, nihil de hac re amplius[5]! Sumus enim et nos fratres vestri, imo et Lutheri, si velit. Quis enim unquam pistorium panem cum Eggio[6] vocauit eucharistiam[7]? Quis unquam nudum panem dixit? Panem negauimus esse corpus Christi, idque non omni prorsus modo, sed substantialiter, naturaliter, corporaliter, localiter. Fatemur enim sacrum panem symbolum esse, mysterium et sacra-

---

[3] Leo Jud, Hebräischdozent und Bibelübersetzer in Zürich. Vgl. Personenindex.
[4] Vgl. Bucers vorausgehendes Schreiben an Bullinger vom 5. Januar 1533 (oben Nr. 650, S. 99, Z. 4f.).
[5] Vgl. ebd., S. 97, Z. 8–12.
[6] Johannes Eck, Theologieprofessor in Ingolstadt und einer der Hauptgegner der Reformatoren. Vgl. Personenindex.
[7] In seiner gegen Zwinglis *Fidei Ratio*, Juli 1530 (Z 6/2, Nr. 163, S. 753–817), gerichteten *Repulsio articulorum Zuuinglii*, Juli 1530 (VD 16, E 417; fol. b1v), hatte Eck Zwingli vorgeworfen, er mache den Trost des Altarsakraments zunichte und reiche seinen Gemeinden anstelle des hochheiligen Leibes Jesu Christi schlicht Bäckerbrot. Dagegen verwahrte sich Zwingli in seiner Schrift *De convitiis Eckii*, 27. August 1530 (vgl. Z 6/3, Nr. 167, S. 231–291). Den gleichen Vorwurf richtete Eck bereits auf der Badener Disputation (21. Mai – 8. Juni 1526) gegen die Lutheraner, deren Ubiquitätslehre die ganze Welt zum Sakrament mache und den Unterschied zwischen Sakrament und Bäckerbrot aufhebe. Vgl. dazu ISERLOH, EUCHARISTIE ECK, S. 305.

mentum⁸. Porro sacramentum est sacrae rei signum⁹. Iam si apud Lutherum tantum valet unicus Cyrillus¹⁰, inter vetustos recentior, qui fit, ut nos non defendat vetustioris et eruditioris, Tertulliani¹¹ videlicet, expositio, qui haec verba Christi „Hoc est corpus meum" sic exposuit: „Hoc est figura corpo-
5 ris"¹². Quem postea sequuti Hieronymus¹³, Augustinus¹⁴ et Ambrosius¹⁵ significandi voce frequentissime usi sunt¹⁶. Quid ergo nos commeruimus, quod ab istis „Significastae"¹⁷, „Deuteler", „Schwermeri"¹⁸ vocamur? Si tanta est Cyrilli autoritas, ut voce „corporaliter" iure utatur Lutherus, sic ergo nos scripturis et patribus nixi tenemus et docemus, cumque tu fatearis „fratres
10 sumus", apologia non opus¹⁹. Non detulimus, sed lectae tuae literae a

---

⁸ Zur Diskussion zwischen Bucer und Bullinger über die Art und Weise der Gegenwart Christi im Mahl vgl. BCor 8, S. XXVII–XXXI.

⁹ Vgl. Petrus Lombardus, Sententiae, lib. 4, dist. 1, cap. 2 (Lombardus, Sententiae 2, S. 232), der sich auf Augustinus, De civitate Dei, lib. 10, cap. 5 (CCL 47, S. 276–278) beruft. Für Zwingli vgl. *Auslegung und Gründe der Schlussreden*, 14. Juli 1523 (Z 2, S. 121, Z. 3), und *De vera et falsa religione*, März 1525 (Z 3, S. 757, Z. 14); für Luther vgl. *De captivitate Babylonica ecclesiae praeludium*, 1520 (WA 6, S. 551, Z. 9–16).

¹⁰ Cyrill, Bischof von Alexandrien. Zu seiner Rolle in der innerprotestantischen Abendmahlskontroverse vgl. oben Nr. 650, S. 97f., Anm. 11 sowie BCor 8, S. XXVIII.

¹¹ Quintus Septimius Florens, genannt Tertullian, frühchristlicher Autor. Vgl. Personenindex.

¹² Tertullian, Adversus Marcionem, lib. 4, cap. 40, vers. 3 (CCL 1/1, S. 656, Z. 21–26): „Professus itaque se concupiscentia concupisse edere pascha ut suum [...] acceptum panem et distributum discipulis corpus suum illum fecit hoc est corpus meum dicendo, id est ‚figura corporis mei'. Figura autem non fuisset nisi veritatis esset corpus." Diese Stelle hat bereits Johannes Oekolampad in seiner Schrift *De genuina verborum Domini*, September 1525 (VD 16, O 331; fol. f5v), für ein tropisches Verständnis der Einsetzungsworte in Anspruch genommen. Vgl. dazu GRESCHAT, MARCION ABENDMAHL, S. 236–241; STAEHELIN, LEBENSWERK OEKOLAMPAD, S. 279. Zur Problematik vgl. Luthers Schrift *Daß diese Wort Christi*, 1527 (WA 23, S. 219f.); vgl. dazu SLENCZKA, HEILSGESCHICHTE UND LITURGIE, S. 3f. Zur Behauptung, das Alter steigere den argumentativen Wert des Zitats vgl. bereits Johannes Brenz an Bucer vom 3. Oktober 1525 (BCor 2, Nr. 104, S. 41, Z. 52–55).

¹³ Sophronius Eusebius Hieronymus, Kirchenlehrer. Vgl. Personenindex. Vgl. Bucer an Martin Germanus von Oktober/Dezember 1525 (BCor 2, Nr. 109, S. 53, Z. 94 – S. 54, Z. 96).

¹⁴ Aurelius Augustinus, Bischof von Hippo. Vgl. Personenindex.

¹⁵ Ambrosius, Bischof von Mailand. Vgl. Personenindex.

¹⁶ Eben diese drei Kirchenväter benennt Zwingli in seiner Schrift *Ein klare Unterrichtung vom Nachtmahl Christi*, 23. Februar 1526 (vgl. Z 4, Nr. 75, S. 852, Z. 1 – S. 856, Z. 6), als Zeugen für ein Verständnis des „est" als „bedeutet". Vgl. Hieronymus, Commentarius in evangelium secundum Mattheum, lib. 4, cap. 26 (MPL 26, Sp. 202f.); Ambrosius, Commentarius in epistolam I ad Corinthos 11, 26–29 (MPL 17, Sp. 256f.; fälschlich in Z 4, Nr. 75, S. 852, Anm. 3 und S. 853, Anm. 7: MPL 27); Augustinus, In Ioannis Evangelium, tract. 62, 1 zu Joh 13, 26–31 (MPL 35, Sp. 1802); ders., In psalmun XXI, Ennaratio II, 1 (MPL 36, Sp. 170f.); ders., Epistola XCVIII, 9, Augustinus Bonifacio episcopo (MPL 33, Sp. 363f.).

¹⁷ Im lateinischen Sachregister zu Luthers Werken ist ein derartiger Terminus nicht auszumachen. Möglicherweise handelt es sich um eine Übersetzung der nachfolgenden Ausdrücke ins Lateinische.

¹⁸ Als „Deutelei" von „Schwärmern" denunziert Luther die schweizerische Abendmahlsauffassung durchgängig in seiner Schrift *Daß diese Wort Christi*, 1527 (WA 23, S. 38–320).

¹⁹ Vgl. oben Nr. 650, S. 98, Z. 3f.

fratribus quibusdam[20]. Sed verbum non amplius ullum. Doceat Lutherus, sinat nos nostris uti; frater sit, fratres[a] praestabimus.

[Unterschrift und Adresse fehlen!]

C *Zürich ZB, S 32, 74*[21]*; Zürich ZB, ms. F 36, S. 483f.; TB V, S. 106. — P Bullinger Bw. 3, Nr. 171, S. 31f.*

---

[a] *zuerst* fratrem.

[20] Bucer hatte in seinem vorausgehenden Brief vorgeschlagen, nichts ohne Rücksprache öffentlich zu machen. Vgl. oben Nr. 650, S. 98, Z. 4–8.

[21] Die Kopie Johann Jakob Simlers beruht auf einem nicht mehr erhaltenen Autograph Bullingers. Eine ältere, ebenfalls aufgrund des Autograph Bullingers in der Sammlung Hottingers hergestellte Kopie (Zürich ZB, ms. F 36, S. 483f.) bietet den schlechteren Text, weshalb Simlers Kopie als Textgrundlage des vorliegenden Briefes dient.

652.
Martin Bucer an Heinrich Bullinger[1]
Straßburg, 14. Januar 1533

[651←] [1] Bucer remercie Bullinger de ses informations sur la situation à Zurich ; Dieu nous aidera, si nous nous confions en lui. Strasbourg leur apportera son soutien. La requête de Bullinger doit être soumise aux autorités de Strasbourg par celles de Zurich, avec des motifs de poids. Zurich a dédaigné le conseil de ne pas s'engager dans la voie juridique [dans la querelle avec les Cinq Cantons], et sa consultation des Strasbourgeois vient trop tard. [Des dispositions de la Seconde paix de Cappel] les adversaires déduisent que leur foi est la bonne. Zurich peut entreprendre une action en justice contre la conséquence qu'en tirent les adversaires [la recatholicisation de toute la Suisse], mais en indiquant aussi [ce qui figure dans les dispositions de paix] qu'elle peut garder sa foi [évangélique], qui elle non plus n'est pas à outrager. Les Strasbourgeois n'osent pas donner de conseil : Zurich a déjà dédaigné l'avis de ceux qui sont plus proches [ses alliés suisses], et n'a pas cherché de solution commune avec Berne et les autres Cantons concernés, alors que cette situation périlleuse exige

---

[1] Erster Pfarrer am Großmünster in Zürich. Vgl. Personenindex.

l'unité. Les Zurichois devraient parvenir à un accord avec Berne, Bâle et Schaffhouse, car leur cause est celle de tous [les Protestants] ; c'est ce à quoi les Strasbourgeois veulent contribuer, comme c'est le cas à Berne et Bâle par Capiton. Si [les Protestants suisses] ne sont pas unis, on jugera qu'il n'y a pas urgence et qu'il est impossible de les soutenir. [3] Leur requête [que les pasteurs interviennent auprès du Sénat de Strasbourg] ne concorde pas avec ce qu'ils affirment par ailleurs : dans une lettre au Conseil des Treize, le Sénat de Zurich parle du danger qui menace Zurich, mais pas de son isolement au sein des Protestants suisses. Il faut rechercher conseil et soutien, et chercher à s'entendre en secret avec le Landgrave [Philippe de Hesse] et Ulm. Que Zurich expose brièvement les sujets de discorde, ses propositions équitables et le refus des adversaires, et demande de l'aide ; si les Zurichois indiquent qu'on les attaque à cause de leur foi et qu'ils ont fait leur possible, leur démarche sera couronnée de succès. Certes, les Strasbourgeois ont été découragés par le fait que [lors de la Seconde guerre de Cappel] les Zurichois ont repoussé leur offre de soutien et celle du Landgrave ; Zurich a donné à penser qu'elle n'avait guère besoin de l'aide de ses alliés. [3] Il faut faire preuve de discrétion, afin qu'on ne reproche pas à ceux qui aideront Zurich de rompre la Trêve [de Nuremberg]. Zurich doit accepter qu'une partie seulement de ses vœux soit satisfaite, et donner l'assurance que les ennemis ne font la guerre qu'à cause de l'Évangile et que tous ceux qui aiment l'Évangile pourront vivre en paix. Elle devra, de son côté, apporter son concours si d'autres Protestants sont attaqués. – En résumé : Zurich doit se tourner vers Dieu et se confier en lui, chercher la concorde avec ses voisins et informer sincèrement les personnes idoines. Partout, les adversaires cherchent un soutien ; moins ils en sauront, plus l'aide apportée à Zurich sera efficace. Zurich doit porter plainte contre les Cinq Cantons. Elle doit chercher la concorde interne, avoir confiance en Dieu et se contenter de ce qu'elle peut obtenir ; elle doit se montrer reconnaissante plutôt que de se plaindre des quelques soutiens qui lui ont été refusés, à l'exemple dont Paul s'est comporté avec les Corinthiens. Bucer réitère ses consignes de discrétion et exhorte à prier le Seigneur. [4] Bucer frayera la voie à la requête de Bullinger à Strasbourg, chez le Landgrave et ailleurs, et il propose que Zurich écrive aussi à Conrad Zwick et à Thomas Baurer. Strasbourg s'est tue jusqu'à présent pour les raisons mentionnées plus haut et parce qu'elle recueillait des informations. On s'est irrité de ce que, à Baden, Zurich n'ait accepté qu'un conseil écrit de [Bâle,] son allié le plus proche. Que Bullinger communique cette lettre avec prudence et discernement !
[→661]

[651←] [1] Bucer dankt für Bullingers vertrauliche Informationen über die Lage in Zürich. Straßburg wird Beistand leisten. Bullingers Anliegen ist freilich von den zuständigen Züricher Autoritäten und mit zwingenden Gründen vor die entsprechenden Straßburger Gremien zu bringen. Zürich hat den Rat, [im Mandatsstreit mit den altgläubigen Fünf Orten] den Rechtsweg nicht zu beschreiten, missachtet, die Konsultation kommt zu spät. Die [altgläubigen] Gegner folgern [aus den Bestimmungen des Zweiten Kappeler Landfriedens], ihr Glaube sei der rechte. Angesichts der daraus leicht zu erschließenden Konsequenz [einer Rekatholisierung der gesamten Schweiz] kann Zürich sich zwar auf ein Rechtsverfahren einlassen, aber nur unter gleichzeitigem Hinweis [auf die ebenfalls im Landfrieden nieder-

gelegte Bestimmung], es dürfe bei seinem [reformatorischen] Glauben bleiben, der auch nicht zu schmähen sei. Die Straßburger scheuen einen Ratschlag, da Zürich schon das Votum der ihm näher stehenden [schweizerischen Verbündeten] missachtete und keinen gemeinsamen Weg mit Bern und anderen Betroffenen suchte, obwohl in dieser gefährlichen Situation Einigkeit vordringlich ist. Die Züricher sollen ihr Anliegen als das aller [Protestanten] erkennen und mit Bern, Basel und Schaffhausen zu einem Einverständnis kommen. Dazu wollen die Straßburger wie in Bern und Basel durch [Wolfgang] Capito beitragen. Stehen [die schweizerischen Protestanten] nicht zusammen, unterschätzen andere ihre Not oder halten Hilfe für unmöglich. [2] Die Bitte [um Intervention der Prediger beim Straßburger Rat] entspricht nicht deren sonst dort geäußerten Anliegen. Zielführend ist ein Schreiben des Züricher Rats an die Straßburger Dreizehn, das auf die Gefahr, aber nicht auf die unter den schweizerischen Protestanten isolierte Stellung Zürichs hinweist und die Bereitschaft, für die Wahrheit zu leiden, zum Ausdruck bringt. Es soll um Rat und Hilfe nachsuchen und um geheime Verständigung mit dem Landgrafen [Philipp von Hessen] und Ulm bitten. Zürich soll die Streitpunkte kurz darlegen, sein Entgegenkommen und den abschlägigen Bescheid der Gegner aufzeigen und um Unterstützung bitten. Vermitteln die Züricher, dass sie um ihres Glaubens willen angegriffen werden und das Ihre getan haben, dürften sie Erfolg haben. Die Straßburger entmutigte zwar, dass Zürich ihre und die vom Landgrafen [Philipp von Hessen im Zweiten Kappeler Krieg] angebotene Hilfe zurückwies, doch tragen heute andere die Verantwortung. Zürichs Geringschätzung seiner Verbündeten erweckte den Eindruck, es habe an deren Hilfe nur geringes Interesse. [3] Ferner ist Diskretion zuzusichern, damit den Helfern nicht der Bruch des [Nürnberger] Anstands vorgeworfen wird. Zürich soll auch eine Teilerfüllung seiner Wünsche akzeptieren und zusichern, man werde sich so verhalten, dass die Gegner allein wegen des Evangeliums Krieg führen und alle, die das Evangelium lieben, in Frieden leben können. Auch werde es seinerseits Beistand leisten, wenn andere Protestanten angegriffen werden. Kurz: Zürich soll sich an Gott wenden und ihm vertrauen, Einigkeit mit seinen Nachbarn suchen, freimütig berichten und dies geeigneten Personen übertragen. Die Gegner suchen bei jedermann Unterstützung. Hilfe für Zürich wird umso wirkungsvoller sein, je weniger sie davon wissen; eine Gegenklage ist zu erwägen. Zürich soll innere Einigkeit suchen, Gott vertrauen und sich mit dem Erschwinglichen bescheiden. Es erreicht mehr, wenn es sich dankbar zeigt und nicht über einzelne versagte Hilfsmaßnahmen klagt. Auch Paulus treibt die Korinther mit Lob. Man muss die Menschen zu Christi Ehre gebrauchen. Gefährliche Angelegenheiten sind diskret nur wenigen anzuvertrauen. Kennt der Feind die Pläne, misslingen sie; weiß man doch, wohin die päpstlichen Gesandten blicken. [4] Bucer will dem Anliegen Bullingers in Straßburg, beim Landgrafen [Philipp von Hessen] und bei anderen den Weg bereiten und schlägt vor, Konrad Zwick und Thomas Blarer einzubeziehen. Straßburg schwieg bislang, weil es aus den oben genannten Gründen verunsichert ist und noch Informationen sammelt. Es musste irritieren, dass Zürich auf dem Tag von Baden den Rat des engsten Verbündeten [Basel] wegen fehlender Instruktion nur schriftlich entgegennehmen wollte. Bullinger soll klug und sorgfältig überlegen, wem er dieses Schreiben zur Kenntnis gibt. [→661]

Gnad, frid unnd heyl vom Herren!

[1] Lieber herr unnd bru(o)der, wyr[2] sagen eüch besonderen danck, daß yr vns so vertrüwlich alle ewere gelegenheyt züschriben[3]. Der handel ist Gottes, darumb auch vnser aller, die nach Gott fragen. Der selbige wurdt auch on allen zweyfel vns seyne hilf herlich sehen lossen, so wyr ym nür dapfer vertrawen. Wyr haben, das yr vns geschriben, getreulich raht gehebt[4] vnd befinden, das wyr noch wie vor gu(o)ter hoffnung sind; solten yr vms Herren willen leyden, man wurde eüch nit lossen[5]. Das man sich aber solte selb etwas anbieten[6], ist by vns der brauch, das man ym verheyssen nit gern geudet[7], aber was man verheysset, völlig leystet. Dozü wurd nun erfordret, daß der handel für das gantz regiment keme[8] vnd von leüten, den es anstünde, vnnd auß vrsachen, die etwas trungen[9]. Jetz laut↓et↓ die sach by vns, es sye eüch von etlichen, so eüch zügewandt, eyn getreüer rath vnd desselbigen abschrifft vff nechst verschinen tag anbotten worden, aber dohyn lautendt, daß yr euch yns recht nit begebett[10], welches rathschlags nit fil solle

---

[2] Die Straßburger Geistlichen koordinierten offenbar ihre Korrespondenz mit Zürich. Bucer schrieb ausführlich an Bullinger (bewusst auf Deutsch, damit die Straßburger Position schnell auch den nicht lateinkundigen, politischen Entscheidungsträgern zu vermitteln war), Capito an den Bürgermeister Diethelm Röist (das Schreiben konnte nicht ermittelt werden). Vgl. dazu Wolfgang Capitos Schreiben an Bullinger vom 14. Januar 1533 (Bullinger Bw. 3, Nr. 177, S. 46–48), das auf das vorliegende Dokument verweist (ebd., S. 47, Z. 2) und sich inhaltlich mit ihm berührt.

[3] Euere Lage schriftlich schildert. Da Bucer im Folgenden den Streit um das Züricher Mandat vom 29. Mai 1532 thematisiert (vgl. oben Nr. 640, S. 48, Anm. 5), den der letzte von uns ermittelte Brief Bullingers an Bucer (bald nach dem 5. Januar 1533, oben Nr. 651, S. 100–103) nicht erwähnt, bezieht sich der Satz wohl auf das von uns nicht ermittelte Schreiben Bullingers. Vgl. dazu oben Nr. 650, S. 97, Anm. 3.

[4] Beratschlagt. Die im Folgenden gewählten Übersetzungen frühneuhochdeutscher Wendungen sind überwiegend dem Kommentar des Bullinger-Briefwechsels entnommen.

[5] Verlassen.

[6] Sich zu etwas erbieten.

[7] Mit Versprechungen zurückhaltend ist.

[8] Allen Straßburger Entscheidungsgremien vorgetragen würde.

[9] Erzwingen.

[10] Auf der Züricher Tagsatzung vom 19. bis 21. November 1532 (vgl. EA 4/1b Nr. 771, S. 1438f.) hatten Basel, Bern und Schaffhausen der Stadt Zürich Unterstützung im Mandatsstreit signalisiert, vor dem Eintritt in ein Rechtsverfahren mit unsicherem Ausgang aber gewarnt und stattdessen die Anerkennung beider Mandate vorgeschlagen. Vgl. etwa die Basler Instruktion vom 18. November (Dürr/Roth, Basler Reformation 6, Nr. 201, S. 160f.). Dem stimmte Zürich auf der Badener Tagsatzung vom 16. Dezember zunächst zu (ebd., Nr. 780b, S. 1451; vgl. Bullinger Reformationsgeschichte 3, S. 369–371; Basler Instruktion bei Dürr/Roth, Basler Reformation 6, Nr. 218, S. 181–184). Die Fünf Orte hingegen forderten im Blick auf die ihnen günstigen Machtverhältnisse die Eröffnung des Schiedsverfahrens. Darauf ließ sich Zürich nach längerer Diskussion dann doch ein. Das Verfahren endete am 12. April 1533 mit einem Vergleich. Er gestand Zürich zwar den Erlass von Mandaten „nach seiner Stadt Freiheit und Recht" zu, verpflichtete aber dazu, keine Mandate zu erlassen, die dem alten Glauben Nachteile bringen könnten (vgl. EA 4/1c, Nr. 41a, S. 63f.).

[11] Auf dem Tag von Baden (16. Dezember 1532) wollten die Gesandten Basels ein Gutachten verlesen, welches Zürich vor dem Eintritt in ein Rechtsverfahren mit den Fünf Orten warnte. Die Züricher Gesandten ließen dies unter Berufung auf ihre Instruktion aber nicht zu und

geacht worden seyn[11]. Jetzunden begere man seyn, so es zü spaatt vnnd das recht schon bewilliget ist[12], vnd dasselbig on einige condition, welchs dan solle beschwerlich seyn, nachdem die pünt vermögen[13], daß yn sölichen fallen iedes teyl seyns gefallens leüt zeuhet[14], vnnd aber der klagend teyl den obman nymet[15]. Auch eweren widerwertigen das ymer vornen ligt[16], man habe sich verbrieffet, yren „ungezweuffleten glauben" nit zü disputieren oder zü schmehen[17]. Aus welchem, so sy wölten fordren, was das bekennen, das yr glaub der recht glaub sye, yn ym hatt, kann ieder wol sehen, wo das hynaus wölte[18]. Derhalb ia von nöten were, sich ynen alles rechten zü enbieten[19], doch das vorbehalten, daß man euch by ewerem glauben, welchs nach voriger bekantnys gesetzet vnnd sy deshalb maessiget, bleyben lasse[a] [20], auch den selbigen keins wegs schmaehe, welchs sy doch vnmänschlicher weys thu(o)n, auch an den yren zum schweresten straffen[21]. Derhalb, wo der

---

[a] *zuerst* lassen.

suchten um eine schriftliche Fassung nach, die ihnen die so Gekränkten verweigerten. Eine spätere Wiederholung der Bitte wies man in Basel mit den Worten ab, man könne „nit befinden, das vermelte unser instruction uch in dem rechten, darin ir uch bewilliget, einichen furstand bringen; deszhalben wir die in bester meynung by unns behalten" (Basel an Zürich vom 6. Januar 1533, Dürr/Roth, Basler Reformation 6, Nr. 231, S. 225). Zu der dadurch ausgelösten Irritation, ob die anderen schweizerischen Protestanten Zürich noch beistünden, vgl. Hermann Haberer an Bullinger vom 8. Januar 1533 (Bullinger Bw. 3, Nr. 173, S. 34–36); vgl. dazu Bullinger Bw. 2, S. 289, Anm. 7; KIRCHHOFER, MYCONIUS, S. 118. Zur Kritik an Zürichs Bereitschaft, sich auf das Rechtsverfahren einzulassen, vgl. Oswald Myconius an Wolfgang Capito vom 30. Dezember 1532 (MILLET, CORRESPONDANCE CAPITON, Nr. 491, S. 163) und an Heinrich Bullinger von Ende Dezember (Bullinger Bw. 2, Nr. 165, S. 288–291, insbesondere S. 288f., Anm. 7) sowie Marcus Bersius an Joachim Vadian vom 31. Dezember (Vadian Bw. 5/1, Nr. 725, S. 110).

[12] Nachdem Zürich auf der Badener Tagsatzung vom 16. Dezember kein Interesse an der Basler Instruktion gezeigt, sie im Anschluss aber erbeten hatte, antwortete Basel am 6. Januar (vgl. Dürr/Roth, Basler Reformation 6, Nr. 231, S. 225).

[13] Beinhalten, bestimmen.

[14] Hinzuzieht.

[15] Üblicherweise durfte die klagende Stadt den Obmann aus dem Rat der beklagten Stadt bestimmen. Vgl. die Belege bei USTERI, SCHIEDSGERICHT EIDGENOSSENSCHAFT, S. 64, Anm. 8.

[16] Bei eueren Gegnern steht im Vordergrund, eueren Gegnern ist besonders wichtig.

[17] Im ersten Artikel des Zweiten Kappeler Landfriedens verpflichtete sich Zürich, man wolle die Altgläubigen „bi irem waren ungezwifelten cristenlichen glouben jetz und hienach in iren eignen stetten, landen, gepieten und herlikeiten genzlich ungeargiwiert [und] ungetisputiert bliben lassen [...]" (Walder, Religionsvergleiche 1, S. 7). Das Schmähverbot formuliert der zweite Artikel: „Es soll ouch thein teil den andern von des goubens wegen weder schmützen noch schmächen, und wer darüber tuon wurdi, das der selbig je von dem vogte daselbs dorum gestrafft werden soll, je nach gestalt der sach." (Ebd., S. 9).

[18] Gemeint ist wohl: Die Folgen aus dem Bekenntnis, der alte Glaube sei der rechte, sind für jedermann offenbar (nämlich die Rekatholisierung der gesamten Schweiz).

[19] Anzubieten.

[20] Im ersten Artikel des Zweiten Kappeler Landfriedens sagten die Fünf Orte den Zürichern zu, sie wollten sie „bi irem glouben ouch bliben lassen" (Walder, Religionsvergleiche 1, S. 7).

[21] Da die altgläubigen Fünf Orte in den *Gemeinen Herrschaften* die Mehrheit der Vögte stellten, ermöglichte ihnen das Schmähverbot (vgl. oben Anm. 17) einen Ansatz zur Rekatholisierung: Der Vogt wertete die Einnahme einer protestantischen Position schlicht als Schmä-

bysatz, so in eüweren schreiben, yn dem abscheyt zü Baden²² nit austrucket, wurdts beschwerlich seyn. Nu sye aber dem wie ym^b wölle, so möcht yr gedencken (wyr wöllen, wie yr begeren, frey alles schreiben): So man horte, das der meerverwanten²³ rath nit hoch geacht, auch dawider yns recht
5 bewilliget ist, das auch anderen nit treglich (wie es auch ein seltzams recht ist, do der klagent teyl das meer zü machen hat), das sich frömbdere dan on besondere ursach zü rathen nit gern eynlassen. Meer²⁴ bringt auch grosse schew, daß man nit weg sühet²⁵, das eynmal aller vnwyll zwischen eüch, Bern vnnd anderen, die doch yn gleichem handel vnd gefar stohn, wurde hyngele-
10 get vnnd dahin gedacht, daß gemeyne sach mit gemeynem rath auch gehandlet wurde. Dan so euch nit wol on dise²⁶ kan gerathen werden, sy auch on eüch nit bestohn, bringet es vil gedencken²⁷, wie es doch ymer meer zügohn möge, das nit vor allem nach diser eynigkeyt getrachtet wurdt, das warlich yn diser gefer-[fol. 415v]-licheyt das erst vnnd fürnempst seyn solte, nach anrüf-
15 fen vnnd vertruwen zü Gott. Mit den nachpuren, sagt das alt gesprochen wort, richt man die scheuren auff²⁸.

Ermanen euch deshalb ym Herren vmb der eren Christi vnnd vnser aller gemeynen wolfart willen, yr wölt vffs aller^c fleissigest^d dencken vnnd trachten, wie yr doch nun hynfür dise ewere sach, die doch aller, so dem wort Gottes
20 geleben wöllen, gemeyn ist, aus gemeynem rath handlen könden vnnd zü recht hertzlicher enigkeyt mit vorgemelten orten Bern, Basel vnnd Schaffhusen kömen. Wo dozü wyr^e etwas vermöchten, als dan v[nser] lieber brüder Capito²⁹ zü Bern³⁰ und Basel³¹ (hoffen wyr) etwas vermögen solte, wöllen wyr

---

^b *anstatt* ynen. – ^c *gestrichen* fleissl. – ^d *gestrichen* trachten. – ^e *gestrichen* ew.

hung der Altgläubigen und entließ den Prediger, wenn er über konfessionell strittige Themen sprach. Die Stelle wurde dann mit einer hohen, im Falle künftiger „Schmähungen" fälligen Kaution belegt, die mögliche protestantische Nachfolger abschreckte. Zu dieser Strategie vgl. MEYER, KAPPELER KRIEG, S. 234–236. Zur Bitte um Beistand für die davon betroffenen Evangelischen vgl. das Schreiben der Straßburger Prediger an den Rat von Bern vom 26. November 1532 (oben Nr. 641, S. 54–64).
²² Die Badener Tagsatzung vom 16. Dezember 1532. Zur Diskussion dort vgl. oben S. 106f., Anm. 10f.
²³ Die verbündeten protestantischen Schweizer Städte.
²⁴ Ferner, weiterhin.
²⁵ Dass man keinen Weg sucht.
²⁶ Die anderen protestantischen Orte der Schweiz.
²⁷ Besorgnis.
²⁸ Mit Nachbarn errichtet man Scheunen. Vgl. Thesaurus Proverbiorum 8, S. 304.
²⁹ Wolfgang Capito, Pfarrer an Jung-St. Peter und Propst an St. Thomas in Straßburg. Vgl. Personenindex.
³⁰ Im Januar 1532 hatte Capito mit großem Erfolg die Berner Synode geleitet und den Streit zwischen dem dortigen Rat und dem Berner Prediger Kaspar Megander beigelegt. Vgl. BCor 7, S. XII.
³¹ Capito nahm am 28. Mai 1532 an der Basler Früjahrssynode teil. Er erreichte in der heftig umstrittenen Frage, ob diejenigen Basler zu bannen seien, die aus Gewissensgründen dem refor-

vnns^f alles vnsers vermögens enbotten haben. Dann warlich, so lang yr selb ewer eygen sach nit bas yn gemeyn handledt, die doch eigentlich gemeyn ist, meynend andere eins teyls, es sye die not nit so gros, eins teyls, es sye nit allein geferlich, sonder onmöglich, eüch zü helfen, diewyl yr selb nit bas züsamen styment[32], da man sorget, es miesse der gewalt gar nit by denen seyn, die den handel verstanden oder wol meynen[33]. Darumb, lieben brüder, lassen euch dis ernstlich angelegen seyn. Es bringt ein grossen scrupel vnd hindert meer, dan wyr schryben mögen.

[2] Zum anderen, nochdem ewer beger[34] fil ein anders ist, dann vnsere anbringen pflegen zü sin[35], vnnd were[36], es solte anbringen, müste zum wenigesten bey den dreyzehen[37] schrifft darumb darthu(o)n[38], daß es solte gerathen vnnd der sachen dienstlich seyn, auch woher ers hette. Dazü hatt ewer schreiben aus vrsachen[39] nit wöllen füglich seyn, vnnd achten, so irs dohyn wiseten[40], daß ein ersamer rath bey euch vnseren herren, denn dreyzehenden, früntlich geschriben, yn was geferden sie weren, doch nit gedacht[41], daß sy von menglich[42] verlossen (dann man kanns nit verstohn, wie es doch ymer eyn meynung habe, daß Bern, Basel vnnd Schaffhusen nit sollen dise gefar yre eigne gefar erkennen), vnnd zeygten an, wie sy yn vor hetten, by der warheit zü stohn und drob zü leiden, diewyl sy aber yn sölicher sachen, die dermassen stande, auch von denen leuten[43] getriben wurde, daß eyn ieder wol sehen möchte, daß es vm das heylig euangely zü thu(o)n were, sich billich zü allen, die das euangeli liebten, christliche liebe vnnd trew versehen[44], auch

---

^f *gestrichen* alweg.

miert gefeierten Abendmahl fernblieben, eine Verständigung. Vgl. BCor 7, S. XII; Bucer an Ambrosius Blarer vom 20. Mai 1532 (BCor 8, Nr. 586, S. 58–60, insbesondere S. 60, Anm. 13). Zu seiner Rede vor der Synode vgl. KÖHLER, ZÜRCHER EHEGERICHT 1, S. 306–308; KUHR, MACHT DES BANNES, S. 244, Anm. 3.

[32] Zur uneinheitlichen Diskussionslage in Zürich vgl. MEYER, KAPPELER KRIEG, S. 299.

[33] Man trägt Sorge, die Züricher Politik werde nicht von denjenigen bestimmt, welche den Rechtshandel vertreten oder der Züricher Reformation wohlgesonnen sind.

[34] Die nachfolgenden Ausführungen lassen darauf schließen, dass Bullinger in dem von uns nicht ermittelten Schreiben die Straßburger Prediger gebeten hat, ihren Rat um konkrete politische Hilfe für Zürich zu bitten.

[35] Bucer meint wohl, eine solche Bitte sei besser nicht von den Straßburger Geistlichen zu äußern, da diese im Rat üblicherweise anderes vorbringen.

[36] Gesetzt den Fall.

[37] Der Dreizehner-Rat war in Straßburg für die Außenpolitik zuständig. Vgl. CRÄMER, VERFASSUNG UND VERWALTUNG STRASSBURGS, S. 21f.

[38] Eine schriftliche Eingabe machen.

[39] Aus guten Gründen.

[40] Wenn ihr veranlassen würdet.

[41] Doch ohne zu erwähnen.

[42] Jedermann.

[43] Nämlich den altgläubigen Fünf Orten.

[44] Erwarten oder darauf achten.

deren rath vnnd hilf als yrer ym höchsten bundt des glaubens verwanden vnnd mitglider in Christo su(o)chten, so were yr bitt vnnd christlichs ansynnen, als zü denen sy sich besünderer trew vertrösteten[45], dieweyl sy, als die verstendigen, eweren vorgangen vnfal brüderlichs mitleidens deuten
5 könden[46] vnnd sich alweg früntlicher getreuwer nachpurschafft gehalten, sy wolten disere ewer gefar vnnd ewer feynd fürnemen[47] christlichs bedencken, zü hertzen füren, des[g] auch den christlichen f[ürsten], v[nseren] g[nedigen] herren, den lantgraffen[48], vnnd vnsere christliche einigungsverwanten, die von Vlm[49], in geheym verstendigen vnd dorufft, was sy by disen vnd ynen selb
10 erfunden, das ynen auch, rath vnd hilf zü thu(o)n, christliche treuw vnnd liebe vnd vor allem [fol. 416r] der eyfer zü dem reich Christi vnnd seinem heligen euangelio rathen wölte, euch das selbige fürderlich[50] zü verstohn geben. Vnnd were aber ewer syn vnd[h] gemiet[51], alles zu(o) thu(o)n vnd leyden, das yr mit Got ymer könden, domit yr zü kriegen nieman verursache-
15 ten, dozü dan dienen wurde ein kürtze erklerung, worin ietz der span stath[52], wes yr euch der billigkeyt erbotten vnnd warin euch die selbige vom gegenteyl[53] abgeschlagen wurde, mit klarem darthün, wie sy euch vnnd yr sy allerley sachen halten[54]. Wo es Gott aber ie also fügete, daß der gegenteyl an euch die sach gedechte anzüheben[55], ob sy dann hoffenn möchten, by inen zü
20 erlangen ↓seyn↓ die stuck nach ordnung[i], wie yr vns die zügeschriben haben[56] – welche alle dermassen sind, daß wyr gentzlich der hoffnung sind, so fer man nur des bericht were, daß yr on[j] eüwer anreytzung[57] vmbs glaubens willen

---

[g] anstatt das. – [h] gestrichen g. – [i] O ornung. – [j] gestrichen eü.

[45] Von denen sie sich besondere Treue erhofften.
[46] Die Niederlage der Züricher im Zweiten Kappeler Krieg mit Sympathie für die Züricher aufnehmen könnten. Bucer spielt hier auf die altgläubige und lutherische Deutung der Kappeler Katastrophe als Gottesgericht an. Dagegen hatte sich Bullinger in seiner Schrift *Vff Johannsen Wyenischen Bischoffs trostbu(e)chlin*, Mai 1532 (vgl. BULLINGER, BIBLIOGRAPHIE 1, S. 35f.; VD 16, B 9554) gewandt. Vgl. dazu Bucer an Leo Jud vom 23. Juni 1532 (BCor 8, Nr. 598, S. 165, Z. 6f.).
[47] Unternehmen.
[48] Philipp I., Landgraf von Hessen. Vgl. Personenindex.
[49] Ulm war wie Straßburg Mitglied des Schmalkaldischen Bundes.
[50] Fördernd, schleunig.
[51] Absicht.
[52] Worüber genau gestritten wird.
[53] Der gegnerischen Partei.
[54] *Randbemerkung Bucers*: ⌜Diligenter exploranda hic forent, quae ac quanta contra omne ius et fas vobis ab aduersarijs cottidie contingunt, quae contra vos patiamini et voretis⌝.
[55] Anzufangen. Der Kontext lässt sowohl an ein militärisches als auch an ein juristisches Vorgehen denken. Zum Gerücht, die Altgläubigen wollten den reformatorischen Glauben in der Schweiz mit Gewalt ausrotten, vgl. die Schreiben Philipps von Hessen vom 12. Dezember 1532 (PC 2, Nr. 175, S. 179) und der Basler Dreizehn vom 20. Januar 1533 (ebd., Nr. 181, S. 182) an die Straßburger Dreizehn.
[56] Bullingers Brief enthielt offensichtlich eine geordnete Liste von Maßnahmen.
[57] Anstachelung.

bekrieget werden solten, vnd yr aber selb das euwer auch getreüwlich thu(o)n wölten –, es solte yr allerhalb nür kein not haben. Das hat wol die leut dis teyls kleynmütig gmacht, daß eüch ym vorigen vnfal, das yr ietz begeren, onbegeret anbotten vnnd aber von euch nit angenomen worden[58]. Do kan man aber auch wol bedencken, wie vnnd by wem die sachen dozümal gestanden sind, wiewol das noch meer das vertrüwen zü euch geschwechet, das v[nsers] g[nedigen] herr landgrauen so gnedigs ansynnen noch aller[k] handlung so schlecht angenomen[59], vnd dann ferrer, wie vorgemelt, ewer[l] eygen bundgenossen so gering geachtett <worden sind^{< m}, welches vor ynen ↓vbel↓ lautet[60]. ↓Dan↓ wer sich so haltet, als ob ym an leüten nit fil gelegen, den meynet man, auch yr hilff nit hoch begeren.

[3] Zü gedachtem schrieben[61] müste man sich auch des erbieten, das mans alles yn der still haltenn, auch, so man der hilff anfencklichs gebrauchen wölte, das man das selbige yn ewerem namen vnnd dermassen thu(o)n, das, so lang es gemeyne notturfft nit erheyschet, ewerthalb die vnseren nieman solte zü beklagen[62] haben, als ob sy vffgerichten friden oder anstandt teutscher nation[63] stören wölten vnnd krieg[n] anheben; auch, wo ynen schon nit gelegen, die puncten alle oder etlichen zü bewilligen oder züsagen, daß sy

---

[k] *gestrichen* nieman gemelt. – [l] *gestrichen* ege[n]. – [m] *von Bucer eingefügt*. – [n] *zuerst* kriegen.

[58] Straßburg war nach dem sechsten Artikel des am 5. Januar 1530 mit Zürich, Bern und Basel geschlossenen Burgrechtsvertrags zur Hilfeleistung verpflichtet, freilich nur für den Fall, dass ein Angriff um des Glaubens willen geführt würde. Nach dem fünften Artikel entfiel diese Verpflichtung, wenn im Vorfeld eine Verständigung darüber unterblieben war (vgl. EA 4/1b, Anhang Nr. 11, S. 1488–1493). Obwohl im Vorfeld des Zweiten Kappeler Krieges eben dieser Fall eintrat (vgl. das Gutachten der Straßburger Dreizehn vom 2. Dezember 1531, PC 2, Nr. 117, S. 86), bot der Straßburger Rat den Schweizern den Zugriff auf die in Zürich gelagerten Korn- und Pulvervorräte der Elsässer an (vgl. Dürr/Roth, Basler Reformation 5, Nr. 509, S. 418f.; PC 2, Nr. 81, S. 67). Bevor dies realisiert werden konnte, hatte Zürich allerdings kapituliert.

[59] Philipp von Hessen hatte nach der Schlacht von Kappel am 22. Oktober 1531 ein Kontingent von 4.000 Soldaten angeboten, das Zürich aber nicht in Anspruch nahm. Vgl. sein Schreiben an Zürich vom 22. Oktober 1531 (Fabian, Reformationsbündnisse, Nr. 36, S. 100–102; Strickler, Actensammlung Schweizerische Reformationsgeschichte 4, Nr. 431, S. 133f.); vgl. dazu Bullinger, Reformationsgeschichte 3, S. 219. – ESCHER, GLAUBENSPARTEIEN EIDGENOSSENSCHAFT, S. 296–299; HAUSWIRTH, PHILIPP VON HESSEN, S. 251f.; MEYER, KAPPELER KRIEG, S. 174.

[60] Im Hintergrund steht wohl die Klage der Straßburger, von den eidgenössischen Bundesgenossen über die Lage im Zweiten Kappeler Krieg nicht ausreichend informiert worden zu sein. Vgl. Bucer an Ambrosius Blarer vom 14. November 1531 (BCor 7, Nr. 506, S. 34, Z. 5 – S. 35, Z. 2), vom 18. November (ebd., Nr. 507, S. 39, Z. 2 – S. 41, Z. 2) und vom 24. November (ebd., Nr. 510, S. 49, Z. 6 – S. 53, Z. 3). Vgl. dazu ESCHER, GLAUBENSPARTEIEN EIDGENOSSENSCHAFT, S. 298; MEYER, KAPPELER KRIEG, S. 162.

[61] Gemeint ist das von Bucer vorgeschlagene Schreiben an den Straßburger Rat (vgl. oben S. 109, Z. 9–12).

[62] Beschuldigen.

[63] Den nach den Schweinfurter und Nürnberger Verhandlungen geschlossenen Nürnberger Anstand vom 24. Juli 1532. Vgl. RTA J 10/3, Nr. 549, S. 1511–1517.

euch doch sust yren getrewen rath geben vnnd, was^o ynen wol thu(o)nlich^64, vertrösten^65 wölten, die yr euch ie dermassen zü halten begereten, daß eüch nieman, dann allein des heiligen euangely halb, bekriegen werde, indem yr euch mit der hilf Gottes gedechten ˂auch˂ ᵖ also zü schicken^66, das man sehen^q solte, das yr eüch gern dohyn gebind^67, daß alle, die christliche warheyt lieben, by der selbigen könden ym frid vnnd rüw blieben, was ioch Gott züvor über euch vmb ewer ˂vnd vnser aller˂ ʳ sünd willen verhencket hat. Man solte auch das erfaren, wo ieman anders deren, so^68 das heilige euangeli angenomen, solte diser sachen halb vnnd alles rechtens angefochten werden, yr wolten das von eüch eynem ieden widerfaren lassen, das yr ietz von ynen begeren.

Mein lieber brüder, wyr schreibet frey, wie yrs begeret. Doran ligts fast alles, das man sehe, daß eüch selb ernst seye vnnd yr selb euch haltet yn gefar seyn^69. Dozü will nun gehören, daß man sich der^s nött nit berge^70 gegen denen, by welchen man hilff su(o)chet. Es solte freylich auch des anbietens halb nit nöt [fol. 416v] haben, wen nit so fil fürgangen vnnd noch fürgienge, dohar etwas vrsach sich sehen losset^71, als ob yrs selb noch nit für ernst hielten. Die fürnemen vrsachen haben wyr gemeldet.

Summa istis: Sich ernstlich zü Gott keren vnnd dem vertrauwen; zum anderen gantze eynigkeyt mit den nachpauren yn alle weg vnd vor allem su(o)chen, do vergessen alles, das hyn ist^72, sich auch keyner diemietigung schemen; demnach den eusseren, so die freünd vnnd nothelfer seyn sollen, auch frey bekennen vnnd bericht thu(o)n aller sachen vnnd frey rath vnnd hilf begeren; dozü vnsers achtens ˂solte nun meer by euch leycht zu bekomen seyn, das man solichs, das nit durch fil muß gehandlet werden fürzunemen˂ ᵗ, gewalt denen, so dazü tauglich, gebe^u. Ewere widerwertigen^73 su(o)chen vnnd nehmen hilf vnnd fürschub^74 von menklich^75; so man dan etlichen

---

^o *zuerst* wes. – ᵖ *von Bucer eingefügt.* – ^q *gestrichen* müste. – ʳ *von Bucer eingefügt.* – ^s *gestrichen* nö[tt]. – ᵗ *von Bucer anstatt* leycht füglichen. – ^u *von Bucer anstatt* zü bekomen sein wurdt.

64 Möglich, zumutbar.
65 Verbürgen.
66 Zu verhalten.
67 Euch darein findet.
68 Von denen, die.
69 Nach euerer eigenen Einschätzung in Gefahr seid.
70 Die Not nicht verberge.
71 Woraus man schließen könnte.
72 Vergangen ist.
73 Gegner, die Fünf Orte.
74 Unterstützung, Hilfe.
75 Die Fünf Orte suchten bereits seit den Spannungen vor dem Zweiten Kappeler Krieg nach Bündnispartnern. Nachdem sich das Verhältnis zu Papst Clemens VII. im Zuge der gemeinsamen protestantischen Bedrohung verbessert hatte, unterstützte die Kurie die Fünf Orte mit Lebensmitteln und nach dem Ausbruch des Krieges mit 5.000 Scudi. Zudem versuchte der

herren gewalt gebe, auch noch rath vnnd hilf zü trachten, wo das nütz vnnd
gu(o)t, so vill weniger do ausgetrucket, ⁻wo oder wie⁻ ᵛ, so fil es den feinden
erschröcklicher sein wurde⁷⁶. Es solte auch zür gegenklagen⁷⁷ alles das zům
ernstlichsten fürgenomen werden, das dozü dienet vnnd doch leider vil zü
war ist. Auchʷ die vnenigkeyt ewer selbenˣ vnnd das ymer züruckʸ tretten
vnnd weichen machet die leüt frech. Seyt doch bestendig, vertrauwet dem,
der eüch züvor so gewaltig errettet hatt! Vnnd so yr zü gu(o)t der blöden⁷⁸
gewarsamlich⁷⁹ handlen vnnd von Gott gegebene mittel brauchen wöllen,
lieben herren vnnd freünd, so greiffet doch die mittel zům erst geflisnesten⁸⁰
an, die vor allem von nöten, vnnd on welche die anderen kümerlich⁸¹ zü
bekomen vnnd wenig erschyeslichᶻ ⁸² sein köden, als do sind: das ir so yn
gleycher geferd sind, gleichs sinns, rathsᵃᵃ vnnd gantz trewens hertzens die
sach fürnemen, yn welchem man sich alweg des verwegen⁸³ mu(o)s, daß men-
schen menschen bleyben, welchs dann Gott auch so haben will, domit das
gantz hertz bey ym bleybe, vnnd derhalb zü danck annemen, was man von
ynen erlangen kan, dann es eytel gewin ist, quia per se uana salus hominum⁸⁴,
vnnd sich gar nit yrren lassen, das man nit alles erlangen kan, das wyr billich
fordern; sich auch, das vnns sölichs beschweret, nit annemen⁸⁵, dann man
die leüt alweg weyter bringet, so man sich gegen ynen wol vernügig⁸⁶ vnnd
danckbar erzeyget. Sobald man klaget, meynen die leüt schon, sy haben ver-
geben gedienet, achten auch alweg yren dienst meer dan er ist, wollen
vnverkleynetᵃᵇ ⁸⁷ haben. Lieben brüder, sehen, wie Paulus allein in der

---

ᵛ *von Bucer eingefügt.* – ʷ *zuerst* Ach. – ˣ *gestrichen* es. – ʸ *anstatt* zurüsten. – ᶻ *zuerst* erscheislich. –
ᵃᵃ *anstatt* reychs. – ᵃᵇ *gestrichen* seyn.

Papst, Kaiser Karl V. zu militärischer Unterstützung zu veranlassen, was aber misslang (vgl.
MEYER, KAPPELER KRIEG, S. 129f.). Seit Ende 1532 führten die Fünf Orte konkrete Bündnis-
verhandlungen mit Papst Clemens VII. und Kaiser Karl V. Vgl. dazu die Gespräche beim
Treffen in Luzern am 7./8. Februar 1533 (EA 4/1c, Nr. 1, S. 2n) und den Bologneser Entwurf
von Januar/Februar 1533 (ebd., Nr. 9, S. 14–18). Mit Franz II. von Mailand hatten die Orte
Luzern, Uri, Schwyz, Unterwalden, Zug und Freiburg am 8. Januar 1532 eine Kapitulation
abgeschlossen (ebd., Beilagen, Nr. 1, S. 1293–1295). Vgl. dazu das Schreiben der Straßburger
Prediger an den Züricher Rat (oben Nr. 640, S. 46–53).
⁷⁶ Je ungenauer das Wo und Wie der Hilfe zum Ausdruck gebracht würde, desto mehr würde
es die Feinde erschrecken.
⁷⁷ Einer Klage Zürichs gegen die Fünf Orte.
⁷⁸ Schwachen, Verzagten.
⁷⁹ Umsichtig, vorsichtig, sicher.
⁸⁰ Eifrigsten.
⁸¹ Nur mit Mühe.
⁸² Förderlich.
⁸³ Darauf gefasst machen muss.
⁸⁴ Ps 60, 13.
⁸⁵ Sich nicht darum kümmern.
⁸⁶ Befriedigt, zufrieden.
⁸⁷ Wollen ihren Dienst nicht herabgesetzt sehen.

anderen zun Corinthern[88], wiewol mans by ym allenthalb spüret, yn disem stuck[89] so meysterlich haltet. Wie subteyl[90] vnnd lystig[ac] straffet er, das zü straffen ware, wie treybt er sye mit lob! Yr seindt güt fromme leüt, die noch der alten einfalt, die etwan[91] bey eüch gewesen, pflegen frey mit eyander zü handlen. Yr sehen aber, wie auch euwer leüt yn dem zü fil hofflich werden, das ˂sy etwan[92]˃ meer dann ander wöllen, daß˂ man yne beuor gebe[93] vnnd sye zertlich füre, wen sy gleych gegen anderen vil gröber vnnd reüwer[94] sinnd, dann die alte eynfalt ie war. Gedencket, was ym Paulo sye τῷ καιρῷ δουλεύειν[95]! Wyr[ad] müssen nur vff Gott sehen vnnd von dem alles warten vnnd mit allen leüten, auch den weysesten, [fol. 417r] frömisten (dann sy als noch menschen) also wie mit gebrochnisten[96], schwachen vnnd blöden handlen vnnd eytel gewin achten, was wyr by ynen erlangen, das sy sich zun eren Christi geprauchen lossen. Vnnd vor allem, lieben brüder, mu(o)ß man warlich yn disen sachen seer still sein, mit nieman dovon handlen, dann deren man zür sachen noturfftig ist, vnd so vil man yr[ae] noturftig ist. Derhalb melden nieman[97], handlen yn geheym[af]! Yr wist, das yn allen geferlichen handlen die sach vff wenige kümen müsse. Quare dictatorem creabant Romani[98]? Darumb, was yr an v[nser] h[erren] schreyben wöllendt, richtens an, das etlichen eyn gemeyner befelch geben werde, bey gu(o)ten freunden rath zü su(o)chen; die selbigen ˂schreybend˃ [ag] dann an vnsere geheyme räth, die dreyzehen[99]. Yr wüst ie, wan die feind vnsere anschläg wissen, wie leicht sey sy brechen mögen. Man staht yn gemeynem anstandt ym reich[100]; dorumb auch von nöten seyn will, alles still vnnd gewarsamlich[101] zü handlen. Man weys, wo des Papsts[102] räth hynsehen, was auch gantzen handel an eüch gelegen[103]; noch[104] mu(o)s vnnd solle man alles glimpfs

---

[ac] *gestrichen* str. — [ad] *gestrichen* wissen. — [ae] *anstatt* seyn. — [af] *gestrichen* Yr. — [ag] *von Bucer eingefügt.*

[88] Vgl. etwa II Kor 13, 1–10.
[89] In dieser Hinsicht.
[90] Fein, scharfsinnig.
[91] Früher.
[92] Vielleicht.
[93] Freundlich begegne.
[94] Rauer.
[95] Röm 12, 11, im Sinne von „der Zeit ihren Tribut zollen". Vgl. BAUER-ALAND, WÖRTERBUCH, Sp. 412.
[96] Mit Gebrechen behafteten.
[97] Informiert niemanden darüber.
[98] In der römischen Republik konnte in militärischen Notlagen ein Konsul (notfalls ein Praetor) in Absprache mit dem Senat einem *dictator* für sechs Monate eine militärische Vollmacht verleihen, die jenseits aller Rechtsmittel stand. Vgl. GIZEWSKI, DICTATOR.
[99] Zu den Straßburger Dreizehn vgl. oben S. 109, Anm. 37.
[100] Zum Nürnberger Anstand vgl. oben S. 111, Anm. 63; BCor 8, S. XIIIf.
[101] Sicher.
[102] Clemens VII. Vgl. Personenindex.

gefaren[105] vnnd sich yn allem erzeygen, (das) wie wyr in der warheyt nichst dan frid in Gott su(o)chen, das uns auch nieman anders zü verdencken ab vns vrsach neme[106]. Seyt, lieben brüder, einfaltig wie die tauben[107]! Secht einfeltigs hertzens allein vff Gottes eer vnnd seyn heyliges wort! Vergessent allen verlurst, schmach vnnd was eüch berüret! Seyt doby auch bescheid[108] wie die schlangen[109], das yr aller ding nichts übersecht oder vnuersu(o)chet lassen, domit yr an Gott vnd seynen helgen getrüw erfünden werden! Rüffet ymer den Herren an, daß er üch brauch zü seynen eeren vnnd gebe, daß wyr ein rüwig, still leben füren[110] yn aller gotsseligkeyt vnnd erbarkeyt! Vnser himmlischer Vatter wölle euch durch vnseren herren Christum füren vnnd laiten, rathen vnnd helfen zü seynem breys. Amen.

[4] Dis ist, das wyr by vns vnnd anderen gu(o)ten christen euch vff dis maal zü schreiben gefunden haben. Mittlerzeit wöllen wyr nit schloffen vnnd den weg zü allem, das yr begeren, getreulich bereiten, nit alleyn by vnns, sunder auch by dem ch[ristlichen] f[ürsten] vnnd g[nedigen] h[erren] landtgrauen[111] vnnd andren. Wyr wolten auch, yr schreiben üwer anligen wie vnns iuncker Cu(o)radt Zwicken[112] vnnd Tomae Blaurero[113]. Gott gebe gnad. Vnnd zweyfflet nit, wyr faren treulich[114]! So fil auch wyr verstandt haben, sind wyr noch aller der hoffnung, wie vor vnnd ietz anzeigt. Das man aber nit[ah] schreybet, machet[115], daß man doher des nit vrsach vernimpt, [fol. 417v] do man nechst[116] noch bericht[ai] eüer gelegenheyt geforschet hat[117], item daß man vß erzelten vrsach etwas yrr[118] ist vnnd nit weys, wem vnnd wozü man schreiben sölle, was es frucht bringen möge. Welchs eüch doch nit

---

[ah] *gestrichen* sreibet, s. – [ai] *gestrichen* ey.

[103] Wohl: Was euere Angelegenheiten betrifft (vgl. dagegen Bullinger Bw. 3, Nr. 176, S. 45, Anm. 104: Was in der ganzen Angelegenheit an euch liegt).
[104] Dennoch.
[105] Mit Milde vorgehen.
[106] Wir auch niemandem Ursache geben, uns anders zu beurteilen.
[107] Mt 10, 16.
[108] Klug.
[109] Mt 10, 16.
[110] Vgl. I Thess 4, 11.
[111] Philipp I., Landgraf von Hessen. Vgl. oben S. 110, Anm. 48.
[112] Konrad Zwick, Ratsherr in Konstanz. Vgl. Personenindex. Er bezieht sich in einem Schreiben an Bullinger, das in die zweite Hälfte des Januar/Februar 1533 zu setzen ist, auf zwei von Bullinger erhaltene Briefe, die nicht ermittelt werden konnten. Vgl. Bullinger Bw. 3, Nr. 185, S. 57, Z. 1f.
[113] Thomas Blarer, Ratsherr in Konstanz. Vgl. Personenindex.
[114] Unser Vorgehen ist verlässlich.
[115] Kommt daher, erklärt sich daraus.
[116] Kürzlich.
[117] Sich über Euere Lage zu informieren suchte. Die näheren Umstände konnten nicht ermittelt werden.
[118] Irritiert.

⌜kleynmütig⌝ ᵃʲ machen sölle, dann güter bericht alles handels wirds alles zürecht bringen. Gedencket selb, lieben brüder, wie es bey leüten, die nit eigentlich¹¹⁹ aller euwer sachen bericht sind, eyn ansehen haben möge, das man der besten vnnd nechsten fründt rath nit doch nür lesen will, wie zü Baden geschechen¹²⁰! Ja sagt: „Wyr habens keyn beuelch." Yr möcht gedencken, was man gedencke, etwan¹²¹ es were den leüten leyd, daß sy ein güten raht wüssden.

Mein seel, mein sell, es mu(o)s yn disen sachen bas vmb sich gesehen, besser wort gegeben, alles gehört vnnd zü danck angenomen seyn, auch das nichts hilft oder dem man nit gedencket nachzükomen. Wolan getröst, Gott wirds alles gu(o)tz machen¹²²! Trawet ym nür wol vnnd wachet yn aller demüt vnnd gelassenheyt!

^Arg[entorati], 14. Ianuarii.

Libere scripsi omnia, quare tu pro tua prudentia et diligenti obseruatione, quid quisque ferre possit, legenda ea exhibeas.

M[artinus] Bucerus tuus^ ᵃᵏ.

*Adresse [fol. 414ar]*ᵃˡ*:* Dem wolgelerten vnd christlichen prädicanten zu [Zürich], Meyster H[einrich] Bulling[er, seinem] furgelie[pten], zu h[anden].

*C (Steiner*¹²³ *mit autographen Zusätzen Bucers) Zürich SA, E II 348, fol. 414ar; 415r – 417v. — C Zürich ZB, S 33, 16; TB VI, S. 11–16. — P Bullinger Bw. 3, Nr. 176, S. 39–46.*

ᵃʲ *anstatt* vnlustig. – ᵃᵏ *von Bucer hinzugefügt.* – ᵃˡ *Adresse von Bucers Hand.*

¹¹⁹ Genau, zutreffend.
¹²⁰ Vgl. oben S. 106f., Anm. 10f.
¹²¹ Vielleicht.
¹²² Vgl. Ps 37, 5.
¹²³ Simon Steiner (Lithonius), Helfer Bucers. Vgl. Personenindex.

653.
Martin Bucer an Johannes Schwebel[1]
Straßburg, 22. Januar [1533][2]

[642←] Bucer recommande le pieux et cultivé [Jean Hechtlin]. Quoi qu'il pourrait jouir des libertés données par l'Empereur à la ville de Strasbourg, il veut se rendre utile, comme Paul. Que Schwebel fasse en sorte qu'on puisse le lui envoyer rapidement. Recommandation pour [Jean] Frosch. [→654]

[642←] Bucer empfiehlt den frommen und gebildeten [Johannes Hechtlin]. Obwohl er im Schutz der kaiserlichen Freiheiten im [bereits reformierten] Straßburg frei [vom alten Glauben] leben könnte, will er sich wie Paulus nützlich machen. Schwebel soll das Seine tun, damit [Hechtlin] rasch gesandt werden kann. Empfehlung [Johannes] Froschs. [→654]

Salve optime Schwebeli!

Quam optime commendo tibi hunc nostrum[3], pietate ac eruditione talem, quem boni merito iuvent. Cum iam liber esse posset fretus immunitate et libertate a Caesaribus nostrae reip[ublicae] donatis[a] [4], maluit iuxta d[ominum] Paulum[5] utilem se praebere[6]. Da ergo operam, quantum id te decere poterit, ut quam minime manu mittatur. Caetera habent ut cum hic esses[7].

---

[a] *P* donatus.

[1] Prediger an der Alexanderskirche und Reformator von Zweibrücken. Vgl. Personenindex.
[2] Die Jahreszahl fehlt. Das Jahr 1533 ergibt sich aus den Sachzusammenhängen. Vgl. unten Anm. 3, 7f..
[3] Johannes Hechtlin, Prediger an Alt-St. Peter in Straßburg. Vgl. Personenindex. Zur Identifikation vgl. unten Nr. 654, S. 119, Z. 2f. sowie Capitos Briefe an Schwebel vom 30. Januar 1533 (Centuria Schwebel, Nr. 55, S. 169–173; MILLET, CORRESPONDANCE CAPITON, Nr. 498, S. 166f.) und vom 3. Februar (Centuria Schwebel, Nr. 56, S. 173f.; MILLET, CORRESPONDANCE CAPITON, Nr. 499, S. 167).
[4] Straßburg genoss als unmittelbar dem Kaiser unterstellte freie Stadt hoheitliche Freiheiten und hatte bereits die Reformation eingeführt. Dies war in Zweibrücken noch nicht möglich gewesen, weil der dortige Pfarrer Johannes Meisenheimer am alten Glauben und dessen Ritus festhielt und der bisherige Herrscher Ludwig II. von Pfalz-Zweibrücken-Neuburg mit der Reformation zwar sympathisiert hatte, sie aber nicht einführen wollte (vgl. oben Nr. 631, S. 13, Anm. 16). An dieser diplomatisches Geschick erfordernden Situation war Georg Pistor gescheitert. Vgl. dazu BCor 7, S. XVIII.
[5] Bucer spielt auf den Konflikt zwischen Schwebel und dem aus Straßburg gesandten Georg Pistor an, der mit der religionspolitischen Situation in Zweibrücken nicht zurechtkam. Daraufhin hatten ihm die Straßburger das Beispiel des Paulus vor Augen gestellt. Vgl. den Brief der Straßburger Prediger an Kaspar Steinbach nach dem 1. Oktober 1532 (oben Nr. 631, S. 14, Z. 14 – S. 15, Z. 13).
[6] Vgl. Act 18, 3.
[7] Schwebel hatte Straßburg im Januar 1533 besucht. Vgl. JUNG, SCHWEBEL, S. 97.

Commendavi etiam Froschium[8] [S. 126] tibi, virum sane optimum. Vale cum tuis omnibus feliciter!

Argentinae, 22 Ianuarij.
Salutant te fratres.

5 *Adresse [S. 125]:* Martinus Bucerus insigni Christi heroi Iohanni Schwebelio, ecclesiae Bipontinae pastori fidelissimo, fratri observando.

O *verloren.* — P *Centuria Schwebel, Nr. 39, S. 125f.*

---

[8] Johannes Frosch. Vgl. Personenindex. Den Vornamen nennt Capito in seinem Brief an Schwebel vom 3. Februar 1533 (vgl. Centuria Schwebel, Nr. 56, S. 174; MILLET, CORRESPONDANCE CAPITON, Nr. 499, S. 167). Es handelt sich kaum um den ehemals in Augsburg wirkenden Lutherfreund (gegen JUNG, SCHWEBEL, S. 97), denn dieser war ja nicht zuletzt wegen der Haltung der Straßburger Prediger in Augsburg nach Nürnberg gegangen. Zudem nennt Bucer ihn zumeist *Rana* und hätte ihn wohl nicht in die ohnehin konfessionspolitisch zerstrittenen Zweibrücker Verhältnisse geschickt, zumal er Frosch für streitsüchtig hielt (vgl. Bucer an Bonifatius Wolfhart gegen Ende Mai 1532, BCor 8, S. 112, Z. 8). Auch Frosch, der mittlerweile eine Anstellung in Nürnberg hatte, dürfte kaum an der Zweibrücker Stelle Interesse gezeigt haben. So ist eher an einen anderen Frosch zu denken, möglicherweise an den (dann nicht mit dem Juristen Franz Frosch identischen, vgl. BCor 4, S. 286, Anm. 84) in Bucers Brief an Huldrych Zwingli vom 18. September 1530 begegnenden *Froschius* (ebd., S. 286, Z. 3).

654.
Martin Bucer an Johannes Schwebel[1]
Straßburg , 23. Januar [1533][2]

[653←] [1] Les Strasbourgeois lui envoient leur petit loup [Jean Hechtlin], bien qu'ils en auraient grand besoin. Mûri par l'âge et l'expérience, il est capable, cultivé, et ferme de caractère et de jugement. Que Schwebel fasse en sorte qu'on tienne compte de ses besoins [financiers]. Il partira [de Strasbourg] sans doute lundi. [2] Le rapport que Schwebel a rédigé pour le prince [le comte palatin Robert du Palatinat-Veldenz-Lauterecken] plaît à Bucer, qui en souhaite la publication ; que Schwebel lui en communique rapidement le titre. Il rappelle à Schwebel de penser à [Jean] Frosch. [→656]

[653←] [1] Die Straßburger senden ihr Wölflein [Johannes Hechtlin], obwohl sie ihn selbst dringend bräuchten. Alter und Praxis verschafften ihm Reife, er besticht durch Tugend,

---

[1] Prediger an der Alexanderskirche und Reformator von Zweibrücken. Vgl. Personenindex.
[2] Die Jahreszahl fehlt. Das Jahr 1533 ergibt sich aus den Sachzusammenhängen. Vgl. unten Anm. 3, 6f., 10.

Bildung, festen Charakter und Urteilskraft. Schwebel soll darauf hinwirken, dass man seinen [finanziellen] Bedürfnissen Rechnung trägt. Möglicherweise reist er am Montag ab. [2] Bucer gefällt Schwebels Rechenschaftsbericht für den Fürsten [Pfalzgraf Ruprecht von Pfalz-Veldenz-Lauterecken] so gut, dass er seinen Druck wünscht. Schwebel soll ihm möglichst bald einen Titel nennen. Erinnerung, an [Johannes] Frosch zu denken. [→656]

Gratiam et pacem!

[1] Necessitate ecclesiae vestrae, imo nostrae, adducti aegre[3] admodum lupulum[4] hunc nostrum mittemus. Nam hic vsus eius pernecessarius nobis foret, utcunque maligne id erga eum declaratum sit hactenus. Annis et usu rerum maturior, virtute certe eximius, eruditione haud contemnendus, animo certo, iudicio est excelso[5]. Oramus igitur te in Domino, si visum fuerit opera eius uti, efficias, ut si non pro dignitate, tamen pro necessitate sua habeatur[6]. Nunc non potuit proficisci; die Lunae[7], si valuerit, iter instituet.

[2] Rationem, quam principi[8] ecclesias instaurandi praescripsisti[9], egregie placet et excusam volumus[10]. Verum quia tu non vis nomen principis praefigi, nescimus quem titulum faciamus. Fac ergo primo quoque tempore nobis scribas, quam ferre possis inscriptionem! Et Froschij[11], obsecro, sis memor. Vale in Christo!

Argentinae, 23. Ianuarij.

---

[3] Zu den Widerständen gegen die Sendung Johannes Hechtlins nach Zweibrücken vgl. Capito an Schwebel vom 30. Januar 1533 (Centuria Schwebel, Nr. 55, S. 169–173; MILLET, CORRESPONDANCE CAPITON, Nr. 498, S. 166f.)

[4] Da die nachfolgende Schilderung zu dem von Bucer später namentlich benannten Johannes Hechtlin passt, ist wohl eher an ihn als an einen „Wolf" oder „Wölflin" zu denken, der nicht nachzuweisen war.

[5] Bucer nennt diese Charaktereigenschaften mit Bedacht, da der zunächst aus Straßburg gesandte junge Georg Pistor sich mit den Täufern in Zweibrücken solidarisierte und einen Streit vom Zaun brach. Vgl. den Brief der Straßburger Prediger an Kaspar Steinbach nach dem 1. Oktober 1532 (oben Nr. 631, S. 11, Z. 1 – S. 13, Z. 5).

[6] Gedacht ist wohl an Hechtlins Bezüge. Vgl. Capito an Schwebel vom 30. Januar 1533 (Centuria Schwebel, Nr. 55, S. 169–173; MILLET, CORRESPONDANCE CAPITON, Nr. 498, S. 166f.).

[7] Montag, 29. Januar 1533.

[8] Ruprecht, Pfalzgraf von Pfalz-Veldenz-Lauterecken. Vgl. Personenindex. Zu seiner Regierungsübernahme vgl. oben Nr. 642, S. 66, Anm. 8.

[9] Schwebels Zwölf Artikel (Kirchenordnungen Pfalz-Zweibrücken, S. 49–53). Vgl. zu ihnen ebd., S. 24f. sowie GOETERS, REFORMATION PFALZ-ZWEIBRÜCKEN, S. 199f.; JUNG, SCHWEBEL, S. 86–92.

[10] Auf der Basis des VD 16 ist ein Druck im fraglichen Zeitraum nicht nachzuweisen. Die Zwölf Artikel begegnen erst in der Schwebel-Ausgabe von 1598 (Schwebel, Teutsche Schriften 2, S. 236–242; vgl. Kirchenordnungen Pfalz-Zweibrücken, S. 24). Zu Form und Umständen eines möglichen Drucks vgl. JUNG, SCHWEBEL, S. 189, Anm. 8 (anders GOETERS, REFORMATION PFALZ-ZWEIBRÜCKEN, S. 199, Anm. 54). Bucer formuliert im Plural, weil offenbar auch die anderen Straßburger Prediger zu demselben Urteil kamen. Vgl. die nahezu wortgleiche Stellungnahme Kaspar Hedios in seinem Brief an Schwebel, ebenfalls vom 23. Januar 1533 (Centuria Schwebel, Nr. 72, S. 236–239).

[11] Zu den Spekulationen über die Identität des Johannes Frosch vgl. oben Nr. 653, S. 118, Anm. 8.

Adresse [S. 132]: Martinus Bucerus praecipuo Christi ministro Iohanni Schwebelio, Bipontinae ecclesiae pastori, carissimo fratri.

O verloren. — P Centuria Schwebel, Nr. 42, S. 132f.

655.
Johannes Bader[1] an Martin Bucer
[Landau], 24. Januar 1533

Bader ne pourra répondre à la question au sujet de [Schwenckfeld], qu'il a eu peine à lire en raison de l'écriture de Bucer, qu'après la visite que lui fera sans doute ce dernier lors de la foire de Francfort. Bader souhaite le faire de manière à rétablir la paix et la charité chrétienne entre eux : des deux côtés, il voit le zèle et l'Esprit de Dieu. Que Bucer reste fidèle à lui-même, afin de promouvoir la paix de l'Évangile. Valentin Brentz apportera à Bucer six livres d'amandes et lui en indiquera le prix ; il lui communiquera aussi oralement des informations. Que Bucer salue Capiton et les frères.

Die aufgrund der schlechten Schrift Bucers kaum lesbare Anfrage nach [Schwenckfelds Position] kann Bader erst nach dessen voraussichtlichem Besuch während der Frankfurter [Frühjahrs]messe beantworten. Er will allerdings nicht Zuträger, sondern Friedensstifter sein, sieht er doch auf beiden Seiten Eifer und Geist Gottes. Bucer soll sich treu bleiben und weiter das verfolgen, was das Evangelium des Friedens empfiehlt. Valentin Brentz wird Bucer sechs Pfund Mandeln bringen und den Preis dafür nennen. Er hat eine wichtige Information für ihn. Grüße an [Wolfgang] Capito.

[2]Gratia et pax Christj sit tecum, frater in Domino obseruande!

Quod respondeam ad questionem illam, quam ex literis tuis[3] uix tandem augurari potueram (nimirum propter figurarum imperfectionem[4]), pro hac uice habeo nihil, siquidem nondum uere certus sum hac in re de sententia

---

[1] Pfarrer in Landau. Vgl. Personenindex.
[2] *Konrad Hubert:* <vBaderus Bucero, 1533, 24. Jan.v<.
[3] Innerhalb des von uns ermittelten Briefwechsels zwischen Bucer und Johannes Bader konnte nur das vorliegende Schreiben und Baders Brief vom 31. Juli 1533 ermittelt werden. Vgl. AST 154, Nr. 252, S. 605f.; QGT 8, Nr. 413, S. 123.
[4] Über Bucers bekanntermaßen unleserliche Handschrift klagen seine Korrespondenten häufiger. Vgl. z.B. Ambrosius Blarer an Bucer vom 8. Oktober 1531 (BCor 6, Nr. 484, S. 191, Z. 9f.). Zu Bucers gelassener Reaktion vgl. seine Briefe an Margarethe Blarer vom 31. August 1531 (ebd., Nr. 455, S. 91, Z. 3) und an Simon Grynaeus vom 5. September (ebd., Nr. 458, S. 100, Z. 7f.).

S[chwenkfeldii][5]. Expecto autem, ut propediem, quando itur ad nundinas Franckfor[ti][6], me inuisurus sit et forte etiam ad dies aliquot mecum permansurus[7], ubi de singulis huiusmodi quęstionibus cum eodem commentabor. Colloquio igitur peracto summaque praefatę quęstionis assequuta, te quoque de eadem certiorem reddere studebo[8], verum non eo animo, ut delator malignus sim in medio uestri, imo potius, quatenus pax et charitas christiana nunc partim (proh dolor) inter uos confracta in melius tandem restituatur[9], id quod non modo toto pectore exopto, uerum etiam spe maxima futurum esse expecto, nempe quod uideo utrobique zelum spiritumque Dei adesse. Qui fit, ut parum timeam, ne Dominus orationes nostras pro pace uestra totiusque ecclesiae sine intermissione factas exauditurus non sit. Tu interim, optime Butzere, amicorum dulcissime, tui similis esse curato, hoc est, quę uirum apostolicum decent adeoque euangelium pacis commendare possunt, uti soles studiosius prosequitor.

Valentinus Brentzius[10], meus Jonathas[11], tibi pręsentabit 6 ℒ amigdalorum simulque praetium indicabit. Habet insuper idem meus Jonathas in literis suis[12] quicpiam, quod tua scire intererit, quod uel breuitatis gratia huc conscribi praetermissum est. Dilectissimum nostrum Capit[onem][13] fratresque reliquos, maxime eos, qui a contione uerbj Dei sunt, nomine nostro iterum atque iterum saluere iubeto! Bene uale in Christo cum tota familia!

Datae 24 Januarij 1533.

Tuus Baderus.

---

[5] Kaspar Schwenckfeld, Spiritualist in Straßburg. Vgl. Personenindex. Wie die nachfolgenden Sätze zeigen, hatte Bucer wohl nach Schwenckfelds Haltung gefragt.

[6] Infolge einer disparaten Interessenlage wechselten Beginn und Ende der Frankfurter Frühjahrsmesse häufiger. Grundsätzlich fand sie zwischen dem Sonntag Oculi (im Jahr 1533 der 16. März) und dem Freitag vor Palmarum (im Jahr 1533 der 4. April) statt. Vgl. DIETZ, FRANKFURTER HANDELSGESCHICHTE, S. 37–39.

[7] Zu Baders Sympathien für Schwenckfeld vgl. GELBERT, BADER'S LEBEN UND SCHRIFTEN, S. 245–247. Letzterer brach allerdings erst im August 1533 zu seiner Reise durch Süddeutschland auf und kam wohl über Hagenau nach Landau. Schwenckfeld verließ die Stadt noch vor dem 10. September, denn von diesem Tag datiert sein Brief an Leo Jud (vgl. Corpus Schwenckfeldianorum 4, Nr. 143, S. 824–843), den er bereits in Speyer verfasste. Vgl. EBERLEIN, CASPAR VON SCHWENCKFELD, S. 112.

[8] Im entsprechenden Kontext konnte nur das Schreiben Baders an Bucer vom 31. Juli 1533 ermittelt werden. Darin bittet er, vor einer Widerlegung Schwenckfelds dessen Ansichten nochmals zu prüfen. Vgl. AST 154, Nr. 252, S. 605; QGT 8, Nr. 413, S. 123.

[9] Zu Bucers aktueller Kritik an Schwenckfeld vgl. sein Schreiben an Ambrosius Blarer vom 29. Dezember 1531 (BCor 6, Nr. 528, S. 141, Z. 4–12); vgl. dazu BCor 7, S. XXI. Zu Bucers Haltung insgesamt vgl. McLAUGHLIN, BUCER AND THE SCHWENCKFELDERS; DERS., POLITICS OF DISSENT.

[10] Zu diesem Zeitpunkt wohl Student in Straßburg. Vgl. Personenindex.

[11] Eine Anspielung auf die Freundschaft Davids mit Sauls ältestem Sohn Jonathan. Vgl. II Sam 1, 26.

[12] Das Schreiben konnte nicht ermittelt werden.

[13] Wolfgang Capito, Pfarrer an Jung-St. Peter und Propst an St. Thomas in Straßburg. Vgl. Personenindex.

Adresse [S. 604]: Viro uere apostolico Martino Butzero, fratrj in Christo charissimo.

O AST 154 (Ep. s. XVI, 1), Nr. 251, S. 603f. — C Zürich ZB, S 33, 24; TB VI, S. 20f. — R QGT 8, Nr. 354, S. 1.

656.
Martin Bucer an Johannes Schwebel[1]
Straßburg, 31. Januar [1533][2]

[654←] Le Sénat [de Strasbourg] a retardé le départ de [Jean] Hechtlin, car il ne voulait pas le perdre. Il l'a laissé partir eu égard au prince [Robert du Palatinat-Veldenz-Lauterecken], lui donnant cheval, guide et serviteur. Bucer prie Schwebel de faire en sorte que, si on l'engage comme prédicateur, on lui donne un traitement digne – même s'il vit sobrement. Le reste [oralement] par Hechtlin, qui est le porteur de la lettre. [→669]

[654←] Der Straßburger Rat wollte [Johannes] Hechtlin nicht verlieren und verzögerte seine Abreise. Aus Dienstbereitschaft gegenüber dem Fürsten [Pfalzgraf Ruprecht von Pfalz-Veldenz-Lauterecken] verabschiedete man ihn aber doch und versah ihn, aufwändiger als er es wollte, mit Pferd, Führer und Diener. Für den Fall einer Anstellung bittet Bucer, dem sparsamen Hechtlin ein erträgliches Auskommen zu ermöglichen. Wenn er entsprechend seiner Lebensführung und Urteilskraft wie ein Pfarrer amtiert, dann soll er das Notwendige auch nicht vermissen. Für alles Weitere ist Hechtlin selbst der Bote. [→669]

Gratia et pax, carissime et observande frater!

Senatus[3] remoratus est Hechtelinum[4], ne citius veniret; expedivit enim illi, quod contulerat sacerdotiolum. Deinde admodum aegre eum amittent, ut et

---

[1] Prediger an der Alexanderskirche und Reformator von Zweibrücken. Vgl. Personenindex.
[2] Die Jahreszahl fehlt. Das Jahr 1533 ergibt sich aus den Sachzusammenhängen. Vgl. unten Anm. 3, 8.
[3] Aus dem Schreiben Wolfgang Capitos an Schwebel vom 30. Januar 1533 geht hervor, dass insbesondere der neue Ammeister Matthis Pfarrer Hechtlin in Straßburg halten wollte. Vgl. Centuria Schwebel Nr. 55, S. 169–173; MILLET, CORRESPONDANCE CAPITON, Nr. 498, S. 166.
[4] Johannes Hechtlin, Prediger an Alt-St. Peter. Vgl. Personenindex.

nos. Hinc illa cunctatio. Attamen, quoniam tam pio conatui religiosi principis[5], alij quoque reipub[licae] nostrae egregij amici[6], libenter simul inserviunt, amandarunt tandem eum dato equo, ductore et ministro[7], sed maluit[a] venire humilius. Te, ut nuper[8], oro, si eius opera uti voletis, date operam, ut tolera-[S. 169]-bilem vivendi rationem habeat! Frugalis est et parvo contentus. Interim tamen, si deberet quasi parochi vice fungi, dignus profecto est in hac aetate, vitae et judicij integritate, tantopere iam diu exercitatus, qui necessaria non desideret, quo possit animo liberiore sacris incumbere.

Bene vale! De alijs ipse nuncius erit. Commenda nos amicis in Domino!

Argentinae, prid[ie] calend[as] Febr[uarias], anno 1533.

Adresse [S. 168]: Martinus Bucerus pietate et eruditione eximia Iohanni Schwebelio, episcopo Bipontino, fratri observando.

O verloren. — P Centuria Schwebel, Nr. 54, S. 168f.

---

[a] *P* malunt.

[5] Ruprecht, Pfalzgraf von Pfalz-Veldenz-Lauterecken. Vgl. Personenindex. Zu seiner Regierungsübernahme vgl. oben Nr. 642, S. 66, Anm. 8.
[6] Gemeint ist wohl Schwebel selbst.
[7] Die Begleiter Hechtlins und das Schicksal des Pferdes konnten nicht ermittelt werden.
[8] Vgl. Bucers Schreiben an Schwebel vom 23. Januar 1533 (oben Nr. 654, S. 119, Z. 6f.).

657.
Berchtold Haller[1] an Martin Bucer
[Bern], 31. Januar 1533

[543←] [1] Les lettres de Bucer sont, depuis des années, les bienvenues, même lorsqu'il y a des tensions ou des pauses dans la correspondance. Au reste, les lettres de Haller à Capiton, auquel il écrit plus souvent, valent aussi pour Bucer ; celle qu'il leur envoie permettra à Bucer de se faire une idée de la situation à Berne. [2] À Berne, on a compris la lettre de Bucer comme un appel à faire des concessions aux luthériens, dans l'intérêt de la concorde et de la paix, et à employer la manière de parler des Pères [pour exprimer la présence

---

[1] Prediger am Berner Münster. Vgl. Personenindex.

du Christ dans la Cène]. Or, l'église de Berne est habituée à parler ouvertement et sans ambiguïté, sans quoi on lui reprocherait de trahir la vérité. Mais cela ne doit entamer en rien l'amour pour Bucer, qu'à Berne on respecte, avec Capiton, comme l'instrument de Dieu le plus pur. [3] Toutefois, cette dernière initiative de Bucer a suscité quelque irritation, car à la Cobourg déjà, Capiton lui avait fait connaître la position [des villes suisses au sujet de sa concorde]. Haller ne connaît pas la lettre de Bucer à Zurich, mais il a lu avidement celle de Grynaeus à Leo [Jud]. Que Bucer leur pardonne si l'on a péché contre lui. À Berne, sa réputation n'a pas souffert ; si seulement, comme jadis lors de la Dispute de Berne, il pouvait attester la vérité, afin que tous entendent qu'il est resté fidèle à lui-même ! Haller souhaiterait posséder les arguments apologétiques que Bucer a rassemblés, mais il en déconseille l'impression. [4] Il a relu les développements de Bucer sur la descente du Christ aux enfers dans ses commentaires sur Matthieu et sur les Psaumes, et selon lesquels le Christ lui-même a été enterré : que s'est-il passé pour son âme durant ces trois jours, et comment le Christ, selon son humanité, est-il assis à la droite du Père ? À Berne, des opinions diverses circulent sur ces sujets. Haller interroge Bucer sur ses projets de publication et sur la Chronique de [Jean] Aventin. [5] Salutations de François Kolb, de [Caspar] Megander et des frères. À Strasbourg, un médecin de Berne a épousé la fille d'un défunt docteur : que Bucer dépeigne cette épouse. [→691]

[543←] [1] Bucers Briefe sind Haller seit Jahren hochwillkommen, daran ändern auch Spannungen oder das Ruhen der Korrespondenz nichts. Ohnehin gelten Hallers Schreiben an [Wolfgang] Capito auch ihm; aus einem solchen soll Bucer sich ein Bild über die allgemeine Lage in Bern machen. [2] Bucers Brief verstand man in Bern als Aufforderung, im Interesse des Friedens den Lutheranern Zugeständnisse zu machen und [die Gegenwart Christi im Abendmahl] mit Formulierungen der [Kirchen]väter zum Ausdruck zu bringen. Davon nahm man aber Abstand, da die Berner Gemeinde eine offene und eindeutige Lehre gewohnt ist und der Vorwurf eines Abfalls von der Wahrheit erhoben würde. Dies soll aber der Liebe zu Bucer, der mit Capito in Bern als reinstes Werkzeug Gottes gilt, keinen Abbruch tun. [3] Allerdings irritierte Bucers neuerliche Initiative, denn schon auf der Coburg erhielt er durch Capito Kenntnis von der Haltung der [schweizerischen] Städte [zu seiner Konkordie]. Haller kennt Bucers Brief nach Zürich nicht, wohl aber den des Simon Grynaeus an Leo [Jud]. Bucer soll verzeihen, wo man sich gegen ihn versündigte. In Bern litt sein Ansehen nicht. Könnte er doch wie einst bei der Berner Disputation die Wahrheit bezeugen, damit alle hören, dass er sich treu blieb! Seine Verteidigungsschriften würde Haller gerne besitzen, vom Druck rät er ab. [4] Er las wiederholt Bucers Ausführungen über den Abstieg Christi zu den Toten im Matthäus- und im Psalmenkommentar. Danach wurde Christus selbst begraben. Bucer soll erklären, was für die Seele während der drei Tage anzunehmen ist und inwiefern Christus nach seiner menschlichen Natur zur Rechten des Vaters sitzt, da in Bern unterschiedliche Meinungen kursieren. Haller fragt nach Bucers Publikationsplänen und der Chronik [Johannes] Aventins. [5] Grüße von Franz Kolb und [Kaspar] Megander. Ein Berner Arzt [Hieronymus Heininger?] hat in Straßburg die Tochter eines verstorbenen Doktors geheiratet, die Bucer charakterisieren soll. [→691]

²Salue, Bucere doctiss[ime] simul et chariss[ime] saluaque sint omnia tua, quae salua esse desideras!

[1] Quam gratę mihi semper fuerint epistolę tuę ab annis hinc septem aut decem³, is nouit, cui omnium corda patent⁴, nec vnquam cogites me huius oblitum, quem inter amicos loco primario iam dudum constitui. Nulla nos pericula, nulla locorum interstitia, nullę quorumcunque suggestiones, nulla vnquam simultas, nulla literarum absencia⁵ me a te auellet, id, quod non solum spero, sed firmissime mihi persuasum habeo. Scripsi hoc anno sępius Capitoni⁶ quam tibi, ea tamen spe, quod vtrique literę meę essent communes, quemadmodum vestrę nobis. Quare nuncius ille⁷ ad vos mittatur. Quę sit facies reipub[licae] et christianę et ciuilis, quiᵃ item rumores, ex literis Capitonis⁸ accipies. Sed quod ad te attinet, ad te scribere volui.

[2] Fama apud nos fuit non modica et quasi tuis literis⁹ exhausta te desiderare, vt in eucharistię negocio verbotenus aliquid condonemus Lutheranis¹⁰, non quod tu in illorum sententiam concesseris (quod fęlicissime et multis veritatem libellis testatus es vniuerso orbi), sed pro concordia sarcienda et facilius obtinenda hoc dandum esse paci et fratribus, vt veterum loquendi modo et nos vteremur¹¹. Quem amphibologicum cum notassemus¹², abhor-

---

ᵃ *zuerst* quę.

² *Konrad Hubert*: ᵛ1533, 30. Janu[ar]ᵛ.
³ Innerhalb der von uns ermittelten Korrespondenz datiert das erste Schreiben Bucers an Berchtold Haller erst von Anfang Januar 1531 (vgl. BCor 5, Nr. 370, S. 158–164).
⁴ Vgl. Ps 44, 22; Act 15, 8.
⁵ Das letzte Schreiben Hallers datiert vom 16. Januar 1532 (vgl. BCor 8, Nr. 543, S. 196–207). Auch dort entschuldigt er sein langes Schweigen (ebd., S. 198, Z. 2–4).
⁶ Wolfgang Capito, Pfarrer an Jung- St. Peter und Propst an St. Thomas in Straßburg. Vgl. Personenindex. Er wohnte während der Berner Synode vom 29. Dezember 1531 bis mindestens 15. Januar 1532 im Haus Hallers. Vgl. Hallers Bericht im Brief an Bucer vom 16. Januar (oben Anm. 5). Nach freundlicher Auskunft von Herrn Dr. Milton Kooistra, Toronto, konnte für den fraglichen Zeitraum nur der Brief Hallers an Capito vom 16. März 1532 ermittelt werden (vgl. MILLET, CORRESPONDANCE CAPITON, Nr. 469, S. 153f.).
⁷ Der Bote konnte nicht ermittelt werden.
⁸ Ein entsprechendes Schreiben Capitos konnte nicht ermittelt werden.
⁹ Da Bucers und Capitos Schreiben an den Berner Rat vom 26. November 1532 (vgl. oben Nr. 641, S. 54–64) die Problematik der innerprotestantischen Abendmahlskontroverse nur streift, bezieht sich Haller wohl auf einen eigenen, von uns nicht ermittelten Brief Bucers.
¹⁰ In Bern hatte man die Unterzeichnung der lutherischen Bekenntnisschriften durch die Oberdeutschen als Seitenwechsel Bucers interpretiert. Vgl. das Schreiben der Prediger aus Bern, Solothurn und Biel an die Prediger von Zürich vom 9. Juli 1532 (Bullinger Bw. 2, Nr. 109, S. 152). In seinem Brief vom 19. Juli setzte Simon Grynaeus Bucer davon in Kenntnis: „Agitatur ea res etiam inter Bernenses, persuasumque istis hominibus video prorsus te secessionem a nobis fecisse." (BCor 8, Nr. 612, S. 233, Z. 1f.).
¹¹ Bucer war der Überzeugung, dass die Abendmahlskontroverse durch einen Rekurs auf die Kirchenväter beigelegt werden könne. Vgl. BCor 8, S. XXV, XXVIII.
¹² Zum Argument, eine auf mehrdeutigen Begriffen basierende Integration der Positionen leiste keinen Beitrag zur Sache, vgl. Zwingli an Bucer und Capito vom 12. Februar 1531 (BCor 5, Nr. 389, S. 264, Z. 10–13) sowie Leo Jud an Bucer vom 12. Juli 1532 (BCor 8, Nr. 611, S. 227,

ruimus, quod plebem habeamus iam dudum veritate illa planissime, immo et apertissime absque omni verborum fuco instructam, quam, si vel veterum vocibus adornaremus, non deessent, qui mox a veri[ta]↓te↓ ipsa nos defecisse foro ipso tonarent. Nulla amplius est contencio apud nos de hac re nec quis-
5 piam dubitat, nisi qui de toto Christo illiusque euangelio dubitat. Nolumus tamen in hoc aut tibi aut chari[ta]↓ti↓ inter nos mutuę derogatum, qui nobis omnium es frater charissimus et gratissimus, quem etiam vnice cum Capitone veneramur et amplectimur tanquam organa Dei candidissima, nec quisquam nostrum male de te sensit.
10 [3] Admirati quidem fuimus, quod denuo hoc attentares, qui cum Koburgi esses[13], per Capitonem ciui[ta]↓tum↓ sententiam[14] intellexeras[15]. Epistolam tuam Tigurinis scriptam non vidi[16], Grynęi vero ad Leonem[17] legi auidissime. Quare, si quid in te peccatum est, per Christum obsecro, veniam dare non recuses. Idem Bucerus es apud nos fama et auctoritate, qui ante annos multos
15 fuisti; et vtinam fieri posset te Bernę pro contione agere ac testari veri[ta]↓tem↓ hanc quam olim[18], vt audirent omnes Bucerum esse sui similem!

Z. 12–20). Zur Problematik, inwiefern die Rede von der Gegenwart Christi im Mahl zu vereindeutigen sei, vgl. BCor 8, S. XXVI; SIMON, BUCERS ANNAHME DER CONFESSIO AUGUSTANA, S. 114–124.

[13] Nach seinem Besuch des Augsburger Reichstages besprach Bucer am 26. und 27. September 1530 mit Luther auf der Veste Coburg die Möglichkeiten einer Beilegung der innerprotestantischen Abendmahlskontroverse. Zum Verlauf vgl. Bucers Bericht an Jakob Sturm und Matthis Pfarrer vom 30. September (BCor 5, Nr. 342, S. 1–10); vgl. dazu FRIEDRICH, FANATIKER DER EINHEIT, S. 75–77.

[14] Capito beratschlagte mit den Schweizer Predigern vom 31. August bis 6. September 1530 in Zürich Bucers Konkordienschrift, die eine Verständigung mit den Lutheranern in der Abendmahlsfrage ermöglichen sollte. Vgl. seinen Bericht an die Straßburger Dreizehn zwischen 6. und 11. September (Oekolampad Bw. 2, Nr. 774, S. 484–487). Bern war dort durch Kaspar Megander vertreten (vgl. Steck/Tobler, Berner Reformation, Nr. 2872, S. 1290) und diskutierte Bucers Konkordie auf der anschließenden Synode vom 7. bis 10. September (vgl. Oekolampad Bw. 2, Nr. 776, S. 488). Vgl. dazu auch Johannes Oekolampad an Bucer vom 3. September 1530 (ebd., Nr. 770, S. 480) sowie Bucer an Haller von Anfang Januar 1531 (BCor 4, Nr. 370, S. 158–164). Zu den Verhandlungen insgesamt vgl. KÖHLER, ZWINGLI UND LUTHER 2, S. 228–236.

[15] Capito berichtete Bucer vom schwierigen Fortgang der Unterredung in seinen Schreiben vom 4. und 13. September 1530 (vgl. BCor 4, Nr. 337, S. 264–267; ebd., Nr. 340, S. 275–286).

[16] Da Haller im Anschluss auf das Schreiben von Simon Grynaeus an Leo Jud verweist (vgl. die nachfolgende Anm. 18), bezieht er sich wohl nicht mehr auf Bucers Briefe an Zwingli vom 18. September 1530 (vgl. BCor 4, Nr. 341, S. 286–291) und vom 14. Oktober (vgl. BCor 5, Nr. 345, S. 15f.), sondern denkt an das aktuelle Schreiben Bucers an die Züricher Prediger vom 12. August 1532 (vgl. BCor 8, Nr. 618, S. 254–257) und seine umfängliche abendmahlstheologische Auseinandersetzung mit Heinrich Bullinger von Ende August 1532 (ebd., Nr. 626, S. 281–369).

[17] In seinem Brief an Bucer vom 19. Juli 1532 behauptet Grynaeus, er habe Jud wegen seiner Tat schwer getadelt (vgl. ebd., Nr. 612, S. 223, Z. 8f.). Der Kontext hier legt die Vermutung nahe, dass Jud verbreitete, Bucer habe die Seiten gewechselt (vgl. ebd., S. 233, Anm. 14).

[18] Hallers Hinweis auf die Berner Disputation vom Januar 1528 (vgl. BDS 4, S. 17–160) ist insofern wohl bedacht, als Bucer damals deren vierte These akzeptierte, die behauptet, „das der lyb und das blu(o)t Christi wa(e)sentlich und liplich in dem brot der dancksagung empfangen werd, mag mit Biblischer geschrifft nit bybracht werden" (ebd., S. 35, Z. 28–30). Da die *Apologie* der *Confessio Augustana* an einer leiblichen Gegenwart Christi im Mahl festhält (vgl. BSLK, S. 247,

Apologias quasdam congessisti[19], vtinam eas habere possem! Sed nollem eas praelis inuulgari, ne simultatis occasio suboriatur. Quicquid igitur tibi cordi fuerit aut acciderit, quo sis indigne offensus, scribe!

[4] Cęterum quę de descensu Christi ad inferos annotasti olim in Matheum[20], in Psalmos[21], sępius relegi, sed ob linguarum imperitiam non aliter intelligo, quam quod eadem simboli verba cum prioribus coincidant, nempe ipsum esse sepultum[22]. Explica igitur, vt facile potes, quid de anima Christi intra triduum sentire debeam! Item nunc Christus iuxta humani[ta]↓tem↓ sedeat ad Patris dexteram ⌜impari potestate⌝ et quomodo[b] hęc quoque sint intelligenda, nam varię sunt aliquorum apud nos sententię[23].

---

[b] *gestrichen* et.

Z. 47), trug deren Unterzeichnung Bucer den Vorwurf ein, er habe seine auf der Berner Disputation eingenommene Haltung aufgegeben. Vgl. das Schreiben der Prediger aus Bern, Solothurn und Biel an die Prediger von Zürich vom 9. Juli 1532 (Bullinger Bw. 2, Nr. 109, S. 152), referiert in Bullingers Brief an Bucer vom 12. Juli (vgl. BCor 8, Nr. 610, S. 218, Z. 3–12); vgl. dazu ebd., S. 218, Anm. 114.

[19] Die Identifikation gelingt nicht eindeutig. In Frage kommt Bucers *Epistola communis*, August 1532 (vgl. AST 174, fol. 239r – 259v), in der er die Unterzeichnung der lutherischen Bekenntnisschriften rechtfertigt. Dies fügt sich zwar gut in den vorliegenden Kontext, aber das Dokument entstand schon vor Monaten und Haller formuliert pluralisch. So müsste mindestens ein zweites Dokument hinzukommen, entweder Bucers ausführliche Rechtfertigung im Brief an Bonifatius Wolfhart von Ende Mai 1532 (vgl. BCor 8, Nr. 591, S. 73–123) oder seine traktatartige Antwort an Bullinger (ebd., Nr. 626, S. 281–369), auf die Haller allerdings bereits weiter oben anspielt (S. 126, Z. 11f.). Schließlich ist auch an Bucers Antworten auf Luthers Kritik an den Frankfurter Predigern zu denken, seinen *Bericht, was zu Frankfurt am Main geleret*, Januar 1533 (vgl. BDS 4, S. 465–506), und die *Epistola ad fratres frankfordienses*, Februar 1533 (ebd., S. 507–514). Dann erklärt sich zwar der Plural, aber nicht die Kenntnis Hallers angesichts des späteren Publikationsdatums, so dass mit Vorexemplaren oder einem Hinweis in Bucers nicht ermitteltem Brief an Haller gerechnet werden muss. Zu Bucers Verteidigungslinie insgesamt vgl. BCor 8, S. XXI.

[20] Aus Bucers Briefwechsel mit Haller lässt sich nicht entnehmen, ob dieser die erste oder die zweite Ausgabe des Synoptiker-Kommentars besaß. Da sich nur die erste, in zwei Teilen von Johann Herwagen 1527 publizierte Ausgabe (vgl. BUCER BIBLIOGRAPHIE, Nr. 22, S. 46f.; VD 16, 8871f.) in Bern befindet, ist wohl an diese zu denken. Die Höllenfahrt Christi thematisiert Bucer dort bei seiner Auslegung von Mt 27. Vgl. *Ennarationum in euangelion Matthaei* (S. 361a – 362a). Vgl. dazu LANG, EVANGELIENKOMMENTAR, S. 49–52.

[21] Bucers *Psalmorum libri quinque ad ebraicum veritatem versi, et familiari explanatione elucidati*, September 1529 (vgl. BUCER BIBLIOGRAPHIE, Nr. 37, S. 55; VD 16, B 3145). Zur Höllenfahrt vgl. Bucers Auslegung von Ps 16 (ebd., fol. 93a/b).

[22] Während Luther im Rahmen seiner durch die simul-Struktur und die *communicatio idiomatum* geprägten Christologie in der Höllenfahrt Christi vor allem die stellvertretende Übernahme der menschlichen Anfechtung sah, wurde sie für Zwingli zum Beleg einer Trennung von Fleisch und Geist, insofern Christi Leib starb, seine Seele aber den Verstorbenen das Heil verkündigte (vgl. I Petr 3, 18f.). Vgl. Zwinglis Schrift *Auslegen und Gründe der Schlussreden*, 14. Juli 1523 (Art. 57, Z 2, Nr. 20, S. 431, Z. 1–13). Hallers Übernahme dieser Zuordnung für seine Rede vom erhöhten Christus impliziert damit Zwinglis Bestimmung der „Rechten Gottes". Zu Bucers Position vgl. BCor 8, S. XXX.

[23] Vgl. Mk 16, 19; Mt 26, 44; Röm 8, 34; I Petr 3, 22 u.ö. Der Topos, Christus sitze nach seiner Himmelfahrt zur Rechten des Vaters, begegnet durchgängig in den altkirchlichen Glaubensbekenntnissen (vgl. MARKSCHIES, SESSIO AD DEXTRAM). Im Rahmen der innerprotestantischen Abendmahlskontroverse mobilisierte die reformierte Seite diese Vorstellung gegen die

Quid interim mediteris orbi inuulgandum, scio enim te non otiari etiam in mediis negotiis, fac me non lateat!

De Auentini[24] cuiusdam chronicis[25] Capito mentionem fęcerat, sed nihil horum videmus.

In summa: Amiciciam nostram nolim restauratam, quam, quantum in me est, scio nunquam antiquatam, id, quod de te quoque intelligere desidero.

[5] Salutant te Francus Kolb[26], Megander[27] et fratres omnes. Vale!

Vltima Ianuarii, anno xxxiii.

Medicus noster[28] apud vos vxorem duxit filiam[29] cuiusdam doctoris defuncti[30]. Obsecro, depinge eam nobis, et facile augurabor, num^c constans futurum sit hoc coniugium.

Tuus ad aram Berch[toldus] H[allerus].

Adresse [S. 16]: Ornatissimo viro Martino Bucero, verbi ministro apud Argentoratum, fratri suo chariss[imo].

O AST 158 (Ep. s. XVI, 5), Nr. 8, S. 15f. — *C Zürich ZB, S 33, 30; TB VI, S. 22f.*

---

^{c} *zuerst* numque.

Annahme einer körperlichen Gegenwart Christi im Mahl (vgl. BCor 8, S. XXVII–XXXI). In Bern hatte sich im Zuge der Vermittlungsbemühungen Bucers neben dem überzeugten Zwinglianer Kaspar Megander eine Fraktion gebildet, die ein einvernehmliches Verständnis der Gegenwart Christi im Mahl anstrebte. Vgl. dazu HUNDESHAGEN, CONFLIKTE, S. 59f.

[24] Johannes Turmair, genannt Aventin, Historiker in Regensburg. Vgl. Personenindex. Bucer hatte versucht, ihn nach Straßburg zu berufen. Vgl. LENZ, AVENTINS BERUFUNG.

[25] Es handelt sich wohl um das Inhaltsverzeichnis (vgl. *Indiculus eorum, quae continentur in Germania illustrata*, deutsch: Aventin, Werke 1, S. 307–316; lateinisch: ders., Werke 6, S. 63–71) der unvollendeten *Germania illustrata (Zeitbuch über ganz Teutschland)*. Dessen Übersendung an Bucer kündigt Gereon Sailer in seinem Brief an diesen vom 16. Oktober 1531 an (vgl. BCor 6, Nr. 489, S. 216, Z. 1f.). Wahrscheinlich lag das Dokument Sailers nächstem Brief an Bucer vom 31. Oktober bei (ebd., Nr. 499, S. 263, Z. 21f.).

[26] Franz Kolb, Prediger am Berner Münster. Vgl. Personenindex.

[27] Kaspar Megander, Prediger am Berner Münster. Vgl. Personenindex.

[28] Da die bekannten Berner Stadtärzte Valerius Anshelm (vgl. Personenindex) und Otto Brunfels (vgl. Personenindex) bereits 1523 bzw. 1524 geheiratet haben, handelt es sich wohl um Hieronymus Heininger (vgl. Personenindex), der 1526–1533 eine Stadtarztstelle bekleidete und Bern im Herbst 1533 verließ, wahrscheinlich aufgrund der erwähnten Heirat und neuer beruflicher Perspektiven in Straßburg. Vgl. THURNHEER, STADTÄRZTE BERN, S. 25–27.

[29] Die Person konnte nicht ermittelt werden.

[30] Die Person konnte nicht ermittelt werden.

658.
[Wolfgang Musculus][1] an Martin Bucer[2]
[Augsburg, Januar 1533][3]

*[476←] Ce que Luther a vomi contre le Sénat de Francfort [*Ein brieff an die zu Franckfort am Meyn*] est le comble de l'insolence. Par son silence, il aurait aidé à la concorde que Bucer, au prix d'un long labeur, porte en son sein ; il est difficile de trouver un accord avec celui qui hait notre concorde et veut montrer au monde entier qu'il n'a rien à voir avec nous autres, les pires hérétiques ; plus on lui témoigne affection et honneur, plus il est mû par les furies ; attendons le jugement de Dieu, et l'ostentation de Luther périra. Une peste se propage pour les communautés à partir du lieu [Wittenberg] où les « papistes » ont été vaincus ; Dieu [nous] apprend ainsi à suivre les choses humbles. Rien d'étonnant que les troubles viennent de là où nous avons puisé le Salut, car plusieurs exemples illustrent le fait que les pires choses résultent des meilleures : le paradis, origine de la vie et de la mort ; le fait que les démons viennent des anges, les Juifs de la ville sainte [Jérusalem], celui qui a trahi Jésus du cercle des Apôtres, la corruption des chrétiens de la ville [Rome] où la foi s'était fait connaître au monde entier, et la perte des Églises de Wittenberg. Autrefois, Luther a appliqué ce raisonnement aux Romains.*

[476←] Was Luther gegen den Frankfurter Rat spie [Ein brieff an die zu Franckfort am Meyn], *ist der Gipfel der Unverschämtheit. Sein Schweigen hätte die von Bucer so lange mühevoll angebahnte und von vielen Gutwilligen ersehnte Konkordie unterstützt. Jetzt erfährt man, wie schwer eine Übereinkunft mit dem ist, der die Eintracht hasst und aller Welt beweisen will, dass er mit den [oberdeutschen] Häretikern nichts gemein hat. Je höflicher man Luther begegnet, desto schlimmere Furien reiten ihn. Es gilt, auf Gottes nahes Gericht zu warten, dann wird Luthers eitle Selbstdarstellung untergehen. Vom Ort der papistischen Niederlage geht nun eine Pest für die Gemeinden aus. So lehrt Gott, dem Niedrigen zu folgen. Für die Entstehung des Schlimmsten aus dem Besten gibt es viele Beispiele: das Paradies als Ursprung des Lebens und des Todes, die Herkunft der Dämonen aus den Engeln, der Juden aus der heiligen Stadt [Jerusalem], des Verräters Christi aus dem Kreis der Apostel, des Verderbens der Christen aus der für ihren Glauben einst berühmten Stadt [Rom] und des Untergangs der Gemeinden aus dem hochgelobten Wittenberg. Luther selbst hat diese [Logik] einst gegen die Römer benutzt.*

---

[1] Prediger an Hl. Kreuz in Augsburg. Vgl. Personenindex.

[2] Das vorliegende Brief-Fragment entstammt einer Sammlung von Musculus – Briefen (unter anderen auch an Martin Bucer), die Abraham Scultetus (1566–1624, Professor für Altes Testament in Heidelberg und Hofprediger des pfälzischen Kurfürsten Friedrich V.) aus Überlieferungsbeständen, die wir nicht mehr ermitteln konnten, abgeschrieben und zusammengestellt hat. Den Hinweis darauf verdanken wir Reinhard Bodenmann, Zürich. Zum vorliegenden Fragment ist vermerkt: „Ex autographo".

[3] Der Monat und die Jahreszahl fehlen. Der Januar 1533 ergibt sich aus den Sachzusammenhängen. Vgl. unten Anm. 5.

Impudentia Lutheri nihil videtur aliud meditari, quam ut seipsum subinde magis atque magis invalescendo vincat. Quid, quaeso, poterit insolentius fingi, quam quod ad Francofurtensem senatum nuper expuit[4]? Neque enim dubito quin legeris[5]. Hoccine scilicet silentio fovenda erat multis jam bonis
5 desiderata illa concordia, quam tu annos aliquot tanto labore tam fideliter parturis[6]? An non tandem experimur, quam sit arduum convenire cum eo, qui nostram concordiam angue peius odit [S. 409] quique universo cupit orbi testatum sibi cum nemine minus quam nobiscum, pessimis videlicet haereticis, esse concordiae? Quid, quaeso, cum hoc homine facies, quem quo magis
10 ames et colas, eo majoribus videas furiis agitari? Ego, mi Bucere, nihil puto nobis aliud agendum, quam ut cum summa patientia praestolemur aequam divini judicij lancem, quae procul dubio palam faciet propediem, utra pars christianae modestiae propius accesserit. Interibit aliquando, interibit vanissima hominis ostentatio, ὃς ἑαυτῷ οἷος πέπνυται, οἱ δὲ λοιποὶ πάντες
15 σκιαὶ ἀίσσουσι[7]. Dicis autem τοῦτο δὲ τὰς ἐκκλησίας ἀνατρέψει[8].

Scio et tecum summopere doleo maxime hinc oriri ecclesiarum pestem, unde papistarum calamitas effluxit hactenus. Verum nihil temere a Domino, tametsi a nobis subinde multa agantur imprudenter, ne quid dicam peius. Consideranda itaque sunt judicia Dei, quae nos vivo exemplo perdocent,
20 quae humilia sunt, sectantes[9] cum omni timore et sollicitudine in ecclesia Dei versari. Mihi non est mirum hinc nobis esse perniciem, unde salutem quodammodo primum hausimus, hinc turbari, unde primum refocillabamur, hinc oriri tenebras Christi ecclesiis, unde primum lux illa evangelica resplenduerat. Sic sunt rerum vicissitudines; neque debebat hoc adeo nobis esse
25 rarum, cum huius rei tam multa praecesserint exempla[10]. Vnde humano generi mortis initium? Vnde et vitae, nimirum ex paradiso[11]. Sic solent plerumque ex optimis nasci pessima. Ex angelis sunt daemones[12]. Vnde Iudeo-

---

[4] Luthers Schrift *Ein brieff an die zu Franckfort am Meyn*, Ende 1532 (WA 30/3, S. 554–571). Vgl. dazu unten Nr. 659, S. 133, Anm. 11.

[5] Auf Luthers Schrift (vgl. die vorausgehende Anm. 4) reagierte Bucer mit seinem *Bericht, was zu Frankfurt am Main geleret*, Januar 1533 (BDS 4, S. 465–506), und der *Epistola ad fratres frankfordienses*, Februar 1533 (ebd., S. 507–514). Auf dieser Grundlage publizierten die Frankfurter Prediger dann ihre *Entschuldigung der diener am Euangelio Jesu Christi zu(o) Franckfurt am Meyn*, 1. März 1533 (ebd., S. 307–319). Zum Zusammenhang der Schriften vgl. ebd., S. 465–468.

[6] Zu den Positionen im Abendmahlsstreit und Bucers Bemühungen um Ausgleich vgl. BCor 8, S. XX–XXXI.

[7] Der sich selbst allein Verstand zubilligt, alle anderen bewegen sich als Schatten. Vgl. Homer, Odyssee 10, 494.

[8] Das wird die Gemeinden erbauen. Vgl. Eph 4, 16.

[9] Vgl. Röm 12, 16.

[10] Zu den folgenden Beispielen vgl. Luther, *Warum des Papstes und seiner Jünger Bücher von D. Martin Luther verbrannt sind*, 1520 (WA 7, S. 178, Z. 13 – S. 179, Z. 16).

[11] Vgl. Gen 2, 17.

[12] Zu der bereits frühjüdischen Vorstellung vom Engelfall im Anschluss an Gen 6, 4 vgl. LOSEKAM, SÜNDE DER ENGEL.

rum [S. 410] major pestis? Ex civitate sancta. Vnde Christi traditio? Non ex ordine publicanorum, sed apostolico[13]. Vnde christianorum pernicies hactenus? Ex ea urbe, cuius aliquando fides toti orbi innotuerat[14]. Ad eum omnino modum videmus hodie ecclesiis Christi nasci exitium, nisi Dominus averterit: non ex obscuro quodam loco, sed ex praeclara et nominatissima illa Wittenberga. Contra Romanos, nisi fallor, Lutherus ipse aliquando huiusmodi quidpiam scripsit[15], ignarus tum, quid de se statueret divina sententia.

E Scultetus, Annalium, S. 408–410; ders., Bericht, S. 312f. — C Hardt, Historia literaria Reformationis, S. 186f.

[13] Jesus wurde durch den Jünger Judas verraten. Vgl. Mt 26, 14f.
[14] Rom. Vgl. Röm 1, 8.
[15] Vgl. oben S. 130, Anm. 10.

659.
Martin Bucer an Margarethe Blarer[1]
Straßburg, 10. Februar [1533][2]

*[649←] [1] Les remerciements pour sa dernière lettre encouragent Bucer à écrire plus souvent. Avant son retour, le frère de Marguerite [Thomas] devrait encore se rendre à Kempten, où le diable suscite la discorde. [2] Dans son virulent écrit contre les prédicateurs de Francfort [*Ein brieff an die zu Franckfort am Meyn*], Luther ne veut pas reconnaître d'unité avec ces derniers, bien qu'ils enseignent que le corps du Christ est vraiment présent dans le sacrement. Pour Bucer, il n'y a pas, chez eux, de contradiction avec la compréhension, par Luther, d'une manducation du Christ corporelle et par la bouche. Que Marguerite et son Église prient pour la paix. [3] Bucer a rédigé un mémoire pour ceux de Kempten, [Ambroise Blaurer] en a reçu une copie ; Bucer redoute que la discorde [sur la Cène] n'éclate ailleurs qu'à Kempten, mais se réconforte de n'avoir recherché que la vérité et la paix. [4] Que Dieu guide [Ambroise Blaurer dans sa quête d'une épouse]. Si Bucer était célibataire, il ne désirerait rien de plus élevé que ce que Dieu a donné à sa correspondante[, qui est célibataire]. Pour les pieux, le célibat est, comme le mariage, une vocation. [5] Le*

[1] Freundin Bucers in Konstanz. Vgl. Personenindex.
[2] Die Jahreszahl fehlt. Das Jahr 1533 ergibt sich aus den Sachzusammenhängen. Vgl. unten Anm. 5, 8, 22, 24, 26f.

5 février, [Élisabeth] Bucer a donné naissance à une fille [Irène]. [P.S.] Conrad [Hubert] a besoin de réconfort, car son maître ne lui donne pas congé [pour qu'il puisse accepter un poste à Deux-Ponts]. [→679]

[649←] [1] Der Dank für Bucers letztes Schreiben ermuntert ihn zu weiteren Briefen. Margarethes Bruder [Ambrosius Blarer] sollte vor seiner Heimkehr noch Kempten besuchen, wo der Teufel Trennungen verursacht. [2] Luther erkennt in seiner Schrift gegen die Frankfurter Prediger [Ein brieff an die zu Franckfort am Meyn] *keine Einigkeit mit ihnen, obwohl sie die wahre Gegenwart des Leibes Christi im Sakrament lehren. Bucer indes sieht bei ihnen keinen Widerspruch zu Luthers Verständnis eines leiblichen und mündlichen Essens Christi. Die Adressatin soll um Frieden beten. [3] Bucer erstellte ein Gutachten für die Kemptener, eine Abschrift erhielt [Ambrosius Blarer]. [4] Ihn soll Gott [bei seiner Suche nach einer Ehefrau] führen. Wäre Bucer ledig, würde er nichts Höheres begehren als das, was Gott der [unverheirateten] Adressatin gab. Ehe wie Ehelosigkeit sind beide Berufungen. [5] Bucers Frau [Elisabeth] gebar am 5. Februar eine Tochter [Irene]. [P.S.] Sein [Assistent] Konrad [Hubert] braucht Trost, da ihn sein Herr nicht [für eine Stelle in Zweibrücken] freigibt. [→679]*

³Die gnad Gottes vnd alles gu(o)ts zuvor, liebe christliche[a] schwester!
[1] Wenn ich mit eynem brieflin so fil danckens kan verdienen, wie solte ich nit öffter schreyben![4] Ich danck euch herwider, das yr meyn schreyben[5] so zu danck annemen. Wie gern wolte ich aber, das es Gott gebe, das vnser bru(o)der[6] noch eyn zeyt auß seyn mu(o)ste, aber zu [7]Kempten[8]. Es su(o)cht doch der teuffel alles herfur, das er ie kende, das die kirchen Gottes weyters getrennet werden oder doch, wie sye getrennet sind, bleyben[9].
[2] [10]D[oktor] Luther hat zumal eyn scharff bu(o)chlin wider die prediger zu Franckfort geschriben, wille kein eynigkeyt zwischen yhm[b] vnd ynen erc-

---

[a] *zuerst* christlicher. – [b] *zuerst* ihm.

[3] *Konrad Hubert:* ⸢10 februarij 1533⸣.
[4] Das hier vorausgesetzte Schreiben der Adressatin an Bucer konnte nicht ermittelt werden.
[5] Das letzte von uns ermittelte Schreiben Bucers an die Adressatin datiert vom 4. Januar 1533 (vgl. oben Nr. 649, S. 93–95).
[6] Ambrosius Blarer, Prediger an St. Stephan in Konstanz, derzeit in Lindau. Vgl. Personenindex.
[7] *Konrad Hubert:* ⸢Kempten⸣.
[8] Nach seinem Wirken in Isny (seit dem 14. September 1532) hielt sich Ambrosius Blarer mindestens seit dem 10. Februar 1533 in Lindau auf. Vgl. sein Schreiben an den Memminger Rat von diesem Tag (Blaurer Bw. 1, Nr. 322, S. 383f.). Der früheste Beleg für seine Heimkehr nach Konstanz ist sein Brief an Heinrich Bullinger vom 22. März (ebd., Nr. 326, S. 387f.; Bullinger Bw. 3, Nr. 200, S. 87–89).
[9] Zum Streit der Kemptener Prediger vgl. oben Nr. 646, S. 77, Anm. 11, sowie das Gutachten Bucers und seiner Kollegen (oben Nr. 647, S. 78–86).
[10] *Konrad Hubert:* ⸢D. Lutherus scharff buchlin wider die prediger zu Franckfurt. 1533⸣.

kennen[11], wenn sy schon[12] leren, das der leyb Christi warhafftig ym sacrament sye[13]. Ach des iamers! Nu(o)n weyß ich doch, das der mann Gott su(o)chet[14] vnd diß seyn leyplich vnd mundtlich essen Christi so versteht, das es der worheyt nichs abbrichet vnd vnserer weyse zu reden dovon nit zuwider ist vnd vnser rede auch nit seyner meynung[15]. Noch[16] machet der leydig [17]zanck[c] durch etliche orendüttler[18], das der man die wu(o)nden, die wyr ymer [S. 288] zubinden, eyns vbers ander wider vffreysset[d]. Wie sollens heylen? Bitten Gott trewlich yn ewer kirchen, daß er vnß doch gebe eyn geyst des fridens, nit ym fleysch, nit yn yrthumb, yn ym, yn der worheyt!

[3] Wyr haben denen von [19]Kempten vff yr begere an vnseren rath eyn ratschlag gemachet[20]. Will Gott nit meer gnaden geben dann zu Franckfort, so sollen wyr wol nit alleyn zu Kempten, sonder an fil andren orten ein newes feur anzunden. Doch tröst ich mich, das wyr nichs dann Gott vnd die warheyt angesehen vnd christlichen friden zum hochsten gesu(o)chet haben,

---

[c] *gestrichen* v[nd]. – [d] *anstatt* vffgerissen werden.

[11] Luthers Schrift *Ein brieff an die zu Franckfort am Meyn*, Ende 1532 (WA 30/3, S. 554–571). Nach der Entlassung des lutherischen Predigers Johannes Cellarius soll die Schrift Luthers Position für den Fall klarstellen, dass „etliche bey euch auff dem wahn stunden, als weren ewr prediger mit uns eines und lereten gleicher weise vom heiligen Sacrament, das sie hieraus wissen, wie wir gar nichts eines sind [...]" (ebd., S. 558, Z. 29–31). Zu den näheren Umständen vgl. BDS 4, S. 465–468; JAHNS, FRANKFURT, S. 221–228. Zur Reaktion Bucers auf Luthers Schrift vgl. oben Nr. 658, S. 130, Anm. 5.
[12] Auch wenn sie.
[13] Luther kritisiert: „Die heimliche glose aber und verstand ist der, Das der warhafftige leib und blut Christi sey wol gegenwertig im Sacrament, Aber doch nur geistlich und nicht leiblich, wird auch allein im hertzen mit dem glauben empfangen und nicht leiblich mit dem munde, welcher empfehet eitel brod und wein, wie vorhin." (WA 30/3, S. 559, Z. 10–14). Zu Bucers Rede von der wahren Gegenwart Christi im Mahl vgl. die *Confessio Tetrapolitana*, Art. 20: „verum suum corpus verumque sanguinem suum vere edendum et bibendum in cibum potumque animarum et vitę eternę dare" (BDS 3, S. 123, Z. 30–33) und deren *Apologie*, Art. 18: „also leret man bei unß, [...] der Herr gebe und schencke auch unß seinen waren, einigen, natürlichen leib [...] zu einer waren, rechten, wesentlichen speiß, aber, wie unser bekantnuß hat, nit des bauchs, sonder der seelen" (ebd., S. 279, Z. 13–17).
[14] Zu Bucers Einschätzung von Luthers Verhalten im Abendmahlsstreit vgl. BCor 8, S. XXIIIf.
[15] Bucer hatte insbesondere in Luthers Schrift *Vom Abendmahl Christi. Bekenntnis*, 1528 (WA 26, S. 262–509) dessen Unterscheidung zwischen einem mündlichen Verzehr von Nahrungsmitteln und der *manducatio oralis* sowie zwischen einer räumlichen Gegenwart und Christi *praesentia corporalis* (ebd., S. 327, Z. 16 – S. 329, Z. 7; S. 442, Z. 33–37) als Wahrung zwinglianischer und oberdeutscher Anliegen interpretiert. Vgl. dazu seine *Vergleichung D. Luthers und seins gegentheyls vom Abentmal Christi*, 1528 (BDS 2, S. 295–383; BUCER BIBLIOGRAPHIE, Nr. 33, S. 53); vgl. auch BCor 8, S. XXVII–XXXI. Zu Bucers Auffassung, beim Abendmahlsstreit handle es sich nur um einen Streit um Worte, vgl. FRIEDRICH, STREIT UM WORTE.
[16] Dennoch.
[17] *Konrad Hubert*: <Nota<.
[18] Wohl Ohrenbläser, Verleumder.
[19] *Konrad Hubert*: <Kempter handel vom Sacrament. Rahtschlag<.
[20] Vgl. oben S. 132, Anm. 9.

das vnß dieselbige schrifft by allen verstendigen christen zeugnüß geben solle. Eyn abschrifft hab ich ewerem bru(o)der zugeschicket[21].

[4] Bittet Gott, das er seyner armen, betruebten, schwachenn vnd[e] yn alle weg vbel angefochtenen kirchen gebe, yn yhm frid zu bekomen! Der sy mit euch [S. 289], den eweren allen, den new außgelesnen vnd wartenden vnseren lieben bru(o)der, den Gott yn dem vnd allem leyte vnd fiere noch seynem gefallen, alß ich des gu(o)ter hoffnung byn. Alß vnser dienst ist vnd ich ledig were, sag ich frey: Hohers begerete ich nit, dann das euch Gott geben. Gott solle aber seynen heyligen ehstandt auch mit solchen leuten zieren alß v[nser] bru(o)der ist[22]. Diß sind sachen, do ieder sich selb vor Got ansehen mu(o)ß. Darumb wer gotsforchtig ⸨ist vnd⸩ hyneyn ↓komen↓ oder heraussen bleyben will, den halt ich alßo von Gott beru(o)ffen seyn. Gluck zu(o) vnd creutz vnd was die stende Gottes vff yn haben! Dem Herren sye lob!

[5] Meyn haußfraw[23] ist verganges mitwochs eyner tochter[24] genesen vnd hat vnß der Herr gnedig gehalten. Bitten Gott, das iung vnd alt ym zu lob lebe vnd vffzogen werde!

Datum Arg[entorati], 10. Februarij.

Der ewer ym Herren M[artinus] Bucer.

[25]Meynen Chunradt[26] trösten: Seyn herr will yn nicht ledig lossen[27], des er sich hoch bekumeret.

---

[e] *gestrichen* doch.

[21] Die Überlieferung des Gutachtens erlaubt keinen direkten Bezug auf Ambrosius Blarer. Neben einer in Straßburg (StA, AST 172, Varia ecclesiastica VII, Nr. 6, fol. 154r – 195v) befindlichen, von Konrad Hubert bearbeiteten Abschrift des nach Kempten gesandten Gutachtens existiert eine zweite Fassung des Dokuments, die aus dem Esslinger Stadt- und Spitalarchiv stammt und sich heute in Ludwigsburg befindet (SA, B 169 Bü 137, Quadrangel 69 und Vorsatzbogen, fol. 72r – 73v). Vgl. BDS 8, S. 65f.
[22] Ambrosius Blarer war zu dieser Zeit auf der Suche nach einer geeigneten Ehefrau. Nach mehreren Fehlschlägen heiratete er im August 1533 die ihm von seiner Schwester Margarethe empfohlene Katharina Ryf von Blidegg. Vgl. seinen Brief an Johann Machtolf vom 22. August (Blaurer Bw. 1, Nr. 354, S. 415f.); vgl. dazu unten Nr. 709, S. 296, Z. 1–14; PRESSEL, BLAURER, S. 295–303.
[23] Elisabeth Bucer. Vgl. Personenindex.
[24] Irene Bucer, geboren am 5. Februar 1533. Vgl. Personenindex. Sie starb bereits am Samstag, dem 2. August, nach einwöchiger Krankheit. Vgl. Bucer an Margarethe Blarer vom 8. August 1533 (Blaurer Bw. 2, Anhang, Nr. 20, S. 800).
[25] *Konrad Hubert*: ⸨De me⸩.
[26] Konrad Hubert, Freund und Helfer Bucers. Vgl. Personenindex. Auf der Suche nach einem geeigneten Mitstreiter hatte der Zweibrückener Geistliche Johannes Schwebel Huberts Rückkehr betrieben und damit offenbar zunächst Erfolg gehabt (vgl. unten Nr. 670, S. 180, Z. 1–12); vgl. dazu Capito an Johannes Schwebel vom 22. März 1533 (Centuria Schwebel, Nr. 56, S. 173f.; MILLET, CORRESPONDANCE CAPITON, Nr. 505, S. 168).
[27] Konrad Hubert war leibeigen. Vgl. dazu Bucer an Margarethe Blarer vom 19. August 1531 (BCor 6, Nr. 448, S. 62, Z. 6) und an Johannes Schwebel, bald nach dem 22. März 1533 (unten Nr. 670, S. 180, Z. 1–3).

Adresse [S. 290]: Der christlichen iungfrawen Margredten Blaureryn, meyner besonders lieben schwe[ster] ym He[rrn].

O AST 151 (Ep. Buc. I), Nr. 74, S. 287–290. — C Zürich ZB, S 33, 35; TB VI, S. 26. — R/P Blaurer Bw. 2, Anhang, Nr. 14, S. 797.

660.
Martin Bucer an Martin Frecht[1]
Straßburg, 12. Februar 1533

*[646←] [1] C'est un aubergiste, et non pas le messager, qui a apporté la lettre et l'argent de [Jérôme Guntius]. [2] Dans son livre contre les prédicateurs de Francfort [*Ein brieff an die zu Franckfort am Meyn*], Luther est aussi mordant et même plus grossier que jamais. Il faut accepter ces offenses par respect pour la foi et le succès avec lesquels il a prêché le Christ, aussi longtemps qu'on ne fait pas de mal à la vérité du Christ, à laquelle Bucer n'a pas fait de concession. Bucer ne sait pas s'il doit écrire contre Luther, car il veut édifier et non pas détruire. Contredire Luther ne fait que provoquer de nouvelles tragédies dans les Églises, sans parler des troubles parmi les princes et les villes [évangéliques] ; Luther userait à nouveau de son influence contre les efforts de concorde, et Bucer parviendrait à moins de résultats par ses écrits, comme son commentaire de Paul, qui vient de paraître. Surtout, cette querelle amoindrit notre autorité et réjouit tous les ennemis de l'Évangile et les hérétiques. Bucer écrit des dialogues sur l'unité de l'Église ; il s'y exprimera aussi sur la Cène. [3] Certes, Luther parle de recevoir le corps du Christ avec la main, la bouche et le ventre, mais, comme il l'écrivait déjà auparavant, tout ce qui a lieu avec le pain se fonde sur une union sacramentelle. Nous disons que le Christ est reçu dans la foi ou par l'âme, ce que Luther comprend comme une simple exhortation à croire, dans laquelle on ne recevrait ni le corps ni le sang du Christ, refusant de croire que nous sommes en accord avec lui. Comme Luther l'écrit à juste titre, il y a des gens pour qui dans la Cène on atteste son appartenance au Christ et l'on ne reçoit rien ; mais ces gens ne comprennent pas que recevoir le corps du Christ est autre chose que de croire en Christ, le Sauveur. Dans les paroles [d'institution] de la Cène, Bucer a toujours vu plus que cela. Il suit l'interprétation des Pères, pour qui le Christ offre son corps et son sang partout dans l'Évangile, mais, dans la Cène, ils sont liés aux signes pour accomplir la communion avec le Christ ; par ces signes, nous sommes ses vrais membres, dans lesquels sa vie – et non pas la nôtre – a puissance, ainsi qu'il nous le dit en Jean 6. Par contre, les Luthériens comprennent cette réception comme une manducation du*

---

[1] Lektor in Ulm. Vgl. Personenindex.

corps du Christ au sens propre, sans l'interpréter. Ils ne l'expliquent pas, mais la comprennent comme une manducation sacramentelle dans la foi. Ce faisant, ils disent la même chose que nous, mais pas de manière explicite. Pour les deux partis, le corps du Christ est mangé avec les signes [extérieurs], et, entre le corps et les signes, il y a seulement une unité sacramentelle. Les Luthériens l'expliquent autrement que les Pères, mais ils reconnaissent que manger le corps et boire le sang du Christ se produit par le fait que la foi est fortifiée. Toutefois, au contraire de nous, ils affirment que, dans la Cène, les impies reçoivent la même chose que les pieux. Il semble que, ainsi, on conçoit la présence du Christ de manière seulement sacramentelle – et non pas véritable et réelle : en effet, [dans le cas des impies,] la communion au corps du Christ, lorsque ce dernier est présent, doit nécessairement faire défaut. Mais comme les Luthériens n'affirment pas que le Christ apporte le Salut aux incroyants, il est inutile de se quereller à ce sujet. Certains Luthériens excitent Luther ; que le Seigneur nous apporte la paix. [4] Que Frecht et Conrad [Sam] disent, si, dans cette affaire, Bucer doit ou non publier quelque chose. De son côté, Bucer est prêt à tout supporter pour vaincre les obstacles. De même, les autres [villes d'Allemagne du Sud] doivent tout d'abord s'entendre au sujet d'une réaction [à l'écrit de Luther]. Sans doute ce livre de Luther a-t-il été publié à Nuremberg. Que Frecht et Sam transmettent à Musculus les documents [que Bucer joint], pour les donner à Augsbourg ; auparavant, on en fera une copie pour [Ambroise] Blaurer à Constance, afin que, en retour, Bucer en reçoive de nombreux échos. Cette affaire recèle des dangers pour les alliances [militaires] et pour [la diffusion de] l'Évangile. Il faut tenir Luther pour un père bon et digne de vénération, qui, le premier et avec le plus de force, a exprimé le fait que la foi en Christ justifiait, mais qui se met aussi en colère et qui, de la sorte, prend des décisions nuisibles à ses enfants ; priez le Seigneur que jamais nous ne trahissions la vérité. Bucer envoie deux apologies, destinées aux Zurichois et à d'autres destinataires suisses ; seuls Frecht et Sam doivent les lire, et les envoyer à [Ambroise] Blaurer par un messager sûr ; Blaurer les retournera à Bucer ou, par un messager sûr, les transmettra à [Wolfgang] Musculus. À Augsbourg, ce dernier ne les dévoilera qu'à Sébastien [Maier]. Les Zurichois ne doivent pas l'apprendre d'eux, sans quoi ils penseront que Bucer veut se moquer d'eux avec des apologies qu'il ne leur a pas adressées ; Bucer commencera par discuter personnellement avec eux. En fait, il voulait inclure [dans ses écrits] les [Allemands du Sud] seulement après les Zurichois, mais [l'écrit] de Luther l'a contraint à cette initiative, d'autant plus qu'il avait sous la main un messager digne de confiance. [→663]

[646←] [1] Ein Wirt, nicht der Bote brachte [Hieronymus] Guntius' Brief und Geld. [2] Luther ist in seinem Buch gegen die Frankfurter Prediger [Ein brieff an die zu Franckfort am Meyn] *bissig wie immer, ja gröber als zuvor. Aus Respekt vor seinem großen Glauben und Predigterfolg sind seine Beleidigungen hinzunehmen, solange nicht Christi Wahrheit verletzt wird, bei der Bucer keine Zugeständnisse machte. Bucer ist unschlüssig, ob er gegen Luther schreiben soll, denn er will aufbauen und nicht zerstören. Widerspruch führt bei Luther aber nur zu einer neuen Tragödie für die Gemeinden, ganz zu schweigen von der Unruhe unter den [protestantischen] Fürsten und Städten. Luther würde*

seinen Einfluss gegen die Verständigungsbemühungen erneut geltend machen, und Bucer könnte dann mit seinen Werken, etwa der gerade entstehenden Paulus-Auslegung, weitaus weniger bewirken. Vor allem aber mindert ein solcher Streit die Autorität aller Beteiligten und bietet den Feinden des Evangeliums und den Häretikern ein willkommenes Schauspiel. Bucer schreibt an Dialogen über die Einheit der Kirche; dort wird er sich auch zum Abendmahl äußern. [3] Luther spricht zwar vom Empfang des Leibes Christi mit Hand, Mund und Magen, aber wie er früher schrieb, basiert alles, was mit dem Brot geschieht, auf einer sakramental gedachten Einheit. Die [Schweizer und Oberdeutschen] sagen, Christus werde im Glauben oder von der Seele empfangen. Luther versteht dies als eine bloße Ermahnung zum Glauben, bei der Leib und Blut Christi nicht empfangen würden, und sieht deshalb einen Dissens. In der Tat gibt es, wie Luther sagt, Menschen, für die im Abendmahl nur wechselseitig die Zugehörigkeit zu Christus bezeugt und nichts empfangen wird. Sie verkennen aber, dass der Empfang des Leibes Christi noch etwas anderes ist als der Glaube an Christus, den Erlöser. Bucer sah in den Abendmahlsworten stets mehr. Er folgt den Vätern, nach denen Christus seinen Leib und sein Blut überall im Evangelium darbietet, im Abendmahl aber verbunden mit den Zeichen zur Vollendung der Gemeinschaft mit Christus, durch die wir seine wahren Glieder sind, in denen sein und nicht unser Leben Kraft hat, wie er dies in Joh 6 sagt. Die Lutheraner verstehen im Unterschied [zu den Oberdeutschen] und über die Väter hinaus den Empfang als ein Essen des Leibes Christi im eigentlichen Sinne, ohne es zu entfalten. Sie erklären dies nicht, verstehen es aber als ein sakramentales Essen im Glauben. Damit sagen sie dasselbe [wie die Oberdeutschen], nur nicht explizit. Für beide Seiten wird der Leib Christi mit den Zeichen gegessen und zwischen Leib und Zeichen besteht nur eine sakramentale Einheit. Die Lutheraner erklären dies anders als die Väter, erkennen aber, dass Essen und Trinken des Leibes und Blutes Christi durch die Bestärkung des Glaubens geschieht. Allerdings behaupten sie im Unterschied [zu den Oberdeutschen], den Gottlosen werde im Mahl soviel wie den Frommen gegeben. Es scheint, als ob damit Christi Gegenwart nur sakramental, aber nicht wahr und real gedacht wird, da die Gemeinschaft des Fleisches Christi [im Falle der Gottlosen] bei dieser Gegenwart ja offensichtlich fehlen kann und erst zu ihr hinzutritt. Weil die Lutheraner aber nicht behaupten, dass Christus den Ungläubigen das Heil bringe, ist der Streit darüber unnötig. Umso mehr quält er Bucer. Es gibt allerdings Lutheraner, die Luther aufstacheln. [4] Frecht und Konrad [Sam] sollen sich äußern, ob und gegebenenfalls wie etwas in dieser Angelegenheit zu publizieren sei. Bucer selbst will alles dulden, um den Stein des Anstoßes zu beseitigen. Auch die anderen [Oberdeutschen], etwa in Ulm, Augsburg, Konstanz und Memmingen, sollen mögliche Reaktionen [auf Luthers Publikation] zuvor abstimmen. Das [Ulmer?] Exemplar von Luthers Schrift dürfte in Nürnberg gedruckt worden sein. Frecht und Sam sollen die [mitgeschickten] Dokumente [Wolfgang] Musculus für die Augsburger aushändigen, eine zuvor anzufertigende Kopie soll zeitnah nach Konstanz zu [Ambrosius] Blarer gehen, damit Bucer möglichst viele Meinungen erreichen. Die Angelegenheit birgt Gefahren im Blick auf die Bündnisse und [die Verbreitung des] Evangeliums. Luther ist wie ein guter und verehrungswürdiger Vater zu sehen, der als erster und kräftiger als andere aussprach, dass der Glaube gerecht macht, der aber auch wütet und so für seine Kinder schädliche Entscheidungen trifft. Bucer sendet zwei für die Züricher und andere Schweizer bestimmte Apologien. Nur Frecht und Sam sollen sie lesen und dann mit einem zuverlässigen Boten an [Ambrosius] Blarer schicken. Blarer soll sie entweder an Bucer zurücksenden oder mit einem vertrauenswürdigen Boten an [Wolfgang] Musculus weiterleiten. Dieser soll nur Sebastian [Maier] einweihen. Keinesfalls sollen die Züricher von ihnen erfahren, sonst meinen sie, Bucer wolle sie mit ihnen nicht gesandten Apologien bloßstellen; er will aber erst persönlich mit ihnen reden. Eigentlich wollte er die anderen [Oberdeutschen] erst nach den Zürichern einbeziehen, doch Luthers [Publikation] zwang ihn zu diesem Vorgehen, zumal ein zuverlässiger Bote bereitstand. [→663]

[2]Salue, mi Martine!

[1] Literas[3] et pecuniam Guntij[4] tandem accepimus, sed non per eum qui attulerat[5], sed per cauponem, ad quem is diuerterat[6] et postquam rursus abierat, ut per eum rescribere non licuerit.

[2] [7]Lutherus mire mordacem, ut omnia, librum scripsit contra concionatores Franckford[ienses][8] adeoque omnes nos, qui dissidium illud pernicioss[issimum] circa eucharistiam sopitum vellemus, iamque multo crassius loquitur et loqui exigit quam antea vnquam. Quid faciundum? [9]Postquam Christum praedicat tanta fide adeoque maiore quam alius quisquam successu[a] [10], equidem non possum non agnoscere debere nos illi summam charitatem et reuerentiam eoque tollerantiam quoque omnium iniuriarum et dissimulationem peccatorum illesa tamen semper veritate Christj[11]. Jam huius nihil concessimus vel Luthero vel alijs hactenus, gratia Christo, vel in nostris ecclesijs docendo vel scribendo.

---

[a] *O* suceßu.

[2] *Konrad Hubert*: ⌜1533. 12. februr.⌝; ᵛ1533. De eucharistico negocio d[ominis] Frechto et Somio Vlmę vtilissimum scriptumᵛ.

[3] Ein entsprechendes Schreiben konnte nicht ermittelt werden.

[4] Hieronymus Guntius, Inhaber einer Schulstelle in Biberach. Vgl. Personenindex. Es handelt sich wohl um den noch ausstehenden Kaufpreis für einige Bücher. Vgl. Martin Frecht an Bucer vom 29. Dezember 1532 (oben Nr. 646, S. 76, Z. 5 – S. 77, Z. 2).

[5] Martin Frecht berichtete in seinem Brief vom 29. Dezember 1532, dass Guntius das Geld dem Buchhändler Gallus aus Straßburg, also wohl dem aus Frankreich stammenden Johannes Vernier, anvertraute (ebd., S. 76, Z. 5f.).

[6] Der Wirt konnte nicht ermittelt werden.

[7] *Konrad Hubert*: ⌜Luth[erus] contra Frankfor[dienses] concionatores, crassius quam unquam de eucha[ristia]⌝.

[8] Luthers Schrift *Ein brieff an die zu Franckfort am Meyn*, Ende 1532 (WA 30/3, S. 554–571). Vgl. zu ihr oben Nr. 659, S. 133, Anm. 11.

[9] *Konrad Hubert*: ⌜Nota⌝.

[10] Auf Luthers Verkündigungserfolg verweist Bucer häufiger. Vgl. z.B. seinen Brief an Heinrich Bullinger von Ende August 1532 (BCor 8, Nr. 626, S. 319, Z. 5f.).

[11] Vgl. Heinrich Bullinger an Bucer vom 12. Juli 1532 (ebd., Nr. 610, S. 217, Z. 3).

Verum an nominatim contra Lutherum iam, vt conueniat, propter verba[12] pacem ecclesiarum adeo turbantem scribendum nunc sit necne et orbi ostendendum, quo pacto conueniat, hęreo. Prodesse enim, non obesse debemus, aedificare, non destruere[13]. Jam, vt intollerans est Lutherus omnis contradictionis, ab eo quidem, si tale quid faciam, nihil omnino expectare possum, quam vt ecclesias vndique noua tragedia concutiat[14]. De perturbatione principum et r[erum] pub[licarum], qui nunc vtcunque cohęrent, nihil dico. Deinde, qua est passim authoritate, studium nostrum de concordia et omni nostro euangelio mire fętere[15] rursus faciet. [16]Scribo nunc tandem in Paulum[17], in quo opere fauente Christo spero, si per me vnquam, nunc aliquid tamen, vtcunque minutum sit, ecclesię commodandum, quantum quidem ad christianismj synceritatem attinet. Sic jam hic aut alius labor meus commodare multo minus poterit, si iterum antagonista Luthero sum factus. Sed facilis hęc jactura. Id maxime me deterret: Dum ita delitigemus et nos illius et ille nostram authoritatem deijcit, hostes euangelij communes in nos accendemus, hereticis gratum et commodum spectaculum praebemus, nos tepidos[18] in vita Christo digna et contentiosos amarosque reddimus. [19]Dialogos cępi, in quibus ↓diu et↓ sępe jam cogitatam materiam de vnitate ecclesię tractare statuj[20]. Ibi erit occasio et de concordia eucharistię disserendi, ubi, puto, quod nostrum sit, satis pertractarj posse; et vtinam vel illud non reaccendet furentis digladiationum ignem!

[3] Mihj dubium non est, utcunque Lutherus exigat dicj manu et ore ac [21]stomacho accipj corpus Dominj[22], non tamen sentire aliud, quam antea scripsit, quod ista, quę pani proprie fiunt, corpori Dominj tribuantur propter

---

[12] Nach Bucers Einschätzung handelte es sich bei der innerprotestantischen Abendmahlskontroverse ohnehin nur um einen Streit um Worte. Vgl. dazu FRIEDRICH, STREIT UM WORTE.
[13] Vgl. Mt 26, 61.
[14] Vgl. Marcus Tullius Cicero, Pro Milone, par. 17.
[15] Stinken.
[16] *Konrad Hubert*: <Scribit Bucerus in Paulum<.
[17] Es handelt sich wohl um Vorarbeiten zu Bucers in Straßburg gedruckten *Metaphrases et enarrationes perpetuae epistolarum D. Pauli Apostoli*, 1536 (vgl. BUCER BIBLIOGRAPHIE, Nr. 76, S. 74f.; VD 16, B 8899).
[18] Vgl. Apk 3, 16.
[19] *Konrad Hubert*: <Dialogi Buceri de veritate ecclesię August[ae] impressi.<.
[20] Wohl gegen Konrad Huberts Meinung nicht Bucers *Dialogi oder Gespresch von der gemainsame und den Kirchenübungen der Christen*, Mai 1535 (BDS 6/2, S. 39–188), sondern seine *Furbereytung zum Concilio*, August/September 1533 (BDS 5, S. 259–360), insbesondere Kapitel 8: „Wie man zu Christlicher einigkeit kommen mo(e)chte" (ebd., S. 355–360). Zur Begründung vgl. BDS 4, S. 264, Anm. 21. Frecht und Sam geben diese Information an Ambrosius Blarer weiter. Vgl. ihr Schreiben vom 20. Februar 1533 (Blaurer Bw. 1, Nr. 323, S. 384).
[21] *Konrad Hubert*: <Sumitur manu, ore et stomacho<.
[22] Luther vertrat eine leibliche, aber keine sensuelle Gegenwart Christi im Abendmahl. Zu dieser meist unter dem Stichwort *praesentia oralis* geführten Diskussion vgl. BCor 8, S. XXXf.; Luthers Schrift *Ein brieff an die zu Franckfort am Meyn*, Ende 1532 (WA 30/3, S. 559, Z. 13; S. 561, Z. 21f.).

sacramentalem vnionem[23]. Verum dum persuasit sibj, quando nos dicimus, quod mente vel ab anima percipiatur fide, [S. 292] nos nihil sentire hic aliud fierj quam admonerj nos, vt credamus in Christum, quod pro nobis mortuus sit, et non agnoscere, quod hic peculiaris oblatio, donatio, presentatio et exhibitio fiat nobis corporis et sanguinis Dominj, ita vt verba Dominj abunde testantur, non vult nos concordes sibi dicj.

[24]Sunt quidem, qui ita, vt vere scribit, cęnam tantum hac caussa institutam putent, ut in ea in memoriam Christj panem et vinum in commune sumamus, signa corporis et sanguinis Dominj[25], magis adeo vt testemur nos inuicem Christj et fratres esse, quam vt hic aliquid recipiamus[26]. Nec aliud esse corpus Dominj percipere vel edere agnoscunt, quam credere in eum ut seruatorem nostrum. [27]Ista autem mihj satis nunquam fuere[28]. Semper plus

---

[23] Diese Wendung begegnet in Luthers Schrift *Vom Abendmahl Christi. Bekenntnis*, 1528 (WA 26, S. 241–509). Dort hebt er die Gegenwart Christi von einer alltäglichen Sinneswahrnehmung ab (ebd., S. 442, Z. 33–37), weist zurück, dass die Einheit von Abendmahlselementen und Leib Christi der Natur nach oder personal bestehe und behauptet im Unterschied dazu eine „sacramentliche Einickeit" (ebd., S. 442, Z. 24; S. 445, Z. 8f.), die nicht durch die „Logica", sondern durch die „Grammatica" als Sprachgeschehen konstituiert wird (ebd., S. 443, Z. 8–34). Bucer sah darin eine neue Grundlage für eine Verständigung zwischen Lutheranern und Zwinglianern und verstärkte seine Einigungsbemühungen. Vgl. seinen Brief an Guillaume Farel vom 15. April 1528 (BCor 3, Nr. 187, S. 126, Z. 10–13), seine Interpretation in der *Vergleichung D. Luthers vnnd seins gegentheyls*, Juni 1528 (BDS 2, S. 295–383), die Schilderung seines Gespräches mit Luther auf der Veste Coburg im Brief an Jakob Sturm und Mathis Pfarrer vom 30. September 1530 (BCor 5, Nr. 342, S. 3, Z. 4–7), seinen Brief an Johannes Schwebel vom 9. November 1530 (ebd., Nr. 357, S. 91, Z. 8–11) und seine Konkordienschrift von Ende Dezember 1530 (ebd., Nr. 368, S. 131–145). Vgl. auch den aktuellen Brief *Ad fratres francofordienses*, 22. Februar 1533 (BDS 4, S. 509, Z. 14–24).

[24] *Konrad Hubert*: ⁽Anabaptistarum opinio est, non nostra⁾.

[25] Luther wandte sich vor allem gegen Andreas Bodenstein von Karlstadt. Vgl. seine Schriften *Von Anbeten des Sakraments*, 1523 (WA 11, S. 437, Z. 27 – S. 441, Z. 17), und *Wider die himmlischen Propheten*, 1525 (WA 18, S. 166, Z. 29 – S. 168, Z. 24).

[26] Huldrych Zwingli sah einen Gegensatz zwischen seinem Verständnis der κοινωνία τοῦ αἵματος τοῦ Χριστοῦ (I Kor 10, 16) als einer brüderlichen Gemeinschaft (*communio*) der Christen untereinander und der Wittenberger Interpretation dieser Stelle als eines Empfangs (*communicatio*) des Blutes Christi. Vgl. etwa Zwinglis *Responsio ad epistolam Ioannis Bugenhagii*, 23. Oktober 1525 (Z 4, S. 568, Z. 18 – S. 570, Z. 10). Auf dieser Linie hatte der Zwingli verpflichtete Bonifatius Wolfhart in Augsburg gegen die lutherische Sakramentstheologie argumentiert. Dies veranlasste Luther zu der Empfehlung, in Augsburg das Sakrament besser von den Altgläubigen als von den Oberdeutschen zu empfangen. Vgl. seinen Brief an Kaspar Huberinus vom 3. Januar 1532 (WA Bw. 6, Nr. 1894, S. 244f.). Zur Auseinandersetzung vgl. BCor 6, S. XIV; BCor 7, S. XIVf.; BCor 8, S. 48, Anm. 47.

[27] *Konrad Hubert*: ⁽Non satis sunt⁾.

[28] Bucer wusste sich mit seiner Auffassung, Christus gewähre im Mahl das Brot dem Körper der Teilnehmer und seinen Leib deren Seele, in Differenz zu Zwingli. Vgl. seinen Brief an Zwingli vom 18. Februar 1531 (BCor 5, Nr. 393, S. 276, Z. 15 – S. 277, Z. 3). Den Unterschied zwischen Zwinglis und Oekolampads Auffassung sah Bucer darin, dass letzterer das Mahl als eine wahre und reale Verbindung mit Christus und nicht nur als eine Festversammlung der Christen betrachtete. Vgl. Bucer an Bonifatius Wolfhart von Ende Mai 1532 (BCor 8, Nr. 591, S. 91, Z. 16 – S. 92, Z. 4). Dass allerdings auch Zwingli von einer leiblichen Gegenwart Christi im Abendmahl sprechen kann, zeigen seine Ausführungen in seinen Schriften *Fidei Ratio*, Juli 1530 (vgl. Z 6/2, Nr. 163, S. 806, Z. 6. 11), und *De conviciis Eckii*, 27. August 1530 (vgl. Z 6/3, Nr. 167, S. 281, Z. 16).

aliquid nobis Christj verba in cęna, deinde et Paulj illa: „Panis quem frangimus" etc. ingerere visa sunt. [29]Patrum ego sensum amplexus sum, qui intelligunt Dominum vbique quidem euangelio, hic autem peculiariter adiunctis euangelio symbolis suum corpus et sanguinem offerre, ita a nobis sumenda, vt ipsius in nobis communio iterum et iterum recipiatur, hoc est recepta perficiatur[30], illa qua sumus de carne et ossibus eius[31], vera eius membra, vt in quibus iam ipsius, non nostra vita vigeat. Vnde illi eadem, quę Dominus Joh[annis] VI[32] commendauit, hic cum symbolis exhiberj praedicant.

[33]A Lutheranis ergo hoc differimus[34], quod illi corpus et sanguinem Dominj vere exhiberi hic affirmant, sed hunc vsum, quem patres non explicant, imo nolunt disserere, ad quid hic corpus et sanguis offeratur, nisi vt fidem confirmet nobis, dum Dominus non contentus, quod in mortem se pro nobis dedit, tradidit se preterea etiam in cibum, manducationem etiam, quę proprie ipsj corporj Dominj fiat, praeter credere in eum nullam explicant. Intelligunt tamen hanc in credere, sacramentalem fere solam vrgent. Itaque, quod illi statuunt, et nos. Id si non re ipsa quid sit videas, differunt sicut explicatum et non explicatum. Vtrimque adesse corpus dicitur et sumj ac sumi cum symbolis, ita ut, qua symbola eduntur, manducatio suo modo Christj corporj recte tribuatur. Vtrimque etiam affirmatur inter symbola et corpus Dominj tantum sacramentalem esse vnionem. Hoc solum illi non vt patres explicant, quod hic Dominus naturę suę communionem offert[35], quam et pij in eucharistia sumunt et inde proprie dicuntur corpus et sanguinem Dominj edere ac bibere. Intelligunt autem hęc per confortationem fidej, quam ipsj praedicant, hic fierj. Proinde vtcunque fucant, nihil tamen dicunt aliud quam nos, nisi quod impijs tantum hic dari contendunt[36] quantum pijs vel corpus Dominj non minus ↓impijs↓ quam pijs, cum hoc tamen isti non nisi sacramentaliter accipiant. Hincque videntur praesentiam Christj cęnę propriam

---

[29] *Konrad Hubert*: <Patrum sensum amplectimur<.

[30] Bucer sah in der Weise, wie insbesondere Philipp Melanchthon und Johannes Oekolampad auf die Abendmahlstheologie der Väter rekurrierten, eine Möglichkeit, mindestens zu einer gemeinsamen Sprachregelung zu kommen. Vgl. BCor 8, S. XXVIIIf.

[31] Gen 2, 23; Eph 5, 23. Vgl. die *Apologie* zur *Confessio Tetrapolitana*, Art. 18 (BDS 3, S. 282, Z. 23); Johannes Oekolampads Schrift *Quid de eucharistia veteres*, Juli 1530 (VD 16, O 381; fol. b5r).

[32] Bucer denkt wohl insbesondere an die Brotrede (Joh 6, 22–59). Zu ihrer unterschiedlichen Interpretation bei den Reformatoren vgl. HAZLETT, JOHANNES 6 BEI BUCER.

[33] *Konrad Hubert*: <A Lutheranis quomodo differamus<.

[34] Zu Bucers Wahrnehmung der abendmahlstheologischen Richtungen vgl. BCor 8, S. XXII–XXVI.

[35] Bucer dachte hier vor allem an Cyrill von Alexandrien, den sowohl Philipp Melanchthon als auch Johannes Oekolampad für ihre Position beanspruchten. Vgl. sein Schreiben an Bonifatius Wolfhart von Ende Mai 1532 (BCor 8, Nr. 591, S. 90, Z. 4 – S. 91, Z. 3). Zu den Nachweisen vgl. ebd., S. 90, Anm. 59f.

[36] Zu Bucers Verständnis der *manducatio impiorum* vgl. FRIEDRICH, FANATIKER DER EINHEIT, S. 33; DERS., STREIT UM WORTE, S. 50f.; HAMMANN, BUCER, S. 183f.; PETERS, REALPRÄSENZ, S. 130, Anm. 75.

tantum sacramentalem agnoscere et non veram illam et realem, quę constat communione carnis Christj a nobis percepta et aucta, sed hanc cęnę ita accessoriam, vt ea cęnę possit abesse, nihilominus vera Christj cęna existente. Si autem[b] sustinerent ista consyderare liberi a contentione, aliter loquerentur. Jam autem impiorum caussa, quoniam ad cęnam hi non pertinent, non debemus nos pugnare. [S. 293] Hoc, quod Christj proprium et saluificum est, nec Lutherani impijs tribuunt. Ita cum nullum nisi verborum sit discrimen in hac quęstione[37], valde me cruciat, quod depugnari tandem non potest. Sed sunt Lutherani quidem, vtinam boni, qui Lutherum sic exagitant[38]. Deus det pacem.

[4] Ego oro, vt lectis his[39] tu et Chunradus[40] sententiam vestram mihj scribatis, quid facto opus censeatis, sitne per me in hac caussa aliquid edendum et qua ratione[41]. Per me paratus sum omnia facere et patj, vt Christus rite praedicetur et offendicula tollantur. Conuenit jam nobis gratia Domini, quod per hasce vrbes Christum praedicamus: vestram, Augustanam, Constantien[sem], Memmingen[sem] et cęteras socias, ut, sicut alios symmistas nolim aliquid tentare, quod innouationis speciem habeat et adducere aliquid commune nostris ecclesijs incom<mo<dum possit nobis non praemonitis, ita nec ego velim id audere aut quicquam hic inconsultis vobis. Puto jam librum Lutherj illic esse ex Norimberga, vbi recusus est[c] [42]. In medium ergo consulite et lectas has hinc Musculo[43] Augustam deferendas tradite[44]! Exemplum tamen, oro, vobis describatis mittendum primo quoque nuncio Blaurero[45], vt, si non plurium, huius tamen, vestram et Augustanorum sententiam habere possim.

---

[b] *gestrichen* ista. − [c] *gestrichen* Jmmed[...].

[37] Vgl. oben S. 139, Anm. 12.
[38] Zu Bucers Meinung, Luther werde von seinen Anhängern aufgestachelt, vgl. BCor 8, S. XXIII. Im konkreten Fall dachte Bucer wohl an den Lutheraner Johannes Cellarius, der nach seinem erzwungenen Abschied aus Frankfurt nach Wittenberg ging (vgl. unten Nr. 661, S. 146, Z. 1f.).
[39] Es handelt sich nicht um einen Brief, sondern um mehrere Dokumente. Dies geht aus Ambrosius Blarers pluralischer Formulierung im Brief an Bucer vom 15. März hervor (vgl. unten Nr. 667, S. 169, Z. 8f.).
[40] Konrad Sam, Prediger an der Barfüßerkirche in Ulm. Vgl. Personenindex.
[41] Vgl. die Antwort Frechts und Sams vom 22. Februar 1533 (unten Nr. 663, S. 151–157).
[42] Der in der WA als Ausgabe B firmierende Nachdruck wurde von Friedrich Peypus in Nürnberg unter dem Titel *Ein brieff an die zu Franckfort am Meyn D[octoris] Mar[tini] Luther[i]* gedruckt. Zu seinen Besonderheiten vgl. WA 30/3, S. 557.
[43] Wolfgang Musculus, Prediger an Heilig Kreuz in Augsburg. Vgl. Personenindex.
[44] Vgl. Anm. 39.
[45] Ambrosius Blarer, Prediger an St. Stephan in Konstanz, derzeit in Lindau. Vgl. Personenindex. In seinem Schreiben vom 15. März 1533 rät er Bucer, sich lieber wieder Paulus zuzuwenden, da eine Antwort nur Anlass zu neuem Streit gäbe (vgl. unten Nr. 667, S. 168, Z. 10 – S. 169, Z. 5).

Res magna est et plena periculj non solum propter communia fędera, sed magis propter ecclesias et euangelium vbique jam apud exteros egregie emergens[46]. Est nobis res cum Luthero ita vt filijs cum parente, bono quidem et quem merito venerentur − nam, bone Deus, quanta est mundj salus in hoc solo „fides in Christum justificat", quod [47]Lutherus ante omnes et prae omnibus, qui nunc viuunt, extulit et effert[48]! −, sed furente et ea subinde consilia captante, quę sibi ipsi et filijs incommodent. Orate Dominum, vt neque veritatem prodamus gratia hominis neque sub caussa veritatis nostra[d] agamus aut veritatj etiam non suo tempore modoque eam administrando plus obstemus quam inseruiamus!

Vt omnia hęc melius librare possitis et excutere, mitto duas apologias scriptas Tigurinis et alijs [49]Heluetijs[50], sed nondum missas nec forsan mittendas nisi per me ipsum, vt coram omnia exponam[51]. Volo enim aedificare, non destruere[52]. Has, si libet, vos duo legite, sed solj, neminj omnino alij quicquam ex his indicaturj! Sunt multj boni fratres, sed non eo judicio, vt cum fructu legant quęuis. Lectas quam primum, sed fido et certo nuncio, Blaurero[53] mittite cum obtestatione, vt is aut mihj remittat aut eadem certitudine Augustam Musculo perferendas curet, ibi etiam ab hoc vno et Sebastiano[54] legendas! Quos omnes his in Domino adiuro, vt sic ista vobis seruetis, ne quicquam ad Tigurinos permanet, ne putent hj me velle eos traducere apologijs, quas ipsis non ausim mittere. Ego enim, quod mitto vobis, facio, vt de caussa tota maiorj vel inter nos concordia statuatur, non vt illi lędantur. Illis non mitto, quia ex multis jam literis intelligo eos meam sententiam adhuc adeo non assequi[55], ut offendj his possent, ędificarj non possent. Statuj ergo ipse

---

[d] O nostram.

[46] Bucer antizipiert hier den aus der Hippopotamus-Feldforschung von Berndt Hamm für eine Theorie der Reformation fruchtbar gemachten Begriff der Emergenz. Vgl. dazu allerdings die Rezension Volker Leppins und das Prinzip des Abtauchens in den Gewässern und Sumpfgebieten rund um Bieberswöhr, gemäß FRIEDRICH, GEFAHR DES ABTAUCHENS, S. 115−132.
[47] *Konrad Hubert*: ⌐Laus Lutherj maxima⌐.
[48] Zu Bucers Hochschätzung Luthers vgl. BCor 8, S. XXIIIf.
[49] *Konrad Hubert*: ⌐Apologiae duę ad Heluetios mittendas⌐.
[50] Bucer meint wohl nicht die bereits im August 1532 verfasste *Epistola communis* (vgl. AST 174, fol. 239r − 259v; dieses Dokument soll in BOL ediert werden), in der er den Schweizern seine Unterzeichnung der lutherischen Bekenntnisschriften in Schweinfurt zu erklären sucht, sondern seine beiden Verteidigungsschriften für die Frankfurter Prediger, deren Position Luther in seinem Sendbrief (vgl. oben S. 138, Anm. 8) angegriffen hatte. Vgl. dazu oben Nr. 659, S. 133, Anm. 11.
[51] Zu Bucers mit Bartholomeo Fonzio unternommener Reise durch Süddeutschland und die Schweiz vgl. das Itinerar, oben S. XVIII.
[52] Vgl. Mt 26, 61.
[53] Ambrosius Blarer. Vgl. oben S. 142, Anm. 45.
[54] Sebastian Maier, Pfarrer an St. Georg in Augsburg. Vgl. Personenindex.
[55] Zur Auseinandersetzung mit den Schweizern über Bucers Konkordienkurs vgl. BCor 8, S. XX−XXV.

eos adire[e] ante et coram omnia agere. Quia autem Lutherus non concedit tempus (volueram enim vobis hęc mittere, postquam Tigurinj omnia habuissent), propter caussam communem visum est nunc vobis hęc legenda, quia fidus erat nuncius, transmittere.

5   Valete in Domino et boni omnia consulite et ad Dei gloriam vsurpate!

Argent[orati], 12. Febr[uarij] 1533.

Martinus Bucerus.

[Adresse fehlt!]

O verloren. — C (Hubert?) AST 151 (Ep. Buc. I), Nr. 76, S. 291–293; Zürich ZB, S 33, 35; TB VI, S. 27–29.

---

[e] *gestrichen* amice.

661.
Martin Bucer an Heinrich Bullinger[1]
Straßburg, 14. Februar [1533][2]

[652←] [1] Les [ennemis, partisans de la foi traditionnelle,] n'oseront pas grand chose tant qu'ils ne verront pas les Zurichois anéantis ou trahis ; les maux qui menacent les deux parties devrait les dissuader d'agir. [2] Excité par un flagorneur [Jean Cellarius ?], Luther a écrit avec rage contre ceux de Francfort [Ein brieff an die zu Franckfort am Meyn]. Bien que, d'après ses écrits, Luther ne parle de prendre le corps du Christ dans la main, la bouche et le ventre qu'en se fondant sur l'union sacramentelle, il exige à présent qu'on attribue cela au corps de manière absolue. Le Seigneur vienne en aide à son Église ! Ne songez pas à l'injustice que vous avez subie, mais au devoir de votre vocation : faire ce qui est digne du Christ. Reconnaître le Christ comme seul Sauveur est le critère de la fraternité chrétienne. [3] Comme le messager part brusquement, il n'est pas possible de le signaler à Capiton. [P. S.] Bucer assure les Zurichois du soutien [des Strasbourgeois]. À Brême, les bourgeois en

---

[1] Erster Pfarrer am Großmünster in Zürich. Vgl. Personenindex.
[2] Die Jahreszahl fehlt. Das Jahr 1533 ergibt sich aus den Sachzusammenhängen. Vgl. unten Anm. 3, 5, 24f., 29, 31.

armes se sont battus, et les évangéliques ont été vaincus. Le désordre règne à Francfort [sur-le-Main] ; Satan ne se repose pas. À Strasbourg, on ignore le projet d'empoisonner l'Empereur ; on sait seulement qu'il projette de rentrer en Espagne. Le Français [François Ier] et l'Anglais [Henry VIII] veulent un concile, afin de détourner le Pape de l'Empereur ; mais ces derniers sont liés par le mariage de leurs bâtards : la fille illégitime de Charles Quint [, Marguerite,] se rend en Italie pour épouser Alexandre de Médicis, duc de Florence, qui espère devenir ainsi duc de Milan. [→682]

[652←] [1] Die [altgläubigen Feinde] werden nicht allzu viel wagen, solange sie die Züricher nicht gebrochen oder verraten sehen. Das beiden Seiten drohende Übel musste sie abschrecken. [2] Durch einen Schmeichler [Johannes Cellarius?] aufgehetzt, schrieb Luther grimmig gegen die Frankfurter [Ein brieff an die zu Franckfort am Meyn]. *Obwohl dem Leib Christi die Aufnahme in Hand, Mund und Magen nach Luthers Meinung und Schriften eigentlich nur in sakramentaler Einheit zukommt, fordert er jetzt eine absolute Zuordnung. Die [Züricher Prediger] sollen nicht an das erlittene Unrecht denken, sondern an die Aufgabe ihres Berufs, zu tun, was Christus würdig ist. Das Kriterium christlicher Bruderschaft ist die Anerkennung Christi als des alleinigen Retters. [3] Der plötzliche Aufbruch des Boten erlaubt es nicht mehr, ihn [Wolfgang] Capito anzukündigen. [P.S.] Falls den Zürichern Widriges zustößt, haben sie andernorts Unterstützer. In Bremen kam es zum bewaffneten Kampf der Bürger, die Evangelischen unterlagen. In Frankfurt [a.M.] herrscht Unruhe. Über eine geplante Vergiftung des Kaisers [Karls V.] weiß man in Straßburg nichts, nur über seinen Plan, nach Spanien zurückzukehren. Der Franzose [Franz I.] und der Engländer [Heinrich VIII.] fordern ein Konzil, um den Papst vom Kaiser zurückzuziehen; doch letztere verbinden ihre Nachkommen durch eine Ehe: Karls uneheliche Tochter [Margaretha] zieht zur Hochzeit mit dem Florentiner Herzog Alessandro di Medici nach Italien; er will dadurch Herzog von Mailand werden. [→682]*

Salue plurimum, optime Bullingere!

[1] Vt scribis[3], nostris semper spes fuit hostes communes solo masculo responso posse compesci, quos certum est, quantumlibet incitentur ab exteris[4], nisi vos fractos aut proditos videant, non ausuros nimium. Quod vestris non tantum tribuitis illis, certe vos caussam habere agnoscunt. At mala, quae vtrisque paria impendent, exter[r]ere debebant, quibus ad haec nihil animi est, et ijs summam rerum deferre, quibus est. Sed Dominus vult sic suis adesse, vt nemini alij haec gloria impertiatur.

---

[3] Ein entsprechendes Schreiben Bullingers konnte nicht ermittelt werden. Innerhalb der uns erhaltenen Korrespondenz datiert Bullingers letzter Brief an Bucer bald nach dem 5. Januar 1533 (vgl. oben Nr. 651, S. 100–103).

[4] Bucer denkt wohl an die Mission des päpstlichen Nuntius Ennio Filonardi. Vgl. Personenindex. Er hielt sich seit Juli 1532 in Luzern auf. Zu seinen Absichten vgl. oben Nr. 640, S. 48f., Anm. 8, 13.

[2] Lutherus, proh dolor, iterum per adulatorem quendam[5] excitus sęue vt omnia in Francofordienses scripsit[6]. Et id, quod ipse corpori Domini non nisi propter sacramentalem vnionem competere sentit et scripsit[7], nempe in[a] manus, os ac stomachum recipi, absolute ei tribuendum contendit[8]. Dominus adsit ecclesiae suae. Video et tango idem esse, quod pij de hac re sentiunt, et, o tentatio, non posse excogitari[b] verba, quibus hoc eff↓er↓amus concorditer. Quam parui, quam vero nobis fit! Tot millium animarum salus[c] supra quam dici queat hoc dissidio perturbamus. Ego vt alias ita semper vos et [fol. 390v] quoscunque possum hortor et obtestor, non quid nos[d] indigne patiamur et alij faciunt, sed quod dignum est Christo, quod requirit nostra professio, cogitemus. Christum vnum esse nostrum seruatorem[9] summam esse religionis omnes fatemur. Hoc erga amicitiam, fraternitatem, sęueritatem et lenitatem ac omnia metiamur. Veritatem defensam volumus, sed eam, qua constat [10][anima], et ita, vt vita constet. Video, qu[od quam saevissime] etiam vexit, nemo non suus [erit][11]. Dies Domini patefaciet, de quibus [laud]ab[imur][12]. Sed satis indultum dolori, cui frustra toties remedium quero. Dominus tandem dabit huic finem, cum et a reliquis laboribus concedet quiescere[13].

[3] Valete, optimi fratres omnes! Nuncius[14] repentinus ac inexpectatus nobis [iam] inoportunus redijt, non licet Capitoni[15] eum indicare, subito haec scripsi, alias plura. Valete iterum! Salutate vos inuicem!

---

[a] *gestrichen* os et. – [b] *zuerst* encogitari. – [c] *gestrichen* quam. – [d] *zuerst* non.

[5] Möglicherweise Johannes Cellarius, lutherischer Prediger in Frankfurt. Vgl. Personenindex. Er musste am 14. September 1532 auf Betreiben des zwinglianischen Ortskollegen seinen Abschied nehmen (vgl. WA 30/3, S. 554; oben Nr. 660, S. 142, Anm. 38). Vgl. dazu Bucers Brief *Ad fratres francofordienses*, Februar 1533 (BDS 4, S. 508, Z. 5, 15f.).
[6] Luthers Schrift *Ein brieff an die zu Franckfort am Meyn*, Ende 1532 (WA 30/3, S. 554–571); vgl. dazu oben Nr. 659, S. 133, Anm. 11.
[7] Vgl. oben Nr. 648, S. 90, Anm. 1; Nr. 660, S. 141, Z. 19f.
[8] Luther stellt in diesem Schreiben eine wahre, leibliche und mündlich in den Elementen empfangene Gegenwart Christi gegen die Behauptung einer geistlichen Gegenwart Christi in Herz und Glaube (vgl. WA 30/3, S. 560, Z. 12 – S. 561, Z. 10).
[9] Diese Fassung des *solus Christus* benennt Bucer häufiger als gemeinsame christologische Grundlage der protestantischen Abendmahlslehren. Vgl. z.B. seinen Brief an Bullinger von Ende August 1532 (BCor 8, Nr. 626, S. 344, Z. 1).
[10] Da der Rand wegen des abgerissenen Siegels beschädigt wurde, sind in diesem und den folgenden Sätzen sinngemäße Ergänzungen vorgenommen worden.
[11] Die Editoren des Bullinger-Briefwechsels ergänzen: „Video, qu[od quam verissima] etiam vexit, nemo non suus [erit]" (ich sehe, dass jeder zu ihm gehört, der sogar das Möglichste an Wahrheit bringt). Hier stört aber die Sinnrichtung des *etiam*, welches etwas Negatives erwarten lässt. Zieht man in Betracht, dass Bucer häufig seine Klage über die Haltung der Lutheraner mit einem Verweis darauf schließt, dass sie trotz allem zu Christus gehören (vgl. z.B. BCor 8, Nr. 578, S. 513, Z. 1–4; Nr. 626, S. 341, Z. 13–16), so ist eine konzessive Sinnrichtung anzunehmen: da er den Abschnitt mit *sęue* einleitet (oben Z. 1), also etwa im hier gewählten Sinne.
[12] Vgl. I Kor 3, 13f.; Obd 1,15.
[13] Vgl. Jes 14, 3.
[14] Der Bote konnte nicht ermittelt werden.
[15] Wolfgang Capito, Pfarrer an Jung-St. Peter und Propst an St. Thomas in Straßburg. Vgl. Personenindex.

Arg[entorati], 14. Feb[ruarii].

T[uus] Bucerus.

Vbi inciderit sic agentibus, vt nunc studetis, aliquid aduersi, ne dubitate, [fol. 39r] hic et alibi erunt, qui vestri rationem habebunt!

Nunciatur nobis Bremae[16] idem vsu venisse nobis, quod superiore anno apud vos[17]: congressos in vrbe – est autem magna et potens – ciues[e] esse armatos et succubuisse, qui volunt esse ab evangelio[18].

Francofordiae satis turbatae res sunt[19]. Dominus donet quietem in se. Vere Satan non dormit[20], vtinam nos vigilemus[21]! De toxico[f] Caesari[22] parato hic nihil[23], sed quod redituriat in Hispanias, omnes vno ore testantur[24]. Concilium[25] petunt Francus[26] et Anglus[27]; qui ante hac odio Caesaris passi sunt pontificem[28] se per eos excusare, nunc hoc commento reuocare pont[ificem] a Caesare querunt[29]. Sed hi[g] nothos suos interim copulant matrimonio.

---

[e] anstatt ciuues. – [f] Konrad Hubert: ↓toxico↓. – [g] zuerst hic.

[16] Zur Reformation in Bremen vgl. HEYNE, REFORMATION IN BREMEN; MOELLER, REFORMATION IN BREMEN; SEVEN, BREMER REFORMATION.

[17] Das Pronomen bezieht Bucer wohl auf die Schweizer und deren militärische Auseinandersetzung im Zweiten Kappeler Krieg.

[18] Bremen war zwischen 1530 und 1532 von der „Revolution der 104 Männer" erfasst worden. Der Bürgeraufstand mit seiner ursprünglich politischen Zielsetzung besaß auch eine religiös-kirchliche Dimension. Dazu gehörte, dass am Palmsonntag 1532 der katholische Gottesdienst am Dom endgültig abgeschafft wurde. Danach verlor die Bewegung an Kraft, so dass der Rat den Aufstand am 29. August 1532 niederschlagen konnte. Eine Rückkehr zum Katholizismus erfolgte aber nicht, vielmehr erhielt Bremen im Jahr 1534 eine vom Rat selbst in Auftrag gegebene protestantische Kirchenordnung. Vgl. MOELLER, REFORMATION IN BREMEN, S. 66–68.

[19] In Frankfurt hatte eine wohl vornehmlich aus Handwerksgesellen bestehende Gruppe am ersten Weihnachtsfeiertag 1532 durch die lärmende Besetzung des Chores die Feier des altgläubigen Hochamts verhindert und anschließend Sakralgegenstände zerstört oder entfernt. Diese und ähnliche antiklerikale Ausschreitungen führten in der Folgezeit zu Auseinandersetzungen mit Johann Albrecht von Brandenburg. Vgl. JAHNS, FRANKFURT, S. 113–218; SAUER, MELANDER, S. 11.

[20] Vgl. Mt 13, 39.

[21] Vgl. I Petr 5, 8.

[22] Karl V., Römischer Kaiser. Vgl. Personenindex.

[23] Dieses Gerücht konnte nicht nachgewiesen werden.

[24] Kaiser Karl V. befand sich vom 12. bis 28. Februar 1533 in Bologna. Dann reiste er über Modena (28. Februar), Reggio (2. März) und Mailand (10. – 13. März) nach Genua (28. März – 9. April), von wo aus er sich nach Roses/Katalonien einschiffte. Dort traf er am 22. April ein. Anschließend hielt er sich von Ende April bis 10. Juni 1533 in Barcelona auf. Vgl. das Itinerar bei STÄLIN, AUFENTHALTSORTE KARLS V., S. 572.

[25] Die folgenden Informationen gab offenbar auch Wolfgang Capito nach Basel weiter. Vgl. das Schreiben von Oswald Myconius an Capito vom 2. März 1533 (MILLET, CORRESPONDANCE CAPITON, Nr. 501, S. 167).

[26] Franz I., König von Frankreich. Vgl. Personenindex.

[27] Heinrich VIII., König von England. Vgl. Personenindex.

[28] Clemens VII., Papst. Vgl. Personenindex.

[29] Auf Druck Kaiser Karls V. hatte Papst Clemens VII. am 1. Dezember 1530 zur Unterstützung eines Konzils aufgerufen. Obschon Heinrich VIII. und Franz I. ein allgemeines christliches

Magno iam comitatu petit Italiam[h] notha Caroli[i] [30] nuptura Alexand[ro] de Medi[cis], duci Florentino[31], qui hoc pacto sperat pon[tifici] futurum ducem Mediolanum[32]. Iterum valete!

T[uus] Bucerus.

5 *Adresse [fol. 391v]:* Optimo et pientiss[imo] viro Heylrycho Bullingero, ecclesiastae Tigurino, fratri obseruando.

Oa Zürich SA, E II 348, fol. 390r – 391v. — *C Zürich ZB, S 33, 39; TB VI, S. 30f.* — *P Bullinger Bw. 3, Nr. 191, S. 69–71.*

---

[h] *O* Italia. – [i] *O* Carolori.

Konzil grundsätzlich begrüßten, verzögerten sie es in der Folgezeit, weil ein Konzil als Erfolg Karls V. gelten würde. Heinrich hoffte zudem, seine Weigerung könnte angesichts eines konzilsunwilligen Papstes die Aufhebung seiner Ehe begünstigen. Ohnehin betrachtete er ein Konzil unter päpstlicher Oberhoheit und dem Einfluss einer auf Besitzstandswahrung bedachten Kurie nicht als geeignetes Mittel zur Durchsetzung einer Kirchenreform. So vereinbarte er im Oktober 1532 in den Gesprächen von Boulogne/Calais mit Franz I., die Konzilsbemühungen Karls V. zu torpedieren, nach deren Scheitern aber selbst ein Konzil unter eigener Leitung abzuhalten. Auf Clemens' Breve vom 2. Januar 1533 hin verwies Heinrich dann auf die Notwendigkeit eines Konzils, riet aber zu einer Verschiebung. Als Begründung diente, dass Karls Konzilsforderung ja von der papstfeindlichen lutherischen Sekte erzwungen worden sei. Vgl. Heinrichs Instruktion von Ende Januar 1533 (Pocock, Reformation Records, Nr. 325, S. 436f.); BDS 5, S. 260–265; SAWADA, IMPERIUM HEINRICHS VIII., S. 481–483.

[30] Margaretha, uneheliche Tochter Karls V. Vgl. Personenindex.

[31] Alessandro de Medici, nach Gerüchten Sohn von Papst Clemens VII. Vgl. Personenindex. Seine Verbindung mit Margaretha war nach dem Frieden von Barcelona (1529) zwischen Kaiser und Papst beschlossen worden. Margaretha reiste im Frühjahr 1533 von Mecheln zu ihm nach Florenz (Ankunft 17. April), heiratete ihn allerdings erst am 29. Februar 1536. Vgl. RACHFAHL, MARGARETHA VON PARMA, S. 7f.

[32] Alessandro de Medici starb bereits im Jahr 1537, immer noch als Herzog von Florenz. Vgl. ebd.

662.
[Simon Grynaeus][1] an Martin Bucer
[Basel, zwischen dem 17. und 22. Februar 1533][2]

[638←] [1] Dans la nuit du 17 février [1533], Grynaeus a reçu un paquet de lettres de Bucer [adressées à lui et à Heinrich Bullinger] déjà ouvert. Même s'il n'y a pas de danger [d'indiscrétion], Grynaeus veut en avertir [Oswald] Myconius. [2] Grynaeus s'en tient à la recommandation de Bucer de lire ses lettres et de les garder jusqu'à sa visite. Que Bucer veuille apostropher les [Bâlois], qui sont endurcis et orgueilleux, est utile et intelligent. Il les gagnera par sa bonté, en étant présent ou par ses écrits. [3] Grynaeus félicite Bucer pour la naissance de sa fille [Irène]. Que Bucer le recommande au Seigneur! [→ 672]

[638←] [1] In der Nacht des 17. Februar [1533] erhielt Grynaeus ein [an ihn und Heinrich Bullinger adressiertes] Bündel Briefe, das bereits geöffnet war. Auch wenn die Gefahr [einer Indiskretion] nicht besteht, will er [den Verursacher Oswald] Myconius deswegen mahnen. [2] Bucers Aufforderung, die Briefe zu lesen und bis zu seinem Besuch aufzubewahren, kommt Grynaeus nach. Es ist notwendig und klug, dass Bucer auf die halsstarrigen und ehrsüchtigen [Basler] einwirken will. Seine Liebenswürdigkeit wird sie, schriftlich oder durch seine Anwesenheit, gewinnen. [3] Gratulation zur Geburt der Tochter [Irene]. [→ 672]

[3] <Salue<!
[1] Accepi decima septima Februarij sub seram iam noctem fasciculum literarum tuarum[4] apertum[5]. Quod eo scribo, postquam legendum mihi dedisti, vt videas, ad quem miseris. Quanquam, puto, apud eum, qui mihi tradidit[6], nihil est periculi, Myconium[7] tamen hoc monere volui[8].

---

[1] Die Handschrift weist eindeutig Simon Grynaeus, Professor für Griechisch in Basel (vgl. Personenindex), als Verfasser des Briefes aus.
[2] Da Grynaeus ein Bündel von Bucerbriefen am 17. Februar erhielt (vgl. Z. 2f.) und die Rücksendung des Antwortbriefes am 22. Februar erfolgte (vgl. unten S. 150, Anm. 12), muss der Brief zwischen dem 17. und 22. Februar verfasst worden sein. Das Jahr 1533 ergibt sich aus den Sachzusammenhängen. Vgl. unten Anm. 5.
[3] *Konrad Hubert*: ᵛ1533ᵛ.
[4] Das Bündel enthielt auch Briefe Bucers an Heinrich Bullinger (vgl. unten Anm. 8). Innerhalb der von uns ermittelten Korrespondenz konnten sie nicht identifiziert werden.
[5] Aus Bucers Schreiben an Oswald Myconius vom 5. März 1533 geht hervor, dass das Siegel gebrochen war (vgl. unten Nr. 665, S. 161, Z. 9f.).
[6] Der Bote nach Basel konnte nicht ermittelt werden. Nach Bucers Angaben im Brief an Oswald Myconius handelte es sich um einen Züricher, der Grynaeus nicht persönlich kannte. Deshalb trug Bucer dem Boten auf, die Briefe bei Oswald Myconius abzugeben (ebd., S. 161, Z. 8f.). Grynaeus bezieht sich also auf Myconius persönlich oder eine von diesem beauftragte Person.
[7] Oswald Myconius, Nachfolger Oekolampads als Basler Antistes. Vgl. Personenindex.
[8] Bucer nimmt Grynaeus' Mahnung in seinem Brief an Myconius vom 5. März 1533 auf (vgl. unten Nr. 665, S. 161, Z. 10–13). Auf Bucers Mahnung antwortet Myconius im

[2] Quod porro iubes, vt legam et seruem interim, dum ipse venias[a] [9], faciam sedulo, quanquam mihi quidem nullis tuis literis fuisset opus, quibus animum tuum in hac quidem aut qualibet religionis causa testavere, perspectissimum dudum tot monumentis[b]. Quod autem[c] instituis hos ipsos compel-
5 lare, facis meo[d] videre et necessario ita sapienter. Sumus, vt nostj, peruicaces et, quod est peius, ambitiosi; itaque scriptis magis prouocamur, sed enim scio suauitatem ingenij tui. Vtrinque, et praesenti et absenti, satis scio concedent, quando in istis charitatis vlnis tam pie fratribus occurris. Sed vale et viue in Domino Jesu, charissimum caput!
10 [3] De filiola[10] gratulor. Ora Dominum, vt et me respiciat[e], incipit enim iam esse molestum[11]!

Adresse [S. 560]: D[omino] Martino Bucero suo charissimo[12].

Oa AST 157 (Ep. s. XVI, 4), Nr. 235a, S. 559f. — C Zürich ZB, S 33, 43; TB VI, S. 32.

---

[a] *zuerst* veniam. – [b] *gestrichen* Sed. – [c] *anstatt* porro. – [d] *gestrichen* quidem. – [e] *zuerst* respiciam.

Brief an Wolfgang Capito vom 19. März 1533, er habe nur einen flüchtigen Blick auf die Briefe an Grynaeus und Heinrich Bullinger geworfen und ein Skandal sei nicht zu befürchten (vgl. Zürich ZB, ms. F 81, S. 327f.; MILLET, CORRESPONDANCE CAPITON, Nr. 502, S. 168).
[9] Auf seiner Rundreise durch Süddeutschland und die Schweiz kam Bucer Anfang April 1533 nach Basel. Vgl. das Itinerar, oben S. XVIII.
[10] Bucers Tochter Irene. Vgl. Personenindex; vgl. dazu oben Nr. 659, S. 134, Anm. 24.
[11] Grynaeus' Sohn Samuel wird erst 1539 geboren. Vgl. Personenindex.
[12] *Konrad Hubert*: Redditę sunt 22 feb. 1533.

663.
Martin [Frecht]¹ und Konrad [Sam]² an Martin Bucer
Ulm, 22. Februar 1533

*[660←] Il y a quatre jours, ils ont reçu la lettre de Bucer et ses apologies, envoi qui les a apaisés, après l'écrit très mordant de Luther [*Ein brieff an die zu Franckfort am Meyn*]. Il faut répondre à Luther par le silence ; d'une part, Luther promeut l'Évangile, notamment par l'article du salut par la seule foi en Christ, de l'autre, il ne faut pas mettre en danger les alliances [entre les évangéliques]: [Bernard] Besserer croit que l'Électeur [Jean Frédéric] de Saxe laissera tomber ses alliés s'ils provoquent à nouveau guerre au sujet de la Cène. Le nouveau commentaire de Bucer sur Paul est plus utile aux Églises qu'un nouveau combat avec Luther ; dans les dialogues qu'il est en train de rédiger, il pourra traiter à nouveau, avec prudence et piété, de la concorde au sujet de la Cène. Ne pas réagir à Luther ne signifie pas ne pas répondre à sa question de la présence du Christ dans la Cène. Nous sommes d'accord sur le fond, malgré la polémique furieuse de Luther et de ses partisans. [2] Il est bon que Bucer ait l'intention de discuter tout d'abord personnellement avec les Suisses, pour ne pas les compromettre par ses apologies : cela les apaisera. Nous avons lu rapidement les apologies, car un messager était sur le point de partir pour les porter, avec une copie, à [Ambroise] Blaurer à Lindau ; elles plaisent, et il faudra les publier. [3] Bucer doit écrire plus longuement et de manière à être compris du peuple au sujet de la communion au corps du Christ. Au début de la querelle sur la Cène, beaucoup l'ont comprise de travers, Zwingli notamment, comme la communion entre les participants à la Cène. Certes, les paroles d'institution ne signifient pas nourrir l'estomac des participants par le corps du Christ; mais recevoir le corps du Christ signifie aussi plus que simplement croire au Christ comme notre Sauveur. Les Pères ont attribué à la chair du Christ une puissance vivificatrice dans la communion au Christ ; comme [Théobald] Billican et Urbanus Rhegius y ont exhorté, il faut songer à ce mystère de manière plus noble, mais sans partager l'orgueil du traître Billican, qui pense qu'aussi bien les Luthériens que les partisans d'Œcolampade ont manqué la cible. Rhegius a écrit de manière plus modeste et solide contre [Jean] Eck. Salutations aux frères. [P. S.] L'original de la lettre de Bucer a été adressé à Musculus à Augsbourg par un autre messager : le messager de Bucer était déjà parti avant que l'on n'ait eu le temps de lire et de recopier entièrement sa lettre. [→ 673]*

*[660←] [1] Vor vier Tagen traf Bucers Schreiben mit den Apologien ein. Es besänftigte die Aufregung nach Luthers bissiger Schrift [*Ein brieff an die zu Franckfort am Meyn*]. Auf Luthers unwürdige Dreistigkeit ist mit Schweigen und nicht mit einer geharnischten Stellungnahme zu antworten. Zum einen bringt Luther das Evangelium voran, zum andern ist der [innerprotestantische] Bündnisprozess nicht zu gefährden. Der Ulmer*

---

¹ Lektor in Ulm. Vgl. Personenindex.
² Prediger an der Barfüßerkirche in Ulm. Vgl. Personenindex.

[Alt]bürgermeister [Bernhard] Besserer glaubt, der sächsische Kurfürst [Johann Friedrich] werde die Verbündeten im Stich lassen, wenn sie in der Sakramentsproblematik wieder die Kriegstrommel rühren. Schließlich nützt Bucers Paulus-Kommentar den Gemeinden mehr als ein neuerlicher Kampf mit Luther; in seinen bereits begonnenen Dialogen kann er eine Abendmahlskonkordie ja nochmals thematisieren. Auf Luther jetzt nicht zu reagieren, bedeutet nicht, auf seine Frage nach der Gegenwart Christi im Mahl keine Antwort zu haben. In der Sache meint man dasselbe, trotz allen blindwütigen Kampfes Luthers und seiner Anhänger. [2] Bucers Absicht, mit den Schweizern erst persönlich zu sprechen, um sie nicht mit der Publikation von Apologien zu kompromittieren, wird sie besänftigen. Die Ulmer überflogen die Apologien nur, da ein Bote bereitstand, der sie samt Kopie nach Lindau zu [Ambrosius] Blarer brachte; sie gefielen aber und sollten zu ihrer Zeit gedruckt werden. [3] Über die Gemeinschaft des Leibes Christi soll Bucer ausführlicher und volkstümlicher schreiben. Zu Beginn des Abendmahlsstreits deuteten sie viele, vor allem [Huldrych] Zwingli, auf die Gemeinschaft der Mahlteilnehmer. Nun sind die Einsetzungsworte zwar nicht im Sinne einer Speisung des Bauches der Mahlteilnehmer mit dem Leib Christi zu verstehen; der Empfang des Leibes Christi bedeutet aber auch mehr, als bloß an Christus zu glauben. Die Väter schrieben dem Fleisch Christi eine lebensspendende Kraft in der Gemeinschaft Christi zu. Über dieses Geheimnis ist, wie [Theobald] Billican und Urbanus Rhegius mahnten, hochherziger zu denken, ohne den Hochmut des Verräters Billican zu teilen, der behauptete, sowohl die Lutheraner als auch die Anhänger [Johannes] Oekolampads schössen über das Ziel hinaus. Fundierter schrieb hier Rhegius gegen [Johannes] Eck. [P.S.] Das Original von Bucers Brief ging [erst] mit einem anderen Boten zu [Wolfgang] Musculus nach Augsburg, weil Bucers Bote schon dorthin aufgebrochen war, bevor die Ulmer das Schreiben vollständig lesen und kopieren konnten. [→ 673]

³Salutem in Domino, Bucere obseruande!

[1] Nudius quartus est, quando cum apologijs⁴ accepimus literas tuas⁵, quibus nihil potuit gratius offerri. Nam hęc nos plurimum dentatissima illa Lutheri ad Francofurdienses scripta epistola⁶ offensos placauerunt, tot adductis rationibus, quibus nemo, nisi qui velit nouam in ecclesia Christi rursus excitare tragoediam⁷ et, quod dicitur, oleum igni infundere⁸, non vehementer acquiescere debet, ne rursus te apertum antagonistam, ↓scilicet↓ hac in parte,

---

³ *Konrad Hubert*: ᵛ1533. 22 feb.ᵛ
⁴ Vgl. zu diesen Schriften oben Nr. 658, S. 130, Anm. 5.
⁵ Vgl. Bucers Schreiben vom 12. Februar (oben Nr. 660, S. 135–144).
⁶ Vgl. dazu oben Nr. 659, S. 133, Anm. 11.
⁷ Vgl. Marcus Tullius Cicero, Pro Milone, par. 17; oben Nr. 660, S. 139, Z. 4–6. Im Kontext des Abendmahlsstreits begegnet die Wendung auch im Briefwechsel Bucers mit den Zürichern. Vgl. die Briefe Heinrich Bullingers (BCor 8, Nr. 610, S. 216, Z. 22) und Leo Juds (ebd., Nr. 611, S. 228, Z. 12) an Bucer vom 12. Juli 1532 sowie dessen Antwort von Ende August (ebd., Nr. 626, S. 363, Z. 10–27).
⁸ Vgl. Quintus Horatius Flaccus, Sermones (Saturae), lib. 2, sat. 3, vers. 321; Erasmus, Adagia, 1, 2, 9.

exhibeas Luthero[9]. Cuius procacitatem tanto theologo indignam potius silentio quam mordaci responso frangendam et leniendam saltem, si qua fieri ratione possit, arbitramur, hoc praesertim tempore, quando, vt scribis[10], vir ille multis Dei donis ornatus magno successu Christi euangelion remergens promouet et hunc fidei articulum summa foelicitate contra veritatis hostes vrget nos sola in Christum fide saluari[11], deinde, quod foedera illa nostrorum vtcunque coeuntia, si in Lutherum liberius scriberetur, huiuscemodi assultibus facile possent dissilire. Etenim vt satis prudenti tibi Vlmensium primatum, praesertim Beri consulis[12], ingenium est notum. Putat is nulla alia re Saxonem electorem[13] ad deserendos socios citius commoueri posse, quam si in caussa sacramentaria, quam qualitercunque sopitam esse putabamus, rursus nos bellum moueamus[14]. Postremo, cum tu enarrando Paulo nunc incumbas[15], nollemus nos inde te auocari, qui plus Christi ecclesię sancto illo labore[a], quam si cum Luthero iterum ᶜatque iterumᶜ congrediaris, commodare[b] poteris. Iam vehementer nobis probatur, vt eos dialogos, in quibus diu et sępe iam cogitatam materiam de vnitate ecclesię tractare statuisti, iam coeptos absoluas[16] et in illis, vbi erit occasio, de eucharistię concordia quatenusque Saxonicę confessioni a nostris sit subscriptum[17], accurate pro tua prudentia et pietate disseras[18]. Ea ratione facile te excusabis hijs, qui imprudenter

---

[a] *gestrichen* commodare. – [b] *anstatt* facile.

[9] Vgl. oben Nr. 660, S. 139, Z. 12f.
[10] Ebd., S. 143, Z. 3–7.
[11] Zu Bucers Hochschätzung Luthers vgl. seine Auseinandersetzung mit den Züricher Theologen (BCor 8, S. XXIIIf.).
[12] Der Ulmer (Alt)bürgermeister Bernhard Besserer. Vgl. Personenindex. Zur Identifikation vgl. das Schreiben von Frecht und Sam an Bucer vom 20. Juli 1532 (BCor 8, Nr. 613, S. 238, Z. 1); POLLET, BUCER 2, S. 201, Anm. 6. Zur Haltung Besserers vgl. den Brief von Frecht und Sam an Ambrosius Blarer vom 20. Februar 1533 (Blaurer Bw. 1, Nr. 323, S. 385).
[13] Johann Friedrich, Kurfürst von Sachsen. Vgl. Personenindex.
[14] Die Frage, ob die Protestanten trotz sakramentstheologischer Differenzen ein gemeinsames politischen Bündnis schließen könnten, durchzog die einschlägigen Verhandlungen seit deren Beginn (vgl. WOLGAST, WITTENBERGER THEOLOGIE, S. 125–146). Neben Philipp von Hessen wirkten dabei insbesondere die Vertreter Straßburgs und Ulms auf Formulierungen hin, welche den sakramentstheologischen Einbezug auch der Zwinglianer ermöglichten. Zu Bernhard Besserers Bemühungen bei den Beratungen auf dem Bundestag in Schmalkalden vgl. Ambrosius Blarer an Bucer vom 8. Dezember 1531 (BCor 7, Nr. 521, S. 93, Z. 4–11). Zu den Verhandlungen in Schweinfurt, an denen Bernhards Sohn Georg als Ulmer Bürgermeister federführend beteiligt war, vgl. Bucers Brief an Ambrosius Blarer vom 18. April 1532 (BCor 8, Nr. 578, S. 11, Anm. 66).
[15] Vgl. oben Nr. 660, S. 139, Anm. 17.
[16] Ebd., Z. 17–19 mit Anm. 20.
[17] Zur Frage, wie die Unterzeichnung der sächsischen Bekenntnisschriften durch die Oberdeutschen aufzufassen sei, vgl. Bucers Brief an Ambrosius Blarer vom 18. April 1532 (BCor 8, Nr. 578, S. 8, Anm. 47).
[18] Bei den Verhandlungen in Schweinfurt hatten die Oberdeutschen auf Bucers Anregung die *Confessio Augustana* und deren *Apologie* unterzeichnet. Zu den Umständen, den dadurch ausgelösten Irritationen, insbesondere im reformierten Lager, und Bucers Rechtfertigungsstrategie

et impudenter^c satis vociferantur Bucerum impulsorem et authorem esse illius nostrę subscriptionis[19], quę Lutherum sponte sua currentem incitauerit in eum furorem, quem in nos modo euomuit. Sicque pariter satisfacies hijs, qui inepte nunc clamant, si huic Lutheri scripto a nostris non respondeatur,
5 actum esse de nobis, qui pultem in ore habentes[20] roganti cuidam Lutherano de corporis Christi pręsentia aliud respondere nequeamus, quam quod vere videatur Lutherus scurriliter iocans objicere nobis: Mum, mum[21]. Sic enim mordax Memmius[22] miseros nos mummios lacerat[23], quod ex illorum ioco referimus, ęquo tollerantes animo et deuorantes hosce morsus, quos speramus
10 et euangelio nostro et nobis apud cordatos non obesse, siquidem non dubitantes re ipsa nos idem vtrinque sentire, etsi hoc ille non agnoscat cum suis andabatarum more[24] nobiscum pugnantibus.

[2] Perplacet vero, quod non nisi prius cum Helueticis fratribus vehementer, vt adparet, offensis^d tu coram agere et perspicue tuam sententiam expo-
15 nere statueris, quam eos apologijs, vt facile interpraetarentur, traducere, vbi

---

^c *zuerst* imprudenter. – ^d *gestrichen* vt.

vgl. BCor 8, S. XX–XXV. Zur damit verbundenen Diskussion über die Möglichkeiten einer Verständigung in der innerprotestantischen Abendmahlskontroverse vgl. ebd., S. XXVII–XXXI.

[19] In der Tat hatte Bucers positives Gutachten die Unterzeichnung überhaupt erst ermöglicht. Vgl. etwa die Instruktion der Ulmer Gesandten für den Schweinfurter Tag: „erbern raths der stat Straßburg derhalben gestellten ratschlags behelfen und demselben statt und volg gethon werden, wie dann von gemeiner erbern stett gesandten nach derhalben gehapter umbfrag zu thun entschlossen und verabschidt ist" (Fabian, Beschlüsse Städtetage, Nr. XI C 2, S. 129).

[20] Die Wendung begegnet bei Luther (vgl. die nachfolgende Anm. 21; zu weiteren Stellenangaben vgl. Thesaurus Proverbiorum 2, S. 85f.) und meint ein undeutliches Sprechen, das unterschiedlich motiviert sein kann.

[21] In seiner Schrift *Ein brieff an die zu Franckfort am Meyn*, Ende 1532, formuliert Luther, ein Christ wolle wissen, „ob er eitel brod und wein mit seinem munde empfahe. Nicht fragt er, was er von Christo und seinem leibe im hertzen gleuben soll, sondern was man jm reiche mit den henden. Hie gilts nicht den brey im maul weltzen und Mum, Mum sagen [...], sondern den brey aus speien und das Mummen lassen, frey und du(e)rre daher sagen, ob er mit dem munde eitel brod und wein empfahe [...]" (WA 30/3, S. 561, Z. 1–7). Vgl. dazu Bucers Brief *Ad fratres francofordienses*, 22. Februar 1533 (BDS 4, S. 509, Z. 2), sowie Konrad Zwick an Heinrich Bullinger vom 10. März 1533 (Bullinger Bw. 3, Nr. 198, S. 82, Z. 35–39).

[22] Gaius Memmius, Volkstribun. Vgl. Personenindex.

[23] Eine Anspielung auf die Wendung „Lacerat lacertum Largi mordax Memmius". Den Sinn dieser Wendung erschließt erst ihr Kontext bei Marcus Tullius Cicero (vgl. De oratore 2, par. 240). Er verwendet sie als Beispiel für die Möglichkeit, der Rede mithilfe einer erfundenen Geschichte Witz zu verleihen: Der Volkstribun Gaius Memmius beißt Largius im Kampf um ein Freudenmädchen in den Arm und wird daher „der Bissige" genannt. Vgl. FRIGO/ECK, MEMMIUS.

[24] Gladiatoren, die mit verbundenen Augen gegeneinander kämpfen (vgl. Marcus Jullius Cicero, Epistulae ad familiares, lib. 7, epist. 10, par. 2; Erasmus, Adagia 2, 4, 33; BCor 8, S. 349, Anm. 176). Unter Bezug auf seine *Epistola communis*, August 1532 (vgl. AST 174, fol. 244v), verwendet Bucer dieses Bild im Brief an Heinrich Bullinger von Ende August 1532, um das Verhalten auch der reformierten Seite in der innerprotestantischen Abendmahlskontroverse zu illustrieren (vgl. BCor 8, Nr. 626, S. 349, Z. 25).

tu prudenter cauebis, ne ab illis inter nos scismatis ignis oriatur[25]. Helueticam ferociam[26] tua mansuetudine mitescere facies. Ceterum apologias inspeximus potius quam perspexerimus propter commodum nactum tabellionem[27], qui ad Lindoiam eas Blaurero nostro[28] oblaturus vna cum descripto exemplo proficiscebatur[29]; verum illę nobis vehementer placuerunt. Quas vtinam bona pace Heluetiorum tempore et loco suo[e] excudendas cures!

[3] De illa autem corporis Domini κοινωνία sanctis patribus perspectissima[30], si quando per ocium licuerit, fac ad nos scribas planius et popularius, vt et nos, sicubi res poposcerit, illis nostris morosis Millerhansianis[31] ingenijs satisfacere possimus. Neque enim ignoras, quomodo ab initio sacramentarię digladiationis ex Paulo plerique nostrum, presertim sanctę memorię Zuinglius[32], illam κοινωνίαν ad sodalitatem piorum in coena torserint eamque exposuerint esse, quam statim apostolus subijciat[f], quum vnus panis et vnum corpus multi sumus etc.[33]

---

[e] *gestrichen* edantur. – [f] *gestrichen* Nos quaede.

[25] Vgl. oben Nr. 660, S. 143, Z. 11–13.
[26] Zu diesem Topos vgl. Bucers Charakterisierung Zwinglis im Brief an Melanchthon vom 24. Oktober 1531 (BCor 6, Nr. 494, S. 246, Z. 7) sowie Luther an Spalatin vom 31. Mai 1527 (WA Bw. 4, Nr. 1110, S. 207, Z. 5).
[27] In ihrem entsprechenden Schreiben an Blarer vom 20. Februar 1533 benennen Sam und Frecht den Boten als „prothonotarius Memmingensis urbis" (Blaurer Bw. 1, Nr. 323, S. 384). Damit dürfte es sich um den ersten Schreiber der Stadt Memmingen, Georg Maurer, handeln. Vgl. Personenindex.
[28] Ambrosius Blarer, Prediger an St. Stephan in Konstanz, derzeit in Lindau. Vgl. Personenindex. Er hielt sich mindestens seit dem 10. Februar 1533 in Lindau auf. Vgl. seinen Brief an den Memminger Rat (Blaurer Bw. 1, Nr. 322, S. 383). Sein letztes Schreiben aus Lindau datiert vom 15. März (vgl. unten Nr. 667, S. 166–170), sein erster Brief aus Konstanz an Heinrich Bullinger vom 22. März (vgl. Blaurer Bw. 1, Nr. 326, S. 387f.; Bullinger Bw. 3, Nr. 200, S. 87–89).
[29] Das entspricht Bucers Anweisung. Vgl. oben Nr. 660, S. 142, Z. 21–24.
[30] Vgl. ebd., S. 140, Z. 7 – S. 141, Z. 15.
[31] Diese Kombination aus den gebräuchlichsten Vor- und Nachnamen soll wohl die Distanz dieser Personen zu höherer Bildung und Einsicht zum Ausdruck bringen.
[32] Huldrych Zwingli. Der Züricher Antistes starb in der Schlacht von Kappel am 11. Oktober 1531.
[33] Zwingli bezeichnet noch im Brief an Matthäus Alber vom 16. November 1524 (Z 3, S. 322–354) die paulinische Rede, Kelch und Brot seien Gemeinschaft des Leibes und Blutes Christi (I Kor 10, 16), als „communicatio[nem] sanguinis Christi [...] et corporis" (ebd., S. 348, Z. 1). In der *Klaren Unterrichtung vom Nachtmahl Christi*, 23. Februar 1526, spricht er dann aber davon, dass Kelch und Brot „die gemeinsame" (= Gemeinschaft) des Leibes Christi seien, denn „wir, die menge, sind ein brot und ein lychnam; dann wir all von einem brot mit einandren teilend" (Z 5, S. 859, Z. 18–23). Vgl. auch seine *Responsio ad epistolam Ioannis Bugenhagii*, 23. Oktober 1525 (Z 4, S. 568, Z. 18 – S. 570, Z. 10). Bucer nimmt diese Deutung auf, bezeichnet den Christusbezug in dieser Gemeinschaft dann aber als wahr, real und seligmachend. Vgl. seinen Brief an Bonifatius Wolfhart von Ende Mai 1532 (BCor 8, Nr. 591, S. 91, Z. 19 – S. 92, Z. 4). Zu weiteren Belegen vgl. ebd., S. 92, Anm. 82; oben, Nr. 660, S. 140, Anm. 26.

Ego tamen, optime Bucere, semper augustiora illa coenę verba „Accipite et manducate" ³⁴ etc. esse putaui³⁵, non quod Christus in coena se in pane cibum ventris³⁶ et cum pane sic vnitum offerat, vt quicunque panem edat, etiam ipsius corpus edat³⁷ et gratiam percipiat, sed quod, vt pie tu scribis³⁸,
5 illa Christi verba plus aliquid in coena nobis ingerant. Neque enim hactenus plerique nostrum censuere corpus Domini in coena percipere vel edere aliud esse quam credere in eum vt seruatorem nostrum. Verum cum sancti patres carni Christi non solum perlitationis in cruce honorem tribuere, sed et vim viuificatricem, qua ipsius Christi in nobis κοινωνία iterum et iterum recipi-
10 tur³⁹, hoc est recepta perficitur, oportet de tanto mysterio magnificentius sentire [S. 830], id quodᵍ Billicanus⁴⁰ ↓desertor nostrarum partium↓ ⁴¹ et Vrbanus Regius⁴², quamquam obscure, iampridem videntur monuisse, etsi plus ęquo videatur Billicanus hac in parte sibi tribuere. Arroganter enim sępe dixit et Lutheranos et Oecolampadianos in caussa eucharistię extra metas,
15 quod dicitur⁴³, currere⁴⁴. Modestius videtur scripsisse et solidius ea de re

---

ᵍ *gestrichen* ille noster.

³⁴ Mt 26, 26 par.
³⁵ Vgl. die ähnliche Formulierung oben Nr. 660, S. 140, Z. 12 – S. 141, Z. 2. Zu Frechts Auffassung von der Gegenwart Christi im Mahl vgl. seine Briefe an Ambrosius Blarer vom 4. Dezember 1531 (Blaurer Bw. 1, Nr. 243, S. 296f.) und an Heinrich Bullinger vom 12. Mai 1532 (Bullinger Bw. 2, Nr. 97, S. 122f.).
³⁶ In der Abgrenzung zu einer Gegenwart Christi für den Bauch hatte Bucer eine Gemeinsamkeit der protestantischen Abendmahlslehren gesehen. Vgl. BCor 8, S. XXX.
³⁷ Im Hintergrund steht Luthers Forderung, auch die Gottlosen empfingen den Leib Christi, allerdings zum Gericht. Vgl. dazu ebd., S. XXXI.
³⁸ Vgl. oben Nr. 660, S. 141, Z. 2–8.
³⁹ Der Umstand, dass sowohl Philipp Melanchthon als auch Johannes Oekolampad die Rede Cyrills von Alexandrien von Christi *caro vivifica* für ihre jeweilige Position beanspruchten, ermöglichte es Bucer, diese Wendung als eine differenzübergreifende Position der Väter in Anschlag zu bringen. Vgl. bereits Bucers Konkordienschrift (BCor 5, Nr. 368, S. 141, Z. 5). Zu weiteren Belegen vgl. BCor 8, S. 90, Anm. 59.
⁴⁰ Theobald Billican, Prediger in Nördlingen. Vgl. Personenindex. Ihn verband seit dem Studium in Heidelberg eine Freundschaft mit Frecht. Vgl. SIMON, HUMANISMUS UND KONFESSION, S. 172.
⁴¹ In seinem Bekenntnis vom Herbst 1529, das Billican im Zuge seiner letztlich missglückten Promotion in Heidelberg einreichte, hatte er sich sowohl von Luther als auch von Zwingli und den Täufern distanziert. Vgl. Frechts Bericht über den Vorgang im Brief an Bucer vom 21. Februar 1530 (BCor 4, Nr. 274, S. 18, Z. 19 – S. 20, Z. 14). Bucers Einschätzung, Billican sei nicht zum Papismus zurückgekehrt (vgl. Bucer an Ambrosius Blarer vom 26. Januar 1530, ebd., Nr. 273, S. 11, Z. 17–19), akzeptierte Billican als zutreffend. Vgl. SIMON, HUMANISMUS UND KONFESSION, S. 139, Anm. 694.
⁴² Urbanus Rhegius, Superintendent in Lüneburg. Vgl. Personenindex.
⁴³ Vgl. z.B. Titus Petronius Arbiter, Satyrica, cap. 126, par. 2; Marcus Terentius Varro, De lingua latina, lib. 5, cap. 32.
⁴⁴ Im Verlauf der innerprotestantischen Abendmahlskontroverse war Billican unterschiedlichen Lagern zugerechnet worden. Er selbst sah zwischen einer allegorischen Deutung und der Behauptung, der wahre Leib Christi sei im Mahl gegenwärtig, keinen Widerspruch. Vgl. SIMON, HUMANISMUS UND KONFESSION, S. 113.

contra Eccium⁴⁵ Rhegius, vbi bona fide patrum de illa κοινωνία sententias commemorat⁴⁶.

Sed quorsum hęc, optime Bucere? Vt intelligas nos bona spe duci, fore quandoque, vt Lutheranis illud nostrum concordię studium non adeo sit suspectum, hęc ruditer licuit ad tua rescribere, quę, vt soles, boni consule! Salutant te officiose fratres. Foeliciter vale cum fratribus, quos Dominus diu ecclesię suę incolumes conseruet!

Raptim Vlmę, 22 Februarij.

Quando et αὐτόγραφον epistolę tuę⁴⁷ cum illo pellione Deo˂Boscho˂ ⁴⁸ Augustam Musculo⁴⁹ transmisimus. Nam tuus ille tabellio nondum perlectis tuis literis et descripto exemplo Augustam abierat. 1533.

Chunradus, Martinus.

Adresse [S. 830a]: [Summa doctrin]a et pietate eximio d[omino] Martino [Bucero, Argent]inensi ecclesiastę suo in Domino.

Oa (Frecht) AST 156 (Ep. s. XVI, 3), Nr. 343, S. 829–830a. — C Zürich ZB, S 33, 45; Ulm StB, ms. 9855, fasc. II, fol. 40v – 42r.

---

⁴⁵ Johannes Eck, Theologieprofessor in Ingolstadt. Vgl. Personenindex.

⁴⁶ Nach einer Diskussion der Abendmahlsproblematik mit Billican kritisierte Urbanus Rhegius in seiner bei Heinrich Steiner in Augsburg 1529 gedruckten Schrift *Responsio ad duos libros primum et tertium de missa [...] missam esse sacrificium ex scripturis ostendere et adversae partis obiecta diluere conatur* (VD 16, R 1876) die Messopfertheologie seines Lehrers Johannes Eck. Zur Diskussion mit Billican vgl. ZSCHOCH, REFORMATORISCHE EXISTENZ, S. 184–191; zu Rhegius' Argumentation vgl. ebd., S. 313–325; zur Rolle der Kirchenväter vgl. ebd., S. 316f.

⁴⁷ Vgl. Bucers Brief vom 12. Februar 1533 (oben Nr. 660, S. 135–144). Dessen Weitergabe hatte Bucer selbst erbeten (ebd., S. 142, Z. 20f.).

⁴⁸ Die Person konnte nicht ermittelt werden.

⁴⁹ Wolfgang Musculus, Prediger an Hl. Kreuz in Augsburg. Vgl. Personenindex.

664.
Johannes Rosa[1] an Martin Bucer
[Burg Landsberg][2], [vor dem 27. Februar 1533][3]

L'ingratitude est détestable, ainsi que le montrent les proverbes et les châtiments dans [l'ancienne] Athène. Rosa se souvient avec gratitude des bienfaits de Bucer, lui qui est à l'origine de sa vocation évangélique et qui n'a cessé de l'exhorter. Que Bucer regarde moins au petit lièvre que Rosa lui a envoyé tardivement qu'à son cœur reconnaissant. Salutations à son épouse [Élisabeth Bucer].

Undank ist abscheulich, wie Sprichwörter und die Sanktionen [des alten] Athen zeigen. Der Absender indes erinnert sich im Blick auf seine Berufung und beständige Ermunterung sehr genau der Wohltaten Bucers. Bucer soll nicht das für seine Küche bestimmte Häschen, sondern Rosas Herz ansehen und die Gabe nicht als verspätet betrachten. Grüße an Bucers Frau [Elisabeth].

Domino Martino Buccero Joannes Rosa salutem per Christum!

Quam detestabile sit, mi Martine, collatum in sese benefitium non agnoscere, non est, vt docear, cum prouerbium precipiat apud senem et puerum nullum benefitium esse ponendum[4], quod alter eius non recordetur, alter referre non laboret; rursus jmprobum eum esse, qui accipere gaudeat at reddere nesciat[5], vnde dum satis aspere apud Athenas in jngratos esse animaduersum. Sed quid tibi, mi Martine, pluribus obstrepo? Jngratum esse quempiam maxime miserum est, cui inter alia lachrymę Christi[6] subscribunt.

Accepti benefitij a te memoria intermortua non est, viuit et vernat. Tu ipse fons, caput et origo meę vocationis ad euangelicum negotium vtcumque ebuccinandum (caue refrageris!) fuisti, jdem perdius pernoxque hortando, monendo minime cessas, ne tua Rosula sim verbo Dominj offendiculo, impedimento et obstaculo, sed pro viribus annitar, quandoquidem in messem dominicam emissus fructum satis vberem Domino feram[7].

---

[1] Der Absender konnte trotz intensiver Recherche nicht ermittelt werden. Die uns erhaltene Korrespondenz beschränkt sich auf den vorliegenden Brief.

[2] Da der Brief mit „Rosa Landisburgia" unterzeichnet ist (vgl. unten S. 159, Z. 14), könnte es sich um die Burg Landsberg im Elsass handeln, die auf dem südlichen Ausläufer des Odilienbergmassivs, 30 km südwestlich von Straßburg, liegt. Dafür spricht, dass die Sendung eines Hasen als Geschenk für Bucer (vgl. ebd., Z. 1–11) eine räumliche Nähe voraussetzt. Nähere Informationen zur Einführung der Reformation oder der Einsetzung eines evangelischen Predigers im Gebiet der Burg Landsberg waren nicht zu ermitteln.

[3] Bei der Adressenangabe (vgl. ebd., Z. 15f.) ist von Konrad Hubert angemerkt: Redditę sunt 27 feb. 1533. Also dürfte der Brief davor verfasst worden sein.

[4] Vgl. Erasmus, Adagia 1, 10, 52.

[5] Vgl. Titus Maccius Plautus, Persa, vers. 762.

[6] Vgl. z.B. Hebr 5, 7; Lk 19, 41f.

Ob id tuum in me animum maxime benignum, humanum et pium amplector, suspitio et exosculor, et vt a ceptis minime desistat, exopto, quod reliquum est, Samaritanus vel ipse tua Rosa tandem nullis musis comitatus[8]. Sed hoc lepusculo te salutans simul idem tibi quam maximas gratias et ago et habeo ob tuum erga me satis familiarem et animum et benefitium minime abiectum. Referre gratias animum non induco, me tibi, donec viuam, debere solide gauisurus. Non musculum hoc qualecumque tuę culinę natum, sed animum erga te minime degenerem obsecro contemplare gratumque jnsuper mihi polliceor et persuadeo te pro tua humanitate, qua erga quosuis polles, non esse dicturum: Mi Rosa, post festum (vt dicitur) hoc tuo lepusculo Buccerum tuum salutas.

Vale et viue per Christum cum tuis musice et vxorem tuam[9] meo nomine blandiuscule plurima salute impartire, mi Martine!

       T[uus] t[uus] Rosa Landisburgia.

Adresse [S. 546]: Verbi diuini ebuccinatori quam pio, docto strenuoque Martino Buccero, Argentine ad Sanctum Thomam ad manum[10].

Oa AST 40 (21, 1–2), Nr. 221, S. 545f. — *C TB V, S. 36.*

---

[7] Vgl. Mt 9, 37f.
[8] Vgl. Publius Ovidius Naso, Ars amatoria 2, S. 279f.
[9] Elisabeth Bucer. Vgl. Personenindex.
[10] *Konrad Hubert*: Redditę sunt 27 feb. 1533.

665.
Martin Bucer an Oswald Myconius[1]
Straßburg, 5. März [1533][2]

[1] En raison des nombreux échanges de lettres de Myconius avec Capiton, ce n'est qu'aujourd'hui que Bucer a un motif de lui écrire. [2] Bucer a demandé à un messager zurichois de donner à Myconius des lettres à transmettre à [Simon Grynaeus] et à [Heinrich Bullinger]. Grynaeus a reçu des envois avec un sceau brisé ; si Myconius les a reçus dans cet état et qu'il s'est cru autorisé à les ces lettres, qu'il n'en divulgue rien. [3] Il ne faut pas que les querelles éclatent à nouveau ; rien ne serait pire que le fait que les divisions fussent accrues par ce que Bucer a écrit : lui-même œuvre pour l'unité des Églises. Grynaeus a reçu ces écrits en avance, parce que Bucer voulait provoquer, lors de la visite à Bâle qu'il projette, une plus grande édification. La discorde entre les ministres est l'œuvre de Satan, auquel il faut résister. [4] Bucer a écrit à Grynaeus, parce qu'il n'était pas sûr de l'opinion de Myconius au sujet de ses efforts de concorde, et pensait qu'il valait mieux lui parler d'abord personnellement. À Zurich, Myconius lui avait parlé amicalement, mais seulement en présence de Zwingli. Bucer estime Myconius ; son élève Simon Steiner, qui le salue, loue son honnêteté, sa piété et sa culture.

[1] Angesichts des regen Briefverkehrs zwischen [Wolfgang] Capito und Myconius hat Bucer erst jetzt Grund zu schreiben. [2] Wegen der Unkenntnis des Züricher Boten beauftragte er diesen, einige für [Simon] Grynaeus [und Heinrich Bullinger] bestimmte Schriftstücke Myconius zur Weiterleitung auszuhändigen. Dies geschah zwar, Grynaeus bekam die Sendung aber mit gebrochenem Siegel. Falls auch Myconius sie in diesem Zustand erhielt und sich deshalb zur Lektüre berechtigt sah, möge er Diskretion üben. [3] Einem neuerlichen Aufbrechen von Streitigkeiten soll kein Anlass geboten werden. Nichts wäre schlimmer, als wenn durch Bucers Äußerungen in diesen Schriftstücken die Zwistigkeiten vergrößert würden, ist er doch intensiv um die Einheit der Gemeinden bemüht. Grynaeus erhielt die Schreiben nur vorab, weil Bucer im Vertrauen auf den Rat eines so großen Mannes bei seinem bevorstehenden Besuch [in Basel] eine größere Erbauung bewirken wollte. Der Zwist der Amtsträger ist ein Anschlag des Teufels auf das Heil der Gemeinden; den Bestrebungen des Satans gilt es mit unterschiedlichen Heilmitteln zu widerstehen. [4] Bucer adressierte an Grynaeus, weil er sich nicht sicher war, wie Myconius zu seinen Konkordienbemühungen steht, und daher meinte, ein persönliches Gespräch mit ihm sei einer schriftlichen Information vorzuziehen. In Zürich unterhielten sie sich zwar freundlich und zwanglos miteinander, aber nur in Gegenwart Zwinglis. Bucer schätzt Myconius hoch, vor allem sein redlicher, frommer und gebildeter Schüler Simon Steiner rühmt ihn sehr und lässt ihn grüßen.

---

[1] Nachfolger Oekolampads als Basler Antistes. Vgl. Personenindex.
[2] Die Jahreszahl fehlt. Das Jahr 1533 ergibt sich aus den Sachzusammenhängen. Vgl. unten Anm. 4, 8f., 11f.

Salue, frater obseruande!

[1] Cum tu subinde Capitoni[3] et ille tibi scribit[4], quae ecclesiarum intersunt, quibus nos solis studere conuenit, abunde tractari scio, vt mea opera hic opus non sit. Quae caussa fuit, vt tuis studijs noluerim interturbare scriptis friuolis. [5]Quae namque ad rem faciunt, vt dixi, scribit Capito, cum quo, vt conuenit, sunt mihi communia omnia.

[2] Nunc tamen est caussa, mi frater, vt ipse quoque ad te scribam. Misi scripta quaedam nuper per quendam Tigurinum[6] Gryneo[7]. Is, cum Gryneum non nosset, iussi, vt tibi ea reddenda Gryneo praesentaret. Praesentasti et reddidisti tu, verum, vt monet Grynęus, reclusa[8]. Si sic tibi quoque oblata sunt et legisti forsan aliquid in illis – ita vt quisque possit putare sibi licere, si nihil sit obsignati –, oro te per Christum, nulli omnino de his scriptis enuncies, et si cui enunciasti, quantum licet, ne emanet caueas[9].

[3] Ista ecclesiarum perniciosiss[ima] dissidia, quae minimis momentis horrende adeo recrudescunt, scandalosa sunt, quibus magis exitialia accidere non possunt. Quare studendum nobis religiosiss[ime], ne vspiam illis caussam demus, aut etiam, si occasio detur, ea si non sopiendi, saltem circumscribendi cessemus[10].

Proinde nihil posset [S. 126b] accidere mihi aeque molestum, quam, cum tantis studijs ecclesiarum concordiam molior, ea ipsa, quae in hoc scribo, siue per meam siue per alterius imprudentiam dissidijs istis potius augendis quam compescendis seruire. Scripsi haec quidem vobis potiss[imum], sed postquam vidi me literis nihil aut parum effecturum ad id, quod instituo, Grynęo soli[a]

---

[a] *anstatt* foli.

[3] Wolfgang Capito, Pfarrer an Jung-St. Peter und Propst an St. Thomas in Straßburg. Vgl. Personenindex.

[4] Vgl. dazu z.B. die Briefe von Myconius an Capito vom 30. Dezember 1532 sowie vom 2. und 19. März 1533 (MILLET, CORRESPONDANCE CAPITON, Nr. 491, S. 163; Nr. 501f., S. 167f.). Briefe von Capito an Myconius konnten für diesen Zeitraum nicht ermittelt werden.

[5] *Fremde Hand*: <Bucero et Capitoni omnia communia<.

[6] Die Person konnte nicht ermittelt werden.

[7] Simon Grynaeus, Professor für Griechisch in Basel. Vgl. Personenindex. Zum möglichen Inhalt der Briefe vgl. unten S. 162, Anm. 12 sowie das analoge Schreiben Bucers an Martin Frecht und Konrad Sam (oben Nr. 660, S. 143, insbesondere Anm. 50).

[8] Vgl. Simon Grynaeus an Bucer zwischen dem 17. und 22. Februar 1533 (oben Nr. 662, S. 149, Z. 2f.).

[9] In der Tat hat Myconius selbst diese Briefe geöffnet und gelesen. Vgl. sein Schreiben an Wolfgang Capito vom 19. März 1533 (Zürich ZB, Ms. F 81, S. 327f.; MILLET, CORRESPONDANCE CAPITON, Nr. 502, S. 168); vgl. dazu oben Nr. 662, S. 149f., Anm. 8. Für die Behauptung Jean Vincent Pollets (vgl. BUCER 2, S. 337) und Karl Hammers (vgl. BASLER THEOLOGEN, S. 405), Myconius habe Bucers Briefe an Bullinger selbst beantwortet, findet sich kein Beleg in den Quellen. Freundlicher Hinweis von Herrn lic. theol. Rainer Henrich, Winterthur.

[10] Bucer denkt wahrscheinlich an die innerprotestantische Abendmahlskontroverse. Von deren Auswirkungen auf die einzelnen Gemeinden konnte er sich auf der Heimreise von Schweinfurt ein Bild machen. Zu den unterschiedlichen Positionen im Abendmahlsstreit vgl. BCor 8, S. XX–XXXI.

ea volui praemittere, vt, cum aduenissem, quod primo[b] ⌜quoque⌝ tempore, modo per valetudinem liceat, curabo[11], possem fretus viri tanti consilio omnia maiore cum aedificatione agere[12]. Nam quid aliud nobis curandum, quam vt ad sanctificationem nominis Dei et prolationem pomeriorum regni eius ac etiam instaurationem aliquid[c] conferamus.

Legisti, quantis conatibus olim, experiris, quantis hac nostra tempestate Satan ecclesiarum saluti per ecclesiastarum dissensiones insidietur. Nostrae igitur partes sunt, optime Myconi, vt sicut haec cum paucis videmus, ita ante multos istis Satanae conatibus obsistamus. Ad quod quanto sit opus studio, quanta circumspectione, quam varijs sęvpe apud eosdem remedijs, vel praesens te vsus docet. Prudentia tua omnia intelliget, quo pertinent, et boni consulet.

[4] Quod tibi illa scripta non[d] misi potius quam Grynęo, causa, vt ingenue tibi dicam, fuit, quod nec te in hac caussa concordiae ecclesiarum potuerim conijcere sic animatum [S. 127a], vt non praestare existimarem coram me, antea quam legenda illa exhiberem, de hoc negocio disserere. Scis enim nos nihil vnquam serij et maxime in caussa Christi collocutos. Appellabas amice me Tiguri, sed praesente et nescio quo ducente Zvinglio[13]. Pridem autem te bonorum testimonijs commendatum mihi admodum veneror, maxime autem ab eo, quod mecum agit Simon Lithonius[14] ille noster, adolescens admirandae integritatis et pietatis, tum etiam eruditionis, qui te praeceptorem suum satis praedicare et quidem omnibus christiani doctoris nominibus non potest. Optime vale cum tota ecclesia et symmystis omnibus!

Argento[rati], 5 Martij.

T[uus] M[artinus] Bucerus.
Salutat te Simon[15].

---

[b] *gestrichen* quo. – [c] *zuerst* aliquis. – [d] *gestrichen* dum.

[11] Bucer wird Basel Anfang April 1533 besuchen. Vgl. das Itinerar, oben S. XVIII.
[12] In seiner Schrift *Ein brieff an die zu Franckfort am Meyn*, Ende 1532 (WA 30/3, S. 554–571), hatte Luther die oberdeutsch-schweizerische Abendmahlstheologie scharf kritisiert. Seine Antwort (vgl. oben Nr. 659, S. 133, Anm. 11) ließ Bucer vor ihrer Veröffentlichung bei einzelnen Vertrauten mit der Bitte um Rat kursieren (vgl. oben Nr. 660, S. 143, Z. 11–19), wollte aber nicht, dass die Züricher davon erführen (ebd., Z. 19–24). Eben das musste Bucer jetzt, da der ehemalige Züricher Oswald Myconius die Briefe kannte, befürchten.
[13] Im Rahmen einer Rundreise durch Süddeutschland und die Schweiz, auf der Bucer für seine Konkordienschrift warb, machte er am 12. Oktober 1530 auch in Zürich Station. Offenbar nahm an dem nach Bucers Eindruck konstruktiv verlaufenen Gespräch mit Zwingli auch Oswald Myconius teil. Vgl. dazu Bucers Briefe an Ambrosius Blarer vom 12. Oktober (BCor 5, Nr. 344, S. 13, Z. 8–11) und an Zwingli vom 14. Oktober (ebd., Nr. 345, S. 15f.); vgl. dazu KÖHLER, ZWINGLI UND LUTHER 2, S. 243; POLLET, BUCER 2, S. 336.
[14] Helfer Bucers. Vgl. Personenindex.
[15] Simon Lithonius. Vgl. Anm. 14.

Adresse [S. 127 b]: Pietate et eruditione eximio Basilien[sis] ecclesiae pastori, Ochsvaldo [!] My[conio] fratri obseruando.

Oa Zürich ZB, Ms. F 80, S. 126a – 127b. — C Zürich ZB, S 33, 49; TB VI, S. 40.

666.
Johann Heinrich Held[1] an Martin Bucer
Augsburg, 14. März 1533

[1] Held veut suivre l'exhortation de Bucer à étudier la Bible, les écrits païens, ainsi que le grec et l'hébreu ; toutefois, en l'absence de diacre, sa paroisse lui laisse peu de temps. Il est trop éloigné de l'érudit Musculus ; Held espère toutefois lui rendre visite plus souvent durant l'été. Il veut être un bon berger, par sa vie et son enseignement, et accroître la gloire du Christ ; il lit fréquemment l'Écriture et les Pères. [2] Le Sénat d'Augsbourg couvre les abominations papistes ; que Dieu lui donne le cœur de s'attaquer à cette entreprise ! [3] Les prédicateurs d'Augsbourg ne sont – tout comme ceux Strasbourg – pas toujours d'accord, mais le Seigneur les ramène toujours à l'unité dans la vérité. Held veut œuvrer pour l'unité de l'Église ; sans cesse, il est prêt à mettre en retrait ses opinions quand d'autres en avancent de meilleures. Que Bucer continue de lui prodiguer des conseils. Salutations à [Élisabeth,] l'épouse de Bucer et aux frères.

[1] Held will Bucers Ermunterung, die Bibel, heidnische Schriften sowie die griechische und die hebräische Sprache zu studieren, nachkommen. Die Gemeinde lässt ihm aber wenig Zeit, zumal ein Diakon fehlt. Der hochgebildete [Wolfgang] Musculus wohnt zu weit entfernt. Im Sommer will Held ihn aber häufiger als bisher aufsuchen. Held will ein guter Hirte sein und Christi Ruhm vergrößern. [2] Der Augsburger Rat deckt jeden papistischen Greuel, Gott gebe ihm das Herz, die Herausforderung anzupacken. [3] Die protestantischen Prediger in Augsburg sind – wie die in Straßburg – zwar oft nicht eines Sinnes, der Herr führt sie aber immer wieder zur Einheit in der Wahrheit zurück. Held liegt die Einheit der Kirche am Herzen; stets ist er bereit, seine Meinung zurückzustellen, wenn andere Besseres vorbringen. Bucer möge ihm auch weiterhin Rat erteilen. Gruß an Bucers Frau [Elisabeth].

---

[1] Prediger an St. Ulrich in Augsburg. Vgl. Personenindex.

²Salue in eo, qui vera salus est!

[1] Non potui[a] me diutius continere, mi praeceptor Butzere, quin ad te litteras darem. Nam non immerito ingratitudinis vitio obsignarer, nisi humanitas erga me tua desidiam meam boni consuleret. Monuisti superioribus diebus me[b], fratrem tuum³, vt darem operam legendo non modo sacram scripturam, verum etiam ethnica; multum item conducere ad cognitionem scripturarum, si linguam[c] cum Gręcam[d] tum Hebream[e] quis vel paululum degustarit⁴. Huic fraternę monitionj, quoad possum, parebo ingeniumque me[um] hisce donis (auspice Deo) excolam⁵.

Scias autem mihi non multum temporis[f] in parochia ↓mea↓ (nam est lata)[g] superesse[h]; succisiuis duntaxat horis mihi erunt legenda. Non est mihi diaconus. Edes Musculi⁶ mei dilectissimj simulatque doctissimj a domo mea nimis sunt remotę; alias vix scirem hominem cui familiarius iungerer⁷. Miris enim dotibus (vt verissime tuis literis testaris) pollet. Spero tamen posthac per ęstatem eum pluris accessurum, quam antehac fecj.

Summum studium meum in hoc vnico hęret, vt possem bene[i] gregj meę et vita et doctrina sana pręesse: O[mnis] doctrina mea in illum vnicum scopum Iesum Christum crucifixum⁸ (qui so[lu]s mediator est inter Deum et hominem⁹) tendit, et vt illius gloriam magnificare queam. Vtor omnibus medijs, quę ad illum ceu adminicula me vehere possunt. Non reijcio dona Dei ministris Dei collata, imo veneror.[j] Non enim me latet dona Dei etsi diuisa, attamen ab vno spiritu procedere[k] ¹⁰. Qui illis abutuntur, merito penam luent. Sacram scripturam frequenter lego, interim tamen patrum scripta[l], simulatque ethnica non negligo. Mundis enim omnia munda¹¹. Linguas pro virili degusto.

---

[a] *gestrichen* d[iutius]. – [b] *gestrichen* et. – [c] *zuerst* linguas. – [d] *zuerst* gręcas. – [e] *zuerst* hebreas. – [f] *gestrichen* su[peresse]. – [g] *gestrichen* mea. – [h] *gestrichen* salum. – [i] *gestrichen* pręesse. – [j] *gestrichen* Ne. – [k] *O* procedi. – [l] *gestrichen* simula atque.

² *Konrad Hubert:* <ᵛHeldius Henr. Bucero. 1533 d. 4(!) Martiiᵛ<.

³ Dieses Schreiben konnte nicht ermittelt werden. Die uns erhaltene Korrespondenz Bucers mit Held beschränkt sich auf den vorliegenden Brief.

⁴ Johann Heinrich Held galt als freundlicher, liebenswerter Mensch, aber nicht als begabter Theologe. Vgl. ROTH, AUGSBURGS REFORMATIONSGESCHICHTE 2, S. 46; S. 72, Anm. 3.

⁵ Helds Bemühungen scheinen nicht zu einer signifikanten Hebung seines theologischen Bildungsstandes geführt zu haben. Vgl. die einschlägigen Klagen Gereon Sailers in seinen Briefen an Bucer vom 8. Oktober 1533: „Joan[nes] Hainricus non videtur doctior evadere sed capitosior" (AST 157, Nr. 176, S. 393) und an Bucer und Capito vom 11. Oktober: „Joan[nes] Hainrichus multa per suggesta clamat et nihil dicit, quod nihil legit." (Ebd., Nr. 177, S. 395).

⁶ Wolfgang Musculus, Prediger an Hl. Kreuz in Augsburg. Vgl. Personenindex.

⁷ Musculus wohnte im Pfarrzechhaus von Hl. Kreuz. Freundliche Auskunft von Frau Simone Herde, Stadtarchiv Augsburg. Vgl. Stadt AA, Steueramt, Steuerbuch 1534, fol. 4d.

⁸ Vgl. I Kor 1, 23.

⁹ I Tim 2, 5.

¹⁰ Vgl. I Kor 12, 4–11.

¹¹ Tit 1, 15.

[2] Cęterum scias, charissime Martine, omnia apud nos adhuc quam frigidissime agi. Omnis abominatio papistica a senatu nostro tuetur; ad omnia quasi scęlera conniuent. Quapropter quem finem^m hęc dissimulatio sortiri velit, haud conijcere valeo¹². Fido tamen Deum opt[imum] max[imum] aliquando illis cor daturum, vt omni timore humano posthabito rem iam diu arduam aggrediantur. Tu cum tuis orato Deum pro omnibus nobis! Amen.

[3] Societatem^n ecclesię et fratrum concordiam^o, quoad potero, Deo opitulante prouehere studebo¹³. Nos aliquando pro externis rebus (vti apud vos etiam vsu venire solet) inimus certamen, sed in veritate semper sumus concordes; agoque gratias domino nostro Iesu Christo, qui nos sepe discordantes semper tamen in vnum reducit. Nullę apud nos discordie sunt ortę vnquam, quin Dominus in vnitatem^p redegerit. Huic vnitati ecclesię dabo operam; semper sententię meę cedam, cum meliora ab alijs producta fuerint¹⁴.

Vale et tuis salutaribus monitis me miserum et indoctum inuisere non cesses, et si quid culpe in^q te olim admiserim, benigne dones! Sum enim homo erroribus varijs obnoxious. Christi Dominj nostri est in viam reducere errantes¹⁵. Ipsi sit gloria in omne ęuum^r ¹⁶. Saluta dilectam vxorem¹⁷ et fratres omnes!

Augustę, 2^s. id[us] Martij, an[no] 1533.

T[uus] Iohannes Heinricus Heldius.

Adresse [S. 90]: Excellentj ingenij viro d[omino] Martino Butzero, suo preceptorj in Domino obseruando.

O AST 158 (Ep. s. XVI, 5), Nr. 44, S. 89f. — C Zürich ZB, S 33, 51; TB VI, S. 40.

---

^m *gestrichen* s[ortiri]. – ^n *gestrichen* ecclesie. – ^o *gestrichen* p[otero]. – ^p *gestrichen* et. – ^q *gestrichen* te. – ^r *gestrichen* Item. – ^s *zuerst* 22.

¹² Im Augsburger Rat waren die Altgläubigen in der Minderheit, besaßen aber einflussreiche Persönlichkeiten. Vgl. IMMENKÖTTER, KATHOLISCHE KIRCHE IN AUGSBURG, S. 15f.; BODENMANN, MUSCULUS, S. 380f.
¹³ In Augsburg war es zwischen den protestantischen Predigern zu heftigen Streitigkeiten gekommen. Vgl. BCor 6, S. XIV; BCor 7, S. XIVf.; BCor 8, S. XIVf.; KROON, AUGSBURGER REFORMATION, S. 66–72; FRIEDRICH, AUGSBURGER PREDIGER, S. 161–168; ROTH, AUGSBURGS REFORMATIONSGESCHICHTE 2, S. 46–49.
¹⁴ Einen anderen Eindruck vermittelt Gereon Sailer in seinem Brief an Bucer und Capito vom 11. Oktober 1533: „Alii duo Jo[annes] Hainrichus et Bonifacius, perpetui etiam convivae sunt; habet quilibet suos, dividuntur ipsi et dividunt alios adhaerentes." (AST 157, Nr. 177, S. 395). Vgl. KROON, AUGSBURGER REFORMATION, S. 70f.; FRIEDRICH, AUGSBURGER PREDIGER, S. 168.
¹⁵ Vgl. I Petr 2, 25; II Petr 2, 15.
¹⁶ Vgl. z.B. Röm 11, 36.
¹⁷ Elisabeth Bucer. Vgl. Personenindex.

667.
Ambrosius Blarer[1] an Martin Bucer
[Lindau], 15. März 1533

[648←] [1] Sur le départ, Blaurer répond brièvement aux deux lettres de Bucer ; la seconde lui est parvenue hier. [2] À Lindau, le Sénat a introduit un règlement des mœurs et le peuple brûle de zèle pour la gloire du Christ. [3] À Kempten, le mémoire de Bucer a rétabli le calme. Les adversaires [luthériens] [Jean Rottach et Jean Seeger] ont été démis de leurs fonctions. Le Sénat a étouffé les avis, exposés avec trop de chaleur, des Augsbourgeois et des Nurembergeois. Les deux parties ont signé le mémoire de Bucer, mais ensuite, en invoquant leur conscience, les adversaires ont retiré leur signature. Le Sénat les a congédiés et a embauché aux côtés de Jacques Haistung [Paul Rasdorfer et Georges Veit Kappeler]. [4] Le mieux est d'ignorer la lettre de Luther à ceux de Francfort [Ein brieff an die zu Franckfort am Meyn]. *Les nôtres sont fermes, une réplique ne ferait qu'exciter les Luthériens, les papistes gagneraient les simples en arguant de la querelle entre les protestants, et Bucer serait détourné de ses travaux si utiles pour l'Église. Bucer doit aussi dissuader le prédicateur de Francfort [Denys Melander] de répliquer, et poursuivre son commentaire de Paul. [5] Blaurer admire ses écrits à ceux de Kempten et aux Suisses, et ce qu'il a reçu il y a peu d'Ulm. Il assure Bucer de sa discrétion : il enverra des copies par le premier messager ; il veut discuter de ces écrits avec [Jean] Zwick. Que l'hôte de Bucer [Barthélemy Fonzio] se garde de le déranger au milieu de son entreprise très sainte. Salutations à Capiton ; salutations de Thomas [Gassner] et de son épouse [Catherine]. Le bâteau attend ; Thomas enverra cette lettre par l'intermédiaire d'un Strasbourgeois. [P. S.] Ce n'est pas Blaurer lui-même qui a publié les bagatelles au sujet d'un jeune homme d'Isny ; il en approuve cependant le contenu. [→ 671]*

[648←] [1] Zur Abreise gerüstet, antwortet Blarer nur kurz auf beide Briefe Bucers; der zweite traf gestern ein. [2] In Lindau steht es gut, der Rat führte eine Zuchtordnung ein, und das Volk brennt für den Ruhm Christi. [3] In Kempten kehrte durch Bucers ausgewogenes Gutachten Ruhe ein. Die [lutherischen] Gegner [Johannes Rottach und Johannes Seeger] wurden entlassen. Die Stellungnahmen der Augsburger und Nürnberger unterdrückte der [Kemptener] Rat, weil sie ihre eigene Position zu deutlich vertraten. Bucers Gutachten unterschrieben zunächst beide Parteien, später aber zogen die Gegner unter Berufung auf ihr Gewissen ihre Unterschrift zurück. Der Rat entließ sie und stellte [dem reformierten Prediger] Jakob Haistung zwei Mitstreiter [Paul Rasdorfer und Georg Veit Kappeler] zur Seite. [4] Luthers Brief an die Frankfurter [Ein brieff an die zu Franckfort am Meyn] *ist am besten zu übergehen. Die [Oberdeutschen] stehen fest, die Lutheraner würde eine Publikation nur reizen, die Papisten würden die Einfältigen mit dem Verweis auf den Streit unter den Protestanten gewinnen und Bucer würde von seinen so ungemein nützlichen Arbeiten*

---

[1] Prediger an St. Stephan in Konstanz, derzeit in Lindau. Vgl. Personenindex.

abgehalten. So soll er auch den Frankfurter Prediger [Dionysius Melander] von einer [öffentlichen] Antwort abhalten. Bucer soll stattdessen seine Paulus-Kommentierung fortsetzen. [5] Seine Schreiben an die Kemptener, an die Schweizer und das, was Blarer jüngst aus Ulm erhielt, bewundert er. Die Kopien werden zuverlässig mit dem ersten Boten zurückgesandt, Blarer will sie mit [Johannes] Zwick besprechen. Bucers Gast [Bartholomeo Fonzio] soll sich davon machen, um Bucers heiligste Vorhaben nicht aufzuhalten. Grüße an [Wolfgang] Capito; es grüßt Thomas [Gassner] samt Frau [Katharina]. Das Schiff wartet; den Brief wird Thomas mit einem Straßburger Bürger senden. [P.S.] Die unter Blarers Namen veröffentlichten Nebensächlichkeiten über einen Jungen aus Isny wurden nicht von ihm selbst, sondern von einem anderen in Druck gegeben, der Sachverhalt stimmt aber. [→ 671]

²Et tu³ multum salue, venerande Bucere, cui sum ego tam obseruandus!

[1] Ad superiores illas literas tuas parum et ad eas, quas heri accepi⁴, nunc ad iter accinctus⁵ paucissimis respondeo.

[2] Primum Christi caussam hic iam satis bene habere et institutam a magistratu censuram⁶, deinde plebem ipsam ardenter studere gloriae Christi, ut omnino sperem reliqua etiam, queᵃ adhuc desidero, feliciter successura.

[3] ⁷Campodunen[sis] ecclesia tua illa modestissimaᵇ explicatione admonitioneque⁸ summa nunc gaudet tranquillitate motis suo gradu duobus istis

---

ᵃ *gestrichen* etiam. – ᵇ *zuerst* modesissima.

² *Konrad Hubert:* <ᵛBlaurerj literę. A 1533, 15 Martij. Blaurerus Ambros. Bucero 1533: ↓23 jan.↓, 23 febr., 15 martium etc.ᵛ<.

³ Vgl. Bucers Eingangsgruß im vorausgegangenen Schreiben (oben Nr. 648, S. 88, Z. 1).

⁴ Innerhalb der von uns ermittelten Korrespondenz datiert Bucers vorletztes Schreiben an Blarer vom 11. November 1532 (vgl. oben Nr. 637, S. 37–40) und sein letztes Schreiben vom 4. Januar 1533 (vgl. oben Nr. 648, S. 86–93).

⁵ Da Blarer auf das bereits wartende Schiff verweist (vgl. unten S. 169, Z. 14), dürfte er Lindau noch am 15. März verlassen haben. Das nächste sichere Datum für Blarers Aufenthaltsort ist sein Brief an Heinrich Bullinger, den er am 22. März 1533 bereits in Konstanz verfasste (vgl. Blaurer Bw. 1, Nr. 326, S. 387f.; Bullinger Bw. 3, Nr. 200, S. 87–90).

⁶ Die Zuchtordnung *Burgermaister, rat und gemaind der statt Lindaw ordnungen, wider allerlay ergernussen und laster furgenommen* (Kirchenordnungen Lindau, S. 186–197). Sie hatte der Lindauer Rat unter dem Einfluss Blarers und Thomas Gassners am 23. Februar 1533 eingeführt. Inhaltlich stand sie der Konstanzer Zuchtordnung vom 5. April 1531 nahe, beteiligte die Geistlichen aber nicht an der Sittenzucht. Vgl. KÖHLER, ZÜRCHER EHEGERICHT 2, S. 187–194; SCHULZE, BEKENNTNISBILDUNG LINDAUS, S. 79–84.

⁷ *Konrad Hubert:* <Campidunen[sis] ecclesia pacata.<.

⁸ In Kempten war zwischen den Lutheranern Johannes Rottach (vgl. Personenindex) und Johannes Seeger (vgl. Personenindex) einerseits und dem Zwinglianer Jakob Haistung (vgl. Personenindex) andererseits ein Streit um die leibliche Gegenwart Christi im Abendmahl entbrannt. Auf Anordnung des Rates hatte jeder der drei eine Stellungnahme abgegeben, welche der Rat mit der Bitte um Gutachten nach Augsburg, Nürnberg und Straßburg weiterleitete. Daraufhin verfasste Bucer am 31. Dezember 1532 ein ausführliches Gutachten (vgl. BDS 8, Nr. 4, S. 55–154); vgl. auch seinen Brief an die Kemptner Prediger (oben Nr. 647, S. 78–86). Zu den näheren Umständen vgl. ebd., S. 82, Anm. 11.

aduersarijs, quorum intemperie prius misere iactabatur⁹. Quae Augustani¹⁰ et Norici¹¹ scripserant, cum utrique calidius sua tractassent, suppressa sunt a senatu¹² prudenti sane consilio. Vestra modis omnibus arriserunt, ¹³quibus 1° subscripserunt aduersarij uicti nimirum simplicissima et luculentissime explicata veritate. Mox autem mutato consilio affirmarunt se nulla sana conscientia consentire posse uestrę enarrationi. Qua inconstantia offensus senatus porro cessare ipsos voluit in demandato prius ministerio iamque alias symmystas Iacobo Höstung¹⁴ adiungendos curat^c ¹⁵. Sed puto te alias de^d his iam factum certiorem.

[4] ¹⁶Iam^e Luth[eri] epistolam ad Francofordien[ses]¹⁷ constanter (si quid recte iudico) dissimulandam^f tibi simul et nostris omnibus existimarim. Quorsum enim adtinet crabrones uehementius irritare¹⁸? Videmus concitatiorem praefractioremque esse uiri animum in hoc negocio, quam vt mitigari et reuocari possit quibuscunque nostrorum scriptionibus. Nostri satis iam sunt confirmati, vt nihil ab illorum tragoedijs illis metuere debeamus; qui uero a Luthero stant, plus etiam irritantur rixandi libidine perpetuis nostris scriptionibus. Papistis postremo iucundissimum praebemus spectaculum, qui simpliciores hoc magis a nostra doctrina absterrent, quo diligentius inculcant nostrum adeo feruens dissidium, vt ne quid interim dicam de praeciosiss[imi] temporis iactura, quam hic facimus, et quod tu ab alijs sanctissimis et Christi ecclesię utilissimis laboribus transuersum raperis. Dominum compraecemur, ut ipse fortiss[imo] suo spiritu – uelit nolit Lutherus – omnia componat. Igitur,

---

^c *zuerst* curant. – ^d *zuerst* des. – ^e *gestrichen* d[octor]. – ^f *gestrichen* et.

⁹ Anfang Januar 1533 hatten alle drei Kemptener Prediger Bucers Gutachten auf Vorlage des Rates unterzeichnet. Als Seeger und Rottach aber ihre Unterschrift wegen theologischer Skrupel zurückzogen, entließ sie der Rat am 31. Januar. Vgl. BDS 8, S. 64; ERHARD, KIRCHE IN KEMPTEN, S. 37; DERS., SAKRAMENTSSTREITIGKEITEN IN KEMPTEN, S. 168.

¹⁰ Das Augsburger Gutachten zu den drei Stellungnahmen konnte nicht ermittelt werden. Vgl. BDS 8, S. 63; ERHARD, SAKRAMENTSSTREITIGKEITEN IN KEMPTEN, S. 162.

¹¹ Das am 13. Dezember 1532 bereits vorliegende Nürnberger Gutachten konnte nicht ermittelt werden. Es nahm erwartungsgemäß für die Lutheraner Partei. Zum Inhalt vgl. Briefbuch der Stadt Nürnberg, Nr. 106, fol. 50, zitiert nach ERHARD, SAKRAMENTSSTREITIGKEITEN IN KEMPTEN, S. 164. Zu diesem Dokument insgesamt vgl. BDS 8, S. 63; ERHARD, SAKRAMENTSSTREITIGKEITEN IN KEMPTEN, S. 162–164. Zu seinem Verbleib vgl. Osiander GA 5, Nr. 184, S. 382, Anm. 7.

¹² Der Rat vermutete wohl, die klare Parteinahme der Augsburger und Nürnberger für die jeweilige Position werde die Auseinandersetzung nur verschärfen. Vgl. BDS 8, S. 63f.

¹³ *Konrad Hubert*: ⁻Nota⁻.

¹⁴ Vgl. oben S. 167, Anm. 8.

¹⁵ Der Rat stellte Haistung die gebürtigen Kemptener Paul Rasdorfer (vgl. Personenindex) und Georg Veit Kappeler (vgl. Personenindex) zur Seite, die sich Zwingli verpflichtet wussten. Vgl. BDS 8, S. 64.

¹⁶ *Konrad Hubert*: ⁻Lutherj epistola ad Francfurten[ses].⁻

¹⁷ Luthers Schrift *Ein brieff an die zu Franckfort am Meyn*, Ende 1532 (WA 30/3, S. 554–571). Vgl. dazu oben Nr. 659, S. 133, Anm. 11.

¹⁸ Vgl. Titus Maccius Plautus, Amphitruo, vers. 707.

si me pateris monitorem, nihil prorsus respondebis adeoque Francofor-
dien[sem] illum concionatorem[19] cohibebis, ne ipse forte imprudentius quid
spargat in mundum plus pertęsum huius pugnę. Perge autem, ut facis, Bucere,
et Pauli nobis epistolas pro nobiliss[imo] tuo dono illustra, commodaturus[g]
hic si usquam unquam prius Christi ecclesijs! [S. 368]

[5] Tua omnia, quę Campodunen[sibus], deinde quę ad fratres Heluetię
scripsisti[20], cum cęteris, quę proximis diebus fratres Vlmen[ses] miserunt[21],
ita ut debeo, suspicio et veneror. De mea fide securus esto[22]! Primo quoque
tabellione remisero exemplaria; uisum est enim et Zuiccio[23] illa communicare
idque certis rationibus. Hospitem[24] tuum facessere iubeo, modo Domino
quoque uideatur, ne quid molestius interturbet et remoretur tuos sanctissimos
conatus. Capitoni[25] nostro cum cęteris symmystis meis uerbis multam dices
salutem meque illis commendabis. Salutat te Thomas Lindauien[sis] episco-
pus[26] cum vxore[27]. Sed expectat me[h] nauis. Literas has Thomas perferendas
ad te curabit, ubi redierit ciuis ille uester[28]. Christus te nobis quamprimum
incolumem restituat restitutumque diutissime conseruet! In quo bene vale,
pectus meum! Ora pro me meoque ministerio semper!

15 martij 1533.

T[uus] Ambrosius Blaurerus.

---

[g] *zuerst* commodaturum. – [h] *zuerst* meis.

[19] Wohl der führende Frankfurter Prediger Dionysus Melander. Vgl. Personenindex. In Anbetracht von Luthers Vorwurf, die Frankfurter Prediger betrieben Aufruhr, verlangte er mit den anderen Ortsgeistlichen vom Frankfurter Rat eine Unbedenklichkeitserklärung. Vgl. ihre Schrift *Aus hohem bedengken, was unrats in der stat daraus erfolgen mocht, wo den predicanten die kundschaft gewaygert wurde*, März 1533 (JAHNS, FRANKFURT, S. 225f.).
[20] Zu denken ist neben Bucers Schreiben an Leo Jud vom 23. Juni 1531 (BCor 8, Nr. 598, S. 150–165) vor allem an seinen langen Brief an Heinrich Bullinger von Ende August 1532 (ebd., Nr. 626, S. 281–369) und die für die Schweizer insgesamt verfasste *Epistola communis* vom August 1532 (AST 174, fol. 239r – 259v).
[21] Vgl. die entsprechende Anweisung Bucers an die Ulmer (oben Nr. 660, S. 142, Z. 20–24). Zum Inhalt der Sendung vgl. ebd., S. 143, Anm. 50. Blarer erhielt Bucers Sendung erst so spät, weil die Ulmer die Originale zunächst nach Augsburg geschickt hatten. Vgl. oben Nr. 663, S. 157, Z. 9–11.
[22] Bucer befürchtete, seine Apologien könnten vor einem persönlichen Gespräch den Züricher Theologen bekannt werden. Vgl. oben Nr. 660, S. 143, Z. 16–21.
[23] Johannes Zwick, Prediger in Konstanz. Vgl. Personenindex.
[24] Wohl Bartholomeo Fonzio, der seit Juli 1532 Gast Bucers in Straßburg war. Vgl. Personenindex; vgl. dazu POLLET, BUCER 2, S. 472.
[25] Wolfgang Capito, Pfarrer an Jung-St. Peter und Propst an St. Thomas in Straßburg. Vgl. Personenindex.
[26] Thomas Gassner, Pfarrer in Lindau. Vgl. Personenindex.
[27] Katharina Gassner, geborene von Ramschwang. Vgl. Personenindex.
[28] Die Person konnte nicht ermittelt werden, reiste aber wohl nicht unmittelbar ab, denn Bucer kennt das vorliegende Schreiben am 26. März noch nicht und beschwert sich über das Ausbleiben von Nachrichten (vgl. unten Nr. 671, S. 182, Z. 11–13).

Diuulgauit nescio quis ineptulus meo nomine nugas de adulescentulo quodam Isnen[si][29]. Quę, si in manus uestras inciderint, caue putes a me typographo[30] tradita! Quamquam res ita habet, uerum non conueniebat spargi in uulgus alioqui immodice superstitiosum.

[Adresse fehlt!]

Oa *AST 154 (Ep. s. XVI, 1), Nr. 151, S. 367f.* — C *Zürich ZB, S 33, 57; TB VI, S. 42.* — R/P *Blaurer Bw. 1, Nr. 325, S. 386f.*

---

[29] Vgl. dazu Blarers Notiz in seinem Brief an Johann Machtolf vom 17. Januar 1533 aus Isny (Blaurer Bw. 1, Nr. 318, S. 380). Der Bericht erschien 1533 in Augsburg unter dem Titel *Ain New geschicht, wie ain Knäblin bey Yßne umb zwelff jar wunderbarliche gesicht gehabt unnd von mancherlay tröwung der straff Gottes darin[hn] geredt habe* (VD 16, B 5692).
[30] Philipp Ulhart, Drucker in Augsburg. Vgl. Personenindex.

668.
Heinrich Never[1] an Martin Bucer
Wismar, 16. März 1533

[1] Never avait reçu avec beaucoup de joie la lettre de Bucer du 11 avril 1531, que lui avait transmise Jean Hane ; elle avait mis fin à la rumeur que répandait Jean Bugenhagen, alors à l'œuvre à Lübeck, et selon lequel Bucer aurait renié sa compréhension de la Cène pour se rallier à Luther. La lettre de Bucer avait été utile à beaucoup de personnes, que la rumeur avait ébranlées. [2] Never est toujours prédicateur à Wismar, mais il est pressé par les Luthériens, qui peuvent s'appuyer sur les princes [Henri V et Albert VII du Mecklembourg]. Ces derniers lui ont interdit de propager la doctrine « zwinglienne » et ont menacé de l'expulser, mais jusqu'à présent, Dieu l'a protégé. Aussi, par égard pour l'Église, depuis trois ans Never n'a plus célébré de sainte cène. Le dernier dimanche Reminiscere [le 9 mars 1533], après le sermon, l'ensemble du Sénat de Wismar lui a transmis une lettre du duc [Henri V] lui interdisant, sous peine de bannissement, de prêcher sur la Cène en sens zwinglien, et exigeant qu'il renie des prédications qu'il avait tenues sur la Cène. [3] Le duc lui a adressé aussi l'opuscule de Luther contre ceux de Francfort [Ein brieff an die zu Franckfort am Meyn] et a chargé le Sénat [de Wismar] de le lui lire. Par crainte sans doute de troubles, le Sénat n'a pas accédé à la demande, par Never, d'être congédié. Never a remis au Sénat une confession sur les sacrements, lui demandant de la faire parvenir au duc.

---

[1] Reformator in Wismar. Vgl. Personenindex.

Never, qui exprime son espérance que triomphe la vérité, adresse cette confession à Bucer pour examen, et le prie de lui envoyer une lettre de réconfort.

[1] Bucers letzten, von Johannes Hane überbrachten Brief vom 11. April 1531 empfing Never mit großer Freude, entkräftete er doch das Gerücht, das der damals in Lübeck wirkende Johannes Bugenhagen verbreitete. Demnach hätte Bucer sein Abendmahlsbekenntnis widerrufen und sich Luther angeschlossen. Bucers Brief nützte vielen, die das Gerücht ins Wanken gebracht hatte. [2] Never ist noch immer Prediger in Wismar, wird aber von den Lutheranern, die sich auf die Fürsten [Heinrich V. und Albrecht VII. von Mecklenburg] stützen können, bedrängt. Letztere verboten ihm die Verbreitung „zwinglianischer" Lehre und drohen mit Vertreibung. Um der Kirche keinen schlechten Dienst zu erweisen, hat Never deshalb seit drei Jahren kein Abendmahl mehr gehalten. Am letzten Sonntag Reminiscere [9. März 1533] überbrachte ihm dann der gesamte Wismarer Rat ein herzogliches Schreiben, welches bei Ächtung verbot, über das Abendmahl im Sinne Zwinglis zu predigen, und den Widerruf gehaltener Abendmahlspredigten verlangte. [3] Herzog [Heinrich V.] schickte außerdem ein Exemplar von Luthers Büchlein gegen die Frankfurter [Ein brieff an die zu Franckfort am Meyn] *und beauftragte den [Wismarer] Rat, es Never vorzulesen, was am selben Tag geschah. Nevers' Kündigung wies der Rat wohl aus Furcht vor Aufruhr ab. Daraufhin übergab er ihm sein Bekenntnis über die Sakramente und ersuchte ihn um Weiterleitung an den Herzog. Never sendet es nun auch Bucer zur Prüfung und bittet um einen Trostbrief.*

Gratia et pax Domini nostri Jesu Christi tecum, sinceirissime in Christo frater!

[1] Postremas tue dilectionis literas vndecimo Aprilis datas anno etc. 31[2] quidam juuenis magister Johannes Hane[3], qui Spire tunc morabatur[4], de ciuitate mea existens, michi a te procurauit[5] atque transmisit, quas ingenti gaudio suscepi. Eodem enim anno Joh[an]nes Bugenhagen[6] Pomeranus apostolatum suum apud Lubeccum agebat[7], qui cum suis magnum in popu-

---

[2] Das vorliegende Schreiben ist das einzige von uns ermittelte Dokument des Briefwechsels zwischen Bucer und Never. Vgl. aber Bucers Hinweis im Brief an Zwingli vom 30. Juni 1530 (BCor 3, Nr. 235, S. 292, Z. 11–13).

[3] Vermutlich Sohn des Wismarer Ratsherrn Blasius Hane. Vgl. Personenindex.

[4] In seinem Schreiben an Bucer vom 16. März 1531 unterzeichnet Hane als „M. Joannes Hane Wismarensis, apud licentiatum dominum Joannem Helffman in Spira, judicij came[rae] imperialis procuratorem" (BCor 5, Nr. 405, S. 321, Z. 3f.).

[5] In diesem Schreiben (vgl. die vorausgehende Anm. 4) hatte Hane Bucer gebeten, Never doch einen Brief zu schreiben (ebd., S. 319, Z. 5–7).

[6] Stadtpfarrer in Wittenberg. Vgl. Personenindex.

[7] Bugenhagen wirkte vom 28. Oktober 1530 bis zum 30. April 1532 in Lübeck, um die dortige Kirche im Sinne der Wittenberger Reformation neu zu ordnen. Vgl. seinen Brief an Luther, Justus Jonas und Philipp Melanchthon von Anfang November 1530 (Bugenhagen Bw., Nr. 40, S. 101). Unter seiner Federführung entstand die Lübecker Kirchenordnung vom 27. Mai 1531 (vgl. Melanchthon Bw. P 11, S. 234).

lorum auribus rumorem sparserit de te, quantus reuocaueras tuam de eucharistia ⸂priorem⸃ confessionem atque cum Martino Luthero de eadem iam pari fide et predicando et scribendo sentires[8]. Videns autem simulac legens tuas gratissimas literas, negocium[a] aliter intellexi grauisus valde de tua pristina fide et constancia[9]. Profuerunt iste tue litere et alijs multis iam pene vacillantibus propter praefatum infelicem rumorem robur et consolatio.

[2] Scias me adhuc predicationis munere fungi apud Wismarianos[10], sed instantias sustineo m[u]ltas a Lutheranis[11], qui se principum[12] auxilijs muniunt contra me. Qui nempe principes m[u]ltas diras minatoriasque literas pariterque nuntios ad me miserunt districte mandantes, ne Zuinglianam (quam sic vocant) doctrinam predicem et in vulgo conspargam[13]. Minantur proscripcionem et de[b] terra expulsionem, sed hactenus nihil horum adhuc effectum est Deo prouidente et custodiente, in cuius manu cor regis esse scriptura testatur[14]. Jam pene ad triennium omisi ministerium cene dominice, ut non deseruiam in hoc ecclesie[c] nostre, quia prohibeor publice de veritate eucharistie docere. Jam praesenti anno 1533 in proxima dominica Reminiscere[15] post contionem, quam populo in ecclesia feceram,

---

[a] *gestrichen* istuc. – [b] *gestrichen* terram. – [c] *gestrichen* sue.

[8] Dieses Gerücht ging wohl von Wittenberg aus. Vgl. Luthers Schreiben an Johann Brießmann in Riga vom 7. November 1530 (WA Bw. 5, Nr. 1747, S. 678, Z. 32–36); Martin Germanus an Bucer vom 14. Mai 1531 (BCor 6, Nr. 428, S. 4, Z. 6–12).

[9] Bucer entkräftet das Gerücht in seinem Brief an Ambrosius Blarer vom 12. Dezember 1531 (BCor 7, Nr. 524, S. 108–118; zum Ostseeraum vgl. ebd., S. 112, Anm. 18).

[10] Der gebürtige Wismarer Never predigte seit Ostern 1524 im reformatorischen Sinn in der Klosterkirche in Wismar. Vgl. WOLGAST, NEVER, S. 65.

[11] Nevers Kollegen Heinrich Möllens an St. Georgen und Georg Berenfeld an St. Nikolai. Vgl. DOORNKAAT KOOLMAN, TÄUFER IN MECKLENBURG, S. 22; TECHEN, GESCHICHTE WISMAR, S. 134; WOLGAST, NEVER, S. 65.

[12] Heinrich V., Herzog von Mecklenburg (vgl. Personenindex), und Albrecht VII., Herzog von Mecklenburg (vgl. Personenindex). Zu ihrer Intervention gegen Never vgl. die nachfolgende Anm. 13.

[13] In der Diskussion um das Abendmahl distanzierte sich Never seit 1528 von der Position Luthers und lehnte unter anderem die Ubiquitätslehre explizit ab. Vgl. seine bei Ludwig Dietz in Rostock gedruckte Schrift *Vorklaringe und entlick beschet des Wordt des Heren Diskes, nach gründinge und verforschinge der schrifft*, 1528 (vgl. dazu WOLGAST, NEVER, S. 66, Anm. 25). Bugenhagen wandte sich mehrmals gegen Nevers Abendmahlsverständnis, zunächst 1529 und 1531, dann ausführlich in seiner Schrift *Wider die Kelchdiebe*, Januar 1532 (vgl. dazu ebd., S. 69, Anm. 35), in der er Never vorwarf, bei seiner Auslegung von Joh 6, 63 an Weihnachten 1531 nicht nur gegen das Sakrament, sondern auch gegen die Menschwerdung Christi gepredigt zu haben. Vgl. DOORNKAAT KOOLMAN, TÄUFER IN MECKLENBURG, S. 24; TECHEN, GESCHICHTE WISMAR, S. 135; WOLGAST, NEVER, S. 66–69. Gegen die Veröffentlichung einer von Never verfassten Verteidigungsschrift intervenierten dann Heinrich V. und Albrecht VII. im Mai 1530 (vgl. ebd., S. 68).

[14] Prov 21, 1.

[15] Der 9. März 1533. Der Sonntag Reminiscere wurde in Wismar seit dem Jahr 1525 bis zum 30-jährigen Krieg als Reformationssonntag gefeiert. Vgl. DOORNKAAT KOOLMAN, TÄUFER IN MECKLENBURG, S. 21.

jntrauit ad me (nam in monasterio adhuc habito[16]) totus senatus Wismarien[sis][17] portans secum literas ducales, quas pro tunc princeps illius terre[18] miserat, satis diras et minatorias, respicientes personam meam, vbi de nouo inhibicionem michi faciens, quantus „Zwinglianam", ut aiunt, doctrinam[19] minime in re eucharistie predicem, sub magnis ↓penis↓ et censuris, nempe proscripcionis, vbi et reuocationem factarum contionum de narrato eucha[ristie] negocio imperiose coegit.

[3] Misit idem Princeps et libellum quendam Lutheri, quem contra Francforden[ses] hoc anno ederat[20], mandansque senatui, quantus michi eundem diligenter prelegere curaret, quod et ipso praefato die factum est. Ego enim videns me non habere apud principes gratiam et quod ↓non↓ sustinerent meam predicacionem sua in terra, resignaui ipso die senatui munus predicacionis petens ab eo dimitti. Sed noluit senatus timens, credo, ne fieret tumultus in populo[21]. Mandarunt et confortarunt quantus concionator eorum manere, saltem a predicatione eucharistie me continere iuxta principis voluntatem. Tunc ego in promptu habebam confessionem meam conscriptam atque in duodecim articulos congestam in labio nostro communi[22]. Hanc et senatui consignaui et tradidi legendam et iudicandam atque, si eis vtile visum fuerit, possent et principi eandem meam de sacramentis breuem confessionem remittere[23]. Sic res modo mecum agitur, nescio neque adhuc certus sum, qui negocii finis erit[24].

Ego autem sperabo in Domino; tu quoque me apud Deum precibus iuues. Mitto hic et tue dilectioni hanc meam confessionem labio nostro conscriptam. Estimo veritati eam contrariam non esse. Sed iudices tu iudicentque tecum christiani fratres. Veritas enim Domini in eternum praestabit, seuiant Satan, mundus et caro, quantumcunque secundum promissionem voluerint. Desidero a te, si commode id facere possis, tuam christianam atque fraternam per amicas literas consolacionem[25].

---

[16] Never wohnte bis zu seinem Lebensende im Heilig-Kreuz-Kloster, dem „Grauen Kloster" der Franziskaner, der heutigen Großen Stadtschule Wismars. Vgl. ebd., S. 23.

[17] Zur Ratszusammensetzung vgl. SCHILDHAUER, AUSEINANDERSETZUNGEN IN DEN HANSESTÄDTEN, S. 245–247 (Anhang, Tabelle III).

[18] Heinrich V., Herzog von Mecklenburg. Vgl. oben S. 172, Anm. 12.

[19] Dass Never seine Abendmahlsauffassung weder mit der Luthers noch der Zwinglis identifiziert, bedeutet freilich noch nicht, dass sie von Schwenckfeld herrührt (so KOCH, ZWINGLIANER, S. 520; zum Ganzen vgl. ebd., S. 518–522). Vgl. dagegen WOLGAST, NEVER, S. 67, Anm. 26.

[20] Luthers Schrift *Ein brieff an die zu Franckfort am Meyn*, Ende 1532 (WA 30/3, S. 554–571). Zu ihr und Bucers Antwort vgl. oben Nr. 659, S. 133, Anm. 11.

[21] Im Jahr 1536 wird Never nochmals seinen Rücktritt anbieten. Er blieb aber bis 1541 im Amt. Vgl. WOLGAST, NEVER, S. 77.

[22] Das Bekenntnis Nevers konnte nicht ermittelt werden. Vgl. ebd., S. 70, Anm. 41.

[23] Eine Stellungnahme des Rates odes des Fürsten zu Nevers *Confessio* konnte nicht ermittelt werden.

[24] Der Rat hielt, wohl weil Never einlenkte, an ihm fest. Vgl. ebd., S. 70.

[25] Eine Stellungnahme oder ein Antwortbrief Bucers konnte nicht ermittelt werden.

Vale, faciatque Dominus te prospere et fideliter suum agere negocium pro gloria Dei et ecclesie eius sancte commodo! Cupio in Christo bene valere, agere et habere omnes fratres tecum in euangelio Christi laborantes et ardentes.

Datum Wismarie anno salutis 1533, die 16 marcij.

Hinricus Neuerus confrater.

Adresse [S. 518]: Venerabili domino et in Christo fidelissimo fratri Martino Bucero, Argentorati eruditissimo sanctarum scripturarum lectori atque euangelij Christi in eadem vrbe vigilantissimo praeconi.

Oa AST 40 (21, 1–2), Nr. 22g, S. 517f. — C TB VI, S. 43f.

669.
Johannes Schwebel[1] an Martin Bucer, Wolfgang Capito[2] und Kaspar Hedio[3]
Zweibrücken, 19. März 1533

[656←] Après que le pasteur [catholique] des Deux-Ponts [, Jean Meisenheimer,] a renoncé à ses fonctions, les princes [le comte palatin Robert et la duchesse Élisabeth] pressent Schwebel de lui succéder ; Schwebel ne le fera que s'il ne reste pas seul. Les Strasbourgeois n'enverront [Jean] Hechtlin qu'avec réticence. Lui aussi ne viendra qu'à contre-cœur, en raison du faible traitement et, si la rumeur est fondée, parce qu'il désapprouve les usages de cette Église. Sans collègue, il ne pourra pas porter cette charge, trop lourde pour un seul homme. Que les Strasbourgeois lui envoient un collègue qui s'accorde avec lui dans la doctrine. [P. S.] Il y a quelque espoir que vienne [Caspar] Glaser, et c'est pourquoi on n'a guère négocié au sujet de [Jean] Frosch ; les princes veulent un célibataire. [→ 670]

[656←] Nach dem Amtsverzicht des [altgläubigen] Zweibrücker Pfarrers [Johannes Meisenheimer] drängen die Fürsten [Pfalzgraf Ruprecht und Herzogin Elisabeth] Schwebel zu dessen Nachfolge; er will sie aber nur antreten, wenn er einen Kollegen bekommt. [Johannes] Hechtlin werden die Straßburger nur widerstrebend senden. Auch er selbst wird in Anbetracht des schmalen Salärs und, falls das Gerücht stimmt, wegen seiner Unzufriedenheit mit

---

[1] Prediger an der Alexanderskirche und Reformator von Zweibrücken. Vgl. Personenindex.
[2] Pfarrer an Jung-St. Peter und Propst an St. Thomas in Straßburg. Vgl. Personenindex.
[3] Prediger am Straßburger Münster. Vgl. Personenindex.

den Verhältnissen der Zweibrücker Gemeinde ungern kommen. Ohne einen Kollegen wird aber auch Schwebel die für einen einzigen untragbare Last abwerfen. Die Straßburger sollen ihren bisherigen Wohltaten eine weitere hinzufügen und einen Mitstreiter senden, der in der gesunden Lehre mit Schwebel übereinstimmt. [P.S.] Es besteht Hoffnung auf das Kommen [Kaspar] Glasers, deshalb wurde über den Greis [Johannes] Frosch wenig verhandelt; die Fürsten suchen einen Ledigen. [→ 670]

[4]Saluete, viri pręstantissimi!
Post multa consilia vix tandem parochus noster[5] sibi consultum persuasit officio cedere[6]. Instant principes[7], vt ego illud suscipiam, et nolentem cogunt[8]; at huic ecclesię solus pręesse nequeo. Scio vos grauatim missuros Hechtlinum nostrum[9], et forte ipse grauabitur ad nos venire, cum quod stipendium sit tenue[10], tum quod, si fama a mendacibus orta non est mendax[11], non perinde sibi placeat institutio et ritus[a] ecclesię nostrę. Sed monui, vestro vtatur consilio. Vtinam tanta animi promptitudine ad nos concederet, quantum ego ipsum habere symmistam opto! Atque nisi habeam, qui mecum vnanimiter ędificationi ecclesię studeat, abijciam et ego onus, quod solus sustinere non possum. Vos, qui antea tranquillitati ecclesię nostrę fideliter consuluistis, nunc et hoc addite beneficium, vt fidelem mecumque in sana doctrina consentientem habeat ministrum! Det Deus pacis[12], vt idem sapiamus omnes vnoque spiritu ecclesiam Christi ędificemus. Valete in Domino cum fratribus omnibus etc.!

Zweybrucken, 19 Martij, anno 1533.

Vester Joannes Sueblin.

---

[a] *gestrichen* ecclesiae.

[4] *Konrad Hubert:* <vSchueblin Joh. Capitoni, Hedioni, Bucero, 1533 19 Martiiv<.
[5] Johannes Meisenheimer, Pfarrer an der Alexanderskirche in Zweibrücken. Vgl. Personenindex.
[6] Meisenheimer wurde am 5. Mai 1533 aus seinem Dienst entlassen. Er erhielt eine Pension auf Lebenszeit von 25 fl. jährlich. Vgl. JUNG, SCHWEBEL, S. 96.
[7] Ruprecht, Pfalzgraf von Pfalz-Veldenz-Lauterecken (vgl. Personenindex), der nach dem Tode seines Bruders Ludwig (vgl. Personenindex) zusammen mit seiner Schwägerin Herzogin Elisabeth (vgl. Personenindex) die Regierung für seinen noch minderjährigen Neffen Wolfgang (vgl. Personenindex) übernahm.
[8] Schwebel wurde wohl Anfang Mai 1533 zum Pfarrer an der Alexanderskirche ernannt. Vgl. JUNG, SCHWEBEL, S. 96.
[9] Johannes Hechtlin, Prediger an Alt-St. Peter in Straßburg. Vgl. Personenindex. Zu seiner letztlich gescheiterten Sendung nach Zweibrücken vgl. oben Nr. 653, S. 117f.; Nr. 654, S. 119, Z. 2–8; unten Nr. 670, S. 178, Z. 8–13; JUNG, SCHWEBEL, S. 96.
[10] Zur niedrigen Dotierung der Stelle vgl. oben Nr. 654, S. 119, Anm. 6; unten Nr. 670, S. 178, Z. 9.
[11] Zu den Gerüchten vgl. Bucers Brief an Schwebel bald nach dem 22. März 1533 (unten Nr. 670, S. 178, Z. 10–13).
[12] Vgl. z.B. Röm 15, 33; 16, 20; I Kor 14, 33; Phil 4, 9.

Spes est Glaserum[13] ad nos venturum[14], quare de Froschio[15] parum est actum. Cupiunt principes habere viduum. Saluum cupio senem hunc venerabilem.

Adresse [S. 382]: Doctissimis et fidelissimis ecclesię Argent[inae] ministris, Capitoni, Hedioni et Butzero, dominis et fratribus in Christo obseruandis.

O AST 161 (Ep. s. XVI, 8), Nr. 146, S. 381f. — C TB VI, S. 47. — P Centuria Schwebel, Nr. 47, S. 153f.

---

[13] Kaspar Glaser, Lehrer in Gemmingen. Vgl. Personenindex.
[14] Glaser kam Anfang Juni 1533 nach Zweibrücken. Er übernahm dort aber nicht die Stelle eines Hilfsgeistlichen, sondern wirkte als Erzieher des sechsjährigen Herzogs Wolfgang und als Hofkaplan. Vgl. JUNG, SCHWEBEL, S. 97.
[15] Zu den Spekulationen über die Identität des Johannes Frosch vgl. oben Nr. 653, S. 118, Anm. 8.

670.
Martin Bucer an Johannes Schwebel[1]
[Straßburg, bald nach dem 22. März 1533][2]

*[669←] [1] Le retard de cette lettre résulte d'un malentendu entre Capiton – qui devait écrire à Schwebel en leur nom commun –, Hédion et Bucer. [2] Comme l'a écrit Capiton, les Strasbourgeois vont envoyer [Jean] Hechtlin aux Deux-Ponts ; il viendra volontiers, malgré le faible traitement. Il poussera à ce que l'on précise clairement ses attributions. [3] [Lors de sa visite à Strasbourg,] Schwebel a exposé sa conception des sacrements : ils sont des signes de la grâce, auxquels les chrétiens participent non pas ex opere operato, mais par la foi. Au commencement, Luther et Philippe [Mélanchthon] dans l'*Apologie *[de la Confession d'Augsbourg] ont affirmé aussi que ce n'était pas le sacrement, mais la foi en lui qui justifiait. Schwebel a raison de prendre le péché originel au sérieux ; les enfants naissent sous la puissance de Satan. Les exorcismes que les Strasbourgeois tolèrent attestent cela – et non pas le fait que tous les enfants seraient possédés ; ce ne sont que les ignorants qui ont lié les exorcismes de possédés au rite commun du baptême : dans le* De

---

[1] Prediger an der Alexanderskirche und Reformator von Zweibrücken. Vgl. Personenindex.
[2] Da das vorliegende Schreiben auf Capitos Brief an Schwebel vom 22. März 1533 Bezug nimmt (vgl. unten S. 178, Anm. 5), dürfte es bald danach verfasst worden sein.

ecclesiastica Hierarchia *de Denys, on ne les mentionne pas parmi les cérémonies [baptismales], et les ouvrages* De Symbolo *et* De Sacramentis, *attribués respectivement à Augustin et à Ambroise, en traitent à propos des enfants, mais plus discrètement que les Rituels populaires. C'est pourquoi, les [*Ordonnances*] de Nuremberg ne prescrivent pas d'exorcisme, et, d'après l'[*Instruction aux*] *visiteurs de Luther, les Saxons n'en introduisent pas ; il apparaît, de la sorte, qu'il faut en réduire le nombre. [4] Comme l'a écrit Capiton, les Strasbourgeois ne peuvent renoncer à la fois à Hechtlin et à Conrad [Hubert] ; si les Deux-Ponts choisissent Hechtlin, le Sénat de Strasbourg adressera au prince [le comte palatin Robert] la demande — que Schwebel devra appuyer — de libérer Hubert ; Bucer destine ce dernier à des tâches plus grandes. Bucer fait mention de l'ancien pasteur de Grötzinger, que le Margrave [de Bade, Philippe,] a chassé : [Christophe Sigel] est instruit, célibataire et de nature paisible. Chaque jour, les Strasbourgeois font face à des trublions, tels que [Georges Pistor?]. Salutations de Capiton et de Hédion. [→ 692]*

[669←] [1] Die verspätete Zusendung des Briefs erklärt sich aus einem Missverständnis zwischen [Wolfgang] Capito, [Kaspar] Hedio und Bucer. [2] Wie Capito schrieb, werden die Straßburger [Johannes] Hechtlin [nach Zweibrücken] senden. Er kommt ungeachtet des schmalen Salärs gern und will auf eine präzise Dienstordnung drängen, die das nachträgliche Vorschützen von Gewissensgründen bei unbesonnenen Veränderungen verhindern soll. [3] Schwebel hat [bei seinem Besuch in Straßburg] seine Auffassung von den Sakramenten dargelegt. Sie sind Zeichen der Gnade, an denen die Christen nicht ex opere operato, sondern im Glauben teilhaben. So auch Luther zu Beginn [seines öffentlichen Wirkens] und Philipp [Melanchthon] in der Apologie [der Confessio Augustana], dass nicht das Sakrament, sondern der Glaube daran rechtfertige. Mit Recht nimmt Schwebel die Erbsünde ernst. Die Kinder werden unter der Gewalt des Satans geboren. Dies bezeugen die von den Straßburgern gebilligten Exorzismen und nicht, dass alle Kinder besessen wären. Die Exorzismen von Besessenen wurden erst von Unkundigen mit dem allgemeinen Taufritus verknüpft. Denn in Dionysius' [De ecclesiastica] Hierarchia *werden sie nicht unter den [Tauf]zeremonien erwähnt und die Augustinus und Ambrosius zugeschriebenen Bücher* De Symbolo *und* De Sacramentis *behandeln sie bei Kindern, aber sparsamer als die populären Ritualbücher. Deshalb schrieben die Nürnberger [Ordnungen] keine Exorzismen vor und die Sachsen führen sie nach Luthers [Unterricht der] Visitat[oren] nicht ein, so dass die Exorzismen grundsätzlich reduzierbar erscheinen. [4] Die Straßburger können nicht sowohl auf Hechtlin als auch auf Konrad [Hubert] verzichten. Wenn die Zweibrücker sich für Hechtlin entscheiden, wird der Straßburger Rat den Fürsten [Pfalzgraf Ruprecht von Pfalz-Veldenz-Lauterecken] um die Freigabe Huberts bitten, die Schwebel unterstützen soll. Deren bisheriges Ausbleiben ist für Hubert betrüblich, da Bucer ihn für größere Aufgaben vorgesehen hat. Er verweist auf den vom [badischen] Markgrafen [Philipp] vertriebenen ehemaligen Grötzinger Pfarrer, den gebildeten, friedfertigen und unverheirateten [Christoph Sigel]. Er ist gegenwärtig in Bruchsal. Täglich werden die Straßburger von Unruhestiftern wie dem Windbeutel [Georg Pistor?] bedrängt. Grüße von Capito und Hedio. [→ 692]*

Salve in Domino, frater observande!

[1] Convenerat nuper, ut Capito[3] scriberet tibi communi nomine, cum essemus simul [S. 207] Capito, Hedio[4] et ego. Postea vero, ut valetudinarius est Capito, mihi ut scriberem demandavit causatus turbationem capitis. Hoc ignorabat Hedio, eoque cum Capito literas tamen misisset[5], putabat hic missas esse et dimisit nuncium, antequam ego mitterem meas. Itaque scias meas non esse perditas.

[2] Sed quod Capito tamen scripsit, omnium nostrum communis sententia est: Hechlinum[a] [6] mittemus[7] illeque – nihil de tenuitate stipendij – libens veniet[8]. Quicquid eum iusserimus, faciet sedulo ac volens. Veniet quoque auxilio ac nequaquam dissipationi, imo urgebit, ut certa ratio statuatur administrandi omnia, quae cuiquam recipiendo posthac antea exponantur, ne quis causam postea habeat nescio quam conscientiam praetexendi, si quid temere variet[9].

[3] Tu nobis satis declarasti, quid sen-[S. 208]-tias de sacramentis[10], nimirum signa esse gratiae, sed quae non ex opere operato[11] sacramentorum, sed fide participamus, ut stet illud, quod Lutherus initio et nuper Philippus[12] in Apologia citavit: „Non sacramentum, sed fides sacramenti iustificat." [13]

---

[a] *P* Mechlinum.

[3] Wolfgang Capito, Pfarrer an Jung-St. Peter und Propst an St. Thomas in Straßburg. Vgl. Personenindex.

[4] Kaspar Hedio, Prediger am Straßburger Münster. Vgl. Personenindex.

[5] Vgl. Capito an Schwebel vom 22. März 1533 (Centuria Schwebel, Nr. 57, S. 174–177; MILLET, CORRESPONDANCE CAPITON, Nr. 504, S. 168f.).

[6] Johannes Hechtlin, Prediger an Alt-St. Peter in Straßburg. Vgl. Personenindex.

[7] Vgl. dazu Schwebels Brief an Bucer vom 19. März 1533 (oben Nr. 669, S. 175, Anm. 9).

[8] Vgl. ebd., S. 175, Z. 4–7.

[9] Der zunächst aus Straßburg nach Zweibrücken gesandte Georg Pistor hatte schon kurz nach seiner Ankunft ungeachtet der dortigen konfessionspolitischen Lage die Abschaffung des altgläubigen Messritus gefordert und damit Schwebels reformatorisches Wirken erschwert. Vgl. dazu oben Nr. 631, S. 11f., Anm. 11.

[10] Im Hintergrund der folgenden Ausführungen steht Schwebels Auseinandersetzung mit Georg Pistor um die Praxis des Exorzismus (vgl. dazu unten Nr. 692, S. 240, Z. 2 – S. 241, Z. 5; Nr. 702, S. 269, Z. 10 – S. 270, Z. 7). Zu Schwebels Haltung zu Taufe und Abendmahl vgl. seinen Brief an Georg Pistor vom 24. September 1532 (Centuria Schwebel, Nr. 53, S. 164–167). Zu weiteren Belegstellen vgl. JUNG, SCHWEBEL, S. 110f. Bucer bezieht sich hier wohl auf Schwebels Besuch in Straßburg im Januar 1533 (ebd., S. 97).

[11] Die Wendung bezeichnet die Wirksamkeit eines äußeren Ritus in Abhängigkeit von einer Institution (vgl. Altenstaig, Lexicon Theologicum, S. 615f.). Je nach Fassung und Kontext kann diese Vorstellung als Gefährdung der personalen oder als Garant in der nicht-subjektivistischen Ausrichtung des Sakramentsgeschehens interpretiert werden. Vgl. OBERMAN, HARVEST OF MEDIEVAL THEOLOGY, S. 467; PFNÜR, SOLA FIDE UND EX OPERE OPERATO; SEMMELROTH, OPUS OPERATUM. Zu den dogmengeschichtlichen Belegen vgl. SEEBERG, LEHRBUCH DOGMENGESCHICHTE 3/2, S. 516f. Zu Bucers Verständnis vgl. SPIJKER, ECCLESIASTICAL OFFICES, S. 34–38. Zu Schwebel vgl. JUNG, SCHWEBEL, S. 111.

[12] Philipp Melanchthon. Vgl. Personenindex.

[13] Für Luther vgl. z.B. die Schrift *Asterisci*, 1518 (WA 1, S. 286, Z. 18), und den *Sermon von dem Sakrament der Buße*, 1519 (WA 2, S. 715, Z. 35f.); für Melanchthon vgl. Art. XIII in der *Apologie* der *Confessio Augustana* (BSLK, S. 295, Z. 57 – S. 296, Z. 2).

Iam pie facis, qui modis omnibus caves, ne quis putet te leve ducere peccatum originale, unde totum humanum genus perit. Vtque pueri sunt sub hoc peccato, ita in potestate Satanae nascuntur, nos exorcismis nihil gravamur. Certe baptizamur et oramus pro pueris, ut Christus pulso Satana in illis habitet. Est igitur absurdum dicere „Exi, Satana, et da locum Spiritui 5 Sancto!" [14], nempe si non declaretur, cur hoc fiat, nimirum ad testandum, quod pueri, si non per Christum liberentur, in potestate sint Satanae, principis mundi, ne putent homines videri nobis omnes pueros energumenos[15]. Nam omnino videtur mihi, quod exorcismi, quibus ex-[s. 209]-orzizari solebant energumeni, ab imperitis quorumlibet baptismo adiuncti fuerint. Nam 10 in Ecclesiastica hierarchia Dionysij[16] reliquae ceremoniae, olei et unguenti, hoc est chrismatis usus, omnes memorantur[17], nihil autem de exorcismis. Tum in libris quibusdam ascriptis Augustino et Ambrosio[18], ut in libro Augustini De symbolo[19] et De sacramentis Ambrosij[20], aliquid exorcismi exhibetur parvulis, at non tantum tamque multum, ut vulgares libri rituales habent. 15 Ideo tam Nürenbergici[b] [libri?] nihil exorcismorum praescripserunt[21] sicut nec in Saxonibus videmus usurpari ex libro visitationis Saxonicae scripto a Luthero[22]. Sic ergo aliqui illorum multorum exorcismorum, qui communi fiunt consilio, ubi non essent aboliti, abrogari possent, ubi aboliti, non repeti. Haec de exorcismis volui sic tumultuario scribere, tamen ne quivis pro suo 20 capite mutet, [S. 210] quae ei videantur.

---

[b] *P* Nürenbergicum.

[14] Vgl. Mk 5, 8.
[15] Die Straßburger Geistlichen orientierten sich bei ihrer Taufliturgie zunächst an Luthers Taufbüchlein (WA 12, S. 38–48) und praktizierten den Exorzismus. Vgl. dazu ihr Schreiben an Luther vom 23. November 1524 (BCor 1, Nr. 83, S. 292, Z. 130 – S. 293, Z. 2) sowie das Taufformular des Jahres 1524 (Kirchenordnungen Straßburg, S. 125). Der Exorzismus entfiel aber bereits in der Schrift *Straßburger kirchen ampt*, Mai 1525 (ebd., S. 153–155) und dann in der Straßburger Kirchenordnung vom 24. Juni 1534 (ebd., S. 237). Zum Ganzen vgl. ebd., S. 36.
[16] Pseudo-Dionysius Areopagita. Vgl. Personenindex.
[17] Vgl. Corpus Dionysiacum II, De Ecclesiastica Hierarchia, S. 101, Z. 19 – S. 103, Z. 18.
[18] Ambrosius, Bischof von Mailand. Vgl. Personenindex.
[19] Vgl. Augustinus, De Symbolo, Sermo ad Catechumenos (MPL 40, Sp. 637).
[20] Vgl. Ambrosius, De Sacramentis (CSEL 73, S. 23, Z. 40–46).
[21] Während die Nürnberger Taufordnung von 1524 (vgl. Kirchenordnungen Nürnberg, S. 33–38) noch mehrere Taufexorzismen in verschiedenen geschlechtsspezifischen Formen bietet, sieht die im Januar 1533 publizierte Kirchenordnung einen Taufexorzismus nach Mk 5, 8 vor (ebd., Nr. 3/4a, S. 178f.). Der Ansbacher Vorschlag, ihn explizit freizustellen (vgl. Osiander GA 4, Nr. 153/Beilage, S. 235, Z. 9f.), ging zwar nicht in den Text ein, die Nürnberger begründeten dies aber nicht mit einem Zwang, sondern damit, dass dieser Vorschlag ohnehin „genug eingeleybt" sei (ebd., Nr. 153, S. 233, Z. 1).
[22] Vgl. den *Unterricht der Visitatoren*, 1528 (WA 26, S. 175–240). In den allerdings äußerst knappen Ausführungen zur Taufe wird der Exorzismus nicht thematisiert (ebd., S. 212f.).

[4] Sed, mi frater, ut Capito nuper scripsit[23], non possumus et hoc[24] et Chunrado[25] carere, quem obstrinxistis vobis denuo[26]. Senatus scribet principi[27] et petet eius manumissionem, si Hechlinum^c habere velitis[28]. Nam tu ipse potes expendere sic obstrictum Chunradum magis vestrum quam nostrum esse. Vides, ut pauci docti, pauci pacatis ingenijs. Multi petuntur a nobis, cum paucis praestare liceat. Valde ergo te oro, ut apud principem agas pro manumissione Chunradi; sic libenter Hechlinum^d dabimus. Dedimus tam multis ecclesijs ministros non ineptos, Domino sit gratia, sed apud nos ipsos iam aliquoties quoque turbatores nobis ascivimus pro aedificatoribus[29]. Valde igitur grave est Chunrado, quem ad majora voluimus alere, sic destitui, nam servus vester est. Vide igitur, ut ex aequo dividas molesti-[S. 211]-am; altero sis contentus, alterum relinquas nobis.

Exiguntur etiam a marchione[30] iam aliquot optimi fratres, inter quos hic fuit, qui Gretzingensis pastor fuit[31], satis doctus et ut apparet ingenij mansuetissimi. Hunc quotidie expectamus reversurum[32]. Patriam enim petijt Bruxellam[33], episcopi Spirensis[34], unde etiam multum timeo, cum tam diu differat reditum. Caelebs est[35]. Veniunt quotidie et alij, nam vult semel resti-

---

^c *P* Mechlinum. – ^d *P* Mechlinum.

[23] Vgl. Capito an Schwebel vom 22. März 1533 (Centuria Schwebel, Nr. 57, S. 175f.).
[24] Johannes Hechtlin. Vgl. oben S. 178, Anm. 6.
[25] Konrad Hubert, Freund und Helfer Bucers. Vgl. Personenindex.
[26] Vgl. Bucer an Margarethe Blarer vom 10. Februar 1533 (oben Nr. 659, S. 134, Z. 20f.).
[27] Ruprecht, Pfalzgraf von Pfalz-Veldenz-Lauterecken. Vgl. Personenindex. Zu seiner Regierungsübernahme vgl. oben Nr. 642, S. 66, Anm. 8.
[28] Offenbar wollten die Straßburger für ihren Verzicht auf Hechtlin eine dauerhafte Überlassung des im zweibrückischen Bergzabern geborenen Konrad Hubert erreichen, der leibeigen war. Vgl. dazu Bucer an Margarethe Blarer vom 19. August 1531 (BCor 6, Nr. 448, S. 62, Z. 6).
[29] Vgl. I Kor 3, 10.
[30] Philipp I., Markgraf von Baden. Vgl. Personenindex. Seine Religionspolitik führte seit 1528 zu drei Exilierungswellen protestantischer Geistlicher: die erste nach dem Verbot, auf altgläubige Zeremonien zu verzichten, Anfang/Mitte Juli 1528 (vgl. BCor 3, Nr. 202, S. 182–185, insbesondere S. 183, Z. 19 – S. 184, Z. 22; KATTERMANN, KIRCHENPOLITIK PHILIPPS I., S. 64), die zweite nach der Wiederholung dieser Bestimmung am 13. Juni 1531 (vgl. Fester, Religionsmandate, Nr. VIIIf., S. 320–324; BCor 7, Nr. 565, S. 343, Z. 1–5; ebd., Nr. 567, S. 353, Z. 4–8; KATTERMANN, KIRCHENPOLITIK PHILIPPS I., S. 64, 89–94) und die dritte nach deren Verschärfung am 12. Januar und 7. März 1533 (vgl. Fester, Religionsmandate, Nr. Xf., S. 324–329).
[31] Christoph Sigel, zuletzt Pfarrer in Grötzingen/Durlach. Vgl. Personenindex. Er war im November 1532 noch Pfarrer in Grötzingen (vgl. oben Nr. 639, S. 45, Z. 21) und verließ seinen Wirkungsort wohl erst mit der dritten Exilierungswelle (vgl. Anm. 30).
[32] Aus Frechts Schreiben an Bucer vom 20. Juni 1533 geht hervor, dass Sigel sich nach seiner Exilierung in Straßburg aufhielt. Ab etwa Mitte April wird er dann den erkrankten Konrad Sam in Ulm verteten (vgl. unten Nr. 705, S. 282, Z. 13–16).
[33] Bruchsal bei Karlsruhe ist der Geburtsort Sigels. Vgl. Personenindex.
[34] Philipp von Flersheim. Vgl. Personenindex.
[35] Vgl. oben Nr. 669, S. 176, Z. 1f..

tui marchio tuus[36] omnia et missas cum canone utroque legi, quotquot legi solebant et qualiter[37].

Consultum tuae ecclesiae volumus, ut debemus, sed ipse vides nos non iniqua petere. Adurgent nos quotidiani casus a tur-[S. 212]-batoribus quibusdam. Multos enim tales habemus, proh dolor, qualis ille vanissimus tuus insidiator[38], qui ut tibi, ita et Hechtlino nihil quam mendacia dixit[39]; et hos etiam aliquoties ministros experti sumus et experimur etiamnum.

Optime vale et pro tua prudentia hic age, quod ipse dextre iudicare potes! Salutat te Capito, Hedio et alij.

Adresse [S. 206]: Martinus Bucerus probatissimo Christi ministro, Iohanni Schwebelio, evangelistae Bipontino, fratri suo carissimo.

O verloren. — C TB VI, S. 48. — P Centuria Schwebel, Nr. 65, S. 206–212.

---

[36] Johannes Schwebel wurde im badischen Pforzheim geboren. Vgl. Personenindex.
[37] Vgl. dazu das Religionsmandat Markgraf Philipps I. vom 7. März 1533: „[...] sunder ein jeder priester die messen mit gewonlichen herprachten ceremoniis, gepeten, singen, lesen mitsampt den beiden canonibus allermassen, wie das in gemeiner cristlichen kirchen von altem und bisher uf diese zwispaltung in ubung gewesen, hinfuro auch also volnbringen und halten [...]" (Fester, Religionsmandate, Nr. XI, S. 327).
[38] Möglicherweise meint Bucer Georg Pistor. Vgl. Personenindex.
[39] Bucer bezieht sich wohl auf das Gerücht, Hechtlin wolle wegen des Zustandes der Zweibrücker Gemeinde nicht kommen. Vgl. oben Nr. 669, S. 175, Z. 4–7.

671.
Martin Bucer an Ambrosius Blarer[1]
Straßburg, 26. März [1533][2]

[667←] [1] Bucer félicite Blaurer pour son retour [à Constance] et pour son entrée dans la croix de la vie conjugale ; bientôt, il le félicitera de vive voix. [2] Avec humour, Bucer reproche à Blaurer de ne pas lui écrire. La semaine prochaine, il entreprendra son voyage ; il ignore encore s'il se rendra tout d'abord à Schaffhouse ou à Bâle. [→ 680]

---

[1] Prediger an St. Stephan in Konstanz. Vgl. Personenindex.
[2] Die Jahreszahl fehlt. Das Jahr 1533 ergibt sich aus den Sachzusammenhängen. Vgl. unten Anm. 4–9.

[667←] [1] Bucer gratuliert zur Rückkehr [nach Konstanz] und zu Blarers [vermeintlichem] Beitritt zum Kreuz des Ehestandes; bald will er ihn persönlich beglückwünschen. [2] [Scherzhafte] Vorwürfe, weil Blarer nicht schrieb. In der nächsten Woche will Bucer die Reise antreten. Ob er zuerst Schaffhausen oder Basel aufsucht, ist noch offen. [→ 680]

³Salue in Christo!

[1] Charitatis cum sit primum gratulari bonis amicorum quam expostulare de peccatis, oportet tibi gratulari reditum⁴ et ad crucis, quae in coniugio⁵ est, sed vt omnia Dei instituta satis, si tu Deum respicias, mellitae aditum. Gratulor vtcumque ex animo, nunc literis, mox spero coram gratulaturus animo quam verbis amico magis⁶, sed heus tu scis amoris viam non esse remissam.

[2] Tu vero post tot literas, post alia missa, post cognitam ↓tot↓ ecclesiarum fortunam, nihil habes, quod scribas? Equitasti vero per noctem, fessus eras, obruebaris salutantium turba? Ne delicatule adeo tu coniugij palestram subeas; non sunt ludus omnia, quae videntur. Non licebat vel tribus versibus scribere, quid^a sors Campidonae⁷, quae tuae ecclesiae, quid tanti temporis peregrinatio attulerit? Potes^b sane et laconice scribere. [S. 298]

Verum remittere iram oportet. Quis enim sustineat amicus ista gaudia tui reditus et reliqua intempestiua expostulatione fermentare? Sint ergo condonata omnia, donec Dominus me adduxerit, quod molior in sequenti sept[imana] iter ingressurus⁸, sed incertus^c adhuc an Schafhusiam versus primum, an Basilęam⁹.

---

^a *zuerst* quis. – ^b *zuerst* Poteras. – ^c *zuerst* et certus.

³ *Konrad Hubert:* ⌜1533 *(gestrichen* [...]) 26 Martij⌝.
⁴ Zu Blarers Heimreise vgl. oben Nr. 667, S. 167, Anm. 5. Das erste sichere Zeugnis seiner Rückkehr nach Konstanz ist sein Brief an Heinrich Bullinger vom 22. März 1533 (vgl. Blaurer Bw. 1, Nr. 326, S. 387f.; Bullinger Bw. 3, Nr. 200, S. 87–89).
⁵ Blarers Eheschließung mit Katharina Ryf von Blidegg fand erst im August 1533 statt. Vgl. dazu oben Nr. 659, S. 134, Anm. 22; unten Nr. 709, S. 296, Z. 1–14.
⁶ Bucer reiste am 21. April von Schaffhausen nach Konstanz und von dort spätestens am 29. April weiter nach St. Gallen. Vgl. das Itinerar, oben S. XVIII.
⁷ Zum Streit der Kemptener Prediger über die Gegenwart Christi im Abendmahl vgl. das Gutachten Bucers und seiner Kollegen (oben Nr. 647, S. 78–86). Blarer berichtet über den Konflikt in seinem Brief an Bucer vom 15. März 1533 (vgl. oben Nr. 667, S. 167, Z. 7 – S. 168, Z. 9). Der Brief sollte nach seiner Abreise aus Lindau (wohl noch am 15. März) von einem Straßburger Bürger überbracht werden (ebd., S. 169, Z. 14f.), was offenbar noch nicht geschehen war.
⁸ Die Folgewoche begann am Sonntag, 30. März 1533.
⁹ Bucer reiste Anfang April nach Basel (vgl. Amerbachkorrespondenz 4, S. 195: Weinrechnung vom 12. April 1533; Oswald Myconius an Heinrich Bullinger vom 16. April 1533, Bullinger Bw. 3, Nr. 212, S. 108f.) und traf am 18. April in Schaffhausen ein (vgl. Erasmus Ritter an Heinrich Bullinger vom 26. April 1533, Bullinger Bw. 3, Nr. 214, S. 112, Z. 2). Zu Bucers weiterer Reiseroute vgl. das Itinerar, oben S. XVIII; PESTALOZZI, BULLINGER, S. 171–174; KÖHLER, ZWINGLI UND LUTHER 2, S. 311f.; POLLET, BUCER 2, S. 472f.

Vale interim cum tuis et muni interim te ad acrem et seriam meam expostulationem! Dominus donet, vt muneri nostro per omnia ego respondeam et tuum exemplum aliquando assequi queam, imo Christi.

Arg[entorati], VII calend[is] Aprilis.

M[artinus] Bu[cerus] tuus.

Sororem[10], fratrem[11] ac reliquos, d[ominum] Iohannem[12], d[ominum] Chunradum[13] in Domino saluta!

Adresse [S. 298]: Apostolo Christi Ambrosio Blaurero, fratri obseruando.

O *AST 151 (Ep. Buc. I), Nr. 78, S. 297f.* — C *Zürich ZB, S 33, 68; TB VI, S. 49.* — R *Blaurer Bw. 1, Nr. 327, S. 388.*

---

[10] Margarethe Blarer, Freundin Bucers in Konstanz. Vgl. Personenindex.
[11] Thomas Blarer, Ratsherr in Konstanz. Vgl. Personenindex.
[12] Johannes Zwick, Prediger in Konstanz und Cousin Blarers. Vgl. Personenindex.
[13] Konrad Zwick, Ratsherr in Konstanz und Cousin Blarers. Vgl. Personenindex.

672.
Simon Grynaeus[1] an Martin Bucer
[Basel], 28. März [1533][2]

[662←] Grynaeus a reçu la lettre de Bucer le 25 mars, après que les imprimeurs [strasbourgeois] et le dernier bateau avaient quitté Bâle. Il se réjouit de ce que Bucer projette de rendre visite aux frères [de la Suisse et de l'Allemagne du Sud], et renvoie à sa dernière lettre. [P. S.] Si Bucer passe par Constance, qu'il s'enquière auprès de [Jean et de Conrad] Zwick de l'attitude de Christophe de Werdenberg, [l'ancien seigneur] de Grynaeus, vis-à-vis de l'Évangile ; Grynaeus voudrait y parler publiquement. [→ 693]

[662←] Grynaeus erhielt Bucers [nicht ermittelten] Brief am 25. März, nachdem die [Straßburger] Drucker und das letzte Schiff Basel verlassen hatten. Er freut sich über Bucers beabsichtigten Besuch der [schweizerischen und oberdeutschen] Brüder und verweist auf seinen vorausgegangenen Brief. [P.S.] Falls Bucer nach Konstanz kommt, soll er bei

---

[1] Professor für Griechisch in Basel. Vgl. Personenindex.
[2] Die Jahreszahl fehlt. Das Jahr 1533 ergibt sich aus den Sachzusammenhängen. Vgl. unten Anm. 6f.

[Johannes und Konrad] Zwick Erkundigungen über die Haltung Christoph von Werdenbergs, Grynaeus' [ehemaligem] Landesherrn, zum Evangelium einholen. Grynaeus will dort nämlich öffentlich sprechen. [→ 693]

<S[alue]!<

Accepi tuas Martij vigesimaquinta³, cum iam typographi omnes abijssent⁴. Soluerat vltima nauis duob[us] horis ante quam tuas acciperem. Quod hortatus sum, vt ne grauere quod constituisti fratres inuisere⁵ et coram agere,
5 id cum intelligo te prors[us] constituisse gaudeo. Cetera e proxima ad te epistola, puto, intellexisti⁶.

Vale! Dominus ita te in sua bona voluntate conseruet.

28 Martij.

Grynaeus.

10 <Si transis< Constantiam⁷, obsecro ex Zwickijs⁸ cognosce diligenter de Christophoro a Werdenberg comite⁹, meo domino¹⁰, quid animi gerat erga euangelium¹¹. Instituo et ego in ecclesia isthac profiteri¹² et experiri, si nos respiciat Dominus.

Adresse [S. 560]: D[omino] Martino Bucero, suo patrono charissimo.

O AST 157 (Ep. s. XVI, 4), Nr. 235b, S. 559f. — C Zürich ZB, S 33, 70; TB VI, S. 51.

---

³ Dieses am 25. März bei Grynaeus eingegangene Schreiben Bucers konnte nicht ermittelt werden.

⁴ Da Grynaeus offenbar erklären will, weshalb Bucer keine umgehende Antwort auf seinen Brief erhielt, dürfte es sich um Drucker aus Straßburg handeln.

⁵ Zu Bucers Reiseplänen vgl. das Itinerar, oben S. XVIII.

⁶ Innerhalb der von uns ermittelten Korrespondenz datiert das vorausgegangene Schreiben von Grynaeus an Bucer zwischen dem 17. und 22. Februar 1533 (vgl. oben Nr. 662, S. 149f.).

⁷ Bucer reiste am 21. April von Schaffhausen nach Konstanz und von dort spätestens am 29. April weiter nach St. Gallen. Vgl. das Itinerar, oben S. XVIII.

⁸ Johannes Zwick, Prediger in Konstanz (vgl. Personenindex), und Konrad Zwick, Ratsherr in Konstanz (vgl. Personenindex).

⁹ Christoph, Graf zu Werdenberg. Vgl. Personenindex; vgl. ITTNER, WERDENBERG, S. 2f.

¹⁰ Grynaeus stammte aus Veringen bei Sigmaringen. Vgl. Personenindex.

¹¹ Das Geschlecht der zu Werdenberg war eng mit Kaiser Karl V. verbunden und gegenüber der reformatorischen Bewegung eher feindlich eingestellt. Vgl. VANOTTI, MONTFORT UND WERDENBERG, S. 463, 465.

¹² Eine Reise Grynaeus' in seine Heimat konnte nicht nachgewiesen werden.

673.
Martin Frecht[1] an Martin Bucer
Ulm, 29. März 1533

[663←] [1] Le départ de Géreon [Sailer] avec ses fils pour Strasbourg donne à Frecht l'occasion d'écrire au sujet de la maladie de Conrad [Sam]. Depuis huit jours, il souffre d'une toux qui le contraindra à garder la maison encore une ou deux semaines. Il en impute la faute au fait d'avoir trop prêché, et le Sénat [d'Ulm] devrait répondre à sa demande d'en faire moins. [2] Nous avons adressé les apologies, par l'intermédiaire du secrétaire de Memmingen [Georges Maurer] à [Ambroise] Blaurer à Lindau ; il n'a pas encore répondu. [Wolfgang] Musculus a envoyé à Ulm sa propre réaction et celle de Sébastien [Maier] aux apologies [de Bucer] ; Bucer a dû les recevoir. Ceux d'Ulm saluent le fait que Bucer va terminer son écrit sur l'unité de l'Église et le pourvoir d'un excursus sur la concorde [sur la Cène] entre les Luthériens et les leurs ; Géreon Sailer s'en entretiendra avec lui. [3] Les hobereaux d'Ulm ont mené un joyeux carême, mais ils ne supportent pas qu'on les tance. Les prédicateurs sont prêts à s'engager, par serment, à témoigner obéissance au Sénat ; par contre, à la prescription de ne toucher, du haut de la chaire, les vices que de manière à ce que personne ne se sente calomnié, ils opposé une apologie, qu'ils ont transmise au bourgmestre d'Ulm [Georges Besserer] ainsi qu'au Conseil des cinq. [4] Les époux qui se trouvent à l'hospice doivent dormir séparément ; dans une lettre, les prédicateurs ont demandé – jusqu'à présent sans succès – aux administrateurs de l'hospice de les autoriser à faire lit commun ; Bernard Besserer s'occupe aussi de cette affaire ; que Bucer écrive comment cela se passe à Strasbourg. [5] Salutations de Conrad [Sam] et à Capiton. Le messager [Géreon Sailer] en dira plus. [P. S.] Frecht recommande à Bucer l'affaire matrimoniale [d'Ambroise Blaurer ?] qu'il a évoquée récemment, ainsi que les faibles biens de [Jérôme] Guntius. [→705]

[663←] [1] Gereon [Sailers] heute geäußerte Absicht, mit seinen Knaben [Timotheus und Ambrosius Jung?] auf direktem Weg nach Straßburg zu reisen, bietet Frecht Gelegenheit, Bucer über Konrad [Sams] Krankheit zu berichten. Seit acht Tagen leidet er an einem Katarrh, der ihn noch ein oder zwei Wochen zwingen wird, das Haus zu hüten. Die Schuld gibt er den vielen Predigten, seinem Antrag auf Reduktion sollte der [Ulmer] Rat entsprechen. Frecht hofft, seine Last tragen zu können. [2] Die Ulmer sandten [Bucers] Apologien mit dem Memminger Schreiber [Georg Maurer] zu [Ambrosius] Blarer nach Lindau; eine Antwort steht noch aus. [Wolfgang] Musculus sandte seine und Sebastian [Maiers] Stellungnahme [zu Bucers Apologien] nach Ulm; Bucer sollte sie erhalten haben. Die Ulmer begrüßen, dass Bucer seine Darstellung zum Thema „Einheit der Kirche" jetzt abschließen und mit einem Exkurs zur innerprotestantischen [Abendmahls]konkordie versehen will.

---

[1] Lektor in Ulm. Vgl. Personenindex.

Gereon [Sailer] will sich mit ihm darüber austauschen. [3] Die Ulmer Junker verlebten die Fastenzeit recht fröhlich. Tadel vertragen sie nicht. Die Prediger sind bereit, die auferlegten Eidesformeln zu leisten, was den Gehorsam gegenüber dem Rat angeht; gegen die Vorschrift, von der Kanzel dürften Laster und Bosheiten nur so gerügt werden, dass niemand sich verunglimpft fühlt, haben sie aber dem Ulmer Bürgermeister [Georg Besserer] und den Fünf Geheimen eine Verteidigungsschrift überreicht. [4] Im Hospital müssen Ehegatten getrennt schlafen. Die Prediger baten die Spitalherren in einem Schreiben um eine Änderung dieser Zustände, bisher aber ohne Erfolg. Bernhard Besserer ist damit auch befasst. Frecht fragt nach den entsprechenden Verhältnissen in Straßburg. [5] Grüße von Konrad [Sam] und an [Wolfgang] Capito. Beredter als der Brief ist sein Bote [Gereon Sailer]. [P.S.] Frecht legt Bucer die von diesem jüngst erwähnte Eheangelegenheit [Ambrosius Blarers?] und die Habe [Hieronymus] Guntius' ans Herz. [→705]

[2]Salutem in Domino, Bucere venerande!

[1] Rettulit ↓hoc die↓ me salutans clarissimus ille medicus Geryon[3] pulchre suo respondens nomini[4] se recta vna cum elegantiss[imis] pueris[5] Argentinam nunc proficisci[6]. Quare non potui committere, quin eodem quo temporis
5 articulo hoc mihi exposuit ad te scriberem de nostri Chunradi[7] valetudine. Is namque per octiduum grauiter ex catarro[8] laborat neque in vnam aut alteram hebdomadam domum egredietur[9]. Morbi caussam crebris suis concionibus, quas cupiet a magistratu sibi iure moderari, tribuit[10]. Ego, inexercitatus pro concione declamator vt ineptum iumentum onera imposita fero
10 atque vtinam quoque non succumbam!

---

[2] *Konrad Hubert*: ᵛ1533. 29 Martijᵛ.
[3] Gereon Sailer, Stadtarzt in Augsburg. Vgl. Personenindex.
[4] Der dreileibige Geryon (vgl. HARRAUER/HUNGER, LEXIKON MYTHOLOGIE, S. 208) galt seit Isidor von Sevilla (vgl. Etymologiae 11, 3, 28) als Sinnbild der Eintracht.
[5] Möglicherweise reiste Sailer mit Timotheus und Ambrosius Jung d. J., die er in seinem Brief an Capito vom 26. Mai 1533 grüßen lässt (vgl. MILLET, CORRESPONDANCE CAPITON, Nr. 510, S. 170f.) und im Brief an Bucer vom 22. Juni empfiehlt (vgl. unten Nr. 707, S. 291, Z. 1f.).
[6] Fest steht nur sein Aufenthalt in Ulm. Eine entsprechende Reise Sailers nach Straßburg konnte nicht nachgewiesen werden (vgl. unten S. 188, Anm. 36).
[7] Konrad Sam, Prediger an der Barfüßerkirche in Ulm. Vgl. Personenindex.
[8] Im Hintergrund steht die antike Säftelehre, nach der bei einem „Katarrh" das im Gehirn vorherrschende phlegma („Schleim") an der falschen Stelle in einer Quantität und Qualität abfließt, die der Gesundheit abträglich ist. Freundlicher Hinweis von Herrn Prof. Karl-Heinz Leven, Erlangen. Zur Problematik einer heutigen Identifikation frühneuzeitlicher Symptombeschreibungen vgl. DERS., KRANKHEITEN.
[9] Zum Krankheitsverlauf, der schließlich zum Tod Sams am 20. Juni 1533 führt, vgl. Frechts Briefe an Bucer vom Todestag Sams (unten Nr. 705, S. 278, Z. 2 – S. 279, Z. 9); HOFFMANN, SAM, S. 263.
[10] In Ulm herrschte ein Mangel an Predigern, nicht zuletzt wegen der geringen Bereitschaft, diese angemessen zu entlohnen. Sam hatte neben den Sonntagspredigten mindestens zwei Wochenpredigten zu halten. Vgl. Frecht an Ambrosius Blarer vom 23. Juni 1533 (Blaurer Bw. 1, Nr. 341, S. 402); vgl. dazu HOFFMANN, SAM, S. 262f.

[2] Iam ab eo tempore, quo apologias[11] Blaurero[12] cum scriba Memmingensi[13] Lindoiam[14] transmisimus[15], nihil rescripti ab illo recepimus[16]. Musculus[17] quidem suam sententiam et d[omini] Sebastiani[18] huc per literas misit, quam speramus iampridem quoque ad te perlatam esse[19]. Omnino perplacet, vt quod coepisti de ecclesię vnitate tractare argumentum, foeliciter absoluas atque in eo, vt feret occasio, de concordię ratione inter Lutheranos et nostros digressionem instituas[20]. Habet et d[octor] Geryon[21], vt intelligo, quę tecum ea de re conferet[22].

[3] Nostri iunckheri[23] genialiter admodum carnispriuium, quod vulgo dicitur, agitauerunt, teneri et delicatuli cum sint[24]. Correptionis sunt vehementer jmpacientes. Volunt omnes verbi ministros in vrbe certis quibusdam iuramentorum formis grauare[25]. Nos ea, quę ad magistratus obedientiam, non grauate pręstabimus. At hoc, quod diserte cauet, ne arguendo vitia et scelera hominum pro concione ea sic notemus, vt inde cuiquam videatur a nobis iniuria et calumnia illata, prorsus in id scripta apologia[26] consuli[27] et

---

[11] Zu Bucers Verteidigungsschriften gegen die Vorwürfe Luthers in seiner Schrift *Ein brieff an die zu Franckfort am Meyn*, Ende 1532, vgl. oben Nr. 658, S. 130, Anm. 4f.
[12] Ambrosius Blarer, Prediger an St. Stephan in Konstanz. Vgl. Personenindex.
[13] Georg Maurer, Stadtschreiber in Memmingen. Vgl. Personenindex; vgl. dazu oben Nr. 663, S. 155, Anm. 27.
[14] Zu Blarers Aufenthalt in Lindau im Februar/März 1533 vgl. oben Nr. 659, S. 132, Anm. 8.
[15] In seinem Schreiben vom 12. Februar 1533 hatte Bucer Frecht und Konrad Sam ersucht, die zwei mitgeschickten apologetischen Schriften mit der Bitte um Stellungnahme diskret an Ambrosius Blarer, Wolfgang Musculus und Sebastian Maier zu senden (vgl. oben Nr. 660, S. 143, Z. 16–19). Dem entsprachen die Ulmer. Vgl. ihr Schreiben an Blarer vom 20. Februar 1533 (Blarer Bw. 1, Nr. 323, S. 384f.).
[16] In seinem Brief an Bucer vom 15. März 1533 bedankt sich Blarer für die in den letzten Tagen eingetroffene Sendung aus Ulm (vgl. oben Nr. 667, S. 169, Z. 7).
[17] Wolfgang Musculus, Prediger an Hl. Kreuz in Augsburg. Vgl. Personenindex.
[18] Sebastian Maier, Pfarrer an St. Georg in Augsburg. Vgl. Personenindex.
[19] Die Stellungnahmen von Musculus und Maier konnten nicht ermittelt werden.
[20] Vgl. Bucers Schrift *Furbereytung zum Concilio*, August/September 1533 (BDS 5, S. 259–360; BUCER BIBLIOGRAPHIE, Nr. 59, S. 66f.), insbesondere Kapitel 8: „Wie man zu Christlicher einigkeit kommen mo(e)chte" (BDS 5, S. 355–360).
[21] Gereon Sailer. Vgl. oben S. 186, Anm. 3.
[22] Ein Gespräch Sailers mit Bucer in Straßburg konnte nicht nachgewiesen werden.
[23] Mit *iunckeri* sind in Ulm die 14 Patrizier des Kleinen Rates gemeint. Freundliche Auskunft von Frau Dr. Gudrun Litz/Stadtarchiv Ulm.
[24] Im Jahr 1533 fiel der Aschermittwoch auf den 26. Februar und Ostern auf den 13. April. Der Hinweis auf die schwache Gesundheit, die sonst den Fastenverzicht rechtfertigt, ist ironisch.
[25] „Der Prädikanten Eid soll Sam und Frecht zugestellt und sie befragt werden, ob nichts daran zu ändern sei." (Keidel, Reformationsakten Ulm, Nr. 191, S. 340). Zum Prädikanteneid vgl. Frecht und Sam an Ambrosius Blarer vom 6. November 1532 (Blarer Bw. 1, Nr. 307, S. 367) und vom 20. Februar 1533 (ebd., Nr. 323, S. 384f.). Vgl. dazu das Konzept des Predigereids der examinierten Pfarrer in der Herrschaft Ulm (StA Ulm, A Rep. 14, A [8985] 18, fol. 45r – 48v, [1531]).
[26] Vgl. Frechts Apologie zum Prädikanteneid (StA Ulm, A Rep. 14, A [9000] 093, fol. 245r – 246v, o. D. [1533]).
[27] Georg Besserer, Bürgermeister in Ulm. Vgl. Personenindex.

quinque viris[28] oblata prestare decretauimus. Nolumus enim ex praescripto tam tenerorum hominum pro concione vitia carpere, sed ea anunciare, vt habet scriptura. In ijs sudant nunc illi et quottidie expectamus responsum[29].

[4] Cęterum in xenodochia pauperes coniuges noctu separant lecto[30]. Nos huius amanter per supplicem libellum[31] prefectos hospitalis[32] monuimus, presertim cum intellexissemus coniuges illos miseros hoc vnum petere instantius, vt quemadmodum vna mensa, ita et idem lectus et thorus coniugalis caperet. Isti vero nihil dum certi responderunt, sed, vt solet hoc hominum genus jmperiosum facere, ex suo more, non ex capite praedicatorum hospitalis negotia tractare[a] cogitant. Nos libenter ex te scire cupimus, an isthic apud vos quoque in vestro hospitali coniuges lecto separentur. Petiuimus nos a prefectis hospitalis, vt in eundem locum omnes coniugatos hospitalis conijciant. Illi autem nescio quę cum Bero[33] mussitant neque nobis respondent, interim lecto separatis manentibus coniugibus. Rescribe[34], quaeso, ad nos hac in re consuetudinem vestri hospitalis et boni consule, quod grauioribus occupatum negocijs hisce leuioribus te interpellemus!

[5] Chunradus et reliqui fratres te confratresque omnes salutant. D[omino] Capitoni[35] ex me salutem[b] dicito! Nolui praeterea iam facundum tabellionem[36] suo fraudare munere. Multo enim facundius viua epistola, quę scire rettulerit, exponet quam hec bis muta mea epistola. Foeliciter cum fratribus vale!

Raptim Vlmę, 29 Martij 1533.

Matrimonialem illam, cuius nuper meministi[37], causam vna cum Guntij[38] recula tibi commendo.

M[artinus] Frechtus.

---

[a] *gestrichen* vo[s]. – [b] *gestrichen* esse.

[28] Das aus zwei Patriziern und drei Zunftherren zusammengesetzte Gremium der Fünf Geheimen. Vgl. Kirchenordnungen Ulm, S. 67; DEETJEN, FRECHT, S. 292.
[29] Ein Antwortschreiben konnte nicht ermittelt werden.
[30] Im Hospital herrschte eine klar geordnete Geschlechtertrennung. In der „Dürftigen Stube" existierten drei Gassen, eine für Männer, eine für Frauen und eine für besonders pflegebedürftige Kranke. Freundliche Auskunft von Frau Dr. Gudrun Litz/Stadtarchiv Ulm. Vgl. GREINER, ULMER SPITAL, S. 114; LANG, ULMER HEILIG-GEIST-SPITAL, S. 15.
[31] Die Bittschrift konnte nicht ermittelt werden.
[32] Als Spitalpfleger sind für das Jahr 1533 die Ratsherren Veit Fingerlin und Wolf Neithart verzeichnet, als Hofmeister fungierte Wilhelm Wernitzer. Vgl. GREINER, ULMER SPITAL, S. 121, 145.
[33] Gemeint ist Bernhard Besserer, Altbürgermeister in Ulm. Vgl. Personenindex; POLLET, BUCER 2, S. 201, Anm. 6.
[34] Ein Antwortbrief Bucers konnte nicht ermittelt werden.
[35] Wolfgang Capito, Pfarrer an Jung-St. Peter und Propst an St. Thomas in Straßburg. Vgl. Personenindex.
[36] Gereon Sailer. Vgl. oben S. 186, Anm. 3.
[37] Im letzten uns erhaltenen Brief Bucers an Frecht vom 12. Februar 1533 (vgl. oben Nr. 660, S. 135–144) ist von einer Hochzeit keine Rede. Möglicherweise bezieht sich Frecht auf einen

Adresse [S. 832]: [Summa doctrin]a et pietate eximio d[omino] Martino [Bucero, Argen]tinensi ecclesiastę suo in Domino.

O AST 156 (Ep. s. XI, 3), Nr. 344, S. 831f. — *C Zürich ZB, S 33, 72; Ulm StB, ms. 9855, fasc. II; TB VI, S. 52.*

---

von uns nicht ermittelten Brief, in dem Bucer die bevorstehende Hochzeit Ambrosius Blarers thematisierte.

[38] Hieronymus Guntius, Inhaber einer Schulstelle in Biberach. Vgl. Personenindex. Zu seiner Habe vgl. oben Nr. 646, S. 77, Z. 7f.

674*.
Balthasar Glaser[1] an Martin Bucer
[Neckarsteinach, 15. März 1529?]

Datation : La présente lettre, du dimanche Judica, avait été datée par Jean Rott en 1533 (31 mars) ou en 1534 (23 mars) ; en raison de l'évocation de Jacques Otter, en poste à Esslingen depuis le 2 avril 1532, c'était ce lieu d'expédition que Rott avait choisi. Diverses considérations liées à la carrière de Jacques Otter amènent les éditeurs du présent volume à privilégier, selon toute vraisemblance, l'année 1529 (15 mars), et comme lieu Neckarsteinach.

Zur Datierung: Jean Rott setzt den als Abfassungstag angegebenen Sonntag Judica in das Jahr 1533 (31. März) oder 1534 (23. März) und nennt Esslingen als Abfassungsort, wohl wegen der Erwähnung des seit dem 2. April 1532 dort wirkenden Jakob Otter. Dagegen spricht der Umstand, dass Glaser von einer Abberufung Jakob Otters ausgeht, dieser aber bis zu seinem Tod in Esslingen lebte und wirkte. Das fast sechs Jahre zurückliegende Empfehlungsschreiben Bucers und Capitos für Glasers Dienst setzt deren Kooperation voraus (seit 1524). Damit kann das vorliegende Schreiben nicht vor 1529 entstanden sein. Zwischen 1529 und seiner Berufung nach Esslingen wirkte Otter in der Schweiz (Solothurn, Bern, Aarau), wo das erwähnte antiprotestantische Edikt eines Fürsten aber kaum vorstellbar ist. Damit bleibt als Abfassungsort Neckarsteinach, wo Otter zwischen

---

[1] Prediger in Neckarsteinach? Vgl. Personenindex.

1525 und 1529 lebte. Dort lässt sich neben dem Edikt (SUSSAN, OTTER, S. 42) auch eine Auseinandersetzung mit den Täufern belegen (GASSNER, CREUTZ, S. 64). Dass Otters Wirken in Neckarsteinach mit seiner von außen erzwungenen Entlassung und nicht mit einer Berufung endete, widerspricht Glasers Darstellung nicht, weil Otter sich nach seiner Entlassung bis zu seiner Berufung nach Solothurn noch in Neckarsteinach aufhielt (BOSSERT, OTTER). Glasers erstaunlich unkonkrete Angabe zum jetzigen Wirkungsort seines Mitstreiters (aliunde) erklärt sich dann daraus, dass bei Otters Berufung nach Solothurn erst das Faktum einer Berufung (Capito an Zwingli vom 19. April 1529, Zwingli Bw. 4, Nr. 835, S. 105, Z. 5–7) und dann der Einsatzort feststand (Capito an Zwingli vom 28. April, ebd., Nr. 837, S. 112, Z. 2f.). Damit hat das Jahr 1529 die größte Wahrscheinlichkeit für sich[2].

---

[2] Der Brief wird in einem Nachtragsband ediert.

675.
Philipp Melanchthon[1] an Martin Bucer
[Wittenberg], März [1533][2]

[502←] [1] Les salutations de Melanchthon à Bucer dans la lettre à [Jacques] Bedrot étaient sincères ; il ne repousse pas son amitié. Dans la question, discutée, [de la Cène], il s'est montré mesuré, mais cherchait à libérer les hommes du doute ; Bucer aussi a œuvré en faveur de l'unité. Il faut supporter l'inévitable ; que Bucer apaise la dispute, et non pas qu'il l'enflamme. [2] Melanchthon a lu à Luther la lettre dans laquelle Bucer demande comment [un souverain, dans ses territoires,] peut propager l'Évangile sans introduire de grands changements ; une fois rétabli, Luther répondra par écrit. Il faut veiller d'abord à ce que la doctrine évangélique soit transmise et expliquée avec soin et modestie, et enseigner longuement et en profondeur avant d'introduire des changements. Dans nos communautés, les changements ont provenu plus du peuple que des théologiens ; le peuple s'est réjoui de la liberté prématurée. Toutefois, la nature morale humaine ne tolère ni désordre ni absence de discipline ; Melanchthon ne tolère pas tout ce que fait le peuple, mais il ne peut l'empêcher. On pourrait songer à de petits changements dans les rites ; mais comment cela réussira-t-il

---

[1] Vgl. Personenindex.
[2] Die Jahreszahl fehlt. Das Jahr 1533 ergibt sich aus den Sachzusammenhängen. Vgl. unten Anm. 3, 11, 15, 19.

pour la messe, dont l'amélioration provoque tant de résistance ? Que Bucer lui écrive à ce sujet. Melanchthon recommande Kenri [Kopp] et salue [Nicolas] Gerbel et [Jacques] Bedrot.

[502←] [1] Melanchthons Grüße an Bucer im Brief an [Jakob] Bedrot waren aufrichtig. Eine Freundschaft lehnt er nicht ab. In der zwischen beider Freunden umstrittenen [Abendmahls]problematik war er maßvoll, zielte aber auf Befreiung der Menschen vom Zweifel. Auch Bucer bemühte sich um die Einheit. Angesichts [geringer] Erfolge gilt es, das Unvermeidliche zu tragen. Bucer soll den Streit beschwichtigen und nicht entfachen. [2] Seinen Brief, in dem er um einen Vorschlag bat, wie [ein Herrscher in seinem Machtbereich] das Evangelium ohne große Veränderungen verbreiten kann, las Melanchthon Luther vor. Eine schriftliche Stellungnahme ist von Luther leicht zu erreichen, wenn er wieder gesund ist. Öffentliche Aussagen sind bei unterschiedlichen Urteilen aber gefährlich. Zunächst ist dafür zu sorgen, dass die Lehre des Evangeliums sorgsam und bescheiden weitergegeben und erklärt wird. Veränderungen setzen eine lange und gründliche Unterweisung voraus. In den [oberdeutschen] und [lutherischen] Gemeinden gingen die Veränderungen mehr vom Volk als von den Theologen aus. Freute sich doch das Volk an der voreiligen Freiheit. Die Sittennatur des Menschen aber duldet keine Unordnung und Disziplinlosigkeit. Melanchthon duldet weder alles, was das Volk tut, noch kann er es verhindern. Man könnte über möglichst geringe Veränderungen an den öffentlichen Riten nachdenken. Wie kann das aber bei der Messe, deren Verbesserung so großen Widerstand hervorruft, gelingen? Bucer soll Melanchthon dazu schreiben. Empfehlung Heinrich [Kopps] und Grüße an [Nikolaus] Gerbel und [Jakob] Bedrot.

3 <S[alutem]< d[icit]!

[1] Quod te salutaui in literis ad Bedrotum[4] scriptis[5], feci candide et ex animo. Idque officium si ita interpretaris, recte iudicas; non enim abhorreo a tua amicicia. [6]Qua moderatione vsus sim in illo negocio, de quo quaedam esse dissensio inter amicos[a] nostros putatur, non ignoras[7]. Certe meus animus semper spectauit eo, vt re explicata hominum animi dubitatione liberaren-

---

[a] *gestrichen* et.

[3] *Konrad Hubert*: V1533 (*zuerst* 1534), *gestrichen*: mense Martio, 30 Martio (*zuerst* Maij)V.
[4] Jakob Bedrot, Freund und Helfer Bucers. Vgl. Personenindex.
[5] Dieser Brief konnte nicht ermittelt werden.
[6] *Konrad Hubert*: <De eucharistia et concordia<.
[7] In einem früheren Schreiben an Bucer vom Mai 1531 äußerte Melanchthon seine Hoffnung auf eine Abendmahlskonkordie und sein Missfallen an der Vehemenz, mit der Zwingli und Luther die Auseinandersetzung führten (vgl. BCor 6, Nr. 426, S. 1f.; Melanchthon Bw. T 5, Nr. 1154, S. 118f.; Melanchthon Bw. R 2, Nr. 1154, S. 33). Er hingegen habe den Abendmahlsartikel der *Apologie* zur *Confessio Augustana* bewusst knapp formuliert, um dem Streit nicht neue Nahrung zu geben. Vgl. dazu seinen Brief an Bucer vom 22. Januar 1531 (BCor 5, Nr. 380, S. 209, Z. 4 – S. 210, Z. 8).

tur[8]. Scio te quoque concordiae sarciendae studiosum fuisse, sed quales successus vtriusque nostrum consilia habuerint, non est opus hic recitare[9]. Feramus igitur τὰ ἀναγκαῖα[10]. Illud tamen te oro quantum possum, vt des operam, magis vt contentiones istae sedentur atque consilescant[b], quam vt
5 excitentur et inflammentur[11]. [S. 782]

[2] [12]Quod vero[c] petis a nobis formulam[d] [13], quid putemus illi faciendum, qui, cum velit propagare ad suos euangelij doctrinam, tamen id ita facere cogatur, vt quam minimum mutet, legi Luthero tuas literas[14], nec dubito quin, si ab ipso petam, cum erit valetudo melior[e] [15], facile adduci possit, vt
10 suam sententiam perscribat[16]. Sed res est, vt vides, eiusmodi[f], de qua propter varietatem iudiciorum non est tutum pronunciare. In ipso negocio gubernari haec melius possunt. Si quis est huius modi, qui formidet mutationes[g], is recipiat initio doctrinam[h] euangelij eamque diligenter et modeste tradi curet et explicari res necessarias, [S. 783] praesertim cum mutari nihil debeat, nisi
15 antea auditores diu multumque instituti sint. Bona pars harum mutationum, quae extiterunt in vestris et nostris ecclesijs, magis a populo orta est quam ab ipsis doctoribus. Gaudebat enim populus immatura libertate. Et tamen non patitur natura humanorum morum, vt sine vllo ordine, sine vlla disciplina fiant omnia. Ego nec probo[i] omnia, quae vulgus facit, nec possum prohibere.
20 Idem accidit haud dubie vobis. Tamen iniri ratio posset, vt quam minimum

---

[b] *gestrichen* quaedam res non explicatae [...]. – [c] *gestrichen* formulas et. – [d] *gestrichen* qua. – [e] *gestrichen* tu quoque [...]. – [f] *gestrichen* quae pariat. – [g] *gestrichen* eum. – [h] *gestrichen* quam. – [i] *gestrichen* omnes.

[8] Melanchthon meint offensichtlich den Zweifel an der wahren Gegenwart des Leibes Christi im Abendmahl.

[9] Zu Bucers selbstkritischer Einschätzung seines Vermittlungserfolges vgl. seinen Brief an Leo Jud vom 23. Juni 1532 (BCor 8, Nr. 598, S. 156, Z. 19 – S. 158, Z. 22), zu seinem Selbstbild als Vermittler vgl. ebd., S. XXIVf. Zu Melanchthons ohne Luthers Wissen unternommenen Vermittlungsversuchen vgl. Ambrosius Blarer an Bucer vom 8. Dezember 1531 (BCor 7, Nr. 521, S. 93, Z. 12–16).

[10] Vgl. Erasmus, Adagia 1, 5, 26.

[11] Vgl. zu den Positionen im Abendmahlsstreit und Bucers Bemühungen um Ausgleich BCor 8, S. XX–XXXI. Im Hintergrund steht Luthers Distanzierung von den Frankfurter Predigern, deren Abendmahlstheologie sich an Bucer orientierte. Vgl. Luthers Schrift *Ein brieff an die zu Franckfort am Meyn*, Ende 1532 (WA 30/3, S. 554–571). Sie hatte unter den Oberdeutschen und Reformierten Empörung ausgelöst. Vgl. z.B. die Reaktion von Wolfgang Musculus in seinem Brief an Bucer vom Januar 1533 (oben Nr. 658, S. 129–131).

[12] *Konrad Hubert*: <Videtur esse in Gallicana causa<.

[13] Konrad Huberts Bemerkung (vgl. die vorausgehende Anm. 11) deutet darauf hin, dass Bucer eine Stellungnahme der Wittenberger zur Anfrage von König Franz I. erbeten hatte, welche der Ausbreitung evangelischer Lehre in Frankreich galt. Vgl. dazu LIENHARD/WILLER, STRASSBURG, S. 238f.

[14] Dieser Brief Bucers konnte nicht ermittelt werden.

[15] Vgl. Luthers Klage über Kopfschmerzen im Brief an Paul Lautensack vom 27. März 1533 (WA Bw. 6, Nr. 2002, S. 437, Z. 5).

[16] Eine Antwort Luthers konnte nicht ermittelt werden.

in publicis ritib[us] mutaretur. Sed hoc, quod summam parit offensionem, quomodo poterimus moderari, scilicet missarum emendationem, quas vides quanta vi defendant. Expecto eadem de re tuas literas[17]; libenter enim tecum disputabo copiosius [S. 784] de hoc ipso negocio.

[18]Henricum[19] tibi commendo. Modestus iuuenis est ac probus et perstudiosus. Bene vale! Gerbelio[20] et Bedrotto[21] meis verbis salutem dicito! Non enim licuit nunc scribere[22].

Mense Martio.

Philippus.

Adresse [S. 784]: Venerabili viro, d[omino] Martino Bucero, concionatori ecclesiae Argentinensis[23].

O AST 40 (21, 1–2), Nr. 84, S. 781–784. — C AST 181, Nr. 26, fol. 170r/v. — R Melanchthon Bw. R 2, Nr. 1315, S. 93f. — P CR 2, Nr. 1101, S. 641f.; Melanchthon Bw. T 5, Nr. 1315, S. 399f.

---

[17] Ein entsprechendes Schreiben Bucers an Melanchthon konnte nicht ermittelt werden.
[18] *Andere Hand:* <Copum<.
[19] Heinrich Kopp, Student in Wittenberg. Vgl. Personenindex. Zur Identifikation vgl. Melanchthon an Bucer von ca. 1. September 1533 (Melanchthon Bw. T 5, Nr. 1355, S. 475, Z. 3f.; Melanchthon Bw. R 2, Nr. 1355, S. 107).
[20] Nikolaus Gerbel, Jurist, Humanist und Domsekretär in Straßburg. Vgl. Personenindex.
[21] Vgl. oben S. 191, Anm. 4.
[22] *Konrad Hubert:* ↓1533↓.
[23] *Konrad Hubert:* φιλίππου; *andere Hand:* 30 Maij 1533.

676.
Martin Bucer an Kaspar Greber[1]
[Basel, nach dem 13. April 1533][2]

Pour la honte de Greber et de son prince [l'évêque et comte Guillaume de Honstein], sa lettre a été transmise à Bucer par une femme misérable. Il faut faire des vœux non pas [à saint] Valentin de Rouffach, mais au Christ, qui, par sa mort, a pris sur lui nos péchés et nous a délivrés de leur punition. Si Valentin est un témoin du Christ, alors il exige non pas de

---

[1] Offizial oder Gerichtsvikar des Straßburger Erzbischofs. Vgl. Personenindex.
[2] Bucers Anrede setzt den Amtsantritt Grebers in Straßburg an Ostern 1533 voraus (vgl. LEVRESSE, L'OFFICIALITÉ ÉPISCOPALE, S. 382). In diesem Jahr fiel das Osterfest auf den 13. April.

l'argent, mais une piété orientée vers le Christ, que lui même a attestée par son sang. L'argent que, à Rouffach, on collecte parmi les pauvres, est employé à des fins douteuses. Le Christ jugera tous ces actes. En conséquence, que Greber et son évêque abandonnent leurs pratiques superstitieuses et promeuvent la cause du Christ – et non pas celle de l'Antichrist !

Grebers Brief wurde zu seiner und seines Fürsten [Bischof Wilhelm Graf von Honstein] Unehre von einer erbarmungswürdigen Frau überbracht. Gelübde sind nicht bei [dem Heiligen] Valentin von Ruffach, sondern bei Christus abzulegen, der durch seinen Tod unsere Sünden auf sich nahm und daher auch von ihren Strafen befreit. Wenn Valentin ein Zeuge Christi ist, dann verlangt er nicht Geld, sondern eine Christusfrömmigkeit, die er selbst mit seinem Blut bekannte. Die in Ruffach unter den Armen gesammelten Gelder werden dubiosen Zwecken zugeführt. Christus ist Richter aller Taten. Greber und sein Bischof sollen daher von ihren abergläubischen Praktiken ablassen und Christi, nicht des Antichristen Sache fördern.

³ <S[alutem]< d[icit] Caspari, officialj Argentoraten[si][4], et agnoscere Dominum et vnum seruatorem Iesum Christum!

Literas has tuas[5] ad me misera mulier[6] attulit, quae res certe te et principe tuo[7] indigna est. Nosse enim debes vota Christo, non Ruffachen[si][8]
5 Valentino vestro[9] nuncupanda illumque vnum^a, vt peccata nostra morte sua sustulit[10], ita^b etiam peccatorum poenis liberare, non Valentinum. Sed nec Valentinus^c, si, vt <questus istius impij administrj vulgo praedicant< ^d, martyr Christi est, non pecuniam, verum pietatem in Christum suum, quam ipse ↓fuso↓ sanguine ↓suo↓ professus est, ab hominibus requirit. Quo denique ver-
10 tantur pecuniae a miseris collatae Ruffacho^e, res ipsa clamat.

Agnoscite igitur tandem Christum Dominum, per quem et sumus <ab aeterna morte in alteram vitam redemptj< ^f [11], iudicaturum ↓haec et↓ nostra

---

^a *gestrichen* quae. – ^b *gestrichen* etiam. – ^c *O* Valentinum. – ^d *anstatt* vulgo iactatur. – ^e *O* Ruffachum. – ^f *gestrichen* sumus.

³ *Konrad Hubert:* <1531 circiter<.
⁴ Als Offizial war Greber Vertreter des Erzbischofs im Bereich der kirchlichen Gerichtsbarkeit und leitete die kirchliche Gerichtsbehörde. Vgl. LEVRESSE, L'OFFICIALITÉ ÉPISCOPALE, S. 344–346.
⁵ Der Brief konnte nicht ermittelt werden.
⁶ Die Person konnte nicht ermittelt werden.
⁷ Wilhelm Graf von Honstein, Erzbischof von Straßburg. Vgl. Personenindex.
⁸ Ruffach im Elsass liegt 15 km südlich von Colmar und 28 km nördlich von Mühlhausen.
⁹ Valentin, Heiliger. Vgl. Personenindex. Die Legende besagt, dass Valentin seit seiner Heilung eines spastisch Gelähmten in Rom großen Bekehrungserfolg erzielte und nach der Verweigerung des Götzenopfers enthauptet wurde. Vgl. SEELIGER, VALENTIN. In Ruffach gab es eine bedeutende Frömmigkeitskampagne um den Hl. Valentin; dort findet sich die einzige bildliche Darstellung des Hl. Valentin als Bischof im pontifikalen Ornat. Vgl. JÖCKLE, HEILIGENLEXIKON, S. 450.
¹⁰ Vgl. Jes 53, 4f.
¹¹ Vgl. II Kor 1, 10.

omnia^g ¹² istasque superstitiones fouere ↓tandem↓ desinite, memores, quod episcoporum ⌜eiusque^h ¹³ officialium⌝ est Christi, non Antichristi caussam^i agere! Vale, vt resipiscas!

> M[artinus] Bucerus, minister ecclesiae
> ad d[ivum] Thomam^j Argentorati.

[Adresse fehlt!]

O AST 151 (Ep. Buc. I), Nr. 45, S. 159. — C TB VI, S. 53.

---

^g *gestrichen* et. – ^h *gestrichen* afficilium. – ^i *zuerst* caussas. – ^j *O* Thomae.

¹² Vgl. Röm 2, 16.
¹³ Der Singular erklärt sich daraus, dass Bucer an den konkreten Ortsbischof denkt (vgl. oben S. 194, Z. 3f.).

677*.
Martin Bucer an Wolfgang Capito, Kaspar Hedio und Matthias Zell
[Basel, Mitte April 1533]

Incipit: Videte valde obsecro, vt synodj ratio […].

O verloren. — C AST 152 (Ep. Buc. II), Nr. 127, S. 457–467; Zürich ZB, S 47, 105; TB XII, S. 129–132. — P QGT 8, Nr. 358, S. 4–8; BDS 5, S. 378–382.

678.
Fortunatus [Andronicus][1] an Martin Bucer
Orbae, 29. April 1533

[509←] L'Esprit de Dieu fera de ses ennemis des amis, et ramènera à la raison les sectes et Luther. Andronicus prie afin qu'il ne soit pas tenté au-delà de ses forces. Il perçoit que [Dieu] rejette son peuple : en témoignent la coalition des impies contre le Christ et l'Évangile, la chute des gens pieux et le cœur froid de tous envers le feu céleste. Ce n'est qu'avec réticence qu'il a accepté d'être envoyé à [Orbe] ; il s'y trouve comme au milieu des loups et demande qu'on intercède pour lui. [2] Si Bucer ne publie pas ses développements sur la façon d'aborder l'Écriture, qu'Andronicus va lui retourner, d'autres sont prêts à le faire, pour servir le Christ et la véritable Église. [3] Les Genevois devraient accoucher de ce qu'ils attendent depuis longtemps. On envoie des messagers depuis Berne. Lausanne projette quelque chose. [4] Le beau-père d'Andronicus est le porteur de la lettre. Que, sur la recommandation de Bucer, le procurateur de la Fondation Saint-Thomas [Gervasius Sopher] accorde une bourse au fils de ce dernier, afin qu'il puisse étudier à Strasbourg. Salutations à l'épouse de Bucer [Élisabeth]. Andronicus veut acquérir les nouvelles publications de Bucer. Salutations à Capiton. [P. S.] [Pierre Robert] Olivetan va être à l'œuvre dans le dangereux Piémont.

[509←] [1] Gottes Geist wird seine Feinde zu Freunden machen sowie die Sekten und Luther zur Vernunft bringen. Andronicus bittet, nicht über seine Kräfte versucht zu werden. Angesichts der Verschwörung der Gottlosen gegen Christus und das Evangelium, des Falls der Frommen und der kalten Herzen aller Menschen gegenüber dem himmlischen Feuer nimmt er die Verwerfung seines Volkes wahr. Er selbst ließ sich angesichts der Mühen nur ungern [nach Orbe] senden, sieht sich mitten unter Wölfen und ersucht um Fürbitte. [2] Andronicus will Bucers Ausführungen über den Umgang mit der Schrift zurücksenden. Falls Bucer sie nicht drucken lässt, stehen dazu schon andere bereit, dies im Dienst der Sache Christi und der wahren Kirche zu veranlassen. [3] Die Genfer sollten das, womit sie schon lange schwanger gehen, auch gebären. Aus Bern schickt man Gesandte. Lausanne plant etwas. [4] Den Brief überbringt Andronicus' Schwiegervater. Dessen Sohn soll der Prokurator des St. Thomas-Stiftes [Gervasius Sopher] auf Bucers Vermittlung für einen anderen Stipendiaten nachrücken lassen, damit er in Straßburg studieren kann. Grüße an Bucers Frau [Elisabeth]. Andronicus erkundigt sich nach Bucers neuesten Publikationen; er will sie erwerben. Grüße an [Wolfgang] Capito. [P.S.] [Pierre Robert] Olivetan soll fortan im gefährlichen Piemont wirken.

[2] ⸢Salue⸣!

[1] Gratiam et pacem a Deo Patre nostro per Jesum Christum

---

[1] Reformator von Orbe, einem Ort im Kanton Waadt gelegen. Vgl. Personenindex. Die Handschrift weist eindeutig Fortunatus Andronicus als Verfasser des Briefes aus.
[2] *Konrad Hubert*: ⸢Fortunatus Bucero. 1533. pen. Aprilis⸣.

Do[minum] nostrum³, qui Spiritu suo Sancto nobis perpetuum animi robur donet, quo hostes eius repulsi veritatem, relicto mendatio, amici facti tandem recipiant, sectae et Lutherus resipiscant⁴, quo tandem omnis gloria soli Deo tribuatur! Sin vero ita fuerit Do[mino] visum et ita sumus experiendi, donet nobis secundum promissionem, ne tentemur supra vires neue nobis plus oneris imponat, quam humeri ferre valeant⁵. Scio, quod ad pios attinet, Spiritum omnia posse⁶; sed quum videam omnes in Christum et euangelium coniurasse impios⁷, pios occidisse et, vt uno dicam verbo, omnia semel quaecunque sancta corruisse, tantam hostium vim et potentiam, tam frigida ad coelestem illum ignem⁸ omnium hominum pectora, parum abest, quin nos infęlicissimos plane iudicem, reiectionem gentis nostrae subodoratus.

Nosti, quam ęgre passus sim me in messem Do[mini] immitti⁹. Coniectabar enim, quam infracto pectore opus, quam continuo sudandum¹⁰. Haec tamen olim cum essent mihi in pago verbi ministro portabilia, hodie tamen facta sunt mihi, postquam ita Domino uisum est, vt me per suos verbi ministros in medium luporum immitteret¹¹, omnia portatu dificilia. Dominus, apud quem nihil est impossibile¹², et animum et vires, imo et victoriam¹³ in sui nominis gloriam suppeditet, vt in caussa Christi mihi foeliciter olim succedere non frustra gaudeas. Quod si ↓id↓ cupis, Deum pro me, vt in apertione oris nostri sermo detur¹⁴, ora!

---

³ Vgl. Tit 1, 4.
⁴ Zu Bucers Auseinandersetzung mit den Dissenters in Straßburg vgl. BCor 7, S. XX–XXII; HAMM, BUCERS ZWEI GESICHTER. Luther hatte gerade durch seine öffentliche Distanzierung von den Frankfurter Predigern den Abendmahlsstreit angeheizt. Vgl. dazu oben Nr. 659, S. 133, Anm. 11.
⁵ Vgl. Ps 68, 20f.; I Kor 10, 13.
⁶ Vgl. Phil 4, 13.
⁷ Orbe unterstand sowohl dem protestantischen Bern als auch dem altgläubigen Freiburg im Uechtgau. Es zählte damit zu den alternierend regierten *Gemeinen Herrschaften*, die nach dem Zweiten Kappeler Landfrieden einer Rekatholisierung ausgesetzt waren. Zur ohnehin nicht besonders reformationsfreundlichen Bevölkerung vgl. PFISTER, VIRET, 322f.
⁸ Vgl. Act 2, 19.
⁹ Vgl. Mt 9, 37f.; Lk 10, 2. Unter Hinweis auf diese Bibelstellen hatte Guillaume Farel Fortunatus Andronicus in mehreren Briefen gebeten, als Prediger ins Landgebiet von Neuchâtel zu kommen. Vgl. Farel an Andronicus vom 24. Januar 1531 (Herminjard, Correspondance 2, Nr. 322, S. 302–304), vom 12. Februar (ebd., Nr. 324, S. 307) und vom 1. April (ebd., Nr. 333, S. 323–325). Andronicus hatte zunächst mit dem Hinweis abgelehnt, die Umstände an seinem künftigen Wirkungsort seien seiner Frau nicht zuzumuten (vgl. ebd., S. 324), kam aber dann dennoch.
¹⁰ Vgl. Gen 3, 19. Bereits Farel wies Andronicus darauf hin, dass er Schweiß vergießen werde. Vgl. seinen Brief vom 12. Februar 1531 (Herminjard, Correspondance 2, Nr. 324, S. 307).
¹¹ Mt 10, 16; Lk 10, 3. Zu Farels Verwendung militärischer Bilder bei der Beschreibung der reformationsfeindlichen Kräfte an Andronicus' künftigem Wirkungsort vgl. die oben (Anm. 9) genannten Briefe.
¹² Vgl. Lk 1, 37; 18, 27.
¹³ Orbe nahm im Jahr 1554 die Reformation an. Vgl. LOCHER, ZWINGLISCHE REFORMATION, S. 558, Anm. 31.
¹⁴ Vgl. Ez 29, 21; Mk 13, 11; Lk 12, 12.

[2] Cęterum, cum olim te cupidissimum gloriae Dei promouendae deprehenderim teque tibi semper similem esse[15] sciam, remitto[16], quę de scripturis tractandis non tam in mei quam Christi ecclesiae ministrorum gratiam annotaras[17], sed ea conditione, vt mihi cum foenore, nimirum locupletatas excussasque, remittas. Id si detrectas, non desunt, qui harum vigiliarum tuarum exemplar habentes typographo tradent excudendum[18]. Vide igitur, quam familiariter tua eruditione abutar, si tamen hoc sit abuti et non potius pie et sancte in rem Christi et ecclesiae uere vtj!

[3] De Gebennensibus[19]: Vtinam, quod diu parturit eorum animus, aliquando pariat in gloriam Do[mini]! Legatos sunt propediem missuri Bernenses Domini pro verbo. Omnia tentauimus, sed frustra, nisi internus doceat doctor[20]. Lausanna nescio quid tentat[21]. Scis hominis naturam: Se et sua prius curat quam Christum.

[4] Quae supersunt, dicet hic grammatophorus, socer meus[22], cuius filium[23] tibi commendo. Poterit olim esse vsui vestrę reipub[licae], si per te procurator Sancti Thomę[24], qui, vt puto, non detrectabit, curaret[a], vt ille in locum alicuius prębendarij demortui sufficeretur, vnde posset literis operam dare[25]. Esset, vt mihi videtur, optime factum. Id, spero, curabitis.

Verum bene vale! Saluta nostro nomine et vxorem tuam[26] et fratres omnes verbi ministros in Do[mino]! Sunt hic non pauci, qui te plurimum salutant tibique omnia lęta non semel pręcantur. Cuperem fieri certior, an aliqua nuper curaris excudenda[b], vt ea mihi compararem. Saluta etiam mihi pręceptorem meum nunquam poenitendum[27], do[minum] Capitonem[28]!

---

[a] *O* curaretur. – [b] *O* excusienda.

[15] Vgl. Marcus Fabius Quintilianus, Institutio oratoria, lib. 9, cap. 4, par. 60.

[16] Bucer erreichte das Dokument nicht, denn Andronicus entschuldigt sich in seinem nächsten Schreiben vom 22. Oktober 1533, er habe es versehentlich nicht mitgegeben (vgl. Herminjard, Correspondance 3, Nr. 435, S. 99f.).

[17] Gemeint ist Bucers traktatartiger Brief an Andronicus, wohl aus der ersten Jahreshälfte 1531 (BCor 5, Nr. 369, S. 146–158). In diesem Schreiben hatte Bucer die Grundzüge seiner Bibelhermeneutik entfaltet und Hilfestellungen für Andronicus' Predigttätigkeit gegeben. Vgl. SCHERDING, TRAITÉ; TIMMERMAN, SCHRIFT UND SCHRIFTAUSLEGUNG, S. 84–92.

[18] Ein Druck kam nicht zustande.

[19] Die Genfer.

[20] Der Heilige Geist, vgl. Joh 14, 26. In Bern hatte sich die reformatorische Partei bislang noch nicht durchsetzen können. Vgl. LOCHER, ZWINGLISCHE REFORMATION, S. 563–565.

[21] Zur Lage in Lausanne vgl. die Briefe des Freiburger Rates vom 24. Februar 1533 an Sebastien de Montfaucon, Bischof von Lausanne (Herminjard, Correspondance 3, Nr. 408, S. 19–22) und des Berner Rates an den Freiburger Rat vom 21. März (ebd., Nr. 412, S. 34–36).

[22] Der Vater Maria Birchhammers, der Ehefrau des Verfassers. Er konnte nicht identifiziert werden.

[23] Die Person konnte nicht ermittelt werden.

[24] Gervasius Sopher, Prokurator des St. Thomas-Stiftes in Straßburg. Vgl. Personenindex. Ihn nennt Andronicus namentlich in seinem nächsten Brief an Bucer vom 22. Oktober 1533 (vgl. Herminjard, Correspondance 3, Nr. 435, S. 100).

[25] Auf Vorschlag der protestantischen Mitglieder des Thomas-Kapitels wurden die ehemaligen Messstipendien als Studiengelder eingesetzt. Vgl. KNOD, STIFTSHERREN ST. THOMAS, S. 4f.

Orbae, penultima Aprilis, anno 1533.

Tuus discipulus Fortunatus.

Oliuetanus[29], non tam tuus quam omnium, iamdudum missus fuit in messem Do[mini][30] omnium periculosissimam, apud Pedemontanos[31].

Adresse [S. 810]: Pietate et eruditione insigni viro d[omino] Martino Bucero, Berne[32].

O AST 156 (Ep. s. XVI, 3), Nr. 336, S. 809f. — C Zürich ZB, S 33, 92; TB VI, S. 54 — P Herminjard, Correspondance 3, Nr. 415, S. 41–45.

---

[26] Elisabeth Bucer, vgl. Personenindex.
[27] Vgl. Titus Livius, Ab urbe condita, lib. 1, cap. 35, par. 2. In seinem Brief an Bucer vom 22. November 1531 bezieht Andronicus die Wendung auf ihn (vgl. BCor 7, Nr. 509, S. 46, Z. 16).
[28] Wolfgang Capito, Pfarrer an Jung-St. Peter und Propst an St. Thomas in Straßburg. Vgl. Personenindex.
[29] Pierre-Robert [Ludwig] Olivétan, Lehrer in Neuchâtel. Vgl. Personenindex.
[30] Vgl. Mt 9, 37f.; Lk 10, 2.
[31] Piemont. Olivetan arbeitete um 1533/34 in einem nicht näher bekannten waldensischen Dorf an seiner Bibelübersetzung. Zu den näheren Umständen und dem Fehlen einschlägiger Quellen vgl. TOURN, SANS NOM NI LIEU, S. 26f.
[32] Auf seiner Reise durch Süddeutschland und die Schweiz hielt sich Bucer zwischen dem 10. und 15. Mai 1533 in Bern auf. Vgl. das Itinerar, oben S. XVIII.

679.
Martin Bucer an Margarethe Blarer[1]
St. Gallen, 30. April [1533][2]

[659←] Bucer remercie Marguerite pour tout ce qu'elle a fait pour lui et pour son compagnon de voyage, Barthélemy [Fonzio,] durant leur séjour à Constance. Dieu fasse que son action n'ait pas été vaine. Que Marguerite transmette ses remerciements à d'autres, notamment à sa cousine Barbara, et qu'elle lui fasse savoir quand Dieu aura mené les deux choses [le mariage projeté par Ambroise Blaurer ?] à bonne fin. [→ 694]

---

[1] Freundin Bucers in Konstanz. Vgl. Personenindex.
[2] Die Jahreszahl fehlt. Das Jahr 1533 ergibt sich aus den Sachzusammenhängen. Vgl. unten Anm. 3, 10.

[659←] Bucer dankt für alles, was die Adressatin an ihm und seinem Reisegefährten Bartholomeo [Fonzio während ihres Aufenthalts in Konstanz] tat. Gebe Gott, dass sein Wirken nicht vergeblich ist. Die Adressatin möge Bucers Dank auch an die anderen, insbesondere die Base Barbara, weiterleiten und ihn benachrichtigen, wenn Gott beider Sache [die beabsichtigte Eheschließung Ambrosius Blarers?] zu einem guten Ende gebracht hat. [→ 694]

[3]Vnser herr Iesus, vnser leben, erfrewe vnd ergetze euch[4] durch sich selb, min recht liebe schwester vnd muter, alles das yr an myr, synem so liederlichen[5] diener, vnd an mynem lieben bruder vnd pilgeren des Herren, d[ominus] Barptolomeen[6], liebs vnd gu(o)ts, so nit geflissen[7], sonder engstig[8] vnd, wo ych euch schelten konde, fil zu fil bewysen habt. Der almechtig hymlisch Vater gebe vnß durch v[nseren] heilandt Christum, ⁀yn ym zu wachsen, vnd⁀ wölle myr armen helfen, das ich doch nit gar vergebens alßo yn synem namen gehalten werde. Yr wöllen, wie yr thu(o)t, diß myr helffen bitten vnd myne danckbarkeyt vffs freundtlichest anzeygen[a] ewerer besenen Barbaren[9], der fromen tochter Gottes, vnd den anderen allen. Erfrewet mich, so bald es syn mage, das der Herr vnseren handel zu gutem end bracht habe[10]! Gott sye mit euch, myn grosse liebe muter vnd schwester, vnd alles gotsamen[11]!

Datum apud S[anctum] Gallum, pridie Calend[as] Maij.

M[artinus] Bucer, der ewer ym Herren.

Adresse [S. 290 B]: Der war christlichen iungfrawen Marg[areten] Blarerin, myner yn Christo lieben schwester vnd muter.

Oa AST 151, Nr. 75, S. 290 A/B. — C Zürich ZB, S 33, 93; TB VI, S. 56. — R Blaurer Bw. 2, Anhang, Nr. 15, S. 797.

---

[a] *zuerst* anzcyhen.

[3] *Konrad Hubert:* ⁀Datum S. Gallen anno Martij circiter 1533⁀; *andere Hand:* ⁀30.4.33⁀.
[4] Vergüte euch.
[5] Nachlässigen.
[6] Bartholomeo Fonzio, venezianischer Franziskaner. Vgl. Personenindex. Er begleitete Bucer auf seiner Reise durch Süddeutschland und die Schweiz. Vgl. das Itinerar, oben S. XVIII.
[7] Bemüht, angestrengt.
[8] Eifrig.
[9] Wohl die Schwester von Margarethes Vater Augustin, Barbara Blarer. Vgl. Blaurer Bw. 2, S. 857 (Register); STÄRKLE, FAMILIENGESCHICHTE BLARER.
[10] Bucer spielt wohl auf die bevorstehende Heirat Ambrosius Blarers mit Katharina Ryf von Blidegg an, die Margarethe ihrem Bruder empfohlen hatte. Die Hochzeit fand im August 1533 statt. Vgl. dazu oben Nr. 659, S. 134, Anm. 22; unten Nr. 709, S. 296, Z. 1–14.
[11] Gott Angenehme.

680.
Martin Bucer an Ambrosius Blarer[1]
[St. Gallen], 4. Mai [1533][2]

[671←] [1] Bucer espère que son enseignement portera du fruit à Saint-Gall. Le pieux Dominique [Zili] n'a pas réussi [à mettre en œuvre] la discipline ecclésiastique pour laquelle il brûle d'un zèle prématuré, tandis que d'autres se sont montrés trop patients. Bucer sait combien, ailleurs, le peuple a accueilli [en la rejetant] une prédication de l'Évangile trop passionnée. Bucer veut coucher par écrit sa conception de la discipline ecclésiastique [, qu'il a exposée aux pasteurs de Saint-Gall,], et en faire une copie pour Blaurer, afin que ce dernier puisse aider à ce que, à Saint-Gall, on la mette en pratique. [2] Bucer a logé chez le pasteur Wolfgang [Jufli] ; sans cesse, quelques membres du Sénat étaient présents. Aujourd'hui, malgré son refus, un membre du Sénat [, François Studer,] le conduit jusque dans le territoire de Zurich. [3] Bucer n'a pas reçu la lettre de Blaurer. Barthélemy [Fonzio] et lui remercient Blaurer et sa sœur [Marguerite] pour tous leurs soins. Que Blaurer le recommande à [Jean et à Conrad] Zwick ; à Joachim [Maler], aux médecins [Jean Menlishofer et Georges Vögeli le Jeune] et au greffier muncipal [Georges Vögeli l'Ancien]. [→ 686]

[671←] [1] Bucer hofft, seine Lehre in St. Gallen werde fruchten. Der fromme Dominicus [Zili] konnte mit seinem oft unzeitigen Eifer die erstrebte Kirchenzucht, für die er so brennt, nicht erreichen, andere dagegen übten zu große Nachsicht. Blarer weiß, wie [ablehnend] das Volk anderswo eine allzu leidenschaftliche Evangeliumspredigt aufnahm. Bucer will seine [den St. Gallener Predigern vorgetragene] Skizze der Kirchenzucht unterwegs oder in Bern schriftlich niederlegen und für Blarer eine Abschrift erbitten, damit er eventuell in St. Gallen bei ihrer Umsetzung in die Praxis behilflich sein kann. [2] Bucer wohnte bei dem Prediger Wolfgang [Jufli], stets waren einige Ratsherren anwesend. Gegen seine Bitte wird er heute von einem Ratsherren [Franz Studer] bis ins Züricher Gebiet geleitet. [3] Bucer hat Blarers [nicht ermittelten] Brief empfangen. Er und Bartholomeo [Fonzio] danken Blarer und seiner Schwester [Margarethe] für alle Fürsorge. Bitte um Empfehlung bei [Johannes und Konrad] Zwick, Joachim [Maler], den Ärzten [Johann Menlishofer und Georg Vögeli d. J.] und dem Stadtschreiber [Georg Vögeli d. Ä.]. [→ 686]

[3]Salue in Christo, salute nostra, frater chariss[ime]!
[1] Gratia Christo spero profuturum, quod hic[4] docui[5]. Dominicus[6] certe

---

[1] Prediger an St. Stephan in Konstanz. Vgl. Personenindex.

[2] Die Jahreszahl fehlt. Das Jahr 1533 ergibt sich aus den Sachzusammenhängen. Vgl. unten Anm. 4, 7, 12f., 17, 19, 26.

[3] *Konrad Hubert*: <1534, 4. Maij<.

[4] Bucer erreichte St. Gallen am 28. (vgl. Vadian, Diarium, Nr. 578, S. 523) oder 29. April 1533 (vgl. Kessler, Sabbata 2, S. 366). Vgl. dazu das Itinerar, oben S. XVIII.

[5] Bucer predigte sechs Mal in St. Gallen (unter anderem über Phil 2 und die Einheit der Gemeinde) und diskutierte mit den Predigern über die Anwendung des Kirchenbannes. Der des

pius, sed aliquando non satis tempestiuo zelo ipse sibi obstitit imprudens, quominus disciplinam ecclesiasticam, quam ita ardet, consequeretur[7]. Alij contra egerunt remissius, et scis, vt alias res habuerunt, quam nimis alacre euangelium vulgo fuerit[8]. Pulchre autem conuenit omnibus, et adumbrauimus[9] rationem censurae ecclesiasticae[10], quam volente Domino in itinere uel Bernae absoluam[11]; curauique, vt, cum Sanctogallen[sibus] misero, tibi exemplum describatur, vt, si res posceret, aduenires ac vsum rei tam sanctae at non minus periculosae prasesens institueres[12].

[2] Senatus me nimis honorifice habuit[13]. Apud ministrum Gvolfgangum[a] [14] egi[15], vbi semper aliquot senatores adfuerunt[16]. Hodie deducent, quamlibet depraecatus id sum, vsque in ditionem Tigurinam[17] per senatorem quendam[18]. O Domine, qui me sine caussa [S. 491] tantis a tuis affici beneficijs facis, da, vt vel in aliquo gloriae tuae apud illos inseruiam!

---

[a] *gestrichen* frui.

Deutschen nicht mächtige Fonzio referierte eine Stunde auf Latein und erntete großes Lob. Vgl. Kessler, Sabbata 2, S. 366f.; Vadian, Diarium, Nr. 578, S. 523. – BONORAND, BUCER UND VADIAN, S. 413.

[6] Dominicus Zili, Prediger an St. Laurenzen in St. Gallen. Vgl. Personenindex.

[7] Vgl. Bucers späteres Urteil im Brief an Vadian vom 13. August 1533 (Vadian Bw. 5/1, Nr. 742, S. 129).

[8] Aktuell könnte Bucer an den reformatorischen Übereifer Georg Pistors in Zweibrücken denken. Vgl. dazu oben Nr. 631, S. 11f., Anm. 11; BCor 7, S. XVIII. Im Blick auf Blarer kommt auch die Ablehnung seiner reformatorischen Predigt in Geislingen in Betracht. Vgl. dazu SCHÖLLKOPF, FREUNDSCHAFT UND GEGNERSCHAFT.

[9] „Entzwischet ward och besunders under den predicanten etwas von ansechen aines christenlichen bannes red gehalten, aber ongeendeter sach mu(o)ßend sy hinweg rittenn. Doch verhieße und verließ Martinus sin vollmanung geschrifftlich hernach ze schicken." (Kessler, Sabbata 2, S. 366f.).

[10] *Konrad Hubert*: ⸂Excommunicatio a Buc. scripta⸃.

[11] Zu Bucers nicht ermittelter Schrift über die Kirchenzucht vgl. unten Nr. 695, S. 248, Anm. 14.

[12] Vgl. Bucers spätere Empfehlung Blarers im Brief an Vadian vom 13. August (Vadian Bw. 5/1, Nr. 742, S. 129).

[13] Vgl. die an Joachim Vadian gerichteten Dankschreiben Fonzios vom 17. Mai 1533 (ebd., Nr. 736, S. 122f.) und Bucers vom 16. Mai (unten Nr. 685, S. 216–218) und vom 9. Juli (Vadian Bw. 5/1, Nr. 739, S. 125f.).

[14] Wolfgang Wetter, genannt Jufli, Prediger an St. Lorenz in St. Gallen. Vgl. Personenindex.

[15] „Hieharum man in [sc. Bucer] in ain sonderbar haus zu(o) dem helfer logiert und die ross in der herberg versechen ließ." (Vadian, Diarium, Nr. 578, S. 523).

[16] „Al tag assend etlich des ratz mit in und ander ouch in des helfers hus, um ru(o)w und ringers kostens willen." (Ebd.).

[17] Der Rat ließ Bucer bis Winterthur, etwa 25 km vor Zürich, begleiten (ebd.). Wenn Bucer tatsächlich erst am Nachmittag des 4. Mai 1533 in St. Gallen aufbrach (vgl. unten S. 203, Anm. 26), dann dürfte er das etwa 80 km entfernte Zürich frühestens am nächsten Tag, dem 5. Mai 1533, erreicht haben. Die Angabe 4./5. Mai 1533 wäre damit präzisierbar (vgl. Bullinger Bw. 3, S. 119, Anm. 1).

[18] Franz Studer, Ratsherr in St. Gallen. Vgl. Personenindex.

[3] Literas tuas¹⁹ accepi. Gratias ago pro tanta solicitudine, tanta charitate. Videtur senatui hic rem periculo vacare; deinde non est tempus, vt non recta eam. Dominus erit nobiscum. Gratias ago tibi, sorori²⁰, idem facit Bartho[lomeus]²¹, pro omnibus beneficijs. Valete!

4 Maij.

Commendate me dominis et amicis Zwicciis²², Joachimo²³, medicis²⁴, scribae²⁵ et omnibus!

T[uus] Bucerus.

Non reuidi, iam iam abiturus²⁶.

Adresse [S. 491]: Pientiss[imo] Christi ministro, M[agistro] Ambrosio Blarero, fratri chariss[imo].

Oa AST 151 (Ep. Buc. I), Nr. 122, S. 490f. — Zürich ZB, S 33, 103; TB VI, S. 57. — R/P Blaurer Bw. 1, Nr. 331, S. 392f.

---

¹⁹ Der Abfassungszeitpunkt des Briefes muss nach Bucers Abreise aus Konstanz (spätestens am 29. April) liegen. Da das letzte von uns ermittelte Schreiben Blarers an Bucer vom 15. März 1533 datiert und Bucer dafür bereits am 26. März dankte (vgl. oben Nr. 671, S. 182, Z. 8), handelt es sich um ein von uns nicht ermitteltes Schreiben.
²⁰ Margarethe Blarer, Freundin Bucers in Konstanz. Vgl. Personenindex.
²¹ Bartholomeo Fonzio, venezianischer Franziskaner. Vgl. Personenindex. Er begleitete Bucer auf seiner Reise durch Süddeutschland und die Schweiz. Vgl. das Itinerar, oben S. XVIII.
²² Johannes Zwick, Prediger in Konstanz, und Konrad Zwick, dort Ratsherr. Vgl. Personenindex.
²³ Joachim Maler, Stadtsyndicus in Konstanz. Vgl. Personenindex.
²⁴ Wohl Johann Menlishofer und Georg Vögeli d. J. Vgl. Personenindex.
²⁵ Georg Vögeli d. Ä. Vgl. Personenindex.
²⁶ Bucer verließ St. Gallen am 4. Mai um 14 Uhr nach einer langen Predigt (vgl. Vadian, Diarium, Nr. 578, S. 523).

681.
Martin Bucer an den Bürgermeister[1] und Rat von Schaffhausen[2]
Zürich, 7. Mai 1533

Dans leur lettre, ceux de Schaffhouse ont demandé à Bucer un candidat pour le poste de Helfer. Bucer a réussi à trouver [Beat Gering] à Zurich ; si ce dernier refuse, Bucer regardera à Bâle et à Strasbourg.

In ihrem [nicht ermittelten] Brief baten die Schaffhausener Bucer um einen Kandidaten für die dort zu besetzende Helferstelle. Auf Bucers eifrige Nachfrage fand sich in Zürich [Beat Gering]. Sagt er ab, will Bucer sich in Basel und Straßburg nochmals umsehen.

Meerung göttlicher gnaden vnd geysts, fromen, fursichtigen, ersamen, wysen, gunstigen, lieben herren, mit erbietung myner vnderthenigen willigen diensten zuvor!

Ewer fursichtig ersam weyßheyt schryben an mich[3], wo myr ein frommer,
5 gelerter, geschickter mann, der die helffery by euch annemen wölte, an die handt stiesse, euch denselbigen zuzuschaffen. Habe ich synes ynhalts verlesen vnd solichem mann, der ewer kirchen recht dienstlich were, hie by mynen lieben bruderen fleyssig nachfrage gehabt vnd achten, das vorhanden seyn solle, den wyr wol getröst euch zuschicken mögen[4], doran wyr vnß auch nit
10 sumen[5] wöllen; vnd wo es dem, so wyr hie vor vnß haben, nit wölte gelegen syn, so will ich zu Basel[6] vnd by vnß besehen, das yr, so fil ichs erkennen moge, sollen versorget werden. Dann die prediger hie vnd ich, wo wyr e[uer] f[ursichtig] e[rsam] w[eyßheyt] vnd ewer kirchen zu vfnung[7] der eeren Gottes zu dienen wußten, weren wyr, alß wyr schuldig sind, gantz willig vnd geneygt.
15 Hiemit wölle der Almechtig e[uer] f[ursichtig] w[eyßheyt] vnd ewer kirchen synen geyst vnd alles guts ryhlich[8] miteylen.

---

[1] Hans Ziegler. Vgl. Personenindex.
[2] Bucer traf am 18. April 1533 in Schaffhausen ein (vgl. Erasmus Ritter an Heinrich Bullinger vom 26. April 1533, Bullinger Bw. 3, Nr. 214, S. 112, Z. 2) und verließ die Stadt am 21. April (ebd., S. 113, Z. 23). Vgl. dazu das Itinerar, oben S. XVIII.
[3] Das Schreiben konnte nicht ermittelt werden. Es ist zwischen der Abreise Bucers aus Schaffhausen am 21. April (vgl. die vorausgehende Anm. 2) und dem Abfassungszeitpunkt des vorliegenden Schreibens zu datieren.
[4] Beat Gering, ehemaliger Pfarrer von Dietikon. Vgl. Personenindex. Bucer hat ihn wohl erst in Zürich kennengelernt. Vgl. seine Grüße an ihn im Brief an Heinrich Bullinger und Leo Jud vom 11. Mai 1533 (Bullinger Bw. 3, S. 122, Z. 39f.). Zu Bucers weiteren Aktivitäten und den näheren Umständen der Berufung Gerings vgl. das Schreiben Heinrich Bullingers und Leo Juds an Bürgermeister und Rat von Schaffhausen vom 14. Mai 1533 (ebd., Nr. 223, S. 125f.).
[5] Säumen.
[6] Zu Bucers weiteren Reisestationen vgl. das Itinerar, oben S. XVIII.
[7] Mehrung.
[8] Reichlich, freigebig.

Datum Zurich, vff den vij des Meyen, anno M.D. XXXIII.

E[uer] f[ursichtigen] e[rsame]n wyßheyt vndertheniger,
gutwilliger Martin Bucer.

Adresse [S. 2]: Den frommen, fursichtigen, ersamen, weyßen burgermeyster vnd rath der stat Schafhusen, mynen besonders gunstigen, lieben herren.

Oa Schaffhausen SA, Korrespondenzen VII, Nr. 123, S. 1f.

682.
Heinrich Bullinger[1] und die Züricher Kollegen an Martin Bucer
[Zürich], 8. Mai 1533[2]

*[661←] [1] Bullinger remercie Bucer pour son engagement au service de l'unité de l'Église; il est parvenu à mettre en évidence que les Zurichois et lui avaient la même opinion [au sujet de la Cène]; sa lettre de juillet [en fait, le 23 juin 1532] à Léo [Jud] a dissipé le soupçon [selon lequel il avait changé de camp]. [En communiquant cette lettre], les Zurichois ne voulaient pas le couvrir de honte. [2] Ils se satisfont de l'opinion de Bucer selon laquelle Luther est d'accord avec eux [au sujet de la Cène]; toutefois, dans le dernier opuscule de Luther à ceux de Francfort [*Ein brieff an die zu Franckfort am Meyn*], ils ne peuvent pas reconnaître cela. Malgré tout, ils veulent rester en paix avec Luther et admettre sa manière d'exprimer [la présence du Christ dans la Cène], même si la leur est en accord avec*

---

[1] Erster Pfarrer am Großmünster in Zürich. Vgl. Personenindex.
[2] Eine Sachparallele, insbesondere zum zweiten Teil des vorliegenden Schreibens, bietet Bullingers *Summa negotii tentatae concordiae ac reparati rursus dissidii*, 1544/45 (vgl. die Edition bei Henrich, Geschichtsschreibung, Beilage 4, S. 48–51). Sie benennt als Hintergrund des vorliegenden Briefes ein Gespräch Bucers mit den Züricher Predigern am 8. Mai 1533 im Hause Bullingers. Zur Zuordnung beider Dokumente: Die *Summa* hinterlässt mit ihren durchnummerierten, thetischen Sätzen im Präsens den Eindruck eines Ergebnisprotokolls, mit dem sich der vorliegende Brief in der Sache, aber weniger in den Formulierungen deckt. Zudem ist sie knapper, aber doch konkreter und präziser als der Brief, welcher sichtlich um eine positive Außendarstellung der Züricher bemüht ist. Im Brief versichert Bucer ausführlich, dass seine Selbstrechtfertigung gelang, formuliert die Kritik an Luthers Schrift zurückhaltender und verzichtet auf den Wahrheitsvorbehalt der Züricher („sed salva interim veritate") beim Umgang mit Luther. So dürfte also das Protokoll dem Brief zugrunde gelegen haben. Nach Bucers Abreise stellte Bullinger ersterem wohl einen gewinnenden Eingangsteil voran und formulierte die Thesen so aus, dass die Friedensliebe der Züricher deutlich wurde. Möglicherweise geschah dies noch in Anwesenheit seiner Ortskollegen, denn die Reihenfolge der Unterzeichner ist bis auf die Position von Erasmus Schmid identisch.

206 BULLINGER UND ZÜRICHER KOLLEGEN AN MARTIN BUCER 8. Mai 1533

l'Écriture et les Pères. Que Bucer ne promeuve pas d'autre position [que celle qu'ils défendent en commun à Zurich]. [→ 683]

*[661←] [1] Dank für Bucers Besuch und seinen Einsatz für die Einheit der Kirche. Er konnte deutlich machen, dass er und die Züricher [im Blick auf das Abendmahl] einer Meinung sind, und den durch seinen Brief an Leo [Jud] vom Juli [23. Juni 1532] entstandenen Verdacht, [er habe die Seiten gewechselt], ausräumen. Die Züricher wollten ihn [mit der Weitergabe dieses Briefes] nicht bloßstellen. [2] Sie lassen sich Bucers Meinung, Luther sei mit ihnen [im Blick auf das Abendmahl] eins, gefallen. In Luthers jüngstem Büchlein an die Frankfurter [*Ein brieff an die zu Franckfort am Meyn*] *können sie solches aber nicht erkennen. Dennoch wollen sie Frieden halten und Luther seine Weise, [die Gegenwart Christi im Mahl] zu formulieren, zugestehen, auch wenn die ihre mit Schrift und Kirchenvätern übereinstimmt. Bucer möge nicht zu einer anderen als der [in Zürich gemeinsam] vertretenen Position auffordern. [→ 683]*

[1] Gratias ago tibi, doctiss[ime] Bucere, frater chariss[ime], omnium fratrum nomine, quod fraterna charitate succensus nos inuiseris[3], erudieris et pro ecclesiae concordia tanta diligentia laboraueris.

Veneramur quoque spiritum Christi et te habitantem et gratulamur, quod
5 nobiscum sentias, id quod luculenter satis exposuisti[4]. Proinde colimus te tanquam fratrem et praeceptorem in Domino obseruandum.

Quod uero epistolam illam priori anno in Iulio ad Leonem scriptam[5] attinet, nos te non traduximus[6] neque traducemus, sed literae tuae a fratrib[us] uisae suspitionem nonnullam iniecerunt, quam tu nunc luculenta
10 oratione tua exemisti.

---

[3] Auf seiner Reise durch Süddeutschland und die Schweiz machte Bucer zwischen 5. und 8. Mai 1533 in Zürich Station (vgl. das Itinerar, oben S. XVIII). Zum Besuch vgl. KOHLER, ZWINGLI UND LUTHER 2, S. 311f.

[4] Nach dem Bericht der *Summa* (vgl. oben S. 205, Anm. 2) wehrte sich Bucer in einer langen Ausführung gegen den Vorwurf, abgefallen zu sein, und bekannte sich zu der Position, die er in der *Vergleichung D. Luthers und seins Gegentheyls*, 1528 (BDS 2, S. 295–383), eingenommen hatte.

[5] Bucer an Leo Jud vom 23. Juni 1532 (BCor 8, Nr. 598, S. 150–165). Bullinger datierte das Schreiben wohl auf Juli, weil er und Leo Jud Bucer in diesem Monat antworteten (ebd., Nr. 610f., S. 202–231; Bullinger Bw. 2, Nr. 110, S. 153–160). Ausführlich replizierte Bucer darauf erst in seinem Brief an Bullinger von Ende August (ebd., Nr. 626, S. 281–369).

[6] Aus dem Schreiben der Basler Prediger an ihrer Züricher Kollegen vom 17. Juli 1532 (Bullinger Bw. 2, Nr. 112, S. 162–164) geht hervor, dass letztere Bucers Brief an Jud (vgl. die vorausgehende Anm. 5) als einen Abfall hin zu Luther interpretiert hatten und daraufhin die Basler sowie wohl auch die Berner (vgl. deren Antwort vom 9. Juli, ebd., Nr. 109, S. 152) in diesem Sinne informierten. Durch Simon Grynaeus davon in Kenntnis gesetzt (vgl. dessen Brief vom 19. Juli, BCor 8, Nr. 612, S. 231–234), beklagte sich Bucer bei den Zürichern in seinem Schreiben vom 12. August (ebd., Nr. 618, S. 256, Z. 19–25). Erst durch die Veröffentlichung seiner Privatbriefe hätten die Züricher die Unruhe in den Gemeinden provoziert, die sie nun Bucer vorwerfen. Vgl. auch Jud an Bucer vom 12. Juli 1532 (ebd., Nr. 611, S. 229, Z. 24) und Bucer an Bullinger von Ende August (ebd., Nr. 626, S. 334, Z. 22).

[2] Caeterum⁷, quod Lutherus, ut ais⁸, nobiscum sentiat, permittimus quidem. Nos tamen id hactenus uidere non potuimus, maxime cum libello nouissime ad Francoford[ienses] aedito⁹ negotium eucharistiae sic tractarit, ut silere praestitisset¹⁰.

Pacem tamen cum illo habebimus, quod nos attinet et quantum pax ecclesiae nostrae tulerit¹¹. Non proscindemus uirum conuitijs neque id hactenus soliti sumus pro rostris. Verum dicere non possumus ipsum nobiscum sentire, quando quidem omnes eos proditionis insimulat, qui concordiam inter nos et illum esse aiunt¹².

Iam quod loquendi modum attinet, suum illi permittimus, nostrum seruamus et scripturae et patribus consonum. Illa enim habet: „Hoc facite in mei memoriam!" ¹³, hi: „Hoc significat uel figurat corpus meum." ¹⁴

Ista sunt, quae paucis respondemus, Bucere, eaque boni consulas oramus, tum, ne a concepta sententia ad obscuriorem forsan et ecclesiae nostrae non usquequaque commodam hortari pergas.

Heinrychus Bullingerus, Leo Judae¹⁵, Heinrychus Engelhartus¹⁶, d[octor]

---

⁷ Vgl. zum Folgenden Bullingers Darstellung der Diskussion mit Bucer in seiner *Summa* (Henrich, Geschichtsschreibung, S. 48).

⁸ Nach dem Bericht der *Summa* warb Bucer dafür, die Kontroverse zwischen Luther und Zwingli als einen Streit um Worte und nicht um die Sache zu betrachten. Vgl. dazu unten Nr. 689, S. 228, Z. 9 – S. 229, Z. 1. Zu dieser Einschätzung Bucers vgl. BCor 8, S. XXIII–XXV.

⁹ Luthers Schrift *Ein brieff an die zu Franckfort am Meyn*, Ende 1532 (WA 30/3, S. 554–571). Vgl. zu ihr oben Nr. 658, S. 130, Anm. 5.

¹⁰ Deutlicher in der *Summa*: „Respondimus [...] nondum nos intelligere Lutherum eiusdem nobiscum esse sententiae, praecipue, cum ad Francfordenses eo anno librum scripserit, quo et nos damnarit et omnes, qui pergunt dicere, quod Lutherus nobiscum sentiat." (Henrich, Geschichtsschreibung, S. 48).

¹¹ Nach der *Summa* stellten die Züricher Prediger diese Friedenszusage unter den Vorbehalt „sed salva interim veritate" (ebd.).

¹² Vgl. die entsprechende Äußerung Luthers (WA 30/3, S. 558, Z. 4–26; S. 564, Z. 17 – S. 565, Z. 14).

¹³ I Kor 11, 24.

¹⁴ In der innerprotestantischen Auseinandersetzung um die Gegenwart Christi im Abendmahl erhob sich sehr bald auch die Frage, wer die Kirchenväter für sich verbuchen könne. So fertigten beide Seiten Zitate-Sammlungen an: Melanchthon ließ zur Frankfurter Frühjahrsmesse im März 1530 seine *Sententiae veterum* (VD 16, M 4220f.; CR 23, Sp. 733–737) erscheinen, Oekolampad antwortete am 2. Juli mit seiner Schrift *Quid de eucharistia veteres* (VD 16, O 381; zum Inhalt vgl. STAEHELIN, LEBENSWERK OEKOLAMPAD, S. 608f.). Auch Bucer legte sich ein einschlägiges Florilegium an, dessen Existenz allerdings erst für die späteren Jahre nachzuweisen ist. Vgl. Bucer/Parker, Florilegium Patristicum, S. XIV–XVI. Zu Bucers Rezeption der Kirchenväter in der Abendmahlsfrage vgl. HAZLETT, BUCER'S THINKING ON THE SACRAMENT, S. 322f., 360–362; NOBLESSE-ROCHER, BUCERS ABENDMAHLSKONZEPTION, S. 68. Zur Rezeption der Kirchenväter im Abendmahlsstreit insgesamt vgl. HOFFMANN, SENTENTIAE PATRUM, S. 61–71 (zu Oekolampad), S. 107–145 (zu Zwingli), S. 146–178 (zu Luther) und S. 179–240 (zu Melanchthon). Bucer nahm in seinem Brief an Bullinger von Ende August 1532 Stellung (vgl. BCor 8, Nr. 626, S. 354, Z. 1 – S. 355, Z. 7). Vgl. auch ebd., S. XXVIIIf.

¹⁵ Leo Jud, Hebräischdozent und Bibelübersetzer in Zürich. Vgl. Personenindex.

¹⁶ Heinrich Engelhard, Leutpriester am Fraumünster in Zürich. Vgl. Personenindex.

Andr[eas] Carolstadius[17], Erasmus Fabritius[18], Conrad[us] Pellicanus[19], Theodorus Bibliander[20], Rodolffus Dumysius[21] etc., ministri verbi Tigurinae ecclesiae, ista M[artino] Bucero, Argento[ratensis] ecclesiae ministro, responderunt 8. Maij 1533.

5 *Adresse [S. 44]:* Doctiss[imo] simul ac eruditiss[imo] d[omino] Osualdo Myconio[22], primario uerbi Domini apud Basilien[ses] ministro, fratri et symmistae chariss[imo].

O verloren. — C Zürich SA, E II 347, S. 43f.; Zürich SA, E II 337, S. 50; Zürich ZB, S 33, 104; TB VI, S. 58. — P Barge, Karlstadt II, S. 594f.; Bullinger Bw. 3, Nr. 219, S. 119f.

---

[17] Andreas Bodenstein von Karlstadt, Diakon und Spitalseelsorger in Zürich. Vgl. Personenindex.
[18] Erasmus Schmid, Pfarrer in Zollikon. Vgl. Personenindex.
[19] Konrad Pellikan, Professor für Hebräisch und Griechisch in Zürich. Vgl. Personenindex.
[20] Theodor Bibliander, Professor für Altes Testament an der Prophezei in Zürich. Vgl. Personenindex.
[21] Johann Rudolf Thumysen, Helfer am Fraumünster in Zürich. Vgl. Personenindex.
[22] Oswald Myconius, Antistes in Basel. Vgl. Personenindex. Er erwähnt in seinem Brief an Bullinger vom 13. Mai (vgl. Bullinger Bw. 2, Nr. 222, S. 124f.) das vorliegende Schreiben nicht, woraus freilich nicht notwendig folgt, dass er es noch nicht erhalten hat. Der Brief der Züricher Prediger an Bucer wurde zu Myconius nach Basel gesandt, weil Bucer auf seiner Rückreise nach Straßburg noch zur Synode in Basel erwartet wurde (ebd., S.125, Z. 2f.) und das Schreiben ihn möglichst bald erreichen sollte.

683.
Martin Bucer an Heinrich Bullinger[1] und Leo Jud[2]
Bern[3], 11. Mai [1533][4]

[682←] [1] Bucer remercie ses correspondants pour leurs bienfaits. Le Christ a donné aux pasteurs de Zurich son Esprit de force et de concorde ; il triomphera de la faiblesse du Sénat de Zurich. [2] Bucer veut recommander Zurich aux Bernois. Ici, on ne sait rien de

---

[1] Erster Pfarrer am Großmünster in Zürich. Vgl. Personenindex.
[2] Hebräischdozent und Bibelübersetzer in Zürich. Vgl. Personenindex.
[3] Zu Bucers Reise durch Süddeutschland und die Schweiz vgl. das Itinerar, oben S. XVIII. Bucer ereichte das von Zürich etwa 65 km entfernte Murgenthal am 9. Mai und bewältigte die etwa 50 km bis nach Bern am Tag darauf. Dort traf er zur vierten Stunde ein (vgl. unten S. 212, Z. 11).
[4] Die Jahreszahl fehlt. Das Jahr 1533 ergibt sich aus den Sachzusammenhängen. Vgl unten Anm. 4–7, 11, 13–15, 18, 35.

l'affirmation selon laquelle les Bernois ne devraient pas toucher à ce qui est trop lourd pour eux. Une consultation de Berne [campagne] a montré plutôt qu'ils étaient prêts à accorder leur soutien. Certains ont même exigé qu'on remplace les dirigeants [Bernois] qui s'étaient montrés hésitants [durant la Seconde guerre de Cappel]. La ville est bien armée. Toutefois, les Bernois sont chagrinés de ce que les Zurichois [leur] ont caché leurs plans lors de la dernière action contre les Cinq Cantons. Le nouveau Bourgmestre [Jean-Jacques de Wattenwyl] est pieux. [3] Que les Zurichois poussent les leurs à traiter plus amicalement les Bernois et à ne pas se refuser, comme lors de la convocation [du Landtag] d'Argovie. Il aurait fallu s'enquérir auprès du Sénat de Berne pour savoir si un de leurs envoyés a bien prononcé l'affirmation [mentionnée plus haut]. Sans doute les adversaires cherchent-ils ainsi à empêcher une alliance. Le Sénat de Zurich est trop craintif ; le Christ accomplit pourtant sa force surtout dans la faiblesse, et les deux villes se sont jurées assistance mutuelle en cas d'attaque. De même que, à Bâle et à Berne, Bucer veut accroître la réputation de Zurich, les pasteurs de Zurich doivent promouvoir Berne et Bâle dans leur ville. [4] Bucer se préoccupera de manière conscience de la mission, que lui a confiée Leo [Jud], de [jouer les intermédiaires entre Caspar] Megander [et] Berthold [Haller]. Il prie d'être recommandé à [Conrad] Pellican, à Théodore [Bibliander], à Carlstadt, à Érasme [Schmid], à Henri [Engelhard] et à Beat [Gering]. Il se recommande au Bourgmestre [Jean-Jacques de Wattenwyl], à Jean Haab, à [Conrad] Escher vom Glas et à [Jacques] Wertmüller. Il veut écrire à Haab ce qu'il a expérimenté à Bâle. Hier, il est parvenu à Berne ; la veille, son compagnon de voyage [Barthélemy Fonzio] et lui ont atteint le Murgenthal. Fonzio se recommande [aux Zurichois].

[682←] [1] Dank für die erwiesenen Wohltaten. Christus verlieh den Züricher Predigern seinen Geist der Stärke und Eintracht. Er wird die Schwachheit des dortigen Rates beseitigen. [2] Bucer will Zürich in Bern empfehlen. Hier weiß man nichts von dem Ausspruch, die Berner müssten liegen lassen, was ihnen zu schwer sei. Eine Befragung der Berner [Landschaft] zeigte vielmehr deren Bereitschaft, Hilfe zu leisten. Einige forderten sogar den Austausch der [im Zweiten Kappeler Krieg] zögerlichen [Berner] Führung. Die Stadt ist wohlgerüstet. Allerdings schmerzt die Berner zurecht, dass die Züricher ihre Pläne bei der letzten Aktion mit den Fünf Orten verheimlichten. Der neue Bürgermeister [Hans Jakob von Wattenwyl] ist fromm und beherzt. [3] Die Züricher sollen bei ihren Leuten auf einen freundlicheren Umgang mit den Bernern hinwirken und sich nicht wie im Falle der Beschickung [des Tages von] Aarau verweigern. Falls ein Berner Gesandter wirklich den [oben erwähnten] Ausspruch geäußert hat, hätte man beim Berner Rat nachfragen müssen. Möglicherweise suchen ja die Gegner mit Übertreibungen ein Bündnis zu verhindern. Der Züricher Rat ist zu furchtsam. Christus entfaltet seine Kraft doch vor allem in der Schwäche und beide Städte haben für den Falle eines Angriffs einander Hilfe geschworen. Wie Bucer in Bern und Basel das Ansehen Zürichs heben will, sollen umgekehrt die Züricher Prediger in ihrer Stadt für Bern und Basel werben. [4] Bucer will sich gewissenhaft um Leo [Juds] Auftrag, [zwischen Kaspar] Megander [und] Berchtold [Haller zu vermitteln], kümmern. Er bittet um Empfehlung bei [Konrad] Pellikan, Theodor [Bibliander], [Andreas Boden-

*stein von] Karlstadt, Erasmus [Schmid] und Heinrich [Engelhard] und ermuntert Beat
[Gering]. Bucer empfiehlt sich dem Bürgermeister [Hans Jakob von Wattenwyl], Johannes
Haab, [Konrad] Escher vom Glas und [Jakob] Wertmüller. Er will Haab aus Straßburg
das schreiben, was er in Basel in Erfahrung gebracht hat. Gestern zur vierten Stunde
erreichte Bucer Bern. Tags zuvor gelangten er und sein Begleiter [Bartholomeo Fonzio] bis
nach Murgenthal. Letzterem bereitet das Sitzen Mühe; er empfiehlt sich.*

Gratia et pax, fratres obseruandi!

[1] Cum ego non possim, oro Christum rependat, quae in me contulistis beneficia[5]. Et optima spe sum res vestras melius habituras, postquam vobis ministris euangelij concordem adeo et fortem spiritum contulit idque vrgentem cum primis, in quo sunt sita omnia, fidem in dominum nostrum Iesum Christum[6]. Senatum quidem vestrum nunc tenet infirmitas quaedam, vt testantur omnia, sed hanc vestro ministerio et suo spiritu depellet Christus[7].

[2] Quanta licet diligentia hic bonis vestram r[em] pub[licam] commendabo[8]. Verum, ni fallor, vestri erga hos[9] parum officij sui memores fuerunt. Ignorat siquidem senatus hic illud: „Was wyr nit heben mögen, mu(o)ssen wyr ligen lossen."[10] Imo nihil huius in animis eorum fuisse istuc declarat, quod cum tantopere vobis minitarentur Quinquepagici[11], ad omnes subiectos suos miserunt legatos, qui, quid animi ᶜad suppetias vobis ferendasᶜ haberent, explorarent retuleruntque ab omnibus adfuturos pro viribus non solum ipsis suis dominis, sed quibuscunque[a] hi religionis caussa adesse velint, hoc tamen obtestati, vt alij duces, si quid accidat, constituantur, quam hactenus habuerint, qui quam primum se in hostes ducant[12], non ita, vt in proximo bello

---

[a] *O* quibucunque.

[5] Bucer hatte in Zürich vom 5. bis zum 8. Mai 1533 Station gemacht. Vgl. das Itinerar, oben S. XVIII.

[6] Bucer bezieht sich hier wohl auf die Züricher Synode vom 6. Mai 1533, an der er und Bartholomeo Fonzio als Gäste teilnahmen. Zu deren Verlauf vgl. das Protokoll bei Egli, Actensammlung Züricher Reformation, Nr. 1941, S. 851–858; GORDON, CLERICAL DISCIPLINE, S. 84–90. Zum Einvernehmen zwischen Bucer und den Züricher Predigern vgl. deren Schreiben an ihn vom 8. Mai 1533 (oben Nr. 682, S. 205–208).

[7] Der Mandatsstreit zwischen Zürich und den altgläubigen Fünf Orten (vgl. dazu oben Nr. 640, S. 48, Anm. 5) hatte auf dem Rechtstag von Einsiedeln am 22. April 1533 (vgl. EA 4/1c, Nr. 41a, S. 63f.) einen für Zürich ungünstigen Ausgang genommen. Die Annahme des Urteils hatten die Züricher Geistlichen auf ihrer Synode vom 6. Mai scharf kritisiert. Vgl. dazu das Synodalprotokoll (Egli, Actensammlung Züricher Reformation, Nr. 1941, S. 851–853).

[8] Zu Bucers Eintreten für die Züricher in Bern vgl. Berchtold Haller an Bullinger vom 29. Mai 1533 (Bullinger Bw. 3, Nr. 228, S. 133, Z. 19–22).

[9] Gemeint sind die Berner.

[10] Zu dieser Redensart vgl. Thesaurus Proverbiorum 5, S. 471. Die Züricher hatten den Ausspruch wohl von einem Gesandten Berns (vgl. unten S. 211, Z. 13f.) gehört und als mangelnde Bereitschaft interpretiert, den Zürichern in ihrem Konflikt mit den Fünf Orten Hilfe zu leisten. Vgl. Bullinger Bw. 3, Nr. 220, S. 121, Anm. 5.

[11] Die altgläubigen Fünf Orte. Vgl. zu ihnen oben Nr. 636, S. 35, Anm. 12.

factum, tam diu contentur[13]. [fol. 456v]. In vrbe praeterea instructa sic sunt omnia, vt ad primum quenque motum aduenissent vobis, nec immerito videtur dolere eis, quod vestri eos omnia sua consilia in proxima actione cum Quinquepagicis celarunt[14]. Habent nunc consulem solide pium et cordatum[15]. Non potest fieri, vt qui Christum serio amant, quorum hic bona pars 5 est, vos non syncera charitate complectantur.

[3] Proinde, chariss[imi] fratres, date operam, vt simultas ista[b] vestris eximatur. Verendum, vt reliquiae quaedam spirituum, de quibus scitis reliquos Heluetios, tantum non omnes, queri, obstent, quo minus familiarius Bernatibus vti dignentur. Nam non modo tum, quando iam agi de componenda 10 proxima lite ceptum est, mittere legatos ad Araw vestri negarunt[16]. Fidendum soli Deo est, interim tamen nullius, maxime de religione consentientis beneuolentia respuenda. <Esto, legatus aliquis Bernatium istiusmodi aliquid[c] responderit: „Was myr nit lupfen etc.", senatus ipse rogandus erat<. Quid, si ij, qui Christi regnum accisum cupiunt, exaggerent Bernatum ac aliorum 15 peccata, vt caueant firmari societate aliqua animos infirmiorum? Non dubito admodum pios in senatu vestro esse, sed videre videor non tam belli quam cuiuslibet inquie-[fol. 457r]-tudinis plus satis abhorrentes, tum admodum meticulosos. At Christus solet in infirmitate nostra suam potiss[imum] virtutem exerere[17]. Vestri iurant se non defuturos Bernatibus, si quis eos lacessat. 20 Hi[d] non minus sancte deierant idem facturos, si qua vis ingruat vobis. Dabo

---

[b] *zuerst* istam. – [c] *zuerst* abiquid. – [d] *zuerst* Hic.

[12] Angesichts der Kriegsgerüchte im Kontext des Mandatsstreits hatte der Berner Rat am 21. März 1533 beschlossen, seine Landbevölkerung nach ihrer Verteidigungsbereitschaft zu befragen und Ende März/Anfang April eine zustimmende Antwort erhalten (vgl. Bullinger Bw.3, Nr. 206, S. 99, Anm. 2). Über den Kontext und die Einzelheiten informiert Berchtold Haller Bullinger in seinem Brief vom 31. März (ebd., Nr. 206, S. 98–100).

[13] Im Zweiten Kappeler Krieg war das erste Berner Banner unter Schultheiss Sebastian von Diesbach (vgl. Personenindex) und das zweite unter Schultheiss Hans von Erlach (vgl. Personenindex) verspätet zugezogen, da Bern darauf bedacht war, das eigene Gebiet zu schützen und sich die Landschaft nur zögerlich beteiligte. Vgl. Bucer an Ambrosius Blarer vom 18. November 1531 (BCor 6, Nr. 507, S. 40, Z. 2–5); MEYER, KAPPELER KRIEG, S. 160f.

[14] Bereits im Zweiten Kappeler Krieg hatte Zürich die Verbündeten zwar von der Niederlage in Kappel, aber nicht von deren Ausmaß in Kenntnis gesetzt (vgl. MEYER, KAPPELER KRIEG, S. 162). Vor diesem Hintergrund irritierte den Berner Rat die zurückhaltende Informationspolitik Zürichs in seiner aktuellen Auseinandersetzung mit den Fünf Orten im Mandatsstreit. Vgl. dazu die Briefe Hallers an Bullinger vom 31. März 1533 (Bullinger Bw. 3, Nr. 206, S. 99, Z. 7–9) und vom 2. April (ebd., Nr. 208, S. 102, Z. 1 – S. 103, Z. 34).

[15] Hans Jakob von Wattenwyl. Vgl. Personenindex. Zu seiner Wahl vgl. Haller an Bullinger vom 16. April 1533 (Bullinger Bw. 3, Nr. 211, S. 106, Z. 11).

[16] Ein entsprechender Tag in Aarau konnte nicht ermittelt werden. Ausgehend von der Nachricht, Kaiser Karl V. werde die altgläubigen Fünf Orte im Falle einer Eskalation des Mandatsstreits militärisch unterstützen, regte der Berner Rat am 21. März 1533 eine Zusammenkunft der protestantischen Orte an. Vgl. EA 4/1c, Nr. 26, S. 50; Bullinger Bw. 3, Nr. 220, S. 122, Anm. 10.

[17] Vgl. II Kor 12, 9.

operam hic et Basilęae[18], quoad licet[e], vt bene sentiant et sperent de vobis. Vos eundem animum instillate vestris erga hos!

[4] Quod Leo[19] chariss[imus] mihi iniunxit de Meg[andro][20] et Bechtoldo[21], optima fide curabo et spero confiet[22]. Optime vale, par sanctiss[imum] praeconum Christi! Pelicano[23], Theodoro[24], Carlostadio[25], Erasmo[26], d[omino] Engelharto[27] et aliis symmystis me commendate! Beatum[29] salutate, vtque eat, quo vocat illum Dominus, ne conteatur! Dominus consuli[29] et m[agistro] Jo[anni] Hab[30] atque Eschero[31] me commendate diligenter, item Wertmullero[f] [32]! Habio scribam ex Argentorato diligenter de his, quae hic et Basilęę resciuero[g] [33].

Bernae, quo veni heri sub quartam[34] – nam pridie veneramus ad Murgental – salui et laeti, nisi quod meus chariss[imus] comes[35] non nihil a sella laborauit[36], XI. Maij. Plurimum se vobis commendat meus comes.

M[artinus] Bucerus vester.

---

[e] *O* eius licet. – [f] *O* Aertmullero. – [g] *gestrichen* Arg[entorati].

[18] Zu Bucers Aufenthalt in Basel vgl. das Itinerar, oben S. XVIII.
[19] Leo Jud. Vgl. oben S. 208, Anm. 2. Er unterhielt einen Briefwechsel mit Kaspar Megander. Vgl. Haller an Bullinger vom 17. März 1533 (Bullinger Bw. 3, Nr. 199, S. 83, Z. 9f.).
[20] Kaspar Megander, Prediger am Berner Münster. Vgl. Personenindex.
[21] Berchtold Haller, Prediger am Berner Münster. Vgl. Personenindex.
[22] Zu dem von Bucer schließlich beigelegten Konflikt zwischen Haller und Megander vgl. bereits Haller an Bucer vom 16. Januar 1532 (BCor 7, Nr. 543, S. 200, Z. 7–9). Zur aktuellen Entwicklung vgl. Haller an Bullinger vom 11. Mai 1533 (Bullinger Bw. 3, Nr. 221, S. 124, Z. 15–17) und vom 29. Mai (ebd., Nr. 228, S. 132, Z. 4–8); HUNDESHAGEN, CONFLIKTE, S. 63f..
[23] Konrad Pellikan, Professor für Hebräisch und Griechisch in Zürich. Vgl. Personenindex.
[24] Theodor Bibliander, Professor für Altes Testament an der Prophezei in Zürich. Vgl. Personenindex.
[25] Andreas Bodenstein von Karlstadt, Diakon und Spitalseelsorger in Zürich. Vgl. Personenindex.
[26] Erasmus Schmid, Pfarrer in Zollikon. Vgl. Personenindex.
[27] Heinrich Engelhard, Leutpriester am Fraumünster in Zürich. Vgl. Personenindex.
[28] Beat Gering, ehemaliger Pfarrer von Dietikon. Vgl. Personenindex. Bucer hatte seinen Wechsel nach Schaffhausen angebahnt (vgl. oben Nr. 681, S. 204, Anm. 4).
[29] Hans Jakob von Wattenwyl, vgl. oben S. 211, Anm. 15.
[30] Johannes Haab, Züricher Ratsherr. Vgl. Personenindex.
[31] Konrad Escher vom Glas, Züricher Ratsherr. Vgl. Personenindex.
[32] Jakob Wertmüller, Züricher Ratsherr. Vgl. Personenindex. Die hier genannten Züricher Stadtpolitiker hatten mit Bucer und Fonzio an der Züricher Synode teilgenommen. Vgl. die Akten der Synode bei Egli, Actensammlung Züricher Reformation, Nr. 1941, S. 851–858, insbesondere S. 851.
[33] Ein entsprechendes Schreiben Bucers an Haab konnte nicht ermittelt werden.
[34] Zwischen 8.00 Uhr und 9.20 Uhr. Vgl. GROTEFEND, ZEITRECHNUNG, S. 184.
[35] Bartholomeo Fonzio, venezianischer Franziskaner. Vgl. Personenindex. Er begleitete Bucer auf seiner Reise durch Süddeutschland und die Schweiz. Vgl. das Itinerar, oben S. XVIII.
[36] Fonzio litt an einem Hernienbruch. Vgl. Bucer an Margarethe Blarer vom 2. Juni 1533 (unten Nr. 694, S. 245, Z. 5–9).

Adresse [fol. 457v]: Praeclaris Christi ministris Heylrycho Bullingero et [Leon]i Iudae, pastoribus [fidelissi]mis, fratribus [obser]uandis.

Oa Zürich SA, E II 348, fol. 456r – 457v. — C Zürich ZB, S 33, 105; TB VI, S. 59–61. — P Bullinger Bw. 3, Nr. 220, S. 121–123.

684.
Martin Uhinger[1] an Martin Bucer
Biberach, 15. Mai 1533

*[628←] [1] Le voyage, à Strasbourg, de [Jérôme] Guntius a poussé Uhinger à informer Bucer sur le développement de la communauté de Biberach, dont Bucer et Œcolampade ont posé les fondements il y a deux ans. [2] Une bonne partie des gens de Biberach fréquentent la messe [célébrée alentours]. Le Sénat n'intervient pas, car selon lui la foi est libre et il n'y a pas de sanction dans le Nouveau Testament : selon Jean 6 [, 44], le Père lui-même attire les croyants à lui ; Uhinger prie Bucer de lui fournir des arguments à opposer à cela. Dans sa lettre à ceux de Francfort [*Ein brieff an die zu Franckfort am Meyn*], Luther écrit qu'on doit se garder comme du diable de ceux qui [contestent] que le vrai corps du Christ est offert à la bouche avec le pain ; sur ce point aussi, Uhinger demande des arguments. À Biberach, quelques personnes abandonneraient le Pape si on leur donnait la Cène à la manière luthérienne. [4] Uhinger est mécontent du catéchisme en usage à Biberach et demande qu'on lui envoie un bref catéchisme. Salutations de Barthélemy [Myllius] et de Jean Schitius.*

[628←] [1] Die Straßburgreise [Hieronymus] Guntius' regte Uhinger dazu an, Bucer über die Entwicklung der Biberacher Gemeinde zu informieren, deren Fundament Bucer mit [Johannes] Oekolampad vor zwei Jahren gelegt hat. [2] Ein Gutteil der Biberacher besucht altgläubige Messen [im Umland]. Der Rat schreitet nicht ein, weil der Glaube frei und eine entsprechende Sanktion im Neuen Testament nicht zu finden sei, ziehe doch nach Joh 6 [,44] der Vater selbst die Gläubigen zu sich. Uhinger bittet um Gegenargumente. [3] Luther schreibt im Brief an die Frankfurter [Ein brieff an die zu Franckfort am Meyn], *man solle sich wie vor dem Teufel vor denen hüten, die [bestreiten], dass Christi wahrer Leib mit dem Brot dem Mund dargereicht werde. Uhinger bittet auch hier um Argumentationshilfe. In Biberach würden sich einige vom Papst lossagen, wenn man ihnen das Abendmahl nach lutherischer Weise reichte. [4] Uhinger ist mit den in Biberach verwendeten Katechismen unzufrieden und bittet um die Zusendung einer kürzer gefassten Alternative. Grüße von Bartholomaeus [Myllius] und Johannes Schitius.*

---

[1] Prediger in Biberach. Vgl. Personenindex.

²Gratia Christj tecum, optime Martine!

[1] Cum a Guntio illo nostro³ intellexeram se ad te v[elle] arripere iter⁴, non potui me cohibere, quin semel literis meis te salutarem, primum vt ecclesie nostre successum, cuius tu ante biennium ferme vna cum pio viro Oecolampadio⁵ felicis memorie fundumentum[a] posuisti⁶ ac me nauci hominem eius ministrum reliquisti, non vt fenum aut stipulam, sed aurum et argentum purissimi Dei verbi super edificarem⁷, quod et feci diuina opitulante gratia⁸.

[2] Sed leo ille rugiens⁹ argentum hoc quotidie in scoriam commutare nititur suis humanis machinamentis, presertim in hoc, quod ab vrbe nostra bona pars papisticas missas frequentare solet conniuente senatu praetendentes fidem et liberam ac non esse omnium¹⁰, jnsuper inducentes nullibi in nouo testa[men]to reperirj nec Christum nec apostolos aliquos ad religionem cohercerj¹¹, nisi tantum verbo Dej, cuj si non obtemperauerint, impune a magistratu reliquisse. Ad hec, mi frater, si quid habes, vt os illis obstruetur¹², rescribe! Pretendit enim magistratus noster id, quod Jo-

---

[a] *O* fundumentum.

² *Konrad Hubert:* ᵛ<Uhingerus Martinus Bucero; 1533, 15 Maij [zuerst Martij] <ᵛ.

³ Hieronymus Guntius, gebürtiger Biberacher und ehemaliger Helfer Huldrych Zwinglis sowie Oekolampads. Vgl. Personenindex. Zu seiner Berufung auf eine Biberacher Schulstelle vgl. oben Nr. 628, S. 2, Z. 3–7.

⁴ Offenbar fungierte Guntius als Briefbote. Er reiste wegen seines Umzugs von Straßburg nach Biberach wohl häufiger zwischen beiden Städten hin und her. Vgl. die Verweise auf seine Habe (oben Nr. 646, S. 77, Z. 7f.; Nr. 673, S. 188, Z. 23f.).

⁵ Johannes Oekolampad, Verstorbener Basler Antistes. Vgl. Personenindex.

⁶ Um den Fortgang der Biberacher Reformation zu fördern, machten Bucer und Johannes Oekolampad auf ihrer Rückreise von Ulm Anfang Juli 1531 dort Station. Sie trafen wohl am Abend des 4. Juli in Biberach ein, logierten möglicherweise im Gasthof Krone und blieben mindestens bis 9. Juli in der Stadt. Von den näheren Umständen dieses Aufenthalts berichten sie in ihren in Biberach verfassten Schreiben: Bucer und Oekolampad an Bürgermeister und Rat der Stadt Memmingen vom 6. Juli (BCor 6, Nr. 433, S. 17–19); Oekolampad an Ambrosius Blarer vom 6. Juli (Oekolampad Bw. 2, Nr. 886, S. 620–622, insbesondere S. 621); Oekolampad und Bucer an Ambrosius Blarer vom 7. Juli (BCor 6, Nr. 434, S. 20–22); Bucer an Margarethe Blarer vom 9. Juli (ebd., Nr. 435, S. 23–26).

⁷ I Kor 3, 12.

⁸ Zur Reformation in Biberach vgl. Diemer, Quellen zur Biberacher Geschichte; Seidler, Annalia; Schilling, Heinrich von Pflummern. – LITZ, BILDERFRAGE, S. 160–178; RÜTH, REFORMATION UND KONFESSIONALISIERUNG; DERS., PREDIGER BARTHOLOMÄUS MÜLLER; DERS., REFORMATION IN BIBERACH.

⁹ I Petr 5, 8.

¹⁰ Der seit April 1531 betriebenen Einführung der Reformation standen in Biberach die uneinheitlichen Herrschaftsverhältnisse im Landgebiet entgegen. Dieser Umstand begünstigte die altgläubige Opposition, zu der sich auch einige Patrizier zählten. Unter Berufung auf die Freiheit des Glaubens besuchten sie altgläubige Messen im Umland. Vgl. MILDENBERGER, REFORMATION BIBERACH, S. 23f.; RIEBER, SCHAD, S. 313–324; RÜTH, REFORMATION IN BIBERACH, S. 278.

¹¹ Vgl. etwa die Aufzeichnungen des altgläubigen Chronisten Heinrich von Pflummern (Schilling, Heinrich von Pflummern, S. 195).

¹² Röm 3, 19.

[hannes] 6¹³ d[ici]tur, quos pater non traxerit, hos nec minis nec terroribus trahi posse. Habes nunc argumenta eorum ac rationem latius cogitandj etc.

[3] Preterea nodum, quem Lutherus in re sacramentaria fascinare molitur, dissolueres! Scribit enim in libello ad Franckfordienses¹⁴ ab illis et cauendos tanquam a vero Sathana, qui corpus Christj verum orj cum pane non manducandum praebeant, nam clara verba Christj sint (praetendit Lutherus) panem in manu habentis „hoc est corpus meum", ac ibidem instituisse, vt sub pane corpus suum, quotiescunque cena Dominj rite celebratur, manducetur donec veniat¹⁵.

Hec non scribo, vt ego ita sentiam, sed, an Lutherum recte intelligam, mihi demonstrares ac rescribes, quibusnam argumentis sibi obuiandum esset¹⁶. Nam plures apud nos scio, quibus si Lutherano more sacramentum porrigeretur in cęna dominica, ipsos omnino vale dicturos pape ac omnibus machinamentis eius. Quod si a nobis citra dictorum ac scripture sacre jacturam fieri posset, bonum opus me judice esset; quod si minus, perseueremus firma fide cum detrimento et corporis et bonorum nostrorum¹⁷. Nam qui ob veritatem hec amitit, conseruat ea in vitam eternam¹⁸, ad quam vehemur pastore nostro Christo. Amen.

[4] Formam vnam cathecismj breuem pro pueris instituendis ad nos dirigere cura! Habemus namque plures, sed nimium prolixas ac curiosis questionibus intricatas¹⁹.

Suscipe hec mea scripta bono et equo animo! Nam pro edificatione ecclesie, etsi minimus ministrorum sim, semper laborare conabor. Salutant te ceterj ministrj ecclesie Biberacie, Barptolomeus²⁰, Joannes Schitius²¹ et alij.

Vale e Bibera[ci], 15 Maij, anno 1533!

---

¹³ Joh 6, 44.
¹⁴ Luthers Schrift *Ein brieff an die zu Franckfort am Meyn*, Ende 1532 (WA 30/3, S. 554–571).
¹⁵ Vgl. z.B. ebd., S. 565, Z. 9–14.
¹⁶ Ein Antwortbrief Bucers an Uhinger konnte nicht ermittelt werden. Auf Luthers Schrift reagierte Bucer mit seinem *Bericht, was zu Frankfurt am Main geleret*, Januar 1533 (BDS 4, S. 465–506), und der *Epistola ad fratres frankfordienses*, Februar 1533 (ebd., S. 507–514). Auf dieser Grundlage publizierten die Frankfurter Prediger dann ihre *Entschuldigung der diener am Euangelio Jesu Christi zu(o) Franckfurt am Meyn*, 1. März 1533 (ebd., S. 307–319). Zum Zusammenhang der Schriften vgl. ebd., S. 465–468.
¹⁷ Vgl. Mk 8, 36.
¹⁸ Vgl. Joh 12, 25.
¹⁹ Welche Katechismen in Biberach Verwendung fanden, konnte nicht ermittelt werden. Möglicherweise orientierte man sich auch hier an Ulm (vgl. WEISMANN, KATECHISMEN BRENZ, S. 558). In Straßburg existierte zu diesem Zeitpunkt s *Kinderbericht und fragstuck von gemeynen puncten Christlichs glaubens*, 1527 (auch in lateinischer Fassung). In den Schulen zog man Otto Brunfels' *Catechesis puerorum* von 1529 heran, deren dritter Teil einen Katechismus mit Erklärung der Glaubensartikel, der Sakramente, des Dekalogs und des Vater Unsers bietet. Vgl. BDS 6/3, S. 19–21.
²⁰ Bartholomaeus Myllius, Prediger in Biberach. Vgl. Personenindex.
²¹ Die Person konnte nicht ermittelt werden.
²² Vgl. Lk 17, 10.

ᵛMartinus Vhingerus, ecclesie Biberace minister invtilisᵛ ²².

Adresse [S. 368]: Martino Bucero, Argentinensis ecclesie euangelistae, jn Domino colendissimo amico et fratrj suo in Christo. Straßburg.

Oa AST 162 (Ep. s. XVI, 9), Nr. 139, S. 367f. — C Zürich ZB, S 33, 112; TB VI, S. 59.

685.
Martin Bucer an Joachim Vadian¹
Bern, 16. Mai 1533

[588←] [1] Bucer remercie Vadian pour ses bienfaits. Il a recopié son exhortation à la discipline ecclésiastique, mais sa copie est peu lisible. [2] Malgré la crainte qui règne à Zurich, et le manque de flamme à Berne, la situation des deux villes est stable en ce qui concerne la cause du Christ et l'attitude des pasteurs. Puisse, avec l'aide de Dieu, Saint-Gall devenir un exemple ! [3] Salutations à François [Kolb], leur compagnon très prévenant. Bucer veut repartir tôt demain matin ; ses devoirs ne lui ont pas laissé une demi-journée de repos. Barthélemy [Fonzio] écrira lui-même. [P. S.] Il faut dire à Jean Vogler que les candidats que Bucer a trouvés sont trop craintifs et ne semblent pas aptes ; Bucer en enverra d'autres, de Bâle ou de Strasbourg. Il a poussé l'ours [bernois] à soutenir les malheureux ; il place ses espoirs dans le pieux bourgmestre [Jean-Jacques de Wattenwyl].

[588←] [1] Dank für die erwiesenen Wohltaten. Bucer hat seine Anleitung zur Kirchenzucht niedergeschrieben, die schlechte Abschrift fordert allerdings Vadians Geübtheit. [2] Trotz der Angst in Zürich und des mangelnden Feuers in Bern ist die Lage in beiden Städten im Blick auf die Sache Christi und die Haltung der Geistlichen stabil. St. Gallen möge durch Gottes Hilfe zu einem Vorbild werden. [3] Grüße an Franz [Kolb], den äußerst zuvorkommenden Begleiter. Morgen früh will Bucer aufbrechen, die Aufgaben ließen ihm keinen halben Tag Ruhe. Bartholomeo [Fonzio] schreibt selbst. [P.S.] Johann Vogler ist mitzuteilen, dass Bucer zwar einige Kandidaten [für eine Predigerstelle im Rheintal?] fand, sie sind aber furchtsam und erscheinen den Brüdern ungeeignet. Bucer will andere aus Basel oder Straßburg senden. Der Bär [Bern] soll den Elenden beistehen. Der fromme Bürgermeister [Hans Jakob von Wattenwyl] nährt Bucers Hoffnung.

---

[1] Bürgermeister von St. Gallen. Vgl. Personenindex.

Gratia et pax, vir ornatiss[ime]!
[1] Immortales gratias ago pro incredibili illa vestra in nos beneficentia[2]. Vtinam vestro commodo detur, vt gratitudinem aduersus vos nostram testari liceat! Rationem instituendae disciplinae ecclesiasticae inter tot negocia egre tandem absoluimus, imo non absoluimus, sed scripsimus[3]. Descriptor[4] parum idoneus contigit[5]. Tuam oro dexteritatem, tuis hic sis Delius natator[6].

[2] Gratia Domino: et Tiguri et hic res Christi adhuc firma stat, vtcunque Tigurini aliquo nunc metu perculsi et Bernates forsan non satis ardentes[a] fuerint[7]. Apud ministros probe videntur habere omnia[8]. In cruce nostra victoria est. Dominus erigat lapsos[9], firmet nutantes[10], seruet stabiles[11] et vestrae r[ei] pub[licae] adsit, vt syncera ecclesiasticae politiae institutione exemplum fiat.

[3] Dominum Franciscum[12], qui me deduxit, oro, nostro nomine salutes; nimis quam humaniter et superstitiose reuerenter nos habuit. Optarim, posse me gratum illi declarare. Nec t[uae] d[ominationi] possum scribere plura nec d[omino] Fran[cisco] nunc aliquid. Cras summo mane abiturus sum[13], nec licuit vel per dimidium diem hic ociari; tanta fuerunt negotia. Domo scribam pluribus[14].

---

[a] *zuerst* ardentet.

[2] Bucer und sein Begleiter Bartholomeo Fonzio hatten auf ihrer Reise durch Süddeutschland und die Schweiz vom 28./29. April bis 4. Mai in St. Gallen Station gemacht (vgl. das Itinerar, oben S. XVIII). Vgl. zum vorliegenden Schreiben auch Fonzios Brief an Vadian vom 17. Mai 1533 (Vadian Bw. 5/1, Nr. 736, S. 122f.).
[3] Zu Bucers Ausführungen zur Kirchenzucht vgl. seinen Brief an Ambrosius Blarer vom 4. Mai 1533 (oben Nr. 680, S. 202, Anm. 11).
[4] Die Person konnte nicht ermittelt werden.
[5] Zur schlechten Qualität der Abschrift vgl. auch unten Nr. 690, S. 234, Z. 24 – S. 235, Z. 2.
[6] Erasmus, Adagia 1, 6, 29. Ausgehend von einer Bemerkung des Sokrates (vgl. Diogenes Laertius, Vitae philosophorum, 2, 22; 9, 12) bezeichnet der „delische Schwimmer" einen Menschen, der aufgrund seiner Geübtheit Großartiges zu leisten vermag. Der Kontext hier lässt Bucers Hinweis als einen selbstironischen Bezug auf seine eigene schlechte Handschrift erscheinen.
[7] Zum Mandatsstreit zwischen Zürich und den altgläubigen Fünf Orten, den Zweifeln an der Standhaftigkeit Zürichs und an der Loyalität Berns vgl. Bucers Brief an Heinrich Bullinger und Leo Jud vom 11. Mai (oben Nr. 683, S. 210, Z. 8 – S. 212, Z. 2).
[8] Ebd., S. 210, Z. 3–6.
[9] Vgl. Ps 145, 14; 116, 8.
[10] Vgl. Ps 25, 14.
[11] Vgl. I Kor 15, 58; Kol 1, 23.
[12] Franz Kolb, Prediger am Berner Münster. Vgl. Personenindex.
[13] Bucer und Fonzio dürften tatsächlich am 17. Mai von Bern aufgebrochen sein, denn an diesem Tag teilt Fonzio Vadian mit: „Finiendum est, urgente abitum Bucero" (Vadian Bw. 5/1, Nr. 736, S. 123) und Bucer schreibt seinen Brief an Ambrosius Blarer bereits in dem von Bern 17 km entfernten Fraubrunnen (vgl. unten Nr. 686, S. 219f.).
[14] Vgl. dazu Bucers Brief an Vadian vom 9. Juli 1533 (Vadian Bw. 5/1, Nr. 739, S. 125f.).

In Domino vale, vir ampliss[ime]! Bartholo[meus]¹⁵ ipse scripsit[b] ¹⁶.

Bernae, XVI Maij, M.D.XXXIII.

M[artinus] Bucerus tuus, quantus [est].

[fol. v] Optimo viro domino Iohanni Vogler¹⁷ dicas, me quidem reperisse
5   aliquot Tiguri et hic; sed pulsi iam metuunt iterum pelli nec caetera idonei uisi fratribus sunt, vt illic ministrent¹⁸. Videbo igitur, vt aut ex Basilęa aut Argentorato mittam, qui optimis illis hominibus ministrent¹⁹. Iterum vale! Vrsi vehementer vrsum²⁰, adsit miseris[c]. Consulem pientiss[imum]²¹ habent; spero aliquid.

10 *Adresse [fol. v]:* Clariss[imo] viro D[omino] D[octori] Ioachimo Vadiano, r[ei] pub[licae] Sancto-Gallensis singulari ornamento, patrono suo singulari.

Oa St. Gallen SB, Vadianische Sammlung, ms. 32, Brief Nr. 158, fol. r/v. — C Zürich ZB, S 33, 106; TB VI, S. 62. — P Vadian Bw. 5/1, Nr. 735, S. 121.

---

[b] *zuerst* scripset. – [c] *zuerst* miserit.

¹⁵ Bartholomeo Fonzio, venezianischer Franziskaner. Vgl. Personenindex. Er begleitetete Bucer auf seiner Reise durch Süddeutschland und die Schweiz. Vgl. das Itinerar, oben S. XVIII.

¹⁶ Vgl. Fonzios Brief an Vadian vom 17. Mai 1533 (Vadian Bw. 5/1, Nr. 736, S. 122f.).

¹⁷ Hans Vogler, exilierter Stadtammann von Altstätten im Rheintal. Vgl. Personenindex.

¹⁸ Das Rheintal gehörte zu den *Gemeinen Herrschaften*, die durch die Bestimmungen des Zweiten Kappeler Landfriedens einer Rekatholisierung ausgesetzt waren. Sie führte zur Vakanz vieler protestantischer Predigerstellen, die sich nur schwer wieder besetzen ließen. Vgl. dazu oben Nr. 636, S. 36, Anm. 15; MEYER, KAPPELER KRIEG, S. 236.

¹⁹ Im nächsten Brief an Vadian vom 9. Juli 1533 bekräftigt Bucer seine Absicht, Prediger nach Altstätten zu senden (vgl. Vadian Bw. 5/1, Nr. 739, S. 126). Die Besetzung erwies sich allerdings auch in der Folgezeit als schwierig. Vgl. Vadian an Bucer vom 4. August (ebd., Nr. 741, S. 127f.) und Bucer an Vadian vom 13. August 1533 (ebd., Nr. 742, S. 129).

²⁰ Ein Wortspiel Bucers mit dem Berner Wappentier, dem Bären. Im Hintergrund steht der Wunsch Bucers und der Protestanten in den *Gemeinen Herrschaften* nach stärkerer Unterstützung durch die protestantischen Stadtstaaten (vgl. oben Nr. 641, S. 58, Anm. 22).

²¹ Hans Jakob von Wattenwyl. Vgl. Personenindex. Zu seiner Wahl vgl. Berchtold Haller an Heinrich Bullinger vom 16. April 1533 (Bullinger Bw. 3, Nr. 211, S. 106, Z. 11).

686.
Martin Bucer an Ambrosius Blarer[1]
Fraubrunnen[2], 17. Mai[3] 1533

[680←] Bucer recommande le porteur de la lettre [, Matthieu Zell]. Il apporte [sans doute] l'exhortation à l'excommunication que Bucer a rédigée pour Saint-Gall. Bucer demande à Blaurer de la corriger et de la transmettre à Saint-Gall. Il exprime sa très vive reconnaissance envers Blaurer et sa sœur Marguerite. Salutations à Puria [Catherine Ryf von Blidegg], aux habitantes du couvent de femmes de Saint-Pierre et à la malade [la tante Élsbeth ?] qui s'y trouve. [→ 690]

[680←] Empfehlung des Boten [Matthias Zell]. Er bringt [vermeintlich] Bucers für St. Gallen verfasste Anleitung zum Kirchenbann. Bucer bittet um Korrektur und Weiterleitung nach St. Gallen. Die Dankespflicht gegenüber Blarer und seiner Schwester Margarethe ist übergroß. Grüße an Puria [Katharina Ryf von Blidegg], die Bewohnerinnen des Frauenklosters St. Peter und die Kranke [Tante Elsbeth?] im Frauenkloster St. Peter. [→ 690]

[4]Saluete, decora r[ei] pub[licae] christianae!

Habetis hic patrem nostrum[5], virum solide pium, quem commendo quidem. Sed cauete, ita oneretis, vt consueuistis, portentosa illa vestra humanitate atque officiositate! Si rationem attulerit [6]excommunicationis scriptam a nobis Sancto-Gallensibus[7], oro, legas ac corrigas, vbicunque putaris corrigendam, <mittasque illis quam primum<; nam Dominus dedit tibi prudentem dispensatorem agere euangelij[8].

Multis cuperem tibi et sorori[9] gratias agere; sed profecto ita grauor vestris officijs, vt non queam spirare. Salua sit d[omina] Puria[10], Petrinae[11], aegrota

---

[1] Prediger an St. Stephan in Konstanz. Vgl. Personenindex.
[2] Die Ortschaft liegt 16 km nordöstlich von Bern.
[3] Bucer schreibt fälschlicherweise „Calen. Maii" statt „Iunii". Vgl. dazu oben Nr. 680 (S. 203, Z. 5) und unten Nr. 690 (S. 236, Z. 2), die im Zusammenhang mit unserem Brief stehen.
[4] *Konrad Hubert:* <1533, 16 Maij<; *andere Hand:* <Aprilis; N° 9<.
[5] Matthias Zell, Prediger am Straßburger Münster. Vgl. Personenindex. Das ergibt sich aus Blarers Antwort vom 26. Mai 1533 (vgl. unten Nr. 690, S. 234, Z. 4).
[6] *Konrad Hubert:* <Excommunicatio a Bucero scripta<.
[7] Zu dieser nicht ermittelten Schrift Bucers vgl. oben Nr. 685, S. 217, Anm. 3. Zell hat sie nicht überbracht. Vgl. Blarers Antwort vom 26. Mai (unten Nr. 690, S. 235, Z. 2) und Bucers Reaktion vom 2. Juni (unten Nr. 695, S. 248, Z. 1f.).
[8] Vgl. I Kor 4, 1f.; Tit 1, 7; I Petr 4, 10.
[9] Margarethe Blarer, Freundin Bucers in Konstanz. Vgl. Personenindex.
[10] Puria ist die Latinisierung des griechischen Vornamens von Blarers Braut Katharina Ryf von Blidegg. Die Trauung fand erst im August 1533 statt (vgl. dazu oben Nr. 659, S. 134, Anm. 22; unten Nr. 709, S. 296, Anm. 7).
[11] Wohl die Bewohnerinnen des ehemaligen Frauenklosters St. Peter in Konstanz (vgl. Blaurer Bw. 1, Nr. 333, S. 395, Anm. 4).

illa¹². Margaritum¹³ vero istud rarum, pro quo quid non vendas¹⁴, sororem ac matrem meam, fac, o Christe, viuat aeternum felix!

Frawenbrunnen, XVI Calend[as] Maij, MDXXXIII.

M[artinus] Bucerus, vester profecto, quantus est.

Adresse [S. 300]: Pientiss[imo] fratri Ambrosio Blarero suo.

Oa AST 151 (Ep. Buc. I), Nr. 79, S. 299f. — C Zürich ZB, S 33, 86; TB VI, S. 63. — P Blaurer Bw. 1, Nr. 333, S. 395.

---

¹² In seiner Antwort vom 26. Mai bestellt Ambrosius Blarer die Grüße einer erkrankten Elsbeth (vgl. unten Nr. 690, S. 235, Z. 4f.). Sie ist wohl seine Tante, denn Bucers Brief an Blarer vom 19./20. Oktober 1533 enthält Genesungswünsche für die Tante Elsbeth (vgl. Blaurer Bw. 1, Nr. 370, S. 435).
¹³ Bucer spielt hier mit der lateinischen Bedeutung („Perle") des Vornamens Margarethe.
¹⁴ Vgl. Mt 13, 45f.

687.
Georg Caserius [Kess][1] an Martin Bucer und Wolfgang Capito[2]
Weißenburg/Elsass, 20. Mai 1533

[1] Caserius demande conseil aux Strasbourgeois, qui connaissent la situation religieuse et politique à Wissembourg. Il s'y trouve isolé ; seul Michaël Otto, venu récemment de la Suisse, combat à ses côtés pour promouvoir un Évangile plus pur. [2] Que les Strasbourgeois le soutiennent ! Michaël Otto leur dépeindra la situation à Wissembourg.

[1] Da die Straßburger die religionspolitische Lage in Weißenburg kennen, bittet Caserius sie um ihren Rat, um mit seinem Vorhaben voranzukommen. Er steht allein, nur in dem kürzlich aus der Schweiz zugezogenen Michael Otto hat er einen Mitstreiter bei seinem Bemühen um ein reineres Evangelium. [2] Caserius ersucht die Straßburger um Unterstützung. Michael Otto wird ihnen die Lage in Weißenburg schildern.

ᵛGratiam et pacem per Christum!ᵛ
[1] Quoniam vobis constat, virj pręstantissimj, quomodo res fidej apud

---

[1] Pfarrer an St. Michael in Weißenburg. Vgl. Personenindex.
[2] Pfarrer an Jung- St. Peter und Propst an St. Thomas in Straßburg. Vgl. Personenindex.

nos se habeat³ et quid ego, Dej gratia, animo conceperim, cogitauj propterea non obmittendum, quin ad vos tanquam ad optimosᵃ fautores, amicos et fratres meos refugium haberem, vt ita, vestris consilijs fretus, propositum meum habere synceriorem possit progressum.

Solus enim hic ago, quasi vidua relicta⁴ omnj humano auxilio destitutus, quod, nisi spiritus Jesu Christj me hucvsque refocillasset, perijssem prorsus. Siquidem nemo est in hoc nostro opidulo, cum quo sancta et commoda esse possit conuersatio aut quem mihj idoneum ausim deligere sodalem, excepto vno illo Michaele Ottone⁵, quj nuper ex Heluetiorum finib[us] cum sua familia huc se apud nos habitaturum contulit, vir certe ardens magno desiderio christiane pietatis et ob id summe mihj placens, quare et eius sola consuetu[di]ne multum delector. Atquj ambo maxima quadam spe foue[mu]r in posterum fauente diuina clementia euangelion Christj paulo syncerius quam antea apud Wyssenburgen[ses] in praecio haberj⁶; et vt id contingat, quacunque sedulitate a Domino postulo, huc etiam animum meum penitus accomodo, quo ita Christo Jesu saluatorj placeam suęque iustitię et veritatj fideliter deseruiam.

[2] Proinde, virj fratres, hoc a vobis suppliciter peto, vtj mihj pro tantę rej magnitudine, quoties opus habuero, praesidio esse velitis, nunc salubriter consulendo, nunc et pie adhortando ad pietatem. Dijs iuuantibus me promptum exhibebo. Quj autem sit omnium rerum status noster, Michael Otto vobis porro dicet.

Valete! Me totum, quantus quantus sum, in obsequium vestrum offero; jmo et orationibus vt mej patronj sitis, humiliter vos rogo. Iterum valete!

Wyssenburg, 20 Mai, anno 1533.

Georgius Caserius.

ᵃ *gestrichen* viros.

³ Aus der offenbar intensiven Kommunikation zwischen Kess und den Straßburger Reformatoren (vgl. ADAM, ELSÄSSISCHE TERRITORIEN, S. 386) konnte leider nur das vorliegende Schreiben ermittelt werden. Bucer selbst wirkte von November 1522 bis April 1523 in Weißenburg, wurde aber vom Speyerer Bischof Georg von der Pfalz exkommuniziert und musste Ende April 1523 die Stadt heimlich verlassen. Nach dem Bauernkrieg gewann die altgläubige Partei in Weißenburg die Oberhand (ebd., S. 382–386). Caserius selbst stand wohl in Kontakt mit Bucers Freund und Helfer Konrad Hubert (vgl. JUNG, RÉFORMATION WISSEMBOURG, S. 49).

⁴ Vgl. Thr 1,1f.

⁵ Die Person konnte nicht ermittelt werden. Möglicherweise fungierte sie als Briefbote (vgl. unten Z. 21f.

⁶ Offenbar erregte die Amtsführung von Caserius bislang bei seinen altgläubigen Vorgesetzten noch nicht soviel Anstoß, dass sie ihn entlassen wollten, denn diesen Versuch unternahmen sie – allerdings erfolglos – erst im Juni 1534, als sich Kess unter dem Einfluss der Straßburger Prediger Bucer und endgültig der reformatorischen Lehre zuwandte. Der Rat der Stadt verhalf der evangelischen Bewegung zum Durchbruch. 1535 trat auch der bisherige Priester Matthis Kleindienst zur Reformation über und führte an St. Johann den lutherischen Gottesdienst ein. Im Juli 1536 unterzeichnete Weißenburg die Wittenberger Konkordie. Vgl. ADAM, ELSÄSSISCHE TERRITORIEN, S. 387; JUNG, RÉFORMATION WISSEMBOURG, S. 48f.

Adresse [S. 154]: Bonis christianissimisque viris, d[omino] V[olfgango] Capitonj et M[artino] Bucero, Christum synceriter prędicantibus Argentoratj, fratribus suis chariss[imis].

Oa AST 155 (Ep. s. XVI, 2), Nr. 63, S. 153f. — *C Zürich ZB, S 33, 115; TB VI, S. 64.* — *R Millet, Correspondance Capiton, Nr. 509, S. 170.*

688.
Johannes Rhellican[1] an Martin Bucer und Bartholomeo Fonzio[2]
Bern, 22. Mai 1533

[1] Bucer et Fonzio sont partis trop vite de Berne, et Rhellican doit se contenter de cette lettre pour leur exprimer sa gratitude ; Dieu les a envoyés comme un second Paul et un second Barnabas. Ils ont agi comme des prophètes, et, grâce à leur éloquence, les Bernois ont vu confirmée en eux la Parole du Christ selon laquelle il ne laisserait pas ses disciples orphelins ; le Christ ne pourrait pas les assister avec une présence plus forte qu'en les enseignant, les exhortant et les réconfortant par des hommes qui possèdent l'Esprit de Dieu. Selon Amos, la pire torture est d'avoir faim de la Parole de Dieu ; aussi, par le riche repas de la Parole de Dieu, les Bernois ont reçu un signe de sa grande bienveillance. [2] Grâce à l'action de Bucer et de Fonzio, les Bernois comprennent désormais mieux la question de la Cène. Leur méfiance envers les Églises du Rhin [supérieur] a été dissipée, sans quoi le lien d'amour qui les unit mutuellement aurait été déchiré. L'importance de la concorde est attestée par les propos de Salluste comme par la prière, que le Christ adresse au Père, que les siens soient uns. [3] Salutations de Berthold [Haller], de François [Kolb] et de [Caspar] Megander. Rhellican se recommande à Capiton, à [Jacques] Bedrot et à Matthieu Zell, dès que ce dernier sera rentré.

[1] Bucer und Fonzio reisten so schnell aus Bern ab, dass Rhellican erst mit diesem Schreiben den fälligen Dank abstatten kann. Gott sandte beide als zweite Paulus und Barnabas. Sie wirkten wie Propheten mit so großer Beredsamkeit, dass die Berner in ihnen Christi Wort bewahrheitet fanden, er werde seine Jünger nicht als Waisen zurücklassen und stets bei ihnen sein. Christus könnte jetzt nicht mit stärkerer Präsenz beistehen, als dass er durch Männer, die Gottes Geist besitzen, unterweist, ermahnt und tröstet. Besteht nach Amos die

---

[1] Schulmeister in Bern. Vgl. Personenindex.
[2] Bartholomeo Fonzio, venezianischer Franziskaner. Vgl. Personenindex. Er begleitetete Bucer auf seiner Reise durch Süddeutschland und die Schweiz. Vgl. das Itinerar, oben S. XVIII.

schlimmste Qual im Hunger nach Gottes Wort und der Abwendung seines Antlitzes, so empfingen die Berner durch das reiche Gastmahl des Gotteswortes ein Zeichen höchsten Wohlwollens. [2] Durch Bucers und Fonzios Wirken als Werkzeuge Gottes verstehen die Berner die Abendmahlsproblematik jetzt besser. Ihr Verdacht gegen die [ober]rheinischen Gemeinden wurde zerstreut. Sonst wäre das Liebesband der Eintracht [zwischen Oberdeutschen und Bernern] zerrissen. Der [numidische König] Micipsa sagt bei Sallust, die Eintracht mache Kleines groß, die Zwietracht aber lasse auch das Größte zerfallen, und Christus bittet den Vater, dass die Seinen eins seien. Er ist also um die Bewahrung der Einheit anzuflehen. [3] Rhellican bestellt Grüße von Berchtold [Haller], Franz [Kolb] und [Kaspar] Megander und bittet um Empfehlung bei [Wolfgang] Capito, [Jakob] Bedrot und auch bei Matthias Zell, sobald dieser heimgekehrt ist.

[3]Salus ac pacata conscientia per Christum Iesum, Dominum nostrum!

[1] Qum nuper opinione mea citius hinc solueritis[4], optimi fratres, adeo vt vobis neque gratias agere neque valedicere potuerim, visum est mihi hoc epistolio resarcire, quod coram neglectum est. Ne itaque[a] ingratitudinis vitium, quod et apud ethnicos et christianos scriptores semper male audijt, mihi exprobrari possit, primum Deo optimo maximo[5] gratias quam possum maximas et habeo et ago, qui tantam ecclesiarum nostrarum curam habeat, vt vos instar Pauli et Barnabae ad visitandum eas miserit[6]. Singulare namque eius donum est, si quando prophetas suos populo alicui mittit, vt eum doceant, adhortentur, dehortentur et commonefaciant. Id, quod qum ab vtroque vestrum cumulatissime ac disertissime factum sit, si vnquam alias Christi vocem veram esse agnouimus, profecto nunc verissimam agnoscimus, cum inquit: „Non relinquam vos orphanas" [7], sed „vobiscum ero vsque ad finem mundi" [8]. Neque vero praesentius nobis adesse nunc poterit, quam vt per viros spiritu Dei plenos nos instituat, admoneat atque consoletur. Si enim verbi Dei fames pro extrema poena apud prophetam Amos reputatur[9] et auersatio diuini vultus, nimirum adeo copiosum et tantum eiusdem verbi convivium summae benevolentiae et[b] muneris signum nobis esse debet. Quo nec instar procacium iuuenum abvtamur[10], faxit Dominus idem, qui nos tam liberaliter tractare dignatus est. Amen.

---

[a] *gestrichen* in. – [b] *gestrichen* praemia.

[3] *Konrad Hubert:* ᵛRellicanus 1533 d. 22 Maij Bucero et Fonzioᵛ.
[4] Bucer und Fonzio verließen Bern am 17. Mai 1533. Vgl. das Itinerar, oben S. XVIII.
[5] Mit diesem ursprünglich Jupiter beigelegten Gottesattribut adressierten vor allem Humanisten die erste Person der Trinität. Vgl. JUNG, FRÖMMIGKEIT BEI MELANCHTHON, S. 96.
[6] Zur Missionsreise der Apostel Paulus und Barnabas vgl. Act 13, 1 – 15, 35.
[7] Joh 14, 18.
[8] Mt 28, 20.
[9] Amos 8, 11–14.
[10] Vgl. Amos 8, 13.

[2] [11]Deinde et vtrique vestrum tanquam artificiosissimis instrumentis Dei[12] non minus debere fatemur, vtpote per quae ipse tantum efficere in nostris ecclesijs valuit, vt non solum eucharistiae negotium rectius intelligamus[13], sed et praua de Rhenanis ecclesijs suspitio nobis penitus exempta sit[14]. Quod nisi factum fuisset, concordia vnicum christiani amoris uinculum disruptum esset. Quantum vero mali discordia in omnibus rebus publicis, nedum in christiana, a mundi initio semper dederit, vobis non obscurum est. Micipsa[15] enim Salustianus[16] filijs suis fraternum amorem commendans inquit: „Concordia res[c] paruę crescunt, discordia maximę dilabuntur." [17] Et Christus patrem pro suorum concordia orans „Da", inquit, „pater, vt quos dedisti mihi vnum sint, quemadmodum et nos vnanimes sumus!" [18]. Illum ergo omnis concordiae et boni authorem communi voto precemur, vt christianam concordiam servare possimus et Deo pro suis erga nos beneficijs grati reperiamur. Quod fiet, si gloriae Dei et commodo proximi unice studuerimus. Amen. Fiat, fiat!

[3] Bertoldus[19], Franciscus[20] et Megander[21] vobis et collegis vestris plurimam salutem adscribere iusserunt.

Salutabitis et vos vicissim meo nomine Capitonem[22] et Bedrotum[23] et Mattheum Celium[d] [24], vbi ad vos redierit[25]. Valete!

---

[c] *gestrichen* magna. – [d] *zuerst* Cellis.

[11] *Konrad Hubert*: ˂Concordia˂.
[12] Vgl. Act 9, 15.
[13] Auf dem Tag von Schweinfurt (30. März bis 9. Mai 1532) hatten die Oberdeutschen sich verpflichtet, nichts zu lehren, was der *Confessio Augustana* und ihrer *Apologie* widerspreche (vgl. BCor 8, Nr. 578, S. 8, Anm. 47), und damit Irritationen unter den Vertretern der schweizerischen Reformation ausgelöst. Auf seiner Rundreise durch die Schweiz legte Bucer die Gründe der Oberdeutschen dar und warb für eine Beilegung der innerprotestantischen Abendmahlskontroverse. Vgl. seinen Bericht an die Memminger Brüder vom 26. Mai 1533 (unten Nr. 689, S. 228, Z. 9 – S. 229, Z. 1). Zu seinem Wirken in Bern vgl. den Bericht Berchtold Hallers an Bullinger vom 29. Mai (Bullinger Bw. 3, Nr. 228, S. 132f.); vgl. dazu KÖHLER, ZWINGLI UND LUTHER 2, S. 311f.
[14] Nach der Unterschrift von Schweinfurt war das Gerücht entstanden, Bucer habe widerrufen und sich der Wittenberger Reformation angeschlossen. Vgl. dazu BCor 8, S. XXf.
[15] König der numidischen Massylier. Vgl. Personenindex.
[16] Gaius Sallustius Crispus, römischer Geschichtsschreiber und Politiker. Vgl. Personenindex.
[17] „Concordia parvae res crescunt, discordia maxumae dilabuntur." (Sallust, Bellum Iugurthinum, cap. 10, par. 6).
[18] Joh 17, 22 komb. mit 17, 24. Rhellikan zitiert nicht nach der Vulgata.
[19] Berchtold Haller, Prediger am Berner Münster. Vgl. Personenindex.
[20] Franz Kolb, Prediger am Berner Münster. Vgl. Personenindex.
[21] Kaspar Megander, Prediger am Berner Münster. Vgl. Personenindex.
[22] Wolfgang , Pfarrer an Jung- St. Peter und Propst an St. Thomas in Straßburg. Vgl. Personenindex.
[23] Jakob Bedrot, Freund und Helfer Bucers. Vgl. Personenindex.
[24] Matthias Zell, Prediger am Straßburger Münster. Vgl. Personenindex.
[25] Matthias Zell war nach Konstanz gereist. Vgl. Bucers Brief an Ambrosius Blarer vom 17. Mai 1533 (oben Nr. 686, S. 219, Z. 2f.).

Datum Bernę in Nuichthonibus[26], 22. Maij, anno 1533.

Joan[nes] Rhellicanus ex animo vester.

Adresse [S. 238]: Martino Bucero et Barptholomaeo Fontio, Veneto, theologis cum pijs tum disertis, Straßburg.

Oa AST 161 (Ep. s. XVI, 8), Nr. 81, S. 237f. — C Zürich ZB, S 33, 116; TB VI, S. 65.

---

[26] Im Üchtland.

689.
Martin Bucer an die Memminger Brüder
Straßburg, 26. Mai 1533

[1] Bucer a visité, avec Barthélemy Fonzio, les Églises de Schaffhouse, de Diessenhofen, de Constance, de Bischofszell, de Saint-Gall, de Zurich, de Berne et de Bâle. Partout, il a trouvé un zèle passionné pour le Christ. Lors du synode de Zurich et de la rencontre avec les pasteurs de Berne, il a trouvé des hommes saints, savants et pleins de sérieux. [2] À Zurich, à Berne, à Schaffhouse et à Saint-Gall, il a étayé sa conviction que les évangéliques étaient d'accord sur le fond [au sujet de la Cène], si d'une part les Allemands du Sud et les Suisses n'excluaient pas le Christ de la Cène et que d'autre part Luther n'enseignait pas une union naturelle du Christ avec le pain ni ne faisait du corps du Christ un aliment pour l'estomac. Bucer a exhorté à percevoir chez Luther [l'action] du Christ et à couvrir ses fautes sous l'amour – autant que le permet l'honneur du Christ. Il s'agit d'interpréter ses formulations dans le sens de l'amour, et de louer ce qu'il apporte de bien. Luther nourrit l'opinion, erronée, que nous avons préféré la raison à la Parole du Christ, sans accorder d'honneur à la parole extérieure et aux sacrements, et c'est pourquoi il s'emporte contre nous. Malgré cela, les serviteurs de moindre rang ne devraient pas rejeter celui dont le Seigneur se sert aussi admirablement. Nous devons considérer le Christ seul, et considérer chaque mortel en lui seul. Bucer a aussi exhorté les frères à user des expressions des Pères ; ils ont ainsi réfuté le reproche selon lequel, dans la Cène, ils reconnaîtraient seulement [la présence du] pain et [du] vin. Ce soupçon a été nourri par des discussions où certains laissaient de côté le fait que, avec le pain, le Seigneur offre son corps et fait de ceux qui le reçoivent des membres de sa chair. [3] Les frères ont affirmé qu'ils étaient d'accord avec Bucer. Quant à Luther, dont ils ne connaissaient pas tous les écrits, ils se sont engagés seulement à ne plus l'attaquer de

manière irréfléchie. Il leur suffit que l'on accepte leur manière d'expliquer le mystère du Christ. Ils ne repoussent pas les formulations de Bucer ou des Pères. Bucer les a quittés sur un accord sincère, en ayant dissipé le soupçon qu'il aurait changé d'opinion. [Conrad Hermann] avait porté de graves [accusations] contre Bucer, se réclamant de lettres adressées à Ulm et à Esslingen ; mais lors d'une discussion personnelle avec Bucer, il a nié cela. [4] Il convient de combattre le soupçon selon lequel les Allemands du Sud et les Suisses ne reconnaîtraient pas [la présence du] vrai corps et [du] vrai sang du Christ dans la Cène. Les serviteurs du Christ proposent des paroles et des symboles extérieurs, le Seigneur fait croître, donnant son corps et son sang, et, par là, une authentique communion avec lui. C'est non pas une union par les sens ou par la nature, mais un mystère céleste, dans lequel le Christ s'offre véritablement. L'affirmation selon laquelle le Christ est présent dès le moment où l'on croit a scandalisé ; Bucer l'a réfuté en affirmant qu'il fallait accueillir le Christ jusqu'à ce qu'il soit tout en nous. [5] Il n'y a pas de dissension avec les Églises suisses. Que leurs pasteurs s'expriment autrement ne doit troubler personne, dans la mesure où ils affirment que le Christ est présent dans la Cène. Même si, dans leurs appréciations réciproques, eux et Luther ne voient pas encore ce que Bucer a reconnu, il espère que l'irritation se dissipera. Il faut que le Seigneur nous offre de reconnaître qu'il a uni les [différents] partis en lui. C'est ainsi que la paix sera restaurée : non seulement avec les Luthériens, mais aussi avec la plupart de ceux qui, extérieurement, sont encore des Papistes. Bucer demande que sa lettre soit transmise aux frères de Kempten, de Biberach, d'Ulm et d'Isny. Il ne faut pas écrire à l'Église de Constance, où Bucer a séjourné sept jours : par sa vie pieuse et sa faculté de juger, fondée sur la Bible, elle offre un exemple incomparable.

[1] Bucer besuchte die schweizerischen [und oberdeutschen] Gemeinden Schaffhausen, Diessenhofen, Konstanz, Bischofszell, St. Gallen, Zürich, Bern und Basel zusammen mit Bartholomeo Fonzio. Überall fand er leidenschaftlichen Eifer für Christus. Bei der Synode in Zürich und der Zusammenkunft mit den Berner Geistlichen fand er Männer von Heiligkeit, Gelehrsamkeit und Ernsthaftigkeit vor. [2] In Zürich, Bern, Schaffhausen und St. Gallen begründete Bucer seine Überzeugung, die Protestanten stimmten in der Sache [des Abendmahls] überein, wenn einerseits die Oberdeutschen und Schweizer Christus nicht vom Mahl ausschließen und andererseits Luther weder eine natürliche Vereinigung Christi mit dem Brot lehrt, noch Christi Leib zur Speise für den Magen macht. Bucer forderte dazu auf, an Luther nicht dessen Eigenheiten, sondern Christi [Wirken] wahrzunehmen und Luthers Fehler durch die Liebe zu bedecken, soweit Christi Ehre das erlaubt. Wo Formulierungen eine mildere Interpretation erlauben, sind sie im Sinne der Liebe auszulegen; was [Luther] an Gutem hervorbringt, ist zu loben. Er hegt die irrige Ansicht, [Oberdeutsche und Schweizer] ließen Christi Wort dem Verstand weichen und gestünden dem äußerem Wort wie den Sakramenten keine Ehre zu. Deshalb wütet Luther im Eifer um Christus gegen sie. Dennoch sollten die kleineren Mitknechte den, dessen sich der Herr so trefflich bedient, nicht zurückweisen. Wir müssen Christus allein und jeden Sterblichen nur in Christus ansehen. Bucer ermahnte die Brüder auch, die Formulierungen der Kirchenväter zu gebrauchen. So entkräften sie den Vorwurf, sie würden im Mahl nur [die Gegenwart von] Brot und Wein anerkennen. Diesen Verdacht nähren auch Diskussionen, in denen einige zwar erörtern, weshalb das

Brot nicht Leib Christi sein kann, aber unerwähnt lassen, dass der Herr mit dem Brot seinen Leib schenkt und die Empfänger zu Gliedern seines Fleisches macht. [3] Die Brüder bekundeten ihr Einvernehmen mit Bucer. Seine Einschätzung Luthers ließen sie aber dahingestellt, weil sie nicht alle Schriften Luthers kannten. Sie wollen ihn künftig nicht mehr unbesonnen attackieren. Ihnen genügt es, wenn ihre Weise, das Mysterium Christi zu erklären, akzeptiert wird. Die Ausdrucksweisen Bucers oder der Väter weisen sie nicht zurück. Bucer schied in aufrichtigem Einvernehmen, nachdem er den durch einige Windbeutel gesäten Argwohn, er habe seine Position gewechselt, zerstreut hatte. Ein gewisser Schlupfindheck [Konrad Hermann] erhob schwerwiegende [Anschuldigungen] gegen Bucer und berief sich auf dessen angebliche Briefe nach Ulm und Esslingen. Im persönlichen Gespräch mit Bucer stritt er dies freilich ab. [4] Es gilt, den Verdacht abzuwehren, die Oberdeutschen und Schweizer würden [die Gegenwart] des wahren Leibes Christi und Blutes Christi im Mahl nicht anerkennen. Die Diener Christi bieten äußere Worte und Symbole an, der Herr gewährt das Wachstum, seinen Leib und sein Blut und so eine wahre Gemeinschaft mit sich. Es geht nicht um eine sinnliche oder natürliche Verbindung, sondern um ein himmlisches Mysterium, in dem sich Christus wahrhaftig schenkt. Die Behauptung, schon im Moment des Glaubens sei Christus sofort gegenwärtig, erregte Anstoß. Bucer beseitigte ihn durch den Hinweis, Christus sei solange aufzunehmen, bis er in uns alles ist. [5] Gegenüber den schweizerischen Kirchen besteht kein Dissens. Dass ihre Amtsträger eine andere Redeweise gebrauchen, darf niemanden stören, da sie an der Gegenwart Christi im Mahl festhalten. Auch wenn sie in Luther und dieser in ihnen noch nicht das sehen, was Bucer erkannt hat, hofft er auf eine Auflösung der Irritation. Der Herr muss die Erkenntnis schenken, dass er die Parteien in sich geeint hat. So wird Friede einkehren, nicht nur mit den Lutheranern, sondern auch mit den meisten, die nach außen hin noch Papisten sind. Bucer bittet um Weitergabe des Briefes an die [Amts]brüder in Kempten, Biberach, Ulm und Isny. Der Konstanzer Kirche, wo sich Bucer sieben Tage aufhielt, muß nicht geschrieben werden, weil sie ein unvergleichliches Vorbild an frommer Lebensführung und biblischer Urteilskraft bietet.

[1]Saluete in Domino, fratres obseruandi!
[1] Inuisi ecclesias Helueticas Schafhusianam, ⌜Diessenhofen[sem], Constantien[sem] et Episcopocellen[sem]⌝, Sanctogallensem, Tigurinam, Bernatium atque Basilien[sem][2], comite fratre chariss[imo], d[omino] Barptolomęo Fontio, Veneto, viro docto et pio[3]. Reperimus vbique in his ecclesijs ministros ac plebem studio Christi haud mediocriter flagrantem. Censura vitae puritati euangelij coniuncta est, vt, licet nusquam desint tritico Domini zizaniae[4], ⌜fucj apibus⌝ [5], haud permittatur tamen, ⌜vt hae dominicae segeti

---

[1] *Konrad Hubert*: ⌜Anno 1533, die 26. Maij⌝; ᵛDe eucharistię negocio optimum scriptum. Ad Augustanos putoᵛ.
[2] Zu den Reisestationen Bucers vgl. das Itinerar, oben S. XVIII.
[3] Bartholomeo Fonzio, venezianischer Franziskaner. Vgl. Personenindex. Er begleitete Bucer auf seiner Reise durch Süddeutschland und die Schweiz. Vgl. das Itinerar, oben S. XVIII.
[4] Vgl. Mt 13, 24–30.

magnopere officiant, aut illi< a, vt mellificum apum[b] intercipiant[c]. Semper quidem orandum, vt isti, <cum ministri tum plebes<, promoueant. Ingentes tamen Christo gratias agere nos omnes conuenit, qui tantum passim regni sui effulgere fecerit[d].

Interfuimus synodo [6]Tigurinae[7]. Bernae tantundem prope ecclesiastarum conuenerat[8], etsi iusta synodus illic nondum fuerit celebranda. Vtrobique multos insignes profecto sanctimonia et eruditione viros vidimus summa cum grauitate res ecclesiasticas constituentes[9].

[2] [10]Vtrinque, ut et Schafhusiae atque Sancto-Galli, exposui, quibus de rationibus mihi persuasum sit in re ipsa Luthero nobiscum et nobis cum illo conuenire[11], cum nec nos Christum coena excludimus nec ille hunc naturaliter cum pane vnitum cibum faciat <ventris< [12]. [S. 302] [13]Hortatus sum, considerent in Luthero[14] non quae eius sunt, sed quae Christi, vt quae peccat[15], quando Dominus eo utitur tam praeclare et vsus est hactenus, dilectione obtegamus potius quam exaggeremus, quantum per Christj gloriam licet. Quae amphibola[16] videntur et in vtramque partem trahi possunt, malint [in] partem mitiorem interpretari, ita vt eadem dilectio dictat, quae vero recte pieque[17] et facit et scribit, plurima sane et ingentia, ea sua laude nolint des-

---

[a] *gestrichen* fucis. – [b] *gestrichen* promouentus. – [c] *zuerst* intercipere. – [d] *zuerst* fecit.

[5] Im Hintergrund steht die von Phaedrus (Fabulae, lib. 3, fabula 13) mitgeteilte Fabel von den Drohnen (möglicherweise Hummeln) und Bienen: Als die Drohnen behaupteten, die von Bienen gebauten Waben seien die ihren, forderte die als Richterin angerufene Wespe beide Parteien zur Wiederholung des Werkes auf. Als sich die Drohnen verweigerten, erkannte die Wespe den Bienen die Waben zu. Vgl. OBERG, PHAEDRUS-KOMMENTAR, S. 144.

[6] *Konrad Hubert*: <Nota. Particularis synodus Tigurina et Bernensis<.

[7] Bucer hatte während seines Aufenthalts in Zürich (5. bis 8. Mai 1533, vgl. das Itinerar, oben S. XVIII) an der Synode vom 6. Mai teilgenommen. Vgl. das Protokoll bei Egli, Actensammlung Züricher Reformation, Nr. 1941, S. 851–858; GORDON, CLERICAL DISCIPLINE, S. 84–90. Zu Bucers Einschätzung der Verhältnisse in Zürich vgl. seinen Brief an Heinrich Bullinger und Leo Jud vom 11. Mai 1533 (oben Nr. 683, S. 208–213).

[8] Zu Bucers Aufenthalt in Bern vom 10. bis 17. Mai 1533 vgl. das Itinerar (oben S. XVIII), den Bericht Berchtold Hallers über das Treffen der 120 Kirchenvertreter im Brief an Heinrich Bullinger vom 2. Mai (Bullinger Bw. 3, Nr. 217, S. 116, Z. 12–19) und vom 29. Mai (ebd., Nr. 228, S. 132, Z. 1).

[9] Zu Bucers Lob der Verhältnisse in Zürich vgl. Berchtold Haller an Bullinger vom 29. Mai 1533 (Bullinger Bw. 3, Nr. 228, S. 133, Z. 19–22).

[10] *Konrad Hubert*: <Quid dictis locis persuadere conatus sit fratribus<.

[11] Zu dieser Überzeugung Bucers vgl. BCor 8, S. XXIII–XXV.

[12] Vgl. die *Apologie* zur *Confessio Augustana*, Art. 18 (BDS 3, S. 279, Z. 13–17). Dort firmiert „Bauch" als Gegenüber zur Seele. Zu Bucers Strategie, die gemeinsame protestantische Position durch Abgrenzung von Extremen zu beschreiben, vgl. BCor 8, S. XXX.

[13] *Konrad Hubert*: <Quae in Luthero pijs consideranda<.

[14] Zu Bucers Lutherbild vgl. BCor 8, S. XXIIIf.

[15] *Konrad Hubert*: <1<.

[16] *Konrad Hubert*: <2<.

[17] *Konrad Hubert*: <3<.

tituere. Agnosco perquam graue esse, quod hic, dum falso persuasus[18] de nobis est [19]nos huc ire, vt rationj humanae cedat verbum Christj, [20]vt externo uerbo atque sacramentis nullus sit honos, nullus vsus, tantopere in nos seuit, nostra tam dire alba, quod aiunt, linea[21] reijcit damnatque omnia. Verum dum non dubito interim zelo hic Christi, licet meo iudicio praeter scientiam, virum agj, non possum non optare, vt, quo Dominus ad gloriam suam vtitur tam egregie, eum nos conseruulj minime reijciamus. Iuxta autem, quicquid uspiam [S. 303] Christi fuerit, et illud haberi in precio suoque loco vnice cupio. [22]Vnum siquidem Christum et neminem mortalium nisi in Christo spectare debemus.

[23]Illud quoque hortatus fratres sum, postquam omnes concedimus nos ita vt prisca ecclesia credere et sanctos patres a nobis stare[24], non abhorreant^e a formulis loquendi, quibus hi vsi sunt[25], maxime cum euangelium nostrum nulla prope calumnia tantopere infametur atque hac, qua nos plerique criminantur, nihil in coena Domini agnoscere quam panem et vinum[26]. Nam ↓admodum↓ auguste patres id commendant, quod Dominus se ipsum panem uitae[27] nobis sicut cum verbis audibilibus, ita etiam cum verbis visibilibus exhibet[28]. [29]Sane dum quidam nihil, quam quid panis sit et quod non queat

---

^e *zuerst* abhorrerent.

[18] *Konrad Hubert*: ⁽Vitia in Luthero. falsa persuasio⁾.
[19] *Konrad Hubert*: ↓1↓.
[20] *Konrad Hubert*: ↓2↓.
[21] Vgl. Gaius Lucilius, Saturarum fragmenta, vers. 830; Gaius Plinius Secundus, Naturalis historia, lib. 29, par. 87. Eine weiße Linie auf weißem Grund lässt keine Unterschiede mehr erkennen. Nach Bucer verdammt Luther also die Äußerungen seiner protestantischen Gegner, ohne zu differenzieren.
[22] *Konrad Hubert*: ⁽Nota⁾.
[23] *Konrad Hubert*: ⁽Vt formulas loquendi Patrum admittant⁾.
[24] Zu Bucers Bezugnahme auf die Kirchenväter im Abendmahlsstreit vgl. BCor 8, S. XXVIIIf.; ebd., S. 159, Anm. 40. Zur Bedeutung dieses Rekurses bei den Reformatoren vgl. HOFFMANN, SENTENTIAE PATRUM; DERS., KIRCHENVÄTERZITATE.
[25] Vgl. bereits Bucer an Ambrosius Blarer vom 10. Mai 1532 (BCor 7, Nr. 582, S. 32, Z. 1–3).
[26] Vgl. etwa die Äußerung Philipp Melanchthons: „Haec verba ‚contemplatione fidei' nihil significant ipsis nisi absentis Christi recordacionem. Et Bucerus ipse offundit nebulas." (Brief an Gregor Brück, ca. 25. Juli 1530, Melanchthon Bw. T 4/1, Nr. 987, S. 443, Z. 19 – S. 444, Z. 22). Entsprechend äußert sich Luther in seiner Schrift *Vom Abendmahl Christi. Bekenntnis*, 1528 (WA 26, S. 506, Z. 27f.), oder in seinem *Brieff an die zu Franckfort am Meyn*, Ende 1532 (WA 30/3, S. 559, Z. 6–9).
[27] Joh 6, 35.48.51. Zum Hintergrund vgl. HAZLETT, JOHANNES 6 BEI BUCER.
[28] Vgl. Augustinus, De doctrina christiana 2, 4 (CCL 32, S. 34, Z. 5–10); ders., In Ioannis Evangelium, tract. 80, 3 zu Joh 15, 3 (MPL 35, Sp. 1840); ders., Contra Faustum 19, 16 (CSEL 25, 1, S. 513, Z. 8f.). Explizit auf Augustinus verweist Bucer in seinem Brief an Bonifatius Wolfhart gegen Ende Mai 1532 (BCor 8, Nr. 591, S. 90, Z. 7 – S. 91, Z. 3). Vgl. auch Bucer an Leo Jud vom 23. Juni 1532 (ebd., Nr. 598, S. 161, Z. 29f.).
[29] *Konrad Hubert*: ⁽Defectus quorundam loquende de Coena⁾.

esse Dominj corpus, disputant nec attingunt, quod cum pane Dominus nobis suum donat corpus, hoc est ueram communionem secum, vt membra eius simus de carne et ossibus eius[30], non paucis, etiam optimis viris et vere religiosis suspectos se faciunt, ac si nihil agnoscant in coena offerri quam merum panem et vinum. [S. 304]

[3] Ad haec fratres vbique agnouerunt nos inter et ipsos esse in re concordiam[31]. [32]De Luthero, quia non omnia virj scripta legerunt, reliquerunt in medio. Receperunt tamen se illum temere nequaquam attacturos[33]; satis habere, quod relinquimus illis eas loquendi formas, quibus suis ecclesijs quam clariss[ime] Domini mysterium exponant, inuicem nobis siue nostros siue patrum loquendi modos non inuisuros neque eos reiecturos.

Ita in optima pace et syncera concordia ab omnibus discessimus, expuncta prorsus, ita ↓enim↓ perquam sancte testati sunt, suspicione illa, quam nugiuendi quidam nonnullis obtruserant[34], <quasi iam aliud quam hactenus sentirem atque illos reijcerem<. Quidam Schlupfyndheck[35] ferebatur grauia sane sparsisse eaque hausta a fratribus Vlmen[sibus] et Eßlingensibus, quibus nescio quae huiusmodj scripsissem[36]; sed apud me negauit[f] omnia, quidam arbitrantur vere, quidam secus. Ego hominem non noui intus.

---

[30] Gen 2, 23; Eph 5, 30. Im Bemühen um eine Beilegung der innerprotestantischen Abendmahlskontroverse rekurriert Bucer häufig auf diese Wendung. Vgl. seine *Apologie* zur *Confessio Augustana*, Art. 18 (BDS 3, S. 282, Z. 23); vgl. dazu BCor 8, S. XXVIII.

[31] Während der Basler Oswald Myconius einen abendmahlstheologischen Konsens mit Bucer umstandslos attestierte (vgl. seinen Brief an Bullinger vom 16. April 1533, Bullinger Bw. 3, Nr. 212, S. 108, Z. 1f.), blieb Erasmus Ritter in Schaffhausen trotz grundsätzlicher Zustimmung skeptisch (vgl. sein Schreiben an Bullinger vom 26. April, ebd., Nr. 214, S. 113, Z. 20–23). Der Berner Berchtold Haller hatte Bucers Ausführungen abwartend entgegengesehen (vgl. seinen Brief an Bullinger vom 2. Mai, ebd., Nr. 217, S. 116, Z. 19–21), erkannte nach dessen Aufenthalt aber keinerlei Differenzen mehr (vgl. seinen Brief an Bullinger vom 29. Mai, ebd., Nr. 228, S. 132, Z. 2f.). Die Züricher erklärten, dass Bucers Besuch ihnen die Irritationen, die sein Brief an Leo Jud vom 23. Juni 1533 (vgl. BCor 8, Nr. 598, S. 150–165) ausgelöst hatte, genommen habe (vgl. ihr Schreiben an Bucer vom 8. Mai 1533, oben Nr. 682, S. 206, Z. 7–10).

[32] *Konrad Hubert*: <De Luthero, quid se recipiant facturos<.

[33] Vgl. das Schreiben der Züricher an Bucer vom 8. Mai (oben Nr. 682, S. 207, Z. 5f.).

[34] Zum Gerücht, Bucer habe die Seiten gewechselt und sich den Lutheranern angeschlossen, vgl. oben Nr. 668, S. 172, Anm. 8. Zur Diskussion darüber in der Schweiz vgl. Simon Grynaeus an Bucer vom 19. Juli 1532 (ebd., Nr. 612, S. 232–234); vgl. dazu BCor 8, S. XX.

[35] Wohl nicht Kaspar Schwenckfeld, wie Jacques Vincent Pollet (BUCER 2, S. 420, Anm. 5) vermutet, sondern Konrad Hermann, genannt Schlupfindheck, Prediger im Berner Landgebiet. Vgl. Personenindex; vgl. dazu Berchtold Haller an Bucer vom 28. Mai 1533 (unten Nr. 691, S. 238, Z. 5f.). Hermann hatte sich früher in Biberach, Esslingen und Ulm aufgehalten. Dass er dorthin noch Kontakte besaß, zeigt seine im Sommer 1533 unternommene Reise ins Schwäbische (vgl. Ambrosius Blarer an Jakob Otter vom 1. Juni, Blaurer Bw. 1, Nr. 337, S. 399). Bucer könnte ihm beim Treffen der Berner Landgeistlichen begegnet sein. Vgl. Berchtold Haller an Heinrich Bullinger vom 29. Mai 1533 (Bullinger Bw. 3, Nr. 228, S. 132, Z. 1f.). Zu Hallers negativem Eindruck von Hermann vgl. seinen Brief an Bullinger vom 24. Juni 1535 (Bullinger Bw. 5, Nr. 621, S. 288, Z. 19 – S. 289, Z. 37). Zu Hermann vgl. HENRICH, KONRAD HERMANN.

[36] Vgl. dazu das Dementi des Ulmer Predigers Martin Frecht (unten Nr. 705, S. 282, Z. 5–9).

[4] ³⁷Vos, chariss[imi] fratres Memmingenses, obsecro per Christum Dominum nostrum, vtcunque nos tractent alij, viam nos perpetuo affectemus ad concordiam in Domino hancque calumniam fortissime a nobis depellamus, [S. 305] ⁻quasi⁻ verum Domini corpus et sanguinem nos in coena Dominj non agnoscamus. ³⁸Vere enim haec Dominus nobis offert et nos, ministri eius, offerimus; sic tamen vt plantantes et rigantes³⁹, id est, quantum ad nostram quidem operam attinet externa tantum verba et symbola praestantes; verum quantum attinet, ad incrementum, quod Dominus cum nostra plantatione et rigatione offert⁴⁰, et exhibit etiam ipsum Dominj corpus et sanguinem, hoc est veram communionem cum ipso, quae nullis quidem vel sensibus uel ratione percipitur. Nulla intercedit vel cum pane et vino vel cum nostro corpore naturalis coniunctio⁴¹, cęlestis et arcana res est. Attamen tam vere se donat Christus in hoc mysterio nobis, vt ipse dixerit se dare nobis suum corpus et sanguinem⁴², Paulus communionem corporis et sanguinis Dominj⁴³. ⁴⁴Jam nisi loqui sustineamus, vt locutus est Dominus, vt locutj sunt apostolj et priscj patres omnes, confirmabimus calumniam aduersariorum⁴⁵.

⁻Offendit quosdam hic loquendi modus, quod Christum habeamus iam statim atque credimus. Verum dum audierunt^g, tam diu Christum recipiendum a nobis et manducandum esse, donec ille in nobis sit omnia⁴⁶, et huc instituta quaecunque in ecclesia Christi iussu geruntur, agnouerunt esse hunc loquendj modum pium et per omnia rei huic conuenientem⁻.

[5] Haec voluj, fratres chariss[imi], vobis scribere, vt gratias agatis Domino, qui dedit ecclesias Helueticas, vt caetera omnia in fide Christi pulchre stare et promouere, ita [S. 306] in hac quoque parte a nobis non dissentire. Quod ecclesijs suis inseruientes non ijs loquendi modis vtuntur, quibus nos cum fructu vti poss[umus] et debemus, ⁻cum tamen ingenue Christum in coena adesse praedicant, neminem debet turbare⁻. Satan

---

ᶠ *gestrichen* vt. – ᵍ *gestrichen* a nobis.

³⁷ *Konrad Hubert*: ⁻Adhortatio grauissima⁻.
³⁸ *Konrad Hubert*: ⁻Confessio plana per nos fiat⁻.
³⁹ I Kor 3, 6a.
⁴⁰ I Kor 3, 6b.
⁴¹ Im Hintergrund steht der Streit um Luthers Behauptung einer *praesentia corporalis* bzw. *oralis* Christi im Mahl (vgl. dazu BCor 8, S. XXX). Bei seinen Vermittlungsversuchen machte sich Bucer Luthers Unterscheidung zwischen einer leiblichen und einer sinnlichen Gegenwart zunutze. Vgl. dazu Luther, *Vom Abendmahl Christi. Bekenntnis*, 1528 (WA 26, S. 327, Z. 16 – S. 329, Z. 7); Bucer, *Vergleichung D. Luthers und seins gegentheyls vom Abentmal Christi*, 1528 (BDS 2, S. 352, Z. 14 – S. 355, Z. 3).
⁴² Mt 26, 26f. par.
⁴³ I Kor 10, 16.
⁴⁴ *Konrad Hubert*: ⁻Phrasi Script. apostolorum patrumque loquendum⁻.
⁴⁵ Vgl. bereits Bucer an Heinrich Bullinger von Ende August 1532 (BCor 8, Nr. 626, S. 311, Z. 21 – S. 312, Z. 1).
⁴⁶ Vgl. I Kor 15, 28.

conatus erat ex duabus partibus tres facere⁴⁷, cum reuera nulla sit, si possemus tantum nos inuicem intelligere; sed gratia Christo non successit hic conatus.

In Luthero etsi nondum possunt agnoscere quae ego scio, sicut nec ille in his⁴⁸, hoc Dominus, spero, dabitʰ sine turba abire. Praecibus contendendum a Domino, vt, quos in se vnum fecit, ijs donet id etiam agnoscere. Sic non solum cum multis et praecipuis Lutheranorum, sed etiam ↓plerisque adhuc in speciem↓ papistarum pax foret. Sed uisum Domino est, ita nos exercere et huiusmodi scandala esse. Ipse donet, ut imminuantur breuique tollantur omnia.

Valete in Christo et nostram hanc epistolam facite, vt legant fratres ecclesiastae ⁴⁹Campidonen[ses], Bibracenes, item Vlmenses et Isnenses! De ecclesia Constantien[si], ubi septem dies hesimus⁵⁰, scitis non esse scribendum vobis ↓peculiariter↓, quando hanc nostis exemplum esse incomparabile totiusⁱ et pietatis vitae et religiosi [S. 307] iudicij in scripturis. Dominus eam conseruet et nostras illi similes reddat.

Argentorati, XXVI Maij M.D. XXXIII.

Salutant vos symmystae hic omnes.

              M[artinus] Bucerus vester.

[Adresse fehlt!]

O AST 151 (Ep. Buc. I), Nr. 80, S. 301–307. — C Zürich ZB, S 33, 118; Basel UB, Ms. G2 I 29a, fol. 35r – 38v; TB VI, S. 69–71.

ʰ *gestrichen* vt. – ⁱ *Konrad Hubert:* ↓totius↓.

⁴⁷ Gemeint ist wohl: aus den beiden Richtungen der Lutheraner und Reformierten drei Parteien, Lutheraner, Schweizer und Oberdeutsche, machen.
⁴⁸ Zu dieser Sicht der innerprotestantischen Abendmahlskontroverse vgl. BCor 8, S. XXII–XXV.
⁴⁹ *Konrad Hubert:* ⌜Campidun[enses] fratres, Bibracen[ses], Vlmenses, Isnenses legant.⌝.
⁵⁰ Zu Bucers Aufenthalt in Konstanz vgl. das Itinerar, oben S. XVIII. Bucer besuchte Ambrosius Blarer in Konstanz in der letzten Aprilwoche 1533. Nach Blarer blieb Bucer acht Tage. Vgl. seinen Brief an Johann Machtolf vom 7. Mai 1533 (Blaurer Bw. 1, Nr. 332, S. 394).

690.
Ambrosius Blarer[1] an Martin Bucer
Konstanz, 26. Mai 1533

[686←] [1] Blaurer a reçu trois lettres de Bucer, mais il peut seulement répondre brièvement à celle que Zell lui a transmise. Bucer a recommandé ce dernier pour sa piété, mais on peut le révérer pour bien d'autres raisons. Lorsque Bucer reviendra à Constance, on lui servira une nourriture moins riche. [2] Blaurer prie Bucer de lui adresser [son écrit sur] l'excommunication ; il veut non pas le corriger – comme le demande Bucer –, mais le recommander à d'autres frères. Matthieu [Zell] dit que Bucer ne lui a rien donné. [3] Puria [Catherine Ryf von Blidegg] salue Bucer et demande qu'il prie pour elle, de même que les femmes [du couvent de] Saint-Pierre et la malade Élisabeth. La sœur de Blaurer [Marguerite] écrira elle-même. Salutations à l'épouse de Bucer [Élisabeth], dont Blaurer espère la visite. Salutations de [Jean et de Conrad] Zwick et du frère de Blaurer [Thomas]. Blaurer se recommande à Barthélemy Fonzio, à [Conrad] Hubert et à [Marguerite], l'épouse de ce dernier. Le frère de Puria, qui a appris [qu'elle voulait épouser Blaurer], lui cause des problèmes. Blaurer demande à Bucer son avis sur la Préface... sur la foi des *[Frères de]* Bohème *de Luther. P. S. Blaurer joint un cantique qu'il a composé pour l'Église de Constance [Juchz, erd und himmel dich ergell], en demandant à Bucer de lui en envoyer un plus agréable. [→695]*

[686←] [1] Blarer erhielt von Bucer drei Briefe, kann aber nur auf den von Matthias Zell überbrachten [Nr. 686] kurz antworten. Bucer empfahl letzteren nur wegen dessen Frömmigkeit, bei gründlicher Wahrnehmung sei er aber in mehrererlei Hinsicht zu verehren. Wie Bucer wünschte, legte man Zell in Konstanz nicht wie Bucer eine drückende Dankeslast durch eine allzu zuvorkommende, in Wahrheit aber rustikale Behandlung auf. Bei Bucers nächstem Besuch [in Konstanz] werden Lenden und Magen geschont. [2] Blarer bittet, ihm Bucers [Schrift über den] Bann zu senden. Er will sie aber nicht, wie dieser wünscht, korrigieren, sondern anderen Brüdern empfehlen. Matthias [Zell] sagt, Bucer habe ihm nichts mitgegeben. [3] Puria [Katharina Ryf von Blidegg] grüßt und ersucht um Fürbitte, ebenso die Frauen von St. Peter und die kranke Elisabeth. Blarers Schwester [Margarethe] schreibt selbst. Grüße an Bucers Frau [Elisabeth], deren Besuch Blarer wünscht. Es grüßen [Johannes und Konrad] Zwick und Blarers Bruder [Thomas]. Blarer empfiehlt sich Bartholomeo Fonzio sowie [Konrad] Hubert und dessen Frau [Margaretha]. Nachdem Purias Bruder [Dietrich Ryf von Blidegg] von ihrer Absicht, [Blarer zu heiraten], erfahren hat, schafft er ihr Probleme. Blarer fragt nach Bucers Meinung über Luthers Vorrede zur Rechenschaft des Glaubens der Böhmischen [Brüder]. P.S. Anbei ein der Konstanzer Kirche gewidmetes Liedchen Blarers [Juchz, erd und himmel dich ergell] mit der Bitte, ein angenehmeres zu senden. [→695]

---

[1] Prediger an St. Stephan in Konstanz. Vgl. Personenindex.

²Et tu multum salue, charissi[mum] caput et anime, mi Bucere!

[1] Accepimus abs te vnam et alteram epistolamᵃ ac, ni fallor, tertiam quoque³, quibus iam non est, vt respondeamus, nisi ad eam solam nonnihil, quam nunc nobis venerandus senex M[atthias] Zell⁴ reddidit. Eum tu nobis a solida solum pietate commendasti⁵, nos uero penitius virum intuentes multis etiam alijs nominibus suspiciendum inuenimus. Monuisti caueremus, ne oneraretur a nobis⁶. Curauimus sedulo, vt honoraretur uerius quam oneraretur. Et dolet nobis plurimum adeo tibi oneri fuisse portentosam nostrum, sic enim uocas⁷, humanitatem, quae quid aliud sit quam inciuilis quędam rusticitas, plane non video. Hanc igitur nobis tribuis et in hunc modum consueuisse nos hospites accipere affirmas, proinde indignos iudicas, quibus agas gratias, nimirum ita grauatus ista inciuilitate, vt etiam spirare nequeas, nedum gratias agere⁸. Sed ignosce, mi Bucere, ignosce, nam sanctiss[ime] tibi deieramus te posthac, ubi redieris, nec lumbos nec ilia ducturum sub hoc onere! Leuabimus te istis incommodis et strenue adnitemur, vt lautius habeas. Nanciscemur forte alicunde, qui artem hanc doceat, vt incomparabiles et omnibus officijs dignissimos, hoc est tui similes, uiros pro dignitate tractemus.

[2] Quamquam ferendum utcumque, quod hic est a nobis admissum, illum magis dolendum, quod pauculorum dierum convictu malum istud, vt serpunt contagio quidam morbi, tibi quoque affricuimus. Nam cum correctorem me constituis excommunicationis, quam parturis⁹, quid aliud, obsecro, facis, quam quod egregie ineptis et plusquam prodigiose es ciuilisᵇ? Et hic ergo veniam nobis dabis, quod adeo te indigna nobis doctoribus committes. Sed iam extra iocum: Quando meditatus es excommunicandi rationem¹⁰, rogo, vt ad me mittas, non vt emendem, sed commendem potius alijs tui

---

ᵃ *gestrichen* etiam. – ᵇ *zuerst* inciuilis.

² *Konrad Hubert*: ⁽ᵛBlaureri literae. Anno 1533, 26 (zuerst 23) Maij ad Bucerumᵛ⁾; *andere Hand*: ⁽ᵛBlaurerus Ambros. Bucero 1533, 23 Maii, 11 Junii, 23 Jun. etc.ᵛ⁾.

³ Innerhalb der von uns ermittelten Korrespondenz liegen zwischen diesem und Blarers letztem Schreiben an Bucer vom 15. März aus Lindau (vgl. oben Nr. 667, S. 166–170) die Briefe Bucers vom 26. März aus Straßburg (vgl. oben Nr. 671, S. 181–183), vom 4. Mai aus St. Gallen (vgl. oben Nr. 680, S. 201–203) und vom 17. Mai aus Fraubrunnen (vgl. oben Nr. 686, S. 219f.).

⁴ Matthias Zell, 55-jähriger Prediger am Straßburger Münster. Vgl. Personenindex. Er überbrachte Bucers Brief an Blarer vom 17. Mai (vgl. ebd., S. 219 , Z. 2).

⁵ Vgl. ebd.
⁶ Vgl. ebd., S. 219, Z. 3f.
⁷ Vgl. ebd.
⁸ Vgl. ebd., S. 219, Z. 8f.

⁹ Bucer hatte Blarer im Schreiben vom 17. Mai gebeten, seine Ausführungen zur Praxis des Kirchenbanns zu korrigieren und dann umgehend nach St. Gallen zu schicken (vgl. ebd., S. 219, Z. 4–6).

¹⁰ Zu Bucers von uns nicht ermittelter Schrift über den Bann vgl. oben Nr. 685, S. 217, Anm. 3.

nominis studiosis fratribus, si forte et hic scrupulus, qui multos etiamnum punctitat, eximj illis possit. Matthęus noster nihil a te sibi datum affirmat[11].

[3] Puria[12] multam tibi salutem adscribere iussit obnixe rogans, ut se Domino sacris precibus commendes. Fecerunt idem hoc Petrinae[13], aegrota Elisabetha[14]. Sororem Margaritam[15] et ipsam video scripturientem[16]. Salutabis mihi valde quam amanter uxorem tuam[17]. Quam vtinam aliquando nostra tecta subire contingat! Zviccij[18] cum germano meo fratre[19], symmistis cęterisque amicis se tibi diligenter commendant. Ornatiss[imum] et synceriss[imum] virum Barptol[omeum] Fontium[20], quem multum amare coepimus, multum nostris verbis salutare velis, non praeterito interim chariss[ime] [21]Pulbarba[22] cum uxore[23].

Nuptiae nondum video quando processurę sint[24], cum praesertim Puriae aliud ex alio negocium exhibeat frater[25], postquam conatum sororis olfecit. Christus bene vertat. Vidisti, non dubito, ea, quę Lutherus iam praefatus est in eum libellum, quo fratres Bohemię rationem reddiderunt suę fidei[26]. Quid igitur de illis sentias, fac primo nuncio sciam! Mihi spei nonnihil adfulget fore, vt positis tandem adfectibus melius de nobis sentiat Lutherus.

---

[11] Nach Bucers Darstellung hat Zell das Dokument vergessen (vgl. unten Nr. 695, S. 248, Z. 1f.).

[12] Ambrosius Blarers Braut Katharina Ryf von Blidegg. Zur Latinisierung ihres Vornamens vgl. oben Nr. 686, S. 219, Anm. 10.

[13] Die Bewohnerinnen des Frauenklosters St. Peter in Konstanz (vgl. ebd., S. 219, Anm. 11).

[14] Wohl Blarers Tante (vgl. ebd., S. 220, Anm. 12).

[15] Margarethe Blarer, Freundin Bucers in Konstanz. Vgl. Personenindex.

[16] Das Schreiben konnte nicht ermittelt werden. Bucer antwortet darauf am 2. Juni (vgl. unten Nr. 694, S. 244–246).

[17] Elisabeth Bucer. Vgl. Personenindex.

[18] Johannes und Konrad Zwick, ersterer Prediger und letzterer Ratsherr in Konstanz. Vgl. Personenindex.

[19] Thomas Blarer, Ratsherr in Konstanz. Vgl. Personenindex. Das Adjektiv spielt auf Blarers Anrede Bucers als Bruder an (vgl. unten S. 236, Z. 1).

[20] Bartholomeo Fonzio, venezianischer Franziskaner. Vgl. Personenindex. Er begleitetete Bucer auf seiner Reise durch Süddeutschland und die Schweiz. Vgl. das Itinerar, oben S. XVIII.

[21] *Konrad Hubert*: ↓Humberto↓.

[22] Konrad Hubert, Freund und Helfer Bucers. Vgl. Personenindex.

[23] Margaretha, Ehefrau Konrad Huberts. Vgl. Personenindex.

[24] Die Hochzeit fand im August 1533 statt (vgl. dazu oben Nr. 659, S. 134, Anm. 22; unten Nr. 709, S. 296, Anm. 7).

[25] Dietrich Ryf von Blidegg. Vgl. Personenindex. Zu Katharinas Auseinandersetzung mit ihrem Bruder vgl. ebd., S. 296, Z. 1–7.

[26] Luthers *Vorrede zur Rechenschaft des Glaubens der Brüder in Böhmen und Mähren*, 1533 (WA 38, S. 75–80). Darin strebt er an, „das alle welt mit uns und wir mit aller welt eintrechtig wu(e)rden jnn einerley glauben Christi" (ebd., S. 79, Z. 3f.), und lehnt es ab, die Böhmischen Brüder zu „zwingen, nach meiner weise zu reden, so ferne wir sonst der sachen eins werden und bleiben, bis das Gott weiter schicke nach seinem willen" (ebd., Z. 15–17). Schließlich gelte, dass „wir alle selbst auch noch nicht so gantz und volkomen sind. Aber weil wir keines das ander gedencken zu verfolgen noch zu verderben, sondern zu fordern und zu helffen, So sey jnn des S. Paulus unser Scheidesman und mittler, da er spricht Ro. 14: ‚Nemet euch unternander auff, wie euch Christus auffgenomen hat zu Gottes lob' " (ebd., S. 80, Z. 6–10).

Bene vale, mi Bucere, mi chariss[ime] et opt[ime] frater!

Constantiae, 26 Maij 1533.

Cętera soror.

Vere si quisquam tuus Ambros[ius] Blaurerus.

5 Habes hic cantiunculam nostrę ecclesiae dicatam[27]. Intelliges nostram Musam. Tu vicissim suauiorem mitte!

Adresse [S. 388]: Suo plusquam charissimo fratri M[artino] Bucero, Argentor[ati] Christum docenti.

O AST 154 (Ep. s. XVI, 1), Nr. 158, S. 387f. — C Zürich ZB, S 33, 119; TB VI, S. 66. — R Blaurer Bw. 1, Nr. 335, S. 396f.

---

[27] Da Blarer wenige Tage später seinem Brief an Johann Machtolf am Pfingstag, den 1. Juni 1533, ein Lied beilegt und schreibt, er habe es der Konstanzer Jugend zum Pfingsfest gedichtet (vgl. Blaurer Bw. 1, Nr. 336, S. 397f.), handelt es sich wohl auch bei dem Bucer gesandten Lied um das Pfingstlied *Juchz, erd und himmel dich ergell* (anders JENNY, BLARER ALS DICHTER, S. 94f.). Damit ist die bisherige Datierung „um 1533" (SCHEIDHAUER, JAUCHZ, ERD UND HIMMEL, S. 63) zu präzisieren.

691.
Berchtold Haller[1] an Martin Bucer
[Bern], 28. Mai 1533

[657←] [1] Les Bernois doivent beaucoup à Bucer, qui les a visités, exhortés et enseignés ; le Seigneur le lui rendra, en lui laissant voir le fruit de ses efforts. Zell a visité l'Église de Berne, a écouté leur trois [pasteurs] prêcher et a été accompagné jusqu'à Burgdorf par le trésorier [Bernard Tillmann]. À Berne, on a la meilleure opinion de ce que confessent Bucer et Barthélemy [Fonzio] ; les soupçons éveillés par [Conrad Hermann] sont dissipés. Haller veut préserver la paix que Bucer a fondée entre eux [et Caspar Megander] ; si ce dernier en revient à son attitude antérieure, Haller s'en ira. [2] Que Bucer lui dise ouvertement ce dont il a regretté l'absence chez les Bernois et notamment chez lui ; Haller est conscient de ses possibilités limitées et de ses mœurs mal dégrossies. Il prie Bucer de lui expliquer 2 Thessaloniciens 2 et de lui adresser une copie de ses recommandations au sujet de la

---

[1] Prediger am Berner Münster. Vgl. Personenindex.

discipline ecclésiastique. [3] À Berne, rien de neuf. Le trésorier a accompli sa tâche, et les Cinq Cantons ont été attaqués à cause [de leur recatholicisation] de Bremgarten. Salutations de François [Kolb], de l'épouse de Haller et de Jacques Gomerus. Vœux pour la santé de l'épouse et des enfants de Bucer, et salutations à Barthélemy [Fonzio]. Le latiniste de Berne est retourné à Strasbourg avec femme et maîtresse ; sans cela, le Sénat de Berne aurait entrepris une action contre lui : à Berne, il n'allait pas au sermon et traitait mal son épouse.

[657←] [1] Die Berner schulden Bucer viel, weil er sie besuchte, ermutigte und lehrte. Der Herr wird es ihm vergelten, wenn er ihn das Wachstum seiner Mühe sehen lässt. [Matthias] Zell besuchte die Berner Gemeinde, hörte ihre drei [Geistlichen] predigen und wurde vom Seckelmeister [Bernhard Tillmann] bis Burgdorf begleitet. Von Bucers und Bartholomeo [Fonzios] Bekenntnis[stand] hält man in Bern das Beste; der von Schlupfindheck [Konrad Hermann] verbreitete Argwohn ist beseitigt. Haller will den von Bucer gestifteten Frieden zwischen ihm [und Kaspar Megander] halten; kehrt dieser zu seiner früheren Haltung zurück, wird Haller gehen. [2] Bucer möge das, was er an den Bernern und besonders an Haller vermisst hat, offen mitteilen. Haller weiß um seine bescheidenen Möglichkeiten und ungeschliffenen Sitten. Er bittet Bucer, ihm II Thess 2 zu erklären und ihm eine Abschrift seiner aus dem bürgerlichen Recht zusammengetragenen Empfehlungen zur Kirchenzucht zuzusenden. [3] In Bern gibt es nichts Neues. Der Seckelmeister hat die Aufträge besorgt, und die Fünf Orte wurden wegen [ihrer Rekatholisierung] Bremgartens attackiert. Grüße von Franz [Kolb], Hallers Frau [Apollonia] und Jakob Gomerus. Haller wünscht Bucers Frau [Elisabeth] und den Kindern [Elisabeth, Sara, Anastasia und Irene] Gesundheit und grüßt Bartholomeo [Fonzio]. Der Berner Latinist ist mit Frau und Geliebter nach Straßburg zurückgekehrt; andernfalls wäre der Berner Rat gegen ihn vorgegangen. Der Mann hörte in Bern keine Predigt und behandelt seine Frau schlecht, die sich über ihn beschwert hat.

[2]S[alve]!
[1] Quantum tibi debeat ecclesia nostra cum omnibus ministris, chariss[ime] Bucere, quod impensis et laboribus non infimis[3] eam inuisere[4], consolari et sanctissime erudire dignatus sis, non facile schedę huic commendarim. Dominus, in cuius nomine perque cuius gratiam hęc suscepisti, olim rependat, cum ipse coram visurus sis, quantum[a] et in quibus incrementum dederit[5] laboris tui.

---

[a] *gestrichen* de.

[2] *Konrad Hubert:* [V]1533, 28 Maij[V].
[3] Durch die von den Bernern erhaltenen vier Kronen reduzierten sich die Kosten für Bucers Reise durch Süddeutschland und die Schweiz auf fünf Gulden. Vgl. Bucer an Margarethe Blarer vom 2. Juni 1533 (unten Nr. 694, S. 245, Z. 14f.).
[4] Bucer hat sich auf seiner Reise durch Süddeutschland vom 11. bis 17. Mai in Bern aufgehalten. Vgl. das Itinerar, oben S. XVIII, sowie Hallers Bericht im Brief an Heinrich Bullinger vom 29. Mai 1533 (Bullinger Bw. 3, Nr. 228, S. 132f.).
[5] Vgl. I Kor 3, 6f.; II Kor 9, 10.

Zellium, virum sane cordatum[6], excepimus et vtinam[b] tam comiter quam voluissemus! Noluit diutius nobiscum manere[7]. Audiuit tamen nos tres[8] docentes, vidit ecclesiam et quaestorem[9] comitem habuit vsque ad Burtolff[10].

Cęterum neminem amplius audio, qui non optime de te tuaque confes-
5 sione[11] simul et Bartholomęi[12] sentiat. Suscipio per Schlupfindheggium[13] vndique sparsa sublata est. Simultas quoque inter nos, vt per te quoque pacata, quantum in me fuerit, constabit[14]. Vbi vero symmista ad pristinum redierit ingenium, profecto malim abire quam vel odium fouere et contendere[15].

10 [2] Hoc vnum abs te peto, chariss[ime] Martine: Vidisti nunc denuo ecclesiam nostram, audisti aliquot ex ministris, vidisti me totum, quantus et qualis sim. Quicquid in his omnibus, potissimum vero in me, desideraueris, quam primum per ocium licuerit, libere ad me scribito[16]! Nec quicquam gratius facere poteris, quam quod liberrime nasum mihi meum expurgas. Noui,
15 quam mihi sit curta supellex[17] et incompositi mores, sed te indice egeo, qui exactius perpendere potuisti, quid ministerio meo deroget.

Proinde petebam locum explicari a te 2. Tess. 2. Quod cum ocii et temporis penuria fieri non potuerit, liceat autem aliquando describas[18]. Importu-

---

[b] *gestrichen* cuius.

[6] Matthias Zell, Prediger am Straßburger Münster. Vgl. Personenindex.
[7] Zell hatte bereits Bucers Brief an Ambrosius Blarer nach Konstanz gebracht (vgl. oben Nr. 690, S. 235, Z. 2).
[8] Gemeint sind Berchtold Haller (vgl. Personenindex), Kaspar Megander (vgl. Personenindex) und Franz Kolb (vgl. Personenindex), die am Berner Münster amtierten.
[9] Bernhard Tillmann, Seckelmeister in Bern. Vgl. Personenindex.
[10] Ältere Namensgebung für Burgdorf, etwa 20 km nordöstlich von Bern.
[11] Angesichts des Gerüchts, er sei ins Wittenberger Lager gewechselt, hatte sich Bucer in Bern zu seinem früheren Standpunkt bekannt (vgl. dazu oben Nr. 688, S. 224, Anm. 13). Zu Hallers diesbezüglicher Skepsis vor Bucers Besuch vgl. oben Nr. 689, S. 228, Anm. 8f.
[12] Bartholomeo Fonzio, venezianischer Franziskaner. Vgl. Personenindex. Er begleitetete Bucer auf seiner Reise durch Süddeutschland und die Schweiz. Vgl. das Itinerar, oben S. XVIII.
[13] Konrad Hermann. Vgl. Personenindex. Zu seinen gegen Bucer gerichteten Aktivitäten vgl. oben Nr. 689, S. 230, Anm. 35.
[14] Das seit längerem distanzierte Verhältnis zwischen Haller und seinem Kollegen Megander hatte sich kontinuierlich verschlechtert. Bucer konnte bei seinem Besuch einen Beitrag zur Schlichtung leisten. Vgl. Hallers Brief an Heinrich Bullinger vom 29. Mai 1533 (Bullinger Bw. 3, Nr. 228, S. 132, Z. 4–8). Zum gespannten Verhältnis zwischen Haller und Megander vgl. bereits Hallers Briefe an Bucer vom 16. Januar 1532 (BCor 7, Nr. 543, S. 200, Z. 7–9) und an Bullinger vom 17. März 1533 (Bullinger Bw. 3, Nr. 199, S. 84, Z. 37f. mit Anm. 14); vgl. dazu HUNDESHAGEN, CONFLIKTE, S. 62–64; KIRCHHOFER, HALLER, S. 210–212.
[15] Haller blieb bis zu seinem Tod am 15. Februar 1536 in Bern. Vgl. Personenindex.
[16] Eine einschlägige Antwort Bucers an Haller konnte nicht ermittelt werden.
[17] Vgl. Persius, Satires 4, 52.
[18] Da Haller die Bitte wohl mündlich vortrug und eine entsprechende Antwort Bucers fehlt, konnte der genaue Sachverhalt nicht ermittelt werden. Haller beschäftigte wohl das in II Thess 2, 1–12 beschriebene Auftreten des Widersachers Christi.

nius omnia expostulo. Tam illiberaliter amicis et fratribus vtor; condones hoc. Sanctiones iudicii nostri censorii[19] tecum conferre non potui. Quod si speraueris me adiutum fore tuis commendationibus ex iure nimirum ciuili comportatis, vellem te rogatum, vt transcribere liceret vel per alium quempiam apud vos, meis tamen impensis, vel per me ipsum[20].

[3] Novarum rerum nihil apud nos est. Quaestor[21] bene consuluit monita. Adorti sunt nostrates 5 pagos propter Bremgartenses[22]; vt omnia succedant, communicabo.

Vale et me vnice tibi commendato ad aram vsque vtere! Salutat te pater Franciscus[23] iam termas petiturus[24]. Salutat te vxor mea[25] et dominus depositus Jacobus Gomerus[26]. Salua sit vxor[27], liberi[28] et tota tua familia. D[ominum] Bartholomęum[29] quoque salutabis omnium nomine, qui nos sibi sic deuinxit, vt, quicquid in rem tuam possimus, imperet et experiatur nostrum in se animum.

Latinista noster ad vos rediit, cum vxore et scortulo quodam, quo in famulam vsus est, non sine offensione[30]. Nisi enim abiisset, male magistratus hominem tractasset. Totus videtur impius; nullam apud nos audiuit contionem. Vxorem miserrime tractat. Cogitur noctu lectum deserere et famulam ad coniugem vocare. Sic apud nos fertur, sic conquaesta est vxor. Rursum vale!

XXVIII Maii, anno MDXXXIII.

Tuus ac suus Berchtol[dus] Hallerus.

Adresse [S. 17]: Martino Bucero, euangel[istae] Argentoraten[si], maiori suo vnice adamando.

O AST 158 (Ep. s. XVI, 5), Nr. 9, S. 17. — C Zürich ZB, S 33, 122; TB VI, S. 72.

---

[19] Hallers allgemeine, das mündliche Gespräch voraussetzende Formulierung verhindert eine präzise Identifikation der Problemlage. Zur allgemeinen Situation in Bern auf dem Gebiet der Kirchenzucht vgl. KÖHLER, ZÜRCHER EHEGERICHT 1, S. 308–357.

[20] Im Hintergrund steht wohl die von uns nicht ermittelte Schrift Bucers zur Kirchenzucht, insbesondere zur Praxis des Banns, die er auf der Reise verfasste. Vgl. dazu oben S. XVI.

[21] Seckelmeister Bernhard Tillmann. Vgl. oben S. 238, Anm. 9.

[22] Zum Widerstand gegen die Rekatholisierung Bremgartens vgl. Haller an Bullinger vom 29. Mai 1533 (Bullinger Bw. 3, Nr. 228, S. 133, Z. 15–17); MEYER, KAPPELER KRIEG, S. 244.

[23] Franz Kolb, Prediger am Berner Münster. Vgl. Personenindex.

[24] Kolbs Reiseziel konnte nicht ermittelt werden.

[25] Apollonia vom Graben, die Haller im August 1529 geheiratet hatte. Vgl. Personenindex.

[26] Die Person konnte nicht ermittelt werden.

[27] Elisabeth Bucer. Vgl. Personenindex.

[28] Zu Bucers Kindern vgl. oben Nr. 638, S. 43, Anm. 18.

[29] Bartholomeo Fonzio. Vgl. oben S. 238, Anm. 12.

[30] Der Latinist und sein Anhang konnten nicht identifiziert werden.

692.
Martin Bucer und die Straßburger Kollegen an Johannes Schwebel[1]
Straßburg, 29. Mai [1533][2]

[670←] Georges [Pistor] a exposé avec modestie sa requête à Strasbourg. Comme les Strasbourgeois, Bucer ne pratique plus d'exorcisme [lors du baptême], sans quoi les parents croient que leurs enfants sont possédés. Si Schwebel supporte la liberté d'y renoncer, il doit essayer de l'obtenir auprès du duc [le Comte Palatin Robert du Palatinat-Veldenz-Lauterecken] pour Pistor. Le renvoi de ce dernier minerait l'autorité de Schwebel. Les Strasbourgeois défendent la pratique des autres communautés. C'est en lien avec la nouvelle naissance qu'il faut introduire l'idée que Satan doit être chassé par le Christ. Sur ce point, Luther et ses partisans voulaient préserver la liberté du Christ, comme le montre [l'Instruction aux visiteurs*] de Luther. Un serviteur de la Parole ne doit pas laisser miner son autorité par un changement de rite irréfléchi. Bucer recommande [Pistor] et demande de le lui faire sentir. P. S. Hédion écrira en personne. Wolfgang Capiton se rallie avec insistance à la demande de Bucer. [→ 702]*

[670←] Georg [Pistor] trug sein Anliegen in Straßburg bescheiden vor. Wie die Straßburger praktiziert auch er den Exorzismus [bei der Taufe] nicht mehr, weil die Eltern sonst den Eindruck gewinnen, ihre Kinder seien besessen. Kann Schwebel die Freiheit zu diesem Verzicht ertragen, soll er sie beim Herzog [Pfalzgraf Ruprecht von Pfalz-Veldenz-Lauterecken] für Pistor zu erreichen suchen. Dessen Entlassung würde Schwebels Autorität untergraben. Die Straßburger verteidigen die Praxis der anderen Gemeinden. Dass der Satan durch Christus vertrieben werden muss, ist dann zu thematisieren, wenn es um die Wiedergeburt geht. Luther und seine Anhänger wollten hier die Freiheit Christi erhalten, wie Luthers [Unterricht der Visitatoren an die Pfarrherren im Kurfürstentum Sachsen] zeigt. Ein Diener des Wortes soll seine Autorität nicht durch eine unüberlegte Ritusänderung untergraben lassen. Bucer empfiehlt [Pistor] und bittet, ihn dies auch spüren zu lassen. P.S. [Kaspar] Hedio wird wohl selbst schreiben. Wolfgang Capito schließt sich Bucers Bitte mit Nachdruck an. [→ 702]

Salve in Domino, observande frater!

Venit ad nos de consilio Georgius noster[3] admodum modeste proponens omnia. Nam cum nullam personam respicere oporteat, cupimus etiam huic pro Christi gloria adesse. Exorcismum omisit, ut et nos[4], propterea quod

---

[1] Seit Anfang Mai nicht mehr Prediger, sondern Pfarrer an der Alexanderskirche von Zweibrücken. Vgl. Personenindex.

[2] Die Jahreszahl fehlt. Das Jahr 1533 ergibt sich aus den Sachzusammenhängen. Vgl. unten Anm. 7f., 10.

[3] Georg Pistor, Hilfsgeistlicher in Ernstweiler. Vgl. Personenindex.

[4] Schon im *Straßburger kirchen ampt*, Mai 1525 (vgl. Kirchenordnungen Straßburg, S. 153–155), fehlt der Exorzismus. Vgl. oben Nr. 670, S. 179, Anm. 15.

vulgo abhorreant homines videri suos liberos energumenos[5], quibus primum[6] exorcismus petulanter deputatus est confessione peccati originalis disertis et gravibus verbis[7]. Oramus igitur te, si potes hanc libertatem in ecclesia tua ferre, ut potes, efficias apud principem[8], ut hanc sicut parochis alijs libertatem huic Christi permittat. Si enim pelli hac causa debeat, vereor, ut id apud multos tuam authoritatem dejiciat, quasi forte [S. 121] non ita possis baptizare, ut baptizarunt apostoli[9].

Nos vsum aliarum ecclesiarum defendimus. Cur enim non depellendum Satanam significant per Christum tum, cum regeneratio in ijs peragitur[10]? Lutherus autem et qui cum eo faciunt, nobis nostram libertatem, imo Christi, semper saluam voluit, ut et in libro de visitatione Saxonica palam docet[11]. Valde enim hic[12] viri solertis est, ut minister verbi suam autoritatem habeat et temeraria rituum mutatione non deijciatur. Per Christum te oramus perpendas haec.

Bene vale et fratrem hunc[13] tui obseruantem deque libertate Christi et ecclesiae vnitate recte sentientem habe commendatum, ita ut sentiat sibi nostram ad te commendationem profuisse!

Argentinae, 29. Maij.

Tuus Bucerus, nomine caeterorum fratrum.

Scribet Hedio[14], ni fallor, ipse[15]. Tuus Wolffgangus Capito[16] idem vehementer orat.

[Adresse fehlt!]

O verloren. — P *Centuria Schwebel, Nr. 37, S. 120f.*

---

[5] Vgl. ebd., S. 179, Z. 8.
[6] Der Exorzismus begegnet bereits am Beginn der altkirchlichen Taufliturgie, weit vor der eigentlichen Taufhandlung. Vgl. MESSNER, EXORZISMUS.
[7] Zur Diskussion um den Exorzismus bei der Taufe vgl. oben Nr. 670, S. 179, Z. 1–21; unten Nr. 702, S. 269, Z. 1 – S. 270, Z. 7.
[8] Ruprecht, Pfalzgraf von Pfalz-Veldenz-Lauterecken. Vgl. Personenindex. Zu seiner Regierungsübernahme vgl. oben Nr. 642, S. 66, Anm. 8.
[9] Georg Pistor erfreute sich in Zweibrücken der Unterstützung täuferischer Kreise. Deshalb fürchtete Bucer, Pistors Entlassung könnte die Fronten verhärten, und plädierte für sein Bleiben. Zu dieser strategischen Überlegung vgl. oben Nr. 631, S. 18, Z. 14 – S. 19, Z. 4.
[10] Ausgehend von Zeugnissen der Alten Kirche betrachtete Bucer die eigentliche Taufhandlung als Ort des Exorzismus (vgl. oben Nr. 670, S. 179, Z. 9–21). Auch in Luthers *Taufbüchlein*, 1526, findet sich der Exorzismus an dieser Stelle (vgl. WA 19, S. 540, Z. 4–6, 26–29).
[11] Im *Unterricht der Visitatoren an die Pfarrherrn im Kurfürstentum zu Sachsen [...]*, 1528, wird die legitime Vielfalt der Zeremonien und Kirchenordnungen hervorgehoben (vgl. WA 26, S. 226, Z. 34 – S. 228, Z. 31). Vgl. dazu oben Nr. 670, S. 179, Z. 16–18.
[12] In Zweibrücken.
[13] Georg Pistor. Vgl. oben S. 240, Anm. 3.
[14] Kaspar Hedio, Prediger am Straßburger Münster. Vgl. Personenindex.
[15] Ein Brief Hedios an Schwebel konnte nicht ermittelt werden.
[16] Pfarrer an Jung-St. Peter und Propst an St. Thomas in Straßburg. Vgl. Personenindex.

693.
[Simon Grynaeus][1] an Martin Bucer
Basel, 1. Juni [1533][2]

[672←] [1] L'intelligence consiste à se faire tout à tous. Grynaeus juge que le grand voyageur [Barthélemy Fonzio ?], homme généreux et prudent, correspond à cette définition ; il pourra très utile à la communauté par ses mœurs et son savoir. Aussi longtemps que [Fonzio] vivra auprès de Bucer, que ce dernier prenne soin de lui autant qu'il le pourra. Se disputer, c'est abandonner la vérité et affaiblir l'amour ; c'est la crainte du Seigneur qui doit régner. [2] Dans ces questions très importantes, Grynaeus préférerait suspendre son jugement, mais il ne peut pas dissimuler ses pensées à ses [amis] les plus chers. De la même manière, Bucer doit supporter [Fonzio] si ce dernier ne dissimule rien ; si Bucer lui témoigne de l'amour chrétien et que [Fonzio] l'écoute, ils s'entendront rapidement.

[672←] [1] Die Klugheit besteht darin, allen alles zu sein. Der vielgewanderte [Bartholomeo Fonzio?] ist in Grynaeus' Augen hochherzig und besonnen; er kann sich in andere hineinversetzen und so der Allgemeinheit äußerst nützlich sein. Bucer soll ihn, solange er bei ihm lebt, nach Möglichkeit heilen. Wer streitet, gibt die Wahrheit auf und schwächt die Liebe. Man soll nicht unüberlegt disputieren; die Furcht des Herrn soll herrschen. [2] Der sonst leidenschaftliche Grynaeus hält sich in den höchsten Fragen gern zurück, aber gerade vor den liebsten [Freunden] kann er seine Gedanken nicht verbergen. So soll auch Bucer [Fonzio] ertragen, wenn dieser dort, wo er Schutz erwartet, nichts verheimlicht. Zeigt Bucer Nächstenliebe und [Fonzio] die Bereitschaft, ihn anzuhören, besteht bald Einvernehmen.

[3] <S[alve]<!

[1] De prudentia seculi huius filij gloriantur; verum ea, si quis in summa requirat, quae sit ista, videtur esse, quod simus omnib[us] omnia[4]. Ego istum πολύτροπον[5] vere magnanimum, vere circumspectum virum[6] iudicarim, qui possit morib[us] et studijs hominis sese insinuando publicam vtilitatem quam plurimum promouere.

---

[1] Die Handschrift weist eindeutig Simon Grynaeus, Professor für Griechisch in Basel (vgl. Personenindex), als Verfasser des Briefes aus.
[2] Die Jahreszahl fehlt. Das Jahr 1533 ergibt sich aus den Sachzusammenhängen. Vgl. unten Anm. 3, 7f.
[3] *Konrad Hubert*: <V1533. Cal. Junij<V.
[4] Vgl. I Kor 9, 22.
[5] Eingangsvers der Odyssee (Homer, Odyssee 1, 1).
[6] Grynaeus' hier gegebene Personenbeschreibung trifft am ehesten auf den weitgereisten venezianischen Franziskaner Bartholomeo Fonzio (vgl. Personenindex) zu, den er als Reisebegleiter Bucers bei dessen Besuch in Basel (vgl. das Itinerar, oben S. XVIII) schätzen gelernt hatte. Vgl. POLLET, BUCER 2, S. 473.

Id eo scribo, anime mi Bucere, vt ille, dum apud te agit[7], modis omnib[us] lucrari nec parcas tibi, quin aduocata omni industria tua sanes[8] hominem cum gratia Domini, quantum[a] id fieri potest. Ego quamquam nihil video, tamen istuc video contentionib[us] et veritatem omitti[9] et charitatem vehementer debilitari. Itaque percupiam (qua hortatione apud te non est opus), vt a disputando abesset temeritas[b], regnaret timor Domini.

[2] Ego in istis summis quaestionib[us], homo per caetera, immo per omnia alioqui ambitiosiss[im]o ingenio, libenter meam sententiam suspendo. Interea apud mihi chariss[imos] est certum, nihil minus possum, quam animi mei rationes celare; quo magis illum tibi ferendum puto, si nihil dissimulat hoc loco, vbi certum praesidium expectat[10]. Istuc scio nec illa ἀποδείξει egeo eam ad rem, siquidem charitatis artib[us] illum aggrediare et ille contra ijsdem te audierit, fore vt inter breui pulchre conueniant.

Vale in domino Iesu saluatore nostro, meum decus et solatium!

Adresse [S. 564]: D[omino] Martino Bucero, suo patrono chariss[imo][11].

O AST 157 (Ep. s. XVI, 4), Nr. 237, S. 563f. — C Zürich ZB, S 40, 9; TB VI, S. 73.

---

[a] *gestrichen* p[otest]. – [b] *Konrad Hubert:* ↓temeritas↓.

[7] Bartholomeo Fonzio war im Juli 1532 von Augsburg nach Straßburg gekommen, hatte Bucer auf seiner Reise durch Süddeutschland und die Schweiz begleitet (vgl. das Itinerar, oben S. XVIII) und wohnte bis zum Oktober 1533 bei ihm. Vgl. POLLET, BUCER 2, S. 468–482.

[8] Nachdem ein zwanzig Jahre zurückliegender Hernienbruch Fonzio auf seiner Reise durch Süddeutschland und die Schweiz Beschwerden verursacht hatte, ließ er sich am 5. Juni 1533 in Straßburg operieren. Dazu steuerte Bucer 5 Goldgulden bei (vgl. oben Nr. 683, S. 212, Z. 12f.; unten Nr. 694, S. 245, Z. 5f.; Nr. 696, S. 250, Z. 6). Daneben ist aber auch an eine Beilegung der Differenzen zwischen Bucer und Fonzio zu denken. Diese finden sich zwar erst in Bucers späteren Schreiben explizit belegt (vgl. POLLET, BUCER 2, S. 472–474), traten aber wahrscheinlich schon früher auf, denn Bucer schreibt im Brief an Margarethe Blarer vom 8. Januar 1534 (Blaurer Bw. 2, Nr. 25, S. 802–805), er habe Fonzios Verhalten zunächst nicht nach außen getragen, um diesem nicht zu schaden. Im persönlichen Gespräch mit seinem Freund Grynaeus in Basel könnte sich Bucer aber durchaus entsprechend geäußert haben. Als inhaltlicher Streitpunkt kommt neben Fonzios Sündenlehre (ebd., S. 803f.) auch seine Nähe zu dem von Bucer abgelehnten Kaspar Schwenckfeld in Betracht, die gerade im Vorfeld der gegen die Dissenters gerichteten Straßburger Synode (3.–14. Juni) Konfliktpotential barg. Vgl. FRAGNITO, FONZIO, S. 770.

[9] *Konrad Hubert:* <Contentionibus omittitur veritas<.

[10] Fonzio hatte wegen seiner theologischen Haltung aus Venedig fliehen müssen. Vgl. Personenindex.

[11] *Konrad Hubert:* Prima Junij 1533.

694.
Martin Bucer an Margarethe Blarer[1]
Straßburg, 2. Juni [1533][2]

[679←] [1] Que Marguerite Blaurer ne paye pas les dettes de Bucer! De la somme [vingt florins en or] qui lui a été adressée, Bucer veut lui renvoyer une partie [dix florins] par le greffier municipal de Memmingen [Georges Maurer], et en donner une partie [cinq florins] à Barthélemy [Fonzio] pour l'opération de sa hernie. Les Bernois lui ont envoyé huit couronnes et voulaient en donner autant à Bucer ; il en a accepté quatre, pour sa femme [Élisabeth]. Ses frais de voyage se sont élevés ainsi à six florins et demi ; avec la contribution de Saint-Pierre [à Constance ?], il en reste cinq. [2] Grâce aux économies qu'elle a faites, l'épouse de Bucer [Élisabeth] a pu payer la plus grande partie des dettes. Elle est fâchée que Bucer l'ait dépeinte à Marguerite comme pusillanime, tout comme Marguerite [Hubert] l'est d'avoir été présentée comme mélancolique. Bucer a beaucoup à faire : le reste dans la lettre [à Ambroise Blaurer ?] apportée par le greffier municipal [de Memmingen]. Que Dieu rende Marguerite chaque jour plus accomplie. [→ 696]

[679←] [1] Die Adressatin soll Bucers Schulden nicht bezahlen. Von der ihm übersandten Summe [20 Goldgulden] will Bucer einen Teil [10 Goldgulden] mit dem Memminger Stadtschreiber [Georg Maurer] zurückschicken und einen Teil [5 Goldgulden] Bartholomeo [Fonzio] zur bevorstehenden Operation seines 20 Jahre zurückliegenden [Hernien]bruches geben. Von den Bernern erhielt letzterer jetzt dringend benötigte acht Kronen. Bucer nahm von ihnen nur vier Kronen für seine Frau [Elisabeth] an. So sanken seine Reisekosten auf 6 ½ Gulden; mit dem Beitrag aus St. Peter [in Konstanz?] bleiben noch fünf. [2] Bucers Frau wirtschaftete so gut, dass sie den Großteil der Schulden bezahlen konnte. Sie missbilligt, dass Bucer sie bei Margarethe als kleinmütig darstellte, ebenso Margaretha [Hubert], dass er sie der Adressatin als schwermütig beschrieb. Das Übrige in dem vom [Memminger] Stadtschreiber [überbrachten] Brief [an Ambrosius Blarer?], da Bucer jetzt zu beschäftigt ist. Gott möge sich der Adressatin täglich vollkommener geben. [→ 696]

[3]Der geyst Christi sampt allem guten meere sich euch, gantz liebe muter, schwester, docther[!] vnd was nit[4]!

[1] Aber aber, was solle das? Christus hat das ansehen der personen ie nit[5]. Ich byn drey heller schuldig vnd yr so fil, vnd yr wolt vnß vnsere schuld

---

[1] Freundin Bucers in Konstanz. Vgl. Personenindex.
[2] Die Jahreszahl fehlt. Das Jahr 1533 ergibt sich aus den Sachzusammenhängen. Vgl. Anm. 12, 30f.
[3] *Konrad Hubert*: <1533 Junij<.
[4] Im verehrungsvollen Sinn: und was nicht alles. Vgl. dazu die Formulierung in Bucers Brief an Margarethe Blarer vom 5. Juni 1533: „vnd was yr nur wölt" (oben Nr. 696, S. 250, Z. 2).
[5] Vgl. Mt 22, 16; Röm 2, 11.

bezalen? Ich hab nur zu fil! Ach, was gepuret vnß? Was sind oder thun wyr doch?

Mit dem statschriber von Memmingen[6] will ich euch, wiewol ewerthalb nit so gar billich, dieweyl man so freuenlich mutwillet[7], eyns teyls wider schicken, dann der ietzund hie ist[8]. Eyn teyl will ich vnserem hertzlieben pilger geben, [9]Bartholomeo[10], der leyder sich ietzund donderstag[11] schneyden lossen muß von eyns bruchs wegen, der ym vor zwentzig iaren widerfaren vnd nun, alß wyr heymkomen[12], auß vngeschicke eyns gepends[13] gar groß worden ist. Die von Bern haben ym acht cronen geschencket. Das ist ietz hohe notturfft[14].

[15]Myr wolten sy auch so fil schencken. Alß ich aber das nit gewölt, hab ich doch myner frawen[16] mussen fiere bringen, doch des mussens, wie man die münch zum kesen mu(e)sset[17]. Nun, es hat geholffen, das ich myner zerung[18] vff diser reyß byn zukumen biß vff vij[19] g[u]l[den][20]. Doran[21] hab ich von S. Peter[22] bracht, alß yr wisset, vnd blibet noch v. Do luget[23] zu, dieweyl yr so geyden[24] dörfft vnd vnß, wie man sagt, [S. 310] keyn gotsdienst lossen wolte[25].

[2] Sust hat myn fraw[26] zu fil wol gehuset[27] vnd das meren teyl schulden bezalet. Sy were gern hön[28], das ich sy by euch kleynmuetig gemacht, wie auch Margred[29], das ich sy schwermuetig by euch anzeyget habe. Ich kan ietz

---

[6] Georg Maurer, Stadtschreiber in Memmingen. Vgl. Personenindex.
[7] Mutwillen treibt.
[8] Margarethe hatte Bucer die Summe von 20 Goldgulden zukommen lassen. Davon schickte er zehn zurück, fünf gab er Fonzio für dessen Operation und fünf investierte er in Bücher (vgl. unten Nr. 696, S. 250, Z. 3–10).
[9] *Konrad Hubert*: ⁀Barth. Fontius⁀.
[10] Bartholomeo Fonzio, venezianischer Franziskaner. Vgl. Personenindex. Er begleitetete Bucer auf seiner Reise durch Süddeutschland und die Schweiz. Vgl. das Itinerar, oben S. XVIII.
[11] Der nächste Donnerstag fiel auf den 5. Juni.
[12] *Konrad Hubert*: ⁀Bernę fuit vna cum D. Barthol.⁀. Das erste wieder in Straßburg verfasste Schreiben Bucers datiert vom 26. Mai 1533 (vgl. oben Nr. 689, S. 225–232).
[13] Bruchbands.
[14] Das ist jetzt höchst erforderlich.
[15] *Konrad Hubert*: ⁀Nota⁀.
[16] Elisabeth Bucer. Vgl. Personenindex.
[17] Nötigt, zwingt. Die Redewendung konnte nicht nachgewiesen werden.
[18] Reisekosten.
[19] 6 ½ Gulden. Vgl. CAPPELLI, LEXICON ABBREVIATURARUM, S. 415.
[20] *Konrad Hubert*: ⁀das seine vff dem weg verzert⁀.
[21] Dazu.
[22] Wohl nicht Alt- oder Jung-St. Peter, sondern das Frauenkloster St. Peter in Konstanz. Vgl. oben Nr. 686, S. 219, Anm. 11.
[23] Schauet.
[24] Vergeuden.
[25] Diese Redewendung konnte nicht nachgewiesen werden.
[26] Vgl. oben Anm. 16.
[27] Gewirtschaftet, gespart.
[28] Zornig.
[29] Margaretha, Ehefrau Konrad Huberts. Vgl. Personenindex.

nit meer; das vbrig yns statschribers brieu³⁰. Ich hab vber die maß fil zu fil zu schaffen³¹. Eh bitten Gott flyssig, das ich recht durch yn fromm werde! Es ist doch sust nichs guts noch seligs. Gott gebe euch sich selb alle tag volckumener. Vnd helffet, das geschehe, was geschehen solle!

Arg[entorati], 2 Iunij.

M[artinus] Bucerus vester quantus est.

Adresse [S. 310]: Der christlichen lieben iungfrawen Margreden Blarerin, myner lieben muter ym Herren.

Oa AST 151 (Ep. Buc. I), Nr. 81, S. 309f. — C Zürich ZB, S 33, 127; TB VI, S. 74. — R Blaurer Bw. 2, Anhang, Nr. 16, S. 797f.

---

[30] Brief. Möglicherweise denkt Bucer an seinen Brief an Ambrosius Blarer, den Bruder der Adressatin, vom selben Tage (vgl. unten Nr. 695, S. 246–249), der wohl mit demselben Boten überstellt wurde.

[31] Bucer saß wohl an der Vorbereitung der Straßburger Vorsynode, die tags darauf begann. Vgl. ebd., S. 247, Z. 6.

695.
Martin Bucer an Ambrosius Blarer[1]
Straßburg, 2. Juni [1533][2]

[690←] [1] Que Dieu rende à ceux de Constance leurs marques d'obligeance, pour lesquelles Bucer les remercie ! Que le Seigneur abolisse les affaires fructueuses pour le pays, et que Blaurer se libère de ses liens ! Bucer devrait écrire longuement au sujet des Églises qu'il a visitées [en Allemagne du Sud et en Suisse], mais demain débute le Synode [de Strasbourg]. [2] De Berne, Matthieu [Zell] a oublié d'apporter à Blaurer le petit livre sur l'excommunication ; [une copie] devrait se trouver à Saint-Gall. Bucer espère que Dominique [Zilli, prédicateur à Saint-Gall] écrira à Blaurer. À Saint-Gall, les frères voulaient que Blaurer accomplisse ce qu'il a commencé. Qu'il exhorte les Églises de Souabe à nourrir leurs étudiants en théologie. Salutations à son frère [Thomas Blaurer], à [Jean et à Conrad] Zwick, à [Jean] Menlishofer, au greffier [municipal Georges Vögeli l'Ancien] et

---

[1] Prediger an St. Stephan in Konstanz. Vgl. Personenindex.

[2] Die Jahreszahl fehlt. Das Jahr 1533 ergibt sich aus den Sachzusammenhängen. Vgl. unten Anm. 4, 10, 14, 16f., 19.

à son fils [Georges Vögeli le Jeune], à Joachim [Maler], à [Jean] Betz, aux amis et aux frères et à Puria [Catherine Ryf von Blidegg, l'épouse de Blaurer]. [→ 700]

[690←] [1] Die Ehrbezeugungen der Konstanzer möge der Herr vergelten. Bucer ist wie nach alter Art eines Mönches dafür dankbar. Der Herr möge die für die Heimat fruchtbaren Geschäfte aufheben; auch Blarer soll sich von seinen Fesseln befreien. Den fälligen Bericht über die besuchten Gemeinden [in Süddeutschland und der Schweiz] kann Bucer nicht liefern, weil morgen die [Straßburger Vor]synode beginnt. [2] Matthias [Zell] vergaß, Blarer das Büchlein über die Regelung des Banns aus Bern mitzubringen, [eine Kopie] müsste jetzt in St. Gallen sein. Hoffentlich schreibt der [dortige Prediger] Dominicus [Zili]. Die St. Gallener Brüder wollten, dass Blarer das Werk vollende. Die schwäbischen Gemeinden soll er ermuntern, für ihre Theologiestudenten zu sorgen. Bucer kann nicht ausführlicher schreiben. Grüße an den Bruder [Thomas Blarer], [Johannes und Konrad] Zwick, [Johann Jakob] Menlishofer, den [Stadt]schreiber [Jörg Vögeli d. Ä.] und seinen Sohn [Jörg Vögeli d. J.], Joachim [Maler], [Hans] Betz und [Blarers Braut] Puria [Katharina Ryf von Blidegg]. [→ 700]

[3]Salue, chariss[imum] pectus meum!

[1] Ciuilitas ista, in qua antea sciebam tibi cedendum, facessat[4]. Dominus rependat, quibus me adobruitis officijs[5]. Sic pro ingenio veteri monachali[6] gratus sum. Sed ah, negocia illa[7], quae tam foecunda sunt patriae, rescindat Dominus! Et tu vide, expedias istas pedicas quam primum! Prolixe scribendum mihi de ecclesijs per nos visitatis[8], sed cras celebranda [9]synodus nostra[10] obstat.

---

[3] *Konrad Hubert:* <1533. II Junij; (gestrichen: N°) II.<.
[4] Bucer spielt hier auf Blarers Brief vom 26. Mai 1533 an (vgl. oben Nr. 690, S. 234, Z. 6f.).
[5] Vgl. ebd., S. 234, Z. 16f.
[6] Bucer war Dominikaner von 1507 bis zum 29. April 1521. Vgl. BCor 1, Nr. 33, S. 153–162, insbesondere S. 155f., Anm. 6; GRESCHAT, BUCER, S. 25, 45f.
[7] In seinem Schreiben an Blarers Schwester vom selben Tag (vgl. oben Nr. 694, S. 246, Z. 1f.) beklagt Bucer seine Arbeitsüberlastung. Im Hintergrund steht die Vorbereitung der Straßburger Synode (vgl. unten Anm. 10).
[8] Zu Bucers Rundreise durch Süddeutschland und die Schweiz vgl. das Itinerar, oben S. XVIII.
[9] *Konrad Hubert:* <Synodus prima hic celebrata<.
[10] Infolge der Eingabe der Straßburger Prediger vom 30. November 1532 (BDS 5, S. 368–377) trat in Straßburg eine Synode zusammen. Die ohne Beteiligung der Gemeinden des Umlands tagende Vorsynode (3. – 5. Juni 1533) erarbeitete wohl auf der Grundlage von Bucers 22 Artikeln (ebd., S. 378–382; anders HAMMANN, BUCER, S. 347f.) eine in 16 Artikel gegliederte Grundordnung der Straßburger Kirche (angenommen am 20. Juni), die sich scharf von den Dissenters abgrenzte (ebd., S. 388–392). Die Hauptsynode tagte dann vom 10. bis 14. Juni 1533. Nach einer Prüfung von Lehre und Lebenswandel der jetzt anwesenden Landgeistlichen setzte sich Bucer mit Melchior Hoffmann, Kaspar Schwenckfeld, Clemens Ziegler, Claus Frey und Martin Stoer auseinander, ohne sie zur Aufgabe ihrer Haltung bewegen zu können. Der Straßburger Rat verhängte nicht die von den Predigern gewünschten Sanktionen gegen die Dissenters,

[2] [11]Libellum de ratione excommunicationis[12] Matth[aeus] noster[13] a Berna afferre tibi debuit, sed neglexit; puto, iam S[ancto]-Gallum esse[a] [14]. Vtinam Dominicus[15] ad te perscriberet! Nam, vt tu perficias hoc institutum, conuenit inter fratres Sancto-Gallen[ses][16]. Ecclesias Sueuicas monebis diligenter et mature de studiosis alendis theologiae[17].

Cupio scribere plura nec licet. Saluta fratrem[18], cui scribam latius, quam primum ocium nactus fuero[19], Zviccium vtrumque[20], d[ominum] Menlishofer[21], scribam[22] et filium[23], Ioachimum[24] ac quicquid est illic amicorum et fratrum, d[ominum] Betzium[25], symmystas omnes!

---

[a] *gestrichen* iam.

sondern begnügte sich mit der Einrichtung einer Synodalkommission, der, erneut gegen den Willen der Prediger, nur Ratsvertreter angehörten. Zu den Quellen vgl. QGT 8, Nr. 364, S. 14f.; Nr. 368, S. 17–20; Nr. 384, S. 79–88; vgl. dazu GÄUMANN, REICH CHRISTI, S. 348–352; LIENHARD/WILLER, STRASSBURG, S. 237f.; WENDEL, L'ÉGLISE, S. 53–161.

[11] *Konrad Hubert*: ⸂Libellus de excommunicatione⸃.

[12] Zu dieser nicht ermittelten Schrift Bucers zur Praxis des Kirchenbanns vgl. oben Nr. 685, S. 217, Anm. 3.

[13] Matthias Zell, Prediger am Straßburger Münster. Vgl. Personenindex.

[14] Die Korrespondenz erlaubt folgende Rekonstruktion: Bucer plante in St. Gallen, seine dort vor den Predigern gehaltenen Ausführungen zur Praxis des Kirchenbanns in Bern niederzuschreiben und dann nach St. Gallen zurückzuschicken. Auch Ambrosius Blarer sollte eine Kopie bekommen (vgl. oben Nr. 680, S. 202, Z. 6f.). In Bern schloss Bucer die Niederschrift dann zwar am 16. Mai ab, konnte wegen Schreibermangels aber nur eine schlecht lesbare Kopie anfertigen (vgl. oben Nr. 685, S. 217, Z. 5f.), die er Berchtold Haller zur Übersendung nach St. Gallen anvertraute (vgl. Bucer an Vadian vom 9. Juli, Vadian Bw. 5/2, Nr. 739, S. 125f.). Tags darauf traf Bucer Matthias Zell in Fraubrunnen und ging davon aus, dass der über Bern reisende Zell dort die Kopie für Blarer mitnehmen werde (vgl. oben Nr. 686, S. 219, Z. 2–6), was aber nicht geschah. Zell beteuert in Konstanz, Bucer (und nicht die Berner) hätte ihm nichts mitgegeben (vgl. oben Nr. 690, S. 235, Z. 2). Deshalb hat er wohl kaum die Mitnahme der *ratio* in Bern vergessen (so aber Bucer, oben Nr. 685, S. 217, Z. 4f.). Entweder hat Bucer den Auftrag undeutlich erteilt, oder Haller vergessen, Zell die Kopie mitzugeben oder dieser hat nicht aufmerksam zugehört. Nachdem Blarer noch am 23. Juni keine Abschrift, auch nicht aus St. Gallen, besaß (vgl. unten Nr. 709, S. 297, Z. 1f.), sandte ihm Bucer schließlich am 8. Juli eine Kopie auf der Grundlage des mittlerweile verstümmelten Originals mit der Bitte um Weiterleitung nach St. Gallen. Dort bedankt sich Vadian am 4. August für den Erhalt der *ratio*, die ihm allerdings aus Bern zugesandt wurde (vgl. Vadian Bw. 5/2, Nr. 741, S. 128).

[15] Dominicus Zili, Lehrer und Prediger in St. Gallen. Vgl. Personenindex.

[16] Vgl. Bucers Brief an Ambrosius Blarer vom 4. Mai 1533 (oben Nr. 680, S. 202, Z. 6–8).

[17] Zum Aufbau von Predigerschulen vgl. Blarers Brief an Bucer vom ca. 10. Juni 1533 (unten Nr. 700, S. 262, Z. 4–6).

[18] Thomas Blarer, Ratsherr in Konstanz. Vgl. Personenindex.

[19] Bucers Schreiben an Thomas Blarer konnte nicht ermittelt werden. Es traf am 18. Juli 1533 in Konstanz ein. Ambrosius Blarer dankt dafür im Brief an Bucer vom 19. Juli (vgl. Blaurer Bw. 1, Nr. 344, S. 405).

[20] Johannes und Konrad Zwick, ersterer Prediger und letzterer Ratsherr in Konstanz. Vgl. Personenindex.

[21] Johann Menlishofer, Stadtarzt in Konstanz. Vgl. Personenindex.

[22] Jörg Vögeli d. Ä., Stadtschreiber in Konstanz. Vgl. Personenindex.

[23] Jörg Vögeli d. J., Stadtarzt in Konstanz. Vgl. Personenindex.

[24] Joachim Maler, Stadtsyndikus in Konstanz. Vgl. Personenindex.

Vale in Christo! Valeat et liberetur tandem Puritas[26], cui me commendabis gratiss[imo] animo, id quod aliquando declarabo, vt potero.

Arg[entorati], II Junij.

T[uus] Bucerus.

Adresse [S. 314]: Ambrosio Blarero, ecclesiastae Constantien[si], fratri ter quaterque chariss[imo].

Oa AST 151 (Ep. Buc. I), Nr. 83, S. 313f. — C Zürich ZB, S 33, 135; TB VI, S. 75. — R/P Blaurer Bw. 1, Nr. 338, S. 399f.

---

[25] Magister Hans Betz, Patrizier in Konstanz. Vgl. Personenindex.
[26] Ambrosius Blarers Braut Katharina Ryf von Blidegg. Zur Latinisierung ihres Vornamens vgl. oben Nr. 686, S. 219, Anm. 10. Zur Verzögerung der Hochzeit aufgrund der Rechtsstreitigkeiten Katharinas mit ihrem Bruder vgl. unten Nr. 709, S. 296, Z. 1–7.

696.
[Martin Bucer][1] an Margarethe Blarer[2]
Straßburg, 5. Juni [1533][3]

[694←] En signe de leurs liens, Bucer retourne seulement dix [des vingt] florins d'or par le greffier municipal de Memmingen [Georges Maurer]. Il en donnera cinq à Barthélemy [Fonzio] pour son opération, et il en dépensera cinq pour des livres. [2] Il implore Marguerite de ne plus lui jouer de mauvais tour : s'il a besoin [d'argent], il le lui demandera. Occupé [par la préparation du Synode de Strasbourg], il ne peut pas en écrire davantage. Salutations au frère de Marguerite [Ambroise Blaurer]. Que Marguerite aide [à son union] et qu'elle laisse Dieu la pourvoir elle aussi [d'un époux] ! [→ 704]

[694←] [1] Zum Zeichen seiner beherzten Verbundenheit schickt Bucer nur 10 [der übersandten 20] Goldgulden durch den Memminger Stadtschreiber [Georg Maurer] zurück.

---

[1] Die Handschrift weist eindeutig Bucer als Verfasser des Briefes aus.
[2] Freundin Bucers in Konstanz.
[3] Die Jahreszahl fehlt. Das Jahr 1533 ergibt sich aus den Sachzusammenhängen. Vgl. Anm. 4, 13, 22, 24.

Fünf erhält Bartholomeo [Fonzio] zur heutigen Operation [seines Hernienbruches], fünf gibt Bucer für Bücher aus. [2] Die Adressatin soll künftig ihre Possen unterlassen. Braucht Bucer [Geld], wird er selbst darum bitten. [Mit Vorbereitungen zur Straßburger Synode] beschäftigt, kann Bucer nicht mehr schreiben. Grüße an den Bruder [Ambrosius Blarer]. Margarethe soll zu einem guten Ende [seiner Hochzeitsbemühungen] helfen und zulassen, dass Gott auch sie [mit einem Ehemann] versorgt. [→ 704]

[4]Der geyst Christi vnd alles guts, gantz fromme, liebe muter, schwester, tochter vnd was yr nur wölt, yn vnserem herren Iesu Christo!

[1] Domit ich anzeyge, was durstigkeyt[5] dise grosse verwandtschafft[6] by myr bringe, so schick ich nur die [7]zehen gulden yn goldt wider[8] durch vnseren lieben freundt vnd bruder, den statschryber von Memmingen[9]. Von den anderen zehen werde ich v geben dem armen [10]Bartholomeo[11], den man heut des bruchs schneyden wirdt, domit syn dise kindbett desto baß[12] gewartet werde, dann er nit by mir ligt von gelegenheyt wegen des artzets[13]. Die vbrigen v werden vmb etliche buchlin hyngohn[14], vff denen ich ewer gedechtnuß verzeychnen will. Seiht[15], ob yrs nit wohl anschicken[16] kondet!

[2] Hiegegen gepeut[17] ich euch alß der vater, beger alß der bruder, bitt alß der son[18], bezeug euch durch v[nseren] H[errn] alß eyn glid Christi, myr der bossen[19] keynen mee zu machen, sonder zu vertrawen, das ich euch allweg selb mein noturfft[20] anzeygen vnd heyschen[21] will, was ich dencke, das yr myr zu geben habet vnd ichs billig gern hette. Ich bin yn treffenlichen geschefften

---

[4] *Konrad Hubert:* <1533, 6 Junij<.
[5] Beherztheit, Kühnheit.
[6] Verbundenheit. Die Adressatin hatte Bucer 20 Goldgulden geschenkt, um seine Schulden begleichen zu können (vgl. oben Nr. 694, S. 245, Z. 3-10).
[7] *Konrad Hubert:* <Remittit 10 aureos totidem retinet<.
[8] Vgl. hierzu und zum Folgenden Bucers Ankündigung im Brief an die Adressatin vom 2. Juni (oben Nr. 694, S. 245, Z. 3-10).
[9] Georg Maurer, Stadtschreiber in Memmingen. Vgl. Personenindex.
[10] *Konrad Hubert:* <Barth. Fontius 6 Junij geschnitten<.
[11] Bartholomeo Fonzio, venezianischer Franziskaner. Vgl. Personenindex. Er hatte Bucer auf seiner Reise durch Süddeutschland und die Schweiz unter anderem auch nach Konstanz begleitet. Vgl. das Itinerar, oben S. XVIII.
[12] Besser.
[13] Vgl. dazu Bucers Brief an Margarethe Blarer vom 2. Juni (oben Nr. 694, S. 245, Z. 5-10).
[14] Ausgegeben werden.
[15] Sehet.
[16] Ausführen, einrichten.
[17] Gebiete, befehle.
[18] Vgl. die Anrede, oben Z. 1f.
[19] Possen, Streiche.
[20] Bedürfnis.
[21] Erbitten.

ietzund[22], kann nit ⌜meer. Grusset myr e[ueren] bruder[23] vnd helffet zu ende des guten[24], alß ich hoff! Lost Gott euch noch etwas versorgen⌝ [25]!

Adresse [S. 312]: Der christlichen vnd ernhafften iungfrawen Margreden Blareryn, meyner lieben muter vnd schwester im Herren.

Oa AST 151 (Ep. Buc. I), Nr. 82, S. 311f. — *C Zürich ZB, S 33, 128; TB VI, S. 79.* — *R Blaurer Bw. 2, Nr. 17, S. 798.*

---

[22] In Straßburg tagte die Synode vom 3. bis 14. Juni 1533. Vgl. dazu oben Nr. 695, S. 247f., Anm. 10.
[23] Ambrosius Blarer, Prediger an St. Stephan in Konstanz. Vgl. Personenindex.
[24] Der letztlich im August 1533 geschlossenen Ehe zwischen Ambrosius Blarer und Katharina Ryf von Blidegg suchte deren Bruder Schwierigkeiten in den Weg zu legen. Vgl. oben Nr. 659, S. 134, Anm. 22.
[25] In der Korrespondenz Bucers mit der Adressatin wird eine mögliche Eheschließung Margarethes häufiger scherzhaft erwogen. Vgl. Bucer an Margarethe Blarer vom 9. Juli 1531 (BCor 6, Nr. 435, S. 24, Z. 8–11) und Ambrosius Blarer an Bucer vom 8. Oktober 1531 (ebd., Nr. 484, S. 191, Z. 7–12).

697.
Anton Engelbrecht[1] an Martin Bucer
[Straßburg, zwischen dem 5. Juni und 9. Juli 1533][2]

[1] Engelbrecht juge que l'entretien que Bucer veut avoir avec lui sera infructueux : Bucer cherchera à le gagner à son avis par ses paroles, mais nul ne peut l'amener à se détacher de la vérité que le Seigneur a mise dans son cœur. Bucer a la parole facile et abondante ;

---

[1] Pfarrer an St. Stephan in Straßburg. Vgl. Personenindex.
[2] Ort und Datum fehlen. Das Jahr 1533 ergibt sich aus den Sachzusammenhängen. Vgl. unten Anm. 3–8. Jean Rott (vgl. QGT 8, Nr. 393, S. 40, Z. 35f.; vgl. auch FICKER/WINCKELMANN, HANDSCHRIFTENPROBEN 2, T. 54) wählt den 20. Juni als Terminus *a quo*. Dagegen spricht, dass Engelbrecht die auf der Synode verhandelten 16 Artikel an diesem Tag dann sowohl bedingt angenommen (so das Synodenprotokoll vom 20. Juni, QGT 8, Nr. 392, S. 95, Z. 2–4) als auch unbedingt abgelehnt hätte (unten S. 253, Z. 10 – S. 254, Z. 5). Alternativ wäre an den Zeitraum zwischen dem 5. und 10. Juni, insbesondere den 5. bzw. 6. Juni 1533 zu denken. Dafür sprechen neben der Datierung (unten S. 252f., Anm. 4) des hier abgelehnten Gesprächsangebotes (unten S. 252, Z. 2 – S. 253, Z. 1) die Bezüge des vorliegenden Dokuments zu Engelbrechts Äußerungen zwischen dem 5. und 6. Juni (vgl. unten Anm. 7f. und 10). Der Terminus *ad quem* bestimmt sich aus Engelbrechts Vorschlag, Jakob Ziegler hinzuzuziehen, der Straßburg am 9. Juli verließ (vgl. QGT 8, Nr. 393, S. 97, Z. 36; ebd., Nr. 406a, S. 120, Z. 10).

Engelbrecht s'exprime en peu de mots, car le discours de vérité est bref et simple. Certes, par son torrent de paroles, Bucer pourrait triompher d'Engelbrecht qui, par douceur chrétienne, n'est pas chicaneur ; toutefois, il ne pourrait pas satisfaire son cœur par une vérité ferme. [2] C'est pourquoi, que Bucer mette par écrit les points du différend ; Engelbrecht ne peut ni ne doit souscrire à tous, mais il rendra raison de leurs différences, et laissera aux lecteurs et aux auditeurs le soin de juger. [3] Si Bucer préfère un débat, Engelbrecht parlera seulement en présence de témoins fiables. Chacun d'entre eux choisira un homme sage du peuple ; on choisira un troisième homme parmi les gens lettrés : pas un prédicateur, mais quelqu'un comme [Jean] Sapidus, Othon [Brunfels], [Caspar Schwenckfeld] ou [Jacob] Ziegler, afin que le dialogue se déroule selon la loi de l'amour chrétien. Engelbrecht explique à ses auditeurs la vérité de manière simple, ne critique pas la partie adverse et laisse le jugement à ses auditeurs. Que Bucer ne craigne pas qu'il cause des divisions au sein du peuple !

[1] Bucer beschloss ein Gespräch mit Engelbrecht zu führen. Es wird aber kaum fruchtbar sein, weil dieser sich auch durch viele Worte nicht zu Bucers Ansicht hinüberziehen lassen wird. Kein Mensch kann Engelbrecht zum Abfall von der Wahrheit verleiten, die der Herr in sein Herz gab. Bucer ist an Worten reich und freigebig, Engelbrecht hingegen arm und sparsam, denn wahre Rede ist kurz und einfach. Bucer könnte den aus christlicher Sanftmut nicht streitsüchtigen Engelbrecht zwar durch seinen Redefluss besiegen, aber seinem Herzen nicht durch unerschütterliche Wahrheit Genüge tun. [2] Deshalb möge Bucer die einzelnen Punkte des Dissenses schriftlich benennen. Engelbrecht kann und muss ihm nicht in allem zustimmen und will nicht derart auf Worte eines Menschen schwören, dass er sie in allem unterschreibt. Er wird Bucer aber die Differenzen begründen und das Urteil Lesern und Hörern überlassen. [3] Ein Gespräch will Engelbrecht mit Bucer nur unter zuverlässigen Zeugen führen. Beide sollen je einen Verständigen aus dem Volk wählen; als dritter kommt ein Gebildeter, aber kein Prediger, hinzu, etwa [Johann] Sapidus, Otto [Brunfels], [Kaspar] Schwenckfeld oder [Jakob] Ziegler, damit das Gespräch ohne Wortklauberei nach dem Gesetz christlicher Liebe geführt werden kann. Engelbrecht legt die Wahrheit seinen Hörern schlicht vor, tadelt seine Gegner nicht und überlässt das Urteil darüber den Zuhörern. Obwohl er nicht alle Ansichten Bucers teilt, wird er keinen Keil ins Volk treiben.

³ <S[alue]<!
[1] <Colloquium<, quod habere mecum decreuisti[4], Bucere chariss[ime],

---

[3] *Konrad Hubert*: <vEngentinus Ant. Bucero. 1533v<.

[4] Das genaue Datum dieses Gesprächsangebotes Bucers an Engelbrecht ließ sich nicht ermitteln. Da letzterer es ausschlägt, muss es nach der Unterredung beider am Vormittag des 5. Juni 1533 liegen (vgl. QGT 8, Nr. 373, S. 44, Z. 11–15; Engelbrechts Bericht, ebd., Nr. 374, S. 58–61). Engelbrechts Vorschlag, die Auseinandersetzung schriftlich zu führen, könnte voraussetzen, dass eine Verlagerung der Diskussion auf Textgrundlagen nach dem 6. Juni (vgl. unten S. 254, Anm. 9) noch aussteht. Damit käme man auf den Abend des 5. oder den Morgen des 6. Juni als Terminus *a quo*. In diesen Zeitraum gehört auch Bucers Äußerung, die sog. Epikuräer hätten sich mit dem Ausschuss in „keyn weiter gesprech begeben" wollen (BDS 5, S. 435, Z. 33). Nach Engelbrechts Bericht (vgl. QGT 8, Nr. 374, S. 61, Z. 17–25) hat er am Abend des 5. Juni „nit

minime fructuosum existimo futurum[5]. Studebis enim tu forte in eo multis, quo me in omnem tuam sentenciam trahas. Ego vero nullius hominis quantumuis eruditi aut prudentis aut etiam loquacis autoritatem tanti facio, vt me a veritate, quam semel Dominus in cor meum dedit, abduci sinam[6]. Nunc, cum tu sis homo verborum et diues et prodigus valde, ego vero inops et parcus, quemadmodum veritatis sermo breuis et simplex esse solet[7], tu facile pro volubilitate linguae tuae me, qui pro christiana mansuetudine minime sum contentiosus, verborum multitudine obruere ac vincere posses, ↓cum tamen↓ cordj[a] meo veritate solida nondum satisfactum[b] ↓fuerit↓.

[2] Proin[de] conducibilius longe existimo, vt scriptis rem agamus[8]. Si me in quibusdam dissentientem tibi existimaueris[9], quemadmodum tibi[c] in

---

[a] *zuerst* cordo. – [b] *zuerst* satisfacto.

wyters mer davon geredt", sich auf eine einfältige Wahrheit berufen (vgl. unten S. 253, Z. 6) und kundgetan, niemand zu seiner Meinung zwingen zu wollen (vgl. unten S. 254, Z. 12–14).

[5] Als Lehrgrundlage für die bevorstehende Synode (vgl. dazu oben Nr. 695, S. 247f., Anm. 10) und die künftige Kirchenordnung hatten die Straßburger Prediger unter Federführung Bucers am 31. Mai 1533 sechzehn Artikel erarbeitet (BDS 5, S. 388–392). Bei deren Diskussion auf der Vorsynode (3. – 6. Juni 1533) trat Engelbrecht als Wortführer der sog. Epikuräer hervor, zu denen neben ihm der Helfer an Alt-St. Peter, Bernhard Wacker, der Schiltigheimer Pfarrer Wolfgang Schultheiß und der Lateinlehrer Hans Sapidus gehörten. Engelbrecht stellte am 3. Juni zunächst den Nutzen der Synode überhaupt in Frage (vgl. QGT 8, Nr. 373, S. 40, Z. 6f., 15–20) und kritisierte dann insbesondere die Artikel 14–16, die seiner Meinung nach der weltlichen Obrigkeit zu große Kompetenzen einräumten; vielmehr solle „die Oberkeit in der Kirchen kein gewalt haben, es würde sonst eine falsche angenommene Kirch sein" (ebd., S. 43, Z. 22–24). Wohl nicht zuletzt, um den Rat zu gewinnen (vgl. WENDEL, L'ÉGLISE, S. 79f.), gestand er diesem dann aber nicht nur zu, gegen Gotteslästerer vorzugehen (QGT 8, Nr. 374, S. 58, Z. 39 – S. 59, Z. 12), sondern auch sämtliche „äußere" Zeremonien zu regeln (ebd., Nr. 373, S. 47, Z. 21–25; WENDEL, L'ÉGLISE, S. 79f.). Bucer erkannte daher keinen Dissens in der Sache. Vgl. seinen Brief an Ambrosius Blarer vom 3. Februar 1534 (Blaurer Bw. 1, Nr. 396, S. 466–468). Zu dieser Kritik und der Diskussion mit Bucer zwischen dem 3. und 5. Juni vgl. QGT 8, Nr. 373, S. 39, Z. 17–19; 26f.; S. 43, Z. 22–26; S. 44, Z. 11–15, 31–34; S. 47, Z. 20–25.

[6] Vgl. dazu das Protokoll der Straßburger Synode vom 4. Juni (ebd., S. 42, Z. 10–16); WENDEL, L'ÉGLISE, S. 75. Bei der Aussprache der Prediger am 5. Juni 1533 bemängelte Engelbrecht an Bucer, dass ihn „nieman von seinem kopff bringen könnt, so er etwas fürfaß" (ebd., S. 50, Z. 27f.), und in seinem Bericht vom Herbst 1533 beklagt er, „dass her Martin Butzer söllichs zu verantwurten vnderstanden nit gelassen, wie er dann hat wöllen jm die lettsten red allweg gebüren" (ebd., Nr. 374, S. 61, Z. 17–19).

[7] Vgl. Lucius Annaeus Seneca d. J., Epistulae morales ad Lucilium, epist. 49, par. 12. Engelbrecht verwendete diesen Topos auch in den Gesprächen vom 5. Juni 1533. Vgl. das Regest seines Berichts (QGT 8, Nr. 374, S. 61, Z. 22).

[8] Auf die Neufassung der Artikel durch die sog. Epikuräer vom 6. Juni 1533 (ebd., S. 61, Z. 38 – S. 63, Z. 4) reagierte Bucer mit seiner *Erklärung vnnd weyter dargeben des jnhalts der drei letsten Artickel*, zwischen dem 5. und 10. Juni (BDS 5, S. 398, Z. 32 – S. 401, Z. 13; WENDEL, L'ÉGLISE, S. 82f.), in der er die Grenzen der Obrigkeit gegenüber Herz und Gewissen der Gläubigen hervorhebt und in die er einen Abschnitt der Neufassung integriert (ebd., S. 399, Z. 33 – S. 400, Z. 5; QGT 8, Nr. 374, S. 62, Z. 22–26). Da diese Modifikationen insbesondere Engelbrecht nicht zufriedenstellten, gingen die Dokumente beider Seiten an den Rat, der Engelbrecht zu schweigen gebot. Vgl. Bucer an Ambrosius Blarer vom 3. Februar 1534 (Blaurer Bw. 1, Nr. 396, S. 467); WENDEL, L'ÉGLISE, S. 83. Auf Engelbrechts im Herbst verfassten Bericht von der Synode (Teilabdruck QGT 8, Nr. 374, S. 55–63; BDS 5, S. 432) antwortete Bucer schließlich mit seiner zusammenfassenden Widerlegung (ebd., S. 432–501).

omnibus subscribere nec possum nec debeo, quod fateor[10], neque in ullius
vnquam hominis verba ita iurabo, vt in omnibus ei subscribam-, quicquid
autem id sit, in quo me male dissentire a te putes, scriptis hoc indicato mihi,
et ego sine vlla contencione graui etiam scriptis huius dissentionis rationem
tibi reddam, iudicium semper lectoribus et auditoribus committens.

[3] At si omnino mauis colloquium, non detrecto illud, modo adsint testes
idonei viri boni. Accipias tu cordatum aliquem ex plebe et ego similiter vnum.
Addamus tercium aliquem ex eruditis, non tamen concionatoribus, sed vel
[11]Sapidum[12] siue Ottonem[13] aut Swenckfeldium[14] aut Zieglerum[15], virum
iudicij acerrimi, tantum vt res haec christiane iuxta charitatis legem sine inani
verborum contentione transigatur. Huiusmodi enim vanas contenciones in re
christiana vt pestem perniciosissimam semper abhorrere consueui. Hinc veritatem, quam Dominus dedit, simpliciter proponere auditoribus soleo sine vlla
partis aduersae repraehensione, auditoribus semper iudicium relinquens.
Vale et ne timeas me dissidia facturum in populo, quamuis non possim adstipulari in omnibus tibi etc.!

Anto[nius][16] Engentinus suffraganeus[17].

Adresse [S. 24]: Bucero, fratri chariss[imo].

Oa AST 154 (Ep. s. XVI, 1), Nr. 7, S. 23f. — *E Ficker/Winckelmann, Handschriftenproben 2, T. 54.* — *P QGT 8, Nr. 393, S. 96f.*

---

c *gestrichen* non.

[9] Da Bucer gegen die von Engelbrecht und seinen Mitstreitern am 6. Juni verfassten Artikel sachlich nichts einzuwenden hatte, bezieht sich der Dissens wohl auf die diesen vorausgehende mündliche Diskussion. Vgl. Bucer an Ambrosius Blarer vom 3. Februar 1534 (Blaurer Bw. 1, Nr. 396, S. 467); Bucer, Widerlegung Engelbrechts (BDS 5, S. 443, Z. 34 – S. 444, Z. 15); ROEHRICH, REFORMATION IM ELSASS 2, S. 97.

[10] Nach Engelbrechts Bericht vom Herbst 1533 brachte er diese Weigerung am 4. Juni zum Ausdruck (vgl. QGT 8, Nr. 374, S. 58, Z. 7f.).

[11] *Konrad Hubert:* ⌜Sapidus, Otto B, Suenckf., Zieglerus⌝.

[12] Johannes Sapidus, Leiter der Lateinschule des Predigerklosters in Straßburg. Vgl. Personenindex.

[13] Otto Brunfels, Mediziner und Leiter der Lateinschule in Straßburg. Vgl. Personenindex.

[14] Kaspar Schwenckfeld, Spiritualist in Straßburg. Vgl. Personenindex.

[15] Jakob Ziegler, Humanist und Spiritualist in Straßburg. Vgl. Personenindex.

[16] *Von Konrad Hubert ergänzt.*

[17] *Von Konrad Hubert ergänzt.*

698.
Otto Binder[1] (Vinerius) an Martin Bucer
Mühlhausen, 9. Juni 1533

[1] Binder remercie vivement Bucer pour sa visite, dont son Église avait besoin depuis longtemps ; il rend grâces à l'action du Christ pour la venue de Bucer, de Barthélemy [Fonzio] et de Matthieu Zell. [2] Le lendemain de leur rencontre, Jacques [Ausgburger] a livré la position écrite qu'il avait promise : il ne vaut pas la peine de lui répondre, mais il faut examiner son on peut encore le détourner de son projet. Le jour du départ des Strasbourgeois [le 27 mai 1533], il a été congédié par le Sénat. Si ce dernier demande à Bucer un successeur compétent, qu'il lui recommande un candidat plus sincère et plus fidèle ! [3] Binder prie Bucer d'être indulgent pour ses questions manquant d'érudition ; il souhaite que Bucer rédige bientôt des commentaires sur toutes les épîtres de Paul, comme il l'a fait pour les évangiles et le Psautier. Salutations de Binder et d'Augustin [Gschmus] à Capiton, à Hédion, à Matthieu Zell, à Symphorien [Altbiesser] et à Barthélemy Fonzio.

[1] Binder dankt für den Besuch, den die Gemeinde schon lange nötig hatte. Er schreibt das Kommen Bucers, Bartholomeo [Fonzios] und Matthias Zells dankbar dem Wirken Christi zu. [2] Jakob [Augsburger] lieferte zwar die bei der Zusammenkunft versprochene schriftliche Stellungnahme tags darauf; sie liegt bei, ist aber keiner Antwort wert. Anhand seines Zusatzvermerks ist zu prüfen, ob [Augsburger] von seinem Vorhaben noch abzubringen ist. Die Straßburger reisten am Himmelfahrtstag ab [22. Mai 1533], sechs Tage später [27. Mai 1533] wurde Augsburger auf eigenen Antrag hin vom Rat entlassen. Fragt dieser Bucer nach einem geeigneten Nachfolger, soll er einen wahrhaftigeren Kandidaten empfehlen. [3] Binder sah bei dem Besuch das wahre Gesicht der Straßburger. Er bittet um Nachsicht für seine ungelehrten Nachfragen und wünscht sich, dass Bucer möglichst bald wie schon zu den Evangelien und zum Psalter auch zu allen Apostelbriefen Kommentare verfasst. Grüße von Binder und Augustin [Gschmus] an [Wolfgang] Capito, [Kaspar] Hedio, Matthias Zell, Symphorian [Altbiesser] und Bartholomeo Fonzio.

[2]Gratiam et pacem per Christum etc.!

[1] Non possumus tibj, obseruande Martine, non ingentes habere gratias, quod adeo christianiter nostram inuiseris ecclesiam[3]. Cujusmodj visitatore profecto jamdudum opus habuisset ecclesia Mülhusana. Arbitror sane te cum

---

[1] Pfarrer und Reformator in Mühlhausen. Vgl. Personenindex.
[2] *Konrad Hubert*: ^vBinder Viner. Bucero, 1533, d. 9 Junj^{v<}.
[3] Auf der Rückreise von seiner Visitation durch Süddeutschland und die Schweiz (vgl. das Itinerar, oben S. XVIII) hat Bucer Mühlhausen besucht. Vgl. unten S. 256, Anm. 11.

Barthol[o]meo Veneto⁴ atque Matheum Zellium⁵ nostrum ad nos diuertisse^a omnino diuinitus factum. Autorj Christo gratię, qui et merces vestra erit magna, erit nimis.

[2] Deinde nolumus vos latere acta cum Jacobo olim simista nostro⁶. Positiones, quas scriptis nobis offerendas te cum d[omino] Bartholomeo coram jn sinodo promiserat, mox altera die obtulit⁷ quidem, quarum tenorem vobis quoque videndum judicandumue mittimus⁸, jndignas quippe, nostro judicio, vel responsione vel disputacione a verbj vltra septennium pręcone⁹. Neque eas disputandas volebat, ne fortassis, opinor, melioribus instruendus veniret.

Sed perspicienda est eius subscriptio exactius, quo scilicet ipse tendat, an admonendus vel vllo modo a suo sinistro obstinatoque proposito commonendus¹⁰ ac omnibus tentatis aliquid successurum. Quibus omnibus per magistratum nostrum examinatis illoque constanter poscente absolui ab officio, a magistratu totus absolutus ac depositus est 6. die ab Ascensionis¹¹, qua^b recesseritis. Quare, si quando magistratus noster pro alio jn locum jllius scripturus esset, rogatos vos omnes habere volo, quatenus veracior atque fidelior mittatur atque Judę succedat Mathias etc.¹².

[3] Postremo, quia sepe atque sepius proposueram semel reuisere vos Argentoratenses, mihi fratres perpetuo obseruandos, per quos vocatus et

---

^a *anstatt* redijsse. – ^b *gestrichen* cesser[itis].

⁴ Bartholomeo Fonzio, venezianischer Franziskaner. Vgl. Personenindex. Er begleitete Bucer auf seiner Reise durch Süddeutschland und die Schweiz. Vgl. das Itinerar, oben S. XVIII.

⁵ Prediger am Straßburger Münster. Vgl. Personenindex.

⁶ Jakob Augsburger, Pfarrer in Mühlhausen. Vgl. Personenindex. Seine Haltung führte bereits zu Spannungen zwischen ihm und Binders Vorgänger Augustin Gschmus. Vgl. Guillaume Farel an Wolfgang Capito und Bucer vom 25. Oktober 1526 (BCor 2, Nr. 140, S. 176–180, insbesondere S. 177, Z. 40 – S. 178, Z. 64). Die Differenzen mit Gschmus' Nachfolger Binder resultierten wohl aus dessen Reformeifer. Vgl. die Mahnschreiben Johannes Oekolampads vom 7. September 1527 (Oekolampad Bw. 2, Nr. 514, S. 95f.) und vom 14. Oktober (ebd., Nr. 606, S. 236f.) sowie den Brief der Basler an die Mühlhausener Prediger vom 6. November 1529 (ebd., Nr. 704, S. 395–398). Zur Lage in Mühlhausen vgl. ADAM, ELSÄSSISCHE TERRITORIEN, S. 558–562; RÖHRICH, REFORMATION IM ELSASS 2, S. 136f.

⁷ Bucers Besuch hat die Mühlhausener Geistlichen wohl zu einer Zusammenkunft veranlasst. Eine förmliche Synode konnte nicht nachgewiesen werden.

⁸ Das Dokument konnte nicht ermittelt werden.

⁹ Augsburger war auf Empfehlung Oekolampads vom 18. August 1526 (vgl. Oekolampad Bw. 2, Nr. 422, S. 574f.) nach Mühlhausen berufen worden und dort Anfang September eingetroffen. Vgl. ADAM, ELSÄSSISCHE TERRITORIEN, S. 558; MIEG, RÉFORME À MULHOUSE, S. 54.

¹⁰ Augsburgers konkretes Vorhaben konnte nicht ermittelt werden. Binders nachfolgender Verweis auf Judas (unten Z. 17) lässt an einen Zusammenhang mit Augsburgers Rekonversion zum alten Glauben am 3. August 1533 denken. Vgl. dazu Paul Phrygios Brief an Bucer vom 19. August (AST 160, Nr. 7, S. 9); MIEG, RÉFORME À MULHOUSE, S. 131.

¹¹ Der Himmelfahrtstag fiel im Jahr 1533 auf den 22. Mai, an dem die Straßburger abreisten. Augsburger wurde also am Dienstag, den 27. Mai, entlassen.

¹² Vgl. Act 1, 23–25.

missus jndignus quidem[c] verbj prę̨co Mülthusium[13], sed, postquam adeo fraterne jnuiseritis nos, ipsissimam[d] Argentoratensis ecclesie faciem simulatque vniuersum symmistarum jlluc sodalitium presto conspexissem mihi videre videor. Sed jnterim parcas[e], rogo, crassę̨ huic barbariej, quę̨ doctis tuis audet obstrepere auribus, vt vt ausim te interpellare a tuis jllis diuinis occupationibus frugiferisque studijs, jn quibus te magno prouentu bonarum literarum quam felicissime versarj indesinenter plane noui. Nam citra omnem loquor adulationem, quod tuarum jmprimis tuorumque symmistarum et virtutum et scientiarum non possum non esse (Dej in vobis[f] bonitatem suffusius predico, scio enim hominem christianum jmmodicis laudibus parum delectarj) admirator. Vtinam in ↓omnes↓ apostolicas epistolas tui quoque commentarij[14] quam citius ↓nobis↓ contingerent, quales jn euangelistas quatuor[15] Psalmorumque librum[16] per te organum duntaxat contigerunt!

Vale, amantissime Butzere[g]! Salutabis meo nomine totum symmistarum chorum, nominatim Capitonem[17], Hedionem[18], Matheum Zellium[19], Symphorianum[20], Bartholomeum Venetum[21], virum fratrum beneficencijs, meo judicio, omnibus modis dignum. Quos omnes vna tecum plurimum saluere quoque jubet et Augustinus noster[22]. Iterum vale!

---

[c] *gestrichen* pro. – [d] *gestrichen* [jn]. – [e] *gestrichen* quasi. – [f] *gestrichen* vobis. – [g] *gestrichen* Multhusj.

[13] In seinem Brief vom 2. Dezember 1525 an den Mühlhausener Rat (Capito Bw. 2, Nr. 265, S. 172–174; LUTZ, RÉFORMATEURS DE MULHOUSE, Anhang Nr. 1, S. 19f.; MILLET, CORRESPONDANCE CAPITON, Nr. 265, S. 87) empfiehlt Wolfgang Capito im Namen der Straßburger Prediger Bonifatius Wolfhart oder Otto Binder für die Stelle eines Predigers in Mühlhausen. Vgl. MIEG, RÉFORME À MULHOUSE, S. 59–61.

[14] Bucer hatte bis zu diesem Zeitpunkt von seinen Kommentaren zu den neutestamentlichen Briefen nur seine 1527 bei Johann Herwagen in Straßburg gedruckte *Epistola D. Pauli ad Ephesios* publiziert (vgl. BUCER BIBLIOGRAPHIE, Nr. 25, S. 48f.; VD 16, B 5105). Bucers Kommentar zum Römerbrief erschien erst im März 1536 bei Wendelin Rihel in Straßburg unter dem Titel *Metaphrases et enarrationes perpetuae epistolarum D. Pauli Apostoli* (vgl. BUCER BIBLIOGRAPHIE, Nr. 76, S. 74f.; VD 16, B 8899).

[15] Bucers *Enarrationes perpetuae in sacra quatuor evangelia*, die Georg Ulricher in Straßburg im März 1530 druckte (vgl. BUCER BIBLIOGRAPHIE, Nr. 39, S. 56f.; VD 16, B 8872).

[16] Unter dem Titel *S. Psalmorum libri quinque ad ebraicam eam veritatem versi, et familiari explanatione elucidati* erschien Bucers Psalmenkommentar erstmals im September 1529 bei Georg Ulricher in Straßburg (vgl. BUCER BIBLIOGRAPHIE, Nr. 37, S. 55; VD 16, B 3145; HOBBS, PSALMS' COMMENTARY). Eine zweite, verbesserte Auflage brachte derselbe Drucker im März 1532 heraus. Sie trug den Titel *Sacrorum Psalmorum libri quinque ad ebraicam ueritatem uersione in latinum traducti: primum appensis bona fide sententijs, deinde pari diligentia adnumeratis uerbis, tum familiari explanatione elucidati* (vgl. BUCER BIBLIOGRAPHIE, Nr. 49, S. 62; VD 16, B 3150; HOBBS, PSALMS' COMMENTARY).

[17] Wolfgang Capito, Pfarrer an Jung St.-Peter und Propst an St. Thomas in Straßburg. Vgl. Personenindex.

[18] Kaspar Hedio, Prediger am Straßburger Münster. Vgl. Personenindex.

[19] Vgl. oben S. 256, Anm. 5.

[20] Symphorianus Altbiesser, Prediger an der Kirche *Zu den guten Leuten* in Straßburg. Vgl. Personenindex.

[21] Vgl. oben S. 256, Anm. 4.

[22] Augustin Gschmus, Pfarrer und Reformator in Mühlhausen. Vgl. Personenindex.

Ex Multhusio, 9. die Junij, anno 1533.

Otto Vinerius Binder, confrater jn Christo.

Adresse [S. 598]: Doctorj Martino Butzero, theologię patrono candidissimo, ecclesiastę Argentoratensj admodum fidelj.

O AST 154 (Ep. s. XVI, 1), Nr. 248, S. 597f. — C Zürich ZB, S 33, 132; TB VI, S. 80. — P Lutz, Réformateurs de Mulhouse, S. 28f.

699.
Bartholomaeus Myllius[1] an Martin Bucer
Biberach, 9. Juni 1533

628←] [1] Jérôme Hamberger, le porteur de la lettre et beau-frère de Myllius, a, comme son épouse, quitté le couvent, et il a vécu un certain temps [à Biberach]. L'école qu'il y a ouverte n'assurant pas sa subsistance, sa femme et lui se rendent à Strasbourg. Que Bucer essaie de lui trouver une situation ; il pourrait travailler comme greffier : il possède une belle écriture et de bonnes connaissances en latin. [2] Bucer n'a pas encore répondu à sa question de savoir si le Sénat a le droit de faire baptiser un enfant contre la volonté de ses parents ; sur ce point, le verset d'Exode 12 [, 48] préoccupe ceux de Biberach. [3] Jusqu'à présent, ceux de Biberach ont refusé la communion aux malades et aux mourants, faute d'exemple et d'attestation biblique ; Jacques prescrit la prière des anciens, mais pas la Cène ; que Bucer leur donne son avis sur la question.

[628←] [1] Hieronymus Hamberger, Briefbote und Schwager des Absenders, trat wie seine Schwester aus dem Kloster aus und lebte eine Zeit lang in Biberach. Da die hier von Hamberger eröffnete Schule seinen Lebensunterhalt nicht sichert, kommen er und seine Frau nach Straßburg. Bucer möge nach einer dauerhaften Stelle Ausschau halten. Mit seiner schönen Schrift, seinen sehr guten Lateinkenntnissen und seiner Sorgfalt könnte Hamberger als Schreiber arbeiten. [2] Bucer beantwortete noch nicht Myllius' Anfrage, ob der Rat ein Kind auch gegen den Willen der Eltern taufen lassen darf. Die Biberacher beschäftigt hier die Stelle Ex 12 [48]. [3] Die Kommunion für Kranke und Sterbende lehnten die Biberacher bislang ab, da sie weder Beispiel noch Schriftbeleg fanden und Jakobus [für diese Situationen] nur das Gebet der Ältesten, aber kein Mahl anordnet. Bucer möge seine Ansicht dazu mitteilen.

---

[1] Prediger in Biberach. Vgl. Personenindex.

²Gratiam et pacem, chariss[ime] frater jn Christo!

[1] Heronimus jlle Hamberger³, qui meas illas tibi reddidit literas, est maritus sororis vxoris meę⁴. Olim monachus et ipsa monialis seu nonna⁵, vt vocant, verum nunc obediunt evangelio ambo. Apud nos aliquamdiu egit⁶ ludumque aperuerat⁷, verum cum eis minus suppeditet sibi victum, coactus fuit huic renunciare atque alio concedere, vbi melius sibi atque vxorj consultum fuerit, Argentoratumque adire jnstituit, sj fortassis illic conditionem nancisci diuturnam. Apud nos nihil vacat, vt ipse surrogarj potuerit.

Tu mihi rem pergratam feceris, si qua jn re tua opus habuerit opera, adfueris dispexerisque, si qua conditione potirj detur. Scribere perpulchre callet, tum Latino eloquio non vulgaris. Scriba^a ageret, si hoc vacaret nobilis aliquis aut^b prefectus alicujus. Aptissimus ejusmodj munerj, nulla laterent ipsum.

[2] Jam secundo ad te scripsi⁸, num magistratui liceat, si quis catabaptista aut aliquis jncola nolit puerum suum adferre ad baptismum, vel jnuito parente conferre puero baptisma alboque nostro ascribere. Torquet nos textus ille Exo[dus] 12: „Si quis peregrinorum." ⁹

[3] Preterea conueniat, ne cum egrotis animamque acturis cenam Domini agere an minus, cum id nec scriptura euincj possit nec exemplo¹⁰. Dene-

---

^a *O* scribam. – ^b *gestrichen* praef[ectus].

² *Konrad Hubert*: <ᵛMüller Barthol. Bucero, 1533, d. 9 Junjᵛ<.
³ Hieronymus Hamberger. Die Person konnte nicht ermittelt werden. Für ihre freundlichen Bemühungen um die Personalia dieses Briefes danken wir Frau Stadtarchivarin Ursula Maerker und Herrn Dr. Kurt Diemer, Biberach.
⁴ Die Ehefrau von Myllius konnte nicht ermittelt werden.
⁵ Hambergers Frau konnte nicht ermittelt werden.
⁶ Nach freundlicher Auskunft von Herrn Dr. Kurt Diemer wohnte Myllius in der heutigen Waaghausstraße Nr. 7. Vgl. dazu Seidler, Annalia 1, Bl. 149; RÜTH, PREDIGER BARTHOLOMÄUS MÜLLER, S. 18.
⁷ Es dürfte sich um eine deutsche Schule handeln. Zu der von Hieronymus Guntius geleiteten Biberacher Lateinschule vgl. oben Nr. 628, S. 2, Z. 3–7.
⁸ Vgl. Bartholomaeus Myllius' und Martin Uhingers Brief an Bucer in dieser Angelegenheit vom 1. September 1532 (ebd., S. 3, Z. 1–7). Eine zweite Anfrage konnte nicht ermittelt werden. Möglicherweise ist das Perfekt als Brieftempus aber präsentisch zu verstehen und Myllius zählt den vorliegenden Brief mit.
⁹ Ex 12, 48. Dort gilt die Beschneidung als Bedingung der Passah-Teilnahme. Auf der Basis einer Analogie zwischen Beschneidung und Taufe drohte damit der gesellschaftliche Ausschluss von Ungetauften.
¹⁰ Zur Praxis der Kommunion außerhalb der gemeindlichen Mahlfeier für Kranke und Sterbende im vorreformatorischen Biberach vgl. die Aufzeichnungen Heinrichs von Pflummern (Schilling, Heinrich von Pflummern, S. 163–165). Eine entsprechende reformatorische Agende hat sich nicht erhalten (vgl. RÜTH, REFORMATION IN BIBERACH, S. 274). – In Straßburg begegnen diesbezügliche Ausführungen erst in der Kirchenordnung vom 24. Juni 1534 (vgl. Kirchenordnungen Straßburg, S. 238f.). Sie lässt die Krankenkommunion in Ausnahmefällen zu. Zur aktuellen Problematik vgl. die etwa zeitgleiche Anfrage Oswald Myconius' bei Heinrich Bullinger vom 19. Juni 1533 (Bullinger Bw. 3, Nr. 237, S. 144, Z. 1 – S. 145, Z. 5) und dessen Antwort vom

gauimus hactenus, tum quod diuus Jacobus jubeat jnducere presbyteros, vt orent super eum[11], non vt coenam apud illos peragant, tum que tua sit sententia, scribe[12]! Vale et ne egres[...] a se literis tam exiguis [...] me recomendatum habe!

5   Ex Biberach[c], nona Junij 1533.

Tuus Bartho[lomaeus] Millerus, Biberacen[sis] concionator.

Adresse [S. 256]: Ornatissimo vereque pio ac erudito viro d[omino] Martino Butzero, venerando fratrj jn Christo.

O AST 159 (Ep. s. XVI, 6), Nr. 79, S. 255f. — *C Zürich, S 33, 133; TB VI, S. 84.* — *E QGT 8, Nr. 383, S. 70.*

---

[c] *gestrichen* J[unij].

17. Juli (ebd., Nr. 243, S. 155, Z. 1–7). Zur späteren Diskussion vgl. KÖHN, BUCERS REFORMATION KÖLN, S. 123.
[11] Jak 5, 14.
[12] Ein Antwortbrief Bucers in dieser Angelegenheit konnte nicht ermittelt werden. Innerhalb der von uns ermittelten Korrespondenz folgt nur noch der Brief von Myllius an Bucer vom 12. Februar 1534 (AST 159, Nr. 12).

700.
[Ambrosius Blarer][1] an Martin Bucer
[Konstanz, ca. 10. Juni 1533][2]

[695←] [1] Que Bucer lui envoie son écrit sur l'excommunication aussitôt que possible. Ses développements sur les études de théologie ont plu ; il lui faut maintenant parvenir à ce que les responsables apportent leur contribution à une chose si nécessaire pour les Églises. [2]

---

[1] Die Handschrift weist eindeutig Ambrosius Blarer, Prediger an St. Stephan in Konstanz (vgl. Personenindex), als Verfasser des Briefes aus.
[2] Die Jahreszahl fehlt. Das Jahr 1533 ergibt sich aus den Sachzusammenhängen. Vgl. Anm. 4–11, 29. Aufgrund von Konrad Huberts Notiz auf der Adressenangabe (vgl. unten S. 264, Anm. 31) hat Bucer den Brief Blarers am 13. Juni erhalten und am 17. Juni beantwortet (nicht erhalten). Er dürfte von Blarer um den 10. Juni verfasst worden sein.

Blaurer demande à Bucer son opinion sur les « évêques » zurichois et sur leur attitude par rapport à la concorde. Bullinger lui a écrit que tous les Zurichois tenaient Bucer pour un frère et un maître, mais voulaient s'en tenir à leur manière d'exprimer [la présence du Christ dans la Cène] et laisser aux autres la leur. Blaurer s'est exprimé à ce sujet dans sa lettre à Bucer, transmise par [Matthieu] Zell. [3] De nombreuses personnes, notamment [Wolfgang] Musculus et [Jean ?] Zwick, lui ont demandé de presser Bucer de publier ses dialogues [Furbereytung zum Concilio]. *La modération de Bucer, sa culture et son jugement dans l'interprétation de l'Écriture ont déjà pu vaincre l'endurcissement de bien des gens. [4] Le reste par [Jacques] Bedrot. Bucer entendra parler aussitôt que possible du mariage [de Blaurer] ; sans doute le conflit entre [sa future épouse] Puria [Catherine Ryf von Blidegg] et le frère de cette dernière [Dietrich] sera-t-il réglé en juin. Que Bucer prie le Christ pour eux. [5] Salutations à l'épouse de Bucer et à Barthélemy [Fonzio] ; Blaurer et sa sœur [Marguerite] parlent souvent de Bucer et de Fonzio. Blaurer se recommande à Capiton, auquel il souhaite de ne plus avoir de dettes. Salutations à [Matthieu et à Catherine] Zell ; à Constance, Zell a prêché trois fois en un jour, avec grand succès, et sa gentillesse a effacé en partie la réputation de Bucer auprès du peuple. Salutations à [Conrad Hubert] et à son épouse. Salutations de [Jean ou Conrad] Zwick, des médecins [Jean Menlishofer et Georges Vögeli le Jeune ?] et de Thomas [Blaurer]. [→ 709]*

[695←] [1] Bucer soll seine Schrift zum Bann so bald wie möglich schicken. Seine Ausführungen zu den Theologenschulen gefielen; nun soll er die Verantwortlichen zur Leistung ihres Beitrags gewinnen. [2] Blarer bittet um Bucers Einschätzung der leitenden Züricher Geistlichen und ihrer Haltung zu einer Übereinkunft. Einige Wilde dort lassen nur gelten, was sie sich erdachten. [Heinrich] Bullinger schrieb, die Züricher wollten Bucer als Bruder und Lehrer anerkennen, bei ihren Formulierungen [der Gegenwart Christi im Mahl] bleiben und anderen die ihren lassen. Blarer äußerte sich dazu in seinem [nicht ermittelten], von [Matthias] Zell [überbrachten] Brief an Bucer. [3] Viele, vor allem [Wolfgang] Musculus und [Johannes?] Zwick ermunterten Blarer, Bucer zur Veröffentlichung seiner Dialoge [Furbereytung zum Concilio] *zu drängen. Bucers Mäßigung, seine Bildung und sein Urteil bei der Schriftauslegung konnten die Halsstarrigkeit schon vieler überwinden. [4] Das übrige wird [Jakob] Bedrot berichten. Bucer wird sobald wie möglich von [Blarers] Hochzeit erfahren. Möglicherweise wird noch im Juni die Auseinandersetzung zwischen [Blarers künftiger Frau] Puria [Katharina Ryf von Blidegg] und ihrem Bruder [Dietrich Ryf von Blidegg] beigelegt. Blarer ersucht um Fürbitte. [5] Grüße an Bucers Frau [Elisabeth] und Bartholomeo [Fonzio]. Von ihm und Bucer reden Blarer und seine Schwester [Margarethe Blarer] oft. Bitte um Empfehlung bei [Wolfgang] Capito, dem das Glück der Schuldenfreiheit widerfahren möge. Grüße an [Matthias] Zell und dessen Gattin [Katharina Schütz-Zell]; Grüße an [Konrad Hubert] und dessen Gattin. In Konstanz predigte er an einem Tag drei Mal und fand großen Beifall. Seine Liebenswürdigkeit ließ Bucers Ruhm beim Volk etwas verblassen. Grüße von [Johannes oder Konrad] Zwick, den Ärzten [Johann Menlishofer und Jörg Vögeli d. J.?] und Thomas [Blarer]. [→ 709]*

Salue, mi plusquam chariss[ime] frater!

[1] Excommunicationis rationem[3] si absoluisti, mitte, obsecro, primo quem nactus fueris nuncio.

De restau↓ran↓dis studijs theologicis vnice arrident, quę nuper abituriens adumbrasti; modo rationem inuenias, qua nostris animi addantur, vt rem tam vtilem tamque necessariam ecclesijs pro virili instituendam curent[4].

[2] Jam scire velim, quid de Tiguricen[sibus] episcopis sentias et quatenus illi concordiae modum receperint[5]. Sunt inter illos feroculi nonnulli, qui vix aliud, quam quod ex sese finxerunt, admissuri videntur. Scripsit ad me Bullingerus[6] omnes suos te fratrem adeoque praeceptorem agnouisse ac Christum in te erudito et sancto viro veneratos[7]; velle tamen suas loquendi formulas de hoc sacro vt suis ecclesijs magis accomodatas sibi seruare, alijs suas permissuri[8], de quo, si recte memini, superiore epistola[9] nonnihil ad te per Zellium[10] scripsi.

[3] Dialogos tuos[11] tum alij multi, tum vero praecipue Musculus[12] et Zuiccius[13] editos cupiunt meque, vt isthuc vrgeam, quantum possunt maxime hortantur. Age, igitur, mi Bucere, si quid apud te possum – possum autem, scio,

---

[3] Zu dieser nicht ermittelten Schrift Bucers vgl. oben Nr. 685, S. 217, Anm. 3.

[4] Bei Bucers etwa achttägigem Besuch in Konstanz in der letzten Aprilwoche 1533 (vgl. das Itinerar, oben S. XVIII) besprachen er und Blarer die Möglichkeit, Predigerschulen zur Ausbildung des Theologennachwuchses einzurichten. Vgl. dazu Ambrosius Blarers Brief an Johann Machtolf vom 7. Mai 1533: „Wir [Bucer und Blarer] haben vyl mitt ainander geredett, wie und wa man ain recht studium anrichten möchte, sonder in sacris, das mir glert theologos haben könden, mitt denen der teglich abgang deren, so yetzund in klainer anzal sind, ersetzt wurde, wie dann von hochen nöten sin will, wo wir anderst unser Tutschland, so dann alls hoch von dem truwen gott fu(e)r ander nation begabt ist mitt sinem hailgen wortt, nitt gar zu(o) ainer egerten widerum wellen werden lassen." (Blaurer Bw. 1, Nr. 332, S. 394); vgl. auch unten Nr. 709, S. 297, Z. 7f.

[5] Bei seiner Rundreise durch Süddeutschland und die Schweiz hatte Bucer vom 5. bis 8. Mai 1533 auch Zürich besucht (vgl. das Itinerar, oben S. XVIII). Dort konnte er die Irritationen ausräumen, die der Briefwechsel des Vorjahres (vgl. BCor 8, S. XX–XXXI) ausgelöst hatte. Zur jeweiligen Interpretation dieser Verständigung vgl. Heinrich Bullingers Schreiben an Bucer vom 8. Mai (oben Nr. 682, S. 205–208) sowie Bucers Brief an die Memminger Brüder vom 26. Mai (oben Nr. 689, S. 225–232).

[6] Dieser Brief Bullingers an Blarer konnte nicht ermittelt werden. Vgl. Blarers Antwort an Bullinger vom 23. Mai 1533 (Bullinger Bw. 3, Nr. 226, S. 130, Anm. 1).

[7] Vgl. dazu ebd., S. 130, Z. 2–4.

[8] Ganz ähnlich stellt Blarer Bucers Aufenthalt in Zürich in seinem Schreiben an Jakob Otter vom 1. Juni 1533 dar (Blarer Bw. 1, Nr. 337, S. 398f.).

[9] Da das vorausgehende Schreiben Blarers an Bucer vom 26. Mai 1533 (oben Nr. 690, S. 233–236) die Thematik nicht berührt, ist mit einem von uns nicht ermittelten Schreiben zu rechnen, das Blarer zwischen dem 26. Mai und 10. Juni verfasst hat.

[10] Matthias Zell, Prediger am Straßburger Münster. Vgl. Personenindex. Er muss also zwischen dem 26. Mai und 10. Juni in Konstanz Station gemacht haben.

[11] Bucers Schrift *Furbereytung zum Concilio*, August/September 1533 (BDS 5, S. 259–360).

[12] Wolfgang Musculus, Prediger an Hl. Kreuz in Augsburg. Vgl. Personenindex.

[13] Wohl eher Johannes Zwick, Prediger in Konstanz (vgl. Personenindex), als dessen Bruder, der Konstanzer Ratsherr Konrad Zwick (vgl. Personenindex).

plurimum! Non diutius apud te delitescere velis bonum publicum et vnde spes sit rebus ↓adeo↓ partim ancipitibus partim adflictis multum certitudinis et tranquillitatis accessurum! Omnibus grata est, praeter illam singularem eruditionem tuam et solidum in scripturis Dei iudicium, christiana et incomparabilis modestia tua, quae multorum hactenus peruicaciam euincit. Ea[a] fac nunc quoque praesens nobis numen adsit! Sed quid ego, quod aiunt, vltro currentem[14]! Scio, scio nihil te neglecturum eorum, quae in rem christianę reip[ublicae] esse credideris; et tamen paucis ipse admonitus admonitoribus te admonendo[b] volui satisfacere.

[4] Caetera Bedrottus[15], doctus plane vereque candidus frater. Quas tu credis esse has, vbi verę fuerint nuptiae, curabo, vt quamprimum resciscas. Componetur forte hoc mense negocium inter Puriam[16] et huius fratrem[17], nam istud solum nos remoratur. Tu Christum inuoca, vt rem minime ludicram serio et cum suo timore sancte suscipiam, vt quanto serius, tanto felicius matrimonij commodidates experiar!

[5] Vxorem tuam[18] millies meis verbis saluere iubebis, deinde opt[imum] Barptol[omeum] Fontium[19], chariss[imum] fratrem. Est profecto tui et illius inter sororem[20] et me perpetua quaedam et iucundissima commemoratio. Clariss[imo] Capitoni[21] me diligentissi[me] commenda videque, vt sentiat aliquando tuo et aliorum beneficio, quam felix sit, qui nihil debet[22]! Multum doleo opt[imi] et doctiss[imi] viri vicem. Ego profecto enecarer, si hic essem; nec dubito, quin illum quoque non ferenda hęc molestia excarnificet.

Zellium[23] et vxorem[24] ex me plurimum saluta! Speramus illum bonis auibus[25] ad vos redijsse. Multo plausu vulgi ter hic vno die concionatus est et tuam gloriam obscurauit nonnihil sua charitate, vt est vulgi crassum iudi-

---

[a] *zuerst* quae. – [b] *gestrichen* visum est face[re].

[14] Vgl. Marcus Tullius Cicero, Epistolae ad Quintum fratrem, lib. 1, epist. 1, par. 45; Lucius Annaeus Seneca d. J., Epistolae morales ad Lucilium, epist. 34, par. 2.
[15] Jakob Bedrot, Freund und Helfer Bucers. Vgl. Personenindex.
[16] Ambrosius Blarers Braut Katharina Ryf von Blidegg. Zur Latinisierung ihres Vornamens vgl. oben Nr. 686, S. 219, Anm. 10.
[17] Dietrich Ryf von Blidegg. Vgl. Personenindex. Zum Konflikt zwischen den Geschwistern vgl. unten Nr. 709, S. 296, Z. 1–7.
[18] Elisabeth Bucer. Vgl. Personenindex.
[19] Bartholomeo Fonzio, venezianischer Franziskaner. Vgl. Personenindex. Er begleitetete Bucer auf seiner Reise durch Süddeutschland und die Schweiz. Vgl. das Itinerar, oben S. XVIII.
[20] Margarethe Blarer, Freundin Bucers in Konstanz. Vgl. Personenindex.
[21] Wolfgang Capito, Pfarrer an Jung-St. Peter und Propst an St. Thomas in Straßburg. Vgl. Personenindex.
[22] Trotz ansehnlichen Einkommens befand sich Capito seit längerem in finanziellen Nöten. Zu den Hintergründen vgl. KOOISTRA, BUCER'S RELATIONSHIP WITH CAPITO, S. 202f.
[23] Vgl. oben S. 262, Anm. 10.
[24] Katharina Schütz-Zell, Ehefrau von Matthias Zell. Vgl. Personenindex.
[25] Vgl. Publius Ovidius Naso, Fasti, lib. 1, vers. 499; ders., Metamorphoses, lib. 15, vers. 640.

cium. Salutem dic Pulbarbae nostro[26] cum vxore[27] ceterisque fratribus omnibus!

Bene vale, inter charissimos charior et plurimum venerande frater! Cupio, quod iamdudum coepi, perpetuo tuus esse. Zviccij[28], medici[29], frater Thomas[30] – et quis non – multum tibi salutem adscribere iusserunt.

Adresse [S. 440]: Clarissimo viro Dei, m[agistro] Martino Bucero, venerando fratri in Christo. Arge[ntoratum][31].

Oa AST 154 (Ep. s. XVI, 1), Nr. 177, S. 439f. — C Zürich ZB, S 33, 134; TB VI, S. 85. — R/P Blaurer Bw. 1, Nr. 339, S. 400f.

---

[26] Konrad Hubert, Freund und Helfer Bucers. Vgl. Personenindex.
[27] Margaretha, Ehefrau Konrad Huberts. Vgl. Personenindex.
[28] Johannes und Konrad Zwick. Vgl. oben S. 262, Anm. 13.
[29] Wohl die Stadtärzte Johann Menlishofer und Jörg Vögeli d. J. Vgl. Personenindex. Vgl. Bucers Gruß im Brief an Ambrosius Blarer vom 2. Juni (oben Nr. 695, S. 248, Z. 7f.)
[30] Thomas Blarer, Ratsherr in Konstanz. Vgl. Personenindex.
[31] *Konrad Hubert*: Redditae nobis sunt 13. Iunij; responsum est 17. eiusdem.

701.
Nikolaus Faber[1] an Martin Bucer
Meisenheim, 10. Juni [1533][2]

Le porteur de la lettre, un bourgeois de Meisenheim, a demandé qu'on le recommande aux frères de Strasbourg ; il leur ouvrira son cœur. Faber se juge trop insignifiant, mais il n'a pas voulu refuser cette recommandation au requérant, qui a servi l'Évangile et la communauté ; Faber lui a conseillé de se tourner vers Bucer, qu'il connaît depuis que, durant son voyage vers Marbourg [à l'occasion du colloque religieux], il a séjourné à Meisenheim. [2] Que Bucer lui donne son avis sur le mandement du prince [le comte palatin Robert du Palatinat-

---

[1] Pfarrer und Reformator in Meisenheim am Glan, ca. 55 km nordöstlich von Zweibrücken. Vgl. Personenindex.
[2] Die Jahreszahl fehlt. Das Jahr 1533 ergibt sich aus den Sachzusammenhängen. Vgl. Anm. 11f.

Veldenz-Lauterecken] : Hechtlin a apporté un écrit que Jean Schwebel a lu ; certains ont affirmé que l'écrit était un faux et que les Strasbourgeois ignoraient ces articles, mais Faber juge Schwebel trop honnête pour cela.

[1] Der Bote, ein Meisenheimer Bürger, bat um ein Empfehlungsschreiben an die Straßburger Brüder; er will ihnen sein Herz ausschütten. Für solch einen Brief ist Faber zwar zu unbedeutend, doch wollte er dem Bittsteller, der sich um das christliche Gemeinwesen wie das Evangelium verdient gemacht und dessen Diener auch materiell unterstützt hat, die Gefälligkeit nicht abschlagen. Weil Faber Bucer von dessen Aufenthalt in Meisenheim auf der Reise zum Marburger [Religionsgespräch] her kennt, riet er dem Boten, sich an ihn zu wenden. [2] Faber bittet um Bucers Urteil über das Mandat des Fürsten [Pfalzgraf Ruprecht von Pfalz-Veldenz-Lauterecken]. Nach einem von Johannes Hechtlin überbrachten und von Johannes Schwebel verlesenen Schreiben [Nr. 654] sagt es den Straßburgern zu. Einige behaupten aber, dieser Brief sei gefälscht und die Straßburger kennten die Artikel gar nicht. Nach Fabers Meinung ist Schwebel dafür aber zu ehrlich.

Gratia et pax a Deo Patre et Domino Jesu Christo!

[1] Exoptauit ciuis hic Meysenheimius[3] sibi parari accessum liberiorem literis meis ad fratres Argentinen[ses], apud quos cor suum effundere gestit. Verum cum ego multo obscuriorem me esse scio, quam vt alijs lucem aut notitiam addere possim apud fratres Argentinen[ses], non potui tamen non propter improbitatem flagitandi tantillum obsequium homini adeo bene merito de re pu[blica] christiana denegare, qui non modo bene sentit de vera religione, verum etiam totus in hoc incumbit, vt quam dexterrime promoueatur euangelium. Huius ministris e facultatibus suis larga manu suppetias tulit, profligatos hospitio suscepit atque pauit. Et ob id, cum notitiam tui a limine salutassem, cum iter ad sinodum Margpurgensem institueras[4], suasi homini, vt te imprimis inuiseret. Rogo igitur, vt eum pie suscipias et in causa, quam ad te deferet, benigne consulas.

[2] Porro quod ad me attinet, velim mihi scriberes juditium ↓tuum↓ de principis nostri[5] ordinatione[6]. Praelegit enim mihi literas ⸢Johannes Sueble⸜ [7],

---

[3] Die Person konnte nicht ermittelt werden. Man wird an einen wohlhabenden Meisenheimer Bürger, vielleicht einen Ratsherren denken müssen (vgl. unten Z. 6–10).

[4] Auf dem Weg zum Marburger Religionsgespräch (1. bis 4. Oktober 1529) hatte Bucer mit seinen Begleitern am 22. September in Meisenheim Station gemacht. Vgl. BDS 4, S. 330 (Hedios Itinerar); BÖCHER, MEISENHEIM, S. 220.

[5] Ruprecht, Pfalzgraf von Pfalz-Veldenz-Lauterecken. Vgl. Personenindex. Zu seiner Regierungsübernahme vgl. oben Nr. 642, S. 66, Anm. 8.

[6] Die von Johannes Schwebel zur Neuordnung des Zweibrückener Kirchenwesens verfassten zwölf Artikel, die Pfalzgraf Ruprecht approbierte. Vgl. Kirchenordnungen Pfalz-Zweibrücken, S. 49–53; JUNG, SCHWEBEL, S. 88–94, 98.

[7] Johannes Schwebel, Pfarrer an der Alexanderskirche und Reformator in Zweibrücken. Vgl. Personenindex.

quas Johannes Hechtle⁸ ad Bipontium⁹ attulerat¹⁰, quibus ita scribebatur, quod perplacerent cum tibi¹¹ tum alijs verbi ministris Argentinen[sibus]¹². Sed nonnulli ferunt te et alios verbi dispensatores penitus nil scire de ijs articulis, taceo, vt eos approbetis, et aiunt fictitias esse literas¹³. Sed ego Johannem Sueble multo candidiorem esse puto, quam vt fictitijs literis ordinationem principis iuuare velit. Sit vtcunque juditium tuum, mihi scribe, queso¹⁴! Vale et viue diu felix!

Ex Meysenheim, anno trigesimo tertio super sesquimillesimum, quarto Idus Junij.

Nicolaus Faber, parrochus in Meisenheim.

Adresse [S. 516]: Pio ac erudito Martino Bucero, dispensatori misteriorum Dei apud Argentinen[ses], fratri meo percharo in Christo.

O AST 40 (21, 1–2), Nr. 22f., S. 515f. — C TB VI, S. 86.

---

[8] Johannes Hechtlin, Prediger in Alt-St. Peter in Straßburg. Vgl. Personenindex; vgl. oben Nr. 654, S. 119, Anm. 4.

[9] Zweibrücken.

[10] Der Brief konnte nicht ermittelt werden.

[11] Vgl. die positive Beurteilung Bucers in seinem Brief an Schwebel vom 23. Januar 1533 (oben Nr. 654, S. 119, Z. 9f.).

[12] Da Bucer und Kaspar Hedio (vgl. seinen Brief an Schwebel vom 23. Januar 1533, Centuria Schwebel, Nr. 72, S. 236) ihr Lob beinahe wortgleich formulierten, hatten die Straßburger Prediger ihr Urteil wohl gemeinsam gefasst.

[13] Möglicherweise die hinter dem aus Straßburg gesandten Georg Pistor stehenden Kreise. Zur Kritik an Schwebels zwölf Artikeln als zu konservativ vgl. JUNG, SCHWEBEL, S. 98f.; zum vorliegenden Vorwurf vgl. ebd., S. 195, Anm. 38.

[14] Das vorliegende Schreiben ist der einzige Brief in der von uns ermittelten Korrespondenz zwischen Faber und Bucer.

702.
Johannes Schwebel[1] an Martin Bucer, [Wolfgang] Capito[2] und [Kaspar] Hedio[3]
Zweibrücken, 12. Juni [1533][4]

[692←] [1] Le Comte palatin Robert [du Palatinat-Veldenz-Lauterecken] a accueilli avec satisfaction l'écrit des Strasbourgeois, qui se soucient de bien et de la paix de l'Église ; il a demandé à Schwebel de leur relater le début de cette tragédie et de leur expliquer son point de vue, puisqu'ils croient que à Deux-Ponts on discute de choses infantiles et qu'on force les consciences. Il y a quelque temps, lors d'un baptême, un paroissien [sans doute Jean Meisenheimer] s'en est pris au pasteur, qui pratiquait l'exorcisme traditionnel ; puni puis libéré sur parole, ce paroissien s'est abstenu de la prédication et du sacrement, et a invoqué sa conscience pour refuser le baptême de son nouveau-né ; après enquête, il s'est avéré que ce paroissien avait eu des contacts avec Georges [Pistor] et d'autres critiques de l'exorcisme. Schwebel a dû s'exprimer par écrit sur le lien entre l'exorcisme et l'Écriture et sur le fait qu'on pouvait célébrer des cérémonies différentes lors même que, chez un prince, on célébrait un seul Christ. Georges [Pistor] a exprimé par écrit le fait que, sans tenir l'exorcisme pour contraire à l'Écriture, il y renonçait à cause du scandale. Il s'est avéré que ce scandale résultait de graves erreurs : certains déduisent de « Le Royaume des cieux est à eux » l'idée que les enfants sont sans péché, d'autres pensent que le péché originel ne les mène pas à la damnation et que le baptême des enfants est une invention humaine inutile. Afin de ne pas affermir ces erreurs, le prince a voulu conserver le rite [ancien]. On a avancé le fait que Schwebel – de temps en temps – et Georges [Pistor] comme d'autres – [plus fondamentalement] – laissaient tomber l'exorcisme ; c'est pourquoi le prince a demandé que [Pistor] pratique aussi l'exorcisme, pour ne pas donner à penser qu'il n'avait pas la même doctrine que Schwebel. [3] Schwebel n'a rien à dire au sujet de Georges [Pistor], et il ne le contraint pas à célébrer les rites de l'ancienne Église ; mais il doit prendre garde à ne pas blesser les esprits simples par l'introduction de rites nouveaux et à ne pas approuver des erreurs. L'amour et la conscience n'exigent-ils pas que l'on obéisse à un prince qui ne demande rien d'impie ? De divers côtés, le prince reçoit des conseils divergents. Schwebel a entendu parler du Synode [de Strasbourg] ; que ce dernier serve à dissiper les troubles. [→ 703]

[692←] [1] Pfalzgraf Ruprecht [von Pfalz-Veldenz-Lauderecken] nahm das Schreiben der Straßburger mit Befriedigung auf, insofern es ihnen um Frieden und Nutzen für die Kirche geht. Im Blick auf ihre Meinung, in Zweibrücken diskutiere man Kindisches und

---

[1] Johannes Schwebel, Pfarrer an der Alexanderskirche und Reformator in Zweibrücken. Vgl. Personenindex.
[2] Pfarrer an Jung St.-Peter und Propst an St. Thomas in Straßburg. Vgl. Personenindex.
[3] Prediger am Straßburger Münster. Vgl. Personenindex.
[4] Die Jahreszahl fehlt. Das Jahr 1533 ergibt sich aus den Sachzusammenhängen. Vgl. unten Anm. 5, 7, 9–12, 17.

zwinge andere gegen ihr vorgeschütztes Gewissen zur Einhaltung von Riten, bat er Schwebel, den Straßburgern den Beginn der Tragödie und den fürstlichen Standpunkt darzustellen. [2] Vor einiger Zeit griff ein Bürger den Pfarrer [wohl Johannes Meisenheimer] während der Taufhandlung an, weil er traditionelle Exorzismen verwendete. Deswegen bestraft und auf Fürsprache befreit, sonderte der Bürger sich von Predigt, Sakrament und Gebet der Gemeinde ab und verweigerte die Taufe seines neugeborenen Kindes, da sein Gewissen den Exorzismus nicht ertrage. Auf Nachfrage des Fürsten zeigte sich, dass der Bürger Umgang mit Georg [Pistor] und anderen Kritikern des Exorzismus hat. Schwebel musste daraufhin schriftlich aufzeigen, ob der Exorzismus den [biblischen] Schriften widerstreite und weshalb man nicht dieselben Zeremonien verwendet, da man doch unter einem Fürsten den einen Christus predigt. Georg [Pistor] äußerte öffentlich, er halte den Exorzismus nicht für schriftwidrig, sehe aber von ihm ab, weil sehr viele an ihm Anstoß nähmen. Auf Nachfrage stellte sich heraus, dass dieser Anstoß aus schweren Irrtümern entstand. So folgert man aus Christi Ausspruch „Solcher ist das Himmelreich" die Sündlosigkeit der Kinder. Andere meinen, die Erbsünde führe bei Kleinkindern nicht zur Verdammnis und die Kindertaufe sei eine weder nötige noch nützliche menschliche Einrichtung. Um diese Irrtümer nicht zu bestärken, wollte der Fürst den Ritus beibehalten. Man brachte vor, dass Schwebel zuweilen und Georg [Pistor] wie andere [grundsätzlich] den Exorzismus unterließen. Daraufhin verlangte der Fürst auch von Georg, den Exorzismus zu praktizieren, damit nicht der Anschein einer Lehrdifferenz zu Schwebel entstehe. [3] Schwebel hat nichts gegen Georg vorzubringen und zwingt ihn nicht zu den Riten der Alten Kirche. Er soll aber darauf achten, nicht durch Einführung neuer Riten die schlichteren Gemüter zu verletzten oder Irrtümer gutzuheißen. Er möge erwägen, ob nicht Liebe und Gewissen fordern, einem frommen Fürsten, der nichts Unfrommes fordert, gehorsam zu sein. Der Fürst erhält von verschiedenen Seiten unterschiedliche Ratschläge. Schwebel hat von der Synode [in Straßburg] gehört. Möge sie die Unruhe dort beilegen. [→ 703]

[5]Salutem optat in Christo Jesu!

[1] Illustris noster princeps Rupertus Palatinus[6] etc. literas vestras[7], viri prestantissimi, equo accepit et legit animo, vel ob hanc precipue causam, quod intelligit vos ecclesię paci et vtilitati consulere, in quo ipse totus est. Quia
5 autem videt vobis persuasum esse nos pueriliter de rebus puerilibus disceptare et statuere aut eciam alios contra conscientiam, quam praetendunt, cogere ad obseruandum ritus, quibus nonnulli se offendi quaeruntur, voluit princeps optimus tragoedię huius initium et consilij sui rationem per literas meas vobis significare, quod simplicissime et breuissimis faciam.

---

[5] *Konrad Hubert*: <ᵛSchueblin Joh. Capitoni, Hedioni, Bucero. 1533, 12. Jun.ᵛ<.

[6] Ruprecht, Pfalzgraf von Pfalz-Veldenz-Lauterecken. Vgl. Personenindex. Zu seiner Regierungsübernahme vgl. oben Nr. 642, S. 66, Anm. 8.

[7] Wohl das von uns nicht ermittelte Schreiben Wolfgang Capitos an den Pfalzgrafen, das Bucer in seiner Antwort auf das vorliegende Dokument zwischen dem 12. Juni und 7. Juli erwähnt (vgl. unten Nr. 703, S. 272, Z. 12f.) erwähnt.

[2] Quidam ciuis[8] superioribus diebus[9] nimis importune pastorem nostrum[10] presente ecclesia, quamuis non admodum numerosa, baptizantem infantem publice reprehendit, quod exorcismis vteretur[11], quibus et veteres[a] vsi sunt et nobiscum hodie vtuntur ecclesię non contemnendę. Is ob tumultum hunc in vincula coniectus et bonorum virorum precibus liberatus ab ecclesia se separauit nec cum illius loci fidelibus ad audiendum verbum, percipiendum sacramenta et orandum conuenit. Post dies aliquot peperit vxor eius et infantem[12] baptizare distulit. Interrogatus, cur differat, respondit conscientiam suam non posse ferre exorcismum.

Id vbi principi innotuit, nam multus de hoc erat apud omnes sermo, scire voluit, qua ratione differret baptismum et ab exorcismis abhorreret, tum quos haberet instituti sui socios aut eciam autores. Compertumque est ipsum cum domino Georgio[13] et alijs quibusdam[14], qui exorcismo parum sunt propitij, multum habere commercium.

Igitur a nobis, qui in ministerio verbi sumus, postulatum est, vt scriptis indicaremus, aduersareturne exorcismus scripturis, item qua ratione non similibus[b] vteremur ceremonijs, qui sub vno principe vnum praedicamus Christum. Quod et fecimus, palamque testatus est Georgius exorcismum non aduersari scripturis, se autem ab illius vsu abhorrere, quia videat plerosque offendi eo. Requisitum est ergo, qui offendantur et vnde sit offendiculum. Constatque offensos illos [S. 382] in graues errores inductos, ex quibus et offendiculum ortum est. Constanter enim asserunt omnes omnium gentium infantes aut saltem christianorum mundos esse ab omni peccato et saluari, quia Christus dicit: „Talium est regnum coelorum." [15] Alij non palam negant peccatum originale, sed ita extenuant, vt nihil mali aut damnationis infantibus adferre contendant. Item dicunt, baptismum puerorum humanum esse institutum, pueris nec necessarium nec vtilem.

---

[a] *gestrichen* vsit. – [b] *anstatt* visib[ilibus].

[8] Die Person konnte nicht ermittelt werden.
[9] Auf die im Anschluss geschilderte Auseinandersetzung um den Taufexorzismus bzw. die Erbsünde nimmt Bucer bereits in seinem bald nach dem 22. März 1533 verfassten Brief an Schwebel Bezug (vgl. oben Nr. 670, S. 176–181). Vgl. JUNG, SCHWEBEL, S. 114–120.
[10] Gemeint ist wohl Schwebels Vorgänger Johannes Meisenheimer, der die Pfarrstelle bis zum 5. Mai 1533 innehatte (vgl. oben Nr. 669, S. 175, Z. 2f.).
[11] Zur Diskussion um die Legitimität des Exorzismus vgl. Bucers Argumentation im Brief an Schwebel bald nach dem 22. März (oben Nr. 670, S. 179, Z. 1–21). Zu den Exorzismen im Taufritus vgl. SPITAL, TAUFRITUS, S. 69–97.
[12] Ehefrau und Kind konnten nicht ermittelt werden.
[13] Georg Pistor, Hilfsgeistlicher in Ernstweiler. Vgl. Personenindex. Zu seinen Sympathien für die Zweibrückener Dissenters vgl. BCor 7, S. XVIII; oben S. XXf.
[14] Zu den Dissenters in Zweibrücken vgl. JUNG, SCHWEBEL, S. 107–120.
[15] Mt 19, 14.

Cum ergo videret princeps ab ipsorum errore, non ab[c] exorcismo ortum offendiculum esse, non putauit mutandum veteris ecclesię ritum, imo timuit, si mutaretur, ne illi potius in errore confirmarentur, quandoquidem et hoc in sui defensionem rapiunt, quod ego non fuerim superstitiose addictus exorcismis, sed aliquoties obmiserim, item quod Georgius et alij quidam nunquam sint vsi exorcismis etc. Id principem mouit, vt a Georgio quoque exorcismum exigeret, ne ob diuersos ritus in dogmatibus a me dissentire videretur.

[3] Factum simpliciter narraui, e quo vestra prudentia multa poterit conijcere. Ego nihil habeo aduersus Georgium, et si quid in me peccat, facile condono nec cogo eum in ritus veteris ecclesię.

Videat autem ipse, ne nulla vrgente necessitate nouos inducendo et pertinaciter retinendo ritus simplices offendat et errores approbare videatur. Item perpendat, sitne contra charitatem et conscientiam, nolle obsequi pio principi nihil impium exigenti. Ex hac occasione alij alia consilia principi dant. Per nuntij[16] festinantiam plura scribere non licet.

Valete in Domino! De synodo apud vos[17] congreganda quaedam audiui. Christus donet spiritum suum, vt turbato ecclesię statu recte consulatis.

Propere ex Zweybrucken, 12 Junj, anno 33.

Joannes Sueblin vester.

Adresse [S. 382]: Insigni pietate et eruditione viris Capitoni, Hedioni, Butzero, columnis ecclesię Argen[toratensis], dominis et fratribus in Christo obseruandis.

Oa AST 161 (Ep. s. XVI, 8), Nr. 147, S. 381f. — C TB VI, S. 87. — R QGT 8, Nr. 385, S. 90. — P Schneider, Briefe Schweblins, S. 224–227.

---

[c] *gestrichen* ips[orum].

[16] Der Bote konnte nicht ermittelt werden.
[17] Zur Straßburger Synode (3. bis 14. Juni 1533) vgl. oben Nr. 695, S. 247f., Anm. 10.

703.
Martin Bucer an Johannes Schwebel[1]
[Straßburg, zwischen dem 12. Juni und 7. Juli 1533][2]

[702←] [1] Bucer remercie pour l'accueil bienveillant que le prince [le Comte palatin Robert du Palatinat-Veldenz-Lauterecken] a réservé à l'écrit des Strasbourgeois. Ces derniers ne tiennent pas le débat [au sujet de la pratique de l'exorcisme lors du baptême] pour une chose infantile, car ils connaissent la culture théologique de Schwebel. [Georges Pistor] a quelque peine avec l'usage de l'exorcisme [ordonné par le prince] ; jusqu'à présent, il a évité cet usage, pour ne pas frayer la voie à des erreurs et pour éviter de scandaliser les pieux – et non pas les hérétiques. [2] C'est pourquoi Bucer a écrit à Schwebel et Capiton au prince. Ils ont conseillé à [Pistor] d'obéir au prince et de faire comme Schwebel. Toutefois, c'est à Schwebel de juger comment combattre le mieux les erreurs de ceux qui nient le péché originel et rejettent le pédobaptisme : en attestant, de manière répétée, la vérité, ou en pratiquant des cérémonies, dont l'exorcisme. Les Strasbourgeois savent que Schwebel jugera en fonction de ce qui édifiera sa communauté ; ils lui demandent seulement de traiter avec humanité [Pistor] et ceux qui, comme lui, sont non pas endurcis, mais faibles. [3] Bucer remercie Schwebel de sa prière pour le Synode de Strasbourg ; les [pasteurs] y combattent des doctrines affreuses. Bucer est très sollicité, mais il en écrira davantage. Que Schwebel le recommande à sa communauté et au prince [Robert].

[702←] [1] Bucer dankt für die wohlwollende Aufnahme des Straßburger Schreibens durch den Fürsten [Pfalzgraf Ruprecht von Pfalz-Veldenz-Lauterecken]. Die Straßburger halten aber den Streit [um den Exorzismus bei der Taufe in Zweibrücken] keineswegs für kindisch, weiß Bucer doch um Schwebels gute theologische Bildung. [Georg Pistor] fällt die [vom Fürsten verordnete] Anwendung des Exorzismus schwer. Bislang mied er ihn, um keinem Irrtum den Weg zu bahnen und bei den Rechtschaffenen, nicht den Häretikern, Anstoß zu vermeiden. [2] Deshalb schrieb Bucer an Schwebel und [Wolfgang] Capito an Fürst [Ruprecht, Pfalzgraf von Pfalz-Veldenz-Lauterecken]. Ihnen ging es um die Ruhe in der Gemeinde. [Pistor] rieten sie, dem Fürsten zu gehorchen und sich Schwebel anzugleichen. Wollen der Fürst und Schwebel [Pistor] den Exorzismus nicht erlassen, wollen die Straßburger ihm nicht mehr als einen Gefallen erwiesen haben. Schwebel kann besser beurteilen, ob den Irrtümern derer, welche die Erbsünde leugnen und die Kindertaufe ablehnen, anders [als durch die Zeremonien] zu begegnen ist, indem man wiederholt die Wahrheit gegen diese

---

[1] Johannes Schwebel, Pfarrer an der Alexanderskirche und Reformator in Zweibrücken. Vgl. Personenindex.

[2] Den Terminus *a quo* setzt Schwebels Anfrage vom 12. Juni (vgl. oben Nr. 702, S. 267–270) voraus, der Terminus *ad quem* ergibt sich aus Bucers Anspielung auf die Arbeit an seinem Buch gegen Melchior Hoffmann (vgl. unten S. 273, Z. 13–15), dessen Druck der Straßburger Rat am 7. Juli 1533 als unauthorisiert kritisiert (vgl. QGT 8, Nr. 403, S. 117; vgl. dazu ebd., Nr. 402, S. 111–117).

Häretiker bezeugt oder ob dazu auch die Exorzismen nötig sind. Die Straßburger wissen, dass Schwebel mit gutem Gewissen und im Sinne der Erbauung seiner Gemeinde urteilen wird. Sie bitten ihn nur darum, [Pistor] und solche, die schwach, aber nicht hartnäckig sind, mit der ihm eigenen Menschlichkeit und Ordnungsfähigkeit zu behandeln. [3] Bucer dankt für Schwebels Gebet für die Straßburger Synode. Die [Prediger] bekämpften dort grauenvolle Lehren. Gegenwärtig ist Bucer dadurch sehr in Anspruch genommen; er wird aber ausführlicher berichten. Bitte um Empfehlung bei der Gemeinde und Fürst [Ruprecht].

Gratia Domini, frater observande!

[1] Gratias Domino agimus, qui illustrissimo principi[3] tam modestum ac pium animum indidit, ut nostras literas boni consuluerit[4]. Verum celsitudini eius ac tibi persuadeas, nobis haudquaquam videri vos puerilibus de rebus disceptare[5]. Nam coram audivi[6] satisque antea etiam sciebam, quam probe sis de omni causa christiana institutus.

Fateor, ille[7] apud nos questus est, quam ipsi grave sit nunc incipere uti exorcismis[8], quibus simplici animo, nulli errori eo volens viam munire, abstinuerit, quam [S. 335] diu iam illuc ministravit, quibusque abstineant plerique alij in ditione pientissimi principis vestri. Timere se aiebat bonorum, non haereticorum offensionem.

[2] Passi ergo sumus nos exorari, ut ad te ego[9], Capito[10] ad principem[11] scribamus[a]. Quae ego scripsi vides, ut nihil quam ecclesiae vestrae tranquillitatem spectent, ut et quae Capito [scripsit]. Ipsique fratri[12] consilium dedimus, ut pareat principi tibique sese conformet. Si princeps ac tu nolitis id ei remittere, tum, quia omnino verebatur se bonos turbaturum, si exorcismos

---

[a] *P* scriberemus.

[3] Ruprecht, Pfalzgraf von Pfalz-Veldenz-Lauterecken. Vgl. Personenindex. Zu seiner Regierungsübernahme vgl. oben Nr. 642, S. 66, Anm. 8.
[4] Das Schreiben Wolfgang Capitos an Pfalzgraf Ruprecht (vgl. oben Nr. 702, S. 268, Z. 2–4 und unten Z. 12f.
[5] Vgl. oben Nr. 702, S. 268, Z. 4–9.
[6] Möglicherweise denkt Bucer an Schwebels Besuch in Straßburg im Januar 1533 (vgl. JUNG, SCHWEBEL, S. 89). Zur Aktzeptanz der theologischen Haltung Schwebels bei den Straßburger Predigern vgl. oben Nr. 670, S. 178, Z. 14 – S. 179, Z. 22.
[7] Georg Pistor, Hilfsprediger in Ernstweiler bei Zweibrücken. Vgl. Personenindex. Zu seiner Haltung zum Taufexorzismus vgl. die Schilderung Schwebels (oben Nr. 702, S. 269, Z. 12 – S. 270, Z. 7).
[8] Im Interesse einer einheitlichen Praxis hatte Pfalzgraf Ruprecht seinen Geistlichen vorgeschrieben, bei der Taufhandlung den Exorzismus zu praktizieren (vgl. ebd., S. 270, Z. 1–7).
[9] Vgl. Bucers Brief an Schwebel vom 29. Mai 1533 (oben Nr. 692, S. 240f.).
[10] Wolfgang Capito, Pfarrer an Jung-St. Peter und Propst von St. Thomas in Straßburg. Vgl. Personenindex.
[11] Vgl. oben Anm. 4.
[12] Georg Pistor. Vgl. oben Anm. 7.

usurpet, voluimus ei gratificari exorando tum principem tum te, ut istud omnino ecclesiae vestrae tranquillitas sic poscat. Vobis notus est status vestrae ecclesiae et melius nobis iudicare potestis, utrum[b] illi status sit errori tam negantium peccatum originis quam vsum paedobaptismi reijcientium[13] obviare alias, veritatem contra [S. 336] haereticos istos subinde attestando, an etiam exorcismis ad id opus sit. Vtcunque itaque statueritis, nobis nihil addubitatur, quin bona conscientia et ad certam ecclesiae aedificationem ea statuetis. Nihil igitur a te aliud oramus, quam ut fratrem hunc et alios, quicunque infirmi fuerint, non pertinaces, quantum quidem ecclesia vestra ferret, sic tractes, ut, qua hactenus excelluisti, adhuc emineat humanitas atque cordata oeconomia.

[3] Quod synodo nostrae Spiritum Sanctum precatus es[14], agimus gratias. Egimus pro virili, ut eluceret veritas Christi. Portentosa sane dogmata oppugnavimus, Dominus ea expugnet. Occupatus nunc hac causa admodum sum[15]; posthac omnia plenius perscribam, etsi nostra haec modo sunt, quae scire magnopere cupias. Qua tamen in te sumus observantia, non patiemur te aliquid rerum nostrarum latere.

Optime vale! Nosque ecclesiae tuae commenda et, si id patitur, et celsitudini principali[16]! [S. 337] Fratres omnes te salute plurima impertiunt.

Martinus Bucerus tuus.

Adresse [S. 334]: Martinus Bucerus vere docto et pio viro, d[omino] Iohanni Schwebelio, pastori Bipontino, fratri suo charissimo.

O verloren. — *R/P QGT 8, Nr. 401a, S. 111.* — *P Centuria Schwebel, Nr. 94, S. 334–337.*

---

[b] *P* tantum.

[13] Vgl. oben Nr. 702, S. 269, Z. 24–27.
[14] Vgl. ebd., S. 270, Z. 17.
[15] Da Bucer einerseits auf seine Auseinandersetzung mit den verhängnisvollen Lehren zurückblickt, andererseits seine momentane Beschäftigung mit ihnen beschreibt, dürfte die mündliche Diskussion während der Synode bereits hinter ihm liegen, der Abschluss einer schriftlichen Aufarbeitung aber noch vor ihm. So sitzt er gegenwärtig wohl an der Schrift *Handlung inn dem offentlichen gesprech zu Straßburg iu(e)ngst imm Synodo gehalten gegen Melchior Hoffmann* (BDS 5, S. 43–107). Zu deren Datierung vor den 7. Juli 1533 vgl. oben S. 271, Anm. 2.
[16] Vgl. oben S. 272, Anm. 3.

704.
Martin Bucer an Margarethe Blarer[1]
Straßburg, 17. Juni [1533][2]

[696←] [1] Bucer écrit brièvement, en raison de ses tâches ecclésiales [liées au Synode de Strasbourg]. Seul l'amour de Dieu peut convertir l'égoïsme. Mais on manque de cet amour. Il faut que le Seigneur améliore cela chez [Caspar Schwenckfeld] et chez [Catherine Zell]. Au reste, l'attitude de Schwenckfeld lors du Synode ne lui a pas valu les louanges [de Catherine Zell]. Au sujet du garçon, il n'y a pas de nécessité. L'épouse de Bucer [Élisabeth] s'irrite de ce que, à Constance, son mari a trouvé le temps de prêcher, mais pas de lui écrire. Salutations à Bärbel, la parente [de Marguerite]. [2] Paul [Phrygio] a assisté au Synode de Strasbourg. Barthélemy [Fonzio] se remet [de son opération]. Salutations à la parente malade [Élsbeth].

[696←] [1] Bucer schreibt kurz; die kirchlichen Aufgaben [der Straßburger Synode] nehmen ihn in Anspruch. Eigenliebe kann nur die Liebe Gottes wenden. An ihr mangelt es. Der Herr muss es an [Kaspar Schwenckfeld] und [Katharina Zell] bessern. Ansonsten erntete Schwenckfelds Haltung bei der Synode nicht das Lob [Katharina Zells]. Im Blick auf den Jungen besteht keine Not. Bucers Frau [Elisabeth] ärgert, dass ihr Mann in Konstanz [Zeit fand] zu predigen, aber nicht, ihr einen Brief zu schreiben. Grüße an [Margarethes] Verwandte Bärbel. [2] Paul [Phrygio] wohnte unvorhergesehen der Straßburger Synode bei. Bartholomeo [Fonzio] erholt sich [von seiner Operation]. Grüße an die kranke Verwandte [Elsbeth].

[3]Die gnad v[nseres] lieben herren Iesu, mit erbietung, was ich dienen ymer meer konde, h[erz]l[iebe] muter, schwester vnd alles sampt!

[1] Ich kann nit lang ietz schreyben von wegen grosser geschefft v[nserer] kirchen[4]. Eygen gefallen[5] mag nieman dann die liebe Gottes wenden vnd
5 außschliessen. An deren manglet es, vnd wissen wyrs aber nit. Sy ist zu liebe. Wyr haben fil versuchet, aber erfaren die zeyt, ia der Herr mit der zeyt muß es besseren an ym[6] vnd yr[7]. Wyr mussen brauchen, was Gott brauchet, vnd dran bcsseren teglich, was Gott gibt. Des befleyssen wyr vnß. Sust hat sich Schvenck[feld][8] vff vnserem synodo[9] also gehalten, das sy[10] es selb nit loben
10 kan. Des iungen[11] halb hoff ich, solle es nit not haben.

---

[1] Freundin Bucers in Konstanz. Vgl. Personenindex.
[2] Die Jahreszahl fehlt. Das Jahr 1533 ergibt sich aus den Sachzusammenhängen. Vgl. unten Anm. 3, 9, 14, 23.
[3] *Konrad Hubert:* [˂]Anno 1533, 17 Junij˂.
[4] Zur Straßburger Synode vgl. oben Nr. 695, S. 247f., Anm. 10.
[5] *Konrad Hubert:* ˂φιλαντία˂.
[6] Kaspar Schwenkfeld, Spiritualist in Straßburg. Vgl. Personenindex.
[7] Katharina Zell, Ehefrau des Straßburger Predigers Matthias Zell. Vgl. Personenindex. Zu ihrer Parteinahme für Schwenckfeld vgl. MCKEE, DEFENSE OF SCHWENCKFELD.
[8] Vgl. oben Anm. 6.
[9] Kaspar Schwenckfeld diskutierte mit Bucer über dessen vorgelegte 16 Artikel auf der Synode vom Morgen des 12. Juni 1533 bis zum Mittag des 14. Juni. Vgl. das Protokoll der Synode

M[einer] frawen¹² hader ist, das sy ist ynnen worden¹³, wie ich by euch geprediget hab¹⁴ vnd aber von myr keyn brieu¹⁵ entpfangen hat. Grusset baß Berbel¹⁶ c. m.¹⁷ malen.

[2] D[ominus] Paulus¹⁸ ist by vnß vff v[nserem] synodo¹⁹ gewesen²⁰, noch aber vnversehen²¹. Ich kan ietz nit meer. D[ominus] Bar[tholomeus]²² erholet sich doch wider²³, wie kumerlich es zugoht. Gott sye mit euch ewiglich! Grusset iederman, die arm, krancke baß²⁴!

Arg[entorati], 17. Iunij.
Meyn husfraw²⁵ grusset euch m. m.²⁶ mal.

E[uer] Martin.

Adresse [S. 316]: Der christlichen iungfrawen Margred Blareryn, mey[ner] besonders lie[ben schwester] ym He[rren].

Oa AST 151 (Ep. Buc. I), Nr. 84, S. 315f. — *C Zürich ZB, S 33, 140; TB VI, S. 95.* — *P Blaurer Bw. 2, Anhang, Nr. 18, S. 798.*

(QGT 8, Nr. 384, S. 79, Z. 31 – S. 89, Z. 22) sowie Schwenckfelds *Protestacion* (Corpus Schwenckfeldianorum 4, Nr. 138, S. 788–790) und seine Stellungnahme „Auf den artickell von der obrkeit" (ebd., Nr. 140, S. 800); vgl. dazu LIENHARD, RELIGIÖSE TOLERANZ, S. 30f.

¹⁰ Katharina Zell. Vgl. oben S. 274, Anm. 7.
¹¹ Die Person konnte nicht ermittelt werden.
¹² Elisabeth Bucer. Vgl. Personenindex.
¹³ Erfahren hat.
¹⁴ Auf seiner Reise durch Süddeutschland und die Schweiz hielt sich Bucer in der letzten Aprilwoche 1533 acht Tage in Konstanz auf. Vgl. das Itinerar, oben S. XVIII.
¹⁵ Brief.
¹⁶ Die ‚Base' (= Verwandte) Bärbel: wohl die Tante oder Großmutter der Adressatin (vgl. oben Nr. 679, S. 200, Anm. 8).
¹⁷ Neunhundert. Die Zahlenangabe steht offenbar im Zusammenhang mit den ungleich höher gewichteten Grüßen von Bucers Frau an die Adressatin (vgl. unten Z. 9).
¹⁸ Paul Phrygio, Pfarrer an St. Peter und Professor für Altes Testament in Basel. Vgl. Personenindex. Nicht Paul Rasdorfer (so Blaurer Bw. 2, Anhang, Nr. 18, S. 798, Anm. 3).
¹⁹ Vgl. oben S. 274, Anm. 4.
²⁰ Zu Phrygios Anwesenheit bei der Synode in Straßburg vgl. sein Votum zur Zensur in Basel (QGT 8, Nr. 373, S. 46, Z. 33 – S. 47, Z. 2).
²¹ Dennoch aber unvorhergesehen, unerwartet.
²² Bartholomeo Fonzio, venezianischer Franziskaner. Vgl. Personenindex. Er hatte Bucer auf seiner Reise durch Süddeutschland und die Schweiz unter anderem auch nach Konstanz begleitet. Vgl. das Itinerar, oben S. XVIII.
²³ Fonzio hatte sich am 5. Juni 1533 in Straßburg einer Operation seines Leistenbruches unterzogen. Vgl. Bucers Brief an die Adressatin vom 2. Juni (oben Nr. 694, S. 245, Z. 5–9).
²⁴ Diese kranke ‚Base' (= Verwandte) ist Elsbeth, die Tante von Ambrosius Blarer. Vgl. Personenindex; oben Nr. 690, S. 235, Z. 5.
²⁵ Vgl. oben Anm. 12.
²⁶ Zweitausend. Damit werden Bucers 900 Grüße (vgl. oben Anm. 17) überboten. Wie nicht selten in der Korrespondenz mit der Adressatin wählt Bucer eine scherzhafte Ausdrucksweise.

705.
Martin Frecht[1] an Martin Bucer
Ulm, 20. Juni 1533

[673←] [1] La mort de Conrad [Sam] trouble sa joie à la lecture du rapport de Bucer sur les Églises suisses, dans sa lettre à Memmingen ; on ne saurait exprimer par des paroles la gravité de cette perte. [2] Après que Sam s'était remis de son rhume, le 27 mai, après le sermon, la main du Seigneur l'a touché. Sur le conseil du médecin, il a entrepris des promenades le matin. Lors de la troisième promenade, il est devenu pâle non loin de la maison de Frecht, auquel des voisins l'ont amené. La main du Seigneur avait désormais touché aussi son côté droit et sa langue, et il est décédé avant la troisième heure. Il a été enterré en présence de presque toute la ville, en pleurs. [3] Il faut régler sa succession. [Bernard et Georges] Besserer rentreront prochainement de cure. Frecht n'a pas encore reçu mission d'écrire à Bucer ou à [Ambroise] Blaurer au sujet d'un successeur. [Bernard] Besserer a évoqué plusieurs fois le nom de Boniface Wolfhart, mais ne croit pas pouvoir le gagner. Il le préfère à Musculus, qui est trop sévère pour Besserer. Jusqu'à présent, [Jean] Walz, Michaël [Brothag] et Frecht ont prêché le dimanche à la cathédrale ; le premier rang revient à Walz, qui est proche du peuple. Frecht souhaite que l'on se partage les cours et les prédications. [Bernard] Besserer et ses hobereaux délicats voulaient abolir soit les cultes du matin soit ceux de Sainte Cène ; il s'est fondé sur une décision du Sénat pour refuser d'engager un quatrième prédicateur, comme le voulaient les pasteurs. Ces derniers ont demandé par écrit le maintien des cultes. Ils seraient prêts à remplacer les deux cultes du matin à la 5e et à la 6e heure par un cours d'une demi-heure en allemand, mais on ne leur a pas encore répondu. Bernard Besserer a affirmé que les Strasbourgeois aussi allaient changer leurs cultes de la sorte. Selon une décision du Sénat, Sam aurait dû entreprendre la visite pastorale de la région d'Ulm campagne ; jusqu'à présent, seul un synode s'est tenu. On a arrêté l'exhortation fraternelle. La requête adressée à la Commission des Cinq est restée sans réponse. Du fait de la paresse des hobereaux, de la lassitude de la majorité du peuple et de l'exécration de l'enseignement des pasteurs par les sectaires, il est indispensable que le successeur de Sam soit instruit, pieux et inspirant le respect. [4] Frecht se renseigne sur l'impression en grec, à Strasbourg, de deux ouvrages : Jesus Sirach *et le* Livre de la Sagesse. *À Ulm, on veut instituer le Siracide en lieu d'un catéchisme pour la jeunesse. Vu les grandes divergences entre la traduction de Luther et celle de Zurich, ceux d'Ulm recommandent la publication du texte grec, en lien avec le livre de la Sagesse pour en vendre davantage. Si cela ne marche pas à Strasbourg, on se tournera vers Bâle. [5] [Conrad Hermann] a répandu des choses au sujet de Bucer qu'il prétend avoir reprises des frères d'Ulm ou d'Esslingen, ce qui n'est pas vrai. Frecht et Conrad [Sam] ont seulement exprimé le souhait que les Luthériens reconnaissent la concorde qui existe au sujet de la Cène. [6] Christophe Sigel de Bruchsal se recommande à Bucer et à Capiton. Chassé du margraviat*

---

[1] Lektor in Ulm. Vgl. Personenindex.

de Bade à cause de l'Évangile, il a fui à Strasbourg. Depuis deux mois, il se trouve chez Frecht à Ulm, et il a remplacé Conrad [Sam] ; il craint toutefois de ne pas convenir aux Souabes pour des questions de langue. Il a parlé des efforts de Capiton pour trouver des bourses ; sans doute les Strasbourgeois peuvent-ils le prendre en considération.

[673←] [1] Die Freude an Bucers Bericht über die Lage der Schweizer Gemeinden in seinem Brief an die Memminger [Nr. 689] trübt der Tod Konrad [Sams]. Die Schwere dieses Verlusts lässt sich nicht in Worten ausdrücken. [2] Nachdem Sam sich von seinem vor drei Monaten erlittenen Kopf-„Katarrh" erholt hatte, berührte ihn am 27. Mai die Hand des Herrn nach der Predigt. Auf ärztlichen Rat unternahm er nun Morgenspaziergänge. Bei seinem dritten erbleichte Sam an einem Brunnen nahe Frechts Haus, zog den linken Fuß nach und wurde von Nachbarn zu Frecht gebracht. Die Hand des Herrn hatte nach der rechten nun die linke Seite und die Zunge getroffen. Sam starb noch vor der dritten Stunde. Unter Anteilnahme und Tränen beinahe der ganzen Stadt wurde er beigesetzt. [3] Nun ist Sams Nachfolge zu regeln. [Bernhard und Georg] Besserer werden nächstens von einer Badekur zurückkehren. Frecht hat noch keinen Auftrag, wegen eines Nachfolgers an Bucer oder [Ambrosius] Blarer zu schreiben. [Bernhard] Besserer erwähnte mehrmals Bonifatius Wolfhart, glaubt aber nicht, ihn gewinnen zu können. Er zieht ihn [Wolfgang] Musculus vor, der dem nicht kritikfähigen Besserer zu streng ist. Bislang hielten [Johannes] Walz, Michael [Brothag] und Frecht die Sonntagspredigten im Münster; dabei gebührt dem volksnahen Walz der erste Rang. Frecht wünscht, dass die Vorlesungs- und Predigtaufgaben aufgeteilt werden. [Bernhard] Besserer wollte mit seinen zarten Junkern entweder die Morgen- oder die Abendgottesdienste abschaffen. Er lehnte die von den Geistlichen erbetene Anstellung eines vierten Predigers unter Berufung auf einen gegenteiligen Ratsbeschluss ab. Die Geistlichen stellten schriftlich den Antrag auf Beibehaltung der Gottesdienste. Die Prediger würden den Ersatz der beiden Vormittagsgottesdienste zur fünften und sechsten Stunde durch eine halbstündige Vorlesung auf deutsch akzeptieren, bekamen aber noch keine Antwort. Bernhard Besserer behauptete, auch die Straßburger würden ihre Gottesdienste entsprechend verändern. Sam hätte laut Ratsbeschluss eine Visitation des Ulmer Landgebietes durchführen müssen. Bislang wurde nur eine Synode abgehalten. Die brüderliche Ermahnung liegt darnieder. Die von den Zuständigen dem Fünfer-Gremium vorgelegte Bittschrift blieb unbeantwortet. Angesichts der Trägheit der Junker, des Überdrusses der Mehrheit des Volkes und des Abscheus der Sektierer gegenüber der Lehre der Prediger ist ein gelehrter, frommer und Respekt gebietender Nachfolger Sams erforderlich. [4] Frecht erkundigt sich nach dem griechischen Druck zweier Bücher, des Jesus Sirach und des Buches der Weisheit in Straßburg. In Ulm will man das Buch Jesus Sirach anstelle eines Katechismus für die Jugend einsetzen. In Anbetracht der großen Unterschiede zwischen der Übersetzung Luthers und der Zürichs schlagen die Ulmer die Publikation des griechischen Textes vor, wegen höherer Absatzchancen zusammen mit dem Buch der Weisheit. Gelingt dies nicht in Straßburg, will man sich an Basler Drucker wenden. [5] Die Beschuldigung gegen Schlupfindheck [Konrad Hermann], irgendwelche Dinge über Bucer verbreitet zu haben, die er von den Esslinger oder Ulmer Brüdern übernommen hat, entspricht nicht der Wahrheit. Frecht und Konrad [Sam]

brachten nur ihren Wunsch zum Ausdruck, die Lutheraner mögen die Eintracht erkennen, die in der Sakramentsfrage besteht. [6] Christoph Sigel aus Bruchsal empfiehlt sich Bucer und [Wolfgang] Capito. Wegen des Evangeliums aus der Markgrafschaft Baden vertrieben, floh er nach Straßburg. Seit zwei Monaten weilt er bei Frecht in Ulm und vertrat Konrad [Sam], fürchtet aber, den Schwaben sprachlich nicht Genüge leisten zu können. Er sprach von Capitos Bemühungen um Stipendien; möglicherweise können die Straßburger ihn berücksichtigen.

²Salue in Domino, venerande Bucere!

[1] Eam voluptatem, quam e literis illis tuis Memmingensibus de Helueticarum ecclesiarum statu scriptis pridie coepimus³, vt est humanarum rerum vicissitudo, non permisit synceram mors charissimi confratris nostri ⁴Chunradi⁵ hoc die⁶ communi ciuitatis et ecclesię nostrę dolore et iactura percepta. Dici enim non potest, quanto Christi ecclesię incommodo tantus eius minister in tot tamque grauibus presentis seculi turbis decesserit et veluti optimo pastore et parente orbam reliquerit nostram ecclesiam. Vt autem paucis, ego non tam animo quam manu ad scribendum moestus tanti viri exitum tibi exponam⁷:

[2] Laborauit quidem is ante tres fere menses e capitis catarro⁸, qui torturam atque os distortum apoplexię, vt tum medici diuinabant non vane, prodromon fecerat. Convalescens coeperat rursus concionari. 27ᵃ Maij⁹, cum probe concionem absoluisset et letanias susceptas iam finiret¹⁰, coepit eum Domini manus, leuiter tamen, tangere. Vnde quoque Dei gratia convaluit et ijsce diebus e consilio medicorum¹¹ ieiunus ante prandium, inscijs tamen me et fratribus, bis domum suam egrediens deambulare coepit; atque tertio idem tentans hoc die, quasi ad domum meam iturus, ad puteum illum prope ędes

---

ᵃ *gestrichen* Junij.

² *Konrad Hubert:* ⱽ1533, 20 Junijⱽ.
³ Bucers Brief an die Memminger Brüder vom 26. Mai 1533 (vgl. oben Nr. 689, S. 225–232).
⁴ *Konrad Hubert:* ⟨Mors Somij qualis⟩.
⁵ Konrad Sam, Prediger an der Barfüßerkirche in Ulm. Vgl. Personenindex.
⁶ Die Zeitangabe bezieht sich auf das Briefdatum, denn Frecht datiert in seinem Brief an Ambrosius Blarer vom 23. Juni 1533 den Todestag Sams auf den 20. Juni 1533 (vgl. Blaurer Bw. 1, Nr. 341, S. 402).
⁷ Vgl. zum Folgenden Frechts Schilderung des Todes Sams im Brief an Blarer (ebd., Nr. 341, S. 402f.).
⁸ In seinem Brief an Bucer vom 29. März 1533 berichtete Frecht, Sam leide seit acht Tagen an einem „Katarrh" und werde ein bis zwei Wochen das Haus nicht verlassen können (vgl. oben Nr. 673, S. 186, Z. 5–7).
⁹ Dienstag, 27. Mai 1533.
¹⁰ Vgl. dazu den mit „Letaney" überschriebenen Abschnitt im *Handbüchlein* der Ulmer Agende aus dem Jahr 1531 (Kirchenordnungen Ulm, S. 181–183).
¹¹ Welche Ulmer Ärzte Sam behandelten, konnte nicht ermittelt werden.

meas¹² veniens coepit totus expallescere et in bouis morem tarde post se sinistrum pedem trahere. Quod videntes vicini aliquot accurrerunt et rursus grauiter manu Domini tactum complexi in domum meam deduxerunt. Lingua et sinistro latere, quum antea e dextro laborasset, grauiter ictus ante tertiam horam¹³ leniter animam efflauit, quique eam verbis Christo suo commendare[b] non poterat. Nam prorsus ne linguam mouere valebat; spiritu haud dubie inedicibilibus gemitibus pro eo interpellante¹⁴ commendauit. Mortuus ad sepulchrum fere ab vniversa ciuitate fletibus testante bonum erga pastorem tantum animum[c] conductus fuit.

[3] Iam, optime Bucere, dispiciendum est de eo, qui in locum Chunradi nostri succedat. Vterque consul Bessererus¹⁵ in balneis¹⁶ sunt hisce diebus fortasse huc redituri. Nihil tamen mihi adhuc de ea re iniunctum, vt ad te vel Blaurerum nostrum¹⁷ scriberem de aduocando alio successore. Senior Bessererus¹⁸ nuper faciebat et crebro mentionem Bonifacij Vuolffharti¹⁹, quo tamen se potiri, vt maxime vellet, non posse, ingenue fatebatur, huncque preferre Musculo²⁰ videbatur, scilicet ob id, quod tenero et delicato correptionisque impacienti sibi plus Bonifacius placidus quam seuerus Musculus placeret²¹.

Hactenus vero ex ordine Vualtzius²², Michael²³ et ego dominicam concionem in summa ecclesia²⁴ peregimus. Michael et ego cum voce et populari dicendi facultate Vualtzio simus graciliores et magis tenues, ipsi palmam

---

[b] *gestrichen* spiritu. – [c] *gestrichen* Deum.

[12] Wo Frecht in Ulm wohnte, konnte nicht ermittelt werden. Nach Sams Tod ist Frecht wahrscheinlich in dessen Haus in die Pfauengasse am „Butzenbrunnen" gezogen. Vgl. HOFFMANN, SAM, S. 260, Anm. 76; DEETJEN, FRECHT, S. 293. Wie der vorliegende Brief zeigt, wohnte Frecht aber vor Sams Tod nicht in dessen Haus (so ebd.).
[13] Die dritte Stunde dauerte im Juni von 6.00 bis 7.30 Uhr. Vgl. GROTEFEND, ZEITRECHNUNG 1, S.184.
[14] Röm 8, 26.
[15] Altbürgermeister Bernhard Besserer und sein Sohn, Bürgermeister Georg Besserer. Vgl. Personenindex.
[16] Im Jahr 1531 kurte Bernhard Besserer in Bad Überkingen (vgl. Keidel, Reformationsakten Ulm, S. 258). Möglicherweise hat er diesen Ort auch 1533 wieder aufgesucht.
[17] Ambrosius Blarer, Prediger an St. Stephan in Konstanz. Vgl. Personenindex.
[18] Bernhard Besserer. Vgl. oben Anm. 15.
[19] Bonifatius Wolfhart, Prediger an St. Anna in Augsburg. Vgl. Personenindex.
[20] Wolfgang Musculus, Prediger an Hl. Kreuz in Augsburg. Vgl. Personenindex.
[21] Möglicherweise vermittelte der Augsburger Stadtarzt Gereon Sailer diesen Eindruck von den Augsburger Predigern bei seinem Besuch in Ulm (vgl. dazu oben Nr. 673, S. 186, Z. 2–5). Zu seinem Urteil über Musculus vgl. seinen Brief an Bucer vom 25. Juni 1532 (BCor 8, Nr. 600, S. 169, Z. 5–13).
[22] Johannes Walz, Prediger in Ulm. Vgl. Personenindex.
[23] Michael Brothag, Prediger in Ulm. Vgl. Personenindex. Zu seiner Übernahme der Predigerstelle vgl. BCor 8, Nr. 619, S. 260, Anm. 19.
[24] Die Sonntagspredigt im Ulmer Münster.

prebemus. Ego, quantum fieri posset, optarem in ecclesia nostra lectionis et concionis officia distingui neque, quod nostri facere solent, vni omnia vt ineptiori iumento imponi[25]. Berus[26] sane cum suis teneris iunckerellis[27] iam saturis et diuitibus tentabat prorsus velle aut matutinas aut vespertinas con-
5 ciones abolere neque ad supplicationem nostram quartum concionatorem assumere volebat[28], pretexens senatus consultum, quo statutum esset hoc tempore nolle Chunrado tum e suo primo morbo laboranti et Vualtzio et Michaeli quartum adiungere[29]. Nos autem oblato supplice libello[30] obstitimus, ne vel matutinę vel vespertinę conciones[31] abrogarentur; quod si
10 omnino aliquid velint abrogare, duas saltem conciones antemeridianas hora[d] quinta et sexta celebratas[32] abrogent et in harum locum lectionem theologicam, quę ad dimidiam horam vernacula est[33], substituant. Nihil autem super ea re adhuc responsi accepimus. Interim Berus quoque dicebat audiuisse se et Argentinenses idem in mutandis concionibus tentaturos, quod verum ne an
15 vanum sit ignoramus[34].

---

[d] *gestrichen* qua.

[25] Zu Frechts Vergleich des Predigers mit einem Lasttier vgl. oben Nr. 673, S. 186, Z. 8–10.
[26] Altbürgermeister Bernhard Besserer. Vgl. oben S. 279, Anm. 15.
[27] Mit „iunckeri" sind in Ulm die 14 Patrizier des Kleinen Rates gemeint. Vgl. oben Nr. 673, S. 187, Anm. 23.
[28] Vgl. das Schreiben Martin Frechts an die Ulmer Religionsverordneten betreffend der Bestellung eines vierten Predigers (StA Ulm, A Rep. 14, A [9000] 019, fol. 41r/v, o. D. [1533]).
[29] Der Ratsbeschluss konnte nicht ermittelt werden.
[30] Vgl. das Bedenken der Ulmer Prediger zum Früh- und Abendgebet, 1533 (StA Ulm, A Rep. 14, A [9000] 009, fol. 19r – 20v).
[31] In Ulm gab es am frühen Morgen eine 20-minütige Betrachtung eines Evangeliums- oder Paulustextes (vgl. Kirchenordnungen Ulm, S. 133) und zwischen 6.00 und 7.00 Uhr einen 45-minütigen Morgengottesdienst mit Psalmen, Gebeten und Lesung. Zur liturgischen Ausführung vgl. den Abschnitt „Anfang des Fru(e)bets" im *Handbüchlein* (ebd., S. 179). Um 16.00 Uhr folgte eine 30-minütige Abendpredigt. Dazu kam am Sonntag eine Nachmittagspredigt, bei der die Zehn Gebote, die Artikel des Glaubensbekenntnisses und das Vaterunser insbesondere für die Jüngeren ausgelegt wurden. Vgl. ebd., S. 133; SPECKER/WEIG, EINFÜHRUNG DER REFORMATION IN ULM, Nr. 167, S. 184.
[32] Die fünfte Stunde dauerte im Juni von 9.00 bis 10.30 Uhr, die sechste von 10.30 bis 12 Uhr. Vgl. GROTEFEND, ZEITRECHNUNG 1, S. 184. Nach der Ulmer Kirchenordnung sollte am Vormittag auch eine „predig mit vor- und nachgehenden Psalmen unnd gepetten unnd nach der morgen predig ain Lection in der hailgen schrifft" stattfinden (Kirchenordnungen Ulm, S. 133). Vgl. KEIM, REFORMATION, S. 242f.
[33] Auf Anregung Bucers und Johannes Oekolampads (vgl. ihren mit Ambrosius Blarer und Konrad Sam an Joachim Vadian verfassten Brief vom 3. Oktober 1531, BCor 6, S. 11, Z. 11 – S. 12, Z. 1) hatten die Ulmer Vorlesungen zu den biblischen Büchern (Martin Frecht) und Sprachen (Wolfgang Binthauser) eingerichtet. Binthauser wurde allerdings schon im Juni 1532 wegen Hörermangels entlassen (vgl. BCor 8, S. XVIf.). Frecht las gewöhnlich eine Stunde, zunächst lateinisch oder griechisch, dann auf deutsch. Vgl. Frecht und Sam an Bucer vom 20. Juli 1532 (ebd., Nr. 613, S. 238, Z. 17 – S. 239, Z. 8); DEETJEN, FRECHT, S. 284–287.
[34] Zu den nach wie vor unveränderten Wochentagsgottesdiensten in Straßburg vgl. RATHGEBER, STRASSBURG, S. 172–175.

Visitationem in agro Chunradus ex senatus consulto debuerat peregisse³⁵; vnam dumtaxat synodum celebrauimus³⁶. Fraterna admonitio³⁷ prorsus iacet; nam qui ad eam deputati fuerant³⁸, supplicem libellum³⁹ obtulerunt quinque viris ordinatorum locum tenentibus⁴⁰, a quibus nihil dum responsi acceperunt. Interea non conuenerunt, omnino neglecta fraterna admonitione⁴¹. Quid plura? Tanta est iunckerorum nostrorum ignauia et magna ex parte plebis nausea atque sectariorum super doctrina nostra horror⁴², vt maior esse nequeat. Hinc tu prudenter [S. 834] conijcies, quam opus habeat nostra ecclesia docto, pio et graui homine, qui fidissimi Chunradi nostri vices agat. Hęc tu cum fratribus certius et melius expendes, quam vt a me perscribi possit.

[4] Cęterum quod fratres iusserunt, vt ad te scriberem de Ecclesiastico⁴³ et libro Sapientię⁴⁴ Gręce isthic apud vos excudendo, paucis accipe. Non ignoras Ecclesiasticum a Luthero et Tigurinis redditum Germanice extare⁴⁵. Cum autem is cathechismi loco⁴⁶ in ecclesia nostra potissimum ad iuventutis ędificationem doceri posset et tanta in illis duabus versionibus videatur esse

---

³⁵ Die Ulmer Kirchenordnung von 1531 sah „villeycht zu(o) zwey oder drey jaren ain mal" (Kirchenordnungen Ulm, S. 138) eine Visitation der Landgemeinden durch eine Abordnung des Rates und einen Ulmer Prediger, insbesondere Konrad Sam als den obersten Prädikanten vor. Vgl. das Fragenverzeichnis für die Visitation auf dem Land (StA Ulm, A Rep. 14, A [9000] 012, fol. 25r/v, o. D.); vgl. dazu HOFER, REFORMATION ULMER LANDGEBIET, S. 119. Die nächste Visitation wurde allerdings erst im Jahr 1535 durchgeführt. Vgl. SPECKER/WEIG, EINFÜHRUNG DER REFORMATION IN ULM, S. 195.
³⁶ Der Ulmer Rat hatte ursprünglich die Abhaltung von zwei Synoden im Jahr beschlossen. Vgl. die Kirchenordnung von 1531 (Kirchenordnungen Ulm, S. 137). Die erste Synode fand am 20. Februar 1532 statt, die nächste erst im Jahr 1537. Vgl. ENDRISS, ULMER SYNODEN, S. 11–21; HOFER, REFORMATION ULMER LANDGEBIET, S. 118–122; KEIM, REFORMATION, S. 242; SPECKER/WEIG, EINFÜHRUNG DER REFORMATION IN ULM, S. 195.
³⁷ Vgl. dazu den Abschnitt „Von Christlichem außschliessen" in der Ulmer Kirchenordnung von 1531 (Kirchenordnungen Ulm, S. 148–152).
³⁸ Das in der Ulmer Kirchenordnung zur Ausübung der Kirchenzucht bestimmte Gremium aus vier Ratsherren, zwei Gemeindegliedern und zwei Pfarrern (vgl. ebd., S. 149).
³⁹ Die Bittschrift konnte nicht ermittelt werden.
⁴⁰ Das aus zwei Patriziern und drei Zunftherren zusammengesetzte Gremium der Fünf Geheimen. Vgl. Kirchenordnungen Ulm, S. 67; DEETJEN, FRECHT, S. 292.
⁴¹ Vgl. bereits die entsprechenden Klagen Frechts in seinem Brief an Bucer vom 20. November 1531 (BCor 7, Nr. 508, S. 42–45).
⁴² Vgl. ebd., S. 44, Z. 9f.
⁴³ Das Buch Jesus Sirach.
⁴⁴ Das Buch der Weisheit Salomos.
⁴⁵ Ein Nachdruck von Luthers 1532/33 vollendeter Übersetzung des apokryphen Buches Jesus Sirach erschien 1533 bei Hans Albrecht in Straßburg unter dem Titel *Jesus Syrach zu(o) Wittemberg verteütscht durch D. Mar[tinus] Luther* (VD 16, B 4070). – Leo Juds bereits 1529 bei Christoph Froschauer in Zürich publizierte Übersetzung der Apokryphen *Disz sind die b[ue]cher die by den alten vnder Biblische gschrifft nit gezelt sind* (VD 16, B 2684; B 2931; B 4009) ging in die Züricher Bibelausgabe ein, die Froschauer am 12. Mai 1531 publizierte: *Die gantze Bibel der vrsprüngliche(n) Ebraischen vnd Griechischen waarheyt nach auffs aller treüwlichest verteütschet*. Vgl. dazu QUACK, BIBELVORREDEN, S. 47f.
⁴⁶ Zu den Katechismen in Ulm vgl. zusammenfassend WEISMANN, KATECHISMEN BRENZ, S. 544–557.

varietas, optarent fratres, modo id tibi videatur consultum, vt Grȩce excusus[47] vna cum libello Sapientiȩ, quo liber esset vendibilior, in ecclesia nostra[e] prelegeretur, priusquam pro concione prȩdicaretur. Quod si isthic apud vos prelo excudi nequiret, Basiliensibus typographis premendus committeretur[48].

[5] Iam quod ille Schlupff jn die Heck[49] vel ab Esslingensibus vel Vlmensibus fratribus hausta de te nescio quȩ sparsisse insimulatus fuit, vt scripsisti[50], certo vanissima sunt. Nihil enim vel Chunradus vel ego cum homine contulimus, quam vt optabamus Lutheranos ita agnoscere nostram in sacramentaria caussa concordiam, vt ea re ipsa esset.

[6] Hȩc, optime Bucere, licuit ad te ocijssime scribere, quȩ pro tua facilitate in benigniorem partem suscipies. Salutant te confratres nostri. Vicissim nostro nomine isthic fratres saluta atque nos orbamque ecclesiam nostram precibus vestris Christo commendate! Cupit se tibi et clarissimo Capitoni[51] commendari Christophorus Sigel[52] Bruxellensis[53], qui nuper ex marchionatu Badensi ob euangelium Christi pulsus[54] ad vos confugerat[55]. Is nunc ad duos menses hic apud me hesit et egrotante Chunrado vicariam operam praestitit. Sed veretur ipse nobiscum, ne lingua et idiomate Sueuis possit in vrbe satisfacere. In agro nihil dum vacat. Rettulit mihi d[ominum] Capitonem vna cum fratribus totos in eo esse, vt stipendia isthic apud vos erigantur[56].

---

[e] *gestrichen* pru.

[47] Ergänze: Ecclesiasticus.
[48] Weder eine Basler noch Straßburger griechische Ausgabe der Bücher Ecclesiasticus und Sapientia (Salomonis) konnten ermittelt werden.
[49] Konrad Hermann. Vgl. Personenindex. Zur Identifikation vgl. oben Nr. 689, S. 230, Anm. 35.
[50] Vgl. Bucer an die Memminger Brüder vom 26. Mai 1533 (ebd., S. 230, Z. 15 – S. 231, Z. 2). Vgl. dazu auch Berchtold Haller an Bucer vom 28. Mai 1533 (oben Nr. 691, S. 238, Z. 5f.).
[51] Wolfgang Capito, Pfarrer an Jung-St. Peter und Propst an St. Thomas in Straßburg. Vgl. Personenindex.
[52] Christoph Sigel, zuletzt Pfarrer in Grötzingen/Durlach. Vgl. Personenindex.
[53] Bruchsal bei Karlsruhe.
[54] Da Sigel noch im November 1532 aus Grötzingen schrieb (oben Nr. 639, S. 43–45), verließ er seinen Wirkungsort wohl erst nach der nochmaligen Verschärfung des Religionsmandats am 12. Januar und 7. März 1533 (vgl. Fester, Religionsmandate, Nr. Xf., S. 324–329), welche eine dritte Exilierungswelle auslöste. Zum Hintergrund: Markgraf Philipp I. von Baden verbot Anfang/Mitte Juli 1528 den Geistlichen seines Herrschaftsbereichs, auf die altgläubigen Zeremonien zu verzichten. Daraufhin verließen einige reformatorisch gesinnte Prediger die Markgrafschaft. Die Verschärfung der Bestimmung am 13. Juni 1531 (ebd., Nr. VIIIf., S. 320–324) führte zu weiteren Auswanderungen evangelischer Prediger. Vgl. BCor 7, Nr. 565, S. 343, Z. 1–5; ebd., Nr. 567, S. 353, Z. 4–8; KATTERMANN, KIRCHENPOLITIK PHILIPPS I., S. 64, 89–94.
[55] Sigel hatte sich nach seiner Exilierung nach Straßburg gewandt. Vgl. Bucer an Schwebel bald nach dem 22. März 1533 (oben Nr. 670, S. 180, Z. 13–15).
[56] Auf Vorschlag der protestantischen Mitglieder des Thomaskapitels wurden die ehemaligen Mess- in Studienstipendien umgewandelt. Vgl. KNOD, STIFTSHERREN ST. THOMAS, S. 4f. Vgl. dazu Bucers Plan, in Straßburg eine Predigerschule zu errichten (oben Nr. 700, S. 262, Z. 4–6).

Quaeso, si hic apud nos suo fraudaretur voto, vt saltem eius apud vos, si fieri possit, ratio habeatur. Iterum vale in Domino, qui te nobis saluum diu conseruet!

Raptim ex medijs doloribus, 20 Junij 1533.

Martinus Frechtus tuus ex animo.

[Adresse fehlt!]

O *AST 156 (Ep. s. XVI, 3), Nr. 345, S. 833f.* — C *Zürich ZB S 33, 142; Ulm StB, ms. 9855, fol. 43v–45r.*

706.
Heinrich Slachtscaef[1] an Martin Bucer
Wassenberg, [vor 21. Juni 1533][2]

[1] La distance entre leurs lieux d'activité rend une correspondance difficile, mais permet la lecture d'ouvrages. Slachtscaef a vu naître des intrigues du mal chez des pasteurs de Hesse et de Saxe ; que Bucer les exhorte, eu égard à la proximité du Seigneur. Il faut abandonner titres et honneurs, et purifier le monde par la folie. Quiconque veut prêcher l'Évangile du Christ et non pas celui de Luther, de Bucer ou des Anabaptistes ne peut rester longtemps en un lieu ; il lui faudra endurer sueurs et veilles, et il devra aller son chemin malgré la persécution des loups. C'est ainsi que le Seigneur a arraché Slachtscaef à plusieurs reprises, notamment à Aix-la-Chapelle. [2] Slachtscaef a survolé les écrits de Bucer sur le Nouveau Testament et sur le Psautier ; il voit chez Bucer du talent, mais il accorde plus d'importance à la douceur, l'attitude de Jésus. Le Seigneur a institué Luther pour maudire la bête aux trois cornes [la papauté]. Œcolampade a semé avec joie dans le Seigneur. Que chacun fasse fructifier son talent et, sans provoquer de scandale, vienne en aide à ceux qui errent ! Slachtscaef a été choqué par les méchantes imprécations de Luther [contre les pasteurs de Francfort ?]. La crainte de Dieu faiblit ; comme le Père n'est pas accablé de prières, les sectes et les ouvrages affectés naissent ; mais on néglige ce qui est saint. Slachtscaef, qui vieillit, ne veut plus assister au spectacle des chefs des partis qui déchirent l'Évangile. Il s'agit là de questions spécieuses, et non pas du Christ. [3] Que Bucer n'accorde pas trop d'importance

---

[1] Prediger in Wassenberg. Vgl. Personenindex.
[2] Tag, Monat und Jahreszahl fehlen. Bei der Adressenangabe (vgl. unten S. 288, Anm. 50) ist von anderer Hand hinzugefügt: „Responsum est 21 Junij anno 1533". Demzufolge hat Slachtscaef den Brief vor dem 21. Juni 1533 verfasst. Ein Antwortschreiben Bucers konnte nicht ermittelt werden.

au baptême des enfants : c'est ce que le Seigneur a montré à Slachtscaef, qui n'a pas fait baptiser son enfant ; cela lui vaut d'être méprisé et chassé de lieu en lieu avec sa femme et son enfant. Le monde aime ce qui est sien, savoir le baptême des enfants. La Cène et le baptême vont mal, notamment chez les Luthériens. Chez les anabaptistes, le baptême est serviteur de la lettre. [4] À Münster [en Westphalie], la cause de l'Évangile fleurit. Les deux prédicateurs, Bernard [Rothmann] et Henri [Roll] aus Grave, mettront un terme au baptême des enfants. [5] Ce qui compte, ce sont l'amour du prochain et la vénération de Dieu, et non l'intelligence et la science boursoufflée. Peu de gens ont compris la parabole du chas de l'aiguille. Ce qui est utile, ce n'est pas l'intelligence de Cicéron et de nombreux livres, mais un cœur brisé, qui supporte les méchants avec douceur. [6] Que les Strasbourgeois examinent l'opuscule joint et l'impriment s'il leur plaît !

[1] Die Distanz der Wirkungsorte macht zwar eine Korrespondenz schwierig, erlaubt aber die Lektüre von Büchern. An die 15 Tage vom Geist bewegt, sah Slachtscaef Ränke des Bösen bei den Predigern in Hessen und Sachsen auftauchen. Bucer soll sie angesichts der Nähe des Herrn ermahnen. Titel und Ehren sind zu verabschieden, die Welt ist mit Torheit zu reinigen. Wer das Evangelium Christi und nicht das Luthers, Bucers oder der Täufer predigen will, der kann nicht lange an einem Ort bleiben. Er wird Tag und Nacht Schweiß und Wachen erdulden und wird von Wölfen verfolgt, aber ungesehen durch sie hindurchgehen. So hat der Herr Slachtscaef wiederholt herausgezogen, insbesondere in Aachen. [2] Slachtscaef überflog Bucers Arbeiten zum Neuen Testament und zum Psalter. Er attestiert ihm Begabung, doch höheren Wert genießt bei ihm mittlerweile die Sanftmut, die Haltung Jesu. Der Herr setzte Luther ein, um das Tier mit den drei Spitzen [den Papst] zu verfluchen. Oekolampad säte freundlich im Geist. Jeder wuchere mit seinem Talent und helfe, ohne Anstoß zu erregen, den Irrenden. Slachtscaef nahm Anstoß an Luthers grimmigen Verwünschungen [der Frankfurter Prediger?]. Die Gottesfurcht hat noch keine Kraft. Weil der Vater nicht mit Bitten bedrängt wird, entstehen Sekten und erkünstelte Bücher; das Heilige aber wird vernachlässigt. Der alternde Slachtscaef will nicht mehr mitansehen, wie die Häupter der Parteien das Evangelium zerfleischen. Es geht um spitzfindige Fragen; von Christus ist nicht die Rede. [3] Bucer soll der Kindertaufe nicht zuviel Bedeutung zumessen. Dies zeigte der Herr Slachtscaef an, der daraufhin sein eigenes Kind nicht taufen ließ, das deshalb mit seiner Mutter geschmäht und von Ort zu Ort verjagt wird. Die Welt liebt das Ihre, die Kindertaufe. Um Abendmahl und Taufe steht es schlecht, vor allem bei den Lutheranern. Bei den Wiedertäufern ist die Taufe Diener des Buchstabens. [4] In Münster blüht die Sache des Evangeliums. Die beiden Prediger, Bernhard [Rothmann] und Heinrich [Roll] aus Grave, werden hoffentlich die Kindertaufe einstellen. [5] Als Maßstab gelten Nächstenliebe und Gottesverehrung, nicht Intelligenz und aufgeblasenes Wissen. Nur wenige haben das Gleichnis vom Nadelöhr verstanden. Was nötig ist, sind nicht die Begabung Ciceros und viele Bücher, sondern ein gebrochener Sinn, der die Bösen mit Sanftmut duldet. [6] Die Straßburger sollen das beiliegende Büchlein beurteilen und bei Gefallen drucken lassen.

Gratia, pax et misericordia a Deo Patre et Domino nostro Jesu Christo dilecto meo fratrj Bucero!

[1] Benedictus pater misericordie, quj nos eripuit ex hoc seculo malo! Frater, multum desiderat animus meus gaudere cum fratribus in epulis non pereuntibus[3]. Cum igitur ob interualla locorum vix datur mutuis litteris nos agnoscere, librorum lectione interdum datur. Dudum sedi in quodam salario[4] ad 15 dies et collegi nonnihil a spiritu motus. Video enim sensim emergere astucias[a] illius mali, maxime inter praecones verbi Hessie et Saxonum regionum; dolent id nobiscum sanctorum ecclesie[5].

Ad te igitur ego ad senium jam vergens[6] clamo, vt non desinas die et nocte eos monere, hortarj cum omnj auctoritate ac animj humilitate. Obliuiscere tuj et vrge negotium Dominj! Dominus enim prope est ad reddendum vnicuique juxta laborem[7]. Valeant nobiscum tituli, nomina, honores! Stulti simus oportet, purgamentum mundi[8]. Quj non accipit crucem suam quottidie, non me dignus[9]; qui non renunciat omnibus, non me dignus[10]; quj non odit patrem, animam suam, non potest meus esse dis[cipulus][11]. Heus, frater mj, quicunque vult praedicare euangelium Christi, non Lutherj, non Bucerj, non anabaptistarum[12] et si quj alij fuerint, non perseuerabit diu in vno loco[13]. Nocturna et diurna opera sudores, vigilias expendet, fauces luporum peruadet[14], per medium illorum persequentium transibit inconspicuus, sicut et me Dominus bis, ter extraxit, maxime in Aquisgrano[15].

---

[a] *zuerst* astacias.

[3] Vgl. Lk 22, 15f.
[4] Mit der sachlich unklaren Wendung könnte Slachtscaef eine Haft (in einem ursprünglichen Salzlager?) bezeichnen, z.B. wäre an Aachen oder Odenkirchen zu denken. Vgl. BOCKMÜHL, HEINRICH VON TONGERN, S. 286, Anm. 3; CORNELIUS, MÜNSTERISCHER AUFRUHR 2, S. 244.
[5] Zu den Wassenberger Prädikanten vgl. REMBERT, WIEDERTÄUFER JÜLICH, S. 302–305.
[6] Slachtscaef war dem Alter des Senex (ab 60 Jahre) nahe, also vermutlich in den Fünfzigern (vgl. unten S. 286, Z. 17).
[7] Vgl. Ps 62, 13; Mt 16, 27; Röm 2, 6; Apk 22, 12. Zu Slachtscaefs Naherwartung vgl. seine Schrift *Troistbrief und christlige ermanongh an die christeligh gemeynde zu Süsteren*, 1533 (BOCKMÜHL, HEINRICH VON TONGERN, S. 298–302).
[8] Vgl. I Kor 4, 10.13.
[9] Mt 10, 38.
[10] Vgl. Lk 14, 33.
[11] Lk 14, 26.
[12] Vgl. I Kor 1, 12f. Slachtscaef wandte sich zwar gegen die Kindertaufe, trat aber nur für die Erwachsenen- und nicht für die Wiedertaufe ein. Vgl. BOCKMÜHL, HEINRICH VON TONGERN, S. 287, Anm. 4.
[13] Zu Slachtscaefs häufigem Wechsel seines Aufenthaltsortes vgl. den Personenindex.
[14] Vgl. Mt 10, 16; Lk 10, 3; Act 20, 29.
[15] In Aachen hatte sich Slachtscaef der obrigkeitlichen Aufforderung, ihn gefangen zu nehmen (April 1533), entziehen können. Vgl. HANSEN, WIEDERTÄUFEER AACHEN, S. 295–297; REMBERT, WIEDERTÄUFER JÜLICH, S. 306.

[2] Frater, paululum audi me! In hoc laborat spiritus meus, vt dilectos meos moneam. Percurrj operas tuas in Nouum Testamentum[16], deinde in Psalterium[17], vbi alium virum induisti[18]. Jngenio polles, sed interim magis valet apud me spiritus placidus, is affectus, quj fuit in Christo Jesu. Frater, posuit dominus Lutherum ad maledicendum bestie tricuspidę[19]. Desideratur in illo jam animus placidus, sed Dominj est. Ecolampadius[20] temporj seruit[21], comis in spiritu. Quem Dominus contempserit, nemo corrigere potest[22]. Quisque suo talente studiose vsuras faciat[23]; nemo murmuret, sed admoneat, subleuet errantem[24]. Nullam demus offensionem[25].

Spiritus meus plus offensionis tulit a Luthero, cum legerem illius diras execrationes in confratres vestros[26], jmo nequibam perlegere. Absit a spiritu meo hujusmodj tyrannis! Jnterea dolenter fero preciosam margaritam apud illos sic conculcarj[27]. Illud dico, quod timor jlle Dej Patris adhuc apud nos non viget. Nomen habemus, quod viuimus, sed non vigilamus[28], precibus Patrem non interpellamus[29]. Hinc sectis vndique obruimur; copia librorum facticiorum vbique scatet; sacra negliguntur. Oro Dominum meum, vt tollet me a vita, siquidem senio vicinus[30], ne videam sectarum auctores vltra euangelium Christj dilacerare. Mirandę Satanę illius technę[31]! Quisque suum habet auctorem velut Deum. Non Christum annunciant, sed certas emunctas et fictas quaestiunculas. Qui illas voluerit recipere, statim albo illorum ascribitur; Christj nulla mentio.

---

[16] Zum Neuen Testament hat Bucer bislang folgende Schriften publiziert: *Enarrationum in evangelia Matthei, Marci et Lucae libri duo* (BUCER BIBLIOGRAPHIE, Nr. 22, S. 46f.; VD 16, B 8871); *Epistola D. Pauli ad Ephesios* (BUCER BIBLIOGRAPHIE, Nr. 25, S. 48f.; VD 16, B 5105); *Ennaratio in Evangelion Johannis* (BUCER BIBLIOGRAPHIE, Nr. 32, S. 52f.; VD 16, B 8870; BOL 2); *Enarrationes perpetuae in sacra quatuor evangelia* (BUCER BIBLIOGRAPHIE, Nr. 39, S. 56f.; VD 16, B 8872).
[17] Bucers Psalmenkommentar. Er erschien im September 1529 (BUCER BIBLIOGRAPHIE, Nr. 37, S. 55; VD 16, B 3145; HOBBS, PSALMS' COMMENTARY) und in zweiter verbesserter Auflage im März 1532 (BUCER BIBLIOGRAPHIE, Nr. 49, S. 62; VD 16, B 3150; HOBBS, PSALMS' COMMENTARY). Vgl. dazu oben Nr. 630, S. 47, Anm. 8.
[18] Gemeint ist Christus; vgl. Röm 13, 11–14 und unten S. 287, Anm. 42.
[19] Anspielung an die dreigliedrige Papstkrone (Tiara), welche den universalen Machtanspruch ihres Trägers demonstriert. Vgl. ENGELS, TIARA.
[20] Johannes Oekolampad, verstorbener Antistes von Basel. Vgl. Personenindex.
[21] Vgl. I Kor 3, 6.
[22] Sir 7, 14.
[23] Vgl. Mt 25, 14–30.
[24] Vgl. Phil 2, 14.
[25] Vgl. II Kor 6, 3.
[26] Zu Luthers Kritik an den Frankfurter Predigern vgl. Bucers Brief an Margarethe Blarer (oben Nr. 659, S. 132, Z. 8 – S. 133, Z. 2).
[27] Vgl. Mt 7, 6.
[28] Vgl. Lk 12, 37.
[29] Vgl. Mt 18, 19.
[30] Vgl. oben S. 285, Anm. 6.
[31] Vgl. Eph 6, 11.

[3] Jllud et te, frater, admonitum volo, ne tantum tribuas baptismo jnfantium³². Scio per Dominum illud, qui jndicauit mihi spiritu patenti, neque prolem meam ob id ausus sum tingere aqua³³. Hinc ipsa cum matre maledicitur, eijcitur de loco ad locum, quo et jnfantes testimonium ferant veritati. Mundus enim diligit, quod suum est, id est baptismum infantium. Hinc, amice, te obsecro, ne repugnes veritati.

Valde male se habet res euangelica^b apud multos, maxime circa ordinem istorum duorum, cene et baptismj, sed apud Lutheranos pessime. Apud anabaptistas, vt intelligo, adhuc baptismus seruus est litterę³⁴.

[4] Apud Monasterium in Westfalia³⁵ etiam vigere cepit res Christi. Duo praecones ingenio et spiritu pollentes, Bernardus³⁶ et Henricus de Grauia³⁷, spero, seponent in posterum paruulorum baptismum. Henricus mecum nouit rem se ita habere.

[5] Preterea, frater mj, oportet nos omnia charitate proximj et Dej religione metirj, non ingenio, non inflata scientia, non alte sentientes, sed humilibus obsecundantes³⁸. O quam pauci adhuc nouerunt, quid Dominus indicare vult nobis sub similitudine^c foraminis acus³⁹! Huc non garrula lingua, non ingenium Cyceronis^d ⁴⁰, non copia librorum nostrorum, sed animus fractus, quj nihil de se sentiat, jn timore Dej plane mortuus, quj malos nouit tolerare cum omnj mansuetudine, non turbatur, etsi omnes maledicant, sua carpant, iniuriam faciant. Non ignem e celo postulat^e, vt Joannes, Jacobus⁴¹, sed spiritum Christi jnduit⁴². Jd est sabbatum Dominj sanctificare⁴³.

[6] Festinat nuncius⁴⁴. Breuj, frater, postulo judicium tuum⁴⁵ cum vestris fratribus super hoc meo libello⁴⁶ festinanter per quemdam meum fratrem

---

^b *zuerst* euangelij. – ^c *O* similitudinem. – ^d *zuerst* ceceronis. – ^e *zuerst* postulant.

³² Zu Bucers Haltung zur Kindertaufe vgl. seine Apologie gegen Pilgram Marbeck von Mitte Dezember 1531 (QGT 7, Nr. 296, S. 395–411); vgl. dazu HAMMANN, BUCER, S. 171–175; LANG, EVANGELIENKOMMENTAR, S. 220–236.
³³ Frau und Kind Slachtcaefs konnten nicht ermittelt werden.
³⁴ Hier kritisiert Slachtscaef offensichtlich eine täuferische Haltung, die strikt auf die Wiedertaufe von bereits als Kinder Getauften bestand und sich dabei auf den Wortlaut des Taufbefehls berief.
³⁵ Münster in Westfalen.
³⁶ Bernhard Rothmann, Prediger und Täuferführer in Münster. Vgl. Personenindex. Auf seine Aufforderung hin wandte sich Slachtscaef nach Münster. Vgl. REMBERT, WIEDERTÄUFER JÜLICH, S. 308, Anm. 1.
³⁷ Heinrich Roll, Prediger in Münster. Vgl. Personenindex.
³⁸ Vgl. Röm 12, 16.
³⁹ Mt 19, 24.
⁴⁰ Marcus Tullius Cicero, römischer Redner und Politiker. Vgl. Personenindex.
⁴¹ Vgl. Lk 9, 54.
⁴² Vgl. Röm 13, 14.
⁴³ Vgl. Ex 20, 8; Dtn 5, 12; Jer 17, 27; Ez 20, 20.
⁴⁴ Der Bote konnte nicht ermittelt werden.
⁴⁵ Vgl. oben S. 283, Anm. 2.

excriptum⁴⁷, sed in fine manu mea signatum. Non quod edere volo expensa mea, nihil habeo, sed si tibi videtur, excudatur et emendatur; dirigatur sententia ad locum et seruiat monitio mea ministris verbj Dej, vtcunque potest.

Vale ex Wassenborch⁴⁸ apud Juliacos prope Coloniam!

Henricus Slachtscaef a Tongerj⁴⁹.

Adresse [S. 526]: Fideli nostro fratrj in verbo et doctrina studiose laboranti apud Argentinos, Martino Buchero suo, per Rhenum ad manum propriam [ami]ce directum epistolium. H[enricus] Sl[achtscaef] T[on]g[erus]⁵⁰.

Oa AST 40 (21, 1–2), Nr. 22k, S. 525f. — C TB VI, S. 103. — E Cornelius, Münsterer Aufruhr 2, S. 348f.; Rembert, Wiedertäufer Jülich, S. 305f. — P Bockmühl, Heinrich von Tongern, S. 286–290; Pollet, Bucer Documents, Nr. 2, S. 8–10; QGT 8, Nr. 372, S. 33–35.

---

⁴⁶ Das Buch konnte nicht ermittelt werden. Möglicherweise ist es Slachtscaefs „Trostbrief" (oben S. 285, Anm. 7). Vgl. REMBERT, WIEDERTÄUFER JÜLICH, S. 355–357.
⁴⁷ Der Kopist konnte nicht identifiziert werden.
⁴⁸ Wassenberg im Herzogtum Jülich.
⁴⁹ Tongeren (Tongres), nordwestlich von Lüttich.
⁵⁰ *Andere Hand:* Responsum est 21 Junij anno 1533.

707.
Gereon Sailer¹ an Martin Bucer
Augsburg, 22. Juni 1533

[1] [À Augsbourg,] il y a des machinations si terribles que Sailer veut les passer sous silence. Si ceux qui sont concernés n'en parlent pas, on peut s'interroger sur leurs intentions. Le Sénat mésuse de l'Évangile pour apaiser le peuple. Certains prédicateurs ont, sans doute, revêtu la nature divine, en formant des récipients différents à partir du même argile – la lettre [de la Bible] ; le peuple ne peut pas en juger correctement, mais il a des soupçons. De ces nuages sortiront des éclairs de perdition. Chaque jour se lèvent dispute et sédition. [Le Sénat] embauche des soldats, redoutant quelque chose de grave après avoir découvert une lettre de menaces. Celui qui s'engage ouvertement pour l'honneur de Dieu passe pour séditieux. Sailer reste spectateur de ce qui pour lui est à la fois une comédie et une tragédie, le début et la fin

---

¹ Augsburger Stadtarzt. Vgl. Personenindex.

paraissant fatals. Que Bucer avertisse Capiton, Hédion et Barthélemy [Fonzio] du danger des faux frères. [2] Sailer demande des nouvelles sur le Synode de Strasbourg et recommande à Bucer et à Capiton [Timothée et Ambroise Jung?] ; il leur enverra bientôt d'autres personnes. Si la peste le permet, ils se rendront à Bâle. Sailer voudrait acquérir les dialogues de Bucer [Fürbereytung zum Concilio]. Salutations à [Jean] Hechtlin, à Théobald [Nigri] et surtout à Symphorien [Altbiesser]. P. S. Sailer serait surpris de ce que Bucer ne reçoive pas de lettre [des prédicateurs] d'Augsbourg.

[1] [In Augsburg] sind die hinterhältigen Machenschaften so schrecklich, dass Sailer sie übergehen wird. Wenn die, denen vor allem daran gelegen ist, nichts davon schreiben, stellt sich die Frage nach deren Absicht. Der Rat missbraucht das Evangelium, um das Volk zu beruhigen. Einige Prediger zogen wohl die Natur Gottes an, indem sie aus demselben Lehm, d. h. aus demselben Buchstaben [der Bibel], unterschiedliche Gefäße formen. Das Volk kann dies noch nicht genau beurteilen, hegt aber Verdacht. Aus solchen Wolken werden Blitze des Verderbens kommen. Täglich erheben sich Streit und Aufruhr. [Der Rat] stellt Soldaten auf, fürchtet er doch nach dem Fund eines Drohbriefes Schlimmes. Wer sich öffentlich für die Ehre Gottes einsetzt, gilt als Aufrührer. Sailer spielt den Zuschauer bei diesem Stück, das Komödie und Tragödie zugleich ist, da sowohl Anfang als auch Ende verhängnisvoll erscheinen. Bucer soll [Wolfgang] Capito, [Kaspar] Hedio und Bartholomeo [Fonzio] auf die Gefährlichkeit falscher Brüder hinweisen. [2] Sailer bittet um Informationen über die Straßburger Synode und empfiehlt Bucer wie Capito seine [Zieh]söhne [Timotheus und Ambrosius Jung?]; er will weitere schicken. Lässt es die Pest zu, sollen sie nach Basel aufbrechen. Bucers Dialoge [Furbereytung zum Concilio] will er gerne erwerben. Grüße an [Johannes] Hechtlin, Theobald [Nigri] und vor allem Symphorianus [Altbiesser]. P.S. Sailer würde sich wundern, wenn Bucer keine Post von den Augsburger [Predigern] erhielte.

² ˂ᵛSalue˂, optime mi Bucere!
[1] Tanta tamque horrenda insidiarum facinora essent ad te scribenda, vt omnino statuerim, id quod etiam pręstabo, nihil scribere. Quod sj hj, quorum hoc precipue jnterest, nihil scribunt³, miror quid et quo spectent⁴.

Senatus misere euangelio ad sedandos vulgi affectus abutitur, vt vix credam euangelium esse doctrinam fidej, sed alioqui persuasionem aliquam,

---

² *Konrad Hubert*: ˂ᵛGeryon Bucero, 1533, 22 Junii ᵛ˂.

³ Die von uns ermittelte Augsburg-Korrespondenz Bucers gilt vor allem den dortigen Predigern, die Sailer durchaus kritisch beurteilte (vgl. BCor 7, S. XV). In seinem Brief an Wolfgang Capito vom 26. Mai 1533 macht Sailer den Augsburger Prediger Michael Keller für das Schweigen verantwortlich (vgl. AST 157, Nr. 171; MILLET, CORRESPONDANCE CAPITON, Nr. 510, S. 170). Dieses Schreiben ergänzt das vorliegende Dokument im Blick auf die Augsburger Verhältnisse. Darin bittet Sailer Capito, es Bucer zur Kenntnis zu geben (ebd., S. 170).

⁴ Innerhalb der von uns ermittelten Korrespondenz ließen sich keine entsprechenden Briefe aus Augsburg nachweisen. Zur Lage vgl. Kaspar Huberinus an Luther vom 20. Juni 1533 (WA Bw. 6, Nr. 2030, S. 492–494); Luther an Hans Honold vom 21. Juli (ebd., Nr. 2039, S. 507–509) sowie Theobald Nigri an Wolfgang Musculus vom 8. Juli (POLLET, BUCER 2, S. 252, Anm. 9).

qua Cicero⁵ aliquis Romanus vulgj animos regit⁶. Predicatores aliquot videntur Dej naturam jnduisse, quod soleant ex eodem luto atque adeo eadem litera plura etiam sibj diuersa vasa componere⁷. Plebs, etsi non admodum exacto judicio hec possit perpendere, jncipit tamen male de vtrisque ominarj nobis suspitionis malę causam abunde prebentibus. Sj res tantę bene cesserint, ego lubens videbo, sed non possum credere ex istis nubibus non ventura nocentissima fulmina.

Res horrendę seditionum plenae et novę apud nos quottidie oriuntur. Milites constituuntur; plebs contra se fierj putat. Literę minaces reperiuntur⁸; senatus jnde quid malj suspicatur⁹. Nos jnterim nostra agimus, edimus et bibimus¹⁰ etc. Sj vnus et alter honorj diuino, etiam pro publico munere jntendit, seditiosus est.

Ego jn hac fabula plane spectatorem agam. Timeo non ludj commediam, sed tragoediam, jmmo vtrumque ludum mihi videre videor, quod jnitium juxta et finis videantur funesta¹¹. Satis hac de re! Scribant hj, quibus jncumbit, nisj non jncumbat honor diuinus. Capitonj¹² et Hoedionj¹³ atque Bartholomeo¹⁴ hec dicas: Periculum est jn falsis fratribus¹⁵.

---

⁵ Marcus Tullius Cicero, römischer Redner und Politiker. Vgl. Personenindex.

⁶ Der Augsburger Rat befürwortete mehrheitlich die Einführung der Reformation. So hatte er in seinem Schreiben vom 13. Mai 1533 an den Augsburger Bischof Christoph von Stadion dessen Finanzzuweisung von Reformen an zwölf „unchristlichen" Punkten abhängig gemacht, darunter Heiligenfürbitte, Ohrenbeichte, Communio sub una specie, Bilderverehrung, altgläubiger Messritus, Prozessionen und Zölibat. Als der Bischof aber auf die Legitimierung des status quo durch Konzilien und kaiserliche Gesetzgebung verwies und an die Selbstverpflichtung des Augsburger Rates in dessen Schreiben an den Kaiser vom 13. November 1530 erinnerte, schlug der Rat einen vorsichtigeren Kurs ein. Ein Teil der Bürgerschaft, darunter offensichtlich auch Sailer, wertete dies als allzu nachgiebige Haltung. Vgl. ROTH, AUGSBURGS REFORMATIONSGESCHICHTE 2, S. 112–120; WOLFART, AUGSBURGER REFORMATION, S. 38–41.

⁷ Vgl. Röm 9, 21. Die Augsburger Prediger riefen angesichts des drohenden Aufruhrs (vgl. die nachfolgende Anm. 8) zwar zu Ruhe und Ordnung auf, setzten sich aber mit durchaus deutlichen Worten für die Durchführung der Reformation ein. Vgl. ROTH, AUGSBURGS REFORMATIONSGESCHICHTE 2, S. 124f.; WOLFART, AUGSBURGER REFORMATION, S. 42.

⁸ In einem auf der Perlachstiege in Augsburg aufgefundenen, dem Rat am 17. Juni 1533 übergebenen Brief droht der Verfasser, 2.000 Augsburger würden die Reformation gewaltsam einführen, wenn der Rat nicht umgehend gegen die altgläubigen Riten und Kleriker vorgehe. Vgl. ROTH, AUGSBURGS REFORMATIONSGESCHICHTE 2, S. 123; WOLFART, AUGSBURGER REFORMATION, S. 41f.

⁹ Der Augsburger Rat warb 600 Söldner an, die sich drei Wochen lang zur Verhütung von Aufruhr in der Stadt aufhielten. Der Verfasser des Drohbriefs konnte trotz einer ausgesetzten Belohnung in Höhe von 1.000 Gulden nicht ermittelt werden. Vgl. KROON, AUGSBURGER REFORMATION, S. 63, Anm. 16; ROTH, AUGSBURGS REFORMATIONSGESCHICHTE 2, S. 123f.; WOLFART, AUGSBURGER REFORMATION, S. 41f.

¹⁰ Vgl. Jes 22, 13; I Kor 15, 32.

¹¹ Während die antike Komödie idealtypisch bei misslichen Zuständen beginnt, über die der Held schließlich triumphiert (vgl. ZIMMERMANN, GRIECHISCHE KOMÖDIE, S. 41–43), endet die Tragödie in einer Katastrophe, die freilich auch eine reinigende Lösung bedeuten kann (vgl. DERS., TRAGÖDIE).

¹² Wolfgang Capito, Pfarrer an Jung-St. Peter und Propst an St. Thomas in Straßburg. Vgl. Personenindex.

[2] Synodj vestrae acta[16] scire cupio. Saluta amicos! Tibj et Capitonj atque adeo omnibus filios meos[17] commendo; mittam propediem alios. Volo eos Basileam adhuc proficiscj, nisj pestis cogat[18]. Dialogos per te edendos[19] libenter soluerem. Hochtellum[20] et Theobaldum[21] et cum primis Simphorianum[22] saluere iubeo. Vale et me ama[23]!

Auguste, XXII Junij, anno MDXXXIII.

Geryon tuus.

<Sj nostrj ad vos hoc tempore non scribunt, miror. Non deest enim vberrimus necessaria scribendj campus<.

Adresse [S. 386]: Martino Bucero, theologo praestantiss[imo] atque amico insigniter amando.

Oa AST 157 (Ep. s. XVI, 4), Nr. 172, S. 386f. — C Zürich ZB, S 33, 144; TB VI, S. 99.

---

[13] Kaspar Hedio, Prediger am Straßburger Münster. Vgl. Personenindex.

[14] Bartholomeo Fonzio, venezianischer Franziskaner. Vgl. Personenindex. Fonzio war zunächst von Venedig nach Augsburg geflohen. Dort lernte er Sailer kennen, der ihn sehr schätzte. Vgl. Sailers Brief an Bucer vom 10. September 1531 (BCor 6, Nr. 462, S. 112, Z. 8 – S. 114, Z. 15). Fonzio war im Juli 1532 bei Bucer in Straßburg eingetroffen und begleitete ihn auf seiner Reise durch Süddeutschland und die Schweiz. Vgl. das Itinerar, oben S. XVIII.

[15] II Kor 11, 26.

[16] Die Straßburger Synode fand vom 3. bis 14. Juni 1533 statt. Vgl. zu ihr oben Nr. 695, S. 247f., Anm. 10.

[17] Gemeint sind wohl Timotheus und Ambrosius Jung d. J., Söhne des Augsburger Stadtarztes Ambrosius Jung d. Ä., die in Straßburg von Bernhard [N.] erzogen wurden. Sailer grüßt sie in seinem Brief an Capito vom 26. Mai 1533 (AST 157, Nr. 171; MILLET, CORRESPONDANCE CAPITON, Nr. 510, S. 170).

[18] In der von HATJE, LEBEN UND STERBEN BASEL, S. 161 erstellten Liste sind für Basel zwischen 1526 und 1538 keine Pestepedemien verzeichnet.

[19] Vgl. Bucers *Furbereytung zum Concilio*, August/September 1533 (BDS 5, S. 259–360; BUCER, BIBLIOGRAPHIE, Nr. 59, S. 66f.).

[20] Johannes Hechtlin, Prediger an Alt-St. Peter in Straßburg. Vgl. Personenindex.

[21] Theobald Nigri, Pfarrer an Alt-St. Peter in Straßburg. Vgl. Personenindex.

[22] Symphorianus Altbiesser, Prediger an der Kirche *Zu den guten Leuten* in Straßburg. Vgl. Personenindex.

[23] Vgl. Marcus Tullius Cicero, Epistulae ad familiares, lib. 15, epist. 19, par. 4.

708.
Melchior Ambach[1] an Martin Bucer
[Neckar]steinach, 22. Juni 1533

[1] La lettre de Bucer a réjoui Ambach. Elle montre qu'il ne l'a pas oublié et que les ennemis de la vérité ont été réduits au silence ; si Bucer tient bon et demeure ferme, il vaincra. [2] Ses explications ont affermi [Hans Landschad von Steinach, le seigneur de] Stambach sur le chemin de la vérité ; [Landschad] remercie Dieu que, par un hasard céleste, il ait pu être témoin d'une discussion de Bucer [avec les dissidents, lors du Synode de Strasbourg ?]. Si les adversaires que Bucer a évoqués se sont opposés à la vérité par conviction, c'est parce que la [furie] infernale Alecto les y a poussés ; que le Seigneur ait pitié d'eux et les ramène dans l'Église ! [3] Que Bucer lui signale les publications éventuelles sur le Synode [de Strasbourg], afin qu'il puisse s'opposer aux apôtres du diable par la vérité. Que Bucer ou un autre [prédicateur strasbourgeois] vienne effectuer une visite pastorale. Salutations d'Ambach et de son épouse à l'épouse de Bucer [Élisabeth].

[1] Ambach freute sich über Bucers [nicht ermitteltes] Schreiben. Es zeigt, dass er nicht vergessen und die Feinde der Wahrheit zum Schweigen gebracht wurden. Hält Bucer durch und bleibt er hart, wird er siegen. [2] Seine Ausführungen stärkten Ambachs [Dienstherrn Hans Landschad von Steinach] auf seinem Weg der Wahrheit. [Landschad] dankt Gott, durch einen himmlischen Zufall Zeuge des Gesprächs [Bucers mit den Straßburger Dissenters während der Synode?] geworden zu sein. Wenn die von Bucer erwähnten Gegner sich der Wahrheit aus Überzeugung und nicht, um sie zu zerstören, widersetzten, trieb sie die höllische [Furie] Alecto. Der Herr erbarme sich ihrer und gebe sie der Kirche zurück. [3] Bucer soll mitteilen, wenn etwas zur [Straßburger] Synode publiziert wird, damit Ambach den Aposteln des Teufels mit der Wahrheit entgegentreten kann. Er bittet, Bucer oder ein anderer [Straßburger Prediger] möge zur Visitation kommen. Grüße Ambachs und seiner Frau an Bucers Frau [Elisabeth].

[2]Salue et tu in Christo, opt[ime] Bucere!

[1] Tuis acceptis literis[3] maxime sum gauisus, cum quidem agnoscerem mej apud te memoriam non prorsus intercidisse, tum quod intelligerem veritatis aduersarijs[4] per vos ora occlusa. Macte zelo fidej, sapientia et spiritu for-

---

[1] Pfarrer in Neckarsteinach. Vgl. Personenindex.
[2] *Konrad Hubert:* ^v[Am]bach Melch. Bucero, [153]3, d. 22 Junj^{v<}.
[3] Die von uns ermittelte Korrespondenz Bucers mit Ambach beschränkt sich auf das vorliegende Dokument.
[4] Gemeint sind die Straßburger Dissidenten, insbesondere der Täufer Melchior Hoffmann (vgl. Personenindex), der Spiritualist Kaspar Schwenckfeld (vgl. Personenindex) sowie der sog. Epikuräer Anton Engelbrecht (vgl. Personenindex). Bucer setzte sich mit ihnen auf der Synode vom 11. bis 14. Juni 1533 öffentlich auseinander. Vgl. das Protokoll zur Synode (QGT 8, S. 75–90). Zu den näheren Umständen vgl. das Schreiben Anton Engelbrechts an Bucer (oben Nr. 697, S. 251–254).

titudinis ac consilij[5], quo venenatas viperis istis linguas[a] execes[6]! Perfer et obdura[7]! Sic vincis, sic itur ad astra[8].

[2] Heros meus[9] magno gaudio ex dissertatione illa est affectus nec in veritatis via parum edificatus et confirmatus. Deo Patri nostro magnas agit ↓mecum↓ gratias, quod casu quodam coelesti in illud colloquium[b] peruenerit[10].

Aduersarij isti, quos commemoras, si ex animo potius veritati restiterunt quam disputandj ac eruendi eius gratia, nescio que Alecto[11] infernalis[12] illos agitauerit. Dominus misereatur illis et restituat ecclesiae suae. Verum neque illi neque monstra ista aut quicquam hominum nos Deo duce vel vnguem latum a veritatis tramite abducent.

[3] At si quid de sinodo[13] euulgatum fuerit[14], et nos eius participes facito, quo et nugigerulis[c] facilius ora obstruamus! Habet enim et Satan suos apostolos et ministros ↓circumcursitantes↓, mendatiorum buccinatores, quibus nos veritate occurere oportet.

Dominus autem Jesus extrudat ↓aliquando↓ vel te vel alium e vobis, qui et nostras ecclesiolas inuiset, et que multa desunt, in pulchrum ordinem redigat, quo illius gloria vbique euulgetur et crescat. Vale, charissime Bucere, et rusticam Musam[15] boni consule!

22. Junij 1533.

---

[a] O liguas. – [b] O colloquij. – [c] O nugugerulis.

[5] Jes 11, 2.
[6] Hi 20, 16.
[7] Publius Ovidius Naso, Tristia, lib. 1, carm. 9, vers. 5; Ars amatoria, lib. 2, vers. 523.
[8] Publius Vergilius Maro, Aeneis, lib. 9, vers. 638; Lucius Anneus Seneca d. J., Epistulae morales ad Lucilium, epist. 48, par. 11.
[9] Ritter Hans Landschad von Steinach. Vgl. Personenindex.
[10] Da das *colloquium* ein mündliches Geschehen nahelegt und sich Bucer zu diesem Zeitpunkt in Straßburg aufhielt, bezieht sich das Demonstrativpronomen wohl auf Bucers Auseinandersetzung mit den Dissenters während der Straßburger Synode (vgl. oben S. 292, Anm. 4), die Ambach im Folgenden ja auch explizit erwähnt (vgl. unten Z. 6–10). Möglicherweise nahm Hans Landschad von Steinach zufällig daran teil. Vgl. die entsprechende Vermutung in QGT 16, S. 499, Z. 8–10.
[11] Ἀλληκτώ, die unversöhnliche der drei unterirdischen Rachegöttinnen. Vgl. HARRAUER/ HUNGER, LEXIKON, S. 162.
[12] Publius Vergilius Maro, Aeneis, lib. 7, vers. 324, 341.
[13] Die Straßburger Synode vom 3. bis 14. Juni 1533. Vgl. dazu oben Nr. 695, S. 247f., Anm. 10.
[14] In Straßburg erschien 1533 bei Matthias Apiarius eine Darstellung der Auseinandersetzung zwischen Predigern und Dissenters unter dem Titel *Handlung inn dem offentlichen gespresch zu(o) Straßburg iu(e)ngst im[m] Synodo gehalten gegen Melchior Hoffmann durch die Prediger daselbet* (BDS 5, S. 45–107; BUCER BIBLIOGRAPHIE, Nr. 55f., S. 64f.) und 1534 bei Johann Prüß d. J. die Schrift *Ordnung und Kirchengebreuch für die Pfarrern und Kirchendienern zu(o) Straßburg* (BDS 5, S. 15–41; BUCER BIBLIOGRAPHIE, Nr. 65, S. 69). Zu den ungedruckten Dokumenten im Kontext der Synode vgl. BDS 5, S. 365–526.
[15] Vgl. Publius Vergilius Maro, Bucolica, 3, 84. Die Abwertung des eigenen Briefs als ungebildet hebt die Bescheidenheit des Verfassers hervor.

Saluta meo nomine fratres! Saluta meo et vxoris meae[16] nomine tuam illam costam[17] ac totam domum!

Melchior Ambachius, ecclesiastes Steynacensis.

Adresse [S. 110]: Eximiae et eruditionis et pietatis viro d[omino] Martino
5 Bucero, concionatorj Argentoraten[si], vigilantissimo domino et fratri suo sibj plurimum obseruando.

Oa AST 154 (Ep. s. XVI, 1), Nr. 46, S. 109f. — C Zürich ZB, S 33, 145; TB VI, S. 100. — R QGT 8, Nr. 394, S. 98.

---

[16] Ambachs Ehefrau konnte nicht identifiziert werden. In seiner allerdings erst 1545 veröffentlichten *Widerlegung Jacobi Ratz* findet sich ein Hinweis auf Gattin und Töchter. Vgl. KRIES, MELCHIOR AMBACH, S. 438.

[17] In Anspielung auf Gen 2, 21f. Bucers Frau Elisabeth. Vgl. Personenindex.

709.
Ambrosius Blarer[1] an Martin Bucer
Konstanz, 23. Juni 1533

[700←] [1] Blaurer pardonne à Bucer sa politesse excessive ; il ne doit rien à ceux de Constance [pour leur hospitalité] : ce sont eux qui se sentent redevables au Seigneur à cause de la présence de Bucer. [2] Puria [Catherine Ryf von Blidegg] est contrainte de recourir à la justice pour se libérer de son frère [Dieter Ryf von Blidegg] ; les juges ne sont pas favorables à Catherine, car ils connaissent son intention [d'épouser Blaurer]. Mais le Seigneur permettra ce mariage. Puria a émis le souhait que Bucer les marie ; si cela n'est pas possible, que Bucer soit au moins présent en prière. Puria souhaite aussi qu'il lui rédige un poème de mariage. [3] Blaurer attend le rapport de la visite pastorale de Bucer [en Suisse en en Allemagne du Sud]. Ceux de Saint-Gall ne lui ont pas encore adressé [l'écrit de] Bucer sur l'excommunication, sans doute parce qu'ils ne l'ont pas encore reçu. Que Bucer lui en envoie une copie. Suivant l'exhortation de Bucer, Blaurer se préoccupe des Églises de Souabe ; que les Strasbourgeois promeuvent la création d'écoles [pour prédicateurs] ; si les débuts sont assurés, l'afflux sera grand. [4] Le frère de Blaurer [Thomas] est tourmenté par des scrupules [au sujet de la manière dont l'autorité civile doit traiter les dissidents] ; que Bucer,

---

[1] Prediger an St. Stephan in Konstanz. Vgl. Personenindex.

qui compte beaucoup à ses yeux, lui écrive. [Thomas] salue, de même que [Jean et Conrad] Zwick. [Marguerite] Blaurer écrira elle-même ; elle déplore que Bucer lui ait renvoyé l'argent avec lequel elle voulait soulager la tristesse d'[Élisabeth] Bucer. Seul le soutien de l'Esprit permet à Blaurer de supporter la charge de sa fonction. Il félicite Capiton de ce que son épouse [Wibrandis] soit enceinte, et salue [Matthieu] Zell, [Jacques] Bedrot, Barthélemy Fonzio, [Conrad] Hubert et son épouse [Marguerite].

[700←] [1] Blarer verzeiht Bucer seine übermäßige Höflichkeit. [Die Gastfreundschaft] der Konstanzer ist nicht zu vergelten. Vielmehr fühlen sie sich dem Herrn verpflichtet, weil ihnen Bucers Gegenwart zuteil wurde. [2] Puria [Katharina Ryf von Blidegg] muss sich von ihrem Bruder [Dietrich Ryf von Blidegg] jetzt mit juristischen Mitteln zu befreien suchen. Die Richter sind ihr nicht gewogen, zumal sie von ihrem Vorhaben, [Ambrosius Blarer zu heiraten], wissen. Der Herr aber wird diese Ehe ermöglichen. Puria wünschte sich gestern im Hause der Tante [Elsbeth?], dass Bucer sie und Blarer traue. Ist dies unmöglich, soll er wenigstens mit seinem Gebet gegenwärtig sein. Die Braut wünscht sich zudem ein Hochzeitsgedicht von ihm. [3] Blarer erwartet Bucers Bericht über die von ihm besuchten Gemeinden [in der Schweiz und Süddeutschland]. Bucers [Schrift über den] Bann schickten die St. Gallener noch nicht, wohl weil sie ihnen noch nicht zugegangen ist. Bucer soll eine Kopie senden. Getreu Bucers Mahnung kümmert sich Blarer um die Gemeinden in Schwaben. Die Straßburger sollen die Einrichtung von [Prediger]schulen vorantreiben. Ist ein Anfang gemacht, wird der Zustrom groß sein. [4] Blarers Bruder [Thomas] quälen Skrupel [im Blick auf den Umgang der Obrigkeit mit den Dissenters]. Bucer soll ihm schreiben, da er viel bei ihm gilt. Grüße von ihm sowie von [Johannes und Konrad] Zwick. Blarers Schwester [Margarethe] wird selbst schreiben. Ihr missfällt, dass Bucer das Geld zurückschickte, mit dem sie den Kummer seiner Frau [Elisabeth] abhelfen wollte. Blarer fühlt sich der Last seines Amtes nur mit Unterstützung des Geistes gewachsen. Er gratuliert [Wolfgang] Capito zur Schwangerschaft seiner Frau [Wibrandis] und grüßt [Matthias] Zell, [Jakob] Bedrot, Bartholomeo Fonzio, [Konrad] Hubert und dessen Ehefrau [Margaretha].

[2]Et tu quoque, mi Bucere, chariss[ime] mortalium iterum iterumque salue!

[1] Bene vero habet. Postquam immodicę ciuilitatis tuae culpam agnoscis, nunc lubentes ignoscimus, quicquid hic abs te peccatum est[3]. Non enim autem, quod tua caussa quicquam ᵛnobisᵛ Dominus rependat. Cui nos hoc nomine praeter alia multum obstrictos nouimus, quod tuam nobis praesentiam non inuiderit[4]. Is habet, quod tibi nostra caussa habunde rependat. Id quod vt faciat, obnixe seduloque praecabimur.

---

[2] *Konrad Hubert:* ᵛ1533, 23. Jun.ᵛ
[3] Vgl. dazu Bucers Brief vom 2. Juni 1533 (oben Nr. 695, S. 247, Z. 2).
[4] Zu Bucers Besuch in Konstanz in der letzten Aprilwoche 1533 vgl. das Itinerar, oben S. XVIII.

[2] Puria⁵ nescio quo fato suo non se explicat hactenus a fratre⁶, quo cum iam iure experiri cogitur, idque apud judices parum ęquos, praesertim cum instituti nostri fama etiam, vt fit, ad illos usque peruagatus sit⁷. Sed Dominus est, qui nos et nostra omnia moderatur. Is faxit, vt nuptiae istae propicijs tandem gratijs, hoc est seipso, qui nobis est omnia in omnibus⁸, coeant et indissolubili mutuę beneuolentiae nodo copulentur, quo nomen suum sanctificetur in nobis⁹.

Heri nobiscum fuit Puria¹⁰ in amitae nostrae¹¹ ędibus¹², putatque non posse negocium feliciter confici, nisi tu nobis quam primum redeas ac bene ominatis verbis dextram dextrae tuapte manu coniungas. Quod profecto, si fore sperarem vt faceres, multis abs te contenderem¹³. Sed cum quidem istuc non datur, saltem sacris precationibus tuis praesentiss[ime] nobis adsis. Scis, quantum referat, vt bonis auspicijs matrimonium ineatur. Praeterea vero et epithalamium¹⁴ te sibi debere affirmat sponsa. Cui vide vt facias satis¹⁵!

---

⁵ Blarers künftige Ehefrau Katharina von Ryf. Vgl. Personenindex. Puria ist die Latinisierung des griechischen Vornamens von Blarers Braut. Vgl. oben Nr. 686, S. 219, Anm. 10.

⁶ Dietrich Ryf, genannt Walter von Blidegg. Vgl. Personenindex; vgl. dazu BRAUCHLI, THURGAUER AHNENGALERIE, S. 129; GIGER, GERICHTSHERREN, S. 81.

⁷ Dietrich Ryf stand im Dienst des Konstanzer Bischofs. Daraus erklärt sich seine Opposition gegen den Klosteraustritt und die Heirat seiner Schwester. Möglicherweise ging es aber auch um Katharinas Leibgeding von 20 Gulden, das ihr aus dem Verkauf des Freihofes in Bischofszell am 15. April 1529 zugefallen war. In der heute im Staatsarchiv Thurgau zugänglichen Fertigungsurkunde (SA Thurgau II.34.1) heißt es über den Verkauf: „Darfür dass mir darab ganng noch gan sol, dann miner schwöster Katharina welteren, chorfrow zu Münsterlingen, zwaintzig guldin jährlichs lipting, die ich und min erben, ir antwurten und geben söllen von obgemelten köfers siner erben und nachkommen costen und schaden." Für diese Recherche danken wir Herrn Lizentiat Erich Trösch, Staatsarchiv Thurgau in Frauenfeld. Anders als in analogen Fällen existiert nach TSCHUDI (SCHICKSALE MÜNSTERLINGEN, S. 244, Anm. 5) im Kloster Münsterlingen keine Quittung für eine Rückerstattung des eingebrachten Guts Katharinas. Die Auseinandersetzung verzögerte bis Eheschließung mit Blarer bis zum August 1533. Vgl. dazu Bucer an Ambrosius Blarer vom 8. Juli 1533 (Blaurer Bw. 1, Nr. 342, S. 403); Blarer an Bucer vom 19. Juli (ebd., Nr. 344, S. 405); Bucer an Blarer vom 8. August (ebd., Nr. 352, S. 413).

⁸ I Kor 15, 28.

⁹ Mt 6, 9; Lk 11, 2.

¹⁰ Vgl. oben Anm. 5.

¹¹ Ambrosius Blarer bestellte Bucer in seinem Brief vom 26. Mai 1533 Grüße von einer erkrankten Elisabetha (oben Nr. 690, S. 235, Z. 4f.). Da Bucer am 19./20. Oktober der Tante Elisabeth Genesung wünscht (vgl. Blaurer Bw. 1, Nr. 370, S. 435), ist mit *amita nostra* möglicherweise sie gemeint.

¹² Das Haus der Tante konnte nicht ermittelt werden. Nach freundlichem Hinweis von Herrn Michael Kuthe, Stadtarchiv Konstanz, verzeichnet das Steuerbuch des Jahres 1530 im Steuerbezirk Katz, der heutigen Katzgasse, die Namen Katharina und Barbara sowie eine Margret Blarer.

¹³ Wegen seiner vielfältigen anderweitigen Verpflichtungen sah sich Bucer nicht in der Lage, diesem Wunsch zu entsprechen. Vgl. sein Schreiben an Blarer vom 8. Juli 1533 (Blaurer Bw. 1, Nr. 342, S. 403).

¹⁴ Ambrosius Blarer hatte für seine zukünftige Frau ein Brautlied geschrieben. Vgl. den Text bei PRESSEL, BLAURER, S. 93.

¹⁵ In seiner Antwort an Ambrosius Blarer vom 8. Juli 1533 verweist Bucer auf seine gänzlich unpoetische Veranlagung, verspricht aber Hochzeitswünsche in Prosa abzufassen, sobald sich

[3] Expecto, quid de per te visitatis ecclesijs scribas[16]. Excommunicationem tuam a S[ancto]-Gallen[sibus][17] nondum accepi. Siue hęc illis non est reddita siue aliud aliquid obstat, quominus mittant. Habes tu, scio, reliquum aliquod exemplar, quod descriptum, obsecro, vt ad nos mittas[18].

Iam Sueuiae ecclesias curabo a te monitus[19], vt diligenter et tempestiuiter admoneam. Tu vide vicissim, vt huius rei seminaria apud vestros propediem videamus! Confluent isthuc, mihi crede, multi, vbi circumspecte et grauiter telam hanc orsi fueritis[20].

[4] Germano fratri meo[21] multum te rogo, vt scribas. Scis, qui illum scrupuli punctitent[22]. Patiar me ęquo animo praeteriri, modo ad hunc des nonnihil literarum. Valet apud eum tua autoritas plurimum, uniceque te veneratur et amat[23]. [S. 392] Salutant te vicissim, vt semel dicam, quoscunque saluere iussisti, jn primis germanus et Zuiccij[24] cum symmystis.

Soror ipsa[25] suos iocos ad te perscribit. Male eam habet, quod pecuniam remiseris, qua adeo consultam putabat vxoris tuae[26] anxietati, quam tu forte

---

sein Augenleiden, das ihn seit Mitte Juni quält, bessert (vgl. Blaurer Bw. 1, Nr. 342, S. 403). Ein entsprechendes Dokument konnte nicht ermittelt werden.

[16] Zu Bucers Rundreise durch Süddeutschland und die Schweiz vgl. das Itinerar, oben S. XVIII. In seiner Antwort an Blarer vom 8. Juli 1533 (vgl. Blaurer Bw. 1, Nr. 342, S. 403) geht Bucer davon aus, dass Blarer seinen im Brief vom 2. Juni angekündigten und wegen der Straßburger Synode verschobenen Bericht von der Reise durch Süddeutschland erhalten hat (vgl. oben Nr. 695, S. 247, Z. 5–7). Dieses Dokument konnte nicht ermittelt werden.

[17] Zu dieser nicht ermittelten Schrift Bucers vgl. oben Nr. 685, S. 217, Anm. 3.

[18] Bucer fertigte daraufhin für Ambrosius Blarer eine Abschrift an und sandte sie ihm zu. Sie konnte nicht ermittelt werden. Vgl. dazu Bucers Brief an Ambrosius Blarer vom 8. Juli 1533 (Blaurer Bw. 1, Nr. 342, S. 403) und Blarers Brief an Bucer vom 28. Juli 1533 (ebd., Nr. 349, S. 410).

[19] Diese Aufgabe legte Bucer Blarer möglicherweise bei seinem Besuch in Konstanz nahe. Es geht wohl insbesondere um den Streit unter den Esslinger Predigern. Vgl. dazu Blarer an Johann Machtolf vom 7. Mai 1533 (Blaurer Bw. 1, Nr. 332, S. 393f.) und an Jakob Otter vom 1. Juni (ebd., Nr. 337, S. 398f.).

[20] Bei ihrem Treffen in Konstanz besprachen Bucer und Blarer ausführlich, „wie und wa man ain recht studium anrichten möchte, sonder in sacris, das mir glert theologos haben könden […]" (Ambrosius Blarer an Johann Machtolf vom 7. Mai 1533, Blaurer Bw. 1, Nr. 332, S. 394). In seiner Antwort vom 8. Juli berichtet Bucer von einem nicht geringen Zustrom an Theologiestudenten nach Straßburg (ebd., Nr. 342, S. 404).

[21] Thomas Blarer, Ratsherr in Konstanz. Vgl. Personenindex.

[22] Thomas Blarer belastete die Verwerfung theologischer Dissenters, stehe es doch Menschen nicht zu, sich des Urteils des Heiligen Geistes zu bemächtigen. Vgl. seinen Brief an Bucer vom 5. August 1533 (Blaurer Bw. 1, Nr. 351, S. 413).

[23] Bucers Schreiben an Thomas Blarer konnte nicht ermittelt werden. Es datiert wohl von Ende Juli/Anfang August, denn in seinem Brief vom 5. August bedankt sich Thomas Blarer bei Bucer für dessen Ausführungen zur Obrigkeit (vgl. ebd.).

[24] Johannes Zwick, Prediger in Konstanz, und Konrad Zwick, dort Ratsherr. Vgl. zu beiden den Personenindex.

[25] Margarethe Blarer, Freundin Bucers in Konstanz. Vgl. Personenindex.

[26] Elisabeth Bucer. Vgl. Personenindex.

anxiam mauis[27]. Age igitur, crucifigatur etiam hac male petulans et lasciua caro[28], tua scilicet! Fac, mi Bucere, sentiam felix tuum apud cęlestem Patrem patrocinium[29]! Sentisco magis ac magis miseram meam et quam non par sim incumbenti oneri ministerij mei, ni spiri[tus] sui robur[a] maius subinde accedat.

Bene vale, sancte et charissimis fratribus charior Bucere! Commenda me opt[imo] viro Capitoni[30], cui turgentem vxoris[31] vterum totis animis gratulor[32]! Saluta Zellium[33], Bed[rotum][34] et coeteros cum coniugibus, tua in primis, cuius precibus apud Christum multum iuuari cupio! Barptol[omeo] Fontio nostro[35], erudito plane et pien[tissimo] viro, multum ex me dicito salutem[b]! Est illius apud me iucundiss[ima] et numquam interitura memoria. Iubebis autem Pulbarbam[36] cum vxorcula sua[37] meis uerbis plurimum saluere.

Constan[tiae], 23. Junij, anno [1533].

T[uus] Ambros[ius] Bl[arerus].

Adresse[38] *[S. 392]:* Incomparabili euangelij Christi ministro Martino Bucero, fratri chariss[imo].

Oa AST 154 (Ep. s. XVI, 1), Nr. 160, S. 391f. — C Zürich ZB, S 33, 146; TB VI, S. 101. — R Blaurer Bw. 1, Nr. 340, S. 401.

---

[a] *zuerst* robor. – [b] *gestrichen* add[...].

[27] Von den 20 Goldgulden, die Margarethe der Familie Bucer gesandt hatte, schickte Bucer zehn zurück. Vom Rest gab er Bartholomeo Fonzio fünf Goldgulden zu dessen Operation, von den übrigen fünf kaufte er Bücher (vgl. oben Nr. 696, S. 250, Z. 3–10).
[28] Gal 5, 24.
[29] Blarer bezieht sich vielleicht auf die glückliche Heimkehr Bucers angesichts der Gefahren auf seiner Reise (vgl. oben S. 297, Anm. 16).
[30] Wolfgang Capito, Pfarrer an Jung St.-Peter und Propst an St. Thomas in Straßburg. Vgl. Personenindex.
[31] Wibrandis Capito, verwitwete Oekolampad. Vgl. Personenindex.
[32] Agnes Capito wurde 1533 geboren. Vgl. Personenindex.
[33] Matthias Zell, Prediger am Straßburger Münster. Vgl. Personenindex.
[34] Jakob Bedrot, Freund und Helfer Bucers. Vgl. Personenindex.
[35] Bartholomeo Fonzio, venezianischer Franziskaner. Vgl. Personenindex. Er begleitetete Bucer auf seiner Reise durch Süddeutschland und die Schweiz. Vgl. das Itinerar, oben S. XVIII.
[36] Konrad Hubert, Freund und Helfer Bucers. Vgl. Personenindex.
[37] Margaretha, Ehefrau Konrad Huberts. Vgl. Personenindex.
[38] Adresse von anderer Hand geschrieben.

PERSONENINDEX

Der Personenindex soll den Sachkommentar entlasten und in übersichtlicher Weise einen schnellen Zugriff auf die wichtigsten Informationen bieten. Vollständigkeit erstrebt er nicht. Einem knappen Biogramm schließen sich zunächst Informationen zum (universitären) Werdegang der jeweiligen Person an, danach folgen grundlegende Publikationen, abschließend wird Sekundärliteratur genannt, die eine erste Orientierung ermöglicht. Die Skizzen konzentrieren sich auf Ausbildung und Ämter der jeweiligen Person und wollen zu deren Position im Jahr 1533 hinführen; wenn möglich thematisieren sie die Beziehung zu Bucer.

Die Ausführlichkeit der Personenartikel war selbstverständlich von der Dichte der biographischen Informationen, die mit einem vertretbaren zeitlichen Abstand ausfindig gemacht werden konnten, abhängig. Kriterien waren außerdem die Häufigkeit der Erwähnung einer Person, ihr Status als Empfänger bzw. Absender (insbesondere bei Einzelkorrespondenten), ihre Nennung im Quellentext oder nur im Sachkommentar sowie ihre Bedeutung für die im Brief thematisierten Ereignisse und die Bucerforschung. Personen, die in gängigen Nachschlagewerken ausführliche Berücksichtigung finden (z.B. Könige, Päpste oder Philosophen), wurden nur durch die Erwähnung ihres Amtes oder ihrer Funktion gekennzeichnet.

Adam 27

Adrian von Croy Graf von Roeulx und Korrespondent Kaiser Karls V. 52

Alber, Matthäus Reformator in Reutlingen → BCor 7 Personenindex 19, 155

Albrecht VII. 172
* 25. Juli 1486
† 7. Januar 1547
Seit 1503 Herzog von Mecklenburg

Albrecht, Hans Drucker in Straßburg 281

Alecto Furie 293

Altbiesser [Pollio], Symphorianus 86, 257, 291

* nach 1450 in Straßburg
† Zwischen 18. Januar und 29. Oktober 1537 in Straßburg

Prediger in Straßburg. Der Sohn des Straßburger Stadtpfeifers Hans Altbiesser wirkt seit 1500 als Kaplan am Straßburger Münster. Er erhält eine Pfarrstelle an St. Stephan (1510–1523) und amtiert von 1521–1523 als Hohenstiftsprediger. Wegen seiner reformatorischen Aktivitäten entlassen, wird er Leutpriester an St. Martin (1523–1528). In dieser Funktion heiratet er seine Köchin (23. Mai 1524). Im Jahr 1528 der Kirche *Zu den guten Leuten* zugewiesen, vertritt er Bucer an St. Aurelien (1529–1531) und Theobald Nigri während dessen Augsburg-Aufenthalts.

BCor 1, Nr. 59, S. 218f., Anm. 1 (Lit.); QGT 8/1, S. 23, Anm. 4.; Rott, Altbiesser.

Ambach, Melchior 292–294
— Ehefrau 294
— Verfasser Nr. 708

* 1490 in Meiningen
† 1559 oder 1562/63 in Frankfurt a. Main

Pfarrer in Neckarsteinach. Nach Studium und Wahrnehmung eines Lehrstuhls für Theologie (1516–1522) in Mainz wird er 1522 Pfarrer an St. Martin in Bingen, wegen seiner Zuwendung zur Reformation am 2. August 1524 aber eingekerkert und 1525 exiliert. Er wirkt fortan als Pfarrer in Baden, das er im Zuge der katholisierenden Religionspolitik Philipps I. 1528 aber wegen seiner Weigerung, die altgläubige Messe zu feiern, verlassen muss. Im September 1528 trifft er mit neun weiteren Exulanten in Straßburg ein. Trotz Bucers Einsatz gelingt eine Versorgung aber erst 1531 mit der Übernahme der Pfarrstelle in Neckarsteinach. Ambach wechselt 1540 nach Frankfurt a. Main, wo er seit 1541 als Prediger an der Liebfrauenkirche wirkt, bis er 1556 aus gesundheitlichen Gründen pensioniert wird.

Bucer an Ambrosius Blarer vom 23. September 1528 (BCor 3, Nr. 205, S. 202, Z. 38–48); Johannes Oekolampad an Huldrych Zwingli vom 28. September 1528 (Zwingli Bw. 3, Nr. 763, S. 562, Z. 6). — Blaurer Bw. 1, Nr. 124, S. 166, Anm. 2; Kries, Melchior Ambach; Melanchthon Bw. P 11, S. 63; Pfarrerbuch Baden 2, S. 20; Pfarrerbuch Kraichgau-Odenwald, Nr. 32, S. 9; Vierordt, Evangelische Kirche Baden, S. 249f.

Ambrosius von Mailand 102, 179

* 339 in Trier
† 4. April 397 in Mailand

Seit 373/374 Bischof von Mailand

Andronicus [André], Fortunatus [Eustache] 196–199
— Schwiegervater 198
— dessen Sohn 198
— Verfasser Nr. 678

* unbekannt
† nach 1549

Pfarrer von Bevaix. Zunächst Mönch wendet er sich 1525 der Reformation zu und heiratet um 1526 Maria Birchammer. Zwischen 1528 und 1530 lebt er als Flüchtling in Straßburg. Guillaume Farel beruft ihn 1531 auf die Pfarrstelle Bevaix (Kanton Neuenburg). Weitere Stationen seiner Wirksamkeit sind Orbe im Kanton Waadt (1533–1538), Cully und Villette.

Bucer an Fortunatus Andronicus (erstes Halbjahr? 1531, BCor 5, Nr. 369, S. 146). — Bullinger Bw. 8, Nr. 1163, S. 202, Anm. 42; Herminjard, Correspondance 2, Nr. 322, S. 302, Anm. 1; ebd., Nr. 359, S. 376, Anm. 1; Pétremand, Réformation Neuchâtel, S. 367; Scherding, Traité, S. 32f.; Vuilleumier, L'église réformée Vaud, S. 281, 383f., 565f.

Andronicus, Maria, [geb. Birchammer, Birchhamer] Ehefrau des → Fortunatus Andronicus 198

Anshelm [Rüd, Ryd], Valerius Chronist und Stadtarzt in Bern → BCor 7 Personenindex 128

Apiarius, Matthias Drucker in Straßburg 18, 293

Augsburger, Jakob 256

* 1492/1495? in Dillingen
† 2. Juni 1561 Mariastein/Schweiz

Pfarrer in Mühlhausen. Nach dem Eintritt in den Augustinerorden und Studium in Basel (Immatrikulation Sommersemester 1514) wird er Helfer bei Johannes Oekolampad. Auf dessen Empfehlung erhält er im September 1526 die Pfarrstelle in Mühlhausen. Nach langjährigen Auseinandersetzungen mit seinen Ortskollegen August Gschmuss und Otto Binder wird Augsburger am 27. Mai 1533 entlassen, wendet sich nach Ensisheim und kehrt am 3. August 1533 zur altgläubigen Kirche zurück. Seit 1534 amtiert er als Wallfahrtsprediger in Mariastein in der Schweiz.

Matrikel Basel 1, Nr. 18, S. 320. — Johannes Oekolampad an den Bürgermeister von Mühlhausen vom 18. August 1526 (Oekolampad Bw. 1, Nr. 422, S. 574f.). — Bopp, Geistliche, Nr. 110, S. 31; Mieg, Augsburger, S. 73.

Augustinus, Aurelius Bischof von Hippo 84, 91, 102, 179, 229

* 13. November 354 in Thagaste
† 28. August 430 in Hippo Rhegius
Seit 396 Bischof von Hippo Rhegius

Aventin [Turmair], Johannes 128
* 4. Juli 1477 in Abensberg (Niederbayern)
† 9. Januar 1534 in Regensburg
Bayerischer Historiker. Nach seiner Schulzeit im örtlichen Karmeliterkloster studiert der Sohn eines Gastwirts seit 21. Juni 1495 in Ingolstadt. Dort 1496 zum Akolythen geweiht, folgt er seinem Lehrer Konrad Celtis zu humanistischen Studien nach Wien (Immatrikulation 13. Oktober 1498), wechselt nach Krakau (1501/02) und erwirbt in Paris 1504 den Magistergrad. Nach Aufenthalten in Abensberg, Straubing und Wien erzieht er die Prinzen Ludwig und Ernst von Bayern (1509–1517). In dieser Zeit verfasst er eine Geschichte der Herzöge Bayerns (1511), eine lateinische Grammatik (1512–1517) sowie ein Musiklehrbuch (1516) und wird zum bayerischen Landeshistoriographen ernannt (1517). Die folgenden Jahre gelten der Ausarbeitung seines Hauptwerkes *Annales ducum Boiariae* (März 1517–1. August 1521), deren kürzerer deutscher Fassung (*Bairische Chronik*) er sich von November 1522 bis zum 23. März 1533 (Schlusswort) widmet. Vom 18. Februar 1531 bis zu seinem Tode arbeitet er an der unvollendet gebliebenen *Germania illustrata* und ihrer deutschen Bearbeitung, dem *Zeitbuch über ganz Teutschland*. Durch seinen Briefwechsel mit Philipp Melanchthon gewinnt Aventin auch Zugang zur Reformation, ohne sich ihr jedoch anzuschließen.

Matrikel Ingolstadt 1, Sp. 243, Z. 27; Matrikel Wien 2, Nr. 42, S. 267. — Aventin, Werke. — Leidinger, Aventinus; ders., Germania; Lenz, Aventins Berufung; Müller, Aventinus; Müller, Johannes Aventinus; Strauss, Life and work of Aventinus; Wegele, Aventin.

Bader, Augustin Täufer → BCor 7
Personenindex 42

Bader, Johannes 120–122
— Verfasser Nr. 655

* 1487 in Straßburg
† 16. August 1545 in Landau
Pfarrer in Landau. Der seit 1509 als Erzieher Ludwigs II. von Pfalz-Zweibrücken in Zweibrücken nachgewiesene Bader amtiert als Kaplan (seit 1514) und Pfarrer (seit 1518) in Landau. Wegen seines Auftretens gegen die altgläubige Frömmigkeit, insbesondere gegen die Ohrenbeichte (seit 1522), wird er vor das geistliche Gericht in Speyer zitiert (20. März 1523). Da er trotz der in den Verhandlungen vom 28. April und 17. Juli beschlossenen Auflagen die Fegefeuervorstellung, den altgläubigen Messritus und die Heiligenverehrung öffentlich kritisiert, wird er am 10. März 1524 erneut geladen und nach seiner nur schriftlich eingebrachten Rechtfertigung am 17. April gebannt. Dank der Unterstützung des Landauer Rates bleibt Bader aber dem Zugriff von Bischof und Kurfürst entzogen. Er veröffentlicht die Apologie zu seinem Prozess und Bann (VD 16, B 107) sowie eine Verteidigung gegen den Vorwurf, durch nachlässigen Umgang mit dem Abendmahl einer Gans den Verzehr der Hostie ermöglicht zu haben (ebd., B 105f.), seine Warnung vor dem Wiedertäufer Hans Hut (ebd., B 108) sowie katechetische (ebd., B 110f., 113) und gemeindepädagogische (ebd., B 112) Schriften. Um 1538 wendet sich Bader Schwenckfeld zu. Er stellt die Feier des Abendmahls ein (1541), da er kein Gemeindeglied findet, das ihm der Teilnahme würdig erscheint. Bucers Versuche, schriftlich (Brief vom 13. Mai 1544) und mündlich (Gespräch vom 29. Mai) Einfluss auf Bader zu nehmen, scheitern.

Adam, Kirchengeschichte Straßburg, S. 249; Bautz, Bader; Gelbert, Bader's Leben und Schriften; Gritschke, Via media, S. 416f.

Barnabas Apostel 223

Beck, Balthasar Drucker in Straßburg 29

Bedrot [Pludentius], Jakob 43, 191, 224, 263, 298

* um 1495 in Bludenz (Vorarlberg)
† 16./20. November 1541 in Straßburg

Freund und Helfer Bucers. Nach Studium und Priesterweihe in Wien (Immatrikulation 13. Oktober 1511), wo er Simon Grynaeus hört und den Magistergrad erwirbt, und Freiburg (Immatrikulation 1. August 1521), wo er Griechisch und Mathematik lehrt, schließt er sich der Reformation an und wendet sich nach Straßburg. Dort erhält er das Bürgerrecht (Juli 1525) und wirkt seit April 1526 als Lehrer, auch als Visitator, Zensor und Editor. An St. Thomas wird er 1529 Stiftsherr und im März 1541 Diakon, seit 1535 amtiert er als Schulvisitator. Bedrot stirbt 1541 an der Pest.

Matrikel Freiburg 1, Nr. 45, S. 253; Matrikel Wien 2, Nr. 107, S. 383. — *Bonorand, Vadian Personenkommentar 4, S. 38–40; Bopp, Geistliche, Nr. 264, S. 47; Ficker/Winckelmann, Handschriftenproben 2, T. 79; Melanchthon Bw. P 11, S. 136.*

Berenfeld, Georg Lutherischer Prediger an St. Nikolai in Wismar 172

Bernhard N. Erzieher von Timotheus und Ambrosius Jung in Augsburg 291

Bersius [Bertschi], Marcus Leutpriester in Basel und Korrespondent Joachim Vadians → BCor 7 Personenindex 107

Bertsch [Bertzs], Franz 24
† 1547

Ratsherr in Straßburg. Der Apotheker zum Hirsch erlangt am 4. Dezember 1501 das Straßburger Bürgerrecht. Er amtiert 1527/28, 1532, 1541/42 und 1544 als Ratsherr und 1531 als Kirchenpfleger der Münsterpfarrei.

BCor 3, Nr. 215, S. 222, Anm. 3; Humbert, Pharmacie strasbourgeoise, S. 273; QGT 7, Nr. 167, S. 195, Anm. 2; Wittmer/Meyer, Livre de bourgeoisie 2, Nr. 5137, S. 523.

Besserer [Berus], Bernhard 153, 188, 279f.
* 1471 in Ulm
† 21. November 1542 in Ulm

Ulmer Alt- und Titularbürgermeister. Der Sohn des Claus Besserer von Wattenweiler amtiert in Ulm als Ratsherr (seit 1505, mit Unterbrechungen) und Mitglied im Geheimen Rat (seit 1519) sowie in dreijährigem Turnus als Bürgermeister (1514–1539). Als führende Gestalt der Ulmer Politik vertritt Besserer die Stadt auf den Reichstagen von Worms (1521), Speyer (1526, 1529) und Augsburg (1530) sowie auf den Städtetagen. Der Reformation gegenüber aufgeschlossen, sucht er zugleich eine Isolierung Ulms zu vermeiden. Besserer votiert in der Abstimmung (November 1530) gegen die Annahme des Reichstagsabschieds. Aufgrund eines Blasen- oder Gallenleidens bricht er seine Mission auf dem Augsburger Reichstag 1530 ab und begibt sich zur Kur nach Bad Überkingen. Dort hält er sich auch zu Beginn der Reformtätigkeit Bucers in Ulm auf. Besserers ursprüngliche Option für den Lutheraner Johannes Brenz sowie innen- und außenpolitische Überlegungen lassen ihn zunächst einen vorsichtig bremsenden Kurs gegenüber dem Reformprogramm der eingeladenen Reformatoren vertreten. Er nimmt 1535 Kaspar von Schwenckfeld in sein Haus auf.

Oekolampad an Zwingli vom 22. Juni 1531 (Zwingli Bw. 5, Nr. 1228, S. 488, Z. 5 - S. 489, Z. 2). — *Endriß, Ulmer Reformationsjahr, S. 19–22; Ernst, Bernhard Besserer; Huber, Besserer; Keidel, Reformationsakten Ulm, S. 258f.; Melanchthon Bw. P 11, S. 150; Moeller, Zwinglis Disputationen 2, S. 325, Anm. 642; Specker/Weig, Einführung der Reformation in Ulm, Nr. 85, S. 131f.; Walther, Besserer, S. 1–69.*

Besserer, Georg 187, 279
* 1502 in Ulm
† 1569 in Ulm

(Titular)bürgermeister Ulms. Ältester Sohn von Bernhard Besserer, seit 1529 mehrmals Mitglied der Fünfer, 1530 Vertreter des Vaters auf dem Augsburger Reichstag. Erstmals 1531 Bürgermeister. In dieser Funktion führt er die Friedensverhandlungen mit Nicolas Granvella, dem Kanzler Kaiser Karls V., und erklärt am 23. Dezember 1546 die Unterwerfung Ulms (Fußfall) unter den Kaiser.

Specker/Weig, Einführung der Reformation in Ulm, Nr. 211, S. 218f.

Betz [Petz, Bötz, Bätz, Betzius], Hans 249

* in Überlingen?

† nach 6. November 1538

Patrizier in Konstanz. Möglicherweise Sohn des Überlinger Bürgermeisters Hans. Nach dem Studium in Heidelberg (Immatrikulation 20. April 1502), Freiburg (Immatrikulation 25. Mai 1517, Baccalaureus 1518, Magister 1520/21) und möglicherweise Ingolstadt. Er gewinnt Zugang zum Kreis um Ulrich Zasius. Wohl im September 1522 wendet er sich nach einem Besuch in Konstanz unter dem Einfluss Ambrosius Blarers der Reformation zu und wechselt nach Wittenberg (Immatrikulation Sommersemester 1523), wo er über eine eigene Wohnung mit Diener verfügt. Im Mai 1525 von Wittenberg zurückgekehrt, vertritt er ab 1533 die Geschlechter im Großen Rat, von 1535–1538 im täglichen Rat. Er heiratet eine Frau namens Elisabeth, letztmals nachgewiesen ist er am 6. November 1538 (Ambrosius Blarer an Johann Machtolf, Blaurer Bw. 2, Nr. 824, S. 9), möglicherweise amtiert er auch als Administrator des Klosters Petershausen.

Matrikel Freiburg, 1, Nr. 10, S. 232; Matrikel Heidelberg 1, S. 444; Matrikel Wittenberg, S. 118. — Vögeli, Schriften zur Reformation in Konstanz 2/2, S. 1269f., Anm. 962.

Bibliander [Buchmann], Theodor 99, 208, 212

* 1506 in Bischofszell (Thurgau)

† 26. September 1564 in Zürich

Professor für Altes Testament an der Prophezei in Zürich. Nach der Züricher Lateinschule besucht der Sohn des Ratsherren und Stiftsammanns Hans Buchmann die Vorlesungen Johannes Oekolampads und Konrad Pellikans in Basel (1525–1527). Von 1527–1529 wirkt er als Hebräischlehrer an der Hohen Schule in Liegnitz/Schlesien, anschließend als Lateinlehrer in Brugg, bevor er 1531 an der Prophezeit in Zürich die Nachfolge Zwinglis als Professor für Altes Testament antritt. Bibliander legt dreimal das Alte Testament und einmal die Johannesapokalyse aus und vollendet die Züricher Bibelübersetzung. In Papsttum und Tridentinum sieht er den Antichristen. Als herausragender Philologe und Orientalist verfasst er eine hebräische Grammatik und ediert den Koran in lateinischer Sprache (1543). Seine Auseinandersetzung mit Peter Martyr Vermigli über die Frage der Prädestination (gegen Calvins Lehre) führt 1560 zu seiner Amtsenthebung. Er stirbt 1564 an der Pest.

Bullinger Bw. 2, Nr. 110, S. 159f., Anm. 40; Christ-von Wedel, Bibliander; Egli, Biblianders Leben und Schriften; Kirn, Heilsuniversalismus; Moser, Bibliander Bibliographie; Staehelin, Vorlesungen Biblianders.

Billican [Gerlacher, Gernol, Abascantius], Theobald 156f.

* um 1490/1495 in Billigheim b. Landau

† 8./9. August 1554 in Marburg

Prediger in Nördlingen. Nach dem Studium in Heidelberg (Immatrikulation 5. September 1510, Baccalaureus 29. Mai 1512, Magister 18. Oktober 1513) wirkt er dort vom 1. Juli bis 31. Dezember 1517 als Dekan der Philosophischen Fakultät und erwirbt das Lizentiat (1518). Von der Heidelberger Disputation beeindruckt, wendet er sich Luther zu und studiert Theologie. Er erhält ein Kanonikat an Heilig Geist in Heidelberg. Als nach dem Wormser Reichstag Billicans beliebte „Winkelvorlesungen" verboten werden, nimmt er eine im August 1522 ergangene Berufung nach Weil der Stadt, dem Herkunftsort seines Freundes Johannes Brenz, an. Weil er die alleinige Mittlerschaft Christi predigt und die Fegefeuervorstellung kritisiert, wird er ausgewiesen. Er wendet sich nach Nördlingen (Anstellungsvertrag 31. Oktober 1522). Dort heiratet er (Barbara Schäuffelin, 3 Kinder, Stammbaum bei Simon, Humanismus und Konfession, S. 134) und tritt gegen die Ingolstädter Fakultät für Arsacius Seehofer ein. Billican führt Reformen durch (Kirchenordnung 1525). Im Abendmahlsstreit nimmt er eine schillernde, an Erasmus orientierte Haltung ein, auf dem Reichstag in Augsburg widerruft er vor Campeggio. Am 23. Mai 1535 wechselt Billican nach Heidelberg zum Jura-Studium (Lizentiat 1543). Am 26. Juli 1544 ausgewiesen, wendet er sich nach Marburg (Immatrikulation Juli 1544) und erhält nach dem Erwerb des Doktor iur. utr. (30. Dezember 1546) eine Rhetorik-Professur (Mai 1548).

Matrikel Heidelberg 1, S. 477; ebd. 2, S. 540. — Martin Frecht an Bucer vom 21. Februar 1530 (BCor 4, Nr. 274, S. 18, Z. 19 – S. 20, Z. 14); Konrad Sam an Bucer vom 3. Januar 1531 (BCor 5, Nr. 371, S. 165–167). — Melanchthon Bw. P 11, S. 160; Simon, Humanismus und Konfession.

Binder [Vinerius], Otto 255–258
— Verfasser Nr. 698

* um 1490 in Feldkirch/Oberelsass
† 1554/55 in Mühlhausen

Pfarrer und Reformator in Mühlhausen. Binder tritt in den Franziskanerorden ein und studiert in Neuenburg und Basel (Immatrikulation Sommersemester 1516). Er wendet sich nach Straßburg (Bürgerrecht 29. November 1524). Von dort sendet man ihn 1525 anstelle des am 18. Januar von der Gemeinde gewählten Wolfgang Schultheiß als Pfarrer nach Boersch. Wegen seiner reformatorischen Haltung vertrieben, kehrt er nach Straßburg zurück, wo Capito ihn aufnimmt (BCor 2, Nr. 140, S. 178, Z. 59f.). Auf dessen Empfehlung stellt ihn der Rat von Mühlhausen zunächst als Prediger, dann als dritten (1528–1543), zweiten (1543–1551) und schließlich ersten Pfarrer (1551–1554) an. Binder richtet im Jahr 1528 ein Projekt zur Schulorganisation mit Unterstützung des Mühlhauser Rates ein.

Matrikel Basel 1, Nr. 17, S. 331. — Wolfgang Capito an den Rat von Mühlhausen vom 2. Dezember 1525 (Millet, Correspondance Capito, Nr. 265, S. 87; Capito Bw. 2, Nr. 265, S. 172–174) und vom 19. Dezember 1526 [nicht 1527] (ebd., Nr. 313a, S. 262f.). — Adam, Elsässische Territorien, S. 558f.; BCor 2, Nr. 140, S. 178, Anm. 24; Bopp, Geistliche, Nr. 385, S. 59f.; Mieg, Réforme à Mulhouse, S. 60–62; Oberlé, Binder, S. 229.

Blarer [Blaurer, Blorer], Ambrosius 2, 4f., 11, 34f., **37–40**, 52, 57, 60, 62, 70, 72, **86–93**, 97, 109, 111, 120f., 132, 134, 139, 142f. 153, 155f., 162, **166–170**, 172, **181–183**, 186f., 189, 192, 200, **201–203**, 211, 214, 217, **219–222**, 224, 229f., 232, **233–236**, 238, **246–249**, 251, 253f., **260–264**, 275, 278–280, **294–298**
— Verfasser Nr. 667, 690, 700, 709
— Empfänger Nr. 637, 648, 671, 680, 686, 695

* 4. April 1492 in Konstanz
† 6. Dezember 1564 in Winterthur

Prediger an St. Stephan in Konstanz. Der Benediktiner des Klosters Alpirsbach (1510 Profess, 1515 Lektor, spätestens 1521 Prior) studiert ab 17. Januar 1505 in Tübingen (Baccalaureus 23. Dezember 1511, Magister Juli 1512). Nach der durch seinen Bruder Thomas angeregten Lektüre der Schriften Luthers tritt er am 5. Juli 1522 im Konflikt mit dem Abt aus dem Kloster aus und kehrt nach Konstanz zurück. Er korrespondiert mit Johannes Oekolampad (ab 1523) und predigt auf Ersuchen des Rates an St. Stephan (seit Februar 1525, bis 1538 unentgeltlich). In dieser Funktion fördert er die Durchsetzung der Reformation und das *Christliche Burgrecht* zwischen Konstanz und Zürich (1527). Mit Bucer verbindet ihn seit der Berner Disputation (Januar 1528) eine zunehmend engere Freundschaft, Blarer wird zu dessen häufigstem Korrespondenten. Beide führen 1531 die Reformation in Ulm ein. Bis zu seiner Heimkehr im März 1533 wirkt Blarer noch in Geislingen (bis Mitte September 1531), Esslingen (bis Anfang Juli 1532), Ulm (5.–19. Juli), Memmingen (ab 20. Juli), Isny (ab 14. September), Lindau (ab Februar 1533). Später ruft man ihn nach Württemberg (1534–1538) und Augsburg (1539). Ab 1534 dokumentiert die Korrespondenz mit Bucer Spannungen,

Blarer unterzeichnet weder die Wittenberger Konkordie (1536) noch die Schmalkaldischen Artikel (1537). Schließlich führen abendmahlstheologische Differenzen zum Zerwürfnis mit Bucer. Noch vor der Eroberung seiner Heimatstadt durch die Truppen Karls V. (14. Oktober 1548) geht Blarer ins Exil nach Winterthur. Dort stirbt er, nachdem er einige Jahre in Biel (1551–1559) und Leutmerken (August 1562 bis September 1564) als Pfarrer gewirkt hat.

Matrikel Tübingen 1, Nr. 38, S. 146. — Blaurer Bw. 1, S. VI-XLVIII, 145f., 165–167, 193, 196–199, 3, Nr. 2640, S. 836f. (Sterbeschilderung). — BCor 5, Nr. 344, S. 12, Anm. 2; Ehmer, Ambrosius Blarer; Feger, Blarer, S. 287f.; Kaufmann, Reformatoren, S. 71f.; Kohls, Blarer und Bucer; Kuhn, Studenten Universität Tübingen 1, Nr. 348, S. 133; Leppin, Theologischer Streit; Leslie, Blarer; Lewis, Blaurer; Litz, Bilderfrage, S. 41–56; Moeller, Abendmahlstheologie Blarer; ders., Ambrosius Blarer; ders., Blarer; ders., Geschwister Blarer; ders., Reformator Blarer, S. 227–230 (Lit.); Pressel, Blarer; Rublack, Reformation in Konstanz; Rüttgardt, Klosteraustritte, S. 103–210.

Blarer [Blaurer, Blorer], Margarethe 2f., **4–6**, 39, **93–95**, 120, **131–135**, 180, 183, **199f.**, 203, 212, 214, 219, 235, 237, 243, **244–246, 249–251**, 248, 263, **274f.**, 286, 297

— Empfängerin *Nr. 629, 649, 659, 679, 694, 696, 704*

* 1493 in Konstanz
† 15. November 1541 in Konstanz

Freundin Bucers in Konstanz. Die Schwester Ambrosius und Thomas Blarers besitzt humanistische Bildung. Als *diaconissa ecclesiae Constantiensis* begründet sie einen Armenverein christlicher Frauen und Jungfrauen. Mit Bucer steht sie in regem Briefverkehr, in den ersten Monaten des Jahres 1532 insbesondere wegen der von beiden arrangierten Heirat Konrad Huberts mit Margarethes Konstanzer Bekannten Margaretha. Margarethe pflegt zu Bucers und ihrer Brüder Missfallen Kontakte zu täuferischen Kreisen. Bucer benachrichtigt sie von seinen religions- und stadtpolitischen Aktivitäten und ersucht um ihre Fürbitte, Margarethe streckt der Familie Geld vor.

Martin Bucers Briefe an Margarethe Blaurer, in: Blaurer Bw. 2, Nr. 1–92, S. 789–838. — Bejik, Margarete Blarer; BCor 5, Nr. 344, S. 14, Anm. 13; Ellrich, Frauen der Reformatoren, S. 44–46; Moeller, Geschwister Blarer, S. 441–450; ders., Zwick, S. 178, 196–199; Rublack, Reformation in Konstanz; Zimmerli-Witschi, Frauen, S. 103–110.

Blarer [Blaurer, Blorer], Thomas
39, 94, 115, 183, 235, 248, 264, 297
* um 1501 in Konstanz
† 19. März 1567 in Neugiersberg

Ratsherr in Konstanz. Der Bruder Ambrosius und Margarethe Blarers studiert Jura in Freiburg i. Br. bei Ulrich Zasius (Immatrikulation 27. November 1514–1519) sowie in Wittenberg (1520–1523). Dort wird er zum begeisterten Anhänger der reformatorischen Bewegung und begleitet Luther nach Worms. Nach Konstanz zurückgekehrt (1523), unterstützt er als Ratsmitglied (seit 1524), Zuchtherr (1531–1536), Bürgermeister und Reichsvogt (1537–1548 im Turnus) sowie als Dichter von Kirchenliedern das Wirken seines Bruders Ambrosius. Im Jahr 1531 nutzt Thomas seine Kontakte nach Wittenberg, um im Auftrag seines Bruders und Bucers in der Abendmahlskontroverse zu vermitteln, freilich ohne Erfolg. Nach der Niederlage des Schmalkaldischen Bundes verhandelt er erfolglos mit Karl V. in Augsburg (1548) und lebt fortan im Exil.

Matrikel Freiburg 1, Nr. 10, S. 218. — BCor 5, Nr. 344, S. 14, Anm. 12; Melanchthon Bw. P 12, S. 167; Moeller, Zwick; ders., Geschwister Blarer, S. 441–450; Winterberg, Schüler von Zasius, S. 17f.

Blarer, Barbara Schwester Augustin Blarers und Tante Ambrosius, Thomas und Margarethe Blarers
200, 296

Blarer, Elsbeth [Elisabeth] Schwester Augustin Blarers und Tante Ambrosius, Thomas und Margarethe Blarers. Sie heiratet 1504 den Ratsherren und Bürgermeister Bartholomäus Blarer (gest. 1524). 220, 235, 275

Stärkle, Familiengeschichte Blarer, S. 126.

Bodenstein [Karlstadt], Andreas Rudolf 140, 208, 212

* 1486 in Karlstadt a.Main
† 24. Dezember 1541 in Basel

Diakon und Spitalseelsorger in Zürich. Der Sohn eines bischöflichen Kellermeisters studiert in Erfurt (Immatrikulation Wintersemester 1499, Baccalaureus Frühjahr 1502), Köln (Immatrikulation 24. Juni 1503) und Wittenberg (Immatrikulation 1504/05, Magister 12. August 1505, Dr. theol. 13. November 1508). Er wird 1508 Stiftsherr und 1510 nach der Priesterweihe am 1. Dezember Stiftsherr des Allerheiligenstifts, Prediger an der Schlosskirche, Pfarrer von Orlamünde und Professor. Ab 1515 studiert Karlstadt Recht in Rom und Siena (Dr. theol. utr. März 1516). Nach seiner Rückkehr (Juni 1516) schließt er sich Luther an, mit dem er in Leipzig gegen Johannes Eck disputiert (15. Juli 1519), welcher Karlstadts Namen auf die Bannandrohungsbulle setzt (September 1520). Karlstadt beteiligt sich an den Wittenberger Unruhen 1521/22 und heiratet Anna von Mochau (19. Januar 1522). Im März 1523 gibt er seine Professur auf und amtiert in Orlamünde. Eine Einigung mit Luther ist auch nach beider Gespräch in Jena (21. August 1524) nicht mehr möglich. Bodenstein wird aus Kursachsen ausgewiesen, darf im Juli 1525 aber zurückkehren. Anfang 1529 entzieht er sich einer Verhaftung durch Flucht, über die Stationen Kiel und Ostfriesland kommt er 1530 nach Zürich, wo er nach einem Intermezzo als Pfarrer von Altstätten (1531 bis Januar 1532) vor allem als Prediger am Großmünster wirkt. Im Juni 1534 wechselt er als Theologieprofessor und Pfarrer an St. Peter nach Basel.

Matrikel Erfurt 2, S. 212, Z. 7; Matrikel Köln 2, Nr. 151, S. 545. — *Barge, Karlstadt; Bubenheimer, Consonantia; ders., Karlstadt; ders./Oehmig, Querdenker der Reformation; Hasse, Karlstadt und Tauler; Kruse, Anfänge der Reformation; Looß, Bucer und Karlstadt; dies./Matthias, Bodenstein; Melanchthon Bw. P 11, S. 399f.; Simon, Karlstadt neben Luther; Zorzin, Karlstadt als Flugschriftautor.*

Brentz, Valentin 121

Lebensdaten unbekannt

Student in Straßburg. Ab 1534/1539 entlastet er Nikolaus Thomae als Lehrer an der Lateinschule in Bergzabern, ab 1542 wirkt er als Pfarrer in Kleeburg.

Bopp, Geistliche, S. 82; Gelbert, Bader's Leben und Schriften, S. 204, Anm. 4, 238; Konersmann, Kirchenregiment, S. 396; Pfarrerbuch Pfalz, Nr. 592, S. 52.

Brenz [Printz], Johannes Reformator Schwäbisch Halls und Studienfreund Bucers → BCor 8 Personenindex 8, 61, 74, 85, 102

Brießmann, Johann Korrespondent Luthers in Riga 172

Brothag [Protagius], Michael 279

* um 1500 in Göppingen
† 1559

Lehrer der alten Sprachen in Ulm. Nach dem Studium in Freiburg (Immatrikulation am 4. Juli 1518) und Tübingen (Immatrikulation am 18. November 1519) wirkt er als Lehrer und Prediger in mehreren Reichsstädten und amtiert als Stadtpfarrer in Markgröningen (1539–1545) und Göppingen (1545–1549), danach als Superintendent in Kirchheim/Teck (bis 1558).

Matrikel Freiburg 1, Nr. 21, S. 237; Matrikel Tübingen 1, Nr. 6, S. 227. — *Keidel, Reformationsakten Ulm, Nr. 32, 110, 126; Kuhn, Studenten Universität Tübingen 1, Nr. 458, S. 147; Weyermann, Nachrichten 1, S. 84.*

Brück, Gregor Sächsischer Titularkanzler und Korrespondent Bucers → BCor 7 Personenindex 92, 229

Brüder, Böhmische Adressaten einer Lutherschrift 91, 235

Brunfels [Braunfels], Otto 128, 215, 254

* 1488/1490 in Mainz
† 23. November 1534 in Bern

Mediziner und Leiter der Straßburger Lateinschule. Nach seinem Studium in Mainz (Magister 1510) tritt er in das Kartäuserkloster Königshofen im Elsass ein. Er flieht 1521, als ein reguläres Dispensverfahren scheitert, und amtiert als Pfarrverwalter in Steinau an der Straße (Kinzigtal). Nach seiner Vertreibung (1522) wirkt er als Prediger in Neuenburg im Breisgau. Brunfels publiziert gegen die altgläubige Messe und verteidigt seinen verstorbenen Freund Hutten gegen Erasmus. Er zieht nach Straßburg (Bürgerrecht April 1524), heiratet Dorothea Helg und übernimmt die Leitung der neugegründeten Lateinschule im Karmeliterkloster. Brunfels erwirbt 1532 den Dr. med. in Basel und wird am 3. Oktober 1533 als Stadtarzt nach Bern berufen.

Matrikel Basel 2, Nr. 18, S. 3. — Chrisman, Brunfels; Melanchthon Bw. P 11, S. 225; Roth, Brunfels; ders., Schriften Brunfels; Weigelt, Brunfels.

Bucer, Anastasia 5, 43

*August 1531 in Straßburg

† 1541 in Straßburg

Tochter Bucers

Bucer, Elisabeth (geb. Silbereisen) 5, 39, 43, 45, 95, 134, 159, 165, 199, 235, 239, 245, 263, 275, 294, 297

* um 1500 in Mosbach

† 16. November 1541 in Straßburg

Erste Ehefrau Bucers. Sie tritt um 1511 als Waisenkind in das Dominikanerinnenkloster Beata Maria Virgo in Lobenfeld (Kraichgau) ein, verlässt es 1522 und heiratet Bucer im Sommer desselben Jahres in Landstuhl. Das Paar zieht zunächst nach Weißenburg, 1523 nach Straßburg. Dort erhält die Familie das Bürgerrecht (1524). Im Jahr darauf kommt Tochter Elisabeth († 1541) zur Welt, 1527 Tochter Sara († 1541), 1528 zwei Töchter (††1528), 1531 Tochter Anastasia († 1541) und 1533 Tochter Irene († 1533).

BCor 5, Nr. 347, S. 19f., Anm. 8; Bejick, Margarete Blarer, S. 142f.; Ebert, Silbereisen; Friedrich, Fanatiker der Einheit, S. 8; Greschat, Bucer, S. 52–54, 67.

Bucer, Elisabeth jun. 5, 43

*1525 in Straßburg

† 1541 in Straßburg

Tochter Bucers

Bucer, Irene 95, 134, 150

* 5. Februar 1533

† 2. August 1533

Tochter Bucers

Bucer, Martin

— Verfasser *Nr. 629, 631, 632–634, 637, 640–642, 647–650, 652–654, 656, 659–661, 665, 670f., 676f., 679–681, 683, 685f., 689, 692, 694–696, 703f.*

— Empfänger *Nr. 628, 630, 635f., 638f., 643–646, 651, 655, 657f., 662–664, 666–668, 669, 672f., 675, 678, 682, 684, 687f., 690f., 693, 697–702, 705–709*

Bucer, Sara 5, 43

* 1527 in Straßburg

† 1541 in Straßburg

Tochter Bucers

Bugenhagen [Pommer, Pomeranus], Johann 171f.

* 24. Juni 1485 in Wollin bei Stettin

† 20. April 1558 in Wittenberg

Lutherischer Widerpart Bucers. Der Sohn eines Ratsherrn wirkt nach seinem Studium in Greifswald (Immatrikulation 24. Januar 1501, Magister 1503) zunächst in Treptow als Schulrektor (seit 1504) und kirchlicher Notarius (seit 1505), seit 1509 zudem als Vikar an St. Marien. Im Jahr 1517 übernimmt er die Stelle des biblischen Lektors an der Klosterschule Belbuck und verfolgt mit Gleichgesinnten humanistische Interessen. Möglicherweise durch die Lektüre von Luthers Schrift *De captivitate babylonica* (1520) motiviert, geht er nach Wittenberg (Immatrikulation 29. April 1521). Zunächst ohne feste Stelle bei Melanchthon wohnend, kommentiert Bugenhagen die Psalmen; 1523 wird ihm die Wittenberger Stadtpfarre übertragen. In seinen Vorlesungen an der Universität (Dr. theol. 1533) widmet er sich vor allem der Exegese. Bucers Übersetzung von Bugenhagens Psalmenkommentar löst einen heftigen Streit mit den Wittenbergern aus. Bugenhagen wirkt vor allem als Organisator von Kirche und Gemeinwesen, außerhalb Wittenbergs in Braunschweig (1528), Hamburg (1528/29), Flensburg (1529), Lübeck (1530–1532), Pommern (1534/35) und schließlich in Dänemark, Norwegen, Schleswig und Holstein.

Matrikel Greifswald 1, S. 149, Z. 49–51. — Bugenhagen Bw. — Holfelder, Bugenhagen; Leder, Bugenhagen; Melanchthon Bw. P 11, S. 234–237 (Lit.); Hauschild, Bugenhagen.

Bullinger, Heinrich 5, 19, 34–36, 41, 48–50, 56, 59, 73, **95–116**, 125–127, 132, 138, **144–148**, 149f., 152, 154–156, 167, 169, 182, 202, **205–213**, 217f., 224, 228, 230f., 237f., 239, 259, 262
— Verfasser *Nr. 651, 682*
— Empfänger *Nr. 650, 652, 661, 683*

* 4./18. Juli 1504 in Bremgarten
† 17. September 1575 in Zürich

Nachfolger Zwinglis als Antistes in Zürich. Der Sohn des Priesters Heinrich Bullinger und der Anna Wiederkehr besucht nach der heimischen Trivialschule die Stiftsschule Emmerich (Niederrhein) und studiert anschließend in Köln (Immatrikulation September 1519, Baccalaureus 12. April 1520, Magister 13. März 1522). Ab 3. Februar übernimmt er die Stelle eines Lehrers an der Schule des Zisterzienserklosters Kappel. Seine reformatorische Haltung zeigt sich bereits in der von ihm erhobenen Anstellungsbedingung, weder Messbesuch noch Mönchsregel unterworfen zu sein. Am 1. Juni 1529 übernimmt er die Pfarrstelle in Bremgarten. Dort heiratet er am 27. August 1529 Anna Adlischwyler (11 Kinder). Nach dem Zweiten Kappeler Krieg flieht er nach Zürich (20. November 1531). Dort lehnt er Berufungen nach Basel und Bern ab und wird am 9. Dezember 1531 von beiden Züricher Räten zum Nachfolger Zwinglis gewählt. In dieser Funktion wirkt er entscheidend mit an der Prädikanten- und Synodalordnung (1532), der Gottesdienstordnung (1535), der *Confessio Helvetica prior* (1536) und *posterior* (1566) sowie dem *Consensus Tigurinus* (1549).

Matrikel Köln 2, Nr. 55, S. 814. — Bullinger, Bibliographie; ders., Bw.; ders., Diarium; ders., Studiorum ratio; ders., Theologische Schriften. — Bächtold, Bullinger; Büsser, Bullinger; Campi, Bullinger; Campi/Opitz, Bullinger; Melanchthon Bw. P 11, S. 238; Moser, Dignität des Ereignisses.

Büttner, Peter s. Pithonius, Peter

Cammerlander, Jakob Drucker 29

Campeggio, Lorenzo Päpstlicher Gesandter → BCor 7 Personenindex 39

Capito [Köpfel, Fabricius], Wolfgang 3, **9–15**, 17, 25, 30, **46–64**, 68f., 71f., 77, 86, 93, 95, 106–108, 117–119, 121f., 125f., 134, 147, 150, 161, 164f., 169, **174–176**, 178, 180f., 186, 188, **195–199**, 215, **220–222**, 224, 241, 256f., 263, **267–270**, 272, 282, 289–291, 298
— Verfasser *Nr. 631, 640f.*
— Empfänger *Nr. 669, 677, 687, 702*

* 1481 in Hagenau
† 4. November 1541 in Straßburg

Propst in Straßburg an St. Thomas und Pfarrer an Jung-St. Peter. Nach dem Besuch der Pforzheimer Lateinschule studiert er seit 27. Oktober 1501 in Ingolstadt, dann in Heidelberg (Immatrikulation 4. Mai 1504) und Freiburg (Immatrikulation 7. Februar 1505, Magister 1506/07, Lizentiat 1511). Im Anschluss an seine Doktorpromotion (1515) wechselt er von seiner Predigerstelle am Stift Bruchsal (seit 1512) als Münsterprediger und Professor nach Basel, wird 1517 Rektor der Universität und 1518/19 Dekan der Theologischen Fakultät. Capito beteiligt sich an den Editionen des Erasmus und gibt im Herbst 1518 anonym eine glossierte Sammelausgabe von Luthers Schriften heraus. Er folgt 1520 einem Ruf auf die Dompräditkatur in Mainz und wirkt fortan als Rat Erzbischof Albrechts. Am 14. März 1523 wird er Propst des Stiftes St. Thomas in Straßburg (resigniert Oktober 1525), heiratet am 1. August 1524 Agnes Röttel (→ BCor 7, S. 430), wird Pfarrer an Jung-St. Peter und fördert in dieser Stellung die Reformation, insbesondere beim Rat. Capito arbeitet an der *Confessio Tetrapolitana* (1530) mit, im Vorfeld der Wittenberger Konkordie (1536) betätigt er sich als Unterhändler. Zwischen 1526 und 1532 hegt er Sympathien für die Täufer und nimmt u. a. die verfolgten Ludwig Hätzer, Michael Servet und Kaspar von Schwenckfeld bei sich auf. Dies führt zu Auseinandersetzungen mit Bucer.

Matrikel Basel 1, Nr. 26, S. 326; Matrikel Freiburg 1, Nr. 46, S. 161; Matrikel Heidelberg 1, S. 452; Matrikel Ingolstadt 1, Sp. 290, Z. 28–32. — Capito Bw.; Stierle, Capito, S. 198–215 [Bibliographie]. — *Adam, Kirchengeschichte Straßburg, S. 41–47; Baum, Capito und Butzer; Brady, Capito's in-laws; Kaufmann, Reformatoren, S. 40–42; ders., Capito als heimlicher Propagandist; Heimbucher, Prophetische Auslegung; Kittelson, Capito; ders., Wolfgang Capito, S. 259f.; Kooistra, Bucer's Relationship with Capito; Krüger, Berner Synodus; Lienhard, Capito; Looß, Butzer und Capito; Melanchthon Bw. P 11, S. 265f.; Scheible, Capito; Scholl, Capitos Eigenart; Stierle, Capito; Strasser, Capitos Beziehungen, S. 45–89.*

Capito, Agnes 298

* 1533 in Straßburg

† 1610

Tochter Wolfgang und Wibrands Capitos. Sie heiratet den Baseler Pfarrer Jakob Meyer.

Oekolampad Bw. 2, Nr. 965, S. 724.

Capito, Wibrandis 298

* 1504 in Säckingen

† 1. November 1564 in Basel

Ehefrau Wolfgang Capitos. Die Tochter des späteren Bürgermeisters Hans Rosenblatt aus Säckingen und seiner Frau Magdalena (geb. Strub, Baseler Bürgerin) heiratet 1524 in Basel Ludwig Keller (1525 Geburt der Tochter Wibrandis d. J.) und nach dessen Tod (Sommer 1526) Johannes Oekolampad (März 1528), mit dem sie die Kinder Eusebius (*24. Dezember 1528), Irene d. Ä. (*21. März 1530) und Aletheia (13. Juni 1531) hat. Nach Oekolampads Tod ehelicht sie den Witwer Wolfgang Capito (wohl am 11. April 1532, vgl. Oekolampad Bw. 2, Nr. 965, S. 722–724); sie gebiert die Kinder Agnes (1533), Dorothea (1535), Johann Simon (1537), Wolfgang Christoph (1538) und Irene d. J. (1541). Im Jahr 1541 verliert sie Eusebius, Dorothea, Wolfgang Christoph sowie ihren Ehemann (4. November). Schließlich heiratet sie 1542 Martin Bucer (vgl. Oekolampad Bw. 2, Nr. 989, S. 784–787). Dieser Ehe entstammen Martin (*1543) und Elisabeth (*1545). Wibrandis begleitet Bucer 1549 nach England, kehrt nach dessen Tod (1551) aber nach Straßburg zurück. Bereits 1553 zieht sie nach Basel. Dort stirbt sie 1564 an der Pest.

Wibrandis an Martin Bucer vom 25. Juni 1550 (Oekolampad Bw. 2, Nr. 1006, S. 825f.); ebd., Nr. 971, S. 742–752; ebd., Nr. 1011, S. 841f.; ebd., Nr. 1017, S. 851f. — *Bainton, Wibrandis Rosenblatt; Burghartz, Wibrandis Rosenblatt; Heinsius, Frauen der Reformationszeit, S. 68–95; Staehelin, Frau Wibrandis; Zimmerli-Witschi, Frauen, S. 111–123.*

Caserius [Kess], Georg 220–222

— Verfasser Nr. 687

Lebensdaten unbekannt

Aus der Markgrafschaft Baden kommend amtiert er in Weißenburg/Elsaß zunächst als Priester an St. Johann und ab 20. Mai 1529 an St. Michael, wo er nach seiner offenen Hinwendung zur Reformation im Juni 1534 als evangelischer Pfarrer wirkt. Trotz Amtsenthebung während des Interims bleibt Kess in Weissenburg. Dort ist er 1555–1557 erneut als Pfarrer nachgewiesen.

Adam, Elsässische Territorien, S. 386; Bopp, Geistliche, Nr. 2698, S. 287.

Cellarius, Johannes Lutherischer Prediger in Frankfurt 133, 142, 146

Christine von Pfalz-Zweibrücken 68

* 2. Februar 1528

† 23. August 1534

Tochter Pfalzgraf Ludwigs

Christoph von Werdenberg 184

† 29. Januar 1534 auf Schloss Sigmaringen

Seit 1510 Graf von Werdenberg in Heiligenberg

Chrysostomus, Johannes 90
* 349/350 in Antiochia
† 14. September 407 in Komana
Seit 397 Patriarch von Konstantinopel

Cicero, Marcus Tullius 2, 33, 139, 152, 154, 263, 287, 290f.
* 3. Januar 106 v. Chr. in Arpinum
† 7. Dezember 43 v. Chr. bei Formiae
Römischer Redner und Politiker

Clemens VII. 48, 52, 62, 112–114, 147f.
* 26. Mai 1478 in Florenz
† 25. September 1534 in Rom
Papst seit 19. März 1513

Cyrill 97f., 102, 141, 156
* um 375/380 in Alexandrien
† 27. Juni 444 in Alexandrien
Seit 15. Oktober 412 Bischof von Alexandrien

Dasypodius, Petrus Schweizer Humanist und Korrespondent Heinrich Bullingers 73

David König Israels 121

Denck, Hans Täuferführer → BCor 7 Personenindex 18, 25

Diesbach, Sebastian von 211
* 16. Februar 1481 in Bern
† 20. Oktober 1537 in Freiburg im Uechtgau
Berner Oberbefehlshaber im Zweiten Kappeler Krieg. Seit 1504 im Großen Rat nimmt der Leutnant 1513 an der Schlacht von Novara teil und tritt in französische und mailändische Dienste. Er wird 1514 in den Kleinen Rat gewählt und zum Schultheiß von Burgdorf bestimmt. Zunächst zu außenpolitische Missionen herangezogen, amtiert er 1529–1531 als Schultheiß von Bern und kommandiert in den Kappelerkriegen die bernischen Truppen. Der Vorwurf der Bestechlichkeit führt 1534 zu seiner Amtsenthebung, worauf Diesbach nach Freiburg zieht.
Braun-Bucher, Sebastian von Diesbach.

Dietz, Ludwig Drucker in Rostock 172

Eck [Maier], Johannes 101, 140, 157
* 13. November 1486 in Egg bei Memmingen
† 10. Februar 1543 in Ingolstadt
Altgläubiger Gegner der Reformation. Er studiert Theologie in Heidelberg (Immatrikulation 19. Mai) und Tübingen (Immatrikulation 9. April 1499) und erwirbt die Grade eines Baccalaureus (1. Oktober 1499) und Magisters (13. Januar 1501). Nach weiteren Studien in Freiburg (seit Juni 1502, Dr. theol. 22. Oktober 1510) wird er am 13. Dezember 1508 in Straßburg zum Priester geweiht und wirkt seit Oktober 1510 in Ingolstadt als Professor und Pfarrer (an St. Moritz 1519–1525, an St. Marien 1525–1532 und 1538–1540). In Leipzig disputiert er 1519 mit Karlstadt und Luther, auf dem Augsburger Reichstag 1530 tritt er als führender Theologe der altgläubigen Seite auf, ebenso bei den Religionsgesprächen in Hagenau (1540), Worms (1540/41) und Regensburg (1541).
Matrikel Freiburg 1, Nr. 11, S. 146; Matrikel Heidelberg 1, S. 429; Matrikel Tübingen 1, Nr. 40, S. 123. — Iserloh, Eck; Kuhn, Studenten Universität Tübingen 1, Nr. 110, S. 227; Smolinsky, Eck; Wicks, Eck.

Edlibach, Hans Züricher Vogt im Thurgau → BCor 7 Personenindex 73

Elisabeth von Hessen 66, 68, 175
* 4. März 1503
† 4. Januar in Lauingen
Seit ihrer Heirat (10. September 1525) Herzogin von Zweibrücken

Engelbrecht [Engendinus], Anton 251–254, 292
— Verfasser Nr. 697
* 1488/90 in Engen (Baden)
† vor 2.11.1557 in Straßburg
Pfarrer in Straßburg an St. Stephan. Er studiert seit dem Sommersemester 1503 in Leipzig, danach in Basel (1520 Dr.

theol.) und wirkt als Priester in Engen (bis 1517), danach als Weihbischof in Speyer (1519–1524). Engelbrecht spricht Bucer am 21. April 1521 von den Ordensgelübden frei. Nach seinem eigenen Anschluss an die Reformation muss er nach Straßburg fliehen. Dort wird er 1524 Pfarrer an St. Stephan. Später spricht er der Obrigkeit das Recht ab, in religiöse Angelegenheiten einzugreifen, deshalb beurlaubt man ihn 1534. Engelbrecht geht 1544 nach Köln, rekonvertiert zum Katholizismus und tritt in den Dienst Kaiser Karls V. Ende 1556/Anfang 1557 kehrt er nach Straßburg zurück.

Matrikel Leipzig 1, Nr. 41, S. 452. — BCor 4, Nr. 278, S. 35, Anm. 35; Berg, Glossen; Bopp, Geistliche, Nr. 1195, S. 137f.; Ficker/Winckelmann, Handschriftenproben 2, T. 54; QGT 7, Nr. 44, S. 51, Anm. 1; Rott, Engelbrecht, S. 807f. (Lit.).

Engelhard, Heinrich   207, 112

* in Zürich
† 1551 in Zürich

Leutpriester am Frauenmünster in Zürich. Der Sohn des Züricher Ratsherren Johann Engelhard studiert in Heidelberg und Bologna (Dr. iur. can. 1496). Zunächst in Beromünster nachweisbar (1476 Expektanz, 1480–1521 Chorherr) wird er 1496 Leutpriester am Frauenmünster in Zürich, von 1513–1521 zudem Chorherr am Großmünster. Bereits früh Zwingli unterstützend, führt er den Vorsitz im Ehegericht (1525–1540) und begleitet Bullinger beim Rat (1531–1536). Im Alter wird er von Kaspar Megander vertreten.

Bullinger Bw. 2, Nr. 84, S. 98, Anm. 2; Stucki, Engelhard; Vogelsanger, Zürich und sein Fraumünster, S. 293–297.

Epikur   94

* 341 v. Chr. auf Samos
† 271/270 v. Chr. in Athen

Griechischer Philosoph

Epikuräer   252f.

Erlach, Hans von   211

* 1474 in Bern
† 1539 in Bern

Berner Hauptmann im Zweiten Kappeler Krieg. Er tritt 1501 in den Großen Rat ein, amtiert als Landvogt von Grandson (1506), wird Mitglied des Kleinen Rates (1508) und übt alternierend das Amt des Schultheißen aus (1519–1539). Erlach übernimmt Gesandtschaften und betätigt sich militärisch in den Zügen nach Dijon (1513) und Mailand (1515), gegen den Aufstand im Berner Oberland (1528) und als Hauptmann in den Kappelerkriegen.

Braun-Bucher, Hans von Erlach.

Escher (vom Glas), Konrad   212

* um 1480
† 1539

Züricher Ratsherr. Der Tuchhändler unterstützt Zwingli früh und beteiligt sich am Fastenbruch im Hause Froschauers. Er amtiert 1510–1515 als Landvogt von Greifensee, dann als Achtzehner der Konstaffel (seit 1516). In den Jahren 1524–25 und 1532–39 ist er als Konstaffelherr Mitglied des Kleinen Rats, von 1526–32 versieht er die Vogtei Eglisau. Ab 1529 erkaltet sein Verhältnis zu Zwingli, nach der Niederlage von Kappel wird er dann wieder vermehrt herangezogen, insbesondere auf dem Gebiet der Außenpolitik.

Bullinger Bw. 3, Nr. 197, S. 79, Anm. 11; Meyer, Kappeler Krieg, S. 92, 275; Stucki, Konrad Escher.

Faber, Johann Drucker in Freiburg i.Br.   50

Faber, Nikolaus   264–266

— Verfasser Nr. 701

* in Moschel/Pfalz
† 8. Januar 1567 in Meisenheim

Prediger in Meisenheim. Nach dem Eintritt in die örtliche Johanniter-Kommende studiert er in Wittenberg (Immatrikulation 21. April 1520) und wird Hofkaplan des Herzogs Johann I. von Moscheln. Ab 1523 wirkt er als Prediger und Reformator in Meisenheim und führt Pfingsten 1526 den Laienkelch ein. Er unterzeichnet die Kirchenordnung

(1539) und amtiert 1559 als Superintendent des ersten Konvents in Meisenheim.
Matrikel Wittenberg 1, S. 89. — *Pfarrerbuch Pfalz, Nr. 1212, S. 106f., Kirchenordnung Pfalz-Zweibrücken, S. 21f., Anm. 8; S. 66, Anm. 94; Rödel, Johanniter.*

Fabri [Faber, Heigerlin], Johann 50

* 1478 in Leutkirch (Allgäu)

† 21. Mai 1541 in Baden bei Wien

Bischof von Wien und altgläubiger Kontroverstheologe. Nach Schulbesuch in Konstanz und Ulm studiert er (ab 22. Oktober 1505 in Tübingen, seit 26. Juli 1509 in Freiburg) Jura, Theologie sowie die alten Sprachen und erwirbt den Doktor beider Rechte (1510/11). Vor 1509 zum Priester geweiht, ist er seit 1511 in Lindau als Vikar an St. Stephan tätig. Fabri wird 1513 Offizial in Basel, wirkt zudem seit 1514 als Pfarrer von Leutkirch und 1516 als Pfarrer von Lindau. Er pflegt Kontakt zu Erasmus, Zwingli und Vadian. Im Amt des Generalvikars des Bistums Konstanz (1518–1523) publiziert er gegen Luther und tritt bei der Zürcher Disputation 1523 gegen Zwingli auf. Danach wird er Berater und auch Beichtvater Ferdinands I. in Wien. Dort avanciert er zum Koadjutor (16. Oktober 1524) und Bischof (1530, geweiht 1531). Fabri besucht die Reichstage in Nürnberg (1524), Speyer (1526, 1529), Augsburg (1530, dort Hauptverantwortlicher für die *Confutatio*) und Regensburg (1532).

Matrikel Freiburg 1, Nr. 33, S. 188; Matrikel Tübingen 1, Nr. 4, S. 150. — *Angst, Familienname Fabri; ders., Herkunft Fabri; BCor 5, Nr. 359, S. 98, Anm. 15; Campi, Fabri; Immenkötter, Fabri; ders., Johann Fabri; Kuhn, Studenten Universität Tübingen 1, Nr. 1216, S. 242; Melanchthon Bw. P 12, S. 37f.*

Farel, Guillaume Reformator der französischen Schweiz 43, 140, 197, 256

Ferdinand I. 38, 52

* 10. März 1503 in Alcalá de Henares

† 25. Juli 1564 in Wien

Römischer König seit 5. Januar 1531

Kaiser seit 14. März 1558

Filonardi, Ennio 48f., 145

* 1466 in Bauco (heute Boville Ernica, Frosinone)

† 19. Dezember 1549 in Rom

Bischof von Veroli und päpstlicher Nuntius. Der Sohn mittelloser Eltern tritt bereits 1484 in den Dienst der Kurie und wird am 4. August 1503 zum Bischof von Veroli ernannt. Er wirkt mehrere Male als Nuntius in der Schweiz (1. April 1513 bis Sommer 1514, 8. Oktober 1514 bis 9. September 1517, 23. Juli 1521 bis Ende 1525, 19. November 1531 bis Oktober 1533). Als solcher lässt er seinen Sekretär nach der Schlacht von Kappel die Forderung erheben, Zürich müsse nun zum alten Glauben zurückkehren. Zum Kardinal erhoben (22. Dezember 1536) wird er Administrator von Montefeltro (1538) und Kardinalbischof von Albano (1546).

Becker, Ennio Filonardi; Bullinger Bw. 2, Nr. 140, S. 247, Anm. 25; Fink, Filonardi; Welti, Filonardi; ders., Gesandtschaftswesen Schweiz, S. 40; Wirz, Filonardi.

Fingerlin, Veit 188

* 1485

† 1559

Spitalpfleger in Ulm

Flersheim, Philipp von 180

* um 1481

† 14. August 1552 in Zabern

Seit 27. März 1530 Bischof von Speyer

Fonzio, Bartholomeo [Bartolomeo] 143, 169, 200, 202f., 210, 212, 217f., **222–225**, 227, 235, 238f., 242f., 245, 250, 256, 263, 275, 291, 298

— Empfänger *Nr. 688*

* 1502? in Venedig

† 4. August 1562 in Venedig

Venezianischer Franziskaner, Gast und Reisebegleiter Bucers. Er tritt wohl 1511 in die heimische Kongregation ein.

Dort treibt er humanistische und theologische Studien und erwirbt den Magistergrad. Fonzio entwickelt mit anderen Brüdern Sympathien für die Reformation und erhält nach einer Aufsehen erregenden Predigt in St. Geremia durch ein päpstliches Breve am 2. April 1529 Predigtverbot. In einer Disputation mit Erzbischof Giovanni Pietro Carafa (nachmals Papst Paul IV.) in Venedig verweist er darauf, dass der Papst nicht von einem Gebot der Schrift dispensieren könne, deshalb sei die Ehe König Heinrichs VIII. von England ungültig. Als er den Erzbischof zudem beim englischen Gesandten durch eine Indiskretion kompromittiert, zieht sich Fonzio Carafas lebenslangen Hass zu. Nach Augsburg geflohen (Ankunft im August 1531), sucht Fonzio Kontakt zu Bucer, den er im Juli 1532 in Straßburg besucht. Er begleitet ihn auf seiner Reise durch Süddeutschland und die Schweiz. Die auftretenden theologischen Differenzen lässt Bucer unausgesprochen. Er kümmert sich anschließend um die Operation von Fonzios Leistenbruch und sucht ihm eine Stelle als Philosophie-Lektor zu verschaffen (BDS 7, Nr. 12, S. 526, Z. 7–10), doch Fonzio kehrt über Pforzheim und Esslingen nach Augsburg zurück. Wieder in Italien, erreicht er 1536 seine Rehabilitation in Rom, verfasst einen Katechismus (1546/47) und lebt fortan zurückgezogen als Lehrer in Cittadella. Dort spürt ihn die Inquisition auf. Nach vierjährigem Prozess wird er am Morgen des 4. August 1562 in der Lagune Venedigs ertränkt.

Schlecht, Reunionsversuch, S. 335, Anm. 2; Fonzio an Hieronimo Marcello, Augsburg 7. August 1531, in: Thomas, Diarien, Nr. 320, S. 203–205. — Benrath, Geschichte, insbesondere S. 6–15, 62–67, 114–116; ders., Uebersetzung; Fragnito, Fonzio; Kolde, Reunionsversuch; Olivieri, Catechismo; ders., Ortodossia; Pollet, Bucer 2, S. 468–482; Roth, Augsburgs Reformationsgeschichte 2, S. 35–41.

Francesco Maria della Rovere 39
* 25. März 1490 in Senigallia
† 20. Oktober 1538 in Pesaro
Seit 1508 Herzog von Urbino

Franz I. 67, 147f., 192
* 12. September 1494 in Cognac
† 31. März 1547 Schloss Rambouillet
Seit 1515 König von Frankreich

Franz II. Maria Sforza 113
* 4. Februar 1492/1495
† 24. Oktober 1535
Vom 19. November 1521 bis zum 3. Oktober 1524, vom 26. Februar bis zum 12. November 1525 und vom 29. November 1529 bis zu seinem Tod Herzog von Mailand

Frecht, Martin 2, 5, 35, 69, **76f.**, **135–144**, **151–157**, 161, 180, **185–189**, 230, **276–283**
— Verfasser *Nr. 643, 646, 663, 673, 705*
— Empfänger *Nr. 660*
* 1494 in Ulm
† 24. September 1556 in Tübingen
Lektor in Ulm. Er studiert seit 22. Januar 1514 in Heidelberg (Baccalaureus 26. Mai 1515, Magister 13. Oktober 1517, Lizentiat 1529, Dr. theol. 1531) und amtiert dort als Dekan der philosophischen Fakultät (1523–1526) sowie Rektor (Dezember 1530 bis August 1531). Seit Oktober 1531 lehrt er in Ulm. Er folgt Konrad Sam als Prediger nach (1533) und wird im September 1537 mit einer Gehaltssteigerung von 100 auf 150 Gulden oberster Münsterprediger. Weil Frecht den Eid auf das Interim ablehnt, wird er ab 16. August 1548 in Kirchheim/Teck in Kerkerhaft gehalten. Als er auf das Interim schwört, lässt man ihn, freilich erst nach einigen Monaten, am 3. März 1549, frei, verbannt ihn aber aus Ulm. Frecht hält sich danach in Nürnberg und Blaubeuren auf (1549/50). Ende 1550 wird er Vorsteher des Tübinger Stifts, im Juni 1552 dort Theologieprofessor und im Wintersemester 1555/56 Rektor. Er nimmt an den Religionsgesprächen von Worms und Regensburg teil und beteiligt sich an der Abfassung der *Confessio Virtembergica*.

Matrikel Heidelberg 1, S. 494. — BCor 4, Nr. 274, S. 16, Anm. 1; Deetjen, Frecht; Drüll, Heidelberger

Gelehrtenlexikon 1, S. 158–160; Ehmer, Frecht; Kirn, Frecht; Melanchthon Bw. P 11, S. 88; Pollet, Bucer 2, S. 197–220.

Frey, Claus Dissenter in Straßburg 247

Friedrich III. (der Weise) 66f., 153
* 17. Januar 1463 auf Schloss Hartenfels zu Torgau
† 5. Mai 1525 in Lochau
Seit 1486 Kurfürst von Sachsen

Friedrich V. 129
* 26. August 1596
† 29. November 1632
Von 1610 bis 1623 Kurfürst von der Pfalz

Frosch, Johannes Prediger an St. Jakob in Nürnberg → BCor 8 Personenindex 118

Frosch, Franz 75, 118
* um 1490 in Nürnberg
† 25. April 1540 in Straßburg
Erster Stadtadvokat in Straßburg. Nach seinem Studium in Ingolstadt (Immatrikulation 14. Februar 1516), Freiburg (Immatrikulation als Kleriker der Diözese Bamberg 20. Mai 1520) und in Italien wirkt der Zasius-Schüler ab Oktober 1522 als Prokurator am kaiserlichen Kammergericht in Nürnberg. Nach seiner Promotion amtiert er ab 1525 als Kanzler des Bischofs von Würzburg und erhält im Januar 1530 die erste fränkische Assessorenstelle beim Reichskammergericht in Speyer. Der Reformation zugewandt, wechselt er am 22. Juni 1532 (offiziell erst 1533) als erster Stadtadvokat nach Straßburg und macht sich fortan um eine juristische Legitimation der Reformation verdient. Er heiratet Felicitas Scher von Schwarzenberg.

Matrikel Freiburg 1, Nr. 20, S. 243; Matrikel Ingolstadt 1, S. 387, Z. 9. — Ficker/Winckelmann, Handschriftenproben 1, T. 23; Kist, Matrikel Bistum Bamberg, Nr. 1843, S. 124; Winterberg, Schüler von Zasius, S. 38f.; Wolff, Ingolstädter Juristenfakultät, S. 377; Wunderlich, Protokollbuch 1, S. 277.

Frosch, Johannes unbekannt (Nr. 653) 118f., 176

Froschauer, Christoph Drucker in Zürich 50, 281

Furster, Johann Kanzler Herzog Ernsts von Braunschweig-Lüneburg-Celle → BCor 5, S. 167, Anm. 1 71

Garcia de Loyasa Beichtvater Karls V. 38

Gassner, Katharina 71, 169
* um 1480
† nach 1554
Ehefrau Thomas Gassners. Wohl die Tochter des Vogtes der Burg Guttenberg in Liechtenstein, Ulrich Ramschwag. Sie tritt am 14. Februar 1491 in das Lindauer Stift ein, wendet sich der Reformation zu und heiratet vor dem 20. Februar 1530 Thomas Gassner. In der Folgezeit unterstützt sie dessen Reformwerk, übernimmt zahlreiche Patenschaften und pflegt 1541 die Pestkranken.
Burmeister, Katharina von Ramschwag.

Gassner, Thomas 70–73, 167, 169
— Verfasser *Nr. 644*
* in Bludenz/Vorarlberg
† 13. Februar 1548 in Lindau
Pfarrer in Lindau. Nach dem Besuch der Lateinschule in Feldkirch studiert er (möglicherweise in Wien) und amtiert wohl ab etwa 1520 als Kaplan am Frauenkloster St. Peter in seiner Heimatstadt. Aufgrund seiner reformatorischen Aktivitäten wird Gassner Anfang September 1524 im Bludenzer Schlossturm inhaftiert, er flieht nach Lindau (Ankunft im November) und wird als Prediger angestellt. Gassner besucht die Berner Disputation (1528) und setzt sich für die Einführung einer Reformation im Sinne Zwinglis ein. Er heiratet vor dem 20. Februar 1530 Katharina von Ramschwag, die Ehe bleibt kinderlos. Lindaus Unterzeichnung der *Confessio Tetrapolitana* stärkt die Beziehung zu Bucer und Capito. Gassner verfasst 1533 eine Zuchtordnung

für die Stadt Lindau und tritt 1536 für die Wittenberger Konkordie ein.

Bullinger Bw. 3, Nr. 294, S. 245f., Anm. 5; Burmeister, Gassner; Schulze, Bekenntnisbildung Lindaus, S. 24–34; Stupperich, Gassner, S. 86.

Geiger [Gyger], Matthias 24

* um 1485

† 27.12. 1549 in Straßburg

Ratsherr in Straßburg. Der Kaufmann (Freiburger Zunft, Geschäft im Haus „Zum Winden" in der Münstergasse) tritt 1529 in den Rat ein und amtiert als Fünfzehner (1532–33), Dreizehner (1533–1549) und Ammeister (1535). Er heiratet Anna Günter (gest. 1512) und Agnes Hammerer.

Brady, Ruling Class, Nr. 31, S. 314; Ficker/Winckelmann, Handschriftenproben 1, T. 11.

Georg der Fromme 8, 74

* 4. März 1484 in Ansbach

† 27. Dezember 1543 in Ansbach

Seit 1515 Markgraf von Brandenburg-Ansbach, seit 1527 auch von Kulmbach

Georg von der Pfalz 221

* 10. Februar 1486 in Heidelberg

† 27. September 1529 in Schloss Kislau/Bad Mingolsheim

Von 1513 bis 1529 Bischof von Speyer

Georgius von Ungarn 77

Gerbel, Nikolaus 66, 193

* um 1485 in Pforzheim

† 20. Januar 1560 in Straßburg

Jurist, Humanist und Domsekretär in Straßburg. Der Sohn des Malers Anton Gerbel besucht die heimische Lateinschule, an die er nach Studien in Wien (Immatrikulation Oktober 1501, Schüler von Konrad Celtis), Köln (Immatrikulation 16. Juni 1507, Magister artium 28. März 1508) und Tübingen (Immatrikulation 10. Mai 1508) und einem Aufenthalt in Mainz im Mai 1511 als Lehrer zurückkehrt. Bereits Ende Mai 1512 widmet er sich dem Studium des kanonischen Rechts in Wien und Bologna (2. Oktober 1514 Dr. decret.). Ab Januar 1515 wirkt er als Rechtskonsulent in Straßburg, ab 1521 zugleich als Domsekretär. Gerbel ediert zahlreiche antike Werke und korrespondiert mit Erasmus, Melanchthon und Luther, als dessen Straßburger Gewährsmann er firmiert. Er heiratet Dorothea Kirsser (11. Dezember 1525, vier Kinder). Von 1541 bis 1543 lehrt er auf Initiative Jakob Sturms Geschichte am Straßburger Gymnasium. Sein Lebenswerk, eine Landeskunde Griechenlands, erscheint posthum (1550).

Matrikel Köln 2, Nr. 146, S. 612; Matrikel Tübingen 1, Nr. 5, S. 164; Matrikel Wien 2, Nr. 87, S. 298. — Grimm, Gerbel; Kremer, Pforzheimer Lateinschule, S. 114f.; Melanchthon Bw. P 12, S. 135f.

Gering [Gerung], Beat 204, 212

* in Beromünster

† 10. März 1559 in Straßburg

Ehemaliger Pfarrer von Dietikon. Nach dem Studium in Basel (Immatrikulation Sommersemester 1522, Erwerb des Magisters) wirkt er als Lehrer in Wettingen und Pfarrer in Dietikon. Dort führt er 1529 die Reformation ein. Im Zuge des ersten Kappeler Landfriedens entlassen, wird er durch Bucers Vermittlung 1533 Helfer in Schaffhausen, tritt aber schon 1534 die Nachfolge Karlstadts als Spitalprediger in Zürich an. Er verliert seine Stelle wegen eines Ehebruchs (1538) und wirkt nach kurzem Aufenthalt in Straßburg (1540) auf Empfehlung Bucers am Münster in Bern (1541). Als Befürworter einer lutherischen Abendmahlsauffassung wird er mit Simon Sulzer 1548 entlassen und amtiert seit 1550 als Pfarrer an St. Thomas in Straßburg. Dort wird ihm 1557 bei Fortzahlung des Gehalts die Stelle entzogen.

Matrikel Basel 1, Nr. 24, S. 352. — Adam, Kirchengeschichte Straßburg, S. 316f., 319; Bopp, Geistliche, S. 183; Bullinger Bw. 3, Nr. 220, S. 122, Anm. 15; Melanchthon Bw. P 12, S. 138.

Germanus, Martin Korrespondent Bucers → BCor 8 Personenindex 102, 172

Glaser, Balthasar Möglicherweise Prediger in Neckarsteinach **189f.**
— Verfasser Nr. 674

Glaser, Kaspar 176
* um 1485 in Niebelsbach bei Pforzheim
† 1547 in Zweibrücken
Lehrer in Gemmingen. Er besucht die Lateinschule Pforzheim und studiert seit 1501/02 in Erfurt (Baccalaureus 1503). Danach wirkt er in Pforzheim als Stiftsherr an St. Michael (7. Dezember 1510 bis März 1519) und als Schulmeister (Mai 1512 bis nach August 1514). In Baden-Baden versieht er die Stelle eines Stiftsvikars (17. Dezember 1518 bis 1. Februar 1519) und eines Erziehers des Prinzen Bernhard. Im Frühjahr 1531 als Prediger für die Kirche St. Ulrich in Augsburg vorgesehen (vgl. BCor 5, Nr. 416, S. 354, Anm. 5), geht er nach kurzem Aufenthalt in Gemmingen (1532) schon 1533 als Erzieher Herzogs Wolfgang zu Ludwig II. nach Zweibrücken. Dort beteiligt er sich an der Einführung der Reformation und wird 1540 Superintendent.
Matrikel Erfurt 2, S. 222, Z. 7. — *Kremer, Pforzheimer Lateinschule S. 115f. (Lit.); Melanchthon Bw. P 11, S. 150; Pfarrerbuch Baden, S. 197; Pfarrerbuch Baden-Baden Nr. 173, S. 62; Pfarrerbuch Kraichgau-Odenwald, Nr. 1015, S. 237; Vierordt, Evangelische Kirche Baden 1, S. 329, 345.*

Gomerus, Jakobus Bern 239

Greber, Kaspar 193–195
— Empfänger Nr. 676
* unbekannt in Freiburg i.B.
† 21. April 1546 in Straßburg
Greber studiert in seiner Heimatstadt (Immatrikulation 26. April 1515, Baccalaureus 1516), wo er am 29. Dezember 1530 ein Ordinariat für griechische Sprache erhält und 1531 das Dekanat der Artistenfakultät übernimmt. Seit Ostern 1533 bischöflicher Offizial in Straßburg. Der Bischof spricht ihm 1541 ein Kanonikat am Thomasstift zu, das er aber bis zu seinem Tod nicht antreten kann, da er sich dem vom Straßburger Rat vorgeschriebenen Examen nicht unterzieht.
Jenny, Rast, S. 185, Anm. 9; Knod, Stiftsherren St. Thomas, S. 20; Levresse, L'officialité épiscopale, S. 344–346, 382; Schelp, Reformationsprozesse Straßburg, S. 140.

Grynaeus [Grynäus, Griener, Grüner], Simon 35, **40–43**, 59f., 85, 121, 125f., **149f.**, 161, **183f.**, 206, 230, **242f.**
— Ehefrau Margaretha 42
— Schwiegermutter 42
— Magd 42
— Verfasser Nr. 638, 662, 672, 693
* 1493/94 in Veringen(dorf) bei Sigmaringen
† 1. August 1541 in Basel
Gräzist in Basel. Geboren in Veringen oder Veringendorf (zur Diskussion vgl. Scheible, Pforzheimer Schulzeit, S. 38, Anm. 250) besucht er zusammen mit Philipp Melanchthon die Lateinschule in Pforzheim. Vom Wintersemester 1511/12 bis 1516 studiert er in Wien und lernt dort Vadian kennen. Danach wirkt er in Buda als Leiter der Schule bei der St. Georgskapelle der Burg und als Bibliothekar der Corvinus-Bibliothek. Wegen seines Anschlusses an die Reformation muss er fliehen; er immatrikuliert sich am 17. April 1523 in Wittenberg. Im Januar 1524 erhält Grynaeus den Ruf auf den neu errichteten Griechisch-Lehrstuhl in Heidelberg, dort lehrt er seit 1526 auch die lateinische Sprache. Am 8. Mai 1529 wechselt Grynaeus als Nachfolger des Erasmus nach Basel, ab 1536 vertritt er dort auch das Fach Neues Testament. Er ediert und übersetzt Aristoteles, Plato, Plutarch, Euklid, Proklos, Ptolemaios und Justin sowie Livius, dessen damals bekannten Textbestand er samt den von Grynaeus 1527 entdeckten Büchern 1541–1545 publiziert. Auf der Suche nach Handschriften unternimmt er, von Erasmus empfohlen, im Frühjahr 1531 eine Reise nach England. Dort beauftragt ihn König Heinrich VIII. am 6. Juni, bei den reformatorischen Theologen Gutachten über die Zulässigkeit

der Ehe des englischen Königspaares einzuholen. Nach Basel zurückgekehrt, wendet sich Grynaeus an die Straßburger und Wittenberger Theologen sowie an Zwingli, Oekolampad und andere. In Basel setzt er sich kritisch mit der Bannordnung auseinander. In den Jahren 1534/35 hilft Grynaeus bei der Neuordnung der Universität Tübingen, 1537 kehrt er nach Basel zurück. Er beteiligt sich an der Abfassung der *Confessio Helvetica* (1536) und am Wormser Religionsgespräch (1540/41).

Matrikel Wien 2, Nr. 100, S. 383. — Erasmus Bw. 9, Nr. 2459f.; Nr. 2488; Rädle, Grynaeus Briefe. — Bietenholz, Grynäus, S. 142–146; Bokeloh, Grynaeus; Bonorand, Humanistenkorrespondenz, S. 74–84 (Lit.); Gauss, Berufung Grynaeus Tübingen; Guggisberg, Grynaeus, S. 241f.; Holzberg, Olympia Morata; Kremer, Pforzheimer Lateinschule, S. 161f.; Locher, Zwinglische Reformation, S. 488, Anm. 267; Melanchthon Bw. P 11, S. 192f. (Lit.); Pollet, Bucer 2, S. 370–401; Rädle, Berufung; ders., Grynaeus, S. 88f.; Scheible, Pforzheimer Schulzeit; Staehelin, Grynaeus (Abbildung).

Grynaeus, Samuel Sohn des Simon Grynaeus 42, 150

Gschmus [Gemusaeus, Krämer, Institoris], Augustin 256f.

* um 1490 in Mühlhausen
† September/Anfang Oktober 1543 in Mühlhausen

Pfarrer in Mühlhausen. Der Sohn des Mühlhausener Krämers und Zunftmeisters Nikolaus Gschmus studiert in Basel (Immatrikulation Sommersemester 1505 als „Augustin Institoris") und wird Augustinermönch. Er amtiert zunächst als Kaplan des Altars St. Johannes in Basel (1508–1511), dann des Altars St. Beatus in Mühlhausen (1513–1524), dann als Pfarrer und Reformator Mühlhausens (1528–1543). Er vertritt Mühlhausen bei den Disputationen von Baden (1526) und Bern (1528) sowie beim Abschluss der Wittenberger Konkordie (1536).

Matrikel Basel 1, Nr. 9, S. 277. — Bopp, Geistliche, Nr. 1853, S. 201f.; Lutz, Gschmus, S. 34–52; Oberlé, Gschmuss, S. 1315; Sitzmann, Gemusaeus, S. 579; Stupperich, Gschmus, S. 91f.

Guntius [Gunz], Hieronymus 2, 76f., 138, 189, 214, 259

* Um 1511 in Biberach
† 16. Juni 1552

Notar und Schulmeister in Biberach. Der Sohn eines Biberacher Stadtschreibers und Lateinlehrers lebt schon seit etwa 1526 im Hause Zwinglis und dient diesem als Famulus. Im Sommer 1529 tritt er in den Dienst Johannes Oekolampads in Basel, für den er Botendienste erledigt. Mit seiner Heimatstadt Biberach, insbesondere mit Bartholomäus Müller, steht er in regem Briefverkehr. Von Michaelis 1532 bis Anfang September 1533 amtiert Gunz dort als Notar und Schulmeister. Danach zunächst ohne Stelle, wird er von Bibliander im März 1534 an Myconius in Basel empfohlen. Gunz studiert und wird 1536 Lehrer an der Knabenschule im ehemaligen Dominikanerkloster in Basel, zugleich verwaltet er die Bibliothek. Gemeinsam mit dem Bündner Pedioneius veröffentlicht er eine kleine Sammlung von Gedichten des am 1. August 1541 verstorbenen Simon Grynaeus, mit dem er eine enge Beziehung unterhalten hat. Gunz wirkt noch längere Zeit in Basel und Umgebung, nämlich als Pfarrer in Oberwil (1539–1544), Münchenstein (1544–1548, 1546 erfolglose Bewerbung in Augsburg) und Rümlingen (1550–1555). Dort erstellt er bei Robert Winter, dessen Korrektor er war, einen Index zu dem Griechischen Lexikon des Phavorinus und 1550 eine Ausgabe der Septuaginta samt Apokryhen in vier Teilen. Bei seinem Tod hinterlässt er drei Kinder.

Guntius an Joachim Vadian (Juni?) 1532 (Vadian Bw. 5, Nr. 703, S. 81–83). — Bossert, Gunz; Burckhardt-Biedermann, Guntius; Egli, Guntius; Gauss, Beziehungen Zwinglis; Thierer, Gunz; Zwingli Bw. 4, Nr. 939, S. 345, Anm. 1.

Gutknecht, Jobst Drucker in Nürnberg 75

Haab, Johannes 212

* 1503 in Zürich
† 21. März 1561 in Zürich

Zunftmeister in Zürich. Der Sohn des Solothurner Stadtschreibers und Züricher Unterschreibers Jakob und der Margaretha Haab unterstützt die reformatorischen Kräfte. Er vertritt ab 1523 im Großen Rat die Zunft der Saffran, die ihn 1524 als ihren Vertreter bei der Bilderentfernung bestimmt, 1525 amtiert er als Eherichter. Der begüterte Haab wird Ende 1530 Zunftmeister und amtiert in dieser Funktion 1531–38, 1540–41 und 1560 im Kleinen Rat. Das Amt eines Vogtes übernimmt er 1538 (Rheintal) und 1541 (Meilen), das Bürgermeisteramt versieht er 1542–1559. Haab tritt aus gesundheitlichen Gründen zurück.

Lassner, Haab; Jacob, Führungsschicht Zürich, S. 181–183; Bullinger Bw. 2, Nr. 92, S. 114, Anm. 20.

Haberer, Hermann Schreiber der Grafschaft Lenzburg und Korrespondent Heinrich Bullingers 107

Haistung [Haystung], Jakob 77, 81f., 85, 91, 167f.

* um 1495 in Kempten
† 1536 in Kempten

Prediger in Kempten. Nach seinem Studium in Freiburg (Immatrikulation 24. Oktober 1516, Baccalaureus 1518) wird er 1520 Kaplan am Kemptener Hl. Geist-Spital. Seit 29. Januar 1523 amtiert er als Helfer des lutherischen Stadtpfarrers Sixtus Rummel an St. Mang. In dem nach dessen Tod ausbrechenden Abendmahlsstreit tritt er als Zwinglianer auf.

Matrikel Freiburg 1, Nr. 49, S. 228. — BDS 8, Nr. 4, S. 96, Anm. 2; Bullinger Bw. 3, Nr. 242, S. 153, Anm. 1; Pfarrerbuch Bayerisch-Schwaben, Nr. 411, S. 72.

Haller, Apollonia vom Graben 239

* 1499?
† 21. Dezember 1574

Ehefrau Berchtold Hallers und möglicherweise die uneheliche Tochter des Pierre du Terreaux. Sie heiratet Berchtold Haller im August 1529, das Paar bleibt kinderlos.

Berchtold Haller an Martin Bucer vom 11. August 1529 (BCor 3, Nr. 247, S. 317–319, insbesondere S. 319, Anm. 14); Berner Synodus, S. 375; Dellsperger, Haller.

Haller, Berchtold [Berthold] 49, 57, 59, 97 **123–128**, 210–212, 218, 224, 228, 230, **236–239**, 248, 282

— Verfasser Nr. 657, 691

* 1492 in Aldingen bei Rottweil
† 25. Februar 1536 in Bern

Reformator Berns. Er besucht die Schulen in Rottweil (um 1506/07) und Pforzheim, wo er Philipp Melanchthon und Simon Grynaeus kennen lernt. Anschließend studiert er in Köln (Immatrikulation 8. Mai 1510, Baccalaureus 8. Juli 1511). In Bern amtiert er zunächst als Schulgehilfe (seit 1513), dann als Prädikant (seit 1. Mai 1519) und Chorherr am Münster St. Vinzenz (seit 18. Mai 1520). Unter dem Einfluss Zwinglis, mit dem er seit 1521 im Briefwechsel steht, wendet sich Haller Ende 1520 der Reformation zu. Seit Weihnachten 1525 liest er keine Messe nach altgläubigem Ritus mehr. Um nicht gegen das Berner *Pfingstmandat* zu verstoßen, äußert er sich auf der Badener Disputation (19. Mai bis 9. Juni 1526) aber nicht zur Messe. Für die Berner Disputation (6. bis 26. Januar 1528) verfasst er mit Franz Kolb zehn Thesen. Sein Versuch, die Reformation auch in Solothurn durchzusetzen, schlägt fehl (1530). Nach dem Zweiten Kappeler Krieg sucht er den Ausgleich zwischen Bern und Zürich, seit der Berner Synode (1532) amtiert er als Dekan des Kapitels.

Matrikel, Köln 2, Nr. 71, S. 657. — BCor 5, Nr. 352, S. 74, Anm. 2; Dellsperger, Haller; Guggisberg, Haller; Kirchhofer, Haller; Kremer, Pforzheimer Lateinschule, S. 157f.; Lavater, Kurzbiographien, Nr. III, S. 374–376; Locher, Zwinglische Reformation, S. 182–187; Pestalozzi, Haller.

Hamberger, Hieronymus Schwager und Briefbote des Bartholomaeus Myllius 259

— Ehefrau 259

Hane, Blasius Ratsherr in Wismar 171

Hane, Johannes Wohl ein Sohn des Wismarer Ratsherren Blasius Hane und Bote nach Wismar → BCor 5, Nr. 405, S. 319–321   171

Hans Honold Kaufmann und Korrespondent Luthers in Augsburg   289

Hatten, Matern Korrespondent Bucers → BCor 1, Nr. 7, S. 89, Anm. 27   43

Hechtlin, Johannes   117, 119, 122f., 175, 178, 180f., 266, 291

* unbekannt

† 1535, möglicherweise in Straßburg

Früherer Helfer an Alt-St. Peter. Nach einer gescheiterten Berufung nach Zweibrücken übernimmt er im Frühjahr 1534 die Leitung des *Collegium praedicatorum* in Straßburg.

Adam, Kirchengeschichte Straßburg, S. 221; QGT 8, Nr. 373, S. 37, Anm. 3.

Hedio [Bock, Böckel, Funificis, Funarius, Heyd,], Kaspar   9–15, 68, 77, 85, 119, **174–176**, 178, 181, **195–199**, 241, 257, 265f., **267–270**, 291

— Verfasser *Nr. 631*
— Empfänger *Nr. 669, 677, 702*

* 1494 in Ettlingen

† 17. Oktober 1552 in Straßburg

Prediger am Straßburger Münster. Nach dem Besuch der Lateinschule in Pforzheim studiert er seit 7. Dezember 1513 in Freiburg (Baccalaureus 1514, Magister 1515/1516) und seit Februar 1517 in Basel (Sententiar Dezember 1519), wo er Capito kennen lernt. Dort amtiert er seit 1518 als Vikar an St. Theodor, bevor er in Mainz Vertreter (seit Oktober 1520) und Nachfolger (seit 5. Januar 1521) Capitos auf der Domprädikatur wird. Als Dr. theol. (1523) kommt er im November 1523 nach Straßburg und wirkt dort bis 1550 als Münsterprediger. Hedio arbeitet eng mit Bucer, Capito und Zell zusammen, begleitet Bucer beim Marburger Religionsgespräch (1529) sowie der Einführung der Reformation in Köln (1543) und wird 1549 Nachfolger Bucers als Präsident des Straßburger Kirchenkonvents. Während des Interims 1550 abgesetzt, unterzeichnet er 1551 die *Confessio Virtembergica*. Hedio stirbt an der Pest.

Matrikel Basel 1, Nr. 7, S. 332; Matrikel Freiburg 1, Nr. 11, S. 205. — Adam, Kirchengeschichte Straßburg, S. 54f.; BCor 4, Nr. 273, S. 8, Anm. 5; Bodenmann, Hedio, S. 215f.; ders., Hedio Biographie; ders., Hedion; ders., Caspar Hedio; Bopp, Geistliche, Nr. 2028, S. 219; Ficker/Winckelmann, Handschriftenproben 2, T. 60; Keute, Hedio, S. 16–19, 145–183; Kremer, Pforzheimer Lateinschule, S. 162–164; Melanchthon Bw. P 11, S. 241f.; Pohlig, Kirchen- und Universalgeschichtsschreibung, S. 283–294; Zwingli-Gedächtnis, S. 282f.

Heininger [Hüniger, Enthusiander], Hieronymus   128
— Ehefrau   128
— Schwiegervater in Straßburg   128

Stadtarzt in Bern. Zunächst Neustetter Doktor und Arzt in Solothurn, wird er mit einem Salär von 60 Gulden zuzüglich Dinkel- und Holzlieferung sowie einer angemessenen Behausung am 26. September 1526 für zunächst 5 Jahre als Stadtarzt angestellt, gerät im September 1529 in Konkurrenz zu dem als Chronist nach Bern zurückgekehrten Valerius Anshelm, dem am 19. November die Betätigung als Arzt nur bei Einzelanfragen gestattet wird.

Thurnheer, Die Stadtärzte im alten Bern, S. 25–27.

Heinrich V.   172f.

* 3. Mai 1479

† 6. Februar 1552

Seit 1503 Herzog von Mecklenburg

Heinrich VIII.   147f.

* 28. Juni 1491 in Greenwich

† 28. Januar 1547 in Westminster

Seit 23. April 1509 König von England

Held von Tieffenau, Johann Heinrich   163–165

— Verfasser *Nr. 666*

* 1499 in Tiefenau (bei Sinzheim)

† 4. August 1570 in Augsburg

Sein Bildungsgang liegt im Dunkel, nach Schwenckfeld war er Barfüßer. Vom Straßburger Rat als Nachfolger Theobald Nigris nach Augsburg vermittelt, wirkt er dort zunächst an St. Ulrich (seit Juni 1532), dann auch an St. Moritz und St. Anna sowie als Stadtbibliothekar (1537–1551). Im Kontrast zu der ihm von Zeitgenossen attestierten, theologisch unprofilierten Nachgiebigkeit, kritisiert er in einer Predigt den Einzug des Kaisers bei der Annahme des Interims als nicht schriftgemäß und verweigert den Eid auf das Interim. Held wird entlassen, am 26. August 1551 der Stadt verwiesen. Er geht in die Schweiz. Bereits am 12. Juni 1552 wird er aber auf seine frühere Pfarrstelle an St. Ulrich zurückgerufen. Wegen Krankheit tritt er 1568 in den Ruhestand.

Kaspar Schwenckfeld an Sibilla Eisler nach 13. Februar 1554 (Corpus Schwenckfeldianorum 13, S. 619, Z. 2f.). — Schmidbauer, Stadtbibliothekare, S. 36–40; Pfarrerbuch Schwaben, S. 79.

Hermann, Konrad [Schlupfindheck] 230, 238, 282

* um 1495 in Villingen
† nach Januar 1539

Pfarrer in Vechingen. Vaterlos wohl im örtlichen Franziskanerkloster aufgewachsen, übernimmt er nach dem Studium in Freiburg (Immatrikulation 22. Dezember 1513, Baccalaureus September 1515) die Aufgaben eines Lektors und Predigers in der Regensburger Niederlassung seines Ordens. Ab 1518 (Empfehlungsschreiben vom 18. Oktober) wirkt er in Luzern, von wo er vor dem 21. August 1520 (Oswald Myconius an Zwingli) in den Reutlinger Konvent wechselt. Dort wendet er sich der Reformation zu, verlässt das Kloster (wohl 1523), bestreitet in einer Disputation mit Matthäus Alber die Realpräsenz Christi im Mahl (1524/25) und wird daraufhin vertrieben. In Biberach nehmen ihn Christoph Gräter und Veit Raminger auf. Hermanns Beiname erklärt sich aus seiner Predigt in deren Häusern. Sie führt wegen ihrer Kritik an der altgläubigen Frömmigkeit zu seiner Ausweisung aus Biberach. Er wendet sich nach Basel und Zürich, bald darauf nach Esslingen (Einlassbegehr aus Rottenburg an den Rat vom 17. April 1526, bei Henrich, Konrad Hermann, S. 34f.) und wird schließlich in Biberach als zweiter Prediger angestellt, danach in Murten (Heirat mit Magdalena Löschli, 23. Mai 1530), wo er mit Guillaume Farel und dem Rat in Streit gerät. Hermann wechselt nicht wie vorgesehen nach Aarau, sondern nach Vechingen bei Bern (1532), dann nach Seeberg (12. Dezember 1533 bis 11. Januar 1539), seine letzte Station ist möglicherweise Thorberg gewesen.

Matrikel Freiburg 1, Nr. 20, S. 211; Henrich, Konrad Hermann.

Herwagen, Johann Drucker in Straßburg 127, 257

Hieronymus, Sophronius Eusebius 102

* um 347 in Stridon, Dalmatien
† 419/30. September 420 in Bethlehem

Kirchenlehrer

Hilarius 98

* um 300/315 in Poitiers
† 367 in Poitiers

Seit etwa 350 Bischof von Poitiers

Hilspach [Zimmermann, Lignifaber, Carpentarius], Michael Wendel 11

* 1482 in Hilsbach bei Sinsheim
† 6. August 1570 in Zweibrücken

Diakon und Lehrer in Zweibrücken. Nach dem Studium in Heidelberg (Immatrikulation 13. April 1509, Baccalaureus 14. Januar 1511, Magister artium 1513) wird er 1513 Schulmeister der Lateinschule Ettlingen und heiratet 1514/15 Kaspar Hedios Schwester Margarete Heyd. Seit 1518 leitet er die Lateinschule Hagenau. Er publiziert 1520 bei Anshelm eine lateinische Sprachlehre (*Primitium seu incunabula Latinae linguae*) sowie 1521 das *Isagogicum in literas latinas.* Hilspach unterhält freundschaftliche Beziehungen zu den Straßburger Reformatoren Wolfgang Capito, Kaspar Hedio und Bucer, dessen Lossprechung er 1521 bezeugt. Aufgrund seiner reformatorischen Aktivitäten vor Pfingsten 1525 in Hagenau entlassen, übernimmt Hilspach in der Nachfolge Johann Ungers die Leitung der Pforzheimer Lateinschule, 1531 muss er auch sie verlassen. Nach vorübergehendem Aufenthalt in Straßburg fungiert er seit Frühherbst 1532 als Schulleiter in Zweibrücken und wirkt dort ab 1533 als Diakon. Hilspach setzt sich 1536 für die Annahme der Wittenberger Konkordie ein und folgt Kaspar Glaser 1547 auf der Stelle eines Superintendenten nach.

Kaspar Hedio an Ambrosius Blarer und Konrad Sam vom 30. August 1531 (Blaurer Bw. 1, Nr. 205, S. 255f.); Capito an Schwebel vom 4. April 1532 (Millet, Correspondance Capiton, Nr. 471, S. 154).
— *Hermsdorf, Hilspach; Kremer, Pforzheimer Lateinschule, S. 35f., 117 (Lit.); Melanchthon Bw. P 11, S. 301f.; Pfarrerbuch Pfalz, Nr. 2195, S. 191; Pfleger, Hilsbach.*

Hoffmann, Melchior Wandernder Täuferführer 29, 247, 273, 292f.

Honstein, Wilhelm Graf von 194
* 1475, möglicherweise Schloss Lohra (Harz)
† 29. Juni 1541 in Zabern
Seit 14. März 1507 Bischof von Straßburg

Hoss [Hos, Hoos, Hose, Hosius], Christoph 7
* um 1493 in Baden-Baden
† nach 1562 in Worms

Er studiert zunächst in Heidelberg (Immatrikulation 14. Oktober 1509) und Paris, dann Jura in Freiburg bei Ulrich Zasius (Immatrikulation 22. März 1513) und in Sienna (Dr. iur. 21. Mai 1520). Seit 7. April 1522 amtiert Hoss als Advokat und Prokurator am Reichskammergericht in Esslingen, ab 1527 in Speyer, u.a. für das Herzogtum Pfalz-Zweibrücken, die Städte Basel und Stralsund. Seit 1542 führt er diese Tätigkeit von Worms aus fort. Im Jahr 1548 wegen Übertritts zum Protestantismus entfernt, wird er 1555 wieder zugelassen.

Matrikel Freiburg 1, Nr. 27, S. 206; Matrikel Heidelberg 1, S. 472. — *Baumann, Prokuratoren am Reichskammergericht, S. 178; Kaul, Reichskammergericht in Speyer, S. 191, Anm. 30; Melanchthon Bw. P 12, S. 326; Raubenheimer, Evangelische Prokuratoren, S. 211–216; Winterberg, Schüler von Zasius, Nr. 33, S. 44f.*

Huberinus, Kaspar Korrespondent Luthers in Augsburg → BCor 8 Personenindex 140, 289

Hubert [Pulbarbus, Ornipogonis], Konrad 23, 39, 134, 139, 158, 180, 192, 221, 235, 245, 260, 264, 298

* 1507 in Bergzabern
† 13. April 1577 in Straßburg

Mitarbeiter und erster Editor Bucers. Der Sohn des Metzgers Martin Hans Hubert wechselt nach Schule und Studien in Heidelberg (1519–1523) nach Basel. Dort ist er auf Empfehlung Nicolaus Thomaes seit 1523 als Famulus Oekolampads nachweisbar (Oekolampad, Bw. 1, Nr. 181, S. 264). Mit diesem reist er 1531 von Basel nach Ulm (Staehelin, Lebenswerk, S. 630). Bucer gewinnt ihn als Mitarbeiter und schickt Hubert nach Straßburg voraus (BCor 6, Nr. 435, S. 24, Z. 20f.). Dort amtiert er als Diakon an St. Thomas und heiratet auf Vermittlung von Bucer und Margarethe Blarer im Januar 1532 eine Margaretha aus Konstanz, über die er am 1. Oktober 1531 bei Ambrosius Blarer Erkundigungen eingezogen hat (Blaurer Bw. 1, Nr. 222, S. 273f.). Hubert übernimmt vielfältige Dienste für Bucer. Er fertigt Kopien seiner Briefe an, versieht sie mit Randbemerkungen und vertritt Bucer bei dessen Abwesenheit von Straßburg, bis hin zur Vormundschaft für seinen Sohn Nathanael. Hubert wird Stiftsherr an St. Thomas (2. Juli 1545), ohne größeren Einfluss auf das Kapitel zu gewinnen, 1547 auch Kantor. Er verfasst die Lieder *Allein zu dir Herr Jesu Christ* (1540) und *O Gott, du höchster Gnadenort* (1545). Im Jahr 1551 unterzeichnet er die *Confessio Virtembergica*. Als er die Lutheranisierung Straßburgs ablehnt, wird er 1563 seines Amtes enthoben.

Adam, Kirchengeschichte Straßburg, S. 189; Bautz, Hubert (Lit.); Bopp, Geistliche, Nr. 2426, S. 259; Ficker/Winckelmann, Handschriftenproben 2, T. 67; Melanchthon Bw. P 11, S. 331; Raubenheimer, Hubert; Röhrich, Mittheilungen 3, S. 245–274; Rott, Hubert; Stupperich, Hubert.

Hubert, Margaretha 39, 235, 245, 264, 298

* nach 1500
† 1565

Erste Ehefrau Konrad Huberts. Ihre väterlicherseits wohl aus Bischofszell stammende Familie ist mit der Familie Blarer in Konstanz verwandt. Margaretha bezeichnet Ambrosius Blarer als ihren ersten Lehrer (vgl. Blaurer Bw. 2, Nr. 892, S. 64) und heiratet im Januar 1532 Konrad Hubert. Nach dem Tod Elisabeth Bucers (16. November 1541) kümmert sie sich um deren Kinder (vgl. ebd., Nr. 918, S. 93). Als ihr Vater stirbt (1543), verheimlicht ihr Hubert die wohl bedrückenden näheren Umstände (vgl. ebd., Nr. 1029, S. 199). Gegen Ende ihres Lebens erblindet sie.

Blaurer Bw. 2, Nr. 892, S. 64; Nr. 918, S. 93; Nr. 1029, S. 199; Nr. 10 (Anhang II), S. 795. — Röhrich, Mittheilungen 3, S. 249; Rott, Hubert.

Jakobus Jünger Jesu 260

Johann Albrecht von Brandenburg Domkapitular in Mainz 147

Johann Friedrich Kurfürst von Sachsen 66f., 153

* 30. Juni 1503 in Torgau
† 3. März 1554 in Weimar

Von 1532–1547 Kurfürst von Sachsen, ab 1547 Herzog von Sachsen

Johann I. Kurfürst von Sachsen 7, 66f., 83

* 13. Juni 1468 in Meißen
† 16. August 1532 auf Schloss Schweinitz

Kurfürst seit 1525

Jonas, Justus Propst an der Schlosskirche in Wittenberg und Korrespondent Johannes Bugenhagens → BCor 4, Nr. 301, S. 107, Anm. 9 171

Jonathan Sohn König Sauls 121

Jost, Lienhard 27, 29f.

* in Illkirch?
† nach 1549

Metzger, Anhänger Melchior Hoffmanns und Prophet in Straßburg. Aus Illkirch stammend lebt er mit Frau und Tochter Elisabeth (verheiratet 1543) in der im Südosten Straßburgs gelegenen Krutenau. Vor 1524 heiratet er Ursula.

Vgl. das Biogramm zu Jost, Ursula (Lit.).

Jost, Ursula 27, 29

* um 1500
† zwischen 1530 und 1539

Anhängerin Melchior Hoffmanns und Prophetin in Straßburg. Die Ehefrau Lienhard Josts und Mutter Elisabeths lebt in der Krutenau. Sie hat wohl zwischen 1524–30 Visionen, von denen Melchior Hoffmann 77 im Jahr 1530 herausgibt. Sie verbreiten sich bis unter die niederländischen Täufer. Da ab 1539 eine Agnes als Lienhards Ehefrau genannt wird, stirbt Ursula wohl vor diesem Jahr.

Melchior Hoffmann, Prophetische Gesicht und Offenbarung, Straßburg 1530 (VD 16 J 993, Auszug in: Fast, Linker Flügel, S. S98–308). — Kobelt-Groch, Ursula Jost; Petersen, Preaching in the last days, S. 92; Snyder/Hecht, Profiles Anabaptist women, S. 273–287.

Jud, Leo [Judä, Keller] 13, 15, 35, 38, 41, 50, 59, 82, 92, 97–99, 101, 110, 121, 125f., 152, 169, 192, 204, 206f., **208–213**, 217, 228–230, 256, 281

— Empfänger *Nr. 683*

* 1482 in Guémar (Oberelsass)
† 19. Juni 1542 in Zürich

Hebräischdozent und Bibelübersetzer in Zürich. Der Sohn eines Priesters besucht nach der Lateinschule in Schlettstadt die Universitäten Basel (seit 1499 als Leo Keller) und Freiburg (Immatrikulation 18. November 1502, Baccalaureus Wintersemester 1502/03). Seit 1505 erneut in Basel, wendet er sich nach einer Apothekerlehre der Theologie zu und schließt Freundschaft mit Zwingli. Jud amtiert zunächst als Diakon an St. Theodor in Basel (1507–1510) und nach dem Erwerb des Magistergrades (1512) als Leutpriester in St. Pilt; 1519 nimmt er in Einsiedeln die Stelle Zwinglis ein und wirkt als Übersetzer (Augustinus, Thomas von Kempten, Erasmus, Zwingli, Bullinger). Zwingli vermittelt ihn 1523 nach Zürich auf eine Pfarrstelle an St. Peter, wo Jud Schriften Luthers und Zwinglis herausgibt und am 19. November 1523 die ehemalige St. Gallener Nonne Katharina Gmünder aus dem Kloster Au heiratet. Jud wirkt fortan als engster Mitarbeiter und Editor Zwinglis, als Hebräischdozent an der Prophezey, Bibelübersetzer, Liederdichter und Verfasser von Katechismen (1534, 1539). Die ihm angetragene Nachfolge Zwinglis lehnt er 1531 ab, in den Jahren 1532/1533 nähert er sich vorübergehend Schwenckfeld an. Jud wirkt an der *Confessio Helvetica prior* (1536) mit. Postum erscheint sein Hauptwerk, die lateinische Ausgabe des Alten Testaments (1543).

Matrikel Basel 1, Nr. 15, S. 258; Matrikel Freiburg 1, Nr. 2, S. 148. — Wyss, Jud, S. 179–263 [Werkverzeichnis]. — Bullinger Bw. 1, Nr. 4, S. 55, Anm. 1 (Lit.); Egli, Jud, S. 550–553; Pestalozzi, Judä; Raupp, Jud; Stupperich, Jud, S. 111; Weisz, Jud; Wyss, Jud; Zymner, Jud.

Jufli → Wetter, Wolfgang

Judas Jünger Jesu   83, 131, 256

Jung, Ambrosius d. J. Sohn des Ambrosius d. Ä. und Reisegefährte Gereon Sailers   186, 291

Jung, Ambrosius d. Ä. Augsburger Stadtarzt   291

Jung, Timotheus Sohn des Ambrosius d. Ä. und Reisegefährte Gereon Sailers   186, 291

Jupiter Höchste römische Gottheit   223

Kappeler [Sacellius], Georg Veit   168

* in Riedlingen?

† nach 1556

Möglicherweise mit dem am 8. Juli 1510 in Wien immatrikulierten „Vitus Koppeler ex Riedlingen" identisch, erscheint er im Protokoll der Züricher Synode vom 21. April 1528 als Pfarrer von Witikon (Egli, Actensammlung Züricher Reformation, Nr. 1391, S. 602). Seit 1529 wirkt er in Diessenhofen. Dort im Februar 1533 auf Betreiben der Altgläubigen entlassen, wendet er sich nach Konstanz und wird noch vor August 1533 in Kempten als Prediger angestellt. Weitere Stationen sind Kirchheim (1535), Köngen (1537) und erneut Kirchheim (1548/49).

Matrikel Wien 2, Nr. 47, S. 369. — Johannes Zwick an Heinrich Bullinger vom 10. März 1533 (Bullinger Bw. 3, Nr. 198, S. 80, Z. 20 und Anm. 16). — Pfarrerbuch Bayerisch-Schwaben, Nr. 582, S. 101.

Karl V.   5, 21, 29, 38f., 49, 51f., 61, 67, 100, 113, 147, 184, 211

* 24. Februar 1500 in Gent

† 21. September 1558 in Yuste

Römischer Kaiser von 28. Juni 1519 bis 14. März 1558

Kautz [Kautius, Cautius, Scopegius], Jakob   18, 23–27, 30, 42

* um 1500 in Großbockenheim bei Bad Dürkheim

† nach 1543/44, möglicherweise in Mähren

Täufer. Bereits während seines Aufenthalts in Worms (nachweisbar seit 1524) steht er in Briefwechsel mit Wolfgang Capito (ab 1526) und pflegt Kontakt zu Hans Denk und Ludwig Hätzer. Im Juni 1527 schlägt Kautz an die Tür des Wormser Predigerklosters *Sieben Artikel* an. Die darin geäußerte Kritik an Kindertaufe und Realpräsenz Christi im Mahl führt zu seiner Ausweisung am 1. Juli 1527 und zu Bucers Gegenschrift (*Getreue Warnung* vom 2. Juli, BDS 2, S. 227–258). Über Augsburg, wo er an der sog. *Märtyrersynode* (August 1527) teilnimmt, kommt er im Juni 1528 nach Straßburg. Dort behauptet Kautz, Sammlung und Aufrichtung der Kirche setzten die Taufe Bekennender voraus, gerät in Streit mit Bucer und wird vom Rat am 22. Juni ermahnt (QGT 7, Nr. 138, S. 163). Mit Beschluss vom 26. Oktober 1528 wird Kautz gefangen gesetzt und am 29. November 1529 nach längerer Krankheit wegen täuferischer Aktivitäten ausgewiesen. Um seine kranken Hände behandeln zu lassen, ersucht Kauz am 14. Oktober 1532 erneut um Aufnahme in Straßburg, die ihm der Rat nach Rücksprache mit den Predigern aber am 16. Oktober verwehrt. Am 9. Januar 1534 beruft der Rat der mährischen Stadt Iglau Kautz als Schulmeister. Dieser verfasst 1536 Glaubensartikel, die in einer gewissen Nähe zur Theologie Hans Dencks spiritualistische Kritik am altchristlichen Dogma üben. Kautz wechselt am 2. Januar 1540 auf die besser dotierte Stelle eines Schulmeisters in Olmütz (Antritt 2. Januar 1540), die er bis 1543/44 innehat. Danach verliert sich seine Spur.

Syben Artickel zů Wormbs von Jacob Kautzen angeschlagen vnnd gepredigt (Mainz 1527, VD 16, K 558); Articvli aliqvot a Iacobo Kautio Oecolampadiano, ad populum nuper Vuormaciae aediti, partim a Lutheranis, partim a Iohanne Cochlaeo doctore praestantissimo reprobati (1527, VD 16, K 559); QGT 4, Nr. 129, S. 113f. — Getreue Warnung der Prediger des Euangelii zů Straßburg uber die Artickel, so Jacob kautz [...] hat lassen außgohn (2. Juli 1527, BDS 2, S. 227–258); Ratsbeschluss vom 22. Juni 1528 (QGT 7, Nr. 138, S. 163, Z. 9–20); Verhörnotiz vom 22. Oktober 1528 (ebd., Nr. 153, S. 185, Z. 9f.); Straßburger Prediger an den Straßburger Rat zwischen 7. und 15. Januar 1529 (BCor 3, Nr. 215, S. 222–224); Ausweisungsbeschluss (QGT 7, Nr. 196, S. 250). — Ficker/Winckelmann, Handschriftenproben 2, T. 75; Hege, Kautz, S. 476–478; Kaufmann,
Abendmahlstheologie, S. 390–395; Rothkegel, Kautz als Schulmeister.

Keller [Cellarius, Reuß], Michael 289

* Burgheim bei Neuburg a. d. Donau
† Februar 1548 in Augsburg

Prediger an der Barfüßerkirche in Augsburg. Nach eigener Auskunft (vgl. Roth, Keller, S. 152f.) studiert er in Leipzig. Danach amtiert Keller als Pfarrer in Wasserburg am Inn. Als er wegen seiner Sympathien für die Reformation Predigtverbot erhält, reist Keller im Sommer 1524 über Krems und Prag nach Wittenberg; am 23. November kommt er nach Augsburg. Spontan springt er für den heiseren Urbanus Rhegius als Prediger ein und wird daraufhin vom Rat für das Barfüßerkloster gewonnen. Diese Stelle hat er bis zu seiner Dienstunfähigkeit 1538 inne. Am 18. Oktober 1526 heiratet er Felizitas Österreicher (ein Sohn). Keller vertritt eine dezidiert Zwinglische Position und entwickelt sich in der Folgezeit zur Dominante der Augsburger Religionspolitik; er besitzt großen Einfluss auf den Rat. Wegen des Reichstages muss er sich von Juli 1530 bis Februar 1531 in Memmingen aufhalten, nach seiner Rückkehr erhält er zur Schonung der Lutheraner bis 8. Juli 1531 Predigtverbot (Roth, Augsburgs Reformationsgeschichte 2, S. 31, Anm. 81). Ab 1544 wirkt er als Prediger an St. Moritz, 1545 in Kaufbeuren, 1548 wird er entlassen.

BCor 5, Nr. 346, S. 18, Anm. 10; Melanchthon Bw. P 12, S. 405f.; Pfarrerbuch Augsburg, Nr. 596, S. 104; Roth, Keller; Zorn, Keller.

Ketzmann, Johann 8

*13. Juli 1487 in Schwabach
† 23. August 1542 in Nürnberg

Nach dem Studium (möglicherweise mit Magisterabschluss in Ingolstadt) bewirbt er sich 1516 von Köln aus auf die Rektorenstelle der Lateinschule St. Lorenz in Nürnberg, die Ketzmann von 1517 bis zu seinem Tod innehat. Er heiratet um 1518 Barbara Leis, am 26. Mai

1528 Ursula Saltzer und am 9. Dezember 1538 Elßbeth Hoffmann; nachgewiesen sind sein Sohn Johannes und seine Tochter Dorothea.

Hirschmann, Ketzmann.

Kindhausen, Johann von Abt von Kloster Hornbach 68

* 1501
† 1548

Jung, Quellen Pfalz-Zweibrücken, S. 247.

Kleindienst, Matthis Pfarrer an St. Johann in Weissenburg 221

Kobian, Valentin Drucker in Hagenau 29

Kolb, Franz 75, 128, 217, 224, 238f.

* 1465 in Inzlingen bei Lörrach
† 10. November 1535 in Bern

Prediger am Berner Münster. Nach dem Studium in Basel (Immatrikulation Wintersemester 1491, Baccalaureus 1493, Magister artium 1497) wirkt Kolb ab 1497 als Lehrer an der Schule St. Martin in Basel und tritt in ein schwäbisches Kartäuserkloster ein (1502). Nach Aufenthalten als Lehrer und Prediger in Freiburg im Üechtland und in Bern lebt Kolb seit 1512 im Nürnberger Kartäuserkloster als Kustos und Prediger. Für die Reformation gewonnen, wechselt er am 26. Dezember 1522 zunächst ins dortige Augustinerkloster, Mitte 1523 dann als Prediger nach Wertheim, wo er die Reformation einführt. Wegen seiner Zwinglischen Abendmahlsauffassung muss er die Stadt verlassen. Er begibt sich zunächst nach Nürnberg und sucht eine Stelle in der Schweiz. Am 14. August 1527 findet er in Bern eine Anstellung. Dort nimmt er an der Seite Berchthold Hallers bei der Durchführung der Reformation eine führende Stellung ein.

Matrikel Basel 1, Nr. 22, S. 220. — Osiander GA 2, Nr. 63f., S. 215–221. — Bullinger Bw. 1, Nr. 39, S. 215, Anm. 54 (Lit.); Eissenlöffel, Franz Kolb.

Köpfel, Wolfgang Drucker in Straßburg 13f.

Kopp [Copus], Heinrich [Henricus] 193

* um 1513 in Straßburg
† 1562 in Straßburg

Magister in Wittenberg. Er besucht die Schule in Straßburg und studiert in Wittenberg (Immatrikulation Sommersemester 1528, Magister 6. Februar 1533), dann bis 1539 in Bourges (Dr. iur. utr. 1539). Er amtiert als Dolmetscher und Mitarbeiter Georgs von Planitz, ab April 1541 wirkt er als Advokat am Reichskammergericht in Speyer, ab 22. Dezember 1542 als Advokat Straßburgs. Er übernimmt mehrere diplomatische Missionen für die Stadt, darunter auch die Verhandlungen nach der Niederlage im Schmalkaldischen Krieg (1548).

Brady, Protestant Politics, S. 356; Ficker/Winckelmann, Handschriftenproben 1, T. 27; Melanchthon Bw. P 12, S. 450 (Lit.); WA Bw. 9, Nr. 3553, S. 271, Anm. 3; Nr. 3559, S. 283, Anm. 6; Nr. 3573, S. 326f., Anm. 19.

Korn [Galleus], Gallus 8

Lebensdaten unbekannt

Der mutmaßliche Sohn des Nürnberger Bürgers Hans Korn erhält nach seinem Eintritt in den örtlichen Dominikanerkonvent wohl die ordensübliche Ausbildung. Nachgewiesen sind Aufenthalte in Bern (1508) und St. Gallen (1510), als magister studentium wirkt er in Eichstätt (1520). Seine unter dem Eindruck reformatorischer Schriften stehende, in zwei Predigten des Frühsommers 1522 zum Ausdruck gebrachte Klosterkritik führt zum Predigtverbot und schließlich Klosteraustritt Korns am 9. Juni 1522. Nach seiner zwischenzeitlichen Rückkehr ins Elternhaus ist Korn im Dienst Johann von Schwarzenbergs nachgewiesen (1524). Nach dem Schreiben Peter Pithonius' an Bucer vom 21. September 1532 (oben Nr. 630, S. 6–8) ist Korns Existenz nicht mehr nachzuweisen.

Apologema Galli Gallaei (Juni 1522), deutsch Ein Handlung, wie es einem Predigermönch zu Nürnberg [...] gangen ist (Johann Rhau, Wittenberg 1522, VD

16, K 2132); Warum die Kirch vier Euangelisten hat angenommen (Nürnberg 1524 bei Hans Hergot, VD 16, K 2134) — *Korn an Wolfgang Capito zwischen 12. Juni und 1. Juli 1522 (Capito Bw. 1, Nr. 139, S. 197–199; Millet, Correspondance Capiton, Nr. 139, S. 46f.)* — *Rüttgardt, Klosteraustritte, S. 61–102; Held, Gallus Korn.*

Korn, Kaspar 8

Lebensdaten unbekannt

Weltpriester. Sohn des Nürnberger Genannten Hanns Korn und Bruder des Gallus Korn. Von 1513 bis in die 30er Jahre Spitalmeister am örtlichen Heilig-Geist-Spital und 1547 als Genannter nachgewiesen. Der Nürnberger Rat warnt ihn 1525, er solle künftig nicht mehr die Nähe der „Schwärmer" suchen oder gegen das örtliche Katharinenkloster agitieren.

Rüttgardt, Klosteraustritte, S. 64f.

Krautwald, Valentin Theologe und Humanist in Schlesien 19

Landschad, Hans von Steinach 293
* 1500
† 11. Februar 1571 in Ilvesheim
Vogt zu Mosbach und Durlach

Largius Opfer des Gaius Memmius 154

Lautensack, Paul Korrespondent Luthers 192

Leonardi, Gian Giacomo Italienischer Diplomat und Korrespondent Francesco Marias 39

Lucia Heilige 75

Ludwig II. 13, 66f., 117
* 14. September 1502 in Zweibrücken
† 3. Dezember 1532 in Zweibrücken
Seit 1514 Pfalzgraf von Pfalz-Zweibrücken-Neuburg und Herzog von Zweibrücken

Lufft, Hans Drucker in Wittenberg 77

Luther, Martin 18, 38, 66f., 71, 77, 81–85, 89–91, 101–103, 126f., 130–133, 138–140, 142–144, 146, 152–156, 162, 168f., 171–173, 178f., 187, 191f., 197, 205–207, 215, 228, 232, 235, 241, 281, 285f., 289

— Lutheraner 19, 30, 67, 91f., 97, 101, 118, 125f., 140–142, 146, 157, 167f., 172, 187, 232, 282, 287

Machtolf, Johann Esslinger Stadtschreiber und Korrespondent Ambrosius Blarers → BCor 8 Personenindex 5, 38, 72, 134, 170, 232, 236, 262, 297

Maier [Mayer, Meiger, Meyer], Sebastian 143, 187
* 1465 in Neuenburg i. Breisgau
† 1545 in Straßburg

Pfarrer in Augsburg an St. Georg. Er studiert in Basel, danach in Freiburg (Immatrikulation 20. Juni 1515, 28. Juni Lizentiat, 3. Juli Dr. theol.) und wirkt als Lektor und Prediger des Kapuzinerordens in Freiburg, Straßburg (1521–1524) und Bern. Nach seinem Austritt (1525, gemeinsam mit Wolfgang Capito) kommt er über die Stationen Schaffhausen und Basel 1525 nach Straßburg und wird Pfarrer an St. Thomas, 1529 an der Kirche *Zu den guten Leuten.* Im April 1531 (Capito an Zwingli vom 4. April, Zwingli Bw. 5, Nr. 1191, S. 401, Z. 14f.) übernimmt er die Pfarrstelle St. Georg in Augsburg, im September 1535 kehrt er nach Straßburg zurück. Maier wirkt von 1536–1541 in Bern, danach bis zu seinem Tod am Straßburger Münster.

Matrikel Freiburg 1, Nr. 25, S. 221. — *BCor 5, Nr. 383, S. 230, Anm. 26; BDS 10, Nr. 3, S. 49, Anm. 44; Ficker/Winckelmann, Handschriftenproben 2, T. 63; Pfarrerbuch Augsburg, S. 132; Pollet, Bucer 2, S. 226f.; Roth, Augsburgs Reformationsgeschichte 2, S. 17, S. 72, Anm. 2.*

Maler, Joachim 203, 248
* in Konstanz
† vor Oktober 1546 in Konstanz

Stadtsyndikus in Konstanz. Wohl nach einer Lehre in der Kanzlei des Konstanzer Bischofs wird er dort Sekretär (Nachweise für 21. August 1521 und 15. März 1524). Er tritt, möglicherweise im Zuge seiner Hinwendung zur Reformation, in den Dienst der Stadt (1525). Ab dem Augsburger Reichstag (1530) vertritt er Konstanz nicht nur in Prozessen, sondern bei den meisten außenpolitischen Missionen, zumeist allein. Am 11. Januar 1531 erhält er trotz nichtehelicher Geburt das Bürgerrecht.

Bullinger Bw. 6, Nr. 765, S. 169, Anm. 3; Rublack, Reformation in Konstanz, S. 321f., Anm. 5; Dobras, Ratsregiment, S. 84–88; Vögeli, Schriften zur Reformation in Konstanz 2/2, S. 1277f., Anm. 972.

Marbeck [Marpeck, Marpeckh], Pilgram Täuferführer → BCor 8
Personenindex 3, 18f., 94, 287

Margaretha natürliche Tochter Kaiser Karls V. und Johannas van der Gheynst 148
* 28. Juli 1522 in Oidenaarde
† 18. Januar 1586 in Ortona
Heiratet Alessandro de Medici am 29. Februar 1536

Maria von Habsburg Schwester Kaiser Karls V. und Statthalterin der Spanischen Niederlande 52

Maria Mutter Jesu 50

Maria, Francesco Korrespondent Gian Giacomo Leonardis 39

Marstaller, Michael 73–75
— Verfasser Nr. 645
* 1486 in Nürnberg/Baiersdorf?
† 16. Juli 1533 in Nürnberg

Nach seinem Studium in Ingolstadt (Immatrikulation 25. April 1497, Dr. iur. utr. 1514) wird er in seiner Heimatstadt „geschworener Advokat gemeiner Bürgerschaft" (1514) und Ratskonsulent (1517). Das 1518 beabsichtigte Verbot seiner universitären Lehrtätigkeit (seit 1515 Professor für Römisches Recht) unterbleibt zunächst auf Intervention der Studenten.

Matrikel Ingolstadt 1, Sp. 259, Z. 13. — Pirckheimer Bw. 3, Nr. 480, S. 201, Anm. 1; Wachauf, Juristen, Nr. 95, S. 47.

Matthias, Apostel 256

Maurer, Georg 155, 187, 245, 250
Lebensdaten unbekannt

Herkunft, Lebensdaten und Ausbildung sind unbekannt. Er amtiert als Stadtschreiber Memmingens von 1524–1549. In diesem Zeitraum nimmt er mehr als vierzig diplomatische Missionen wahr, als Prozessteilnehmer am Reichskammergericht ist er bis 1571 nachgewiesen.

Frieß, Außenpolitik Memmingen, S. 243; ders. Stadtschreiber; Kroemer, Reformation in Memmingen, S. 181.

Medici, Alessandro de 148
* 1510/1511 in Urbino
† 5./6. Januar 1537 in Florenz
Seit 1532 Herzog von Florenz

Megander [Großmann], Kaspar
57, 108, 126, 128, 212, 224, 238
* 1495 in Zürich?
† 17. August 1545 in Zürich

Pfarrer am Berner Münster und Parteigänger Zwinglis. Nach dem Studium in Basel (seit 1515, Magister 1518) wirkt er zunächst als Spitalkaplan. Er heiratet 1524 Regula Offenhuser und wird im selben Jahr Spitalprediger am Großmünster. In den theologischen und kirchenpolitischen Auseinandersetzungen steht er fest an der Seite Zwinglis. Am 12. Februar 1528 erhält er die Stelle des Münsterpfarrers und Professors an der Hohen Schule in Bern. In der Auseinandersetzung zwischen Zürich und den altgläubigen Fünf Orten führt seine vehemente Parteinahme für die Kriegspolitik Zürichs zu seiner zeitweiligen Suspension, die nach Fürsprache Capitos aber wieder aufgehoben wird (Januar 1532). Megander arbeitet an der Züricher Bibelübersetzung mit, beteiligt sich an der Abfassung der *Confessio Helvetica prior* (1536) und beeinflusst die Reformation in der Waadt maßgeblich. Die Wittenberger Konkordie (1536) lehnt er ab. Als der Berner Rat Meganders Katechismus mit den Veränderungen, die Bucer ohne Wissen des Verfassers vorgenommen hatte, am 6. November 1537 verbindlich macht, kehrt Megander im Februar 1538 nach Zürich zurück, wo er als Archidiakon und Chorherr am Großmünster amtiert.

Matrikel Basel 1, Nr. 30, S. 326. — *Dellsperger, Megander; Freudenberg, Megander; Gordon, Megander; Henrich, Berner „Kunzechismus"; Hundeshagen, Conflikte.*

Meisenheimer, Johannes 11, 117, 175, 265, 269

* Kirkel?

Pfarrer in Zweibrücken und Widerpart Georg Pistors. Wohl aus Kirkel bei Zweibrücken stammend, erwirbt er den Grad eines Magisters und studiert anschließend in Heidelberg (Immatrikulation 25. Oktober 1514). Er hat die Pfarrstelle Zweibrücken von 1523 bis zum 5. Mai 1533 inne.

Matrikel Heidelberg 1, S. 497. — *Back, Evangelische Kirche 2, S. 30; Pfarrerbuch Pfalz, Nr. 3411, S. 296; Jung, Schwebel, S. 46, 50f., 94.*

Melanchthon [Schwartzerdt], Philipp 52, 66f., 90, 97f., 141, 155f., 171, 178, **190–193**, 207, 229

— Verfasser Nr. 675

* 16. Februar 1497 in Bretten
† 19. April 1560 in Wittenberg

Professor für Griechisch in Wittenberg. Nach Privatunterricht bei Johannes Unger besucht er von November 1508 bis Oktober 1509 die Lateinschule in Pforzheim. Er studiert seit 14. Oktober 1509 in Heidelberg (Baccalaureus 10. Juni 1511), seit 17. September 1512 studiert und lehrt er in Tübingen (Magister 25. Januar 1514). Auf Vermittlung von Johannes Reuchlin übernimmt Melanchthon im August 1518 die Griechisch-Professur in Wittenberg, ab 1519 hält der Baccalaureus biblicus (seit 19. September 1519) zudem exegetische Vorlesungen. Als Verfasser der *Loci communes* (1521), der *Confessio Augustana* (1530) und ihrer *Apologie* (1531) einer der wirkmächtigsten Protagonisten der Reformation.

Matrikel Heidelberg 1, S. 472; Matrikel Tübingen 1, Nr. 46, S. 191. — *Melanchthon Bw.; Melanchthon W.; Melanchthon WSA.* — *BCor 5, Nr. 342, S. 6, Anm. 25; Friedrich, Fanatiker der Einheit, S. 69–77; Kuhn, Studenten Universität Tübingen 2, Nr. 3418, S. 507; Loehr, Dona Melanchthoniana; Maurer, Melanchthon 1, insbesondere S. 14–83, 171–214; ebd. 2, insbesondere S. 9–229, 455–511; Scheible, Melanchthon; ders., Philipp Melanchthon; ders., Melanchthon Research.*

Melander [Schwarzemann, Schwarzmann], Dionysius 147, 169

* um 1486 in Ulm
† 10. Juli 1561 in Kassel

Nach seinem Eintritt in das örtliche Dominikanerkloster (um 1505, als Prediger in Pforzheim 1506 nachgewiesen) und Predigerstationen in Schwaben, Baden, der Pfalz und im Odenwald wendet er sich der oberdeutschen Reformation zu, wird deswegen (wohl 1522) aus dem Orden entlassen und erhält nach mehreren Predigtstationen auf Empfehlung Johann Geylings (Schreiben vom 14. Mai 1525) am 13. Juni 1525 eine Anstellung als Prädikant in Frankfurt a.M. Dort muss er sich bereits 1526 gegen den erzbischöflichen Vorwurf verteidigen, er wolle nur Wasser und Mehl im Abendmahl reichen. Ende 1526 sucht er Kontakt zu Zwingli und Bucer, der ihm seine Abendmahlsauffassung auseinandersetzt. Melander nimmt 1529 am Marburger Religionsgespräch teil und unterstützt Bucers Vermittlungsbemühungen im Abendmahlsstreit. Seine Predigten gegen den altgläubigen Messritus seit dem Weihnachtsfest 1531 führen zu Unruhe in der Bevölkerung, im Februar 1532 kündigt er die Arbeits- und Abendmahlsgemeinschaft mit seinem an Luther orientierten Ortskollegen Cellarius auf. Vom Rat Anfang April entlassen, kann Cellarius angesichts des von Melander aufgestachelten Volkes nur unter Geleitschutz abziehen. Bucer verteidigt Melander gegen Luthers wohl auf Cellarius' Schilderung beruhenden Vorwurf, Aufruhr zu stiften. Durch eine Kirchenordnung (25. Mai 1533) sucht Melander die Reformation voranzubringen. Im Frühjahr 1535 wechselt er unter dem

PERSONENINDEX

Vorwurf, er löse ein seiner Haushälterin gegebenes Eheversprechen nicht ein, und im Streit mit seinen Ortskollegen als Hofprediger zu Philipp von Hessen (seit 1536), er amtiert zudem als Dekan des Stiftes St. Martin in Kassel (1538–1559). Am 28. Mai 1537 heiratet er die Witwe Gertrud Meyer (6 Kinder). Melander segnet die Doppelehe Philipps von Hessen am 4. März 1540 ein. Im Zuge des Interims kurzfristig exiliert (1548), kann er bis zu seinem Tod in Kassel wirken.

Bucer an Melander Ende 1526/März 1527 (BCor 3, Nr. 149, S. 10–14, insbesondere Anm. 1); Melander an Bucer vom 6. April 1531 (BCor 5, Nr. 413, S. 337–339); Zwingli an Melander vom 31. März 1527 (Zwingli Bw. 3, Nr. 601, S. 75–77; Luther, Brieff an die zu Franckfort am Meyn (WA 30/3, S. 558–571). — Jahns, Frankfurt; Stupperich, Reformatorenlexikon, S. 142f.; Sauer, Melander; Hütteroth, Althessische Pfarrer, S. 221f.

Memmius, Gaius 154

* unbekannt
† 100 v. Chr.

Volkstribun

Menlishofer, Johann   203, 248, 264

* aus Überlingen
† 1546/47 in Konstanz

Nach dem Studium in Freiburg (Immatrikulation 26. Februar 1506, Baccalaureus 1507, Magistger 1508/09), Montpellier (Immatrikulation 20. Mai 1511) und Wien (Immatrikulation Wintersemester 1512) wird er am 16. Mai 1516 Stadtarzt in Konstanz. Er tritt dem Humanistenkreis um Johann von Botzheim bei und heiratet im April 1518 die Tochter des Bürgermeisters Jakob Gaisberg. Um 1525 wendet er sich der Reformation zu.

Matrikel Freiburg 1, Nr. 34, S. 168; Matrikel Wien 2, Nr. 3, S. 392. — Amerbachkorrespondenz 6, S. 258–260.

Merklin, Balthasar Kaiserlicher Vizekanzler und Empfänger der *Confessio Tetrapolitana* 28

Meyer, Jakob Ratsherr und Scholarch in Straßburg 5

Micipsa König der numidischen Massylier 224
Regiert von 148 v. Chr. bis 118 v. Chr.

Möllens, Heinrich Lutherischer Prediger an St. Nikolai in Wismar 172

Montfaucon, Sebastien de Bischof von Lausanne 198

Musculus [Mäuslein, Meißli, Meuseln, Meuslin, Mosel], Wolfgang   129–131, 142, 157, 164f., 187, 192, 262, 279, 289

— Verfasser Nr. 658

* 8. September 1497 in Dieuze (Lothringen)
† 30. August 1563 in Bern

Prediger in Augsburg an Heilig Kreuz. Der Sohn eines Küfers besucht die Schulen in Rapoltsweiler, Colmar und Schlettstadt. Er tritt 1512 in das Benediktinerkloster Lixheim ein, dort liest er seit 1518 Luthers Schriften und wendet sich der Reformation zu. Musculus verlässt das Kloster 1527 und geht nach Straßburg, wo Theobald Nigri ihn beherbergt und am 26. Dezember mit Margarethe Barth traut. Nach dem Beginn einer Weberlehre wird Musculus Prediger in Dorlisheim und übernimmt Schreibdienste für Bucer. Er wird 1528 vom Straßburger Rat zum Diakon bei Matthias Zell am Münster ernannt. Bucer und Wolfgang Capito empfehlen ihn dem Augsburger Rat (Verlorenes Schreiben vom 13. Dezember, vgl. BCor 5, Nr. 374, S. 177–179). Musculus wird am 27. Dezember berufen (ebd., Nr. 365, S. 116–118) und versieht seit dem 4. März 1531 eine Prädikatur an Heilig Kreuz in Augsburg. Der Unterzeichner der Wittenberger Konkordie (1536) amtiert in Augsburg als Domprediger (ab Juli 1537) und an St. Moritz (ab August 1547), nach seiner Entlassung (26. Juni 1548) übernimmt er eine Professur in Bern.

Musculus, Vita, in: Bodenmann, Musculus, S. 61–288. — BCor 5, Nr. 365, S. 116, Anm. 5; Ballor, Convenant, Causality and Law; Bodenmann, Muscu-

lus, S. 289–592; Dellsperger, Bucer und Musculus; ders., Musculus; ders., Wolfgang Musculus; ders./Freudenberger/Weber, Musculus; Ford, Musculus on Christian Magistrate; Pfarrerbuch Augsburg, Nr. 861, S. 147; Pollet, Bucer 2, S. 562; Reinhardt, Itinerar Musculus; Selderhuis, Dogmatik des Wolfgang Musculus; Xalter, Musculus in Donauwörth.

Myconius [Molitor, Geißhüsler, Geisthauser], Oswald 107, 147, 149, **160–163**, 182, 208, 230, 259

— Empfänger Nr. 665

* 1488 in Luzern

† 14. Oktober 1552 in Basel

Nachfolger Johannes Oekolampads als Baseler Antistes. Der Sohn eines Müllers studiert nach dem Schulbesuch in Rottweil und einem Aufenthalt in Bern in Basel (Immatrikulation 31. Mai 1510, Baccalaureat September 1514), wo er im Anschluss an sein Studium als Lehrer an St. Theodor und an St. Peter tätig ist. Seit 1516 Schulmeister am Großmünsterstift in Zürich, wechselt er Ende 1519 in dieser Funktion an die Stiftsschule seiner Heimatstadt. Wegen seiner reformatorischen Gesinnung abgesetzt, kommt er im Dezember 1522 als Lehrer und Nachfolger Leo Juds an die Klosterschule Einsiedeln, kehrt aber bereits 1523 wieder nach Zürich zurück, um an der Fraumünsterschule zu lehren. Myconius wirkt fortan als einer der engsten Mitarbeiter Zwinglis an der Ausgestaltung der Reformation mit. Nach Zwinglis Tod zieht er auf Vermittlung seines Schülers Thomas Platter nach Basel und wird am 22. Dezember 1531 zum Pfarrer von St. Alban gewählt. Am 9. August 1532 tritt er die Nachfolge Oekolampads als Münsterpfarrer, Antistes und Professor an. Er ist maßgeblich an der *Baseler Konfession* (1534) und der *Confessio Helvetica prior* (1536) beteiligt. Myconius verfasst eine Biographie Zwinglis in lateinischer Sprache (1536), besorgt die Edition der Predigten und Vorlesungen Oekolampads und gibt dessen wie Zwinglis Korrespondenz heraus.

Matrikel Basel 1, Nr. 9, S. 300. — Bullinger Bw. 1, Nr. 45, S. 226, Anm. 15 (Lit.); Burnett, Basel and the Wittenberg Concord; Egloff, Myconius; Fabian, Biographie und Briefe Myconius; Hagenbach, Oekolampad und Myconius, S. 307–470; Jung, Myconius, Sp. 1633; Kirchhofer, Myconius; Koch, Gutachten Myconius; Kuhn, Myconius, S. 662f. (Lit.); Lohmann, Myconius, Sp. 412–414 (Lit.); Ries, Myconius in Luzern; Rudolf, Myconius, S. 14–30; Stupperich, Myconius, S. 153f.; Vasella, Myconius, Sp. 716.

Myllius [Müller, Miller], Bartholomaeus 1–4, 215, **258–260**

— Ehefrau 259

— Verfasser Nr. 628, 699

* 1484? in Ulm

† 21./22. Mai 1553 in Biberach

Prediger in Biberach. Nach dem Studium in Heidelberg (Immatrikulation am 5. Oktober 1496, Baccalaureus 15. Januar 1499, Magister 16. März 1501) wird er 1509 Kaplan am äußeren Spital in Biberach. Vor dem 21. Oktober 1524 (Brief an Wolfgang Rychard) schließt er sich der Reformation an. Müller steht 1525 auf der Schiedsrichterliste der oberschwäbischen Bauern, erhält 1528 das Bürgerrecht und nähert sich ab 1529 Zwingli an, mit dem er seit 1530 in Korrespondenz tritt. Als Vertreter Biberachs besucht er den Memminger Konvent (Februar 1531) und beteiligt sich an der Einführung der Reformation durch Bucer und Oekolampad in Ulm und Biberach (Juli 1531), in deren Dienst er sich als oberster Prediger (bis 1546) an St. Martin stellt. In der Biberacher Abendmahlskontroverse (1543/45) steht er auf der Seite des Lutherschülers Jakob Schopper.

Matrikel Heidelberg 1, S. 422. — Bullinger Bw. 4, Nr. 413, S. 247, Anm. 1; Essich, Biberach, S. 42; 138f.; Locher, Zwinglische Reformation, S. 478, Anm. 178; Rüth, Prediger Bartholomäus Müller; Veesenmeyer, Denkmal Theologen; Warmbrunn, Reformatoren der oberschwäbischen Reichsstädte.

N.N. Altgläubiger Vorgänger Hieronymus' Guntius auf der Schulmeisterstelle in Biberach 2

N.N. Bote Nikolaus Fabers 265

N.N. Botin Kaspar Grebers 194

N.N. Jugendliche Besucher aus Basel 43

N.N. Junge aus Isny 170

N.N. Kopist eines Werkes Heinrich Slachtscaefs 288

N.N. Latinist aus Bern 239
— Ehefrau 239
— Geliebte 239

N.N. Michael, Schwager oder Schwiegervater des Nicolaus Thomae 17

N.N. Täufer in Biberach 3
— Ehefrau 3
— Sohn 3

N.N. Taufverweigerer in Zweibrücken 269
— Ehefrau 269
— Kind 269

N.N. Vater Maria Birchhammers 198

N.N. Wirt als Bote Hieronymus Guntius' 138

Neithart, Wolf Spitalpfleger in Ulm 188

Never, Heinrich 170–174
— Verfasser Nr. 668
* um 1490 in Wismar
† 3. April 1553 in Wismar
Prediger in Wismar. Vor 1519 Franziskaner geworden, wirkt er ab 1522/23 im örtlichen Heilig-Kreuz-Kloster zunächst als Kustos und dann als Prediger, seit Ostern 1524 im Sinne der Reformation. Der Rat setzt ihn am 14. März 1525 als neuen Guardian des Franziskanerklosters ein, im Frühjahr 1526 kündigt Never eine Messreform an. Für eine (vom Herzog schließlich untersagte) Disputation fertigt er entsprechende Thesen an (Text bei Schröder, Kirchen-Historie, S. 134–139). Im Abendmahlsstreit rechnet er sich spätestens seit 1528 Zwingli und Oekolampad zu und gerät damit in eine Kontroverse mit Johannes Bugenhagen. In einem Schreiben der Hansestädte an den Wismarer Rat vom 11. August 1535 beschuldigt man ihn, täuferisch zu lehren. Ein Predigtverbot ereilt ihn aber trotz eines entsprechenden Gutachtens Luthers (vom 4. Juli 1536, WA Bw. 7, S. 459f.) erst am 26. Dezember 1541 im Zuge einer Kirchenvisitation des Parchimer Superintendenten Johannes Riebling, in der Never als Täufer und „Sakramentierer" beurteilt wird. Daraufhin zieht er sich auf seine Aufgaben im Grauen Kloster zurück.

Vorklaringe und entlich beschet der Wordt des Heren Diskes, nach gründinge und verforschinge der schrifft (Schröder, Kirchen-Historie 1, S. 152–155, Teilabdruck). — Crain, Reformation in Wismar, S. 2–31; Doornkaat Koolmann, Täufer in Mecklenburg, S. 20–32; Koch, Zwinglianer, S. 517–522; Leder, Bugenhagen, S. 274f.; Schmaltz, Kirchengeschichte Mecklenburgs 2, S. 17, 19f., 28–30, 117; Schröder, Kirchen-Historie 1, S. 82, 126f., 134–140, 152–155, 320, 327–329; Techen, Geschichte Wismar, S. 132–136; Ulpts, Bettelorden in Mecklenburg, S. 201–203; Wolgast, Never.

Nigri [Schwarz], Theobald [Diebold] 289, 291
* 1484/85 in Hagenau oder Straßburg
† 1561 in Straßburg
Pfarrer an Alt-St. Peter in Straßburg. Der Sohn des Straßburger Eisenkrämers Hans Schwarz aus Hagenau studiert in Wien (Immatrikulation 1501/02, Magister Sommersemester 1508) und tritt dort in den Dominikanerorden ein. Nach seiner Rückkehr wird Nigri Mitglied des Ordens der Spitalherren vom Heiligen Geist und 1516/17 Lehrmeister im Berner Ordenshaus, 1520 beruft man ihn ins Mutterhaus Stefansfeld. Nigri verlässt den Orden 1523 und wird Helfer bei Matthias Zell am Straßburger Münster, seine Heirat ist möglicherweise 1524/25 anzusetzen. Er feiert die erste deutsche Messe in Straßburg (16. Februar 1524), zwei Tage darauf erhält er das Bürgerrecht und wird Pfarrer an Alt-St. Peter (28. Februar 1524). Nigri beherbergt und traut 1527 Wolfgang Musculus und Margaretha Barth. Ab 24. Juli 1531 wirkt er als Prediger an St. Ulrich in Augsburg, auf sein heftiges

Drängen hin darf er aber nach Straßburg zurückkehren (Abreise vor 9. Juni 1532). Nach dem Interim übernimmt er 1554 die Pfarrstelle an St. Aurelien. Aus gesundheitlichen Gründen wird er 1558 emeritiert.

Matrikel Wien 2, Nr. 63, S. 298. — *Adam, Kirchengeschichte Straßburg, S. 58, 68, 70, 238, 246, 296; Bonorand, Humanistenkorrespondenz, S. 141–143 (Lit.); Friedrich, Augsburger Prediger; Pfarrerbuch Augsburg, Nr. 175, S. 31f.; Zoepffel, Nigri.*

Oekolampad [Hensgen, Hüsgen, Hausschein], Johannes 2f., 5, 41, 70, 76, 90, 98, 102, 126, 140f., 149, 156, 160, 207, 214, 256, 280, 286, 298

* 1482 in Weinsberg bei Heilbronn
† 22./23. November 1531 in Basel

Professor und erster Pfarrer am Baseler Münster. Er erhält seine Schulbildung in Weinsberg und (wohl seit 1492) in Heilbronn. Danach studiert er in Heidelberg (ab 20. Oktober 1499, Baccalaureus 26. Mai 1501, Magister 1503), juristische Studien in Bologna (1503/04) sind nicht gesichert. Wohl seit Frühjahr 1506 wirkt Oekolampad als Erzieher der kurpfälzischen Prinzen in Mainz. Zum Priester geweiht, übernimmt er eine neu gestiftete Prädikatur in Weinsberg (Sommer 1510). Er besucht erneut die Universität, um die alten Sprachen zu vertiefen, zunächst das Griechische in Tübingen (Immatrikulation 9. April 1513, Baccalaureus 2. Oktober 1514), dann das Hebräische in Heidelberg. Er lernt Johannes Reuchlin, Philipp Melanchthon und Wolfgang Capito kennen. Im Spätsommer 1515 hilft er Froben beim Druck von Erasmus' Ausgabe des Neuen Testaments in Basel, er gewinnt die Freundschaft Pellikans und Pirckheimers. Nach der Promotion zum Sententiar in Basel (Anfang November 1515) kehrt er im Frühjahr 1516 nach Weinsberg zurück, im Herbst wird er in Basel Lizentiat. Auf Vermittlung Capitos erhält er im Frühjahr 1518 die Stelle eines Poenitentiars am Baseler Münster und erwirbt den Doktorgrad (1518). Seine Bewerbung auf die Augsburger Domprädikatur wird im Oktober angenommen. Am 23. April 1520 tritt Oekolampad in das Brigittenkloster Altomünster ein; nach einem Prozess innerer Klärung wendet er sich der Reformation zu und flieht (23. Januar 1522). Ab November arbeitet er in Basel als Korrektor Cratanders und schließt Freundschaft mit Zwingli. Oekolampad nimmt eine Vorlesungstätigkeit auf (nach Ostern 1523) und wird zum Professor ernannt, ab 1525 wirkt er auch als Leutpriester an der Martinskirche. Im Abendmahlsstreit vertritt er auf der Grundlage der Kirchenväter eine eigene Position und nimmt an mehreren Disputationen teil: 1526 in Baden (Gegner Ecks), 1528 in Bern und 1529 in Marburg (Gegner Luthers). Er heiratet im März 1528 Wibrandis Rosenblatt, die spätere Frau Bucers. Die gemeinsame Tochter Aletheia (*1531) ehelicht 1548 Bucers Famulus Christoph Söll. Im Mai 1529 wird Oekolampad erster Pfarrer am Baseler Münster. Mit Bucer und Ambrosius Blarer führt er 1531 die Reformation in Ulm, Memmingen und Biberach ein. Er stirbt nach Vollendung seines Hiob-Kommentars.

Matrikel Heidelberg 1, S. 434; Matrikel Tübingen 1, Nr. 112, S. 194. — *Oekolampad, Bw., insbesondere Bd. 2, Nr. 971, S. 144, Anm. 1 (Eheschließung) und S. 742–752 (von Capito verfasste Lebensbeschreibung).* — *BCor 5, Nr. 345, S. 16, Anm. 7; Gäbler, Oekolampad, S. 29–36; ders., Baseler Reformation, S. 14–17; Gauss, Basilea, S. 117f.; Guggisberg, Basel, S. 13, 22–24, 31–38; ders., Oecolampadius; Hammer, Oekolampad; Hoffmann, Kirchenväterzitate, S. 20–117; Jung, Brenz und Oekolampad; Kaufmann, Reformatoren, S. 43–45; Kuhr, Macht des Bannes; Locher, Zwinglische Reformation, insbesondere S. 300–305; Staehelin, Lebenswerk Oekolampad; ders., Oekolampad-Bibliographie; Troxler, Oekolampad; Walton, Oecolampadius; Zimmerli-Witschi, Frauen, S. 111–123.*

Olivétan, Pierre-Robert [Ludwig] 199

* um 1506 in Noyon (Picardie)
† 1538 in Italien

Lehrer in Neuchâtel. Der Verwandte Johannes Calvins studiert Jura in Orléans. Unter Häresieverdacht flieht er vor dem 7. März 1528 nach Straßburg. Dort lernt er Bucer und Capito kennen und studiert die alten Sprachen. Wahrscheinlich beginnt er bereits hier mit seiner Übersetzung der Bibel ins Französische. Die im November 1531 angetretene Stelle eines Hauslehrers in Genf verliert Olivétan wegen seiner reformatorischen Aktivitäten. Er wechselt als Präzeptor nach Neuchâtel. Dort erscheint im Juni 1535 seine im Auftrag der waldensischen Synode von Chanforan (12. September 1532) angefertigte Bibelübersetzung, die 1539 in Basel gedruckt wird (VD 16, B 4573). Im Mai 1536 wechselt Olivétan an das neue Gymnasium in Genf an die Seite Calvins. Auf einer Italien-Reise, die ihn auch an den Hof von Ferrara führt, stirbt er im Sommer 1538.

Bucer an Guillaume Farel vom 7. März 1528 (BCor 3, Nr. 181, S. 113, Z. 20f.) und vom 1. Mai 1528 (ebd., Nr. 191, S. 141, Z. 3 - S. 142, Z. 5); Bonifatius Wolfhart an Farel vom 7. März 1529 (Herminjard, Correspondance 2, Nr. 255, S. 171f.). — Campi, Olivetanus; Jalla, Vaudois du Piémont; Wenneker, Olivetan (Lit.).

Osiander, Andreas Prediger an St. Lorenz in Nürnberg → BCor 5, Nr. 357, S. 91, Anm. 23.   74f., 84, 168, 179

Otter [Other, Otther], Jakob Pfarrer in Esslingen und Korrespondent Ambrosius Blarers → BCor 8, Personenindex   230, 262, 297

Otto, Michael Mitstreiter Georg Caserius' in Weißenburg   221

Paulus Apostel   14f., 26, 84f., 98, 113, 117, 142, 223, 231, 235, 280

Pellikan [Kürschner, Kürsner], Konrad   99, 208, 212
* 8. Januar 1478 in Ruffach/Elsass
† 6. April 1556 in Zürich
Prophessor für Altes Testament in Zürich. Nach dem Studium in Heidelberg (Immatrikulation in der zweiten Aprilhälfte 1491) wird er 1493 Franziskaner in Ruffach. Seit 1495 studiert er in Tübingen. Seine Hebräisch-Studien (ab 1499) eröffnen ihm Kontakte zu Reuchlin und resultieren in der Abfassung einer Hebräisch-Grammatik (1504). Seit 1502 amtiert er als Lektor im Barfüßerkloster in Basel, er wird Mitarbeiter in der Offizin Johann Amerbachs und Sekretär des Provinzials Kaspar Schatzgeyer. Seit 1515 entwickelt sich eine Arbeitsgemeinschaft und Freundschaft mit Erasmus. Diese zerbricht 1525, als Pellikan offen dessen Abendmahlslehre mit der Oekolampads identifiziert. Kurz vor dem Tod des Humanistenfürsten versöhnen sich beide auf Initiative Pellikans wieder. Der Rat holt ihn 1523 an die Universität, seit 1526 wirkt er in Zürich als Professor für Altes Testament. Er übersetzt judaistische Literatur ins Lateinische und erstellt unter Berücksichtigung jüdischer Quellen einen vollständigen Kommentar zur Bibel.

Matrikel Heidelberg 1, S. 398. — De modo legendi et intelligendi Hebraeum; Quadruplex Psalterium; Commentaria bibliorum; Chronicon. —Faust, Kürschner; Guggisberg, Pellicanus; Raeder, Pellikan; Zürcher, Pellikans Wirken in Zürich (Bibl.).

Peypus, Friedrich Drucker in Nürnberg   77, 142

Pfarrer, Matthis Ammeister in Straßburg   122, 126, 140

Pflummern, Heinrich von Biberacher Chronist   2, 214, 259

Philipp I.   99, 110, 115
* 13. November 1504 in Marburg
† 31. März 1567 in Kassel
Seit 1509 Landgraf von Hessen, ohne Vormund seit 1518

Philipp I.   180f., 282
* 6. November 1479 im Schloss Mühlburg
† 17. September 1533 im Schloss Mühlburg
Seit 1515 Markgraf von Baden

Phrygio [Seidensticker, Acupictricis, Constenzer], Paul[us] Constantinus 256, 275

* um 1483 in Schlettstadt
† 1. August 1543 in Tübingen

Pfarrer in Basel an St. Peter. Nach Besuch der heimischen Stadtschule studiert er in Basel (Immatrikulation vor 17. Oktober 1495) und Freiburg (Immatrikulation 3. Juni 1499, Magister 1500/01). Er amtiert als Lehrer in Colmar (1503) und Schlettstadt (1508), bevor er nach dem Erwerb des theologischen Doktorgrades in Basel (6. September 1513) als Pfarrer in Eichstätt und ab 1519 wieder in Schlettstadt wirkt. Dort pflegt Phrygio Kontakte zum Humanistenkreis um Jakob Wimpfeling. Phrygios Zuwendung zur Reformation lässt sich in seiner 1521 publizierten Schrift *Oratio Constantini Eubuli* greifen. Als er die Messe in der Volkssprache einführt, kommt es zu Konflikten mit dem Rat, Phrygio wird ausgewiesen und zieht nach Straßburg (1525). Er übernimmt zunächst die Pfarrstelle im nahen Illkirch, 1529 erreicht ihn ein Ruf aus Basel, er wird Pfarrer an St. Peter. In Basel wirkt er seit 1532 auch als Professor für Altes Testament, 1533 amtiert er als Rektor. Schließlich wechselt Phrygio als Nachfolger des Simon Grynaeus nach Tübingen (Professor seit 23. September 1535, Rektor 1537).

Matrikel Basel 1, Nr. 43, S. 237; Matrikel Freiburg 1, Nr. 10, S. 135. — Bietenholz, Phrygio; Bonjour, Universität Basel, S. 114; Bopp, Geistliche, S. 416; Holtz, Phrygio.

Pistor [Pistorius], Georg 9, 11f., 14f., 17–22, 32, 66, 68, 117, 119, 178, 181, 202, 240f., 266, 269f., 272

Lebensdaten unbekannt

Der aus der Gegend um Hagenau stammende Geistliche hält sich in Straßburg auf. Ende Januar 1532 reist er auf Empfehlung Bucers (BCor 7, Nr. 546, S. 227, Z. 2–6) nach Zweibrücken, um im benachbarten Ernstweiler die Stelle eines Hilfsgeistlichen zu übernehmen. Zunächst wegen seines undiplomatischen Reformeifers, dann wegen seiner Nähe zu den Täufern, kommt es zum Streit mit den örtlichen Geistlichen Johannes Schwebel und Johannes Meisenheimer. Pistor wird (wohl im November 1538) abgesetzt und des Landes verwiesen.

Pfarrerbuch Pfalz, Nr. 4046, S. 348; Drumm, Mennoniten, S. 16–19; Jung, Schwebel, S. 107–109; Konersmann, Kirchenregiment, S. 111f.; Neff, Pistor, S. 375f.; Molitor, Geschichte Zweibrücken, S. 163.

Pithonius [Büttner], Peter 6–8
— Ehefrau 7
— Kinder 7
— Verfasser *Nr. 630*

* in Windsheim
† Anfang 1550 in Windsheim

Nach seinem Eintritt in das Nürnberger Dominikanerkloster (etwa 1512) studiert er in Heidelberg (1517–1520), verlässt um 1522 das Kloster, um fortan in Eisenberg und Casekirchen zu wirken. Im Jahr 1528 wird er Prediger, ab 1529 Pfarrer in Kahla. Pithonius heiratet, das Paar hat mindestens ein Kind. Mit einem von den Windsheimern beim Kurfürsten erbetenen, von Luther, Justus Jonas und Philipp Melanchthon verfassten Zeugnis vom 20. oder 22. November 1531 erhält er eine Pfarrstelle in Windsheim, die er 1532 antritt und am 2. April 1549 verliert, weil er das Interim ablehnt.

WA Bw. 6, S. 229f. — Melanchthon Bw. P 11, S. 247f.; Bergdolt, Windsheim, S. 143–151; Bock, Nürnberger Predigerkloster, S. 158f.

Dionysius Areopagita unter dem Namen des Paulusanhängers kursierendes Corpus des 5./6. Jhds 179

Raminger, Veit, genannt Schreiber
Biberacher Patrizier und früher Anhänger der Reformation 2

Rasdorfer, Paul 168, 275

* um 1500 in Kempten
† 1564 in Huttwil

Prediger in Kempten. Aus Tirol seiner reformatorischen Gesinnung wegen vertrieben, erhält er auf Empfehlung Bucers

1528 eine Pfarrstelle in Betschwanden (Glarus). Diese muss er nach Abschluss des Zweiten Kappeler Landfriedens im Frühjahr 1532 aufgeben. Nach einem kurzen Aufenthalt in Zurzach (Aargau) wird er 1533 Prediger und 1536 Pfarrer in Kempten, das er wegen des Interims vor dem 7. Juli 1548 verlassen muss. Er amtiert fortan in verschiedenen Ortschaften im Kanton Bern, näherhin in Wichtrach (1548), Herzogenbuchsee (1550) und Huttwil (1552).

Crütz mit sinen esten gezwyet (1532 bei Christoph Froschauer in Zürich, VD 16, R 336); Bucer an Zwingli kurz nach dem 13. März 1528 (BCor 3, Nr. 182, S. 114f.). — Bullinger Bw. 2, Nr. 89, S. 108, Anm. 14; Köhler, Rasdorfer; Pfarrerbuch Bayerisch-Schwaben, S. 163.

Reublin, Wilhelm Täufer 26

Rhegius [Rieger], Urbanus 156f.

* Mai 1489 in Langenargen a. Bodensee

† 23/27. Mai 1541 in Zelle

Superintendent in Lüneburg. Der vermutliche Sohn des Priesters Konrad Rieger studiert nach dem Besuch der Lindauer Lateinschule in Freiburg (Immatrikulation 19. Juni 1508, Baccalaureus 1510) bei Matthias Zell und Johannes Eck. Letzterem folgt er nach Ingolstadt (11. Mai 1512, Magister 1516). Von Maximilian I. zum *poeta laureatus* erhoben (1517), wird er Anfang 1519 in Konstanz zum Priester geweiht. Rhegius setzt das Studium in Tübingen (Immatrikulation 20. August 1519) und Basel (Sententiar 27. September 1520) fort. Im Juli 1520 zum Augsburger Domprediger gewählt, kann er die Stelle nach eiliger Promotion zum Dr. theol. in Basel im November 1520 antreten. Angesichts der Aufgabe, die Bannbulle gegen Luther verkünden zu müssen, entscheidet er sich für die Reformation. Als er in seiner Fronleichnamspredigt 1521 auf der Basis von Luthers Abendmahlsverständnis Kritik am Ablass übt, führt dies zum Bruch. Nach vorübergehendem Aufenthalt in Hall/Tirol (1522) wirkt Rhegius wieder in Augsburg, ab August 1524 im Auftrag des Rates. Am 16. Juni 1525 heiratet er die Bürgerstochter Anna Weissbrucker (11 Kinder); im Weihnachtsgottesdienst 1525 reicht er gemeinsam mit Johann Frosch den Laienkelch. Von den in Augsburg wirkmächtigen Täufern grenzt er sich scharf ab. Eine Vermittlung zwischen Luthers und Zwinglis Abendmahlstheologie suchend, unterstützt Rhegius Melanchthon auf dem Augsburger Reichstag (1530). Infolge des Predigtverbots verlässt er Augsburg (26. August 1530), besucht Luther auf der Coburg und wirkt auf Einladung Ernst von Lüneburgs ab September 1530 in Lüneburg, wo sein Wirken der Reformation zum Durchbruch verhilft (Kirchenordnung 1531, Disputation 1532). Als Superintendent (seit 1531) fördert er die Durchsetzung der Reformation durch Kirchenordnungen (Hannover 1536), Katechismen (1535, 1541) und Lehrschriften (*Formulae quaedam caute et citra scandalum loquendi* 1535). Er tritt für die Wittenberger Konkordie (1536) ein und nimmt am Hagenauer Religionsgespräch (1540) teil.

Matrikel Freiburg 1, Nr. 18, S. 183; Matrikel Ingolstadt 1, Sp. 352, Z. 15. — Gerecke, Urbanus Rhegius in Lüneburg; Hendrix, Rhegius; Zschoch, Reformatorische Existenz; ders., Urbanus Rhegius.

Rhellicanus [Müller], Johannes
222–225

— Verfasser Nr. 688

* 1478/88 in Rellikon bei Zürich

† 14. Januar 1542

Gräzist in Bern. Nach dem Studium in Krakau und Wittenberg (1522–25) lehrt er ab 1525 im Kloster Stein am Rhein und wirkt 1527 als Griechischlehrer in Zürich, ab März 1528 als Professor für Griechisch und Philosophie an der neuen Hohen Schule in Bern. Im Katechismusstreit kehrt er 1538 nach Zürich zurück, dort lehrt er an der Lateinschule am Frauenmünster. Ab 1541 amtiert er als zweiter Pfarrer in Biel.

Germann, Rhellicanus; Bullinger Bw. 1, Nr. 39, S. 215, Anm. 55 (Lit.).

Rihel, Wendelin Drucker in Straßburg 257

Rimpius, Johannes Freund Christoph Sigels 45, 76

— Frau und Kinder 45

Ritter, Erasmus Münsterprediger un Schaffhausen und Korrespondent Bucers → BCor 5, Nr. 384, S. 233, Anm. 1. 182, 204, 230, 293

Röist, Diethelm 106

* 14. Oktober 1482 in Zürich
† 3. Dezember 1544 in Zürich

Ratsherr und Bürgermeister in Zürich. Der Sohn Marx und Barbara Röists amtiert ab 1513 als Konstaffler im Großen Rat, seit 1514 zudem als Stadtrichter, und tritt 1518 in den Kleinen Rat ein. Er wird 1522 Seckelmeister und wirkt von 1525–1544 als Bürgermeister Zürichs. Als solcher tritt er gemäßigt, aber überzeugt für die Reformation ein. Röist gilt als der reichste Mann in Zürichs.

Lassner, Röist; Jacob, Führungsschicht Zürich, S. 233f.; Illi, Constaffel Zürich, S. 53.

Roll [von Hilversum, von Garve], Heinrich 287

* in Grave an der Maas
† Herbst 1534 in Maastricht

Dissenter und späterer Täufer. Nach seinem Austritt aus dem Karmeliterkloster Haarlem und einem Aufenthalt bei Graf Büren zu Isselstein wendet Roll sich im Sommer 1531 nach Straßburg, wo er Umgang mit Wolfgang Capito, Kaspar Schwenckfeld und Bernhard Rothmann pflegt. Im Frühjahr 1532 noch im Herzogtum Jülich, wird er am 10. August in Münster als Geistlicher an St. Ägidien eingeführt. Wegen seines radikalisierenden Wirkens am 6. November 1533 entlassen, wirkt er fortan in Holland und Friesland. Am 5. Januar 1534 lässt er sich taufen. Von der neuen Münsteraner Herrschaft als Sendbote beauftragt, tritt er in Wesel auf, wird bei Utrecht gefangen genommen und im Herbst 1534 in Maastricht verbrannt.

Siebert, Roll.

Rosa, Johannes Prediger in Burg Landsberg? **158f.**

— Verfasser *Nr. 664*

Rothmann, Bernhard 287

* um 1495 bei Stadtlohn/Münsterland
† 1535 in Münster?

Prediger und Täuferführer in Münster. Nach Schulbesuch in Deventer und Münster, kurzer Lehrertätigkeit in Warendorf und Studium in Mainz (Magister 1524, möglicherweise auch in Köln), wird der Sohn eines Schmieds zum Priester geweiht (1529) und Kaplan am Stift St. Mauritz vor der Stadt Münster. Er wirkt im Sinne der Reformation und sucht Kontakt zu Melanchthon, Bugenhagen und Luther. Rothmann wendet sich nach Straßburg, wo er unter den Einfluss Schwenckfelds und Capitos gerät. Seine Predigttätigkeit in Münster (ab 1531) verbietet der Bischof, Rothmanns Missachtung des Verbots führt zu seiner Ausweisung (7. Januar 1532). Rothmann bleibt, wird Pfarrer an St. Lamberti (23. Februar 1532) und fungiert bei der Einführung der Reformation als Superintendent. Die Verurteilung seiner Sakramentstheologie in Marburg und Wittenberg bewegt den Rat, ihm Predigtverbot zu erteilen. Er lässt sich am 5. Januar 1534 taufen und erhält bei den Ratswahlen eine Mehrheit (23. Februar 1534). In den Wirren der Rückeroberung Münsters (25. Juni 1535) flieht er möglicherweise nach Oldenburg.

Rothmann, Schriften. — *Brecht, Theologie Rothmanns; Klötzer, Rothmann.*

Rottach, Johannes 77, 81–83, 86, 89, 91f., 167f.

* in Kempten
† nach 1553

Prediger in Kempten. Nach dem Studium in Tübingen (Immatrikualtion 25. Juli 1510, Baccalaureus 23. Dezember 1511) amtiert er als Helfer in Kempten. Wegen seiner lutherischen Abendmahlsauffassung dort am 31. Januar 1533 entlassen, wird er noch im selben Jahr Kaplan in Crailsheim (Heirat mit einer Bauernmagd am 19. Mai 1535, vier Kinder). Er wechselt 1534 nach Lorch, wo er zunächst die zweite, 1535 dann die erste Pfarrstelle übernimmt. Ab 1546 wirkt er in Sersheim, wird im Zuge des Interims 1548 entlassen und misshandelt, kann ab 1549 bis spätestens 1553 aber weiter tätig sein.

Matrikel Tübingen 1, Nr. 36, S. 177. — BDS 8, S. 96, Anm. 4; Pfarrerbuch Bayerisch-Schwaben, S. 173.

Ruprecht 66, 68, 119, 123, 175, 180, 249, 265, 268, 272

* 1506 in Zweibrücken

† 27. Juli 1544 Burg Grevenstein

Pfalzgraf von Pfalz-Veldenz-Lauterecken, von Dezember 1532 bis September 1543 Verwalter des Herzogtums Zweibrücken

Ryf[f], Dietrich von Blidegg 235, 263, 296

† 1560

Bruder der Braut Ambrosius Blarers. Der Inhaber der Vogtei Hauptwil amtiert von 1517 bis zu seinem Tod als Gerichtsherr von Zihlschlacht, 1555 auch von Zuckenriet. Er stirbt kinderlos.

Giger, Gerichtsherren, S. 138.

Ryf[f], Katharina von Blidegg 134, 182, 200, 219, 235, 249, 251, 263, 296

† nach 8. Januar 1567

Die nach dem Verkauf des Freihofes in Bischofszell am 15. April 1529 mit einem Leibgeding von 20 Gulden ausgestattete Nonne des Klosters Münsterlingen, heiratet im August 1533 Ambrosius Blarer, zu dem sie erst nach der Trauung eine engere Beziehung unterhält (zu anderslautenden Gerüchten vgl. Bucer an Ambrosius Blarer vom 3. April 1534, sowie dessen Antwort vom 10. April). Die Korrespondenten loben ihre fromme Haltung bei ihrer ersten Schwangerschaft, während derer Ambrosius in Tübingen wirkt. Dorthin reist sie nach der Niederkunft mehrmals (Thomas an Ambrosius Blarer vom 21. Juli und vom 14. September 1535). Von ihrer zweiten Schwangerschaft erholt sie sich schnell (Bucer an Ambrosius Blarer vom 16. Mai 1538), wohl eine Fehlgeburt macht ihr zu schaffen (Ambrosius Blarer an Heinrich Bullinger vom 25. Juni 1544). Die lateinunkundige Katharina (Ambrosius an Gerwig Blarer vom 30. August 1561) führt einen eigenständigen Briefwechsel und erhält von den Korrespondenten ihres Mannes Publikationen, etwa von Jakob Otter das Esslinger Gebetbüchlein (Otter an Ambrosius Blarer vom 30. Okotber 1537) oder von Bullinger dessen Schrift über den christlichen Ehestand (Ambrosius Blarer an Bullinger vom 10. März 1540). Katharina reist selbständig, z.B. nach Baden (Ambrosius Blarer an Bullinger vom 23. Juli 1547). Nach der Exilierung folgt sie ihrem Mann nach Grießenberg und Winterthur. Eine Krankheit nimmt ihr zwei Kinder und bringt sie an den Rand des Todes (Ambrosius Blarer an Bullinger vom 9. Februar 1551). Sie versucht schlank zu bleiben (Ambrosius an Lucia Blarer vom 23. April 1551), das Lesen bereitet ihren Augen Mühe (Gerwig an Ambrosius Blarer vom 7. November 1553), sie leidet unter Kopfschmerzen (Ambrosius an Gerwig Blarer vom 5. November 1556). Beim Tod ihres Bruders Dietrich erbt sie möglicherweise eine größere Summe (Thomas an Ambrosius Blarer vom 29. März sowie 15. April 1560 und vom 26. März 1561). Katharina stirbt nach dem 8. Januar 1567 (Thomas an Gerwig Blarer vom 8. Januar 1567).

Fertigungsurkunde SA Thurgau II.34.1; Blaurer Bw 1–3.

Ryhiner, Heinrich 97

* um 1490 in Brugg

† 18. April 1553 in Basel

Ratsschreiber in Basel. Der vermutliche Sohn des Ratsherren Hans Heinrich Richiner wird nach dem Studium in Basel (Immatrikulation 1508/09) zunächst Prokurator des bischöflichen

Hofes (1515), dann Ratsschreiber (1524–1534), und schließlich Stadtschreiber (1534–1553) in Basel. Er tritt 1542 in den Großen Rat ein.

Matrikel Basel 1, Nr. 21, S. 293. — *Banholzer, Herkunft Heinrich Ryhiner; Feller/Bonjour, Geschichtsschreibung der Schweiz 1, S. 205 f.; Feller-Vest, Ryhiner.*

Sailer [Sayler], Gereon 128, 164f., 186–188, 279, **288–291**

— Verfasser *Nr. 707*

* um 1500 in Blumental bei Aichach
† 22. September 1562 in Augsburg

Augsburger Stadtarzt. Er studiert Medizin in Ingolstadt (Dr. med. 1527) und kommt 1528 als Arzt ans Blatterhaus in Augsburg (Bürgerrecht 26. März 1528). Von 1530–1562 wirkt er als Stadtarzt zu einem Salär von zunächst 50, dann 120 Gulden. Ab 1539 ist er außerdem Leibarzt bei Philipp von Hessen. Sailer hat beste Beziehungen zu Bürgermeister und Rat, diese verschaffen dem entschiedenen Zwinglianer großen Einfluss auf die Stadtpolitik. So verhandelt er 1530 im Auftrag des Rates die Besetzung der Predigtämter.

Andersson, Sailer und Huberinus; Kroon, Augsburger Reformation; Häberlein, Sailer als Makler; Pollet, Bucer 2, S. 245–253; Reinhard, Augsburger Eliten, Nr. 1097, S. 720; Roth, Augsburgs Reformationsgeschichte 1, insbesondere S. 343, 353, 360–371; Sieh-Burens, Oligarchie, S. 145f.; Vogt, Sayler, S. 462–464.

Sallust, Gaius Crispus 224

* 1. Oktober 86 v. Chr. in Amiternum
† 13. Mai 35/34 v. Chr. in Rom

Römischer Geschichtsschreiber und Politiker

Salzmann [Saltzmann], Thomas 29

† 20. Dezember 1527 in Straßburg

Der am Straßburger Fischmarkt wohnhafte Scheidenmacher, möglicherweise identisch mit dem am 15. Mai 1525 wegen Ratsopposition aktenkundig gewordenen Mitglied der Schmiedezunft (QGT 7, Nr. 110, S. 133, Anm. 1), bestreitet die Gottheit Christi und wird trotz Gnadenersuchs nach einem Prozess hingerichtet.

Prozessakten vom 27. November 1527 (QGT 7, Nr. 110, S. 133f.) und 9. Dezember (ebd., Nr. 113, S. 135); Bericht von der Hinrichtung vom 20. Dezember (ebd., Nr. 114, S. 136f.) — *Röhrich, Geschichte, S. 346; ders., Strassburgische Wiedertäufer, S. 30.*

Sam [Sain, Som, Saum], Konrad 2f., 35, **69f.**, 139, 142, **151–157**, 161, 180, 186f., 278–281

— Verfasser *Nr. 643, 663*

* 1483 in Rottenacker a. d. Donau
† 20. Juni 1533 in Ulm

Prediger in Ulm an der Barfüßer-Kirche. Nach Studien in Tübingen (Immatrikulation 1498 und erneut 8. Dezember 1509) sowie in Freiburg (Immatrikulation 15. Juni 1505) erwirbt er den Titel eines Lizentiaten der Rechte, der ihm 1513 die Übernahme einer Prädikatur in Brackenheim (bei Heilbronn) erlaubt. Weil er sich (spätestens 1520) der Reformation zuwendet, wird er 1524 entlassen. Der Ulmer Rat beruft ihn daraufhin als Prediger an die Barfüßer-Kirche (Ratsprotokoll vom 17. Juni). Sams scharfe Kritik an der traditionellen Frömmigkeit führt zu heftigen Auseinandersetzungen. Von den Bauern wird er 1525 als Schiedsrichter benannt. Im Abendmahlsstreit wendet er sich 1526 gegen Luther und sucht seit der Berner Disputation engeren Kontakt zu Zwingli. Mit Michael Brothag gibt er 1528 einen Katechismus heraus. Bucers Gutachten über die Schwabacher Artikel (BDS 3, Nr. 5, S. 442–471) kommentiert er kritisch, ebenso die *Confessio Augustana*. Immer wieder auf Reformation drängend (vgl. BCor 5, Nr. 371, S. 165–167), geißelt er die abwartende Religionspolitik des Ulmer Rates, etwa in seiner Weihnachtspredigt 1529 (vgl. Endriß, Reformationsjahr, S. 120). Sam forciert seine Kritik, nachdem die Ulmer Bürger sich 1530 mehrheitlich gegen die Annahme des Augsburger Reichstagsabschieds aussprechen (3. bis 8. November), der Rat aber untätig bleibt. Sams Reformvorschläge bereiten die Einführung der Reformation durch Bucer, Oekolampad und Blarer vor, die seit ihrer Ankunft in Ulm (21. Mai 1531) in seinem Haus wohnen. Sam stirbt am 20. Juni 1533, wohl nach seinem dritten Schlaganfall (vgl. Frecht an Bucer vom 20. Juni, oben Nr. 705, S. 276–283).

Matrikel Freiburg 1, Nr. 20, S. 164; Matrikel Tübingen 1, Nr. 83, S. 173. — Cohrs, Katechismusversuche 3, S. 75–128; Fischer, Chronik, S. 5f., 10–12; Hauptstaatsarchiv Stuttgart Lit A 152 (Glossen zur CA); Luther an Sam vom 1. Oktober 1520 (WA Bw. 2, Nr. 339, S. 188–190). — Appenzeller, Münsterprediger, S. 28f.; BCor 4, Nr. 282, S. 71, Anm. 2; BDS 4, S. 192f. (Lit.); Ehmer, Sam, Sp. 1280f.; ders., Konrad Sam, Sp. 814; Hoffmann, Konrad Sam, S. 93–109; ders., Sam, S. 233–268; Köhler, Zwingli und Luther 1, S. 423–426; Kuhn, Studenten Universität Tübingen 2, Nr. 2958, S. 454; Pollet, Bucer 2, S. 180–196.

Sapidus [Witz], Johannes 253f.

* 1490 in Schlettstadt

† 8. Juni 1561 in Straßburg

Leiter der Lateinschule im Straßburger Predigerkloster. Nach dem Besuch der heimischen Lateinschule studiert er in Paris (1506–1509), danach arbeitet er als Korrektor des Druckers Matthias Schürer in Straßburg, am 1. Dezember 1510 wird er Rektor der Schule in Schlettstadt, die unter seiner Leitung ihre größte Schülerzahl erreicht. Sapidus knüpft Kontakte zu Erasmus, Beatus Rhenanus und Melanchthon. Unter dem Einfluss Luthers kritisiert er die altgläubige Frömmigkeit. Nachdem er am 6. August 1525 die Teilnahme seiner Schüler an einer Prozession verweigert, muss er die Schulleitung niederlegen (8. August). Am 30. Oktober 1526 verzichtet er auch auf sein Bürgerrecht und wendet sich nach Straßburg. Dort lehrt er zunächst an der Dominikanerschule Latein (1526–1527), leitet eine der drei Lateinschulen (1528–38) und wird von seinem Schwiegersohn Johannes Sturm zum Professor am Straßburger Gymnasium berufen (1538). Später erhält er ein Kanonikat an St. Thomas (1548).

BCor 1, Nr. 1, S. 39, Anm. 1 (Lit.); Ficker/Winckelmann, Handschriftenproben 2, T. 78; Meyer, Johannes Sapidus.

Saul König Israels 121

Schitius, Johannes 215

Schlupfindheck → Hermann, Konrad

Schmid [Faber, Fabricius], Erasmus 205, 208, 212

* 1490/95 in Stein am Rhein

† 25. Februar 1546 in Zürich

Pfarrer in Zollikon. Nach seinem Studium in Freiburg i.Br. (Immatrikulation 26. September 1509, Magister 1513/14) wirkt er seit 1515 als Schulmeister in Sitten und studiert seit dem Sommersemester 1516 erneut, diesmal in Basel. Ab 1518 wirkt er als Pfarrer in seiner Heimatstadt und wendet sich unter dem Eindruck der Schriften Luthers, Karlstadts und Zwinglis der Reformation zu. Er sucht Kontakt zu Zwingli und Vadian und erhält eine Chorherrenpfründe in Zürich (1523) und wohnt der Ersten Zürcher Disputation (29. Januar 1523) bei. Wegen seiner Rolle bei der Zerstörung der Kartause Ittingen (18./19. Juli 1524) wird er seines Amtes enthoben. Schmid flieht, möglicherweise nach Steisslingen im Hegau. Um 1525 heiratet er Martha Blarer aus Konstanz, Nonne in Feldbach (gest. Anfang 1562). Ab 1526 hält er sich in seiner Heimatstadt Stein am Rhein auf, im Jahr 1528 bekommt er die Züricher Pfründe zurück (Egli, Actensammlung Nr. 1450, S. 630f.) und wird Pfarrer in Zollikon (ebd., Nr. 1492, S. 643). Die Jahre 1535–1538 verbringt Schmid in Reichenweier (Elsass), 1538 erhält er das Archidiakonat am Großmünster in Zürich.

Matrikel Freiburg 1, Nr. 52, S. 189; Matrikel Basel 1, Nr. 7, S. 330. — Bullinger, Reformationsgeschichte 3, Nr. 501, S. 291. — Bonorand, Vadian Personenkommentar 2, S. 284f. (Lit.); Bopp, Geistliche Nr. 1297, S. 147; Bullinger Bw. 1, Nr. 51, S. 241, Anm. 8; Huggenberg, Helfer Zwinglis; Lieb, Fabricius; Vasella, Schmid.

Schorr [Schorrius], Jakob 20–22, **31f.**, 39, 66

— Verfasser *Nr. 635*
— Empfänger *Nr. 633*

* um 1484
† 24. April 1566 in Zweibrücken

Kanzler Herzog Ludwigs II. in Zweibrücken. Nach Beendigung seines Jurastudiums (1509?) arbeitet Schorr bei seinem Vater, der Landschreiber in Meisenheim war. Um 1514/15 übernimmt Jakob dieses Amt in der Gutenberger Gemeinschaft zu Minfeld. Herzog Ludwig II. ernennt ihn am 13. Mai 1527 zu seinem Geheimsekretär, 1529 zum Kanzler. Er begleitet Bucer auf seiner Reise durch das Zweibrücker Land zum Marburger Religionsgespräch. Nach Ludwigs Tod bittet Schorr an Ostern 1533 um Entlassung aus dem Kanzleramt, bleibt aber im Ratsdienst Pfalzgraf Ruprechts. Johannes Schwebels und Wolfgang Capitos Forderung, altgläubiger Messritus und Konkubinate der Priester seien durch die Obrigkeit zu reformieren, widerspricht Schorr, seien die Greuel des Antichrists doch nicht mit Gewalt zu tilgen (1534/35). Am 23. Juni 1540 tritt Schorr wieder in den Dienst des Hofes. Er nimmt als Bevollmächtigter Ruprechts an den Reichstagen von Speyer (1542) und Nürnberg (1543) teil und begleitet Herzog Wolfgang zum Reichstag nach Augsburg (1548). Schorr wird in der Alexanderskirche von Zweibrücken beigesetzt.

Eid, Hof- und Staatsdienst Pfalz-Zweibrücken, S. 181, Anm. 4; S. 311; Goeters, Reformation in Pfalz-Zweibrücken; Jung, Schwebel, S. 65, 124–129; Koch, Schorr; Ney, Schorr, S. 384–386.

Schuler [Scholasticus], Gervasius **33–36**, 41

— Mutter 35
— Verfasser *Nr. 636*

* um 1495 in Straßburg
† nach 31. Oktober 1563 in Lenzburg

Diakon in Basel. Nach dem frühen Tod seines Vaters und Schulbesuch in Basel wird der kleinwüchsige Schuler Zwinglis Gehilfe in Zürich, seit 1520 amtiert er dort als Diakon. Von Zwingli empfohlen, wirkt er von 2. April 1525 bis Ende 1528 als Pfarrer in Bischweiler (Elsaß) und wechselt im März 1529 auf eine Pfarrstelle in Bremgarten, die er ihm Heinrich Bullinger d. Ä. versah. Nach dem Zweiten Kappeler Krieg muss Schuler die Stadt mit seinem Ortskollegen Heinrich Bullinger d. J. am 20. November 1531 verlassen. Der fortan Kränkelnde erhält nach kurzem Aufenthalt in Zürich noch vor dem 18. Dezember die Stelle eines Diakons an St. Leonhard in Basel, ab Mai 1532 ist er er in der gleichen Position an St. Peter nachgewiesen. Am 12. November übernimmt er die zweite Pfarrstelle an St. Martin in Memmingen. Durch das Interim von dort vertrieben, wirkt Schuler als Vertreter Johann Hallers am Großmünster in Zürich (ab 1548), danach als Pfarrer in Lenzburg (ab Juni 1550).

Berchtold Haller an Bucer vom 17. März 1529 (BCor 3, Nr. 230, S. 282–284); Ambrosius Blarer an Heinrich Bullinger (Bullinger Bw. 3, Nr. 279, S. 219f. — Adam, Elsässische Territorien, S. 201f.; BCor 3, Nr. 230, S. 283, Anm. 9; Bopp, Geistliche, Nr. 4778, S. 498; Bullinger Bw. 1, Nr. 34, S. 193f., Anm. 5; ebd. 2, Nr. 163, S. 286, Z. 21; Bullinger, Reformationsgeschichte 3, Nr. 387, S. 9; Nr. 490, S. 266f.; Culmann, Schuler's Leben; Pfarrerbuch Bayerisch-Schwaben, S. 194; Stupperich, Schuler, S. 192.

Schultheiß, Wolfgang Pfarrer von Schiltigheim und sog. Epiuräer 253

Schwebel [Sueblin, Schwebelius, Schweblin, Schwäblin], Johannes 9, 11–14, **16–19**, 20f., 32 **64–68**, **117–120**, **122f.**, 134, 140, **174–181**, **240f.**, 265f., **267–273**, 282

— Verfasser *Nr. 669, 702*
— Empfänger *Nr. 632, 642, 653f., 656, 670, 692, 703*

* um 1490 in Pforzheim
† 19. Mai 1540 in Zweibrücken

Pfarrer in Zweibrücken. Der Sohn des aus Wasserburg stammenden Kürschners Konrad Schwebel und seiner Frau Ursula (geb. Ritter) besucht die Lateinschule in Pforzheim. Seit 1. Mai 1508 studiert er in Tübingen, zum Sommersemester 1509 wechselt er nach Leipzig. Schwebel tritt 1510 in den Heilig-Geist-Hospitalorden ein, seit 1511 studiert er in Heidelberg (Immatrikulation 21. Juli 1511, Baccalaureus 25. Mai 1513). In Pforzheim lässt er sich 1514 zum Priester weihen und tritt in das örtliche Heilig-Geist-Kloster ein. Er korrespondiert mit Gerbel, Capito, Hedio und Melanchthon und wendet sich 1519 der Reformation zu. Im Jahr 1521 vom badischen Markgrafen ausgewiesen, wirkt er bei Franz von Sickingen auf der Ebernburg und als Bucers Nachfolger in Landstuhl, bevor er nach kurzem Aufenthalt in seiner Heimatstadt (seit Herbst 1522) ab dem Frühjahr 1523 zum Hofprediger Herzog Ludwigs II. von Pfalz-Zweibrücken berufen wird. In diesem Amt nimmt er am Marburger Religionsgespräch (1529) teil. Er bekennt sich zur *Confessio Augustana* und deren *Apologie*. Unter Pfalzgraf Ruprecht von Zweibrücken wird Schwebel im Mai 1533 zum Pfarrer ernannt und führt eine Kirchenordnung ein. Schwebel befürwortet die Wittenberger Konkordie (1536) und verfasst für die Religionsgespräche 1540 ein Gutachten.

Matrikel Heidelberg 1, S. 482; ebd. 2, S. 522; Matrikel Leipzig 1, Nr. 142, S. 496. — *Schweblin, Deutsche Schriften.* — *Pfarrerbuch Pfalz, Nr. 4987, S. 428f.; Böcher, Theologen der Ebernburg, S. 420f.; Jung, Schwebel; Jung, Gottesdienst Pfalz 1, S. 9–19; Kremer, Pforzheimer Lateinschule, S. 154f.; Kuhn, Schwebel, Sp. 1181–1183; Kuhn, Studenten Universität Tübingen 2, Nr. 3412, S. 506; Molitor, Geschichte Zweibrücken, S. 149–190; Ney, Schwebel, S. 174–180; Schneider, Schwebel, S. 318–322; Stupperich, Schwebel, S. 192f.*

Schwenckfeld [Greysenecker], Kaspar von 19, 121, 173, 230, 243, 247, 254, 274f., 292

* 1489 in Ossig/Herzogtum Liegnitz
† 10. Dezember 1561 in Ulm

Spiritualist in Straßburg. Nach Studien wohl in Köln (1505–1507) und Frankfurt/Oder (ab 1507) tritt er ab 1510 in die Dienste Herzog Karls I. von Münsterberg-Oels, Herzog Georgs I. von Brieg und ab 1521 Herzog Friedrichs II. von Liegnitz-Brieg-Wohlau. Dessen Dienst muss er 1523 wegen Schwerhörigkeit quittieren. Bereits früh wendet er sich der Reformation zu (erste Heimsuchung 1519), für die er in Predigt und Schriften erfolgreich eintritt. Er beginnt, die Gegenwart Christi nicht als Realpräsenz zu verstehen (zweite Heimsuchung 1525/26). Die Diskussion dieser Auffassung mit Luther in Wittenberg (Dezember 1525) verläuft ergebnislos. Da Schwenckfeld die Mahlteilnahme vom Glaubensstand abhängig macht, stellt er die Abendmahlsfeier in Liegnitz 1526 ein, Luthers Reaktion (*Wider die himmlischen Proheten*) führt zum Bruch (dritte Heimsuchung). Wegen der Drohungen Ferdinands von Österreich gegen die „Sakramentsverächter" flieht Schwenckfeld im Juni 1529 nach Straßburg, wo ihn Wolfgang Capito und später Matthias Zell aufnehmen. Im Streit um die Zuordnung von Geist und Buchstabe überwirft er sich nach anfänglicher Sympathie mit Bucer, der in mehreren Briefen vor Schwenckfeld warnt. Dieser verlässt 1533 Straßburg vorübergehend, im August 1534 endgültig. Nach jeweils kurzen Aufenthalten in Hagenau, Landau, Speyer, Esslingen, Stetten, Köngen, Ulm, Augsburg, Mindelheim, Kempten, Memmingen, Lindau und Isny findet Schwenckfeld von 1534 bis 1539 bei Bernhard Besserer in Ulm Aufnahme. Danach lebt er in Augsburg und Esslingen, anschließend auf Schloss Justingen bei Ulm (1541–1547), dann unter dem Namen Eliander in Esslingen (1547–1550). Seine letzten zehn Lebensjahre verbringt er in verschiedenen Orten Süddeutschlands.

Corpus Schwenckfeldianorum. — *BCor 4, Nr. 301, S. 110, Anm. 34; Bubenheimer, Schwenckfeld; Derksen, Schwenckfeldians; Eberlein, Caspar von Schwenckfeld, S. 93–112; Gouldbourne, Gender and Theology; Höhle, Universität Frankfurt (Oder), S. 59; Kuhn, Schwenckfeld; McLaughlin, Bucer and the Schwenckfelders, S. 616–622; ders., Politics of Dissent; ders., Reluctant Radical, S. 123–159; ders., Schwenckfeld, S. 21–24; ders., Schwenckfeld's eucharistic doctrine; Schultz, Schwenckfeld, S. 159–179,*

205–219; *Séguenny, Christology*, S. 39–76; *Steiger, Verbum externum*.

Scultetus, Abraham Professor und Hofprediger in Heidelberg 129

Seeger [Seger, Serranus, Serarius], Johannes 77, 81–83, 89, 91f., 167f.

* in Kempten
† 1552 in Roßfeld bei Crailsheim

Kemptener Prediger. Er studiert in Leipzig (ab Sommersemester 1520, Baccalaureus 6. März 1522) und möglicherweise in Wittenberg. Seit 1528 hat er die Stelle eines Helfers an St. Mang in Kempten inne. Als Lutheraner entlassen (31. Januar 1533), wird er Kaplan in Ansbach (29. Juli 1533). Seit 1536 wirkt er in Lehrberg, ab 1543 in Roßfeld.

Matrikel Leipzig 1, Nr. 5, S. 571. — *BDS 8, Nr. 4, S. 96, Anm. 3; Litz, Bilderfrage, S. 201, 222; Pfarrerbuch Bayerisch-Schwaben, Nr. 1171, S. 197*.

Sigel [Siegel, Sigll], Christoph 43–45, 76, 180, 282

— Verfasser *Nr. 639*

* Bruchsal/Hochstift Speyer
† Juli 1542 in Esslingen

Nach seinem Studium in Heidelberg (Immatrikulation 24. November 1516, Baccalaureus 17. November 1517) übernimmt er eine Pfarrstelle in Grötzingen/Durlach. Sie verlässt er erst im Zuge der dritten Exilierungswelle (Januar/März 1533), welche die zunehmend schärfere markgräfliche Rekatholisierungspolitik ausgelöst hat. Sigel kommt zunächst nach Straßburg, ab Mitte April vertritt er Konrad Sam in Ulm. Aus den Briefen Jakob Otters und Martin Frechts an Blarer geht hervor, dass Sigel seit Sommer/Herbst 1533 eine Predigerstelle in Überlingen versieht. Danach wechselt er auf die durch Martin Fuchs' Entlassung frei gewordene Prädikatur in Esslingen, für die Ulm am 30. Oktober 1534 seine Freigabe erteilt.

Matrikel Heidelberg 1, S. 504; Bucer an Ambrosius Blarer vom 25. Juli 1533 (Blaurer Bw. 1, Nr. 348, S. 410); Jakob Otter und Martin Frecht an Ambrosius Blarer vom 14. September 1534 (ebd., Nr. 453, S. 542) und vom 30. Oktober (ebd., Nr. 480, S. 586); Otter an Ambrosius Blarer vom 12. Juli 1542 (Blaurer Bw. 2, Nr. 954, S. 134). — *Drüll, Heidelberger Gelehrtenlexikon, S. 503; Kattermann, Kirchenpolitik Philipps I., S. 97, Anm. 48; Pfarrerbuch Baden 2, S. 571; Schröder, Kirchenregiment, S. 403*.

Slachtscaef [von Tongern, Höngen], Heinrich 283–288

— Ehefrau 287
— Kind 287
— Verfasser *Nr. 706*

* um 1480? in Tongeren bei Lüttich
† 23. Oktober 1534 in Soest

Prediger in Wassenberg. Möglicherweise nach einer Tätigkeit als Priester in Lüttich predigt er 1531 zunächst im Haus des Ratheimer Kaplans. Mit diesem zerstritten, wirkt er 1532 in Hückelhoven. Er wendet sich nach Mastricht und Aachen, wo er sich den seit dem Edikt vom 1. November 1532 mehrfach geäußerten Aufforderungen des Herzogs, Slachtscaef zu verhaften, entziehen kann. Fortan wirkt er in Höngen und Wassenberg, bis ihn ein Brief Bernhard Rothmanns nach Münster ruft, wo er sich taufen lässt. Slachtscaef lässt sich als Bote des Zionskönigs Jan van Leiden nach Soest senden, wo er gefangen und mit dem Schwert hingerichtet wird.

Bockmühl, Heinrich von Tongern; Cornelius, Münsterer Aufruhr; Rembert, Wiedertäufer Jülich; Hansen, Wiedertäufer.

Sopher [Söffer, Sauffer], Gervasius 198

* ca. 1490 in Breisach
† 31. Dezember 1556 in Straßburg

Prokurator des Straßburger Thomasstifts. Nach dem Studium in Freiburg (Immatrikulation 16. November 1505) arbeitet er als Korrektor bei Drucker Johann Grüninger in Straßburg, dann setzt er seine Studien in Basel fort (Immatrikulation Wintersemester 1508, Baccalaureus 1509, Magister 1510). Er wird Rektor der städtischen Schule in Offenburg (1514), Leiter der Lateinschule in

Freiburg (1517) und Notarius der Universität Freiburg (1520). Seit 1522 wirkt er als bischöflicher Fiskal in Straßburg. Von seiner Hand stammen die 24 Anklagepunkte, mit denen Matthias Zell am 20. Dezember 1522 konfrontiert wird. Seit Herbst 1523 ist Sopher Prokurator des Thomasstifts. Das Bürgerrecht erhält er am 5. Januar 1525. Der Anhänger der Reformation führt die Geschäfte des Thomaskapitels bis zu seinem Tod.

Matrikel Basel 1, Nr. 16, S. 293; Matrikel Freiburg 1, Nr. 11, S. 166. — BCor 3, Nr. 264, S. 348, Anm. 5; Clemen, Bibliothek Sopher; Ficker/Winckelmann, Handschriftenproben 2, T. 71; Knod, Stiftsherren St. Thomas, S. 30f.; QGT 7, Nr. 4, S. 6, Anm. 2; Zwingli Bw 4, Nr. 946, S. 365, Anm. 5.

Spalatin, Georg 7f., 84, 155

* 17. Januar 1484 in Spalt bei Nürnberg

† 16. Januar 1545 in Altenburg

Superintendent von Altenburg. Der Sohn des Rotgerbers Georg Burckhardt studiert nach dem Besuch der Lateinschule St. Sebald in Nürnberg (seit 1497) in Erfurt (Immatrikulation Sommersemester 1498), Wittenberg (Immatrikulation 1502, Magister 2. Februar 1503) und erneut Erfurt (Jura). Ab Herbst 1505 wirkt er auf Vermittlung von Conrad Mutianus Rufus als Präzeptor und Bibliothekar des Zisterzienserklosters Georgenthal, bevor ihn Kurfürst Friedrich von Sachsen 1508 zum Lehrer Kurprinz Johann Friedrichs und im September 1516 zu seinem Sekretär in der kursächsischen Kanzlei beruft. Im Frühjahr 1522 avanciert Spalatin zum Hofkaplan und Hofprediger. Nach dem Tod Friedrichs wirkt er ab 6. August 1525 als Pfarrer in Altenburg an St. Bartholomaei, heiratet am 19. November Katharina (Heidenreich oder Streubel, zwei Töchter) und wird am 22. Dezember 1528 Superintendent des Amtes Altenburg. Von seinen Landesherren weiterhin als außenpolitischer Akteur herangezogen, besucht er die Reichstage von Speyer (1526) und Augsburg (1530, Mitarbeit an *Confessio Augustana* und deren *Apologie*) sowie die Verhandlungen in Schweinfurt (1532), Kaden (1534), Wien (1535) und Schmalkalden (1535, 1537), bis er 1539 auf eigenen Wunsch diese Tätigkeit niederlegt, um sich den Altenburger Aufgaben zu widmen.

Matrikel Wittenberg, S. 5; Spalatin's Nachlass. — Hambrecht, Eintragungen Spalatin; Höss, Spalatin; Junghans, Spalatin (Lit.); Kessler/Penndorf, Spalatin in Altenburg; Schmalz, Spalatin in Altenburg.

Stadion, Christoph von 290

* März 1478 Burg Schelklingen/Ehingen

† 15. April 1543 in Nürnberg

Seit 5. Juli 1517 Bischof von Augsburg

Steinbach, Kaspar 9–15, 16, 19–21, 32, 117, 119

— Empfänger *Nr. 631*

* Rottweil

Helfer am Straßburger Münster. Der ehemalige Konventuale wird am 19. Dezember 1525 Straßburger Bürger und amtiert von 1529–1533 als Pfarrer in Illkirch-Grafenstaden mit der Pfarrei Ostwald. Kurz Helfer Matthias Zells am Münster, wirkt er von 1534–1542 als Pfarrer an St. Wilhelm, wo er am 1. Februar 1534 den ersten evangelischen Gottesdienst feiert, und als Wochenprediger am Münster, bevor er die Straßburger Truppen 1542 in den Türkenkrieg begleitet.

Adam, Elsässische Territorien, S. 36; ders., Kirchengeschichte Strassburg, S. 198; Bopp, Geistliche, Nr. 5031, S. 527; Ficker/Winckelmann, Handschriftenproben 2, T. 63; Röhrich, St. Wilhelm, S. 27.

Steiner, Heinrich Drucker in Augsburg 157

Steiner [Lithonius], Simon 116, 162

* um 1505 Grenchen bei Visp (Wallis)

† 20. Juni 1545 in Straßburg

Der Verwandte Thomas Platters geht 1519 mit diesem nach Zürich. Dort unterrichtet ihn Oswald Myconius, Steiner erhält ein Prediger-Stipendium. Er kommt 1530/31 nach Straßburg, studiert Griechisch, Dialektik und Rhetorik und wird Bucers Helfer. Von 1534–1537 wirkt er als Hilfsprofessor, von 1537–1538 als Professor und hält wöchentlich öffentliche Vorlesungen. Von 1538–1545 unterrichtet er die zweite Klasse des Straßburger Gymnasiums, am 14. Juni 1543 erhält er ein Kanonikat an St. Thomas, ab 1545 lehrt er Philosophie.

Bopp, Geistliche, Nr. 3222, S. 341; Ficker/Winckelmann, Handschriftenproben 2, S. 68; Knod, Stiftsherren St. Thomas, S. 18; Truffer, Steiner.

Stephan de Insula Agent der Fünf Orte für Italien 48

Stoer, Martin Dissenter in Straßburg 247

Studer, Franz 202

* um 1495
† 1562

Ratsherr in St. Gallen. Er tritt 1527 in den St. Gallener Rat ein, amtiert seit 1528 als Pfleger des Dominikanerinnenklosters St. Katharina und wird 1531 zum Eherichter ernannt. Studer wird in der Schlacht von Kappel (1531) verwundet. Er vertritt mehrmals die Interessen der Stadt in Auseinandersetzungen mit dem Abt und dem Umland. Studer betätigt sich als Reisläufer und gerät so in Konflikt mit dem Rat.

Schiess, Reisläufer, S. 23–32.

Sturm, Jakob Ratsherr in Straßburg
→ BCor 8 Personenindex 5, 126, 140

Süleyman II. 5, 21f., 39, 52

* 1494/1496 in Trabzon
† 6. September 1566 in Szigetvár

Seit September 1520 osmanischer Sultan

Tertullian [Quintus Septimius Florens] 102

* um 160 in Karthago
† nach 220 in Karthago

Frühchristlicher Autor

Thomae, Nikolaus gen. Siegelsbach 9, 12f. 17

* um 1492 in Siegelsbach bei Wimpfen
† nach 15. August 1546

Pfarrer in Bergzabern. Nach dem Besuch des Gymnasiums und Studium in Heidelberg (Immatrikulation 14. April 1510, Baccalaureus 14. Januar 1512, Magister 1520) amtiert er als Pfarrer in Flinsbach, bezeugt ist ein Klosteraufenthalt (Brief an Konrad Hubert vom 31. März 1527). Als Geistlicher ist er vor dem 23. Februar 1526 (Brief an Konrad Hubert) in Bergzabern nachgewiesen; wegen seiner reformatorischen Gesinnung wird er im Februar 1526 zum Speyerer Generalvikar zitiert und gebannt, die abwartende Haltung seines Landesherren (Ludwig II., Pfalzgraf und Herzog von Pfalz-Zweibrücken-Neuburg) erlaubt jedoch sein weiteres Wirken in Bergzabern. Dort diskutiert er mit Johann Denk über die Allerlösung (1527) und setzt sich mit den Täufern auseinander. Im Sommer 1528 besucht er Bucer in Straßburg (QGT 7, Nr. 152, S. 184). Das Abendmahl hält Thomae für ein Zeichen und Gedächtnismahl, Luther unterstellt er, eine *praesentia carnalis* zu lehren, strebt aber eine Einigung an. Im Jahr 1531 heiratet Thomae (Brief an Hubert vom 31. August) auf Drängen Johannes Schwebels. Mit Hubert und seiner Gattin entzweit er sich vorübergehend, weil diese haltlosen Gerüchten, Thomaes Frau habe Küchengeräte gestohlen, zunächst Glauben schenken. Nach der Versöhnung (1536) nimmt Thomae im Konflikt zwischen Bucer und Bader (1544) letzteren in Schutz.

Matrikel Heidelberg 1, S. 474. — Thomae an Johannes Oekolampad, insbesondere vom 31. März 1527 (Oekolampad Bw. 1, Nr. 478, S. 47–50) und vom 1. April (ebd., Nr. 479, S. 51–55). — Alter, Aufstand der Bauern in der Pfalz, S. 45f.; Hensel, Bergzabern, S. 17f., 52–57, 68–72, 98; Konersmann, Kirchenregiment, S. 101f.; Gelbert, Bader's Leben und Schriften, S. 131–134, 146f., 187–193, 211–219, 284–286; Ney, Thomä.

Thumysen, Johann Rudolf 208

* in Zürich
† 1552

Helfer am Frauenmünster in Zürich. Der Sohn des Zunftmeisters Rudolf Thumysen wirkt seit 1517 als Kaplan in Kilchberg und ab 1523 als Pfarrer in Regensdorf (Kanton Zürich). Im Jahr 1526 wird er Helfer am Züricher Frauenmünster.

Bullinger Bw. 1, S. 227, Nr. 45, Anm. 19.

Tillmann, Bernhard 238f.

† 1541/42

Seckelmeister in Bern. Der erstmals 1516 nachgewiesene Goldschmied und Zeichner ist Mitglied des Großen (1516–1533, ab 1536) und Kleinen (1525–1533) Rates. Als Seckelmeister amtiert er vom 26. Dezember 1527 bis zum Dezember 1533. Schon früh der Reformation zugewandt, nimmt er an der Badener Disputation (1526) teil und zieht als Oberstleutnant des zweiten Banners in den Zweiten Kappeler Krieg.

Anshelm, Berner Chronik, S. 326; Braun, Tillmann; Bullinger Bw. 2, Nr. 69, S. 56, Anm. 13 (Lit.); Lavater, Verbesserung der Reformation, S. 72, Anm. 234.

Trach, Valentin Ettlinger Bürgermeister 45

Uhinger [Cless], Martin 1–4, 213–216, 259

— Verfasser *Nr. 628, 684*

* 25./26. November 1491 in Uhingen/Fils

† 13. August 1552 in Stuttgart

Prediger in Biberach. Nach dem Studium in Freiburg i.Br. (Immatrikulation 6. Dezember 1508, Baccalaureus 1510) und Tübingen (Immatrikulation 13. Januar 1512, Magister Juli 1513) wirkt er zunächst als Geistlicher in Leonberg, dann wird er Prädikant der regulierten Chorherren in Oberhofen bei Göppingen. Am Vorabend des Fronleichnamfestes 1529 flieht Uhinger auf die Burg Ramsberg. Auf Empfehlung Zwinglis erhält er ab 1530 die Stelle eines Frühpredigers in Biberach. Er wird 1536 Stadtpfarrer in Göppingen, 1543 in Cannstadt und wechselt 1548 als Superintendent nach Stuttgart.

Matrikel Freiburg 1, Nr. 18, S. 186; Matrikel Tübingen 1, Nr. 96, S. 187. — Johannes Kornmesser an Huldrych Zwingli vom 14. August 1529 (Zwingli Bw. 4, Nr. 901, S. 269f.). — Hartmann, Cless; Kuhn, Studenten Universität Tübingen 1, Nr. 717, S. 179; Mildenberger, Prediger, S. 49f.

Ulhart, Philipp Drucker in Augsburg 170

Ulricher, Georg Drucker in Straßburg 7, 257

Vadian [Watt], Joachim von 92, 107, 201–203, **216–218**, 248, 280

— Empfänger *Nr. 685*

* 29. November 1484 in St. Gallen

† 6. April 1551 in St. Gallen

Bürgermeister in St. Gallen. Der Sohn einer Kaufmannsfamilie studiert nach dem Schulbesuch in St. Gallen in Wien (Immatrikulation Wintersemester 1501, Magister 1508) bei Konrad Celtis, Johannes Cuspinian und Georg Tannstetter, ab 1514 widmet er sich der Medizin (Dr. med. 1517). Er wird vom Kaiser zum *Poeta laureatus* gekrönt (1514) und amtiert als Rektor der Universität (1516/17). Vadian kehrt 1519 als Stadtarzt nach St. Gallen zurück und heiratet Martha Grebel (1519), die Schwester des späteren Täuferführers Konrad. Er tritt in den Rat ein (1521) und amtiert von 1526 bis zu seinem Tod als Bürgermeister. Spätestens 1522 der Reformation zugewandt, führt er den Vorsitz bei den Disputationen von Zürich (26. bis 28. Oktober 1523) und Bern (6. bis 26. Januar 1528); dort lernt er Bucer persönlich kennen, mit dem er bereits über die Täuferproblematik korrespondiert hat. Vadian pflegt Freundschaft mit Zwingli, Johannes Zwick, Heinrich Bullinger, Wolfgang Capito sowie Bucer, er veröffentlicht theologische, historische, rhetorische und naturkundliche Werke. Unter seiner Aufsicht werden am 23. Februar 1529 die Bilder aus den St. Gallener Kirchen entfernt und verbrannt. Nach der Niederlage von Kappel ermöglicht der von ihm ausgehandelte Vertrag (1532) zwischen altgläubigem Kloster und reformierter Stadt St. Gallen deren Koexistenz. Durch Bucers Besuch (28./29. April bis 4. Mai 1533) ermuntert, unterstützt Vadian dessen Bemühungen um eine Beilegung der innerprotestantische Abendmahlskontroverse bis hin zur Wittenberger Konkordie, die er, durch Bucers Schreiben vom 4. August 1536 seiner Irritationen enthoben, befürwortet.

Matrikel Wien 2, Nr. 98, S. 298. — Vadian Bw. — Arbenz, Vadian; Baker, Vadian; BCor 5, Nr. 352, S. 76, Anm. 8; Bonorand, Vadian-Forschung; ders., Vadians Weg; Calvin Bw. 1, S. 571; Frohne, Welt- und Menschenbild Vadians; Götzinger, Vadian; Kohnle, Vadian (Lit.); Näf, Vadian und seine Stadt; Ninck, Arzt und Reformator; Pressel, Vadian; Wenneker, Vadian (Lit.).

Valentin   194

* im 3. Jhd.

† 14. Februar 269/268?

Heiliger. Der Legende nach ein unter Claudius Gothicus (268–270) an der Via Flaminia an einem 14. Februar enthaupteter Presbyter. Zudem als Bischof von Terni verehrt, der zur Heilung eines Gelähmten nach Rom gerufen viele Menschen erfolgreich bekehrt und schließlich enthauptet wird, weil er das Götzenopfer verweigert. Bezeugt ist der Bau einer ihm zugeschriebenen Basilika am zweiten Meilenstein der Via Flaminia unter Julius I. Die Darstellung des Heiligen zeigen ihn als Bischof mit Hahn, Krüppeln und Epileptikern. Er ist der Patron der Jugend, der Reisenden, der Imker, für Bewahrung jungfräulicher Unschuld, für gute Verlobung und Heirat, gegen Ohnmachtsfälle, Wahnsinn, Epilepsie, Gicht, Pest und Gebärmutterkrankheiten.

Jöckle, Heiligenlexikon, S. 450; Sauser, Valentin; Seeliger, Valentin.

Valentin, Bote des Peter Pithonius   7

Vernier [Varnier], Johannes Hans   76, 138

† vor 4. Oktober 1568

Drucker und Farbenproduzent in Ulm. Wohl aus dem Etschland zugewandert, ist er in Ulm ab 1525 in einem Haus beim Kornhaus nachzuweisen. Er erhält das Bürgerrecht am 19. März 1531. Sein erster ermittelter Druck ist die *Agenda zum Gebrauch der Sakramente* (VD 16, A 768) aus dem Jahr 1531. Varnier beschäftigt Sebastian Franck und publiziert dessen *Chronica* 1536 (VD 16, F 2066–2068) sowie Werke Schwenckfelds, dessen *Rechenschafft* 1562 (VD 16, S 4953) sein letzter ermittelter Druck ist. Am 24. April 1564 heiratet er die Witwe Ursula Ruprecht.

Reske, Buchdrucker, S. 934f.; Weyermann, Nachrichten 2, S. 560–562.

Vögeli, Georg d. Ä.,   203, 248

* 1483/84 in Konstanz

† 8. März 1562 in Zürich

Stadtschreiber in Konstanz. Der Sohn des bischöflichen Notars Nikolaus (gest. 1484) und der Margarethe Vögeli besucht wohl die örtlichen Domschule und tritt – möglicherweise nach Studien in Erfurt – in den Dienst der Stadt (erster Nachweis im Ratsbuch 13. September 1503). Er wird Unterschreiber (nachgewiesen Juli 1504), kaiserlicher Notar (nachgewiesen 26. Februar 1507), ab 1513 Steuerschreiber und 1524 schließlich Stadtschreiber. Er wendet sich der Reformation zu und verfasst eine Auslegung der Sprüche Salomos, eine Evangelienharmonie (1553) und eine Übersetzung des Psalters aus der Vulgata (1555), vor allem aber eine Reformationsgeschichte (1536–1538). Vögeli verteidigt Konstanz gegen die Spanier (6. August 1548) und geht nach der Niederlage ins Exil, wohl zuerst in den Thurgau, dann nach Zürich.

Vögeli, Schriften zur Reformation in Konstanz [Biographie S. 39–53]. — Matrikel Erfurt 2, S. 205, Z. 8. — Hamm, Laientheologie.

Vögeli, Georg d. J., Stadtarzt in Konstanz   203, 248, 264

* um 1510 in Konstanz

† kurz nach 23. Oktober 1542

Er amtiert nach dem Studium in Wittenberg (Immatrikulation Sommersemester 1523) als Stadtarzt in Konstanz und heiratet Margarethe Lebzelter. Beim Besuch des sterbenden Johannes Zwick infiziert er sich mit der Pest und stirbt kurz darauf.

Matrikel Wittenberg, S. 119. — Vögeli, Schriften zur Reformation in Konstanz 1, S. 31, Anm. 36; Buck/Fabian, Konstanzer Reformationsgeschichte, S. 50; Moeller, Zwick, S. 244.

Vogler, Johann [Hans] 218
* 21. Oktober 1498 in Altstätten/St. Galler Rheintal
† 1567 in Zürich

Exilierter Stadtammann von Altstätten in St. Gallen. Der Sohn des Hans (äbtischer Ammann, † 9. Juli 1518) und der Anna Wanner besucht die Schulen in St. Gallen und Appenzell (bis 1513), ab 1518 amtiert er als Amtmann des Abtes in Altstätten, 1520 übernimmt er als Weinschenk und Eichmeister die Oberaufsicht über die Weinkeller des St. Gallener Abtes. Ab 1521 arbeitet er zunächst als Stadtschreiber in Altstätten, tritt dann in französische Dienste und nimmt als Leutnant an der Schlacht von Bicocca teil, danach kehrt er in seine alte Funktion zurück. Vogler wendet sich der Reformation zu und gewinnt für sie die Höfe Altstetten, Marbach, Balgach und Berneck. Nach der Niederlage von Kappel wird er vertrieben, die Rechtsansprüche der Fünf Orte wegen der Zerstörung der Kirchenzierden im Rheintal werden auf der Tagsatzung vom 8. Januar 1531 geregelt. Vogler wendet sich nach St. Gallen (1532–1535), dann nach Zürich (Bürgerrecht 1535). Er amtiert als Stadtschaffner in Reichenweier/Elsass (1537–1541) und kauft bei seiner Rückkehr nach Zürich 1541 Schloß und Herrschaft Uster, 1545 tritt er in den Großen Rat ein. Ab 1562 wirkt er als Stadtschaffner in Rappoltsweiler, später als Amtmann im benachbarten Zellenberg.

Bullinger Bw. 2, Nr. 57, S. 33, Anm. 5 (Lit.); Renggli, Hans Vogler; dies., Familienbuch Hans Voglers.

Wacker, Bernhard Helfer an Alt-St. Peter in Straßburg und sog. Epikuräer 253

Walz, Johannes 35, 279
* Brackenheim
† vor Juli 1568

Prediger in Ulm. Nach seinem Studium in Tübingen (Immatrikulation 25. Mai 1507) und Heidelberg (Immatrikulation 17. August 1511, Magister 11. Oktober 1513) wird er 1524 Lehrer in Hall. Waltz unterzeichnet das *Syngramma Suevicum* und wirkt spätestens ab 1531 als Pfarrer und Schulleiter in Gemmingen. Am 23. Juli 1532 beruft ihn der Ulmer Rat auf Empfehlung Bucers als Prediger nach Ulm. Er verlässt die Stadt am 18. März 1535 und ist ab 18. Februar 1536 in Nürtingen nachweisbar, wo er bis 1547 als Pfarrer wirkt. Ab Juni 1547 amtiert Walz in Neuffen, er stirbt wohl im Dienst.

Matrikel Heidelberg 1, S. 482; Matrikel Tübingen Nr. 5, S. 159. — Brenz, Frühschriften 1, S. 224; Keidel, Reformationsakten Ulm, Nr. 171–174, S. 334f.; Kühn, Studenten Universität Tübingen 2, Nr. 3644, S. 535; Metzger, Walz.

Wattenwyl, Hans Jakob von 211f., 218
* 1506
† 1566

Schultheiß in Bern. Der Sohn Jakobs von Wattenwyl wird am savoyischen Hof erzogen und als Page ausgebildet. Er heiratet 1520 Rose de Chauvirey, verdingt sich und kommt nach der Schlacht von Pavia (1525) kurzzeitig in kaiserliche Gefangenschaft. In Bern gelangt er 1525 in den Großen und 1526 in den Kleinen Rat ein. Er tritt für die Reformation ein und unterstützt Guillaume Farel. Beim Abschluss des Kappeler Landfriedens vermittelt Wattenwyl als Gesandter Berns. Ab 1533 amtiert er alternierend als Schultheiß. Er vertritt den Rat im Lausanner Religionsgespräch (1536) und unterzeichnet den Übergang der Grafschaft Greyertz an Bern und Freiburg (1555).

Bullinger Bw. 2, Nr. 82, S. 90, Anm. 6 (Lit.); Braun, Hans Jakob von Wattenwyl.

Wernitzer, Wilhelm Hofmeister in Ulm 188

Wertmüller, Jakob 212
* 1480/81 in Zürich
† 8. März 1559 in Zürich

Züricher Ratsherr. Zum Krämer ausgebildet, wendet er sich dem Fernhandel mit Italien zu. Seit 1517 als Zwölfer der Saffranzunft im Großen und seit 1521 als Zunftmeister im Kleinen Rat tritt er für die Reformation ein. Er fungiert 1523/24–1529 als Seckelmeister und amtiert von 1530–1531 als Landvogt in Locarno. Im Zuge des Zweiten Kappeler Krieges wird er inhaftiert, nach seiner Rückkehr versieht er ab 1531/32 erneut das Amt des Seckelmeisters, in dem er die Stadtkasse bis 1540 wieder sanieren kann. Mit Bullinger setzt er sich 1555 für die protestantischen Exulanten aus Locarno ein.

Bullinger Bw. 3, Nr. 220, S. 122f., Anm. 17; Lassner, Jakob Werdmüller; Weisz, Werdmüller 1, S. 16–59.

Wetter, Wolfgang, genannt Jufli 202
* in St. Gallen
† 7. April 1536

Prediger in St. Gallen. Er wirkt seit 1509 als Frühprediger an St. Mang, mit Ratsbeschluss vom 22. Dezember 1513 erhält er die Mittelmesspfründe an St. Laurentzen, am 18. Oktober wird er dort Helfer. Der Rat beruft ihn in die Kommission zur Überwachung der Verkündigung und sendet ihn zur Disputation von Baden. Von 1529–1531 amtiert Wetter als Münsterprediger am Kloster.

Bullinger Bw. 2, Nr. 103, S. 134, Anm. 1; Näf, Vadian und seine Stadt 1, S. 50, 73.

Wolfgang 176
* 26. September 1526 in Zweibrücken
† 11. Juni 1569 in Nexon

Seit 1543 Pfalzgraf und Herzog von Pfalz-Zweibrücken, Sohn Ludwigs II. und Neffe Pfalzgraf Ruprechts

Wolfhart [Wolfart, Lycostenes] Bonifatius 8, 13, 19, 41, 97, 118, 127, 140f., 155, 229, 257, 279
* um 1490 in Buchen im Odenwald
† 1543 in Weil der Stadt

Prediger in Augsburg. Herkunft, Jugend und Ausbildung bleiben im Dunkeln. Im Jahr 1513 amtiert er als Lehrer und Klosterkantor in Friedberg in der Wetterau. Von dort bewirbt er sich erfolglos um eine Schulstelle am Kloster St. Ulrich in Augsburg. Ab 1517/18 studiert Wolfhart in Basel (Baccalaureus 14. September 1518, Magister 1520), dort amtiert er als Kaplan an St. Martin (nachgewiesen seit 1522) und beteiligt sich möglicherweise auch am Baseler Ferkelschmaus, dem bekannten Fastenbruch am Palmsonntag 1522. Wolfhart begegnet Zwingli und Oekolampad und schließt sich der Schweizer Reformation an. Er tritt als Studentenführer auf und fordert eine Universitätsreform. Seine Reise zu Wilhelm Farel nach Mömpelgard im August 1524 führt nicht zur gewünschten Anstellung, Wolfhart kehrt bereits vor dem 2. September nach Basel zurück. Dort beteiligt er sich an den Bauernunruhen, wird inhaftiert, muss Urfehde schwören (7. Mai 1525) und Basel verlassen. Unter dem Titel *De baptismo et prima professione vitae Christianae* verfasst er eine Abhandlung zur Taufe, wendet sich nach Straßburg und findet Aufnahme bei Capito. Vermutlich schon 1525 nimmt Bucer ihn als Helfer an, Wolfhart versieht kursorisch die Pfarrei Dettweiler und wirkt als Lehrer an der Schule Alt-St. Peter. Am 5. Juni 1526 erhält er das Bürgerrecht. Sowohl Farels Versuch, Wolfhart als Helfer nach Mühlhausen zu vermitteln (Oktober 1526) als auch Bucers Versuch, ihm eine Lehrerstelle in Liegnitz zu verschaffen (Sommer 1527), scheitert. Ab 1528 übernimmt Wolfhart die Hebräisch-Lektur, auf Vermittlung Bucers und Oekolampads beruft ihn der Baseler Rat am 8. Mai 1528 auf die Professur für hebräische Sprache; Wolfhart lehnt im Mai 1529 aber ab, möglicherweise bewusst zu Gunsten Sebastian Münsters. Im Februar 1531 wird er nach Augsburg berufen und am 4. März 1531 als Prediger von St. Moritz eingesetzt. Dort gerät er in eine sakramentstheologische Auseinandersetzung mit dem Lutheraner Stephan Agricola. Wolfhart unterstützt Schwenckfeld bei dessen Eintreffen in Augsburg und lehrt in Hebräisch. Er treibt die Gründung des St. Anna-Gymnasiums voran (1531), verfasst einen Katechismus (1533) und unterzeichnet die Wittenberger Konkordie (1536).

Matrikel Basel 1, Nr. 15, S. 336. — *Oekolampad an Wolfhart vom 18. Oktober 1525 (Oekolampad Bw. 1, Nr. 288, S. 399f.)* — *BCor 5, Nr. 354, S. 82, Anm. 15; Ehmer, Wolfhart; Köhler, Zwingli und Luther 2, S. 276f., 282f., 293–295; Pollet, Bucer 2, S. 254–274; Roth, Augsburgs Reformationsgeschichte 1, S. 352f.; Wolfart, Wolfhart, S. 167–180.*

Zell, Katharina (geb. Schütz) 263, 274f.

* 1497/1498 in Straßburg
† 5. September 1562 in Straßburg

Reformatorin und Ehefrau Matthias Zells. Die Tochter der Straßburger Handwerkerfamilie Schütz lässt sich am 3. Dezember 1523 mit dem Prediger Matthias Zell von Martin Bucer trauen. Als ihr Mann deshalb exkommuniziert wird, verfasst sie eine Gegenschrift (*Entschuldigung* 1524). Sie ist sozial stark engagiert (Aufnahme von Flüchtlingen, Betreuung von Pestkranken), steht im Briefwechsel mit Luther und Schwenckfeld und veröffentlicht Schriften theologischen wie seelsorgerlichen Inhalts sowie Kirchenlieder. Das Interim (1548) lehnt sie ab. Seit 1555 lebt sie im Blatterhaus, an dessen Leitung sie sich beteiligt. Mit dem Nachfolger ihres Mannes, Ludwig Rabus, führt sie einen theologischen Disput (1558).

Mc Kee, Katharina Schütz-Zell 2. — *Mc Kee, Katharina Schütz-Zell 1; Jung, Zell; Mager, Katharina Zell (Lit.); Stupperich, Katharina Zell; Zimmerli-Witschi, Frauen, S. 73–90; Zschoch, Zell.*

Zell, Matthias [Matthäus] 9–15, 85, **195**, 219, 224, 234f., 238, 248, 256f., 262f., 274, 298

— Verfasser *Nr. 631*
— Empfänger *Nr. 677*

* 21. August 1477 in Kaysersberg
† 9. Januar 1548 in Straßburg

Prediger am Straßburger Münster. Der Sohn eines Winzers studiert Theologie in Mainz und Erfurt, nach einem militärischen Engagement in Italien auch in Freiburg i.Br. (Immatrikulation 22. Oktober 1502). Dort erwirbt er den Magistergrad (1505) und wird Rektor der Universität (31. Oktober 1517). Im Jahr 1518 wechselt er als Münsterpfarrer nach Straßburg. Als er ab 1521 als erster Geistlicher Straßburgs im reformatorischen Sinne zu predigen beginnt, folgen Anklage und die Aufforderung, seine Stelle aufzugeben. Dagegen verfasst Zell seine *Christliche Verantwortung* (1523). Als Bucer ihn und Katharina Schütz traut (3. Dezember 1523), wird Zell gebannt (3. April 1524), kann sich dank breiter Unterstützung aber auf seiner Stelle halten.

Matrikel Freiburg 1, Nr. 30, S. 147. — *Christeliche vera(n)twortu(n)g Matthes Zell [...] vber Artickel jm vom Bisch[oe]fflichem Fiscal [...] entgegen gesetzt (1523 bei Wolfgang Köpfel, VD 16, Z 351).* — *Abray, Zell; Adam, Kirchengeschichte Straßburg, S. 30–41, 109–122, 195–198; Baum, Capito und Butzer, S. 195–205; BCor 4, Nr. 278, S. 35, Anm. 40; Erichson, Matthäus Zell; Ficker/Winckelmann, Handschriftenproben 2, T. 55; Fuchs, Zell; Kaufmann, Abendmahlstheologie, S. 106–122; McKee, Katharina Schütz-Zell; Stupperich, Matthias Zell, S. 225f.; Weyer, Apologie; ders., Les Zell; ders., Zell.*

Ziegler [Landanus], Jakob 43, 75, 251, 254

* 1470/71 in Landau (Bayern)
† [August?] 1549 in Passau

Humanist und Spiritualist in Straßburg. Nach seinem Studium in Ingolstadt (Immatrikulation 23. September 1491, Magister 1500) und Aufenthalten in Mähren (1508–1511) sowie in Budapest (1514–1520) kommt er am 1. März 1521 nach Rom, wo Papst Leo X. ihn unterstützt. Nach dessen Tod wendet sich Ziegler mehr und mehr von der römischen Kirche und deren Lehren ab. Er pflegt regen Schriftverkehr mit Erasmus von Rotterdam. Ziegler verlässt Rom (1525), hält sich bis 1528 in Ferrara, danach abwechselnd in Ferrara und Venedig auf und kann dank des von Bucer, Oekolampad und Zwingli gesammelten Reisegeldes Mitte November 1531 nach Straßburg kommen, wo Capito ihn aufnimmt. Uneins mit den Straßburgern verändert er sich im Februar 1534 nach Baden-Baden, wo er mit den Altgläubigen sympathisiert. Von dort verändert sich Ziegler nach Altshausen, später wirkt er an der Universität Wien (1541–1543) und beim Passauer Bischof Wolfgang von Salm.

Matrikel Ingolstadt 1, Sp. 212, Z. 12. — BCor 5, Nr. 361, S. 104, Z. 1–6; Nr. 377, S. 198, Z. 5 - S. 201, Z. 7; Nr. 378, S. 205, Z. 10f.; Nr. 411, S. 333f.; Nr. 414, S. 339f.; BCor 6, Nr. 442, S. 42f. — Guenther/Bietenholz, Ziegler, S. 474–476; Schottenloher, Ziegler.

Ziegler, Clemens Gärtner und Dissenter in Straßburg 247

Ziegler, Hans 204

* 1464 in Schaffhausen

† 20. April 1550 in Schaffhausen

Bürgermeister in Schaffhausen. Er tritt 1492 in den Rat ein und vertritt Schaffhausen als Abgesandter bei den Tagsatzungen (1502–1543). Von 1515 bis 1546 amtiert er als Bürgermeister.

Bullinger Bw. 3, Nr. 223, S. 125, Anm. 1.

Zili [Cili, Zyli], Dominicus 202, 248

* vor 1500 in St. Gallen

† 17. August 1542 in St. Gallen

Pfarrer an St. Laurenzen in St. Gallen. Er ist wohl der nichteheliche Sohn des St. Gallener Bürgermeisters Heinrich Zili und der Genoveva Sproll. Nach dem Studium in Basel (Immatrikulation Sommersemester 1517) und Wien (Baccalaureus 1518) wird er Lehrer an der städtischen Schule seines Heimatortes. Am 17. Juni 1524 beruft man ihn in die Reformationskommission. Er übernimmt die Johannes Kessler verbotenen, publikumswirksamen Vorträge zu biblischen Schriften und wechselt an St. Laurentzen, zunächst als Helfer (1525), dann als Pfarrer (1527). Am 7. März 1527 hält er dort die erste evangelische Predigt. In diesem Amt tritt er in mehreren Disputationen (St. Gallen, Baden, Bern, Basel) für die St. Gallener Reformation ein. Zili befürwortet den Kirchenbann und stärkt die Selbständigkeit der Kirche gegenüber dem politischen Gemeinwesen. Seine Ablehnung des Synodaleids führt zu dem Verdacht, er sympathisiere mit den Täufern. Zili wirkt vor allem durch die Publikation des ersten Gesangbuches der evangelischen Kirchen in der Schweiz, die wohl maßgeblich von ihm verfasste St. Galler Liturgie und seine Bibliothek. Er besucht das Baseler Religionsgespräch (1536) und wirbt für einen Ausgleich mit den Wittenbergern.

Matrikel Basel 1, Nr. 2, S. 334; Matrikel Wien 2, Nr. 163, S. 453. — Bullinger Bw. 4, Nr. 313, S. 36f., Anm. 18 (Lit.); Jehle, Zili; Näf, Vadian und seine Stadt 1.

Zwick, Johannes 34, 39, 71f., 94, 169, 183f., 203, 235, 248, 262, 264, 297

* um 1496 in Konstanz

† 23. Oktober 1542 in Bischofszell

Prediger in Konstanz. Der Sohn einer Patrizierfamilie und Bruder Konrad Zwicks studiert Jura in Freiburg i.Br. (Immatrikulation 3. August, 1509–1518), Bologna (1518–1520) und Siena (16. November 1520 Dr. iur. utr.). In Basel (Immatrikulation 7. Juli 1521) wendet er sich der Theologie zu. Bereits 1522 übernimmt er die Pfarrstelle in Riedlingen a. d. Donau und tritt dort für die Reformation ein. In der Folge des Bauernkrieges wird er 1525 entlassen. Als Vertreter der oberdeutschen Reformation wirkt er als Katechet und Liederdichter. Zwick stirbt an der Pest.

Matrikel Basel 1, Nr. 4, S. 347; Matrikel Freiburg 1, Nr. 39, S. 188; Knod, Deutsche Studenten in Bologna, Nr. 4390, S. 660. — Moeller, Zwick, insbesondere S. 12–141; ders., Johannes Zwick; Rüetschi, Zwick und Bullinger 1535; Tschackert, Zwick; Weiss, Zwick.

Zwick, Konrad   39, 94, 115, 154, 183, 235, 248

* um 1500 in Konstanz
† wohl 6. Februrar 1557 in Rohr

Kaufmann und Ratsherr. Der Bruder des Konstanzer Reformators Johannes Zwick, verheiratet mit einer Tochter Ruland Muntprats (mindestens 3 Söhne, nachgewiesen Jakob und Ulrich) studiert in Freiburg i.Br. (Immatrikulation Sommersemester 1513, Baccalaureus Pfingsten 1516, möglicherweise Medizin), Bologna (1518–1521) und Wittenberg (ab Juni 1521, Immatrikulation am 29. März 1522) und tritt 1525 durch Nachwahl in den großen und ein Jahr später in den kleinen Rat seiner Heimatstadt ein, dem er bis 1548 angehört, von 1543–1548 zudem als heimlicher Rat. Er vertritt Konstanz auf mehreren Reichstagen und Zusammenkünften des Schmalkaldischen Bundes und setzt die Einführung einer Zuchtordnung (1531) durch. Nach der Niederlage im Schmalkaldener Krieg flieht Zwick im Spätherbst 1548 auf das Landgut Rohr bei Fällanden in der Vogtei Greifensee. Dort entwickelt er wohl Sympathien für die Täufer.

Matrikel Freiburg 1, Nr. 10, S. 207. — *Jakob Zwick an Thomas Blarer vom 5. Februar 1557 (Blaurer Bw. 3, Nr. 2086, S. 383); Wolfgang Musculus an Ambrosius Blarer vom 16. Februar (ebd., Nr. 2088, S. 384).* — *Bullinger Bw. 2 , Nr. 56, S. 31, Anm. 7; Knod, Deutsche Studenten in Bologna, Nr. 4391, S. 660f.; Vögeli, Schriften zur Reformation in Konstanz 2/2, S. 1222–1224; Zwingli Bw. 4, S. 486, Anm. 1.*

Zwingli, Huldrych Reformator   2, 18f., 25, 28, 35, 39, 41, 59, 69, 76f., 81f., 85, 89, 92, 99–102, 118, 125–128, 140, 155f., 162, 168, 171, 173, 191, 207, 214

BIBELSTELLENREGISTER

Genesis (Gen)
  1, 27f.: 60
  2, 17: 130
  2, 21f.: 294
  2, 23: 90, 141, 230
  3, 19: 197
  13: 35
  19: 35

Exodus (Ex)
  12, 48: 259
  20, 8: 287

Deuteronomium (Dtn)
  5, 12: 287
  32, 21: 60

II. Samuel (II Sam)
  1, 26: 121

Jesaja (Jes)
  11, 2: 293
  14, 3: 146
  22, 13: 290
  41, 14: 94
  53, 4f.: 194

Jeremia (Jer)
  17, 27: 287

Hesekiel (Ez)
  20, 20: 287

Amos (Amos)
  8, 11–14: 223
  8, 13: 223

Obadja (Obd)
  1, 15: 146

Sacharja (Sach)
  2, 12: 63

Psalmen (Ps)
  16: 127
  25, 14: 217
  37, 5: 116
  37, 35: 51

44, 22: 60, 125
45, 7: 66
60, 13: 113
62, 13: 285
68, 6f.: 60
68, 20f.: 197
82, 6: 60
102, 18: 60
107, 40: 58
116, 8: 217
145, 14: 217
145, 18: 14

Hiob (Hi)
  12, 21: 58
  20, 16: 293
  21, 7: 51

Sprüche (Prov)
  14, 31: 60
  21, 1: 172

Klagelieder (Thr)
  1, 1f.: 221

Jesus Sirach (Sir)
  7, 14: 286

Matthäus (Mt)
  6, 9: 296
  6, 12: 84
  7, 6: 286
  9, 37f.: 159, 197, 199
  10, 16: 115, 197, 285
  10, 38: 285
  12, 25: 60
  12, 30: 52
  13, 24–30: 227
  13, 39: 147
  13, 45f.: 220
  16, 27: 285
  18, 19: 286
  19, 14: 269
  19, 24: 287
  20, 1–6: 15
  22, 16: 244
  25, 14–30: 286
  25, 40: 45

26, 14f.: 131
26, 26: 156
26, 26f.: 231
26, 44: 127
26, 61: 139, 143
27: 127
28, 18: 49
28, 20: 223

Markus (Mk)
  5, 8: 179
  8, 34: 85
  8, 36: 215
  12, 29–31: 63
  13, 31: 62
  16, 19: 127

Lukas (Lk)
  1, 37: 197
  1, 69: 32
  9, 54: 287
  10, 2: 197, 199
  10, 3: 197, 285
  11, 2: 296
  11, 23: 52
  12, 37: 286
  14, 26: 285
  14, 33: 285
  16, 15: 60
  17, 10: 215
  18, 27: 197
  19, 41f.: 158
  22, 15f.: 285

Johannes (Joh)
  1, 12f.: 67
  1, 29–34: 18
  6, 44: 215
  6, 22–59: 141
  6, 35: 229
  6, 48: 229
  6, 51: 229
  6, 56: 91
  6, 56f.: 84
  6, 63: 172
  12, 25: 215
  13, 26–31: 102
  14, 8: 223

14, 26: 198
15, 1: 97
15, 3: 13, 229
17, 22: 224
17, 24: 224

Apostelgeschichte (Act)
1, 23–25: 256
2, 19: 197
4, 12: 97
9, 15: 224
13, 1–15, 35: 223
15, 8: 60, 125
16, 5: 49
18, 3: 117
18, 18: 15
20, 29: 285
21, 15–26: 15

Römer (Röm)
1, 8: 131
2, 6: 285
2, 11: 244
2, 16: 195
3, 19: 214
3, 28: 18
6, 1–5: 15
8, 26: 279
8, 34: 127
9, 21: 290
10, 17: 12
11, 36: 165
12, 11: 114
12, 16: 130, 287
13, 3f.: 58
13, 11–14: 286
13, 14: 287
14, 1–23: 14
14, 8: 50
14, 17: 67
15, 23: 175
16, 20: 38, 175

I. Korinther (I Kor)
1, 10–17: 60
1, 12f.: 285
1, 23: 164
3, 6: 21, 286
3, 6a: 231
3, 6b: 231
3, 6f.: 237
3, 6–8: 13, 21
3, 10: 180
3, 12: 214
3, 13f.: 146
4, 1f.: 219

4, 10: 285
4, 13: 285
6, 1–11: 84
6, 12a: 18
6, 15: 97
9, 22: 84, 242
10, 13: 197
10, 16: 140, 155, 231
10, 23: 84
10, 23a: 18
10, 23b: 18
11, 24: 207
11, 24f.: 85
11, 26–29: 102
11, 29: 86
12: 26
12, 4–11: 164
12, 6: 18, 50
12, 12: 59
12, 27: 97
13, 5: 61
14, 33: 172
15, 28: 18, 231, 296
15, 32: 290
15, 50: 90
15, 58: 217

II. Korinther (II Kor)
1, 10: 194
5, 10: 58
6, 3: 286
9, 10: 237
11, 26: 291
12, 9: 211
13, 1–10: 114

Galater (Gal)
2, 9: 41
4, 1–31: 14
5, 6: 13
5, 24: 298
6, 10: 50

Epheser (Eph)
4, 16: 97, 130
5, 23: 141
5, 30: 90, 230
6, 10: 100
6, 11: 13, 286

Philipper (Phil)
2: 201
2, 13: 51
2, 14: 286
4, 9: 175
4, 13: 197

Kolosser (Kol)
1, 23: 217
2, 11: 18

I. Thessalonicher (I Thess)
4, 11: 115
4, 13–18: 67

II. Thessalonicher (II Thess)
1, 2: 56
2, 1–12: 238

I. Timotheus (I Tim)
2, 2: 50
2, 5: 97, 164

II. Timotheus (II Tim)
2, 15: 11

Titus (Tit)
1, 4: 197
1, 7: 219
1, 15: 164

Hebräer (Hebr)
1, 8: 66
5, 7: 158

Jakobus (Jak)
4, 6: 100
5, 14: 260

I. Petrus (I Petr)
1, 18f.: 86
2, 14: 58
2, 25: 165
3, 18f.: 127
3, 22: 127
4, 10: 219
5, 5: 100
5, 8: 147, 214

II. Petrus (II Petr)
2, 1: 27
2, 15: 165

I. Johannes (I Joh)
3, 9: 67

Offenbarung (Apk)
3, 16: 139
22, 12: 285

SCHRIFTENREGISTER

Afer, Publius Terentius
— Eunuchus 3

Ambach, Melchior
— Widerlegung Jacobi Ratz (1545) 294

Ambrosius von Mailand
— Commentarius in epistolam I ad Corinthios 102
— De sacramentis 179

Arbiter, Titus Petronius
— Satyrica 156

Areopagita, Pseudo-Dionysius
— De Ecclesiastica Hierarchia 179

Aristoteles
— Nikomachische Ethik 69

Augustinus, Aurelius
— Ad infantes de sacramentis 82, 91
— Contra Faustum Manichaeum 13, 229
— De civitate Dei 102
— De doctrina christiana 13, 229
— De symbolo 179
— Epistola XCVIII 102
— In Joannis Euangelium 13, 102, 229
— In Psalmum XXI 102

Augsburg
— Ain New geschicht (1533) 170

Aventin, Johannes
— Germania illustrata 128

Brenz, Johannes
— Brandenburg-Nürnbergische Kirchenordnung (September/Oktober 1531) 74f.
— Brentii und der andern Marggraefischen theologen bedenncken zu Schweinfurt (Mai/Anfang Juni 1532) 61f.
— Verantwortung obgemelter argument (3. September 1529) 85

Brunfels, Otto
— Catechismus puerorum (1529) 215

Bucer, Martin
— Apologie der Confessio Tetrapolitana (August 1531) 17f., 74, 90, 92, 98, 133, 141
— Apologie der Kindertaufe (Mitte Dezember 1531) 18
— Bericht auß der heyligen Schrift (1534) 91
— Bericht, was zu Frankfurt am Main geleret (Januar 1533) 127, 130, 215
— Confessio Tetrapolitana (Juli 1530) 3, 17–19, 28f., 133
— Defensio adversus axioma catholicum (August 1534) 84, 98
— Dialogi (Mai 1535) 139
— Ennaratio in Evangelion Johannis (1528) 18, 286
— Enarrationes in sacra quatuor euangelia (März 1530) 7, 257, 286
— Ennarationum in evangelia Matthei, Marci et Lucae libri duo (1527) 127, 286
— Epistola ad fratres francofordienses (Februar 1533) 127, 130, 140, 146, 154, 215
— Epistola communis (August 1532) 127, 143, 154, 169
— Epistola D. Pauli ad Ephesios (1527) 257, 286
— Erklärung der drei letsten Artickel (5. – 10. Juni 1533) 253
— Furbereytung zum Concilio (August/September 1533) 139, 187, 262, 291
— Gemain außschreiben der Statt Vlm (31. Juli 1531) 69
— Grund und Ursach (Ende 1524) 13
— Handlung gegen Melchior Hoffmann (vor 7. Juli 1533) 273
— Konkordienschrift (Dezember 1530) 92, 126, 140, 156
— Metaphrases et enarrationes (März 1536) 139, 257
— Ordnung der Statt Vlm (6. August 1531) 69f.
— Psalmorum libri quinque (September 1529/März 1532) 7, 74, 127, 257, 286
— Quid de baptismate (Dezember 1533) 18
— Ratio Buceri (vor April 1532) 248

— Scriptum Martini butzeri ad Campidonenses (31. Dezember 1532) 81, 89
— Vergleichung D. Luthers (Juni 1528) 82, 133, 140, 206, 231
— Widerlegung Engelbrechts 254

Bugenhagen, Johannes
— Wider die Kelchdiebe (Januar 1532) 172

Bullinger, Heinrich
— Summa negotii tentatae concordiae (1544/45) 205–207
— Vff Johannsen Wyenischen Bischoffs trostbu(e)chlin (Mai 1532) 50, 110

Charisius, Flavius Sosipater
— Artis grammaticae 19

Capito, Wolfgang Fabricius
— Kinderbericht und fragstuck (1527) 215

Cicero, Marcus Tullius
— De oratore 154
— Epistulae ad familiares 2, 154, 291
— Epistulae ad Quintum fratrem 263
— Partitiones oratoriae 33
— Pro Milone 139, 152

Cyrill von Alexandrien
— In Johannem 98

Donatus, Aelius
— Commentum Terentii: Eunuchus 3

Eck, Johannes
— Repulsio articulorum Zwinglii (Juli 1530) 101

Erasmus von Rotterdam, Desiderius
— Adagia (ab 1500) 3, 69, 152, 158, 217

Fabri, Johannes
— Drostbiechlin an alle frummen betru(e)bten Christen (1532) 50

Frankfurt, Prediger
— Aus hohem bedengken (März 1533) 169
— Entschuldigung der diener (1. März 1533) 130, 215

Flaccus, Quintus Horatius
— Sermones 152

Georgius von Ungarn
— Libellus de ritu et moribus Turcorum (1530) 77

Hoffmann, Melchior
— Traumbüchlein (Mitte Oktober 1532) 27
— Von der wahren magstadt gottes (1532) 29

Hilarius von Poitiers
— De trinitate 98

Hieronynus, Sophronius Eusebius
— Commentarius in evangelium secundum Mattheum 102

Homer
— Odyssee 130, 242

Isidor von Sevilla
— Etymologiae 186

Jud, Leo
— Disz sind die b(ue)cher (1529) 281

Kautz, Jakob
— Glaubensbekenntnis (15. Januar 1529) 25f.

Konstanz, Rat
— Zuchtordnung (5. April 1531) 167

Laertius, Diogenes
— Vitae philosophorum 217

Lindau, Rat
— Zuchtordnung (23. Februar 1533) 167

Livius, Titus
— Ab urbe condita 199

Lombardus, Petrus
— Sententiae 85, 102

Lucilius, Gaius
— Saturarum fragmenta 229

Luther, Martin
— Asterisci (1518) 178
— Daß diese Wort Christi (1527) 102
— De captivitate babylonica (1520) 102
— De libertate christiana (1520) 18
— De servo arbitrio (Dezember 1525) 18
— Ein brieff an die zu Franckfort am Meyn (Ende 1532) 71, 133, 138f., 130, 142, 146, 154, 162, 168, 173, 187, 192, 207, 215, 229
— Jesus Syrach zu(o) Wittenberg (1533) 281
— Sermon von dem Sakrament der Buße (1519) 178

— Unterricht der Visitatoren (1528) 179, 241
— Taufbüchlein (1526) 179, 241
— Vom Abendmahl Christi, Bekenntnis (1528) 81, 83, 133, 140, 229, 231
— Von Anbeten des Sakraments (1523) 91, 140
— Vorrede zur Rechenschaft des Glaubens (1533) 235
— Warum des Papstes Bücher von D. Martin Luther verbrannt sind (1520) 130
— Wider die himmlischen Propheten (Dezember 1524/Januar 1525) 140

Melanchthon, Philipp
— Apologie der Confessio Augustana (September 1530) 97, 126, 153, 178, 191, 224, 228, 230
— Confessio Augustana (Juni 1530) 29, 61, 71, 153, 224
— Sententiae veterum (März 1530) 90, 98, 207

Neudorffer, Georg
Von der heiligen erung (Januar 1528) 370

Never, Heinrich
— Vorklaringe und entlick beschet (1528) 172

Nürnberg, Prediger
— Taufordnung (1524/1533) 179

Oekolampad, Johannes
— De genuina verborum Domini (September 1525) 90, 102
— Quid de eucharistia veteres (Juli 1530) 90, 98, 141, 207

Osiander, Andreas
— Brandenburg-Nürnbergische Kirchenordnung (September/Oktober 1531) 74f.

Ovidius Naso, Publius
— Ars armatoria 159, 293
— Fasti 263
— Metamorphoses 263
— Tristia 293

Plautus, Titus Maccius
— Amphitruo 168
— Persa 158

Phaedrus
— Fabulae 228

Plinius Secundus, Gaius
— Naturalis historia 229

Quintilianus, Marcus Fabius
— Institutio oratoria 198

Rhegius, Urbanus
— Responsio ad duos libros (1529) 157

Sallustius Crispus, Gaius
— Bellum Iugurthinum 224

Schwebel, Johannes
— Von der Jugend Gesellschaft (1527) 67
— Zwölf Artickel 265f.

Schwenckfeld, Kaspar von
— Auff den artickell von der obrkeit (1533) 275
— Protestacion (1533) 275

Seneca, Lucius Annaeus d. J.
— Epistulae morales 253, 263, 293

Slachtscaef, Heinrich
— Troistbrief (1533) 285, 288

Straßburg, Prediger
— Getrewe Warnung (2. Juli 1527) 18, 25–27
— Handlung gegen Melchior Hoffmann (1533) 293
— Kirchenordnung (Juni 1533/ Juni 1534) 247
— Ordnung und Kirchengebreuch (1534) 293
— Psalmen gebett vnd kirchenu(e)bung (1530) 14
— Straßburger kirchen ampt (Mai 1525) 13, 179, 240
— Taufordnung (1524/1534) 179

Tertullian
— Adversus Marcionem 102

Thomas von Aquin
— Summa Theologiae 85

Ulm, Prediger
— Handbüchlein 278, 280
— Kirchenordnung 280f.

Vergilius Maro, Publius
— Aeneis 293
— Bucolica 293

Varro, Marcus Terentius
— De lingua latina   156

Zürich
— Die gantze Bibel (12. Mai 1531)   281

Zwingli, Huldrych
— Auslegen und Gründe der Schlussreden (14. Juli 1523)   102, 127
— De convitiis Eckii (27. August 1530)   101, 140
— De vera et falsa religione (März 1525)   102
— Eine klare Unterrichtung vom Nachtmahl Christi (23. Februar 1526)   102, 155
— Fidei Ratio (Juli 1530)   101, 140
— Responsio ad epistolam Joannis Bugenhagii (23. Oktober 1525)   140, 155

ORTSREGISTER

Aachen 285 → Heinrich Slachtscaef
Aarau
– Tag 211
Aargau
– Freie Ämter 36 → Gemeine Herrschaften
Ägypten, Ägypter 51
Alexandrien
– Bischof 97, 102, 141, 156 → Cyrill
Altenburg
– Wirkungsort Georg Spalatins 7
Altstätten im Rheintal
– Stadtammann 218 → Hans Vogler
Ansbach 8, 74
– Gutachten zum Tag von Schweinfurt 8
– Kirchenordnung 179
Assur, Assyrer 51
Athen 158
Augsburg 157, 169, 290

Briefe und Schriften
– Abfassungsort 129, 163, 288
– Publikationsort 157, 170 → Heinrich Steiner
– Drucker 170 → Philipp Ulhart
– Drohbrief auf der Perlachstiege 290

Ereignisse
– Reichstag (1530) 5, 92, 126 → Ambrosius Blarer, Gregor Brück, Karl V., Joachim Vadian, Huldrych Zwingli
  – Türkenhilfe 5
  – Causa religionis 38f.
    – Confessio Augustana → Bekenntnisse
– Aufruhr 290

Institutionen
– Rat 165, 289
  – Einführung der Reformation 290
  – Altgläubige 165, 289f.
– Stadtarzt 186, 279, 288, 291 → Ambrosius Jung d. Ä., Gereon Sailer
– Bischof 290 → Christoph von Stadion

Geistliche 118, 279 → Johannes Frosch, Johann Heinrich Held, Michael Keller, Sebastian Maier, Wolfgang Musculus, Bonifatius Wolfhart
– Streit untereinander 165, 289
– und der Abendmahlsstreit 140, 142, 227
  → Wolfgang Musculus, Bonifatius Wolfhart
  – in Kempten 77, 89, 167f.

– Empfehlung Luthers, besser bei Altgläubigen zu kommunizieren 140
– Stellungnahmen zu Bucers Apologie 142f., 157, 169, 187

Kirchen und Klöster
– Heilig Kreuz als Wirkungsstätte Wolfgang Musculus' 129, 142, 157, 164, 187, 262, 279
  – Pfarrzechhaus (Wohnung Wolfgang Musculus') 164 → Johann Heinrich Held
– St. Anna als Wirkungsstätte Bonifatius Wolfharts 279
– St. Georg als Wirkungsstätte Sebastian Maiers 143, 187
– St. Ulrich als Wirkungsstätte Johann Heinrich Helds 163

Aufenthalt
– Bartholomeo Fonzios 243, 291

Baden (Aargau)
– Disputation (21.5. – 8.6.1526) 101
  → Johannes Eck
– Tagsatzung (28./29.9.1528) 35
– Tagsatzung (8.4.1532) 59
– Tagsatzung (10.6.1532) 48, 59
– Tagsatzung (23.7.1532) 48
– Tagsatzung (4.9.1532) 48
– Tagsatzung (16.12.1532) 38, 106–108, 116
Baden (Grafschaft) 36, 58
Baden (Markgrafschaft) 181 → Pforzheim
– Markgraf 180, 282 → Philipp I.
– Exilierung protestantischer Geistlicher 11, 180, 282 → Michael Hilspach, Christoph Sigel
Balkan 22
Barcelona
– Friede von (29.6.1529) 38, 148
  → Clemens VII., Karl V.
– Aufenthaltsort Karls V. (Ende April – 10.6.1533) 147
Basel 41f., 149, 163, 291

Briefe und Schriften
– als Abfassungsort von Briefen 33, 36, 40, 49, 107, 149, 183, 242, 256 → Simon Grynaeus, Gervasius Schuler

– Bucers 193, 195 → Wolfgang Capito, Kaspar Greber, Kaspar Hedio, Matthias Zell
– als Publikationsort 43, 282 → Simon Grynaeus, Jakob Ziegler

Ereignisse und Lebensumstände
– Mangel an Butter(schmalz) 42
– Zensur 275 → Paul Phrygio
– Pestepidemie 291
– Bann für Abendmahlsboykotteure 109 → Wolfgang Capito

Berufsgruppen
– Drucker 282
– Gräzist 35, 40, 149, 161, 183, 242 → Simon Grynaeus
– Professor für Altes Testament 275 → Paul Phrygio

Obrigkeit
– Rat 34, 52, 107
 – Instruktion vom 18.11.1532 106f.
 – Schreiber 97 → Heinrich Ryhiner
– Dreizehn 110

Geistliche
– Antistes 149, 160, 163, 208, 214, 286 → Oswald Myconius, Johannes Oekolampad
– als Korrespondenten 206
 – Bucers 41, 208 → Oswald Myconius, Gervasius Schuler
 – Capitos 147
– Synode 108, 208 → Wolfgang Capito
– und Abendmahlskontroverse
 – Einvernehmen mit Bucer 230 → Oswald Myconius
 – Anschuldigungen Konrad Hermanns 230 → Esslingen, Ulm

Kirchen
– St. Leonhard
 – Stiftsbibliothek 34
 – Diakon 33 → Gervasius Schuler
 – Wohnung 34
– St. Peter
 – Pfarrer 275 → Paul Phrygio
 – Diakon 33 → Gervasius Schuler

Aufenthalt
– Bucers und Bartholomeo Fonzios (April und Mai 1533) 150, 162, 182, 204, 212, 218, 227, 242f.
– Wolfgang Capitos (Mai 1532) 108
– Jakob Kautz' 27, 42 → Simon Grynaeus

Außenpolitik
– Burgrecht (5. Januar 1530) 111 → Bern, Straßburg, Zürich

– Mandatsstreit 97, 106–109 → Bern, Schaffhausen, Zürich
 – Kränkung durch Zürich (16.12.1532) 106f.

Bayern 76
Beckenried
– Gründungsort der Fünf Orte 35
Belgrad 5 → Süleyman II.
Bergzabern
– Geburtsort Konrad Huberts 180
– Wirkungsort Nikolaus Thomaes 12, 17
Bern 126f., 197f., 219, 238, 248 → Orbe
– Wappentier Bär 218

Briefe und Schriften
– als Abfassungsort 123, 208, 216, 218, 222, 225, 236 → Berchtold Haller, Johannes Rhellican
– in Adresse 199 → Fortunatus Andronicus

Berufsgruppen
– Schulmeister 222 → Johannes Rhellican
– Latinist 239
– Stadtärzte 128 → Valerius Anshelm, Otto Brunfels, Hieronymus Heininger

Städtische Obrigkeit
– Rat 210f., 239
 – als Adressat 56–64, 99, 108, 125
 – als Absender 198 → Freiburg
 – göttlicher Auftrag 60
 – Gehorsam gegenüber Geistlichen 58
– Amtleute 58
– Schultheiss 211f., 218 → Sebastian von Diesbach, Hans von Erlach, Hans Jakob von Wattenwil
– Seckelmeister 238f. →Bernhard Tillmann
– Gesandte 198, 210f. → Orbe, Zürich

Landgebiet 57, 211
– Befragung (21.3.1533) 211
– Geistliche
 – Anschuldigungen gegen Bucer 230, 238 → Konrad Hermann

Einführung der Reformation 60, 62f.
– Disputation (6. – 26.1.1528) 56, 62, 126f.
– Reformationsmandat (7.2.1528) 56
– Abstimmung (23.2.1528) 56
– Rekatholisierungsbemühungen 56f.

Kirchliches Leben 239
– Synodus 57, 62
– Kirchenzucht 239
 – Zuchtordnung 57f., 62

Geistliche 57f., 123, 230, 237 → Berchtold Haller, Kaspar Megander
– als Absender 125, 127 → Schweinfurt, Zürich

– Zusammenkünfte
  – Synode (7. – 10.9.1530)   126   → Wolfgang Capito
  – Synode (9. – 13.1.1532)   57   → Wolfgang Capito
  – Treffen von 120 Geistlichen (1533)   228
– Konflikt
  – mit dem Rat   57, 108   → Kaspar Megander
  – zwischen Haller und Megander   212, 238
– und Bucers Vermittlungsbemühungen im Abendmahlsstreit   125–128, 206, 230, 238

Kirchen
– Münster
  – Wirkungsstätte Berchtold Hallers   212, 224, 236, 238
  – Wirkungsstätte Franz Kolbs   75, 128, 217, 224, 238f.
  – Wirkungsstätte Kaspar Meganders   128, 212, 224, 238

Aufenthalt
– Bucers und Bartholomeo Fonzios (10. – 15.5.1533)   199, 208, 212, 217, 223f., 227f., 237f., 245, 248
  – Abschiedsgeschenk   237, 245
  – Mangel an Schreibern   248
  – Wirkung   237f.
– Matthias Zells (1533)   238, 248
– Wolfgang Capitos (29.12.1531 – nach 15.1.1532)   57, 108, 125
  – im Haus Berchtold Hallers   125

Außenpolitik
– Einsatz für Protestanten in altgläubig dominierten Gebieten   58f., 63, 217f., 239 → Baden (Grafschaft), Bremgarten, Mellingen, Rheintal, Sargans
  – Treffen mit Zürich (16. – 18.11.1528)   58
  – Beschlüsse von Baden (8.4. und 10.6.1532)   59
– Burgrecht (5.1.1530)   111   → Basel, Straßburg, Zürich
– Beziehungen zu Zürich   108, 210f.
  – Zuzug im Zweiten Kappeler Krieg   211
  – Beistand für Zürich im Mandatsstreit   97, 99, 108f., 210f., 217   → Heinrich Bullinger
  – Engagement Bucers   210f.
    – Tagsatzung (19. – 21.11.1532)   106
Biberach   1f., 77, 259   → Hieronymus Guntius, Hieronymus Hamberger

– als Abfassungsort   1–3, 213–215, 258, 260
– als Geburtsort   2, 76, 214   → Hieronymus Guntius
– Landgebiet   214

Gruppen
– Patrizier   2   → Veit Ramminger
– Geistliche   1, 213, 215, 258, 260   → Bartholomaeus Myllius, Johannes Schitius, Martin Uhinger
  – Suche nach geeignetem Katechismus   215
  – Information über Reise Bucers durch die Schweiz   232   → Memmingen
– Täufer und (Kinder)taufe   3, 259
– Altgläubige   2, 213f.
  – und Abendmahl   214
    – Krankenkommunion   259f.

Institutionen und Gebäude
– Rat   2, 213f.
  – Nachsicht gegen Besuch altgläubiger Messen   214
– Schule   2, 138, 189, 214, 259   → Hieronymus Guntius, Hieronymus Hamberger
– Gasthof Krone   1, 214
– Haus Bartholomaeus Myllius' (Waaghausstraße 7)   259

Aufenthalt
– Bucers und Oekolampads (Juli 1531)   1–3, 214
– Konrad Hermanns   230
Bischofszell   296
– Reisestation Bucers   227
Böhmen
– Brüder   91, 235   → Luther
Bologna
– Aufenthalt Karls V. (12. – 28.2.1532)   147
– Aufenthalt Karls V. (14.11.1532 – 27.2. 1533)   52
  – Treffen zwischen Karl V. und Clemens VII. (Dezember 1532)   39, 52, 113
    → Fünf Orte
Boulogne   148
Bremen   147
Bremgarten
– als Wirkungsort Gervasius Schulers und Heinrich Bullingers   34
– als Gemeine Herrschaft   58
  – unter Rekatholisierungsdruck   36, 239
    → Berchtold Haller
Bruchsal
– Herkunft Christoph Sigels   180, 282
Burgdorf bei Bern   238
Burtolf → Burgdorf

Calais 148
Casekirchen
– Wirkungsort Peter Pithonius' 7
Chalkedon
– Konzil (451) 85
Coburg
– Besuch Bucers bei Luther auf der Veste (26./27.9.1530) 126, 140
Colmar 194

Delos
– Schwimmer 217
Deutschland 11, 17, 61, 262

Oberdeutsche
– Unterzeichnung der Sächsischen Bekenntnisschriften in Schweinfurt 7, 29, 71, 98, 125, 153, 224
– Treffen in Ulm (23.8.1531) 72 → Isny, Lindau, Memmingen, Reutlingen, Ulm
– Abendmahlstheologie 71, 92, 133, 140, 162, 192, 232

Süddeutschland 70
– Reise Bucers (1533) 143, 150, 162, 199f., 203, 206, 208, 212, 217f., 222, 227, 235, 237, 243, 245, 247, 250, 255f., 262f., 275, 291, 297f.
– Reise Schwenckfelds (1533) 121 → Hagenau, Landau, Speyer

Sprache Deutsch
– im Unterschied zu Latein 66, 74, 106, 128, 202, 280 → Johannes Aventin, Bartholomeo Fonzio, Martin Frecht, Philipp Melanchthon → Confessio Tetrapolitana
– Deutsche Schule 259 → Hieronymus Hamberger → Biberach
Diessenhofen
– Reisestation Bucers 227
Dietikon
– Wirkungsort Beat Gerings 204, 212
Drau 22

Echallens 36 → Gemeine Herrschaften
Einsiedeln
– Rechtstag (22.4.1533) 48, 210
Eisenberg
– Wirkungsort Peter Pithonius' 7
England
– König Heinrich VIII. 147
Ennetbirgische Vogteien 36 → Gemeine Herrschaften
Ernstweiler
– als Wirkungsstätte Georg Pistors 11, 17, 20f., 32, 66, 240, 269, 272

Esslingen 38, 70, 134

Rat
– als Verfasser 38 → Straßburg/Rat
– als Empfänger 72 → Ambrosius Blarer

Geistliche
– Streit 297
– angebliche Briefe Bucers 230, 282
→ Konrad Hermann

Aufenthalt
– Ambrosius Blarers (Anfang September 1531–Sommer 1532) 5, 70
– Einführung der Zuchtordnung 57
– Konrad Hermanns (Schlupfindheck) 230, 282
Ettlingen
– Bürgermeister 45 → Valentin Trach

Florenz
– Herzog 148 → Alessandro de Medici, Margaretha
Frankfurt a.M.
– Messe 121, 207 → Philipp Melanchthon
– Rat 169
– Aufruhr 147, 169
– Prediger 130, 132, 138, 146, 169, 173, 192, 215, 286 → Dionysius Melander
– Entlassung Johannes Cellarius' 133, 142, 146
– Luthers Schreiben an den Rat (Ende 1532) 71, 127, 130, 132f., 138–140, 142, 146, 152, 154, 162, 168, 173, 192, 197, 207, 215, 229, 286 → Ambrosius Blarer, Heinrich Bullinger, Martin Frecht, Philipp Melanchthon, Wolfgang Musculus, Heinrich Never, Konrad Sam, Heinrich Slachtscaef, Martin Uhinger
– Bucers Antwort 127, 130, 133, 142f., 154, 162, 187, 215
Frankreich 76, 138 → Johannes Vernier
– König Franz I. 147
– Ausbreitung evangelischer Lehre 192
Fraubrunnen
– Abfassungsort 217, 219f., 234 → Ambrosius Blarer
– Treffen Bucers mit Matthias Zell 248
Frauenfeld 296
– Tag von (11.11.1532) 38
Freiburg (im Breisgau)
– Publikationsort 50 → Johann Faber
– Artistenfakultät 82 → Jakob Haistung
Freiburg (im Uechtgau) 113, 197 → Orbe
– Rat 198 → Sebastien de Montfaucon
→ Bern/Rat

Gaster 36 → Gemeine Herrschaften
Geislingen
– Aufenthalt Ambrosius Blarers (Sommer 1531) 5, 202
Gemeine Herrschaften 35f., 41, 48, 58f., 73, 107, 197, 218 → Aargau, Baden (Grafschaft), Echallens, Ennetbirgische Vogteien, Gaster, Grandson, Murten, Orbe, Rapperswil, Rheintal, Sargans, Schwarzenburg, Thurgau, Uznach
– Mehrheitsprinzip 35, 59
– Rekatholisierungsdruck 36, 41, 48, 59, 73, 107, 197
Genf 198
Genua
– Aufenthalt Karls V. (28.3. – 9.4.1533) 147
Gran
– Anstand von 5 → Süleyman II.
Grandson 36 → Gemeine Herrschaften
Graz 5 → Süleyman II.
Griechenland 94 → Epikur
– Sprache Griechisch 164, 281f., 219, 280, 296 → Martin Frecht, Johann Heinrich Held, Katharina Ryf
– Lehre 35, 40, 99, 149, 161, 183, 208, 212, 242 → Simon Grynaeus, Konrad Pellikan
Grötzingen / Durlach
– Abfassungsort 43, 45
– Wirkungsort Christoph Sigels 180
Gubel (Anhöhe bei Menzingen)
– Schlacht (23./24.10.1531) 49

Hagenau
– Herkunft Georg Pistors 11, 17, 20
– Reisestation Kaspar Schwenckfelds (August 1533) 121
Heidelberg
– Universität
  – Professoren 129 → Abraham Scultetus
  – Promotion 156 → Theobald Billican
  – Studenten 156 → Theobald Billican, Martin Frecht
– Dominikanerkonvent 8 → Peter Pithonius
Hessen → Philipp von Hessen
Hippo
– Bischof 102 → Aurelius Augustinus
Hornbach
– Benediktinerkloster 68 → Johann von Kindhausen
– Aufenthalt Bucers (19. – 20.9.1529) 68 → Marburg

Illkirch 29 → Lienhard Jost
Ingolstadt
– Wirkungsort Johannes Ecks 101, 157

Isny 72
Ereignisse
– Treffen der Oberdeutschen in Ulm (23.8.1531) 72 → Lindau, Memmingen, Reutlingen
– Reformatorische Maßnahmen 72
– Visionen eines Knaben 170

Geistliche 232 → Memmingen
– Information über die Reise Bucers durch die Schweiz 232 → Memmingen

Kirchen und Kapellen
– Ölbergkapelle 72
– Spitalkapelle 72
– St. Georg (Klosterkirche) 72
– St. Nikolaus (Stadtkirche) 72

Aufenthalt
– Ambrosius Blarers (14.9.1532 – Februar 1533) 5, 37f., 70, 72, 86, 88, 132, 170 → Thomas Gassner
Italien 148
– Kaiserliche Soldaten 52

Jerusalem 15, 41, 131
– Säulen 41
– Straßburg als geistliches Jerusalem 30 → Lienhard Jost
Jülich 288 → Heinrich Slachtscaef

Kahla
– Wirkungsort Peter Pithonius' 7
Kappel
– Erster Landfrieden (26.6.1529) 35, 59
– Zweiter Krieg 34, 36, 38, 48, 57, 99, 110–112, 147, 211 → Bern, Zürich
  – Geschichtstheologische Deutung 50, 110
  – Tod Zwinglis 155
– Zweiter Landfrieden (20.11.1531) 35f., 50, 97, 107
  – Kritik Bucers 48, 59
  – Folgen 35, 48, 58, 73, 107f., 197, 218 → Gemeine Herrschaften, Rheintal
Karlsruhe 43, 180, 282
Kärnten
– Verheerungen der Osmanen 21f.
Kempten
Abendmahlsstreit 71, 77, 88f., 132f., 167, 182 → Jakob Haistung, Johannes Rottach, Johannes Seeger → Augsburg, Lindau, Ulm
– Maßnahmen des Rats 71, 77, 89, 92, 94, 167f. → Augsburg, Nürnberg
– Stellungnahmen der Prediger 77, 81f., 89f.
– Augsburger und Nürnberger Gutachten 168

– Bucers Gutachten 77, 81, 89, 132–134, 167f., 182
 – Wunsch persönlicher Vermittlung 81, 89
 – Begleitbrief 78–86, 89, 132, 167
 – Wirkung 167f., 182
 – Information über die Reise Bucers durch die Schweiz 232 → Memmingen

Kirchen
– St. Mang als Wirkungsstätte der Prediger 82, 91 → Jakob Haistung, Johannes Rottach, Johannes Seeger

Aufenthalt
– Ambrosius Blarers (Februar/März 1533) 132

Kenchräa 15
Konstantinopel 5 → Süleyman II.
Konstanz 142
– als Wohnort von Adressaten 88, 238, 248 → Ambrosius Blarer, Thomas Blarer
– als Abfassungsort 132, 155, 167, 182, 233, 236, 260, 294, 298 → Ambrosius Blarer, Heinrich Bullinger
– als Wohnort Margarethe und Thomas Blarers, Johannes und Konrad Zwicks 4, 34, 39, 71, 93f., 115, 131, 169, 183f., 199, 203, 219, 235, 244, 248f., 262–264, 274, 297
– Heimkehr Ambrosius Blarers (kurz vor 22.3.1533) 5, 132, 155, 167, 182
– als Unterzeichner der Confessio Tetrapolitana 28
– Information über die Reise Bucers durch die Schweiz 232, 297 → Memmingen
– Haus der Tante Ambrosius Blarers (Katzgasse?) 296

Städtische Institutionen
– Rat
  – als Verfasser 38 → Straßburg/Rat
– Bischof 296 → Dietrich Ryf
 – Zinsstreit 38 → Thurgau
– Stadtschreiber 248 → Jörg Vögeli d. Ä.
– Stadtsyndicus 203, 249 → Joachim Maler
– Stadtarzt 248, 264 → Johann Menlishofer, Jörg Vögeli d. J.

Städtische Ordnungen
– Zuchtordnung (5.4.1531) 167 → Lindau

Gruppen
– Patrizier 249 → Hans Betz
– Jugend 236 → Lied

Berufungen
– Empfehlung Gervasius Schulers durch Heinrich Bullinger (30.11.1531) 34

Klöster und Kirchen
– St. Stephan als Wirkungsstätte Ambrosius Blarers 5, 37, 70, 72, 86, 132, 142, 155, 166, 181, 187, 201, 219, 233, 246, 251, 260, 279, 294
– St. Peter
 – Bewohnerinnen 219, 235, 245

Aufenthalt
– Bucers und Bartholomeo Fonzios (zwischen 21. und 29. 4.1533) 182, 184, 203, 232, 250, 262, 275, 297
– Matthias Zells (zwischen 26. 5. und 10. 6.1533) 224, 248, 262f.

Korinth 15
– als Korrespondenten des Paulus 114

Landau
– Wirkungsort Johannes Baders 120
– Aufenthalt Kaspar Schwenckfelds (August/September 1533) 121

Landsberg
– Burg 158f. → Johannes Rosa

Lausanne 198
– Bischof 198 → Sebastien de Montfaucon

Lindau 167
– als Abfassungsort 70 → Thomas Gassner
 – der Briefe Ambrosius Blarers 166
– als Unterzeichner der Confessio Tetrapolitana 28

Institutionen
– Rat 72, 167
– Pfarrer 70, 169 → Thomas Gassner

Abendmahlskontroverse 71
– Reaktion auf Schweinfurter Unterschrift 71

Reformatorische Maßnahmen
– Verbot, altgläubige Messen im Kanonissenkloster zu besuchen (8.2.1532) 71f.
– regelmäßige Synode 72
– Einsetzung von Zuchtherren 72
– Zuchtordnung (23.2.1533) 72, 167 → Thomas Gassner, Ambrosius Blarer

Kirchen und Klöster
– Kanonissenstift *Unserer Lieben Frau unter den Linden* 72

Aufenthalt
– Bucers (8. – 10.10.1530) 71
– Ambrosius Blarers (10.2. – 15.3.1533) 72, 132, 142, 166f., 182, 234
 – Übersendung von Bucers Apologien 155, 187 → Martin Frecht, Konrad Sam

ORTSREGISTER

- Wolfgang Capitos und Johannes Zwicks
  (Januar/Februar 1532) 71f.
  - Reformforderungen 72
  - Katechismusunterricht 72

Linz 51
- Aufenthalt Karls V. (13. – 20.9.1532) 51

Lübeck
- Aufenthalt Johannes Bugenhagens
  (28.10.1530 – 30.4.1532) 171f.
- Kirchenordnung (27.5.1531) 171

Ludwigsburg 134

Lüneburg
- Wirkungsort Urbanus Rhegius' 156

Luzern
- und Fünf Orte 35
  - Kapitulation mit Franz II. von Mailand
    (8.1.1532) 113
  - Treffen (7./8.2.1533) 113
- Aufenthalt des päpstlichen Nuntius 48,
  145 →Ennio Filonardi

Mailand
- Bischof 102, 179 → Ambrosius
- Herzog 113, 148 → Alessandro di
  Medici, Franz II. Maria Sforza
- Aufenthalt Karls V. (10. – 13.3.1533) 147

Mantua
- Aufenthalt Karls V. (7.11.1532) 52

Marburg
- Religionsgespräch (1. – 4.10.1529) 68,
  265 → Hornbach, Meisenheim

Mecheln 148

Mecklenburg
- Herzog 172 → Heinrich V.

Meisenheim 265
- Abfassungsort 264, 266
- Pfarrer 264 → Nikolaus Faber
  → Marburg

Memmingen 142
- Rat als Adressat 2, 132, 155, 214 →
  Ambrosius Blarer, Johannes Oekolampad
- Stadtschreiber als Bote 155, 187, 245,
  250 → Georg Maurer
- Aufenthaltsort Ambrosius Blarers 5
- Prediger
  - als Adressaten 225–232, 262, 278, 282
- und der Abendmahlsstreit 142, 187, 224
- Außen- und Bündnispolitik 28, 72
  → Ulm → Confessio Tetrapolitana

Modena
- Reisestation Karls V. (28.2.1533) 147

Mühlhausen 194, 255f.
- Abfassungsort 255, 258 → Otto Binder
- Rat 256f. → Wolfgang Capito

Geistliche
- als Adressaten 256 → Basel

- Pfarrer und Prediger 255–257 → Jakob
  Augsburger, Otto Binder, Augustin
  Gschmus
  - Entlassung Augsburgers (27.5.1533)
    256

Aufenthalt
- Bucers und Bartholomeo Fonzios 255f.
  - Zusammenkunft der Geistlichen 256
- Matthias Zells 256

Münster 287 → Heinrich Slachtscaef

Münsterlingen
- Kloster 296 → Katharina Ryf

Murgenthal
- Reisestation Bucers (9.5.1533) 208, 212
- Beschwerden Bartholomeo Fonzios 212

Murten 36 → Gemeine Herrschaften

Neckarsteinach 292 → Melchior
  Ambach

Neuchâtel
- Landgebiet 197
- Wirkungsort Pierre-Robert Olivétans 199

Niederlande 38

Nördlingen
- Wirkungsort Theobald Billicans 156

Nürnberg 8, 75 → Franz Frosch
- Abfassungsort 73
- Publikationsort 75, 77, 142 → Jobst Gutknecht, Friedrich Peypus

Reichspolitik
- Anstand (24. Juli 1532) 61, 111, 114

Stadtpolitik
- Rat 75
  - Ratskonsulent 73 → Michael Marstaller

Kirchenordnungen
- Brandenburg-Nürnbergische Kirchenordnung (1533) 74f., 179 → Johannes
  Brenz, Andreas Osiander
  - Geltung im Landgebiet 75
  - Taufexorzismus 75, 179
- Taufordnung (1524) 179

Geistliche
- Prediger 74, 118 → Johannes Frosch
  - Gutachten im Kemptener Abendmahlsstreit 77, 167f.

Kirchen und Gebäude
- Dominikanerkloster 7 → Peter Pithonius,
  Gallus Korn
- Kartäuserkloster 75 → Franz Kolb
- St. Lorenz
  - Schulrektor 8 → Johann Ketzmann

- Heilig-Geist-Spital
  - Spitalmeister 8 → Kaspar Korn

Oberdeutsche → Deutschland
Odenkirchen 285 → Heinrich Slachtscaef
Orbe 197
- als Gemeine Herrschaft 36
- als Wirkungsort Fortunatus Andronicus' 196f.
  - Abfassungsort 196, 199

Osijek 5 → Süleyman II.
Österreich 22
Ostsee 172

Passau 51 → Karl V.
Patras
- Sieg der kaiserlichen Flotte 22

Pforzheim
- Geburtsort Johannes Schwebels 181
- Lateinschule 11 → Michael Hilspach

Piemont 199 → Pierre-Robert Olivetan
Poitiers
- Bischof 98 → Hilarius

Rapperswil 36 → Gemeine Herrschaften
Regensburg 128 → Johannes Turmair
- Reichstag (1532) 51
  - Türkenhilfe 5

Reggio
- Reisestation Karls V. (2.3.1533) 147

Reichenau
- Tonar 68

Reutlingen 72
Rhein 72, 224 → Obderdeutsch, Thurgau
Rheintal (CH) 36, 58, 218 → Hans Vogler
→ Gemeine Herrschaften → Rekatholisierung
- Mandat der Fünf Orte (10.7.1532) 48
  → Baden, Einsiedeln, Zürich → Mandatsstreit

Riga 172 → Johann Brießmann
Rom 114, 131, 194, 290 → Valentin
- Konflikt zwischen Schwachen und Starken 14
- Karl V. als Römischer Kaiser 38, 49, 61, 100, 147
- Recht 90

Roses
- Aufenthalt Karls V. (21.4.1533) 52, 147

Ruffach 194

Sachsen
- Kurfürsten 7, 29, 66, 153 → Friedrich III., Johann I., Johann Friedrich
  - Trauerfeierlichkeiten 66–68
- Prediger 285 → Heinrich Slachtscaef

- Bekenntnisschriften 7
  - Anerkennung durch Oberdeutsche → Schweinfurt
- Praxis des Taufexorzismus 179, 241

Samarien 159
Sargans 36, 58 → Gemeine Herrschaften
Schaffhausen
- Rat als Korrespondent 204f. → Heinrich Bullinger, Leo Jud
- Besetzung der Helferstelle 204, 212 → Beat Gering
- als Verbündeter Zürichs 97, 106, 108f.
- Aufenthalt Bucers (18. – 21.4.1533) 182, 184, 204, 227f.
- Wirkung 228, 230 → Erasmus Ritter

Schwaben
- Dialekt 282 → Christoph Sigel
- Gemeinden 248, 297 → Ambrosius Blarer

Schwarzenburg 36 → Gemeine Herrschaften
Schweinfurt

Verhandlungen (31.3.–9.5. 1532) 8, 111, 153
- Instruktion der Ulmer Gesandten 154
- Oberdeutsche Akzeptanz der Sächsischen Bekenntnisschriften 7f., 29, 71, 98, 143, 153, 224
  - Interpretation als Widerruf 44, 56, 224
- Einbezug künftiger Protestanten (*futuri*) 61f.
- Heimreise Bucers 161

Schweiz 35, 107, 126, 147, 211, 227
→ Sodom
- als Herkunft 35, 221 → Michael Otto, Gervasius Schuler

Glaubensparteien
- Protestanten 48, 58, 72, 107f., 111, 231, 278
- Altgläubige 110
  - päpstlicher Nuntius 48f. → Ennio Filonardi
  - Bündnis mit Papst 49

Konflikte
- Religionskonflikt 36 → Gemeine Herrschaften
- Innerprotestantischer Abendmahlsstreit 92, 102, 126, 143, 154f., 162, 169, 224, 230, 232 → Schweinfurt
- Niederlage von Kappel → Kappel
- Zweiter Kappeler Landfrieden → Kappel
- Furcht vor militärischer Auseinandersetzung 38, 48f.

Reisen
- Reise Bucers (1530) 162 → Zürich

– Reise Bucers und Bartholomeo Fonzios (1533) 143, 150, 199f., 203, 206, 212, 217f., 222, 227, 235–238, 243, 245, 247, 250, 255f., 262f., 275, 291, 297f. → Basel, Bern, Mühlhausen, Murgenthal, Schaffhausen, St. Gallen, Zürich

Schwyz
– als Mitglied der Fünf Orte   35, 113
Serbien   22
Sodom   35
Spanien
– Kaiserliche Soldaten   52
– Rückkehr Karls V.   52, 61, 147
Speyer   42, 171   → Johannes Hane
– Bischof   180, 221   → Philipp von Flersheim, Georg von der Pfalz
– Reichstagsabschied (1526)   61
– Reisestation Kaspar Schwenckfelds (September 1533)   121
St. Gallen

Briefe und Schriften
– Abfassungsort eines Bucer-Briefes   199–201, 234   → Ambrosius Blarer, Margarethe Blarer
– Bucers Schrift zur Kirchenzucht   202, 217, 219, 234f., 239, 248, 261, 297   → Ambrosius Blarer
    – Umsetzung durch Ambrosius Blarer   202, 248

Stadt
– Rat   202   → Franz Studer
– Bürgermeister   216–218   → Joachim Vadian
– Prediger   201f., 248   → Dominicus Zili, Wolfgang Wetter
– Kirche St. Lorenz   202   → Dominicus Zili
– Aufenthalt Bucers im Haus Wolfgang Wetters (28./29.4. – 4.5.1533)   182, 184, 201–203, 217, 227f.
Steiermark
– Verheerungen der Osmanen   21f.
Straßburg   3, 9, 39, 42, 73, 75, 77, 99, 106, 117, 121, 134, 154, 158, 167, 178, 182, 204, 208, 214, 243, 256, 266, 275, 291, 293   → Jerusalem

Briefe und Schriften
– als Abfassungsort   4, 9, 16, 20, 23, 37, 46, 53, 64, 86, 93, 95, 103, 116–119, 122f., 131, 135, 144, 147, 160, 162, 176, 181, 212, 216, 218, 225, 232, 234, 240, 244–246, 249, 251, 271, 274
– in Adresse   4, 45, 128, 174, 189, 193, 208, 222, 236, 239, 258, 294
– als Publikationsort   7, 13f., 18, 25–27,

139, 257, 281f., 293   → Hans Albrecht, Matthias Apiarius, Balthasar Beck, Jakob Cammerlander, Johann Herwagen, Valentin Kobian, Wolfgang Köpfel, Wendelin Rihel, Georg Ulricher

Lebensumstände und Ereignisse
– Bettag anlässlich der Osmanenbedrohung   5
– Fieber   5   → Elisabeth Bucer, Anastasia Bucer
– Teuerung (1529–1532)   42   → Basel   → Butter

Spezifische Orte
– Narrenhäuslein   29   → Lienhard Jost
– Fischmarkt   29

Berufsgruppen
– Apotheker   24   → Franz Bertsch
– Buchhändler   138   → Johannes Vernier
– Drucker   76, 184   → Simon Grynaeus, Johannes Rimpius
    – Fürsprache Bucers   44f., 76   → Hieronymus Guntius, Johannes Rimpius, Christoph Sigel
– Gräzist   43   → Jakob Bedrot
– Handwerker   2   → Hieronymus Guntius
– Metzger   29   → Lienhard Jost
– Scheidenmacher   29   → Thomas Salzmann
– Student   121   → Valentin Brentz

Gruppierungen
– Dissenters   21, 29, 94, 121, 243, 254, 273, 292   → Lienhard Jost, Ursula Jost, Jakob Kautz, Kaspar Schwenckfeld, Jakob Ziegler   → Toleranz
– Täufer   25, 27, 29, 259
    – Verpflichtung auf Confessio Tetrapolitana   3
    – Publikationen   29   → Balthasar Beck, Jakob Cammerlander, Melchior Hoffmann, Valentin Kobian

Bildung
– Ausbildungsstätte für Prediger   248, 262, 282, 297   → Ambrosius Blarer
– Lateinschule   254   → Otto Brunfels, Hans Sapidus
– Berufungen   34, 128   → Johannes Aventin, Hieronymus Heininger, Gervasius Schuler

Städtische Obrigkeit
– Rat   5, 23f., 89, 97, 122, 271   → Franz Bertsch, Matthias Geiger
    – als Adressat   23–31, 38f., 49, 66, 109, 111   → Geistliche   → Jakob Kautz,

    Johann Friedrich von Sachsen → Basel, Esslingen, Konstanz
  - und Dissenters 23–31, 39, 42, 247f., 253, 271, 274 → Anton Engelbrecht, Jakob Kautz
  - Verpflichtung auf dualistische Eschatologie 29
  - Einrichtung einer Synodalkommission 30, 248 → Lienhard Jost
  - Furcht vor Angriff des Kaisers 49 → Philipp von Hessen, Schweiz
- Dreizehn 52,109f., 111, 114, 126 → Philipp von Hessen, Basel
- Zünfte 28
- Ammeister 122 → Johannes Hechtlin, Matthis Pfarrer

Kirchliches Leben
- Confessio Tetrapolitana
  - Übergabe (9.7.1530) 28
- Gottesdienste 280
- Kirchenordnung 94, 179
  - Taufordnungen 179, 240
    - Kindertaufe 14, 17
  - Krankenkommunion 259
- Katechismen 215 → Otto Brunfels, Wolfgang Capito
- Synode (3. – 14.6.1533) 243, 246f., 251–254, 270, 273–275, 291–293, 297
  - Protokoll 251, 253, 274, 292
  - Gäste 275, 293 → Hans Landschad, Paul Phrygio
  - Sechzehn Artikel (31.5.1533) 251–254, 274 → Anton Engelbrecht

Geistliche 9, 17, 25, 48, 56, 66, 106, 108, 117–119, 179f., 216, 221, 247, 253, 256f., 265f., 272, 274, 288
- und der Rat 28–31, 109, 247 → Disputation
  - Bitte um öffentliche Disputation 28, 30 → Jakob Kautz
  - Gutachten zum Kemptener Abendmahlsstreit → Kempten
- als Korrespondenten
  - Absender 9, 16f., 19f., 23–31, 41, 46–64, 77–86, 106, 113, 119, 240, 268 → Rat → Heinrich Bullinger, Jakob Kautz, Johannes Schwebel, Kaspar Steinbach → Bern, Kempten, Zürich
  - Empfänger 11, 18, 109, 265, 270 → Heinrich Bullinger, Nicolaus Faber, Johannes Schwebel, Huldrych Zwingli
- Altgläubige
  - Erzbischof 194 → Wilhelm Graf von Honstein
  - Offizial des Erzbischofs 194 → Kaspar Greber
  - und Dissenters 29, 94, 197, 247, 292
  - und Jakob Kautz 18, 23–31 → Rat
  - und sog. Epikuräer 94, 252–254 → Anton Engelbrecht, Hans Sapidus, Wolfgang Schultheiß, Bernhard Wacker

Kirchen
- Münster 9, 19, 21, 32, 77, 85, 174, 178, 219, 224, 234, 238, 241, 248, 256f., 262, 267, 291, 298 → Kaspar Hedio, Kaspar Steinbach, Matthias Zell
  - Domsekretär 66, 193 → Nikolaus Gerbel
- Alt-St. Peter 117, 122, 175, 178, 245, 253, 266, 291 → Johannes Hechtlin, Theobald Nigri, Bernhard Wacker
- Jung-St. Peter 3, 9, 46, 54, 68f., 71, 77, 86, 93, 95, 108, 121, 125, 147, 161, 169, 174, 178, 188, 199, 220, 224, 241, 257, 263, 267, 272, 282, 290, 298 → Wolfgang Capito
- St. Stephan 251 → Anton Engelbrecht
- St. Thomas 195
  - Kapitel 198, 282
  - Propst 3, 9, 46, 54, 68f., 71, 77, 86, 93, 95, 108, 121, 125, 147, 161, 169, 174, 178, 188, 199f., 224, 241, 257, 263, 267, 272, 282, 290, 298 → Wolfgang Capito
  - Prokurator des Stifts 198 → Gervasius Sopher
  - Stipendien 282
- Zu den guten Leuten 86, 257, 291 → Symphorianus Altbiesser
- Predigerkloster
  - Schule 254 → Johannes Sapidus

Aufenthalt
- eines Basler Ratsschreibers 97 → Heinrich Ryhiner
- Bartholomeo Fonzios (seit Juli 1532) 169, 243, 291
- eines Berner Latinisten 239
- Hieronymus Guntius' 214
- Hieronymus Hambergers 259
- Jakob Kautz' 25
- Georg Pistors 11, 240, 272
- Gereon Sailers (nicht nachgewiesen) 186f.
- Gervasius Schulers (1532) 34
- Johannes Schwebels (Januar 1533) 178, 272
- Christoph Sigels 180, 282
- Nikolaus Thomaes (Anfang Oktober 1532) 9, 17
- Jakob Zieglers (bis 9.7.1533) 75, 251

Außenpolitik
- Bündnisfähigkeit trotz sakramentstheologischer Differenz   153   → Philipp von Hessen
- Schmalkaldischer Bund   110
  - Beitritt Straßburgs (28.1.1531)   29
- Schweinfurter Tag (April 1532)
  → Schweinfurt
- Burgrecht   111   → Basel, Bern, Zürich

Tessin   36   → Gemeine Herrschaften
Thrakien   22
Thurgau
- unter Rekatholisierungsdruck   36, 73
- Streit um Einkünfte   38   → Konstanz
Thüringen   7
Tongeren   288   → Heinrich Slachtscaef
Totes Meer   35
Türkei, Türken
- Lebensweise   77
- Offensive Sultan Süleymans II.   5, 21f., 32, 39, 52   → Balkan, Belgrad, Gran, Graz, Güns, Kärnten, Konstantinopel, Osijek, Serbien, Steiermark
- Abwehr und Türkenhilfe   5, 67   → Augsburg/Reichstag, Regensburg/Reichstag
- Rückzug Süleymans II.   21f., 32, 61

Überkingen   279   → Bernhard Besserer
Üchtland   225   → Bern
Ulm

Briefe und Schriften
- Abfassungsort   69, 76, 151, 185, 276   → Martin Frecht, Konrad Sam
- Drucker   76   → Johannes Vernier

Städtische Obrigkeit
- Rat   77
  - und die Prediger   69, 77, 185–187, 280f.
- Kleiner Rat   187
- Fünf Geheime   188, 281
- Bürgermeister   153, 187   → Georg Besserer
- Altbürgermeister   153, 188   → Bernhard Besserer

Gesellschaftliche und religiöse Gruppen
- Patrizier   187f., 281
  - Junker   187, 280
- Zunftherren   188, 281
- Täufer und (Kinder)taufe   3
- Ärzte   278

Geistliche   2, 69, 76, 135, 142, 151, 185f., 230, 276, 278   → Michael Brothag, Martin Frecht, Konrad Sam, Johannes Walz
- Prädikanteneid   187   → Martin Frecht, Konrad Sam → Apologie

- Berufung   35, 280   → Gervasius Schuler, Johannes Walz
- und der Abendmahlsstreit   76f., 142, 152–154, 169, 187, 278, 282   → Augsburg, Lindau, Schweinfurt
- und der Rat   → Rat
- Krankheit und Tod Konrad Sams   186, 278
  - Vertretung Konrad Sams   180, 282
    → Christoph Sigel
- Synode   281
- Entkräftung von Konrad Hermanns Vorwürfen gegen Bucer   282
- Information über die Reise Bucers durch die Schweiz   232, 278   → Memmingen

Einführung der Reformation   5, 69f.
- Publizistische Rechtfertigung   69
- Trägheit   69, 76, 281

Kirchliches Leben
- Gemeindeglieder   281
- Landgemeinden   282
  - Visitation   281   → Konrad Sam
- Katechismus   215, 281
- Kirchenordnung   3, 57, 69f., 281
- Kirchenzucht   281
- Vorlesungen   280   → Wolfgang Binthauser, Martin Frecht
- Predigtwesen   186f., 279f.
- Liturgien   278, 280

Kirchen und andere Gebäude
- Barfüßerkirche als Wirkungsort Konrad Sams   69, 142, 151, 186, 278
- Münster   279
- Hospital   188
  - Spitalpfleger   188   → Veit Fingerlin, Wolf Neithart
  - Hofmeister   188   → Wilhelm Wernitzer
- Haus Frechts   279
- Haus Sams (Pfauengasse am Butzenbrunnen)   279

Aufenthalt
- Ambrosius Blarers (Mai – Juni und 5.– 19.7.1531)   5
- Bucers und Johannes Oekolampads (21.5. – Ende Juni 1531)   1, 3, 5, 70f., 214
- Konrad Hermanns (Schlupfindheck)   230, 282   → Martin Frecht → Bern, Esslingen
- Gereon Sailers   186, 279
- Christoph Sigels   180

Außenpolitik
- Treffen der oberdeutschen Städte (23.8.1531)   72   → Isny, Memmingen, Reutlingen

- Bündnispolitik 153
  - als Verbündeter Straßburgs 110, 153
  → Schmalkaldischer Bund, Zwinglianer
- Tag von Schweinfurt (30.3. – 9.5.1532) 153f.
  - Instruktion der Ulmer Gesandten 154

Ungarn 21f.

Unterwalden
- als Mitglied der Fünf Orte 35, 113
  → Fünf Orte

Uri 35, 113 → Fünf Orte

Uznach 36 → Gemeine Herrschaften

Veringen b. Sigmaringen
- Herkunft Simon Grynaeus' 184

Veroli
- Bischofssitz 48 → Ennio Filonardi

Waadt 196

Wassenberg 283, 285, 288 → Heinrich Slachtscaef

Weißenburg / Elsaß 221
- Abfassungsort 220f. → Georg Kess
- Rat 221
- Geistliche
  - Pfarrer an St. Michael 220 → Georg Kess
  - Pfarrer an St. Johnnis 221 → Matthis Kleindienst
- Wirken Bucers (November 1522 – April 1523) 221

Weltkreis / Orbis 125, 128, 130f., 139

Wien
- Bischof 50 → Johann Fabri
- Aufenthalt Karls V. (24.9. – 3.10.1532) 51f.

Windsheim 6f. → Peter Pithonius

Winterthur 161
- Reisestation Bucers 202

Wismar
- Abfassungsort 170, 174 → Heinrich Never
- Rat 171, 173 → Blasius Hane
- Auseinandersetzung um das Abendmahl 172f. → Johannes Bugenhagen, Heinrich Never

Kirchen
- Heilig-Kreuz-Kloster 172f. → Heinrich Never
  - Klosterkirche 172 → Heinrich Never
- St. Georg 172 → Heinrich Möllens
- St. Nikolai 172 → Georg Berenfeld

Wittenberg 131, 171 → Sachsen

Briefe und Schriften
- Abfassungsort 190 → Philipp Melanchthon
- Publikationsort 77, 281 → Johannes Lufft

Universität
- Studenten 42, 193 → Simon Grynaeus, Jakob Kautz, Heinrich Kopp

Kurfürsten
- Begräbnisfeierlichkeiten 66–68 → Friedrich III., Johann I.

Geistliche
- Stadtpfarrer 171 → Johannes Bugenhagen → Lübeck

Reformation
- Abendmahlsstreit 7, 131
  - Interpretation von I Kor 10, 16 140
  - Gerücht von einem Anschluss Bucers 172, 224, 238
  - Konkordie (1536) 221
- Gutachten zur Brandenburg-Nürnbergischen Kirchenordnung 74
- Stellungnahme zur Anfrage Franz I. 192

Aufenthalt
- Bucers (1536) 85
- Johannes Cellarius' (1532) 142

Worms
- Predigerkloster 25 → Jakob Kautz
- Wirkungsort Jakob Kautz' 25, 42
- Reichstag (1521) 38 → Karl V.

Zollikon
- Pfarrer 208, 212 → Erasmus Schmid

Zug
- als Mitglied der Fünf Orte 35, 113
  → Fünf Orte

Zürich 34, 41, 56, 99, 106, 109, 148f., 161, 202, 208, 217, 228

Briefe und Schriften
- Abfassungsort 100, 204f. → Heinrich Bullinger, Schaffhausen
- Publikationsort 281 → Christoph Froschauer
  - Drucker 50 → Christoph Froschauer
- Bibelausgabe (12.5.1531) 281

Gebäude
- Haus Heinrich Bullingers 205

Rat 41, 47
- als Adressat 41, 46–53, 58, 99, 106f., 111, 113 → Bern, Straßburg/Geistliche → Philipp von Hessen
- Ratsherren 212 → Konrad Escher vom Glas, Johannes Haab, Jakob Wertmüller

- Bürgermeister 106 → Diethelm Röist
- Großes Mandat (26.3.1530) 48
- Schwäche 210f., 217

Geistliche 41, 50, 99–101, 103, 116, 143f., 155, 162, 204f., 207f., 262, 281 → Heinrich Bullinger, Heinrich Engelhard, Leo Jud, Oswald Myconius, Huldrych Zwingli
- als Adressaten 5, 95, 99f., 125–127, 143f., 148, 152, 206 → Heinrich Bullinger → Basel, Bern, Biel, Solothurn
- als Verfasser 205–208, 230
- Kritik am Rat 41, 210 → Leo Jud
- Synode (6.5.1533) 97, 210, 212, 228

Abendmahlskontroverse 97, 205–208
- Unterschrift von Schweinfurt 98
- Lutherbild 153, 205
- Diskretion 162, 169
- Weitergabe von Bucers Briefen 206
- Einvernehmen mit Bucer 126, 205, 210, 227, 230, 262 → Ambrosius Blarer

Kirchen
- Großmünster
  - als Wirkungsstätte Bullingers 95, 100, 103, 144, 205, 208
  - Spitalpfründe Andreas Bodensteins von Karlstadt 208, 212
  - Prophezei 99, 208, 212 → Theodor Bibliander, Konrad Pellikan
- Frauenmünster
  - als Wirkungsstätte Heinrich Engelhards 207
  - als Wirkungsstätte Johann Rudolf Thumysens 208

Aufenthalt
- Bucers (12.10.1530) 162
- Bucers und Bartholomeo Fonzios (5.–8.5.1533) 204–206, 210, 218, 227f., 262 → Ambrosius Blarer
- Wolfgang Capitos (31.8.–6.9.1530) 126
- Gervasius Schulers (Herbst 1531) 34

Außen- und Religionspolitik
- Unterstützung der Protestanten in den Gemeinen Herrschaften 41, 58, 218 → Leo Jud
  - Vogt im Thurgau 73 → Hans Edlibach
- gegenüber Altgläubigen 41, 99 → Leo Jud
  - Fünf Orte 107 → Bündnisse/Fünf Orte
    - Streit um das Mandat vom 29.5.1532 48, 58, 97, 106, 113, 210, 217
    - Tagsatzung vom 19.–21.11.1532 in Zürich 97, 106
  - Tagsatzung vom 16.12.1532 in Baden → Baden
- Beziehungen zu Bern 56, 58f., 97, 106, 210, 217
- Beistand der Verbündeten 107, 109, 111, 210, 217 → Bern, Straßburg → Bündnisse/Burgrecht
  - Lager für Straßburger Vorräte 111
  - Informationspolitik 98, 111, 211

Zweiter Kappeler Krieg
- Durchsetzung der Reformation 35, 99 → Bern → Mehrheitsprinzip
- Niederlage im Zweiten Kappeler Krieg 72, 111 → Kappel
  - Hauptleute 36
  - Ablehnung von Hilfeleistungen 111
- Annahme des Zweiten Kappeler Landfriedens (20.11.1531) 48, 107
  - Kritik Bucers 48
- Rekatholisierung 41, 48, 58
- Aufruhr 41

Zweibrücken 68, 241, 264, 272f.
- Abfassungsort 31, 174, 267 → Johannes Schwebel

Landesherren → Ludwig II., Ruprecht 180
- Haltung Ludwigs II. zur Reformation 13, 67, 117
- Alkoholkonsum Ludwigs II. 67
- Tod und Beerdigung Ludwigs II. 64, 66, 68 → Nikolaus Gerbel
- Haltung Ruprechts zur Reformation 66, 265
- Erziehung Wolfgangs 176 → Kaspar Glaser 176
- Kanzler 20, 22 → Jakob Schorr

Rat 180 → Konrad Hubert
- Religionspolitische Haltung 11, 17

Einführung der Reformation 11, 13, 117 → Georg Pistor
- Messe 11, 117, 175, 178

Geistliche
- Prediger 11, 16, 20, 32, 64, 67, 117f., 122f., 134, 174, 176 → Johannes Schwebel
  - Sakramentstheologische Haltung 13, 178f.
- Pfarrer 11, 117, 240, 265, 267, 269, 271, 273 → Johannes Meisenheimer, Johannes Schwebel
  - Resignation (5.5.1533) und Neubesetzung 175, 240, 269
- Hilfsgeistlicher für Ernstweiler 21, 66, 272 → Georg Pistor → Ernstweiler

– Empfehlung und Sendung durch Straß-
  burg   11, 17, 20, 32, 119, 178, 266
– Differenzen mit Kollegen   11–13, 21,
  31f., 66, 117, 119, 202
– Nähe zu Dissenters   11f., 17, 32, 119,
  241, 266, 269
– Sakramentstheologische Haltung   14,
  178, 240f., 272
– Aufenthalte in Straßburg → Straßburg

Dissenters   269 → Georg Pistor
– und (Kinder)taufe   11f., 17, 241, 269, 273
– Exorzismus   178f., 240f., 269f., 272f.
– und Abendmahl   11, 17, 269
– und Schwert   17
– Urteil über Geistliche   11, 17

Kirche
– Alexanderskirche
  – als Wirkungsstätte Johannes Schwebels
    11, 16, 21, 64, 117f., 122, 174, 176,
    240, 265, 267, 271
  – als Wirkungsstätte Johannes Meisenhei-
    mers   175
  – Beerdigung Ludwigs II.   66

Kirchenordnung
– Zwölf Artikel   119, 265f. → Johannes
  Schwebel

Schule
– Rektor   11 → Michael Hilspach

Berufungen
– Georg Pistor → Geistliche
– Johannes Hechtlin   117–119, 175, 178,
  180f., 266
– Johannes Frosch   118, 176
– Konrad Hubert   134, 180
– Kaspar Glaser   176

Aufenthalt
– Kaspar Steinbachs   17–21, 32

SACHREGISTER

Abendmahlsfeier/caena, epulae, eucharistia 141f., 215, 224
– als Sprachgeschehen 140
– Liturgie 72 → Liturgie
– Communio sub una 290
– für Kranke und Sterbende 259 → Biberach
– rechte Feier 215
– Fernbleiben aus Gewissensgründen 108f.
→ Basel
– Einstellung der Feier 173 → Heinrich Never
– himmlische 285 → Heinrich Slachtscaef
Abendmahlskontroverse, innerprotestantische 44, 71, 74, 84, 86, 88f., 127, 132f., 138, 146, 153, 155f., 161f., 167f., 172, 191, 224, 227 → Kempten
→ Schwache
– Differenz der Positionen 12, 77, 85, 88f., 92, 132f., 140f., 207, 215, 230, 282
→ Kempten
– Position Luthers und der Lutheraner 77, 91, 97, 102, 132f., 141, 168, 191, 207, 215, 228f., 287
  – Differenz zu Kemptener Lutheranern 89
– Position Bucers und der Oberdeutschen 71, 98, 44, 139, 141, 146, 168, 172, 206, 215, 224 → Widerruf
  – Differenz zu Schweizern 140
– Position Zwinglis und der Schweizer 77, 98, 101f., 125, 128, 140, 168, 173, 206f.
→ Heinrich Bullinger, Jakob Haistung, Heinrich Never, Johannes Oekolampad
– Rekurs auf Väter → Kirchenväter
– Weise der Gegenwart → Gegenwart Christi
– Vereinbarkeit in der Sache 85, 92, 141, 235 → Christus
– Streit um Worte 92, 133, 139, 142, 207
Aberglaube 170, 195, 270 → Exorzismus
Abgötterei 60, 72
Abiuratio → Abschwören
Abschied → Prediger/Entlassung
– von Einzelpersonen
    – Johannes Hechtlin aus Straßburg 123
    – Johannes Cellarius aus Frankfurt 142, 146

– von Beschlüssen
    – Reichstag von Speyer (1526) 61
    – Tagsatzung von Baden (16.12.1532) 108
Abschreckung 41, 108, 145 → Kaution
Abschrift, Kopie 90, 92, 103, 106, 134, 142, 155, 157, 169, 198, 202, 217, 248, 297 → Original
Abschwören
– *abiuratio Satanae* bei Taufe 75 → Nürnberg
→ Exorzismus
Abstimmung
– über Einführung der Reformation
→ Mehrheitsprinzip
– in Bern 56, 59
– in Gemeinen Herrschaften 35, 58
Alkoholismus → Trunksucht
Allegorie
– und Abendmahl 156 → Gegenwart Christi
alliance (militaire) → Bündnisse
Allmacht
– Gottes 56f., 63
Allversöhnung → Heil
Almosen 68, 72
Alt 8, 42, 49, 94, 102, 108, 114, 134, 238, 247
– Personen 18, 121
– Bund 18 → Beschneidung, Taufe
– Eidgenossenschaft 36 → Bündnisse
– Glaube 35f., 48f., 106f., 117, 256
→ Johannes Meisenheimer → Altgläubige, Glaube
– wahrer 36, 50, 107
– Rückkehr 49
– Kirche 127, 181, 241, 270 → Kirche
– „die Alten" 14, 38, 66, 102, 125f., 269
→ Cyrill
Altes Testament → Testament
Altgläubige 2, 11, 35, 140, 165, 214, 221, 290 → Augsburg, Biberach, Weißenburg, Zweibrücken → Alt
– Einzelpersonen 2, 38, 117, 214
→ Johannes Meisenheimer, Heinrich von Pflummern
– Messritus → Messritus
– Bischof → Bischof

– in der Schweiz 35f., 38, 41, 48–50, 58, 73, 99, 106–110, 197, 210, 217 → Bern, Freiburg, Kappel, Zürich → Fünf Orte
amour → Liebe
Amtsgewalt → Macht, Gewalt
Andabaten 154
Andacht 14
Angriff, Offensive
– Sultan Süleymans 22 → Türkei → Militär
– auf schweizerische Protestanten 49, 61, 111 → Mandatsstreit
– auf schweizerische Altgläubige 48
Ankunft
– Christi 85 → Christus
– Georg Pistors in Zweibrücken (Januar 1532) 11, 32, 178
– Ambrosius Blarers in Lindau (Februar 1533) 72
– Bucers in Basel (Anfang April 1533) 162
– Margarethas von Parma in Florenz (17.4.1533)
– des osmanischen Heeres in der Türkei 22
Anstoß nehmen 286 → Hindernis
– an Lehre und Amtsführung 13, 83f., 221, 231 → Himmelfahrt → Kempten
– und Bucer 127, 142f. → Berchtold Haller → Zürich
– und Luther 152, 154, 286 → Martin Frecht, Konrad Sam → Schweiz
– des Rates 168, 239 → Bern, Kempten
– an Ritus 193, 268–270, 272 → Philipp Melanchthon → Zweibrücken → Exorzismus
Antichrist 195, 238
Antiphon
– Media vita in morte 68
Antwort 49f., 52, 91, 107, 149, 161, 188, 206f., 256, 262, 269
– auf Bucer 20, 76, 98, 101, 120, 142, 149, 167, 184, 206–208, 219f., 260 → Johannes Bader, Ambrosius Blarer, Heinrich Bullinger, Martin Frecht, Simon Grynaeus, Leo Jud, Oswald Myconius, Jakob Schorr
– Bucers 8, 98, 127, 152, 234f., 253, 264, 268, 283, 288, 296f. → Ambrosius Blarer, Anton Engelbrecht, Heinrich Slachtscaef, Bonifatius Wolfhart
– fehlt 7, 173, 188, 192, 215, 238, 260, 283
– auf Luthers Schrift an den Frankfurter Rat (WA 30/3, S. 554–571) 127, 142, 153f., 162, 169, 173 → Martin Frecht, Konrad Sam
– Zürichs auf Fünf Orte 100, 145
– Berns auf Zürichs Hilfeersuchen 211

– Der Ulmer Obrigkeit auf die Eingabe ihrer Prediger 188, 280f.
Apokalyptik 30 → Drache
Apologie 102
– Bekenntnisschrift
  – A. der Confessio Augustana → Bekenntnis
  – A. der Confessio Tetrapolitana → Bekenntnis
– Bucers zur Kindertaufe gegen Pilgram Marbeck 3, 18, 287
– Simon Grynaeus' wegen ausbleibender Butter 42
– Bucers nach Luthers Schrift an den Frankfurter Rat 127, 143, 152, 154f., 169, 187
– Martin Frechts zur Ablehnung des Prädikanteneids 187
Apostel 26, 85, 90, 155, 171, 183, 214, 223, 231, 241, 293 → Ambrosius Blarer, Paulus
– apostolisch 30, 72, 121f., 131, 257
Apostolat 171 → Johannes Bugenhagen
Apotheker 24 → Franz Bertsch
Arbeiter 11 → Johannes Schwebel
– Mitarbeiter 12, 73 → Georg Pistor
Arbeitsüberlastung
– Bucers 246, 274 → Synode
argent → Geld
Ärgernis 53 → Anstoßnahme, Hindernis
Argument 67, 84, 187
– und Altgläubige 215
– und Täufer 3, 12, 21
– in der Abendmahlskontroverse 81f.. 97f., 125, 140, 157, 187, 215
– Alter 102
– und Taufexorzismus 269
Argwohn 12, 15, 290 → Augsburg, Zweibrücken, → Verdacht
– der Lutheraner 92
– der Schweizer 230
Arm (Körperteil) 154
Arm, elend / pauper, miser 21, 42, 52, 134, 154, 158, 165, 168, 188, 194, 200, 250, 275 → Kirche
– materiell 45, 188, 250 → Johannes Rimpius → Ulm → Reich
Arroganz 156
Artikel

Politische Verträge
– Burgrecht
  – Artikel V-VI 111
– Kappeler Landfrieden
  – Artikel I 50, 59, 107
  – Artikel II 36 → Rekatholisierung, Schmähung

SACHREGISTER

Glauben 153, 280 → Ulm → Abendmahl, Bekenntnis, Taufe
- Sieben Artikel Jakob Kautz' 25–27
- Zwölf Artikel Heinrich Nevers 173
- Straßburger Katechismen 215 → Otto Brunfels
- Stellungnahme Johannes Seegers
  – Artikel II 83

Kirchenordnung
- Zwölf Artikel Johannes Schwebels 119, 265f.
- 22 Artikel Bucers 247
- 16 Artikel der Straßburger Kirchenordnung 247, 251, 253, 274 → Kaspar Schwenckfeld
  – Obrigkeit (XIV-XVI) 253 → Anton Engelbrecht
  – Gegenartikel Anton Engelbrechts 254

Arzt → Stadtarzt
Aschermittwoch 187
Aufbau
- von Kirche und Gemeinde 11f., 18, 83, 175, 180, 214f., 273 → Johannes Schwebel → Zweibrücken
- der Jugend 281
- im Abendmahlsstreit 139, 143, 162 → Luther → Frankfurt

Aufrichtig, echt/sincer, candidus 12, 17, 21, 81, 84f., 92, 126, 139, 171, 204, 211, 217, 221f., 230, 235, 258, 263, 266, 278
Aufruhr → Unruhe
Aufstacheln
- Luthers durch seine Anhänger 142
Aufstand → Unruhe
Auge 30, 41, 117
- auf Gott gerichtet 51
- verbunden 154 → Gladiator
- Augen Bucers 297
Ausrottung 30, 39, 110
Außen 41
- Gegensatz zu innen 71, 243
- Sakramentstheologisch
  – Äußerlich 13, 18f., 82, 165, 178, 229, 253 → Ex opere operato, Taufe
  – und Wort 25, 229, 231 → Jakob Kautz
  – und Heil 18f.
  – Kommunion außerhalb der Mahlfeier 259
Außendarstellung
- der Züricher Prediger 205
Ausspeien 154
Austritt
- aus dem Kloster 7, 296 → Peter Pithonius, Katharina Ryf

Ausweisung → Exilierung
Autorisierung
- von Publikationen 271 → Straßburg
Autorität 139
- Gottes gegenüber Menschen 253 → Anton Engelbrecht
- Bucers 126, 285, 297 → Thomas Blarer → Bern
- einer Amtsperson 21 → Jakob Schorr
  – Prediger 12, 241 → Johannes Schwebel
  – der Kirchenväter 91, 102 → Cyrill
- im Abendmahlsstreit 139 → Martin Frecht
autorité civile → Obrigkeit, Regiment, Schwert

Bad, Badeort 239, 279 → Bernhard Besserer, Georg Besserer, Franz Kolb → Überkingen → Kur
Bann → Kirchenbann
Banner 211 → Bern, Kappel
baptême → Taufe
Barbarei, Unkultur 257
Barmherzigkeit, Erbarmen/misericordia
- in Gruß 27, 285
- Gottes oder Christi 22, 28, 285
Bastard 148 → Margaretha, Alessandro de Medici
Bauch → Magen
Bauernkrieg 221 → Blutvergießen, Krieg, Militär
Befürchtung 3, 49, 150, 162, 169 → Furcht
Begießen → Wässern
Begräbnis → Grab
- und Christus 15, 127
- Konrad Sam 279
- Liturgische Gestaltung 66f. → Friedrich III., Johann I., Ludwig II.
Beichtvater
- Karls V. 38 → Garcia de Loyasa
Beifall 48, 263
Beispiel, Exempel 14, 62, 83, 98, 130, 183, 217, 232, 259
Bekenntnis 50, 238
- altkirchliches 127
- apostolisches 280

Confessio Tetrapolitana 28
- Normativität der Schrift 29
- Taufe 3, 17–19
- Abendmahl 133
- Apologie 74, 92 → Michael Marstaller
  – Abendmahl 17, 90, 92, 98, 141, 228, 230

Confessio Augustana
- Waffenstillstandsangebot für Unterzeichner 29

– Unterzeichnung durch Oberdeutsche 7f., 29, 56, 71, 98, 125, 127, 143, 153f., 224 → Schweinfurt
– Künftige Unterzeichner (futuri) 61f.
– Art XVII (Wiederkunft Christi) 29 → Täufer
– Apologie 17, 97
  – Art. X (Abendmahl) 126, 191
  – Art. XIII (Sakramente) 178 → Ex opere operato

Städtische und persönliche
– Berner Synodus 57
– Jakob Billicans 156
– der Kemptener Prediger 81f. → Jakob Haistung, Johannes Rottach, Johannes Seeger → Kempten → Stellungnahmen
– Heinrich Nevers zu den Sakramenten 173
– Jakob Kautz' und Wilhelm Reublins 25f.

Belagerung
– Güns' 21f. → Süleyman II. → Güns
– Straßburgs 30 → Lienhard Jost, Karl V.
Belohnung 290 → Augsburg
Benediktiner 68, 72
Beschneidung/Circumcisio
– und Taufe 18, 259
– Christi (Neujahrstag) 75
Besessen → Exorzismus, Teufel
Besitzeinweisung
– Ritus 90 → Ritus
Beständigkeit/constantia 256
– im Herrn 100
– einer Ehe 128 → Hieronymus Heininger
– im Abendmahlsstreit 168, 172, 238 → Berchtold Haller, Luther → Kempten
– der Dissenters 269 → Johannes Schwebel
Bett 188, 239 → Ulm → Hospital
Bettag
– in Straßburg 5 → Türkei
Bibel, Schrift/scriptura 232, 263 → Wort Gottes
– heilige 164, 174, 215, 280 → Johann Heinrich Held
– als begründende Instanz 12, 21, 26–29, 58, 63, 72, 81, 89f., 92, 102, 126, 172, 188, 207, 215, 259, 269 → Heinrich Bullinger, Heinrich Never → Abendmahlskontroverse, Exorzismus, Obrigkeit
– Distanz von biblischen Formulierungen 92
– Schlichtheit 83 → Einfach
– Verachtung 30, 94 → Straßburg
– Auslegung 198, 263
Bible → Bibel, Schrift
bien → Gut
Biene 227f.

Bilder
– Verehrung 290 → Augsburg
– Entfernung 59, 63, 72 → Bern, Lindau
– des Heiligen Valentin 194
Bildung/eruditio 2, 155, 164, 206, 228, 237, 263 → Johann Heinrich Held
→ Schule
– gebildet 4, 44f., 86, 102, 117, 119, 123, 162f., 174, 198f., 208, 253f., 260, 262, 266, 270, 293f., 298
Bildung, wissenschaftliche Beschäftigung/litterae 43, 257 → Otto Binder
Bischof 38, 48, 50, 97f., 102, 179f., 193–195, 198, 221, 290, 296 → Ambrosius, Augustinus, Cyrill, Johannes Fabri, Ennio Filonardi, Philipp von Flersheim, Georg von der Pfalz, Hilarius, Honstein, Sebastien de Montfaucon, Christoph von Stadion, Valentin
– leitender evangelischer Geistlicher 123, 169, 262 → Johannes Schwebel → Lindau, Zürich
Bissig/dentatus, mordax 154
– Brief Luthers an den Frankfurter Rat 138, 152f.
Bittschreiben, Supplikation
– Aufenthaltsgesuch Jakob Kautz' 25–27 → Straßburg
– der Ulmer Prediger 188, 280f. → Hospital
Blasen → Posaune blasen
Blitz 290
Blöde, Blödigkeit 25, 61, 113f. → Jakob Kautz → Schwäche
Bloßstellen/traducere
– und Bucers Apologien 143, 154
– durch Weitergabe eines Bucerbriefes 206 → Heinrich Bullinger
Blumenkranz 3
Blut
– und Kreuz 28, 86, 194
– Fleisch und Blut 26, 90
– und Abendmahl 81–86, 89–92, 98, 133, 140f., 155, 231
Blutvergießen 29f., 49, 67 → Ennio Filonardi, Lienhard Jost, Ludwig II.
Böhmische Brüder 91, 235
Bohnen 3
Bonae litterae 257
Böses, Übel/malum 3, 26, 30, 38f., 52, 60, 66f., 145, 224, 234, 269, 285, 287
– die Bösen 61f. → Altgläubige
Bosheit
– der altgläubigen Gegner Zürichs 62
Böswillig/malignus 119, 121 → Johannes Bader, Johannes Schwebel

SACHREGISTER

Brand
- Niederbrennen von Dörfern 22 → Süleyman II. → Steiermark

Brauch, Gebrauch/usus, mos → Nutzen

Gebrauch
- von Menschen durch Gott 7, 18, 49, 51, 115, 144, 274 → Zürich
- von Gott gegebener Mittel 113
- der Sakramente 26 → Jakob Kautz
  - Chrisamöl 179
- in der innerprotestantischen Abendmahlskontroverse 52
  - persönlicher Gebrauch von Begriffen 79, 84, 103 → Kempten, Zürich
  - gemeinsamer Gebrauch von Begriffen der Väter 229
- der Hilfe anderer 111 → Mandatsstreit

Brauch, Praxis
- der Kirche 3
  - der Apostel 26
  - Praxiserfahrung Johannes Hechtlins 119
- bei Beerdigung 66f.
- Straßburgs bei Hilfeleistung 106 → Heinrich Bullinger
- Tragen von Blumenkränzen 3

Missbrauch
- von Religionskonflikten aus politischen Motiven 52 → Mandatsstreit

Braut 219, 235, 249, 263, 296 → Katharina Ryf

Brautlied 296 → Ambrosius Blarer

Brei 154

Brot, eucharistisches 81–83, 85, 102, 141 → Abendmahlskontroverse, Empfang, Gegenwart Christi, Unio sacramentalis
- des Lebens 229
- und Einheit der Mahlgemeinschaft 155 → Huldrych Zwingli → Gemeinschaft

Einheit von Brot und Leib Christi
- der Natur nach 83, 85, 101, 228, 231
- körperlich 101
- örtlich 85, 89, 101
- der Substanz nach 85, 101
- sakramental 81–83, 90–92, 101f., 140–142, 146, 156, 228 → Jakob Haistung, Luther → Unio sacramentalis

Zuordnung von Brot und Leib Christi
- nur Brot 89, 101, 140, 154, 229f.
  - Bäckerbrot 101 → Johannes Eck
- Leib mit Brot 82f., 89, 92, 215, 230
  - Leib identisch mit Brot 89, 156 → Gottlose

- Proprium des Brotes bleibt 90, 139
- Leib unter Brot 215
- Leib im Brot (lokal) 89, 156
- Symbol 101 → Zeichen
- Figur 83, 102
- Mysterium 101

Bruch, Hernie
- Bartholomeo Fonzio 212, 243, 245
  - Operation (5.6.1533) 250, 275

Bruder
- biologisch 39, 183, 235, 263f., 296f. → Thomas Blarer, Dietrich Ryf
- (Amts)bruder 8, 11, 15, 17, 19, 21, 31f., 42, 85, 92, 99, 101–103, 121–123, 125f., 143, 150, 154, 164f., 169, 180, 184, 188, 198, 206, 218, 221, 227–232, 235, 239, 241, 248f., 256f., 262f., 265, 272f., 278, 281f., 286f., 298
  - in Anrede oder Gruß 4, 12, 15, 18f., 31f., 34, 36f., 40, 43–45, 66, 68, 70f., 77, 80–82, 84, 86, 97, 99f., 118, 120, 122, 128, 146, 148, 157, 161, 163, 165, 171, 173–176, 178, 181, 183, 188, 201, 203, 206, 208, 210f., 213f., 216, 220–223, 227, 235f., 240f., 248f., 254, 258–260, 262, 264, 266, 270, 272f., 285–288, 294, 298
  - brüderliche Ermahnung 281 → Ulm
- falsche 290
- Anerkennung als 101, 103, 262 → Heinrich Bullinger

Brüderlich 146, 206, 224, 257, 281

Brunnen 278 → Ulm

Buch/liber, libellum 74, 125, 179, 188, 285–287
- Verkauf 45 → Johannes Rimpius, Christoph Sigel
- konkretes 77, 138, 142, 173, 179, 207, 215, 241, 248, 257, 280–282, 287 → Ambrosius, Augustinus, Luther, Heinrich Slachtscaef → Frankfurt, Türkei, Ulm
- Kauf 250, 291 → Gereon Sailer, Margarethe Blarer

Buchhändler 138 → Johannes Vernier

Buchstabe
- und Bibel 287, 290 → Gereon Sailer, Heinrich Slachtscaef

Bund 110 → Bündnisse
- Taufe 18
- Alter und Neuer 18

Bündel
- von Briefen 149

Bundesgenosse 60, 111 → Bern, Zürich → Bündnisse

Bündnisse
- und Glaube   97   → Heinrich Bullinger   → Zürich

Geographisch
- Eidgenossenschaft   52, 62, 97, 107, 111
 - Alte   36
 - Aufkündigung   59 → Heinrich Bullinger

Protestantisch   29, 48, 63, 106, 108, 110f., 143, 211 → Kappel, Schmalkalden, Zürich
- Gefährdung durch Abendmahlskontroverse   139, 153
- Bundestag   153 → Schmalkalden

Altgläubig
- Fünf Orte   35f., 48, 52, 58, 97, 106f., 109, 112f., 210f., 217, 239
- zwischen Papst und schweizerischen Altgläubigen   49, 113

Bürgerrecht   59
Burgrecht   111
Buße, büßen   29, 53
Butter(schmalz)   42 → Simon Grynaeus

Cène → Abendmahlsfeier, Abendmahlskontroverse
- *institution de la C.* → Einsetzung
- *manducation de la C.* → Empfang
- *présence du Christ dans la C.* → Gegenwart C.

chair → Fleisch
chrétien → Christen, christlich
Christ → Christus, Sohn Gottes
- *divinité du C.* → Gottheit C.
- *humanité du C.* → Menschheit C.
- *incarnation du C.* → Menschwerdung C.

Christen, christlich   6, 25f., 36, 50f., 53, 57, 62f., 66, 81, 92, 94f., 99, 107, 110, 115f., 130–132, 134f., 139f., 154, 162, 173, 187, 200, 202, 221–223, 246, 251, 253–255, 257, 263, 269, 272, 275, 290 → Kirchenordnung, Kirchenzucht, Konzil
- Anerkennung als   26, 81 → Heinrich Bullinger, Jakob Kautz → Kempten
- wahrer Christ   98
- werden   26
- Lehre, christliche/Christi   7, 26f., 30, 48, 50 → Lehre
- Liebe   14, 49, 58, 60, 63, 109, 121, 224 → Liebe
- Frieden   14, 57, 133 → Frieden
- Eintracht   3, 81, 89, 224 → Einheit
- Freiheit   18 → Freiheit
- unchristlich   17 → Schwert
- Verfolgung   38 → Karl V.
- Gemeinwesen   71, 125, 219, 224, 263, 265 → Gemeinwesen

Christentum/christianismus   139
Christus   3, 7, 12, 14f., 19, 25, 27, 32–34, 36, 38–40, 43, 45, 50f., 53, 62, 66, 85f., 90, 93, 97f., 100, 110, 115, 118–122, 126, 130f., 139, 146, 152f., 158f., 161f., 165, 167–169, 171, 174–176, 179, 181–183, 194–198, 200f., 203, 210–217, 220–224, 227–229, 231f., 235f., 241, 244, 249f., 255f., 258–260, 262–266, 268–270, 278f., 282, 285–287, 292, 298 → Diener, Ehre, Eifer, Freiheit, Geist, Hirte, Kirche, Lehre, Reich, Ruhm, Teilhabe, Teufel, Ubiquität, Unio, Vater

Gottheit   56, 85
- und Geist → Geist
- Leugnung   29 → Thomas Salzmann

Menschheit und Menschwerdung   83, 85, 90, 127, 172 → Johannes Bugenhagen, Heinrich Never
- Advent   85
- Fleisch   90, 98, 141, 156 → Cyrill von Alexandrien
- Seele   127
- Namen   7, 12, 42
- Leiden, Kreuz und Tod   15, 48, 83, 140f., 164, 194 → Sünde
 - Auslieferung, Verrat   131
 - Verdienst   15, 18
- Auferstehung   83
- Werk   14
- als Richter → Richter

Als Heilsmittler   15, 18, 21, 27, 48, 84, 86, 200, 221 → Erlösung
- Wahrheit   14, 62, 81, 84, 92, 112, 138, 273
- als Geber   7, 231, 270
- rechtfertigt allein   13, 18f., 25, 52, 84, 97, 146, 153, 164, 194 → Kaspar Greber → Werke
- Evangelium   12, 72, 126, 153, 221, 282, 285
- wird gepredigt   11f., 21, 60, 138, 142, 269, 286 → Luther, Heinrich Slachtscaef, Johannes Schwebel
- Glaube an   13, 18, 59, 92, 138, 140, 231, 235
 - rechtfertigt   18f., 143, 153
- Wahrnehmung   15
 - und Sakrament   18, 21, 84
  - in Taufe   15
- Gegner   50, 52, 67, 179, 238

Chronik   128 → Johannes Aventin
ciel, céleste → Himmel, himmlisch
cœur → Herz

SACHREGISTER

colère → Zorn
Communicatio idiomatum 127
Communio sub una 290
communion → Gemeinschaft
concile → Konzil
concorde → Eintracht, Konkordie
Confessio Tetrapolitana → Bekenntnis
confession de foi → Bekenntnis
connaissance → Erkenntnis
conscience → Gewissen
Contemplatione fidei 229 → Glaube, Gegenwart Christi
Cooperatio
– theologisch 83
corps → Leib
crainte → Furcht, Gottesfurcht
croix → Kreuz
culte → Gottesdienst, Liturgie, Messritus

Dach 235
Dämon 130
Dekalog 280 → Gebot
Demut, Demütigung 28, 100, 112, 116, 123, 130, 221, 285, 287 → Johannes Hechtlin → Zürich
Deuteler 102
diable → Satan, Teufel
diacre → Diakon, Helfer
Diakon, Helfer 2, 9, 19, 21, 32f., 39, 76, 82, 91, 116, 134, 162, 164, 180, 191, 202, 204, 208, 212, 214, 221, 224, 235, 253, 263f., 298 → Jakob Bedrot, Andreas Bodenstein, Hieronymus Guntius, Jakob Haistung, Johann Heinrich Held, Konrad Hubert, Johann Rottach, Gervasius Schuler, Johannes Seeger, Kaspar Steinbach, Simon Steiner, Johann Rudolf Thumysen, Bernhard Wacker → St. Gallen, Schaffhausen
Diener
– Christi 63 → Prediger
Dienerin 239
Dienstordnung 178 → Johannes Hechtlin → Zweibrücken
Dieu → Gott, Vater
Diktator 114 → Rom
Dirne 98
Diskriminierung 48
Disputation, Diskutieren 14f., 52, 74, 89, 121, 224, 235, 243, 256, 282, 286, 293, 296, 298 → Jakob Augsburger, Michael Marstaller → Abendmahlskontroverse

Diskussion → Gespräch
– des alten Glaubens
– in der Schweiz 107

– Bucers mit Kaspar Greber 193
– über das Abendmahl 97, 102, 157, 230
→ Theobald Billican, Heinrich Bullinger, Urbanus Rhegius

Disputationen
– Badener (21.5. – 8.6.1526) 101
– Berner (6.–26.1.1528) 56, 62, 126f.
→ Bern
– zwischen Jakob Kautz und den Straßburger Predigern (Juni 1528) 25
– Antrag der Straßburger Prediger beim Rat 27f., 30
dissidents → Dissenters
Dissenters
– in Konstanz 94, 297 → Margarethe Blarer, Thomas Blarer
– in Zweibrücken 11, 269 → Georg Pistor, Johannes Schwebel
– in Straßburg 243, 247, 293
– und Bucer 21, 94, 197, 243 → Straßburg, Synode
Dogma 270, 273 → Lehre
– dogmatisieren 15 → Paulus → Freiheit
– Höhe 85 → Abendmahlskontroverse
dogme → Dogma, Lehre
Dominikaner 8, 247 → Gallus Korn, Peter Pithonius
– Kloster 7 → Nürnberg
– Konvent 8 → Peter Pithonius → Heidelberg
don → Gabe
Dornig 101 → Leo Jud
Drache 30 → Lienhard Jost, Karl V. → Apokalyptik
Dreist, unverschämt/procax 153, 223
Dreizehner (Ratsgremium)
– in Basel 110
– in Straßburg 52, 109, 111f., 114, 126
Drohbrief 290 → Augsburg
Drohne 227f.
Druck 157, 172, 293 → Orte, Personen
– Rat oder Absicht zur Veröffentlichung 119, 155, 198, 262, 281f.
– Rat, davon abzusehen 127
– Vermutung zu Druckort 142 → Friedrich Peypus → Nürnberg
– Nähere Umstände eines Druckes 170 → Ambrosius Blarer → Augsburg
– Überlegungen zur Verkäuflichkeit 281f. → Martin Frecht
Drucker 170, 198
– in Augsburg 170 → Philipp Ulhart
– in Basel 282 → Martin Frecht
– in Freiburg i.Br. 50 → Johann Faber
– in Hagenau 29 → Valentin Kobian

– in Nürnberg   75, 77, 142   → Jobst Gutknecht, Friedrich Peypus
– in Rostock   310   → Ludwig Dietz
– in Straßburg   7, 13f., 18, 29, 45, 76, 127, 257, 184, 257, 281, 293   → Hans Albrecht, Matthias Apiarius, Balthasar Beck, Jakob Cammerlander, Johann Herwagen, Valentin Kobian, Wolfgang Köpfel, Wendelin Rihel, Georg Ulricher
– in Ulm   76, 138   → Johannes Vernier
– in Wittenberg   77   → Hans Lufft
– in Zürich   50, 281   → Christoph Froschauer

Dualismus
– in Eschatologie   29

Dumm, töricht/stultus   19, 285

Dürftige Stube   188   → Ulm

École → Schule
Écriture → Bibel, Schrift
Église, église → Kirche

Ehe   43   → Simon Grynaeus
– allgemein   72, 134   → Lindau → Kirchenordnung
– und Kreuz   182
– Eheschließung   72, 182, 188
  – Elisabeth von Hessen und Ludwig II. von Pfalz-Zweibrücken (10.9.1525)   68
  – Berchtold Haller und Apollonia vom Graben (August 1529)   239
  – Thomas Gassner und Katharina von Ramschwag (1530)   71
  – Nikolaus Thomae (1531)   17
  – Ambrosius Blarer und Katharina Ryf (August 1533)   134, 182, 188, 200, 219, 235, 251, 263, 296
    – Wunsch, Bucer möge sie trauen   296
  – Hieronymus Heininger und eine Straßburgerin (1533)   128
  – Alessandro di Medici und Margaretha von Parma (29.2.1536)   148
– Aufhebung   148   → Heinrich VIII.

Ehefrau/uxor   3, 39, 43, 45, 71, 73, 128, 159, 165, 169, 198, 235, 239, 245, 259, 263f., 269, 294, 297f.   → Melchior Ambach, Elisabeth Bucer, Wibrandis Capito, Katharina Gassner, Apollonia Haller, Hieronymus Heininger, Margaretha Hubert, Bartholomaeus Myllius, Johannes Rimpius, Katharina Zell
– schlechte Behandlung   239

Ehegatten   188   → Ulm

Ehelosigkeit   134, 176, 180, 290
→ Christoph Sigel

Ehemann   52

Ehre, ehrenhaft/honos   41, 98, 156, 202, 234, 285, 290

Ehre, Ruhm/gloria   60
– Christi, Gottes   15, 21, 28, 30, 50f., 53, 57, 60, 62, 66f., 108, 114f., 144f., 164f., 167, 174, 197f., 202, 224, 228f., 240, 263, 293

Eid, Schwur   36, 38, 42, 62, 211, 254
→ Bern
– der Prediger   187   → Ulm

Eidgenossenschaft → Bündnisse

Eifer   49, 202, 292
– für Christus   229   → Luther
– Reformeifer   121
  – übermäßiger   202, 256   → Otto Binder, Georg Pistor, Dominicus Zili

Einfach, einfältig/simplex   63, 85, 97, 114f., 268, 270, 272   → Heinrich Bullinger, Johannes Schwebel
– die einfacheren Menschen
  – und die Dissenters   12, 21, 29f.
  – und die Papisten   168
  – Anstoß an Neuerungen   270
– Lesart der Schrift   83
– Kennzeichen der Wahrheit   168, 253f.
→ Anton Engelbrecht

Einführung
– der Reformation   35, 56, 67, 69, 72, 75, 117, 158, 214, 290   → Augsburg, Bern, Biberach, Landsberg, Lindau, Nürnberg, Schweiz, Ulm, Zweibrücken → Mehrheitsprinzip
– Widerstand   56
– altgläubiger Zeremonien   36   → Kappel

Einheit, Einigkeit/unitas
– von Kirche oder Gemeinde   3, 30, 60, 84f., 139, 153, 165, 187, 224, 241
– in der Lehre   11f., 18, 21, 26, 30, 60, 85, 126, 168
– der Prediger   17, 165   → Augsburg, Zweibrücken
– im Abendmahlsstreit   85, 92, 132, 139, 161, 187, 228   → Luther → Frankfurt
– trinitarische   98
– christologische   85, 229
– der protestantischen Obrigkeiten   61
– der schweizerischen Protestanten   108, 112

Einheitlichkeit → Liturgie

Einigungsverwandte   110

Einsetzung   231
– des Ehestandes   182
– der Sakramente   21
  – (Kinder)taufe   14, 18, 269
  – Abendmahl   82f., 85, 102

– eines evangelischen Predigers 158 → Prediger
Einsetzungsworte
– des Abendmahls 82–84, 90–92, 102, 140f., 156, 207, 215
Eintracht/concordia 235
– in Gemeinde 13, 18, 21, 31f., 81f., 85, 89f., 92, 165 → Augsburg, Kempten, Zweibrücken
– zwischen Bucer und den schweizerischen Theologen 210, 224, 230, 262
Einvernehmen
– zwischen Bucer und den schweizerischen Theologen → Eintracht
Einwohnung
– Christi 97f., 206
Eisen, eisern 30
Eltern 52, 278
– zu taufender Kinder 259
Empfang beim Abendmahl/manducatio 83f., 90, 126, 140f., 146, 155, 231
→ Abendmahlskontroverse, Brot, Gegenwart Christi
– im Unterschied zum Gemeinschaftmahl 140 → Huldrych Zwingli
– besser bei Altgläubigen als Oberdeutschen (Luther) 140
– geistlicher 83, 92, 133, 146 → Geist, Glaube, Seele
– leiblicher 83, 89f., 141, 156 → Unio sacramentalis
   – im Unterschied zum bloßen Glauben an Christus 156 → Martin Frecht, Huldrych Zwingli
– fleischlicher 98 → Cyrill
– mentaler 85, 89, 140
– mit dem Herzen 133, 146, 154
– mit der Seele 92, 140
– mit der Hand 139, 146, 154
– mit dem Mund 82, 133, 139, 146, 154, 215
   – Unterschied zu außersakramentalem Essen 133
– mit den Zähnen 83
– mit dem Bauch 83, 85, 89, 133, 139, 146, 156, 228
– durch Gottlose 82–85, 90f., 141f., 156 → Gottlose
Empfehlung 67, 188, 193, 219, 224, 229, 234f., 237, 239, 265, 279, 282, 291
– als Gruß 39, 68, 73, 85, 123, 169, 203, 212, 235, 239, 249, 263, 273, 282, 298
– für Stelle 34f., 256 → Gervasius Schuler, Jakob Augsburger
   – durch Bucer 2, 17, 117f., 198, 241 → Johannes Frosch, Hieronymus Guntius, Johannes Hechtlin, Georg Pistor
– als Ehegattin 134, 200 → Katharina Ryf
– Luthers, bei Altgläubigen statt bei Oberdeutschen zu kommunizieren 140
Ende, beenden 82, 146, 165, 173, 217, 251, 278, 288, 290 → Vollendung
– der Welt 223
– der endzeitlichen Strafen 29 → Bekenntnis
– der Frankfurter Frühjahrsmesse 121
– des Reichstages von Regensburg 51 → Karl V.
– eines Monats oder Jahres 8, 13, 19, 41, 48, 71, 97f., 107, 113, 118, 126f., 130, 133, 138–141, 146–148, 152, 154f., 162, 168f., 173, 187, 192, 206f., 211, 215, 221, 229, 231f., 262, 275, 295, 297
Engel 130
Entschuldigung 125, 198 → Fortunatus Andronicus, Berchtold Haller
– Bucers 5, 11 → Georg Pistor
Entvölkerung
– durch den Feldzug Süleymans II. 21f. → Kärnten, Steiermark
Epikuräer
– in Straßburg 94, 252f., 292 → Anton Engelbrecht
Erbe
– des Reiches Gottes 90
Erbleichen 279 → Konrad Sam
Erbsünde → Sünde
Erde/terra 49, 93, 172f. → Welt
Erdichtet, ersonnen/fictum
– theologische Probleme 286
– Briefe 266
– und Luthers Schreiben an den Frankfurter Rat 130 → Wolfgang Musculus
Erfolg 214 → Misserfolg
– der Verkündigung Luthers 138, 153
– Konzil als Erfolg des Kaisers 148
– Bucers im Abendmahlsstreit 192 → Vermittlung
– des Heiligen Valentin 194
– des Satans gegen die Reformation 53, 232
– der Straßburger Vermittlung im Streit in Zweibrücken 66
– des Hilfeersuchens Zürichs 110f. → Mandatsstreit
– Werbung Johannes Schwebels um Konrad Hubert 134
Ergebnisprotokoll 205
Erinnerungsmahl
– im Unterschied zur Selbstgabe Christi 140

Erkenntnis 48, 109, 204
- Gottes oder Christi 18, 52, 63, 67
- der Wahrheit 14
- der Bibel 164 → Johann Heinrich Held
- einer Einheit hinter den Abendmahlstheologien 132f.
- der Herzen 60
- der Arglist des Satans 49

Erklärung, Entfaltung/explicatio 68, 91, 192
- und Abendmahl 167f., 191
- von II Thess 2 238
- des Aufenthaltsortes der Seele Christi nach der Kreuzigung 127

Erlösung
- von Osmanen 5
- durch Christus 27, 86, 194 → Christus
  - für alle 25–27 → Jakob Kautz → Heil
  - im Sakrament angeboten 18f., 21
    → Johannes Schwebel → Sakrament

Ermüdet 35, 182

Ernte
- des Herrn 158, 197, 199 → Fortunatus Andronicus, Johannes Rosa

Erwählte 66

Erzieher
- Prinz Wolfgangs von Zweibrücken 176
  → Kaspar Glaser

espérance → Hoffnung

Esprit → Geist

Evangelisch 11, 36, 67, 73, 108, 158, 192, 221, 282 → Evangelium
- Kirchenordnung 59 → Bern

Evangelium 11–13, 21, 26, 49, 57, 60, 63, 66, 72f., 90, 121, 126, 130, 139, 143, 147, 153f., 158, 174, 184, 192, 197, 202, 219, 221, 227, 259, 265, 285–287, 289
→ Fortunatus Andronicus, Hieronymus Hamberger, Philipp Melanchthon, Gereon Sailer, Heinrich Slachtscaef, Kaspar Steinbach, Christoph von Werdenberg → Augsburg, Bern, Schweiz, Weißenburg, Zweibrücken → Christus, Einheit, Reinheit
- und Gesetz 66
- im Mandatsstreit 109f., 112 → Heinrich Bullinger
- im Abendmahlsstreit 141, 153, 229
  → Martin Frech
- Vierzahl 7, 257, 280
  - Johannesevangelium 18
- Diener des 53, 210, 298 → Diener, Prediger
- Annahme des 58, 62, 112 → Bern, Schweiz
  - künftig 61f. → Schweinfurt
    → Bekenntnis

- Vertreibung wegen 282 → Christoph Sigel → Baden (Markgrafschaft)

Ewig, Ewigkeit 53, 173, 275
- Leben 63, 90, 133, 215, 220 → Leben
- Heil, Seligkeit 29, 74
- Tod 194
- Verdammnis 28f.

Ex opere operato 13f., 18, 178 → Georg Pistor → Heil

Exilierung, Ausweisung
- aus Altstätten 218 → Hans Vogler
- aus Baden (Markgrafschaft) 180, 282
  → Philipp I., Christoph Sigel
- aus Bremgarten 34 → Gervasius Schuler, Heinrich Bullinger
- aus Straßburg 25 → Jakob Kautz
- aus Venedig 243 → Bartholomeo Fonzio
- aus Wismar 172 → Heinrich Never
- aus Zürich 41 → Leo Jud
- aus Zweibrücken 241 → Georg Pistor

Exkommunikation → Kirchenbann

Exorzismus 178f.
- bei Taufe 179, 240f., 269f., 272f.
  → Georg Pistor, Johannes Schwebel
  → Nürnberg, Straßburg, Zweibrücken
  → Abschwören
- nicht ursprünglich 179 → Augustinus, Ambrosius
- Ort in Taufliturgie 241
- Grund für Taufverweigerung 269

Explizit 39, 172, 179, 229, 243, 293
- und implizit 82
- und Abendmahl 141, 191

Falsch
- und Dissenters 28 → Straßburg
- Propheten 27 → Straßburg → Todesstrafe
- und Altgläubige
  - Gottesdienst 60, 62 → Bern
- und Protestanten
  - Kenntnisstand Luthers über die Oberdeutschen 229
- Kirche 253 → Anton Engelbrecht
- Brüder 290 → Gereon Sailer → Augsburg
- Welt 60
- medizinisch 186

Fälschung
- eines Bucer-Briefes 266 → Nikolaus Faber

Familie 3, 34, 42, 45, 221 → Simon Grynaeus, Michael Otto, Johannes Rimpius, Gervasius Schuler
- Bucers 43, 121, 239, 298

Fasten
- Fleischverzicht 187 → Ulm

Fesseln 269
Feuer 44 → Wasser
- himmlisches 197, 287 → Fortunatus Andronicus, Heinrich Slachtscaef
- und Abendmahlstreit 133, 139, 152, 155 → Martin Frecht
- Motivation 165, 167, 174, 202, 217, 221 → Michael Otto → Bern, Lindau, St. Gallen
- des Krieges 49, 51 → Zürich → Fünf Orte

Fieber 5 → Straßburg
Figur
- des Leibes Christi 102 → Brot, Gegenwart Christi

Fleisch
- und Blut 26, 90 → Blut
  - im Gegensatz zu Geist und Wahrheit 25, 133, 173, 298 → Jakob Kautz, Heinrich Never
- Christi
  - am Kreuz 156 → Blut
  - im Abendmahl → Gegenwart Christi im Abendmahl
  - *caro vivifica* 90, 98, 156 → Cyrill

Fleischverzicht 187 → Ulm
Florilegium
- Bucers 207

Flotte 22 → Patras
foi → Glaube
Formulierung 2, 26, 82f., 127, 142, 154, 156, 192, 205, 239 → Ambrosius, Augustinus, Blarer, Martin Frecht, Jakob Haistung, Berchtold Haller, Jakob Kautz, Johannes Seeger
- Bucers 18, 67, 119, 153, 244, 266
- der Schrift 50, 92
- der Kirchenväter 90, 229f.
- des Konzils von Chalkedon 85
- der Gegenwart Christi im Mahl → Gegenwart Christi
  - bei den Zürichern 230, 262 → Heinrich Bullinger
  - bei Luther 154
  - bei Melanchthon 191
- im schweizerischen Konfessionskonflikt 48, 107
- Bündnisfähigkeit der Zwinglianer 153

Franziskaner 173 → Wismar
- Bartholomeo Fonzio 200, 203, 212, 218, 222, 227, 235, 238, 242, 245, 250, 256, 263, 275, 291, 298

Freiheit 18, 29, 50, 53, 108, 112, 114, 117, 123, 134, 142, 154, 192, 214, 223, 265 → Zürich → Glaube, Taufe
- und Gesetz 18, 66, 241 → Glaube, Exorzismus, Kindertaufe

- vom Zeremonialgesetz 14f. → Paulus
- Freimut 38, 41, 112, 114, 116, 153, 238 → Leo Jud, Martin Frecht, Konrad Sam
- Befreiung 85, 179, 191, 194, 249, 269 → Katharina von Ryf → Christus, Taufe
- der freien Stadt Straßburg 117

Freilassung aus der Leibeigenschaft 180 → Konrad Hubert
Fremde 34, 182
Fremder 259
Freude/gaudium 34, 57, 182, 293
- über erhaltenen Brief 44, 171

Freudenmädchen 154
Freund, Freundin 2, 8, 17, 39, 44, 57, 77, 93, 112-114, 116, 118, 121, 123, 125, 131, 134, 180, 182f., 191, 199, 203, 219, 221, 224, 235, 239, 243f., 248-250, 263f., 274, 291, 297f. → Jakob Bedrot, Ambrosius Blarer, Margarethe Blarer, Johannes Frosch, Simon Grynaeus, Konrad Hubert, Georg Maurer
- in Adresse 43, 75, 216 → Michael Marstaller, Christoph Sigel, Martin Uhinger

Freundschaft 34, 69, 94, 97, 99, 121, 128, 146, 156, 164, 191, 198 → Theobald Billican, Margarethe Blarer, Martin Frecht, Berchtold Haller, Philipp Melanchthon, Konrad Sam

Friede 5, 14f., 17, 19, 30, 32, 57, 60, 68, 97, 99, 115, 121, 133f., 175, 268 → Zweibrücken → Waffenstillstand
- in Anrede oder Gruß 27, 44, 56, 71, 74, 80, 106, 119f., 196, 122, 171, 210, 217, 220, 255, 259, 265, 285
- zwischen Bucer und Schwenckfeld 121 → Johannes Bader
- zwischen Bucer und den Schweizer Protestanten 230 → Eintracht
- im Abendmahlsstreit 8, 17, 125, 139, 142, 155, 205, 207, 232
- in Kempten 89, 92f.
- mit den Altgläubigen 11, 232 → Zweibrücken

Friedensschluss 38, 48 → Karl V.
- zwischen Protestanten und Katholiken in der Schweiz → Kappel
- zwischen Zürich und den Fünf Orten im Mandatsstreit 97 → Bern
- zwischen Karl V. und Clemens VII. (Barcelona 29.6.1529) 38, 148

Fristgerecht 2 → Hieronymus Guntius
Fromm, Frömmigkeit, Rechtgläubigkeit/pius, pietas 17, 42, 44, 51f., 56, 58f., 62, 71, 83, 86, 91, 97, 114, 141, 146, 155, 159, 194, 202, 204f., 211, 219, 225, 228, 231, 246, 250, 272

Frucht 3, 12f., 30, 75, 84, 115, 143, 158, 231, 253
Fruchtbar 21, 123, 257
Frühstück/prandium 278 → Konrad Sam
Fundament 214
Fünf Orte → Bündnisse
Fürbitte → Gebet
Furcht 130, 165
– Gottes oder Christi 50f., 58, 134, 243, 263, 286f.
– vor Gegnern im schweizerischen Konfessionskonflikt 48f., 62 → Bern
Furie 130, 293 → Luther → Straßburg → Dissenters
Fürsorge → Sorge
Fürst, Herrscher/princeps 13, 22, 66–68, 119, 123, 180, 265f., 268–270, 272f. → Friedrich der Weise, Johann der Beständige, Ludwig II., Ruprecht → Begräbnis, Kirchenordnung
– protestantische 139
 – lutherische 172f. → Heinrich Never, Heinrich V., Albrecht VII. → Wismar
– und Stellenbesetzung 175f. → Johannes Schwebel → Zweibrücken
– der Welt, Teufel 179
– Bischof 194 → Wilhelm Graf von Honstein → Straßburg
– Kaiser 38 → Karl V.
Fuß 38, 70, 279
– Fesseln 247

Gabe 51, 158 → Christus, Geschenk, Hase
– Christi/Gottes 7, 14, 18, 67f., 71, 91, 131, 141, 153, 164, 223, 231 → Kreuz
– Abendmahl als Gabe 90f., 140f., 156, 229–231
– Terminologie
 – *donum, donatio* 7, 14, 67f., 71f., 117, 153, 164, 169, 223
 – *dos* 99, 164
 – *exhibitio* 15, 44, 89f., 116, 140f., 162, 179, 221, 229, 235 → Exorzismus, Heil
 – *munus* 66f., 188, 223
 – *oblatio* 14, 18, 21, 81, 91, 140f., 152, 155f., 161, 188, 221, 230f., 256, 280 → Taufe
 – *traditio* 90f., 141f., 149, 170, 173, 192
Gast
– Bucers 169 → Bartholomeo Fonzio
Gastgeber
– Bucers 234 → Ambrosius Blarer
Gasthof → Herberge
Gebein, Knochen/os
– und Zugehörigkeit zu Christus 90, 141, 230

Gebet, Bitte 8, 12, 14f., 19, 21, 35, 39, 56, 68, 71, 81, 84, 86, 99, 143, 150, 165, 169, 173, 179, 197, 207, 221, 224, 228, 241, 269, 273, 280
– Früh- oder Abendgebet 280 → Ulm
– altgläubiges 181
Gebot
– von Menschen, nicht Gottes 63
– Dekalog 280
Gebrauch → Brauch
Geburt
– Irene Bucer (5.2.1533) 94, 134
 – Gratulation 150 → Simon Grynaeus
– eines Sohnes Bucers (Oktober/November 1530) 43 → Simon Grynaeus
– und Taufe 3, 269
Geburtsort
– Biberach 2, 76, 214 → Hieronymus Guntius
– Bruchsal 180 → Christoph Sigel
– Kempten 168 → Paul Rasdorfer
– Wismar 172 → Heinrich Never
Gedächtnis, Gedenken/memoria 12, 108, 114, 116, 210, 235
– Christi 52, 85, 98, 195 → Kaspar Greber
 – im Abendmahl 140, 207
– einzelner Personen 2, 56, 71, 119, 155, 158, 214, 263, 292, 298 → Melchior Ambach, Ambrosius Blarer, Margaretha Blarer, Bartholomeo Fonzio, Johannes Frosch, Thomas Gassner, Bartholomaeus Myllius, Johannes Oekolampad, Johannes Rosa, Martin Uhinger, Huldrych Zwingli
– handschriftlich im Buch 250 → Margarethe Blarer
– an etwas erinnern 157, 179, 293 → Melchior Ambach, Urbanus Rhegius
Geduld/patientia 35, 45, 66, 130, 187, 202, 279 → Georg Pistor, Johannes Rimpius → Mehrheitsprinzip
Gefahr, Gefährdung 11, 14, 38, 50, 83, 108–110, 112, 114, 125, 143, 149, 178, 199, 202f., 290 → Olivetan → Augsburg, Bern, Konstanz, Zürich, Zweibrücken → Bündnisse, Ex opere operato
Gefäß 290
Gegenklage
– Zürichs gegen die Fünf Orte 113
Gegenwart Christi im Abendmahl 82, 85, 92f., 102, 126, 128, 140, 156, 182, 192, 207, 224, 228f. → Abendmahlskontroverse, Bibel, Christus, Herz, Unio, Wort
– im Unterschied zur Abwesenheit Christi 228f. → Contemplatione fidei
– Differenz Bucers zu Zwingli 140

SACHREGISTER

Leibliche Gegenwart 77, 81–85, 89–92, 98, 101f., 126, 128, 133, 139–141, 146, 154–156, 167, 192, 207, 215, 230f. → Heinrich Bullinger, Cyrill, Jakob Haistung, Luther, Johannes Rottach, Johannes Seeger, Zwingli → Kempten
→ Kirche
- σωματικῶς 97 → Cyrill
- im Unterschied zu räumlicher Gegenwart 133

Art und Weise 81–83
- praesentia realis 11, 25, 140–142, 155 → Jakob Kautz, Georg Pistor, Johannes Schwebel → Zweibrücken
- praesentia carnalis 82f., 90f., 98, 127, 140–142, 156, 230 → Fleisch, Gebein
- praesentia essentialis 82
- praesentia figuralis 83, 207
- praesentia localis 83, 85, 89, 133 → Brot
- praesentia naturalis 82f., 85, 89f., 98, 101, 140f., 228, 231 → Hilarius
- praesentia personalis 140
- praesentia sacramentalis → Unio sacramentalis, Symbol, Zeichen
- praesentia sensualis 139f., 231
- praesentia spiritualis 82f., 133, 146
- praesentia vera 81–85, 89, 91f., 133, 140–142, 146, 155f., 215, 231

Geheime Räte
- Dreizehner 114 → Straßburg
- Fünfer 188, 281 → Ulm

Geheimnis, Geheim 110, 114 → Philipp von Hessen
- und Eucharistie → Mysterium

Gehirn 186

Gehorsam 30, 221
- gegenüber Obrigkeit 30, 57
  - Prediger 187, 270 → Ulm, Zweibrücken
- gegenüber Christus 25, 98
- gegenüber Predigern 58

Geist 21, 38, 210f., 285–287, 292f., 298

Geist, Seele/spiritus
- in Gruß oder Anrede 36
- Lebensgeist 279 → Konrad Sam
- Person der Trinität 13f.
- heiliger 14, 27, 179, 197f., 273, 297
- Gottes oder Christi 12, 14, 18f., 31, 47, 121, 168, 197, 206, 210, 221, 223, 244, 250, 270, 287
- Einheit 164, 175
- erneuert 18
- lehrt 14
- Diener 62 → Prediger

- geistlich im Unterschied zu leiblich, weltlich 26, 82f.

Geist, Herz, Haltung/animus 12, 15, 21f., 32, 34, 42, 44, 67, 74, 77, 89, 99, 119, 121, 123, 145, 150, 154, 159, 168, 175, 182, 184, 191, 197f., 210–212, 215, 221, 225, 234, 239, 243, 249, 262, 268, 272, 278f., 283, 285–287, 290, 293, 297f.

Geld/pecunia → Gulden, Heller, Lohn
- als Gegenüber zur Frömmigkeit 194 → Kaspar Greber
- Außenstände der Straßburger Drucker 45, 76f., 138 → Hieronymus Guntius, Johannes Rimpius, Johannes Vernier
- Umwidmung von Messstipendien in Studiengelder 198 → Straßburg
- Kaution für protestantische Prediger → Kaution
- Belohnung zur Erfassung des Verfassers des Drohbriefes in Augsburg 290
- Finanzhilfe des Papstes für Fünf Orte 48, 112
- Finanzen des Kaisers 61
- Finanzzuweisung für den Augsburger Bischof 290

Kosten
- Bucers Reise in die Schweiz 237
  - Geldsendung Margarethe Blarers 245, 250f., 290, 296–298
- Operation Bartholomeo Fonzios 243
- Übersiedlung Peter Pithonius' nach Windsheim 7
- für den Druck des Buches Heinrich Slachtscaefs 288

Gelübde 194

Gemeine Herrschaften 35f., 41, 48, 58f., 73, 107, 197, 218 → Rekatholisierung

Gemeinschaft/communicatio, communio, κοινωνία, participatio 35, 66, 161, 178f., 224, 278 → Communicatio idiomatum
- der Gemeinden 142f. → Oberdeutsch
- im Abendmahl 140, 155–157, 290 → Huldrych Zwingli → Zeichen
  - mit Christus 85, 90, 98, 141, 155f., 230f. → Ambrosius Blarer, Cyrill, Hilarius → Kempten → Fleisch, Gegenwart Christi, Glied, Leib, Wahrheit

Gemeinschaftsmahl
- im Unterschied zur Selbstgabe Christi 140

Gemeinwesen
- *res publica* 71, 114, 123, 139, 198, 210, 217f., 224 → Rom, Straßburg, St. Gallen, Zürich
- christliches 71, 125, 219, 224, 263, 265
- *civitas* 2, 41, 171 → Biberach, Wismar

– heilige 131 → Jerusalem
– Einwohnerschaft 278f.
Genesung 5, 35, 133, 220, 296 → Elsbeth Blarer, Elisabeth Bucer, Gervasius Schuler → Krankheit
Geöffnet
– Briefe Bucers 149 → Simon Grynaeus, Oswald Myconius
Gerechtigkeit/iustitia
– vor Gott 21, 90, 221 → Johannes Schwebel → Christus, Leben
– gerechtfertigt 72 → Messritus
Gericht
– über Worte 27
– Gottes oder Christi 110
 – über Luther 130
 – jüngstes 58 → Bern
– und Gottlose beim Abendmahl 156
Gerichtsbarkeit
– kirchliche 194
– Gerichtsvikar 193f.
Geringste 45, 215 → Johannes Rimpius, Martin Uhinger → Schwache
Gerücht 34
– über die Eheschließung Katharina Ryfs und Ambrosius Blarers 296

Bucer
– Schweinfurter Unterschrift 7, 224 → Konkordie
– Bucer habe widerrufen 44, 126, 172, 224, 230, 238 → Lübeck, Wittenberg
– Bucer verlange, Luther nachzugeben 125 → Berchtold Haller
– von Konrad Hermann verbreitet 230, 238, 282

Straßburg
– Taufalter 3
– Reduktion der Gottesdienste 280

Zweibrücken
– Predigerstreit 32 → Georg Pistor
– Johannes Hechtlin komme nicht 175, 181

Überregional
– Affären Kaiser Karls V. 39
– Giftanschlag auf Kaiser Karl V. 147
– Zürich oder die Schweiz werde rekatholisiert 48, 110
– Militärschlag der altgläubigen Schweizer 211
– Vaterschaft Papst Clemens VII. 148 → Alessandro di Medici
Gesandte, Legaten 28 → Konstanz, Lindau, Memmingen, Straßburg
– Basels 106 → Aarau
– Berns 198, 210f. → Fortunatus Andronicus

– Ulms 154 → Schweinfurt
– Zürichs 106, 211 → Aarau, Baden
– der Fünf Orte 210 → Mandatsstreit
– des Papstes 39, 48 → Lorenzo Campeggio, Ennio Filonardi
Geschenk → Gabe
– für Bucer 158, 250 → Margarethe Blarer, Johannes Rosa → Gulden, Hase
Geschichtstheologie 50 → Kappel
Geschick 7, 182, 296
Geschirr 238
Geschlechtertrennung
– im Ulmer Hospital 188
Gesetz 290
– und Evangelium 66
– und Paulus 14f.
– Observanz 15
– der Nächstenliebe 254
– weltliches 97 → Zürich
 – des Kaisers 290 → Augsburg
 – Bündnisbestimmungen 97
Gesicht, Angesicht 52
– Gottes 63
 – Abwendung 223
– Gemeinwesen 125 → Bern
– Kirche, Gemeinde 125, 257 → Lindau, Straßburg
Gespräch
– im Unterschied zu schriftlicher Kommunikation 89, 97, 144, 154, 162, 169, 182, 293 → Melchior Ambach, Ambrosius Blarer, Jakob Haistung, Johannes Rottach, Johannes Seeger, Heinrich Bullinger, Oswald Myconius → Basel, Konstanz, Zürich

Bucers
– mit Luther auf der Veste Coburg (1530) 140
– mit Zwingli in Zürich (12.10.1530) 162
– mit Gervasius Schuler in Straßburg 34
– mit Simon Grynaeus in Basel 243
– mit Gereon Sailer in Straßburg (nicht nachgewiesen) 187
– mit Berchtold Haller in Bern 239
– mit Konrad Hermann in Bern 230
– mit den Züricher Predigern in Zürich (Mai 1533) 97, 205
– mit Anton Engelbrecht (Juni 1533) 252f.

Andere
– Heinrich VIII. mit Franz I. in Boulogne/Calais (1532) 148
– Fünf Orte mit dem Vertreter des Papstes 113
Gesprächsangebot
– Bucer an Engelbrecht 251–253

SACHREGISTER

Gesund und Krank → Fasten, Fieber, Hospital, Katarrh, Krankenkommunion, Pest
- gesund/sanus 5, 63 → Bern → Genesung
  - Lehre 175 → Johannes Schwebel
  - Bucer 162
- Kranke 188 → Ulm
  - und Abendmahl 259
- krank im übertragenen Sinne 234

Allgemeinzustand 35, 44f., 74, 76, 187
→ Michael Marstaller, Johannes Rimpius, Gervasius Schuler → Fasten
- Elsbeth Blarer 219f., 235, 275, 296
- Fieber in Bucers Familie 5, 162, 239
  - Erkrankung Irene Bucers (Juli/August 1533) 95, 134

Kopf
- Wolfgang Capito 178
- Luther 192
- „Katarrh" Konrad Sams 180, 186, 280, 282

Augen
- Bucer 297

Hände
- Jakob Kautz 25, 42
- Michael Marstaller 75

Gewährsmann 39 → Türkei
Gewandtheit/dexteritas 13, 181, 217, 265 → Joachim Vadian
- Bucers 34

Gewissen, Bewusstsein/conscientia 14f., 62f., 84, 92, 108, 168, 178, 223, 253, 268–270, 273
- und Teilnahme am Abendmahl 108f.
- und Bucers Gutachten zum Kemptener Abendmahlsstreit 169 → Johannes Rottach, Johannes Seeger

Gift 147, 293
- Anschlag auf den Kaiser 147 → Karl V.

Gladiator 154 → Andabaten
Glaube/fides 11f., 19, 25, 28–30, 35f., 47, 50f., 61, 67, 81, 84, 110f., 131, 138, 153, 157, 172, 211, 214f., 220, 229, 231, 235, 289 → Einheit, Freiheit, Mehrheitsprinzip, Schwache
- in Adresse oder Anrede 32, 118, 174, 176, 213, 258, 288f., 292

an Christus 13, 18, 97, 140f., 156, 210, 231
- aus dem Hören 12
- nicht zu erzwingen 214
- Entwicklung 21, 71
- und Einheit 12, 83, 235
- allein aus Glauben 18f., 143, 153
  → Rechtfertigung

und Sakrament oder Abendmahl 82–85, 133, 140f., 146, 178, 235 → Jakob Haistung
→ Ex opere operato, Gottlose
- contemplatione fidei 229
- vorgeblicher 84, 214
- katholischer 38, 107, 117, 256 → Jakob Augsburger, Karl V., Johannes Meisenheimer
  - Rückkehr der Protestanten 49
  - zweifelsfreier („ungezweifelt") 50, 107 → Kappel
- Glaubwürdigkeit und Treue 8, 11, 45, 130, 169, 174f., 212, 221, 256 → Ambrosius Blarer, Johannes Rimpius, Johannes Schwebel

Glaubensbekenntnis 25f., 280 → Jakob Kautz → Ulm
- altkirchliches 127

Gläubige/fideles 25, 98, 253, 269
Gläubiger 77 → Hieronymus Guntius
Glied
- (am Leib) Christi 26, 59, 90f., 97f., 110, 141, 230, 250, 281

gloire → Ehre, Ruhm
Glück, glücklich 34, 43, 51, 62, 66, 68, 70, 77, 97, 118, 125, 134, 153, 157, 167, 187f., 197, 214, 220, 257, 263, 266, 296, 298

Glückwünsche 2, 7, 43, 50, 66, 68, 150, 182, 206, 298 → Ambrosius Blarer, Irene Bucer, Heinrich Bullinger, Johannes Schwebel → Eheschließung, Geburt

Gnade, Gunst, Dank/gratia 4, 15, 18f., 27, 42, 49, 52, 56–58, 62, 71, 74, 84, 94, 97, 106, 113, 115f., 126, 132f., 142f., 156, 159, 165, 173, 178, 180, 198, 200, 204, 214, 219, 221, 223, 228, 231, 234, 237, 243, 255, 273, 278, 293, 296
- in Anrede 4, 20, 27, 33, 44, 47, 53, 56, 80, 106, 119f., 122, 132, 171, 196, 203, 206, 210, 214, 217, 220, 255, 259, 265, 272, 274, 285

Gold 214, 250 → Gulden
Gottebenbildlichkeit 60
Gottesdienst → Liturgie, Messritus
Gottesfurcht → Furcht, Teufel
Gotteslästerung → Lästerung
Gottlos, Gottlose/infidelis, impius 28, 35, 51, 194, 197, 239, 270
- und Abendmahl 82–85, 90f., 141f., 156 → Martin Frecht, Luther → Kempten → Gegenwart Christi
  - Kirchenväter 91

Gottselig 51, 62f., 115
Grab → Begräbnis
- Christi 127

– Konrad Sams   279
grâce → Gnade
Gratulation → Glückwünsche
Greis/senex   158, 176, 234, 285
  → Johannes Frosch, Heinrich Slachtscaef, Matthias Zell → Sprichwort
Greuel   52, 71f., 165 → Papst
Griechisch → Sprache
Grob   82–84, 114, 138
Großmutter   275 → Elsbeth Blarer
guerre → Krieg
Gulden   7, 48, 237, 296, 298
Gut   32, 67, 76, 81, 117, 143f., 155, 157, 162, 164, 182, 188, 192, 207, 210f., 214f., 222, 224, 254, 263, 272f., 279, 293, 296
– Unterscheidung von Gut und Böse   26 → Kind
– Gute, Gutwillige   67f., 143, 162, 269, 272 → Exorzismus
  – im Abendmahlsstreit   130, 142f.
– bonae litterae   257
Gutachten und Stellungnahmen

Zum Abendmahlsstreit allgemein
– Johannes Brenz und die Ansbacher Theologen zu den Schweinfurter Ereignissen   8
– Bucer zur Confessio Augustana   154
– zu Bucers Apologies   187 → Wolfgang Musculus, Sebastian Maier
– Heinrich Bullinger zu Bucers Konkordienbemühungen   98

Kempten
– Prediger   77, 81f., 89, 91, 167
– Augsburger Prediger zu den Stellungnahmen der Kemptener Prediger   168
– Bucer zu den Stellungnahmen der Kemptener Prediger (BDS 8, S. 55–154)   77, 81, 89–92, 132–134, 167f., 182
– Nürnberger Prediger zu den Stellungnahmen der Kemptener Prediger   168

Straßburg
– Synodalkommission zu den dort gedruckten Schriften (Oktober 1533)   30
– Bucer und Hedio zu Johannes Schwebels Zwölf Artikeln   119
– Prediger über Jakob Kautz   23, 27
– Straßburger Dreizehn über den Bündnisfall (2.12.1531)   111

Nürnberg
– Wittenberger Theologen zur Brandenburg-Nürnbergischen Kirchenordnung   74
– Nürnberger Rat zur Kirchenordnung (5.12.1532)   75

Weitere
– Luther zur Ausbreitung des Evangeliums   192
– Jakob Augsburger   256
– Kaspar Schwenckfeld über die Obrigkeit   275
– Basler Gesandte (16.12.1532)   106
– zu Heinrich Nevers Bekenntnis   173
Güte/benignitas, bonitas   34, 159, 165, 265, 282 → Gut
– Gottes   18, 22, 67, 143, 184, 257

Haar   15 → Paulus
Habe   77, 188 → Hieronymus Guntius
Hafenstadt   15 → Kenchräa
Haft
– Jakob Kautz und Wilhelm Reublin in Straßburg   25f.
– Lienhard Jost im Straßburger Narrenhäuslein (1524)   29
– Heinrich Slachtscaef   285 → Salzlager
Halsstarrigkeit/pervicacia   263
Hand   4, 7, 33, 42, 75, 85f., 117, 170, 265, 278, 283, 288, 296, 298 → Jakob Kautz, Michael Marstaller
– Gottes oder Christi   39, 172, 278f.
– und Abendmahlsempfang   139, 146, 215 → Luther
Handschrift   45, 85, 149, 196, 242, 249, 260 → Fortunatus Andronicus, Ambrosius Blarer, Kaspar Hedio, Simon Grynaeus, Matthias Zell
– Bucers   37, 120, 217 → Johannes Bader, Joachim Vadian
– schöne   259 → Hieronymus Hamberger
Handwerk(er)   2, 147
Häresie
– evangelischer Glaube als   36, 38
  – Ausrottung   39 → Karl V.
Häretiker   12, 15, 38f., 98, 130, 139, 272f.
Härte, Verhärtung   3, 35, 41, 241
  → Gervasius Schuler
Hase   158f. → Johannes Rosa → Gabe
Hass, Abneigung   41, 147, 238, 285
  → Berchtold Haller, Leo Jud, Karl V.
– Gottes   60
– Luthers   130 → Wolfgang Musculus
Haupt/caput
– Körperteil   178, 278 → Konrad Sam
– im übertragenen Sinn   179, 188 → Ulm
– Bucer als   150, 158, 234
Hausfrau   94
Hebräisch → Sprache
Heide, heidnisch   30, 51, 60, 223
– Schriften   164
Heil, Seligkeit   28, 31f., 49, 51, 115, 130, 143, 153, 158, 174, 246

– und Jesus Christus   48, 155 → Christus
– und Sakramente   13–15, 19, 21, 155
  → Valentin Krautwald, Kaspar Schwenckfeld
  – Abendmahlsstreit   146 → Heinrich Bullinger
– und Kirche   162
– für alle, auch Verdammte   27–29 → Jakob Kautz
– Sorge um   74 → Michael Marstaller
– und Verstorbene   127 → Christus
– entsprechendes Handeln   49, 62f.
  → Bern, Zürich
– und Äußeres   14, 18f. → Huldrych Zwingli → Ex opere operato
Heilig/sanctus   13, 15, 25, 48, 123, 131, 153, 155, 168f., 174, 197f., 202, 211, 212, 221, 230, 234, 237, 262f., 286, 297f.
  → Schrift
– Geist   14, 27, 179, 197f., 273, 297
– Wort   30, 72, 94, 115, 164, 262
  – Gebet, Bitte   235, 296
– Evangelium   57f., 109, 112
– Sakrament   15, 133 → Taufe
– Leib Christi   101
– Lehre   48
– Ehe   134
Heilige   155f., 229 → Kirchenväter
– Christen   18, 92, 285
– kirchlich erhobene   75, 194 → Lucia, Valentin
  – Fürbitte   290 → Augsburg
Heiligung   162, 287, 296
Heilmittel   39, 146, 162
Heilsam, heilbringend   7, 49, 165, 221
  → Lehre
Heilsnotwendigkeit
– der Taufe   11, 18, 269 → Georg Pistor
  → Zweibrücken
– des Zeremonialgesetzes   14f. → Paulus
– des Glaubens an Christus   18
Heilung   194, 243 → Bartholomeo Fonzio, Valentin → Gesund und krank
Heimat/patria   2, 7, 34, 42, 180, 247
Heimkehr → Rückkehr
Heller   244 → Geld
Herberge   1, 68, **202**, 214
Herde
– Gläubige   164 → Johann Heinrich Held
Hernie → Bruch
Herold
– als Bezeichnung für Prediger   12, 40, 174, 212, 256f., 285, 287
Herrschaftsauftrag   60
Herrschaftsbereich, rechtliche Zuständigkeit/ditio
– über Kirche oder Kloster   72 → Isny

– Gebiet   7, 13, 36, 68, 202, 272
  → Thurgau, Zürich, Zweibrücken
Herz/cor, pectus   26f., 30, 39, 50, 57f., 60, 62–64, 66, 71, 75, 108, 110, 113, 115, 121, 125, 127, 133, 146, 165, 169, 172, 197, 245, 247, 250, 253, 265 → Geist, Gegenwart Christi im Abendmahl
– Gegenwart Christi   133, 146, 154
Heu   214
Hilfe   5, 58, 66, 91, 119, 172, 221, 282, 298 → Augustinus
– gegen die Offensive der Osmanen
  → Türkei
– bei der Einführung der Reformation   35, 71f., 214 → Bern, Biberach, Isny, Zürich, Lindau
– im Mandatsstreit   52, 109, 111–113, 210
  → Bern, Zürich → Fünf Orte
– Bucers   7, 21, 41, 45, 76, 161, 173, 198, 259 → Fortunatus Andronicus, Hieronymus Hamberger, Heinrich Never, Peter Pithonius, Johannes Rimpius, Gervasius Schuler
– im Konflikt in Zweibrücken   12, 19, 117, 123, 178, 266 → Kaspar Steinbach, Johannes Hechtlin
– für die Protestanten in den Gemeinen Herrschaften → Bern, Zürich
Himmel, himmlisch   51, 62
– Vater   30, 49, 115, 200, 298
– Christus   49, 85
– Gaben   71
– Feuer   197
– und Abendmahl   85, 231
– Zufall   293
Himmelfahrt
– Christi   83, 85, 127
– Himmelfahrtstag   256
Himmelreich   269 → Reich
Hinausposaunen → Posaune blasen
Hindernis/offendiculum → Anstoßnahme
– in Zweibrücken   13, 15, 21, 269f., 272
– für das Wort Gottes   158 → Johannes Rosa
Hinrichtung   29 → Thomas Salzmann
  → Todesstrafe
Hirte/pastor
– Geistlicher Amtsträger   7, 36, 68, 100, 118, 120, 163, 180, 213, 269, 273, 278f.
– Christus   215
Historiker   128 → Johannes Aventin
Hochamt   147 → Liturgie
Hochzeitsgedicht   296
Hoffnung/spes   32, 97, 100, 121, 125, 145, 157, 176, 210, 221, 235, 251, 263, 274

Höflichkeit/civilitas   130, 234, 247, 295
- unhöflich   34, 234
Hofmeister, Verwalter   188 → Wilhelm Wernitzer → Ulm
Hölle   293
- Leugnung   28f.
- Höllenfahrt Christi   127
homme, être humain → Mensch
Honig   182, 228 → Biene, Ehe, Wespen
Hören   3, 12f., 17, 38, 91, 231, 238, 243, 272, 286
- erhören   121
- und Christus   15, 229
- und Glaube   12
- und Wort   67
  - Hörbarkeit   13, 229
- einer Predigt   81, 238f., 269 → Matthias Zell → Kempten
- Erhalt einer Information   2, 21, 32, 38f., 71, 74, 126, 270, 280
- Hörer   81, 192, 254 → Anton Engelbrecht, Philipp Melanchthon
Horn
- des Heils   32
Hospital, Spital   8, 25, 72, 134, 208, 212 → Jakob Kautz → Esslingen, Isny, Nürnberg, Zürich
- Zustände in Ulm   188
Humanist   66, 75, 193, 223, 254 → Nikolaus Gerbel, Jakob Ziegler
humanité → Menschlichkeit
Hummel   228
Hunger
- physischer   13, 45
- nach Gottes Wort   223
Hure   239 → Latinist

Immatrikulation → Matrikel
Implizit → Explizit
Informationspolitik   98, 211 → Zürich
Inkarnation → Christus
Institution → Einsetzung
Instruktion
- Johannes Zwicks und Wolfgang Capitos für Lindau (Januar/Februar 1532)   72
- der Ulmer Gesandten (29.5.1532)   154
- Johannes Schwebels für Nicolaus Thomae (1.10.1532)   9, 11, 17
- der Straßburger Prediger für Kaspar Steinbach (nach 1.10.1532)   9–15, 19–21, 32
- der Basler Gesandten (18.11.1532)   106f.
- der Züricher Gesandten (16.12.1532)   106
- Heinrichs VIII. zur Konzilsfrage (Ende Januar 1533)   148
- der Fünf Orte für Stephan de Insula   48
Instrument, Werkzeug   49, 224, 257

- Gottes   126, 224, 228 → Luther, Rhellican
- Instrumentalursache   14
- zur Rekatholisierung   36, 58, 73 → Kappel → Schmähung
Intelligibel
- als Gegenüber zu sichtbar   83
Ironie   143, 187, 217
Irritation
- und Zürichs Politik   107, 115, 211 → Bern
- und Bucers Vermittlungsbemühungen   153, 224, 230, 262 → Schweinfurt
- und Luthers Brief an den Frankfurter Rat   139, 146, 168 → Frankfurt
- und Georg Pistor in Zweibrücken   21 → Georg Pistor → Zweibrücken
Irrtum   14f., 19, 26–30, 32, 66, 92, 133, 165, 269f., 272f., 286 → Jakob Kautz → Rom, Zweibrücken
Israeliten   51
Itinerar
- der Reise zum Marburger Religionsgespräch (1529)   68 → Kaspar Hedio
- der Reise Bucers und Fonzios in die Schweiz (1533) XVIII
- der Heimreise Karls V. (1532/33)   147

Juden   130f.
jugement → Gericht
Jugend, Jugendlicher, Jüngling/adolescens, iuvenes   2, 43, 67, 162, 170f., 193, 236, 281 → Simon Grynaeus, Johannes Hane, Heinrich Kopp, Simon Lithonius, Philipp Melanchthon → Basel, Biberach, Speyer, Straßburg, Ulm, Wittenberg
Jünger → Schüler
- Jesu   285 → Heinrich Slachtscaef → Gottlos
  - als Adressaten des Abendmahls   85, 102
Jüngster Tag   58
Junker   187, 94 → Konrad Zwick → Ulm
Jurist   66, 73, 118, 193 → Johannes Frosch, Nikolaus Gerbel, Michael Marstaller
justice → Gerechtigkeit
justification → Rechtfertigung

Kanonissen   72 → Lindau
Käse, Käsezubereitung   245
Katarrh   186, 278 → Konrad Sam
Katechismus   215, 281f. → Straßburg, Ulm
- Unterricht   72 → Johannes Zwick → Lindau
- Bitte um Empfehlung   215 → Martin Uhinger → Biberach, Ulm

Katholisch 38, 147 → Bremen → Rekatholisierung
Kaution
– auf Predigerstelle 36, 48, 108 → Rheintal, Schweiz
Kehricht 285
Ketzer → Häretiker
Kind, Knabe/infans, liberi, puer 2, 7, 25, 45, 52, 68, 91, 158, 186, 215, 268f., 272, 285, 287 → Katechismus, Nachkommen
– Bucers 5, 43, 95, 239 → Elisabeth Bucer, Sara Bucer, Anastasia Bucer
– und Sünde 26, 179, 269 → Jakob Kautz
– und Taufe → Taufe
Kindbett 250
Kindertaufe → Taufe
Kindisch 268, 272 → Johannes Schwebel
Kirche → Einheit

Universale 3, 13, 15, 17f., 26, 30, 83f., 121, 130–132, 134, 139, 146, 152f., 157, 161f., 168f., 174f., 180f., 187, 198, 231, 241, 278, 293 → Sakrament
– des Neuen Testaments 90
– Kontinuität 3, 83f., 91
– als Leib Christi 91 → Leib
– Alte 18, 26, 127, 181, 229, 241, 270 → Sakramente, Taufe

Einzelgemeinde 5, 7, 14, 17, 19, 26, 31f., 36, 39, 50, 57, 59, 62, 68, 70f., 77, 84f., 89, 94, 118f., 121, 138f., 142, 148, 157, 161–163, 165, 167, 171, 175f., 181f., 184, 192f., 195, 204, 206–208, 214–216, 223f., 227f., 230–232, 236–238, 241, 247f., 255, 257, 262, 265, 268, 270, 272–274, 278–282, 285, 293, 297 → Augsburg, Basel, Bern, Biberach, Esslingen, Kempten, Konstanz, Lindau, Lübeck, Mühlhausen, Neckarsteinach, Schaffhausen, Schwaben, Schweiz, Straßburg, Ulm, Veringen, Wassenberg, Windsheim, Wittenberg, Zürich, Zweibrücken
– versammelte 14f., 172, 269 → Wismar, Zweibrücken
– römische 48
– und Obrigkeit 253 → Anton Engelbrecht
– Gerichtsbarkeit 194
– Entscheidung über Einführung der Reformation 35
– Gebäude/templum 72 → Isny
Kirchenbann, Exkommunikation
– Bucers durch altgläubigen Bischof 221 → Georg von der Pfalz
– Diskussion in Basel 108 → Wolfgang Capito
– Diskussion in St. Gallen 201f., 248

– Bucers Schrift 202, 217, 219, 234, 239, 248, 262, 297 → Ambrosius Blarer
→ Bern, Fraubrunnen, Konstanz, St. Gallen
Kirchengüter 38 → Konstanz
Kirchenordnung 3, 5, 13, 26, 35, 57, 69f., 72, 74f., 77, 119, 147, 167, 171, 179, 188, 240f., 253, 259, 265, 278, 280f.
→ Bremen, Esslingen, Kempten, Lindau, Lübeck, Nürnberg, Straßburg, Ulm, Zweibrücken → Fünf Orte, Taufe
Kirchenregiment 94 → Straßburg
Kirchentür 25
Kirchenväter 27, 84, 90f., 102, 125, 141, 155–157, 164, 207, 229–231
Kirchenvertreter 228
Kirchenzucht 202, 217, 239, 281
→ Bern, St. Gallen, Ulm
– Zuchtordnung 57, 167 → Bern, Esslingen, Konstanz, Lindau
– Bucers Schrift → Kirchenbann
Kläger 107
Kleinmut 44, 111, 116, 245 → Elisabeth Bucer
Klosteraustritt → Austritt
Klug, Klugheit 19, 22, 50, 115f., 130, 153–155, 161f., 168f., 181, 202, 219, 242, 253, 270, 281
Knecht 180
– Christi 93, 229
– des biblischen Buchstabens 287 → Taufe → Heinrich Slachtscaef
Knoten 215, 296
Koch 3
Κοινωνία → Gemeinschaft
Kommentar

Zu biblischen Büchern
– Psalmen
  – Bucer (1529, 1532) 7, 74, 257, 286
– Matthäusevangelium
  – Bucer (1527) 27
  – Hieronymus 102
– Synoptiker
  – Bucer (1527, 1530) 7, 127, 286
– Johannesevangelium
  – Bucer (1528) 18, 286
– Römerbrief
  – Bucer (1536) 257
– Erster Korintherbrief
  –– Ambrosius 102
– Epheserbrief
  –– Bucer (1527) 257, 286

Zu anderen Schriften
– Bucer zu den Kemptener Gutachten 89
– Heinrich Bullinger zu Bucers Stellungnahme vom 12. Juli 1532 98
– Aelius Donatus zu Terenz 3

Komödie 290 → Gereon Sailer → Augsburg → Tragödie, Zuschauer
Konkordie
– vermeintliche mit Wittenberg (1532) 7f., 44, 153 → Peter Pithonius, Christoph Sigel
– künftige im Abendmahlsstreit 44, 90, 97, 125, 130, 139f., 143, 146, 153, 157, 161f., 187, 191f., 206f., 231, 282 → Heinrich Bullinger, Martin Frecht, Berchtold Haller, Philipp Melanchthon, Wolfgang Musculus, Oswald Myconius, Christoph Sigel → Kirchenväter
Konkupiszenz 102 → Sünde
Konsul 114 → Rom
Konzil
– als legitimierende Instanz 290
– christliches 148
– von Chalkedon (451) 85
– avisiertes 61, 147f. → Clemens VII., Franz I., Heinrich VIII., Karl V.
Kopf/caput
– als Körperteil 3, 29 → Thomas Salzmann → Todesstrafe
– im übertragenen Sinne 60, 75, 150, 158, 234
– Bucers 253
Kopfkatarrh → Gesund und krank, Katarrh
Kopfschmerz → Gesund und krank
Kopie → Abschrift
Korn
– Vorräte Straßburgs in Zürich 111
Krankenkommunion 259 → Biberach
Krankheit → Gesund und krank
Kränkung 107 → Basel, Zürich
Kreuz 142
– Jesu Christi 29, 156, 164 → Fleisch, Lehre
– der Obrigkeit 60 → Bern
– des Ehestandes 134, 182 → Ambrosius Blarer, Katharina Ryf
– zu tragendes 217, 285, 298 → Heinrich Slachtscaef
Krieg 111, 153, 172, 211 → Kappel → Bauernkrieg, Blutvergießen, Friede, Militär, Waffenstillstand
– und die Züricher 99, 110–112, 210f. → Mandatsstreit
– Zwingli 100
– und Altgläubige 49, 51f., 210
– und Kaiser
  – Feldzug gegen Franz I. (1521) 67
  – Kriegsunlust 49, 51f., 61
– Schuld der Geistlichen 57
– und Osmanen → Türkei
Krone
– des Papstes 286 → Tiara

– Münze 237, 245
– Gasthof in Biberach 1, 214
Küche
– Bucers 159
Kunstgriff, Streich/machinamentum, technae 35, 49, 214f., 286
Kur 279 → Bernhard Besserer, Georg Besserer → Überkingen

Lähmung 194, 278f. → Konrad Sam
Land 52f.
– im Unterschied zur Stadt 22, 52, 56f., 62f., 75, 211, 214, 230, 247, 281 → Bern, Biberach, Nürnberg, Straßburg
Landfrieden → Kappel
Lärm 147
Last, Belastung/onus 44, 186, 197, 219, 234, 298 → Fortunatus Andronicus, Ambrosius Blarer, Martin Frecht, Christoph Sigel, Matthias Zell
Laster/vitium 17, 58, 61, 164, 187f., 223, 229
Lästerung 28–30, 72, 253 → Teufel
Lasttier 186, 280 → Martin Frecht
Latein → Sprache
Latinist 239 → Bern
Lauter, rein/integer 22, 45, 123, 162 → Simon Lithonius
– Bucer als Gutachter 93
Leben 63, 130, 146, 173
– und Christus 18, 50, 108, 139, 141, 194, 200
– und Abendmahl 82, 86, 141, 229 → Brot, Speise
– irdisches 32, 286
– Media vita in morte 68
– ewiges 63, 90, 194, 215 → Fleisch
– Lebensführung 17, 33, 48, 50, 123, 164, 227, 232, 247 → Ennio Filonardi, Johannes Hechtlin, Johann Heinrich Held → Straßburg → Laster, Synode
– stilles 115
Lebensalter 3
Lebensmittel 112
Lebensunterhalt 259
Lebenszeit
– Pension 175 → Johannes Meisenheimer
Legitimität 35, 59, 241, 269, 290
Lehm 290
Lehre 7, 11, 13, 25f., 29, 36, 48, 70, 157, 164, 168, 178, 189, 192, 221, 224, 243, 270, 273, 281, 288f. → Bekenntnis, Dissenters, Einheit, Evangelium, Sünde
– einzelner 18, 25–27, 70, 77, 164, 172f., 178 → Hans Denck, Johann Heinrich Held, Jakob Kautz, Heinrich Never, Georg Pistor, Johannes Schwebel, Huldrych Zwingli

Themen
- und Schrift   29
- und Abendmahl   44, 77, 83, 146, 156, 172f.   → Jakob Haistung, Christoph Sigel → Schweinfurt → Abendmahlskontroverse, Gegenwart Christi
- Säftelehre   186   → Konrad Sam

Qualifikation
- neue   35
- reine, gesunde   61, 66, 175

Autorität
- Prüfung   178, 247 Johannes Schwebel → Straßburg
- Unterdrückung   35

Lehrer /doctor, praeceptor   57, 68, 81, 162, 168, 187, 192, 198, 206f., 234, 262, → Schule
- in Anrede oder Adresse   4, 7f., 64, 66, 77, 128, 164f., 218, 258
- Anerkennung Bucers als   206, 262 → Heinrich Bullinger

Leib   5, 25, 35, 89, 186 → Gereon Sailer, Gervasius Schuler
- Christi   127
  - im Abendmahl → Gegenwart Christi
- Kirche als Leib   59, 91, 155 → Augustinus

Leibeigenschaft   134, 180 → Konrad Hubert → Freilassung

Leibgeding   296 → Katharina Ryf

Leichenpredigt → Predigt, Rede

Leim   34, 69

Lende   234

Leutpriester   207, 212 → Heinrich Engelhard → Zürich

liberté → Freiheit

Licht   130, 265

Liebe   4, 18, 34, 39, 49, 60–63, 69f., 84, 94, 109f., 182, 200, 205, 224, 274
- *amor*   34, 69, 84, 182, 224
- *dilectio*   34, 73, 121, 164f., 171, 173, 228, 285f.
- *caritas*   14, 31, 81, 85, 98, 121, 138, 150, 182, 203, 206, 211, 243, 254, 263, 270, 287

Liebschaften   39 → Karl V.

Lied, Gesang   68, 181
- Ambrosius Blarer   236, 296
- Bucer   296

Liederlich, nachlässig   200

Liegen lassen
- als Distanzierung von Zürichs Bitte um militärische Hilfe   210

Linie   229

Links   279 → Konrad Sam

Litanei   278 → Konrad Sam → Liturgie

Liturgie, Zeremonie   11, 280 → Ulm → Abendmahl, Exorzismus, Messritus, Ritus, Taufe

Sakramentsgottesdienste
- Taufe   14, 72, 179, 241, 269f. → Ölung, Salbung, Taufe → Straßburg, Wittenberg
  - Exorzismus → Exorzismus
- bei Abendmahl   72, 181

Observanz → Abschaffung
- altgläubiger   11
  - Wiedereinführung   36 → Kappel → Mehrheit, Messritus, Verbot → Zweibrücken
  - Verbot des Verzichts   180f., 282, 290 → Philipp I. → Augsburg
- nur äußerlich   13, 253 → Anton Engelbrecht

Einheitlichkeit   11, 175, 268–270, 272 → Zweibrücken → Exorzismus
- Legitime Vielfalt   241

Lob, Ruhm/laus   41f., 62f., 114, 146, 228, 257, 266, 274 → Zürich
- Gottes   35, 49, 52, 134, 235
- in Leichenrede   67 → Ludwig II.
- Luthers   229
- Bartholomeo Fonzios   202
- Johannes Schwebels   266

Lobrede   67

Logik
- im Unterschied zur Grammatik   140

Lohn → Geld
- Gehalt/salarium, stipendium   2, 11, 25, 27, 119, 123, 178, 186, 263 → Wolfgang Capito, Hieronymus Guntius, Johannes Hechtlin, Michael Hilspach, Jakob Kautz → Ulm, Zweibrücken
- immateriell   27

loi → Gesetz

Löwe   214 → Teufel

Lüge   49, 175, 181, 197, 293 → Johannes Hechtlin, Karl V.

mal → Böses

Macht, Vollmacht, (Amts)gewalt/potestas, vis   22, 62f., 109f., 112f., 193, 197, 211, 290 → Kaspar Greber → Zürich → Obrigkeit
- Christi oder Gottes   38, 49, 113, 127, 156
  - der Christen   61
  - der Prediger   66
- des Satans   50, 179 → Sünde, Taufe
- der Obrigkeit   253
  - des Kaisers   38, 61 → Karl V.
  - des Rates   12, 21, 28 → Georg Pistor, Jakob Kautz

Magd 42, 52 → Simon Grynaeus
→ Sklave
Magen, Bauch/venter, stomachus 234
– und Abendmahlsempfang 83, 85, 89, 139, 146, 156 → Brot, Empfang
– als Gegenüber zur Seele 89, 133, 228
– als Gegenüber zu innerem Empfang 89
Majoritätsprinzip → Mehrheitsprinzip
Mandat 62 → Bern
– des Berner Rates zur Einführung der Reformation (7.2.1528) 56, 63
– des Züricher Rates gegen den Besuch altgläubiger Messen (29.5.1532) 48, 106
– der Fünf Orte gegen protestantische Prediger (10.6.1532) 48 → Rheintal
– Philipps I. gegen reformatorische Liturgie (Juli 1528, 12.1./7.3.1533) 181, 282
→ Christoph Sigel
Mandatsstreit 48, 58, 97, 99, 106, 210f., 217 → Zürich → Fünf Orte → Mandat, Tag(satzung)
– Schiedsverfahren und Vergleich 106
Mandeln 121
mariage → Ehe
Manducatio → Empfang
Märtyrer 194 → Zeugnis
Maßvolles Verhalten/modestia 68, 192f., 240, 272 → Heinrich Kopp, Georg Pistor
– im Abendmahlsstreit 100, 130, 156, 167, 263 → Heinrich Bullinger, Wolfgang Musculus
Materie 139, 153
Matrikel, Immatrikulation
– Heidelberg 8 → Peter Pithonius
– Wittenberg 42 → Jakob Kautz, Simon Grynaeus
Matutin 280 → Ulm
Maus
– als Hostienrezipient 85
Media vita Antiphon 68
Mehrheit 62 → Bern
– altgläubige bei Tagsatzungen und Vögten 35f., 59, 107
– beim Tag von Frauenfeld (11.11.1532) 38 → Konstanz
– des Rates für Reformation 290 → Augsburg
Mehrheitsprinzip bei Einführung der Reformation 35, 58f.
– nur für Altgläubige 35
– Kritik Bucers 59
mémoire, commémoration → Gedächtnis, Gedenken
Mensch 2f., 12, 18f., 21f., 29, 32, 35, 39, 42, 51, 58, 61, 63, 66f., 82, 84, 93, 97, 113f., 125, 127, 130, 143, 164f., 179, 187f., 191, 194, 197f., 214, 217f., 230, 239, 241–243, 253f., 257, 265, 281f., 293, 297 → Jesus Christus
– innerer 26
– wahrer 85
Menschengeschlecht 130, 179, 192
→ Erbsünde
Menschlichkeit, Bildung/humanitas 12, 15, 34, 44, 66, 69, 159, 164, 217, 219, 234, 273 → Bildung
– menschlich 5, 36, 44, 67f., 165, 214, 221, 229, 269, 278
Menschwerdung → Christus
Messe, Gewerbeschau
– Frühjahrsmesse Frankfurt a.M. 121, 207
Messer 29
Messopfer 157 → Johannes Eck, Urbanus Rhegius
Messritus, altgläubiger 117, 180, 282
→ Augsburg, Baden (Markgrafschaft), Bern, Biberach, Frankfurt a.M., Lindau, Zürich, Zweibrücken → Greuel, Stipendien
– zuwendbar an Dritte 14
– Privatmesse 75 → Nürnberg
– verpflichtend 181 → Baden (Markgrafschaft)
– Abschaffung 11, 48, 56, 59, 63, 71f., 74, 147, 178, 193, 221, 290 → Augsburg, Bern, Bremen, Kappel, Lindau, Nürnberg, Weißenburg, Zweibrücken
– Wiedereinführung 36 → Kappel
– Besuch 214
– Verbot 48, 72, 214 → Biberach, Lindau, Zürich
Milde/clementia, lenitas 15, 19, 52, 66, 99, 146, 153, 221, 279
Militär 50, 57, 114, 147 → Kaspar Megander → Kappel
– Sprache 197 → Guillaume Farel
– Erfolg als Gotteshandeln 50 → Heinrich Bullinger, Johannes Fabri
– Schlag gegen die Protestanten 38f.
→ Karl V.
– Abwehr der Osmanen → Türkei
– Option im Mandatsstreit 99, 110, 113, 211
– Soldaten 5, 21f., 52, 61, 111, 290 → Karl V., Philipp von Hessen, Süleyman II.
→ Augsburg → Reich
– Wüten gegen Zivilbevölkerung 52
– Schlacht 39, 49, 111, 155 → Süleyman II., → Gubel, Kappel
Minderheit → Mehrheit
– in Gemeinen Herrschaften 35f., 48
– protestantische bei Tagsatzungen 59
– altgläubige im Augsburger Rat 165

Misserfolg → Erfolg
- Promotionsversuch Theobald Billicans 156
- Gescheiterte Entlassung von Georg Kess 221
- Vermittlungsbemühungen der Straßburger in Zweibrücken 17
- Ambrosius Blarers in Isny 72
- der Kritik der Ulmer Prediger an den Zuständen im Hospital 188

Missgunst/invidia 13, 21
Mitarbeiter/cooperator 12, 73
Mitstreiter/symmista 12, 142, 175, 208, 235, 238, 256f.
Mönch
- ehemaliger 259 → Hieronymus Hamberger

Mord, Mörder 49, 52 → Papst
Morgen, am nächsten Tag 93, 217, 247
mort → Tod
Mühe/opera 19, 21, 84, 117, 123, 164f., 192, 198, 211f. → Heinrich Bullinger, Johann Heinrich Held, Leo Jud, Georg Pistor, Johannes Schwebel → Kempten
Müllerhans 155
Mum, Mum 154 → Luther → Frankfurt
Mund, Gesicht/os 15, 26, 92, 147, 154, 197, 214, 278, 292f. → Konrad Sam
- und Abendmahlsempfang → Empfang, Gegenwart Christi
- Entstellung 278 → Konrad Sam
Murren 286
Muße, Freizeit/otium 74f., 155, 238, 248
Mutter 5, 287 → Elisabeth Bucer, Heinrich Slachtscaef
- in Anrede oder Adresse 200, 220, 244, 246, 250f., 274 → Margarethe Blarer
- Gervasius Schulers 35
Mysterium 266
- und Abendmahl 91, 98, 101, 156, 230f. → Augustinus → Kirchenväter

Nachbar 21, 32, 62f., 72, 108, 110, 279, 286 → Bern, Zürich
Nachfolge
- Christi 25 → Jakob Kautz
- Obrigkeit 60, 67f. → Friedrich III., Johann I. von Sachsen, Johann Friedrich, Ludwig II. von Pfalz-Zweibrücken
- Geistliche 149, 160 → Oswald Myconius, Johannes Oekolampad
  - Protestantische Prediger in Gemeinen Herrschaften 108
  - Pfarrstelle Zweibrücken 175
    → Johannes Meisenheimer, Johannes Schwebel

- Pfarrstelle Mühlhausen 256 → Jakob Augsburger, Otto Binder, Augustin Gschmus
- Pfarrstelle am Ulmer Münster 279 → Konrad Sam, Bonifatius Wolfhart

Nachkommen, Kinder/proles 7, 287
→ Peter Pithonius, Heinrich Slachtscaef
→ Kind
Nachschub 13
Nachstellungen/insidiae 162, 181, 289
→ Teufel
Nächstenliebe → Liebe
Nächster 60, 62f., 224, 287
Nacht 42, 149, 182, 188, 239, 285
Nachziehen
- eines Fußes 279 → Konrad Sam
Nadelöhr 287
Nagel 293
Nähe des Herrn 285
Naherwartung 285 → Heinrich Slachtscaef
Namen 19, 21, 45, 58, 84, 119, 162, 186, 197, 234, 238, 285f., 295
- Gottes oder Christi 14, 42, 49, 63, 66, 162, 197, 200, 206, 237, 295f.
- Bucers 21 → Zweibrücken
- im Namen von 29, 45, 75–77, 97, 111, 162, 170, 178, 206, 235, 237
  - Gruß 11, 75, 77, 121, 159, 198, 217, 224, 239, 241, 257, 282, 294
- Vor- und Nachnamen 118, 155, 219f., 296
- Latinisierung 42, 219f., 235, 249, 263, 296 → Jakob Kautz, Katharina Ryf
Nase 238
Natur, Wesen
- Gottes 290
- Christi 90 → Christus
  - menschliche Natur 83, 90, 127
  → Christus
- des Menschen 192, 198
- praesentia naturalis Christi im Abendmahl → Gegenwart Christi
Nebel
- Bucers 229
Nebenhändel 63
Nebensächlichkeiten/nugae 170
→ Ambrosius Blarer
Niederlage
- der Protestanten im Zweiten Kappeler Krieg 34, 48, 57, 72f., 110, 211
Nonne 259
Notar 2, 155 → Hieronymus Guntius
Notdurft 114, 250
Nothelfer 112
Notlage 119 → Zweibrücken

Notwendigkeit, Notwendiges/necessitas 12, 44, 99, 119, 123, 150, 192, 208, 262, 270, 291
- eines Konzils 148 → Heinrich VIII.
- einer Ritusänderung 270 → Zweibrücken

Nuntius
- des Papstes in der Schweiz 48, 145 → Ennio Filonardi

Nutzen, nützlich 30, 44, 113, 173, 253
- zum Heil 17, 269 → Kindertaufe
- für Kirche und Gemeinde 7, 15, 19, 117, 119, 168, 262, 268
- öffentlicher 198, 242
- der Obrigkeit 60–63
- einer Schrift Bucers 138
- unnütz als Demutsbekundung 215

Obmann 107
Obrigkeit/oberherren, regiment, oberkeyt 3, 17, 21, 35f., 57–63, 94, 106, 253, 285, 297 → Schwert
- weltliche 125, 253, 297
  - als Stellvertreter Gottes 60f.
  - und Christus 52f., 57, 59, 61–63, 67f., 110
- und Dissenters 3, 17, 30, 172, 253, 285 → Pilgram Marbeck, Heinrich Never, Georg Pistor, Heinrich Slachtscaef
- und Mehrheitsprinzip 35f. → Mehrheitsprinzip

Oculi Sonntag 121
œuvre → Werk
Offensive → Angriff
Öffentlich, allgemein 2, 11, 28, 30, 60, 69, 82, 103, 172, 193, 197, 207, 242, 263, 269, 290, 292
Offizial 194 → Kaspar Greber
Öffnung
- von Bucers Briefen 161 → Oswald Myconius

Ohr 172
- Bucers 257
Ohrenbeichte 290
Ohrendütler, Ohrenbläser 133
Öl 152
Ölung 179 → Taufe, Liturgie
Operation
- des Hernienbruches Bartholomeo Fonzios (5.6.1533) 243, 245, 250, 275, 298

Opfer
- Jesus Christus 48, 156
- und Taufe 14
- und Messe 157
- an Götzen 194 → Valentin
Ordnung/disciplina 192
- Kirchenzucht 202, 217

Original
- eines Briefes Bucers 157, 169, 248 → Abschrift
Ornat
- pontifikales 194 → Valentin
Osmanen → Türkei
Osterfest 172, 187, 193

pain → Brot
paix → Friede
Papist, papistisch 2, 91, 130, 156, 165, 168, 214, 232 → altgläubig, Messritus
Papst, Papsttum 2 → Clemens VII., Kindertaufe
- als Feind 39, 48f., 52, 62, 112–114, 146–148, 215
- und Konzil 148
- und Kindertaufe 11
- Gesandter 39 → Lorenzo Campeggio
- und die Schweiz 49, 112–114
  - Nuntius 48, 145 → Ennio Filonardi
- Treffen mit Karl V. 52
Papstkrone (Tiara) 286
Paradies 130
Parochie, Sprengel 164 → Johann Heinrich Held
parole → Wort
Passa 102
pasteur, prédicateur → Hirte, Prediger
Patrizier 2, 187f., 214, 249, 280f. → Hans Betz, Veit Rammiger → Biberach, Konstanz, Ulm
Patron 22, 43, 73, 184, 218, 221, 243, 258
péché → Schuld, Sünde
Perle 286
- Bedeutung des Vornamens Margarethe Blarers 220
Person 59, 61, 67, 149
- der Trinität 223
Pest, Epidemie 131, 254, 291
- verseucht, unheilvoll/pestilens 67
  - Abendmahlkontroverse 93, 130
Pferd 123, 202 → Johannes Hechtlin
Pfingsten 236
Pfingstlied 236
Pflanzung 13, 21, 231
Pfund/librum 42
piété → Fromm, Frömmigkeit
Pilger 200, 245
Polizei, Ordnung, Regierung 30, 53, 59
Posaune blasen 158f., 293 → Johannes Rosa, Paul Reinhardt
Possen 250
Praetor 114 → Rom
prédication, sermon → Predigt
Prediger, Geistliche/concionator, ecclesiastae, evangelista, parochus, praedicator, predicant 1, 5, 7, 9, 11, 13, 15–17, 19–

21, 32, 34f., 37, 39, 42, 56f., 64, 69–72, 74f., 77, 85f., 89, 94, 97, 108f., 113, 117–119, 121–123, 125–130, 132f., 142f., 148, 151, 155–158, 163f., 166, 169, 172–176, 178, 181–184, 186f., 189, 193, 197, 201, 208, 210, 213, 215–217, 219, 221, 224, 228, 230, 232–236, 238–241, 246–249, 251, 253f., 256–258, 260, 262, 266f., 272, 274, 278–281, 283, 287, 289–291, 294, 297f. → Altstätten, Augsburg, Basel, Bern, Biberach, Biel, Casekirchen, Eisenberg, Ernstweiler, Frankfurt a.M., Kahla, Konstanz, Mühlhausen, Münster, Neuchâtel, Nördlingen, Nürnberg, Solothurn, St. Gallen, Straßburg, Ulm, Wassenberg, Wismar, Worms, Zweibrücken → Eid, Predigt, Predigtverbot, Wort
- Ausbildungsstätten → Straßburg
- Lebenswandel 17, 30, 247 → Leben
- und Dissenters 3, 17f., 21, 23–27, 39, 94, 247, 293 → Hans Denck, Claus Frey, Melchior Hoffmann, Jakob Kautz, Kaspar Schwenckfeld, Martin Stoer, Clemens Ziegler → Straßburg → Dissenters
- und Disputation 28
- Uneinigkeit, Streit 15, 77, 82, 88f., 108, 138, 165, 167f., 192, 197, 253, 256, 286, 297 → Augsburg, Bern, Esslingen, Frankfurt a.M., Kempten, Mühlhausen, Zweibrücken
- Besetzung von Stellen 12, 33–35, 59, 118, 158, 168, 204, 218, 256, 279f. → Altstätten, Kempten, Landsberg, Mühlhausen, Schaffhausen, Ulm
  - Mangel 186, 218 → Gemeine Herrschaften → Ulm
  - mit reformatorischem Prediger 13, 59, 67, 175 → Kappel, Schweiz, Zweibrücken
  - Kaution auf Stelle → Kaution
- Entlassung
  - wegen lutherischer Predigt 92, 133, 146, 168 → Frankfurt a.M., Kempten
  - wegen reformatorischer Predigt 36, 108, 221, 282 → Baden (Markgrafschaft), Weißenburg, Schweiz
  - Antrag auf 173, 256 → Jakob Augsburger, Heinrich Never
- Emeritierung 175 → Johannes Meisenheimer

Predigt 15, 18, 126, 172f., 239 → Heinrich Never → Georg Pistor

Theologisch
- von Christus, Evangelium, Reich Gottes 11–13, 21, 60, 84, 90, 98, 138, 142, 269, 285f. → Luther, Heinrich Slachtscaef, Johannes Schwebel → Evangelium
- und Bibel 29
- und Wahrheit 75
- und Abendmahl 90, 97, 141, 231

Praktisch
- Hilfestellungen Bucers 198 → Fortunatus Andronicus
- evangelische in den Gemeinen Herrschaften 73
- der Kemptener Prediger 84 → Kempten
- der Ulmer Prediger 186–188, 278–280, 282 → Konrad Sam → Ulm
  - Reduktion 186, 280
  - am Vormittag 280

Einzelne
- Leichenpredigt 67
  - für Johann von Sachsen (18. 8.1532) 67
- Ambrosius Blarer in Isny (Oktober 1532) 72
- Ambrosius Blarer in Geislingen 202
- Bucer in Konstanz (April 1533) 275
- Bucer in St. Gallen (April/Mai 1533) 201, 203
- Wolfgang Capito in Bern (Dezember 1532/Januar 1533) 57
- Leo Jud zur Züricher Ratspolitik (21.6.1532) 41
- Heinrich Never (9. März 1533) 172
- Matthias Zell in Konstanz 263

Predigtfreiheit 57, 187 → Bern, Ulm
Predigtverbot 57 → Kaspar Megander 57
prière → Gebet
Priester 57, 72, 175, 181, 221 → Baden (Markgrafschaft), Bern, Lindau, Weißenburg → Altgläubige, Prediger
- Eheschließung 56

Privat 2, 75, 99, 206
Privatmesse → Messritus
Prokurator 7 → Georg Spalatin
- am Reichskammergericht 171 → Johannes Helffmann → Speyer
- des Straßburger Thomasstifts 198 → Gervasius Sopher

Promotion
- Theobald Billicans (Versuch) 156
Prophet 63, 223 → Amos, Sacharja
- falscher 27 → Jakob Kautz
Prophezei → Zürich
Prophezeiung
- Lienhards und Ursula Josts 29
Protestanten 36, 146f., 153, 156, 165, 198, 218, 228f., 282 → Bremen → Bündnis

– in der Schweiz   34–36, 41, 48f., 57–59, 73, 107f., 197, 211 → Bern, Kappel, Zürich → Gemeine Herrschaften
– als Bedrohung   112
– Verfolgung, Angriff auf   38f., 49, 61, 180 → Ennio Filonardi, Karl V., → Bern, Speyer, Zürich
Providenz
– Gottes   172 → Heinrich Never
Prozession
– und Reform   290 → Augsburg
Psalm, Psalter
– Gesang   68
– Kommentar Bucers   7, 74, 127, 257, 286
– in den Ulmer Gottesdiensten   280
Pulver
– Vorräte Straßburgs in Zürich   111

Quelle   158
Quittung   296

Rache   3, 30
Rachen   285 → Heinrich Slachtscaef → Wolf
Ränke/astutiae   285 → Heinrich Slachtscaef → Kunstgriff
Rat → Empfehlung
Ratskonsulent   73 → Michael Marstaller
Realpräsenz → Gegenwart Christi im Abendmahl
Recht   107–110, 239
– und Einführung der Reformation   58f., 72 → Lindau
– und Fortbestand der Reformation   36, 97, 106, 110 → Bremgarten, Zürich
– Römisches   90
Rechte des Vaters
– Aufenthaltsort des erhöhten Christus   127
Rechtfertigung/iustificatio
– vor Gott
  – durch Christus   13, 143, 178 → Luther, Johannes Schwebel → Glaube
– vor Menschen
  – Politik Zürichs   48 → Heinrich Bullinger
  – Reformation in Ulm   69
  – der lutherischen Abendmahlslehre   98 → Cyrill von Alexandrien
  – der Schweinfurter Unterschrift   127, 153, 205
– des Fastenverzichts   187
Rechts
– Körperseite   279 → Konrad Sam
– Hände bei Trauung   296 → Ambrosius Blarer, Katharina Ryf
Rechtsstreit
– Katharina Ryfs mit ihrem Bruder   249, 296

Rechtsverfahren im Mandatsstreit → Mandatsstreit
Rechtsweg, Rechtsmittel   59, 106–108, 115, 296 → Mandatsstreit
réconfort → Trost
Rede
– Leichenrede   67f. → Luther, Philipp Melanchthon
– Bucers vor den Zürichern   206
Reform   148, 256, 290
– als Alternative zur Reformation   148
Reformation, reformatorisch   1–3, 5, 11, 13, 35, 38, 56, 59, 61, 63, 67–70, 72, 74, 94, 101, 109f., 117, 143, 147, 158, 171f., 178, 184, 197f., 202, 214, 221, 224, 259, 282, 290 → Augsburg, Baden (Herzogtum), Bern, Biberach, Biberaswöhr, Bremen, Genf, Hornbach, Isny, Konstanz, Lindau, Nürnberg, Orbe, Straßburg, Ulm, Weißenburg, Wismar, Wittenberg, Zürich, Zweibrücken
Reformationssonntag   172 → Wismar
Reformiert   19, 109, 127, 153f., 192, 232 → Huldrych Zwingli → Mehrheitsprinzip
Regiment   57–60, 106 → Obrigkeit
– Kirchenregiment   94 → Straßburg → Kirchenregiment
règne → Reich
Reich
– Christi/Gottes   12, 21, 53, 62, 66, 68, 84, 90, 110, 211, 228
  – Himmelreich   269
  – Erweiterung   84, 162
– Römisches deutscher Nation   5, 21f., 28, 39, 69, 114 → Güns, Türkei, Ulm → Stände
– Anwesenheit Karls V.   49
Reich, besitzend   280
– Bucer   253
Reichsstände   5, 39
Reichstag → Augsburg, Regensburg, Speyer, Worms
Reichsunmittelbar   72 → Lindau
Reichsunmittelbarkeit   72 → Lindau
Reise
– Bucers in die Schweiz   XVIII
Reiten   182, 202
Rekatholisierung   36, 41, 48f., 57f., 73, 107, 110, 147, 197, 218, 239 → Bern, Bremgarten, Zürich → Fünf Orte
Rekonversion   36 → Rekatholisierung
– Jakob Augsburger   256
– Theobald Billican   156
Religion, Frömmigkeit, Sorgfalt/religio   21, 28, 31, 38, 88, 97f., 123, 147, 150, 161, 210f., 214, 230, 232,

265, 287 → Jakob Kautz, Karl V. → Augsburg
– Christi 14
Religionsgespräch
– Marburg (1. – 4.10.1529) 68, 265
Religionskonflikt 36, 52, 61
Religionsmandat 181, 282 → Philipp I., Christoph Sigel → Baden (Markgrafschaft) → Mandat
Religionspolitik 11, 39, 61, 117, 180 → Karl V., Philipp I. → Baden (Markgrafschaft), Zweibrücken
Relilgionsverordnete 280 → Ulm
Republik 114 → Rom
Richter 192, 215
– Christus oder Gott 28f., 58, 194, 197 → Fortunatus Andronicus, Kaspar Greber
– im Falle Katharina Ryfs 296
– Wespe 228
Rind 69, 279
Ring, Übungsplatz
– der Ehe 182 → Ambrosius Blarer
Rippe
– Ehefrau 294 → Melchior Ambach, Elisabeth Bucer
Rituale, Ritualbuch 179
Ritus 175, 241, 268, 270 → Zweibrücken → Exorzismus, Liturgie, Messritus, Taufritus
– der alten Kirche 270
– im Römischen Recht 90
– äußerer 13, 19, 178 → Außen, Ex opere operato
– altgläubiger 11, 117, 178, 290 → Messritus
 – Änderung 241, 270 → Georg Pistor, Johannes Schwebel → Zweibrücken
– Taufe 269 → Exorzismus
Röschen 158 → Johannes Rosa
Rotten 12, 28 → Dissenters
Rückkehr
– zum alten Glauben 49, 147, 156 → Bremen

Einzelner
– Ambrosius Blarer nach Konstanz (März 1533) 5, 70, 132, 182
– Bucer von Ulm nach Straßburg (Juli 1531) 71
– Bucer von Schweinfurt nach Straßburg (1532) 161
– Bucer nach Straßburg (Mai 1533) 298
– Konrad Hubert in seine Heimat 134 → Johannes Schwebel
– Karl V. nach Spanien 52
– Latinist von Bern nach Straßburg 237
– Georg Pistor nach Ernstweiler 11

– Georg Pistor nach Straßburg 11, 240
– Matthias Zell nach Straßburg 224, 263
Ruhe/tranquilitas, quies
– in Gemeinde 12, 17f., 32, 147, 167, 175, 263, 272f. → Augsburg, Zweibrücken
– im Abendmahlsstreit 146f.
Rustikal, plump/rusticus 234, 293
Rute/virga 4, 30, 66

Saat
– Gottes 227
sacrement → Sakrament
sacrifice → Opfer
saint → Heilig, Heilige
Sakrament 14, 84, 98, 133, 178 → Abendmahlskontroverse, Bekenntnis, Exorzismus, Gegenwart Christi, Glaube, Konkordie, Lehre, Taufe, Ubiquitätslehre
– und Heil 18f., 21, 26
– Sichtbarkeit 13, 82f., 229 → Augustinus → Wort
 – Zeichen → Zeichen, Symbol
 – Taufe als Bundeszeichen 18
– und Gemeinde 269
– und Kirchenväter 90
– Abendmahl → Abendmahlskontroverse, Brot, Gegenwart Christi
 – als Sakrament 82f., 101, 133

Innerprotestantische Auseinandersetzung 74 → Michael Marstaller
– Streit unter Augsburger Predigern 140 → Bonifatius Wolfhart → Augsburg
– Streit unter Kemptener Predigern → Kempten
– Streit mit Straßburger Dissenters 26 → Jakob Kautz → Straßburg
– Bündnisfähigkeit trotz Lehrdifferenz 153

Protestantisch – Altgläubige Auseinandersetzung 14, 36, 48, 178 → Ex opere operato
– Positionen einzelner 173, 172, 178 → Ambrosius, Augustinus, Heinrich Never, Johannes Schwebel, → Nürnberg, Sachsen
Salbung 179 → Taufe, Liturgie
salut → Erlösung, Heil, Seligkeit
Salzlager 285 → Heinrich Slachtscaef
Sanftmut/mansuetudo 93, 155, 180, 253, 287 → Christoph Sigel
sang → Blut
Sanktion 158 → Johannes Rosa → Strafe
– gegen Evangelische 36 → Gemeine Herrschaften
– gegen Dissenters 3, 247 → Pilgram Marbeck → Straßburg
Satan → Teufel

Satisfaktion, Genüge
– zufrieden stellen 44, 68, 89, 253, 263, 282, 296 → Anton Engelbrecht, Katharina Ryf, Johannes Schwebel, Christoph Sigel
 – Gläubiger 45 → Johannes Rimpius
 – im Abendmahlsstreit 140, 154f., 178, 206 → Heinrich Bullinger, Martin Frecht, Johannes Schwebel
Satt 280 → Ulm
Sattel 212 → Bartholomeo Fonzio
Säugling 18 → Kind
Säule 41f., 270
scandale → Anstoß nehmen, Ärgernis
Schaf 86
Schatten, Finsternis 48, 130
Schauspiel, Spektakel 168
Scheidenmacher 29 → Thomas Salzmann
Scherz 154, 182, 234, 251, 275, 297
Scheune 108
Schicksal → Geschick
Schiedsrichter, Friedensrichter 90, 93, 235 → Ambrosius Blarer → Christus
Schiedsverfahren
– in der Eidgenossenschaft 108 → Mandatsstreit
Schiff 147, 167, 169, 184 → Ambrosius Blarer, Simon Grynaeus, Karl V.
– Schiffbarkeit 51
Schirm, Schirmung, beschirmen 61
– des alten Glaubens 50
– der Reformation 58f., 97 → Gemeine Herrschaften
Schirmorte 36
Schisma 12, 155
Schlacke 214
Schlaf, schlafen
– politisch 115 → Straßburg
– Umstände im Ulmer Hospital 188
Schlaganfall, Apoplexie 278 → Konrad Sam
Schlange 115
Schleim 186
Schmähung, Schmach, Verleumdung 19, 63, 115, 187, 229, 231
– Gottes 29
– Schmähverbot im Zweiten Kappeler Landfrieden 36, 107f. → Rekatholisierung
 – und das Züricher Mandat (29. Mai 1532) 48, 107
– im Abendmahlsstreit 207, 229
Schmal 11
Schmeichelei 67, 257 → Otto Binder → Begräbnis, Predigt
Schmeichler 146 → Johannes Cellarius

Schmerz 17, 71, 121, 146, 181, 278, 283
Schminke, Schein/fucus 126, 141
Scholastik → Theologie
Schrecken/terror 51, 58, 62, 99, 113, 215
Schreiber, Ratsschreiber, Stadtschreiber 259 → Hieronymus Hamberger
– Basel 97 → Heinrich Ryhiner
– Memmingen 155, 187, 245f., 250 → Georg Maurer
– Konstanz 203, 248 → Georg Vögeli
Schreibermangel 248 → Bern
Schuld/culpa 3 → Bern → Sünde
– der Berner Geistlichen am Krieg 57
– Bucers 295
– gegenüber Bucer 165 → Johann Heinrich Held
Schulden
– moralische Verpflichtung 2, 15, 59, 66, 83f., 138, 142, 145, 159, 169, 194, 204, 224, 229, 231, 254, 237, 296 → Hieronymus Guntius → Bern, Kempten
– finanzielle
 – Bucers 244f., 250 → Margarethe Blarer
 – Capitos 263
Schuldner 45 → Johannes Rimpius
Schule 2, 173 → Bern, Biberach, Pforzheim, Straßburg, Wismar Zweibrücken
– Schulmeister 2, 11, 138, 189, 214f., 222, 254, 259 → Otto Brunfels, Hieronymus Guntius, Hieronymus Hamberger, Michael Hilspach, Johannes Rhellican, Johannes Sapidus
– für Prediger in Straßburg → Straßburg
Schüler → Jünger
– in Straßburg 291 → Ambrosius Jung, Timotheus Jung, Gereon Sailer → Augsburg
 – Bucers 199 → Fortunatus Andronicus
Schulter 197
Schutz/praesidium 117, 211
– einzelner 221, 243 → Georg Caserius, Bartholomeo Fonzio
– von Minderheiten 36 → Kappel
– des katholischen Glaubens 38, 50
– als Aufgabe der Obrigkeit 58f. → Obrigkeit
Schwäche, Schwache/infirmitas 13, 22, 61, 114, 134 → Blödigkeit
– Zürichs 210f.
– Schwache im Gewissen 15, 19, 84, 273 → Kempten, Zweibrücken
– Schwache und Gewalt 60 → Gemeine Herrschaften
Schwager 17 → Nicolaus Thomae
Schwägerin 66, 175 → Elisabeth von Pfalz-Zweibrücken

Schwangerschaft 298 → Wibrandis Capito
Schwärmer 31
– aus Luthers Sicht 102
Schweigen 69, 125, 253, 266, 289
→ Anton Engelbrecht, Berchtold Haller, Michael Keller
– und Luthers Brief an den Frankfurter Rat 130, 153, 207
Schweiß, schwitzen 188, 197, 285
→ Fortunatus Andronicus, Heinrich Slachtscaef
Schwermut 245 → Margaretha Blarer
Schwert/gladium → Obrigkeit
– obrigkeitliche Gewalt 17
– Gegenstand 29
Schwester 259 → Hieronymus Hamberger, Bartholomaeus Myllius
– Margarethe Blarer 39, 183, 203, 219f., 235f., 263, 297
Schwiegermutter 42 → Simon Grynaeus
Schwiegervater 17, 198 → Fortunatus Andronicus
Schwimmer 217 → Delos
Seckelmeister 238f. → Bernhard Tillmann → Bern
sédition → Unruhe
Seele/anima 97, 133, 146, 259, 285
– empfängt Abendmahl 92, 140
– Christi nach Kreuzigung 127
Segen, Segnung 98, 285
– und Taufe 14
Sekte, Parteiung 60, 148, 197, 286
→ Fortunatus Andronicus, Heinrich Slachtscaef
– in Straßburg 39, 94 → Epikuräer
– in Ulm 281
Senat 114 → Rom
Sichtbarkeit
– und Sakrament 13, 82f., 229 → Sakrament, Wort
Sieg 92, 130, 293 → Melchior Ambach, Wolfgang Musculus
– Gottes 197 → Fortunatus Andronicus
– im Kreuz 217
– rhetorischer Bucers 253 → Anton Engelbrecht
Signifikasten 102 → Heinrich Bullinger, Luther
Silber 214
Simul
– im Denken Luthers 127
Sinn 81, 141
Sinne, sinnlich
– und Abendmahl 139, 231

Skandalon 161, 232 → Abendmahlskontroverse
Skepsis
– gegenüber Bucer 230, 238
Sklaven, Versklavung 22, 39, 52
→ Süleyman II.
Skrupel 109, 168, 235, 297 → Thomas Blarer, Johannes Rottach, Johannes Seeger
Sohn 242, 250
– Gottes
  – Christus 14, 67, 98
  – Gläubige 66f., 98
– Luthers (geistliche) 143
– biologischer 198, 224, 248, 291
  → Fortunatus Andronicus, Micipsa, Jörg Vögeli
Soldaten → Militär
Sommer 164 → Johann Heinrich Held
Sonntag 2, 182
– Predigten 186, 279f. → Ulm
– Reminiscere 172
– Oculi 121
– Palmsonntag 147
– Exaudi 3
Sorge, Fürsorge/cura 45, 62, 162, 198
– um das Heil 74 → Michael Marstaller
– für Gemeinden
  – Bucers 15, 32, 71, 77, 202, 212, 223
    → Ambrosius Blarer, Berchtold Haller, Kaspar Megander → Bern, Kempten, Ulm, Zweibrücken
  – Ambrosius Blarers 297 → Schwaben
– mangelnde 69 → Ulm
Spastik 194
Spaziergang
– Konrad Sams 278
Speise 14
– und Abendmahl 83, 85f., 92, 133, 141, 156, 228 → Brot, Leben
Spiritualist 121, 254, 274 → Kaspar Schwenckfeld, Jakob Ziegler
Spital → Hospital
Spitalpfleger 188 → Veit Fingerlin, Wolf Neidhart → Ulm
Spott 28f.
Sprache
Lateinisch 66f., 102, 106, 128, 202, 215, 220, 280 → Bartholomeo Fonzio, Martin Frecht, Philipp Melanchthon
– Schule 11, 253f., 259 → Biberach, Pforzheim, Straßburg
– Apologie der Confessio Tetrapolitana 74
– Latinist 239 → Bern
Griechisch 164, 281f. → Johann Heinrich Held
Hebräisch 164 → Johann Heinrich Held
– Dozent 41, 99, 101, 208, 212 → Leo Jud, Konrad Pellikan

Schwäbisch 282 → Christoph Sigel
Sprachfertigkeit, Sprachvermögen
- Bucer 253 → Anton Engelbrecht
- Berchtold Haller 127
- Christoph Sigel 282 → Schwaben

Sprachverlust 279 → Konrad Sam
Sprichwort 19, 60, 108, 158
Stachel 69
Stadtarzt
- in Augsburg 186, 279, 288 → Ambrosius Jung d.Ä., Gereon Sailer
- in Bern 128 → Valerius Anshelm, Otto Brunfels, Hieronymus Heininger
- in Konstanz 248, 264 → Johann Menlishofer, Jörg Vögeli
- in Ulm 278

Stadtschreiber → Schreiber
Stelle, Stellenvergabe
- an Schule 2, 11, 138, 214 → Michael Hilspach → Biberach, Zweibrücken
- Prediger 35f., 108, 118, 121, 134, 175f., 204, 218, 257, 269, 279, 282 → Otto Binder, Michael Brothag, Johannes Frosch, Beat Gering, Kaspar Glaser, Johannes Hechtlin, Konrad Hubert, Gervasius Schuler, Christoph Sigel, Johannes Schwebel, Johannes Walz → Mühlhausen, Rheintal, Schaffhausen, Schweiz, Ulm, Zweibrücken → Prediger
- Stadtarzt 128 → Hieronymus Heininger

Sterblich
- Sterbliche 229, 295

Steuerbuch 164, 296 → Augsburg, Konstanz
Stipendien
- für Messe 198 → Straßburg
- für Studien 198, 282 → Christoph Sigel → Straßburg

Strafe 223
- Gottes 35, 164 → Sodom
- Befreiung durch Christus 194
- bei Paulus 114
- und Obrigkeit 26f., 58, 61, 107 → Bern, Straßburg → Laster
  - für „Schmähungen" des alten Glaubens 107
- für Besuch altgläubiger Messen 48, 72 → Lindau, Zürich → Mandatsstreit
- eschatologisches Ende 29 → Jakob Kautz

Straflosigkeit
- für Annahme der Reformation 59 → Kappel

Streit, Dissens → Prediger
- in Gemeinde
  - unter Amtsbrüdern 11f., 252–254, 270 → Anton Engelbrecht, Georg Pistor, Johannes Schwebel

- im Abendmahlsstreit 162, 191
- Bucers Bemühen um Konsens 162, 231 → Oswald Myconius

Streitsucht, Streitsüchtige 253
- in der Abendmahlskontroverse 89, 91, 118 → Abendmahlskontroverse

Stroh 214
Stumm 38, 188
Subtil 52
Sünde, Vergehen/peccatum 18f., 35, 62f., 67, 211, 228, 270, 295 → Luther, Georg Pistor → Sodom
- Grundsünde/peccatum originale 18, 179, 241, 269, 273 → Johannes Schwebel → Kind
- Folgen 39, 67, 112 → Karl V.
- Ermahnung 67
- gegenüber Bucer 126, 138, 182 → Ambrosius Blarer, Berchtold Haller, Luther → Bern
- Tragen 48, 194 → Christus
- Lehre von 243 → Bartholomeo Fonzio

Supplikation
- Jakob Kautz' an den Straßburger Rat 25–27
- der Ulmer Prediger an ihren Rat 188, 280f. → Ulm

Symbol 90 → Zeichen
- und Sakrament 13, 127, 231
  - Taufe 18f.
  - und Abendmahl 82, 90, 101, 141, 231

Syndikus 203, 249 → Joachim Maler
Synodalkommission 30, 248 → Straßburg
Synode 57, 62, 72, 97, 108f., 125f., 195, 208, 210, 212, 228, 243, 247, 251, 253, 256, 270, 273–275, 281, 291f., 297 → Basel, Bern, Lindau, Mühlhausen, Straßburg, Ulm, Zürich
- Protokoll 210, 251, 253, 291–293 → Straßburg, Zürich

Synodus 57 → Bern
Szepter 66

Tag des Herrn 146
Tag und Tagsatzung 35f., 59 → Mehrheitsprinzip
- Baden (28./29.9.1528) 35
- Baden (8.4.1532) 59
- Baden (10.6.1532) 48
- Baden (23.7.1532) 48
- Baden (4.9.1532) 48
- Frauenfeld (11.11.1532) 38
- Zürich (19. – 21.11.1532) 97, 106
- Baden (16.12.1532) 38, 97, 106–108

Taktik 38f., 48, → Karl V.
Talent 286

Tapfer, Tapferkeit 58, 60, 62, 106
Taube 115
Taufe 11, 17, 72, 178, 259, 269, 272, 285, 287
– von Kindern 3, 11, 13–15, 17–19, 25f., 259, 269, 273, 285, 287 → Jakob Kautz, Georg Pistor, Heinrich Slachtscaef → Biberach, Straßburg, Zweibrücken
  – gegen den Willen der Eltern 259
– Bucers Sicht 13–15, 17–19, 26f., 241, 287
– Analogie zur Beschneidung 259
– Liturgie 72, 179, 269 → Liturgie
– Erwachsenentaufe 285 → Heinrich Slachtscaef
– Wiedertaufe 12, 25, 29, 285, 287 → Jakob Kautz, Heinrich Slachtscaef
Täufer 3, 9, 12, 18, 21, 25, 27, 29, 32, 42, 94, 119, 140, 156, 241, 259, 285, 287, 292 → Jakob Kautz, Pilgram Marbeck, Georg Pistor → Biberach, Straßburg → Kind
– Täuferführer 94, 287 → Pilgram Marbeck, Bernhard Rothmann
Taufordnung 14, 75, 179, 241 → Luther → Nürnberg, Straßburg
Teilhabe/participatio 90, 293
– an Christus 98, 230 → Gemeinschaft
  – im Glauben 178
Testament
– Altes 67
  – Professor 99, 129, 208, 212, 275 → Theodor Bibliander, Konrad Pellikan, Paul Phrygio, Abraham Scultetus
– Neues 21, 90, 214, 257 → Glaube, Kirche, Sakrament
  – Bucers Kommentare 286 → Heinrich Slachtscaef
Teufel
– Widersacher des Gotteswortes 13
– und Christus 38, 50, 173, 179
– und Altgläubige 49f.
– und Taufe 179, 241
  – Entsagung 75 → Taufe, Exorzismus
– und Gottesfurcht 50
– schafft Uneinigkeit
  – Aufruhr 147 → Frankfurt a.M.
  – Abendmahlsstreit 132, 162, 215, 231f. → Kempten
  – Sektenbildung 13, 286, 293 → Heinrich Slachtscaef
– Existenz 27–29 → Jakob Kautz
Theologe, theologisch 3, 8f., 15f., 20, 29, 43, 61, 77, 92, 153, 164, 169, 225, 243, 272, 291, 297 → Straßburg, Zürich → Abendmahl
– abfällig 18

– Bildungsstand 164, 272 → Johann Heinrich Held, Johannes Schwebel
– Skrupel 168 → Johannes Rottach, Johannes Seeger → Gewissen
Theologie → Abendmahlskontroverse 258
– scholastische 85
– Studenten 248, 262, 297 → Straßburg
– Vorlesung 280 → Ulm
– Professor 101, 157 → Johannes Eck
Thesenanschlag 25 → Jakob Kautz
Tiara 286
Tier, Bestie 286
Tisch 17, 188
– und Abendmahl 91 → Augustinus
Tischgemeinschaft 11 → Johannes Meisenheimer, Georg Pistor
Titel
– von Büchern 7, 29, 69, 119, 142, 170, 257, 281, 293
– Ehrenbezeichnung 285
Tochter 5, 52, 68, 95, 128, 134, 148, 150, 244, 250, 294
– Gottes 200
Tod 15, 27, 86, 130, 198, 287
– Ursprung 130
– Christi → Christus
– ewiger 194
– einzelner 41, 64, 66, 68, 95, 173, 175, 238 → Irene Bucer, Berchtold Haller, Ludwig II., Heinrich Never, Johannes Oekolampad, Wolfgang von Pfalz-Zweibrücken, Huldrych Zwingli
  – Schilderung 186, 278 → Konrad Sam
Todesstrafe 27, 29, 194 → Thomas Salzmann, Valentin → Prophet
Tonar 68
toute-puissance (de Dieu) → Allmacht
Tradition → Brauch
Trägheit 164, 202
– gegenüber der Reformation 69, 72, 77, 165 → Ambrosius Blarer, Martin Frecht, Johann Heinrich Held → Augsburg, Isny, Ulm
Tragödie 32, 139, 152, 168, 268, 290 → Augsburg, Frankfurt a.M., Zweibrücken → Komödie, Zuschauer
Tränen 279 → Konrad Sam
– Christi 158
Traumbüchlein 27 → Melchior Hoffmann, Lienhard Jost, Ursula Jost
Trauung → Ehe
Treue/trew 4, 49, 52f., 94, 109f., 112f., 133, 262 → Glaube
Tropus 149 → Johannes Oekolampad, Tertullian
Trost 30, 47, 49, 51, 53, 60, 100, 112, 116, 133f., 204 → Bern, Zürich

– und Abendmahl 101 → Huldrych
  Zwingli
– und Seligkeit 26
Trunksucht 67
Truppen → Militär
Tugend, Tüchtigkeit, Kraft/virtus 98,
  119, 257
– Christi 36, 211
Tuscheln 188 → Ulm
Tyrann, Tyrannei 51, 286

Übel → Böses
Überfliegen
– von Bucers Apologien 155 → Martin
  Frecht, Konrad Sam
Übersetzung 102, 106
– der Bibel 199 → Pierre-Robert Olivétan
– des Buches Jesus Sirach 281 → Luther
  → Zürich
Ubiquitätslehre 101, 172 → Johannes
  Eck, Heinrich Never
Uhu 42 → Jakob Kautz
Unabwendbares,
  Unvermeidliches/ἀναγκαῖα 192
  → Philipp Melanchthon → Abendmahls-
  kontroverse
Unbedenklichkeitserklärung
– des Frankfurter Rates für Dionysius Melan-
  der 169
Unbesonnenheit, blindlings/temeritas
  243
– im Konflikt um Georg Pistor 32, 178, 241
– im Abendmahlskonflikt 98, 130, 230
Undankbarkeit 12, 158, 164, 223
Unermüdlich
– in Adresse 36, 68, 174, 294
Unglaube 14, 28f., 51
Ungläubige → Gottlose
Unglück, Unglücklich 12, 15, 51, 57,
  172, 197
Unio sacramentalis 81–83, 90–92, 140–
  142, 146, 156, 228 → Jakob Haistung,
  Luther
– als Gegenüber zu absoluter Zuschrei-
  bung 146
unité → Einheit, Einigkeit
Unkraut 227
Unrecht 63 → Recht
Unruhe, Verwirrung, Aufruhr/seditio,
  tumultus, turba 41, 59, 61f., 130, 161,
  169, 182, 278, 287 → Wolfgang Musculus
Orte
– in Augsburg 290 → Gereon Sailer
– in Frankfurt a.M. 147, 169
– in Kempten 85 → Kaspar Hedio
– in Straßburg 29, 270
– in Wismar 173 → Heinrich Never

– in Zürich 41 → Leo Jud
– in Zweibrücken 11, 14f., 19, 21, 67f., 180,
  269f., 272 → Gewissen

Personen
– bei Johannes Rimpius 44
– bei Wolfgang Capito 178

Themen
– im Kontext des Abendmahlsstreites 71,
  146, 168, 206, 231 → Heinrich Bullinger
  → Lindau
  – wegen Luthers Schrift an den Frankfur-
    ter Rat 139 → Frankfurt
Unruhestifter 180f.
Unsterblich 217
Untat → Vergehen
Unterschrift → Unterzeichnung
Untertan 57, 60, 62
Untertänigkeit 25, 57, 63
Unterzeichnung 288 → Hand
– der Berner Disputation 56
– Zweiter Kappeler Landfrieden
  – Zweiter Artikel 36
– Lutherische Bekenntnisschriften 7, 56, 98,
  125, 127, 153, 224 → Schweinfurt
– des Gutachtens Bucers im Kemptener
  Abendmahlsstreit 85, 168 → Kaspar
  Hedio, Johannes Rottach, Johannes
  Seeger, Matthias Zell
Unwetter, Regenfälle 22
Unwürdige → Würde
Unzucht 35
Urheber, Autor 224
– Bucer 154 → Ulm
– von Sekten 286
Ursprung, ursprünglich/origo 147,
  158, 171, 281, 285
Urteil 21, 35, 92, 97, 115, 232, 239, 242,
  254, 257, 273, 279, 289 → Bartholomeo
  Fonzio, Georg Pistor, Gereon Sailer
– Bucers 9, 21, 34, 48, 81, 89, 91, 101, 119,
  173, 191, 202, 229, 256, 265f., 273, 287
  → Otto Binder, Leo Jud, Philipp
  Melanchthon, Wolfgang Musculus, Hein-
  rich Never, Gervasius Schuler, Heinrich
  Slachtscaef → Kempten
– der Gegner 100
– Ambrosius Blarers 168, 181, 234
– des Wismarer Rates 173 → Heinrich
  Never
– im Mandatstreit 210
– göttliches 27, 130, 297 → Thomas Blarer
Urteilsfähigkeit 7, 11, 13, 98, 119, 123,
  143, 253, 263, 273, 290 → Heinrich Bul-
  linger, Johannes Hechtlin, Johannes
  Schwebel

Vater 198, 200, 219, 259 → Maria Birchhammer, Augustin Blarer, Matthias Zell → Schwiegervater
– Bucer 250
– als Gottesprädikat 5, 14, 27, 39, 49f., 56, 60, 63, 98, 115, 127, 196, 200, 224, 265, 285f., 293, 298
Vaterunser 84, 215, 280
Veränderungen
– reformatorische
 – behutsame 192 → Philipp Melanchthon
Verbesserung
– einzelner Personen 30, 47, 274 → Jakob Kautz, Kaspar Schwenckfeld, Katharina Zell
– der Messe 193
– im innerschweizerischen Konfessionskonflikt
 – der Situation der Protestanten im Thurgau 73
 – der Beziehung zwischen den Fünf Orten und Papst Clemens VII. 112
– eines Buches 7, 74, 257, 286, 288 → Heinrich Slachtscaef
 – der Schrift Bucers über den Bann 234
– des Augenleidens Bucers 297 → Gesund und krank
– des Gesundheitszustands der Familie Bucer 5 → Genesung
Verbot
– evangelischer Lehre 72
– zwinglischer Lehre 172f. → Heinrich Never
– Predigt 57 → Kaspar Megander → Bern
– und altgläubige Messe → Messritus
– von Schmähungen im Zweiten Kappeler Landfrieden 36, 107
– von Kriegshandlungen im Nürnberger Anstand 61 → Nürnberg
– des Verzichts auf altgläubige Zeremonien 180, 282 → Baden (Markgrafschaft)
Verbreitung
– der evangelischen Lehre 192 → Philipp Melanchthon
Verbündete
– Protestanten in der Schweiz 48, 60, 108
Verdacht/suspicio 15, 169 → Zweibrücken → Argwohn
– ein Kind werde sterben 15 → Taufe
– in der Abendmahlskontroverse
 – gegen Bucer und die Oberdeutschen 206, 224, 230 → Heinrich Bullinger → Gerücht
 – gegen die Zwinglianer 229
– in Augsburg
 – von Rat und Bevölkerung 290

– gegen die Prediger in Zweibrücken 12, 15
Verdammung, Verdammen/damnare, condemnare 98, 286
– der schweizerischen Abendmahlstheologie durch Luther 207, 229 → Heinrich Bullinger → Frankfurt
– der ungetauften Kinder 269
– Ewigkeit der Verdammnis 28f. → Jakob Kautz
Verderben/pernicies 30, 52, 60, 235, 290
– und Streit 254 → Anton Engelbrecht
 – um Abendmahl 130f., 138, 161
– durch Papst 39, 52
Verdienst, Verdienen 39, 132
– Christi → Christus
Verdruss 60, 63
Vergeben 165, 182, 239 → Ambrosius Blarer → Verzeihen
– im Streit um Georg Pistor 18, 270 → Johannes Schwebel
– im Abendmahlsstreit 84
 – den Lutheranern 125 → Berchtold Haller
Vergeblich 197f. → Fortunatus Andronicus
– im Abendmahlsstreit 44, 146 → Heinrich Bullinger, Christoph Sigel
Vergehen, Untat/ scelus, facinus 38, 62f., 165, 187, 289 → Augsburg
Vergewaltigung 52
Vergleich 15, 280 → Paulus → Lasttier
– Übereinkunft 51
 – in Rechtsverfahren 48, 106 → Einsiedeln
Verheißung
– Gottes oder Christi 26f., 67, 173, 197 → Jakob Kautz
Verhör, Anhörung 27, 29, 57 → Obbe Philipp, Thomas Salzmann
vérité → Wahrheit
Verleumdung → Schmähung
Verlust, Einbuße/iactura 139, 168, 215, 278 → Konrad Sam
Vermittlung
– im Abendmahlsstreit
 – Bucer 81, 83, 89, 97f., 128, 130, 139f., 146, 157, 161, 192, 206, 224, 228, 230f. → Bern, Kempten, Zürich
 – Erfolgsbilanz 192
 – Melanchthon 192
– Kemptner Rat zwischen seinen Predigern 77
– Straßburg im Vorfeld des Zweiten Kappeler Krieges 99
– Bucer bei der Stipendienvergabe 198 → Fortunatus Andronicus

– Bucer zwischen Kaspar Megander und
  Berchtold Haller   212, 238 → Leo Jud
– Ambrosius Blarer bei Besetzung einer Predigerstelle in Ulm   35 → Johannes Walz
Vernachlässigung/neglegentia   1, 3, 77,
  86, 164, 223, 248, 263, 281, 286
Vernunft   50, 197, 231
Verrat, Preisgabe   145, 156 → Theobald
  Billican
– an Gott oder Christus   48, 131 → Judas
  → Kappel → Christus
– und Abendmahlskontroverse   207
– und Mandatsstreit   145 → Mandatsstreit
Verschärfung
– der Religionspolitik Philipps I. von
  Baden   180, 282
– der Lage der schweizerischen Protestanten
  durch den Zweiten Kappeler Landfrieden   36
– des Kemptner Abendmahlsstreits   168
Verschwörung
– der Gottlosen   197
Versöhnung   12, 44, 293 → Konkordie
– in Christus   25
Versprechen   7, 34f., 45, 56 → Gervasius
  Schuler, → Verheißung
– Gottes   18
– Straßburgs gegenüber Zürich   106
  → Heinrich Bullinger
– Jakob Augsburgers   256
Verstümmelt   248
Verwerfung/reiectio
– Gottes   197, 230
– durch Dissenters   26 → Jakob Kautz
– von Dissenters   297 → Thomas Blarer
Verwünschung/execratio
– durch Luther   286 → Heinrich Slachtscaef
Verwüstung   22, 32
Verzeihen   126, 234, 295 → Vergeben
Vesper   280 → Ulm
vie → Leben
Vielfalt → Liturgie
Vielgewandert   242 → Bartholomeo
  Fonzio
vin → Wein
Viper   293
Vision   27, 29, 170 → Ambrosius Blarer,
  Lienhard Jost, Ursula Jost → Isny
Visitation, Besuch   281 → Ulm
– Bucers   223, 247, 255, 293 → Bern,
  Mühlhausen, Neckarsteinach
– Sachsens   241 → Luther
Vogt → Tessin
– in den Gemeinen Herrschaften   36, 58,
  73, 107 → Hans Edlibach → Zürich
  → Rekatholisierung, Schmähverbot

Volk/plebs, populus
– Christi, Gottes   18, 38, 223
– Nicht-Amtsträger   39, 51, 56, 61, 100,
  126, 167, 171–173, 192, 227f., 254, 281,
  290 → Augsburg, Bern, Ulm, Wismar,
  Straßburg, Zürich → Militär
Volkstümlich   155, 279
Vollendung   57, 128, 281 → Ende
– der Gemeinschaft mit Christus im Mahl
  85, 141, 156
– der Kirchenzucht in St. Gallen durch
  Ambrosius Blarer   248
Volljährig   66 → Wolfgang von Pfalz-
  Zweibrücken
Vorlesen
– von Luthers Brief an den Frankfurter
  Rat   173 → Heinrich Never
Vorlesung → Theologie
Vorräte
– Straßburgs in Zürich   111
Vorsteher, Leiter   259 → Hieronymus
  Hamberger
– des Ulmer Hospitals   188
– der Biberacher Lateinschule   2 → Hieronymus Guntius
Vorwand
– und Gewissen   84, 268 → Kempten,
  Zweibrücken
– des Rates   214 → Martin Uhinger
  → Biberach
Vorwort   77 → Luther

Waagschale   130
Wabe   228
Wachsamkeit
– der Christen   147, 285f. → Teufel
– politische   99f. → Mandatsstreit
Wachstum
– als Gottesgabe   13, 21, 237
   – und Abendmahl   85, 231
Waffen(gewalt)   22, 38, 89, 147
Waffenstillstand   29, 61, 111, 114
  → Karl V. → Augsburg, Nürnberg,
  Schweinfurt → Frieden
Wahrheit, Wahrhaftigkeit   3, 12, 18, 30,
  36, 75, 94, 139, 143, 146, 165, 173, 197,
  243, 252f., 273, 287, 292f. → Christus,
  Predigt
– Christi oder Gottes   14, 62f., 81, 84, 92,
  112, 115, 138, 173, 221, 273
– Erkenntnis   14, 56
– als Gegenüber zum alten Glauben   36, 56,
  62, 91, 109, 153
– Verbreitung   75 → Michael Marstaller
– im Abendmahlsstreit   44, 81f., 84, 91, 102,
  125f., 133, 146, 168, 172, 205, 207, 215,
  230 → Bern, Kempten, Wismar
  → Gegenwart Christi

SACHREGISTER

Waise 68, 223, 282
Wankelmut 172
– der Kemptener Lutheraner 168
 → Gewissen
Wasser
– und Feuer 44, 51
– und Taufe 14, 287
Wässern, Begießen 13, 21, 231
Weg 272, 293
– Lebensweg 182 → Ambrosius Blarer
– rechter 165 → Johann Heinrich Held
– in der Abendmahlskontroverse 84, 89, 231 → Ambrosius Blarer → Kempten
Weggang/cessio
– Georg Pistors aus Zweibrücken 21
Wein
– und Abendmahl 81–83, 89, 91f., 140, 229–231 → Brot, Gegenwart Christi
Weinberg 15
Weinrechnung
– für Konsum Bucers in Basel 182
Weisheit, weise 150, 292
– biblisches Buch 281f.
Weiß 229
Weizen 227
Welt, Weltkreis/mundus, orbis 30, 53, 58, 60, 62, 101, 125, 128, 130f., 139, 143, 164, 169, 173, 179, 223f., 235, 285, 287
 → Erde
Weltlich → Geist, Gesetz, Obrigkeit
Werk/opus 139, 215, 285
– Gottes oder Christi 14f., 57, 67
– des Menschen 13, 15, 18f., 231 → Ex opere operato, Liebe
  – gutes 58
  – Götzen 72
– Schriften 89, 286 → Heinrich Slachtscaef
Wespe 168, 228
Wetter 22
Widerlegung
– Kaspar Schwenckfelds durch Bucer 121
– Anton Engelbrechts durch Bucer 253f.
– Jakob Ratz' durch Melchior Ambach 294
Widerruf
verlangt
– Heinrich Never 173
– Jakob Kautz 25
vollzogen
– Thomas Salzmann (Dezember 1527) 29
– Kemptener Lutheraner 92 → Johannes Rottach, Johannes Seeger
vermeintlich
– Bucer 44, 172, 224 → Johannes Bugenhagen → Schweinfurt
Widerspruch/contradictio 93
– und Luther 133, 139
Wiedergeburt 241

Wild, Wildheit/ferox
– der Schweizer 155, 262
Wind, Sturm 90, 162
Winter 22, 42 → Butter, Militär
Wirksamkeit
– Gottes 18
Wirt 138
Wirtschaften, haushalten 245 → Elisabeth Bucer
Witwe 68, 221 → Elisabeth von Hessen
Witwer 176 → Ehelosigkeit
Wochentagsgottesdienste 186, 290
 → Straßburg, Ulm
Wohltat/beneficium, beneficentia 32, 158f., 175, 202f., 210, 217, 224, 257, 263
 → Johannes Rosa
Wohnung 34, 36, 125, 164, 173, 243, 259, 279 → Bartholomeo Fonzio, Martin Frecht, Wolfgang Musculus, Bartholomaeus Myllius, Heinrich Never, Konrad Sam, Gervasius Schuler
Wolf 119, 197, 285 → Fortunatus Andronicus, Johannes Hechtlin, Heinrich Slachtscaef → Rachen
Wolke 290
Wort 279 → Außen, Christus, Heilig, Sakrament
– außerhalb des Gottesverhältnisses 12, 32, 39, 62, 67, 81, 103, 119, 126, 146, 169, 182, 193, 197, 235, 253f., 263, 290, 296, 298 → Georg Pistor
– letztes Wort haben müssen
  – Bucer 253
– Gottes oder Christi 12f., 15, 21, 25–28, 30, 52, 58, 67, 72, 84, 94, 97, 100, 108, 115, 127, 198, 214, 223, 229, 256f., 269
  – Diener, Prediger 45, 64, 66, 75, 121, 128, 159, 187, 197f., 208, 241, 266, 269, 285, 288 → Prediger
  – Gegenüber 13, 67, 81, 158, 229, 254
– und Sakrament 13, 21, 25, 229, 231
  – sichtbares Wort 13, 229 → Augustinus → Sakrament, Sichtbarkeit
  – hörbares Wort 13, 229 → Hören
  – Taufe 15, 241
  – Abendmahl 81, 84, 229
  – Einsetzungsworte → Einsetzungsworte
Wortführer 253 → Anton Engelbrecht
Wortlaut des Taufbefehls 287
Wortspiel 218 → Bern → Bär
Wunde 133
Wunder 38
Würde, würdigen 21, 67f., 99f., 234, 237, 256f.
– Christi würdig 34, 139, 146, 285
 → Kreuz

– Unwürdige und Abendmahl 84
– unwürdiges Verhalten 98, 127, 146, 234
  – Luthers 153 → Frankfurt
  – des Straßburger Bischofs 194
    → Kaspar Greber
– unwürdiges Schrifterzeugnis 256 → Jakob Augsburger
– eines Amtes 67, 257 → Otto Binder
– Einkommen 119, 123 → Johannes Hechtlin

Zahm 93, 155, 180, 253, 287 → Christoph Sigel
Zehn Gebote → Gebot
Zehrung, Reisekosten 245 → Geld
Zeichen, Signifikation 12, 100, 223
– Aufzeichnung 45, 173, 214, 288 → Heinrich Never, Johannes Rimpius, Heinrich Slachtscaef
– Sakrament 26, 84, 101f. → Heinrich Bullinger, Jakob Kautz
  – der Gnade 84, 178 → Johannes Schwebel
– Taufe 14f., 18, 241
– Abendmahl 82f., 90, 97, 102, 140, 207, 229 → Heinrich Bullinger, Johannes Seeger
Zeitalter, Zeit/aetas
– gegenwärtiges 43
– Lebensalter 123 → Johannes Hechtlin
Zeremonie → Liturgie
Zettel, Blatt/scheda 45, 69, 237
Zeuge, Zeugnis 17, 42, 130, 147, 150, 162, 210, 217, 230, 254, 279 → Anton Engelbrecht, Luther, Oswald Myconius, Simon Grynaeus → Butter
– zuverlässig 39
– und Wahrheit 18, 125f., 164, 287
– und Bibel 172, 214 → Heinrich Never
– und Christus 15, 19, 140, 179
– und Abendmahl 92, 140 → Einsetzungsworte
– und Exorzismus 269 → Georg Pistor
Zimmermann
– Straßburger Theologen 26 → Jakob Kautz
Zins 38 → Konstanz
Zölibat → Ehelosigkeit
Zöllner 131
Zorn 63, 182, 245
– Gottes 35, 41 → Leo Jud
Zucht, Züchtigung 26, 51, 167
  → Unzucht
– Gottes 5
Zuchtherr 72, 167, 281 → Lindau, Ulm
Zuchtordnung → Kirchenzucht
Zünfte 28, 188, 281 → Straßburg, Ulm

Zunge 279 → Konrad Sam
– geschwätzig 287 → Heinrich Slachtscaef
– giftig 293 → Melchior Ambach
Zuschauer 290 → Gereon Sailer → Augsburg
Zweideutigkeit, Äquivozität 84, 125, 228